专利复审和无效审查决定汇编丛书

专利复审和无效审查决定汇编 (2007)

外观设计（第二卷）

国家知识产权局专利复审委员会　编

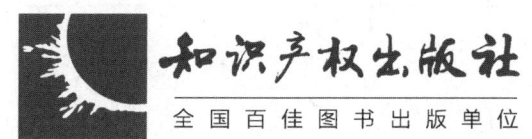

图书在版编目（CIP）数据

专利复审和无效审查决定汇编.2007.外观设计/国家知识产权局专利复审委员会编.—北京：知识产权出版社，2015.12

ISBN 978-7-5130-1607-0

Ⅰ.①专… Ⅱ.①国… Ⅲ.①专利权法—案例—中国 Ⅳ.①D923.425

中国版本图书馆CIP数据核字（2012）第249540号

内容提要

本书汇集了专利复审委员会2007年作出的外观设计专利复审和无效审查决定及相关审查决定和司法判决（根据法律规定需要保密的除外），比较全面地反映了专利复审委员会的审查工作和人民法院专利行政案件审理工作取得的进展，对专利工作者具有一定的借鉴和指导作用，也有利于当事人及广大公众对专利复审委员会的审查工作进行监督。

责任编辑：崔开丽　刘畅		责任校对：董志英	
责任出版：孙婷婷		封面设计：品序	

专利复审和无效审查决定汇编丛书

专利复审和无效审查决定汇编（2007）

外观设计（第二卷）

国家知识产权局专利复审委员会　编

出版发行：知识产权出版社有限责任公司	网　　址：http://www.ipph.cn
社　　址：北京市海淀区马甸南村1号（邮编：100088）	天猫旗舰店：http://zscqcbs.tmall.com
责编电话：82000860转8377	责编邮箱：cui_kaili@sina.com
发行电话：010-82000860转8101/8102	发行传真：010-82000893/82005070/82000270
印　　刷：北京中献拓方科技发展有限公司	经　　销：各大网上书店、新华书店及相关专业书店
开　　本：880mm×1230mm　1/16	印　　张：308.75
版　　次：2015年12月第1版	印　　次：2015年12月第1次印刷
字　　数：8668千字	定　　价：1500.00元（全6卷）
ISBN 978-7-5130-1607-0	

出版权专有　侵权必究

如有印装质量问题，本社负责调换。

本书编委会

主　任： 廖　涛

副主任： 杨　光　　胡文辉　　祁德山

编　委： 金泽俭　　徐晓敏　　廖志峰　　张予革
　　　　　　白剑峰　　马　昊　　蒋　彤　　李人久
　　　　　　李　越　　陈迎春　　于　萍　　吴赤兵
　　　　　　李　隽

前　言

随着经济全球化和我国国民经济的飞速发展，专利制度在经济活动中的作用和地位越来越突出，国民的专利意识也在不断增强。目前，我国专利申请总量超过 1170 万件，每年专利复审与无效宣告请求案件已超过 2 万件，2012 年达到 20261 件。作为专利复审和无效宣告请求案件审查的专属机构，专利复审委员会每年都要作出数以千计的审查决定。与之相应，人民法院每年要作出数百篇司法判决。每一篇审查决定和判决书都凝聚着审查员和审判人员的心血和智慧。通过审查员和审判人员结合具体案情的创作型劳动，生硬的法律条文变得鲜活和丰满，形成一笔宝贵的精神财富和公共资源，并不断有专利代理机构、专利代理人以及审查员希望专利复审委员会能够出版专利复审和无效审查决定，作为学习和工作时的重要参考资料。

除根据法律规定需要保密的外，《专利复审和无效审查决定汇编（2007）》汇集了专利复审委员会 2007 年作出的审查决定，包括针对相应审查决定的司法判决，以便读者了解审查决定的法律状态并对照阅读和分析。本汇编按照技术专业领域将分为 8 大册，共 25 分卷：机械（3 卷）、电学（4 卷）、通信（2 卷）、医药（2 卷）、化学（2 卷）、材料（3 卷）、光电（3 卷）、外观设计（6 卷）。因此，本汇编比较全面地反映了专利复审委员会的审查工作和人民法院专利行政案件审理工作取得的进展。

我们相信，本汇编对专利工作者具有一定的借鉴和指导作用，也有利于当事人及广大公众对专利复审委员会的审查工作进行监督。本汇编也将为推动专利复审委员会的发展，促进专利代理业务水平的提高，为《国家知识产权战略纲要》进一步实施尽微薄之力。

本书编委会
2013 年 8 月

目　录

122 聚光灯（TL150）
　　无效宣告请求审查决定（第9244号） ········· 783

123 食品保温桶（WJ-C）
　　无效宣告请求审查决定（第9248号） ········· 788

124 数传电台
　　无效宣告请求审查决定（第9254号） ········· 793

125 地毯（3）
　　无效宣告请求审查决定（第9258号） ········· 799

126 瓶贴（慕田峪牌汤河口二锅头）
　　无效宣告请求审查决定（第9265号） ········· 815

127 插座（接地故障断路器GFCI）
　　无效宣告请求审查决定（第9268号） ········· 820

128 手提袋
　　无效宣告请求审查决定（第9273号） ········· 832
　　北京市第一中级人民法院行政判决书（2007）一中行初字第594号 ········· 835

129 电动剃须刀（RSCX-2028）
　　无效宣告请求审查决定（第9280号） ········· 837

130 直　管
　　无效宣告请求审查决定（第9291号） ········· 843

131 环保垃圾车
　　无效宣告请求审查决定（第9292号） ········· 847

132 标　贴
　　无效宣告请求审查决定（第9300号） ········· 853

133 透明皂包装袋（舰牌田七）
　　无效宣告请求审查决定（第9302号） ········· 859

134 金程汽车（3）

无效宣告请求审查决定（第9306号） ……………………………………………… 863

135 发电机（YF2500）
无效宣告请求审查决定（第9307号） ……………………………………………… 870

136 欧式大面板跷板开关
无效宣告请求审查决定（第9309号） ……………………………………………… 875
北京市第一中级人民法院行政判决书（2007）一中行初字第475号 …………… 884
北京市高级人民法院行政判决书（2007）高行终字第484号 …………………… 888

137 电子节能灯灯泡
无效宣告请求审查决定（第9316号） ……………………………………………… 889
北京市第一中级人民法院行政判决书（2007）一中行初字第388号 …………… 894
北京市高级人民法院行政判决书（2007）高行终字第458号 …………………… 898

138 外用膏药包装瓶
无效宣告请求审查决定（第9321号） ……………………………………………… 902

139 超薄密封快餐盒（750ml 圆碗）
无效宣告请求审查决定（第9340号） ……………………………………………… 907
北京市第一中级人民法院行政判决书（2007）一中行初字第482号 …………… 912
北京市高级人民法院行政判决书（2007）高行终字第489号 …………………… 917

140 电脑机箱（MG-760）
无效宣告请求审查决定（第9345号） ……………………………………………… 918

141 牵引电磁铁
无效宣告请求审查决定（第9353号） ……………………………………………… 921

142 罐头瓶体（2）
无效宣告请求审查决定（第9358号） ……………………………………………… 929
北京市第一中级人民法院行政判决书（2007）一中行初字第511号 …………… 936

143 车用手机免提装置（CZMT-100型）
无效宣告请求审查决定（第9368号） ……………………………………………… 942

144 包装袋
无效宣告请求审查决定（第9373号） ……………………………………………… 950

145 日光灯支架
无效宣告请求审查决定（第9376号） ……………………………………………… 954

146 摩托车（BT50QT-7）
无效宣告请求审查决定（第9387号） ……………………………………………… 960

147 异型铝框条（8652）
无效宣告请求审查决定（第9388号） ……………………………………………… 964

148 调节器
　　无效宣告请求审查决定（第 9401 号） ……………………………………………… 969

149 台灯（RL-e01）
　　无效宣告请求审查决定（第 9403 号） ……………………………………………… 975

150 染色机（D）
　　无效宣告请求审查决定（第 9404 号） ……………………………………………… 981

151 异型铝框条 8603
　　无效宣告请求审查决定（第 9406 号） ……………………………………………… 989

152 异型铝框条 8608
　　无效宣告请求审查决定（第 9412 号） ……………………………………………… 993

153 油　桶
　　无效宣告请求审查决定（第 9416 号） ……………………………………………… 997

154 异型铝框条 8606
　　无效宣告请求审查决定（第 9419 号） ……………………………………………… 1002

155 瓶贴（皇城京王子）
　　无效宣告请求审查决定（第 9424 号） ……………………………………………… 1006

156 口香糖包装盒（3）
　　无效宣告请求审查决定（第 9426 号） ……………………………………………… 1011

157 口香糖包装盒（2）
　　无效宣告请求审查决定（第 9427 号） ……………………………………………… 1016

158 斜面电子密码保险柜
　　无效宣告请求审查决定（第 9433 号） ……………………………………………… 1021

159 光催化蚊蝇捕杀器
　　无效宣告请求审查决定（第 9438 号） ……………………………………………… 1024

160 窗锁（2）
　　无效宣告请求审查决定（第 9439 号） ……………………………………………… 1029
　　北京市第一中级人民法院行政判决书（2007）一中行初字第 655 号 ……………… 1033

161 包装袋
　　无效宣告请求审查决定（第 9440 号） ……………………………………………… 1037

162 异型铝框条（8602）
　　无效宣告请求审查决定（第 9441 号） ……………………………………………… 1040

163 链节片

　　　　无效宣告请求审查决定（第9442号） ………………………………………………… 1044

164 平底链节片
　　　　无效宣告请求审查决定（第9443号） ………………………………………………… 1050

165 包装纸
　　　　无效宣告请求审查决定（第9446号） ………………………………………………… 1056

166 枪刷（22T）
　　　　无效宣告请求审查决定（第9447号） ………………………………………………… 1061

167 枪刷（12T）
　　　　无效宣告请求审查决定（第9448号） ………………………………………………… 1064

168 咖啡壶（V）
　　　　无效宣告请求审查决定（第9449号） ………………………………………………… 1067

169 咖啡壶（Ⅵ）
　　　　无效宣告请求审查决定（第9450号） ………………………………………………… 1073

170 包装盒
　　　　无效宣告请求审查决定（第9452号） ………………………………………………… 1078

171 酒包装袋
　　　　无效宣告请求审查决定（第9454号） ………………………………………………… 1083

172 摩托车油箱（一）
　　　　无效宣告请求审查决定（第9455号） ………………………………………………… 1087

173 电壁炉（BLT-999A-2）
　　　　无效宣告请求审查决定（第9459号） ………………………………………………… 1093

174 包装箱（牛奶）
　　　　无效宣告请求审查决定（第9462号） ………………………………………………… 1098
　　　　北京市第一中级人民法院行政判决书（2007）一中行初字第692号 ………………… 1105

175 标贴（永丰饪王）
　　　　无效宣告请求审查决定（第9463号） ………………………………………………… 1112

176 饮料瓶盖
　　　　无效宣告请求审查决定（第9467号） ………………………………………………… 1116
　　　　北京市第一中级人民法院行政判决书（2007）一中行初字第687号 ………………… 1121
　　　　北京市高级人民法院行政判决书（2007）高行终字第460号 …………………………… 1124

177 卷尺（2001型）
　　　　无效宣告请求审查决定（第9471号） ………………………………………………… 1127

178 包装袋

　　　　无效宣告请求审查决定（第9485号） ································· 1132

179 路灯（一）
　　　　无效宣告请求审查决定（第9488号） ································· 1137

180 滤清器（11）
　　　　无效宣告请求审查决定（第9492号） ································· 1141

181 滤清器（12）
　　　　无效宣告请求审查决定（第9493号） ································· 1144

182 瓶贴（清茶低糖-PET500）
　　　　无效宣告请求审查决定（第9496号） ································· 1147

183 药品盒
　　　　无效宣告请求审查决定（第9498号） ································· 1152

184 咖啡壶（Ⅲ）
　　　　无效宣告请求审查决定（第9499号） ································· 1157

185 便携式天线通信机
　　　　无效宣告请求审查决定（第9504号） ································· 1162
　　　　北京市第一中级人民法院行政判决书（2007）一中行初字第644号 ········· 1170

186 水陆两用玩具沙滩车
　　　　无效宣告请求审查决定（第9509号） ································· 1176
　　　　北京市第一中级人民法院行政判决书（2007）一中行初字第861号 ········· 1182

187 电力蒸汽熨斗
　　　　无效宣告请求审查决定（第9510号） ································· 1185
　　　　北京市第一中级人民法院行政判决书（2007）一中行初字第794号 ········· 1201
　　　　北京市高级人民法院行政裁定书（2007）高行终字第541号 ··············· 1204

188 智能卡水流计量装置
　　　　无效宣告请求审查决定（第9512号） ································· 1206

189 标贴（芹菜干红）
　　　　无效宣告请求审查决定（第9514号） ································· 1210

190 生物试条（B）
　　　　无效宣告请求审查决定（第9516号） ································· 1214
　　　　北京市第一中级人民法院行政判决书（2007）一中行初字第805号 ········· 1220
　　　　北京市高级人民法院行政判决书（2008）高行终字第41号 ················ 1226

191 标贴（安防设备）
　　　　无效宣告请求审查决定（第9519号） ································· 1232

192 包装盒
  无效宣告请求审查决定（第9521号） ……………………………………………… 1235

193 包装袋（德氏鲜奶糕）
  无效宣告请求审查决定（第9536号） ……………………………………………… 1242

194 包装盒（2）
  无效宣告请求审查决定（第9537号） ……………………………………………… 1245

195 包装袋（德氏可可鲜奶糕）
  无效宣告请求审查决定（第9543号） ……………………………………………… 1247

196 包装袋（德氏猕猴桃真果）
  无效宣告请求审查决定（第9544号） ……………………………………………… 1250

197 耳机（CD-760）
  无效宣告请求审查决定（第9546号） ……………………………………………… 1253

198 玩具娃娃头部
  无效宣告请求审查决定（第9551号） ……………………………………………… 1258

199 电子冷热保温箱（CW-317）
  无效宣告请求审查决定（第9552号） ……………………………………………… 1260

200 水　杯
  无效宣告请求审查决定（第9554号） ……………………………………………… 1262
  北京市第一中级人民法院行政判决书（2007）一中行初字第775号 ……………… 1267
  北京市高级人民法院行政判决书（2008）高行终字第144号 …………………… 1271

201 车体铝型材（导电轨2）
  无效宣告请求审查决定（第9555号） ……………………………………………… 1275

202 灯（120V20W 小型柜子灯）
  无效宣告请求审查决定（第9556号） ……………………………………………… 1279
  北京市第一中级人民法院行政判决书（2007）一中行初字第821号 ……………… 1287

203 油漆罐
  无效宣告请求审查决定（第9558号） ……………………………………………… 1292

204 强力胶托板（11）
  无效宣告请求审查决定（第9559号） ……………………………………………… 1297

205 饮料包装罐（红牛维生素）
  无效宣告请求审查决定（第9570号） ……………………………………………… 1302

206 润滑油瓶
  无效宣告请求审查决定（第9573号） ……………………………………………… 1307

207 润滑油瓶
　　无效宣告请求审查决定（第9574号） …… 1312

208 立式胶体磨
　　无效宣告请求审查决定（第9576号） …… 1317

209 手　柄
　　无效宣告请求审查决定（第9577号） …… 1322

210 电控伸缩门
　　无效宣告请求审查决定（第9578号） …… 1327

211 瓷砖（十）
　　无效宣告请求审查决定（第9579号） …… 1332

212 分体式胶体磨
　　无效宣告请求审查决定（第9580号） …… 1339

213 化妆镜（01）
　　无效宣告请求审查决定（第9581号） …… 1344

214 化妆镜（02）
　　无效宣告请求审查决定（第9582号） …… 1349

215 高尔夫颈套（2）
　　无效宣告请求审查决定（第9585号） …… 1354
　　北京市第一中级人民法院行政判决书（2007）一中行初字第837号 …… 1362
　　北京市高级人民法院行政判决书（2007）高行终字第498号 …… 1365

216 高尔夫颈套（1）
　　无效宣告请求审查决定（第9586号） …… 1369
　　北京市第一中级人民法院行政判决书（2007）一中行初字第838号 …… 1376
　　北京市高级人民法院行政判决书（2007）高行终字第499号 …… 1379

217 CD包
　　无效宣告请求审查决定（第9587号） …… 1383

218 高尔夫颈套（4）
　　无效宣告请求审查决定（第9589号） …… 1388
　　北京市第一中级人民法院行政判决书（2007）一中行初字第839号 …… 1396

219 高尔夫颈套（3）
　　无效宣告请求审查决定（第9590号） …… 1400
　　北京市第一中级人民法院行政判决书（2007）一中行初字第840号 …… 1408
　　北京市高级人民法院行政判决书（2007）高行终字第497号 …… 1411

220 瓶贴（假日长城村干红葡萄酒）

无效宣告请求审查决定（第9593号） ·· 1415

221 灯（120V螺旋玻璃盖柜子吸顶灯）
无效宣告请求审查决定（第9594号） ·· 1420
北京市第一中级人民法院行政判决书（2007）一中行初字第820号 ········· 1425

222 客货汽车（轻型2）
无效宣告请求审查决定（第9595号） ·· 1429
北京市第一中级人民法院行政判决书（2007）一中行初字第888号 ········· 1437
北京市高级人民法院行政裁定书（2008）高行终字第205号 ················ 1448

223 网格印刷镀膜玻璃
无效宣告请求审查决定（第9596号） ·· 1449

224 挖掘机仪表（WZB201A型）
无效宣告请求审查决定（第9603号） ·· 1453

225 榨菜包装袋
无效宣告请求审查决定（第9604号） ·· 1456

226 高铝陶瓷过滤片
无效宣告请求审查决定（第9609号） ·· 1460

227 除铁机
无效宣告请求审查决定（第9612号） ·· 1465
北京市第一中级人民法院行政裁定书（2007）一中行初字第1154号 ········ 1469

228 咖啡壶（IX）
无效宣告请求审查决定（第9617号） ·· 1470

229 瓶贴（悠之源鲜橙多）
无效宣告请求审查决定（第9622号） ·· 1475

230 灯（11）
无效宣告请求审查决定（第9625号） ·· 1481

231 灯罩（2）
无效宣告请求审查决定（第9626号） ·· 1484

232 灯（12）
无效宣告请求审查决定（第9627号） ·· 1487

233 窗口双向对讲机（2）
无效宣告请求审查决定（第9628号） ·· 1490

234 窗口双向对讲机（1）
无效宣告请求审查决定（第9629号） ·· 1497

235	包装盒（亮嗓胖大海清咽糖）	
	无效宣告请求审查决定（第 9632 号）	1503

236	茶叶罐（六角）	
	无效宣告请求审查决定（第 9633 号）	1505

237	标贴（长城葡园）	
	无效宣告请求审查决定（第 9634 号）	1512

238	包装盒（精制豆腐乳）	
	无效宣告请求审查决定（第 9639 号）	1516

239	墙地砖（米格拉系列 C）	
	无效宣告请求审查决定（第 9640 号）	1522

240	汽车天窗	
	无效宣告请求审查决定（第 9641 号）	1525

241	瓷砖（清晨恋）	
	无效宣告请求审查决定（第 9642 号）	1528

242	巧克力包装盒（7）	
	无效宣告请求审查决定（第 9643 号）	1532

243	办公椅（01）	
	无效宣告请求审查决定（第 9644 号）	1539

244	休闲帽	
	无效宣告请求审查决定（第 9650 号）	1543

245	咖啡杯具（波浪型 C&S47）	
	无效宣告请求审查决定（第 9653 号）	1551

246	米箱（G-10）	
	无效宣告请求审查决定（第 9654 号）	1558

247	头　带	
	无效宣告请求审查决定（第 9657 号）	1562

248	手表（XJ-663）	
	无效宣告请求审查决定（第 9658 号）	1566
	北京市第一中级人民法院行政判决书（2007）一中行初字第 898 号	1568

249	铝合金型材（扇中立）	
	无效宣告请求审查决定（第 9659 号）	1571

250	瓶贴（5）	

　　　　无效宣告请求审查决定（第9661号） ……………………………………………… 1576

251 吸尘器
　　　　无效宣告请求审查决定（第9663号） ……………………………………………… 1579

252 窗帘（百褶帘）
　　　　无效宣告请求审查决定（第9666号） ……………………………………………… 1584
　　　　北京市第一中级人民法院行政判决书（2007）一中行初字第1030号 ………… 1588
　　　　北京市高级人民法院行政判决书（2008）高行终字第67号 …………………… 1593

253 包装袋（沸尔玛）
　　　　无效宣告请求审查决定（第9667号） ……………………………………………… 1596

254 猪用复合预混料包装袋
　　　　无效宣告请求审查决定（第9669号） ……………………………………………… 1600

255 CD盒（FS1111 骰子80片）
　　　　无效宣告请求审查决定（第9671号） ……………………………………………… 1603
　　　　北京市第一中级人民法院行政判决书（2007）一中行初字第951号 …………… 1608
　　　　北京市高级人民法院行政判决书（2008）高行终字第63号 …………………… 1612

256 手表（XJ-662）
　　　　无效宣告请求审查决定（第9674号） ……………………………………………… 1616
　　　　北京市第一中级人民法院行政判决书（2007）一中行初字第894号 …………… 1623

257 自行车后拨链器
　　　　无效宣告请求审查决定（第9675号） ……………………………………………… 1627

258 香　条
　　　　无效宣告请求审查决定（第9685号） ……………………………………………… 1630

# 聚光灯（TL150）

无效宣告请求审查决定（第9244号）

决 定 号	第9244号
决 定 日	2006年10月8日
发明创造名称	聚光灯（TL150）
外观设计分类号	26-03
无效宣告请求人	中兴电子厂有限公司
被 请 求 人	沈建立
专 利 号	20023432934
申 请 日	2002年10月23日
授 权 公 告 日	2003年5月7日
合议组组长	许静华
主 审 员	高雪
参 审 员	胡文辉
附 图	2页
法 律 依 据	专利法第23条

决 定 要 点

如果一般消费者经过对被比外观设计与在先外观设计的整体观察可以看出，二者的差别对于产品的整体视觉效果不具有显著的影响，则被比外观设计与在先外观设计相近似；否则，两者既不相同，也不相近似。

一、案由

1. 本无效宣告请求案涉及的是国家知识产权局于2003年5月7日授权公告的、名称为"聚光灯（TL150）"的外观设计专利权（下称本专利），申请号为20023432934，申请日是2002年10月23日，专利权人为沈建立。

2. 针对本外观设计专利，中兴电子厂有限公司（下称请求人）于2004年1月16日向国家知识产权局专利复审委员会提出无效宣告请求，理由是本专利不符合专利法第9条、第23条以及专利法实施细则第2条第3款、第13条的有关规定，同时请求人提交了以下附件：

附件1：第00328405.0号外观设计专利公告文本；
附件2：第02343293.4号外观设计专利公告文本（即本专利）；

请求人认为：本专利与附件1相比，外观设计的整体造型及各部分布局、形状设计均相同、相近似，因此本专利不符合专利法第 23 条的有关规定，另外由于二者相同、相近似，也使得本专利不符合专利法第 9 条和专利法实施细则第 13 条第 1 款的有关规定。关于请求人提出的专利法实施细则第 2 条第 3 款的无效理由，请求人并未对此做出具体阐述。

3. 专利复审委员会经形式审查，受理了该无效宣告请求，并将无效宣告请求书及有关文件的副本转送给专利权人，要求专利权人在指定期限内陈述意见。

专利复审委员会于 2004 年 4 月 23 日收到专利权人提交的意见陈述，专利权人认为：本专利与对比文件相比整体上既不相同、也不相近似，一般消费者不可能将二者混同或者误认，因此本专利符合专利法第 9 条、第 23 条以及专利法实施细则第 13 条第 1 款的规定，应当予以维持。

4. 国家知识产权局专利复审委员会于 2004 年 9 月 2 日向双方当事人发出口头审理通知书，定于 2004 年 10 月 21 日对本案进行口头审理，并在向请求人转送口头审理通知书的同时将专利权人提交的意见陈述及相关附件转给请求人。

口头审理于 2004 年 10 月 21 日如期举行。双方当事人的委托代理人参加了口头审理。在口头审理中，请求人明确请求无效的理由仅为专利法第 23 条，放弃其他无效理由；专利权人对请求人提交的附件 1 的真实性无异议。

至此，双方当事人已充分发表了意见，合议组认为本案事实已经清楚，可以作出本审查决定。

二、决定的理由

专利法第 23 条规定：授予专利权的外观设计，应当同申请日以前在国内外出版物上公开发表过或者国内公开使用过的外观设计不相同和不相近似，并不得与他人在先取得的合法权利相冲突。

请求人提交的附件 1 为中国外观设计专利公告文本，专利权人对该证据的真实性无异议，合议组对附件 1 的真实性予以认可。附件 1 的授权公告日为 2001 年 5 月 30 日，早于本专利的申请日，且本专利的"聚光灯"与附件 1 的"可再充电的卤素提灯"具有相同或相近的用途，属于相同或相近种类的产品，因此可以将附件 1 作为评价本专利是否符合专利法第 23 条有关规定的对比文件，下文将附件 1 称为对比文件。

本专利为一聚光灯，大体形状由一方形本体以及与方形本体一端相连的锥形灯罩两部分组成，在灯的一侧设置有一大致为梯形的提手，在提手的对应侧设置有支腿，其中锥形灯罩外表面光滑，灯头部的环圈上设置有一种凹陷条纹，支腿有前后两个，前方的支腿较后方的支腿稍长，从俯视图上可以看出在提手的顶面上设有开关、指南针等，从后视图可以看出在灯身上有若干个安装螺丝孔。（详见附图）

对比文件为一可再充电的卤素提灯，大体形状由一方形本体以及与方形本体一端相连的锥形灯罩两部分组成，在灯的一侧设置有提手，在提手的对应侧设置有支腿，其中，提手由大体为由椭圆形的前部和具有一开口的大半圆形的尾部组成，锥形灯罩外表面前半部由台阶状圆环构成，灯头部的环圈上设置有形状不同的两组凸起的条纹，支腿有前后两个，前方的支腿较后方的支腿稍长，在灯罩后部提手左侧为一方形充电插口、右侧为一圆形开关。（详见附图）

本专利与对比文件相比，其差别主要在于：提手的形状不一样，本专利的提手大致为梯形，对比文件的提手为由椭圆形的前部和具有一开口的大半圆形的尾部组成；锥形灯罩的形状及外表面有差别，本专利的锥形灯罩呈锥形，对比文件的锥形灯罩呈阶梯状、与方形本体相接处呈弧形，本专利锥形灯罩外表面光滑，对比文件锥形灯罩外表面前半部由台阶状圆环构成，明显不是光滑的表面；灯头部的环圈不一样，本专利灯头部的环圈上设置有一种凹陷的条纹，对比文件灯头部的环圈上设置有形状不同的两组凸起的条纹；开关设置的位置不一样等。

对于上述区别，合议组认为：一般消费者在对本专利外观设计与对比文件的外观设计进行整体观察时，二者提手形状的不同、锥形灯罩形状上的差别、分别为光滑和阶梯状的灯罩外表面以及灯头部的环圈上数量不等、凸凹不同的条纹会对本专利与对比文件产品的整体视觉效果产生显著的影响并且将二者区分开来，因此上述区别使得本专利与对比文件不相同也不相近似。

综上所述，请求人提出的附件不足以证明本专利的授权不符合专利法第23条的有关规定，因此，请求人提出的关于宣告本专利权无效的请求不能成立。

三、决定

维持第20023432934号外观设计专利权有效。

当事人对本决定不服的，可以根据专利法第46条第2款的规定，自收到本决定之日起三个月内向北京市第一中级人民法院起诉。根据该款的规定，一方当事人起诉后，另一方当事人应当作为第三人参加诉讼。

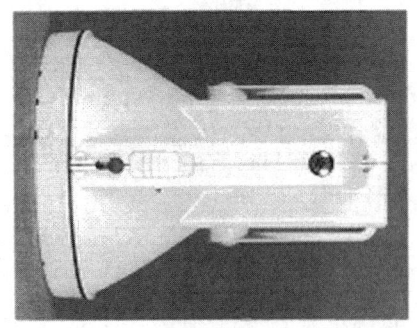
俯视图

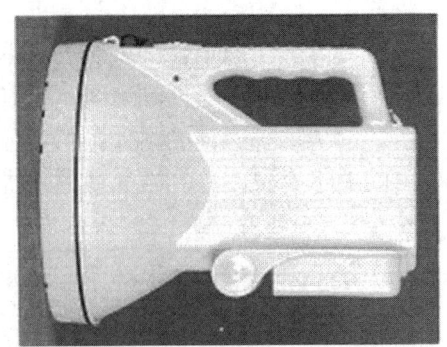
主视图

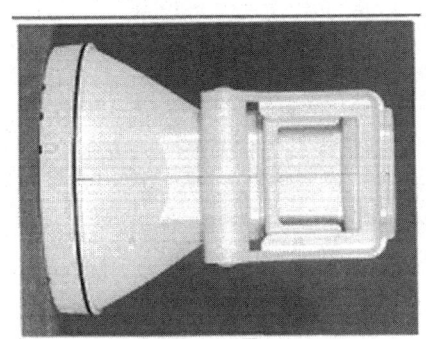
仰视图

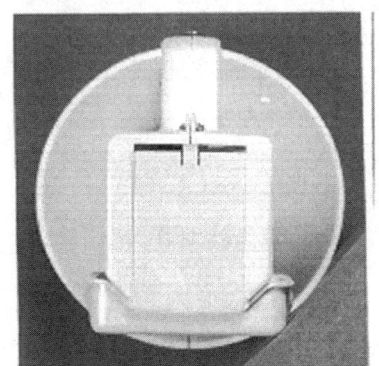
右视图

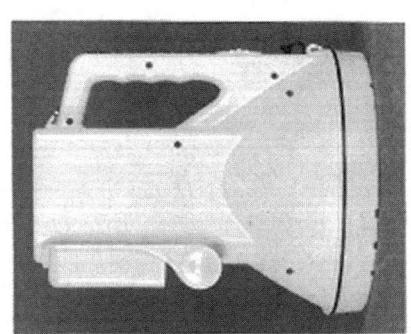
后视图

左视图

立体图1

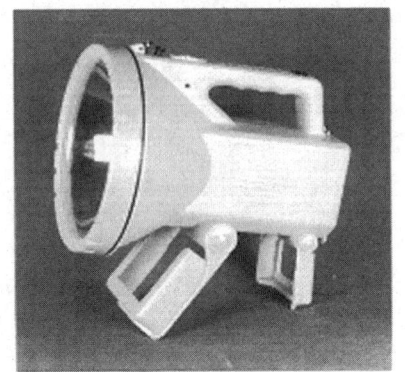
立体图2

本专利

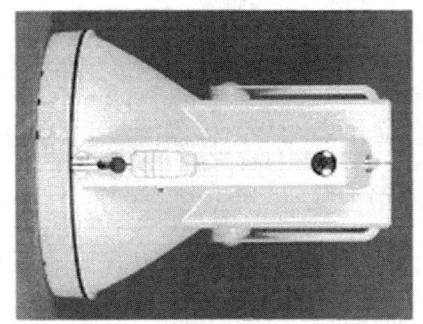
俯视图

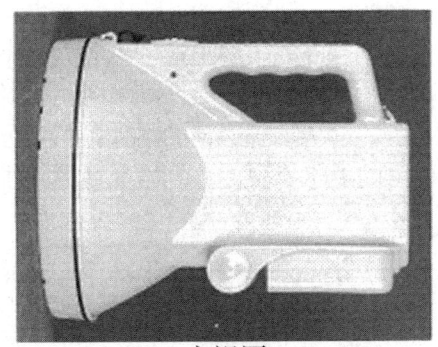
主视图

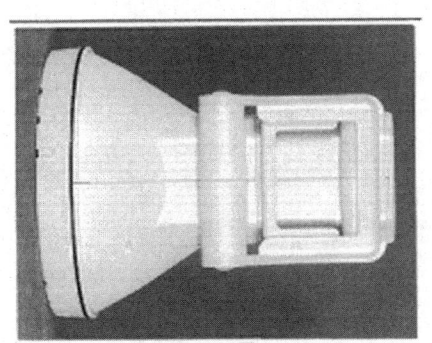
仰视图

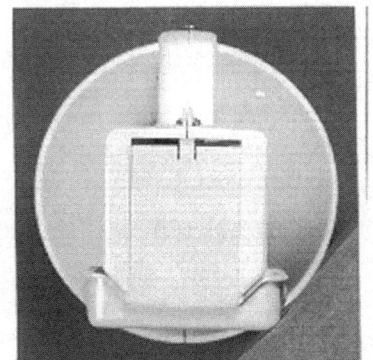
右视图

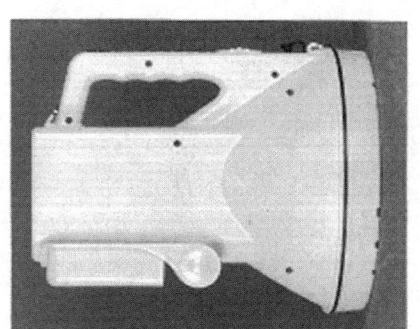
后视图

左视图

立体图1

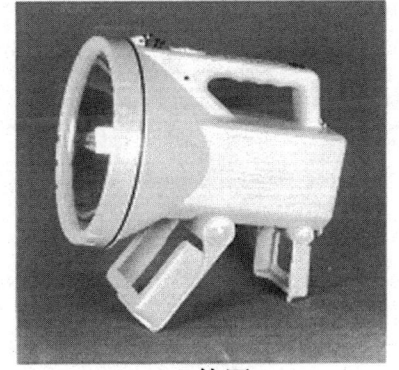
立体图2

本专利

察时，二者提手形状的不同、锥形灯罩形状上的差别、分别为光滑和阶梯状的灯罩外表面以及灯头部的环圈上数量不等、凸凹不同的条纹会对本专利与对比文件产品的整体视觉效果产生显著的影响并且将二者区分开来，因此上述区别使得本专利与对比文件不相同也不相近似。

综上所述，请求人提出的附件不足以证明本专利的授权不符合专利法第23条的有关规定，因此，请求人提出的关于宣告本专利权无效的请求不能成立。

三、决定

维持第20023432934号外观设计专利权有效。

当事人对本决定不服的，可以根据专利法第46条第2款的规定，自收到本决定之日起三个月内向北京市第一中级人民法院起诉。根据该款的规定，一方当事人起诉后，另一方当事人应当作为第三人参加诉讼。

主视图　　　　　　　　　　　后视图

左视图　　　　　　　　　　　右视图

俯视图　　　　　　　　　　　仰视图

使用状态图

对比文件

食品保温桶（WJ-C）

无效宣告请求审查决定（第 9248 号）

决 定 号	第 9248 号
决 定 日	2006 年 11 月 21 日
发明创造名称	食品保温桶（WJ-C）
外观设计分类号	07-07
无 效 请 求 人	上海万科包装材料厂
专 利 权 人	刘 石
专 利 号	2004 3 0084298.6
申 请 日	2004 年 11 月 5 日
授 权 公 告 日	2005 年 10 月 5 日
合 议 组 组 长	钱 芸
主 审 员	孙克良
参 审 员	李 熙
附 图	2 页

法 律 依 据 中国专利法第 23 条

决 定 要 点

如果被比设计与在先设计的相同部分为该类产品的惯常设计，而不同部分对产品的视觉效果具有显著影响，则二者既不相同，也不相近似。

一、案由

本无效宣告请求案涉及国家知识产权局于 2005 年 10 月 5 日授权公告的、名称为"食品保温桶（WJ-C）"的 2004 3 0084298.6 号外观设计专利（下称本专利），其申请日为 2004 年 11 月 5 日，专利权人为刘石。

针对上述专利权，上海万科包装材料厂（下称请求人）于 2006 年 4 月 20 日向专利复审委员会提出了无效宣告请求，并同时提交了如下附件作为证据：

附件 1：CAMBRO 2003 年产品目录原件一份；

附件 2：上海酒店设备股份有限公司 2006 年 4 月 12 日出具的情况说明打印件 1 页；

附件 3：供方为上海酒店设备股份有限公司、需方为菊园大酒店的成交单复印件 1 页；

附件 4：菊园大酒店 2006 年 4 月 14 日出具的情况说明打印件 1 页，后附 6 张照片复印件 3 页。

请求人的无效理由是：附件 1 第 111 页的 350LCD 型保温桶、第 110 页的 UC1000 型大型保温箱以及附件2至4表明的、申请日前在国内外公开发表和国内公开使用的外观设计产品美国金宝（CAMBRO）制造公司350LCD型保温桶与本专利的外观设计相近似，因此本专利不符合专利法第23条第1款和实施细则第2条第3款的规定。

经形式审查合格，国家知识产权局专利复审委员会受理了上述请求，于2006年4月24日向双方当事人发出无效宣告请求受理通知书，并将无效宣告请求书及其附件的副本转送给专利权人，要求其在收到该通知书之日起一个月内对该无效宣告请求陈述意见。

专利权人未陈述意见。

本案合议组于2006年8月11日向双方当事人发出口头审理通知书，定于2006年9月19日举行口头审理。

口头审理于2006年9月19日如期举行，双方当事人的代理人均出席了口头审理。本案合议组对请求人提出的无效理由和事实进行了调查，并充分听取了双方的陈述。在口头审理过程中，1. 双方当事人对对方出庭人员的身份没有异议。2. 双方当事人对合议组成员没有回避请求。3. 请求人当庭明确无效理由为本专利不符合专利法第23条的规定，放弃实施细则第2条第3款的无效理由。4. 请求人认为：附件1能够说明在本专利申请日之前已有与本专利相同或相近似的外观设计存在，附件1封面中的"2003年产品目录"表明附件1的公开时间至少在2003年年底，附件2用于进一步证明附件1的公开日期。附件2、3、4结合说明与本专利相同或相近似的产品在国内公开使用，附件1当中110页和111页型号为UC1000、350LCD的保温桶就是在本专利申请日前已经公开的与本专利相同相近似的产品，因此本专利不符合专利法23条的规定。附件4照片中的产品就是型号为350LCD的保温桶。5、专利权人对附件1的真实性没有异议，但认为该附件的公开日期无法确定；对附件2及4形式上的真实性没有异议，内容上的真实性有异议；对附件3的真实性有异议；附件4的照片不知来源何处；附件2、3、4无关联性；认为本专利符合专利法第23条的规定。6、合议组认为双方当事人当庭已经充分陈述各自的意见，口审之后，合议组不再接受双方当事人的任何意见和证据。

至此，合议组认为本案事实清楚，现依法作出本审查决定。

二、决定的理由

1. 关于证据

附件1是CAMBRO 2003年产品目录，其封底标明：金宝制造公司2003年版权所有。据此可推定其公开日在2003年12月31日之前，早于本专利的申请日，因此，附件1可以作为评述本专利是否符合专利法第23条规定的证据。

请求人用附件2进一步证明附件1的公开日期，附件2是由美国金宝（CAMBO）制造公司在中国的销售商上海酒店设备股份有限公司出具的一份情况说明，证明金宝制造公司2003年产品目录是由金宝制造公司于2003年提供，并由上海酒店设备股份有限公司分发给中国各地的用户。合议组认为附件2能够进一步证明CAMBRO 2003年产品目录在本专利的申请日之前已被公开，但附件2中所证明的其他事实由于缺少相应的证据佐证，因此不能被采信。

附件3为菊园大酒店与上海酒店设备股份有限公司的成交单复印件。专利权人对该证据的真实性提出了异议，而请求人并未提交该证据的原件，因此合议组无法确认其真实性，该证据不能作为定案的依据。

附件4为菊园大酒店出具的情况说明，证明菊园大酒店于2004年3月16日从上海酒店设备股份公司购买了金宝制造公司生产的350LCD食品保温汤桶，并附上该保温汤桶的各个视图的照片。由于没有其他证据对该情况说明中所述的事实进行佐证，因此合议组无法确认其真实性，该证据不能作为定案的依据。

2. 关于专利法第 23 条

专利法第二十三条规定：授予专利权的外观设计，应当同申请日以前在国内外出版物上公开发表过或者国内公开使用过的外观设计不相同和不相近似，并不得与他人在先取得的合法权利相冲突。

本专利所示外观设计的产品名称是"食品保温桶（WJ-C）"，包括主视图、左视图、俯视图和仰视图。主视图上方有两个凸出的抠手，中下方有三条纵向粗条纹，主视图与后视图相同；左视图中间有三条纵向粗条纹；左右视图相同；俯视图左右两侧有密封铰链状图案，中间为一椭圆形图案，椭圆形中间有两条竖线；仰视图在四角有四个轮子状图案。

纵观本专利的视图，本专利的食品保温桶为长方体形状，上方有一个盖子和两个梯形抠手，底面有四个轮子。左右侧面和前后侧面中每个面都分布有三条纵向条纹。

附件 1 中型号为 350LCD 的产品所示的外观设计（下称在先设计 1）包括一幅立体图（见第 111 页的图）。从立体图中可以看出，350LCD 保温桶为长方体形状，顶面有凸起，顶面两侧有两个基本上为矩形的抠手，侧面显示有一条纵向凹陷；前面为光面；底面无轮子。

将本专利与在先设计 1 进行比较，二者均为食品保温容器的外观设计，属相同种类的产品。将二者各面的形状和图案进行比较，不同之处在于：本专利的左右、前后侧面的图案与在先设计 1 所示产品的图案均不相同；在先设计 1 只完整公开了一个视图；本专利的底面有四个轮子状的图案，而在先设计 1 没有。合议组认为：食品保温容器设计为长方体形为该类产品的惯常设计，不易引起一般消费者的关注，而本专利对一般消费者关注的装饰条纹的位置、形状和方向以及底面有无轮子与在先设计 1 的外观设计完全不同，二者的差别对于产品的外观设计的整体视觉效果具有显著的影响。因此，本专利与在先设计 1 的外观设计既不相同，也不相近似。

附件 1 中型号为 UC1000 的产品所示的外观设计（下称在先设计 2）包括一幅立体图（见第 110 页的图）。从立体图中可以看出，UC1000 保温箱为长方体形状，顶面有凸起，顶面两侧有两个基本上为矩形的抠手，左侧面有一贯通到底的矩形凹陷；前面的深凹陷内有一供取用饮料用的龙头；底面无轮子。

将本专利与在先设计 2 进行比较，二者均为食品保温容器的外观设计，属相同种类的产品。将二者各面的形状和图案进行比较，不同之处在于：本专利的左右、前后侧面的图案与在先设计 2 所示产品的图案均不相同；本专利的底面有四个轮子状的图案，而在先设计 2 没有；在先设计 2 有供取用饮料用的龙头，而本专利没有。合议组认为：食品保温容器设计为长方体形为该类产品的惯常设计，不易引起一般消费者的关注，而本专利对一般消费者引起关注的装饰条纹的位置、形状和方向以及底面有无轮子、侧面有无龙头与在先设计 2 的外观设计完全不同，二者的差别对于产品的外观设计的整体视觉效果具有显著的影响。因此，本专利与在先设计 2 的外观设计既不相同，也不相近似。

综上，本专利的外观设计与附件 1 所包含的两个在先设计既不相同也不相近似，因此本专利符合专利法第 23 条的规定。

请求人认为在先设计与本专利都是以形状为主的设计，图案可以忽略。合议组认为：食品保温容器基本上都是长方体的，因此其每个矩形面并不会对一般消费者的视觉效果具有显著的影响，而对一般消费者的视觉效果具有显著的影响的正是每个面所包含的不同的图案。

4. 关于使用公开

请求人认为附件 2、3、4 结合说明与本专利相同或相近似的产品在国内公开使用。

合议组认为：由于不能确认附件 3 的成交单和附件 4 的情况说明的真实性，因此不能证明金宝公司的 350LCD 食品保温桶在本专利的申请日之前由上海酒店设备股份有限公司公开销售的事实，而附件 2 也只能对附件 1 的公开日期作进一步的证明，并不能证明在本专利的申请日之前销售过 350LCD

食品保温桶。

鉴于以上事实，请求人所主张的"附件2、3、4结合说明与本专利相同或相近似的产品在国内公开使用"的事实不能成立。

三、决定

维持200430084298.6号外观设计专利权有效。

当事人对本决定不服的，可以根据专利法第46条第2款的规定，自收到本决定之日起三个月内向北京市第一中级人民法院起诉。根据该款的规定，一方当事人起诉后，另一方当事人应当作为第三人参加诉讼。

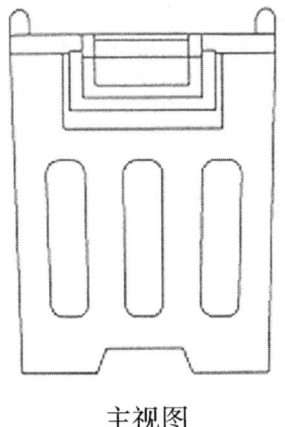
主视图

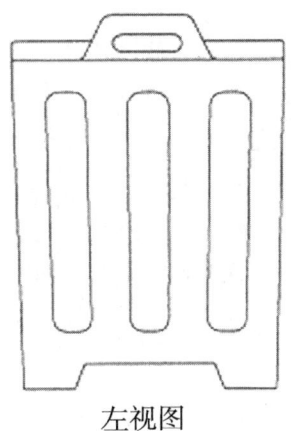
左视图

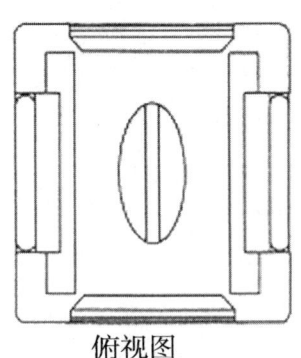
俯视图

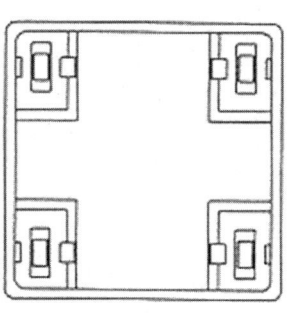
仰视图

本专利附图

UC1000

350LCD

对比文件图
6w06128

数传电台

无效宣告请求审查决定（第 9254 号）

决　定　号	第 9254 号
决　定　日	2006 年 12 月 25 日
发明创造名称	数传电台
外观设计分类号	14-03
无效宣告请求人	栾卓林
专 利 权 人	杨忠春
专　利　号	200530049880.3
申　请　日	2005 年 1 月 13 日
授权公告日	2005 年 12 月 28 日
合议组组长	张雪飞
主　审　员	张跃平
参　审　员	王霞军
附　　　图	2 页

法 律 依 据 中国专利法第 23 条
决 定 要 点

本专利不仅包括电台本体，而且包括安装用固定耳板，对比文件 1 仅包括电台本体，对此合议组认为，即使对比文件 1 没有公开固定耳板，但固定耳板在整个数传电台外观设计中所占比例很小，仅属于电台本体的安装用部件，对于一般消费者而言，二者的差别对于产品外观设计的整体视觉效果也不具有显著的影响。

一、案由

本无效宣告请求涉及的是 2005 年 12 月 28 日国家知识产权局授权公告的 200530049880.3 号外观设计专利，其名称是"数传电台"，申请日是 2005 年 1 月 13 日，专利权人是杨忠春。

针对上述外观设计专利权（下称本专利），2006 年 3 月 16 日栾卓林（下称请求人）向专利复审委员会提出无效宣告请求，请求人认为本专利在其申请日前不仅在多种出版物上公开发表，而且也早已公开销售使用，因此，本专利不符合中国专利法第 23 条的规定。请求人同时提交了作为证据的 15 个附件：

附件 1：本专利著录项目等信息及图片复印件；
附件 2：声称由 MDS 公司北京代表处印制的 MDS2710 简介复印件 4 页；

附件 3：1999 年 3 期《通讯世界》封面及 MDS 产品在《通讯世界》上的广告页复印件 2 页；

附件 4：2000 年 10 月《通讯世界》封面及 MDS 产品在《通讯世界》上的广告页复印件 2 页；

附件 5：声称深圳市华夏盛电子有限公司销售 MDS 公司产品时向客户发放的光盘实物；

附件 6：《通信市场》（2002 年 1 月和 2002 年 9 月刊）版权页及深圳市华夏盛电子有限公司在《通信市场》上发布的广告页复印件 4 页；

附件 7：深圳市华夏盛电子有限公司为其产品配装的产品资料光盘实物；

附件 8：深圳市华夏盛电子有限公司为其产品制作发行的应用技术手册复印件 24 页；

附件 9：第五届西南地区自动化及仪器仪表国际展览会会刊封面及深圳市华夏盛电子有限公司在其上发布的广告页复印件 2 页；

附件 10：深圳市华夏盛电子有限公司网站内容公证书复印件；

附件 11：声称 MDS 公司从 1998 年开始就在中国销售的 MDS2710 产品照片 6 张；

附件 12：退货及赔偿协议复印件 5 页；

附件 13：深圳市华夏盛电子有限公司销售行为的公证书复印件及封存实物（2 件）；

附件 14：华夏盛经理杨忠春发给 MDS 公司北京代表处的致歉函复印件 1 页；

附件 15：深圳市知识产权局、深圳市版权局"深版罚字（2005）第 03 号"行政处罚决定书复印件。

专利复审委员会根据无效宣告请求审查程序的规定受理了该无效宣告请求，并于 2006 年 4 月 13 日将请求人的无效宣告请求书的副本转送给专利权人。

专利权人于 2006 年 5 月 26 日向专利复审委员会提交了意见陈述书。专利权人认为，请求人提交的附件 2、附件 5、附件 7、附件 8 和附件 9 属于内部资料；请求人提交的附件 3、附件 4 和附件 6 没有证据证明这些证据出自何出版社，所以对其真实性有异议；请求人提交的附件 10 只能证明公证当日公司网站的相关内容，并不能证明公司在申请该专利以前公司的网站也刊登有公证当日的内容。请求人提交的作为有关公开使用证据的附件 11 并不能证明其上所示产品出处和销售时间，附件 12 是传真件，没有任何证明力。附件 14 也是传真件，对其真实性有异议。附件 13 和附件 15 是有关深圳市华夏盛电子有限公司侵犯美国微波数据系统公司版权的证据，与本案无关。因此，请求人提供的所有证据都不能支持其无效宣告请求的理由。

专利复审委员会于 2006 年 8 月 4 日将专利权人的意见陈述书转送给请求人，要求其在收到通知之日起一个月内答复，期满未答复，视为当事人已得知转送文件所涉及的内容，并且未提出反对意见。

专利复审委员会于 2006 年 8 月 4 日向双方当事人发出口头审理通知书，定于 2006 年 10 月 25 日对本案进行口头审理。

2006 年 10 月 25 日口头审理如期举行，只有请求人一方的委托代理人出庭，合议组在专利权人未到庭参加的情况下对本无效宣告请求进行缺席审理。在口头审理中，合议组告知当事人本案的参审员由徐清平变更为王霞军，请求人对合议组的组成人员无异议，也无回避请求。请求人在口头审理过程中提交了除附件 12、14 和附件 15 外的所有证据的原件。并当庭演示了附件 5 和附件 7 光盘。当庭开封了附件 13 中所附的实物，并拍照。请求人认为附件 2-附件 10 可以证明与本专利相同或者相近似的外观设计在其申请日之前早已被公开发表过，其余证据可以证明其在本专利申请日前公开使用。其中附件 2 属于 MDS 进入中国市场时印制的公开出版物，带有版权标识，带有版权的权利人，印制的出版时间是 1998 年 9 月。其属于公开出版物。而且本专利的外观设计与其上公开的是完全相同的：有四个信号灯、一个故障检测接口、一个天线接口和一个数据接口，左侧面是一个散热区。附件 3 和附件4中的4710型号和2710型号是一样的，与本案的外观设计专利是近似的。本专利的固定片在销售时是散装的。杂志《通讯世界》是在全世界发行的，由《通讯世界》杂志社编辑的，出版日期是每月12日。附件5光盘公开了2710的产品。附件7是深圳市华夏盛电子有限公司产品资料光盘。附件6是MDS做的广告宣传，宣传上也记载了产品的外观式样，第一份是2002年1月份的《通信市场》。第二份是02年第9期的《通信市场》。我们认为这两个杂志所登载的产品都是仿造的2710。杂志是从国家图书馆借的。附件8是深圳市华夏盛电子有限公司为其仿制产品制作发行的应用技术手册，该手册是向消费者散发的。其中公开了与本案的外观设计近似的产品式样。附件9是展览会会刊，该会刊已在展览会展示，其上公开的SCADA电台与本专利非常近似。附件10是深圳市华夏盛电子有限公司网站内容公证书，其第32页文章的陈述可以作为我们的证据，同时可以证明2005年1月8日，WDS电台已经售出了。附件11是MDS公司从1998年开始就在中国销售的MDS2710产品照片，说明该产品1998年就已经开始销售，1999年就做广告了。附件12是因深圳华夏盛电子有限公司销售假冒的MDS产品引发的交涉文件，其全部是电子件。附件13是深圳华夏盛电子有限公司销售行为的公证书及封存实物2件（原件仅一份），证明本专利产品已经在国内公开销售了。

2006年10月25日专利复审委员会向专利权人发出转送文件通知书，将附件3、附件4和附件6中的相关目录页、版权页以及附件13的实物照片6张转送给专利权人。要求其在收到通知之日起一个月内答复，期满未答复，视为当事人已得知转送文件所涉及的内容，并且未提出反对意见。

专利权人在规定的期限内未提交任何答复意见。

在上述审理的基础上，合议组认为本案事实清楚，可以依法作出审查决定。

二、决定的理由

1. 专利法第23条

专利法第23条规定：授予专利权的外观设计，应当同申请日以前在国内外出版物上公开发表过或者国内公开使用过的外观设计不相同和不相近似，并不得与他人在先取得的合法权利相冲突。

2. 证据认定

请求人提交的附件2是MDS2710产品简介，虽然请求人认为其属于MDS进入中国市场时印制的公开出版物，带有版权标识，带有版权的权利人，印制的出版时间是1998年9月。属于公开出版物。但合议组经过审理后认为，因这种产品广告单页制作随意性非常大，在没有其他有关证据来源或者公开散发证明的情况下，其真实性不足以被认可。

请求人提交的附件12、附件14和附件15仅仅是传真件或者复印件，没有提供原件，不具备证据的形式要件，因此不能确认其真实性。

附件3是1999年3期《通讯世界》封页及MDS产品在《通讯世界》上的广告页，附件4是2000年10月《通讯世界》封页及MDS产品在《通讯世界》上的广告页，请求人当庭提交了国家图书馆的装订册原件，从其导读页可知，附件3和附件4杂志分别是1999年第3期和2000年第10期，并分别于1999年3月12日和2000年10月12日出版，附件3的出版单位是中国科技信息研究所和美国国际数据集团，附件4的发行者是北京报刊发行局，二者属于本专利申请日2005年1月13日的公开出版物，真实性均可以被确认。附件3公开的MDS 4710数字电台和附件4公开的MDS 2710数字电台都可以作为与本专利进行相同相近似比较的对比文件（下称MDS 2710数字电台为对比文件1）。

附件13是深圳市华夏盛电子有限公司销售行为的公证书及封存实物，请求人提交了公证书原件和实物，该公证书有公证员签章并加盖有深圳市公证处公章。合议组认为，请求人已提交了公证书原件，该公证书在形式上不存在严重缺陷，可以确认其真实性。根据公证事项可知，2004年10月在两名公证员的陪同下，代理人王全民以消费者的身份向该处工作人员购买了两套WDS 2710数据电台，共支付人民币13800元，并附有收款收据和所购买产品的照片。因公证购买时间在本专利申请日2005年1月13日之前的2004年12月15日，因此，公证购买的实物已经构成在本专利申请日之前公开销售的证据，拍摄的实物照片可以作为与本专利进行相同和相近似比较的对比文件（下称对比文件2）。

3. 相近似性比较判断

本专利的数传电台包括数传电台本体和安装固定耳板，数传电台本体呈扁长方体形，从主视图看，本体左上方包括四个横向排列的数据指示灯，指示灯下方依次排列有数据接口、故障检测接口和一个天线接口，天线接口比其他接口更靠上一些，本体下方两侧安装有两个安装耳板，每个耳板上有两个安装孔。从右视图看，整个本体侧面都是散热片，从左视图看本体中间有两条平行的棱。（详见本专利附图）

对比文件1公开的数据电台本体也呈扁长方体，从正面看其左上方包括四个横向排列的数据指示灯，指示灯下方依次排列有数据接口、故障检测接口和一个天线接口，天线接口比其他接口更靠上一些，本体右侧面布满散热片，从正面可以看出其左侧中间有两条棱。对比文件1没有公开安装耳板。（详见对比文件1附图）

对比文件2公开的WDS 2710数传电台也包括数传电台本体和安装固定耳板，数传电台本体也呈扁长方体形，从正面看，本体左上方包括四个横向排列的数据指示灯，指示灯下方依次排列有数据接口、故障检测接口和一个天线接口，天线接口比其他接口更靠上一些，本体下方两侧安装有两个安装耳板，每个耳板上有两个安装孔。整个本体的右侧面都布满散热片，本体左侧中间有两条平行的棱。（详见对比文件2附图）

将本专利与对比文件1进行对比可知，二者的本体形状基本相同，不同的一个是对比文件1没有公开本体的左侧面和后面，此外本专利有安装耳板，对比文件1没有。对此合议组认为，虽然对比文件1没有公开本体的左侧面和后面，但本专利对应于对比文件1没有公开的内容也没有作出特别的设计，而且也不受一般消费者关注。因此，这些部位即使没有公开也不会影响对二者的整体观察、综合判断。将本专利的电台本体和对比文件1相比较，二者整体形状相同，正面、右侧面、顶面设计也相同，即使对比文件没有公开固定耳板，但固定耳板在整个数传电台外观设计中所占比例很小，仅属于电台本体的安装用部件，对于一般消费者而言，二者的差别对于产品外观设计的整体视觉效果不具有显著的影响。因此，二者属于相近似的外观设计。

将本专利与对比文件2相比可知，二者整体形状相同，各面设计也相同，二者属于相同的外观设计。

综上所述，本专利在其申请日之前已有与之相同和相近似的外观设计在出版物上公开，在国内公开使用，因此，本专利不符合专利法第23条的规定。

在得出上述结论的基础上对请求人提交的其他证据不再予以评述。

三、决定

依据专利法第23条的规定，宣告200530049880.3号外观设计专利权全部无效。

当事人对本决定不服的，可以根据专利法第46条第2款的规定，自收到本决定之日起三个月内向北京市第一中级人民法院起诉。根据该款的规定，一方当事人起诉后，另一方当事人应当作为第三人参加诉讼。

对比文件 1

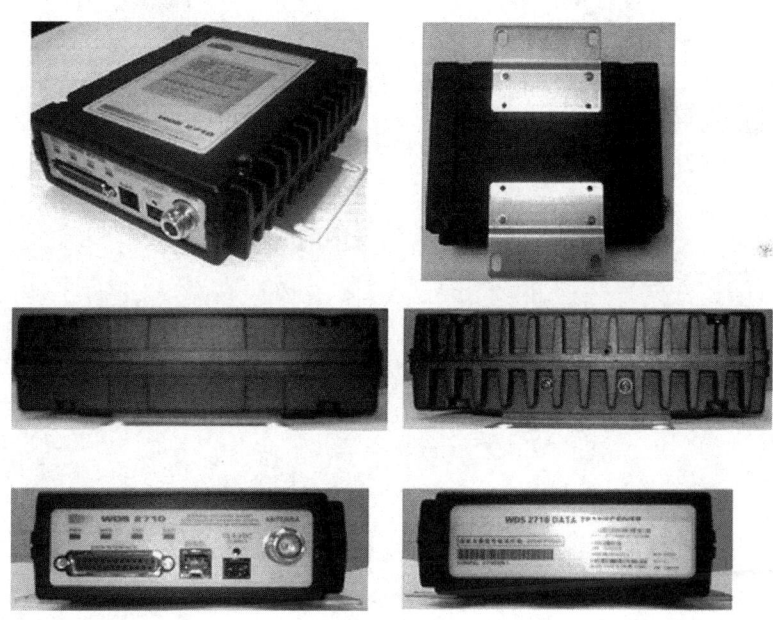

对比文件 2

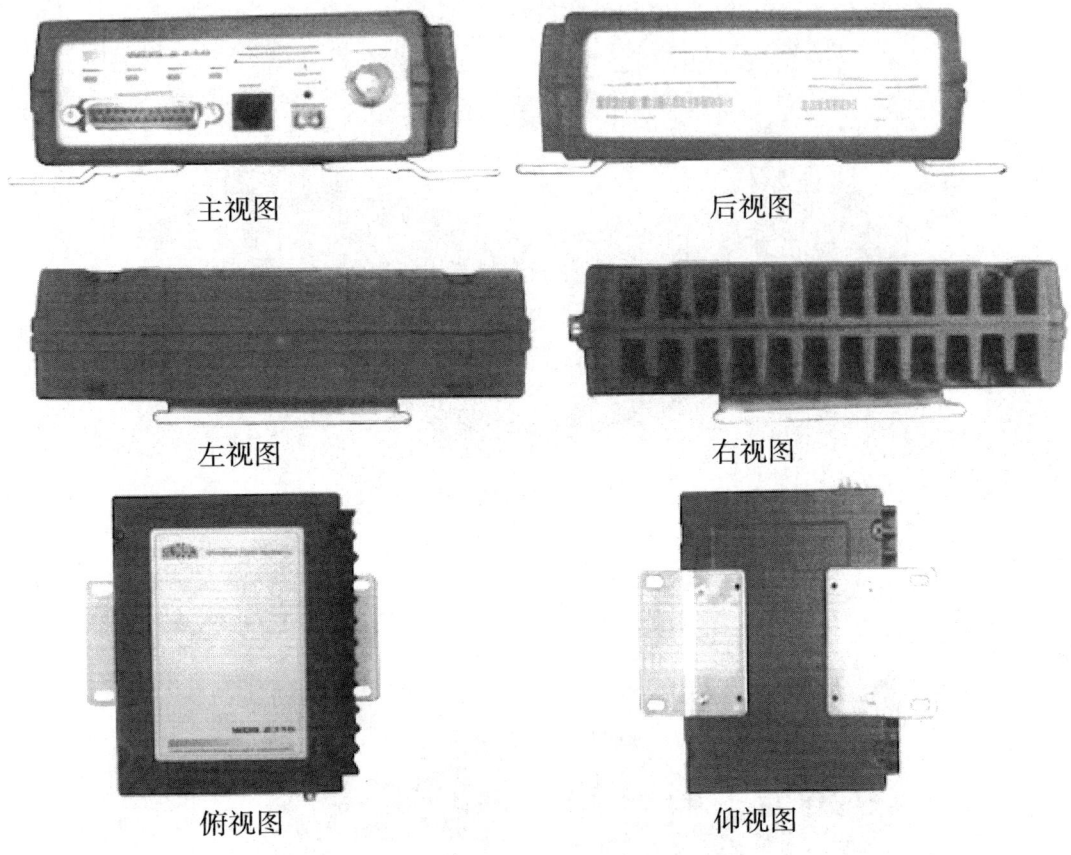

地毯（3）

无效宣告请求审查决定（第9258号）

决 定 号	第9258号
决 定 日	2006年12月19日
发明创造名称	地毯（3）
外观设计分类号	06-11
无效宣告请求人	安吉县竹产业协会
专 利 权 人	许赞有
专 利 号	02350341.6
申 请 日	2002年8月5日
授权公告日	2003年3月26日
合议组组长	张　度
主 审 员	孙治国
参 审 员	龙　安
附　　　图	8页

法 律 依 据 专利法第23条、专利法实施细则第2条第3款

决 定 要 点

1. 外观设计应当根据图片或照片进行确定，如果请求人所提交的附件中仅有文字描述，没有任何图片或照片，那么该附件不能够作为在先设计与本专利进行相近似性比较。

2. 本专利与在先设计在整体视觉效果上存在较大差异，一般消费者不会将二者误认、混同，两者既不相同，也不相近似，因此本专利符合专利法第23条的规定。

一、案由

本无效宣告请求案涉及国家知识产权局于2003年3月26日授权公告的，名称为"地毯（3）"的外观设计专利（下称本专利），其申请号是02350341.6，申请日是2002年8月5日，专利权人是许赞有。

针对本专利，安吉县竹产业协会（下称请求人）于2005年9月23日向专利复审委员会提出无效宣告请求，其理由是：1）请求人以附件1-3证明通过所公开的生产制作过程的描述完全可以确定该类产品的基本外观与本专利相近似，这种形式是该类产品流传多年、公开公知的竹席式样，因此本专利就是一种最基本的竹地毯，属于"仅以在其产品所属领域司空见惯的几何图形和图案构成的外观设计"，不符合专利法实施细则第2条第3款的规定；同时，从附件1-3可以看出，早在本专利申请

日前已经有相同外观设计在国内大量生产和销售（国内公开使用），所以本专利也不符合专利法第23条的规定。2）与本专利外观设计相同或相近似的外观设计已被大量申请日前的专利文献和国内外公开出版物所公开，因此本专利不符合专利法第23条的规定。请求人提交的证据如下：

附件1：浙江省技术监督局于1996年3月22日发布、1996年5月22日实施的浙江省地方标准DB33/T 195-1996，其名称为"机制竹凉席试验方法"，复印件，共9页；

附件2：浙技监质发（1997）82号文件，名称为"关于发布《浙江省竹凉席质量监督检验细则》的通知"，复印件，共6页；

附件3：落款有方崇荣、陆军、柴文淼、吴樟森签名，日期是2004年5月28日的浙江省林产品质量检测站提供的"关于DB33/T 195-1996《机制竹凉席试验方法》等有关情况的说明"，复印件，共3页；

附件4：专利号为ZL93306205.2的外观设计专利公报复印件，共1页，其授权公告日为1994年9月21日；

附件5：专利复审委员会第7432号无效宣告请求审查决定书复印件，共7页；

附件6：专利号为ZL99325036.X的外观设计专利公报复印件，共1页，其授权公告日为2000年2月16日；

附件7：专利号为ZL01327310.8的外观设计专利公报复印件，共1页，其授权公告日为2001年11月7日；

附件8：德国《heimtex》杂志第1/2001期首页、第29页的复印件2页和中文译文2页，以及相应的公证认证复印件5页及其中文译文5页；

附件9：分别盖有"上海图书馆上海科学技术情报研究所"印章、"浙江图书馆"印章的《BTH》杂志首页、第72页的复印件各2页以及提交页的中文译文共2页；

附件10：盖有"浙江图书馆"印章的《MAISON FRANCAISE》（法国家居）杂志复印件共5页及其中文译文2页；

附件11：盖有"浙江图书馆"印章的《Art & Decoration》杂志复印件共4页；

附件12：盖有"浙江图书馆"印章的《Maison Magazine》杂志复印件共5页。

经形式审查合格，专利复审委员会依法受理了上述无效宣告请求，并于2006年2月23日向双方当事人发出无效宣告请求受理通知书，随同受理通知书将无效宣告请求书及其附件清单中所列附件的副本转送给专利权人，要求其在收到通知之日起一个月内对该无效宣告请求陈述意见。

专利权人逾期未答复。

针对上述无效宣告请求，专利复审委员会依法成立合议组。本案合议组于2006年8月11日向双方当事人发出无效宣告请求口头审理通知书，定于2006年9月19日进行口头审理。合议组随后于2006年8月29日向双方当事人发出无效宣告请求口头审理通知书，告知双方当事人由于2006年9月19日专利复审委员会有其他活动安排，将原定于2006年9月19日进行的口头审理改为于2006年9月21日进行。

口头审理于2006年9月21日如期举行，双方当事人均出席了口头审理，并充分发表了己方的观点。合议组记录如下事项：

1. 双方当事人对对方出庭人员的身份没有异议。
2. 双方当事人对合议组人员没有回避请求。
3. 专利权人对附件1-7的真实性无异议，但是附件3的公开日期在本申请的申请日之后。对附件8-12的真实性有异议，对附件8-12的译文的准确性无异议。

4. 请求人未能当庭提交附件 8-12 的原件。

5. 请求人确认附件 8-12 的产品类似。

6. 请求人应在口审之日起 7 日内向合议组提交附件 8-12 的原件供核实，逾期视为未提交。

7. 双方当事人当庭已经充分陈述了各自的意见，口审之后，合议组不再接受双方当事人的任何书面意见。

专利权人当庭提交了如下反证：

1. 盖有浙江图书馆印章的证明文件的复印件（反证1），共 1 页，其内容是：浙江图书馆馆藏期刊《BTH》99 年一月至五月、七月至八月份没有；2000 年一月份至六月份没有，也没有借给其他人，建议到其他图书馆查找。

2. 盖有浙江图书馆印章的证明文件的复印件（反证2），共 1 页，其内容是：浙江图书馆馆藏期刊《FRANCAISE》全称《MAISON FRANCAISE》2000 年第 507-509 期没有，也没有借给其他人，建议到其他图书馆查找。

3. 盖有浙江图书馆印章的证明文件的复印件（反证3），共 1 页，其内容是：浙江图书馆馆藏期刊《Art & Decoration》2001 年第 380 期-382 期没有，也没有借给其他人，建议到其他图书馆查找。

4. 连云港市海州区公证处出具的（2005）海证民内字第 178 号公证书的复印件（反证4），共 3 页，证明附件 9-11 的证据来源虚假。

2006 年 10 月 10 日，请求人寄交了意见陈述书。由于合议组已经在口审记录中明确告知双方当事人在口头审理结束后不再接受任何书面意见陈述，因此对于请求人于 2006 年 10 月 10 日寄交的意见陈述书，合议组不再转文和评述。

至此，合议组认为本案事实已清楚，现依法作出审查决定。

二、决定的理由

1. 关于证据和在先设计

（1）附件 1 是浙江省地方标准、附件 2 是浙江省技术监督局文件、附件 3 是浙江省林产品质量检测站的情况说明，专利权人对它们的真实性没有异议。合议组经审查认为附件 1-3 可以作为本案证据使用，但是附件 1-3 中仅有文字描述，没有任何图片或照片，无法具体、准确地反映外观设计的整体视觉效果，因此不能够作为本专利的在先设计与本专利进行相近似性比较。

（2）附件 4、附件 6 和附件 7 都是外观设计专利文献，专利权人对它们的真实性没有异议，合议组经审查认为附件 4、附件 6 和附件 7 可以作为本案证据使用。

附件 4、附件 6 和附件 7 的公开日均在本专利申请日之前，因此其上记载的内容构成了本专利的在先设计。

（3）附件 8 是德国《heimtex》杂志第 1/2001 期首页、第 29 页及相关公证认证文件的复印件，专利权人认可复印件与原件一致，但是认为该公证认证属于证人证言，对其内容的真实性有异议。经审查，合议组认为，该公证认证文件的内容属于证人证言，通过保证书中保证的内容可知，证人在进行公证时并未出示该杂志的原件，在没有其他证据佐证的情况下，仅凭证人在保证书中的证言尚不足以证明附件 8 中杂志及其内容的真实性，附件 8 不能够作为本案证据使用。

（4）专利权人提交了反证 1-反证 4，证明请求人所称附件 9 至附件 12 原件是由浙江图书馆借出的观点不成立，并对附件 9 至附件 12 的真实性有异议。

请求人未能提供反证 1-反证 3 的原件，合议组无法确认反证 1-反证 3 的真实性，因此对反证 1-反证 3 的真实性合议组不予认可。合议组核实了专利权人提交的反证 4 的原件，确认复印件与原件一致，认为反证 4 真实、合法。

专利权人所提交的反证 4 第 178 号公证书所附现场记录表格中没有被调查人"邱姓工作人员"的签名,其余人员的签字时间 2005 年 9 月 10 日也晚于调查时间 2005 年 9 月 8 日;就其证明内容来看,为专利权人于 2005 年 9 月 8 日和某邱姓工作人员就有关"外借"情况的对话记录,在对话中该"邱姓工作人员"首先说明此处的书不能外借,接着又说明如果外借就须办理登记手续、留有借条。合议组认为该"邱姓工作人员"所说的话前后存在矛盾之处,其也未在该现场记录表格中签名,且没有其他证据对对话内容所陈述的事实加以佐证,因此反证 4 仅能够证明专利权人于 2005 年 9 月 8 日在浙江省图书馆未查阅到附件 9 至附件 11 杂志的原件,但是尚不足以推翻浙江省图书馆对附件 9 至附件 11 杂志的原件有馆藏的事实。

因此,合议组核实了附件 9 至附件 11 的原件后,认为附件 9 至附件 11 来源清楚,内容真实;专利权人认可其复印件与原件一致,经审查附件 9 至附件 11 可以作为本案证据使用。

由于专利权人无任何证据可以证明附件 12 不真实,且合议组经核实附件 12 的原件后,认为附件 12 的真实性可以得到确认,附件 12 可以作为本案证据使用。

附件 9 中封面右上角显示有"Marz 2-3/2000",第 72 页左下角显示有"BTH 2-3/2000",可推知附件 9 的公开日最迟也应该在 2000 年 12 月 31 日,早于本专利的申请日,因此其上记载的图片均构成了本专利的在先设计。

附件 10 原件的书脊处有"MAISON FRANCAISE No507-509 2000 浙江图书馆"字样,根据图书馆的一般藏书规则可知,该藏书是 2000 年出版的第 507-509 期,由此可以推知附件 10 的公开日最迟在 2000 年 12 月 31 日,早于本专利的申请日,因此其上记载的图片均构成了本专利的在先设计。专利权人对请求人所提附件 10 的中文译文准确性未提出异议,因此附件 10 的译文以请求人所提供的译文为准。

附件 11 的目录页正上方有"N° 380 Jan-Fév 2001"字样,由此可知附件 11 的公开日最迟在 2001 年 12 月 31 日,早于本专利的申请日,因此其上记载的图片均构成了本专利的在先设计。

由附件 12 原件中可以看出,该份证据包括两期杂志,其一是"总第 217 期 2001 年 11 月"(见该期杂志的目录页),其二是"总第 218 期 2001 年 12 月/2002 年 1 月"(见该期杂志的目录页),二者均早于本专利的申请日,因此其上记载的图片均构成了本专利的在先设计。

2. 关于专利法实施细则第 2 条第 3 款

专利法实施细则第 2 条第 3 款规定:专利法所称外观设计,是指对产品的形状、图案或者其结合以及色彩与形状、图案的结合所作出的富有美感并适于工业应用的新设计。

经审查,附件 1、2 公开了竹凉席的构成部件,附件 3 公开了竹凉席的基本生产制作过程。但是,由于竹条编织的方法多种多样,编织线的粗细、位置及包边的宽窄等设计方式也不唯一,因此采用同样的部件和同样的基本生产制作过程最终得到的产品外观并不一定相同。可见,仅通过竹凉席构成部件和其基本生产制作过程的描述并不能确定最终得到的产品图案,不能确定最终产品的外观设计。因附件 1、2、3 没有公开最终所得产品的外观,尚不足以证明本专利是以在其产品所属领域内司空见惯的几何形状和图案构成的外观设计,所以本专利符合专利法实施细则第 2 条第 3 款的规定。

3. 关于专利法第 23 条

专利法第 23 条规定:授予专利权的外观设计,应当同申请日以前在国内外出版物上公开发表过或者国内公开使用过的外观设计不相同和不相近似,并不得与他人在先取得的合法权利相冲突。

请求人使用附件 1-12 与本专利进行相近似性比较。如上所述,附件 1-3 中没有任何图片或照片,不能够作为本专利的在先设计进行相近似性比较;附件 8 不能作为本案证据使用。因此,下面仅就本专利相对于附件 4、附件 6、附件 7、附件 9-12 分别进行相近似性比较和评述。

本专利为一种竹地毯，共有 4 幅平面视图和 1 幅立体图，从平面视图可知其形状为长方形，长方形的周边由布条包裹形成长方形框，布条框的宽度约为四根粗竹条的宽度；主视图的中央由若干粗细相间的长竹条沿纵向平行排列而成，其中细竹条的宽度约为粗竹条宽度的三分之一，沿横向平行排列有节点状的编织线，该节点形状似长方形，其长度与粗竹条的宽度大致相当，各编织线之间的间距约为五个竹条的宽度。整个主视图呈现出纵向粗细相间的竹条与横向编织线交错排列的图案；后视图中央为毛布面。详见本决定中本专利的 5 个附图。

(1) 相对于附件 4

请求人使用附件 5 证明附件 4 的竹凉席与本专利的竹地毯是相近种类的产品，具有可比性。但是，由于附件 5 不是针对本专利权做出的决定或判决，因此其中的内容不能直接应用到本案中。

合议组经审查认为，本专利为一种竹地毯，附件 4 为一种竹席，两者属于不同种类的产品。但是，竹地毯和竹席均属于室内家居产品，两者具有共同的消费群体。通常情况下，竹地毯铺设于地面上便于行走和坐卧，竹席铺设于床榻供坐卧休息，在使用目的上两者有共同之处。同时，作为竹制品，两者在具体销售中往往处于相近的货架中。此外，就具体使用状态而言，在夏季竹席可以放置在地面作为竹地毯使用，而面积不大的竹地毯也可以放置在床或沙发上代替凉席的作用，即两者的使用状态在一定条件下可以转换。因此，综合考虑竹地毯和竹席的名称、货架、使用目的和使用状态之后，能够认定本专利与附件 4 的用途相似，所属产品的种类相近，可以进行外观设计相近似性的比较。

附件 4 为一种无线对节竹席，共有 2 幅平面视图和 2 幅局部放大视图，从平面视图可知其形状为倒圆角的长方形，长方形外加包边形成长方形框，从局部放大的主视图看，其包边的宽度约为三根竹条的宽度；主视图的中央由若干细长竹条纵向平行排列而成；竹席的后视图中央为纱布面。详见本决定附件 4 的 5 个附图。

将本专利与附件 4 比较，两者的整体形状均为长方形，后视图的中央均为布面，长方形的周围均包有布边。两者明显的区别在于：本专利主视图中央呈现出纵向粗细相间的竹条与横向编织线交错排列的图案；附件 4 中主视图中央仅为纵向平行排列的若干细长竹条，没有纵向粗细相间的竹条，也没有横向排列的密集编织线。

经过上述比较可知，本专利与附件 4 两者在整体视觉效果上存在较大差异，一般消费者不会将二者误认、混同，本专利与附件 4 两者既不相同，也不相近似，因此本专利相对于附件 4 符合专利法第 23 条的规定。

(2) 相对于附件 6

附件 6 为一种双面席梦思床垫，一面为竹席面，该竹席面与床垫是连为一体的，使用时仅是床垫的一部分，而不能单独放置在地面作竹地毯使用（详见本决定附件 6 的 5 个附图）。因此，本专利的产品竹地毯与附件 6 的产品床垫两者用途不同，两者的产品类别不相同也不相近。根据审查指南第四部分第五章第 6.2.2 节的规定：对于产品类别不相同也不相近的外观设计而言，不再进行被比设计与在先设计的比较和判断，即可认定被比设计与在先设计不相近似。本专利与附件 6 两者既不相同，也不相近似，因此本专利相对于附件 6 符合专利法第 23 条的规定。

(3) 相对于附件 7

附件 7 为一种竹地毯，共有 4 幅平面视图和 1 幅立体图，从平面视图可知其形状为长方形，长方形的周边由布条包裹形成长方形框，布条框的宽度约为九根竹条的宽度；主视图的中央由若干细长竹条横向平行排列而成，纵向平行排列有很细的编织线，各编织线之间间距较大；后视图中央为毛布面。详见本决定附件 7 的 5 个附图。

将本专利与附件7比较，两者后视图的中央均为毛布面，外围均包有布条框。两者明显的区别在于：本专利主视图中央呈现出纵向粗细相间的竹条与横向编织线交错排列的图案，沿横向平行排列有节点状的编织线，该节点形状似长方形，其长度与粗竹条的宽度大致相当，各编织线之间的间距约为五个竹条的宽度；附件7中主视图中央若干细长竹条为横向平行排列，编织线为纵向排列，编织线很不明显且间距较大。

经过上述比较，合议组认为，本专利与附件7两者主视图中粗细竹条排列、编织线节点的形状及最终形成的图案在整体视觉效果上存在较大差别，一般消费者不会将二者误认、混同，本专利与附件7两者既不相同，也不相近似，因此本专利相对于附件7符合专利法第23条的规定。

（4）相对于附件9

请求人使用附件9第72页中间的图与本专利进行相近似性比较，该图为一立体图，公开了一种竹地毯，从图中可知其形状为长方形，长方形的周边由布条包裹形成长方形框；长方形框内由若干细长竹条纵向平行排列而成，横向平行排列有编织线，各编织线之间间距较大。详见本决定附件9的附图。

将本专利与附件9比较，两者的整体形状均为长方形，长方形的周围均包有布边形成长方形框，布条框内均由若干细长竹条平行排列而成，横向均有平行排列的编织线。两者明显的区别在于：本专利主视图中央呈现出纵向粗细相间的竹条与横向编织线交错排列的图案，沿横向平行排列有节点状的编织线，该节点形状似长方形，其长度与粗竹条的宽度大致相当，各编织线之间的间距约为五个竹条的宽度；附件9布条框内的横向编织线与竹条相比十分明显，且间距较大，排列稀疏，从整体上看该竹地毯上呈现出明显的多道横线。

经过上述比较，合议组认为，本专利与附件9的图案在整体视觉效果上存在较大差别，一般消费者不会将二者误认、混同，本专利与附件9两者既不相同，也不相近似，因此本专利相对于附件9符合专利法第23条的规定。

（5）相对于附件10

请求人使用附件10第27页上排中间的图（下称图1）与本专利进行相近似性比较。该图为立体图，其公开了一种竹地毯，从图中可知其形状为长方形，长方形的周边由布条包裹形成长方形框；长方形框内由若干细长竹条纵向平行排列而成，横向平行排列有编织线，各编织线之间间距较大。详见本决定附件10的图1。

将本专利与图1比较，两者的整体形状均为长方形，长方形的周围均包有布边形成长方形框，布条框内均由若干细长竹条平行排列而成，横向均有平行排列的编织线。两者明显的区别在于：本专利主视图中央呈现出纵向粗细相间的竹条与横向编织线交错排列的图案，沿横向平行排列有节点状的编织线，该节点形状似长方形，其长度与粗竹条的宽度大致相当，各编织线之间的间距约为五个竹条的宽度；图1布条框内的横向编织线与竹条相比十分明显，且间距较大，排列稀疏，从整体上看该竹地毯上呈现出明显的多道横线。

经过上述比较，合议组认为，本专利与附件10图1的图案在整体视觉效果上存在较大差别，一般消费者不会将二者误认、混同，本专利与附件10图1两者既不相同，也不相近似。

请求人使用附件10第57页茶几下有地毯的图（下称图2）与本专利进行相近似性比较。该图为立体图，其公开了一种竹地毯，从图中可知其形状为长方形，长方形的周边由布条包裹形成长方形框；长方形框内由若干细长竹条纵向平行排列而成，横向平行排列有编织线，各编织线之间间距较大。详见本决定附件10的图2。

将本专利与图2比较，两者的整体形状均为长方形，长方形的周围均包有布边形成长方形框，布条框内均由若干细长竹条平行排列而成，横向均有平行排列的编织线。两者明显的区别在于：本专利主视图中央呈现出纵向粗细相间的竹条与横向编织线交错排列的图案，沿横向平行排列有节点状的编织线，该节点形状似长方形，其长度与粗竹条的宽度大致相当，各编织线之间的间距约为五个竹条的宽度；图1布条框内的横向编织线与竹条相比十分明显，且间距较大，排列稀疏，从整体上看该竹地毯上呈现出明显的多道横线。

经过上述比较，合议组认为，本专利与附件10图2的图案在整体视觉效果上存在较大差别，一般消费者不会将二者误认、混同，本专利与附件10图2两者既不相同，也不相近似。

由此可见，本专利相对于附件10的两个附图符合专利法第23条的规定。

(6) 相对于附件11

请求人使用附件11第120页中间标号为5的图与本专利进行相近似性比较，该图为一立体图，公开了一种竹地毯的一角，从图中无法得知该地毯其他三个角的形状，该地毯周边由布条包裹形成边框；边框内由若干细长竹条纵向平行排列而成，横向平行排列有编织线，各编织线之间间距较大。详见本决定附件11的附图。

将本专利与附件11比较，两者的周围均包有布边，布条框内均由若干细长竹条平行排列而成，横向均有平行排列的编织线。两者明显的区别在于：本专利的周边由布条包裹形成长方形框，其主视图中央呈现出纵向粗细相间的竹条与横向编织线交错排列的图案，沿横向平行排列有节点状的编织线，该节点形状似长方形，其长度与粗竹条的宽度大致相当，各编织线之间的间距约为五个竹条的宽度；附件11中地毯的形状无法确定，布条框内的横向编织线与竹条相比十分明显，且间距较大，排列稀疏，从整体上看该竹地毯上呈现出明显的多道横线。

经过上述比较，合议组认为，本专利与附件11的图案在整体视觉效果上存在较大差别，一般消费者不会将二者误认、混同，本专利与附件11两者既不相同，也不相近似，因此本专利相对于附件11符合专利法第23条的规定。

(7) 相对于附件12

请求人使用附件12中的总第217期杂志封2中间的图片（下称图3）与本专利进行相近似性比较，该图右下侧公开了一竹地毯，该竹地毯为一立体图，从图中可知其形状为长方形，长方形的周边由布条包裹形成长方形框；长方形框内由若干细长竹条纵向平行排列而成，横向平行排列有编织线，各编织线之间间距较大。详见本决定附件12的图3。

将本专利与图3比较，两者的整体形状均为长方形，长方形的周围均包有布边，布条框内均由若干细长竹条平行排列而成，横向均有平行排列的编织线。两者明显的区别在于：本专利主视图中央呈现出纵向粗细相间的竹条与横向编织线交错排列的图案，沿横向平行排列有节点状的编织线，该节点形状似长方形，其长度与粗竹条的宽度大致相当，各编织线之间的间距约为五个竹条的宽度；图3中布条框内的横向编织线与竹条相比十分明显，且间距较大，排列稀疏，从整体上看该竹地毯上呈现出明显的多道横线。

经过上述比较，合议组认为，本专利与附件12图3的图案在整体视觉效果上存在较大差别，一般消费者不会将二者误认、混同，本专利与附件12图3两者既不相同，也不相近似。

请求人使用附件12中的总第218期杂志封2中间的图片（下称图4）与本专利进行相近似性比较，该图正中茶几下方公开了一竹地毯，该竹地毯为一立体图，从图中可知其形状为长方形，长方形的周边由布条包裹形成长方形框；长方形框内由若干细长竹条纵向平行排列而成，隐约可见横向平行排列有编织线，各编织线之间间距较小。详见本决定附件12的图4。

将本专利与图4比较，两者的整体形状均为长方形，长方形的周围均包有布边，布条框内均由若干细长竹条平行排列而成，横向均有平行排列的编织线。两者明显的区别在于：本专利主视图中央呈现出纵向粗细相间的竹条与横向编织线交错排列的图案，沿横向平行排列有节点状的编织线，该节点形状似长方形，其长度与粗竹条的宽度大致相当，各编织线之间的间距约为五个竹条的宽度；图4中布条框内的横向编织线与竹条相比十分明显，且间距较小，排列稠密。

经过上述比较，合议组认为，本专利与附件12图4的图案在整体视觉效果上存在较大差别，一般消费者不会将二者误认、混同，本专利与附件12图4两者既不相同，也不相近似。

由此可见，本专利相对于附件12的两个附图符合专利法第23条的规定。

（8）综上所述，本专利与附件4、附件6、附件7、附件9-12均不相同，也不相近似，本专利相对于前述附件4、附件6、附件7、附件9-12中的各个视图符合专利法第23条的规定。

三、决定

维持02350341.6号外观设计专利权有效。

当事人对本决定不服的，可以根据专利法第46条第2款的规定，自收到本决定之日起三个月内向北京市第一中级人民法院起诉。根据该款的规定，一方当事人起诉后，另一方当事人应当作为第三人参加诉讼。

本专利的各个视图如下:

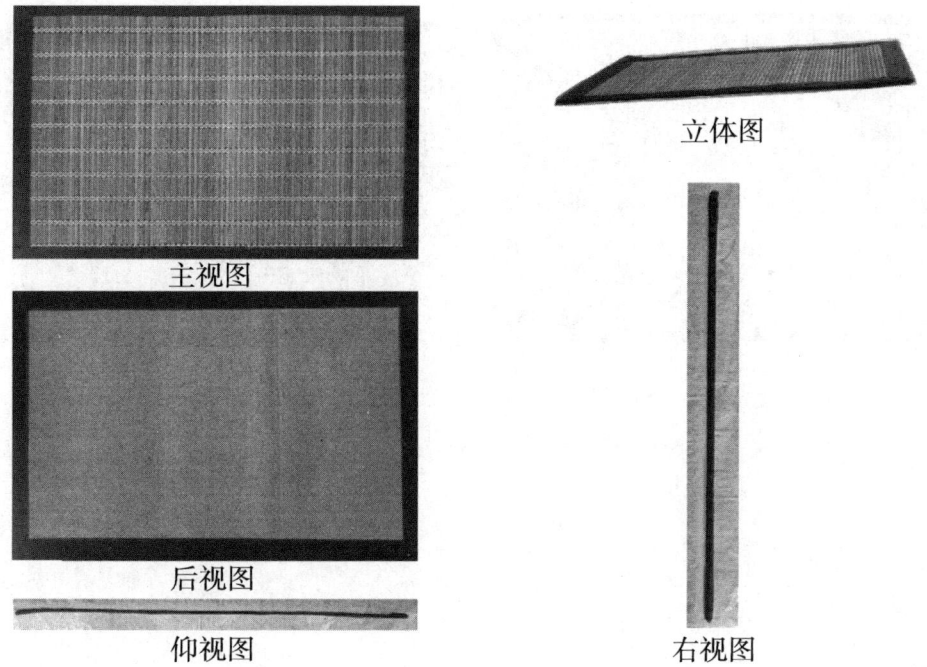

附件4的各个视图如下：

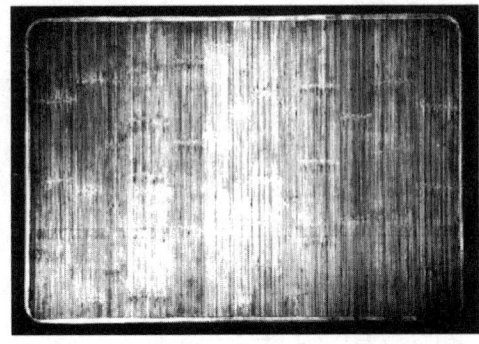
主视图

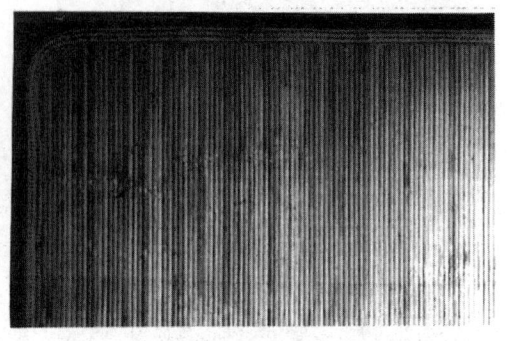
主视图局部放大

 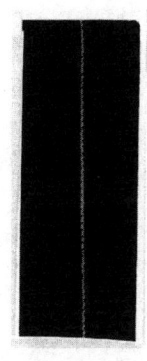 

侧视图　　　　侧面局部放大图　　　　后视图

附件6的各个视图如下：

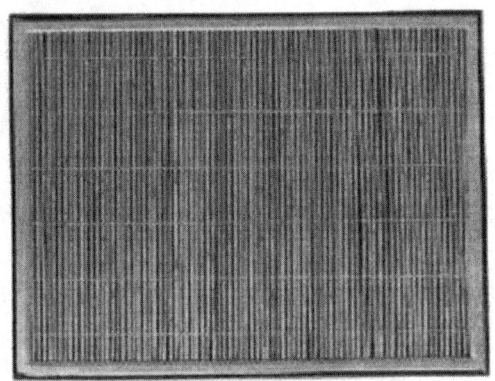

主视图

后视图

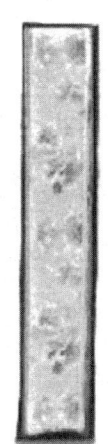

右视图

俯视图

立体图

附件7的各个视图如下：

主视图

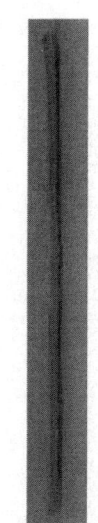

左视图

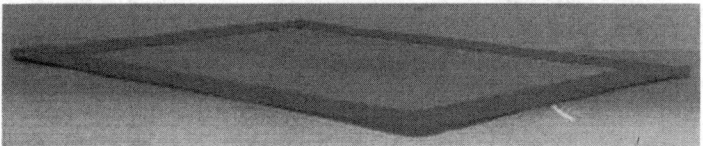

立体图

后视图

俯视图

附件 9 的各个视图如下：

ir Kunden, die das Besondere suchen: Teppiche aus Bambus

附件 10 的各个视图如下：

图 1

图 2

附件 11 的各个视图如下：

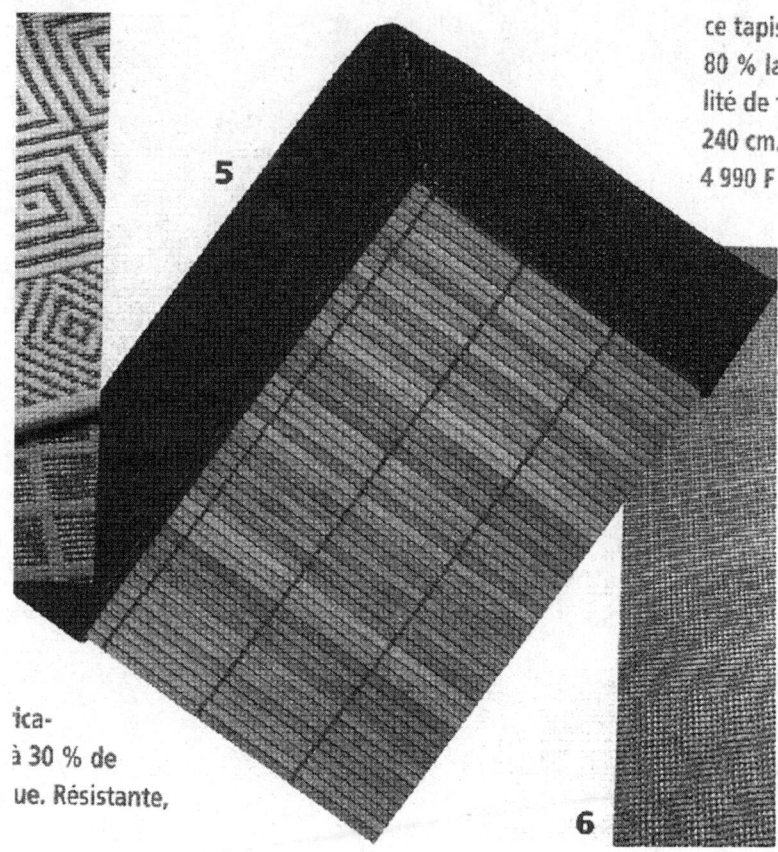

附件12的各个视图如下:

图3

图4

瓶贴（慕田峪牌汤河口二锅头）

无效宣告请求审查决定（第9265号）

决 定 号	第9265号
决 定 日	2006年12月22日
发明创造名称	瓶贴（慕田峪牌汤河口二锅头）
国际分类号	19-08
无效请求人	北京顺鑫农业股份有限公司牛栏山酒厂
专利权人	北京长城酒业有限公司
专 利 号	200530000619.4
申 请 日	2005年1月12日
授权公告日	2005年9月7日
合议组组长	崔国振
主 审 员	刘 静
参 审 员	刘 亚
附 图	1页
法律依据	专利法第23条

决定要点

在相近似判断中，产品外表出现的包括产品名称在内的文字是一种图案，应当考虑其作为图案的装饰作用，而不应当考虑其作为文字的字意。

一、案由

本无效宣告请求案涉及国家知识产权局于2005年9月7日公告授予的、名称为"瓶贴（慕田峪牌汤河口二锅头）"的第200530000619.4号外观设计专利（下称本专利），其申请日为2005年1月12日，专利权人为北京长城酒业有限公司。

针对上述专利权，北京顺鑫农业股份有限公司牛栏山酒厂（下称请求人）于2005年12月16日向专利复审委员会提出无效宣告请求，其理由是本专利不符合专利法第23条的规定。请求人同时提交了如下证据：

证据1：第200530000619.4号（本专利）外观设计公报复印件；

证据2：北京市工商行政管理局顺义分局出具的证明材料，原件共1页；

证据3：北京顺鑫农业股份有限公司牛栏山酒厂主办的《百年牛栏山——牛栏山酒厂建厂五十周年特刊》，2002年10月（总第5期），复印件共2页；

证据4：承德金民商贸有限责任公司出具的证明材料，原件共1页；

证据5：北京市言财商贸中心出具的证明材料，原件共1页；

证据6：河北省兴隆县兴隆糖酒有限公司出具的证明材料，原件共1页；

证据7：北京新亚伟业商贸有限公司出具的证明材料，原件共1页；

证据8：天津市宝坻县新兴五星啤酒经销处出具的证明材料，原件共1页；

证据9：北京顺鑫农业股份有限公司牛栏山酒厂的宣传册，复印件共2页；

证据10：北京顺鑫农业股份有限公司牛栏山酒厂出具的刊物印制说明，原件共1页；

证据11：《百年牛栏山》特刊的印制发票，2002年9月17日，复印件共1页。

请求人认为：1）证据3、9为我公司公开发行的刊物和宣传册，其中公开的瓶贴与本专利的外观设计相近似；2）证据2可以看出，在1998年5月7日在先设计已在工商局备案，并广泛应用于牛栏山酒厂的商品上；证据4-8可以证明，自九十年代初期在先设计已经被使用在牛栏山酒厂的商品上。

经形式审查合格后，专利复审委员会受理了上述无效宣告请求，于2006年3月31日向双方当事人发出《无效宣告请求受理通知书》，并将《专利权无效宣告请求书》及其附件清单中所列附件的副本转送给专利权人，要求其在指定的期限内答复。

针对上述无效宣告请求，专利权人于2006年5月15日向专利复审委员会提交了意见陈述书，同时提交了如下附件：

附件1：第200530000619.4号（本专利）外观设计公报复印件；

附件2：企业信息查询结果打印单，复印件共1页；

附件3：北京市工业生产许可证获证企业查询单，复印件共1页。

专利权人认为：1）请求人提交的所有证据都不是专利法意义上的公开出版物，而且复印件不能清楚地显示对比文件的形状、图案和色彩，要求请求人提供所有证据的原件；2）证据2不符合行政机关对外出证的形式要求，而且专利权人提供的附件2、3表明证据2违反有关法律规定，存在诸多矛盾之处；3）证据9本身没有表明出版时间，不是专利法意义上的公开出版物，证据3是企业的内部刊物，该资料不能达到公众想得知就能得知的状态，而且证据3、9的照片不清楚，无法判断相同相近似性；4）证据4-8属于与请求人有利害关系的证人出具的证据，而且证据4-8的瓶贴均为"北京顺鑫农业股份有限公司牛栏山酒厂"，其中的销售时间与北京顺鑫农业股份有限公司的成立时间存在矛盾；5）证据10是请求人自己出具的，不具有证明力，证据11没有附带任何照片和图片，不能证明票据上写的刊物就是证据3的刊物；6）所有证据的瓶贴与本专利既不相同也不相近似，因此本专利符合专利法第23条的规定。

2006年8月17日，专利复审委员会向双方当事人发出《无效宣告请求口头审理通知书》，拟定于2006年9月25日对该专利权的无效请求进行口头审理，并随口头审理通知书向请求人转送专利权人于2006年5月15提交的意见陈述书及附件清单的全部附件，要求请求人在口头审理时一并答复。

2006年9月25日，口头审理如期进行，双方当事人均委托代理人出席了口头审理。请求人当庭出示了证据3、9、11的原件，同时补充提交了证据12（北京市工商行政管理局顺义分局出具的"商品商标备案材料"证明，原件1页）和证据13（北京市工商行政管理局顺义分局出具的变更证明，原件1页）作为参考，通过证据13证明北京市牛栏山酒厂于2000年6月15日变更为北京顺鑫农业股份有限公司牛栏山酒厂，同时请求人放弃证据2。专利权人认为证据12超过了举证期限；合议组经过调查后当庭告知请求人：由于证据12上的瓶贴与原证据2不相同，属于逾期增加的新证据，故合议组不予考虑。专利权人对证据1-11的形式真实性无异议，但坚持认为：1）证据4-8的瓶贴均为"北京顺鑫农业股份有限公司牛栏山酒厂"，其中的销售时间与北京顺鑫农业股份有限公司的成立时间存在矛盾；2）证据3不属于公开出版物；3）证据9没有公开日期。请求人表示从证据9本身无法看出公开日期。在口头审理中，请求人明确其无效理由、证据为：1）证据3、10、11结合表明与本专利相近似的外观设计已在本专利申请日前在国内出版物上公开发表过；2）证据9表明与本专利相近似的外观设计已在本专利申请日前在国内出版物上公开发表过；3）分别单独使用证据4-8表明与本专利相近似的外观设计已在本专利申请日前在国内公开使用过。在此基础上，双方当事人充分陈述了各自的意见。

至此，合议组认为本案的事实已经调查清楚，可以作出审查决定。

二、决定的理由

1. 法律依据

专利法第23条规定，授予专利权的外观设计，应当同申请日以前在国内外出版物上公开发表过或者国内公开使用过的外观设计不相同和不相近似，并不得与他人在先取得的合法权利相冲突。

2. 关于证据3是否为公开出版物

证据3为《百年牛栏山——牛栏山酒厂建厂五十周年特刊》，2002年10月刊，总第5期）。证据10为北京顺鑫农业股份有限公司牛栏山酒厂出具的刊物印制说明的原件，其中表明：《百年牛栏山》是北京顺鑫农业股份有限公司牛栏山酒厂主办的双月刊物，自2002年开始发行，每期印制3000份左右，主要是免费发放给企业产品的主要经销商、内部职工和来厂的客人。证据11是《百年牛栏山》特刊印制发票的复印件，表明牛栏山酒厂于2002年9月17日印制《百年牛栏山》特刊3000份。请求人当庭提交了证据3、11的原件，专利权人对证据3、10、11的形式真实性均无异议，但认为证据3为内部刊物，不属于专利法意义上的公开出版物。对此合议组认为：证据3、10、11在内容上不存在矛盾，能够相互印证，表明北京顺鑫农业股份有限公司牛栏山酒厂在本专利申请日以前印制了《百年牛栏山——牛栏山酒厂建厂五十周年特刊》，证据3虽然为企业的内部刊物，但从其内容上看，兼有企业宣传册的功能，从常理来看，证据3印制以后应分发给企业职工及相关客户，从而起到宣传的作用，因此该刊物的获得者并不负有保密义务，而且专利权人也未提供证据支持其质疑该刊物公开性的主张，在此情况下，合议组认为，证据3在申请日以前处于能够为公众所获得的状态，属于专利法意义上的公开出版物。

3. 相近似性的认定

本专利的外观设计（下称被比设计）为一矩形的瓶贴，未要求保护色彩，瓶贴四围以双细线作为整个图案的边框，边框内瓶贴的上部正中为一商标，商标的主体为艺术体"慕田峪"三个字，商标的左右两侧各分布有两个汉字（被涂覆）；瓶贴的中部为较大的行楷"汤河口二锅头"字样，"汤河口二锅头"下面有十行被涂覆的文字；瓶贴的左下部有一个较小的由长城和五角星组成的图案，瓶贴的右下方有被涂覆的条形码。（详见本专利附图）

证据3的图片（下称在先设计）为一瓶二锅头酒，其上贴有一矩形的瓶贴，瓶贴四围以白底单细线作为边框，边框内瓶贴的上部正中为一商标，商标的左右两侧各分布有两个汉字；瓶贴的中部为较大的楷书"牛栏山二锅头"字样，"牛栏山二锅头"下面有九行文字；瓶贴的左下部有一个较小的牛头图案，瓶贴的右下方有条形码。（详见在先设计附图）

被比设计与在先设计的主题均为瓶贴，两者属于相同的类别。经比较，被比设计与在先设计在整体布局、构图方法、题材方面完全相同，瓶贴上部均为商标，且商标的构思、布局相同，中部均为较大的产品名称，左下角均为本产品的象征图案。两者的区别主要在于：1）具体的商标及象征图案不同，2）两者的产品名称文字不同。商标以及瓶贴左下角的象征图案在整个瓶贴中所占的比例较小，属于局部的细微变化，其对整体视觉效果不足以产生显著影响。至于产品名称的文字，在相近似判断中，产品外表出现的包括产品名称在内的文字是一种图案，应当考虑其作为图案的装饰作用，而不应当考虑其作为文字的字意；被比设计与在先设计均为二锅头酒，产品名称的文字字体相近似，因此其产品名称的文字作为图案来看是相近似的。综上所述，被比设计与在先设计的上述区别对于产品的整体视觉效果不具有显著的影响，因此被比设计与在先设计相近似，不符合专利法第23条的规定。

鉴于上述分析已经得出本专利不符合专利法第23条的结论，本决定对于请求人的其他无效理由和证据不再进一步评述。

基于以上事实和理由，本案合议组作出如下审查决定。

三、决定

宣告第200530000619.4号外观设计专利权无效。

当事人对本决定不服的，可以根据专利法第46条第2款的规定，自收到本决定之日起三个月内向北京市第一中级人民法院起诉。根据该款的规定，一方当事人起诉后，另一方当事人应当作为第三人参加诉讼。

主视图

本专利附图

48%（V/V）二锅头

在先设计附图

插座（接地故障断路器 GFCI）

无效宣告请求审查决定（第 9268 号）

决 定 号	第 9268 号
决 定 日	2006 年 12 月 20 日
发明创造名称	插座（接地故障断路器 GFCI）
外观设计分类号	13-03
无效宣告请求人	立维腾电子（东莞）有限公司
专 利 权 人	通领科技集团有限公司
专 利 号	02351583.X
申 请 日	2002 年 10 月 30 日
授权公告日	2003 年 5 月 14 日
合议组组长	吴赤兵
主 审 员	张雪飞
参 审 员	李巍巍
附 图	4 页

法律依据 中国专利法第 23 条

决定要点

请求人提交的部分域外证据缺少必要的有效证据的支持，在专利权人提出质疑的情况下，其真实性不能被认定，而能够认定真实性的其他在先公开的出版物上显示的外观设计均与本专利不相同且不相近似，因此请求人提交的证据均不能支持其无效宣告请求的理由，本专利应予维持。

一、案由

本无效宣告请求涉及的是国家知识产权局于 2003 年 5 月 14 日授权公告的 02351583.X 号外观设计专利，其产品名称是"插座（接地故障断路器 GFCI）"，申请日是 2002 年 10 月 30 日，专利权人是通领科技集团有限公司。

针对上述外观设计专利权（下称本专利），2006 年 8 月 10 日立维腾电子（东莞）有限公司（下称请求人）向专利复审委员会提出无效宣告请求，其理由是本专利不符合中国专利法第 23 条的规定。请求人认为本专利与证据所示在先设计在整体上构成相近似，其区别仅在于本专利的"T"型插孔，而"T"型是由功能所限定的标准插孔形状，不具有显著影响，因此在本专利申请日以前已有与其相近似的外观设计被公开出版物所公开，应宣告本专利全部无效。请求人同时提交了如下证据附件：

附件 1 是立维腾制造有限公司的首席知识产权顾问 Meir Y. Blonder 签名的证明和纽约州公证人、

王后郡公职人员、纽约州特别副州务卿、中国驻纽约总领事馆等出具的相关公证认证材料以及广州市汇泉翻译服务有限公司出具的相应中文译文复印件共 9 页；

附件 2 是 1996 年 4 月 23 日公开的 5510760 号美国专利文件及广州市汇泉翻译服务有限公司出具的相应中文译文复印件共 16 页；

附件 3 是 1986 年 6 月 17 日公开的 4595894 号美国专利文件及广州市汇泉翻译服务有限公司出具的相应中文译文复印件共 9 页；

附件 4 是 2001 年 10 月 30 日公开的 US 6309248 B1 号美国专利文件及广州市汇泉翻译服务有限公司出具的相应中文译文复印件共 16 页；

附件 5 是 2002 年 8 月 20 日公开的 US 6437700 B1 号美国专利文件及广州市汇泉翻译服务有限公司出具的相应中文译文复印件共 21 页；

附件 6 是 2002 年 9 月 26 日公开的 US 2002/0135958 A1 号美国专利申请文件及广州市汇泉翻译服务有限公司出具的相应中文译文复印件共 16 页；

附件 7 是 2001 年《HUBBELL》目录的部分页面及广州市汇泉翻译服务有限公司出具的相应中文译文复印件共 10 页；

附件 8 是《Wiring 1-2-3》一书的部分页面及广州市汇泉翻译服务有限公司出具的相应中文译文复印件共 12 页；

附件 9 是美国电气制造者协会（NEMA）出版的《WIRING DEVICES-DIMENSIONAL SPECIFICATIONS》一书的部分页面及广州市汇泉翻译服务有限公司出具的相应中文译文复印件共 6 页；

附件 10 是《Personnel Safety Devices》一书的部分页面及广州市汇泉翻译服务有限公司出具的相应中文译文复印件共 8 页；

附件 11 是 E48380 号文件的部分页面及广州市汇泉翻译服务有限公司出具的部分相应中文译文复印件共 4 页。

专利复审委员会根据无效宣告请求审查程序的规定受理了该无效宣告请求，并于 2006 年 8 月 10 日将请求人的无效宣告请求文件转送专利权人。

专利权人于 2006 年 9 月 6 日提交了意见陈述书，认为请求人提交的附件 2—附件 6 所示美国专利文件属于公开出版物，可以作为对比文件，但依据整体观察、综合判断的规则，其上均未公开在先设计的全部视图，不能与本专利进行全面对比，且上述在先设计均与本专利存在明显差异，整体均与本专利不相近似；请求人提交的其他证据不符合域外证据应履行公证认证手续的相关规定，应不予采纳，且其上均未公开在先设计的全部视图，不能与本专利进行全面对比；因此应维持本专利有效。

请求人于 2006 年 9 月 9 日提交意见陈述书，补充认为在本专利申请日以前公开的美国外观设计专利的图片中已完全公开了本专利所保护的外观形状，本专利不符合中国专利法第 23 条的规定，应宣告本专利全部无效。请求人同时补充了如下证据附件：（编号续前）

附件 12 是立维腾制造有限公司的首席知识产权顾问 Meir Y. Blonder 签名的证明和纽约州公证人、王后郡公职人员、纽约州特别副州务卿、中国驻纽约总领事馆等出具的相关公证认证材料以及广州市汇泉翻译服务有限公司出具的相应中文译文复印件共 7 页；

附件 13 是 1999 年 9 月 14 日公开的 413862 号美国外观设计专利文件及广州市汇泉翻译服务有限公司出具的相应中文译文复印件共 5 页；

附件 14 是 2000 年 1 月 25 日公开的 419531 号美国外观设计专利文件及广州市汇泉翻译服务有限公司出具的相应中文译文复印件共 7 页；

附件 15 是立维腾制造有限公司的安全与电力优质产品部主任 William Grande 签名的证明和纽约

州公证人、王后郡公职人员、纽约州特别副州务卿、中国驻纽约总领事馆等出具的公证认证材料以及广州市汇泉翻译服务有限公司出具的相应中文译文复印件共7页，其中纽约州公证人公证的是安全与电力优质产品部主任Bill Grande在其面前签名的行为；另附《Protection Products》一书的部分页面及广州市汇泉翻译服务有限公司出具的相应中文译文复印件共6页。

专利复审委员会于2006年10月9日分别将上述专利权人的意见陈述和请求人补充的意见陈述及附件转送对方当事人；同时向双方当事人发出口头审理通知书，定于2006年11月29日进行口头审理。

口头审理如期举行，双方当事人均委托代理人出庭；双方均声明对对方出庭人员的身份无异议，对合议组成员无回避请求。在口头审理中，请求人当庭提交了附件1中证明和公证认证材料原件、附件2—附件6所示美国专利文件或专利申请文件的复印件、附件9所示《WIRING DEVICES-DIMENSIONAL SPECIFICATIONS》一书的复印件、附件10所示《Personnel Safety Devices》一书的彩色复印件、附件12中证明和公证认证材料原件、附件15中证明和公证认证材料原件及《Protection Products》一书的彩色复印件，并当庭提交了附件1—附件15中涉及的中文译文原件，同时说明附件7和附件8的原件保存于广州市中级人民法院；请求人说明以附件2—附件6、附件13和附件14作为与本专利进行相近似性判断的对比文件，附件7—附件11和附件15仅用以说明本案涉及的插座类产品在通常使用安装时的状态，不作为与本专利进行相近似性判断的对比文件，其中附件9还用以说明本专利的"T"型插孔是此类产品功能性的标准设计。

专利权人认可附件2—附件6、附件13、附件14和所有中文译文的真实性；对于其他域外证据的真实性有异议，并认为公证认证材料证明的是印章、签字和格式等符合要求，与证明中的具体内容无关，且附件7—附件11也无法证明其上所示的外观设计在本专利申请日以前就已公开。

针对专利权人对于域外证据真实性的质疑，请求人认为本方已履行了公证认证手续，符合关于域外证据的规定，如专利权人不认可，应由其举证，且公证认证的内容不仅认证其形式，还包括内容。对于附件15中证明和公证认证材料所示的出证人不相符一项，请求人未予解释。

在相近似性判断方面，请求人指明以附件2中的图1、附件3中的图1、附件4中的图10、附件5中的图1、附件6中的图8和附件13、附件14所示外观设计分别作为在先设计，并认为由附件7—附件11可以说明本案涉及的插座类产品在使用状态下俯视图所示插孔面是要部，因此虽然附件2—附件6所示在先设计缺少其他面视图，仍可与本专利进行对比，上述在先设计与本专利均属于相近似的外观设计；专利权人坚持认为附件2—附件6所示在先设计未公开全部视图，相应视图无法对比，且上述在先设计均与本专利不相同且不相近似。

在上述审理的基础上，合议组经合议，认为本案事实清楚，依法作出本审查决定。

二、决定的理由

1. 基于请求人提出的无效宣告请求的理由，合议组依据中国专利法第23条的规定对本案进行审理。

中国专利法第23条规定：授予专利权的外观设计，应当同申请日以前在国内外出版物上公开发表过或者国内公开使用过的外观设计不相同和不相近似，并不得与他人在先取得的合法权利相冲突。

2. 请求人提交的附件1是立维腾制造有限公司的首席知识产权顾问Meir Y. Blonder签名的证明和纽约州公证人、王后郡公职人员、纽约州特别副州务卿、中国驻纽约总领事馆等出具的相关公证认证材料以及广州市汇泉翻译服务有限公司出具的相应中文译文；附件7是2001年《HUBBELL》目录的部分页面复印件及广州市汇泉翻译服务有限公司出具的相应中文译文；附件8是《Wiring 1-2-3》一书的部分页面复印件及广州市汇泉翻译服务有限公司出具的相应中文译文；附件9是美国电气制造者协会（NEMA）出版的《WIRING DEVICES-DIMENSIONAL SPECIFICATIONS》一书的复印件及广州市汇泉翻译服务有限公司出具的相应中文译文；附件10是《Personnel Safety Devices》一书的复印件及广州市汇泉翻译服务有限公司出具的相应中文译文；附件11是E48380号文件的部分页面复印件及广州市汇泉翻译服务有限公司出具的部分相应中文译文。

针对上述附件，合议组认为：请求人提交了附件1中证明和公证认证材料的原件，其中证明的主要内容为：附带的《1997 NEMA Standard》、《"Wired for Safety," U.S Consumer Product and Safety Commission Videotape》、《"Wired for Safety," U.S Consumer Product and Safety Commission Video》、《Wiring 1-2-3, Home Depot》、《Letter from Underwriters Laboratories》、《Hubbell Wiring Devices & Systems Product Catalog》和《Leviton Product Brochure》等文件是真实、正确、完整的，通过纽约州公证人、王后郡公职人员、纽约州特别副州务卿和中国驻纽约总领事馆等出具的一系列公证认证材料能够认定立维腾制造有限公司的首席知识产权顾问Meir Y. Blonder在该证明上签名的行为属实；但是，虽然请求人说明附件7—附件11所示的外文证据均包含在附件1中证明所述的文件中，但是在证据形式上，附件1与附件7、附件8、附件10、附件11之间均是相互分离的，附件1与附件9之间也仅以钉书钉相结合，并均缺乏必要、有效、确凿的连接关系的相关确认，因此在该证明或者公证认证材料的出证人未以其他方式作进一步确认的情况下，不能直接认定附件7—附件11所示外文证据的内容确与附件1中证明所述文件的内容一致；故请求人提交的附件7—附件11所示外文证据作为域外证据，缺乏有效的公证认证材料或者其他证据对其真实性进行确认，且专利权人对其真实性存有异议，因此合议组对附件7—附件11所示外文证据的真实性不予认定。

3. 请求人提交的附件15是立维腾制造有限公司的安全与电力优质产品部主任William Grande签名的证明和纽约州公证人、王后郡公职人员、纽约州特别副州务卿、中国驻纽约总领事馆等出具的公证认证材料以及广州市汇泉翻译服务有限公司出具的相应中文译文，另附《Protection Products》一书的复印件及广州市汇泉翻译服务有限公司出具的相应中文译文。针对附件15，合议组认为：虽然请求人提交了附件15中证明和公证认证材料的原件，但是通过纽约州公证人、王后郡公职人员、纽约州特别副州务卿和中国驻纽约总领事馆等出具的一系列公证认证材料认定是安全与电力优质产品部主任Bill Grande签名的行为属实，而实际在证明上签名的是安全与电力优质产品部主任William Grande，因此证明与公证认证材料所示的出证人不相符，在请求人未作出合理解释的情况下，附件15不属于有效证据；对于附件15中所附的外文证据，由于缺乏有效的公证认证材料或者其他证据对其真实性进行确认，且专利权人对其真实性存有异议，因此合议组对其真实性也不予认定。

4. 请求人提交的附件2是1996年4月23日公开的5510760号美国专利文件复印件及广州市汇泉翻译服务有限公司出具的相应中文译文；附件3是1986年6月17日公开的4595894号美国专利文件复印件及广州市汇泉翻译服务有限公司出具的相应中文译文；附件4是2001年10月30日公开的US 6309248 B1号美国专利文件复印件及广州市汇泉翻译服务有限公司出具的相应中文译文；附件5是2002年8月20日公开的US 6437700 B1号美国专利文件复印件及广州市汇泉翻译服务有限公司出具的相应中文译文；附件6是2002年9月26日公开的US 2002/0135958 A1号美国专利申请文件复印件及广州市汇泉翻译服务有限公司出具的相应中文译文；附件12是立维腾制造有限公司的首席知识产权顾问Meir Y. Blonder签名的证明和纽约州公证人、王后郡公职人员、纽约州特别副州务卿、中国驻纽约总领事馆等出具的相关公证认证材料以及广州市汇泉翻译服务有限公司出具的相应中文译文；附件13是1999年9月14日公开的413862号美国外观设计专利文件复印件及广州市汇泉翻译服务有限公司出具的相应中文译文；附件14是2000年1月25日公开的419531号美国外观设计专利文件复印件及广州市汇泉翻译服务有限公司出具的相应中文译文。

针对上述附件，合议组认为：双方当事人均认可附件2—附件6、附件13和附件14所示外文证据的真实性,合议组经核实,对上述证据的真实性予以认定;由于附件12是针对附件13和附件14所示外文证据的真实性所作出的证明和公证认证材料,因此在已确认附件13和附件14所示外文证据真实的情况下,合议组对附件12不再予以评述;附件2—附件6、附件13和附件14所示美国的专利文件、专利申请文件和外观设计专利文件均在本专利申请日(2002年10月30日)以前公开,均属于中国专利法第23条所规定的公开出版物,均适用于本案。

5. 在附件2所示的5510760号美国专利文件中公开了一款插座(下称在先设计1)的立体图。从图片上观察,在先设计1主体的基本形状为近似长方体;其上部内收并凸起圆角扁长方体形的面板,面板中部平行排列两个等长的内凹长方形框,均内含带有一行英文的长方体,长方形框的一侧有一扁圆柱形,面板两边各呈"品"字形排列两个"一"字形插孔和一个拱门形插孔,面板底下两端各伸出一个近似"T"字形的固定板,其外端为有间隔的多边形的三头片,内含圆形或跑道形的安装孔;主体侧面有螺钉、肋条等设计。(详见在先设计1附图)

在附件3所示的4595894号美国专利文件中公开了一款插座(下称在先设计2)的立体图。从图片上观察,在先设计2主体的基本形状为近似长方体;其上部侧边内收并凸起圆角扁长方体形的面板,面板中部平行排列两个不等长的内凹长方形框,均内含带有一行英文的长方体,面板两边各呈"品"字形排列两个"一"字形插孔和一个拱门形插孔,面板底下两端各伸出一个近似"T"字形的固定板,其外端为有间隔的圆形和半跑道形的三头片,内含圆形或跑道形的安装孔;主体侧面有螺钉、肋条等设计。(详见在先设计2附图)

在附件4所示的US 6309248 B1号美国专利文件中公开了一款插座(下称在先设计3)的立体图。从图片上观察,在先设计3的基本形状为近似长方体;其上部为圆角长方体形的面板,面板中部平行排列两个不等长的内凹长方形框,均内含带有一行英文的长方体,面板两边各呈"品"字形排列两个"一"字形插孔和一个拱门形插孔,面板的一个对角排列两个圆孔;侧面有螺钉、肋条等设计。(详见在先设计3附图)

在附件5所示的US 6437700 B1号美国专利文件中公开了一款插座(下称在先设计4)的立体图。从图片上观察,在先设计4主体的基本形状为近似长方体;其上部两端内收并凸起圆角扁长方体形的面板,面板中部呈长方形坡状凹进,其内平行排列两个不等长的长方形框,均内含两行英文,一侧的坡上有一个圆孔,面板两边各呈"品"字形排列两个"一"字形插孔和一个拱门形插孔,面板底下两端各伸出一个近似"T"字形的固定板,其外端为有间隔的半跑道形和倒角长方形的三头片,内含圆形或跑道形的安装孔;主体侧面有螺钉、肋条等设计。(详见在先设计4附图)

在附件6所示的US 2002/0135958 A1号美国专利申请文件中公开了一款插座(下称在先设计5)的立体图。从图片上观察,在先设计5主体的基本形状为近似长方体;其上部内收并凸起圆角扁长方体形的面板,面板中部平行排列两个等长的内凹长方形框,均内含两行英文,面板两边各呈"品"字形排列两个"一"字形插孔和一个拱门形插孔,面板底下两端各伸出一个近似"T"字形的固定板,其外端为有间隔的多边形的三头片,内含圆形或跑道形的安装孔;主体侧面有螺钉、肋条等设计。(详见在先设计5附图)

在附件13所示的413862号美国外观设计专利文件中公开了一款插座的外观设计(下称在先设计6)。从图片上观察,在先设计6主体的基本形状为近似长方体;其上部侧边内收并凸起圆角扁长方体形的面板,面板中部平行排列两个不等长的长方形框,均内含带有一行英文的长方形,面板两边各呈"品"字形排列两个"一"字形插孔和一个拱门形插孔,面板底下两端各伸出一个近似"T"字形的固定板,其一的一侧有内弧形缺口,其外端为基本相连的圆形和山包形的三头片,内含圆形或跑道形的安装孔;主体其他面有螺钉、肋条等设计。(详见在先设计6附图)

在附件 14 所示的 419531 号美国外观设计专利文件中公开了一款插座的外观设计（下称在先设计7）。从图片上观察，在先设计7主体的基本形状为近似长方体；其上部侧边内收并凸起圆角扁长方体形的面板，面板中部平行排列两个等长的跑道形框，均内含带有两行英文的跑道形，面板两边各呈"品"字形排列两个"一"字形插孔和一个拱门形插孔，面板底下两端各伸出一个近似"T"字形的固定板，内含圆形或跑道形的安装孔；主体其他面有螺钉、肋条等设计。（详见在先设计7附图）

本专利同样是插座的外观设计。从图片上观察，本专利的基本形状为近似长方体；其上部内收并凸起圆角扁长方体形的面板，面板中部平行排列两个等长的内凹长方形框，均内含两行英文，面板两边各呈"品"字形排列一个"T"字形插孔、一个"一"字形插孔和一个拱门形插孔，面板底下两端各伸出一个近似"T"字形的固定板，其外端为相连的多边形和山包形的三头片，内含圆形或跑道形的安装孔；主体其他面有螺钉、肋条等设计。（详见本专利附图）

合议组认为：本专利和上述在先设计均为插座的外观设计，用途相同，均属于相同类别的产品，具有可比性；在相近似性判断时，从整体视觉观察，对于本案涉及的插座类产品而言，由于其插座面板部位和固定板部位相对于其他部位是在实际使用过程中容易看到的部位，因此插座面板部位和固定板部位对其整体视觉效果更具有显著的影响。

将本专利与在先设计1相比较，合议组认为：从整体视觉观察，由于二者对于在购买和使用过程中最易引起一般消费者所关注的面板插孔的设计明显不同，固定板的外形差异也较大，因此不会引起一般消费者对二者整体外观设计的误认、混同，且请求人未能提交有效证据证明本专利特有的"T"型插孔是已有国家标准规定的受功能所唯一限定的部件，也没有其他证据证明本专利相对于在先设计1的不同点属于此类产品公认的惯常设计，因此上述差别对于二者的整体视觉效果具有显著的影响，二者应属于不相同且不相近似的外观设计。

将本专利和在先设计2相比较，合议组认为：由于二者的主要差别和本专利与在先设计1的差别基本一致，因此基于前述理由，二者也属于不相同且不相近似的外观设计，在此不再赘述。

将本专利和在先设计3相比较，合议组认为：由于二者的插孔设计不同，整体外形不同，且存在有无固定板的不同，因此结合前述理由，二者明显属于不相同且不相近似的外观设计，在此不再赘述。

将本专利和在先设计4相比较，合议组认为：由于二者插座面板中部的设计不同，插孔设计不同，整体外形不同，固定板外形不同，因此结合前述理由，二者明显属于不相同且不相近似的外观设计，在此不再赘述。

将本专利和在先设计5相比较，合议组认为：由于二者插孔设计不同，整体外形不同，固定板外形不同，因此结合前述理由，二者应属于不相同且不相近似的外观设计，在此不再赘述。

将本专利和在先设计6相比较，合议组认为：由于二者插孔设计不同，固定板外形不同，因此结合前述理由，二者应属于不相同且不相近似的外观设计，在此不再赘述。

将本专利和在先设计7相比较，合议组认为：由于二者插座面板中部的设计不同，插孔设计不同，固定板外形不同，因此结合前述理由，二者明显属于不相同且不相近似的外观设计，在此不再赘述。

6. 综上所述，请求人提交的证据均不能支持其无效宣告请求的理由。

三、决定

维持02351583.X号外观设计专利权有效。

当事人对本决定不服的，可以根据中国专利法第46条第2款的规定，自收到本决定之日起三个月内向北京市第一中级人民法院起诉。根据该款的规定，一方当事人起诉后，另一方当事人应当作为第三人参加诉讼。

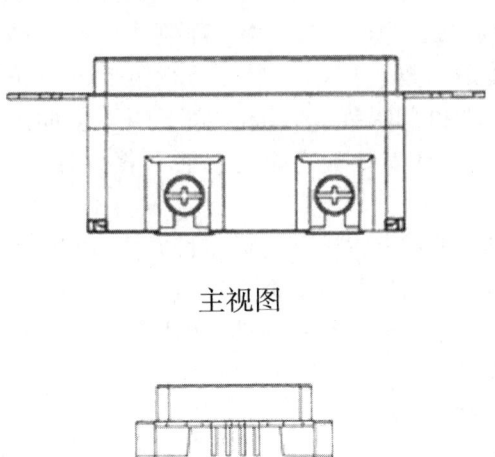

主视图

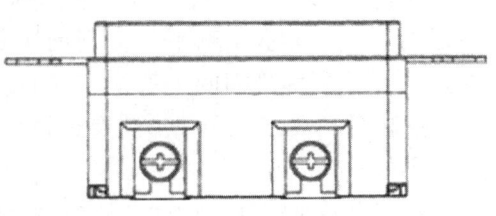

后视图

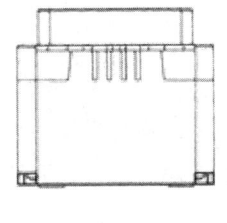

左视图

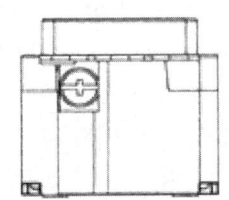

右视图

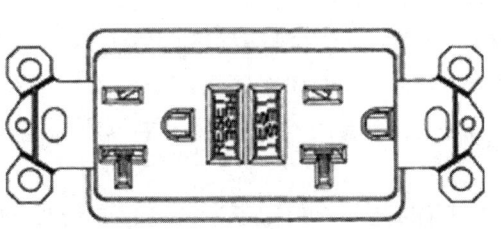

俯视图

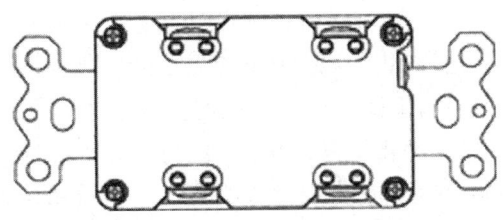

仰视图

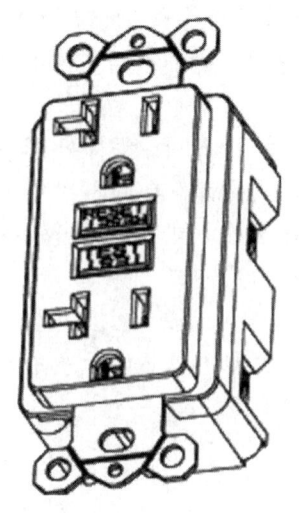

立体图1

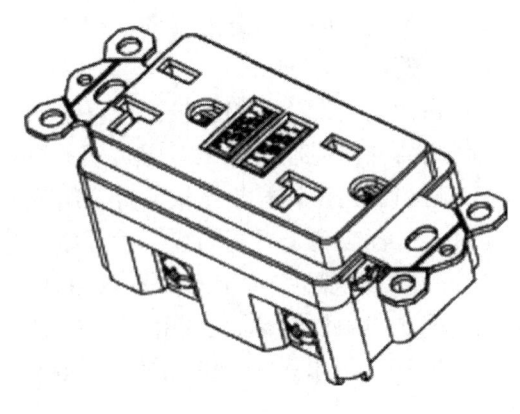

立体图2

本专利

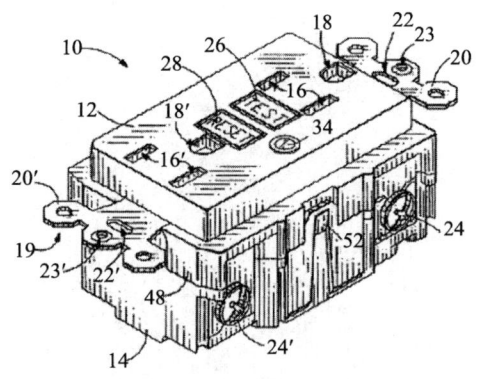

在先设计1

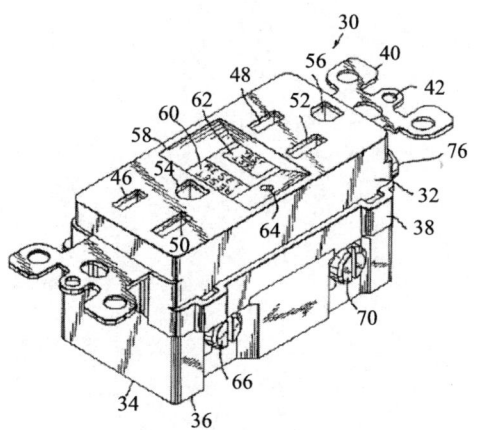

在先设计4

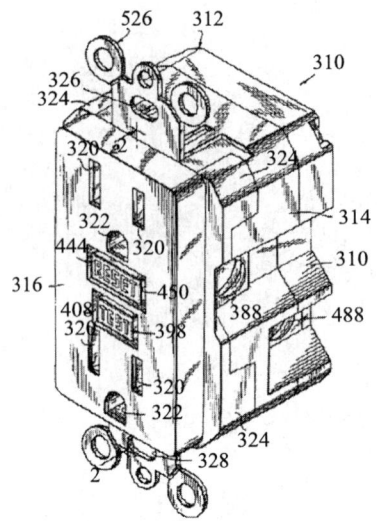

在先设计 2

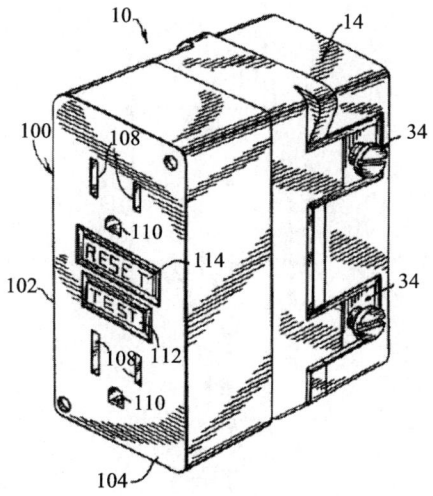

在先设计3

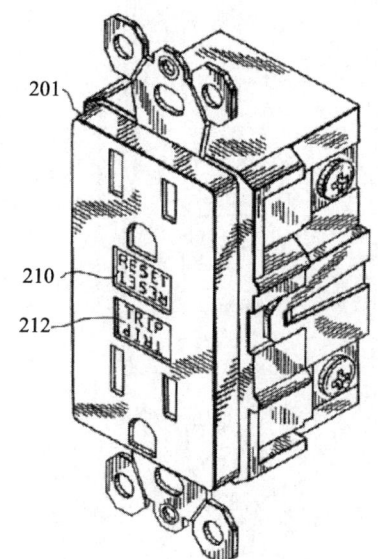

在先设计5

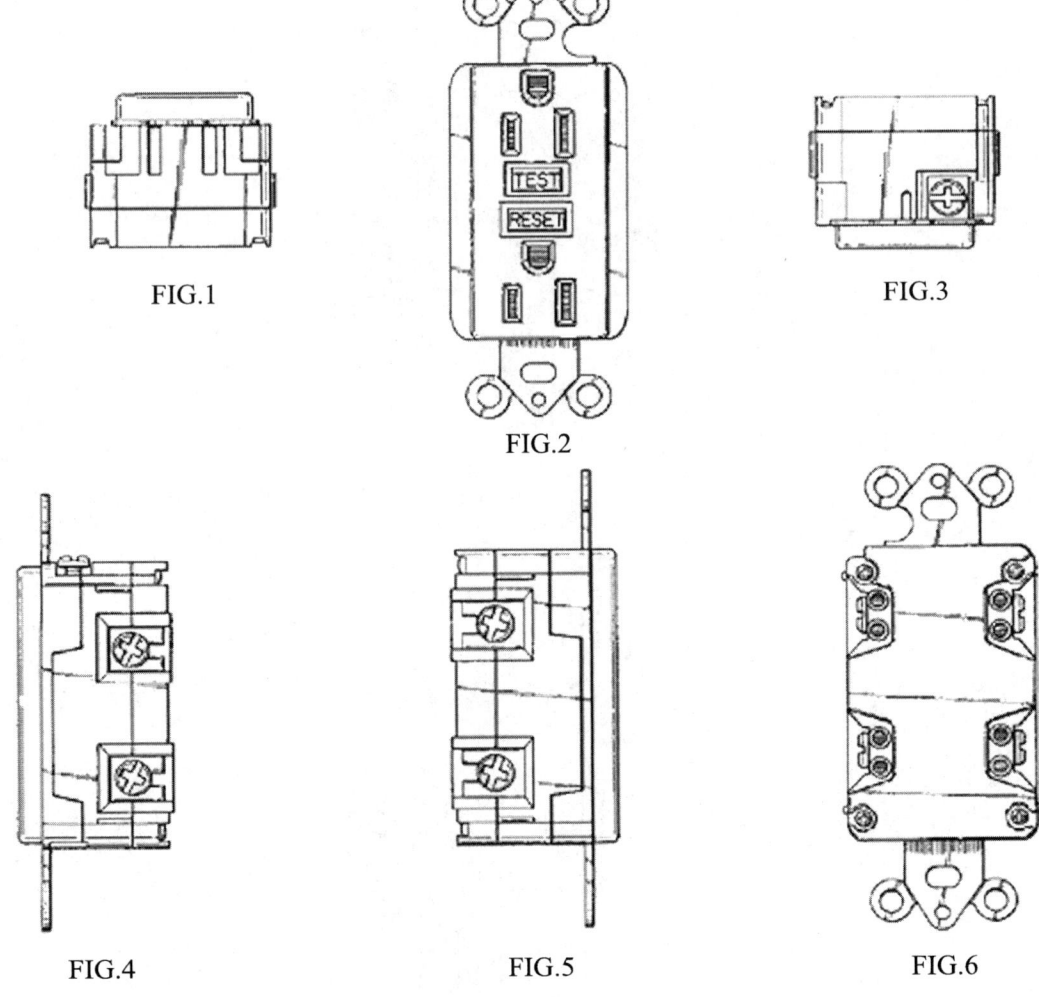

FIG.1 FIG.2 FIG.3
FIG.4 FIG.5 FIG.6

在先设计 6

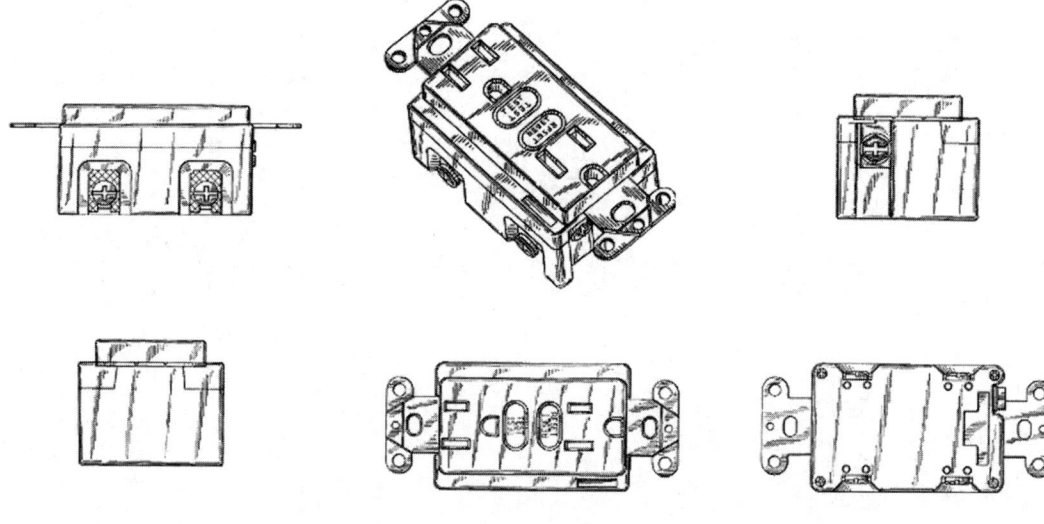

在先设计 7

128

手提袋

无效宣告请求审查决定（第 9273 号）

决 定 号	第 9273 号
决 定 日	2006 年 9 月 13 日
发明创造名称	手提袋
国 际 分 类 号	03-01
无 效 请 求 人	路易威登马利蒂
专 利 权 人	王 军
申 请 号	02367907.7
申 请 日	2002 年 12 月 4 日
授 权 公 告 日	2003 年 10 月 8 日
合 议 组 组 长	马文霞
主 审 员	刘丹妮
参 审 员	祝海燕

法 律 依 据 专利法第 23 条，专利法实施细则第 65 条第 3 款

决 定 要 点

生效的能够证明权利冲突的处理决定或者判决是当事人以"不得与他人在先取得的合法权利相冲突"为理由请求宣告外观设计专利权无效的前提条件。由于对于某项专利权是否侵犯商标权等在先合法权利的审理不在专利复审委员会的审理职权范围内，因此，在没有相关的行政机关或人民法院对此问题作出并已生效的处理决定或判决的情况下，仅依据商标注册的证明文件，以本外观设计专利与商标权等在先合法权利相冲突为由请求宣告本专利权无效，专利复审委员会对于该项无效宣告请求不予审理。

专利法第 23 条所指的相同或相近似的外观设计必须是作为产品的外观设计相同或相近似。在对比中，一般应当用一项在先设计与被比设计进行单独对比。

一、案由

本无效宣告请求涉及的是 2003 年 10 月 8 日国家知识产权局授权公告的 02367907.7 号外观设计专利，其名称是"手提袋"，申请日是 2002 年 12 月 4 日，专利权人是王军。

针对上述外观设计专利权（下称本专利），路易威登马利蒂（下称请求人）于 2004 年 2 月 24 日向专利复审委员会提出无效宣告请求，其主要理由是本专利不符合专利法第 23 条和专利法实施细则第 2 条第 3 款的规定。请求人认为本专利的图案部分采用了请求人在本专利申请日之前即公开的注册

商标图案的图形与文字要素,包括占主视图中四分之三面积的"路易威登"文字、一字排列"LV"图案、菱形花朵图案以及圆圈内的梅花图案,上述文字与图形要素构成本外观设计专利的主要部分,而这些要素中的绝大部分均为请求人所拥有的世界驰名标识,在中国也早已进行商标注册,因此本专利与请求人已取得的在先商标权相冲突。另外,请求人认为本专利在去除上述部分之后的剩余部分,不符合专利法实施细则第2条第3款对外观设计的定义,不能独立存在,也不具备授权条件。请求人同时提交了以下5份证据:

证据1:本专利的授权公告文本,1页;

证据2:第241000号商标注册证及商标公告,公告日为1985年,复印件,3页;

证据3:第241081号商标注册证及商标公告,公告日为1985年,复印件,2页;

证据4:第1106237号商标注册证及商标公告,公告日为1997年,复印件,9页;

证据5:第1106302号商标注册证及商标公告,公告日为1997年,复印件,9页。

经形式审查合格后,专利复审委员会受理了上述请求,于2005年9月13日向双方当事人发出《无效宣告请求受理通知书》,并将《专利权无效宣告请求书》及其他有关文件的副本转送给专利权人,要求其在指定的期限内答复,并成立合议组对本无效请求案进行审理。

2005年11月25日,专利复审委员会收到了专利权人针对请求人的无效请求的意见陈述书,专利权人认为本专利符合专利法第23条、实施细则第2条第3款的规定,其具体观点是:

1. 本专利保护的是一个手提袋,请求人出示的相关商标注册证及公告文件均只是各个商标的单独图形,与本专利手提袋上的整体图案在形态上有明显不同,不会造成公众混淆;

2. 具体到本专利手提袋上的"VL"英文图形源于与专利权人提供的"LV"证据完全不同的"Veracious Love"一词,二者在内容和形式上均缺乏联系;

3. 请求人并未取得将其提供的四个图形集中于一个图案的在先商标权,且商标与外观设计之间的用途、作用及法律效果毫不相同,因此,其商标不能抵触专利的外观设计。

合议组于2006年3月30日发出口头审理通知书,拟定于2006年5月9日进行口头审理,并随本通知书将专利权人的意见陈述书的副本转送请求人。

2006年5月9日,口头审理如期进行,请求人出席了口头审理,专利权人未出席口头审理。请求人在口头审理中放弃了专利法实施细则第2条第3款的无效宣告理由,并请求增加证明"北京市工商行政管理局通告"真实的公证书复印件和中国知识产权司法保护网的文章若干篇作为新证据以及增加专利法第5条作为新的无效宣告理由,请求人认为本专利不符合专利法第5条的无效理由依据证据2-5和上述新证据。合议组当庭宣布,按照专利法实施细则第66条的规定,对新增加的证据和无效宣告理由不予接受。合议组对本专利不符合专利法第23条这一无效宣告理由及其证据进行了具体调查。请求人充分阐述了意见,并当庭提交了证据2-5的商标公告原件。请求人认为,本专利手提袋设计中的显著要素"路易威登"文字、一字排列"LV"图案、菱形花朵图案以及圆圈内的梅花图案与请求人的4份注册商标的文字图案极为近似,极易误导普通消费者认为该手提袋是来源于请求人的知名品牌产品,这显然造成了与请求人在先合法商标权的冲突;此外,证据2-5的商标公告的公开日均早于本专利的申请日,而本专利手提袋产品的形状是同类产品的惯常设计,其基本图案是七种图形要素的结合,这七种图形要素分别是与证据2-5的商标图形完全相同或经简单变形后的图形,因此,本专利与证据2-5公开的外观设计非常近似;因此,本专利不符合专利法第23条的规定,应予撤销。在口头审理过程中,合议组向请求人释明,按照专利法实施细则第65条第3款的规定,提出权利冲突的无效宣告理由,应当提交生效判决或处理决定,请求人表示目前尚无法提供。

2006年5月16日,专利复审委员会收到了请求人提交的口头审理的书面代理词,请求人在书面代理词中重申了本专利与在先公开的出版物上公开发表的外观设计相同或相近似，与他人在先取得的合法权利相冲突，以及本专利违反专利法第5条的无效宣告理由。

合议组于2006年5月17日发出转送文件通知书，将请求人的口头审理书面代理词转送给专利权人，并告知专利权人可以在收到该通知书后7日内到专利复审委员会核实证据和提交书面意见。

专利权人没有前来核实证据，但于2006年6月3日提交了意见陈述书，重申了其之前的意见。

经过上述审理程序，合议组认为本案事实已经清楚，可以依法作出审查决定。

二、决定的理由

1. 关于专利法第23条

专利法第23条规定：授予专利权的外观设计，应当同申请日以前在国内外出版物上公开发表过或者国内公开使用过的外观设计不相同和不相近似，并不得与他人在先取得的合法权利相冲突。

（1）关于权利冲突

专利法实施细则第65条第3款规定：以授予专利权的外观设计与他人在先取得的合法权利相冲突为理由请求宣告外观设计专利权无效，但是未提交生效的能够证明权利冲突的处理决定或者判决的，专利复审委员会不予受理。

根据上述规定，生效的能够证明权利冲突的处理决定或者判决是当事人以"不得与他人在先取得的合法权利相冲突"为理由请求宣告外观设计专利权无效的前提条件。由于对于某项专利权是否侵犯商标权等在先合法权利的审理不在专利复审委员会的审理职权范围内，因此，在没有相关的行政机关或人民法院对此问题作出并已生效的处理决定或判决的情况下，仅依据商标注册的证明文件，以本外观设计专利与商标权等在先合法权利相冲突为由请求宣告本专利权无效，专利复审委员会对于该项无效宣告请求不予审理。

本案中，请求人主张专利权人享有的本外观设计权与其在先取得的商标权存在冲突，侵犯了其享有的商标专用权，应予宣告无效。合议组在认真比较了本外观设计专利的视图与请求人提交的证据2-5的4份注册商标的图形与文字要素后认为，专利权人在本专利的外观设计中，以与证据2完全相同的文字作为其主要的设计要素，该商标的文字在整个外观设计中占有较大比例，是外观设计中引人注目的部分，且请求人提交的4份注册商标所核准使用的产品类别中均包含了本专利的具体产品手提袋。尽管本专利外观设计在"路易威登"文字的字体及图形要素的细节上与请求人的注册商标存在差别，但这种差别显然不足以避免一般消费者对本外观设计手提袋的来源产生混淆和误认，给请求人对上述4份注册商标所享有的商标专用权造成损害。因此，鉴于专利权人的外观设计专利与请求人对"路易威登"文字、一字排列"LV"图案、菱形花朵图案以及圆圈内的梅花图案享有的商标专用权切实存在权利冲突的明显可能性，而是否能够提交生效的能够证明权利冲突的处理决定或者判决是本案处理的关键，但是，在口头审理中，请求人明确表示目前无法提供符合专利法实施细则第65条第3款规定的生效判决或处理决定，并且，直至本决定作出之日，请求人仍未能提供能够证明本专利权与请求人的商标权相冲突的处理决定或者判决，因此，对于请求人提出的本外观设计专利权与请求人在先取得的注册商标权相冲突的无效宣告请求理由不能成立。

（2）关于相同或相近似性

专利法第23条所指的相同或相近似的外观设计必须是作为产品的外观设计相同或相近似。在对比中，一般应当用一项在先设计与被比设计进行单独对比。

请求人提交的证据2-5分别是第241000号、第241081号、第1106237号、第1106302号商标注册证及商标公告复印件，口头审理中请求人提交了证据2-5的商标公告的原件，合议组经核实复印件与原件一致，鉴于专利权人未对证据2-5的真实性提出异议，合议组对证据2-5予以采信。证据2-5

的公开时间均在本专利的申请日之前,可以作为本专利申请日前公开的出版物。对于请求人认为本专利与证据2-5中的外观设计相同或相近似的主张,合议组认为,证据2-5中公开的商标均为单纯的平面商标图案,虽然如请求人所述该商标图案可能会被使用于手提袋上,但其本身并非一件外观设计产品,并且,证据2-5中的商标仅与本外观设计图案要素中的部分相同或相近似,而本外观设计还包括产品的形状要素。因此,作为单纯平面图案的商标与作为工业产品的本专利所示手提袋之间不具有可比性,请求人以证据2-5证明本专利与申请日前公开发表的外观设计相同或相近似的主张不能成立。

2. 关于专利法第5条

专利法实施细则第66条规定,在专利复审委员会受理无效宣告请求后,请求人可以在提出无效宣告请求之日起1个月内增加理由或者补充证据。逾期增加理由或者补充证据的,专利复审委员会可以不予考虑。

请求人在口头审理中当庭提出了本专利不符合专利法第5条的无效宣告理由,并认为该理由所依据的证据为证据2-5和口头审理时当庭提交的新证据,鉴于请求人提出的新理由需要新证据的支持,而且请求人在口头审理中也并未明确指出本专利违反了我国的哪些国家法律和社会公德、公共利益,因此,合议组对该项新增加的无效宣告理由不予考虑。

综上所述,请求人的上述无效宣告理由均不能成立。基于以上事实和理由,本案合议组作出如下审查决定。

三、决定

维持第02367907.7号外观设计专利权有效。

当事人对本决定不服的,可以根据中国专利法第46条第2款的规定,自收到本决定之日起三个月内向北京市第一中级人民法院起诉。根据该款的规定,一方当事人起诉后,另一方当事人应当作为第三人参加诉讼。

北京市第一中级人民法院行政判决书

(2007)一中行初字第594号

原告路易威登马蒂利股份有限公司,住所地法国巴黎杜邦-纳沙大街2号
委托代理人董巍,男,汉族,1968年4月27日出生,住北京市朝阳区倚林佳园
委托代理人张炎,男,汉族,1977年2月16日出生,住吉林省长春市朝阳区宽平大路13号
被告国家知识产权局专利复审委员会,住所地北京市海淀区北四环西路9号银谷大厦10-12层
法定代表人廖涛,副主任
委托代理人郭婷,中华人民共和国国家知识产权局专利复审委员会审查员
委托代理人程强,中华人民共和国国家知识产权局专利复审委员会审查员
第三人王军,男,汉族,1971年10月15日出生,住湖北省武汉市硚口区解放大道
委托代理人陈文峰,湖北泓峰律师事务所律师

原告路易威登马蒂利股份有限公司不服被告中华人民共和国国家知识产权局专利复审委员会(简称专利复审委员会)于2006年12月27日作出的第9273号无效宣告请求审查决定,于法定期限内向本院提起诉讼。本院于2007年4月10日受理后,依法通知该决定的相对方王军作为第三人参加

本案诉讼。本院于 2007 年 7 月 30 日公开开庭审理了本案。原告路易威登马蒂利股份有限公司的委托代理人董巍、张焱，被告专利复审委员公的委托代理人程强，第三人王军及其委托代理人陈文峰到庭参加了诉讼。2007 年 12 月 24 日，原告路易威登马蒂利股份有限公司向本院提交申请，请求撤回对被告专利复审委员会的起诉。

　　本院认为原告路易威登马蒂利股份有限公司的撤诉申请系其真实意思表示，亦未违反法律规定，应予准许。本院依照《中华人民共和国行政诉讼法》第五十一条之规定，裁定如下：准许原告路易威登马蒂利股份有限公司撤回对被告中华人民共和国国家知识产权局专利复审委员会的起诉。

　　案件受理费一千元，减半收取五百元，由原告路易威登马蒂利股份有限公司负担（已交纳）。

审　判　长　姜　颖
代理审判员　苏　杭
代理审判员　芮松艳
二〇〇七年十二月二十四日
书　记　员　王　晔

电动剃须刀（RSCX-2028）

无效宣告请求审查决定（第9280号）

决 定 号	第9280号
决 定 日	2006年12月22日
发明创造名称	电动剃须刀（RSCX-2028）
外观设计分类	28-03
无效宣告请求人	皇家菲利浦电子有限公司
专 利 权 人	包伟光
专 利 号	03317470.9
申 请 日	2003年7月4日
授权公告日	2004年3月17日
合议组组长	石 清
主 审 员	高 栋
参 审 员	孙治国
附 图	2页

法 律 依 据 专利法第23条

决 定 要 点

如果一般消费者经过对被比外观设计与在先外观设计的整体观察可以看出，二者的差别对于产品的整体视觉效果不具有显著的影响，则被比外观设计与在先外观设计相近似。

一、案由

本无效宣告请求案涉及国家知识产权局于2004年3月17日授权公告的名称为"电动剃须刀（RSCX-2028）"的第03317470.9号外观设计专利权（下称本专利），其申请日为2003年7月4日，专利权人为包伟光。

针对上述专利权，皇家菲利浦电子有限公司（下称请求人）于2004年7月20日向专利复审委员会提出无效宣告请求。请求人提交了如下证据：

证据1：ZL98327289.1号中国外观设计专利复印件1页，申请日为1998年11月30日、授权公告日为1999年9月29日；

证据2：ZL03317469.5号中国外观设计专利复印件1页，申请日为2003年7月4日、授权公告日为2003年12月24日。

请求人认为：本专利与证据1的外观设计产品相同，产品的整体形状相同，一般消费者很容易将两个剃须刀专利产品相混淆,故本专利不符合中国专利法第 23 条的规定;证据 2 的外观设计专利与本专利在同一日申请,并且将证据 2 的对应视图和本专利的视图相比,发现二者产品的整体形状相同,其属于相同的发明创造,因此不符合专利法实施细则第 13 条第 1 款的规定。

经形式审查合格后,专利复审委员会受理了上述无效宣告请求,于 2004 年 8 月 10 日向双方当事人发出无效宣告请求受理通知书,并将无效宣告请求书及其所附附件的副本转送给专利权人,要求其在指定的期限内答复,同时成立合议组对本无效宣告请求案进行审理。

针对请求人提交的无效理由和证据,专利权人于 2004 年 9 月 25 日提交了意见陈述书,认为本专利与证据 1 外观设计不相同也不相近似,请求人的无效理由不成立。专利权人详细对比分析了本专利和证据 1,认为:(1)电动剃须刀的剃须区、握柄控制区和充电(电源)区这三个部分及其结合的形状或图案所作的改进设计是消费者最易关注的内容,是电动剃须刀外观设计专利的要部及特点所在;(2)被比外观设计握柄控制区正面的控制开关为接近梯形的推压开关,在控制开关的正下方设有大形的液晶显示器,用于指示充电时间和充电量,而在先设计的控制开关为单纯的点状轻触开关,且无充电指示的设计,二者的上述区别特征在整体视觉效果上有强烈差异,按一般消费者水平完全能作出区别判断;(3)被比外观设计的剃须区的形状是等腰三角形,其侧壁是一个简洁的平面,与握柄控制区之间的过渡在同一个平面上完成,而在先设计的剃须区的三个剃刀部向外强烈凸出,其立体感极强,二者的视觉差异极大,同时在先设计的剃须区的三个定刀和定刀支架之间还形成一个标志性的装饰圈;(4)被比外观设计的定刀直接安装在刀头盖上,刀头盖整体嵌接在握柄控制区上,刀头盖与在握柄控制区的连接处为一条直线;而在先设计的定刀安装在三瓣活动拼装且具有弹性的刀头支架上,再通过刀头支架与刀头盖相连,并且刀头盖与握柄控制区采用铰接方式,在后视图上也体现了铰接部,因此刀头盖只能转动打开而不能整体取下,刀头盖与在握柄控制区的连接处为连续的曲线,该区别体现在电动剃须刀的构成要部,足以引起一般消费者的关注;(5)被比外观设计的握柄控制区的中间连接曲线为"s"形,且前后盖的高度相同,而在先设计的中间连接曲线为反"c"形,后盖高度只有前盖高度的三分之二左右,因此构成剃须刀整体重要部件的前后盖的构成比例具有显著差异;(6)被比外观设计握柄控制区背面的柄刀部和柄刀推钮所构成的整体为长方形,而且该整体都安装在后盖中,柄刀部的铰接点在后盖两侧,而在先设计的柄刀部和柄刀推钮以光滑的曲线过渡,成子弹头形,柄刀推钮上设有一个突起的圆槽,其柄刀部安装在前盖中,柄刀部的铰接点也在前盖两侧,而柄刀推钮却是安装在后盖中,对于上述区别一般消费者也完全能作出区别判断;(7)被比外观设计充电(电源)区的充电插头设置在前盖和后盖之间,而在先设计的充电插头是设置在后盖上,两者的区别明显。对于证据 2,二者在控制开关和柄刀部、柄刀推钮所构成的整个设计上具有显著区别,二者并不是相同的发明创造,而且申请人也相同,因此符合专利法实施细则第 13 条的规定。专利权人还提交了以下附件:

附件 1:ZL96318155.6 号中国外观设计专利,颁证日为 1997 年 6 月 21 日,复印件 1 页;

附件 2:ZL96319704.5 号中国外观设计专利,颁证日为 1997 年 7 月 25 日,复印件 1 页;

附件 3:ZL95318090.5 号中国外观设计专利,授权公告日为 1996 年 12 月 25 日,复印件 1 页;

附件 4:ZL98332460.3 号中国外观设计专利,授权公告日为 1999 年 7 月 14 日,复印件 1 页;

附件 5:ZL95318096.4 号中国外观设计专利,授权公告日为 1996 年 12 月 25 日,复印件 1 页;

附件 6:第 96318169.6 号中国外观设计专利,颁证日为 1997 年 6 月 28 日,复印件 1 页。

专利权人指出:参考附件 1-6,电动剃须刀的传统惯常的设计都是由由上至下的剃须区、握柄控制区和充电(电源)区三部分组成,剃须区中包括刀头盖,握柄控制区中设有控制开关。上述剃须区、握柄控制区和充电(电源)区三部分的由上至下构成是电动剃须刀这一类产品设计的共性特征。

因此，专利权人认为不能以上述共性特征作为本案相似判断的要点，只有在此基础上有关剃须区、握柄控制区和充电（电源）区三部分（包括控制开关）及其结合的形状或图案所作的改进设计，才是消费者最容易关注的内容；才是电动剃须刀外观设计专利的要部及特点所在。

请求人于2004年12月29日提交了补充意见陈述书，并随该意见陈述书提交了附件：即专利复审委员会于2004年12月15日作出的第6691号无效宣告请求审查决定书的复印件供合议组参考。

本案合议组于2006年8月25日向双方当事人发出无效宣告请求口头审理通知书，定于2006年10月9日对本无效宣告请求案进行口头审理，同时将专利权人于2004年9月25日提交的意见陈述书及其附件的副本转送给请求人并将请求人于2004年12月29日提交的参考文件转送给专利权人。

口头审理如期进行。在口头审理过程中，双方当事人对合议组成员变更无异议，并且无回避请求，对对方当事人出庭人员身份无异议。请求人明确无效理由是：本专利不符合专利法第23条的规定，放弃本专利不符合专利法实施细则第13条第1款的无效理由，并放弃使用证据2。专利权人对请求人提交的证据1的真实性没有异议，请求人对专利权人提交的附件1-6的真实性没有异议。请求人和专利权人当庭提交意见陈述书，合议组将其当庭转给对方当事人，双方当事人表示口审之后不再针对上述意见陈述书提交答复意见。专利权人表示放弃当庭提交的意见陈述书中第三点意见。

至此，合议组认为本案的事实清楚，双方当事人已经充分发表意见，可以依法作出本无效宣告请求审查决定。

二、决定的理由

1. 证据认定

请求人提交的证据1是ZL98327289.1号中国外观设计专利，其授权公告日为1999年9月29日，早于本专利的申请日，由于专利权人对证据1的真实性没有异议并且经合议组核实，合议组对其真实性予以认可，其可以作为评价本外观设计专利的在先外观设计。

2. 有关专利法第23条

专利法第23条规定，"授予专利权的外观设计，应当同申请日以前在国内外出版物上公开发表过或者国内公开使用过的外观设计不相同和不相近似，并不得与他人在先取得的合法权利相冲突"。

根据这一规定，在判断两件外观设计是否相同或相近似时，应该遵循整体观察，综合判断的原则。如果一般消费者经过对被比外观设计与在先外观设计的整体观察可以看出，二者的差别对于产品的整体视觉效果不具有显著的影响，则被比外观设计与在先外观设计相近似。

本专利授权公告的外观设计图有6幅视图，即主视图、仰视图、俯视图、右视图、左视图和后视图。由视图可见，本专利的电动剃须刀包括剃须区、握柄区两部分；从主视图、俯视图可见，剃须区含有三个剃刀部，呈等边三角形排列，三个剃刀部嵌在一个呈等边三角形的面上，该面与握柄区之间平滑过渡；握柄区的正面中央位置可见一接近倒梯形的推压开关，在推压开关的正下方设有液晶显示屏；从左视图和右视图可见，握柄区与剃须区相连接，整体呈略带弯曲的"柱"状，构成"柱"的两侧弧线在上半部大体平行，弯曲处位于整个"柱"的颈部位置，两侧弧线在下半部逐渐接近至汇合；后盖与前盖的分界线基本位于"柱"的中央；从后视图可见，握柄区背面的鬓刀呈"长方形"；从仰视图可见，在前后盖之间有一长椭圆形充电插口图案（详见本专利附图）。

证据1有7幅视图，即主视图、仰视图、俯视图、右视图、左视图、后视图和立体图。由视图可见，证据1的剃须刀包括剃须区、握柄区两部分；从主视图、俯视图、立体图可见，剃须区含有三个剃刀部，呈等边三角形排列，三个剃刀部嵌在呈等边三角形的面上，该面与握柄区之间不是平滑过渡，略微突起；握柄区的正面中央位置可见一圆形开关图案；从左视图和右视图可见，握柄区与剃须区相连接，整体呈略带弯曲的"柱"型，构成"柱"的两侧弧线在上半部大体平行，弯曲处位于整个"柱"接近中部稍微偏上,两侧弧线在下半部逐渐接近至汇合;后盖与前盖的分界线基本位于"柱"的中央,但在距"柱顶"三分之一处向背部倾斜;从后视图可见,握柄区背面的鬓刀呈"倒子弹头型",其中构成鬓刀两侧的线条在上半部略呈梯形,下半部有圆形推钮;从仰视图可见,在后盖位置有一长椭圆形充电插口图案(详见证据1附图)。

经过二者的比较可知,证据1的剃须刀与本专利的电动剃须刀(RSCX-2028)为相同类别的产品;两件外观设计相同之处在于两者都由剃须区和握柄区两部分组成,整体外形轮廓相同,剃须区三个剃刀部呈等边三角形排列,三个剃刀部嵌在等边三角形的面上,握柄区基本呈柱状,具有基本相同程度的弯曲。两者区别在于:1. 剃须区与握柄区间的过渡区形状不同:证据1嵌有三个剃刀部的面与握柄区之间不是平滑过渡,略微突起;2. 开关形状和液晶显示器不同:证据1的握柄区正面中央位置为一圆形开关图案,没有液晶显示屏;3. 握柄区的弯曲部位不同、后盖位置不同:左右视图可见,证据1的弯曲处位于接近"柱"的中部稍微偏上的位置,比本专利的颈部位置较低;证据1的后盖与前盖的分界线基本位于"柱"的中央,但在距"柱顶"三分之一处向背部倾斜,本专利后盖与前盖的分界线基本位于"柱"的中央;4. 鬓刀形状略有不同:证据1鬓刀两侧的线条在上半部略呈梯形,下半部有圆形推钮;5. 充电插口位置不同:仰视图可见,证据1长椭圆形插头图案在后盖位置而不是位于前后盖中间。

鉴于两外观设计存在以上不同点,合议组通过分析以上不同点后认为:区别1属于局部的细微差别,从整体观察看,首先会注意到剃须区的三个剃刀部及其排列方式,而剃须区与握柄区间的过渡区形状不会对一般消费者的视觉产生显著影响;对于区别2,开关的形状是这一领域惯常设计的部位,而能够引起一般消费者注意的部位往往是惯常设计以外的部位,尤其是在两者的开关位置相同的情况下,更不会对一般消费者的视觉产生显著影响;液晶显示器的有无带来的是功能上的变化,而由产品功能所限定的形状通常对整体视觉效果不具有显著的影响;区别3、4、5属于细微差别,一般消费者很难注意到握柄区的弯曲部位以及前后盖的分界线,尤其是在弯曲部位对于弯曲程度没有带来多大影响的情况下,一般消费者也不会注意构成鬓刀的线条以及鬓刀推钮的略微变化以及同样是在剃须刀底部的插头位置的细微变化,并且区别3、4、5发生差别的部位为剃须刀的侧部、后部和底部,由于这些部位是在使用时不容易看到的部位,其未构成对两个外观设计之间形状、图案及其结合的显著影响。由此可见,上述差别不足以对产品的整体视觉效果产生显著影响,合议组认定本专利与证据1产品整体相近似。

由于专利权人提交附件1-6仅为说明剃须区、握柄控制区和充电(电源)区三部分由上至下的构成是电动剃须刀这一类产品设计的共性特征,所以该主张未对上述本专利与证据1进行的外观设计相近似性判断结论产生影响,也就是说其不能得出本专利与证据1相比不相同或不相近似的判断结论。

综上所述,在本专利申请日前,已有相近似的外观设计被公开,本专利不符合专利法第23条的规定。

三、决定

宣告第03317470.9号外观设计专利权无效。

当事人对本决定不服的,可以根据专利法第46条第2款的规定,在收到本决定之日起三个月内向北京市第一中级人民法院起诉,根据该款的规定,一方当事人起诉后,另一方当事人应当作为第三人参加诉讼。

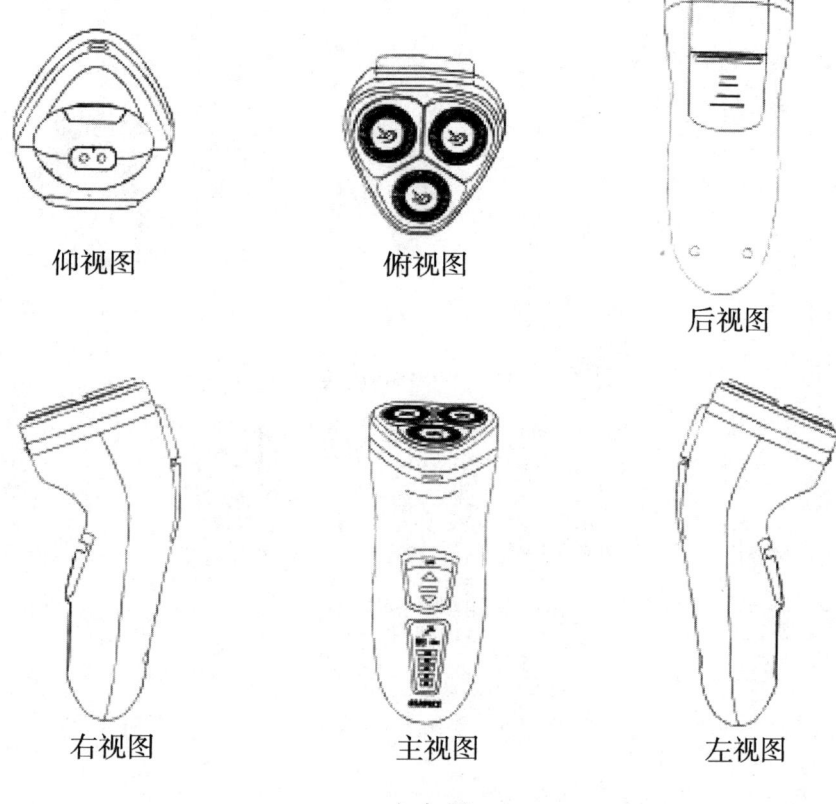

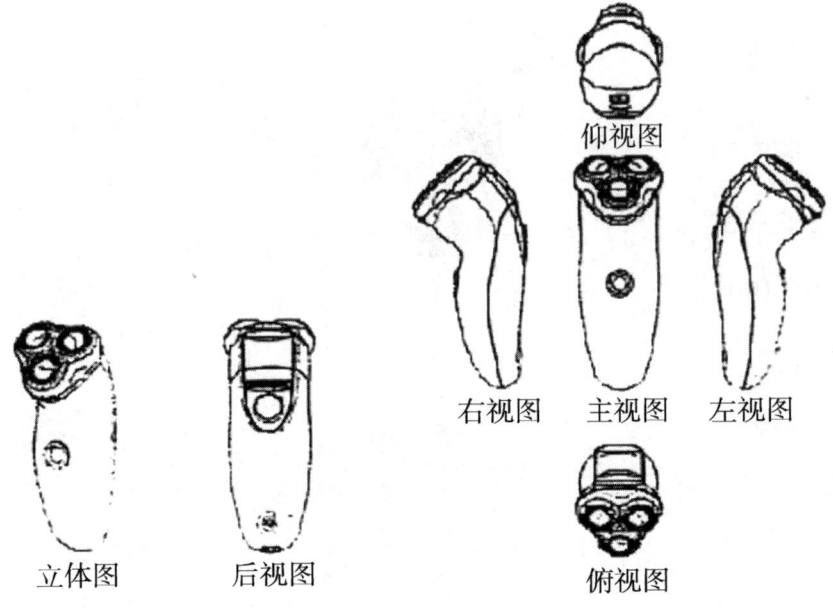

证据1

直 管

无效宣告请求审查决定（第 9291 号）

决 定 号	第 9291 号
决 定 日	2006 年 12 月 20 日
发明创造名称	直管
外观设计分类号	23-01-P0264
无 效 请 求 人	杨树堂
专 利 权 人	潮安县科技尼龙制品厂
外观设计专利号	01314886.9
申 请 日	2001 年 2 月 23 日
授 权 公 告 日	2001 年 10 月 17 日
合 议 组 组 长	聂春艳
主 审 员	左 一
参 审 员	张 霞
附 图	1 页
法 律 依 据	中国专利法第 23 条

决 定 要 点

经过对本专利与在先设计的整体观察可以看出，二者的差别对于产品的整体视觉效果明显不具有显著的影响，因此本专利和在先设计相近似。

一、案由

本无效宣告请求案涉及国家知识产权局于 2001 年 10 月 17 日授权公告、名称为"直管"的外观设计专利（下称本专利），申请号为 01314886.9，其申请日为 2001 年 2 月 23 日、专利权人为潮安县科技尼龙制品厂。

针对上述专利，杨树堂（下称请求人）于 2006 年 3 月 17 日向专利复审委员会提出了无效宣告请求，认为本专利不符合专利法第 23 条的规定，应当予以宣告无效，并且提交了下述附件作为证据：

附件 1：专利号为 98308440.8 的中国外观设计专利公报复印件。

附件 2：中华人民共和国化学工业部于 1994 年 12 月 29 日发布、1995 年 3 月 1 日实施的行业标准《衬聚四氟乙烯钢管和管件》（HG/T 21562-94）封面、第 3、5 页的复印件共 2 页。

附件 3：案件编号为 W605802 的、针对专利号为 200430018739.2 的中国外观设计专利的无效宣告请求受理通知书和专利权无效宣告请求书复印件共 8 页。

具体无效理由如下：1. 与附件1比对，主视图对比，两者相同，仅是本专利主视图两端带有微小的凸台，左视图对比，两者近似，均为标准的法兰，只是本专利的左视图没有螺孔，附件1中没有凸台，但是这两点均是标准件上必需的产品结构，这样的差异不构成整体设计差异，因此本专利相对于附件1不符合专利法第23条的规定。2. 与附件2相比，附件2在3.1直管章节中规定"直管端用突面带颈螺纹管法兰的结构型式和尺寸应分别符合图3.1.1和表3.1.1的规定"，将本专利主视图与图3.1.1相比，两者设计形状完全相同，因此本专利不符合专利法第23条的规定。

经形式审查合格，专利复审委员会于2006年5月31日向双方当事人发出无效宣告请求受理通知书，并将无效宣告请求书及其附件的副本转给了专利权人，要求其在指定期限内进行意见陈述。

专利权人针对请求人的无效请求于2006年7月6日寄交了意见陈述书，并提交了以下证据：

证据1：2001年版审查指南的封面、第4-45、4-46页的复印件共3页。

该意见陈述认为：一、本专利与附件1对比符合专利法第23条的规定。具体理由是：1. 管道法兰密封面是"视觉要部"，应参考证据1中审查指南有关要部判断的有关规定进行判断。2. 由于本专利的法兰与附件1中直管的法兰结构不同，本专利法兰密封面外观设计的周边为占小部分比例的圆环状平面，中间为占大部分比例的圆锥台筒形突出，在主视图上形成梯形台面。附件1的直管法兰密封面为整个平整的圆环状，圆环周边的中间位置分布有若干个供连接用的圆孔。一般消费者能够根据不同的法兰区分本专利和附件1。3. 附件1的真实性不可确定，且本专利与附件1相比具有显著区别，故两者属于不相同、不相近似的外观设计。二、本专利与附件2对比符合专利法第23条的规定。具体理由是：1. 附件2为复印件，真实性不可确定。2. 附件2中只有一个内部结构剖视图，不能反映产品完整的外部形状，无法与本专利外观设计进行比较。3. 本专利为MC尼龙管道，管道与法兰之间为一次成型的一体化结构，而附件2是钢管与金属法兰之间焊接，然后衬聚四氟乙烯，管道壁为双层结构，因此两者有显著差别。

合议组于2006年9月5日向双方当事人发出口头审理通知书，定于2006年10月25日举行口头审理，并向请求人发出了转送文件通知书，将专利权人于2006年7月6日寄交的意见陈述书转给请求人。

口头审理于2006年10月25日如期举行，双方当事人均出席了口头审理，双方当事人对合议组成员无回避请求，对对方身份无异议。请求人当庭提交了附件3的补充文件，即第8500号无效宣告请求审查决定书，以及附件4（国家标准GB/T 9112~9124-2000《钢制管法兰》部分内容复印件共7页）、附件5（行业标准HG 20592~20635-97《钢制管法兰、垫片、紧固件》部分内容复印件共14页）。合议组当庭将请求人于2006年10月25日提交的上述附件3补充文件和附件4、附件5转交给专利权人。专利权人对附件1-5的真实性无异议，对附件2、4、5的有效性、关联性有异议。请求人明确其无效的理由为本专利不符合专利法第23条，与本专利最相近的对比文件为附件1。

在当事人的意见陈述和口头审理的基础上，合议组经合议，认为本案事实清楚，依法作出无效宣告请求审查决定。

二、决定的理由

1. 法律依据

根据请求人提出的无效宣告请求的范围、理由和依据的证据，本案合议组依据专利法第23条对本案进行审理。

中国专利法第23条规定："授予专利权的外观设计，应当同申请日以前在国内外出版物上公开发表过或者国内公开使用过的外观设计不相同和不相近似，并不得与他人在先取得的合法权利相冲突。"

2. 关于附件 1

附件 1 为 98308440.8 号中国外观设计专利公报复印件，属于公开出版物，专利权人对其真实性无异议，附件 1 的授权公告日为 1999 年 3 月 24 日，早于本专利的申请日，因此附件 1 所公开的外观设计属于本专利的在先设计，适用于专利法第 23 条。

3. 关于专利法第 23 条

本外观设计专利授权公告文本有 2 幅图，即主视图和左视图，后视图、俯视图、仰视图与主视图相同，故省略后视图、俯视图、仰视图，右视图与左视图相同，故省略右视图，本专利未要求保护色彩。本专利采用特殊的 MC 尼龙材料一次性铸造成型。本专利的直管包括位于中间的直管结构和位于两端的圆盘状法兰，并且在直管两端的管体与圆盘状法兰的连接部位具有斜面，此外，本专利法兰面中部有一略微凸起的环状台面。（详见本专利附图）

附件 1 中有 3 幅图，即主视图、左视图和使用状态图。附件 1 的直管包括位于中间的直管结构和位于两端的圆盘状法兰，并且在直管两端的管体与圆盘状法兰的连接部位具有斜面，此外，附件 1 的圆盘状法兰靠近边缘的位置具有数个小圆孔，从使用状态图可见。（详见附件 1 的附图）

经比较可知，本专利和附件 1 均要求保护直管，它们属于相同种类的产品，两者的整体形状、部件形状和布局、直管与法兰的连接、各部分的尺寸比例基本相同。两者的主要区别在于：圆盘状法兰的形状略有不同，具体为：1. 本专利的法兰上没有小圆孔，而附件 1 的法兰靠近边缘的位置有数个小圆孔，2. 本专利的法兰面中部有一略微凸起的环状台面，而附件 1 的法兰面为一个平面，没有凸起台面。

将本专利与对比文件进行分析比较，合议组认为，对于第 1 点区别，附件 1 中的圆盘状法兰上具有数个小圆孔，从其使用状态图可知这些小圆孔是连接管道时供螺丝穿过的，是由管道的连接功能唯一限定的特定形状，本专利的直管明显省略了这种小圆孔，不能认为这种功能性结构的省略会对外观设计产品的整体视觉效果产生显著影响；对于第 2 点区别，本专利位于圆盘状法兰上的环状台面仅仅是略微有些凸起，这种差异不足以对产品的整体视觉效果产生显著影响。因此，本专利与附件 1 的外观设计相近似，不符合专利法第 23 条的规定。

由于根据附件 1 已经可以得出本专利的外观设计与在先设计属于相近似的外观设计的结论，因此，合议组不再针对其他无效理由和证据一一进行评述。

基于以上事实和理由，本案合议组作出如下审查决定。

三、决定

宣告第 01314886.9 号外观设计专利权全部无效。

当事人对本决定不服的，可以根据专利法第 46 条第 2 款的规定，自收到本决定之日起三个月内向北京市第一中级人民法院起诉。根据该款的规定，一方当事人起诉后，另一方当事人应当作为第三人参加诉讼。

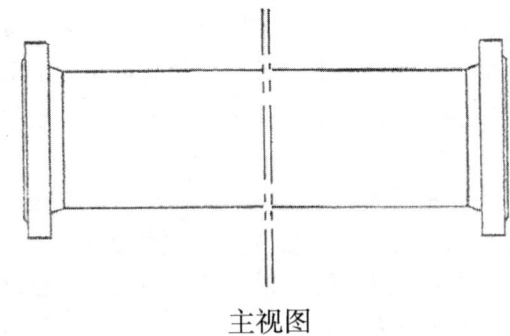

主视图

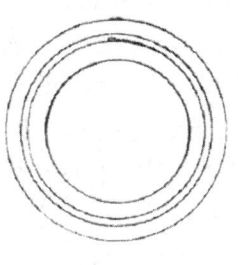

左视图

本专利附图

主视图

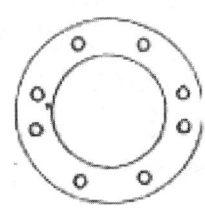

左视图

使用状态图

附件1的附图

环保垃圾车

无效宣告请求审查决定（第 9292 号）

决 定 号	第 9292 号
决 定 日	2006 年 12 月 23 日
发明创造名称	环保垃圾车
国 际 分 类 号	12-02-C0440
无 效 请 求 人	广州市泰源行科贸发展有限公司
专 利 权 人	黄建新
专 利 号	00318216.9
申 请 日	2000 年 4 月 7 日
授 权 公 告 日	2000 年 12 月 27 日
合 议 组 组 长	宋鸣镝
主 审 员	杨克菲
参 审 员	祁轶军
附 图	2 页
法 律 依 据	中国专利法第 23 条

决 定 要 点

如果本专利与在先设计的差别之一属于该类产品使用状态下不会被一般消费者关注的部位，差别之二为对产品的整体视觉效果没有显著影响的细微差别，则本专利与对比文件属于相近似的外观设计。

一、案由

本无效宣告请求涉及的是专利号为 00318216.9、名称为"环保垃圾车"的外观设计专利，该专利的申请日为 2000 年 4 月 7 日，授权公告日为 2000 年 12 月 27 日，专利权人为黄建新。

广州市泰源行科贸发展有限公司（下称请求人）针对上述专利权（下称本专利）于 2004 年 3 月 12 日向国家知识产权局专利复审委员会提出了无效宣告请求，其理由是本专利不符合专利法第 23 条的规定，并同时提交了如下附件作为证据：

附件 1-1 至 1-7：照片 7 张；

附件 1-8：美国专利商标局网站 "RUGGED RIM" 商标网页复印件 1 页；

附件 1-9：TOTER 公司网站网页复印件 2 页；

附件 1-10：互联网络信息中心网站查询 "TOTER.COM" 域名网页复印件 1 页；

附件1-11：上海图书馆阅览证和收费发票复印件1页及"Resource Recycling"杂志1998年1月刊复印件2页；

附件2-1：1996-1997年饮食服务产品目录复印件共3页；

附件2-2：Rubbermaid1999年产品目录复印件共3页；

附件2-3：第5722号无效宣告请求审查决定书复印件共10页；

附件3-1：Continental公司产品目录复印件共6页；

附件3-2：网站查询"continental manufacturing company"网页复印件1页；

附件4："Waste Age"杂志1997年11月刊复印件2页

附件5-1："Modern Materials Handling"杂志1997年2月刊复印件2页；

附件5-2："Modern Materials Handling"杂志1997年9月中刊复印件1页；

附件5-3："Modern Materials Handling"杂志1998年复印件共3页；

附件6-1："Modern Materials Handling"杂志1995年9月中刊复印件2页；

附件6-2："Resource Recycling"杂志1999年1月刊复印件2页；

附件7：2001年11月9日国家知识产权局"转送专利权人对撤销请求书的书面答复的通知书"及其附件的复印件共4页。

结合以上附件作为证据，无效宣告请求人的具体意见是：Toter公司斗车与本专利产品非常相近似，而Toter公司网站在1997年已经存在；附件2-1至2-3共同证明本专利不符合专利法第23条的规定；与本专利产品非常相近似的Continental公司的斗车已经在本专利申请日前在国内外出版物上公开发表过；与本专利产品非常相近似的AKRO-MILS、MEESE ORBITRON DUNNE公司的斗车也已经在本专利申请日前在国内外出版物上公开发表过，因此本专利不符合专利法第23条的规定。

经形式审查合格后，专利复审委员会受理了该无效宣告请求案，于2004年3月30日向双方当事人发出了无效宣告请求受理通知书，并将无效宣告请求书及其附件副本转送给专利权人，要求其在指定期限内答复，同时成立合议组对本无效宣告请求进行审理。

专利权人未在指定期限内就无效宣告请求受理通知书进行答复。

2004年4月5日请求人向专利复审委员会提交了意见陈述书，同时补充提交了如下证据：

附件8：广州市市容环卫局和湖南金和环保产业有限公司于2000年3月20日签订的环保垃圾车的购销合同复印件1页、中国工商银行信汇凭证（回单）复印件1页、湖南金和环保产业有限公司的产品目录1页。

请求人认为上述证据表明广州市市容环卫局和湖南金和环保产业有限公司于2000年3月20日签订环保垃圾车的购销合同，广州市市容环卫局于2000年3月21日支付货款给湖南金和环保产业有限公司，再结合金和环保产业有限公司的产品目录，可见本专利产品在申请日以前已经公开销售，不符合专利法第23条的规定。

专利复审委员会本案合议组于2006年5月25日向请求人及专利权人发出了口头审理通知书，定于2006年7月4日在专利复审委员会举行口头审理，同时将请求人于2004年4月5日提交的意见陈述书及其附件的副本转送给专利权人，要求其在指定期限内答复。

专利权人未在指定期限内就合议组转送的请求人的意见陈述书进行答复。

口头审理如期举行，请求人出席了口头审理，专利权人未出席口头审理。口头审理中，请求人明确其无效理由为本专利不符合专利法第23条的规定，所依据的证据是附件1至8。请求人当庭向合议组提供了附件3中Continental产品目录的原件，并主张其取得方式是从展览会上由厂家散发的。请求人未提供其他附件的原件。请求人要求合议组给其一个月的时间，提供能够证明附件8中购销合同和工商银行信汇凭证真实性的证据，合议组允许其在一个月内就上述证据的真实性提供证据。

请求人于2006年8月2日向专利复审委员提交了意见陈述书，并提交了在附件8中购销合同的复印件上盖有"广州市市容环境卫生局"红色印章、证明此件与原件相符的证据。

在上述工作的基础上，本案合议组经过合议，认为本案的事实已经清楚，可以作出审查决定。

二、决定的理由

请求人提供的附件8中的购销合同复印件经广州市市容环境卫生局盖章确认其与原件相符，专利权人未对附件8中的购销合同复印件、中国工商银行信汇凭证（回单）复印件、湖南金和环保产业有限公司的产品目录的真实性提出异议，合议组认为上述证据证明的广州市市容环卫局和湖南金和环保产业有限公司于本专利申请日前的2000年3月20日就金和环保产业有限公司的产品目录中的HP-350型环保垃圾车签订购销合同的事实可以确认，金和环保产业有限公司的产品目录中的HP-350型环保垃圾车在本专利申请日之前已经处于公众中任一人想得知就能得知的状态，构成本专利申请日之前的现有技术。

本专利外观设计产品的整体是由一个侧面呈倒梯形的立方体的箱体与一个类似金属材质构架的三轮车体组成。箱体的倒梯形的短边侧置于车体的扶手端，相对的长边侧在前，形成斗车状。从扶手侧可看出，箱体在靠近顶面部位有与车体框架平行的棱，在靠近底面部位，箱体缩进形成凸筋，显现为上大下小的箱体外形，在靠近底面的下部中心部位有一圆形凹槽。从本专利右视图可看出上述凸筋从箱体的后面向侧面沿梯形延伸至与扶手侧相对的、倒梯形的长边箱体的前部，厚度逐渐减小。箱体上端的敞口边框近似长方形，由此看到箱体内部为由上向下尺寸逐渐缩小的立方体，底面和侧面上均有凸棱。三轮车体的框架呈L形，其扶手侧为有横向加固棱条的矩形立体框架，其上倾斜延伸出扶手端，车体的底部框架上安装有两大一小三个车轮，两个大车轮在与扶手侧相对的前端，小车轮在扶手侧立体框架的下方，车体框架从大车轮处向前延伸形成两个弧形突出部。

金和环保产业有限公司的产品目录中示出了两种HP-350型环保垃圾车产品，其中位于左上方的垃圾车（下称对比文件）与本专利外观设计产品属于相同类别，其整体是由一个侧面呈倒梯形的立方体的箱体与一个类似金属材质构架的三轮车体及一个上盖组成。箱体的倒梯形的短边侧置于车体的扶手端，相对的长边侧在前，形成斗车状。箱体在扶手侧靠近底面的下部中心部位有一圆形凹槽。箱体上端的敞口边框近似长方形，其上盖为近似长方形的板状，三轮车体的框架呈L形，其扶手侧为有横向加固棱条的矩形立体框架，其上倾斜延伸出扶手端，车体的底部框架上安装有两大一小三个车轮，两个大车轮在与扶手侧相对的前端，小车轮在扶手侧立体框架的下方，车体框架从大车轮处向前延伸形成两个弧形突出部。

将对比文件与本专利相比较，可看出对比文件的箱体在扶手端侧没有与车体框架平行的棱，也未看出在靠近底面部位缩进形成明显的凸筋，而且箱体的侧面也没有明显的凸筋，而且对比文件也未示出箱体内部。

而对于垃圾车产品而言，箱体的内部属于产品使用状态下不会被一般消费者关注的部位，箱体外侧表面的棱和凸筋不会对垃圾车的整体视觉效果产生显著影响，属于细微差别，一般消费者会将本专利产品与对比文件产品相混同，因此本专利与对比文件产品属于相近似的外观设计，本专利不符合专利法第23条的规定。

鉴于依据上述证据，已经得出本专利不符合专利法第23条之规定的结论，应当予以无效，故合议组对请求人提交的其他证据不再予以评述。

三、决定

宣告00318216.9号外观设计专利权无效。

当事人对本决定不服的,可以根据专利法第46条第2款的规定,自收到本决定之日起叁个月内向北京市第一中级人民法院起诉。根据该款的规定,一方当事人起诉后,另一方当事人应当作为第三人参加诉讼。

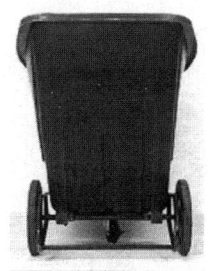 主视图

 后视图

 俯视图

 仰视图

 右视图

本专利

对比文件

# 标　贴

无效宣告请求审查决定（第 9300 号）

决 定 号	第 9300 号
决 定 日	2006 年 12 月 22 日
发明创造名称	标贴
外观设计分类	19—08
无 效 请 求 人	郭兄弟粮油私人有限公司
专 利 权 人	广州市年丰食品有限公司
申 请 号	97310506.2
申 请 日	1997 年 7 月 11 日
授 权 公 告 日	1998 年 10 月 28 日
合议组组长	胡文辉
主 审 员	郭健国
参 审 员	柴爱军
附 图	2 页

法 律 依 据　中国专利法第 23 条
决 定 要 点

对相同或相近种类产品的外观设计而言，若一项外观设计的形状、图案、色彩等要素均与在先设计中公开的要素相近似，则该外观设计与在先设计构成相近似。

一、案由

本无效宣告请求涉及国家知识产权局于 1998 年 10 月 28 日授权公告的，名称为"标贴"的外观设计专利权（下称本专利），其申请号是 97310506.2，申请日是 1997 年 7 月 11 日，专利权人是广州市年丰食品有限公司。

（一）

针对上述专利权，郭兄弟粮油私人有限公司（下称请求人）于 1999 年 7 月 2 日向专利复审委员会提出无效宣告请求，其理由是：在本专利申请日以前已有与其相近似的外观设计在出版物上公开发表过，请求人的"金龙鱼"标贴与本专利"标贴"比较，二者整体设计概念相同，都是使用在"食用调和油"上的鱼状图形；二者的整体设计构成相同，都包含有四大显著构成部分：（1）汉字部分，（2）"食用调和油"及其正下方的英文"QUALITY COOKING OIL"，（3）在"食用调和油"文字左侧的"精选"文字与图案标志，（4）鱼状图形；二者的局部设计相同或近似，两设计的"金龙鱼"

与"金鳞"的字体相同。因此，本专利不符合专利法第 23 条的规定。另外，本专利违反《反不正当竞争法》第 5 条的规定，该外观设计极容易使消费者与请求人使用的"金龙鱼"标贴相混淆。与此同时，请求人提交了如下附件：

附件 1：委托书 1 页；
附件 2：专利号为 97310506.2 的外观设计专利公报（即为本专利）1 页；
附件 3：郭兄弟集团简介的复印件 4 页；
附件 4：刊登在《展览会刊》上的请求人简介复印件 2 页；
附件 5：《人民日报》及《中国企业报》对"金龙鱼"商标被许可人的报导的复印件 3 页；
附件 6：南海油脂工业（赤湾）有限公司荣获的 ISO9002 质量体系认证证书的复印件共 2 页；
附件 7：带有"金龙鱼"标贴的商品在中国的销售发票及单据的复印件共 32 页；
附件 8：深圳市技术监督局颁发的《产品质量监督检查合格证书》复印件 1 页；
附件 9：有关"金龙鱼"商品被选为推荐产品的推荐公告及荣誉证书复印件 2 页；
附件 10：刊登在《南宁晚报》、《成都晚报》、《武汉晚报》、《春城晚报》、《桂林晚报》和《展览会刊》上的"金龙鱼"商品广告，其为复印件，共 10 页；
附件 11：请求人展开的各项公益活动记录及其宣传材料复印件共 7 页；
附件 12：带有"金龙鱼"标贴的商品所获得的中国社会科学院颁发的荣誉证书复印件 2 页；
附件 13："金龙鱼食用调和油"的多项名优产品荣誉证书复印件 3 页；
附件 14：《人民日报》刊登的全国市场调查国产品牌排行前 10 名的报导复印件 1 页；
附件 15：杭州市中级人民法院（1995）杭经初字 316 号民事判决书复印件 4 页；
附件 16：新华社、《江西日报》等报刊对杭州桐庐一案的报导剪报复印件 21 页；
附件 17：福建省福州市中级人民法院（1996）榕知初字第 13-1 号民事裁定书、（1996）榕知初字第 13 号民事判决书、福建省福州市工商行政管理局（96）榕工商处字第 013 号处罚决定书及请求人感谢信复印件共 13 页；
附件 18：萧山市、广州市和上海市工商局的处罚决定书和处理决定书复印件 3 页；
附件 19：专利号为 97325605.2、97322817.2 和 98315387.6 的外观设计专利公报 3 页。

经形式审查合格，专利复审委员会于 1999 年 8 月 23 日受理了该无效宣告请求，并将请求书及附件材料副本转送给专利权人。

针对请求人的无效宣告请求书，专利复审委员会于 1999 年 10 月 27 日收到专利权人提交的意见陈述书，专利权人认为：请求人的"金龙鱼"的外观设计与本专利外观设计既不相同也不相近似。1. 二者是否相同或相近似，是由外观设计的整体或其主要构成上来判断的。上述二者虽然题材相同，但进行综合判断，可以很明显地区分出两外观设计的具体形态（例如：鱼状图形的动作方向、字体位置的摆放）是不相同的。2. 二者的局部设计不相同、不相近似。按一般购买者水平判断，完全不会因为两者商标名称中同时出现"金"字，误将"金鳞"当作"金龙鱼"，从字面意思上解释，两者字意是完全不同的；虽然"食用调和油"及其正下方的英文"QUALITY COOKING OIL"的内容相同，但其外观设计摆放位置不同，更何况"食用调和油"及英文"QUALITY COOKING OIL"是食用油行业常用内容文字，并不存在谁使用在先问题；"食用调和油"左侧的"精选"字样，内容虽然相同，但是该图案的大小及摆放位置完全不同。由于二者外观设计存在诸多不同之处，所以即使用肉眼或间接对比，也不会令两者产生混同和误认。因此，本专利符合专利法第 23 条的规定。同时，专利权人提交了广告宣传材料和检验报告复印件各 1 页。

专利复审委员会于 2000 年 4 月 17 日将专利权人提交的上述意见陈述书转送给请求人。针对该意见陈述书，请求人于 2000 年 5 月 16 日提交了答复意见书。

请求人于 2001 年 3 月 8 日提交了意见陈述书，请求人认为：以"金龙鱼"及其图案为设计主体的用于食用油的标贴在中国大陆可以说是家喻户晓的。由于请求人进行公证的产品早已在中国大陆宣传和销售，但由于年代久远，搜集原件确有困难，但考虑的到证据的关联性，请求人认为尽管有些证据是复印件，但与其他有效证据结合起来完全可以证明本专利不符合专利法第 23 条的规定。请求人随意见陈述书提交了两份公证书，即上海市虹口区公证处出具的（2001）沪虹证经字第 797、798 号公证书（下称附件 20、21）。

2001 年 6 月 29 日，专利复审委员会将请求人提交的上述意见陈述书及公证书的副本转寄专利权人。

专利复审委员会于 2001 年 7 月 24 日向双方当事人发出了口头审理通知书，定于 2001 年 9 月 11 日对本案进行口头审理。

口头审理如期举行，双方当事人均委托代理人参加了口头审理。双方当事人都认为对于本案"标贴"类外观设计产品而言，图案和色彩都非常重要；请求人认为在提交的证据中，附件 7、10 和 19 是在本外观设计专利申请日以前在出版物上公开发表和市场上公开使用的重要证据。

专利复审委员会经审理后作出了第 4081 号无效宣告请求审查决定，认为在本专利申请日前已有与之相近似的外观设计在出版物上公开发表过，故而本专利不符合专利法第 23 条规定。经二级司法审查，北京市高级人民法院认为第 4081 号无效宣告请求审查决定认定的本案标贴外观设计与报纸上公开的标贴在形状、图案及色彩相近似的结论证据不足，作出了（2003）高行终字第 66 号行政判决，判决撤销了第 4081 号无效宣告请求审查决定。

专利复审委员会为执行北京市高级人民法院的上述终审判决，重新成立合议组对本无效宣告请求进行审理。

专利复审委员会于 2006 年 3 月 3 日向双方当事人发出了合议组成员告知通知书，并同时告知当事人对本无效请求将进行书面审理，如有异议应在指定期限内提出。

专利权人在指定期限内没有答复。请求人于 2006 年 3 月 13 日提交的意见陈述书中表示，对合议组成员没有回避请求，对无效请求进行书面审理没有异议，并强调请求人所提交的在先设计足以证明在本专利申请日之前已有与之相近似的外观设计在公开出版物上公开发表过，故不符合专利法第 23 条的规定。

专利复审委员会又于 2006 年 4 月 4 日向双方当事人发出了口头审理通知书，定于 2006 年 4 月 27 日对本案进行口头审理。

专利复审委员会于 2006 年 4 月 17 日收到 2006 年 3 月 3 日所发出的合议组成员告知通知书的退信，并同时对前述合议组成员告知通知书进行公告送达。

口头审理如期举行，专利权人未出席口头审理；请求人对合议组成员没有回避请求；请求人仍然坚持在先无效请求的理由及证据，并同意针对在先无效决定所作出的生效判决中认定形状及图案相近似的意见；请求人声称于 2006 年 4 月 26 日针对本专利又提起无效请求，并向合议组提出对二个无效案进行合案审理的请求。

专利复审委员会于 2006 年 6 月 16 日提交了意见陈述书，认为请求人已经针对本专利又提出无效请求，鉴于双方当事人完全相同，请求将本请求及新的无效请求并案审理。

（二）

针对上述专利权，郭兄弟粮油私人有限公司（下称请求人）于 2006 年 4 月 27 日向专利复审委员会提出无效宣告请求，其提交了 4 份证据：

证据1为97310506.2号外观设计专利权（即为本专利）；

证据2为深圳市公证处作出的（2001）深证经肆字第2444号公证书；

证据3为请求人先前无效请求中所提交的附件（即为无效请求（一）中的附件1-附件19）；

证据4为北京市高级人民法院作出的（2003）高行终字第66号行政判决书。

请求人所提出的理由是：1. 本专利违反专利法第五条的规定，本专利的专利权人抄袭请求人著名标贴、包装装潢，违反《反不正当竞争法》的规定。

2. 证据4的生效行政判决书中已经认定："附件10金龙鱼食用调和油的广告照片，与本专利的标贴进行对比，二者为同类产品；标贴的形状是相近似的；二者的图案基本构成要素是相同的，如均有产品名称、鱼图形、食用调和油的字样、徽章等，尽管鱼图案和个别文字有所不同，但从整体观察综合判断的方式比较分析，二者图案设计是相近似的"。至于色彩要素，证据2与本专利均为红色底色，鱼的图案为金黄色，中英文字为白色，徽章为黄色，"金鳞"或"金龙鱼"字样为红色，二者明显相同。一般消费者对二者主体易见部分进行整体观察、综合判断，其区别是非常小的，属于相近似的外观设计。

经形式审查合格，专利复审委员会于2006年6月8日受理了该无效宣告请求，并将请求书及附件材料副本转送给专利权人，后因地址不详被退回，专利复审委员会再次以公告的方式送达给专利权人。

请求人于2006年5月24日补充提交了证据5：广东省深圳市公证处作出的（2006）深证字第50103号公证书。并同时提交了意见陈述书认为：本专利与证据5中的图片均为长方形的标贴，可以进行比较；并且图案、色彩及整体效果相近似，不符合专利法第23条的规定。

专利复审委员会于2006年7月3日向请求人发出了口头审理通知书，并将该通知书向专利权人公告送达，定于2006年9月11日对本案进行口头审理，同时告知双方当事人本案与前一无效请求合案审理。

口头审理如期举行，专利权人未出席口头审理。请求人对合议组成员没有回避请求；请求人当庭放弃以专利法第五条作为无效理由；请求人表示仅使用证据3中的附件10《成都晚报》、《春城晚报》，放弃证据3中的其他附件；请求人当庭提交了证据5的原件，并认为证据5中的《特区科技》第2期为期刊，不知其具体公开日期，但可以知晓其公开日为1994年，该日期早于本专利申请日。

2006年9月22日，请求人提交了（2006）深证字第110848号公证书原件，其内容与证据5相同。

在双方当事人的意见陈述、口头审理及行政诉讼阶段查明事实的基础上，合议组认为本案事实清楚，依法作出如下审查决定。

二、决定的理由

1. 法律规定

专利法第23条规定："授予专利权的外观设计，应当同申请日以前在国内外出版物上公开发表过或者国内公开使用过的外观设计不相同和不相近似，并不得与他人在先取得的合法权利相冲突。"

2. 关于证据

请求人提交的证据5为广东省深圳市公证处作出的（2006）深证字第50103号公证书，其内容证明公证书所附的照片与深圳市科学技术局主办的刊物《特区科技》（统一刊号：CN44-1224/T）九四年第二期所刊登的广告原件相符。请求人在口审时出示了原件，经核实，合议组对其真实性予以确认。

证据5在公证词中已经表明《特区科技》的刊物为九四年第二期，虽然不知其具体出版发行日期，但能够确认至迟于1994年12月31日已经公开发行，因此合议组推定证据5的《特区科技》公开日为1994年12月31日，早于本专利的申请日。

3. 相近似比较

证据5所公证的照片是在《特区科技》刊登的桶装的"金龙鱼"食用调和油的广告图片，该油桶桶壁上显示有"金龙鱼"食用调和油的标贴（下称在先设计）。本专利"标贴"与在先设计的"标贴"属于同一类物品，能够进行相近似比较，现将在先设计与本专利进行比较如下：

本专利"标贴"为近似的圆角长方形（其上下两个长边略带弧形），从其视图看，其底色为红色，在左侧竖向长条内有两个较大的用白色描边的"金鳞"红色字，在其下方有一白色的长方形，该竖向长条内的底色为土黄色；在整个标贴的右侧的主要设计图案的中间位置有一条弯曲的金黄色的鱼（其头部及半个鱼身向左上弯曲，鱼尾向左下弯曲）的图案，在鱼的上方有"食用调和油"五个白色的中文字，其下面是"QUALITY COOKING OIL"英文字样，在"食用调和油"的左侧有一黄色的徽章图案（详见本专利附图）。

在先设计中可看到的"标贴"为矩形，从其视图看，在其上部横向长条内有三个较大的"金龙鱼"字样，约占整体1/4的长条内这三个字的背景为金色；金色长条的下部为红色背景；在红色背景的右侧中间位置有一条鱼（其头朝右呈水平状）的图案，在鱼尾的左上方有一徽章图案，在鱼身上方"食用调和油"五个白色的中文字，在"食用调和油"的下面有"QUALITY COOKING OIL"英文字样，在鱼图案的下方有一行英文字（详见在先设计右侧附图）。

经过上述比较，本案合议组认为：二者的不同点是品牌名称不同，本专利为"金鳞"，在先设计为"金龙鱼"；二者的主要设计图案中都有鱼的图案、徽章图案和中英文字。二者所包含鱼的图案有所不同，但其都在主要设计图案的中间位置；二者的中英文字的位置都在鱼图案的上方，徽章的形状是相近似的，中英文字是相同的。就本专利和在先设计的图案设计和形状而言，二者的图案基本构成要素是相近似的，构图要素的布局及位置极为接近，可知本专利与在先设计的形状、图案相近似。

本外观设计保护色彩，"色彩"则为本专利不可缺少的外观设计构成要素，因此进行相近似比较时，色彩因素不能忽略而应予以考虑，并进行比对。而在先设计亦反映出标贴的底色为红色、鱼的图案为金黄色、中英文字为白色、徽章为黄色、表示品牌的"金龙鱼"为红字等色彩要素。如前所述，本专利与在先设计的形状、图案相近似，加之色彩相近似，可以得出本专利与在先设计相近似，故而本专利的授予不符合专利法第23条的规定。

鉴于已经得出本专利不符合专利法第23条的结论，合议组对请求人提交的其他证据及其证明的理由不再予以评述。

三、决定

宣告第97310506.2号外观设计专利权无效。

当事人对本决定不服的，可以根据专利法第46条第2款的规定，自收到本决定之日起三个月内向北京市第一中级人民法院起诉。根据该款的规定，一方当事人起诉后，另一方当事人应当作为第三人参加诉讼。

主视图

本专利附图

对比文件图

透明皂包装袋（舰牌田七）

无效宣告请求审查决定（第9302号）

决　定　号	第9302号
决　定　日	2006年12月20日
发明创造名称	透明皂包装袋（舰牌田七）
外观设计分类号	09-05
无 效 请 求 人	广西奥奇丽股份有限公司
专 利 权 人	孙国庄
申　请　号	200430103576.8
申　请　日	2004年11月11日
授 权 公 告 日	2005年7月13日
合 议 组 组 长	崔国振
主　审　员	侯秋霞
参　审　员	刘　静
附　　　图	共1页

法 律 依 据　中国专利法第23条

决 定 要 点

如果本专利与在先设计相比，二者主要图案和主要表现方式相同，且其区别对于一般消费者而言不会对产品的整体视觉效果产生显著影响，则二者属于相近似的外观设计。

一、案由

本无效宣告请求涉及的是国家知识产权局于2005年7月13日授权公告的申请号为200430103576.8的外观设计专利，其产品名称是"透明皂包装袋（舰牌田七）"，申请日是2004年11月11日，专利权人是孙国庄。

针对上述外观设计专利权（下称本专利），广西奥奇丽股份有限公司（下称请求人）于2005年8月23日向专利复审委员会提出无效宣告请求，其理由是：1）附件2的授权公告日为2004年9月29日，在本专利的申请日之前，本专利和附件2是相似的外观设计，因此本专利不符合专利法第23条的规定；2）本专利运用注册商标"田七"的字样，违反《商标法》和《巴黎公约》等法律。请求人提交了如下附件作为证据：

附件1：广西奥奇丽股份有限公司的"田七"商标注册证和"田七"商标为驰名商标的有关证明，复印件共5页；

附件2：200330123071.3号外观设计专利证书及公报，授权公告日为2004年9月29日，复印件共3页；

附件3：200330123068.1号外观设计专利证书及公报，授权公告日为2004年11月24日，复印件共1页。

经形式审查合格后，专利复审委员会受理了该无效宣告请求，并于2005年9月16日将无效宣告请求书和证据的副本转送给专利权人，限其在指定的期限内答复。并告知专利权人如逾期不答复，不影响专利复审委员会的审理。

2006年5月24日，专利复审委员会本案合议组向双方当事人发出《无效宣告请求口头审理通知书》，告知双方当事人专利复审委员会定于2006年7月11日对该专利权的无效请求进行口头审理。

2006年6月13日，请求人补充提交了意见陈述书和附件4：有关国家机关认定与本专利相类似产品侵权（"田七"商标权）的证明，复印件共22页。请求人认为附件4是与本案相关联的新证据。

2006年7月4日，专利复审委员会本案合议组向双方当事人发出《无效宣告请求口头审理通知书》，告知双方当事人因故专利复审委员将原定于2006年7月11日的口头审理推迟到2006年8月15日举行。并随《无效宣告请求口头审理通知书》将请求人于2006年6月13日提交的意见陈述书及附件4转交给专利权人。

2006年8月15日，口头审理如期进行，专利权人没有出席，合议组在请求人一方出庭的情况下就本无效宣告请求案进行了庭审调查。庭审过程中确认的事实如下：1）请求人明确其未提交过无效宣告请求书表格中所写的200330123069.6号文件；2）请求人主张本专利和附件2中的外观相近似。

在以上审理的基础上，本案合议组经合议，认为本案事实已经调查清楚，依法作出本审查决定。

二、决定的理由

1. 法律依据

专利法第23条规定：授予专利权的外观设计，应当同申请日以前在国内外出版物上公开发表过或者国内公开使用过的外观设计不相同和不相近似。

如果本专利与在先设计相比，二者主要图案和主要表现方式相同，且其区别对于一般消费者而言不会对产品的整体视觉效果产生显著影响，则二者属于相近似的外观设计。

2. 证据认定

请求人提交的附件2是200330123071.3号外观设计专利公报，该专利的授权公告日是2004年9月29日，早于本专利的申请日，其产品名称为"包装袋（田七草本亮洁洗衣粉）"，与本专利均是洗涤用品包装袋产品，属于相近种类的产品，因此可以作为在先设计评价本专利是否符合专利法第23条的规定。

3. 相近似的判断

本专利的包装袋是平面产品，基本形状为横向较长的矩形，未要求保护色彩。其主视图中央部分显示有"田七"两个手写体文字，后衬有由内到外逐步变深的四层花朵图案。紧靠花朵的下边缘有上浅下深的两个波浪状条纹。在花朵图案的左边有两个斜向排列的气泡状图案，上面的气泡图案稍大。在花朵图案的右下方有一株植物图案，该图案下方有一行文字，上述波浪状条纹经过植物图案的下部分。在花朵图案的左上方、正上方和右上方各有被涂覆的文字。在主视图的右上方和左下方，后视图的左上方和右下方，主视图和后视图的交界处分别有两个后衬有花朵的手写"田七"字样的小图案（同主视图中间的图案相同）。后视图有多行被涂覆的文字。（详见本专利附图）

在先设计的包装袋是平面产品，基本形状为纵向较长的矩形，要求保护色彩。从主视图观察，其所示包装袋图案的中央部分显示有"田七"两个手写体文字，后衬有由内到外逐步变深的四层花朵图案。在花朵图案的右下方有一圆形，其上有一行文字。花朵图案左侧下方有一行文字，左上方有"奥奇丽"文字。在花朵图案的正上方为两朵棉桃图案和两行文字图案。在包装袋的正上方有一月牙形提手孔。后视图的左上方为主视图整体图案的缩小图案，其他部位为产品的使用说明。在月牙形提手孔的右侧是其他产品的介绍。（详见在先设计附图）

由此可见，被比设计与在先设计均是平面包装袋，用途相同，属于相同种类的物品，具有可比性。经比对，本专利与在先设计相同点在于：二者都是平面矩形产品，主视图的主要图案都是由"田七"两个手写体文字和后衬有由内到外逐步变深的四层花朵组成的，且在主视图中的位置基本相同，其中"田七"两字的字体相同，因此二者的主要表现方式也是相同的。二者的主要不同点在于：1）本专利为横向较长的矩形，在先设计为纵向较长的矩形。2）本专利紧靠花朵的下边缘有上浅下深的两个波浪状条纹，在花朵图案的左边有两个斜向排列的气泡状图案，上面的气泡图案稍大，在花朵图案的右下方有一株植物图案。在先设计中没有公开上述图案。3）主视图和后视图的交界处分别有两个后衬有花朵的手写"田七"字样的小图案。在先设计后视图的左上方为主视图整体图案的缩小图案。

合议组认为：（1）就包装袋一类的产品而言，最易引起一般消费者瞩目的部位是具有特定图案和名称品牌标记的正面视图，这是一般消费者识别并留有视觉印象的主要标志性的部分，通过上述论述可知，被比设计与在先设计正面视图相似，品牌名称均为"田七"，品牌特定图案均为由内到外逐步变深四层花朵。在本专利和在先设计品牌和品牌特定图案相同的情况下，上述1）和2）的区别不会对产品外观设计的整体视觉效果产生显著的影响。（2）本专利和在先设计的包装袋后视图主要是文字说明，在本专利和在先设计中后视图图案都较小的情况下，后视图的区别对产品外观设计的整体视觉效果不产生显著的影响。综上，两者在正面视图上的图案设计是相近似的，已足以导致一般消费者的误认、混同，因此二者应属于相近似的外观设计。本专利不符合专利法第23条的规定。

鉴于根据附件2已经得出本专利不符合专利法第23条的结论，对于请求人提交的其他证据在本决定中不再进一步评述。

基于上述理由，作出如下决定。

三、决定

宣告200430103576.8号外观设计专利权全部无效。

当事人对本决定不服的，可以根据专利法第四十六条第二款的规定，自收到本决定之日起三个月内向北京市第一中级人民法院起诉。根据该款的规定，一方当事人起诉后，另一方当事人应当作为第三人参加诉讼。

主视图

后视图

本专利

主视图

后视图

对比文件

金程汽车（3）

无效宣告请求审查决定（第9306号）

决 定 号	第9306号
决 定 日	2006年12月22日
发明创造名称	金程汽车（3）
外观设计分类号	12-08
无 效 请 求 人	日产自动车株式会社
专 利 权 人	秦皇岛金程自动车工业有限公司
外观设计专利号	03303239.4
申 请 日	2003年3月10日
授 权 公 告 日	2003年9月24日
合议组组长	马志远
主 审 员	左一
参 审 员	瑜佳
附 图	2页
法 律 依 据	中国专利法第23条
决 定 要 点	

经过对本专利与在先设计的整体观察可以看出，二者的差别对于产品的整体视觉效果不具有显著的影响，因此本专利和在先设计相近似。

一、案由

本无效宣告请求涉及国家知识产权局于2003年9月24日授权公告的名称为"金程汽车（3）"的外观设计专利（下称本专利），其专利号为03303239.4，申请日为2003年3月10日，专利权人为秦皇岛金程自动车工业有限公司。

针对上述外观设计专利权，日产自动车株式会社（下称请求人）于2005年6月2日向专利复审委员会提出了无效宣告请求，理由是本专利不符合专利法第23款的规定，并提交了下述附件：

附件1：专利号为03303239.4的中国外观设计专利（即本专利）；

附件2：2003年2月号台湾杂志《汽车购买指南》原件1本，发行单位是位于台北市的汽车购买指南杂志社；

附件3：2002年12期台湾杂志《一手车讯》原件1本；

附件4：北京市公证员协会证明原件共1页；

附件5：2003年2月号《汽车购买指南》杂志的台湾公证书；
附件6：2002年12期《一手车讯》杂志的台湾公证书；
附件7：专利权无效宣告程序授权委托书共1页。

具体无效理由如下：1. 采用附件2-3证明在本专利的申请日之前已有与其相同或相近似的外观设计在出版物上公开发表过，此外，由于附件2和附件3属于在台湾形成的证据，所以请求人对该证据履行了公证和认证手续（具体参见附件4-6），符合相关法律规定，因此证据2和证据3属于专利法第23条所述的出版物；2. 将证据2中能够示出裕隆X-Trail 2.5各方向视图的照片：封面拉页中示出车体前部和右部的照片、第149页示出车体前部和左部的照片、第150页示出车体前右部和顶部的照片、第151页示出车体后部和左部的照片、第152页示出车体前部和右部的照片、第153页示出车体后部和右部的照片、第157页示出车体前部的照片、第158页示出车体后部和右部的照片、第159页示出车体前后左右及顶部的照片与本专利外观设计所公开五个方向的视图照片进行整体对比来看：本专利与附件2相比属于相同种类的产品，二者都由发动机厢、客货厢两部分组成，布局一致，整体轮廓曲线几乎完全相同。二者的发动机厢整体设计都具有平整、流畅的视觉效果。具体来说：从前部对比，前挡风玻璃大体都呈梯形；发动机厢盖中部具有两对称设置、倾斜的压斜边；前组合灯位于发动机盖和保险杠之间，近似直角三角形且其斜边呈较大的弧形，斜边与底部的直角边的夹角呈较尖的锐角，斜边与侧部的直角边的夹角呈钝角，另外侧部的直角边也带有一定的弧度；水箱护罩位于前组合灯之间，整体呈倒梯形，均由多根横条层叠组成；前保险杠位于散热器下部，都占据车头前部较大的面积，分为上下两层，上层为高度较小的斜面，下层高度较大，且其中部均有两个轮廓近似为长方形的进气口，靠近保险杠两端部都具有平行四边形的雾灯；天线均位于车体顶部的前挡风玻璃的正上方。从侧部对比，发动机厢、客货厢前后方向布局一致，都为发动机厢在前、客货厢在后；客货厢部都分为双排门结构，且前门上部呈包含直角的梯形，下部为长方形，前门车窗也基本为包含直角的梯形；后门门体部分兼作后轮的轮眉，上部车窗都近似为长方形；后车窗都近似为带直角边的梯形；车窗部分的窗框颜色与侧部车窗颜色一致；车后组合灯在侧面的形状、轮廓完全一致，都呈倾斜的条形灯；前后车轮上的轮眉都具有较大的向上突起；两车体侧面都具有相同的防擦条。从后部对比，客货厢后车窗（后挡风玻璃）都基本呈梯形；高位刹车灯均位于后挡风玻璃上部的中间；后组合灯都位于客货厢后部的两侧的上端处，呈纵向的长方形设置（可参见证据2的152页右上角具体示出后组合灯的照片）；后保险杠都位于客货厢尾部下端，后保险杠中部下方都具有方形的凸起形状，两端部均具有呈平行四边形的雾灯；后门的中部都具有呈长方形（底部两角部具有较大圆弧）的凹槽设计，以用于固定车牌，且凹槽上方都具有长方形的镀铬件。从顶部对比，二者都有长方形的天窗，左右两侧有条形的行李架。二者的差别仅仅在于：1) 从前部看，证据2所示裕隆X-Trail 2.5的发动机厢的右部靠近前右组合灯处设有一体积较小的照地镜；而本专利的外观设计没有该设计；2) 从侧部看，证据2所示裕隆X-Trail 2.5的客货厢顶部的后部有一尾翼；而本专利的外观设计没有该设计。但是上述"照地镜"和"尾翼"均属于选配装置。证据2与本专利外观设计相比，二者基本构成态样（整体结构、轮廓、各组成部分之间的相互关系及其比例）相似之处在进行外观设计相近似判断中所占比重极大，易引起一般消费者注意；而所述存在的差异对于产品的整体视觉效果不具有显著的影响，因此本专利与证据2所公开的裕隆X-Trail 2.5多功能车的外观设计构成近似。3. 本专利与附件3相比。附件3第170-172页公开的X-Trail 2.5车型与证据2中公开的车型一致，而且证据3的第170页中所示的X-Trail 2.5还缺少"照地镜"，能够说明"照地镜"是非必要的、可拆卸地选装配件。具体相似性比较参见证据2的评述。证据3的第390页公开"X-Trail 2.0"的多功能车，通过证据2的第150页第2栏第2段中"为了对X-Trail 2.0和2.5升两种排量车型作出区隔，水箱护罩有两种形式"的介绍和证据3在第172页左上角的两附图片可知，X-Trail 2.0和2.5的区别仅在于水箱护罩的形状有所不同而已。关于前部和侧部的对比参见证据2中前部和侧部的对比，此外虽然该证据没有示出X-Trail 2.0的后部照片，但通过证据2第150页第2栏第2段中"为了对X-Trail 2.0和2.5升两种排气量车型作出区隔，水箱护罩有两种形式"的介绍可以得知二者的后部是完全相同的，因此X-Trail 2.0的后部与被比外观设计的后部比较同X-Trail 2.5的后部与本专利外观设计的后部比较完全相同。二者的差异在于：从前部看，在证据3所示X-Trail 2.0的水箱护罩中部设有呈近似方形的厂徽安置处，而本专利外观设计没有该设计。由此可见，证据3所示X-Trail 2.0与本专利外观设计相比，二者基本构成态样（整体结构、轮廓、各组成部分之间的相互关系及其比例）相似之处在进行外观设计相近似判断中所占比重极大，易引起一般消费者注意；而所述存在的差异对于产品的整体视觉效果不具有显著的影响，因此本专利与证据3所示X-Trail 2.0多功能车的外观设计构成近似。

经形式审查合格，专利复审委员会于2005年8月11日向双方当事人发出无效宣告请求受理通知书，并将无效宣告请求书及其附件的副本转给了专利权人，要求其在指定期限内进行意见陈述。

专利权人未在指定期限内进行意见陈述。

合议组于2006年8月23日向双方当事人发出口头审理通知书，定于2006年10月10日举行口头审理。

合议组于2006年9月5日向双方当事人再次发出口头审理通知书，将口头审理的日期改为2006年11月16日。

合议组于2006年10月11日向双方当事人发出合议组成员告知通知书，告知本案合议组成员变更。

合议组于2006年11月14日向专利权人发出合议组成员告知通知书，告知本案合议组成员再次变更。

口头审理于2006年11月16日如期举行，专利权人未出席口头审理，请求人对合议组成员变更没有异议、对合议组成员不提出回避请求。请求人明确其无效理由为：本案外观设计不符合专利法第23条的规定。具体理由为：《汽车购买指南》中公开的X-Trail2.5型和《一手车讯》中公开的X-Trail2.0型均属于相近似的外观设计；请求人以《汽车购买指南》第149-154页、157-159页中的X-Trail2.5的图片与本专利进行对比，其中主要以第157页的图片与本专利主视图进行对比、第159页左上角和右上角的图片与本专利侧视图进行对比、主要用第151和153页的图片与本专利后视图进行对比、主要用第150、154右上角第二副图片与本专利的俯视图进行对比；《一手车讯》中第172页左上角第二副图和第390页的图片为X-Trail2.0型，并指出X-Trail2.0和X-Trail2.5型的前散热器罩不同、X-Trail2.0缺少照地镜。

在指定的期限内专利权人未对合议组成员提出回避请求。

在当事人的意见陈述和口头审理的基础上，合议组经合议，认为本案事实清楚，依法作出本审查决定。

二、决定的理由

1. 法律依据

根据请求人提出的无效宣告请求的范围、理由和证据，本案合议组依据专利法第23条对本案进行审理。

中国专利法第23条规定："授予专利权的外观设计，应当同申请日以前在国内外出版物上公开发表过或者国内公开使用过的外观设计不相同和不相近似，并不得与他人在先取得的合法权利相冲突。"

2. 关于附件 2

附件 2 为台湾杂志《汽车购买指南》原件，为了使该证据符合对于我国在台湾地区形成的证据的相关规定，请求人提交了相关附件 4 和 5，其中附件 5 为台湾认证书原件，该公证书对附件 2 的 2003 年 2 月号《汽车购买指南》杂志的封面、目录、杂志第 148-159 页中有关"SUV 大战首部曲"的文章报道及相关照片进行了公证认证，附件 4 为北京市公证员协会出具的证明原件，该证明表明：根据《海峡两岸公证书使用查证协议实施办法》第五条的有关规定，将海基会寄来的上述认证书转交专利复审委员会。合议组认为，通过上述证据足以认定附件 2 所示《汽车购买指南》杂志符合公证认证手续的相关规定，其真实性可以确认，附件 2 的杂志在本专利申请日之前已公开出版，因此，其属于本专利申请日前的公开出版物，能够适用专利法第 23 条的规定作为本案在先公开的外观设计使用。

3. 关于专利法第 23 条

本外观设计专利授权公告文本有 6 幅图，即主视图、右视图、左视图、后视图、仰视图、俯视图，本专利未要求保护色彩。本专利的金程汽车主要由发动机厢、客货厢两部分组成，前挡风玻璃大体呈梯形；发动机厢盖中部具有两对称设置、倾斜的压斜边；发动机厢盖的右部靠近前右组合灯处设有一体积较小的照地镜；前组合灯位于发动机盖和保险杠之间，近似直角三角形且其斜边呈较大的弧形，斜边与底部的直角边的夹角呈较尖的锐角，斜边与侧部的直角边的夹角呈钝角，另外侧部的直角边也带有一定的弧度；水箱护罩位于前组合灯之间，整体呈倒梯形，由 5 根横条层叠组成；前保险杠位于散热器下部，分为上下两层，上层为高度较小的斜面，下层高度较大，且其中部有两个轮廓近似为长方形的进气口，靠近保险杠两端具有平行四边形的雾灯；后车窗近似为带直角边的梯形；高位刹车灯位于后挡风玻璃上部的中间；后组合灯位于客货厢后部的两侧的上端处，呈纵向的长方形设置；后保险杠位于客货厢尾部下端，后保险杠中部下方具有方形的凸起形状，两端部具有呈平行四边形的雾灯；后门的中部具有呈长方形（底部两角部具有较大圆弧）的凹槽设计，以用于固定车牌；客货厢部分为双排门结构，且前门上部呈包含直角的梯形，下部为长方形，前门车窗也基本为包含直角的梯形；后门门体部分兼作后轮的轮眉，上部车窗近似为长方形；前后车轮上的轮眉都具有较大的向上突起；车体侧面都具有防擦条；车体顶部靠前的位置有一个天线，天线后面有长方形的天窗，左右两侧有条形的行李架，车体顶部的后部有一尾翼；车体底部有车底盘、4 个行驶轮胎以及 1 个平放的备用胎。（详见本专利附图）

附件 2 所示裕隆 X-Trail 2.5 型多功能车有 7 幅图，即主视图、左视图、右视图、后视图、后视图-1、俯视图、俯视图-1。从这些图片可见，裕隆 X-Trail 2.5 型多功能车主要由发动机厢、客货厢两部分组成，前挡风玻璃大体呈梯形；发动机厢盖中部具有两对称设置、倾斜的压斜边；前组合灯位于发动机盖和保险杠之间，近似直角三角形且其斜边呈较大的弧形，斜边与底部的直角边的夹角呈较尖的锐角，斜边与侧部的直角边的夹角呈钝角，另外侧部的直角边也带有一定的弧度；水箱护罩位于前组合灯之间，整体呈倒梯形，由 3 根横条层叠组成；前保险杠位于散热器下部，分为上下两层，上层为高度较小的斜面，下层高度较大，且其中部有两个轮廓近似为长方形的进气口，靠近保险杠两端具有平行四边形的雾灯；后车窗近似为带直角边的梯形；高位刹车灯位于后挡风玻璃上部的中间；后组合灯位于客货厢后部的两侧的上端处，呈纵向的长方形设置；后保险杠位于客货厢尾部下端，后保险杠中部下方具有方形的凸起形状，两端部具有呈平行四边形的雾灯；后门的中部具有呈长方形（底部两角部具有较大圆弧）的凹槽设计，以用于固定车牌；客货厢部分为双排门结构，且前门上部呈包含直角的梯形，下部为长方形，前门车窗也基本为包含直角的梯形；后门门体部分兼作后轮的轮眉，上部车窗近似为长方形；前后车轮上的轮眉都具有较大的向上突起；车体侧面都具有防擦条；车

体顶部靠前的位置有一个天线，天线后面有长方形的天窗，左右两侧有条形的行李架。（详见附件2的附图）

将本专利与附件2所示的裕隆X-Trail 2.5型多功能车属于相同种类的产品，可以进行比较，两外观设计的整体形状、部件形状和布局、各部分的尺寸比例基本相同。虽然两者间也存在有3处细部区别，如：1）证据2所示裕隆X-Trail 2.5型多功能车的发动机厢的右部靠近前右组合灯处设有一体积较小的照地镜，而本专利的外观设计没有该设计；2）证据2所示裕隆X-Trail 2.5型多功能车的客货厢顶部的后部有一尾翼，而本专利的外观设计没有该设计；3）附件2所示裕隆X-Trail 2.5型多功能车的水箱护罩由3根横条层叠组成，本专利的外观设计的水箱护罩由5根横条层叠组成。但是，上述区别特征相对于整体汽车而言所占体积很小，从一般消费者的视觉出发，本专利与附件2所示的裕隆X-Trail 2.5型多功能车彼此具有相似的整体视觉效果，上述细部差异的存在仍不足以使得购买汽车的一般消费者将两者清楚地区分为两种不同款式的产品。因此，本专利与附件2中所公开的裕隆X-Trail 2.5型多功能车之间属于相近似的外观设计。

综上所述，由于在本专利申请日以前已有与其相近似的外观设计在公开出版物上公开发表过，故本专利不符合专利法第23条的规定。

由于根据对比文件已经可以得出本专利的外观设计与在先设计属于相近似，本专利应予以无效的结论，因此，合议组不再针对其他证据进行一一评述。

三、决定

宣告第03303239.4号外观设计专利权全部无效。

当事人对本决定不服的，可以根据专利法第46条第2款的规定，自收到本决定之日起三个月内向北京市第一中级人民法院起诉。根据该款的规定，一方当事人起诉后，另一方当事人应当作为第三人参加诉讼。

主视图

后视图

右视图

左视图

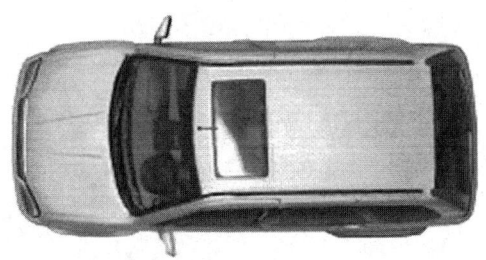
俯视图

仰视图

本专利附图

对比文件图

发电机（YF2500）

无效宣告请求审查决定（第 9307 号）

决 定 号	第 9307 号
决 定 日	2006 年 12 月 7 日
发明创造名称	发电机（YF2500）
国 际 分 类 号	13-01
无 效 请 求 人	本田技研工业株式会社
专 利 权 人	林正法
专 利 号	01352616.2
申 请 日	2001 年 11 月 7 日
授 权 公 告 日	2002 年 5 月 8 日
合 议 组 组 长	张 度
主 审 员	黄毅斐
参 审 员	周雷鸣
附 图	2 页

法 律 依 据 中国专利法第 23 条

决 定 要 点

本专利与对比外观设计在产品形状上近乎相同，仅仅存在局部细微差别，且上述差别不足以对产品的整体视觉效果产生显著影响，因此二者属于相近似的外观设计。

一、案由

本无效宣告请求涉及中华人民共和国国家知识产权局于 2002 年 5 月 8 日授权公告的 01352616.2 号外观设计专利（下称本专利），其名称为"发电机（YF2500）"，申请日为 2001 年 11 月 7 日，专利权人是林正法。

针对该专利权，本田技研工业株式会社（下称请求人）于 2004 年 10 月 14 日向国家知识产权局专利复审委员会提出无效宣告请求，认为本专利不符合专利法第 23 条的规定，其提交的证据如下：

证据 1：00326176.X 号中国外观设计专利的下载网页，授权公告日为 2001 年 5 月 30 日；

证据 2：有关本田闽东发电机零件目录 2 及 2 张本田汽油发电机 EC 系列的销售宣传彩页的公证、认证文件的原件和复印件，以及公证书的中文译文和零件目录 2 和 2 张销售宣传彩页的部分中文译文。

请求人认为：（1）证据 1 与本专利的外观设计的整体构型和各个部件的构型完全相同，并且两个设计的大部分局部特征也完全相同，虽有些细小差别，但不足以使消费者将两者区分开。（2）证据 2 中公开的 EC2500CX 型发电机与本专利的外观设计的整体构型和主要部件的构型完全相同，即使两者之间存在局部细微差别，但在综合判断中这些差别不会造成显著影响，因此两者相同或相近似。

经形式审查合格后，专利复审委员会依法受理了上述请求，于 2005 年 1 月 20 日向双方当事人发出了无效宣告请求受理通知书，并将无效宣告请求书及其所附证据的副本转送给专利权人，要求其在指定的期限内答复。

专利权人逾期未答复。

本案合议组于 2006 年 9 月 4 日向双方当事人发出了口头审理通知书，拟定于 2006 年 11 月 14 日对上述无效宣告请求进行口头审理。

2006 年 11 月 14 日，口头审理如期举行，仅有请求人出席口头审理，专利权人既未寄交口审回执，也未出席口头审理。请求人对合议组成员没有回避请求，并当庭明确其无效理由为：本专利相对于证据 1 不符合专利法第 23 条的规定；相对于证据 2 中的 EC2500CX 型发电机不符合专利法第 23 条的规定。

至此，合议组认为本案事实已经调查清楚，现依法作出审查决定。

二、决定的理由

专利法第 23 条规定：授予专利权的外观设计，应当同申请日以前在国内外出版物上公开发表过或者国内公开使用过的外观设计不相同和不相近似。

证据 1 是在本专利申请日之前公开的中国外观设计专利的下载网页，合议组经核实后确认其真实性，因此证据 1 属于专利法第 23 条规定的公开出版物。

本专利的发电机包括主视图、俯视图、左视图、右视图、后视图和立体图，不要求保护色彩。本专利发电机整体呈长方形，外部是由金属圆管构成的支撑框架，在该框架的正面上半部分固定有控制面板，该控制面板的上部 1/3 突出，并且其左半部分有文字，该控制面板的其余 2/3 部分，从左至右依次排列有开关、标牌、伏特计、开关和插座。在控制面板下从左至右依次可见到发动机、气缸和发电机的部分轮廓（见主视图）。位于发电机上方的是扁平的燃料箱，燃料箱顶部左侧有指示器，中间为梅花形箱盖，右侧有一长条标签（见俯视图）。此外，从左视图可见到矩形空气滤清器和大致圆形的反冲起动器罩，反冲起动器罩上的拉手位于左侧；从右视图可见到圆形发电机端罩和椭圆形的排气消音器；从后视图可见到位于左半部分的矩形散热栅板，以及位于右半部分的气缸和空气滤清器。

证据 1 的汽油发电机是与本专利相近类别的产品，可与本专利进行相近似比较。证据 1 公开的汽油发电机包括主视图、俯视图、左视图、右视图、后视图和仰视图，不要求保护色彩。证据 1 的发电机整体呈长方形，外部是由金属圆管构成的支撑框架，在该框架的正面上半部分固定有控制面板，该控制面板的上部 1/3 突出，并且其左半部分有文字，该控制面板的其余 2/3 部分，从左至右依次排列有开关、标牌、伏特计、开关和插座。在控制面板下从左至右依次可见到发动机、气缸和发电机的部分轮廓（见主视图）。位于发电机上方的是扁平的燃料箱，燃料箱顶部左侧有指示器，中间为梅花形箱盖，在指示器的上部和箱盖下部分别有一长条标签（见俯视图）。此外，从左视图可见到矩形空气滤清器和大致圆形的反冲起动器罩，反冲起动器罩上的拉手位于右侧；从右视图可见到圆形发电机端罩和椭圆形的排气消音器；从后视图可见到位于左半部分的矩形散热栅板，以及位于右半部分的气缸和空气滤清器。

合议组认为：将本专利与证据 1 相比较可见，二者的发电机形状近乎相同，仅仅是在拉手的位置和燃料箱顶部标签的数量和位置上稍有差别，但显然上述差别并不足以对产品的整体视觉效果产生显著影响，因此二者属于相近似的外观设计，即本专利相对于证据 1 不符合专利法第 23 条的规定。

鉴于请求人关于本专利相对于证据 1 不符合专利法第 23 条的规定的无效理由成立，合议组不再对请求人的其他证据进行评述。

三、决定

宣告01352616.2号外观设计专利权无效。

当事人如对本决定不服，可依据专利法第46条第2款的规定，自收到本决定之日起三个月内向北京市第一中级人民法院起诉。根据该款的规定，一方当事人起诉后，另一方当事人应当作为第三人参加诉讼。

主视图

俯视图

左视图

右视图

后视图

立体图

本专利附图

主视图

后视图

左视图

右视图

俯视图

对比文件图

欧式大面板跷板开关

无效宣告请求审查决定（第9309号）

决 定 号	第9309号
决 定 日	2006年12月19日
发明创造名称	欧式大面板跷板开关
外观设计分类号	13-03-S0859
无 效 请 求 人	广东朗能电器有限公司
专 利 权 人	江苏西蒙奇通电器有限公司
申 请 号	99334483.6
申 请 日	1999年12月22日
授 权 公 告 日	2000年6月21日
合 议 组 组 长	胡文辉
主 审 员	柴爱军
参 审 员	崔国振
附 图	5页
法 律 依 据	专利法第23条

决 定 要 点

如果被比外观设计与在先设计存在的差异对于产品的整体视觉效果具有显著的影响，则二者的外观设计既不相同也不相近似。

一、案由

本无效宣告请求涉及的是国家知识产权局于2000年6月21日授权公告的、专利号为99334483.6的外观设计专利，其产品名称是"欧式大面板跷板开关"，申请日是1999年12月22日，原专利权人是刘德银，后变更为江苏西蒙奇通电器有限公司（下称专利权人）。

针对上述外观设计专利权（下称本专利），广东朗能电器有限公司（下称请求人）于2005年9月15日向专利复审委员会提出无效宣告请求，其无效理由是：本专利权的授予不符合专利法第23条的规定。与此同时，请求人提交了以下证据：

证据1：申请号为90301610.9的外观设计专利公报复印件1页，申请日为1990年5月26日，公告日为1991年4月24日。

经形式审查合格，专利复审委员会于2005年9月19日受理了上述无效宣告请求，并于同日向双方当事人发出了《无效宣告请求受理通知书》，将无效宣告请求书及其证据的副本转送给专利权人，要求专利权人在收到通知书之日起一个月内对该无效宣告请求陈述意见。

2005年10月15日，请求人提交了意见陈述书，并补充了如下证据：

证据2：专利号为94303363.2的外观设计专利公报复印件1页，申请日为1994年5月25日，授权公告日为1995年5月17日；

证据3：专利号为95310646.2的外观设计专利公报复印件1页，申请日为1995年3月30日，授权公告日为1996年8月7日；

证据4：专利号为96302726.3的外观设计专利公报复印件1页，申请日为1996年3月15日，授权公告日为1997年2月26日；

证据5：专利号为96315419.2的外观设计专利公报复印件1页，申请日为1996年1月26日，颁证日为1997年3月13日；

证据6：专利号为96324668.2的外观设计专利公报复印件1页，申请日为1996年12月19日，颁证日为1997年10月18日。

2005年11月1日，专利权人提交了意见陈述书，专利权人认为，证据1中的主视图、左视图和俯视图不能正确、清楚地反映出外观设计产品本身的形状，请求专利复审委员会对其进行审查；专利权人还认为由于证据1中的视图不能显示出该开关的具体、唯一的形状，所以无从判断是否与本专利相同或相近似；此外，从证据1中各平面图分别与本专利的各对应的平面图比较也显示出明显的差异，二者是明显地不相同或不相近似。

2006年4月26日，专利复审委员会向双方当事人发出《无效宣告请求口头审理通知书》，定于2006年6月15日对本案进行口头审理，并随同该口头审理通知书将请求人于2005年10月15日提交的意见陈述书及其证据2-6的副本转送给专利权人，将专利权人于2005年11月1日提交的意见陈述书转送给请求人。

口头审理如期举行，双方当事人的代理人出席了口头审理，双方当事人对对方出庭人员的身份无异议，对合议组成员无回避请求。在口头审理中，专利权人对请求人提交的证据1-6的真实性无异议，请求人明确表示放弃证据5和证据6作为证据使用，双方当事人均认为开关面板的主视图为产品的设计要部，背面设计及侧面设计在本案中对外观设计及其相同、相近似性的判断不具有显著的影响。

至此，合议组认为本案事实已经清楚，可以依法作出审查决定。

二、决定的理由

1. 关于证据

请求人在口头审理中放弃证据5和6，因此证据5和6不再作为本案的证据使用。

请求人提交的证据1-4均是外观设计专利公报，专利权人对这些证据的真实性无异议，因此，合议组对证据1-4的真实性予以认可。

证据1-4的公告日分别为1991年4月24日、1995年5月17日、1996年8月7日、1997年2月26日，均在本专利的申请日之前，属于在本专利申请日前公开发表的出版物，可以作为评述本专利的授权是否符合专利法第23条规定的证据使用。

2. 关于相同、相近似

专利法第23条规定，授予专利权的外观设计，应当同申请日以前在国内外出版物上公开发表过或者国内公开使用过的外观设计不相同和不相近似，并不得与他人在先取得的合法权利相冲突。

本专利所示的开关主要由主视图、左视图、俯视图、后视图以及A-A剖视图和B-B剖视图表示，其中右视图与左视图对称，仰视图与俯视图对称，省略了右视图和仰视图。主视图显示出该开关由圆角矩形的外框、圆角矩形的中框以及圆角矩形的开关跷板所组成。左视图显示出外框和中框的边大致构成等腰梯形状，该梯形较短的边在右侧，较长的边在左侧，两腰分别在上下两端并呈圆弧状；开关跷板大致呈直角梯形状，在外框的左侧显示出该开关后部的结构。俯视图显示出外框和中框的边大致构成等腰梯形状，该梯形较短的边在下端，较长的边在上端，两腰分别在左右两端并呈圆弧状；开关跷板大致呈长矩形状，在外框的上端显示出该开关后部的结构。后视图显示出开关后部的结构及形状。从 A-A 剖视图可以看出，在开关跷板与中框上下边之间部分各有一相对于中框平面的凹陷，而凹陷的左右两端则与中框表面相平。（详见本专利附图）

1）证据 1 所示的开关主要由主视图、左视图、俯视图和后视图表示，其他视图被省略。主视图显示出该开关由圆角矩形的外框、圆角矩形的中框以及两个不规则矩形的跷板所组成，两个跷板中间有一较小的间距，两个跷板的外围构成圆角的矩形框。左视图显示出外框和中框的边大致构成等腰梯形状，该梯形较短的边在右侧，较长的边在左侧，两腰分别在上下两端并呈圆弧状；开关跷板大致呈直角梯形状，在外框的左侧显示出该开关后部的结构。俯视图显示出外框和中框的边大致构成等腰梯形状，该梯形较短的边在下端，较长的边在上端，两腰分别在左右两端并呈圆弧状；两个开关跷板呈不规则的矩形状位于在梯形较短的边上，两个开关跷板中间有一较小的间距，在外框的上端显示出该开关后部的结构。后视图显示出开关后部的结构及形状。（详见证据 1 附图）

对于专利权人认为请求人提交的证据 1 不能正确、清楚地反映出外观设计产品本身的形状，主视图、左视图和俯视图不能显示出该开关的具体、唯一的形状的主张，合议组认为专利权人的上述主张不能成立，证据 1 所示的外观设计各视图之间相互对应，并且能够正确、清楚地反映外观设计，其开关的形状也能够唯一地确定。

将本专利和证据 1 所示的开关进行比较，可以看出二者主要的区别在于：（1）二者的开关跷板不相同，本专利仅有一个跷板并呈圆角矩形状镶嵌在中框内，而证据 1 则有两个相互并列的跷板镶嵌在中框内。（2）本专利在开关跷板与中框上下边之间部分各有一相对于中框平面的凹陷，而凹陷的左右两端则与中框平面齐平，而证据 1 中无此设计，整个中框的表面是平的。（3）二者开关的后部结构及形状不相同。

合议组认为，由于上述区别点（1）和（2）的存在，使得两个产品的整体设计并不相同，并对产品的整体视觉效果产生显著的影响。对于区别点（3），在口头审理中双方当事人均认为开关面板的主视图为产品的设计要部，背面设计及侧面设计在本案中对外观设计及其相同、相近似性的判断不具有显著的影响，对此合议组予以认可，在该类产品的相同、相近似判断中对开关的后部设计不予考虑。因此，本专利与证据 1 所示的外观设计既不相同也不相近似，本专利相对于证据 1 符合专利法第 23 条的规定。

2）证据 2 所示的开关主要由主视图、左视图、俯视图、后视图以及立体图表示，其他视图被省略。主视图显示出该开关由矩形的外框和两个不规则矩形的跷板所组成，两个跷板中间有一较小的间距，两个跷板的外围构成圆角的矩形框。左视图显示出外框的边大致构成长矩形状，其中右侧边的两角圆弧过渡；开关跷板大致呈直角梯形状，其中斜边呈平缓的弧线，在外框的左侧显示出该开关后部的结构。俯视图显示出外框的边大致构成长矩形状，其中下端边的两角圆弧过渡；两个开关跷板呈矩形状并列位于两角圆弧过渡的长矩形边上，两个开关跷板中间有一较小的间距，在外框的上端显示出该开关后部的结构。后视图显示出开关后部的结构及形状。（详见证据 2 附图）

将本专利和证据 2 所示的开关进行比较，可以看出二者主要的区别在于：（1）本专利具有大小不同的外框和中框，而证据 2 仅有一外框。（2）二者的开关跷板不相同，本专利仅有一个跷板并呈圆角矩形状镶嵌在中框内，而证据 2 则有两个相互并列的跷板镶嵌在外框内。（3）本专利在开关跷板与中框上下边之间部分各有一相对于中框平面的凹陷，而凹陷的左右两端则与中框平面齐平，而证据2中无此设计，整个外框的表面是平的。（4）二者开关的后部结构及形状不相同。

合议组认为，由于上述区别点（1）-（3）的存在，使得两个产品的整体设计并不相同，并对产品的整体视觉效果产生显著的影响。对于区别点（4），在该类产品的相同、相近似判断中对开关的后部设计不予考虑。因此，本专利与证据2所示的外观设计既不相同也不相近似，本专利相对于证据2符合专利法第23条的规定。

3）证据3所示的开关主要由主视图、左视图、右视图、俯视图、仰视图、后视图表示。主视图显示出该开关由圆角矩形的外框、矩形装饰框、圆角矩形中框以及按键所组成。右视图显示出外框的边大致构成长矩形状，其中左侧边的两角圆弧过渡；装饰框的表面突出于外框，中间框的表面突出装饰框，按键突出于中间框并呈不规则的小四边形状，装饰框的边由在外框表面稍微内凹的细线所构成，长矩形外框的右侧显示开关后部的设计。俯视图、仰视图、右视图、左视图及后视图显示出开关后部的结构及形状。（详见证据3附图）

将本专利和证据3所示的开关进行比较，可以看出二者主要的区别在于：（1）证据3在外框与中框之间有一在其表面稍微内凹的细线所构成的装饰框，而本专利无装饰框设计。（2）二者的开关跷板不相同，本专利仅有一个跷板并呈圆角矩形状镶嵌在中框内，其大小与中框接近，而证据3的按键呈钮扣状位于中框的中心处。（3）本专利在开关跷板与中框上下边之间部分各有一相对于中框平面的凹陷，而凹陷的左右两端则与中框平面齐平，而证据3中无此设计。（4）二者外框与中框间的过渡明显不同，本专利较为圆滑，而证据4两框间的交接线则较为分明。（5）二者开关的后部结构及形状不相同。

合议组认为，由于上述区别点（1）-（4）的存在，使得两个产品的整体设计并不相同，并对产品的整体视觉效果产生显著的影响。对于区别点（5），在该类产品的相同、相近似判断中对开关的后部设计不予考虑。因此，本专利与证据3所示的外观设计既不相同也不相近似，本专利相对于证据3符合专利法第23条的规定。

4）证据4所示的开关插座面板主要由主视图、左视图、右视图、俯视图、仰视图、后视图表示。主视图显示出该面板由圆角矩形的外框和中框以及内框所组成。右视图显示出外框与中框的边形成一等腰梯形与一长矩形叠加后的形状，内框的表明略突出于中框表面，在外框边的右侧显示出面板后部的设计。后视图显示出面板后部的设计。（详见证据4附图）

将本专利和证据4所示的外观设计进行比较，可以看出二者主要的区别在于：（1）二者中框内的设计不同，本专利的中框内有一圆角矩形的跷板，而证据4的中框内则有一圆角矩形框。（2）本专利在开关跷板与中框上下边之间部分各有一相对于中框平面的凹陷，而凹陷的左右两端则与中框平面齐平，而证据4中无此设计。（3）二者外框与中框间的过渡明显不同，本专利较为圆滑，而证据4两框间的交接线则较为分明。（4）二者的后部结构及形状不相同。

合议组认为，由于上述区别点（1）-（3）的存在，使得两个产品的整体设计并不相同，并对产品的整体视觉效果产生显著的影响。对于区别点（4），在该类产品的相同、相近似判断中对其后部设计不予考虑。因此，本专利与证据4所示的外观设计既不相同也不相近似，本专利相对于证据4符合专利法第23条的规定。

基于上述理由，合议组作出如下决定。

三、决定

维持99334483.6号外观设计专利权有效。

当事人对本决定不服的，可以根据专利法第46条第2款的规定，自收到本决定之日起三个月内向北京市第一中级人民法院起诉。根据该款的规定，一方当事人起诉后，另一方当事人应当作为第三人参加诉讼。

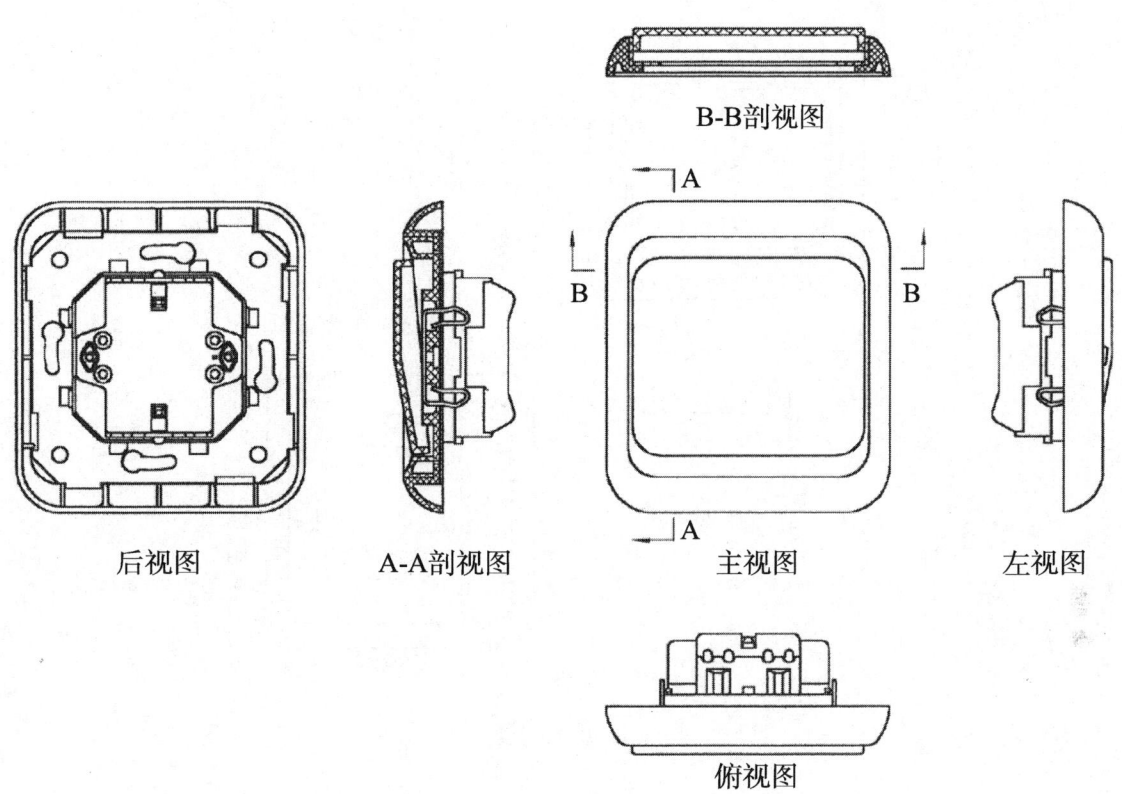

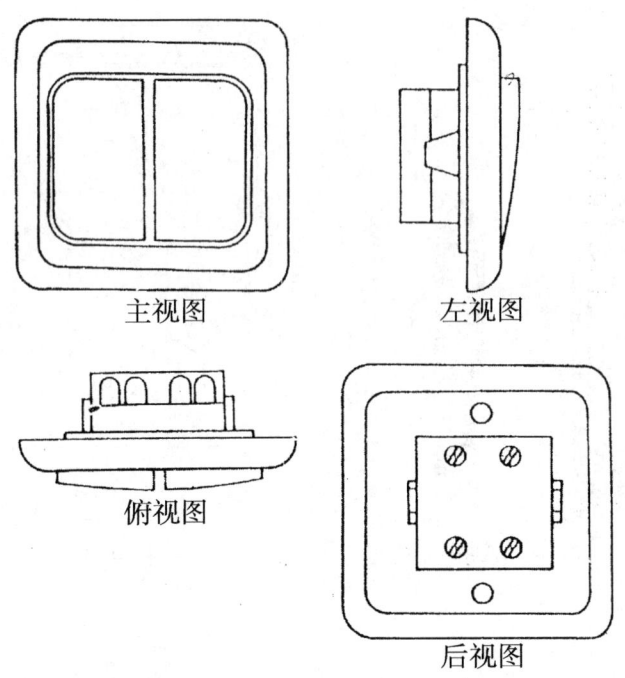

证据1附图

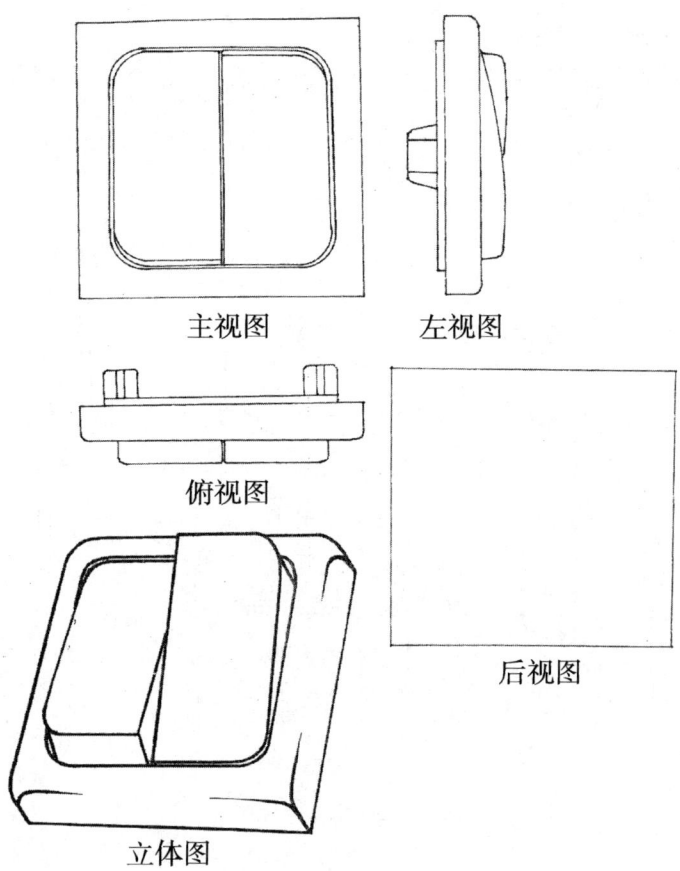

主视图　　左视图

俯视图

后视图

立体图

证据 2 附图

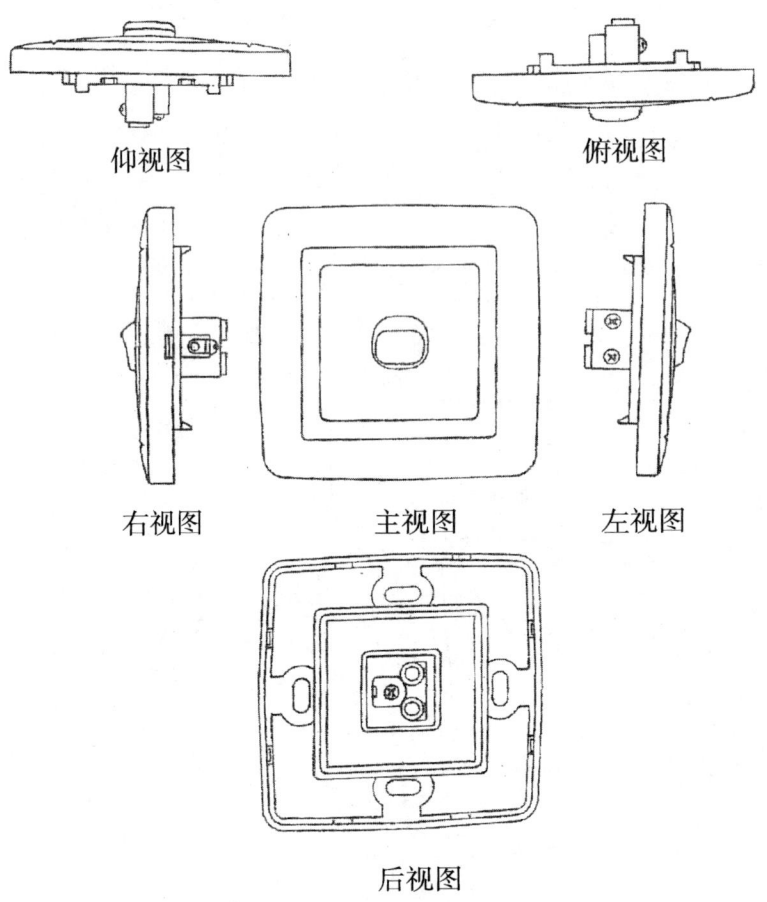

证据3附图

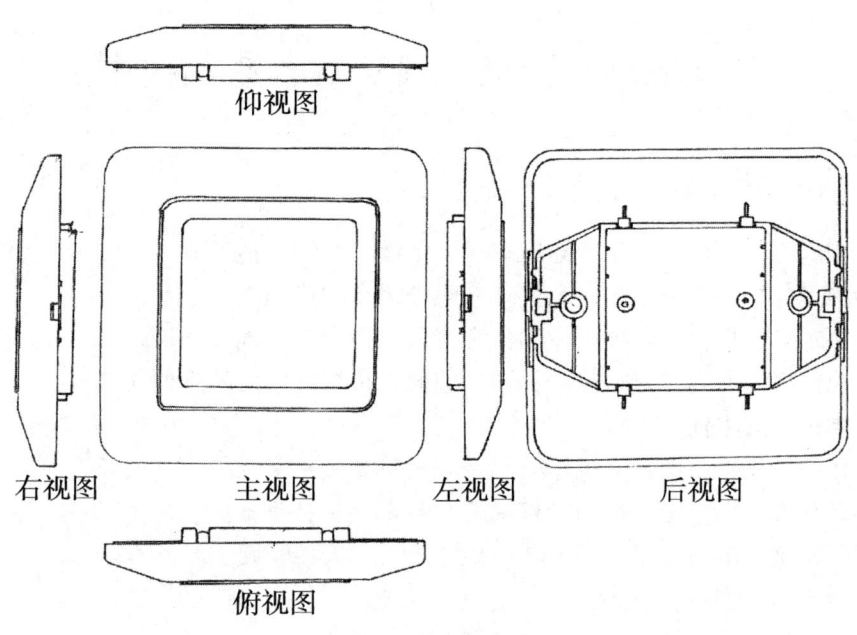

证据4附图

北京市第一中级人民法院行政判决书

(2007) 一中行初字第 475 号

原告广东朗能电器有限公司，住所地广东省中山市小榄镇小榄工业区 122 号

委托代理人陈卫，男，广东粤高专利代理有限公司专利代理人

委托代理人郑永泉，男，广东粤高专利代理有限公司专利代理人助理

被告国家知识产权局专利复审委员会，住所地北京市海淀区北四环西路 9 号银谷大厦 10-12 层

法定代表人廖涛，副主任

委托代理人杜微科，男，国家知识产权局专利复审委员会审查员

委托代理人杨存吉，男，国家知识产权局专利复审委员会审查员

第三人江苏西蒙奇通电器有限公司，住所地江苏省海安西蒙路 1 号

法定代表人哈维尔．多拉，董事长

委托代理人陆从益，男，江苏西蒙奇通电器有限公司职员

委托代理人徐新建，男，江苏西蒙奇通电器有限公司职员

原告广东朗能电器有限公司不服被告国家知识产权局专利复审委员会于 2006 年 12 月 19 日作出的第 9309 号无效宣告请求审查决定（以下简称第 9309 号决定），于 2007 年 3 月 21 日向本院提起行政诉讼。本院于 2007 年 3 月 21 日受理后，依法组成合议庭，通知江苏西蒙奇通电器有限公司作为第三人参加诉讼，并于 2007 年 4 月 26 日公开开庭审理了本案。原告的委托代理人陈卫，被告的委托代理人杨存吉，第三人的委托代理人陆从益、徐新建到庭参加了诉讼。本案现已审理终结。2006 年 12 月 19 日，被告针对第三人申请本专利（即：专利号为 99334483.6、名称为"欧式大面板跷板开关"的外观设计专利，其申请日为 1999 年 12 月 22 日，授权公告日为 2000 年 6 月 21 日，专利权人为刘德银，于 2006 年 8 月 3 日变更为第三人。）无效的请求作出第 9309 号决定，认为：一、关于证据。附件 1（即：申请号为 90301610.9 的外观设计专利公报复印件 1 页，申请日为 1990 年 5 月 26 日，公告日为 1991 年 4 月 24 日）；附件 2（即：专利号为 94303363.2 的外观设计专利公报复印件 1 页，申请日为 1994 年 5 月 25 日，授权公告日为 1995 年 5 月 17 日）；附件 3（即：专利号为 95310646.2 的外观设计专利公报复印件 1 页，申请日为 1995 年 3 月 30 日，授权公告日为 1996 年 8 月 7 日）；附件 4（即：专利号为 96302726.3 的外观设计专利公报复印件 1 页，申请日为 1996 年 3 月 15 日，授权公告日为 1997 年 2 月 26 日）的公告日均在本专利的申请日之前，属于在本专利申请日前公开发表的出版物，可以作为评述本专利的授权是否符合《中华人民共和国专利法》（以下简称《专利法》）第二十三条规定的证据使用。二、关于相同、相近似。1、本专利所示的开关主要由主视图、左视图、俯视图、后视图以及 A-A 剖视图和 B-B 剖视图表示，其中右视图与左视图对称，仰视图与俯视图对称，省略了右视图和仰视图。主视图显示出该开关由圆角矩形的外框、圆角矩形的中框以及圆角矩形的开关跷板所组成。左视图显示出外框和中框的边大致构成等腰梯形状，该梯形较短的边在右侧，较长的边在左侧，两腰分别在上下两端并呈圆弧状；开关跷板大致呈直角梯形状，在外框的左侧显示出该开关后部的结构。俯视图显示出外框和中框的边大致构成等腰梯形状，该梯形较短的边在下端，较长的边在上端，两腰分别在左右两端并呈圆弧状；开关跷板大致呈长矩形状，在外框的上端显示出该开关后部的结构。后视图显示出开关后部的结构及形状。从 A-A 剖视图可以看出，在开关跷板与中框上下边之间部分各有一相对于中框平面的凹陷，而凹陷的左右两端则与中框表面相平。附件 1 所示的开

关主要由主视图、左视图、俯视图和后视图表示,其他视图被省略。主视图显示出该开关由圆角矩形的外框、圆角矩形的中框以及两个不规则矩形的跷板所组成,两个跷板中间有一较小的间距,两个跷板的外围构成圆角的矩形框。左视图显示出外框和中框的边大致构成等腰梯形状,该梯形较短的边在右侧,较长的边在左侧,两腰分别在上下两端并呈圆弧状;开关跷板大致呈直角梯形状,在外框的左侧显示出该开关后部的结构。俯视图显示出外框和中框的边大致构成等腰梯形状,该梯形较短的边在下端,较长的边在上端,两腰分别在左右两端并呈圆弧状;两个开关跷板呈不规则的矩形状位于在梯形较短的边上,两个开关跷板中间有一较小的间距,在外框的上端显示出该开关后部的结构。后视图显示出开关后部的结构及形状。将本专利和附件 1 所示的开关进行比较,可以看出二者主要的区别在于:(1)二者的开关跷板不相同,本专利仅有一个跷板并呈圆角矩形状镶嵌在中框内,而证据 1 则有两个相互并列的跷板镶嵌在中框内。(2)本专利在开关跷板与中框上下边之间部分各有一相对于中框平面的凹陷,而凹陷的左右两端则与中框平面齐平,而证据 1 中无此设计,整个中框的表面是平的。(3)二者开关的后部结构及形状不相同。由于上述区别点(1)和(2)的存在,使得两个产品的整体设计并不相同,并对产品的整体视觉效果产生显著的影响。对于区别点(3),在口头审理中原告及第三人均认为开关面板的主视图为产品的设计要部,背面设计及侧面设计在本案中对外观设计及其相同、相近似性的判断不具有显著的影响,对此合议组予以认可,在该类产品的相同、相近似判断中对开关的后部设计不予考虑。因此,本专利与附件 1 所示的外观设计既不相同也不相近似,本专利相对于附件 1 符合《专利法》第二十三条的规定。2. 本专利与附件 2 所示的外观设计既不相同也不相近似,本专利相对于附件 2 符合《专利法》第二十三条的规定。3. 本专利与附件 3 所示的外观设计既不相同也不相近似,本专利相对于附件 3 符合《专利法》第二十三条的规定。4. 本专利与附件 4 所示的外观设计既不相同也不相近似,本专利相对于附件 4 符合《专利法》第二十三条的规定。据此,被告依据《专利法》第二十三条的规定,决定维持本专利有效。被告在法定期限内向本院提交了以下证据,用以证明第 9309 号决定正确:1. 本专利;2. 附件 1;3. 口头审理记录表及其附页。原告诉称:被告认定附件 1 与本专利存在的两点不同,均不构成实质性的区别。首先,被告认定附件 1 在开关跷板与外框上下边之间没有凹陷,整个中框的表面是平的毫无依据。因为从附件 1 公开的四幅图纸上无法判断中框上下边是否存在凹陷的。另一方面本专利公开的 A-A 剖面图与其他视图存在两点矛盾:1. 如果存在凹陷,那么在剖面图 B-B 上开关跷板与外框之间应该可以看到相应的凹陷,而图中看不出此结构;2. 从 A-A 的剖视位置上看,开关的后部结构应该同样被剖开,而图中并没有采用剖视画法;所以本专利的中框是否存在凹陷也是无法确定的。其次,开关跷板的数量是产品的功能性设置,对整体视觉效果不具有显著性的影响。开关面板上设置一个或两个开关跷板,从一般消费者的判断水平上来看,是不存在区别的。综上,可以认定附件 1 与本专利是相同或相近似的外观设计,请求法院撤销第 9309 号决定。原告在法定期限内向本院提交了第三人的民事上诉状作为证据,用以证明凹陷对产品整体视觉效果影响不大,第 9309 号决定对该问题的认定错误。被告辩称:一、关于附件 1 与本专利是否具有凹陷及产生的视觉影响。从本专利的 A-A 剖视图可以看出,在开关跷板与中框上下边之间部分各有一相对于中框平面的凹陷,而凹陷的左右两端则与中框表面相平。而从附件 1 各视图观察,其整个中框额表面是平的,与本专利存在区别。上述区别对产品的整体视觉效果产生显著的影响,使得两个产品的整体设计并不相同也不相近似。二、关于跷板数量的区别是否带来显著视觉影响。本专利仅有一个跷板并呈圆角矩形状镶嵌在中框内,而附件 1 则有两个相互并列的跷板镶嵌在中框内,开关跷板虽具有一定功能,但开关面板上所具有的开关跷板的数量以及跷板的

形状均不能由跷板的功能唯一确定,并且数量的区别对产品的整体视觉效果产生了显著的影响,使得两个产品整体设计既不相同也不相近似。综上,原告的诉讼请求没有事实依据和法律依据,第

9309号决定认定事实清楚、适用法律正确、程序合法，请求法院予以维持。第三人述称，同意被告的答辩意见，请求法院维持第9309号决定。第三人在法定期限内未向本院提交证据。

经庭审质证，原告及第三人对被告的证据的关联性、真实性、合法性没有异议。被告认为原告的证据在行政程序中没有提交，对该证据不予认可。第三人对原告的证据的证明作用不予认可。经审查，本院认为，被告的证据能够证明案件事实，本院予以确认；本案仅就被告作出第9309号决定的行政行为合法性进行审查，原告的证据与本案没有关联性，本院不予采纳。

根据上述有效证据及各方当事人在庭审中无争议的陈述，本院确认如下事实：

本专利是外观设计专利，名称为"欧式大面板跷板开关"，申请日为1999年12月22日，授权公告日为2000年6月21日。2005年9月15日，原告针对本专利向被告提出无效宣告请求，认为本专利的授予不符合《专利法》第二十三条的规定。原告同时提交了附件1作为证据。被告受理该无效宣告请求并进行了转文。同年10月15日，原告向被告提交了意见陈述书，并提交了附件2、附件3、附件4以及附件5（即：专利号为96315419.2的外观设计专利公报复印件1页，申请日为1996年1月26日，颁证日为1997年3月13日）、附件6（即：专利号为96324668.2的外观设计专利公报复印件1页，申请日为1996年12月19日，颁证日为1997年10月18日）。同年11月1日，第三人向被告提交了意见陈述书，认为本专利与附件1的视图存在明显差异，二者明显不相同也不相近似。2006年6月15日，被告举行了口头审理。在口头审理过程中，第三人对原告提交的附件1、附件2、附件3、附件4、附件5、附件6的真实性没有异议，原告明确表示放弃附件5、附件6作为证据使用，双方均认为开关面板的主视图为产品的设计要部，背面设计及侧面设计在本案中对外观设计及其相同、相近似性的判断不具有显著的影响。2006年12月19日，被告作出第9309号决定。原告对该决定不服，向本院提起行政诉讼。

在开庭审理中，原告和第三人明确对被告的行政职权及行政程序没有争议。原告对第9309号决定中认定以下内容没有异议：

1. 本专利相对于附件2符合《专利法》第二十三条的规定。
2. 本专利相对于附件3符合《专利法》第二十三条的规定。
3. 本专利相对于附件4符合《专利法》第二十三条的规定。

本院认为：根据当事人无争议的陈述，本院经过书面审查，对上述无争议的内容的合法性予以确定。第9309号决定认定关于本专利相对于附件2、附件3、附件4符合《专利法》第二十三条规定的认定，符合法律规定，本院予以支持。

本案争议的焦点为本专利相对于附件1是否符合《专利法》第二十三条的规定。根据《专利法》第二十三条规定："授予专利权的外观设计，应当同申请日以前在国内外出版物上公开发表过或者国内公开使用过的外观设计不相同和不相近似，并不得与他人在先取得的合法权利相冲突。"本专利所示的开关由主视图、左视图、俯视图、后视图以及A-A剖视图和B-B剖视图表示，附件1所示的开关由主视图、左视图、俯视图和后视图表示。因所示开关的后部设计在对本专利与附件1作相同或相近似判断中不予考虑，故本专利与附件1相比主要区别在于：第一、本专利有一个跷板镶嵌在中框内并呈圆角矩形状，而附件1有两个并列的跷板镶嵌在中框内；第二、本专利在开关跷板与中框上下边之间各有一相对于中框平面的凹陷，凹陷的左右两端与中框平面齐平，而附件1并未公开此项设计，从附件1公开的视图中观察，整个中框的表面是平的。基于上述比较可以看出，本专利与附件1所示的外观设计产品的整体设计存在明显差别，其差别对于产品外观设计的整体视觉效果具有显著的影响，二者既不相同也不相近似。被告关于本专利相对于附件1符合《专利法》第二十三条规定的认定，符合法律规定，本院予以支持。原告关于附件1与本专利是相同或相近似的外观设计的诉讼理由，缺乏事实依据，本院不予支持。

综上，第9309号决定认定事实清楚，适用法律正确，本院应予维持。依照《中华人民共和国行政诉讼法》第五十四条第（一）项，判决如下：

维持被告国家知识产权局专利复审委员会作出的第9309号无效宣告请求审查决定。

案件受理费1000元，由原告广东朗能电器有限公司负担（已交纳）。

如不服本判决，可于本判决书送达之日起15日内，向本院递交上诉状，并按对方当事人的人数提交副本，上诉于北京市高级人民法院。上诉人在接到人民法院预交诉讼费用的通知后七日内未预交又不提出缓交申请的，按自动撤回上诉处理。

审　判　长　吴　月
代理审判员　李纪红
代理审判员　吴　群
二〇〇七年六月二十日
书　记　员　赵　锋

北京市高级人民法院行政判决书

(2007) 高行终字第484号

上诉人（一审原告）广东朗能电器有限公司，住所地广东省中山市小榄镇小榄工业区122号

委托代理人陈卫，男，广东粤高专利代理有限公司专利代理人

被上诉人（一审被告）国家知识产权局专利复审委员会，住所地北京市海淀区北四环西路9号银谷大厦10-12层

被上诉人（一审第三人）江苏西蒙奇通电器有限公司，住所地江苏省海安西蒙路1号

法定代表人廖涛，副主任

法定代表人哈维尔？多拉，董事长

委托代理人杜微科，男，国家知识产权局专利复审委员会审查员

委托代理人杨存吉，男，国家知识产权局专利复审委员会审查员

委托代理人陆从益，男，江苏西蒙奇通电器有限公司职员

上诉人广东朗能电器有限公司因专利无效宣告请求审查决定一案，不服北京市第一中级人民法院（2007）一中行初字第475号行政判决，向本院提起上诉。在本院依法组成合议庭审理本案期间，上诉人广东朗能电器有限公司自愿申请撤回上诉。

经审查，本院认为，公民、法人或者其他组织有权在法律许可的范围内处分自己的诉讼权利。上诉人广东朗能电器有限公司申请撤回上诉，系其真实意思表示，并不损害公共利益和他人合法权益，符合法律规定，本院予以准许。据此，依照《中华人民共和国行政诉讼法》第五十一条的规定，裁定如下：

准许上诉人广东朗能电器有限公司撤回上诉。

二审案件受理费人民币100元，减半收取50元，由上诉人广东朗能电器有限公司负担（已交纳）。

本裁定为终审裁定。

审 判 长 景 滔
代理审判员 任全胜
代理审判员 高京雯
二〇〇六年十二月十九日
书 记 员 王 芳

电子节能灯灯泡

无效宣告请求审查决定(第9316号)

决 定 号	第9316号
决 定 日	2006年12月19日
发明创造名称	电子节能灯灯泡
外观设计分类号	26-04
无 效 请 求 人	飞利浦电子贸易服务(上海)有限公司
专 利 权 人	戴培钧
专 利 号	02316788.2
申 请 日	2002年8月2日
授 权 公 告 日	2003年2月19日
合 议 组 组 长	崔哲勇
主 审 员	朱芳芳
参 审 员	杜 宇
附 图	1页

法 律 依 据 中国专利法第23条

决 定 要 点

如果一项外观设计专利与在先的外观设计所存在的设计差异,是由于产品技术特点所决定的,而非以产品外形创新为目的,则上述差异不应在外观设计近似性判断中予以考虑。

一、案由

本无效宣告请求涉及的是2003年2月19日国家知识产权局授权公告的02316788.2号外观设计专利权,其名称是"电子节能灯灯泡",申请日是2002年8月2日,专利权人是戴培钧。

针对上述外观设计专利权(下称本专利),2006年9月30日飞利浦电子贸易服务(上海)有限公司(下称请求人)向专利复审委员会提出无效宣告请求,其主要理由是本专利不符合中国专利法第23条的规定。请求人认为:在本专利申请日以前,已有与本专利相近似的在先外观设计公开发表过。请求人同时提交了下述证据:

证据1是请求人声称在1990-1991年出版的产品目录Philips Lighting的封面和第24至25页的复印件;

证据2是请求人声称在1993-1994年出版的产品目录Philips Lighting的封面和第72、73页、78和79页的复印件;

证据 3 是请求人声称在 1995-1996 年出版的产品目录 Philips Lighting 的封面和第 1-62 至 1-63 页的复印件；

证据 4 是请求人声称于 1988 年由比利时、荷兰、卢森堡授权的 17106-00 专利公报的复印件；

证据 5 是请求人声称于 1998 年出版的 CD 形式的产品目录"Philips 照明目录 98"（Philips Lighting Catalogue 98）的封面和载有相应的 CD 内容的打印件；

证据 6 是请求人声称于 1999-2000 年出版的 CD 形式的产品目录"Philips 产品说明组合 1999-2000"（Philips product Portfolio）的封面和载有相应的 CD 内容的打印件；

证据 7 是请求人声称于 1993 年出版的产品目录 Philips Lighting 的封面、封底和第 6 至 7 页的复印件；

证据 8 是请求人声称于 1993 年出版的 PHILIPS 的产品价格表的复印件；

证据 9 是王原铭出具的证言复印件；

证据 10 是由中华人民共和国驻荷兰大使馆出具的（2006）荷认字第 0003388 号认证书的复印件；

证据 11 是由中华人民共和国北京市海淀第二公证处出具的第（2006）京海民证字第 3722 号公证书；

证据 12 是由中华人民共和国驻荷兰大使馆出具的（2006）荷认字第 0003529 号认证书的复印件；

证据 13 是由中华人民共和国上海市公证处出具的第（2006）泸证经字第 10928 号公证书。

专利复审委员会根据无效宣告请求审查程序的规定受理了该无效宣告请求，于 2006 年 10 月 11 日向双方当事人发出无效宣告请求受理通知书，并将请求人的无效宣告请求文件的副本转送专利权人。

针对上述无效请求，专利权人在指定期限内没有提交答复意见。

专利复审委员会本案合议组于 2006 年 10 月 19 日向双方当事人发出口头审理通知书，定于 2006 年 12 月 5 日在专利复审委员会对本案进行口头审理。

请求人于 2006 年 10 月 27 日提交了上述证据 1-8 中的相关外文部分的中文译文、证据 10 的中文译文、证据 11 中的相关外文部分的中文译文以及证据 12 中的相关外文部分的中文译文。

专利复审委员会本案合议组于 2006 年 11 月 1 日向专利权人发出转送文件通知书，将请求人于 2006 年 10 月 27 日提交的证据 1-8、11 和 12 的相关外文部分的中文译文以及证据 10 的中文译文转送给专利权人。

针对上述转送文件通知书和所附的转送文件，专利权人在指定期限内没有提交答复意见。

口头审理如期举行，双方当事人均出席。双方当事人对对方出庭人员的身份没有异议，对合议组成员没有回避请求。

请求人当庭出示了证据 1-8 的原件，请求人当庭提交了与证据 9 证明事实相同的证人证言的公证书的原件（下称证据 14）。

专利权人对证据 1-3、5-8、10-14 的真实性无异议，但表示证据 1-3、5-8 和证据 13 中所附的印刷材料并非专利法意义上的公开出版物；认为证据 4 属于域外证据而并未履行公证认证手续，对其真实性不予认可；对证据 9、10、13 中证人证言所证明的内容的真实性不予认可。

请求人当庭明确无效理由是：本专利不符合专利法第 23 条的规定。

专利权人认为本专利由灯头、灯套、灯泡三部分组成，请求人提交的证据中公开的外观设计均为灯头、灯泡两部分组成，二者明显不同。

在当事人的意见陈述和口头审理的基础上，合议组经合议，认为本案事实清楚，现依法作出本书面审查决定。

二、决定的理由

1. 法律依据

基于请求人提出的无效宣告请求的理由，合议组依据中国专利法第 23 条的规定对本案进行审理。

中国专利法第 23 条规定：授予专利权的外观设计，应当同申请日以前在国内外出版物上公开发表过或者国内公开使用过的外观设计不相同和不相近似，并不得与他人在先取得的合法权利相冲突。

2. 证据的认定

请求人提交的证据 11 是由中华人民共和国北京市海淀第二公证处出具的第（2006）京海民证字第 3722 号公证书，该公证书中的内容如下：

"根据《中华人民共和国公证法》的规定及申请人北京明和龙知识产权代理有限公司的申请，本公证员刘军与公证人员陈博超于二〇〇六年九月二十八日下午，与申请人北京明和龙知识产权代理有限公司的委托代理人徐瑞红一同到位于北京市海淀区中关村南大街 33 号的国家图书馆，在公证员刘军与公证人员陈博超的监督下，由徐瑞红在国家图书馆四楼基藏书刊阅览出纳台向图书馆工作人员借阅《LICHT》杂志，并由图书馆工作人员将 1992 年 2 月出版的《LICHT》的封面、第 262、323、324 页、封底；1993 年 3、4 月出版的《LICHT》的封面、第 360 页、封底；1994 年 5 月出版的《LICHT》的封面、第 463 页、封底进行复印。

兹证明与本公证书相粘连的 1992 年出版的《LICHT》的封面、第 262、323、324 页、封底；1994 年 3、4 月出版的《LICHT》的封面、第 360 页、封底；和 1994 年 5 月出版的《LICHT》的封面、第 463 页、封底复印件与原件相符，所附北京市服务业、娱乐业、文化体育专用发票（发票号码：20602758）的复印件与原件相符，发票原件交徐瑞红保存。"

对此，本案合议组认为：证据 11 的真实性可以确认，可以证明与该公证书相粘连的从国家图书馆复印的 1992 年出版的《LICHT》的封面、第 262、323、324 页、封底；1994 年 3、4 月出版的《LICHT》的封面、第 360 页、封底；和 1994 年 5 月出版的《LICHT》的封面、第 463 页、封底的复印件与原件相符；而收藏于国家图书馆的《LICHT》杂志为正规出版发行的出版物，因此其公开日期应为其出版日期。基于上述分析，可以明确与该公证书相粘连的 1992 年出版的《LICHT》的封面、第 262、323、324 页、封底；1994 年 3、4 月出版的《LICHT》的封面、第 360 页、封底；和 1994 年 5 月出版的《LICHT》的封面、第 463 页、封底均属于本外观设计专利申请日前的公开出版物，其中公开的产品与本专利产品为同类产品，且产品形状清晰、准确反映出产品的全部形状特征，具备对比条件，能够作为在先设计来评价本专利是否符合专利法第 23 条的规定。

3. 本专利是否符合专利法第 23 条的规定

本外观设计专利为电子节能灯灯泡，与证据 11 中的 1992 年出版的《LICHT》的第 323 页下方图片中左起第七个白炽灯灯泡、1994 年 3、4 月出版的《LICHT》的第 360 页左上方图片中的右下方最后一排右起第二个白炽灯灯泡以及 1994 年 5 月出版的《LICHT》的第 463 页右下方图片中的右下方最后一排右起第二个白炽灯灯泡（下简称证据 11 中示出的外观设计）均为灯泡，属于相同种类的产品，故对二者进行如下相近似性对比：

本外观设计专利的电子节能灯灯泡包括主视图、左视图、仰视图和俯视图，且其未要求保护色彩。简要说明的内容是：本外观设计的外观造型，前、后和左、右分别相同，因而省略后视图和右视图。

本专利的外观设计由灯头、灯套、灯泡三部分组成，其中灯套两端分别与灯头和灯泡相连，灯头呈螺纹状圆柱体，灯套上部以上窄下宽的光滑弧度与灯头过渡连接，灯套下部呈光滑圆柱状，其直径比灯头的稍大，灯泡上部以上窄下宽的光滑弧度与灯套下部底端过渡连接，灯泡下部呈圆底柱状。

证据11中示出的外观设计由灯头和灯泡两部分组成,其灯头呈螺纹状圆柱体,其底端与灯泡相连,灯泡上端以上窄下宽的光滑弧度与灯头过渡连接,灯泡中部呈光滑圆柱状,其直径比灯头的稍大,并且灯泡中部下方以上窄下宽的光滑弧度过渡到呈圆柱底状的灯泡下部。

将本专利与证据11所示外观设计相比较,由上述描述可知,从整体上看,二者外形相同;二者的不同之处仅在于:本专利的外观设计由灯头、灯套、灯泡三部分组成,而证据11中示出的外观设计由灯头和灯泡两部分组成。

合议组认为:在本专利的外观设计与证据11中示出的外观设计在整体外形大致相同的情况下,判断二者是否相近似的关键在于两者在设计上的差异是否对外观设计整体具有显著影响。虽然与证据11中示出的外观设计相比,本专利的外观设计多一个组成部分——灯套,然而对于节能灯灯泡来说,基于节能灯自身需要镇流的工作原理,必然在灯头与灯泡之间会存在一用于容纳镇流器的灯套,而证据11中示出的外观设计为白炽灯,白炽灯本身不需要镇流器,从而其自身不需要用于容纳镇流器的灯套,由此可知,本专利的外观设计与证据11中示出的外观设计所存在的设计差异,是由于各自技术特点决定的,本专利外观设计添加灯套非以产品外形创新为目的,这仅仅是在已有设计的基础上进行的由技术特点决定的常规设计,因此不应在外观设计近似性判断中予以考虑。此外,根据整体观察、综合判断的原则,本专利的外观设计与证据11中示出的外观设计相比所存在的由于各自技术特点所带来的设计差异,并未使本专利的外观设计相对于证据11中示出的外观设计在整体外形上发生明显变化,不足以在整体上产生显著的视觉差异,容易使一般消费者对本专利的外观设计与证据11中示出的外观设计产生混淆。因此本专利的外观设计与证据11中示出的外观设计属于相近似的外观设计,不符合专利法第二十三条的规定。

综上所述,在本专利申请日之前,已有与其相近似的外观设计在国内外出版物上在先公开发表过,因此,本专利不符合专利法第23条的规定。

鉴于上述已得出本专利不符合专利法第23条规定的结论,本决定对请求人提出的其他理由和证据不作评述。

三、决定

依据中国专利法第23条的规定,宣告02316788.2号外观设计专利权全部无效。

当事人对本决定不服的,可以根据中国专利法第46条第2款的规定,自收到本决定之日起三个月内向北京市第一中级人民法院起诉。根据该款的规定,一方当事人起诉后,另一方当事人应当作为第三人参加诉讼。

 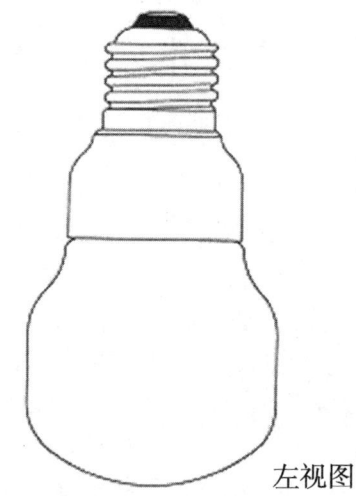

主视图 左视图

本专利

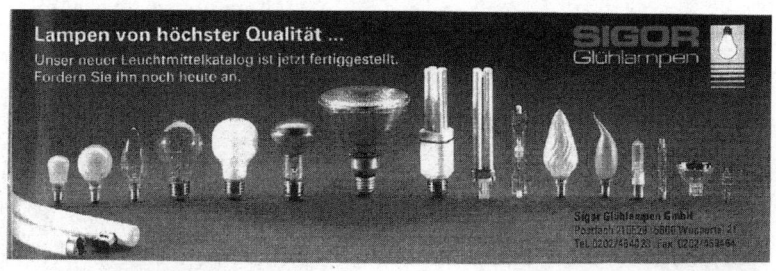

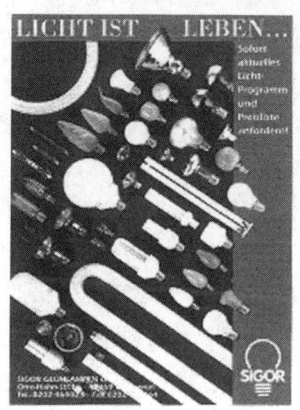 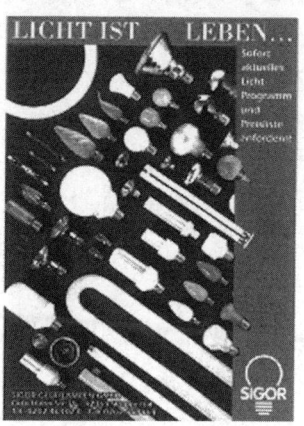

证据 11

北京市第一中级人民法院行政判决书

(2007) 一中行初字第388号

原告戴培钧，男，1956年1月27日出生，汉族，上海德士电器有限公司总经理，住上海市徐汇区桂林西街358弄67号A

委托代理人李云德，北京市柴傅律师事务所律师

被告国家知识产权局专利复审委员会，住所地北京市海淀区北四环西路9号银谷大厦10~12层

法定代表人廖涛，副主任

委托代理人杜宇，国家知识产权局专利复审委员会审查员

委托代理人王丽颖，国家知识产权局专利复审委员会审查员

第三人飞利浦电子贸易服务（上海）有限公司，住所地上海市外高桥保税区泰谷路88号7层703室

法定代表人张玥，董事长

委托代理人郁玉成，男，1946年9月7日出生，住北京市海淀区友谊宾馆50号楼207号

原告戴培钧不服被告国家知识产权局专利复审委员会（以下简称专利复审委员会）于2006年12月19日作出的第9316号无效宣告请求审查决定（以下简称第9316号决定），于法定期限内向本院提起行政诉讼。本院于2007年3月8日受理本案后，依法组成合议庭，并通知第9316号决定的请求人飞利浦电子贸易服务（上海）有限公司（以下简称飞利浦公司）作为第三人参加本案诉讼。本院于2007年4月20日公开开庭进行了审理。原告戴培钧的委托代理人李云德，被告专利复审委员会的委托代理人杜宇、王丽颖，第三人飞利浦公司的委托代理人郁玉成到庭参加了诉讼。本案现已审理终结。被告专利复审委员会针对第三人飞利浦公司就专利权人为原告戴培钧的名称为"电子节能灯灯泡"的外观设计专利（申请号为02316788.2号，以下简称本专利）所提出的无效宣告请求作出第9316号决定，该决定认定：1. 法律依据基于飞利浦公司提出的无效宣告请求的理由，专利复审委员会依据《专利法》第十三条的规定对本案进行审理。《专利法》第二十三条规定：授予专利权的外观设计，应当同申请日以前在国内外出版物上公开发表过或者国内公开使用过的外观设计不相同和不相近似，并不得与他人在先取得的合法权利相冲突。2. 证据的认定飞利浦公司提交的证据11是由中华人民共和国北京市海淀第二公证处出具的第（2006）京海民证字第3722号公证书，该公证书中的内容如下："..兹证明与本公证书相粘连的1992年出版的《LICHT》的封面、第262、323、324页、封底；1994年3、4月出版的《LICHT》的封面、第360页、封底；和1994年5月出版的《LICHT》的封面、第463页、封底复印件与原件相符，所附北京市服务业、娱乐业、文化体育专用发票（发票号码：20602758）的复印件与原件相符，发票原件交徐瑞红保存。"对此，专利复审委员会认为：证据11的真实性可以确认，可以证明与该公证书相粘连的从国家图书馆复印的1992年出版的《LICHT》的封面、第262、323、324页、封底；1994年3、4月出版的《LICHT》的封面、第360页、封底；和1994年5月出版的《LICHT》的封面、第463页、封底的复印件与原件相符；而收藏于国家图书馆的《LICHT》杂志为正规出版发行的出版物，因此其公开日期应为其出版日期。基于上述分析，可以明确与该公证书相粘连的1992年出版的《LICHT》的封面、第262、323、324页、封底；1994年3、4月出版的《LICHT》的封面、第360页、封底；和1994年5月出版的《LICHT》的封面、第463页、封底均属于本外观设计专利申请日前的公开出版物，其中公开的产品与本专利产品为同类产品，

且产品形状清晰、准确反映出产品的全部形状特征，具备对比条件，能够作为在先设计来评价本专利是否符合专利法第二十三条的规定。3. 本专利是否符合专利法第二十三条的规定本专利为电子节能灯灯泡，与证据11中的1992年出版的《LICHT》的第323页下方图片中左起第七个白炽灯灯泡、1994年3、4月出版的《LICHT》的第360页左上方图片中的右下方最后一排右起第二个白炽灯灯泡以及1994年5月出版的《LICHT》的第463页右下方图片中的右下方最后一排右起第二个白炽灯灯泡（下简称证据11中示出的外观设计）均为灯泡，属于相同种类的产品，故对二者进行如下相近似性对比：本专利的电子节能灯灯泡包括主视图、左视图、仰视图和俯视图，且其未要求保护色彩。简要说明的内容是：本外观设计的外观造型，前、后和左、右分别相同，因而省略后视图和右视图。本专利的外观设计由灯头、灯套、灯泡三部分组成，其中灯套两端分别与灯头和灯泡相连，灯头呈螺纹状圆柱体，灯套上部以上窄下宽的光滑弧度与灯头过渡连接，灯套下部呈光滑圆柱状，其直径比灯头的稍大，灯泡上部以上窄下宽的光滑弧度与灯套下部底端过渡连接，灯泡下部呈圆底柱状。证据11中示出的外观设计由灯头和灯泡两部分组成，其灯头呈螺纹状圆柱体，其底端与灯泡相连，灯泡上端以上窄下宽的光滑弧度与灯头过渡连接，灯泡中部呈光滑圆柱状，其直径比灯头的稍大，并且灯泡中部下方以上窄下宽的光滑弧度过渡到呈圆柱底状的灯泡下部。将本专利与证据11所示外观设计相比较，由上述描述可知，从整体上看，二者外形相同；二者的不同之处仅在于：本专利的外观设计由灯头、灯套、灯泡三部分组成，而证据11中示出的外观设计由灯头和灯泡两部分组成。专利复审委员会认为：在本专利与证据11中示出的外观设计在整体外形大致相同的情况下，判断二者是否相近似的关键在于两者在设计上的差异是否对外观设计整体具有显著影响。虽然与证据11中示出的设计相比，本专利的外观设计多一个组成部分——灯套，然而对于节能灯灯泡来说，基于节能灯自身需要镇流的工作原理，必然在灯头与灯泡之间会存在一用于容纳镇流器的灯套，而证据11中示出的外观设计为白炽灯，白炽灯本身不需要镇流器，从而其自身不需要用于容纳镇流器的灯套，由此可知，本专利与证据11中示出的外观设计所存在的设计差异，是由于各自技术特点决定的，本专利添加灯套非以产品外形创新为目的，这仅仅是在已有设计的基础上进行的由技术特点决定的常规设计，因此不应在外观设计近似性判断中予以考虑。此外，根据整体观察、综合判断的原则，本专利与证据11中示出的外观设计相比所存在的由于各自技术特点所带来的设计差异，并未使本专利相对于证据11中示出的外观设计在整体外形上发生明显变化，不足以在整体上产生显著的视觉差异，容易使一般消费者对本专利与证据11中示出的外观设计产生混淆。因此本专利与证据11中示出的外观设计属于相近似的外观设计，不符合专利法第二十三条的规定。综上所述，在本专利申请日之前，已有与其相近似的外观设计在国内外出版物上在先公开发表过，因此，本专利不符合专利法第二十三条的规定。鉴于上述已得出本专利不符合专利法第二十三条规定的结论，第9316号决定对飞利浦公司提出的其他理由和证据不作评述。至此，被告专利复审委员会作出第9316号决定，宣告02316788.2号外观设计专利权全部无效。原告戴培钧不服该决定，于法定期限内向本院提起诉讼，诉称：一、在第9316号决定做出之前，本院已经在原告诉第三人的专利侵权案件中对本专利无效的证据进行了审查，并做出判决认定第三人构成侵权。第9316号决定结论明显与本院判决书冲突，该决定是错误的。二、专利复审委员会认定本专利与在先设计相近似，属于认定事实错误。1. 在先设计的图片畸小，无法进行对比。2. 专利复审委员会对本专利形状的描述与事实不符。第9316号决定描述"本专利酌外观设计由灯头、灯套、灯泡三部分组成"，而本专利应当由灯头、塑料壳体、玻璃泡壳三部分组成；本专利塑料壳体与玻璃泡壳之间的连接处有一个明显的"收腰"，形成了倒角的轮廓，并非是光滑的过渡连接。普通消费者一眼就可以看出塑料壳体与玻璃泡壳是两个不同的部分；专利复审委员会认为在先设计和本专利的区别仅在于本专利是三部分组成，而在先设计是两部分组成，这是错误的。除此之外，还有前述收腰和光滑过渡的区别。另外，本专利显得敦实粗壮，在先设计显得单薄苗条，给人带来的整体视觉效果有明显差别，易于区别。三、专利复审委员会在对比中违反了"整体观察、综合判断"的原则。1. 镇流器是节能灯的必备构件，但用来容纳镇流器的塑料壳体的形状并非由技术特点所决定，专利复审委员会认为塑料壳体的形状由技术特点所决定是错误的。设计者可以将容纳镇流器的塑料壳体根据不同美感的需要设计成各种不同的形状。2. 塑料壳体的形状不能排除在产品近似性对比应该考虑的因素之外。本专利塑料壳体的形状并非是由其功能唯一限定，只要该形状对产品的整体形状产生了影响，就不应将这种影响因素排除在近似性对比因素之外。四、本专利的塑料壳体部分占据了产品外观形状的三分之一，使本专利产品从整体上的视觉效果与在先设计存在显著差异，普通消费者正是通过判断是否存在塑料壳体对白炽灯和节能灯进行准确区分，本专利不可能是消费者与在先设计产生混淆和误认。综上，请求法院依法撤销专利复审委员会第9316号决定。被告专利复审委员会辩称：1. 在先设计的图片尺寸虽小，但该图片已经充分披露了其上所示灯泡的外观轮廓，可以用于与本专利进行比较。2. 第9316号决定中对本专利三部分的叫法问题，仅仅是不同叫法。对于本专利塑料壳体与玻璃泡壳之间的连接处形成倒角的轮廓，仅是设计上的细微变化，不足以在整体上产生显著效果。3. 关于本专利与在先设计是否属于相近似的设计。我们认为将二者相比，二者整体外形大致相同，主要区别在于本专利多了灯套的部分，而灯套是基于节能灯需要镇流的工作原理决定的，并且该设计是符合玻璃泡壳形状的常规设计，并非以产品外形创新为目的。根据整体观察、综合判断的原则，本专利与在先设计由于各自技术特点所带来的设计差异，并未使本专利产生显著的视觉差异，容易产生混淆。综上，第9316号决定认定事实清楚、适用法律法规正确、审理程序合法，审查结论正确，请求法院维持第9316号决定。第三人飞利浦公司陈述意见称：一、第9316号决定适用法律正确、审理程序合法，是正确的。二、原告在起诉书中的观点不正确。在先设计的图片十分清楚，足以看清产品整体外形。原告称第9316号决定中对本专利三部分的叫法错误，其实只是用词上的差别。原告认为第9316号决定违反了"整体观察、综合判断"原则，是不符合事实的。综上，请求法院维持第9316号决定。

本院经审理查明：戴培钧于2002年8月2日向国家知识产权局专利局申请了名称为"电子节能灯灯泡"的外观设计专利。本专利于2003年2月19日被授权公告，申请号为02316788.2。

针对本专利，2006年9月30日飞利浦公司向专利复审委员会提出无效宣告请求，其主要理由是本专利不符合中国专利法第二十三条的规定。飞利浦公司认为：在本专利申请日以前，已有与本专利相近似的在先外观设计公开发表过。飞利浦公司同时提交了下述证据：

证据1是飞利浦公司声称在1990-1991年出版的产品目录Philips Lighting的封面和第24至25页的复印件；

证据2是飞利浦公司声称在1993-1994年出版的产品目录Philips Lighting的封面和第72、73页、78和79页的复印件；

证据3是飞利浦公司声称在1995-1996年出版的产品目录Philips Lighting的封面和第1-62至1-63页的复印件；

证据4是飞利浦公司声称于1988年由比利时、荷兰、卢森堡授权的17106-00专利公报的复印件；

证据5是飞利浦公司声称于1998年出版的CD形式的产品目录"Philips照明目录98"（Philips-Lighting Catalogue98）的封面和载有相应的CD内容的打印件；

证据6是飞利浦公司声称于1999-2000年出版的CD形式的产品目录"Philips产品说明组合1999-2000"（Philipsproduct Portfolio）的封面和载有相应的CD内容的打印件；

证据7是飞利浦公司声称于1993年出版的产品目录Philips Lighting的封面、封底和第6至7页的复印件；

证据8是飞利浦公司声称于1993年出版的PHILIPS的产品价格表的复印件；

证据9是王原铭出具的证言复印件；

证据10是由中华人民共和国驻荷兰大使馆出具的（2006）荷认字第0003388号认证书的复印件；

证据11是由中华人民共和国北京市海淀第二公证处出具的第（2006）京海民证字第3722号公证书；

证据12是由中华人民共和国驻荷兰大使馆出具的（2006）荷认字第0003529号认证书的复印件；

证据13是由中华人民共和国上海市公证处出具的第（2006）泸证经字第10928号公证书。

专利复审委员会根据无效宣告请求审查程序的规定受理了该无效宣告请求，于2006年10月11日向双方当事人发出无效宣告请求受理通知书，并将飞利浦公司的无效宣告请求文件的副本转送戴培钧。

针对上述无效请求，戴培钧在指定期限内没有提交答复意见。

专利复审委员会于2006年10月19日向双方当事人发出口头审理通知书，定于2006年12月5日在专利复审委员会对本案进行口头审理。

飞利浦公司于2006年10月27日提交了上述证据1、证据2、证据3、证据4、证据5、证据6、证据7、证据8中的相关外文部分的中文译文、证据10的中文译文、证据11中的相关外文部分的中文译文以及证据12中的相关外文部分的中文译文。

专利复审委员会于2006年11月1日向戴培钧发出转送文件通知书，将飞利浦公司于2006年10月27日提交的证据1、证据2、证据3、证据4、证据5、证据6、证据7、证据8、证据11和证据12的相关外文部分的中文译文以及证据10的中文译文转送给戴培钧。

针对上述转送文件通知书和所附的转送文件，戴培钧在指定期限内没有提交答复意见。

口头审理如期举行，飞利浦公司当庭出示了证据1、证据2、证据3、证据4、证据5、证据6、证据7、证据8的原件，飞利浦公司当庭提交了与证据9证明事实相同的证人证言的公证书的原件（下称证据14）。

戴培钧对证据1、证据2、证据3、证据5、证据6、证据7、证据8、证据10、证据11、证据12、证据13、证据14的真实性无异议，但表示证据1、证据2、证据3、证据5、证据6、证据7、证据8和证据13中所附的印刷材料并非专利法意义上的公开出版物；认为证据4属于域外证据而并未履行公证认证手续，对其真实性不予认可；对证据9、证据10、证据13中证人证言所证明的内容的真实性不予认可。

飞利浦公司在口审中明确其无效理由是：本专利不符合专利法第二十三条的规定。

戴培钧认为本专利由灯头、灯套、灯泡三部分组成，飞利浦公司提交的证据中公开的外观设计均为灯头、灯泡两部分组成，二者明显不同。

上述事实，有第9316号决定、申请号为02316788.2的外观设计专利证书、1992年2月、1993年3、4月、1994年5月出版的《LICHT》杂志相关页面复印件及当事人陈述等证据为证。

本院认为：根据本案各方的诉辩主张及第9316号决定的内容，本案的焦点问题是：本专利与在先设计（无效程序证据11）是否属于相近似的外观设计。

将本专利与在先设计进行对比，本专利由灯头、灯套、灯泡三部分组成，其中灯套两端分别与灯头和灯泡相连，灯头呈螺纹状圆柱体，灯套上部以上窄下宽的光滑弧度与灯头过渡连接，灯套下部呈光滑圆柱状，其直径比灯头的稍大，灯泡上部以上窄下宽的光滑弧度与灯套下部底端过渡连接，连接处有小倒角的轮廓。灯泡下部呈圆底柱状。

在先设计由灯头和灯泡两部分组成，其灯头呈螺纹状圆柱体，其底端与灯泡相连，灯泡上端以上窄下宽的光滑弧度与灯头过渡连接，灯泡中部呈光滑圆柱状，其直径比灯头的稍大，并且灯泡中部下方以上窄下宽的光滑弧度过渡到呈圆柱底状的灯泡下部。

二者的相同之处在于：二者的整体轮廓相同，各组成部分整体比例基本相同；二者的不同之处在于：本专利由灯头、灯套、灯泡三部分组成，在先设计由灯头和灯泡两部分组成；本专利在灯套和灯泡之间连接处有小的倒角，在先设计为光滑连接。

本院认为，本专利为节能灯灯泡，由于节能灯需要镇流器的工作原理，本专利在其外观设计中将镇流器设计安装在灯套的部位，而在先设计虽然没有相对应的灯套设计，但二者整体轮廓相同，对于一般消费者而言，本专利由功能所限定的灯套在整体上并未带来显著的视觉差异效果。另外，虽然本专利在灯套和灯泡之间连接处有小的倒角，而在先设计为光滑连接，但该差别显著轻微，在二者整体外形基本相同的情况下，一般消费者不易关注这一差异。根据整体观察、综合判断的原则，由于本专利与在先设计相比所存在的因技术特点带来的设计差异并未使二者在整体外形上发生明显变化，容易使一般消费者对本专利与在先设计产生混淆，因此本专利与在先设计属于相近似的外观设计。

专利法第二十三条规定：授予专利权的外观设计，应当同申请日以前在国内外出版物上公开发表过或者国内公开使用过的外观设计不相同和不相近似，并不得与他人在先取得的合法权利相冲突。由于本专利与在先设计相近似，故其不符合专利法第二十三条的规定。

关于原告诉称第9316号决定描述本专利的外观设计由"灯头、灯套、灯泡三部分组成"，原告认为本专利应当由灯头、塑料壳体、玻璃泡壳三部分组成。对此本院认为，上述差异仅属叫法上的区别，对描述本专利并未产生实质性的影响，故本院对该理由不予支持。

综上，原告戴培钧的诉讼请求缺乏事实和法律依据，本院不予支持。被告专利复审委员会作出的第9316号决定认定事实清楚，程序合法，应予维持。依照《中华人民共和国行政诉讼法》第五十四条第（一）项之规定，本院判决如下：

维持被告国家知识产权局专利复审委员会作出的第9316号无效宣告请求审查决定。

案件受理费一千元，由原告戴培钧负担（于本判决生效之日起七日内交纳）。

如不服本判决，可在本判决书送达之日起十五日内，向本院递交上诉状，并按对方当事人人数提交副本，交纳上诉案件受理费一百元，上诉于北京市高级人民法院。

审　判　长　任　进
代理审判员　邢　军
代理审判员　于立彪
二〇〇六年十二月二十日
书　记　员　袁　伟

北京市高级人民法院行政判决书

（2007）高行终字第458号

上诉人（原审原告）戴培钧，男，1956年1月27日出生，汉族，上海德士电器有限公司总经理，住上海市徐汇区桂林西街358弄67号A

委托代理人李云德，北京市柴傅律师事务所律师

委托代理人夏翔，北京市柴傅律师事务所律师

被上诉人（原审被告）国家知识产权局专利复审委员会，住所地北京市海淀区北四环西路9号

银谷大厦10-12层

法定代表人廖涛,副主任

委托代理人朱芳芳,该委员会审查员

委托代理人田华,该委员会审查员

原审第三人飞利浦电子贸易服务(上海)有限公司,住所地上海市外高桥保税区泰谷路88号7层703室

法定代表人张玥,董事长

委托代理人郁玉成,男,汉族,1946年9月7日出生,住北京市海淀区友谊宾馆50号楼207号

上诉人戴培钧不服北京市第一中级人民法院(2007)一中行初字第388号行政判决,向本院提出上诉。本院2007年10月8日受理此案后,依法组成合议庭,于2007年11月7日公开开庭进行了审理。上诉人戴培钧的委托代理人李云德、夏翔,被上诉人国家知识产权局专利复审委员会(简称专利复审委员会)的委托代理人朱芳芳、田华,原审第三人飞利浦电子贸易服务(上海)有限公司(以下简称飞利浦公司)的委托代理人郁玉成到庭参加了诉讼。本案现已审理终结。北京市第一中级人民法院认定,戴培钧是"电子节能灯灯泡"外观设计专利(简称本专利)的专利权人。针对本专利,2006年9月30日飞利浦公司向专利复审委员会提出无效宣告请求,该委员会于2006年12月19日做出第9316号无效宣告请求审查决定(简称第9316号决定),宣告本专利权无效。北京市第一中级人民法院认为,本专利为节能灯灯泡,由功能所限定的灯套在整体上并未带来显著的视觉差异效果。另外,虽然本专利在灯套和灯泡之间连接处有小的倒角,而在先设计为光滑连接,但该差别显著轻微,在二者整体外形基本相同的情况下,一般消费者不易关注这一差异。根据整体观察、综合判断的原则,由于本专利与在先设计相比所存在的因技术特点带来的设计差异并未使二者在整体外形上发生明显变化,容易使一般消费者对本专利与在先设计产生混淆,因此本专利与在先设计属于相近似的外观设计。专利复审委员会做出的第9316号决定认定事实清楚,程序合法,应予维持。北京市第一中级人民法院依照《中华人民共和国行政诉讼法》第五十四条第(一)项之规定判决:维持专利复审委员会做出的第9316号决定。戴培钧不服原审判决,向本院提出上诉,请求撤销原审判决及第9316号决定。其理由是:证据11图片不清晰,不能作为对比文件使用;本专利外观设计分为灯头、灯套、灯泡三部分,灯套与灯泡之间有明显的边际线,而证据11只有灯头、灯泡两部分,两者不构成相近似的外观设计。专利复审委员会、飞利浦公司服从原审判决。

经审理查明,本专利名称为"电子节能灯灯泡"外观设计专利,申请日为2002年8月2日,申请号为02316788.2,2003年2月19日被公告授权,专利权人是戴培钧。

针对本专利权,飞利浦公司于2006年9月30日向专利复审委员会提出无效宣告请求,理由是本专利不符合专利法第二十三条的规定。飞利浦公司同时提交了下述证据:

证据1是飞利浦公司声称在1990-1991年出版的产品目录Philips Lighting的封面和第24至25页的复印件;

证据2是飞利浦公司声称在1993-1994年出版的产品目录Philips Lighting的封面和第72、73页、78和79页的复印件;

证据3是飞利浦公司声称在1995-1996年出版的产品目录Philips Lighting的封面和第1-62至1-63页

的复印件;

证据4是飞利浦公司声称于1988年由比利时、荷兰、卢森堡授权的17106-00专利公报的复印件;

证据5是飞利浦公司声称于1998年出版的CD形式的产品目录"Philips照明目录98"（Philips Lighting Catalogue 98）的封面和载有相应的CD内容的打印件；

证据6是飞利浦公司声称于1999-2000年出版的CD形式的产品目录"Philips产品说明组合1999-2000"（Philips product Portfolio）的封面和载有相应的CD内容的打印件；

证据7是飞利浦公司声称于1993年出版的产品目录Philips Lighting的封面、封底和第6至7页的复印件；

证据8是飞利浦公司声称于1993年出版的PHILIPS的产品价格表的复印件；

证据9是王原铭出具的证言复印件；

证据10是由中华人民共和国驻荷兰大使馆出具的（2006）荷认字第0003388号认证书的复印件；

证据11是由中华人民共和国北京市海淀第二公证处出具的第（2006）京海民证字第3722号公证书；

证据12是由中华人民共和国驻荷兰大使馆出具的（2006）荷认字第0003529号认证书的复印件；

证据13是由中华人民共和国上海市公证处出具的第（2006）泸证经字第10928号公证书。

专利复审委员会于2006年12月5日举行口头审理，并于做出第9316号决定，该决定认定：

1. 法律依据

基于飞利浦公司提出的无效宣告请求的理由，专利复审委员会依据中国专利法第二十三条的规定对本案进行审理。

2. 证据的认定

飞利浦公司提交的证据11的真实性可以确认，属于本外观设计专利申请日前的公开出版物，其中公开的产品与本专利产品为同类产品，且产品形状清晰、准确反映出产品的全部形状特征，具备对比条件，能够作为在先设计来评价本专利是否符合专利法第二十三条的规定。

3. 本专利是否符合专利法第二十三条的规定

本专利为电子节能灯灯泡，与证据11中的1992年出版的《LICHT》的第323页下方图片中左起第七个白炽灯灯泡、1994年3、4月出版的《LICHT》的第360页左上方图片中的右下方最后一排右起第二个白炽灯灯泡以及1994年5月出版的《LICHT》的第463页右下方图片中的右下方最后一排右起第二个白炽灯灯泡均为灯泡，属于相同种类的产品，故对二者进行如下相近似性对比：

本专利的外观设计由灯头、灯套、灯泡三部分组成，其中灯套两端分别与灯头和灯泡相连，灯头呈螺纹状圆柱体，灯套上部以上窄下宽的光滑弧度与灯头过渡连接，灯套下部呈光滑圆柱状，其直径比灯头的稍大，灯泡上部以上窄下宽的光滑弧度与灯套下部底端过渡连接，灯泡下部呈圆底柱状。证据11中示出的外观设计由灯头和灯泡两部分组成，其灯头呈螺纹状圆柱体，其底端与灯泡相连，灯泡上端以上窄下宽的光滑弧度与灯头过渡连接，灯泡中部呈光滑圆柱状，其直径比灯头的稍大，并且灯泡中部下方以上窄下宽的光滑弧度过渡到呈圆柱底状的灯泡下部。

将本专利与证据11所示外观设计相比较，由上述描述可知，从整体上看，二者外形相同；二者的不同之处仅在于：本专利的外观设计由灯头、灯套、灯泡三部分组成，而证据11中示出的外观设计由灯头和灯泡两部分组成。

在本专利与证据11中示出的外观设计在整体外形大致相同的情况下，判断二者是否相近似的关键在于两者在设计上的差异是否对外观设计整体具有显著影响。虽然与证据11中示出的外观设计相比，本专利的外观设计多一个组成部分——灯套，然而对于节能灯灯泡来说，基于节能灯自身需要镇流的工作原理，必然在灯头与灯泡之间会存在一用于容纳镇流器的灯套，而证据11中示出的外观设计为白炽灯，白炽灯本身不需要镇流器，从而其自身不需要用于容纳镇流器的灯套，由此可知，本专利与证据11中示出的外观设计所存在的设计差异，是由于各自技术特点决定的，本专利添加灯套非以产品外形创新为目的，这仅仅是在已有设计的基础上进行的由技术特点决定的常规设计，因此不应在外观设计近似性判断中予以考虑。此外，根据整体观察、综合判断的原则，本专利与证据11中示出的外观设计相比所存在的由于各自技术特点所带来的设计差异，并未使本专利相对于证据11中示出的外观设计在整体外形上发生明显变化，不足以在整体上产生显著的视觉差异，容易使一般消费者对本专利与证据11中示出的外观设计产生混淆。因此本专利与证据11中示出的外观设计属于相近似的外观设计，不符合专利法第二十三条的规定。

综上所述，在本专利申请日之前，已有与其相近似的外观设计在国内外出版物上在先公开发表过，因此，本专利不符合专利法第二十三条的规定。

专利复审委员会于2006年12月29日做出第9316号决定，宣告02316788.2号外观设计专利权全部无效。

上述事实，有外观设计专利证书、1992年2月、1993年3、4月、1994年5月出版的《LICHT》杂志相关页面复印件、第9316号决定及当事人陈述等证据在案证明。

本院认为，证据11是《LICHT》杂志相关页面的复印件，虽然图片的尺寸较小，但是仍然可以清晰地反映产品的外观设计，专利复审委员会将其作为对比文件使用并无不当。

专利法所称外观设计，是指对产品的形状、图案或者其结合以及色彩与形状、图案的结合所作出的富有美感并适于工业应用的新设计。根据专利法第二十三条的规定，授予专利权的外观设计，应当同申请日以前在国内外出版物上公开发表过或者国内公开使用过的外观设计不相同和不相近似，并不得与他人在先取得的合法权利相冲突。

在进行外观设计相近似判断时，应当依据整体观察、综合判断的原则。本专利与对比文件相比，二者的整体轮廓基本相同，各组成部分整体比例基本相同。二者的不同之处主要在于：本专利由灯头、灯套、灯泡组成，而对比文件由灯头、灯泡两部分组成。由于本专利外观设计的产品是电子节能灯，必须有容纳镇流器的灯套这一结构，这样虽然比对比文件多了一个结构，但是该结构并未给本专利产品外观上带来显著的变化。虽然本专利灯套与灯泡之间形成一边际线，但是一般消费者在对二者进行观察时，更易被产品的整体外形轮廓所吸引，而不容易注意到是否存在这一边际线。本专利在灯套和灯泡之间连接处有小的倒角，而在先设计为光滑连接属于更为细微的差别，对整体视觉效果没有显著的影响。因此，本专利与对比文件构成相近似的外观设计，不符合专利法第二十三条的规定。

综上所述，戴培钧的上诉理由缺乏事实和法律依据，其上诉请求本院不予支持。原审判决认定事实清楚，适用法律正确，应予维持。依照《中华人民共和国行政诉讼法》第六十一条第一款第（一）项之规定，判决如下：

驳回上诉，维持原判。

一审案件受理费一千元，由戴培钧负担（已交纳）；二审案件受理费一百元，由戴培钧负担（已交纳）。

本判决为终审判决。

审　判　长　刘　辉
代理审判员　岑宏宇
代理审判员　钟　鸣
二〇〇七年十一月十六日
书　记　员　耿巍巍

外用膏药包装瓶

无效宣告请求审查决定（第9321号）

决 定 号	第9321号
决 定 日	2006年12月25日
发明创造名称	外用膏药包装瓶
外观设计分类号	09-01
无效宣告请求人	淮安百纳药业有限公司，黔东南州苗岭苗族医药技术有限公司，上海药房连锁有限公司，上海复星大药房连锁经营有限公司，上海五联实业公司，上海雷西大药房连锁有限公司
专 利 权 人	吴克
专 利 号	200330111474.6
申 请 日	2003年10月23日
授 权 公 告 日	2004年10月6日
合 议 组 组 长	马文霞
主 审 员	孙跃飞
参 审 员	李彦涛
附 图	1页
法 律 依 据	专利法第23条
决 定 要 点	

对于单纯形状的被比外观设计，如果在先设计公开了产品的整体形状，只在一些不容易引起一般消费者注意的局部有细微差别，这种差别并不足以影响到产品整体形状的视觉效果，致使一般消费者会将被比外观设计与在先设计误认、混同，那么，按照整体观察、综合判断的方式，可以认定被比外观设计与在先设计属于相近似的外观设计。

一、案由

本无效宣告请求涉及国家知识产权局于2004年10月6日授权公告的、名称为"外用膏药包装瓶"的第200330111474.6号外观设计专利权（下称本专利），其申请日为2003年10月23日，专利权人为吴克。

2005年11月18日，针对上述专利权，淮安百纳药业有限公司（下称请求人I）向国家知识产权局专利复审委员会提出无效宣告请求，同时提交了以下证据：

证据1：外观设计专利公报，授权公告号：CN 3278259 D，授权公告日：2003年2月19日，复印件1页；

证据 2：外观设计专利公报，授权公告号：CN 3184753 D，授权公告日：2001 年 5 月 2 日，复印件 1 页；

证据 3：外观设计专利公报，授权公告号：CN 3172963 D，授权公告日：2001 年 1 月 17 日，复印件 1 页。

请求人 I 认为：本专利的外观设计与证据 1 的外观设计相同和相近似，与证据 2 或 3 的外观设计相近似，即：在本专利申请日前，已有相同和相近似的外观设计在先公开，因此本专利不符合专利法第 23 条的规定，请求宣告本专利无效。

经形式审查合格后，专利复审委员会受理了该无效宣告请求，并于 2005 年 11 月 18 日向双方当事人发出了《无效宣告请求受理通知书》，并向专利权人转送了《专利权无效宣告请求书》及其附件清单中所列附件副本，要求其在指定的期限内答复，同时成立合议组对本无效请求案进行审理。

2006 年 1 月 20 日，专利权人针对请求人 I 提出的无效宣告请求提交了意见陈述书，专利权人认为本专利的外观设计与证据 1、2 或 3 相比既不相同也不相近似，并请求专利复审委员会进行口头审理。

2005 年 12 月 26 日，针对上述专利权，黔东南州苗岭苗族医药技术有限公司（下称请求人 II）、上海药房连锁有限公司（下称请求人 III）、上海复星大药房连锁经营有限公司（下称请求人 IV）、上海五联实业公司（下称请求人 V）、上海雷西大药房连锁有限公司（下称请求人 VI）分别向国家知识产权局专利复审委员会提出无效宣告请求，同时分别提交了以下证据：

证据 1：外观设计专利公报，授权公告号：CN 3278259 D，授权公告日：2003 年 2 月 19 日，复印件 1 页；

证据 2：外观设计专利公报，授权公告号：CN 3184753 D，授权公告日：2001 年 5 月 2 日，复印件 1 页；

证据 3：外观设计专利公报，授权公告号：CN 3172963 D，授权公告日：2001 年 1 月 17 日，复印件 1 页。

请求人 II-VI 都认为：本专利的外观设计与证据 1 的外观设计相同和相近似，与证据 2 或 3 的外观设计相近似，即：在本专利申请日前，已有相同和相近似的外观设计在先公开，因此本专利不符合专利法第 23 条的规定，请求宣告本专利无效。

经形式审查合格后，专利复审委员会受理了请求人 II-VI 的无效宣告请求，并于 2005 年 12 月 26 日向各方当事人发出了《无效宣告请求受理通知书》，并向专利权人转送了请求人 II-VI 分别提交的《专利权无效宣告请求书》及其附件清单中所列附件副本，要求其在指定的期限内答复，同时成立合议组对本无效请求案进行审理。

2006 年 1 月 20 日，专利权人针对请求人 II 提出的无效宣告请求提交了意见陈述书，专利权人认为本专利的外观设计与证据 1、2 或 3 相比既不相同也不相近似，并请求专利复审委员会进行口头审理。

2006 年 1 月 25 日，请求人 II-VI 分别提交了意见陈述书，并分别补充提交了以下证据：

证据 4：公证书，（2006）温证民字第 43 号，复印件，6 页；

证据 5：《最佳日本包装设计》第 1 卷，世界图书出版公司出版，1999 年 10 月第 1 次印刷，复印件，封面、首页、版权页、前言、第 71 页，共 5 页；

证据 6：《最佳日本包装设计》第 2 卷，世界图书出版公司出版，1999 年 10 月第 1 次印刷，复印件，封面、首页、版权页、前言、第 153 页，共 5 页；

证据 7：《日本包装设计 1991 年鉴》，发行单位：株式会社六耀社，1991 年 4 月 30 日发行，复印件，6 页及其中文译文 4 页；

证据 8：《JPDA 成员 88 年最新包装设计作品》，发行单位：株式会社六耀社，1988 年 6 月 10 日发行，复印件，5 页及其中文译文 2 页；

证据 9：《肥皂、香水和化妆品》，1999 年 1 月，第 72 卷，第 1 号，复印件，3 页及其中文译文 3 页；

证据 10：《肥皂、香水和化妆品》，1999 年 8 月，第 72 卷，第 8 号，复印件，3 页及其中文译文 3 页；

证据 11：公证书，（2006）沪长证经字第 532 号，复印件，8 页；

证据 12：公证书，（2006）沪长证经字第 533 号，复印件，8 页；

证据 13：公证书，（2006）沪长证经字第 534 号，复印件，8 页。

请求人 II-VI 都认为：（1）在本专利的申请日之前，已有温岭市第一保健品有限公司的肤克灵霜 2002 年年历纸（见证据 4）在先公开，该年历纸中公开了与本专利外观设计相同和相近似的外观设计包装瓶；（2）本专利的外观设计与证据 5-9 中公开的外观设计产品相近似；（3）本专利的外观设计与证据 10 中公开的外观设计产品相同和相近似；（4）在本专利申请日之前，专利权人所在单位苏州力康皮肤性病研究所生产的"力康霜"产品在先销售（见证据 11），该"力康霜"产品就是本专利的外观设计产品；（5）在本专利申请日之前，已有黔东南州苗岭苗族医药技术有限公司的"苗岭足爽（苗岭洁肤霜）"产品在先销售（见证据 12、13），本专利的外观设计与该"苗岭足爽（苗岭洁肤霜）"产品的外观设计相同和相近似；因此本专利不符合专利法第 23 条的规定，请求宣告本专利无效。

2006 年 9 月 7 日，专利复审委员会本案合议组分别向专利权人和请求人 I-VI 发出《无效宣告请求口头审理通知书》，拟定于 2006 年 10 月 17 日对上述无效宣告请求案进行口头审理。同时向专利权人转送了请求人 II-VI 于 2006 年 1 月 25 日提交的意见陈述书及其附件，分别向请求人 I、II 转送了专利权人于 2006 年 1 月 20 日提交的意见陈述书。

2006 年 9 月 19 日，专利复审委员会本案合议组分别向专利权人和请求人 I-VI 再次发出《无效宣告请求口头审理通知书》，告知各方当事人口头审理因故改于 2006 年 10 月 16 日进行。

2006 年 10 月 16 日，口头审理如期举行，各方当事人均参加了口头审理。庭审过程中，

（1）请求人 II-VI 出示了证据 4、11-13 的原件以及盖有"上海图书馆上海科学技术情报研究所文献服务部"公章的证据 5-10 的复印件。

（2）专利权人对证据 1-4 的真实性没有异议，对证据 7-10 的中文译文的准确性没有异议。

（3）专利权人认为：证据 5、6 是国内出版物，请求人 II-VI 仅提供了一个中介机构的证明，而没有出示原件或更有力的证明，因此对证据 5、6 的真实性有异议；证据 7、8 是域外证据，请求人 II-VI 未提供必需的公证认证文件，因此对证据 7、8 的真实性有异议；证据 9、10 既不是国内公开出版物又不是国外公开出版物，因此对它们的真实性有异议；由于证据 11-13 的公证书存在没有记载所封存的实物的封存日期等瑕疵而对它们的真实性有异议。

（4）本案合议组对请求人 I-VI 提出的无效理由和证据进行了充分调查并听取了各方当事人的陈述。在此过程中，请求人 II-VI 提交了证据 4、11-13 的公证书所封存的实物，合议组当庭开启封条后，请求人 II-VI 演示了其中的实物；对于在证据 4、11-13 的公证书中出具的证人证言，证人陈述祖、仲伟菊、陈恩贵、居小珍分别出庭作证，接受各方当事人的质证以及合议组的询问。

经过上述审理程序，合议组认为本案事实已经清楚，可以依法作出审查决定。

二、决定的理由

1. 证据认定

证据 1-3 是中国外观设计专利公报，专利权人对它们的真实性没有异议，合议组也依职权核实了

它们的真实性，并且证据1-3的授权公告日都在本专利的申请日之前，因此证据1-3可以用来评价本专利的相同、相近似性。

2. 关于专利法第23条

专利法第23条规定：授予专利权的外观设计，应当同申请日以前在国内外出版物上公开发表过或者国内公开使用过的外观设计不相同和不相近似，并不得与他人在先取得的合法权利相冲突。

对于单纯形状的被比外观设计，如果在先设计公开了产品的整体形状，只在一些不容易引起一般消费者注意的局部有细微差别，这种差别并不足以影响到产品整体形状的视觉效果，致使一般消费者会将被比外观设计与在先设计误认、混同，那么，按照整体观察、综合判断的方式，可以认定被比外观设计与在先设计属于相近似的外观设计。

本专利所示产品是外用膏药包装瓶，证据1所示产品是清凉油外包装（净瓶），二者所示的产品都是膏状物体的包装瓶，它们的用途相同，并具有相同的外观设计分类号：09-01，因此它们属于相同类别的产品。

本专利包装瓶的外观设计的整体形状为回转体，上部为小半球体，下部为与上述小半球体圆滑过渡的圆柱体，该圆柱体的高比直径略长。从仰视图观察可见，本专利包装瓶的底部边缘有一圆环状凸起。

证据1的外观设计的整体形状也为回转体，上部为小半球体，下部为与上述小半球体圆滑过渡的圆柱体，该圆柱体的高比直径略长。从仰视图观察可见，该包装瓶的底部边缘有一略不规则的圆环状凸起。

将本专利的外观设计与证据1公开的外观设计比较，合议组认为：二者整体形状相似，设计布局基本相同，顶部小半球体的高度、底部圆环凸起形状以及圆柱体高径比的细微差别不足以影响到产品整体形状的视觉效果，致使一般消费者会将本专利的外观设计与证据1的外观设计误认、混同，因此本专利与证据1的外观设计属于相近似的外观设计。

综上所述，本专利与申请日前在出版物上公开发表过的外观设计相近似，因此，本专利不符合专利法第23条的规定。

如上所述，合议组已经得出本专利与证据1的外观设计属于相近似的外观设计，本专利不符合专利法第23条的规定的结论，在此基础上，本决定对请求人提出的基于其他证据的无效宣告理由不再评述。

基于上述事实和理由，合议组作出下述决定。

三、决定

宣告第200330111474.6号外观设计专利权无效。

当事人对本决定不服的，可以根据专利法第46条第2款的规定，自收到本决定之日起三个月内向北京市第一中级人民法院起诉。根据该款规定，一方当事人起诉后，另一方当事人应当作为第三人参加诉讼。

主视图　　　　　　　　俯视图　　　　　　　　仰视图

  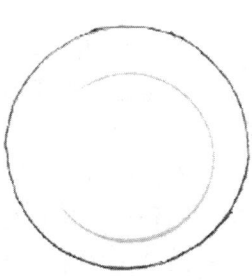

主视图　　　　　　　　俯视图　　　　　　　　仰视图

本专利外观设计　　　　　　　　　　　证据1的外观设计

超薄密封快餐盒（750ml 圆碗）

无效宣告请求审查决定（第 9340 号）

决 定 号	第 9340 号
决 定 日	2006 年 12 月 22 日
发明创造名称	超薄密封快餐盒（750ml 圆碗）
外观设计分类号	07-01
无 效 请 求 人	泉州明星塑胶有限公司
专 利 权 人	泉州梅洋塑胶五金制品有限公司
专 利 号	02352186.4
申 请 日	2002 年 8 月 2 日
授 权 公 告 日	2003 年 3 月 12 日
合议组组长	于 萍
主 审 员	崔 震
参 审 员	赵 明
附 图	2 页
法 律 依 据	中国专利法第 23 条

决 定 要 点

如果一般消费者经过对被比外观设计与在先设计的整体观察可以看出，两者的差别对于产品的整体视觉效果不具有显著的影响，则被比外观设计与在先设计是相近似的。

一、案由

本无效宣告请求案涉及国家知识产权局于 2003 年 3 月 12 日授权公告、名称为"超薄密封快餐盒（750ml 圆碗）"的外观设计专利权（下称本专利），其申请日为 2002 年 8 月 2 日、申请号为 02352186.4，专利权人为泉州梅洋塑胶五金制品有限公司。

针对上述专利权，泉州明星塑胶有限公司（下称请求人）于 2005 年 8 月 16 日向专利复审委员会提出了无效宣告请求，请求人提交了以下附件作为依据：

附件 1：本专利公报，复印件 1 页；

附件 2：ZL92308330.8 中国外观设计专利公报，申请日为 1992 年 12 月 22 日，授权公告日为 1993 年 9 月 29 日，复印件共 1 页（下称对比文件 1）；

附件 3：ZL97316638.X 中国外观设计专利公报，申请日为 1997 年 11 月 28 日，授权公告日为 1998 年 9 月 16 日，复印件共 1 页（下称对比文件 2）；

附件4：ZL01336550.9中国外观设计专利公报，申请日为2001年10月24日，授权公告日为2002年6月26日，复印件共1页（下称对比文件3）。

请求人认为，（1）对比文件1包括本体和盖体，其中本体自上而下呈倒锥形，本体的底部和盖体的顶部皆设置有圆形限位块。被比外观设计也包括本体和盖体，其本体也是自上而下呈倒锥形，其本体的底部和盖体的顶部也皆设置有圆形限位块。将被比外观设计与对比文件1进行对比可以看出，两者设计完全相同。（2）对比文件2包括本体和盖体，其中本体自上而下呈倒锥形。将被比外观设计与对比文件2进行对比可以看出，被比外观设计的形状与对比文件2基本相同，即被比外观设计与对比文件2是相近似的设计。（3）对比文件3的快餐碗自上而下呈倒锥形。将被比外观设计与对比文件3进行对比可以看出，被比外观设计的主体部分-本体与对比文件3完全相同，即被比外观设计与对比文件3是相近似的设计。

经形式审查合格后，专利复审委员会受理了上述请求，于2005年8月17日向双方当事人发出了《无效宣告请求受理通知书》，并将《专利权无效宣告请求书》及其附件清单中所列附件副本转送给了专利权人，要求其在指定的期限内答复。同时，专利复审委员会依法成立合议组对本无效宣告请求案进行审理。

针对上述无效宣告请求，专利权人于2005年9月19日提交了意见陈述书，专利权人认为（1）由图中可以看出，对比文件1的盖体的侧壁较高，且盖体侧壁边缘处向外有一明显的飞檐。而本专利的盖体侧壁较矮，且盖体侧壁基本上呈垂直状，同时本专利本体的下部有一圆弧连接盒底，形成一突出的盒底。对比文件1的本体没有突出的盒底。因此，本专利的形状与对比文件1的形状不相同，也不相近似。（2）本专利与对比文件2的形状不相同也不相近似。对比文件2为一非透明外观设计产品，其视觉效果与本专利完全不同；对比文件2的本体上方有一圈突出的装饰圈，而本专利本体线条流畅；对比文件2盖体顶面及碗体的底面均为平面，而本专利的盖体顶面及本体的底面的边缘处各设计有一圈兼有定位作用的装饰圈。（3）本专利与对比文件3的形状不相同也不相近似。对比文件3与本专利不属于同一种产品，本专利是超薄密封快餐盒，包括本体、盒盖，两者组合在一起才构成本专利的整体形状，而对比文件3是一种没有盒盖的快餐碗；对比文件3碗体的下部有一圈轴向方向的压花至碗底，碗底向外倾斜又呈一圆锥体。

2006年1月13日，专利复审委员会本案合议组向双方当事人发出了口头审理通知书，定于2006年3月7日在专利复审委员会进行口头审理，同时将专利权人于2005年9月19日提交的意见陈述书转送给请求人。

2006年3月7日，口头审理如期举行，双方当事人均参加了口头审理。专利权人对请求人提交的对比文件1~3的真实性没有异议。请求人认为对比文件1包括本体和盖体，本体自上而下呈倒锥形，本体的底部和盖体的顶部皆设置有凸起。本专利也包括本体和盖体，其本体也是自上而下呈倒锥形，其本体的底部和盖体的顶部也设有圆环，但不能区分凸起和凹下。专利权人认为本专利为透明的外观设计，上盖的中心为圆形凸台，盖体顶部周边有一明显的飞檐，盖体侧壁较矮，侧壁基本上呈垂直状，本体的底部有突边，而对比文件1为不透明的产品，盖体中心为凹形圆，盖体的侧壁较长且下边缘处向外突出，盖体没有飞檐，本体的底部没有突边，盖体边缘设有把手。请求人认为从对比文件2的主视图来看，其与本专利的主视图是相同的。专利权人认为本专利为透明的外观设计，上盖的中心为圆形凸台，盖体顶部周边有一明显飞檐，本体的底部有突边，本体上面的凸缘被盖体覆盖，而对比文件2为不透明的产品，盖体中心为平面，从图中看不出盖体顶部有设计的飞檐，本体的底部只有凸台，没有突边，本体上部的凸缘没有完全被盖体遮住，本体上有图案和文字。请求人认为对比文件3从主视图来看自上而下呈倒锥形，与本专利的形状相同。专利权人认为对比文件3不是透明的外观设计，没有盖体，碗底是很厚的底圈，碗体底部有条纹，从主视图上看整个碗的轮廓与本专利有差别。

至此，合议组认为本案事实清楚，可以作出审查决定。

二、决定的理由

关于专利法第 23 条

专利法第 23 条规定，授予专利权的外观设计，应当同申请日以前在国内外出版物上公开发表过或者国内公开使用过的外观设计不相同和不相近似，并不得与他人在先取得的合法权利相冲突。

请求人提交的对比文件 2 为中国外观设计专利公报上的外观设计，专利权人对对比文件 2 的真实性无异议，合议组经审查确认，对比文件 2 可以作为本案的证据使用。同时，对比文件 2 的公开日早于本专利的申请日，因此，可以作为评价本专利是否符合专利法第 23 条规定的现有技术。

对比文件 2 为快餐碗，其与本专利属于相同种类的产品，故可以进行如下的相同和相近似比较：

本专利是由透明材料制成的快餐盒，包括本体和盖体。其中，从主视图上看，本体自上而下呈倒锥形，本体的底部有突边，盖体侧边盖住本体顶部的突边；从俯视图上看，盖体的中心具有圆形圈，盖体的周边为圆形凸缘。（详见本专利图）

对比文件 2 为不透明材料制成的快餐碗，包括本体和盖体。其中，从主视图上看，本体自上而下呈倒锥形，本体的底部具有一突边，本体上部向外凸出，形成一阶梯状突起，盖体的侧边没有盖住本体上部的突起；从俯视图上看，盖体的周边为圆形凸缘。（详见对比文件 2 图）

将本专利与对比文件 2 进行比较可以看出，本专利与对比文件 2 的相同点为：本体自上而下均呈倒锥形，本体的底部均有一突边，盖体的周边均具有圆形凸缘并且从主视图上看，本体与盖体所占的比例也基本相同。两者主要区别在于：本专利盖体侧边盖住本体顶部的突边，而对比文件 2 本体上部有阶梯状突起，盖体的侧边未盖住本体上部的突起；本专利盖体的中心具有圆形圈而对比文件 2 没有，另有其他更细微的差别。合议组认为上述这些区别相对于两者的整体而言属于局部细微的差别，对外观设计的整体视觉效果不会产生显著的影响，容易使一般消费者在视觉上产生混淆。因此，本专利与对比文件 2 属于相近似的外观设计，不符合专利法第 23 条的规定。

关于专利权人强调的本专利为透明材料而对比文件 2 为非透明材料的区别，合议组认为，由于本专利从外部看不到其内部具有特别的形状，其仅是惯常性材质的替换，故对整体视觉效果不具有显著的影响。

鉴于本专利相对于对比文件 2 已不符合专利法第 23 条的规定，应予无效，故合议组不再对请求人提交的其他证据以及针对这些证据提出的无效理由进行评述。

基于以上事实和理由，本案合议组作出如下审查决定。

三、决定

宣告 02352186.4 号外观设计专利权无效。

当事人对本决定不服的，可以根据专利法第 46 条第 2 款的规定，自收到本决定之日起三个月内向北京市第一中级人民法院起诉。根据该款的规定，一方当事人起诉后，另一方当事人应当作为第三人参加诉讼。

 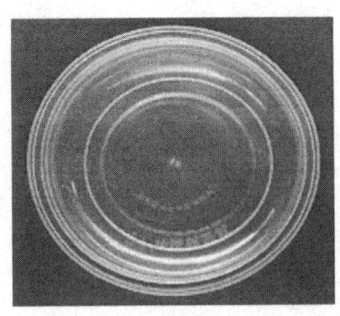 

俯视图　　　　　　　　仰视图　　　　　　　　主视图

本专利主视图

 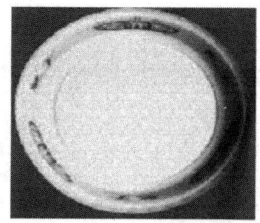  

主视图　　　　　　仰视图　　　　　　俯视图　　　　　　立体图

对比文件 2

北京市第一中级人民法院行政判决书

(2007) 一中行初字第 482 号

原告泉州梅洋塑胶五金制品有限公司，住所地福建省泉州市鲤城区二郎巷尾蜂尾埔

委托代理人张松亭，男，厦门市首创君合专利事务所有限公司专利代理人

委托代理人耿慕白，男，北京金之桥知识产权代理有限公司专利代理人

被告国家知识产权局专利复审委员会，住所地北京市海淀区北四环西路 9 号银谷大厦 10~12 层

法定代表人廖涛，副主任

委托代理人崔震，男，国家知识产权局专利复审委员会审查员

委托代理人张华，男，国家知识产权局专利复审委员会审查员

第三人泉州明星塑胶有限公司，住所地福建省泉州市清蒙科技工业区 2 号

法定代表人林奇年，董事长

委托代理人刘兰，女，厦门新华专利商标公司职员

原告泉州梅洋塑胶五金制品有限公司（以下简称梅洋公司）不服被告国家知识产权局专利复审委员会（以下简称专利复审委）作出的无效宣告请求审查决定，于 2007 年 3 月 22 日向本院提起行政诉讼，本院受理后依法组成合议庭，并依法通知与被诉具体行政行为有利害关系的泉州明星塑胶有限公司（以下简称明星公司）参加诉讼。本院于 2007 年 5 月 25 日公开开庭审理了本案。原告梅洋公司的法定代表人蔡沧洋及委托代理人张松亭、耿慕白，被告专利复审委的委托代理人崔震、张华，第三人明星公司的委托代理人刘兰到庭参加了诉讼。本案现已审理终结。2006 年 12 月 22 日，被告作出第 9340 号无效宣告请求审查决定（以下简称第 9340 号决定），决定宣告 02352186.4 号外观设计专利权（以下简称本专利）无效。被告于答辩期内向本院提交了作出被诉具体行政行为的证据材料：1. 本专利公报复印件；2. 专利号 ZL97316638.X 的外观设计专利公报（即无效决定中的对比文件 2）复印件；3. 口头审理记录表复印件；4. 第 9340 号决定。上述证据用以证明被告作出被诉决定认定事实清楚、适用法律正确、程序合法。原告梅洋公司诉称：一、讼争外观设计名称为超薄密封快餐盒（750 圆碗），作为一种碗具有上千年的历史，随着人类文明的出现诞生，其上述基本形状早已形成，但人们对其各方面的改进设计，不断的引起消费者的注意，对其购买、使用产生显著影响，决定了消费者对不同款式餐具的选择。根据《审查指南》规定，当产品上某些设计被证明是该类产品公认的惯常设计（如易拉罐产品的圆柱形状设计）时，其余设计的变化通常对整体视觉效果更具有显著的影响。显然，被告未将碗这一传统产品的公认的惯常设计与设计要部区分开来，忽略了传统产品的个性，抹杀了这一领域产品的技术创新。原告专利产品所用材料的本身并非透明材料。是技术突破为透明提供了前提，是原告成功突破超薄注塑大面积一次成型工艺技术难点，为该专利产品的透明提供了技术支持。二、被告第 9340 号决定作出的基础存在严重的缺陷，在此基础上进行的认定缺乏说服力。被告所采用的对比文件视图模糊。除对比产品主视图相对清晰以外，俯视图和仰视图通过肉眼观察均无法获得清晰外观，所以产品的盖体外观和底部外观都难以辨别。在三个视图两个模糊的基础上，被告居然忽略图案元素在外观设计相同性认定中的重要作用，仅凭两个产品组成相同（都由本体和盖体组成，都有底部，都有凸圆），便认定本专利产品外观与对比产品外观相同，这实在令原告难以信服。三、被告第 9340 号决定认定的事实有误，理由不充分，结论错误。被告人认定的本专利与对比文件的相同点不正确。正是由于被告将常规性设计作为特征加以比较，才会导致其忽略了该类产品在设计

创新中真正值得注意的外观形状的突破点,所以,该认定基础的不当,直接导致该判断的错误。透明是本专利在外观上与其他产品构成不同的最明显特征。由于原告专利透明透亮的特性,在使用状态中,该产品不论是摆放在超市或其他销售场所,只要消费者视觉正常,不用任何解释说明,消费者都可以看清产品里所盛放的食品的种类,数量以及新鲜程度。带给消费者的是朴素的真实感。而对比产品是实白色的,除非在特殊场合,使用透视功能,任何人不可能单凭肉眼,了解到里面盛放物,可要了解更多的内容,就只有在发生购买和使用行为之后。此外,被告在进行产品比较的时候还忽略了本专利与对比文件二者外观明显不同的事实的存在。综上,第9340号决定认定事实错误,适用法律不当,故请求法院撤销该决定。原告向法院提交了以下证据:1. 国家经济贸易委员会/国家工商总局/国家质量监督检验检疫总局/国家环保总局/特急文件《关于加强对淘汰一次性发泡塑料餐具执法监督工作的通知》,用以证明对比文献被淘汰;2. 厦门市科技情报研究所《科技项目查新报告书》中图法分类号:TS972/编号:2002036;3. 厦门市科技情报研究所《科技项目查新报告书》中图法分类号:TS972/编号:2005013;4. 国家卫生部《荣誉证书》/北京小汤山医院《荣誉证书》;5. 科技成果鉴定证书,闽科鉴字(2002)第87号;6. 国家重点新产品证书,项目编号:2003ED720009;7. 科技部发展规划司《证书》,项目编号2005EC000175;8. 相关的专利证书;证据2、证据3、证据4、证据5、证据6、证据7、证据8用以证明本专利具有新颖性。9. 第9340号决定书第6页图片,用以证明被告决定错误;10.《专利侵权纠纷处理请求受理通知书》专利号ZL02352186.4;11.《中止处理通知书》专利号:ZL02352186.4;证据10、证据11用以证明存在专利侵权纠纷。12. 补充材料说明;13. 美国海关退货通知;14. 律师函;15. 金杜律师事务所《初步分析》;16. 美国新泽西州联邦地方法院裁判书;17. Newspring与梅洋会议;18. 律师费发票;19. 模具开发协议;20. 科技查新报告(2004年);21. 科技项目查新报告书(2002年);22.《国家科技成果重点推广计划》技术依托单位证书(2005年);23. 国家重点新产品证书(2003年);24. 福建省专利试点企业证书(2004年);25. 福建省第二批专利工作试点企业证书(2006年);26、福建省科技进步奖证书(2006年),证据12、证据13、证据14、证据15、证据16、证据17、证据18、证据19、证据20、证据21、证据22、证据23、证据24、证据25、证据26用以证明在美国也有一个专利诉讼,本专利具有新颖性。被告专利复审委辩称:1. 由于本专利快餐盒的主体部分没有任何图案,并且在本专利中也未要求保护色彩,因此,根据《审查指南》第四部分第五章5.4节的规定,在被比设计仅以部分要素限定其保护范围的情况下,其余要素在与在先设计比较时不予考虑。尽管在对比文件2的产品中包含有图案,但由于本专利产品仅保护产品的形状,因此,在与对比文件2进行近似性判断时,对比文件2的图案是不予考虑的。2. 原告指出本专利与对比文件存在的种种差别仅是一种局部细微的差别,其相对于两者的整体而言对整体视觉效果不会产生显著的影响。3. 根据《审查指南》第四部分第五章5.4节的规定,对于外表使用透明材料的产品而言,通过人的视觉能观察到的其透明部分以内的形状、图案和色彩,应视为该产品的外观设计的一部分。然而,就本案而言,其产品内部轮廓形状与其外部形状是相一致的,其内部并不具有对产品整体视觉效果产生显著影响的形状构造特征,因此,尽管本专利与对比文件2在材料的选择上有所不同,但其并不是外观设计相同或相近似判断的对象。4. 原告提交的证据,大部分在无效阶段并未提出过,并且这些证据也不能证明本专利与对比文件2不相近似。综上,第9340号决定认定事实清楚,适用法律正确,审理程序合法,请求法院驳回原告的诉讼请求,维持该决定。第三人明星公司同意被告意见,请求法院驳回原告诉讼请求,维持第9340号决定。第三人未向法院提交证据。

经庭审质证,原告对被告证据的关联性、合法性、真实性无异议,但对证据的证明作用有异议;第三人对被告证据无异议;被告、第三人对原告证据9无异议,同时认为原告证据1、证据2、证

3、证据 4、证据 5、证据 6、证据 7、证据 8、证据 10、证据 11、证据 12、证据 13、证据 14、证据 15、证据 16、证据 17、证据 18、证据 19、证据 20、证据 21、证据 22、证据 23、证据 24、证据 25、证据 26 在无效程序中未提交，不应予以采纳。

经审查，被告提交的证据及原告证据 9 与本案具有关联性，且合法、真实，本院予以确认。原告证据 1、证据 2、证据 3、证据 4、证据 5、证据 6、证据 7、证据 8、证据 10、证据 11、证据 12、证据 13、证据 14、证据 15、证据 16、证据 17、证据 18、证据 19、证据 20、证据 21、证据 22、证据 23、证据 24、证据 25、证据 26 系行政程序中未提交的证据，不能作为审查被诉决定合法性的依据，本院不予采纳。

经审理查明，本无效宣告请求案涉及国家知识产权局于 2003 年 3 月 12 日授权公告、名称为"超薄密封快餐盒（750ml 圆碗）"的外观设计专利权（即本专利），其申请日为 2002 年 8 月 2 日、申请号为 02352186.4，专利权人为本案原告。

针对上述专利权，本案第三人于 2005 年 8 月 16 日向被告提出了无效宣告请求，第三人提交了以下附件作为依据：

附件 1：本专利公报，复印件 1 页；

附件 2：ZL92308330.8 中国外观设计专利公报，申请日为 1992 年 12 月 22 日，授权公告日为 1993 年 9 月 29 日，复印件共 1 页（对比文件 1）；

附件 3：ZL97316638.X 中国外观设计专利公报，申请日为 1997 年 11 月 28 日，授权公告日为 1998 年 9 月 16 日，复印件共 1 页（对比文件 2）；

附件 4：ZL01336550.9 中国外观设计专利公报，申请日为 2001 年 10 月 24 日，授权公告日为 2002 年 6 月 26 日，复印件共 1 页（对比文件 3）。

第三人认为，（1）对比文件 1 包括本体和盖体，其中本体自上而下呈倒锥形，本体的底部和盖体的顶部皆设置有圆形限位块。被比外观设计也包括本体和盖体，其本体也是自上而下呈倒锥形，其本体的底部和盖体的顶部也皆设置有圆形限位块。将被比外观设计与对比文件 1 进行对比可以看出，两者设计完全相同。（2）对比文件 2 包括本体和盖体，其中本体自上而下呈倒锥形。将被比外观设计与对比文件 2 进行对比可以看出，被比外观设计的形状与对比文件 2 基本相同，即被比外观设计与对比文件 2 是相近似的设计。（3）对比文件 3 的快餐碗自上而下呈倒锥形。将被比外观设计与对比文件 3 进行对比可以看出，被比外观设计的主体部分-本体与对比文件 3 完全相同，即被比外观设计与对比文件 3 是相近似的设计。

经形式审查合格后，被告受理了上述请求，于 2005 年 8 月 17 日向双方当事人发出了《无效宣告请求受理通知书》，并将《专利权无效宣告请求书》及其附件清单中所列附件副本转送给了原告，要求其在指定的期限内答复。同时，被告依法成立合议组对本无效宣告请求案进行审理。

针对上述无效宣告请求，原告于 2005 年 9 月 19 日提交了意见陈述书，原告认为（1）由图中可以看出，对比文件 1 的盖体的侧壁较高，且盖体侧壁边缘处向外有一明显的飞檐。而本专利的盖体侧壁较矮，且盖体侧壁基本上呈垂直状，同时本专利本体的下部有一圆弧连接盒底，形成一突出的盒底。对比文件 1 的本体没有突出的盒底。因此，本专利的形状与对比文件 1 的形状不相同，也不相近似。（2）本专利与对比文件 2 的形状不相同也不相近似。对比文件 2 为一非透明外观设计产品，其视觉效果与本专利完全不同；对比文件 2 的本体上方有一圈突出的装饰圈，而本专利本体线条流畅；对比文件 2 盖体顶面及碗体的底面均为平面，而本专利的盖体顶面及本体的底面的边缘处各设计有一圈兼有定位作用的装饰圈。（3）本专利与对比文件 3 的形状不相同也不相近似。对比文件 3 与本专利不属于同一种产品，本专利是超薄密封快餐盒，包括本体、盒盖，两者组合在一起才构成本专利的整体形状，而对比文件3是一种没有盒盖的快餐碗；对比文件3碗体的下部有一圈轴向方向的压花至碗底，碗底向外倾斜又呈一圆锥体。

2006年1月13日，被告向双方当事人发出了口头审理通知书，定于2006年3月7日进行口头审理，同时将原告于2005年9月19日提交的意见陈述书转送给第三人。

2006年3月7日，口头审理如期举行，双方当事人均参加了口头审理。原告对第三人提交的对比文件1、对比文件2、对比文件3的真实性没有异议。第三人认为对比文件1包括本体和盖体，本体自上而下呈倒锥形，本体的底部和盖体的顶部皆设置有凸起。本专利也包括本体和盖体，其本体也是自上而下呈倒锥形，其本体的底部和盖体的顶部也设有圆环，但不能区分凸起和凹下。原告认为本专利为透明的外观设计，上盖的中心为圆形凸台，盖体顶部周边有一明显的飞檐，盖体侧壁较矮，侧壁基本上呈垂直状，本体的底部有突边，而对比文件1为不透明的产品，盖体中心为凹形圆，盖体的侧壁较长且下边缘处向外突出，盖体没有飞檐，本体的底部没有突边，盖体边缘设有把手。第三人认为从对比文件2的主视图来看，其与本专利的主视图是相同的。原告认为本专利为透明的外观设计，上盖的中心为圆形凸台，盖体顶部周边有一明显飞檐，本体的底部有突边，本体上面的凸缘被盖体覆盖，而对比文件2为不透明的产品，盖体中心为平面，从图中看不出盖体顶部有设计的飞檐，本体的底部只有凸台，没有突边，本体上部的凸缘没有完全被盖体遮住，本体上有图案和文字。第三人认为对比文件3从主视图来看自上而下呈倒锥形，与本专利的形状相同。原告认为对比文件3不是透明的外观设计，没有盖体，碗底是很厚的底圈，碗体底部有条纹，从主视图上看整个碗的轮廓与本专利有差别。

被告经审查认为，

第三人提交的对比文件2为中国外观设计专利公报上的外观设计，原告对对比文件2的真实性无异议，被告经审查确认，对比文件2可以作为本案的证据使用。同时，对比文件2的公开日早于本专利的申请日，因此，可以作为评价本专利是否符合《中华人民共和国专利法》（以下简称《专利法》）第二十三条规定的现有技术。

对比文件2为快餐碗，其与本专利属于相同种类的产品，故可以进行如下的相同和相近似比较：

本专利是由透明材料制成的快餐盒，包括本体和盖体。其中，从主视图上看，本体自上而下呈倒锥形，本体的底部有突边，盖体侧边盖住本体顶部的突边；从俯视图上看，盖体的中心具有圆形圈，盖体的周边为圆形凸缘。

对比文件2为不透明材料制成的快餐碗，包括本体和盖体。其中，从主视图上看，本体自上而下呈倒锥形，本体的底部具有一突边，本体上部向外凸出，形成一阶梯状突起，盖体的侧边没有盖住本体上部的突起；从俯视图上看，盖体的周边为圆形凸缘。

将本专利与对比文件2进行比较可以看出，本专利与对比文件2的相同点为：本体自上而下均呈倒锥形，本体的底部均有一突边，盖体的周边均具有圆形凸缘并且从主视图上看，本体与盖体所占的比例也基本相同。两者主要区别在于：本专利盖体侧边盖住本体顶部的突边，而对比文件2本体上部有阶梯状突起，盖体的侧边未盖住本体上部的突起；本专利盖体的中心具有圆形圈而对比文件2没有，另有其他更细微的差别。被告认为上述这些区别相对于两者的整体而言属于局部细微的差别，对外观设计的整体视觉效果不会产生显著的影响，容易使一般消费者在视觉上产生混淆。因此，本专利与对比文件2属于相近似的外观设计，不符合《专利法》第二十三条的规定。

关于原告强调的本专利为透明材料而对比文件2为非透明材料的区别，被告认为，由于本专利从外部看不到其内部具有特别的形状，其仅是惯常性材质的替换，故对整体视觉效果不具有显著的影响。

鉴于本专利相对于对比文件 2 已不符合《专利法》第二十三条的规定，应予无效，故被告不再对第三人提交的其他证据以及针对这些证据提出的无效理由进行评述。

综上，被告作出第 9340 号决定。原告不服，诉至本院。

本院认为，《专利法》第二十三条规定：授予专利权的外观设计，应当同申请日以前在国内外出版物上公开发表过或者国内公开使用过的外观设计不相同和不相近似，并不得与他人在先取得的合法权利相冲突。本案中，第三人在无效程序中提交的 ZL97316638.X 中国外观设计专利公报，即对比文件 2，其授权公告日早于本专利申请日，可以作为本专利与在先专利相近似性判断的依据。

将本专利与对比文件相比较，二者均由本体和盖体构成，本体自上而下均呈倒锥形，本体的底部均有一突边，盖体的周边均具有圆形凸缘，本体与盖体所占的比例也基本相同。虽然本专利与对比文件 2 存在盖体侧边是否盖住本体顶部的突起、盖体中心形状不同等差别，但是这些局部的差别并未对二者整体视觉产生显著影响，本专利与在先设计属于相近似的外观设计。

《审查指南》第四部分第五章 5.4 节规定："在相同或者近似性判断中，应当仅以产品的外观作为判断的对象。产品的形状、图案、色彩这三个要素或者其结合是外观设计相同或者相近似判断的对象。在被比设计仅以部分要素限定其保护范围的情况下，其余要素在与在先设计比较时不予考虑。"本专利产品主体部分没有图案，而且未要求保护色彩，其仅仅要求保护产品的形状，虽然对比文件 2 的产品中含有图案设计，但是该图案并非本专利与对比文件 2 相近似性判断所要考虑的因素。故原告认为对比文件 2 的产品上有图案，本专利没有图案设计，二者不相近似的主张缺乏事实及法律依据，本院不予支持。此外，原告认为本专利产品所用的材料本身并非透明材料，是原告成功突破超薄注塑大面积一次成型工艺技术难点，为专利产品的透明提供了技术支持。原告的上述主张与本专利和对比文件 2 的相近似性判断无关，本院亦不予支持。

综上，被告认定本专利与在其申请日之前公开的外观设计相近似正确。第 9340 号决定认定事实清楚，适用法律正确，行政程序合法，本院应予维持。原告的诉讼主张缺乏事实和法律依据，本院不予支持。依照《中华人民共和国行政诉讼法》第五十四条第（一）项之规定，判决如下：

维持被告国家知识产权局专利复审委员会于二〇〇六年十二月二十二日作出的第 9340 号无效宣告请求审查决定。

案件受理费 1000 元，由原告泉州梅洋塑胶五金制品有限公司负担（已交纳）。

如不服本判决，可在本判决书送达之日起 15 日内，向本院提交上诉状，并按对方当事人人数提出副本，上诉于北京市高级人民法院。上诉人在上诉期满后 7 日内未提交上诉案件受理费又不提交缓交申请的，按自动撤回上诉处理。

审 判 长　强刚华
代理审判员　贾志刚
代理审判员　孟玉珍
二〇〇七年七月四日
书 记 员　殷　悦

北京市高级人民法院行政判决书

(2007) 高行终字第 489 号

上诉人（一审原告）泉州梅洋塑胶五金制品有限公司，住所地福建省泉州市鲤城区二郎巷尾蜂尾埔

委托代理人张松亭，男，厦门市首创君合专利事务所有限公司专利代理人

被上诉人（一审被告）国家知识产权局专利复审委员会，住所地北京市海淀区北四环西路9号

被上诉人（一审第三人）泉州明星塑胶有限公司，住所地福建省泉州市清蒙科技工业区2号

法定代表人廖涛，副主任

法定代表人林奇年，董事长

委托代理人赵明，国家知识产权局专利复审委员会审查员

委托代理人余心蕾，国家知识产权局专利复审委员会审查员

上诉人泉州梅洋塑胶五金制品有限公司因专利无效宣告请求审查决定一案，不服北京市第一中级人民法院（2007）一中行初字第482号行政判决，向本院提起上诉。在本院依法组成合议庭审理本案期间，泉州梅洋塑胶五金制品有限公司自愿申请撤回上诉。

经审查，本院认为，公民、法人或者其他组织有权在法律许可的范围内处分自己的诉讼权利。泉州梅洋塑胶五金制品有限公司申请撤回上诉，系其真实意思表示，并不损害公共利益和他人合法权益，符合法律规定，本院予以准许。据此，依照《中华人民共和国行政诉讼法》第五十一条的规定，裁定如下：

准许上诉人泉州梅洋塑胶五金制品有限公司撤回上诉。

二审案件受理费人民币100元，减半收取50元，由上诉人泉州梅洋塑胶五金制品有限公司负担（已交纳）。

本裁定为终审裁定。

审 判 长 景 滔
代理审判员 任全胜
代理审判员 赵宇晖
二〇〇七年十二月十八日
书 记 员 王 芳

电脑机箱（MG-760）

无效宣告请求审查决定（第9345号）

决　定　号	第9345号
决　定　日	2006年12月26日
发明创造名称	电脑机箱（MG-760）
国际分类号	14-02
第一无效宣告请求人	深圳市美心科技发展有限公司
第二无效宣告请求人	中之电科技（深圳）有限公司
专　利　权　人	深圳市多彩实业有限公司
专　利　号	200330116093.7
申　请　日	2003年11月3日
授权公告日	2004年6月9日
合议组组长	石　清
主　审　员	高　栋
参　审　员	张　琳
法律依据	中国专利法第23条

决　定　要　点

经过公证的网页，仅能证明公证时的网页显示的内容，无法证明其内容所表述的事实的真实性，故请求人未能提供充分的证据支持其主张，请求宣告本专利权无效的理由不成立。

一、案由

本无效宣告请求涉及国家知识产权局于2004年6月9日授权公告的、名称为"电脑机箱（MG-760）"的外观设计专利（下称本专利），其申请日为2003年11月3日，申请号为200330116093.7，专利权人为深圳市多彩实业有限公司。

（一）

针对上述专利权，深圳市美心科技发展有限公司（下称第一请求人）于2005年8月8日向专利复审委员会提出了无效宣告请求（下称第一请求），其理由是本专利不符合专利法第23条的规定。请求人提交如下附件作为证据使用：

附件1-1：（2005）深证内壹字第11721号公证书及与其相粘连的附件的复印件共36页。

请求人认为：本专利产品已经在申请日前公开展出，并在互联网上进行了产品宣传和发表了产品销售广告，因此不符合专利法第23条的规定。

经形式审查合格，专利复审委员会受理了上述无效宣告请求，于 2005 年 8 月 9 日发出无效宣告请求受理通知书，并将请求书及其附件的副本转送给专利权人。

第一请求人于 2006 年 9 月 5 日提交了补充证据和理由的意见陈述书，认为：在本专利申请日前，国内（东莞清溪林技五金电子厂）已有与本外观设计相近似的电脑机箱产品公开销售，因此本专利不符合专利法第 23 条的规定。并补充了一份附件作为证据：

附件 1-2：盖有东莞清溪林技五金电子厂章的证明书及相关资料复印件共 8 页。

（二）

针对上述专利权，中之电科技（深圳）有限公司（第二请求人）于 2005 年 12 月 7 日向专利复审委员会提出了无效宣告请求（下称第二请求），其理由是本专利不符合专利法第 23 条的规定。请求人提交如下附件作为证据使用：

附件 2-1：（2005）深证字第 34898 号公证书及与其相粘连的附件的复印件共 9 页。

请求人认为：本专利产品已经在申请日前公开展出，并在互联网上进行了产品宣传和发表了产品销售广告，因此不符合专利法第 23 条的规定。

经形式审查合格，专利复审委员会受理了上述无效宣告请求，并于 2005 年 12 月 9 日发出无效宣告请求受理通知书，并将请求书及其附件的副本转送给专利权人。

（三）

专利权人于 2006 年 1 月 17 日针对第一请求和第二请求提交了意见陈述书，认为：根据专利权人的证据与请求人的对比，说明请求人的证据还不能证明专利权人的专利无效。专利权人提交了两份附件作为证据：

附件 1：（2005）深证字第 14436 号公证书及与其相粘连的附件的复印件共 29 页；

附件 2：（2005）深证字第 45828 号公证书及与其相粘连的附件的复印件共 4 页

本案合议组于 2006 年 2 月 10 日将第一请求人于 2005 年 9 月 5 日提交的意见陈述书及其附件清单中所列的附件的副本转送给专利权人；将专利权人于 2006 年 1 月 17 日提交的意见陈述书及其附件清单中所列的附件的副本分别转送给第一请求人和第二请求人。

本案合议组于 2006 年 2 月 21 日向三方当事人发出口头审理通知书，定于 2006 年 3 月 28 日举行口头审理，将第一请求与第二请求合并审理。

2006 年 3 月 1 日，专利权人针对第一请求寄交了意见陈述书，对第一请求人提供的证据材料的真实性和关联性不予认可。

（四）

口头审理如期举行，三方当事人均出席了口头审理。在口头审理过程中，

1）三方当事人对合议组成员无回避请求。三方当事人对对方出庭人员身份无异议。

2）第一请求人、第二请求人明确无效理由为：本外观设计专利不符合专利法第 23 条的规定。

3）合议组当庭将专利权人于 2006 年 3 月 1 日寄交的意见陈述书转送给第一请求人。

4）第一请求人当庭出示公证书（2005）附件 1-1 的公证书、附件 1-2 的"证明书"首页原件，第一请求人未出示证明书所附的出货明细、客户采购单、出货发票及定单叠柜记录表的原件；专利权人对上述公正书原件的真实性没有异议，但对公正书所附网页内容的真实性有异议，对证明书的真实性有异议，对证明书所附的上述材料的真实性有异议。

5）第二请求人当庭出示附件 2-1 的公证书的原件；专利权人对上述公证书原件的真实性没有异议，但对所附网页内容的真实性有异议。

6）专利权人针对第一、第二请求当庭出示作为反证使用的公证书（2005）深证字第 14436 号以及（2005）深证字第 45828 的原件；第一、第二请求人对专利权人提交的公证书原件的真实性无异

议，但认为公证书所附网页内容不足以否定其所提交的公证书所附网页内容的真实性。

7）第一请求人的证人吴爱文就东莞清溪林技五金电子厂出具的证明书及其所附材料出庭作证，并提供加盖有红章的东莞清溪林技五金电子厂的营业执照复印件和该厂出具的介绍信以及证人身份证以证明其身份。

8）第一请求人明确表示之后对合议组当庭转送的意见陈述书不再进行书面意见陈述。

在上述工作的基础上，合议组认为三方当事人已经充分发表意见，本案事实清楚，可以依法作出决定。

二、决定的理由

1. 法律依据

根据请求人提出的无效宣告请求的范围、理由和证据，本案合议组依据专利法第 23 条对本案进行审理。

中国专利法第 23 条规定："授予专利权的外观设计，应当同申请日以前在国内外出版物上公开发表过或者国内公开使用过的外观设计不相同和不相近似，并不得与他人在先取得的合法权利相冲突。"

2. 关于证据

附件 1-1、附件 2-1，附件 1、附件 2 均为由公证机关出具的公证书，证明的是 http://www.zol.com.cn 网站的网页上的相关内容，第一请求人、第二请求人和专利权人均对上述公证书原件的真实性没有异议，但专利权人对所附网页内容的真实性有异议。第一请求人使用附件 1-1、第二请求人使用附件 2-1 中的互联网的网页证明在 2003 年 9 月 22 日已经公开发表了本专利的电脑机箱；而专利权人使用附件 1、附件 2 主张网页内容容易改变，因此第一、第二请求人提交的证据不能证明专利权人的专利无效。合议组认为，公证书仅仅证明公证当日网页上显示了的内容，并不能证明具体网页内容所表述的事实是否真实。附件 1-1 和附件 2-1 在没有其他证据佐证的情况下，不足以单独作为定案依据来证明在本专利申请日之前的 2003 年 9 月 22 日在 http://www.zol.com.cn 网站的网页上已经公开发表与本专利相近似的电脑机箱。

附件 1-2 是东莞清溪林技五金电子厂出具的"证明书"和相关资料，第一请求人当庭出示了该"证明书"首页原件，但未出示证明书所附的出货明细、客户采购单、出货发票及定单叠柜记录表的原件，第一请求人的证人吴爱文就东莞清溪林技五金电子厂出具的证明书及其所附材料出庭作证，并提供加盖有红章的东莞清溪林技五金电子厂的营业执照复印件和该厂出具的介绍信以及证人身份证以证明其身份，但是由于证人未能出示证明书所附的出货明细、客户采购单、出货发票及定单叠柜记录表的原件，无法判断其真实性，因此合议组对附件 1-2 不予采信。

3. 关于专利法第 23 条

专利法第 23 条规定："授予专利权的外观设计，应当同申请日以前在国内外出版物上公开发表过或者国内公开使用过的外观设计不相同和不相近似，并不得与他人在先取得的合法权利相冲突。"

由于第一请求人提交作为证据使用的附件 1-1、附件 1-2 以及第二请求人提交作为证据使用的附件 2-1 均不足以证明在本专利申请日之前与本专利相近似的电脑机箱在相关网站的网页上发表或公开销售，即第一请求人和第二请求人未能提供充分的证据支持其主张，故有关本专利不符合专利法第 23 条的无效宣告请求理由不成立。

三、决定

维持 200330116093.7 号外观设计专利权有效。

当事人对本决定不服的，可以根据专利法第 46 条第 2 款的规定，自收到本决定之日起三个月内向北京市第一中级人民法院起诉。根据该款的规定，一方当事人起诉后，另一方当事人应当作为第三人参加诉讼。

141

牵引电磁铁

无效宣告请求审查决定（第9353号）

决　定　号	第9353号
决　定　日	2006年12月21日
发明创造名称	牵引电磁铁
外观设计分类号	13-99
无效宣告请求人	唐山正泰成套设备有限公司
专　利　权　人	韩明泽
专　利　号	200430025541.7
申　请　日	2004年5月20日
授权公告日	2004年12月29日
合议组组长	陈迎春
主　审　员	张梅珍
参　审　员	宋瑞
附　　　图	2页
法　律　依　据	中国专利法第23条

决　定　要　点

就同一产品先后申请并获得授权的实用新型和外观设计专利，如果在提出外观设计申请之前销售了该实用新型专利产品，则由于这种销售导致了该外观设计的使用公开。

一、案由

本无效宣告请求案涉及的是国家知识产权局于2004年12月29日授权公告的，名称为"牵引电磁铁"的外观设计专利权（下称本专利），其申请号是200430025541.7，申请日是2004年5月20日，专利权人是韩明泽。

针对本专利权，唐山正泰成套设备有限公司（下称请求人）于2005年3月29日向专利复审委员会提出无效宣告请求，同时提交了如下证据：

证据1：ZL00263201.2号中国实用新型专利说明书，其授权公告日为2001年10月31日；

证据2：本专利证书及图片；

证据3：请求人声称的专利权人向唐山市科技局知识产权处提交的侵权专利纠纷处理请求书副本；

证据4：第00733535号河北增值税专用发票复印件；

证据5：证据4销售产品的产品铭牌照片复印件；

证据6：浙江正泰电器股份有限公司智能断路器公司（用户方）关于外观标贴、商标改进要求的传真件复印件；

证据7：专利权人所在公司-唐山新星电磁铁有限公司生产技术部（销售方）回复传真件及电磁铁闭合机构标贴改动清样图片复印件；

证据8：浙江正泰电器股份有限公司智能断路器（用户方）确认电磁铁闭合机构标贴改动清样图片的传真件复印件共2件；

证据9.1：证据4中的用户方（浙江正泰电器股份有限公司）2004年3月16日的入库单复印件；

证据9.2：证据4中的用户方（浙江正泰电器股份有限公司）2004年3月30日的入库单复印件；

证据10：证据4入库产品实物照片共5张；

证据11：《低压电器》2003年第6期广告页复印件共3页。

结合上述证据，请求人认为：1、证据3及证据3中所提及的附件5-9（本案中证据4-8）所构成的证据链或者证据11都已经充分证明了如下事实的存在：在本专利申请日之前，专利权人所在公司将一种特定型号（即MQM5-300-150）的电磁铁闭合机构产品卖给浙江正泰电器股份有限公司，并且浙江正泰电器股份有限公司作为用户对销售者不承担保密义务。在这种情况下，这种电磁铁产品的外观设计特征对公众而言是可以得知的。2、将由证据10所显示的证据1的CN2457730Y号实用新型专利产品的外观与证据2的外观设计图片比较可知，两者具有相同的设计主题，属于同一产品的相同外观设计。因此，证据9-10结合上述证据3-8所构成的证据链印证了如下事实的存在：证据1的CN2457730Y号实用新型专利产品就是专利权人企业型号为MQM5-30-150的产品，而且该产品具有与证据2的外观设计相同的外观设计。由此可见，与本专利同一产品的同一项外观设计在申请日前在国内已经公开使用，因此本专利不符合专利法第23条所规定的授予外观设计专利权的条件。

经形式审查合格，专利复审委员会受理了此案，于2005年3月30日向双方当事人发出无效宣告请求受理通知书，同时将无效宣告请求书及其证据清单所列证据的副本转送给专利权人。

请求人于2005年4月22日补充提交了新证据：

证据12.1：2002年11月4日浙江正泰电器股份有限公司（用户方）入库单复印件；

证据12.2：2002年11月22日浙江正泰电器股份有限公司（用户方）入库单复印件。

2005年4月26日专利权人针对上述无效宣告请求提交了意见陈述书，同时提交了如下证据：

反证1：ZL00263201.2号实用新型专利（包括：说明书扉页、专利证书、专利说明书、专利权利要求书），授权公告日为2001年10月31日；

反证2：第00733535号、00907112号河北增值税专用发票复印件；

反证3：《低压电器》2003年第6期封面页复印件1页。

专利权人在意见陈述书中认为本专利权的授予完全符合专利法第23条的规定，但没有对请求人所提交证据的真实性提出异议。

专利复审委员会针对上述无效宣告请求依法成立合议组，本案合议组于2005年9月12日向双方当事人发出口头审理通知书，指出定于2005年10月26日进行口头审理，同时将请求人于2005年4月22日提交的意见陈述及补充证据的副本转送给专利权人，将专利权人于2005年4月26日提交的意见陈述书及其反证的副本转送给请求人。

口头审理如期举行，请求人出席了口头审理，专利权人缺席口头审理。请求人明确其无效的理由、证据和范围为：本专利不符合专利法第23条的规定，共提交证据12件，其中用于证明许诺销售的证据为证据2、11；用于证明实际销售的证据为证据3、4、9、10、12以及专利权人的意见陈述；

用于证明出版物公开的证据为证据1、2。合议组要求请求人庭后提交证据11的原件。

请求人于2005年11月2日向合议组提交了证据11原件1份、《低压电器》2000年合订本原件1份，MQM5-30-150电磁铁实物1件。经合议组核实，《低压电器》2003年第6期广告页复印件与其原件内容相符，MQM5-30-150电磁铁实物照片与实物一致。

基于上述当事人的意见陈述及口头审理，合议组认为本案事实清楚，可以依法作出审查决定。

二、决定的理由

1. 关于使用公开

（1）关于证据1、证据3—8

请求人认为：证据3及证据3中所提及的附件5-9（本案中证据4-8）所构成的证据链或者证据11都已经充分证明了如下事实的存在：在本专利申请日之前，专利权人所在公司将一种特定型号（即MQM5-300-150）的电磁铁闭合机构产品卖给浙江正泰电器股份有限公司。

合议组经审理，查明以下事实：

证据3是一份专利侵权纠纷处理请求书副本，其上载明请求人为韩明泽（本案中的专利权人），被请求人为唐山正泰成套设备有限公司（本案中的无效请求人）和浙江正泰电器股份有限公司，专利号为ZL00263201.2和ZL200430025331.8。该请求书请求处理事项中记载了以下内容"2002年，浙江正泰电器股份有限公司向本公司联系购买该闭合机构（企业产品型号MQM5-30-150），为其生产的DW-16框架式空气断路器（以下简称断路器）配套，本公司于2002年4月-2004年8月向浙江正泰电器股份有限公司供应MQM5-30-150型闭合机构数千套（见附件5本公司产品销售发票）在供货期间，本公司多次向该公司申明，所供闭合机构为本公司专利产品，并在产品铭牌上显著标明，（见附件6 MQM5-30-150产品铭牌），并得到该公司相关部门的确认（见附件7浙江正泰电器股份有限公司智能断路器公司传真件，附件8本公司生产技术部恢复传真件及附页，附件9浙江正泰电器股份有限公司智能断路器公司确认传真件）。"

证据4为第00733535号河北增值税专用发票复印件，开票时间为2002年4月，货物名称为电磁铁，规格型号为30-150、单价为100.8547元，购货单位为浙江正泰电器股份有限公司、供货单位为唐山市新星电磁铁有限公司，该发票复印件下方印有"附件5本公司销售发票"。证据5下方印有"附件6 MQM5-30-150产品铭牌"，其上载明"直流电磁铁"、"MQM5-30-150-Z"、"专利号ZL00263201.2"。证据6下方印有"附件7正泰公司传真件"，其上写明收件人是唐山新星电磁铁有限公司，内容是浙江正泰电器股份有限公司智能断路器公司要求唐山新星电磁铁有限公司对电磁铁标贴等改进的说明，时间是2002年9月6日。证据7第1页下方印有"附件8本公司回复传真件"，其上写明收件人是张爱军，收件单位是智能断路器公司；发件人是韩明泽，发件单位是生产技术部，内容是将电磁铁壳体标识改进后的清样传真过去，并指明后附二页，时间是2002年9月12日；证据7第2页下方印有"附件8本公司回复传真件附件（1）"，内容是电磁铁壳体标识改进后的清样；证据7第3页下方印有"附件8本公司回复传真件附件（2）"，内容是电磁铁壳体顶板清样。证据8下方印有"附件9正泰公司关于产品标识确认传真件"，内容是智能断路器公司收到新星电磁铁公司的传真，并要求对接线端子以及文字的颜色进行改进，时间是2002年10月19日。

将证据3和证据4-8对应来看，证据3中提到的附件5-9的编号以及内容与证据4-8下方所标出的附件编号以及内容均相符，证据7-9所反映的几次传真件的时间也能彼此对应。上述证据虽为复印件，但鉴于专利权人所在公司正是本案证据4中所涉及的供货方，同时专利权人也是证据3侵权专利纠纷处理请求书的请求人，专利权人对上述证据的真实性应当有充分的了解，而在此情况下专利权人未对上述证据的真实性提出异议，且专利权人提交的反证6也可得到验证，因此合议组认为上述证据3-8可以作为本案证据使用。

证据1为中国实用新型专利文献，其专利权人即为本案专利权人。本案专利权人并未对该证据1的真实性予以否认，合议组经核实，认为该证据1可以作为本案证据使用。并且该证据1的专利号即为本外观涉设计专利中牵引电磁铁标贴上所标注的专利号：ZL00263201.2。

证据1结合证据3-8可以说明以下事实：专利权人所在公司于2002年4月-2004年8月向浙江正泰电器股份有限公司销售了MQM5-30-150型牵引电磁铁，而该产品即为ZL00263201.2的专利产品。

（2）关于证据2、9-12

证据2为本专利，其不能证明本专利在申请日之前在国内公开使用。

证据9.1、9.2分别为2004年3月16日、2004年3月30日的浙江正泰电器股份有限公司入库单复印件，其上均载明货物名称为电磁铁AC380V，单价为100.854701元，供货单位为河北唐山市新星电磁铁有限公司。证据12.1、12.2分别为2002年11月4日、2002年11月22日的浙江正泰电器股份有限公司入库单复印件，供货单位均为河北唐山市新星电磁铁有限公司。证据12.1上载明货物名称为电磁铁AC380V，单价为100.854701元；证据12.2上载明货物名称为电磁铁AC220V，单价为95.61190元。

证据10为证据4的产品实物的彩色照片，并且请求人于2005年11月2日向合议组提交了该证据10的实物1件。经合议组核实，证据10中实物照片与实物一致。

鉴于专利权人并未对上述证据9、10、12的真实性予以否认，本案合议组认为证据9、10、12可以作为本案证据使用，上述证据9、10、12证实MQM5-30-150型牵引电磁铁在申请日前已经销售。

证据11为《低压电器》2003年第6期广告页复印件，请求人于2005年11月2日向合议组提交了证据11原件1份，经合议组核实，该证据11复印件与原件一致。请求人主张证据11第2页左上角的图片中披露了带有MQM5-30-150型牵引电磁铁的断路器。合议组认为该图片未能清晰地表明其上所用的电磁铁为MQM5-30-150型牵引电磁铁，因此对请求人的上述主张不予支持。

（3）关于反证

专利权人在无效宣告程序中共提交3份反证。其中反证1为ZL00263201.2实用新型专利，其内容与请求人所提交的证据1是一致的，因此该反证1进一步证实了证据1的真实性。反证2为第00733535号、第00907112号河北增值税专用发票复印件，其中第00733535号河北增值税专用发票复印件与请求人所提交的证据4是一致的，因此反证2进一步证实了证据4的真实性；而第00907112号河北增值税专用发票复印件上记载有：开票时间为2004年8月19日，货物名称为电磁铁，购货单位为浙江正泰电器股份有限公司、供货单位为唐山市新星电磁铁有限公司，其说明了专利权人所在公司将电磁铁销售给浙江正泰电器股份有限公司的事实存在，与请求人所提交的证据3-8所证明的事实一致。反证3为《低压电器》2003年第6期广告页复印件，与请求人所提交的证据11一致，同样证实了证据11的真实性。

综上所述，专利权人所提交的反证均进一步证实了MQM5-30-150型牵引电磁铁在本专利申请日之前已在国内公开销售的事实。

结合请求人提交的证据1-10、12以及专利权人所提交的反证1-2，可以明确得出以下事实：MQM5-30-150型牵引电磁铁在本外观设计专利申请日之前已经在国内公开销售。

2. 关于本专利是否符合专利法第23条的规定

中国专利法第23条规定："授予专利权的外观设计，应当同申请日以前在国内外出版物上公开发表过或者国内公开使用过的外观设计不相同和不相近似，并不得与他人在先取得的合法权利相冲突。"

本专利请求保护的是牵引电磁铁的外观设计，共有六面视图。该牵引电磁铁由位于上部的圆柱状电磁铁和下部的支架、螺杆、横、纵拉板以及拐臂构成，在牵引电磁铁主视图上显示出以下内容：该电磁铁为交流模拟牵引电磁铁，型号为 MQM5-30-150，专利号为 ZL00263201.2，在牵引电磁铁右视图上显示出以下内容：生产厂：唐山市新星电磁铁有限公司，另外牵引电磁铁标贴上标有"启动电流：5A"、"牵引力：200N"的技术参数。

上文已经论述了 MQM5-30-150 型牵引电磁铁在申请日之前已经在国内公开销售，鉴于本专利的牵引电磁铁也是由专利权人所在公司即唐山市新星电磁铁有限公司生产的同一型号产品，而生产者一般用型号区分某一种产品的不同设计规格或样式，因此同一厂家的同一型号产品应当具备相同外观，且专利权人也承认本外观设计专利与证据1（实用新型专利）为同一产品，因此可以认定 MQM5-30-150 型电磁铁所采用的外观设计与本专利外观设计相同。

此外，证据10披露了以下设计内容：证据10包括5张照片，两张对应于本专利的主视图、另外3张分别对应于本专利的左视图、右视图、后视图。证据10中的牵引电磁铁由位于上部的圆柱状电磁铁和下部的支架、螺杆、横、纵拉板以及拐臂构成，在牵引电磁铁主视图上显示出以下内容：该电磁铁为交流模拟牵引电磁铁，型号为 MQM5-30-150，专利号为 ZL00263201.2，另外，牵引电磁铁标贴上标有"启动电流：8A"、"牵引力：250N"的技术参数。

将证据10的照片与本专利相比较，可以看到二者在产品的构成以及各构成部件的形状方面都相同，区别在于：证据10中拐臂的自由端更靠近电磁铁，证据10没有仰视图和俯视图，证据10标贴上的技术参数与本专利中不同。合议组认为：由于电磁铁的拐臂可以自由运动，因此本专利和证据10展示了拐臂在运动过程中的不同位置下的状态，参照请求人提供的证据10的实物，可以看到拐臂也可以处于与本专利完全相同的状态，同时可以看到该电磁铁的仰视图和俯视图，其与本专利完全相同。至于标贴上的技术参数，不是外观设计保护的范围，因此技术参数的不同不影响外观设计相同、相近似的判断。由此可见，证据10以及证据10的实物的外观与本专利构成相同的外观设计。

基于以上分析，本专利牵引电磁铁的外观设计由于专利权人在本专利申请日前的公开销售导致使用公开，从而使本专利的授予不符合专利法第23条的规定。

3. 关于专利权人的意见陈述

专利权人在答复无效宣告受理通知书的意见陈述书中认为本专利的授予符合专利法第23条的规定，理由是：（1）请求人用大量证据只证明了与本专利同一产品在申请日前在国内大量公开使用，而绝非"同一项外观设计"，因为与本专利属同一产品的 ZL00263201.2 专利是实用新型而不是外观设计，其专利说明书对产品外观未作任何描述，其权利要求书中所有权利要求也都不具有外观属性。并且专利权人享有的申请本外观设计专利的权利，并未因在先获得的同一产品的实用新型专利权而丧失。（2）本专利未与任何他人在先取得的合法权力相冲突。（3）请求人作出的"MQM5-3-150 外观设计专利方案应被认为使用公开"的结论是错误的。ZL00263201.2 实用新型专利公告的时间早于产品销售时间和产品广告时间。（4）请求人称："因此两者（指 ZL00263201.2 实用新型专利产品与本专利 专利权人注）具有相同设计主题，属于同一种产品的相同外观设计"，上述说法是错误的。不能因为两类不同类别的专利针对的是一项产品就认为"属于同一产品的相同外观设计"，不存在相同主题的实用新型和外观设计。法律并没有限制专利权人对同一产品同时享有实用新型和外观设计专利权的权力。（5）请求人称："专利权人的外观设计专利由于专利权人在本专利申请日前的在先销售行为和同样产品的在先许诺销售行为的存在，已构成现有技术，不应被授予外观设计专利权"是不正确的。"现有技术"只适用于发明和实用新型，而不适用于外观设计专利。对外观设计而言，不存在现有技术，只存在"相同或者相近似的外观设计"，因此，请求人称本专利"已经构成现有技术，不应被授予外观设计专利权。"的请求理由是不成立的。

合议组认为：（1）正如专利权人所述，ZL00263201.2 实用新型专利虽然也涉及牵引电磁铁，并且本专利明确载明使用上述实用新型专利技术，但 ZL00263201.2 实用新型说明书文字以及附图均未公开本外观设计专利的全部信息，因此不能据此认定本专利不符合专利法第 23 条的规定，并且认可专利权人享有的申请本外观设计专利的权利，并未因在先获得的同一产品的实用新型专利权而丧失，但是由于专利权人销售 ZL00263201.2 实用新型专利产品在先，申请该专利产品的外观设计专利在后，而在后申请的外观设计专利使用了与在先销售的实用新型专利产品相同的外观设计，则由于这种销售导致了该外观设计的使用公开。（2）根据目前请求人提交的 12 份证据，合议组认可本专利未与任何他人在先取得的合法权力相冲突。（3）专利权人根据 ZL00263201.2 实用新型专利公告的时间早于产品销售时间和产品广告时间，据此认为本专利不应被认为使用公开是错误的。ZL00263201.2 实用新型专利公告的时间早于产品销售时间和产品广告时间，只能说明产品的销售没有造成 ZL00263201.2 实用新型专利的使用公开，而不能说明不会因此造成本外观设计专利的使用公开。（4）合议组认可专利权人对同一产品可以同时享有实用新型和外观设计专利权的权力。（5）合议组认为与一项外观设计专利进行对比以判断该外观设计是否符合专利法第 23 条规定的对象既可以是一项外观设计，也可以是公开使用的产品本身，只要该对比对象的设计内容公开在本外观设计专利申请日之前，都可以与本专利进行对比。

基于上述理由，专利权人关于本专利符合专利法第 23 条规定的主张不能成立。

三、决定

宣告 200430025541.7 号外观设计专利权无效。

当事人对本决定不服的，可以根据专利法第 46 条第 2 款的规定，自收到本决定之日起三个月内向北京市第一中级人民法院起诉。根据该款的规定，一方当事人起诉后，另一方当事人应当作为第三人参加诉讼。

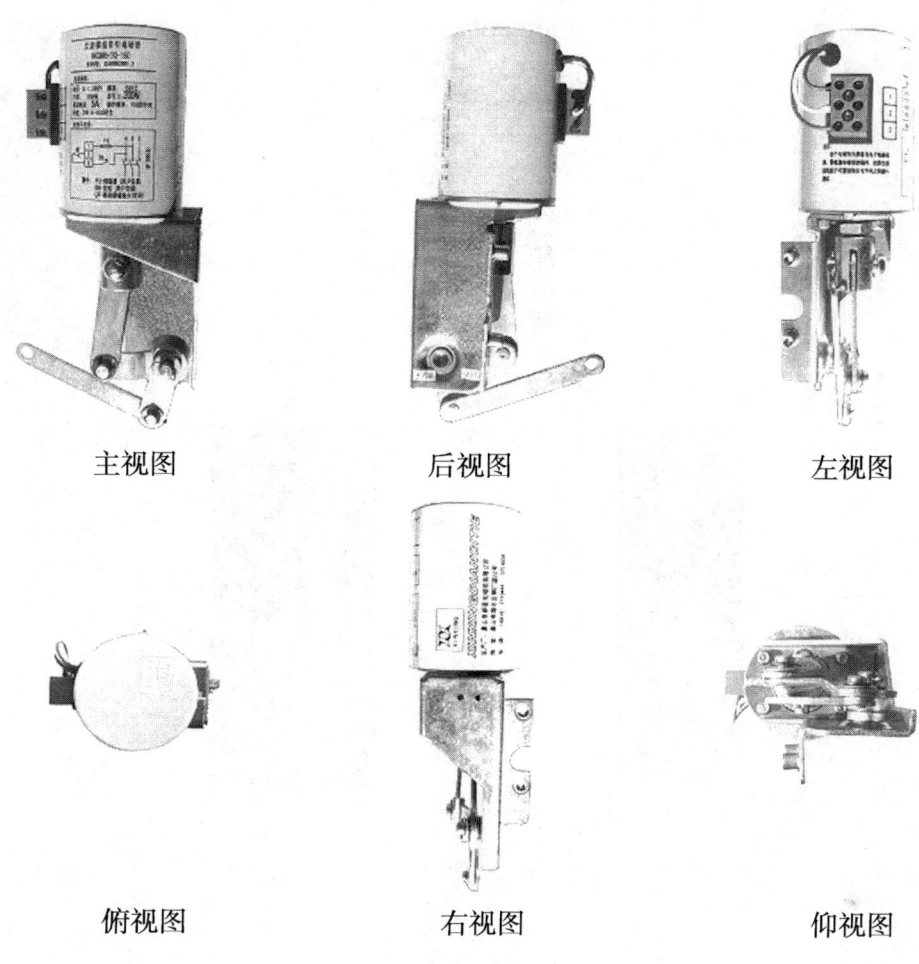

主视图　　　后视图　　　左视图

俯视图　　　右视图　　　仰视图

本专利附图

  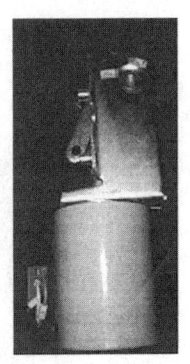
 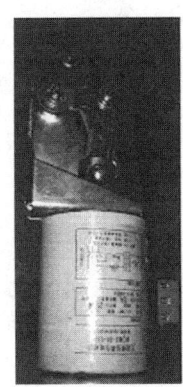

对比文件图

罐头瓶体（2）

无效宣告请求审查决定（第9358号）

决 定 号	第9358号
决 定 日	2006年12月26日
发明创造名称	罐头瓶体（2）
国际分类号	09-01
无效宣告请求人	大连庄河市先锋果品加工厂
专 利 权 人	谢德海
专 利 号	03356575.9
申 请 日	2003年7月30日
授权公告日	2004年2月25日
合议组组长	张 沧
主 审 员	侯秋霞
参 审 员	朱 芳
附 图	共2页

法 律 依 据 中国专利法第23条第1款

决 定 要 点

在外观设计专利相同或相近似的判断中，如果一般消费者经过对被比设计与在先设计的整体观察可以看出，二者的差别对于产品外观设计的整体视觉效果不具有显著的影响，则被比设计与在先设计相近似。

一、案由

本无效宣告请求案涉及国家知识产权局于2004年2月25日公告授予的、名称为"罐头瓶体（2）"的第03356575.9号外观设计专利（下称本专利），其申请日为2003年7月30日，专利权人为谢德海。

针对上述专利权，大连庄河市先锋果品加工厂（下称请求人）于2005年6月13日向专利复审委员会提出无效宣告请求。其理由是：大连真心罐头食品有限公司（下文简称为"大连真心公司"）已经于2002年开始在市场上公开销售与该专利相类似的外观设计产品。大连真心公司于2002年对型号规格为880g/瓶的罐头产品进行了食品检验，并于2002年7月26日和2002年9月9日分别得到了瓦房店市产品质量监督检验所的检验报告（见附件1、2），大连真心公司在产品检验合格后，即在市场上进行了销售（见附件3、4），880g/瓶的罐头产品的瓶体照片见附件5、6。大连真心公司销售的罐头产品与本专利均为瓶体，属于同一产品类型，从形状上相比，均为上大底小的收口瓶体，二者在外观上相类似，可以认定为相同的外观设计产品，因此本专利不符合专利法第23条的规定。为此，请求人提交了下述附件作为证据：

附件1：瓦房店市产品质量监督检验所瓦检（HF）字（2002）第149号检验报告，检验产品名称为"杏子罐头"，日期为2002年7月26日，复印件，共4页；

附件2：瓦房店市产品质量监督检验所瓦检（HF）字（2002）第212号号检验报告，检验产品名称为"无核葡萄罐头"，日期为2002年9月9日，复印件，共4页；

附件3：大连真心公司2002年7月27日出库凭证，该出库凭证载明880g的杏子和黄桃以及360g的黄桃的出库件数和价格，并写有海城王策波的字样，复印件，共2页；

附件4：大连真心公司2002年8月23日出库凭证，该出库凭证载明950g什锦，750g杏子和黄桃以及880g什锦的出库件数和价格，并写有海城王策波的字样，复印件，共2页；

附件5：大连真心公司880g罐头（红富士苹果）瓶体正视图、后视图和俯视图的三张照片，复印件，共3页；

附件6：大连真心公司880g罐头（冰糖凤梨）瓶体正视图、后视图和俯视图的三张照片，复印件，共3页。

经形式审查合格后，专利复审委员会受理了上述请求，于2005年6月13日向双方当事人发出《无效宣告请求受理通知书》，并将《专利权无效宣告请求书》及其附件清单中所列附件副本转送给专利权人，要求其在指定的期限内答复，同时成立合议组对本无效请求案进行审理。

2005年7月5日，专利权人提交了意见陈述书。专利权人认为：附件1和2是瓦房店市产品质量监督检验所作出的报告，这两份检验报告仅是对罐头产品的质量进行检验，而不是对包装罐头的瓶子的质量进行检验，并不能证明被检验的罐头是用本专利产品所盛装的。附件3和4是大连真心公司的产品出库凭证，其上仅仅记载着880g每瓶的出库情况，但不能证明该产品是使用本专利的产品盛装的。附件5和6是大连真心公司的880g罐头瓶体照片，不能证明在专利申请日之前本专利的产品已经公开使用。

2005年7月8日，请求人补充了下述附件作为证据：

附件7：包括：（7.1）盖有海城市兴海区鑫源商行公章和署有王策波的签名的《证明》，内容为"大连真心公司从2002年7月27日开始至2004年3月份销给我商行真心牌880系列罐头所用瓶型与我商行提供照片上的瓶型完全相同"，复印件共1页，（7.2）罐头（冰糖凤梨）瓶体照片，复印件共1页，（7.3）罐头（红富士苹果）瓶体照片，复印件共1页；

附件8：辽阳亿嘉和商贸中心出具的大连真心公司的销售证明，其中包括该商贸中心于江洪的证人证言复印件1页，真心牌罐头（水晶梨）瓶体照片复印件1页，共2页；

附件9：大连真心公司与舒兰市舒兰镇王艳光于2002年8月7日签定的运输协议书复印件1页，出库凭证复印件3页，共4页。

2005年9月29日，专利复审委员会本案合议组向双方当事人发出《无效宣告请求口头审理通知书》，拟定于2005年11月10日对该专利权的无效宣告请求进行口头审理。同时将专利权人于2005年7月5日提交的意见陈述书的副本转送给请求人，将请求人于2005年7月8日提交的附件7-9的副本转送给专利权人。

2005年11月10日，口头审理如期进行，双方当事人均出席了口头审理。在口头审理过程中，合议组对无效宣告请求的理由和证据进行了调查，充分听取了双方当事人的意见陈述，并记录了以下事项：

1. 专利权人对附件1—4、9的真实性无异议；对附件5-8的真实性有异议。

2. 请求人出示了附件5、6的实物。专利权人认为附件5、6复印件不清楚，无法核实其与实物是否一致。请求人提出附件7中的照片与附件5、6中的照片均是实物证据的照片。请求人放弃附件5、6，以附件7中的照片为准。

3.（1）附件7中（7.1）《证明》的出证人王策波出庭作证，并出示了附件7中（7.2）罐头（冰糖凤梨）瓶体照片和（7.3）罐头（红富士苹果）瓶体照片的实物，实物罐头瓶盖上分别盖有"2003/05/08"和"2003 5 16"的字样。请求人当庭提交了大连真心公司2003年6月5日的出库凭证复印件，并出示了其原件，该出库凭证载明880g的黄桃、久保桃、苹果和菠萝的出库件数和价格，并写有海城王策波的字样（下称附件10）。证人王策波除重申其在（7.1）《证明》中的作证内容外，还提出附件10是罐头实物的出库凭证，并且880g的罐头只有当庭出示的罐头实物这一种瓶形。

（2）专利权人对证人王策波进行了询问，对实物证据"冰糖凤梨"和"红富士苹果"罐头瓶体的真实性有异议，对附件10的真实性没有异议。

（3）专利权人提出，证人王策波是其以前的客户，后来因发生矛盾终止合作，有可能作虚假证言。对于罐头上的"880g"，其只是克数，不是瓶子型号，880g也有上下一样粗的瓶形，瓶厂可以提供证明。

（4）对于罐头实物的真实性，双方当事人均当庭提出鉴定申请，并达成一致：（a）鉴定费用由双方垫付，最后由主张不成立的一方当事人承担鉴定费用，另一方的费用退回，在无法通过鉴定确认真伪的情况下，由双方当事人各付50%；无正当理由不预交鉴定费用的，应当对其主张承担举证不能的法律后果；（b）双方协商确定鉴定机构，期限7日；（c）双方当事人确定需要鉴定的物证，合议组当庭封存，双方当事人签字。

4. 请求人主张的事实是：（1）附件1、2证明大连真心公司在2002年已经做好产品的销售准备；（2）附件3、4和10结合包括（7.1）证人王策波的证人证言、罐头实物（冰糖凤梨和红富士苹果）的照片（7.2）和（7.3）的附件7证明大连真心公司在本专利申请日前已经公开销售过和本专利外观设计相同相近似的罐头；（3）附件8和9结合证明大连真心公司在本专利申请日前已经公开销售过和本专利外观相同相近似的罐头。基于上述事实，本专利不符合专利法第23条的规定。

2005年11月16日，请求人向专利复审委员会提交了申请合议组指定鉴定机构的声明，并递交了500元的鉴定费。

专利权人至本决定作出日没有向专利复审委员会提交过任何文件和费用。

至此，合议组认为本案的事实清楚，可以作出审查决定。

二、决定的理由

1. 法律依据

基于请求人提出的无效宣告请求所依据的事实和理由，合议组对本专利是否符合专利法第23条的规定进行审查。

专利法第23条规定：授予专利权的外观设计，应当同申请日以前在国内外出版物上公开发表过或者国内公开使用过的外观设计不相同和不相近似，并不得与他人在先取得的合法权利相冲突。

2. 证据和事实的认定

附件3、4和10都是大连真心公司的出库凭证，专利权人对附件3、4和10的真实性没有异议，合议组对其真实性予以认可，附件3、4和10的开票日期分别为"2002年7月27日"、"2002年8月23日"和"2003年6月5日"，其上盖有"辽宁省财政厅检印"、"大连真心罐头食品有限公司财务专用章"的印章，并且写有"海城王策波"的字样。据此，合议组认为附件3、4和10可以证明在本专利申请日前大连真心公司的罐头销售给了海城王策波。

附件7中（7.1）是海城市兴海区鑫源商行王策波的证人证言，证人王策波出席口头审理，并接受询问。附件7中（7.2）和（7.3）为实物证据。证人王策波证明其自2002年起从大连真心公司购进的880g系列罐头的形状和其所提供的、在口头审理中出示的罐头实物相同，并提出附件10是上述罐头实物的出库凭证。

合议组认为：（1）附件3、4和10都表明大连真心公司生产过880g的罐头，并将880g的罐头销售给了证人王策波，上述出库凭证还证明证人王策波多次购入大连真心公司的罐头产品。可以认定证人王策波是罐头销售者，在销售者的库房中存有罐头实物符合常理。（2）请求人在口头审理过程中出示的罐头实物密封良好，包装完好；专利权人表示罐头实物的盖子与2000年以前使用的盖子相同，瓶贴和自己的相同，罐头实物上没有明显涂改造假的痕迹；专利权人未指出实物存在明显不真实之处，专利权人虽提出880g罐头瓶除了实物的瓶形外，还有其他的瓶形，并提出瓶厂可以提供证明，但专利权人没有提交相关的证据。（3）请求人向专利复审委员会提交了申请合议组指定的鉴定机构的声明，并递交了500元的鉴定费，专利权人至本决定作出日没有向专利复审委员会提交过任何文件和费用。在此情况下，合议组认定专利权人所主张的罐头实物不真实的主张不成立。（4）罐头的形状简单，易于记忆，证人王策波长期经销罐头产品，能清晰地记忆起自己经销的大连真心公司的880g罐头的瓶形符合常理。（5）罐头（红富士苹果）实物上的日期为2003年5月16日，请求人提交了出库凭证附件10上的日期为2003年6月5日，罐头上的日期通常是罐头的生产日期，生产日期早于销售日期，并且销售日期和生产日期相隔不远，罐头实物上生产日期和出库凭证上的出库日期之间符合正常交易习惯。（6）证人王策波的证言中没有明显不真实的内容。（7）专利权人提出证人王策波以前是自己的客户，因有矛盾终止合作关系，有可能作虚假证言；但是专利权人没有提供证据表明证人与其存在严重冲突，从请求人提交的证据也看不出证人王策波和专利权人有足以使证人不能真实作证的利害关系。因此合议组认为在本案中证人王策波不存在出具虚假证人证言的动机。

综上，合议组认为，证人王策波的证言真实，附件10的出库凭证以及罐头实物都是真实的。故根据出库凭证（附件10）、罐头（红富士苹果）实物和王策波的证人证言，能够证明罐头实物证据是由大连真心公司生产、并销售给证人王策波的罐头，该罐头实物在本专利申请日前已经公开销售。该罐头实物可以作为评述本专利是否符合专利法第23条的在先设计。

3. 相同和相近似的认定

在外观设计专利相同或相近似的判断中，如果一般消费者经过对被比设计与在先设计的整体观察可以看出，二者的差别对于产品外观设计的整体视觉效果不具有显著的影响，则被比设计与在先设计相近似。

本专利是一个关于罐头瓶体的外观设计专利，其中瓶体为酒坛状，瓶口微缩进，瓶口处有错开排列的罗纹。瓶体中部有上下排列的、凸起的手写字形的"真心"两个字。瓶体上还有位于"真心"二字斜下方的两列平行的字，分别为较靠上的宋体"牌"字，和靠下的宋体"罐头"二字。沿竖直方向，"牌"字在"罐"字的左侧。（详见本专利附图）

在先设计是一个罐头实物，其中瓶体材料为透明玻璃瓶体为酒坛状，瓶口微缩进。瓶体中部有上下排列的、凸起的手写字形的"真心"两个字。瓶体上还有位于"真心"二字下方的两列平行的字，分别为较靠上的宋体"牌"字，和靠下的宋体"罐头"二字。沿竖直方向，"牌"字在"罐"字的左侧。瓶体上盖有瓶盖。（详见在先设计附图）。

将本专利和在先设计单独对比、整体观察可知，本专利和在先设计整体相似，区别主要在于：在先设计有瓶盖；而本专利没有瓶盖，可以看到瓶口处有错开排列的罗纹。根据常识可知，本专利的瓶体在使用过程时也要盖上瓶盖，从而遮住了瓶口处的罗纹；另外，瓶口处通常都设计有与瓶盖相配合使用的罗纹。经过对被比设计与在先设计的整体观察可以看出，二者的差别对于产品外观设计的整体视觉效果不具有显著的影响，即一般消费者会将被比设计与在先设计误认、混同，因此二者整体形状相近似，属于相近似的外观设计。

4. 结论

综上所述，本专利与其申请日前公开销售的罐头瓶体相近似，因此不符合专利法第23条的规定。

鉴于已经得出本外观设计专利不符合专利法第23条规定的结论，本决定对请求人提出的其他理由和证据不作评述。

三、决定

宣告第03356575.9号外观设计专利无效。

当事人对本决定不服的，可以根据专利法第46条第2款的规定，自收到本决定之日起三个月内向北京市第一中级人民法院起诉。根据该款的规定，一方当事人起诉后，另一方当事人应当作为第三人参加诉讼。

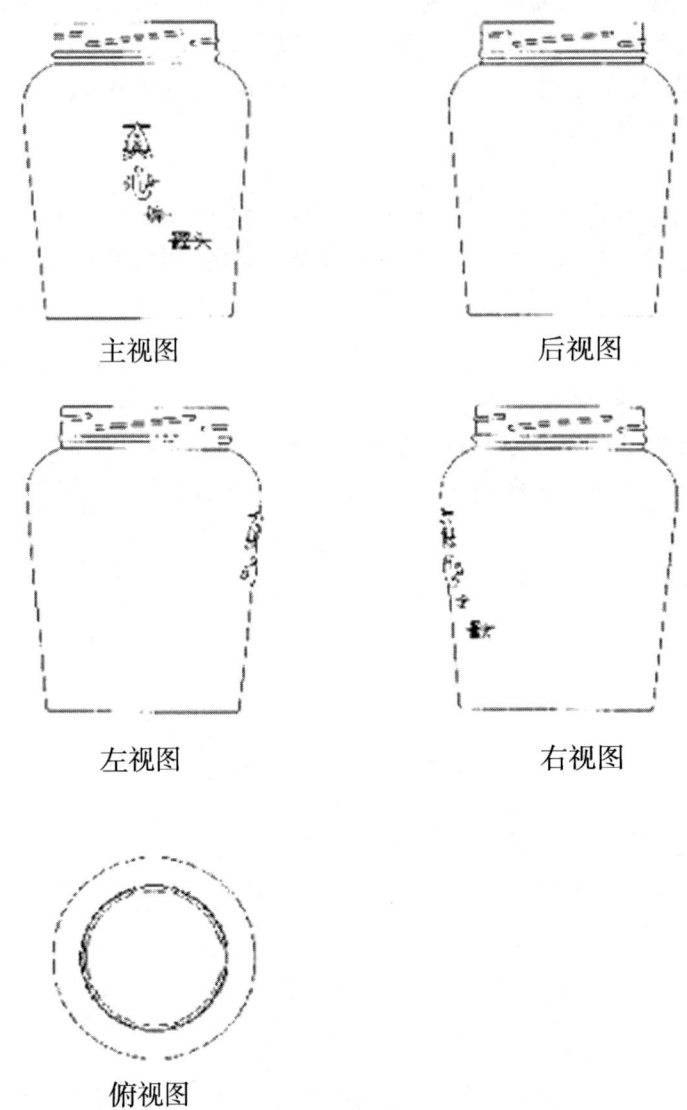

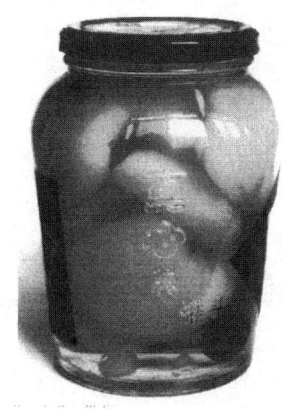

在先设计附图

北京市第一中级人民法院行政判决书

(2007) 一中行初字第511号

原告谢德海,男,1975年12月15日出生,汉族,大连真心罐头食品有限公司总经理,住辽宁省瓦房店市炮台镇长岭村仇屯3-30号

委托代理人王斌,男,大连真心罐头食品有限公司法律顾问

被告国家知识产权局专利复审委员会,住所地北京市海淀区北四环西路9号银谷大厦10-12层

法定代表人廖涛,副主任

委托代理人侯秋霞,女,国家知识产权局专利复审委员会干部

委托代理人田华,女,国家知识产权局专利复审委员会干部

第三人大连庄河市先锋果品加工厂,住所地辽宁省大连市庄河步云山乡

法定代表人刘忠仁,厂长

委托代理人蒋常雪,女,北京致远诚铭知识产权代理事务所代理人

委托代理人刘福岩,男,大连庄河市先锋果品加工厂副厂长

原告谢德海不服被告国家知识产权局专利复审委员会做出的第9358号无效宣告请求审查决定,于2007年3月23日,向本院提起行政诉讼。本院受理后,依法组成合议庭,向被告送达了起诉状副本及应诉通知书,并通知被诉具体行政行为的利害关系人大连庄河市先锋果品加工厂作为第三人参加诉讼。本院于2007年5月16日公开开庭审理了本案,原告委托代理人王斌,被告委托代理人侯秋霞、田华,第三人法定代表人刘忠仁及其委托代理人蒋常雪、刘福岩到庭参加了诉讼。本案现已审理终结。2006年12月26日,被告作出第9358号无效宣告请求审查决定(以下简称第9358号决定),宣告第03356575.9号外观设计专利(以下简称本专利)无效。被告在法定期限内向本院提交并经当庭质证的证据有:1. 大连真心罐头食品有限公司(以下简称大连真心公司)2002年7月27日出库凭证复印件,即无效程序附件3;2. 大连真心公司2002年8月23日出库凭证复印件,即无效程序附件4;3. 包括:盖有海城市兴海区鑫源商行公章和署有王策波的签名的《证明》复印件、罐头(冰糖凤梨)瓶体照片复印件、罐头(红富士苹果)瓶体照片复印件,即无效程序附件7之7.1、7.2、7.3;4. 大连真心公司2003年6月5日的出库凭证复印件,即无效程序附件10;以上均为被诉决定所使用的证据。5. 口头审理记录。以上证据用以证明被诉决定认定事实清楚、适用法律正确、审查程序合法。原告诉称:原告于2004年获得涉案专利的专利权。在原告诉请法院保护专利权的过程中,第三人向被告提请宣告涉案专利权无效。被告受理后,未经详细审查,错误认定事实,偏信第三人及其利害关系人的一面之词,宣告本专利权无效。致使原告专利权被侵权后又得不到有效保护。在庭审中,原告进一步指出,一、被告在口头审理程序中存在严重问题。1. 关于证人证言。第三人方面提供的证人以前是原告的客户,因为跟原告产生矛盾而转投第三人处合作。况且,证人自己在庭审中已说明了跟原告之间存在的不愉快。这样与案件双方明显有利害关系的证人其证言根本就不应被采信,这个存在巨大瑕疵的证据(包括相应证物)被被告拿来用作本案几乎是唯一的证据使用,进而得出错误的决定。2. 关于证物。第三人不知道从哪里制造出来的罐头,又不知是什么时间做出来的东西,打上个时间后就拿来做证据。从事实上根本无法认定证物的真伪,逻辑上又存在着多种可能性。所以说,这种也是存在着巨大瑕疵的证据又轻易地被被告采信了,得出错误结论。3. 关于书证。几份书证上只写了罐头的重量,根本没写罐头的形状。同样重量包装的罐头包括本案专利瓶型在内有很多

种，被告凭什么就能武断地认为就是专利瓶型?! 况且，第三人提出书证也没有对应的罐头实物，被告又一次把逻辑上的多种可能性变成了唯一。4. 关于鉴定。证物是第三人提供的，依法律规定，证据首先应该是真实的。第三人提供证物就应该确定其真实性。在证物本身存在作假可能时，提供证据的人有义务证明其真实性。原告不是提供证据的人，没有鉴定义务。况且，既然第三人已经提交了鉴定申请，并预交了鉴定费，为什么被告不安排鉴定呢？这种程序上的严重错误令人费解。事实就是事实，不能因为原告方没交鉴定费而就把整个事实都改变为对原告不利了！而且，从被告方提供的审理笔录中可以看出，一方面被告强调鉴定的重要性，另一方面却在审理当天、在没有给双方鉴定的机会的情况下就宣布事实已经调查清楚、可以宣判了！原告进一步提出，被告对证据3、证据4、证据7、证据10的认定是不正确的。罐头保质期是18个月，第三人拿来的罐头是2002年生产的，已经4、5年了，但是还没有变质。原告在行政阶段要求对罐头的内容物和标志日期进行鉴定，但是被告没有进行鉴定。第三人并没有对罐头进行销售。综上所述，请求撤销第9358号决定。原告当庭表示，仅就对比而言被告所使用在先设计与本专利外观之间没有明显区别。原告当庭出示一个瓶体作为新证据提交。被告辩称：在第9358号决定中对作出无效宣告决定的事实和理由已经进行了详细的分析，坚持其中的意见，不再赘述。第9358号决定认定事实清楚，适用法律正确，审理程序合法，原告的诉讼请求无法律和事实依据，请求人民法院在查明事实的基础上，依法驳回原告的诉讼请求、维持第9358号决定。在庭审中，被告指出，原告在口审阶段对附件3、附件4的真实性均没有异议。证人在当庭提交了其身份证明，他是一个个体工商户，他自己签名的证人证言对于他的这份证据已经是完整的了。关于鉴定问题，因为原告一方在庭后没有提交过委托鉴定申请，也没有交纳鉴定费。鉴于在口审中已经查明了事实，故可以作出决定。第三人同意被告意见，其未向本院提供书面意见及证据。在庭审中，原告对被告证据1、证据2、证据4真实性没有异议，但对关联性有异议。对被告证据3真实性有异议，认为罐头实物是后做的。对口头审理记录没有异议。原告认为附件3是原告方的一个出货凭证，上面并没有写明设计瓶形，而且没有相应实物。附件4、附件10意见同附件3。附件7.1作为证人证言，证人在口头审理中表述证人与原告有矛盾，并且现在与第三人有密切往来。所以原告认为证人与原告及第三人有利害关系，证人证言缺乏真实性和可靠性，其证据在形式上无效。对附件7.2、附件7.3没有异议。在本案开庭前，原告向法庭补充了新证据，即与本案相同容量不同形状的罐头瓶。原告认为，依据我国相关法律，出现新证据有可能对事实认定有影响的情况下，法庭应该充分考虑。不说被告原来的结论正确与否，出现新证据，就应该重新审查。如果新证据有效，那就应该采信；如果无效，也可以不予采信。

经庭审质证，被告提交的证据与被诉第9358号决定有关，且合法，能够证明本案的事实，本院予以采纳。原告提交的新证据未在无效程序中提交，不符合最高人民法院《关于行政诉讼证据若干问题的规定》的规定，本院不予接受。

根据上述有效证据及各方当事人在庭审中无争议的陈述，本院确认如下事实：

本案涉及申请日为2003年7月30日，授权公告日为2004年2月25日，名称为"罐头瓶体（2）"，申请号为03356575.9的外观设计专利（即本专利），专利权人为原告谢德海。

针对本专利权，第三人大连庄河市先锋果品加工厂于2005年6月13日向被告提出无效宣告请求，其理由是大连真心公司已经于2002年开始在市场上公开销售与该专利相类似的外观设计产品。大连真心公司于2002年对型号规格为880g/瓶的罐头产品进行了食品检验，并于2002年7月26日和2002年9月9日分别得到了瓦房店市产品质量监督检验所的检验报告（见附件1、附件2），大连真心公司在产品检验合格后，即在市场上进行了销售（见附件3、附件4），880g/瓶的罐头产品的瓶体照片见附件5、附件6。大连真心公司销售的罐头产品与本专利均为瓶体，属于同一产品类型，从形状上相比，均为上大底小的收口瓶体，二者在外观上相类似，可以认定为相同的外观设计产品，故本专利不具备《专利法》第二十三条规定的新颖性。第三人同时提交了如下附件作为支持主张的证据：附件1：瓦房店市产品质量监督检验所瓦检（HF）字（2002）第149号检验报告复印件，检验产品名称为"杏子罐头"，日期为2002年7月26日；附件2：瓦房店市产品质量监督检验所瓦检（HF）字（2002）第212号号检验报告复印件，检验产品名称为"无核葡萄罐头"，日期为2002年9月9日；附件3：大连真心公司2002年7月27日出库凭证复印件，该出库凭证载明880g的杏子和黄桃以及360g的黄桃的出库件数和价格，并写有海城王策波的字样；附件4：大连真心公司2002年8月23日出库凭证复印件，该出库凭证载明950g什锦，750g杏子和黄桃以及880g什锦的出库件数和价格，并写有海城王策波的字样；附件5：大连真心公司880g罐头（红富士苹果）瓶体正视图、后视图和俯视图的三张照片复印件；附件6：大连真心公司880g罐头（冰糖凤梨）瓶体正视图、后视图和俯视图的三张照片复印件。

被告受理该无效宣告请求后，向原告进行转文，要求在指定期限内陈述意见。

针对上述无效宣告请求，原告于2005年7月5日向被告提交了意见陈述书，针对无效宣告请求的理由进行意见陈述，主要内容是：附件1和附件2是瓦房店市产品质量监督检验所作出的报告，这两份检验报告仅是对罐头产品的质量进行检验，而不是对包装罐头的瓶子的质量进行检验，并不能证明被检验的罐头是用本专利产品所盛装的。附件3和附件4是大连真心公司的产品出库凭证，其上仅仅记载着880g每瓶的出库情况，但不能证明该产品是使用本专利的产品盛装的。附件5和附件6是大连真心公司的880g罐头瓶体照片，不能证明在专利申请日之前本专利的产品已经公开使用。

2005年7月8日，第三人补充了下述附件作为证据：附件7：包括：（7.1）盖有海城市兴海区鑫源商行公章和署有王策波的签名的《证明》复印件，内容为"大连真心公司从2002年7月27日开始至2004年3月份销给我商行真心牌880系列罐头所用瓶型与我商行提供照片上的瓶型完全相同"，（7.2）罐头（冰糖凤梨）瓶体照片复印件，（7.3）罐头（红富士苹果）瓶体照片复印件；附件8：辽阳亿嘉和商贸中心出具的大连真心公司的销售证明复印件，其中包括该商贸中心于江洪的证人证言复印件，真心牌罐头（水晶梨）瓶体照片复印件；附件9：大连真心公司与舒兰市舒兰镇王艳光于2002年8月7日签定的运输协议书复印件，出库凭证复印件。

被告于2005年9月29日向双方当事人发出口头审理通知书，并定于2005年11月10日对本案进行口头审理。同日将原告的意见陈述转送第三人，同时将第三人于2005年7月8日提交的附件7、附件8、附件9的副本转送给原告。

原告及第三人均参加了口头审理。在口头审理过程中，被告对无效宣告请求的理由和证据进行了调查，听取了双方当事人的意见陈述，并记录了以下事项：

1. 原告对附件1、附件2、附件3、附件4、附件9的真实性无异议；对附件5、附件6、附件7、附件8的真实性有异议。

2. 第三人出示了附件5、附件6的实物。原告认为附件5、附件6复印件不清楚，无法核实其与实物是否一致。第三人提出附件7中的照片与附件5、附件6中的照片均是实物证据的照片。第三人放弃附件5、附件6，以附件7中的照片为准。

3.（1）附件7中（7.1）《证明》的出证人王策波出庭作证，并出示了附件7中（7.2）罐头（冰糖凤梨）瓶体照片和（7.3）罐头（红富士苹果）瓶体照片的实物，实物罐头瓶盖上分别盖有"2003/05/08"和"20035 16"的字样。第三人当庭提交了大连真心公司2003年6月5日的出库凭证复印件，并出示了其原件，该出库凭证载明880g的黄桃、久保桃、苹果和菠萝的出库件数和价格，并写有海城王策波的字样（下称附件10）。证人王策波除重申其在（7.1）《证明》中的作证内容外，还提出附件10是罐头实物的出库凭证,并且880g的罐头只有当庭出示的罐头实物这一种瓶形。(2)原告对证人王策波进行了询问,对实物证据"冰糖凤梨"和"红富士苹果"罐头瓶体的真实性有异议,对附件10的真实性没有异议。(3)原告提出,证人王策波是其以前的客户,后来因发生矛盾终止合作,有可能作虚假证言。对于罐头上的"880g",其只是克数,不是瓶子型号,880g也有上下一样粗的瓶形,瓶厂可以提供证明。(4)对于罐头实物的真实性,双方当事人均当庭提出鉴定申请,并达成一致:(a)鉴定费用由双方垫付,最后由主张不成立的一方当事人承担鉴定费用,另一方的费用退回,在无法通过鉴定确认真伪的情况下,由双方当事人各付50%;无正当理由不预交鉴定费用的,应当对其主张承担举证不能的法律后果;(b)双方协商确定鉴定机构,期限7日;(c)双方当事人确定需要鉴定的物证,由被告当庭封存,双方当事人签字。

4. 第三人主张的事实是:(1)附件1、附件2证明大连真心公司在2002年已经做好产品的销售准备;(2)附件3、附件4和附件10结合包括(7.1)证人王策波的证人证言、罐头实物(冰糖凤梨和红富士苹果)的照片(7.2)和(7.3)的附件7证明大连真心公司在本专利申请日前已经公开销售过和本专利外观设计相同相近似的罐头;(3)附件8和附件9结合证明大连真心公司在本专利申请日前已经公开销售过和本专利外观相同相近似的罐头。基于上述事实,本专利不符合《专利法》第二十三条的规定。

2005年11月16日,第三人向被告提交了申请指定鉴定机构的声明,并递交了500元的鉴定费。原告至决定作出日没有向被告提交过任何申请文件和鉴定费用。

关于法律依据,基于第三人提出的无效宣告请求所依据的事实和理由,被告对本专利是否符合《专利法》第二十三条的规定进行审查。

被告对证据和事实作出以下认定,附件3、附件4和附件10都是大连真心公司的出库凭证,原告对附件3、附件4和附件10的真实性没有异议,被告对其真实性予以认可,附件3、附件4和附件10的开票日期分别为"2002年7月27日"、"2002年8月23日"和"2003年6月5日",其上盖有"辽宁省财政厅检印"、"大连真心罐头食品有限公司财务专用章"的印章,并且写有"海城王策波"的字样。据此,被告认为附件3、附件4和附件10可以证明在本专利申请日前大连真心公司的罐头销售给了海城王策波。附件7中(7.1)是海城市兴海区鑫源商行王策波的证人证言,证人王策波出席口头审理,并接受询问。附件7中(7.2)和(7.3)为实物证据。证人王策波证明其自2002年起从大连真心公司购进的880g系列罐头的形状和其所提供的、在口头审理中出示的罐头实物相同,并提出附件10是上述罐头实物的出库凭证。

被告认为:(1)附件3、附件4和附件10都表明大连真心公司生产过880g的罐头,并将880g的罐头销售给了证人王策波,上述出库凭证还证明证人王策波多次购入大连真心公司的罐头产品。可以认定证人王策波是罐头销售者,在销售者的库房中存有罐头实物符合常理。(2)第三人在口头审理过程中出示的罐头实物密封良好,包装完好;原告表示罐头实物的盖子与2000年以前使用的盖子相同,瓶贴和自己的相同,罐头实物上没有明显涂改造假的痕迹;原告未指出实物存在明显不真实之处,原告虽提出880g罐头瓶除了实物的瓶形外,还有其他的瓶形,并提出瓶厂可以提供证明,但原告没有提交相关的证据。(3)第三人向被告提交了申请合议组指定的鉴定机构的声明,并递交了500元的鉴定费,原告至本决定作出日没有向被告提交过任何文件和费用。在此情况下,被告认定原告所主张的罐头实物不真实的主张不成立。(4)罐头的形状简单,易于记忆,证人王策波长期经销罐头产品,能清晰地记忆起自己经销的大连真心公司的880g罐头的瓶形符合常理。(5)罐头(红富士苹果)实物上的日期为2003年5月16日,第三人提交了出库凭证附件10上的日期为2003年6月5日,罐头上的日期通常是罐头的生产日期,生产日期早于销售日期,并且销售日期和生产日期相隔不远,罐头实物上生产日期和出库凭证上的出库日期之间符合正常交易习惯。（6）证人王策波的证言中没有明显不真实的内容。（7）原告提出证人王策波以前是自己的客户，因有矛盾终止合作关系，有可能作虚假证言；但是原告没有提供证据表明证人与其存在严重冲突，从第三人提交的证据也看不出证人王策波和原告有足以使证人不能真实作证的利害关系。因此被告认为在本案中证人王策波不存在出具虚假证人证言的动机。

综上，被告认为，证人王策波的证言真实，附件10的出库凭证以及罐头实物都是真实的。故根据出库凭证（附件10）、罐头（红富士苹果）实物和王策波的证人证言，能够证明罐头实物证据是由大连真心公司生产、并销售给证人王策波的罐头，该罐头实物在本专利申请日前已经公开销售。该罐头实物可以作为评述本专利是否符合《专利法》第二十三条规定的在先设计。

关于相同和相近似的认定，被告认为，本专利是一个关于罐头瓶体的外观设计专利，其中瓶体为酒坛状，瓶口微缩进，瓶口处有错开排列的罗纹。瓶体中部有上下排列的、凸起的手写字形的"真心"两个字。瓶体上还有位于"真心"二字斜下方的两列平行的字，分别为较靠上的宋体"牌"字，和靠下的宋体"罐头"二字。沿竖直方向，"牌"字在"罐"字的左侧。（详见本专利附图）

在先设计是一个罐头实物，其中瓶体材料为透明玻璃瓶体为酒坛状，瓶口微缩进。瓶体中部有上下排列的、凸起的手写字形的"真心"两个字。瓶体上还有位于"真心"二字下方的两列平行的字，分别为较靠上的宋体"牌"字，和靠下的宋体"罐头"二字。沿竖直方向，"牌"字在"罐"字的左侧。瓶体上盖有瓶盖。（详见在先设计附图）。

将本专利和在先设计单独对比、整体观察可知，本专利和在先设计整体相似，区别主要在于：在先设计有瓶盖；而本专利没有瓶盖，可以看到瓶口处有错开排列的罗纹。根据常识可知，本专利的瓶体在使用过程时也要盖上瓶盖，从而遮住了瓶口处的罗纹；另外，瓶口处通常都设计有与瓶盖相配合使用的罗纹。经过对被比设计与在先设计的整体观察可以看出，二者的差别对于产品外观设计的整体视觉效果不具有显著的影响，即一般消费者会将被比设计与在先设计误认、混同，因此二者整体形状相近似，属于相近似的外观设计。

综上所述，被告认为本专利与其申请日前公开销售的罐头瓶体相近似，因此不符合《专利法》第二十三条的规定。鉴于已经得出本外观设计专利不符合《专利法》第二十三条规定的结论，对第三人提出的其他理由和证据在本决定中不作评述。原告不服，诉至本院。

本院认为：根据《专利法》第二十三条的规定，授予专利权的外观设计，应当同申请日以前在国内外出版物上公开发表过或者国内公开使用过的外观设计不相同和不相近似，并不得与他人在先取得的合法权利相冲突。同时，在外观设计专利相同或相近似的判断中，如果一般消费者经过对被比设计与在先设计的整体观察可以看出，二者的差别对于产品外观设计的整体视觉效果不具有显著的影响，则被比设计与在先设计相近似。本案中，被告认定第三人提交的证据在证据形式和证明效力上均符合证据要求，可以作为与本专利对比的在先设计。将本专利与在先设计两者相比较并无明显差异，且原告在庭审中也承认单独对比没有明显差异。综上所述，本专利不具备《专利法》第二十三条所规定的新颖性。被告在对所使用的证据充分论证后作出的第9358号决定，认定事实清楚，对证据的判断适当，适用法律正确，符合法定程序，本院应予维持；原告提出被告对证据的认定错误并导致作出错误决定的理由不成立，其诉讼请求本院不予支持。依照《专利法》第二十三条、《中华人民共和国行政诉讼法》第五十四条第（一）项之规定，判决如下：

维持被告国家知识产权局专利复审委员会于二〇〇六年十二月二十六日作出的第9358号无效宣告请求审查决定。

案件受理费1000元，由原告谢德海负担（已交纳）。

如不服本判决，可在判决书送达之日起 15 日内向本院递交上诉状，并按对方当事人的人数提出副本，预交上诉案件受理费 100 元，上诉于北京市高级人民法院。

审　判　长　饶亚东
代理审判员　刘景文
代理审判员　吕志华
二〇〇六年十二月八日
书　记　员　盛　阳

车用手机免提装置（CZMT-100型）

无效宣告请求审查决定（第9368号）

决 定 号	第9368号
决 定 日	2006年12月12日
发明创造名称	车用手机免提装置（CZMT-100型）
外观设计分类号	14-03
无效宣告请求人	周文波
专 利 权 人	广州广电林仕豪模具制造有限公司
专 利 号	200330118510.1
申 请 日	2003年12月10日
授 权 公 告 日	2004年9月15日
合议组组长	陈迎春
主 审 员	张梅珍
参 审 员	杨军艳
附 图	5页
法 律 依 据	中国专利法第9条
决 定 要 点	

如果一项外观设计与在先设计属于同类产品，且产品主要构件在形状和图案上也相近似，区别仅在于某个尺寸比例较小的构件，但该构件仅仅是该类产品常见的外形，不受一般消费者关注，则应认为该外观设计与在先设计相近似。

一、案由

本无效宣告请求涉及国家知识产权局于2004年9月15日授权公告的名称为"车用手机免提装置（CZMT-100型）"的ZL200330118510.1号外观设计专利权（下称本专利），其申请日为2003年12月10日，专利权人为广州广电林仕豪模具制造有限公司。

针对上述外观设计专利权，周文波（下称请求人）于2004年11月25日向专利复审委员会提出无效宣告请求，其理由是本专利与附件1属于同样的外观设计专利，而附件1的外观设计专利的申请日早于本专利申请日，因此本专利不符合专利法第9条的规定。所提交的证据如下：

附件1：专利号为200330117158.X的外观设计专利公报（下称证据1），其申请日为2003年11月13日，授权公告日为2004年6月23日，专利权人为周文波。

经形式审查合格，专利复审委员会依法受理了上述无效宣告请求，并于2005年3月15日将无效宣告请求书及附件清单所列附件的副本转给专利权人，要求其在指定的期限内答复。

2005年4月30日专利权人提交了意见陈述书，认为本专利与证据1不相同也不相近似，其具体理由为：1、证据1保护的范围限于耳机与主机组合的状态，没有给出拾音器、耳机、主机的六个视图，看不出三部分具体结构。因此本专利比证据1多保护了三个组成部件；2、证据1整体设计呈"海龟形"，中部设计有向内的变色弧面，主体的肩部和尾部为两外开弧线，本专利设计主体形状不是"海龟形"，本专利耳机（件2）、主机（件3）组合部分相对于证据1，两侧的弧线成内凹弧线，中部也没有向内变色的弧面。

针对上述无效宣告请求，专利复审委员会依法成立合议组。

2005年9月6日，本案合议组向双方当事人发出口头审理通知书，指出本案定于2005年10月18日举行口头审理，同时将专利权人于2005年4月30日提交的意见陈述书转给了请求人。

口头审理如期举行，请求人参加了口头审理，专利权人缺席。请求人明确无效理由和证据为本专利权利要求1相对于证据1不符合专利法第9条的规定。请求人坚持书面意见，针对专利权人的答复意见补充如下意见：在证据1中使用状态参考图已记载了包括拾音器、耳机和主机的全部组件。

2005年10月28日请求人提交了意见陈述书，重申了口头审理时的意见。

至此，合议组认为本案事实已经清楚，可以依法作出审查决定。

二、决定的理由

1. 法律依据

专利法第9条规定：两个以上的申请人分别就同样的发明创造申请专利的，专利权授予最先申请的人。

2. 证据的认定

请求人提交的证据1为外观设计专利公报，经合议组核实，证据1为在本专利申请日以前申请并且在该申请日以后公布的外观设计专利，可以作为本案的在先设计使用。

3. 本专利与证据1是否属于同样的发明创造

根据2006年5月24日颁布、2006年7月1日起施行的专利审查指南第一部分第三章第6.5.1节的规定，在判断是否构成专利法第9条所述的"同样的发明创造"时，应当以表示在两件外观设计专利申请或专利的图片或者照片中的外观设计产品为准。同样的外观设计是指两项外观设计相同或者相近似。根据上述专利审查指南第四部分第五章第6节的规定，只有对于相同或者相近类别的产品，才可能存在外观设计相近似的情况。同一类别的产品是指用途完全相同的产品。对于相同类别产品的外观设计是否相近似的判断是指对相同类别产品的形状、图案、色彩的设计进行整体观察、综合判断。

本专利为车用手机免提装置，分类号为14-03，证据1为带有耳机调频的车载免提，分类号为14-03，两者分类号相同，且用途和功能完全相同，属于相同类别产品。在此基础上，需要将两个外观设计的相应要素进行对比以判断两者设计是否构成相同或相近似。

本专利的车用手机免提装置，由拾音器、耳机和主机三部分组成，授权公告的外观设计图片包括三个部件的六面视图和立体图以及耳机、主机组合时的六面视图。主机呈对称结构，由较细的圆柱形上部和侧面呈扁椭圆形、正面大体呈长方形的下部构成，其中，圆柱形上部的圆周面上分布有若干圆形凸起，正面大体呈长方形的下部，其肩部和尾部为外开弧线，两侧整体为弧线设计，两侧弧线中部呈内凹弧线；当耳机与主机装配在一起时，耳机位于主机下部居中偏后的位置且头部不探出。详见附图。

证据1为带有耳机调频的车载免提，授权公告的外观设计图片包括耳机和主机组合时的六面视图和立体图以及该车载免提的使用状态参考图，在该使用状态参考图中可以看到主机、耳机以及拾音器装配在一起。其主机呈对称结构，由较细的圆柱形上部和侧面呈扁椭圆形的下部构成。其中，圆柱形上部的圆周面上分布有若干圆形凸起。侧面呈扁椭圆形的下部，其肩部和尾部为外开弧线，两侧具有外开大弧线，两侧弧线中部带有变色弧面；当耳机与主机装配在一起时，耳机位于主机下部居中偏后的位置且头部不探出。详见附图。

本专利与证据1相比，本专利包括主机、耳机和拾音器在内的三个部件，而证据1包括主机和耳机在内的两个部件。本专利三个组件中的耳机与证据1中的耳机在形状上是相同的，其中最大同时也是最主要的组件-主机的整体形状大致相同，区别仅在于：（1）本专利还请求保护拾音器；（2）主机下部的两侧弧线形状不同，即在本专利中其两侧弧线中部向内凹陷，证据1中两侧弧线中部不向内凹陷，而是带有变色弧面。合议组认为拾音器的外观设计属于该类产品常见的外形，因此不易受一般消费者关注。而本专利中主机与证据1中主机的上述区别特征对于车载免提整个产品而言，属于局部的微小区别，且不是形成视觉印象的关键部位。另外由于证据1中两侧弧线中部的变色弧面颜色比其他部分浅，而就该面深色部分与本专利主机下部形状是一致的。综上所述，本专利与证据1的车载免提构成相近似，属于同样的发明创造，不符合专利法第9条的规定。

专利权人在意见陈述书中还指出证据1保护的范围限于耳机与主机组合的状态，没有给出拾音器、耳机、主机的六个视图，看不出三部分具体结构。对此，合议组认为，在本案中拾音器、耳机和主机为组件产品，对于消费者而言在购买和使用这类组件产品时，容易留下印象的是各构件组合后的整体外观设计，而其中的耳机和主机的组合状态是整个组件在使用时容易看到、被消费者所关注的，拾音器的外观设计则属于该类产品常见的外形，不易受一般消费者关注，因此其不影响对二者的整体观察、综合判断。基于上述理由，对专利权人的上述主张合议组不予支持。

三、决定

宣告200330118510.1号外观设计专利权无效。

当事人对本决定不服的，可以根据专利法第46条第2款的规定，自收到本决定之日起三个月内向北京市第一中级人民法院起诉，根据该款规定，一方当事人起诉后，另一方当事人应当作为第三人参加诉讼。

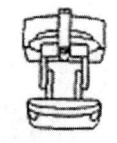
件1仰视图

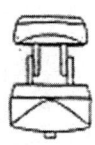
件1俯视图

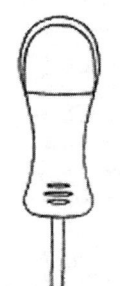
件1后视图

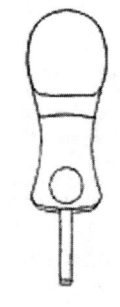
件1主视图

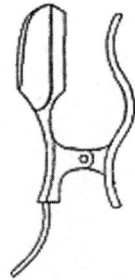
件1右视图

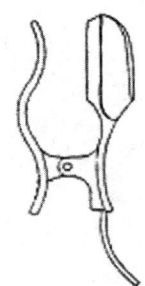
件1左视图

件1立体图

本外观设计专利

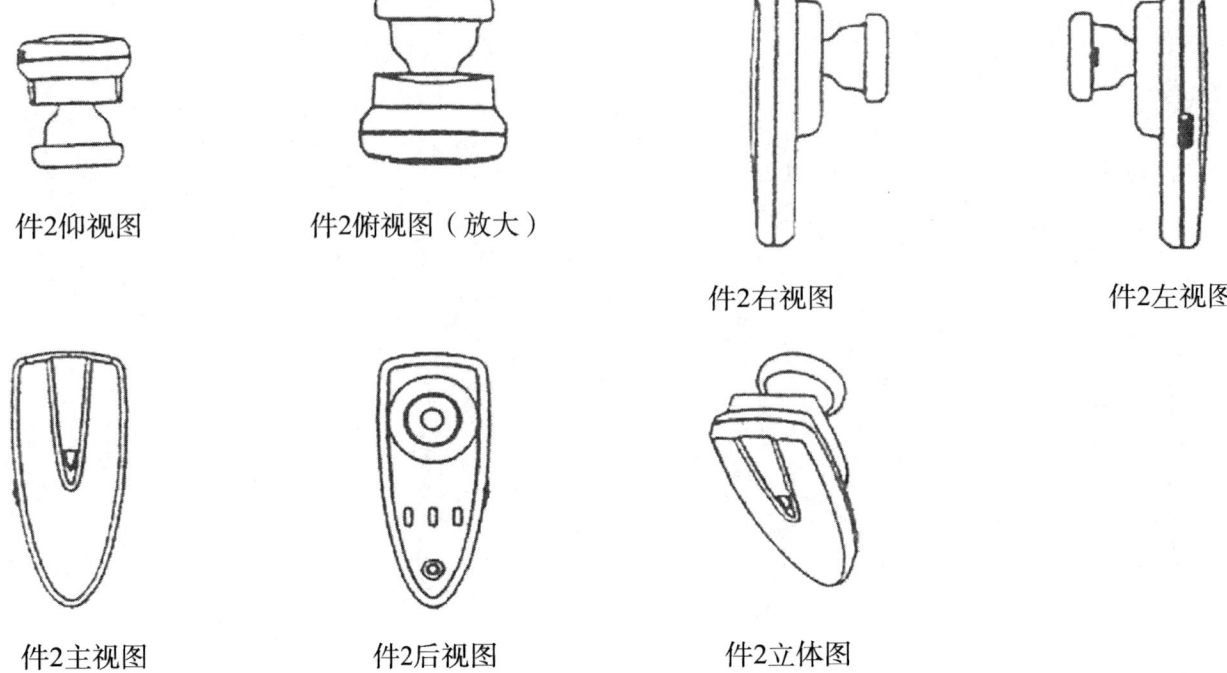

件2仰视图　　件2俯视图（放大）　　件2右视图　　件2左视图

件2主视图　　件2后视图　　件2立体图

本外观设计专利

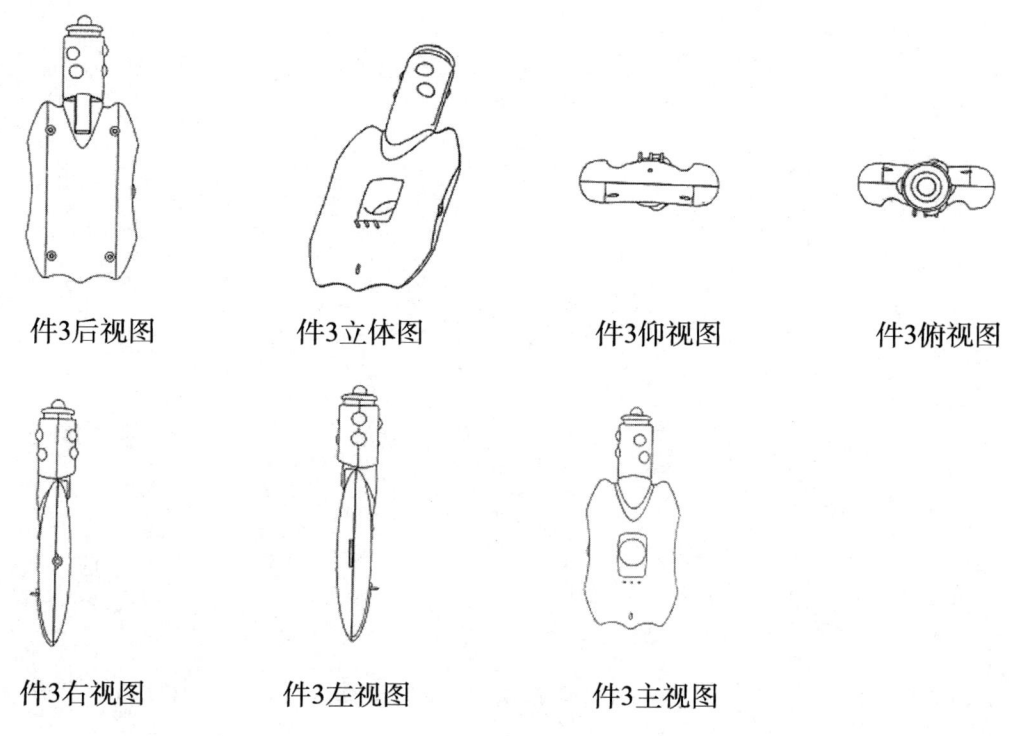

件3后视图　　　件3立体图　　　件3仰视图　　　件3俯视图

件3右视图　　　件3左视图　　　件3主视图

本外观设计专利

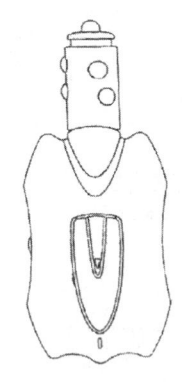
件2和件3组合时的主视图

件2和件3组合时的后视图

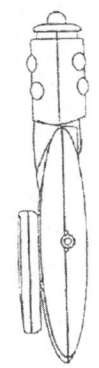
件2和件3组合时的右视图

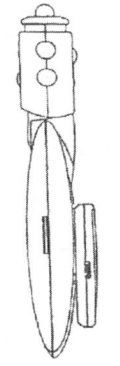
件2和件3组合时的左视图

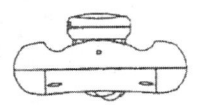
件2和件3组合时的仰视图

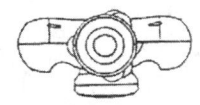
件2和件3组合时的俯视图

本外观设计专利

主视图

立体图

俯视图

仰视图

右视图

左视图

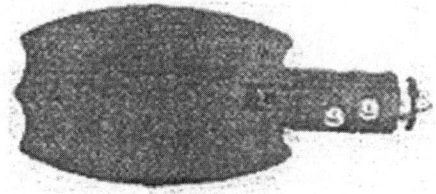
后视图

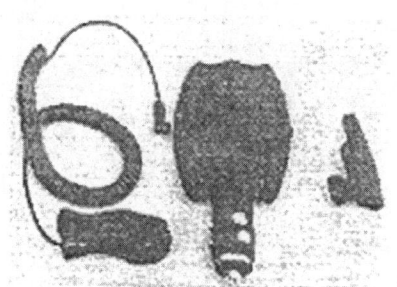
使用状态参考图

证据1

包装袋

无效宣告请求审查决定（第9373号）

决 定 号	第9373号
决 定 日	2006年12月28日
发明创造名称	包装袋
外观设计分类号	09-05
无 效 请 求 人	上海制皂有限公司
专 利 权 人	上海花皇日化有限公司
外观设计专利号	02307467.1
申 请 日	2002年6月10日
授 权 公 告 日	2002年11月13日
合议组组长	张雪飞
主 审 员	左 一
参 审 员	郭 琼
附 图	1页
法 律 依 据	中国专利法第23条

决 定 要 点

经过对本专利与在先设计的整体观察可以看出，二者的差别对于产品的整体视觉效果明显不具有显著的影响，因此本专利和在先设计相近似。

一、案由

本无效宣告请求涉及国家知识产权局于2002年11月13日授权公告的名称为"包装袋"的外观设计专利（下称本专利），其专利号为02307467.1，申请日为2002年6月10日，专利权人为上海花皇日化有限公司。

针对上述专利权，上海制皂有限公司（下称请求人）于2005年11月6日向专利复审委员会提出了无效宣告请求，理由是本专利相对于00343245.9号中国外观设计专利不符合专利法第23条和实施细则第13条第1款的规定，违反《中华人民共和国反不正当竞争法》，违背《中华人民共和国民法通则》诚实信用原则，为法律所禁止，并提交了以下附件：

附件1：00343245.9号外观设计专利证书复印件共1页；

附件2：摘自国家知识产权局网站的00343245.9号外观设计专利著录项目和图片共2页；

附件3：摘自国家知识产权局网站的02307467.1号本专利著录项目和图片共4页；

附件4：请求人声称的本专利的上集牌"上海芦荟皂"包装袋与请求人的上海牌"上海芦荟皂"包装袋的对比图共1页。

经形式审查合格，专利复审委员会于2006年7月24日向双方当事人发出无效宣告请求受理通知书，并将无效宣告请求书及其附件的副本转给了专利权人，要求其在指定期限内进行意见陈述。

专利权人未在指定期限内进行意见陈述。

专利复审委员会于2006年9月29日向双方当事人发出口头审理通知书，定于2006年11月21日举行口头审理。

口头审理于2006年11月21日如期举行，专利权人未出席口头审理。请求人对合议组成员没有回避请求，对合议组成员变更无异议。请求人明确表示无效理由为：本专利不符合专利法第23条、实施细则第13条第1款的规定。具体理由为：本专利与在先公开的专利号为00343245.9的外观设计专利相近似。请求人当庭提交了本专利与在先专利彩色复印件和附件4所示的实物之一。

专利复审委员会于2006年11月21日向专利权人发出合议组成员告知通知书。

专利权人未在指定的期限内对合议组成员提出回避请求。

在当事人的意见陈述和口头审理的基础上，合议组经合议，认为本案事实清楚，依法作出本审查决定。

二、决定的理由

1. 专利法第23条

基于请求人提出的无效宣告请求的理由，合议组首先依据专利法第23条的规定对本案进行审理。

中国专利法第23条规定："授予专利权的外观设计，应当同申请日以前在国内外出版物上公开发表过或者国内公开使用过的外观设计不相同和不相近似，并不得与他人在先取得的合法权利相冲突。"

2. 关于证据

请求人提交的证据为00343245.9号中国外观设计专利，经合议组核实，该证据的授权公告日为2001年8月29日，早于本专利的申请日，因此该证据属于中国专利法第23条所规定的公开出版物，适用于本案。

3. 本专利是包装袋的外观设计，授权公告文本有2幅图，即主视图、后视图，本专利要求保护色彩。本专利的包装袋为翠绿色底色的长方形；本专利正面居中位置有一行白色"上海芦荟皂"文字，在"上海芦荟皂"文字的左上方大致有两行文字，其中第一行文字为黑色，且该行文字的左边有一黑色图案，第二行文字为黄色，在这两行文字右边有一行深绿色波浪形文字，文字下方有一深绿色飘带图案，在"上海芦荟皂"文字左下方有一深绿色芦荟图案，该图案右边有两行内容，第一行为深绿色英文文字，第二行为长方形图案；本专利背面靠近上部有两行文字，其中第一行文字的左边有一黑色图案，在这两行文字下方是一长方形白底蓝字的文字框图，该框图下方有五行文字，在这五行文字的右边有一白底的扫描码图案。（详见本专利附图）

该00343245.9号中国外观设计专利公开了一款包装纸的外观设计（下称在先设计），在先设计只有1幅主视图，为包装袋展开图，也为翠绿色底色的长方形，在先设计的上部（相当于本专利的后视图上半部分）有三行文字，在这三行文字下方是一长方形白底蓝字的文字框图，该文字框图下方有两行文字，其中第二行文字的右边有一黑色图案；在中部（相当于本专利的主视图所示部分）居中位置有一行白色"上海芦荟皂"文字，在"上海芦荟皂"文字的左上方大致有两行文字，其中第一行文字为黑色，且该行文字的左边有一黑色图案，第二行文字为黄色，这两行文字右边有一行深绿色波浪形文字，文字下方有一深绿色飘带图案，该文字左下方有一深绿色芦荟图案，该图案右边有两行内容，第一行为深绿色英文文字，第二行为长方形图案；在先设计的下部（相当于本专利的后视图

下半部分）靠左的位置有一白底的扫描码图案，该图案右边有五行文字。（详见在先设计的附图）

经比较可知，本专利和在先设计均为芦荟皂外包装的外观设计，它们属于相同种类的产品，两者的整体形状、颜色、图案布局、尺寸比例基本相同。两者的区别主要在于包装袋居中位置的"上海芦荟皂"文字的左上方第一行文字左边的黑色图案不同。

将本专利与在先设计进行分析比较，合议组认为：二者的差别仅是局部细微的差异，相比于二者在外观整体形状、文字和图案的布局、尺寸比例以及色彩设计上都基本相同而言，这种差别对一般消费者的整体视觉效果明显不具有显著的影响。

综上所述，根据整体观察、综合判断的原则，本专利与在先设计的产品类别相同，在局部设计上的不同未使本专利的外观设计相对于在先设计有明显变化，不足以在整体上产生显著视觉差异，因此本专利与在先设计相近似，不符合专利法第 23 条的规定。

由于根据上述对比已经可以得出本专利不符合中国专利法所规定的授权条件的结论，因此，合议组不再针对其他无效理由和证据进行评述。

三、决定

宣告第 02307467.1 号外观设计专利权全部无效。

当事人对本决定不服的，可以根据专利法第 46 条第 2 款的规定，自收到本决定之日起三个月内向北京市第一中级人民法院起诉。根据该款的规定，一方当事人起诉后，另一方当事人应当作为第三人参加诉讼。

主视图 后视图

本专利附图

主视图

在先设计附图

日光灯支架

无效宣告请求审查决定（第9376号）

决 定 号	第9376号
决 定 日	2006年12月28日
发明创造名称	日光灯支架
外观设计分类号	26-05
无效宣告请求人	佛山市顺德区龙江镇联亿照明电器有限公司
专 利 权 人	黄锐尧、胡兴文
专 利 号	03325029.4
申 请 日	2003年5月30日
授权公告日	2003年12月31日
合议组组长	丁惠玲
主 审 员	张曦
参 审 员	宋瑞
附 图	1页

法 律 依 据 专利法第23条

决 定 要 点

如果在先设计图片或照片未公开的部位属于该类产品使用状态下不会被一般消费者关注的部位，并且被比设计在相应部位的设计的变化也不会对产品的整体视觉效果产生显著影响，则不影响对二者进行整体观察、综合判断的相近似性对比。

一、案由

本无效宣告请求涉及国家知识产权局于2003年12月31日授权公告的名称为"日光灯支架"的03325029.4号外观设计专利权（下称本专利），其申请日是2003年5月30日，专利权人是黄锐尧、胡兴文。

针对上述专利权，佛山市顺德区龙江镇联亿照明电器有限公司（下称请求人）于2005年8月25日向专利复审委员会提出无效宣告请求，同时提交了下列证据：

证据1：声称为《Lighting环球市场。龙媒》2002年4月刊第273页的复印件，上面公开有声称为 FLF/M02 1X18W/36W 灯架的图片；

证据2：声称为《Lighting环球市场。龙媒》2002年4月刊封面、封底及内页的复印件共9页；

证据3：声称为《Lighting环球市场。龙媒》2002年10月刊封面、封底及内页的复印件共3页；

证据4：创源科技实业有限公司与广东龙媒展览有限公司广告合同、国家商标局注册第3036125号商标注册证、创源科技实业有限公司定购确认书复印件，共4页；

证据5：声称为广东顺德龙江港丰电器厂2001年度产品推广图册第2-5页产品TMZ05照片。

请求人的具体理由是认为：① 证据1-4构成了一组证据，用来证明与本专利外观设计相同或相近似的产品已经在本专利的申请日之前公开；② 证据5也证明了在本专利的申请日之前与本专利外观设计相同或相近似的产品已经公开；因此本专利不符合专利法第23条的规定。

经形式审查合格后，专利复审委员会于2005年10月25日受理了上述无效宣告请求，同时向双方当事人发出无效宣告请求受理通知书，并将无效宣告请求书及其附件清单中所列附件副本转送给专利权人，要求其在指定期限内答复。

专利复审委员会于2005年11月29日收到专利权人针对上述无效宣告请求提交的意见陈述书，专利权人认为：请求人是针对同一专利权重复提出无效宣告请求；请求人提交的证据均不能证明本专利与他人在先的设计相同或相近似。

针对上述无效宣告请求，专利复审委员会依法成立合议组，对本案进行审查。

2006年2月22日，合议组向双方当事人发出口头审理通知书，指出本案定于2006年3月28日在广东省知识产权局举行口头审理，并随口审通知书向请求人转送了专利权人提交的上述意见陈述书的副本。

口头审理如期举行，双方当事人均出席了口头审理。在口头审理过程中，请求人明确其无效宣告请求的理由是本专利不符合专利法第23条的规定；使用证据1：《Lighting 环球市场。龙媒》2002年4月刊第273页中的 FLF/M02 1×18W/36W 图片，证据2：《Lighting 环球市场。龙媒》2002年4月刊封面、封底及内页共9页；证据3：《Lighting 环球市场。龙媒》2002年10月刊封面、封底及内页共3页；证据4：创源科技实业有限公司与广东龙媒展览有限公司广告合同等共4页；证据5：广东顺德龙江港丰电器厂2001年度产品推广图册第2-5页产品TMZ05照片，其中证据1-4作为一组证据使用，证据5单独使用。请求人当庭提交了证据1-3、5的原件，提交了证据4的第1页的原件，未提交证据4的第2-4页的原件，指出证据1-3是在展会上进行散发的，或者直接向公众派送。专利权人不认可证据1-5的真实性，并认为证据1-3、5不是专利法意义上的公开出版物，认可其收到的复印件与原件一致，认为证据4与本案无关联性，其上仅记载委托刊登的广告产品类别为灯饰，未记载所刊登的灯饰的具体型号。请求人认为证据1与本专利属于同类产品，灯管支架相同，左右两侧卡灯管的耳相同，圆柱形起辉器及其所处位置相同，而且本专利省略了两个视图，具有对称结构，后视图是安装部分，不必进行对比，因而证据1公开的灯架整体上与本专利相近似。专利权人认为证据1与本专利无法进行对比，因为证据1中仅公开了一个角度的视图，无法判断证据1的具体结构，以及是否与本专利相近似。请求人使用证据2-4来印证证据1公开了与本专利相近似的光管支架的事实，并单独使用证据5评价本专利是否符合专利法第23条的规定。

2006年9月9日，请求人向专利复审委员会寄交了用于核实其提交的证据的资料清单，其中共包括如下10份证据：

附证1：香港史蒂文生黄律师事务所郑炎潘律师出具的环球市场集团（亚洲）有限公司的工商登记资料复印件，共21页；

附证2：环球市场集团（亚洲）有限公司出具的环球市场集团（亚洲）有限公司的证明，共3页；

附证3：加盖有"广东省工商信息服务中心咨询专用章"的广东龙媒展览有限公司工商登记资料，共1页；

附证 4：创源科技实业有限公司出具的创源科技实业有限公司工商登记资料，共 1 页；

附证 5：创源科技实业有限公司出具的证明，共 2 页；

附证 6：广东省照明电器协会出具的证明，共 1 页；

附证 7：中山市古镇照明电器协会出具的证明，共 1 页；

附证 8：广东百佳百特实业有限公司出具的证明，共 1 页；

附证 9：广东百佳百特实业有限公司在 2002 年 4 月刊《Lighting 环球市场。龙媒》上发布的广告页复印件，共 4 页；

附证 10：2002 年 4 月刊《Lighting 环球市场。龙媒》版权说明复印件，共 2 页。

请求人主张使用附证 1 证明 2002 年 4 月刊《Lighting 环球市场。龙媒》出版发行者主体资格，使用附证 3 证明该广告宣传册实际出版发行者主体资格，使用附证 2、6-8 证明该广告宣传册已公开发行，使用附证 4 和 5 证明创源科技实业有限公司主体资格以及与联亿公司的关系和该广告宣传册的来源，使用附证 9 和 10 证明该广告宣传册的真实性和关联性。

在上述事实的基础上，合议组经合议依法作出审查决定。

二、定的理由

1. 关于证据

（1）证据 1-4 以及附证 1-10

证据 1-3 是请求人声称的《Lighting 环球市场。龙媒》广告宣传册 2002 年 4 月刊和 10 月刊，请求人在口头审理时当庭提交了该广告宣传册的原件。专利权人不认可其真实性，并且认为证据 1-3 不是专利法意义上的公开出版物。

经合议组审查，证据 1-3 的原件均为装订完整、印刷精良、包括 400 余页各类灯具及相应配件的广告页的整本产品广告宣传册，在其版权信息页可以显示出该广告宣传册是由 Globalmarket（环球市场）设计、制造并出版的，记载了版权声明，还标记有国际标准刊号 ISSN：1682-8283，在该广告宣传册的广告页中，刊登了近 400 家不同厂商的产品广告。合议组认为，从该广告宣传册本身的装帧和内容来看，没有明显的造假的痕迹。虽然专利权人不认可其真实性，但未能提出对其真实性存在合理怀疑的具体事实和依据，专利权人可以根据该广告宣传册中记载的出版商、版权信息、国际标准刊号以及广告宣传册中刊登的近 400 项广告中的厂商名称、地址和联系方式等内容对该广告宣传册的真实性进行核实，并获取相应的证据，但专利权人并未提交证据支持其主张，应承担对其不利的后果。因此，合议组认可证据 1-3 的真实性，可以作为本案的证据使用。证据 1-3 分别是 2002 年 4 月刊和 10 月刊，并且由于其内记载的是各个厂商的广告，而广告作为宣传产品的一种手段，必然要进行散发并使公众获知，从发布广告的意义上来看，通常应尽早使公众获知该广告的内容，而作为广告载体的发行单位，势必会在其许诺的载体发行日期将广告发布出去，按照常理广告册封面上印刷的日期应为其许诺的公开发行日期。另外，在该证据真实性已经认定的情况下，证据 1 的第 412、413 页刊登了意在邀请广大厂商前往参加的 2002 年 8 月 3-6 日举办的第七届广州国际照明展览会和 2002 年 4 月 23-26 日举办的第八届中国国际照明电器展览会的广告信息也能作为佐证，证明证据 1 和 2 的公开发行时间至少应在这两个展览会举办之前（早于本专利的申请日）。综上所述，从形式上来看该证据是记载有设计内容的独立存在的传播载体，并且表明了其公开发表或出版的时间，构成了专利法意义上的出版物，因此可以认定该证据的公开时间在本专利申请日之前，证据 1 中第 273 页中的 FLF/M02 1×18W/36W 的广告图片可以作为在先设计用来判断本专利外观设计是否符合专利法第 23 条的规定。

证据 4、附证 1-10 均为证明证据 1-3 中所涉及的广告宣传册的真实性问题，鉴于根据证据 1-3

的原件已经认定了证据 1-3 的真实性,本决定中对于证据 4 以及附证 1-10 不予评述。

(2)证据 5

证据 5 为请求人声称的广东顺德龙江港丰电器厂 2001 年度产品推广图册,请求人在案件编号为 6W04865 的无效宣告请求案中曾提交了相同的证据,并且在已经生效的第 7223 号无效宣告请求审查决定中专利复审委员会未采信该证据。虽然在本案中请求人当庭提交了该证据的原件,但请求人仍未能提供相应证据证明该证据的形成、来源以及获得方式等,同时也不符合法律法规所规定的出证形式要件,因此本案合议组对其不予采信。

综上所述,请求人提交的证据 1 第 273 页中的 FLF/M02 1×18W/36W 广告图片可以用来评价本专利外观设计是否符合专利法第 23 条的规定。

2. 关于专利法第 23 条

专利法第 23 条规定,授予专利权的外观设计,应当同申请日以前在国内外出版物上公开发表过或者国内公开使用过的外观设计不相同和不相近似,并不得与他人在先取得的合法权利相冲突。

审查指南第四部分第五章第 5.5.3 节进一步规定,如果在先设计图片或者照片未公开的部位属于该类产品使用状态下不会被一般消费者关注的部位,并且被比设计在相应部位的设计的变化也不会对产品的整体视觉效果产生显著影响,则不影响对二者进行整体观察、综合判断。

本专利的日光灯支架共有四幅视图,其整体由架身和安装在架身左右两端的插座组成,架身呈矩形和梯形的组合形状,从主视图看,起辉器位于靠近右端插座一侧,并从架身表面突出,架身上有两条相对于架身中心线平行且对称的过渡线,起辉器介于这两道平行的过渡线之间;从仰视图看,架身中部有从左至右延伸的两道凸棱;从右视图看,插座靠右端边线中间有一圆形孔槽,插座左部为长圆形,其宽度与梯形较短的上边长度近似,右部为与架身截面形状相同的矩形和梯形的组合形状,并且在矩形的上下两边上各有与架身上凸棱截面形状相同的弧形;从后视图看,架身上有一些供安装或电线穿过使用的孔(详见本专利附图)。

证据 1 也公开了一种日光灯支架的产品外观设计,反映的是该日光灯支架的立体图,从其立体图可以看出,其整体由架身和安装在架身两端的插座组成,架身中部有从左至右延伸的两道凸棱,起辉器位于架身靠近右端插座一侧,并从架身表面突出。虽然立体图不能反映出从各个角度观察该产品的情况,但依据一般消费者的认知能力,对于日光灯支架而言,其通常沿中心线呈对称的设计,因此可以根据立体图表示出的该日光灯支架部分的形状,推定出与其相对称的部分的形状,从而获知整体的外观设计效果。具体就证据 1 而言,根据架身上起辉器两侧的过渡线,可以判断出架身截面形状大致是上端矩形形状,后宽度渐缩,呈梯形形状,插座扣在架身上的部分的形状应与架身截面形状对应,而插座伸出部分大致为长圆形,并且其宽度与架身截面的梯形较短上边长度近似,插座上有与架身凸棱截面形状相对应的弧形,并且在插座靠上部断线中间有一圆形散热孔(详见证据 1 附图)。

将本专利与证据 1 相比较可以看出,由于证据 1 表示的是日光灯支架的立体图,无法观察到其安装部分的视图,即无法与本专利的后视图反映出的安装部分进行对比,但对于一般消费者而言,日光灯支架的安装部分属于该类产品使用状态下不会被一般消费者关注的部位,并且本专利在安装部分的设计变化也不会对产品的整体视觉效果产生显著影响,因此不会影响本专利与证据 1 的相近似性判断。因此,对于一般消费者而言,整体上观察本专利与证据 1 的架身、插座和起辉器等的外观设计均相近似,证据 1 未反映出的安装部分的设计对整体视觉效果也不具有显著的影响,因此本专利的日光灯支架与证据 1 公开的日光灯支架的外观设计相近似,本专利不符合专利法第 23 条的规定。

故此,本合议组作出如下决定。

三、决定

宣告 03325029.4 号外观设计专利权无效。

当事人对本决定不服的，可以根据专利法第四十六条第二款的规定，自收到本决定之日起三个月内向北京市第一中级人民法院起诉。根据该款的规定，一方当事人起诉后，另一方当事人应当作为第三人参加诉讼。

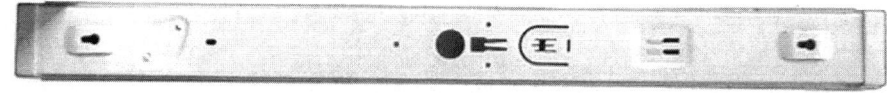

后视图

仰视图

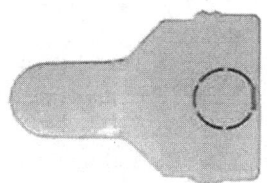

右视图

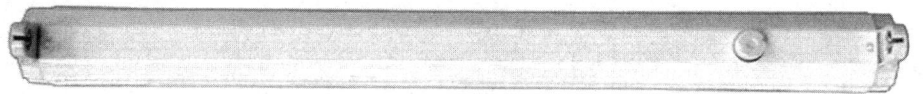

主视图

本专利

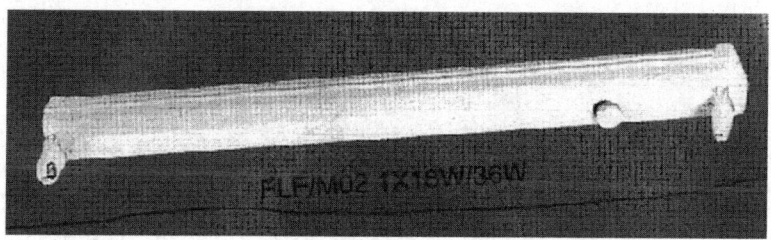

证据1

摩托车（BT50QT-7）

无效宣告请求审查决定（第 9387 号）

决 定 号	第 9387 号
决 定 日	2006 年 12 月 26 日
发明创造名称	摩托车（BT50QT-7）
国 际 分 类 号	12-11
无 效 请 求 人	常州光阳摩托车有限公司
专 利 权 人	江门市中港宝田摩托车实业有限公司
专 利 号	200430064417.1
申 请 日	2004 年 8 月 19 日
授 权 公 告 日	2005 年 3 月 30 日
合 议 组 组 长	柴爱军
主 审 员	杜微科
参 审 员	耿博
附 图	2 页

法 律 依 据 中国专利法第 23 条

决 定 要 点

本专利与在先设计整体造型相同，各主要部件基本相同，二者虽具有部分差别，但所述差别属于一般消费者通常不会注意的细微变化，不能对产品外观设计的整体视觉效果产生显著影响，二者属于相近似的外观设计。

一、案由

本无效宣告请求涉及中华人民共和国国家知识产权局于 2005 年 3 月 30 日授权公告的、专利号为 200430064417.1、名称为"摩托车（BT50QT-7）"的外观设计专利（下称本专利），其申请日为 2004 年 8 月 19 日，专利权人为江门市中港宝田摩托车实业有限公司。

针对上述专利权，常州光阳摩托车有限公司（下称请求人）于 2005 年 9 月 20 日向专利复审委员会提出无效宣告请求，理由是本专利不符合专利法第 23 条的规定，请求人同时提交了如下附件作为证据：

附件 1：申请号 96320163.8，名称为"摩托车"的中国外观设计专利公告，授权公告日为 1997 年 11 月 5 日。

请求人在无效宣告请求书中认为：本专利与附件 1 所示的外观设计相比，二者由护罩、座垫构成的外形轮廓相似，由车前部、踏板、盛物箱、座垫间的内弧线围成不规则的折线形状是相同的；护罩、把手、仪表盘、车轮、灯、挡泥板的形状、连接及布局都采用了相同或相似的设计。两者的区别在于本专利的前大灯灯罩为椭圆形，附件1的前大灯灯罩为两个并排的圆形灯罩并在上配有蛋壳形网罩，但是二者的区别不足以导致摩托车的外观设计产生显著视觉变化，因此本专利与附件1相比属于相近似的外观设计，不符合专利法第23条的规定。

经形式审查合格，专利复审委员会于2005年11月2日受理了上述无效宣告请求，同日将专利权无效宣告请求书及有关附件副本转送给了专利权人，要求其在指定期限内答复。

专利复审委员会于2006年8月16日向双方当事人发出合议组成员告知通知书，将本案合议组成员告知双方当事人。双方当事人在通知书指定的期限内没有针对本案合议组成员向专利复审委员会提出回避请求，专利权人没有在受理通知书规定的期限内针对本案陈述意见。

在上述工作的基础上，合议组经合议后认为本案事实清楚，依法作出本审查决定。

二、决定的理由

（一）证据

请求人提交的附件1是申请号为96320163.8，名称为"摩托车"的中国外观设计专利公告，经合议组依职权核实，该证据客观真实，故合议组对该证据予以采信。附件1的授权公告日为1997年11月5日，在本专利的申请日之前，可以将其作为在先设计与本专利进行相同、相近似性比较。

（二）专利法第23条

中国专利法第23条规定，授予专利权的外观设计，应当同申请日以前在国内外出版物上公开发表过或者国内公开使用过的外观设计不相同和不相近似。

本专利所示的摩托车是一种踏板式车型，主要由车把、前罩、踏板、车座以及后罩组成。从主视图看，前罩、踏板以及后罩连接呈一体，前罩中部有内凹设计，后罩沿车尾方向略向上倾斜，后罩尾部的挡泥板向右下方倾斜；从左视图看，车把主体为水平状，两侧各有一转向灯和呈45度角伸出的观后镜，前大灯灯罩为椭圆形，下部两侧各有一个凹形进气孔；从后视图看，车把中央为仪表盘，车座较车身略宽（详见本专利附图）。

附件1所示的摩托车亦为踏板式车型，同样主要由车把、前罩、踏板、车座以及后罩组成。从右视图看，前罩、踏板以及后罩连接呈一体，前罩中部有突出于前罩表面的网罩设计，后罩沿车尾方向略向上倾斜，后罩尾部的挡泥板向右下方倾斜；从主视图看，车把主体为水平状，两侧各有一转向灯和呈45度角伸出的观后镜，前大灯灯罩为两个并排的圆形灯罩，并在其上配有网罩，下部两侧各有一个凹形进气孔；从后视图看，车把中央为仪表盘，车座较车身略宽（详见附件1附图）。

将本专利与附件1相比，二者均为踏板式车型，车把、踏板、车座等主要部位的形状基本相同。主要不同之处在于：（1）本专利前大灯灯罩为椭圆形，附件1中的前大灯灯罩为两个并排的圆形灯罩并在其上配有网罩；（2）本专利前罩中部有内凹设计，附件1前罩中部有突出于前罩表面的网罩设计。

针对上述区别，合议组认为，二者的前大灯设计虽略有区别，但大体上均呈圆形，属于相近似的设计；二者前罩中部的设计虽略有不同，但该区别仅属于局部的差别，不能对产品外观设计的整体视觉效果产生显著影响。因此本专利与附件1属于相近似的外观设计，不符合专利法第23条的规定。

基于以上事实和理由，本案合议组作出如下审查决定。

三、决定

宣告第200430064417.1号外观设计专利权无效。

当事人对本决定不服的，可以根据专利法第46条第2款的规定，自收到本决定之日起三个月内向北京市第一中级人民法院起诉。根据该款的规定，一方当事人起诉后，另一方当事人应当作为第三人参加诉讼。

主视图

后视图

左视图

右视图

俯视图

立体图

本专利

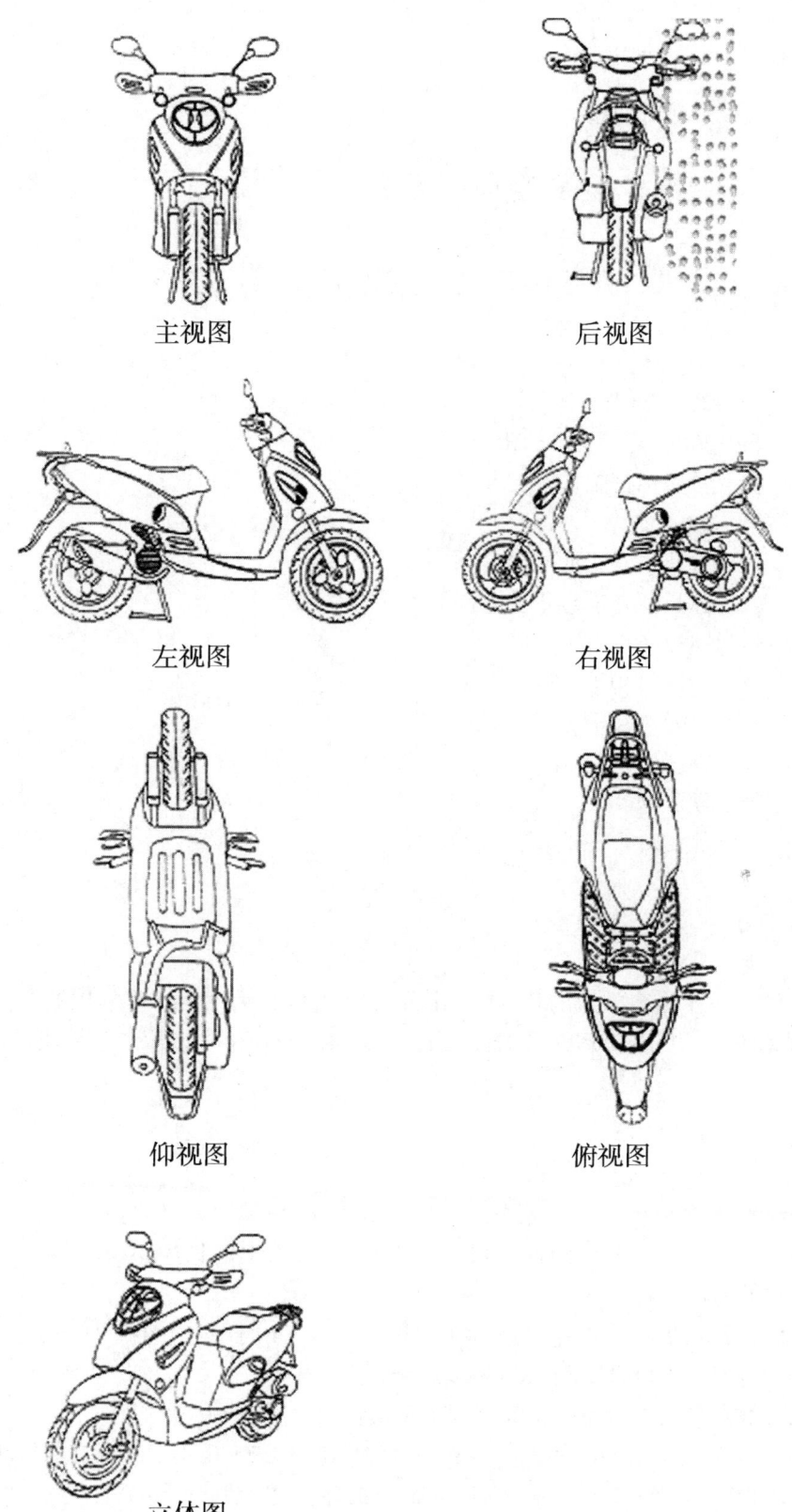

147

异型铝框条（8652）

无效宣告请求审查决定（第 9388 号）

决　定　号	第 9388 号
决　定　日	2006 年 12 月 25 日
发明创造名称	异型铝框条（8652）
外观设计分类号	25-01
无效请求人	常熟华联铝业有限公司
专利权人	苏州罗普斯金铝业有限公司
专　利　号	98325676.4
申　请　日	1998 年 9 月 28 日
授权公告日	1999 年 6 月 2 日
合议组组长	徐媛媛
主　审　员	耿博
参　审　员	徐洁玲，王丽颖，杜微科

法律依据 专利法第 23 条

决定要点

1. 已为人民法院发生法律效力的裁判所确认的事实可以作为认定事实的依据。
2. 无正当理由不出席口头审理作证的证人证言不得单独作为认定事实的依据。

一、案由

本无效宣告请求涉及国家知识产权局于 1999 年 6 月 2 日授权公告的专利号为 98325676.4，名称为"异型铝框条（8652）"的外观设计专利（下称本专利），申请日为 1998 年 9 月 28 日，专利权人是苏州罗普斯金铝业有限公司。

针对本专利权，常熟华联铝业有限公司（下称请求人 1）于 2002 年 4 月 4 日提交无效宣告请求书，其无效理由为本专利不符合专利法第 23 条的规定。

请求人 1 在无效宣告请求中主张了如下两个事实：

1. 在本专利申请日之前，专利权人于 1998 年 3 月 31 日公布了对客户的销售奖励办法，并从当年的 4 月 1 日实施。1998 年 7 月 24 日，专利权人将一批包括本专利的产品（型号："8652"）在内的型材销售给宏大公司。

2. 本专利的产品已经在 1998 年 5 月 19 日至 24 日召开的第六届全国建筑装饰材料订货会上公开展示。

请求人1提交了两组证据证明其主张,证明公开销售的证据为1-9;证明公开展示的证据是10-14。所附的证据如下:

附件1、本专利外观设计公报(下称证据1);

附件2、(2001)昆证民字第2133号公证书,其内容是专利权人的产品销售奖励办法(4页,下称证据2);

附件3、(2001)昆证民字第2104号公证书,其内容是专利权人成品出库单(17页,下称证据3);

附件4、(2001)昆证民字第2105号公证书,其内容是专利权人的《罗普斯金》产品广告册节选(16页,下称证据4);

附件5、(2001)昆证民字第2106号公证书,其内容是刘洪之声明书(2页,下称证据5);

附件6、(2001)昆证民字第2131号公证书,其内容是刘洪之的工资卡(2页,下称证据6);

附件7、(2001)昆证民字第2132号公证书,其内容是刘洪之养老保险手册(6页,下称证据7);

附件8、(2001)昆证民字第2102号公证书,其内容是银行汇票存根(2页,下称证据8);

附件9、(2001)昆证民字第2103号公证书,其内容是专利权人的发票(2页,下称证据9);

附件10、(2001)昆证民字第2128号公证书,其内容是订货会的参观卷(2页,下称证据10);

附件11、(2001)昆证民字第2107号公证书,其内容是刘洪之的声明书(3页)(下称证据11);

附件12、(2001)昆证民字第2127号公证书,其内容是:参展费的收据(2页)(下称证据12);

附件13、(2001)昆证民字第2130号公证书,其内容是《98装饰博览》节选(4页,下称证据13);

附件14、(2001)昆证民字第2126号公证书,其内容是《云南装饰博览》节选(4页,下称证据14)。

上述证据均为复印件。

专利权人于2002年7月17日针对请求人1的无效请求进行书面答辩,其主要意见是:

1、请求人1提交的证据是泉州松立铝材有限公司早已提交过完全相同的一套证据。(合议组注:泉州松立是另一个案件的无效请求人)泉州松立铝材有限公司与云南松立铝材有限公司两个公司均为同一个法定代表人设立。证人刘洪之曾在专利权人单位担任销售人员,后跳槽到云南松立铝材有限公司任职。因刘洪之是本案的利害关系人,故刘洪之所提供的上述证据不应被采纳。

2. 请求人1欲用专利权申请日之后出版的证据4《罗普斯金》产品广告册,来证明申请日前的事实是毫无理由的。

3. 申请人将申请日之后的产品广告册中的型材所示的图形硬强加于其他证据上,其目的是论证同一型号的产品必定是同一形状的型材。

专利权人认为,请求人1提供的证据材料之间缺乏关联性,无法提供某一数字型号与一固定形状相对应的确切证据,因而不能证明该数字型号的唯一性,不足以证明本专利在申请日前已公开销售。

同时,为证明同一型号的产品不一定是同一形状的型材这一观点,专利权人提交了《桦岭铝挤型价目表》(下称反证1)。

针对专利权人的意见陈述,请求人1于2002年8月13日进行答辩,其主要理由是:

浙江省高级人民法院判决中所认定的事实依据就是请求人的证据1-14,其判决中认定专利权人在专利申请日以前已将涉案产品在社会上进行销售。

请求人1提交了浙江省高级人民法院(2002)浙经二终字第22号民事判决书(下称证据15)。

针对请求人1的意见陈述，专利权人于2002年10月18日和2002年12月12日提交了意见陈述书，其主要理由是：（1）本案的关键是刘洪之所提供的证据，但刘洪之是本案的利害关系人，所以上述证据不应被采纳；（2）法院的判决不能代替和影响专利复审委员会的决定；（3）数个地方法院的判决对于请求人的同一证据在认定实事上相互矛盾，不仅云南省和浙江省高院分别与昆明市和杭州市中院的判决书在认定事实上有明显分歧，并且云南省高院和浙江省高院两个法院本身对事实的认定也不一致。故请求人的证据不确凿，导致数个法院不能达成共识；（4）对于某一系列的产品，产品型号基本上是固定的，而产品的结构、形状会有不断的修改，据此，也可以充分说明型号与产品形状、结构不是一一对应的。与此同时，为证明同一型号的产品不一定是同一形状的型材专利权人提交了13个反证，所有的反证都是专利权人申请的外观设计专利公报：

1. 02302704.5号中国外观设计专利公报，名称为异型铝铝框（9601）（下称反证2-1）；
2. 02350041.7号中国外观设计专利公报，名称为异型铝铝框（9601）（下称反证2-2）；
3. 02371538.3号中国外观设计专利公报，名称为异型铝铝框（9602）（下称反证3-1）；
4. 02302704.5号中国外观设计专利公报，名称为异型铝铝框（9602）（下称反证3-2）；
5. 02302708.8号中国外观设计专利公报，名称为异型铝铝框（9602）（下称反证3-3）；
6. 02350043.3号中国外观设计专利公报，名称为异型铝铝框（9603）（下称反证4-1）；
7. 02350044.1号中国外观设计专利公报，名称为异型铝铝框（9603）（下称反证4-2）；
8. 02302707.X号中国外观设计专利公报，名称为异型铝铝框（9603）（下称反证4-3）；
9. 02302706.1号中国外观设计专利公报，名称为异型铝铝框（9604）（下称反证5-1）；
10. 02350044.1号中国外观设计专利公报，名称为异型铝铝框（9604）（下称反证5-2）；
11. 02350045.X号中国外观设计专利公报，名称为异型铝铝框（9606）（下称反证6-1）；
12. 02371539.1号中国外观设计专利公报，名称为异型铝铝框（9606）（下称反证6-2）；
13. 02371539.1号中国外观设计专利公报，名称为异型铝铝框（9606）（下称反证6-3）。

上述的反证试图证明：专利权人罗普斯金铝业有限公司在不同的时间分别申请的外观设计专利，其同一型号的型材产品具有不同的形状。

如皋市满园装饰材料经营部（下称请求人2）于2002年6月14日提交无效宣告请求书，龙口市南山铝型材总厂（下称请求人3）于2002年7月2日提交无效宣告请求书，骆宗涛（下称请求人4）于2003年2月21日提交无效宣告请求书，上述3个无效请求所涉及的无效宣告的理由都是本专利权的授予不符合专利法第二十三条的规定。

经过对以上四个无效宣告请求的审理，专利复审委员会于2003年9月15日作出了第5477号无效宣告请求审查决定书，该决定认定请求人1提交的证据3即手写出库单的真实性，并依照"同一个生产厂商，在一定的时间阶段内，一个型号仅仅对应一个特定的产品"的日常生活经验，认定异型铝框条（8652）即本专利产品在申请日之前已经公开销售，因此，宣告本专利权无效。

专利权人不服专利复审委员会作出的第5477号无效宣告请求审查决定书，在法定期限内向北京市第一中级人民法院提出诉讼，北京市第一中级人民法院于2004年6月28日作出（2004）一中行初字第28号行政判决书，维持第5477号无效宣告请求审查决定书。

专利权人不服北京市第一中级人民法院作出的（2004）一中行初字第28号行政判决，向北京市高级人民法院提起上诉，北京市高级人民法院于2004年12月14日作出（2004）高行终字第346号行政判决书，该判决书认定：对于罗普斯金公司在一审诉讼程序中提出的罗普斯金公司1998年8月20日出库单、LPSK祁连山868系列气密窗型材简图（7张）、吴浩陈述及9张照片本院予以接受；LPSK祁连山868系列气密窗型材简图（7张）虽为散页，亦未标注日期，本院对该证据的来源、提交的方式、出现的时间,与其他证据的关系,双方当事人之间的利害关系,本行业的常识惯例,罗普斯金公司以往申请专利的经历和经验等方面进行了综合审查,本院确认,该证据客观真实、合法有效,应予采信。以此作为基础,本院认为,依据现有事实和证据,并不能唯一地确认8652型号对应的产品形状就是本外观设计专利产品的形状,也就是说将若干证据相组合不能唯一确认罗普斯金公司于本专利申请日前公开销售的就是本案专利产品。专利复审委员会第5477号无效宣告请求审查决定及一审判决在认定事实、适用法律方面均有错误,故予以撤销,专利复审委员会应予重新作出审查决定。

专利复审委员会依法重新成立合议组对此案进行审理,2006年9月21向四方请求人以及专利权人发出《无效宣告请求口头审理通知书》,定于2006年11月2日进行口头审理。

请求人1于2006年10月10日提交了无效宣告请求口头审理通知书回执,表明不能如期参加口头审理。其他三方请求人未提交口头审理通知书回执。

2006年11月2日,口头审理如期进行。四方请求人均未出席口头审理,专利权人出席口头审理并充分陈述了意见。

鉴于请求人2、3、4对专利复审委员会发出的口头审理通知书在指定的期限内未作答复,并且不参加口头审理,根据专利法实施细则第69条第3款的规定,请求人2、3、4的无效宣告请求视为撤回。

在以上程序的基础上,本案合议组认为事实已经清楚,故在北京市高级人民法院作出(2004)高行终字第346号行政判决书所认定事实的基础上,对请求人1的无效宣告请求做出如下决定。

二、决定的理由

专利法第23条规定:"授予专利权的外观设计,应当同申请日以前在国内外出版物上公开发表过或者国内公开使用过的外观设计不相同和不相近似,并不得与他人在先取得的合法权利相冲突"。

请求人1主张以其提交的证据1~9证明本专利产品于申请日前的1998年7月24日已经公开销售;以证据10~14证明本专利产品已经在申请日前即1998年5月19日至24日召开的第六届全国建筑装饰材料及酒店用品(昆明)订货会上公开展出,因此本专利不符合专利法第23条的规定。

1. 对1998年7月24日的公开销售事实的认定

在(2004)高行终字第346号行政判决书中,北京市高级人民法院明确认定罗普斯金公司在一审诉讼程序中提出的LPSK祁连山868系列气密窗型材简图(7张)属于客观真实、合法有效的证据,应予采信。基于此,该判决确认依据现有事实和证据,并不能唯一地确认8652型号对应的产品形状就是本外观设计专利产品的形状,也就是说将若干证据相组合不能唯一确认罗普斯金公司于本专利申请日前公开销售的就是本案专利产品。因此,合议组对于请求人的"1998年7月24日销售的异型铝框条(8652)就是本专利产品"这一主张不予支持,也就是综合该案中出现的证据不能唯一确认罗普斯金公司于本专利申请日前公开销售的就是本案专利产品。所以请求人1提出的"本专利产品在其申请日之前通过销售而公开"进而本专利不符合专利法第23条的无效理由不能成立。

2. 对于展览公开事实的认定

请求人1提交的意图证明所展示产品与本专利产品的外观设计一致的是证据11,即证人刘洪之的声明书,该声明书证明被展产品的型号与《罗普斯金LPSK高强度气密门窗》广告宣传杂志所示的产品型号一致,但这一事实仅有该证人的书面证言,而证人无正当理由没有出席口头审理作证,请求人1也未提交其他证据对其主张予以佐证,因此合议组认为参展产品的外观形状不能确定,从而无法确认本专利产品已经在该次展览会上进行了公开展览,因此对请求人1所主张的"本专利产品在申请日前已通过展览公开"的主张不予支持。

3. 结论

综上，请求人 1 所主张的"本专利产品在其申请日之前通过销售、展览的方式公开，因此本专利的授权不符合专利法第二十三条"的无效理由不能成立。

三、决定

维持第 98325676.4 号外观设计专利权有效。

当事人对本决定不服的，可以根据专利法第 46 条第 2 款的规定，自收到本决定之日起三个月内向北京市第一中级人民法院起诉。根据该款的规定，一方当事人起诉后，另一方当事人应当作为第三人参加诉讼。

调节器

无效宣告请求审查决定（第 9401 号）

决 定 号	第 9401 号
决 定 日	2006 年 12 月 30 日
发明创造名称	调节器
外观设计分类	13-02-R0175
无效宣告请求人	新会市华兴五金电器厂
专 利 权 人	TMT 贸易有限公司
专 利 号	96319796.7
申 请 日	1996 年 10 月 18 日
授 权 公 告 日	1997 年 10 月 8 日
合 议 组 组 长	蒋 彤
主 审 员	聂春艳
参 审 员	张 度
附 图	2 页
法 律 依 据	中国专利法第 23 条
决 定 要 点	

本专利和对比文件所示外观设计在整体设计和局部设计上均存在不同，上述不同给产品的整体视觉效果带来了显著的影响，本专利和对比文件不相近似。

一、案由

本无效宣告请求涉及国家知识产权局于 1997 年 10 月 8 日授权公告的、专利号为 96319796.7、名称为"调节器"的外观设计专利（下称本专利），其申请日为 1996 年 10 月 18 日，专利权人为 TMT 贸易有限公司。

针对上述专利权，新会市华兴五金电器厂（下称请求人）于 2002 年 9 月 12 日向专利复审委员会提出无效宣告请求，同时提交了以下证据：

证据 1：广东省轻工业品进出口（集团）公司广东轻出家电有限公司 1995 年产品目录相关页复印件共 4 页。

请求人认为：本外观设计专利相对于证据 1 所示 RC009 型吊扇调节器的外观设计不符合专利法第 23 条的规定。

经形式审查合格，专利复审委员会受理了上述请求，并于 2002 年 9 月 12 日向双方当事人发出无效宣告请求受理通知书，并将无效宣告请求书及其附件副本转送给专利权人，要求专利权人于收到通知一个月内就请求人提出的无效宣告请求陈述意见。

2002年10月14日，请求人提交意见陈述书，补充提交了以下证据：

证据2.1：TMT贸易有限公司1998年5月7日向广东省高级人民法院递交的民事起诉状复印件；

证据2.2：声称为香港东明贸易有限公司1980年8月在《香港企业》上刊登的吊扇调节器的广告的复印件1页，其上盖有香港贸易发展委员会广告部的章；

证据2.3：声称为香港东明贸易有限公司1981年6月在《香港企业》上刊登的吊扇调节器的广告的复印件1页，其上盖有香港贸易发展委员会广告部的章；

证据2.4：广东省高级人民法院（1998）粤法知初字第2号民事判决书复印件。

请求人认为：证据2.2和证据2.3的真实性已由证据2.1和证据2.4证实，且本专利外观设计与证据2.2和证据2.3所示外观设计相近似。

2002年10月28日，专利权人提交意见陈述，认为请求人提交的证据模糊不清，无法证明本专利与证据所示外观相同或相近似。专利权人同时提交了以下反证：

反证1：声称为请求人生产的假冒专利权人专利权、商标权的产品照片复印件共6页；

反证2：江门市工商行政管理局出具的江工商处字（2002）第9号及江工商处字（2002）第23号行政处罚决定书复印件。

2003年4月9日，合议组向双方当事人发出口头审理通知书，定于2003年5月26日进行口头审理，同时将请求人2002年10月14日提交的意见陈述书和专利权人2002年10月28日提交的意见陈述分别转给对方当事人。后此次口审因故取消转为书面审理。

2003年4月22日，专利权人在提交口审回执时又提交了一份与其2002年10月28日提交的意见陈述文字内容完全相同的意见陈述，但不包括反证1-2。

2003年5月26日，专利权人提交意见陈述，对证据1提出了四点质疑，并认为请求人提交的证据所示外观设计与本专利外观设计不相近似。专利权人声称其同时提交了以下反证：

反证3：广东省轻出家电有限公司企业注册资料复印件；

反证4：专利权人20世纪八十年代和20世纪九十年代设计的调节器样品；

反证5：国家知识产权局专利局检索咨询中心查新检索报告复印件。

专利权人认为：反证3能支持其对证据1的质疑，反证4能说明本专利外观设计并未被公开，反证5则能证明本专利符合专利法的规定。但经合议组查实，专利权人此次提交的证据中并不包括反证4。

2003年6月16日，合议组向专利权人发出无效宣告请求审查通知书，告知专利权人其与其代理机构之间的委托关系不符合专利法第19条第1款和2001年版审查指南第一部分第一章第3.1.1.1节的有关规定，应予更换。

2003年8月12日，专利权人提交意见陈述传真件，认为其不适用于专利法第19条，审查指南第一部分第一章第3.1.1.1节所规定的也只是香港地区的法人向专利局而非专利复审委员会办理专利事务应遵循的规定，而且专利权人随同此次意见陈述递交的两份产权证复印件也能证明专利权人是在中国大陆有经常居所的香港法人，因此也不适用于专利法第19条。同日，专利权人寄交了该意见陈述的原件。

2003年7月2日，专利权人提交意见陈述，由其代理人与北京金信联合知识产权代理有限公司签订授权委托书，委托北京金信联合知识产权代理有限公司为专利权人在本无效宣告程序中的代理机构，同时再次提交了其于2002年10月28日和2003年5月26日提交的意见陈述。

2003年12月29日,专利权人提交(2003)京海民证字第3708号公证书和(2003)京海民证字第3709号公证书,用以证明其2003年8月12日寄交的产权证复印件的真实性。

2005年2月28日,合议组向双方当事人发出口头审理通知书,定于2005年3月31日进行口头审理,同时将专利权人2003年5月26日提交的意见陈述转给请求人。

口头审理如期举行,双方均出席了口头审理并对合议组成员无回避请求,对对方出庭人员身份没有异议。合议组当庭将(2003)京海民证字第3708号公证书和(2003)京海民证字第3709号公证书的复印件转给了请求人,请求人当庭核对了两份公证书的原件并认为公证书能够证明所涉及的房产证的真实性。请求人明确表示放弃证据1,明确其无效理由为本专利相对于证据2.2或证据2.3不符合专利法第23条的规定。专利权人对证据2.1、2.2、2.3、2.4的真实性没有异议,并且对证据2.2和证据2.3的公开日期没有异议。双方在口头审理过程中充分发表了各自的意见。

2006年12月12日,专利权人给合议组发来(2005)江中法执字第253、254号结案通知传真件,欲以证明请求人已经注销。

2006年12月13日,合议组向请求人发出无效宣告请求审查通知书,同时向请求人转送上述传真件的复印件,专利权人的代理人于2006年12月14日到专利复审委员会面取了上述审查通知书。审查通知书的具体内容涉及:由于证据2.2和证据2.3的复印件模糊不清,合议组无法将其与本专利进行对比,而上述证据是专利权人在相关商标权纠纷中向法院提交的证据,因此应由专利权人提交其原件,专利权人应在收到通知书7日内提交相关原件,否则合议组将推定证据2.2、证据2.3所示的外观设计与本专利相近似。

2006年12月21日,专利权人提交了盖有香港贸易发展委员会广告部蓝章的证据2.2、证据2.3的"原件",该"原件"系在相关广告页的复印件上加盖上述蓝章而成。经合议组核实,该"原件"与证据2.2、证据2.3相比除了复印区域和盖章的位置有所不同之外,其上的文字、图案均完全相同。专利权人同时提交的还有江门市新会区工商企业换发营业执照申请登记表复印件1页,以证明新会市华兴五金电器厂已更名为新会区华兴五金电器厂。

至此,合议组认为本案事实已经清楚,可以作出审查决定。

二、决定的理由

1. 关于证据

专利权人对证据2.1、2.2、2.3、2.4的真实性没有异议,并且对证据2.2和证据2.3的公开日期分别为1980年8月和1981年6月没有异议,由于证据2.2和证据2.3是专利权人在证据2.1和证据2.4所涉及的商标权纠纷中提供的证据,并且请求人所主张的公开日期也与专利权人在证据2.1中主张的事实相呼应,因此合议组对于证据2.2和证据2.3的真实性及其公开日期均予以认可。由于证据2.2和证据2.3的公开日均早于本专利的申请日,因此证据2.2和证据2.3可以用于评价本专利是否符合专利法第23条的规定。

2. 关于专利法第23条

中国专利法第23条规定:授予专利权的外观设计,应当同申请日以前在国内外出版物上公开发表过或者在国内公开使用过的外观设计不相同和不相近似,并不得与他人在先取得的合法权利相冲突。

证据2.2和证据2.3均涉及吊扇调节器的外观设计,和本专利外观设计属于相同产品的外观设计,可以用于和本专利进行相近似性对比。

本外观设计专利为一个略带圆角的长方体调节器,在该调节器的正面上部有一个带圆角的长方形的凹陷部,下部区域的上部左右两侧各有一个螺钉安装孔,下部区域的中部是旋钮区,其中旋钮呈梯形体并位于一个下凹的圆形区域内，在旋钮的整个外围有对称等距排布的档位指示标记，在各档位标记之间有两圈整体上呈圆形的装饰线，另外，在该调节器的底部和左、右侧面各有两排散热孔。（详见本专利附图）

证据2.2所示调节器为一个长方体吊扇调节器，在该调节器的正面上部为一个略微凹陷的长方形标牌区，下部为一个更深的凹陷区，在该凹陷区上部左右两侧各有一个螺钉安装孔并装有螺钉，凹陷区中部为旋钮区，其中旋钮呈长方体并突出于调节器表面，在旋钮的上半外围有等距排布的档位指示标记，在该调节器的底部有一排散热孔。（详见证据2.2附图）

证据2.3所示调节器为一个长方体吊扇调节器，在该调节器的正面上部为一个略微凹陷的长方形标牌区，下部为一个更深的凹陷区，在该凹陷区上部左右两侧各有一个螺钉安装孔并装有螺钉，凹陷区中部为旋钮区，其中旋钮呈长方体并突出于调节器表面，在旋钮的上半外围有等距排布的档位指示标记，在该调节器的底部有一排散热孔。（详见证据2.3附图）

将本专利和证据2.2、证据2.3所示的吊扇调节器分别进行对比可见，其区别主要在于：（1）本专利调节器整体上为一个略带圆角的长方体，证据2.2和证据2.3所示调节器整体上均为长方体；（2）本专利调节器的正面下部并非整体凹陷，而只是旋钮位于一个圆形的凹陷区内，证据2.2和证据2.3所示调节器的正面下部是一个更深的整体凹陷区；（3）本专利调节器的旋钮呈梯形体，在旋钮的整个外围有对称等距排布的档位指示标记，在各档位标记之间有两圈整体上呈圆形的装饰线，证据2.2和证据2.3所示的调节器旋钮呈长方体，并且仅在旋钮的上半外围有等距排布的档位指示标记，在各档位标记之间也没有装饰线；（4）本专利调节器的底部和左、右侧面各有两排散热孔，证据2.2和证据2.3所示的调节器仅可见其底部有一排散热孔。

合议组认为，本专利和证据2.2或证据2.3所示的调节器在整体设计、旋钮部位的设计及散热孔的设计上均存在不同，上述不同给调节器的整体视觉效果带来了显著的影响，本专利相对于证据2.2或证据2.3符合专利法第23条的规定。

三、决定

维持96319796.7号外观设计专利权有效。

当事人如对本决定不服，可以根据专利法第四十六条第二款的规定，自收到本决定之日起三个月内向北京市第一中级人民法院起诉。根据该款的规定，一方当事人起诉后，另一方当事人应当作为第三人参加诉讼。

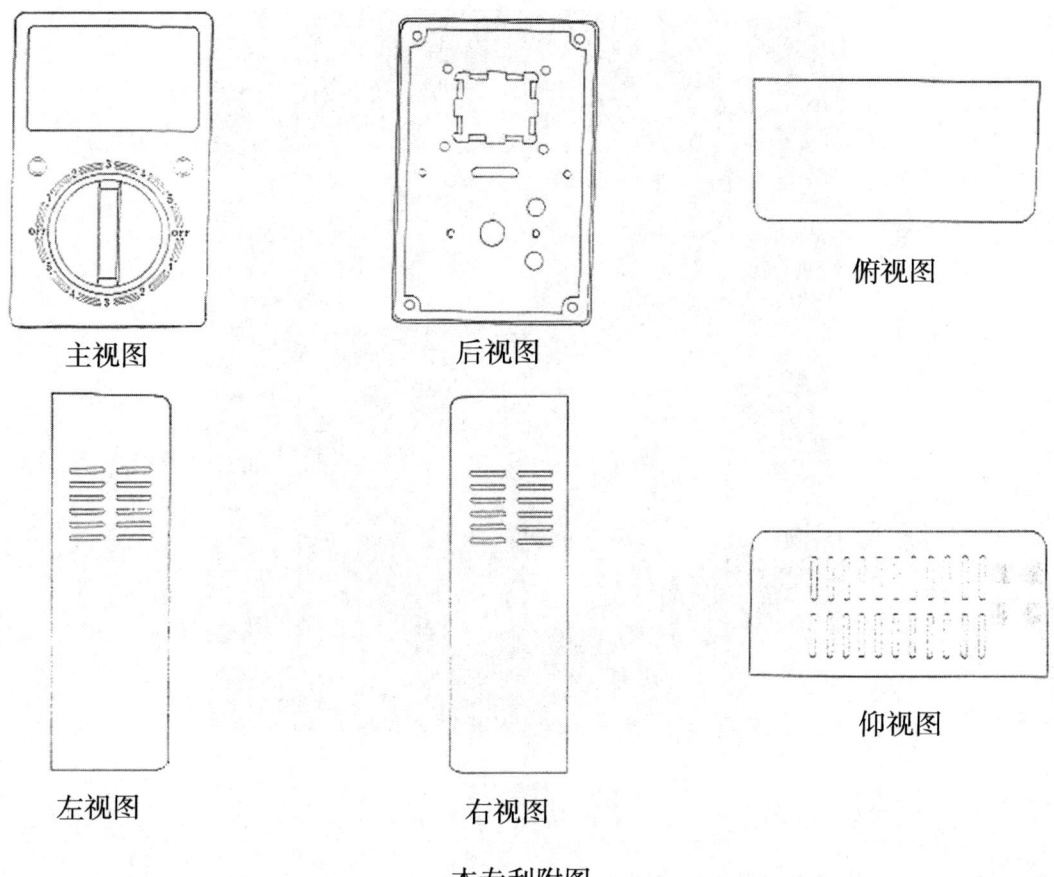

本专利附图

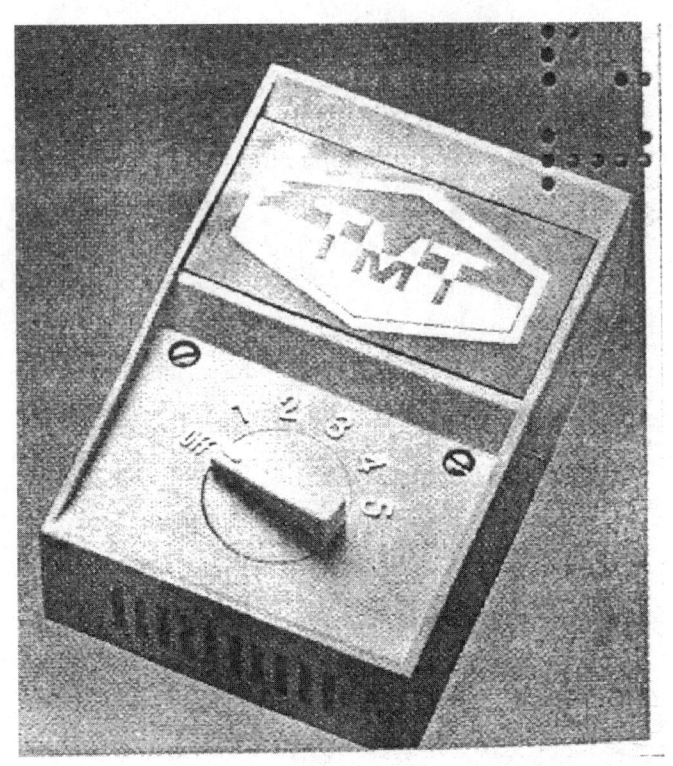

证据 2.2

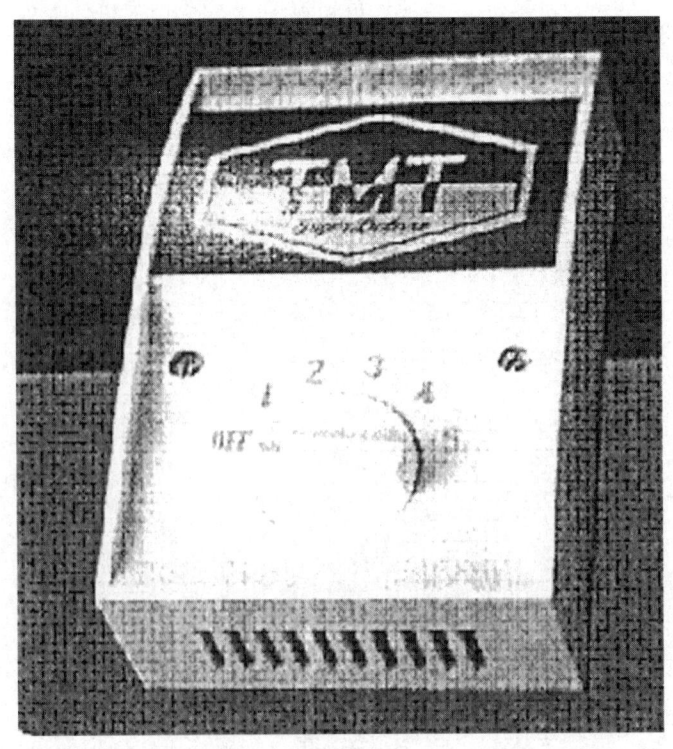

证据 2.3
对比文件图

台灯（RL-e01）

无效宣告请求审查决定（第9403号）

决 定 号	第9403号
决 定 日	2006年12月26日
发明创造名称	台灯（RL-e01）
外观设计分类号	26-05
第一无效请求人	林建雄
第二无效请求人	东莞虎门龙眼高义电业厂
专 利 权 人	南海市里水皓汉电器厂
申 请 号	02324688.X
申 请 日	2002年4月23日
授权公告日	2003年4月16日
合议组组长	石 清
主 审 员	张宗任
参 审 员	邢文飞
附 图	2页

法 律 依 据 专利法第23条

决 定 要 点

被比设计与在先设计在多个构成部分的设计上存在不同，如果某些不同对整体视觉效果能构成显著影响，则二者不相近似，如果每一部分都是微小的不同，那么还要考虑所有的不同一起是否能对整体视觉效果构成显著影响，能构成显著的影响则二者也不相近似。

一、案由

本无效宣告请求涉及国家知识产权局于2003年4月16日授权公告的02324688.X号外观设计专利（下称本专利），本专利申请日为2002年4月23日、产品名称为"台灯（RL-e01）"、专利权人为南海市里水皓汉电器厂。

1. 关于第一无效宣告请求

针对本专利，林建雄（下称第一请求人）于2006年7月10日向专利复审委员会提出了无效宣告请求。第一请求人提出的无效宣告请求的理由是本专利不符合专利法第9条、第23条和实施细则第2条第3款、第13条第1款的规定；证据是附件1~3。其中附件1~3具体如下：

附件1：2001年第1期《龙媒灯饰》杂志的封面、两张内页和第57、63、308、161、278页的复

印件共 8 页;

附件 2:2001 年 7 月出版的《手把手教你安装室内外照明电》的封面、内页和第 74 页的复印件共 3 页;

附件 3:2001 年 8 月出版的《世界室内设计史略》的封面、内页和第 129 页的复印件共 3 页;

第一请求人在无效宣告请求书中具体指出:在本专利申请日前公开的附件 1 中第 63 页上型号为 "131/131-P" 的台灯的外观设计、在第 308 页左上角的台灯的外观设计,和在 161 页上型号为 PCT-8 和 HT-5 的台灯的外观设计都与本专利外观设计属于相近似的外观设计,附件 2 第 74 页图 2-51 中一款台灯的外观设计和附件 3 中第 129 页公开的三款台灯的外观设计都与本专利外观设计相近似,以上所述公开内容都能导致本专利不符合专利法第 23 条的规定;本专利底座类似鼠标的设计是司空见惯的形状设计,而灯杆和灯头的形状设计早已在本专利申请日前,如附件 1 的第 57 页和第 278 页分别公开了相近似的设计,因此本专利不是一种新设计,不符合实施细则第 2 条第 3 款的规定;关于本专利不符合专利法第 9 条和实施细则第 13 条第 1 款规定的相关证据,将在提出无效宣告请求之日起一个月内提交。

经形式审查合格,专利复审委员会于 2006 年 7 月 10 日向双方当事人发出了无效宣告请求受理通知书,同时将专利权无效宣告请求书及其附件清单中所列附件的副本转送给专利权人,要求专利权人在指定的期限内答复。

2006 年 8 月 8 日,第一请求人补充提交了以下附件作为补充证据:96300684.3 号中国外观设计专利公报的复印件共 8 页(下称附件 4)。同时第一请求人指出在本专利申请日前公开的附件 4 所公开的外观设计与本专利外观设计属于相近似的外观设计,因此本专利不符合专利法第 23 条的规定。

2006 年 8 月 25 日,专利权人针对第一请求人提出的无效宣告请求提交了意见陈述书。专利权人在意见陈述书中指出:本专利的台灯的外观设计与第一请求人提交的附件 1~3 中的台灯的外观设计不相近似,请求专利复审委员会将涉及本专利的无效宣告请求合案审理。

专利复审委员会依法成立合议组对本无效宣告请求进行审查。

2. 关于第二无效宣告请求

针对本专利,东莞虎门龙眼高义电业厂(下称第二请求人)于 2006 年 7 月 18 日向专利复审委员会提出了无效宣告请求。第二请求人提出的无效宣告请求的范围、理由、证据和具体意见与第一请求人提出无效宣告请求时提出的相同。

经形式审查合格,专利复审委员会于 2006 年 7 月 18 日向双方当事人发出了无效宣告请求受理通知书,同时将专利权无效宣告请求书及其附件清单中所列附件的副本转送给专利权人,要求专利权人在指定的期限内答复。

2006 年 8 月 25 日,专利权人针对第二请求人提出的无效宣告请求提交了意见陈述书。专利权人在意见陈述书中指出:本专利的台灯的外观设计与第二请求人提交的附件 1~3 中的台灯的外观设计不相近似,请求专利复审委员会将涉及本专利的无效宣告请求合案审理。

专利复审委员会依法成立合议组对本无效宣告请求进行审查。

3. 关于口头审理及文件转送

考虑到上述两无效宣告请求涉及同一专利,同时证据存在重复性,合议组决定将上述两无效宣告请求合案审理,并于 2006 年 8 月 25 日向三方当事人发出无效宣告请求口头审理通知书,定于 2006 年 10 月 9 日进行口头审理,随口头审理通知书将第一请求人于 2006 年 8 月 8 日提交的与补充证据有关的文件副本一份转送专利权人。

2006 年 9 月 1 日,合议组将专利权人分别针对上述两无效宣告请求于 2006 年 8 月 25 日提交的意见陈述书分别转送给第一请求人和第二请求人。

后因时间冲突，合议组于 2006 年 9 月 6 日再次向三方当事人发出无效宣告请求口头审理通知书，将口头审理的日期更改为 2006 年 10 月 23 日。

口头审理如期举行，三方当事人均出席了口头审理。三方当事人彼此对对方出庭人员的身份无异议，对合议组成员无回避请求。

第一请求人当庭明确放弃专利法第 9 条、实施细则第 13 条第 1 款和第 2 条第 3 款的无效宣告请求理由，放弃附件 2 和附件 3 作为证据使用；同时仅以附件 1 中第 161 页型号为 HT-5 的台灯的立体图与本专利外观设计进行比较，附件 1 的其余部分作为现有设计的证据供合议组参考；并明确无效宣告请求的理由为本专利相对于附件 1 中第 161 页型号为 HT-5 的台灯的立体图或附件 4 的外观设计不符合专利法第 23 条的规定。

第二请求人当庭明确除了涉及附件 4 意见以外，具体意见同第一请求人明确的意见相同。

第一和第二请求人当庭一起提交了附件 1 的原件，专利权人对附件 1 的出版发行单位和出版日期有异议、对附件 4 的真实性无异议。

至此，合议组认为本案事实已经调查清楚，可依法作出上述两无效宣告请求的审查决定。

二、决定的理由

1. 法律依据

专利法第 23 条规定：授予专利权的外观设计，应当同申请日以前在国内外出版物上公开发表过或者国内公开使用过的外观设计不相同和不相近似，并不得与他人在先取得的合法权利相冲突。

2. 关于证据

附件 1 为《龙媒灯饰》杂志，当事人当庭提交了附件 1 的原件，虽然其封面上印有"龙媒世贸易"字样，该杂志内页中有一联买家会员申请表，该申请表上印有"龙媒世贸易"，右侧联下方印有"龙媒中国出口产品专业采购杂志"，该文字下方列出了本杂志的封面，左侧联下方标注"龙媒集团地址：中国广东省广州市东风西路 191 号"，但是所有这些信息没有涉及该杂志出版的信息，无法认定该杂志的出版地或出版发行单位，对方当事人不认可附件 1 的真实性，同时也没有其他证据佐证其真实性，因此附件 1 不能作为评价本专利是否符合专利法第 23 条规定的证据使用。

附件 4 是中国专利文献，专利权人对其真实性无异议，其公开日为 1997 年 4 月 30 日，早于本专利申请日，可以作为评价本专利是否符合专利法第 23 条规定的证据使用。

3. 关于相近似

本专利外观设计包括台灯的六面视图，即俯视图、后视图、仰视图、右视图、左视图和主视图。如各视图所示，台灯分为底座、灯杆和灯头三部分，其中底座具有类似常规鼠标的外形，结合俯视图上看中线靠左侧连接着灯杆，灯杆向底座的右上方延伸，灯头也是向底座右前方延伸，结合右视图看底座右侧部分上有两个椭圆形的部分；灯杆为一弧形杆；灯杆与灯头头尾直接相连，灯头具有稍粗于灯杆的长条形的窄灯罩，灯罩的长度长于灯杆。具体参见本决定附图。

附件 4 外观设计包括台灯的六面视图和立体图，即俯视图、后视图、仰视图、右视图、左视图、主视图和立体图。如各视图所示，台灯分为底座、灯杆和灯头三部分，其中底座具有类似鼠标的外形，底座的上部和下部具有圆弧形的过渡；灯杆为一细直杆，其中直杆和底座之间还有一连接部件，结合左视图看灯杆向左上方延伸，灯头继续向左前方延伸；灯头具有远粗于灯杆的灯罩，灯罩的长度短于灯杆，灯头和灯杆之间也有一连接部件。具体参见本决定附图。

将本专利与附件 4 所公开的外观设计内容相比，可以看出，二者的涉及的台灯都是分底座、灯杆和灯头三部分，附件 4 的台灯底座设计也是一种类鼠标形，虽然与本专利底座的上表面的形状不同，但都是类似鼠标的惯常设计；附件4公开的灯杆设计虽然也是一种细杆，但其与灯头和底座的连接都有一个占据一定空间的连接部，且灯杆的直线型也与本专利的弯弧型不同；附件4公开的灯头设计其宽度大概有底座宽度的一半，而本专利中的灯头宽度远小于底座的宽度。本专利与附件4在灯头和涉及灯杆部分的不同设计，使本专利的设计体现出其苗条和圆滑型，使附件4的设计体现出其棱角和粗壮型，可见这些不同对整体视觉效果具有显著影响，因此本专利的台灯外观设计与附件4所公开的台灯的外观设计是不相同也不相近似的。

综上所述，第一和第二请求人提交的证据不能证明本专利不符合专利法第23条的规定。

三、决定

维持02324688.X号外观设计专利权有效。

当事人对本决定不服的，可以根据专利法第四十六条第二款的规定，自收到本决定之日起三个月内向北京市第一中级人民法院起诉。根据该款的规定，一方当事人起诉后，另一方当事人应当作为第三人参加诉讼。

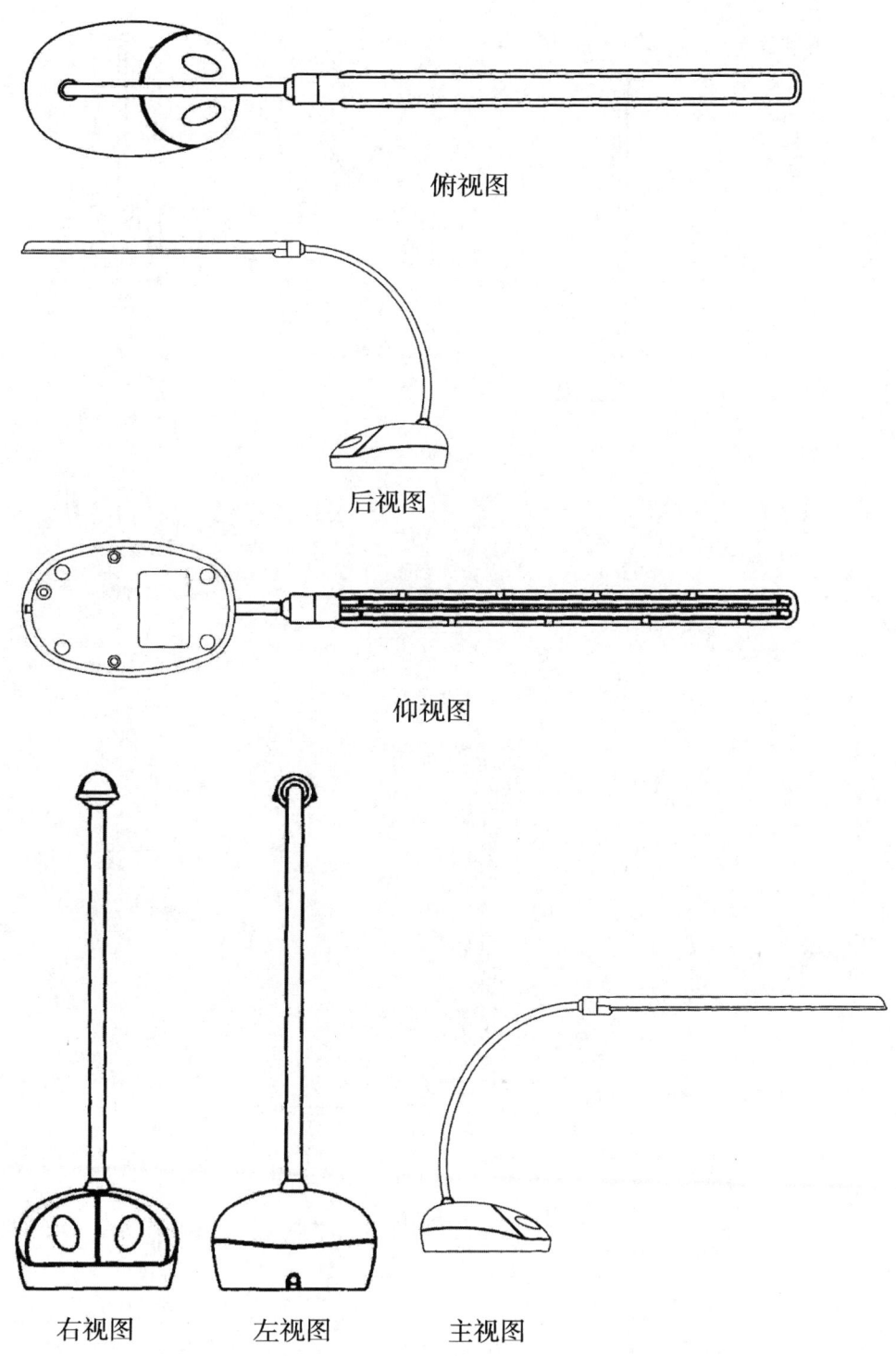

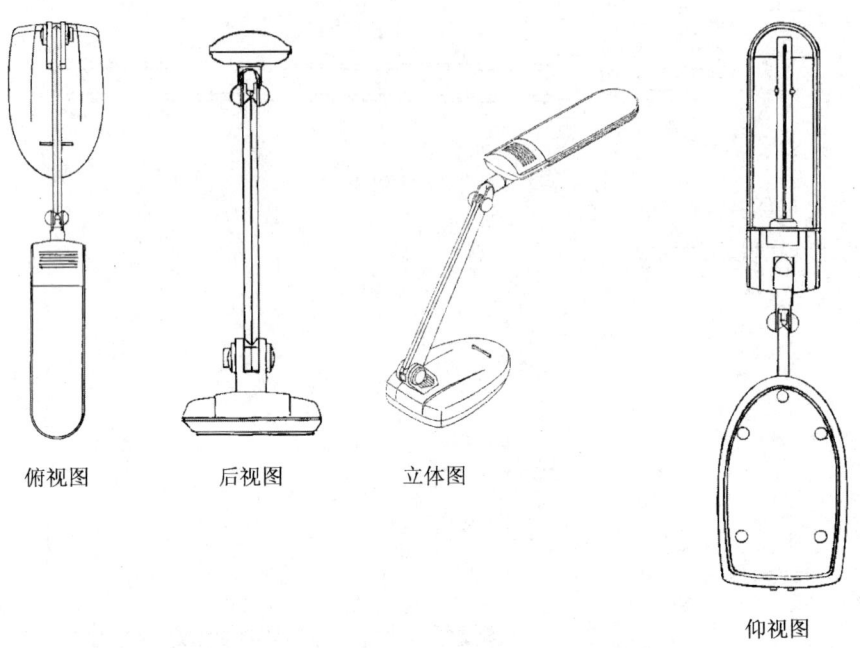

俯视图　　后视图　　立体图　　仰视图

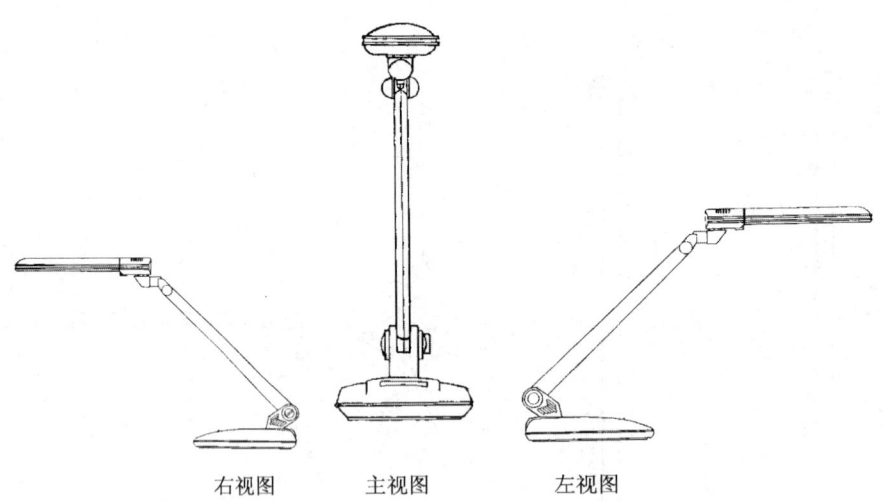

右视图　　主视图　　左视图

附件4（96300684.3）

染色机（D）

无效宣告请求审查决定（第 9404 号）

决 定 号	第 9404 号
决 定 日	2006 年 12 月 25 日
发明创造名称	染色机（D）
外观设计分类号	15-99
无 效 请 求 人	双喜（佛冈）机械有限公司
专 利 权 人	科万商标投资有限公司
申 请 号	02333506.8
申 请 日	2002 年 8 月 6 日
授 权 公 告 日	2003 年 2 月 19 日
合 议 组 组 长	吴赤兵
主 审 员	张宗任
参 审 员	邢文飞
附 图	3 页

法 律 依 据 专利法第 23 条、专利法实施细则第 13 条第 1 款

决 定 要 点

被比专利与在先设计的大部分构成部分都不相同或不相近似，但这些不同的组合致使二者在整体视觉效果上存在显著不同，那么二者所涉及的外观设计不相同也不相近似。

一、案由

本无效宣告请求涉及国家知识产权局于 2003 年 2 月 19 日授权公告的申请号为 02333506.8 的外观设计专利（下称本专利），其产品名称是"染色机（D）"，申请日为 2002 年 8 月 6 日，专利权人是科万商标投资有限公司。

针对上述外观设计专利权，双喜（佛冈）机械有限公司（下称请求人）于 2005 年 9 月 27 日向专利复审委员会提出无效宣告请求。请求人宣告本专利无效的理由是：本专利申请日之前，已有外观设计相同的产品在市场上公开销售，因此本专利不符合专利法第 23 条的规定；与已授权的专利属于同样的发明创造，不符合专利法实施细则第 13 条第 1 款的规定。请求人同时提交了如下附件作为证据：

附件 1：声称是立信产品宣传单的复印件共 2 页；
附件 2：盖有桐乡市梧桐万顺毛衫制衣厂公章的证明及其附图的复印件共 2 页；

附件3：声称是02333392.8号专利申请的立体图共1页；
附件4：声称是02333393.6号专利申请的立体图共1页；
附件5：声称是02333394.4号专利申请的立体图共1页；
附件6：声称是02333395.2号专利申请的立体图共1页；
附件7：声称是02333396.0号专利申请的立体图共1页。

经形式审查合格后，专利复审委员会于2005年9月28日向双方当事人发出了无效宣告请求受理通知书，同时将无效宣告请求书及其附件清单中附列附件的副本转送给专利权人，要求专利权人在指定的期限内答复。

2005年10月25日，请求人提交了意见陈述书，提交了以下附件作为补充证据：

附件8：声称是2002年第2期《针织工业》的其中复印件共2页；

附件9：声称是2002年第2期《针织工业》的其中复印件共2页；

附件10：声称是《台湾染整业界》的其中复印件共2页；

附件11：广东省东莞市公证处出具的（2005）东证内字第9958号公证书复印件共4页，及盖有东莞世丽纺织有限公司公章的证明的复印件共1页；

附件12：声称是法院证据交换材料的复印件共3页；

附件13：声称是立信广告的复印件共2页；

附件14：声称是中华人民共和国海关进口货物报关单的复印件共1页。

专利复审委员会依法成立合议组对本案进行审查，合议组于2006年2月5日向双方当事人发出口头审理通知书，定于2006年3月22日进行口头审理。同时将请求人于2005年10月25日提交的意见陈述书及其附件的副本转送给专利权人。因故，合议组于2006年4月3日再次发出无效宣告请求口头审理通知书，将口头审理日期变更为2006年4月17日。

口头审理如期举行，双方当事人均出席了口头审理。双方当事人对合议组成员有无回避请求、对对方出厅人员的身份无异议。为便于陈述意见，双方当事人同意将本案与涉及针对02333396.0、02333392.8、02333394.4、02333395.2和02333393.6号外观设计的无效宣告请求口头审理一并进行，相同情况可不必重复陈述。

在口头审理中，请求人明确：无效请求理由为本专利不符合专利法第23条和实施细则第13条第1款的规定；放弃附件1、2、10、14作为证据；附件3-7用于证明本专利不符合专利法实施细则第13条第1款的规定；附件8和附件9用于证明与本专利外观设计相同或相相近似的外观设计在申请日以前在国内外出版物上公开发表过，其中附件8采用第2页左上角的立体视图，附件9采用型号为ECO-6的立体视图；附件11用于证明与本专利外观设计相同或相相近似的外观设计在申请日以前国内公开使用过；附件12用于证明本专利外观设计与型号为ECO-6-1T的产品外观设计是相同的，附件13用来佐证附件12中ECO-6-1T的产品外观，即本专利分别相对于附件8、9、11，或12和13的结合不符合专利法第23条的规定。请求人当庭提交了加盖首都图书馆红章的附件8和9，以及附件11和13的原件。

口头审理中，专利权人指出：附件3-7非专利局公告，仅为一个立体图，同时本专利与证据3-7是窗口数量的不同，以至于本专利产品的形状已经发生了变换，与附件3~7所公开的外观设计不相同，因此对其真实性、合法性、关联性都有异议；对附件8和9的真实性没有异议，但它们公开的染色机的外观设计与本专利不相同也不相近似；对附件11的真实性没有异议，但其中机器铭牌上公开的内容不清楚，同时不能证明哪个铭牌取自于哪个机器设备，而且铭牌显示的制造日期不能证明是使用公开日期，附件11中的证人证言没有当事人的签名；附件12中手写的型号与本专利的外观设计没有关联性,附件12中手写的型号与本专利的外观设计没有关联性,不能作为判断本专利是否符合专利法第23条的证据;不能确定证据13的公开时间,同时其公开的ECO-6-1T与本专利外观设计即不相同也不相近似。

口头审理结束时,合议组指出,请求人应于口审之日起15日内提交关于附件3~7的外观设计公报,以便于合议组核实。专利权人应于口审之日起一个月内根据《审查指南2001》第4部分第6章第3节、3.1节和3.1.1节的规定提交关于是否放弃专利权的意见陈述,如放弃,应同时办理相关手续。

请求人于2006年4月27日提交了经国家知识产权局专利检索咨询中心确认与原件相同的附件3~7专利公报复印件,并指出附件3~7是自国家知识产权局网站下载(http://www.sipo.gov.cn/sipo/zljs/default.htm)的打印件。

专利权人于2006年4月30日提交了意见陈述书,专利权人指出根据专利法第2条"本法所称的发明创造是指发明、实用新型和外观设计",以及实施细则第13条第1款"同样的发明创造只能被授予一项专利"的规定,只有同样的授权外观设计专利才能被认定为重复授权,根据审查指南第一部分第三章第4.5.2.2节"同一申请人就相同的外观设计先、后分别提出申请,并且这两份申请符合授予专利权的其他条件而均未授权的,向在后申请发出审查意见通知书,通知该在后申请不符合专利法实施细则第十三条第一款的规定,除非申请人表示主动撤回其在先申请"的规定,重复授权限定的是"相同",并没有包括"相近似",本专利外观设计与附件3~7所示外观设计明显不相同,不属于重复授权;本专利与附件3~7在产品的外观形状上,要部数量上的设置不同,也不是重复的再现,整体形状上不同,具有明显差异,不会给消费者以混淆的感觉,且能够进行识别和分辨,因此本专利与附件3~7所公开的外观设计不同也不相近似。同时明确不放弃本专利权。

本案合议组于2006年6月30日将请求人于2006年4月28日提交的关于附件3~7的证据来源说明以及附件3~7所涉及专利的专利公报副本一份转送专利权人,并要求专利权人在指定期限内就上述附件的真实性问题发表意见。在指定期限内,专利权人未提交任何文件。

至此,本案合议组认为本案事实已经清楚,双方已经充分陈述了意见,可以依法作出本无效宣告审查决定。

二、决定的理由

1. 法律依据

根据国家知识产权局令第三十八号,修订后的审查指南自2006年7月1日起施行,2001年10月18日公布施行的审查指南同时废止,对于2006年7月1日前提出的无效宣告请求,自无效宣告请求之日起一个月后提出的新理由、新证据的审查适用2001年10月18日公布的审查指南,其他依照新指南执行。

专利法第23条规定:授予专利权的外观设计,应当同申请日以前在国内外出版物上公开发表过或者国内公开使用过的外观设计不相同和不相近似,并不得与他人在先取得的合法权利相冲突。

专利法实施细则第十三条规定:同样的发明创造只能被授予一项专利。审查指南第四部分第六章第3节指出:专利法实施细则第十三条第一款所述的"同样的发明创造",对于发明和实用新型而言是指要求保护的发明或者实用新型相同;对于外观设计而言,是指外观设计相同或者相近似。

2. 关于证据

请求人明确以附件3-7来证明本专利不符合专利法实施细则第13条第1款的规定,由于附件3-7所涉及的各专利权已经被专利复审委员在先作出的决定宣布全部无效,因此附件3-7已不能作为判断本专利是否符合专利法实施细则第13条第1款规定的证据。

请求人提交了附件8和9的原件,专利权人对附件8和9的真实性没有异议,附件8和9涉及的

《针织工业》是全国针织科技信息中心出版的双月刊，根据其公开的"2002年第2期"，可以确定其出版日期在2002年4月31日或之前，早于本专利申请日，附件8和9分别公开了某些染色机或染整机械的立体视图，因此附件8和9可以作为评价本专利外观设计是否符合专利法第23条规定的证据。

  附件11是广东省东莞市公证处出具的公证书复印件4页，及盖有东莞世丽纺织有限公司公章的证明的复印件1页，请求人提交了附件10的原件，所述公证书是基于双喜（佛冈）机械有限公司的申请，于2005年10月10日进行的现场勘查，对东莞洪梅世丽针织布厂内的一批染整机械设备的生产厂家及制造日期做保全证据公证，证明事项是与本公证书粘联的相片四十三张与现场实际情况相符。其中公证书中明确同一页照片为同一染整机械，摘录内容与机械标牌相符。请求人引用公证书第3和21页证明与本专利外观设计相同或相近似的产品已经在先公开使用，其中公证书第3页包括两张涉及染整机械的立体图和一张模糊的涉及标牌的图，在页面底部写有"东成染色机械厂有限公司2002年7月8日"，结合公证书第21页现场勘查记录可以看出2002年7月8日为标牌上记载的上述两张立体图所显示的染整机械的制造日期。可以看出公证书所公证的是2005年10月10日所述染整机械所显示的信息，由于这些信息具有可更改性，因此请求人同时提交了盖有东莞世丽纺织有限公司公章的证明，该证明证明的是双喜（佛冈）机械有限公司于2005年10月10日在其公司办理证据保全公证的机器上面的标牌为原始标牌，该公司没有作任何改动。由于该证明仅有东莞世丽纺织有限公司的公章，缺少相关负责人的签字，因此仅凭该证明不能证明该公司的染整机械2005年10月10日所显示的信息没有被更改过，从而附件11不能证明与本专利外观设计相同或相近似的产品已经在本专利申请日前使用，所以附件11不能作为判断本专利是否符合专利法第23条规定的证据。

  附件12是请求人声称的法院证据交换材料的复印件，因在该材料中的02333393.6号外观设计（即本专利）专利证书及其专利登记簿副本上手写有"ECO-6-8T"字样，请求人据此认为型号为ECO-6-8T的产品外观设计与本专利外观设计是相同或相近似的，并进一步引用附件13来表征型号为ECO-6-8T的产品外观，来佐证引证附件12的主张。请求人未出示附件12的原件，仅以手写"ECO-6-8T"字样不能证明该型号代表的产品外观与本专利的产品外观相同或相近似，另外附件12的材料中涉及的是本专利外观设计专利证书及其专利登记簿副本，所以附件12既不能作为申请日以前在国内外公开发表的出版物，也不能表明与本专利相同或相近似的外观设计在国内公开使用过，即附件12不能作为判断本专利是否符合专利法第23条的证据；请求人出示了附件13的原件，但附件13的广告页上未记载印刷日期，没有其他证据佐证其于本专利申请日前公开或其上记载的产品于本专利申请日前公开使用，因此附件13也不能作为判断本专利是否符合专利法第23条的证据。

  请求人已经明确提出放弃附件1、2、10和14作为证据，因此合议组不再对该四份附件进行审查。

  3. 关于专利法第23条

  本专利公报共有7幅视图，即俯视图、后视图、立体图、仰视图、左视图、右视图和主视图。如各视图所示，本专利产品为带有两个支脚的大圆柱状体。从立体图、仰视图、主视图和后视图观察，两个支脚分别均匀设置于大圆柱状体两端；从仰视图、立体图和左右视图看，柱体一上侧边嵌有1个J形小弯柱状体，中间交错设置有多个类似盖体的圆形凸起，另一侧边设置2个凸起，嵌入大圆柱状体中；从左视图结合后视图看，大圆柱状体一头靠近下侧为一伸出大圆柱状体类似出水管的头；从右视图结合后视图看，大圆柱状体另一头靠上设置有一凸起，中间设置有圆形的盖状体，靠近下侧为类似梯子的小支架；从仰视图结合左右视图看，中间设置有多个类似盖体的圆形凸起。具体参见本决定所附附图。

  从附件8第2页左上角的立体视图可以看出：中间为一横向放置的大圆柱体，柱体部分中间设有一支脚,该大圆柱体上方伸出一粗管,该管上没有规律的连接有多条粗细不同的管道,该大圆柱体斜上方有一圆形凸出,该大圆柱体的右端也连接有管道,中间是一圆圈状凸起,大圆柱体下方也连接有管状部件;大圆柱体斜下方有一板状支架,前方有一带有围栏的平台,平台连接有一道地面的梯子,平台前方是一高出的支架,支架顶端架有一圆柱状部件。具体参见本决定所附附图。

将本专利与附件8所公开内容相比:本专利的大圆柱状体有两个支脚,附件8的只有一个支脚;本专利柱体一上侧边所嵌的1个J形小弯柱状体在柱体的外面,而附件8中的类似已经嵌入柱体;不能确定附件8的顶部中间交错设置有多个类似盖体的圆形凸起,以及一侧边设置2个凸起嵌入大圆柱状体中,另外不能确定大圆柱状体一头有一伸出大圆柱状体类似出水管的头;本专利的大圆柱体靠近下侧为类似梯子的小支架,而附件8中没有;另外附件8的大圆柱体上伸出的粗管上没有规律的连接有多条粗细不同的管道,大圆柱体下面也设有各种类似管道的部件,旁边还设置有支架和梯子,而这些本专利中都没有。可以看出,二者除了大圆柱体近似以外,其他各部分都不相同或相近似,以上各部分的不同导致二者的整体视觉效果显著不同,因此二者既不相同也不相近似。本专利相对于附件8符合专利法第23条的规定。

从附件9中型号为ECO-6的立体视图可以看出,右侧有一柜体,该柜体连接到中间部分的一横向放置的圆柱体,该圆柱体上部有一类似J形的小弯柱状体,圆柱体的右侧面上设置有多条细管道,柱面前方设置有平台,平台到地面有一梯子,该平台前方设有一支架,支架上架置有横向伸出的部件。具体参见本决定所附附图。

将本专利与附件9所公开内容相比:本专利的大圆柱状体有两个支脚,而附件8好像也有但不能清楚确定,同时也不能确定附件9的顶部中间交错设置有多个类似盖体的圆形凸起,以及一侧边设置2个凸起嵌入大圆柱状体中,另外不能确定大圆柱状体一头有一伸出大圆柱状体类似出水管的头,也不能确定大圆柱体靠近下侧为类似梯子的小支架;另外附件9的大圆柱体下面也设有各种类似管道的部件,旁边还设置有支架和梯子和箱体,而这些本专利中都没有。可以看出二者除了在大圆柱体以及J形的小弯柱状体上近似以外,其他各部分都不同,这些不同导致二者的整体视觉效果显著不同,因此二者既不相同也不相近似。本专利相对于附件9符合专利法第23条的规定。

综上所述请求人提交的证据不能导致本专利不符合专利法第23条的规定。

三、决定

维持第02333506.8号外观设计专利权有效。

当事人对本决定不服的,可以根据专利法第四十六条第二款的规定,自收到本决定之日起三个月内向北京市第一中级人民法院起诉。根据该款的规定,一方当事人起诉后,另一方当事人应当作为第三人参加诉讼。

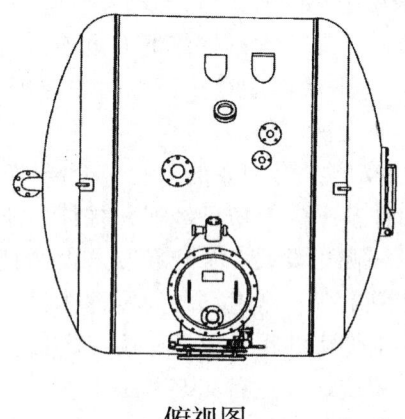
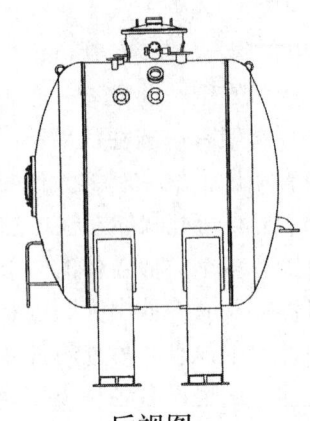
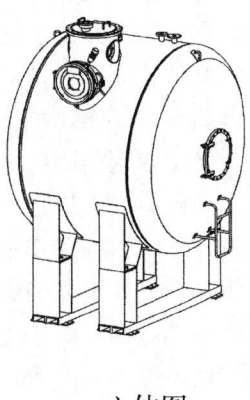

俯视图　　　　　　　后视图　　　　　　　立体图

本专利（02333506.8）

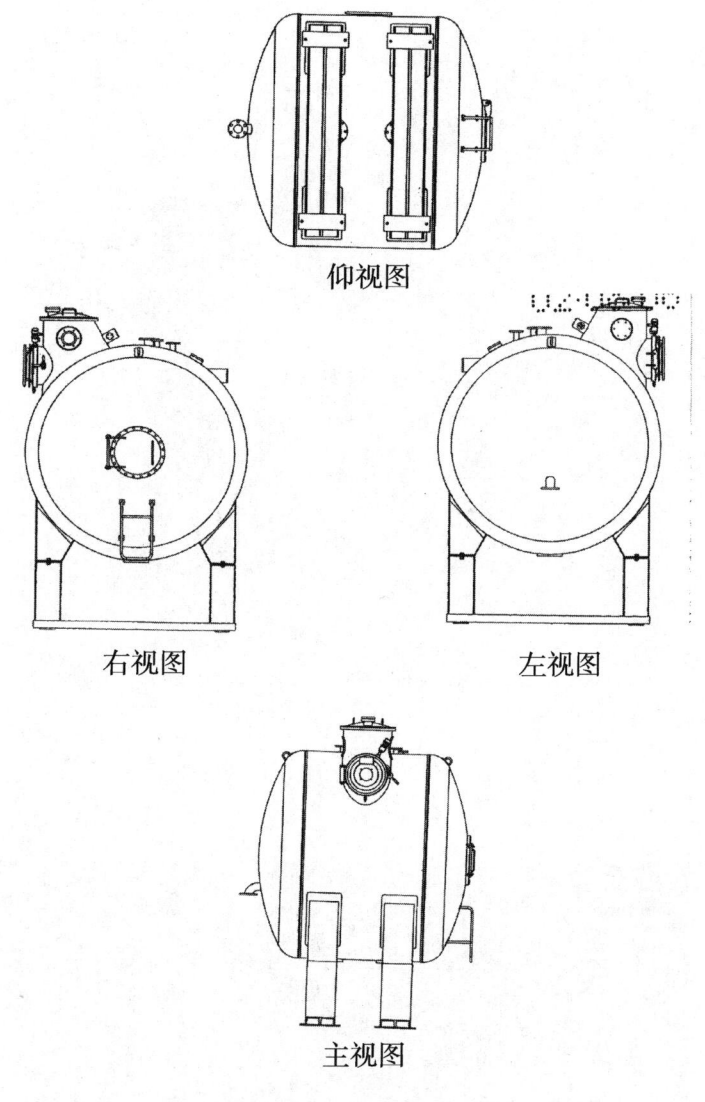

仰视图

右视图　　　左视图

主视图

本专利（02333506.8）

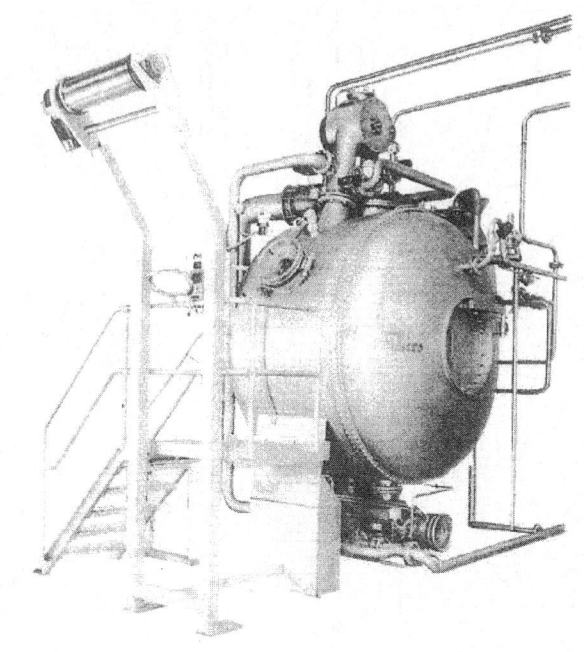

第斯公司创新之作 Luft-roto-plus 超小浴比气流染色机

附件8（左上角立体图）

附件9（型号为 ECO-6 的立体图）

异型铝框条 8603

无效宣告请求审查决定（第 9406 号）

决 定 号	第 9406 号
决 定 日	2006 年 12 月 30 日
发明创造名称	异型铝框条 8603
外观设计分类号	25-01
无 效 请 求 人	常熟华联铝业有限公司
专 利 权 人	苏州罗普斯金铝业有限公司
专 利 号	98325691.8
申 请 日	1998 年 9 月 28 日
授 权 公 告 日	1999 年 6 月 2 日
合议组组长	李隽
主 审 员	王丽颖
参 审 员	徐洁玲 耿博 杜微科
法 律 依 据	专利法第 23 条
决 定 要 点	已为人民法院发生法律效力的裁判所确认的事实可以作为认定事实的依据。

一、案由

本无效宣告请求审查决定涉及的是国家知识产权局于 1999 年 6 月 2 日授权公告的专利号为 98325691.8，名称为"异型铝框条 8603"的外观设计专利（下称本专利），申请日为 1998 年 9 月 28 日，专利权人是苏州罗普斯金铝业有限公司。

针对上述专利权，常熟华联铝业有限公司（下称请求人 1）于 2002 年 4 月 4 日向专利复审委员会提出无效宣告请求，其理由是：该专利产品在申请日之前已经公开使用，公开使用的方式包括公开销售和公开展示两种形式。请求人 1 提交了专利权人在 1998 年 7 月 24 日已将该专利产品公开销售给云南宏大实业有限公司的相关证据，包括：

证据 1-1. 本专利公报；

证据 1-2. 销售奖励办法及（2001）昆证民字第 2133 号公证书（4 页）；

证据 1-3. 苏州罗普斯金铝合金花格网有限公司成品出库单及（2001）昆证民字第 2104 号公证书（18 页）；

证据 1-4. 罗普斯金《广告宣传杂志》节选及（2001）昆证民字第 2105 号公证书（16 页）；

证据1-5. 刘洪之声明书及（2001）昆证民字第2106号公证书（2页）；

证据1-6. 刘洪之员工卡及（2001）昆证民字第2131号公证书（2页）；

证据1-7. 刘洪之职工养老保险手册及（2001）昆证民字第2132号公证书（6页）；

证据1-8. 工商银行汇票申请书存根及（2001）昆证民字经2102号公证书（2页）；

证据1-9. 发票及（2001）昆证民字第2103号公证书（2页）。

请求人还提交了专利权人在本专利申请日之前公开展示的证据，包括：

证据1-10. 订货会参观卷及（2001）昆证民字第2128号公证书（2页）；

证据1-11. 刘洪之声明书及（2001）昆证民字第2107号公证书（3页）；

证据1-12. 参展费收据及（2001）昆证民字第2127号公证书（2页）；

证据1-13.《98装饰博览》节选及（2001）昆证民字第2130号公证书（4页）；

证据1-14.《云南建筑装饰》节选及（2001）昆证民字第2126号公证书（5页）。

上述证据材料均为复印件。

专利权人于2002年6月14日针对请求人1的无效理由及证据进行了答辩。专利权人首先对证人刘洪之的身份提出质疑，认为证人与本案有利害关系。其次，专利权人认为请求人提供的所有对证人陈述作出的公证书，只能确认其形式上的真实性，不能就此认定其内容的真实性。请求人欲用专利权获得后的1999年才出版的产品广告，来证明申请日前的事实是毫无理由的，无法证明它们之间必然相同。专利权人强调同一型号的产品形状不一定相同，专利权人为证明自己的主张向合议组提交了桦岭企业股份有限公司的价目表，目的是证明产品型号虽然相同，但形状可以不同。证据如下：

反证1、桦岭企业股份有限公司的价目表复印件3张。

2002年12月12日专利权人再次向合议组提交新的证据材料，欲证明型材产品可以型号相同，形状不同。其证据如下：

反证2：专利权人2002年向国家知识产权局申请外观设计专利的受理通知书复印件5页。

专利权人提交上述反证试图证明，专利权人罗普斯金铝业有限公司在不同的时间分别申请的外观设计专利，其同一型号的型材产品具有不同的形状。

如皋市满园装饰材料经营部（下称请求人2）于2002年6月14日向专利复审委员会提出无效宣告请求及相关证据，认为专利权人在本专利申请日前已将其名称为"LPSK祁连山868系列气密窗型材"中编号为8603的型材销售给请求人公司，且该8603型材与专利权的产品广告宣传杂志中的8603即与本专利形状相近似。本专利权的授予不符合专利法第二十三条的规定；龙口市南山铝型材总厂（下称请求人3）于2002年7月2日向专利复审委员会提出无效宣告请求，其理由和证据与请求人1提交的理由和证据相同，此外增加了云南省高级人民法院（2001）云高民三终字第13号和14号民事判决书，该判决书中认定了与请求人1和3在该无效程序中所提交的证据相同的证据，并基于该证据做出了确认专利权人在本专利申请日前已经提前公开展示和销售专利产品的判决；2002年12月16日请求人2又补充提交了新证据"LPSK祁连山868系列气密窗型材简图共7张，均为复印件"，认为专利权人在申请日以前已经对专利产品进行了公开销售，专利产品早已公知公用。

经过对上述三个无效宣告请求案的审理，专利复审委员会于2003年10月21日做出了第5532号无效宣告请求审查决定书（下称第5532号决定），该决定依据云南高院第13号判决认定的事实，认定了专利权人在本专利申请日前已经提前公开展示和销售专利产品，因此宣告本专利无效。

专利权人不服专利复审委员会作出的第5532号决定，在法定期限内向北京市第一中级人民法院提出诉讼，北京市第一中级人民法院于2004年6月28日作出（2004）一中行初字第59号行政判决书（下称一审判决），维持第5532号决定。

专利权人不服一审判决，向北京市高级人民法院提起上诉，北京市高级人民法院于 2004 年 12 月 14 日作出（2004）高行终字第 343 号行政判决书，该判决书认定：对于专利权人罗普斯金公司在一审诉讼程序中提出的该公司 1998 年 8 月 20 日出库单、LPSK 祁连山 868 系列气密窗型材简图（7 张）（此证据原为请求人 2 超期提交的证据，在诉讼程序中被专利权人引为己方证据）、吴浩陈述及 9 张照片本院予以接受；LPSK 祁连山 868 系列气密窗型材简图（7 张）虽为散页，亦未标注日期，本院对该证据的来源、提交的方式、出现的时间，与其他证据的关系，双方当事人之间的利害关系，本行业的常识惯例，罗普斯金公司以往申请专利的经历和经验等方面进行了综合审查，本院确认，该证据客观真实、合法有效，应予采信。以此作为基础，本院认为，依据现有事实和证据，并不能唯一地确认 8603 型号对应的产品形状就是本外观设计专利产品的形状，也就是说将若干证据相组合不能唯一确认罗普斯金公司于本专利申请日前公开销售的就是本案专利产品。专利复审委员会第 5532 号无效宣告请求审查决定及一审判决在认定事实、适用法律方面均有错误，故予以撤销，专利复审委员会应予重新作出审查决定。

专利复审委员会依法重新成立合议组对此案进行审理，2006 年 10 月 8 向三方请求人以及专利权人发出《无效宣告请求口头审理通知书》。

请求人 1 于 2006 年 10 月 15 日提交了无效宣告请求口头审理通知书回执，表明不能参加口头审理。其他三方请求人未在指定期限内提交口头审理通知书回执。

口头审理如期进行。三方请求人均未出席口头审理，专利权人出席口头审理并充分陈述了意见。

鉴于请求人 2、3 对专利复审委员会发出的口头审理通知书在指定的期限内未作答复，并且不参加口头审理，根据《专利法实施细则》第六十九条第三款的规定，请求人 2、3 的无效宣告请求视为撤回。

在以上程序的基础上，本案合议组认为事实已经清楚，故在北京市高级人民法院作出（2004）高行终字第 343 号行政判决书认定事实的基础上，对请求人 1 的无效宣告请求做出如下决定。

二、决定的理由

《专利法》第二十三条规定："授予专利权的外观设计，应当同申请日以前在国内外出版物上公开发表过或者国内公开使用过的外观设计不相同和不相近似，并不得与他人在先取得的合法权利相冲突"。

请求人 1 主张以其提交的证据 1-9 证明 1998 年 7 月 24 日本专利产品已经公开销售；以证据 10-14 证明本专利产品已经在申请日前即 1998 年 5 月 19 日至 24 日召开的第六届全国建筑装饰材料及酒店用品（昆明）订货会上公开展出，因此本专利不符合专利法第二十三条的规定。

1. 对 1998 年 7 月 24 日的销售事实的认定

在（2004）高行终字第 343 号行政判决书中，北京市高级人民法院明确认定专利权人罗普斯金公司在一审诉讼程序中提出的 LPSK 祁连山 868 系列气密窗型材简图（7 张）属于客观真实、合法有效的证据，应予采信。基于此，该判决确认依据现有事实和证据，并不能唯一地确认 8603 型号对应的产品形状就是本外观设计专利产品的形状，也就是说将若干证据相组合不能唯一确认专利权人罗普斯金公司于本专利申请日前公开销售的就是本案专利产品。因此，合议组认为对于请求人 1 的 "1998 年 7 月 24 日销售的异型铝框条（8603）就是本专利产品" 这一主张不予支持，也就是综合该案中出现的证据不能唯一确认罗普斯金公司于本专利申请日前公开销售的就是本案专利产品。所以请求人 1 提出的 "本专利产品在其申请日之前通过销售而公开" 进而本专利不符合专利法第二十三条的无效理由不能成立。

2. 对于展览公开事实的认定

由于请求人 1 在无效宣告程序中放弃了证据 1-10、1-11、1-12、1-13。合议组认为仅凭证据 1-

14无法确认请求人1所主张的参展产品的外观形状,无法与本专利进行比较判断。因此对请求人1所主张的"本专利产品在申请日前已通过展览公开"的主张不予支持。

3. 结论

综上,请求人1所主张的"本专利产品在其申请日之前通过销售、展览的方式公开,因此本专利的授权不符合专利法第二十三条"的无效理由不能成立。

三、决定

维持第98325691.8号外观设计专利权有效。

当事人对本决定不服的,可以根据专利法第四十六条第二款的规定,自收到本决定之日起三个月内向北京市第一中级人民法院起诉。根据该款的规定,一方当事人起诉后,另一方当事人应当作为第三人参加诉讼。

异型铝框条 8608

无效宣告请求审查决定（第 9412 号）

决 定 号	第 9412 号
决 定 日	2006 年 12 月 30 日
发明创造名称	异型铝框条 8608
外观设计分类号	25-01
无 效 请 求 人	常熟华联铝业有限公司
专 利 权 人	苏州罗普斯金铝业有限公司
专 利 号	98325660.8
申 请 日	1998 年 9 月 28 日
授 权 公 告 日	1999 年 6 月 2 日
合 议 组 组 长	徐媛媛
主 审 员	杜微科
参 审 员	徐洁玲　王丽颖　耿博

法 律 依 据 专利法第 23 条
决 定 要 点
已为人民法院发生法律效力的裁判所确认的事实可以作为认定事实的依据。

一、案由

本无效宣告请求涉及国家知识产权局于 1999 年 6 月 2 日授权公告的专利号为 98325660.8，名称为"异型铝框条（8608）"的外观设计专利（下称本专利），申请日为 1998 年 9 月 28 日，专利权人是苏州罗普斯金铝业有限公司。

针对本专利权，常熟华联铝业有限公司（下称请求人 1）于 2002 年 4 月 4 日提交无效宣告请求书，其无效理由为本专利不符合专利法第 23 条的规定。

请求人 1 在无效宣告请求中主张了如下两个事实：

1. 1998 年 7 月 24 日，专利权人将本专利的产品公开销售给云南宏大实业有限公司。

2. 本专利的产品已经在 1998 年 5 月 19 日至 24 日召开的第六届全国建筑装饰材料订货会上公开展示。

请求人 1 提交了两组证据证明其主张，证明公开销售的证据为 1~9；证明公开展示的证据是 10~14。所附的证据如下：

附件 1. 本专利外观设计公报（下称证据 1）；

附件 2. (2001) 昆证民字第 2133 号公证书，其内容是专利权人的产品销售奖励办法（4 页，下称证据 2）；

附件 3. (2001) 昆证民字第 2104 号公证书，其内容是专利权人成品出库单（17 页，下称证据 3）；

附件 4. (2001) 昆证民字第 2105 号公证书，其内容是专利权人的《罗普斯金》产品广告册节选（16 页，下称证据 4）；

附件 5. (2001) 昆证民字第 2106 号公证书，其内容是刘洪之声明书（2 页，下称证据 5）；

附件 6. (2001) 昆证民字第 2131 号公证书，其内容是刘洪之的工资卡（2 页，下称证据 6）；

附件 7. (2001) 昆证民字第 2132 号公证书，其内容是刘洪之养老保险手册（6 页，下称证据 7）；

附件 8. (2001) 昆证民字第 2102 号公证书，其内容是银行汇票存根（2 页，下称证据 8）；

附件 9. (2001) 昆证民字第 2103 号公证书，其内容是专利权人的发票（2 页，下称证据 9）；

附件 10. (2001) 昆证民字第 2128 号公证书，其内容是订货会的参观卷（2 页，下称证据 10）；

附件 11. (2001) 昆证民字第 2107 号公证书，其内容是刘洪之的声明书（3 页）（下称证据 11）；

附件 12. (2001) 昆证民字第 2127 号公证书，其内容是：参展费的收据（2 页）（下称证据 12）；

附件 13. (2001) 昆证民字第 2130 号公证书，其内容是《98 装饰博览》节选（4 页，下称证据 13）；

附件 14. (2001) 昆证民字第 2126 号公证书，其内容是《云南装饰博览》节选（4 页，下称证据 14）。

上述证据均为复印件。

专利权人于 2002 年 6 月 14 日针对请求人 1 的无效请求进行书面答辩，其主要意见是：

1. 证人刘洪之曾在专利权人单位担任销售人员，后跳槽到云南松立铝材有限公司任职。因刘洪之是本案的利害关系人，故刘洪之所提供的上述证据不应被采纳。

2. 请求人 1 欲用专利权申请日之后出版的证据 4《罗普斯金》产品广告册，来证明申请日前的事实是毫无理由的。

3. 同一型号的产品形状不一定相同。

专利权人认为，请求人 1 提供的证据材料之间缺乏关联性，无法提供某一数字型号与一固定形状相对应的确切证据，因而不能证明该数字型号的唯一性，不足以证明本专利在申请日前已公开销售。

同时，为证明同一型号的产品不一定是同一形状的型材这一观点，专利权人提交了《桦岭铝挤型价目表》（下称反证 1）。

专利权人于 2002 年 12 月 12 日再次提交其于 2002 年向国家知识产权局申请外观设计专利的受理通知书复印件 5 页（下称反证 2），以证明同一型号的产品形状不一定相同。

专利复审委员会曾于 2002 年 12 月 26 日举行口头审理，请求人 1 在口头审理时明确放弃证据 10 至 13。

针对本专利，如皋市满园装饰材料经营部（下称请求人 2）于 2002 年 6 月 14 日提交无效宣告请求书，龙口市南山铝型材总厂（下称请求人 3）于 2002 年 7 月 2 日提交无效宣告请求书，骆宗涛（下称请求人 4）于 2003 年 2 月 21 日提交无效宣告请求书，上述 3 个无效请求所涉及的无效宣告的理由都是本专利权的授予不符合专利法第二十三条的规定。

经过对以上四个无效宣告请求的审理，专利复审委员会于 2003 年 9 月 22 日作出了第 5530 号无效宣告请求审查决定书，宣告本专利权无效。

专利权人不服专利复审委员会作出的第 5530 号无效宣告请求审查决定书，在法定期限内向北京市第一中级人民法院提出诉讼，北京市第一中级人民法院于 2004 年 6 月 28 日作出（2004）一中行初字第 54 号行政判决书，维持第 5530 号无效宣告请求审查决定书。

专利权人不服北京市第一中级人民法院作出的（2004）一中行初字第 54 号行政判决，向北京市高级人民法院提起上诉，北京市高级人民法院于 2004 年 12 月 14 日作出（2004）高行终字第 350 号行政判决书，该判决书认定：对于罗普斯金公司在一审诉讼程序中提出的罗普斯金公司 1998 年 8 月 20 日出库单、LPSK 祁连山 868 系列气密窗型材简图（7 张）、吴浩陈述及 9 张照片本院予以接受；LPSK 祁连山 868 系列气密窗型材简图（7 张）虽为散页，亦未标注日期，本院对该证据的来源、提交的方式、出现的时间，与其他证据的关系，双方当事人之间的利害关系，本行业的常识惯例，罗普斯金公司以往申请专利的经历和经验等方面进行了综合审查，本院确认，该证据客观真实、合法有效，应予采信。以此作为基础，本院认为，依据现有事实和证据，并不能唯一地确认 8608 型号对应的产品形状就是本外观设计专利产品的形状，也就是说将若干证据相组合不能唯一确认罗普斯金公司于本专利申请日前公开销售的就是本案专利产品。专利复审委员会第 5530 号无效宣告请求审查决定及一审判决在认定事实、适用法律方面均有错误，故予以撤销，专利复审委员会应予重新作出审查决定。

专利复审委员会依法重新成立合议组对此案进行审理，2006 年 10 月 8 向四方请求人以及专利权人发出《无效宣告请求口头审理通知书》，定于 2006 年 11 月 3 日进行口头审理。

请求人 1 于 2006 年 10 月 26 日提交了无效宣告请求口头审理通知书回执，表明不能如期参加口头审理。其他三方请求人未提交口头审理通知书回执。

口头审理如期举行。四方请求人均未出席口头审理，专利权人出席口头审理并充分陈述了意见。

鉴于请求人 2、3、4 对专利复审委员会发出的口头审理通知书在指定的期限内未作答复，并且不参加口头审理，根据《专利法实施细则》第六十九条第三款的规定，请求人 2、3、4 的无效宣告请求视为撤回。

在以上程序的基础上，本案合议组认为事实已经清楚，故在北京市高级人民法院作出（2004）高行终字第 350 号行政判决书所认定事实的基础上，对请求人 1 的无效宣告请求做出如下决定。

二、决定的理由

《专利法》第二十三条规定："授予专利权的外观设计，应当同申请日以前在国内外出版物上公开发表过或者国内公开使用过的外观设计不相同和不相近似，并不得与他人在先取得的合法权利相冲突"。

请求人 1 主张以其提交的证据 1-9 证明本专利产品于申请日前的 1998 年 7 月 24 日已经公开销售；以证据 10-14 证明本专利产品已经在申请日前即 1998 年 5 月 19 日至 24 日召开的第六届全国建筑装饰材料及酒店用品（昆明）订货会上公开展出，因此本专利不符合专利法第二十三条的规定。

1. 对 1998 年 7 月 24 日的公开销售事实的认定

在（2004）高行终字第 350 号行政判决书中，北京市高级人民法院明确认定罗普斯金公司在一审诉讼程序中提出的 LPSK 祁连山 868 系列气密窗型材简图（7 张）属于客观真实、合法有效的证据，应予采信。基于此，该判决确认依据现有事实和证据，并不能唯一地确认 8608 型号对应的产品形状就是本外观设计专利产品的形状，也就是说将若干证据相组合不能唯一确认罗普斯金公司于本专利申请日前公开销售的就是本案专利产品。因此，合议组对于请求人的"1998 年 7 月 24 日销售的异型铝框条（8608）就是本专利产品"这一主张不予支持，也就是综合该案中出现的证据不能唯一确认罗普斯金公司于本专利申请日前公开销售的就是本案专利产品。所以请求人 1 提出的"本专利产品在其申请日之前通过销售而公开"进而本专利不符合专利法第二十三条的无效理由不能成立。

2. 对于展览公开事实的认定

合议组认为，鉴于请求人1放弃证据10至13，仅凭证据14不能证明所公开展出产品的具体外观设计，无法与本专利进行相同、相近似性判断，因此请求人1提出的本专利产品已通过展览的方式公开的主张不能得到合议组的支持。

3. 结论

综上，请求人1所主张的"本专利产品在其申请日之前通过销售、展览的方式公开，因此本专利的授权不符合专利法第二十三条"的无效理由不能成立。

三、决定

维持第98325660.8号外观设计专利权有效。

当事人对本决定不服的，可以根据专利法第四十六条第二款的规定，自收到本决定之日起三个月内向北京市第一中级人民法院起诉。根据该款的规定，一方当事人起诉后，另一方当事人应当作为第三人参加诉讼。

油 桶

无效宣告请求审查决定（第 9416 号）

决 定 号	第 9416 号
决 定 日	2006 年 12 月 9 日
发明创造名称	油桶
外观设计分类号	09-02
无效宣告请求人	北京帝王高级润滑油有限公司
专 利 权 人	烟台德高石油有限公司
专 利 号	200530090452.5
申 请 日	2005 年 1 月 17 日
授权公告日	2005 年 10 月 5 日
合议组组长	马志远
主 审 员	高海燕
参 审 员	刘路尧
附 图	2 页
法 律 依 据	专利法第 9 条
决 定 要 点	

如果两项外观设计专利既不相同也不相近似，则申请日在后的外观设计专利符合专利法第 9 条的规定。

一、案由

本无效宣告请求涉及国家知识产权局于 2005 年 10 月 5 日授权公告的、专利号为 200530090452.5、名称为"油桶"的外观设计专利（下称本专利），其申请日为 2005 年 1 月 17 日，专利权人为烟台德高石油有限公司。

针对本专利权，北京帝王高级润滑油有限公司（下称请求人）于 2005 年 12 月 19 日向国家知识产权局专利复审委员会提出无效宣告请求，理由是本专利不符合专利法第 23 条的规定，请求人同时提交了以下附件作为证据：

证据 1：中国 200430080194.8 号外观设计专利公报复印件，其申请日为 2004 年 9 月 2 日，授权公告日为 2005 年 9 月 14 日，专利权人为霍振祥。

请求人认为：证据 1 与本专利产品相同，均为盛放液体用的塑料包装桶；证据 1 的包装桶包括桶体、提手、桶盖几部分，从其主视图来看，桶体右边是一个提手，提手与桶体之间有一条弧形分界线，提手右边缘轮廓为弧度与所述分界线基本相同的弧形，把手中上部有一个长圆孔，从俯视图及右视图来看，该把手从端部到桶体横截面逐渐加大，从主视图来看，桶体左边近似直线，右边与把手相连，从左、右视图来看，桶体为上端略小下端略大的长方形，且底部、顶部与侧壁间圆滑过渡，顶部盖有一桶盖，其形状与桶体和把手相匹配并圆滑过渡；本专利的包装桶包括桶体、提手、桶盖几部分，从主视图来看，本专利的包装桶包括桶体、提手、桶盖几部分，从其主视图来看，桶体右边是一个提手，提手与桶体之间有一条弧形分界线，提手右边缘轮廓为弧度与所述分界线基本相同的弧形，把手中上部有一个长圆孔，从俯视图及左、右视图来看，该把手从端部到桶体截面逐渐加大，从仰视图来看，横截面近似长方形，从右视图来看，桶体为近似长方形，且底部、顶部与侧壁间圆滑过渡，从桶体俯仰视图看，该桶成梯形，且越靠近把手桶体截面越小；因此，证据1与本专利整体构思及造型近似，本专利不符合专利法第23条的规定。

专利复审委员会于2006年4月13日向双方当事人发出无效宣告请求受理通知书，并将请求人的意见和证据转给专利权人。

专利复审委员会依法成立本案合议组，并于2006年7月14日向双方当事人发出无效宣告请求口头审理通知书，定于2006年8月24日举行口头审理。

口头审理如期举行，但双方当事人均未参加口头审理。

合议组于2006年8月28日向双方当事人发出无效宣告请求审查通知书，通知书指出：由于证据1的申请日为2004年9月2日，早于本专利的申请日2005年1月17日，授权公告日为2005年9月14日，晚于本专利的申请日，因此，证据1不属于本专利申请日以前在国内外出版物上公开发表过或者国内公开使用过的外观设计，从而导致请求人提出的无效宣告请求理由明显与其提交的证据不相对应。由于证据1的专利权人为霍振祥，本专利的专利权人为烟台德高石油有限公司，二者属于不同的专利权人，因此，证据1可以与专利法第9条相对应。请求人可以将其无效宣告理由变更为专利法第9条，请求人变更无效宣告理由的，应当提交变更无效宣告理由的意见陈述书，在意见陈述书中明确表示将无效宣告理由变更为专利法第9条。

请求人于2006年9月5日提交意见陈述书，明确表示将无效宣告理由由原来的专利法第23条变更为专利法第9条。

合议组于2006年9月15日发出转送文件通知书，将请求人于2006年9月5日提交的意见陈述书转交专利权人，并告知专利权人，其可在收到本通知书之日起七日内答复，期满未答复的，视为当事人已得知转送文件中所涉及的事项和内容，并且未提出反对意见。

专利权人在上述规定期限内未进行答复。

至此，合议组认为本案事实已经清楚，可以依法作出审查决定。

二、决定的理由

1. 法律依据

请求人于2006年9月5日提交意见陈述书，明确表示将无效宣告请求的理由由原来的专利法第23条变更为专利法第9条，且专利权人在规定期限内未对上述无效宣告请求理由的变更提出反对意见，因此，基于请求人明确表示其无效宣告请求理由已变更为专利法第9条，合议组依据中国专利法第9条的规定对本案进行审理。

中国专利法第9条规定：两个以上的申请人分别就同样的发明创造申请专利的，专利权授予最先申请的人。

审查指南第七章第1节引言中规定：同样的发明创造性，对外观设计而言，是指外观设计相同或者相近似。审查指南第四部分第五章第5节"判断方式"规定：在判断外观设计相同或者相近似时，应当从一般消费者的角度对在先设计与被比设计进行整体观察、综合判断。

2. 证据认定

证据1的申请日为2004年9月2日,早于本专利的申请日2004年9月2日,授权公告日为2005年9月14日,晚于本专利的申请日,且专利权人与本专利的专利权人不同,因此,可以用于判断本专利是否符合专利法第9条的规定。

3. 关于专利法第9条

本专利是关于"油桶"的外观设计,从主视图来看:(1)桶体右上方是一个提手,提手与桶体之间有一条从上到下向右倾斜的分界线,使桶体和提手在视觉上成为截然分开的两部分;(2)提手右边缘轮廓是比所述分界线更为圆滑的弧线,且该弧线先向左上方圆滑延伸至某一最高点后又向斜下方延伸至桶盖部分,另一条近似与所述右边缘轮廓弧线平行的弧线圆滑延伸至桶盖右下方,并在桶体上方向右弯折成近似"V"形;(3)把手中上部有一个向左上方倾斜的长圆孔;(4)桶体上的线条构成一向右上方倾斜的近似梯形,接近桶体底边的桶体底部有一横向线条。从右视图来看,把手从端部到桶体截面逐渐加大直至桶体下部接近底边的位置,并在桶体下部形成"U"形轮廓。从左视图来看,桶体中部有一圆滑弧线。(详见本专利附图)

证据1公开了一种"油桶"的外观设计视图。从主视图来看:(1)桶体中下部有一横线,将桶体在视觉上分成底部和上部两部分;(2)桶体上部右上方是提手,提手右边缘轮廓线先向上方延伸至某一最高点后又向左下方稍微倾斜后延伸至桶盖部分,桶盖下另有一短弧线与上述延伸线平行;(3)把手中上部有一个略向左上方倾斜的长圆孔;(4)桶体上从接近把手左上部位置起向桶体左下方延伸一弧线,该弧线一直延伸直至与桶体中下部横线的左端点相接,桶体上从把手长圆孔左下方向桶体中下部横线延伸一斜线。从右视图来看,桶体中下部有一横线,把手从端部到桶体截面逐渐加大直至桶体中下部横线的位置。从左视图来看,桶体上部有一圆滑弧线,中间有一上下贯通的竖线,该竖线与桶体中下部横线成"十"字交叉。(详见证据1附图)

合议组认为:本专利和证据1所示均为油桶的外观设计,属于种类相同的物品,具有可比性。

将本专利与证据1相比较,其主要不同点为:从主视图来看,(1)本专利提手与桶体之间从上到下向右倾斜的分界线使得桶体和提手在视觉上成为截然分开的两部分,而证据1桶体中下部有一横线,将桶体在整体视觉上分成底部和上部两部分;(2)本专利提手右边缘轮廓线比证据1的更为圆滑,弯度更大;(3)本专利把手中上部长圆孔向左倾斜得比证据1的更为明显;(4)本专利桶体上的线条构成一向右上方倾斜的近似梯形,而证据1桶体上相应区域并无构成近似梯形的线条。从右视图来看,本专利把手在桶体下部形成"U"形轮廓,而证据1桶体中下部是一横线。从左视图来看,本专利桶体中部有一圆滑弧线,而证据1有成"十"字交叉的竖线和横线。

上述本专利与证据1的主要不同点对二者的整体视觉效果产生显著影响,使得证据1公开的外观设计专利与本专利不相同且不相近似,从而证据1与本专利不属于同样的发明创造,本专利符合专利第9条的规定。

三、决定

维持200530090452.5号外观设计专利权有效。

当事人对本决定不服的,可以根据专利法第46条第2款的规定,自收到本决定之日起三个月内向北京市第一中级人民法院起诉。根据该款的规定,一方当事人起诉后,另一方当事人应当作为第三人参加诉讼。

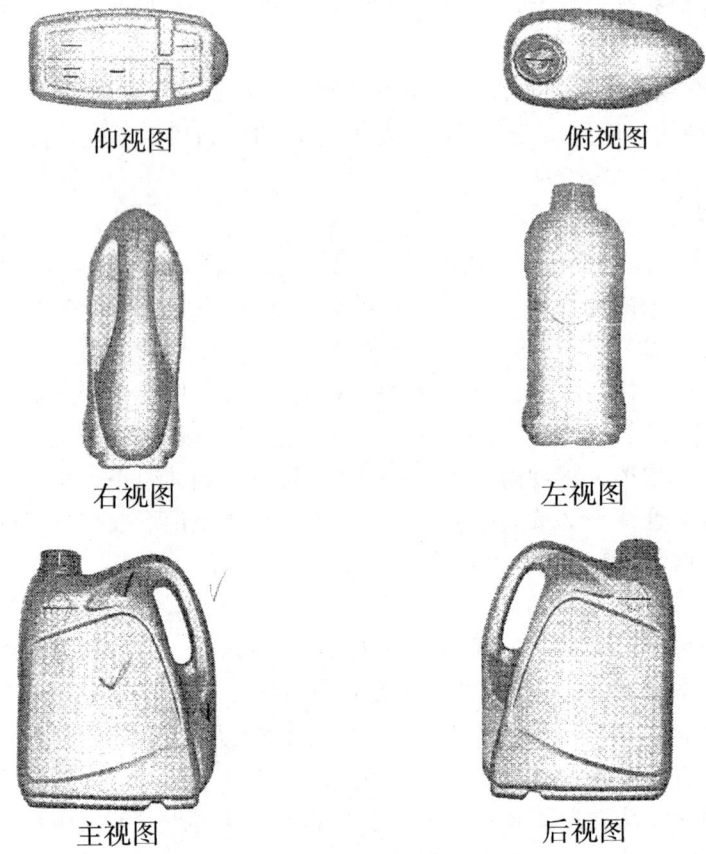

仰视图　　俯视图

右视图　　左视图

主视图　　后视图

本专利附图

右视图

左视图

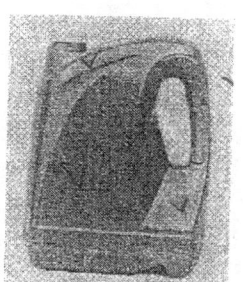
主视图

俯视图

证据1图
6w05908

异型铝框条 8606

无效宣告请求审查决定（第 9419 号）

决 定 号	第 9419 号
决 定 日	2006 年 12 月 30 日
发明创造名称	异型铝框条 8606
外观设计分类号	25-01-B0541
无 效 请 求 人	常熟华联铝业有限公司
专 利 权 人	苏州罗普斯金铝业有限公司
专 利 号	98325659.4
申 请 日	1998 年 9 月 28 日
授 权 公 告 日	1999 年 6 月 2 日
合议组组长	李 隽
主 审 员	柴爱军
参 审 员	徐洁玲　王丽颖　杜微科
法 律 依 据	中国专利法第 23 条
决 定 要 点	

已为人民法院发生法律效力的裁判所确认的事实可以作为认定案件事实的依据。

一、案由

本无效宣告请求审查决定涉及的是国家知识产权局于 1999 年 6 月 2 日授权公告的，专利号为 98325659.4，名称为"异型铝框条 8606"的外观设计专利（下称本专利），申请日为 1998 年 9 月 28 日，专利权人是苏州罗普斯金铝业有限公司。

针对本专利权，常熟华联铝业有限公司（下称请求人 1）于 2002 年 4 月 4 日提出无效宣告请求，其无效理由为本专利不符合专利法第 23 条的规定。

请求人 1 在无效宣告请求中主张了如下两个事实：

1. 在本专利申请日之前，专利权人于 1998 年 3 月 31 日公布了对客户的销售奖励办法，并从当年的 4 月 1 日实施。1998 年 7 月 24 日，专利权人将一批包括本专利产品（型号："8606"）在内的型材销售给宏大公司。

2. 本专利的产品已经在 1998 年 5 月 19 日至 24 日召开的第六届全国建筑装饰材料订货会上公开展示。

请求人 1 提交了两组证据证明其主张，证明公开销售的证据为 1-9；证明公开展示的证据为 10-

14。所附的证据如下：

证据1. 本专利外观设计公报，复印件1页；

证据2.（2001）昆证民字第2133号公证书，其内容是专利权人的产品销售奖励办法，复印件4页；

证据3.（2001）昆证民字第2104号公证书，其内容是专利权人成品出库单，复印件18页；

证据4.（2001）昆证民字第2105号公证书，其内容是专利权人的《罗普斯金》产品广告册节选，复印件16页；

证据5.（2001）昆证民字第2106号公证书，其内容是刘洪之声明书，复印件2页；

证据6.（2001）昆证民字第2131号公证书，其内容是刘洪之的工资卡，复印件2页；

证据7.（2001）昆证民字第2132号公证书，其内容是刘洪之养老保险手册，复印件6页；

证据8.（2001）昆证民字第2102号公证书，其内容是银行汇票存根，复印件2页；

证据9.（2001）昆证民字第2103号公证书，其内容是专利权人的发票，复印件2页；

证据10.（2001）昆证民字第2128号公证书，其内容是订货会的参观卷，复印件2页；

证据11.（2001）昆证民字第2107号公证书，其内容是刘洪之的声明书，复印件3页；

证据12.（2001）昆证民字第2127号公证书，其内容是：参展费的收据，复印件2页；

证据13.（2001）昆证民字第2130号公证书，其内容是《98装饰博览》节选，复印件4页；

证据14.（2001）昆证民字第2126号公证书，其内容是《云南建筑装饰》节选，复印件4页。

经形式审查合格，专利复审委员会于2002年7月26日受理了此案，向双方当事人发出无效宣告请求受理通知书，并将无效请求书及其所附证据转送给专利权人，要求专利权人在指定期限内答复。

2002年12月12日，专利权人针对请求人1的无效请求进行书面答辩，专利权人认为请求人1试图用申请日之后的产品样本来证明本专利在申请日前公知公用，请求人1提交的证据缺乏关联性，不具有任何证明效力。为证明上述观点，专利权人提交专利权人2002年所申请的专利产品的外观设计图片，以证明对于某一系列的产品，产品型号基本上是固定的，而产品的结构、形状会有不断的修改，据此可以充分说明型号与产品形状、结构不是一一对应的。专利权人提交的反证涉及以下外观设计：

反证1：02302704.5号中国外观设计，名称为异型铝铝框（9601）；

反证2：02350041.7号中国外观设计，名称为异型铝铝框（9601）；

反证3：02371538.3号中国外观设计，名称为异型铝铝框（9602）；

反证4：02350042.5号中国外观设计，名称为异型铝铝框（9602）；

反证5：02302708.8号中国外观设计，名称为异型铝铝框（9602）；

反证6：02350043.3号中国外观设计，名称为异型铝铝框（9603）；

反证7：02371541.3号中国外观设计，名称为异型铝铝框（9603）；

反证8：02302707.X号中国外观设计，名称为异型铝铝框（9603）；

反证9：02302706.1号中国外观设计，名称为异型铝铝框（9604）；

反证10：02350044.1号中国外观设计，名称为异型铝铝框（9604）；

反证11：02350045.X号中国外观设计，名称为异型铝铝框（9606）；

反证12：02371539.1号中国外观设计，名称为异型铝铝框（9606）；

反证13：02302713.4号中国外观设计，名称为异型铝铝框（9606）。

2003年7月29日，专利复审委员会收到请求人1的意见陈述书，请求人1同时还提交了浙江省高级人民法院（2002）浙经二终字第19号民事判决书（下称证据15）。

2003年1月30日，专利复审委员会收到专利权人的意见陈述书，专利权人还提交了1998年7月24日的机打出货单复印件共10页（下称反证14），以证明请求人1提交的出货单与专利权人公司实际留底的出货单不相符。

如皋市满园装饰材料经营部（下称请求人2）于2002年6月14日向专利复审委员会提出无效宣告请求，骆宗涛（下称请求人3）于2003年2月21日向专利复审委员会提出无效宣告请求，上述两个无效请求所涉及的无效理由都是本专利不符合专利法第23条的规定。

经过对以上三个无效宣告请求的审理，专利复审委员会于2003年10月21日作出了第5534号无效宣告请求审查决定书，该决定书认定了请求人1提交的证据3即手写出库单的真实性，并依照"同一个生产厂商，在一定的时间阶段内，一个型号仅仅对应一个特定的产品"的日常生活经验，认定异型铝框条8606即本专利产品在申请日之前已经公开销售，因此宣告本专利权无效。

专利权人不服专利复审委员会作出的第5534号无效宣告请求审查决定书，在法定期限内向北京市第一中级人民法院提起诉讼，北京市第一中级人民法院于2004年6月28日作出（2004）一中行初字第43号行政判决书，维持第5534号无效宣告请求审查决定书。

专利权人不服北京市第一中级人民法院作出的（2004）一中行初字第43号行政判决书，向北京市高级人民法院提起上诉，北京市高级人民法院于2004年12月14日作出（2004）高行终字第344号行政判决书，该判决书认定：对于罗普斯金公司在一审诉讼程序中提出的罗普斯金公司1998年8月20日出库单、LPSK祁连山868系列气密窗型材简图（7张）、吴浩陈述及9张照片本院予以接受；LPSK祁连山868系列气密窗型材简图（7张）虽为散页，亦未标注日期，本院对该证据的来源、提交的方式、出现的时间，与其他证据的关系，双方当事人之间的利害关系，本行业的常识惯例，罗普斯金公司以往申请专利的经历和经验等方面进行了综合审查，本院确认，该证据客观真实、合法有效，应予采信。以此作为基础，本院认为，依据现有事实和证据，并不能唯一地确认8606型号对应的产品形状就是本外观设计专利产品的形状，也就是说将若干证据相组合不能唯一确认罗普斯金公司于本专利申请日前公开销售的就是本案专利产品。专利复审委员会第5534号无效宣告请求审查决定及一审判决在认定事实、适用法律方面均有错误，故予以撤销，专利复审委员会应予重新作出审查决定。

专利复审委员会依法重新成立合议组对此案进行审理，2006年9月25向三方请求人以及专利权人发出《无效宣告请求口头审理通知书》，定于2006年11月3日进行口头审理。

请求人1于2006年10月17日提交了无效宣告请求口头审理通知书回执，表明不能参加口头审理。其他两方请求人未提交口头审理通知书回执。

经与三方请求人和专利权人进行联系后，合议组告知定于2006年11月3日的口头审理改为2006年11月2日与其他相关案件一并进行审理，三方请求人均表示不参加口头审理，专利权人表示同意。因此，本案合议组在专利权人参加的情况下进行了口头审理调查，专利权人充分地陈述了己方的意见。

鉴于请求人2和3对专利复审委员会发出的口头审理通知书在指定的期限内未作答复，并且未参加口头审理，根据《专利法实施细则》第69条第3款的规定，请求人2、3的无效宣告请求视为撤回。

在以上程序的基础上，本案合议组认为事实已经清楚，故在北京市高级人民法院作出的（2004）高行终字第344号行政判决书所认定事实的基础上，对请求人1的无效宣告请求做出如下决定。

二、决定的理由

《专利法》第23条规定："授予专利权的外观设计，应当同申请日以前在国内外出版物上公开发表过或者国内公开使用过的外观设计不相同和不相近似,并不得与他人在先取得的合法权利相冲突"。

请求人1主张以其提交的证据1-9证明1998年7月24日本专利产品已经公开销售;以证据10-14证明本专利产品已经在申请日前即1998年5月19日至24日召开的第六届全国建筑装饰材料及酒店用品(昆明)订货会上公开展出,因此本专利不符合专利法第23条的规定。

1. 对1998年7月24日的销售事实的认定

在(2004)高行终字第344号行政判决书中,北京市高级人民法院明确认定罗普斯金公司在一审诉讼程序中提出的LPSK祁连山868系列气密窗型材简图(7张)属于客观真实、合法有效的证据,应予采信。基于此,该判决确认依据现有事实和证据,并不能唯一地确认8606型号对应的产品形状就是本外观设计专利产品的形状,也就是说将若干证据相组合不能唯一确认罗普斯金公司于本专利申请日前公开销售的就是本专利产品。因此,合议组对于请求人的"1998年7月24日销售的异型铝框条8606就是本专利产品"主张不予支持,也就是综合本案中出现的证据不能唯一确认罗普斯金公司于本专利申请日前公开销售的就是本专利产品,请求人1提出的"本专利产品在其申请日之前通过销售而公开"进而本专利不符合专利法第23条的无效理由不能成立。

2. 对于展览公开事实的认定

合议组认为,鉴于请求人1已放弃证据10-13,仅凭证据14不能证明所公开展出产品的具体外观设计,无法与本专利进行相同、相近似性判断,因此请求人1提出的本专利产品已通过展览方式公开的主张不能得到合议组的支持。

3. 结论

综上,请求人1所主张的"本专利产品在其申请日之前通过销售、展览的方式公开,因此本专利不符合专利法第23条规定"的无效理由不能成立。

基于以上理由,合议组作出如下决定。

三、决定

维持第98325659.4号外观设计专利权有效。

当事人对本决定不服的,可以根据专利法第四十六条第二款的规定,自收到本决定之日起三个月内向北京市第一中级人民法院起诉。根据该款的规定,一方当事人起诉后,另一方当事人应当作为第三人参加诉讼。

瓶贴（皇城京王子）

无效宣告请求审查决定（第 9424 号）

决 定 号	第 9424 号
决 定 日	2006 年 12 月 30 日
发明创造名称	瓶贴（皇城京王子）
外观设计分类号	19-08
无 效 请 求 人	北京二锅头酒业股份有限公司
专 利 权 人	刘广秀
申 请 号	03358022.7
申 请 日	2003 年 8 月 27 日
授 权 公 告 日	2004 年 2 月 11 日
合议组组长	李 隽
主 审 员	王桂莲
参 审 员	侯海薏
法 律 依 据	专利法第 23 条

决 定 要 点

生产者与代理商之间签订的销售协议附有外观设计图片，意味着该外观设计在销售协议签订之日处于任何人想得知就能够得知的状态，因此该日期之后申请的与该外观设计相同或相近似的外观设计不能获得专利权。

一、案由

本无效宣告请求涉及国家知识产权局于 2004 年 2 月 11 日授权公告的名称为"瓶贴（皇城京王子）"的 03358022.7 号外观设计专利权（下称本专利），其申请日为 2003 年 8 月 27 日，专利权人为刘广秀。

针对本专利权，北京二锅头酒业股份有限公司（下称请求人）于 2004 年 9 月 14 日向专利复审委员会提出无效宣告请求，理由是本专利与其申请日前已公开销售的"京王子"瓶贴相近似。请求人同时提交如下证据：

证据 1-1：北京二锅头酒业集团 2000 年 7 月 16 日与温州市亚庆印业有限公司签订的《加工定作合同》复印件一页，合同编号为 2000-07-16；

证据 1-2：加盖有"北京二锅头酒业集团"和"温州市亚庆印业有限公司"公章的 100ml 装 38°"永丰牌"京王子掌中宝酒瓶贴标样复印件一页，请求人声称是证据 1-1 合同中涉及印制的瓶贴标样；

证据2：北京增值税专用发票No.02067293复印件一张，开票日期为02年6月28日，货物名称是京王子掌中宝，销货单位是北京二锅头酒厂；

证据3：北京市大兴区公证处于2003年6月16日出具的（2003）大证字第1437号公证书复印件共四页，其中标记"70"的一页上有京王子酒包装及产品照片3张，标记"74"的一页上有带京王子酒广告的公共汽车背面广告照片四张。

请求人认为，本专利的外观设计与本专利申请日之前公开使用的"京王子"瓶贴相比，形状、布图结构相同，图案的部分内容相同，两瓶贴上的产品名称、次名称均近似，因此二个瓶贴相近似，本专利不符合专利法第23条的规定。

经形式审查合格，专利复审委员会依法受理了上述无效宣告请求，并于2004年9月14日将无效宣告请求书及其附件清单中所列附件的副本转送给专利权人。

2004年10月10日，专利权人针对无效宣告请求书提交了意见陈述书，认为本专利与请求人的"京王子"瓶贴相比既不相同也不相近似，因为：1、本专利采用的长城图案和屋顶状图案虽然属于公知的外观设计，但是本专利选用了绿色作为外观的色彩，色彩独特，该设计从未有任何人使用过，并且本专利的名称"皇城京王子"独创，在国家商标局893期商标公告上已初步审定；2、请求人的前身北京二锅头酒厂自1992年5月成立以来一直未经营，请求人自身的《工业产品生产许可证受理通知书》于2003年10月27日签发，请求人在此之前不可能生产酒类产品，因此请求人的证据2不具备真实性，证据3公证书中的产品并非请求人所生产。专利权人同时提交如下附件作为证据：

附件1-1：企业名称变更预先核准通知书（京）企名预核（内）变字［2001］第10583735号复印件一页，内容为北京市工商行政管理局预先核准北京二锅头酒厂的企业名称变更为北京二锅头酒业股份有限公司；

附件1-2：北京二锅头酒业股份有限公司企业法人营业执照（副本）复印件一页；

附件1-3：加盖北京市工商行政管理局印章的关于北京二锅头酒厂于2002年8月7日名称变更为北京二锅头酒业股份有限公司的证明复印件一页；

附件1-4：加盖北京市工业产品生产许可证办公室印章的北京二锅头酒业股份有限公司的《工业产品生产许可证受理通知书》复印件一页，签发日期为2003年10月27日；

附件1-5：《北京二锅头酒厂资产评估报告》京达师评报字（2002）第004号复印件共4页；

附件2：声称为北京汇圣泉酿酒厂"京鼎小王子"瓶贴原件、1996年版壹圆人民币原件、本外观设计专利以及"百年泸池"包装图样复印件。

附件3-1：2003年第32期总第893期第429页商标初步审定公告复印件一页，公告日期是2003年8月28日，其中第3369645号商标是"皇城京王子"；

附件3-2：加盖北京金三普商贸有限公司红章和徐学青红章的北京金三普商贸有限公司委托刘广秀设计商标的委托书原件，日期是2002年5月。

2004年10月13日，请求人补充提交了如下证据（编号承前）：

证据4：中国北京二锅头酒业集团和北京醉流霞商贸有限公司"醉流霞"宣传册封面、内页、封底共16页复印件，其中内页第5页右下角为"京王子掌中宝"产品图片，内页第12页为北京二锅头酒业集团和北京市房山区林林副食商店于2001年2月8日签订的销售协议，其上加盖双方印章；

证据5：中国北京二锅头酒业集团和北京醉流霞商贸有限公司"醉流霞"宣传册封面、内页、封底共16页复印件，其中内页第5页右下角为"京王子掌中宝"产品图片，内页第12页为北京二锅头酒业集团和北京市南召华兴副食经营部于2001年3月28日签订的销售协议，其上加盖双方印章；

证据6-1：北京市大兴区公证处（2004）大证字第0763号公证书原件，内附工作记录一页和刻录有北京市大兴区广播电视中心广告部节目内容的光盘一张，光盘上注明："此盘内容与播出母带内容相同，于国庆。04.10.8"；

证据6-2：加盖北京市大兴区广播电视台广告部印章并有于国庆签名的证言复印件一页，内容为大兴区广播电视台于2003年7月9日播出了北京二锅头酒业股份有限公司新厂落成与商户见面的一次订货联谊会的实况报道，该台母带上的上述节目内容已经刻录于光盘上。证言出具日期是2004年10月8日。

请求人结合上述证据认为，证据4是中国北京二锅头酒业集团和北京醉流霞商贸有限公司的产品销售彩印广告册，用于对企业本身和其产品进行商业宣传，一旦印出并发放给客户，则其内容已经被公开；证据4中的销售协议于2001年2月8日签订，说明所述广告册的最晚公开日是2001年2月8日；本专利外观设计的瓶贴与证据4中"京王子掌中宝"瓶贴相比，其横置方式、长宽比例、外观设计的整体布图以及贴眉、贴脚和中部的图案设计均相同，区别在于在同样的位置以同样的字体用"皇城京王子"代替"京王子"，用"好兆头"代替"掌中宝"，这种区别不能造成视觉观感上的明显差别，而其余部分的文字或因体量小或因属于汉语拼音而难以引起消费者的注意；因此本专利的外观设计与本申请日之前公开的证据4中的京王子掌中宝外观设计相近似，本专利不符合专利法第23条的规定。同证据4，证据5也证明本专利不符合专利法第23条的规定。另外，请求人认为证据6能够证明，北京市大兴区电视台47频道于2003年7月9日"经济生活一刻钟"栏目播出了北京二锅头酒业股份有限公司新厂落成与商户见面的订货联谊会实况报道，该次订货联谊会上展出的产品包括证据4内页第5页右下角的"京王子掌中宝"产品。因此与本专利相近似的外观设计于该次商户见面会上公开，且于2003年7月9日通过电视报道为更广大的电视观众所知，因此本专利不符合专利法第23条的规定。

2005年6月6日，请求人向专利复审委员会提交意见陈述书，请求对本案进行口头审理。

专利复审委员会本案合议组于2005年6月2日向双方当事人发出无效宣告请求口头审理通知书，指出本案合议组定于2005年7月4日举行口头审理。随口头审理通知书，将专利权人于2004年10月10日提交的意见陈述书及其附件清单中所列附件的副本转送给请求人，将请求人2004年10月13日提交的意见陈述书及其附件清单中所列附件的副本转送给专利权人。

口头审理如期举行，专利权人缺席口头审理，请求人出席了口头审理，请求人在口头审理通知书回执中称将出庭作证的证人于国庆未出庭。请求人对合议组成员没有回避请求。请求人当庭提交证据1至5及证据6-2的原件，经过核实，上述证据的复印件与原件相符。请求人当庭提交了"京王子酒上市三年多来的部分资料"的原件。请求人还当庭提交北京市大兴区公证处于2004年10月8日封装在信封中的证据6中的光盘，合议组当庭拆封，并播放光盘，其中的"京王子掌中宝"酒瓶及瓶贴与证据3第70页中间照片的两个酒瓶及瓶贴相同。合议组于口头审理结束后将光盘封入原信封。

在口头审理中，请求人认为证据1证明"100ml京王子38（"瓶贴于本专利申请日之前印制，图案及色彩如标样所示；证据2证明"京王子掌中宝"2两规格于本专利申请日之前公开销售；证据3证明"京王子掌中宝"于本专利申请日之前公开销售；证据4和5证明样本中的产品于本专利申请日之前公开销售，乙方可以从样本中选择产品。请求人对专利权人证据"百年泸池"有异议，对其他证据无异议。请求人主张"北京二锅头酒业股份有限公司"的前身为"北京二锅头酒厂"，请求人名称变更前及变更后至2004年8月之前均委托"北京二锅头酒业集团公司"生产"京王子掌中宝"。请求人当庭提交商标异议申请受理通知书、标合同备字980736号、980737号商标使用许可合同备案通知书、2001年4月10日国营北京大兴酒厂与北京二锅头酒业集团签订的委托加工协议书、2002年

4月30日北京二锅头酒厂与北京二锅头酒业集团签订的委托加工协议书的原件；请求人提交了2004年8月31日颁发的北京二锅头酒业股份有限公司的生产许可证复印件，经核实复印件与原件相符；请求人提交了2001年4月9日颁发的北京二锅头酒业集团的生产许可证复印件。

至此，合议组认为本案事实清楚，现依法作出审查决定。

二、决定的理由

请求人主张证据4和5样本中的产品于本专利申请日之前公开销售，本专利与证据4和5第5页的"京王子掌中宝"瓶贴相近似，本专利不符合专利法第23条的规定。

经审查，证据4和5是请求人自提出无效宣告请求之日起一个月内提交的证据，属于应予考虑的情形。证据4和5均是中国北京二锅头酒业集团和北京醉流霞商贸有限公司"醉流霞"宣传册封面、内页、封底共16页复印件，内页第5页右下角为"京王子掌中宝"产品图片，证据4第12页为北京二锅头酒业集团和北京市房山区林林副食商店于2001年2月8日签订的销售协议，其上加盖双方印章，并有双方代表人签名；证据5第12页为北京二锅头酒业集团和北京市南召华兴副食经营部于2001年3月28日签订的销售协议，其上加盖双方印章。并有双方代表人签名，专利复审委员会将证据4和5的副本转给专利权人后，专利权人未针对上述证据陈述意见，也未对证据4和5的真实性提出异议，而且请求人在口头审理中提交了证据4和5的原件，合议组经过核实，证据4和5的复印件与原件相符，原件没有明显伪造痕迹，且两份协议书分别是案外第三人北京二锅头酒业集团与不同单位签订的，因此，合议组对证据4和5的真实性予以确认。

证据4第5页载有"京王子掌中宝"产品图片，第12页为北京二锅头酒业集团和北京市房山区林林副食商店于2001年2月8日签订的销售协议，其上加盖双方印章，并有双方代表人签名，证明北京市房山区林林副食商店在2001年2月8日与北京二锅头酒业集团签订销售协议时通过该产品样本能够得知第5页"京王子掌中宝"的瓶贴外观设计。证据5第5页载有"京王子掌中宝"产品图片，第12页为北京二锅头酒业集团和北京市南召华兴副食经营部于2001年3月28日签订的销售协议，其上加盖双方印章，并有双方代表人签名，证明北京市南召华兴副食经营部在2001年3月28日与北京二锅头酒业集团签订销售协议时通过该产品样本能够得知第5页"京王子掌中宝"的瓶贴外观设计。两份协议书签订的目的是为了增加永丰系列产品的销售量，协议书中也未记载有关保密义务的内容，因此上述两份协议书的乙方北京市房山区林林副食商店和北京市南召华兴副食经营部为非特定人。因此，证据4和5证明"京王子掌中宝"瓶贴外观设计于2001年2月8日和2001年3月28日处于社会公众想得知就能够得知的状态，即构成本专利申请日之前的现有设计。

本专利和证据4和5第5页的"京王子掌中宝"图片上的瓶贴均为酒瓶瓶贴，二者属于相同类别产品，可以进行相近似比较。

本专利瓶贴外观设计为横置的长方形平面设计，从瓶贴上边中点起两条左右对称的与水平方向成大致25度向下倾斜的斜线使斜线上方形成左右两个直角三角形，左侧三角形中有"十年"字样，右侧三角形中有"窖香"字样；两条对称斜线下方呈类似屋顶形状，在瓶贴上下高度大约1/2和1/3处各有一条直线。在两条对称斜线下方类似屋顶的顶部有"38%（V/V） 100ml"字样，酒名称"皇城京王子"美术字几乎占据两条对称斜线和瓶贴上下高度大约1/2处的直线之间的空间，在瓶贴上下高度大约1/2的直线中央部分是"好兆头"三个字，在瓶贴上下高度大约1/2处的直线和大约1/3处的直线之间是"好兆头"三个字的大写汉语拼音"HAOZHAOTOU"，在瓶贴上下高度大约1/3处的直线与瓶贴底边之间是长城图案。本专利未请求保护色彩。

证据4和5第5页的"京王子掌中宝"图片上的瓶贴外观设计也为横置的长方形平面设计，从瓶贴上边中点起两条左右对称的与水平方向成大致20度向下倾斜的斜线使斜线上方形成左右两个直角三角形，左侧三角形中有"十年"字样，右侧三角形中有"窖香"字样；两条对称斜线下方呈类似屋顶形状，在瓶贴上下高度大约1/2和1/3处各有一条直线。在两条对称斜线下方类似屋顶的顶部有"45%（V/V）100ml"字样，酒名称"京王子"三个美术字几乎占据两条对称斜线和瓶贴上下高度大约1/2处的直线之间的空间，在瓶贴上下高度大约1/2的直线中央部分是"掌中宝"三个字，在瓶贴上下高度大约1/2处的直线和大约1/3处的直线之间是"掌中宝"三个字的大写汉语拼音"ZHANGZHONGBAO"，在瓶贴上下高度大约1/3处的直线与瓶贴底边之间是长城图案。

将本专利外观设计与证据4和5第5页上"京王子掌中宝"的瓶贴进行比较，二者的相同点在于：二者均为横置的长方形平面设计，从瓶贴上边中点起两条左右对称的与水平方向成锐角向下倾斜的斜线使斜线上方形成左右两个直角三角形，左侧三角形中有"十年"字样，右侧三角形中有"窖香"字样；两条对称斜线下方呈类似屋顶形状，在瓶贴上下高度大约1/2和1/3处各有一条直线。在两条对称斜线下方类似屋顶的顶部有标识酒的浓度和容量的字样，酒名称几乎占据两条对称斜线和瓶贴上下高度大约1/2处的直线之间的空间，在瓶贴上下高度大约1/2的直线中央部分均有三个汉字，在瓶贴上下高度大约1/2处的直线和大约1/3处的直线之间是位于高度大约1/2的直线中央部分汉字的大写汉语拼音，在瓶贴上下高度大约1/3处的直线与瓶贴底边之间是基本相同的长城图案。

二者的区别是：1、本专利从瓶贴上边中点起两条左右对称的向下倾斜的斜线与水平方向成的角度比证据4和5中的斜线与水平方向所成角度略大，2、二者酒的名称及字体不同，二者在上下高度大约1/2的直线中央部分的汉字、字体及汉语拼音不同。

合议组认为，由于二者的瓶贴设计整体布图基本相同，长城图案基本相同，二者的区别点1属于局部细微差别，二者酒名称及上下高度大约1/2的直线中央部分的汉字占据瓶贴面积的比例不大，且字体差别较小，也属于局部细微差别。因此二者的上述差别不会对一般消费者的整体视觉效果产生显著影响，本专利与证据4和5第5页上的"京王子掌中宝"瓶贴相近似。

专利权人的附件1证明北京二锅头酒厂自1992年5月成立以来一直未经营，进而证明专利权人证据2不真实，与请求人提交的证据4和5无关联；专利权人的附件2证明长城和屋顶图案为公知设计，不能证明证据4和5中"京王子掌中宝"瓶贴与本专利不相近似；专利权人的附件3证明"皇城京王子"取得商标注册，与证据4和5无关联。综上所述，专利权人的证据不能证明本专利与证据4和5中的"京王子掌中宝"瓶贴不相近似。

由于证据4和5第5页上的"京王子掌中宝"在本专利申请日前处于社会公众想得知就可以得知的状态，且与本专利相近似，因此本专利不符合专利法第23条的规定。

三、决定

宣告03358022.7号外观设计专利权无效。

当事人对本决定不服的，可以根据专利法第46条第2款的规定，自收到本决定之日起三个月内向北京市第一中级人民法院起诉。根据该款的规定，一方当事人起诉后，另一方当事人应当作为第三人参加诉讼。

口香糖包装盒（3）

无效宣告请求审查决定（第9426号）

决 定 号	第9426号
决 定 日	2006年11月23日
发明创造名称	口香糖包装盒（3）
外观设计分类号	09-03
无效宣告请求人	泊头市清清食品有限公司
专 利 权 人	陈永福
专 利 号	200330121743.7
申 请 日	2003年12月12日
授权公告日	2004年7月21日
合议组组长	张 沧
主 审 员	祝海燕
参 审 员	李金光
附 图	共2页

法 律 依 据 专利法第9条

决 定 要 点

对于外观设计而言，专利法第9条所述的"同样的发明创造"是指相同或者相近似的外观设计。

一、案由

本无效宣告请求案涉及国家知识产权局于2004年7月21日授权公告、名称为"口香糖包装盒（3）"的第200330121743.7号外观设计专利权（下称本专利），其申请日为2003年12月12日，专利权人为陈永福。

针对上述专利权，泊头市清清食品有限公司（下称请求人）于2006年6月1日以本专利不符合专利法第23条、第9条、专利法实施细则第13条第1款为由向专利复审委员会提出无效宣告请求，同时请求人提交了下述附件作为证据：

附件1：本外观设计专利授权公告文本，共1页；

附件2：第200330121742.2号中国外观设计专利授权文本，申请日为2003年12月12日，授权公告日为2004年7月14日，专利权人为陈永福，共1页；

附件3：第200330121736.7号中国外观设计专利授权文本，申请日为2003年12月12日，授权公告日为2004年8月4日，专利权人为陈永福，共1页；

附件4：第03351211.6号中国外观设计专利授权文本，申请日为2003年8月26日，授权公告日为2004年3月10日，专利权人为季宝成，共1页；

附件5："TIME"杂志，出版日2002年11月18日，复印件共2页；

附件6："better nutrition"杂志，出版日2003年4月，复印件共2页。

依据上述附件，请求人的具体理由是：1. 附件4的申请日早于本专利的申请日，其申请人不同于本专利的专利权人，且附件4的口香糖包装盒与本专利外观设计产品相比，二者设计构思、组成均相同，整体形状相近似，二者的差别属于局部细微差别，对整体视觉效果影响甚微，属于相近似的外观设计，构成了同样的发明创造，因此依据附件4可以认定本专利权的授予不符合专利法第9条的规定；2. 附件5和附件6公开于本专利申请日之前，其分别公开了一种口香糖包装盒，将其分别与本专利相比，整体形状和构成与本专利极为相似，二者的差别属于局部细微差别，因此本专利权的授予不符合专利法第23条的规定；3. 附件2和3均属于与本专利相近似的外观设计专利，由于它们的申请日与本专利申请日相同，它们的专利权人也与本专利的专利权人相同，因而依据附件2和3可以认定本专利权的授予也不符合专利法实施细则第13条第1款的规定。

经形式审查合格后，专利复审委员会受理了上述请求，于2006年6月1日向双方当事人发出《无效宣告请求受理通知书》，并将《专利权无效宣告请求书》及其附件的副本转送给专利权人，要求其在指定的期限内答复，同时成立合议组对本无效宣告请求案进行审理。

针对上述无效宣告请求，专利权人于2006年7月14日提交了《意见陈述书》，认为：1、本专利外观设计与附件4相比二者的盒盖明显不同，而口香糖包装盒销售时一般是将设有盒盖的顶面面向消费者，盒盖的顶面是消费者易于见到的部位，因此，口香糖包装盒盖是消费者辨别同类产品的重要区别特征，因此本专利与附件4不相同也不相近似，本专利符合专利法第9条的规定。2、附件5和附件6均为国外杂志的复印件，无法证实其真实性，也没有证据表明其公开时间早于本专利的申请日，因此其不能用作评价本专利的对比文件。3、附件2和3的盒盖与本专利外观设计的盒盖明显不同，因此基于与上述1中同样的理由，附件2和3所公开的外观设计与本专利不相同也不相近似，本专利符合专利法第13条第1款的规定。随《意见陈述书》，专利权人附上了专利复审委员会转交的请求人提交的附件1-6。

2006年8月17日，专利复审委员会本案合议组向双方当事人发出《无效宣告请求口头审理通知书》，告知双方当事人本案合议组定于2006年9月26日对本无效宣告请求案进行口头审理。并随《口头审理通知书》将专利权人于2006年7月14日提交的意见陈述书转给请求人。

2006年9月26日，口头审理如期进行，专利权人没有出席口头审理，合议组在请求人一方出庭的情况下就本无效宣告请求案进行了庭审调查。庭审过程中，请求人出示了附件5和6的原件，但未能出示该杂志的公证认证文件；合议组就本案的无效理由及证据逐一进行了调查，请求人充分陈述了自己的意见。

至此，合议组认为本案的事实清楚，可以作出审查决定。

二、决定的理由

（一）法律适用

专利法第9条规定，两个以上的申请人分别就同样的发明创造申请专利的，专利权授予最先申请的人。

根据《审查指南》第四部分第7章第1节的规定，对于外观设计而言，专利法第9条所述的"同样的发明创造"是指相同或者相近似的外观设计。

（二）证据认定

请求人提交的附件4为第03351211.6号中国外观设计专利公报，经核查，合议组对其真实性予以认可。由于附件4的申请日为2003年8月26日，在本专利的申请日之前，其授权公告日为2004年3月10日，公告日在本专利申请日之后，附件4的专利权人为季宝成，不同于本专利的专利权人，因此附件4可以作为以专利法第9条为无效宣告理由所依据的证据。

（三）外观设计相同相近似性比较

本专利要求保护一种口香糖包装盒，该包装盒整体形状设计为近似长方形的扁盒体，盒体正面有一可掀起的盒盖，盒盖侧边缘为略向内凹的弧形，盒盖与盒体连接部基本位于盒盖中部，且连接部宽度约为盒体宽度的1/2，盒盖前端与盒体等宽、前边缘为平口状，下部有向下的凸缘卡在盒体边上。（详见本专利附图）。

附件4涉及一种口香糖包装盒，该包装盒整体形状设计为近似长方形的扁盒体，盒体正面也有一可掀起的盒盖，盒盖侧边缘为略向内缩的直线形，盒盖与盒体连接部基本位于盒盖中部，且连接部宽度约为盒体宽度的1/2，盒盖前端与盒体等宽并向前凸出于盒体，下部有向下的凸缘卡在盒体边上，盒体侧面设有防滑的凸棱。（详见附件4附图）。

由上述可知，本专利与附件4所公开的外观设计相比较，两者的相同点是：口香糖包装盒均由盒体和盒盖两个部分组成；整体形状设计均为近似长方形的扁盒体；盒体正面有一可掀起的盒盖，盒盖与盒体连接部基本位于盒盖中部，且连接部宽度约为盒体宽度的1/2，盒盖前端与盒体等宽，下部有向下的凸缘卡在盒体边上。

两者的主要区别点在于：1、盒盖形状略有不同，本专利盒盖侧边缘为内凹圆弧，而附件4的盒盖侧边缘为内缩直线形。2、盒盖前端略有差异，本专利前端平，而附件4略向前凸出。3、盒体侧面略有区别，本专利侧面光滑，而附件4侧面设有防滑棱。

经比较后合议组认为，尽管本专利与附件4所公开的盒盖侧边缘略有差异，盒盖前端也略有不同，以及有无防滑棱等区别，但这些区别属于局部的细微变化，尚不足以构成两产品外观形状的明显改变；此外，消费者在购买该产品时盒盖也是处于闭合状态的，与盒体构成一个整体，因此盒盖形状和侧边缘形状不会对产品的整体视觉效果产生显著影响。也就是说，根据整体观察、综合判断的原则，本专利与附件4构成相近似的外观设计。

本专利外观设计与附件4的在先申请外观设计属于同样的发明创造，因此，本专利权的授予不符合专利法第9条的规定。

鉴于依据请求人提交的附件4已能够得出本专利权的授予不符合专利法第9条的规定应予宣告无效的结论，因此合议组对请求人提交的其他证据和无效理由不再评述。

三、决定

宣告第200330121743.7号外观设计专利权无效。

当事人对本决定不服的，可以根据专利法第46条第2款的规定，自收到本决定之日起三个月内向北京市第一中级人民法院起诉。根据该款的规定，一方当事人起诉后，另一方当事人应当作为第三人参加诉讼。

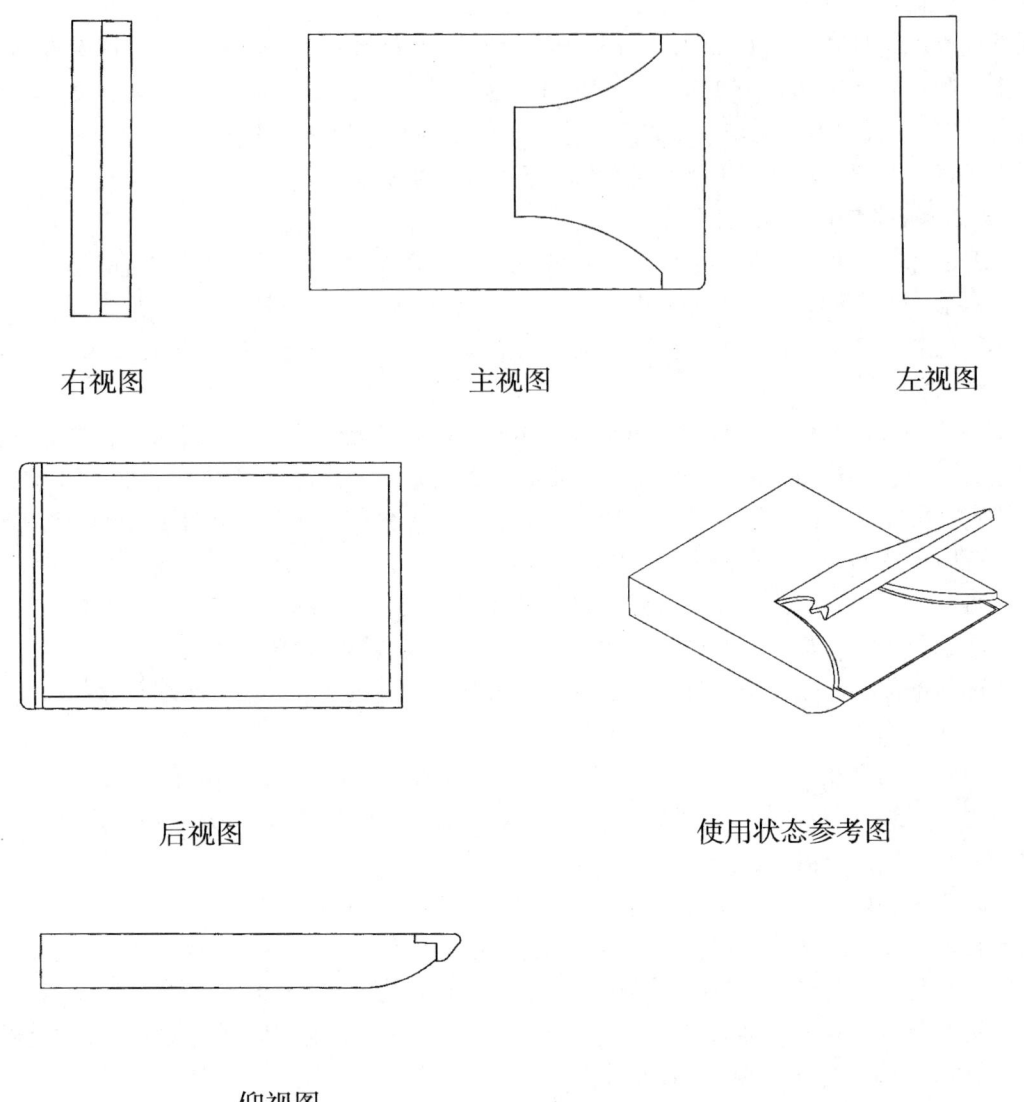

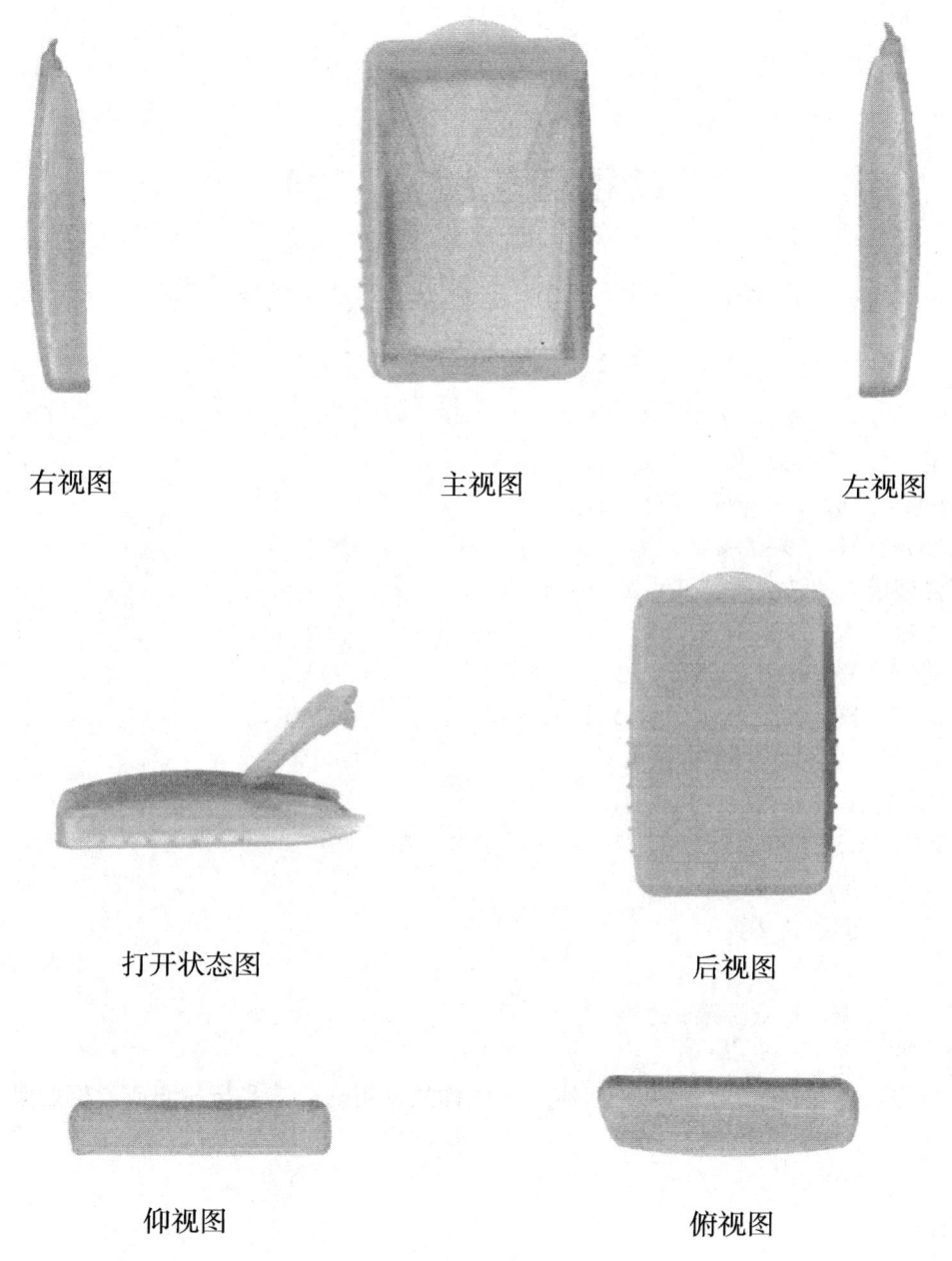

右视图　　　　　主视图　　　　　左视图

打开状态图　　　　　后视图

仰视图　　　　　俯视图

附件4附图

口香糖包装盒（2）

无效宣告请求审查决定（第9427号）

决 定 号	第9427号
决 定 日	2006年11月23日
发明创造名称	口香糖包装盒（2）
外观设计分类号	09-03
无效宣告请求人	泊头市清清食品有限公司
专 利 权 人	陈永福
专 利 号	200330121742.2
申 请 日	2003年12月12日
授权公告日	2004年7月14日
合议组组长	张　沧
主 审 员	祝海燕
参 审 员	李金光
附　　　图	共2页

法律依据 专利法第9条

决定要点

对于外观设计而言，专利法第9条所述的"同样的发明创造"是指相同或者相近似的外观设计。

一、案由

本无效宣告请求案涉及国家知识产权局于2004年7月14日授权公告、名称为"口香糖包装盒（2）"的第200330121742.2号外观设计专利权（下称本专利），其申请日为2003年12月12日，专利权人为陈永福。

针对上述专利权，泊头市清清食品有限公司（下称请求人）于2006年6月1日以本专利不符合专利法第23条、第9条、专利法实施细则第13条第1款为由向专利复审委员会提出无效宣告请求，同时请求人提交了下述附件作为证据：

附件1：本外观设计专利授权公告文本，共1页；

附件2：第200330121743.7号中国外观设计专利授权文本，申请日为2003年12月12日，授权公告日为2004年7月21日，专利权人是陈永福，共1页；

附件3：第200330121736.7号中国外观设计专利授权文本，申请日为2003年12月12日，授权公告日为2004年8月4日，专利权人是陈永福，共1页；

附件4：第03351211.6号中国外观设计专利授权公告文本，申请日为2003年8月26日，授权公告日为2004年3月10日，专利权人是季宝成，共1页；

附件5："TIME"杂志，出版日2002年11月18日，复印件共2页；

附件6："better nutrition"杂志，出版日2003年4月，复印件共2页。

依据上述附件，请求人的具体理由是：1. 附件4的申请日早于本专利的申请日，其申请人不同于本专利的专利权人，且附件4的口香糖包装盒与本专利外观设计产品相比，二者设计构思、组成均相同，整体形状相近似，二者的差别属于局部细微差别，对整体视觉效果影响甚微，属于相近似的外观设计，构成了同样的发明创造，因此依据附件4可以认定本专利权的授予不符合专利法第9条的规定；2. 附件5和附件6公开于本专利申请日前，其分别涉及一种口香糖包装盒，将其分别与本专利相比，整体形状和构成与本专利极为相似，二者的差别属于局部细微差别，因此本专利权的授予不符合专利法第23条的规定；3. 附件2和3均属于与本专利相近似的外观设计专利，由于它们的申请日与本专利申请日相同，它们的专利权人与本专利专利权人为同一人，因而本专利权的授予也不符合专利法实施细则第13条第1款的规定。

经形式审查合格后，专利复审委员会受理了上述请求，于2006年6月1日向双方当事人发出《无效宣告请求受理通知书》，并将《专利权无效宣告请求书》及其附件的副本转送给专利权人，要求其在指定的期限内答复，同时成立合议组对本无效宣告请求案进行审理。

针对上述无效宣告请求，专利权人于2006年7月14日提交了《意见陈述书》，认为：1、本专利外观设计与附件4相比二者的盒盖明显不同，而口香糖包装盒销售时一般是将设有盒盖的顶面面向消费者，盒盖的顶面是消费者易于见到的部位，因此，口香糖包装盒盖是消费者辨别同类产品的重要区别特征，因此本专利与附件4不相同也不相近似，本专利符合专利法第9条的规定。2、附件5和附件6均为国外杂志的复印件，无法证实其真实性，也没有证据表明其公开时间早于本专利的申请日，因此其不能用作评价本专利的对比文件。3、附件2和3的盒盖与本专利外观设计的盒盖明显不同，因此基于同样的理由，附件2和3所公开的外观设计与本专利不相同也不相近似，本专利符合专利法第13条第1款的规定。随《意见陈述书》，专利权人附上了专利复审委员会转交给他的请求人提交的附件1-6。

2006年8月17日，专利复审委员会本案合议组向双方当事人发出《无效宣告请求口头审理通知书》，告知双方当事人拟定于2006年9月26日对本无效宣告请求案进行口头审理。并随口头审理通知书将专利权人于2006年7月14日提交的意见陈述书转给请求人。

2006年9月26日，口头审理如期进行，专利权人没有出席口头审理，合议组在请求人一方出庭的情况下就本无效宣告请求案进行了庭审调查。庭审过程中，请求人出示了附件5和6的原件，但未能出示该杂志的公证认证文件；合议组就本案的无效理由及证据逐一进行了调查，请求人充分陈述了自己的意见。

至此，合议组认为本案的事实清楚，可以作出审查决定。

二、决定的理由

（一）法律适用

专利法第9条规定，两个以上的申请人分别就同样的发明创造申请专利的，专利权授予最先申请的人。

根据《审查指南》第四部分第7章第1节的规定，对于外观设计而言，专利法第9条所述的"同样的发明创造"是指相同或者相近似的外观设计。

(二) 证据认定

请求人提交的附件4为第03351211.6号中国外观设计专利公报，经核查，合议组对其真实性予以认可。由于附件4的申请日为2003年8月26日，在本专利的申请日之前，其授权公告日为2004年3月10日，公告日在本专利申请日之后，附件4的专利权人为季宝成，不同于本专利的专利权人，因此附件4可以作为以专利法第9条为无效宣告理由所依据的证据。

(三) 外观设计相同相近似性比较

本专利要求保护一种口香糖包装盒，该包装盒整体形状设计为近似长方形的扁盒体，盒体正面有一可掀起的盒盖，盒盖宽度方向的中部略向下凹陷，从而将盒盖划分为左右两部分，盒盖侧边缘为略向外凸的弧形，盒盖与盒体连接部基本位于盒盖中部，且连接部宽度约为盒体宽度的1/2，盒盖前端与盒体等宽并略微向前凸出于盒体，下部有向下的凸缘卡在盒体边上。(详见本专利附图)。

附件4涉及一种口香糖包装盒，该包装盒整体形状设计为近似长方形的扁盒体，盒体正面也有一可掀起的盒盖，盒盖侧边缘为略向内缩的直线形，盒盖与盒体连接部基本位于盒盖中部，且连接部宽度约为盒体宽度的1/2，盒盖前端与盒体等宽并向前凸出于盒体，下部有向下的凸缘卡在盒体边上，盒体侧面设有防滑的凸棱。(详见附件4附图)。

由上述可知，本专利与附件4所公开的外观设计相比较，两者的相同点是：口香糖包装盒均由盒体和盒盖两个部分组成；整体形状设计均为近似长方形的扁盒体；盒体正面有一可掀起的盒盖，盒盖与盒体连接部基本位于盒盖中部，且连接部宽度约为盒体宽度的1/2，盒盖前端与盒体等宽并前凸出于盒体，下部有向下的凸缘卡在盒体边上。

两者的主要区别点在于：1. 盒盖形状略有不同，本专利盒盖中间略凹，侧边缘为外凸圆弧，而附件4的盒盖光滑，侧边缘为内缩直线形。2. 盒盖前端向外凸出的程度略有差异，本专利凸出部稍小，而附件4的凸出部稍多一些。3. 盒体侧面略有区别，本专利侧面光滑，而附件4侧面设有防滑棱。

经比较后，合议组认为，尽管本专利与附件4所公开的盒盖表面、侧边缘略有差异，盒盖前端凸出的多少也略有不同，以及有无防滑棱等区别，但这些区别属于局部的细微变化，尚不足以构成两产品外观形状的明显改变；此外，消费者在购买该产品时盒盖也是处于闭合状态的，与盒体构成一个整体，因此盒盖形状和侧边缘形状不会对产品的整体视觉效果产生显著影响。也就是说，根据整体观察、综合判断的原则，本专利与附件4构成相近似的外观设计。

因此，本专利与附件4的在先申请外观设计属于同样的发明创造，本专利权的授予不符合专利法第9条的规定。

鉴于依据请求人提交的附件4已能够得出本专利权的授予不符合专利法第9条的规定应予宣告无效的结论，因此合议组对请求人提交的其他证据和无效理由不再评述。

三、决定

宣告第200330121742.2号外观设计专利权无效。

当事人对本决定不服的，可以根据专利法第46条第2款的规定，自收到本决定之日起三个月内向北京市第一中级人民法院起诉。根据该款的规定，一方当事人起诉后，另一方当事人应当作为第三人参加诉讼。

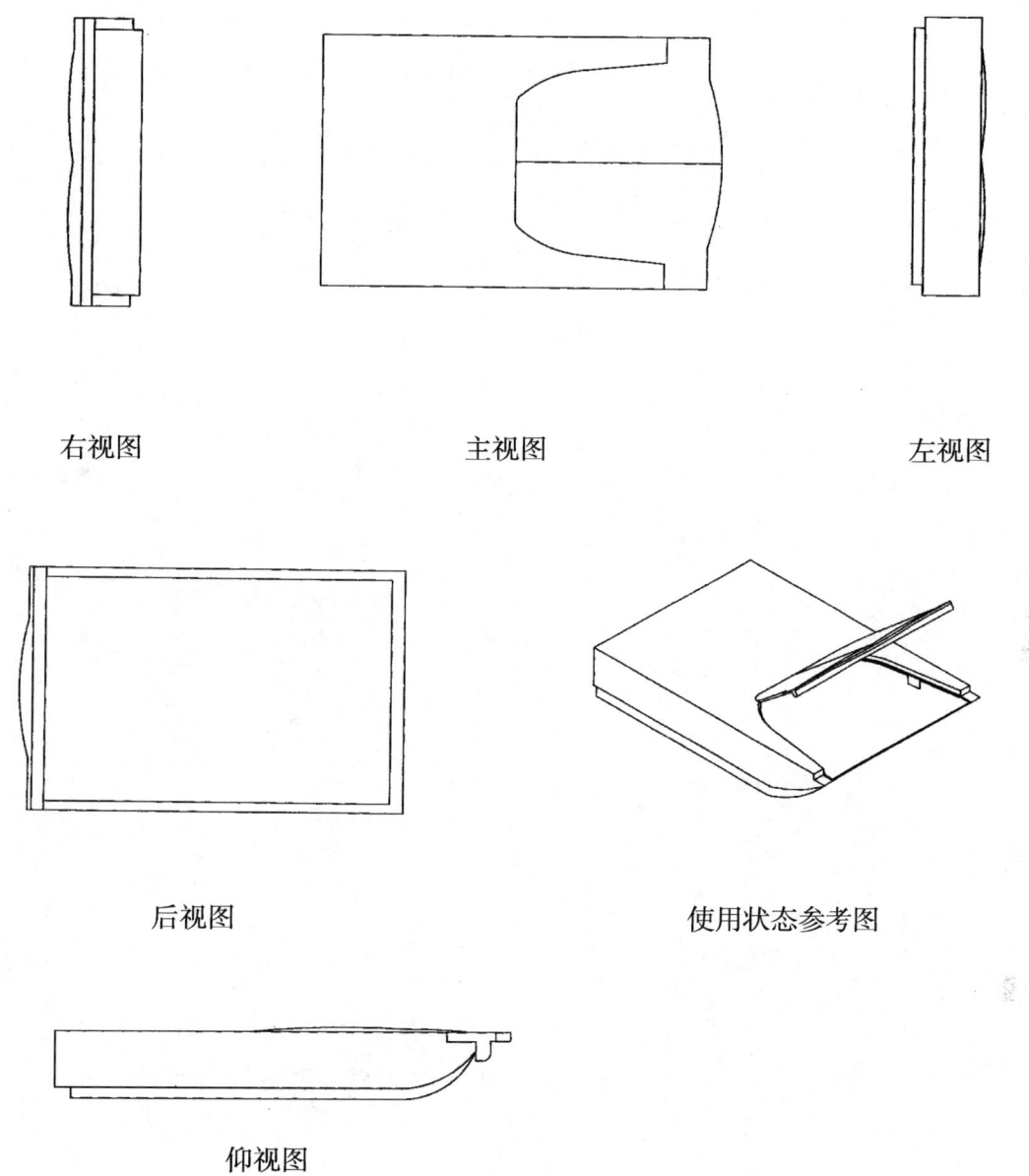

右视图　　　　　主视图　　　　　左视图

后视图　　　　　使用状态参考图

仰视图

本专利附图

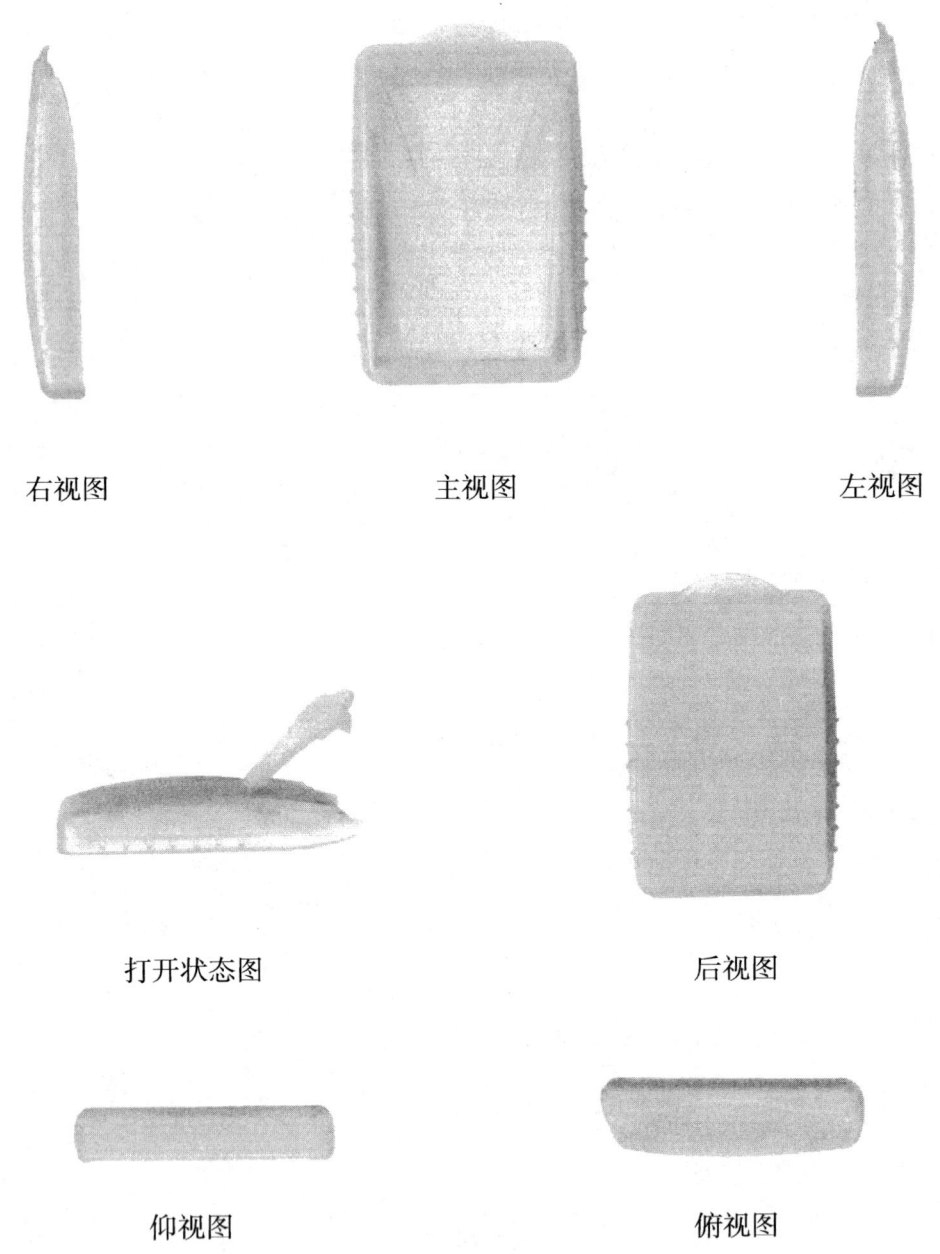

附件4附图

斜面电子密码保险柜

无效宣告请求审查决定（第9433号）

决 定 号	第9433号
决 定 日	2007年1月8日
发明创造名称	斜面电子密码保险柜
外观设计分类号	06-04
无效宣告请求人	李政一
专 利 权 人	肖锡培
专 利 号	02325623.0
申 请 日	2002年5月15日
授权公告日	2002年10月16日
合议组组长	王霞军
主 审 员	张雪飞
参 审 员	李巍巍
附 图	1页
法律依据	中国专利法第23条

决定要点

请求人提交的在先设计与本专利差别明显，足以对二者的整体外观设计产生显著的视觉影响，因此二者应属于不相同且不相近似的外观设计。

一、案由

本无效宣告请求涉及的是国家知识产权局于2002年10月16日授权公告的02325623.0号外观设计专利，其产品名称是"斜面电子密码保险柜"，申请日是2002年5月15日，专利权人是肖锡培。

针对上述外观设计专利权（下称本专利），2006年7月20日李政一（下称请求人）向专利复审委员会提出无效宣告请求，其理由是本专利不符合中国专利法第23条的规定。请求人认为在本专利申请日以前已有与其相近似的外观设计在出版物上公开发表过，并提交了如下证据附件：公开日为1991年11月6日的91300886.9号外观设计专利的检索文本复印件1页，其公开号为CN 3011270，产品名称为"密码型保险柜<13>"。

专利复审委员会根据无效宣告请求审查程序的规定受理了该无效宣告请求，并于2006年9月11日将请求人的无效宣告请求文件转送专利权人。

专利权人于2006年10月20日提交了意见陈述书，认为本专利与在先专利所示的保险柜整体都为立式长方体，属于公知常识，而二者在密码按键面板、开关把手、脚轮、地脚处的环形台阶、斜面夹角以及分割线等方面的设计均不同，是完全不同和不相近似的外观设计，应维持本专利有效。

专利复审委员会于2006年11月8日将专利权人的意见陈述转送请求人，同时向双方当事人发出口头审理通知书，定于2006年12月4日进行口头审理。

口头审理如期举行，双方当事人均委托代理人出庭，双方均对本案合议组成员无回避请求。在口头审理中，请求人坚持其原有观点，认为本专利与在先专利所示保险柜整体形状相同，区别仅在于密码按键面板的位置与形状，应属于相近似的外观设计，对于专利权人所说的立式长方体的整体外形属于公知常识一项，请求人认为在没有证据的情况下，不能排除二者整体形状的对比。专利权人声明对在先专利的真实性无异议，但仍坚持其相近似性判断的观点。

在上述审理的基础上，合议组经合议，认为本案事实清楚，依法作出本审查决定。

二、决定的理由

1. 基于请求人提出的无效宣告请求的理由，合议组依据中国专利法第23条的规定对本案进行审理。

中国专利法第23条规定：授予专利权的外观设计，应当同申请日以前在国内外出版物上公开发表过或者国内公开使用过的外观设计不相同和不相近似，并不得与他人在先取得的合法权利相冲突。

2. 请求人提交的证据是公开日为1991年11月6日的91300886.9号外观设计专利的检索文本复印件，其公开号为CN 3011270，产品名称为"密码型保险柜<13>"；专利权人对其真实性无异议。经核实，该证据内容真实，确系在本专利申请日以前公开的外观设计专利文本，属于中国专利法第23条所规定的公开出版物，适用于本案。

3. 该91300886.9号外观设计专利公开了一款保险柜的外观设计（下称在先设计）。从图片上观察，在先设计的基本形状为近似长方体，正面顶部为斜面；正面的矩形柜门中部偏左端有一圆钉状把手；顶部斜面右侧为矩形按键面板，其上主要排列两排方形按键；其他面另有分割线等设计。（详见在先设计附图）

本专利也是保险柜的外观设计，其基本形状为近似长方体，正面顶部为斜面，下部凹进台阶，并安有四个脚轮；正面的矩形柜门中部偏左端有一圆形齿状手轮；顶部斜面中间为弧形按键面板，其上主要排列"甲"字形按键。（详见本专利附图）

合议组认为：本专利和在先设计均为保险柜的外观设计，用途相同，属于相同类别的产品，具有可比性。

将本专利与在先设计相比较，合议组认为：从整体视觉观察，虽然二者在基本形状的选择和把手位置的设计等处有近似之处，但是由于本专利的斜面角度平缓，且下部凹进台阶，而在先设计的斜面较陡，又无台阶等设计，因此二者对基本形状的改进设计明显不同，且二者在使用时容易见到的密码按键面板和把手等处的位置、布局和形状设计也明显不同，上述差别足以对二者的整体外观设计产生显著的视觉影响，因此二者应属于不相同且不相近似的外观设计。

4. 综上所述，请求人提交的证据不能支持其无效宣告请求的理由。

三、决定

维持02325623.0号外观设计专利权有效。

当事人对本决定不服的，可以根据专利法第46条第2款的规定，自收到本决定之日起三个月内向北京市第一中级人民法院起诉。根据该款的规定，一方当事人起诉后，另一方当事人应当作为第三人参加诉讼。

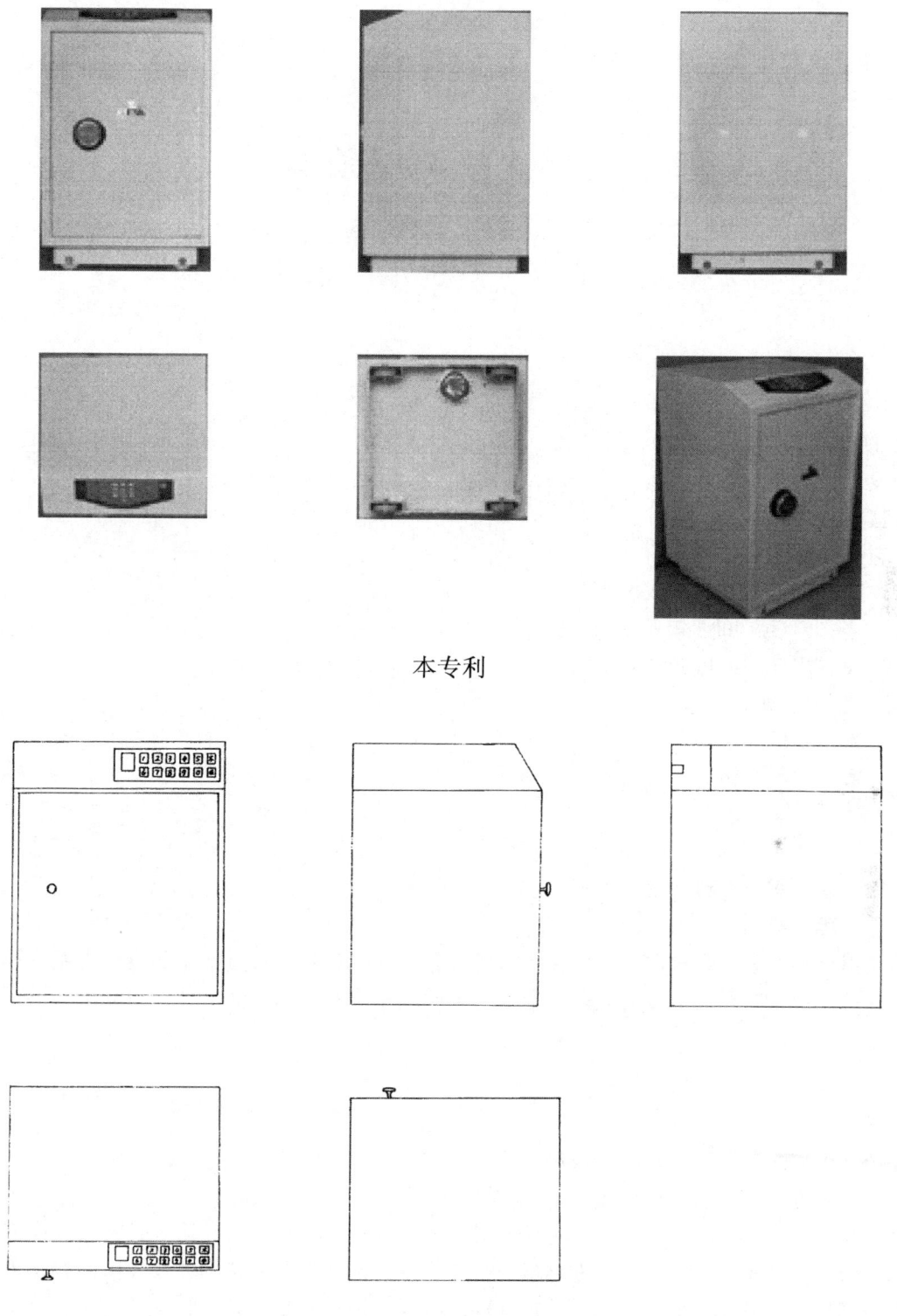

本专利

在先设计

光催化蚊蝇捕杀器

无效宣告请求审查决定（第9438号）

决 定 号	第9438号
决 定 日	2007年1月15日
发明创造名称	光催化蚊蝇捕杀器
外观设计分类号	22-06
无效宣告请求人	钱 湧
专 利 权 人	岑映军
专 利 号	200530013170.5
申 请 日	2005年4月26日
授权公告日	2006年2月15日
合议组组长	吴赤兵
主 审 员	张雪飞
参 审 员	徐清平
附 图	2页

法 律 依 据 专利法第23条

决 定 要 点

请求人提交的在先设计与本专利在主要组成部分的形状及其相对应部位的设计上基本相同，其差别对二者的整体视觉效果均不具有显著的影响，因此二者应属于相近似的外观设计。

一、案由

本无效宣告请求涉及国家知识产权局于2006年2月15日授权公告的200530013170.5号外观设计专利，其产品名称是"光催化蚊蝇捕杀器"，申请日是2005年4月26日，专利权人是岑映军。

针对上述外观设计专利权（下称本专利），2006年6月19日钱湧（下称请求人）向专利复审委员会提出无效宣告请求，其理由是本专利不符合专利法第23条的规定。请求人认为在本专利申请日以前已有与其相同或者相近似的外观设计在韩国的报刊和注册外观设计公报上公开过，并提交了如下证据附件：

附件1是2003年7月25日、2003年9月5日和2003年9月9日的韩国《畜产新闻》报刊的部分页面复印件及相关中文译文共12页；

附件2是公告日期为2002年3月29日的"30-0294546"号韩国注册外观设计公报复印件及其中文译文共16页。

专利复审委员会根据无效宣告请求审查程序的规定受理了该无效宣告请求，并于 2006 年 9 月 8 日将请求人的无效宣告请求文件转送专利权人。

专利权人在规定期限内未作答复。

专利复审委员会于 2006 年 11 月 8 日向双方当事人发出口头审理通知书，定于 2006 年 12 月 14 日进行口头审理。

口头审理如期举行，请求人一方本人出庭，专利权人一方未出庭；请求人声明对本案合议组成员无回避请求。在口头审理中，请求人坚持其原有观点，当庭出示了附件 1 所示韩国报刊的原件，并认为证据中所示的外观设计与本专利属于相近似的外观设计。

专利复审委员会于 2006 年 12 月 14 日口头审理结束后向专利权人发出合议组成员告知通知书。专利权人在指定期限内未对合议组成员提出回避请求。

在上述审理的基础上，合议组经合议，认为本案事实清楚，依法作出本审查决定。

二、决定的理由

（1）基于请求人提出的无效宣告请求的理由，合议组依据专利法第 23 条的规定对本案进行审理。

专利法第 23 条规定：授予专利权的外观设计，应当同申请日以前在国内外出版物上公开发表过或者国内公开使用过的外观设计不相同和不相近似，并不得与他人在先取得的合法权利相冲突。

（2）请求人提交的附件 2 是公告日期为 2002 年 3 月 29 日的"30-0294546"号韩国注册外观设计公报复印件及其中文译文；专利权人对其真实性未提出异议。经合议组核实，该韩国注册外观设计公报内容真实，确系在本专利申请日（2005 年 4 月 26 日）以前公开的出版物，属于中国专利法第 23 条所规定的公开出版物，适用于本案。

（3）在该韩国注册外观设计公报中公开了一款捕蚊器的外观设计（下称在先设计）。从图片上观察，在先设计的整体形状为近似圆柱体，由上至下安装有圆柱形的顶盖、圆台形的防水罩、呈环形排列的竖条格栅、圆柱形的筒身和六棱弧面的捕捉网，其他还有顶盖上的提手、电线口和开关等设计（详见在先设计附图）。

本专利是蚊蝇捕杀器的外观设计，其整体形状为近似圆柱体，由上至下安装有圆柱形的顶盖、内含诱蚊灯的呈环形排列的竖条格栅、圆柱形的筒身和六棱弧面的捕捉网，其他还有顶盖上的提手、电线口和开关等设计（详见本专利附图）。

合议组认为：本专利和在先设计均为蚊蝇捕杀器的外观设计，用途相同，属于相同类别的产品，具有可比性。

将本专利与在先设计相比较，其不同点为：本专利缺少防水罩的设计，且二者在诱蚊灯和提手等处的设计不同。合议组认为：从整体视觉观察，二者在主要组成部分的形状及其相对应部位的设计上基本相同，已导致二者的整体外观设计产生相近似的视觉效果；虽然存在上述不同点，但是防水罩的有无不同是基于本专利的简化设计而产生的局部部件构成差别，诱蚊灯的有无不同主要体现在内部的功能性部件设计差别，其他提手等处的不同明显属于局部细微差别，因此上述差别对二者的整体视觉效果均不具有显著的影响，二者应属于相近似的外观设计。

（4）综上所述，在本专利申请日以前已有与其相近似的外观设计在出版物上公开发表过，本专利不符合专利法第 23 条的规定。

（5）鉴于由上述在先设计与本专利相比较已得出本专利不符合专利法所规定的授权条件的结论，合议组对请求人提交的其他证据不再予以评述。

三、决定

宣告200530013170.5号外观设计专利权全部无效。

当事人对本决定不服的,可以根据专利法第46条第2款的规定,自收到本决定之日起三个月内向北京市第一中级人民法院起诉。根据该款的规定,一方当事人起诉后,另一方当事人应当作为第三人参加诉讼。

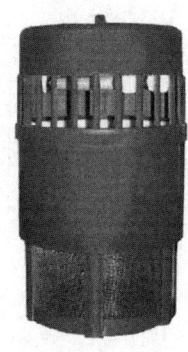

主视图

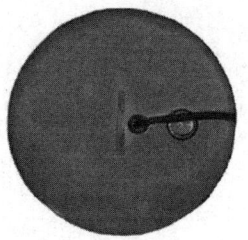

俯视图

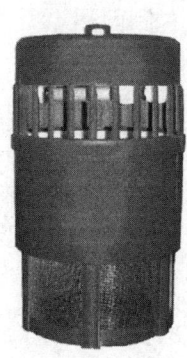

左视图

仰视图

本专利附图

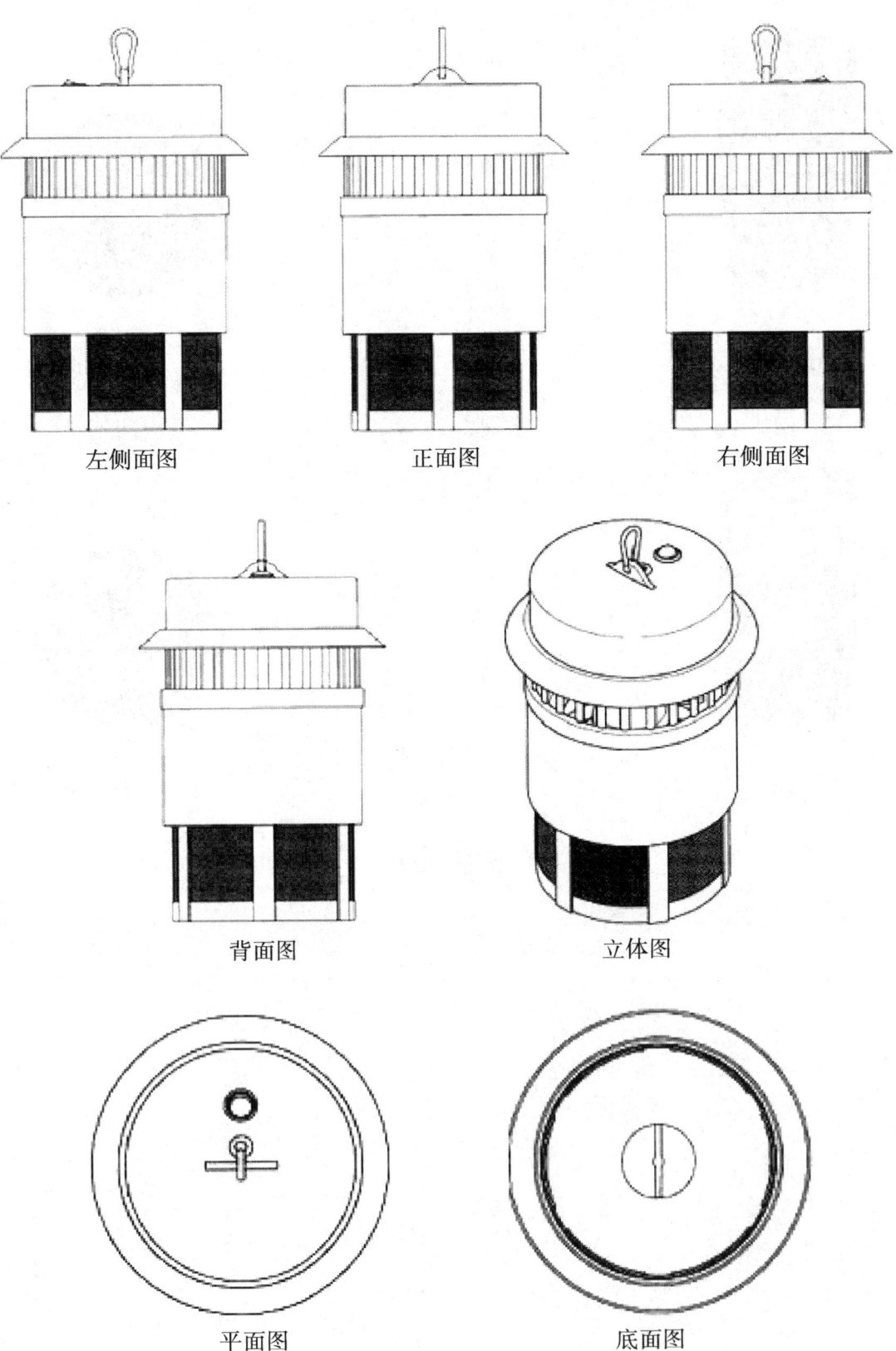

在先设计附图

160

窗锁（2）

无效宣告请求审查决定（第9439号）

决 定 号	第9439号
决 定 日	2007年1月16日
发明创造名称	窗锁（2）
外观设计分类号	08-07
无效宣告请求人	陈年浩
专利权人	屠世顺
专 利 号	99323663.4
申 请 日	1999年6月9日
授权公告日	2000年3月1日
合议组组长	张跃平
主 审 员	徐清平
参 审 员	张雪飞
附 图	1页

法律依据 专利法第23条，专利法实施细则第2条第3款

决定要点

本专利与在先设计所示窗锁基本相同的底座和转动锁头整体形状设计已构成其相近似的整体视觉效果，二者有无标识圆点、圆形环设计的不同明显为窗锁的局部细微差异，其有无旋钮设计之差异对于底座和转动锁头共同形成的整体视觉效果不具显著影响。因此，本专利与在先设计所示窗锁外观设计属于相近似的外观设计。

一、案由

本无效宣告请求涉及的是国家知识产权局于2000年3月1日授权公告的99323663.4号外观设计专利，使用该外观设计的产品名称为"窗锁（2）"，申请日是1999年6月9日，专利权人是屠世顺。

针对上述专利权（下称本专利），陈年浩（下称请求人）于2006年8月22日向专利复审委员会提出无效宣告请求，其依据的事实和理由是：本专利与其申请日前授权公告的外观设计专利相近似，并将其进行了详细分析对比，由此认为本专利不符合专利法第23条的规定；并将本专利不符合专利法实施细则第2条第3款作为无效宣告请求理由。请求人提交了如下附件作为证据：

附件1：97323997.2号外观设计专利的著录项目及外观设计图片；

附件2：96310803.4号外观设计专利的著录项目及外观设计图片。

专利复审委员会经形式审查合格受理了该无效宣告请求，并于2006年9月8日将无效宣告请求书及其附件的副本转送给专利权人，要求其在指定期限内陈述意见。

2006年9月20日请求人补充提交了意见陈述，其坚持原无效宣告请求理由，并认为本专利不属于专利法实施细则第2条第3款规定的新设计，同时补充提交了以下证据（编号续前）：

附件3：台湾地区85300050号外观设计专利公报复印件3页。

专利复审委员会于2006年10月27日将前述请求人的意见陈述及其附件转送给专利权人，要求其在指定期限内陈述意见；同时以该通知告知专利权人本案合议组成员。并于同日向请求人发出合议组成员告知通知书，向其告知本案合议组成员。

2006年12月13日专利权人提交了意见陈述书，专利权人认为：本专利所示窗锁由基座、锁座、锁部三部分组成，而请求人提交的对比专利均只有基座和锁座两部分组成；锁部是本专利必不可少的组成部分，其外观设计最为显眼，也是判断外观设计是否相近似的关键因素；窗锁的设计要点在于锁座与锁部的造型，而对比专利均没有锁部这一构造，更无从谈及锁座与锁部的造型问题；因此，请求人认为本专利与对比专利相近似的观点不能成立。

双方均未对合议组成员提出回避请求。

合议组经合议，认为本案事实清楚，依法作出本审查决定。

二、决定的理由

1. 无效宣告请求理由和相关法律规定

基于请求人提出无效宣告请求所依据的事实和理由，合议组对本专利是否符合专利法实施细则第2条第3款、专利法第23条的规定进行审查。

专利法实施细则第2条第3款规定：专利法所称外观设计，是指对产品的形状、图案或者其结合以及色彩与形状、图案的结合所作出的富有美感并适于工业应用的新设计。

专利法第23条规定：授予专利权的外观设计，应当同申请日以前在国内外出版物上公开发表过或者国内公开使用过的外观设计不相同和不相近似，并不得与他人在先取得的合法权利相冲突。

2. 本专利是否符合专利法实施细则第2条第3款的规定

请求人认为本专利不符合专利法第2条第3款关于新设计的规定，合议组认为，根据审查指南的规定，专利法实施细则第2条第3款是对可获得专利保护的外观设计的一般性定义，对于要求保护的外观设计是否满足"新设计"的一般性要求，审查员通常仅需根据申请文件的内容及一般消费者的常识进行判断；对于本专利所示窗锁外观设计，按照一般消费者的常识进行判断，尚不足以认定其违反了所述关于新设计的一般性要求，因此，请求人认为本专利不符合专利法第2条第3款关于新设计的规定的主张不能成立。

3. 本专利是否符合专利法第23条的规定

请求人提交的作为证据的附件1是97323997.2号外观设计专利的著录项目及外观设计图片，所示专利申请日为1997年10月10日，授权公告日为1998年10月21日，使用外观设计的产品名称为"窗锁（月牙65型）"，经合议组核实，其内容属实，确系本专利申请日之前公开发表的外观设计（下称在先设计），可以作为判断本专利是否符合专利法第23条规定的证据。

在先设计为"窗锁"的外观设计，与本专利属相同种类的产品，故对二者外观设计作如下对比：

本专利包括主视图、左视图、右视图、仰视图和俯视图，简要说明记载后视图为不易见部分，省略后视图。所示窗锁由底座、转动锁头和旋钮组成。其底座中部有两侧为弧面相交的凸台，凸台两端为延伸出的半圆形端头安装板，并带有安装圆孔；转动锁头装设于底座的凸台上，其包括近似半月形锁板，锁板一侧边缘有弧形立沿，其由头部向尾部逐渐升高延伸并与手柄连为一体，该手柄为端面倒圆角的长方形板状，锁板与旋钮相接处有圆形环设计；所述旋钮为带齿纹的凸出柱状；旋钮顶面及转动锁头的锁板相应部位设有三个标识圆点（详见本专利附图）。

在先设计包括六面正投影视图，所示窗锁由底座、转动锁头组成。其底座中部有两侧为弧面相交的凸台，凸台两端为延伸出的半圆形端头安装板，并带有安装圆孔；转动锁头装设于底座的凸台上，其包括近似半月形锁板，锁板一侧边缘有弧形立沿，其由头部向尾部逐渐升高延伸并与手柄连为一体，该手柄为端面倒圆角的长方形板状，锁板中部有突出的圆形设计（详见在先设计附图）。

将本专利与在先设计相比较，二者所示窗锁均包括底座和转动锁头两部分，且二者该两部分的整体形状基本相同，其不同之处主要在于：在先设计无本专利所示旋钮、标识圆点、锁板与旋钮相接处的圆形环等设计，二者转动锁头相对于底座的位置有所不同。合议组认为，本案所示窗锁的底座和转动锁头在使用状态下的可见部分均为一般消费者所关注部位，在进行外观设计相同和相近似判断中，应根据整体观察、综合判断方式将各部位形成的外观视觉效果进行整体对比；二者上述基本相同的底座和转动锁头整体形状设计已构成其相近似的整体视觉效果，而上述关于标识圆点、圆形环设计的不同明显为窗锁的局部细微差异，对于二者有无旋钮设计的不同，虽在功能效果上可能导致二者较大差异，但在视觉效果上相对于前述底座和转动锁头共同形成的整体设计不具显著影响；至于二者转动锁头相对于底座的位置不同，其明显为二者转动锁头分别旋转至不同角度所致，对二者外观形状不构成影响。因此，本专利与在先设计所示窗锁外观设计属于相近似的外观设计。

综上所述，本专利与其申请日前授权公告的外观设计专利相近似，即已有与其相近似的外观设计在先公开发表过，因此，本专利不符合专利法第23条的规定。

鉴于上述已得出本专利不符合专利法第23条规定的结论，本决定对请求人提出的其他证据不作评述。

三、决定

宣告99323663.4号外观设计专利权全部无效。

当事人对本决定不服的，可以根据专利法第46条第2款的规定，自收到本决定之日起三个月内向北京市第一中级人民法院起诉。根据该款的规定，一方当事人起诉后，另一方当事人应当作为第三人参加诉讼。

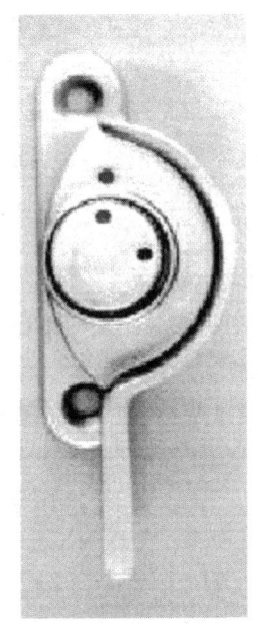  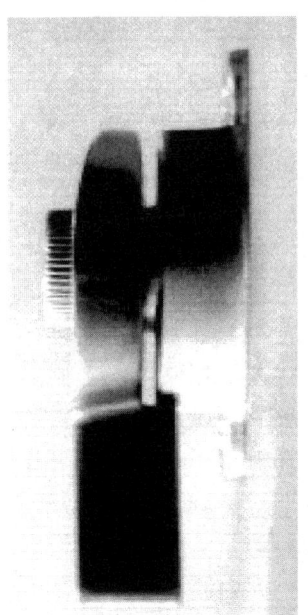

主视图　　　　　　　左视图　　　　　　　右视图

俯视图　　　　　　　仰视图

本专利附图

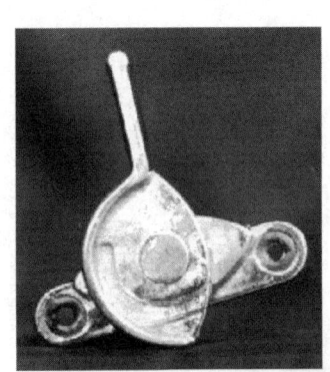 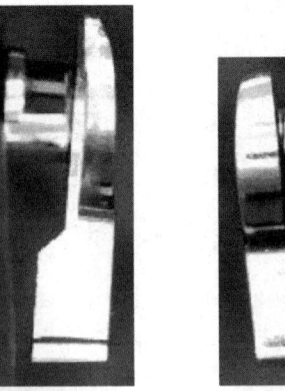 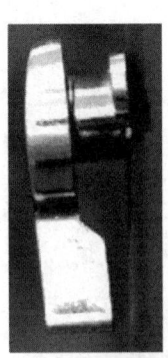 

在先设计附图

北京市第一中级人民法院
行政判决书

(2007) 一中行初字第 655 号

原告屠世顺，男，1968年2月24日出生，汉族，浙江省台州市黄岩区院桥镇华屿村。

委托代理人吴继道，男，温州瓯越专利代理有限公司专利代理人。

被告国家知识产权局专利复审委员会，住所地北京市海淀区北四环西路9号银谷大厦10~12层。

法定代表人廖涛，副主任。

委托代理人徐清平，男，国家知识产权局专利复审委员会审查员。

委托代理人田华，女，国家知识产权局专利复审委员会审查员。

第三人陈年浩，男，1966年5月4日出生，汉族，温州市龙湾天河王海建材五金厂业主，住浙江省温州市龙湾区天河镇永强大道439号。

原告屠世顺不服被告国家知识产权局专利复审委员会作出的第9439号无效宣告请求审查决定（以下简称被诉决定），向本院提起诉讼。本院受理后，依法组成合议庭，并依法通知本案的利害关系人陈年浩作为第三人参加本案诉讼，于2007年6月7日公开开庭审理了本案。原告的委托代理人吴继道，被告的委托代理人徐清平、田华庭参加了诉讼。经合法传唤，第三人陈年浩未指派代理人参加诉讼，也未说明理由。根据最高人民法院《关于执行〈中华人民共和国行政诉讼法〉若干问题的解释》第四十九条第三款的规定，第三人未到庭的行为不影响本案的审理。现本案已审理终结。

被告针对第三人的无效宣告请求，对专利号为99323663.4号，专利权人是屠世顺，产品名称为"窗锁（2）的外观设计专利（以下简称本专利）与第三人提供的附件1（即97323997.2号外观设计专利的著录项目及外观设计图片）进行审查，认定本专利与其申请日前授权公告的外观设计专利相近似，依据《中华人民共和国专利法》（以下简称《专利法》）第二十三条、《中华人民共和国专利法实施细则》（以下简称《专利法实施细则》）第二条第三款的规定，于2007年1月17日作出被诉决定：宣告本专利全部无效。

在法定期限内，被告向本院提交了如下证据，用以证明被诉决定合法。（1）被诉决定的发文页；（2）本专利公报；（3）在先设计专利公报。

原告诉称：窗锁使用时的可见部分都是一般消费者所关注的，因此，涉案专利外观设计主视图中显眼而清晰无比的标识圆点和圆环并不是局部细微差异，对一般消费者而言，它们都构成了强烈的视觉冲击，一般消费者在比较时是会关注到这两点区别的。至于有无设计旋钮，并不仅仅是功能效果上的较大差异，从涉案专利的左、右视图看，旋钮的设计对视觉上影响还是显著的。另外，将旋钮、标识圆点、圆环组合在一起的时候，它们处于整个窗锁的中心部位，是整个窗锁设计的重要组成部分，一般消费者在观察时尤其是在将涉案专利和附件1进行比较时，这些区别具有非常显著的影响。而且，被告程序不合法，我们没有收到被告的合议组成员通知，本案在行政程序中也没有组织口审。综上，请求法院判决撤销被诉决定。

在法定期限内，原告提供了温州市人民法院（2006）温民三初字第22-3号民事裁定书。

被告辩称：对于本专利与附件1所示窗锁在标识圆点、圆形环设计的不同，其本身即为局部的极细节设计，相对于窗锁的整体设计而言则更明显为局部细微差异；对于二者有无旋钮设计的不同，虽然可能导致在功能效果上的较大差异，但在视觉效果上相对于前述底座和转动锁头共同形成的整体设计并不具显著影响。本案所示窗锁的底座和转动锁头在使用状态下的可见部分均为一般消费者所关注部位，在进行外观设计相同和相近似判断中，应根据整体观察、综合判断方式将各部位形成的外观视觉效果进行整体对比。鉴于上述差异为细微不同或非显著差别，而二者在底座和转动锁头的整体形状设计上基本相同，由此形成了相近似的整体视觉效果。因此，本专利与在先设计所示窗锁外观设计属于相近似的外观设计。综上，我委认为被诉决定认定事实清楚，适用法律正确，程序合法，原告的起诉事实和理由不能成立，提请法院依法驳回原告的诉讼请求，维持被诉决定。

第三人在开庭之前向本院提交了答辩状，称：被告适用法律正确，程序合法，结果正确，没有原告在诉状中提及的任何适用法律不当的问题。而且，从整体上观察，有基本相同的底座，也有基本相同的转动锁头，以一般消费者的注意力，两者整体完全相近似，根本无法区分开。而关于上面的圆形设计区别通过对比发现，本专利也有圆形设计，只不过本案专利的设计更突出一些，但只是产生功能上的较大不同，而对于整个锁具有着基本相同的底座和转动锁头来说，该区别根本不具有显著的影响，不会影响两者的整体外观。因此，本专利与附件1所示窗锁外观设计属于相近似的外观设计。综上，原告的诉讼请求应予驳回。

在庭审质证中，原告对被告的证据真实性、关联性没有争议，但不同意被告对证据2的认定内容。被告认为原告的证据与本案没有关联。

经审查，本院认为，被告的证据是行政程序中的有效证据，本院予以确认。原告的证据是原告起诉第三人民事侵权案件的中止诉讼的裁定，对本案没有实际影响，本院不予评述。

根据有效证据，本院确认事实如下：

本专利的申请日为1999年6月9日，授权公告日为2000年3月1日。

针对本专利，第三人于2006年8月22日向被告提出无效宣告请求，其依据的事实和理由是：本专利与其申请日前授权公告的外观设计专利相近似，并将其进行了详细分析对比，由此认为本专利不符合《专利法》第二十三条的规定；并将本专利不符合《专利法实施细则》第二条第三款作为无效宣告请求理由。其提交了附件1和附件2（即96310803.4号外观设计专利的著录项目及外观设计图片）作为对比文件。

被告经形式审查，受理了该无效宣告请求，并于2006年9月8日将无效宣告请求书及其附件的副本转送给原告，要求其在指定期限内陈述意见。2006年9月20日，第三人提交补充意见陈述，其坚持原无效宣告请求理由，并认为本专利不属于《专利法实施细则》第二条第三款规定的新设计，同时补充提交了附件3（即台湾地区85300050号外观设计专利公报复印件3页）。

被告于2006年10月27日将前述的意见陈述及其附件转送给原告，并要求其在指定期限内陈述意见。同时，被告书面告知了本案合议组成员。

2006年12月13日，原告提交了意见陈述书，其认为：本专利所示窗锁由基座、锁座、锁部三部分组成，而第三人提交的对比专利均只有基座和锁座两部分组成；锁部是本专利必不可少的组成部分，其外观设计最为显眼，也是判断外观设计是否相近似的关健因素；窗锁的设计要点在于锁座与锁部的造型，而对比专利均没有锁部这一构造，更无从谈及锁座与锁部的造型问题。因此，第三人认为本专利与附件1相近似的观点不能成立。

被告经过审查，认定了以下内容：

第一，第三人认为本专利不符合《专利法》第二条第三款关于新设计的规定的主张不能成立。

第二，附件1的内容属实，确系本专利申请日之前公开发表的外观设计，可以作为判断本专利是否符合《专利法》第二十三条规定的证据。附件1为"窗锁"的外观设计，与本专利属相同种类的产品。将二者对比，二者所示窗锁均包括底座和转动锁头两部分，且二者该两部分的整体形状基本相同，其不同之处主要在于：附件1无本专利所示旋钮、标识圆点、锁板与旋钮相接处的圆形环等设计，二者转动锁头相对于底座的位置有所不同。二者上述基本相同的底座和转动锁头整体形状设计已构成其相近似的整体视觉效果，而上述关于标识圆点、圆形环设计的不同明显为窗锁的局部细微差异，对于二者有无旋钮设计的不同，虽在功能效果上可能导致二者较大差异，但在视觉效果上相对于前述底座和转动锁头共同形成的整体设计不具显著影响；至于二者转动锁头相对于底座的位置不同，其明显为二者转动锁头分别旋转至不同角度所致，对二者外观形状不构成影响。因此，本专利与附件1所示窗锁外观设计属于相近似的外观设计，本专利不符合《专利法》第二十三条的规定。

第三，鉴于上述结论，本决定对第三人提出的其他证据不作评述。

据此，被告于2007年1月16日作出被诉决定并于第二日以邮寄方式向原告和第三人邮寄送达。原告不服，在法定期限内，向本院起诉。

在开庭审理中，原告提出被告在行政程序中未告知合议组组成人员。被告在开庭称其于2006年10月27日向原告邮寄转送第三人的意见陈述书及其附件通知书中已经告知了合议组成员，原告在行政程序中没有提出该异议。而且，原告在行政程序的代理人与本案的代理人不同。原告的代理人吴继道表示其2006年11月底接触本案，知道了被告合议组的成员，对上述组成人员没有回避请求。但其表示被告没有口头审理，违反了法定程序。其对被告认定在先设计公开的内容没有提出异议。

本院认为：鉴于第三人未对被告认定"本专利符合《专利法实施细则》第二条第三款"的内容没有起诉，本院经书面审查，对该项内容予以确认。

根据《专利法实施细则》第六十九条第一款的规定，被告根据当事人的请求或者案情需要，可以决定口头审理。由于原告在行政程序中已经针对第三人的请求和附件向被告提交了意见陈述书，且原告在行政程序中没有向被告提交请求口头审理的申请书，其在开庭审理中提出被告没有进行口头审理违法的主张缺乏法律依据。由于被告在行政程序中已经向原告送达了合议组成员告知书，原告收到告知书后未曾对该合议组成员提出回避请求，故原告以上述内容主张被告违反法定程序缺乏依据，本院不予支持。

判断外观设计专利与在先设计是否相同或近似，应当根据《专利法》第二十三条，同时还应当参照《审查指南》第四部分第五章的有关规定，遵循整体观察、综合判断的原则。

本专利与附件1均为"窗锁"的外观设计，属于相同种类的产品，且附件1的公开日早于本专利的申请日，所以被告将附件1作为在先设计与本专利进行对比符合法律规定。根据本专利公报的内容，可以确定本专利的旋钮为齿轮状的柱体，所以被告认定本专利组成的内容事实清楚。将本专利与附件1相比较，虽然在附件1中没有本专利所示的旋钮、标识圆点、锁板与旋钮相接处的圆形环等设计，但是根据整体观察、综合判断原则，本专利中的"旋钮形状""锁板与旋钮相接处的圆形环设计"以及"旋钮上面与锁板相应部位上设计的3个圆点"相对于附件1，被告认为上述三项区别内容"为窗锁的局部细微差异"，不具有显著影响的结论正确。因此，被告认定本专利与附件1所示窗锁外观设计属于相近似的外观设计的主要证据充分。

综上，原告的诉讼主张缺乏事实及法律依据，本院不予支持。故，依照最高人民法院《关于执行〈中华人民共和国行政诉讼法〉若干问题的解释》第五十六条第（四）项的规定，判决如下：

驳回原告屠世顺的诉讼请求。

案件受理费 100 元，由原告屠世顺负担（已交纳）。

如不服本判决，当事人可在判决书送达之日起 15 日内，向本院递交上诉状，并按对方当事人的人数提出副本及预交上诉费，上诉于北京市高级人民法院。

审　判　长　饶亚东
审　判　员　刘景文
人民陪审员　付勇军
二〇〇八年三月二十日
书　记　员　蒋利玮

包装袋

无效宣告请求审查决定（第 9440 号）

决 定 号	第 9440 号
决 定 日	2006 年 12 月 22 日
发明创造名称	包装袋
国 际 分 类 号	09-05
无效宣告请求人	雀巢产品有限公司
专 利 权 人	张德飞
专 利 号	200430110168.5
申 请 日	2004 年 12 月 3 日
授 权 公 告 日	2005 年 6 月 29 日
合 议 组 组 长	郭健国
主 审 员	杜微科
参 审 员	田 华
附 图	1 页

法 律 依 据 专利法第 23 条

决 定 要 点

本专利与在先设计的主视图及后视图上的主要图案完全相同，整体布局相同，二者之间的区别在视图上所占比例甚小，均为局部的细微变化，所述区别不能对产品外观设计的整体视觉效果产生显著影响，因此本专利与在先设计相近似，不符合专利法第 23 条的规定。

一、案由

本无效宣告请求涉及国家知识产权局于 2005 年 6 月 29 日授权公告的申请号为 200430110168.5、名称为"包装袋"的外观设计专利权（下称本专利），其申请日为 2004 年 12 月 3 日，专利权人为张德飞。

针对上述专利权，雀巢产品有限公司（下称请求人）于 2006 年 4 月 4 日向专利复审委员会提出无效宣告请求，理由是本专利不符合专利法第 23 条的规定，请求人提交了以下证据：

证据 1：98312264.4 号外观设计的专利公报及专利文件，授权公告日为 1999 年 12 月 8 日；

请求人在无效宣告请求书中认为，本专利已于申请日前被证据 1 公开，不符合专利法第 23 条的规定。

请求人于 2006 年 4 月 10 向专利复审委员会提交意见陈述书，认为本专利与证据 1 属于相同种类的外观设计，二者相比仅存在细微差别，并且所述差别对产品的整体视觉效果不具有显著影响，本专利与证据1相近似，不符合专利法第23条的规定。

经形式审查合格，专利复审委员会于2006年5月31日受理了上述请求，同日向双方当事人发出了无效宣告请求受理通知书，并将无效宣告请求书及其附件、请求人于2006年4月10提交的意见陈述书的副本转给了专利权人，专利权人没有在受理通知书规定的期限内针对本案陈述意见。。

专利复审委员会于2006年11月13日向双方当事人发出合议组成员告知通知书，将本案合议组成员告知双方当事人，双方当事人在通知书指定的期限内没有针对本案合议组成员向专利复审委员会提出回避请求。

在上述工作的基础上，合议组认为本案事实已清楚，可以依法作出审查决定。

二、决定的理由

1. 证据

请求人提交的证据1是申请号为98312264.4，名称为"调味品包装袋（13）"的中国外观设计的专利公报及专利文件，经合议组依职权核实，该证据客观真实，故合议组对该证据予以采信。证据1的授权公告日为1999年12月8日，在本专利的申请日之前，可以将其作为在先设计与本专利进行比较。

2. 专利法第23条

专利法第23条规定：授予专利权的外观设计，应当同申请日以前在国内外出版物上公开发表过或者国内公开使用过的外观设计不相同和不相近似。

将本专利与证据1相比，二者相同之处在于：（1）从主视图看，二者主视图均为长方形，主视图顶部中央为标有商标的方框，上方中部有相同的艺术字"鸡精"，所述艺术字的左下方和右侧各有一片白云，其中左下方的白云上均有一彩带；主视图右下方为一卡通形象的母鸡，母鸡戴有厨师帽并系有围裙，右手向前微伸，左手别在腰间；主视图下方约1/2以草原为背景，草原上均有松树、小屋和道路等图案。（2）从后视图看，二者顶部中央为标有商标的方框，上部有草原、小屋等图案，左下方方框内有关于使用方法的说明图案，右下方为条形码。

二者主要不同之处在于，主视图及后视图顶部方框内的商标图案不同，主视图左下方的小鸡数量略有差别；母鸡围裙上商标图案所处位置略有不同。

合议组认为，本专利与证据1的主视图及后视图上的主要图案完全相同，整体布局相同，二者之间的区别在视图上所占比例甚小，均为局部的细微变化，所述区别不能对产品外观设计的整体视觉效果产生显著影响，因此本专利与附件1相近似，不符合专利法第23条的规定。

三、决定

宣告200430110168.5号外观设计专利权无效。

当事人对本决定不服的，可以根据专利法第46条第2款的规定，自收到本决定之日起三个月内向北京市第一中级人民法院起诉。根据该款的规定，一方当事人起诉后，另一方当事人应当作为第三人参加诉讼。

主视图

后视图

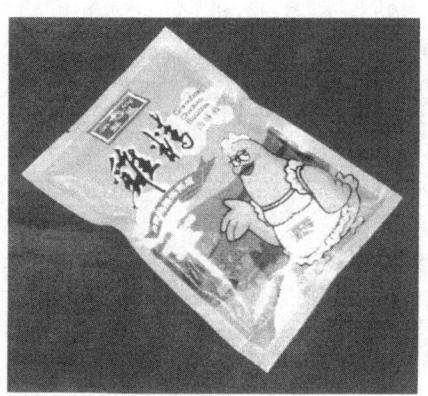
使用状态参考图

本专利

主视图

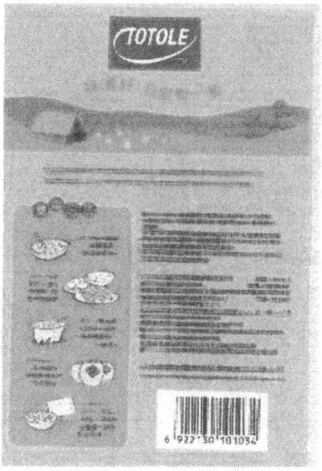
后视图

对比文件

异型铝框条（8602）

无效宣告请求审查决定（第9441号）

决 定 号	第9441号
决 定 日	2006年12月30日
发明创造名称	异型铝框条（8602）
外观设计分类号	25-01
无效宣告请求人	常熟华联铝业有限公司
专 利 权 人	苏州罗普斯金铝业有限公司
专 利 号	98325690.X
申 请 日	1998年9月28日
授权公告日	1999年6月2日
合议组组长	李 隽
主 审 员	徐洁玲
参 审 员	徐媛媛 耿 博 杜微科
法 律 依 据	专利法第23条
决 定 要 点	

已为人民法院发生法律效力的裁判所确认的事实可以作为认定事实的依据。

无正当理由不出席口头审理作证的证人证言不得单独作为认定事实的依据。

一、案由

本无效宣告请求涉及国家知识产权局于1999年6月2日授权公告的、名称为"异型铝框条（8602）"的外观设计专利（下称本专利），其专利号是98325690.X，申请日是1998年9月28日，专利权人为苏州罗普斯金铝业有限公司。

针对本专利权，常熟华联铝业有限公司（下称请求人1）于2002年4月4日提交无效宣告请求书，其无效理由为本专利的授权不符合专利法第23条的规定。

请求人1在无效宣告请求中主张了如下两个事实：

（1）在本专利申请日之前，专利权人于1998年3月31日公布了对客户的销售奖励办法，并从当年的4月1日实施。1998年7月24日，专利权人将一批包括本专利的产品（型号："8602"）在内的型材销售给宏大公司。

（2）本专利的产品已经在1998年5月19～24日召开的第六届全国建筑装饰材料订货会上公开展示。

请求人1提交了两组证据证明其主张，其中证明公开销售的证据为1~9；证明公开展示的证据是10~14。所附的证据如下：

证据1：本外观设计专利公报，复印件1页；

证据2：罗普斯金集团（中国）有限公司于1998年4月1日开始施行的"销售奖励办法"的（2001）昆证民字第2133号公证书，复印件4页；

证据3：苏州罗普斯金铝合金花格网有限公司1998年7月24日的成品出库单的（2001）昆证民字第2104号公证书，复印件18页；

证据4：罗普斯金LPSK®高强度气密门窗（含LPSK®祁连山868系列气密窗外框装配图、型材简图、型材编号及牌价表等）的（2001）昆证民字第2105号公证书，复印件16页；

证据5：刘洪之声明书（2001）昆证民字第2106号公证书，复印件2页；

证据6：刘洪之员工卡（2001）昆证民字第2131号公证书，复印件2页；

证据7：刘洪之的《职工养老保险手册》（2001）昆证民字第2132号公证书，复印件6页；

证据8：申请日期为1998年7月14日的中国工商银行汇票申请书（存根）（2001）昆证民字第2102号公证书，复印件2页；

证据9：开票日期为1998年7月24日的No.0450652发票（2001）昆证民字第2103号公证书，复印件2页；

证据10：订货会参观券（2001）昆证民字第2128号公证书，复印件2页；

证据11：刘洪之声明书（2001）昆证民字第2107号公证书，复印件3页；

证据12：云南宏大实业有限公司参展费收据（2001）昆证民字第2127号公证书，复印件2页；

证据13：98装饰博览节选（2001）昆证民字第2130号公证书，复印件4页；

证据14：云南建筑装饰节选（2001）昆证民字第2126号公证书，复印件5页。

针对上述无效宣告请求及理由，专利权人于2002年7月17日提交书面陈述意见，认为请求人1提供的证据材料之间缺乏关联性，无法提供某一数字型号与一固定形状相对应的确切证据，不能证明数字型号的唯一性，不足以证明本专利于申请日前已经公开使用。专利权人还提交了下列反证：

反证1：桦岭铝挤型价目表，复印件3页；

针对专利权人的意见陈述，请求人1于2002年8月13日书面答辩，并提交了以下证据：

证据15：专利权人在福州诉他人侵犯其专利权时所引用的证据，复印件2页；

证据16：专利权人在南京诉第一请求人侵犯其专利权时所引用的证据，复印件1页；

证据17：浙江省高级人民法院民事判决书，即（2002）浙经二终字第15号，复印件1份。

2002年11月8日，专利复审委员会向请求人1和专利权人发出《无效宣告请求口头审理通知书》，定于2002年12月26日对本案进行口头审理。在口头审理中，请求人1提交了湖南省高级人民法院（2002）湘法民三终字第56号民事判决书（下称证据18）。

2002年12月12日，专利复审委员会收到专利权人提交的意见陈述书以及下列反证：

反证2：申请号02302704.5，名称为异型铝框条（9601）的外观设计专利图片；

反证3：申请号02350041.7，名称为异型铝框条（9601）的外观设计专利图片；

反证4：申请号02371538.3，名称为异型铝框条（9602）的外观设计专利图片；

反证5：申请号02350042.5，名称为异型铝框条（9602）的外观设计专利图片；

反证6：申请号02302708.8，名称为异型铝框条（9602）的外观设计专利图片；

反证7：申请号02350043.3，名称为异型铝框条（9603）的外观设计专利图片；

反证8：申请号02371541.3，名称为异型铝框条（9603）的外观设计专利图片；

反证9：申请号02302707.X，名称为异型铝框条（9603）的外观设计专利图片；
反证10：申请号02302706.1，名称为异型铝框条（9604）的外观设计专利图片；
反证11：申请号02350044.1，名称为异型铝框条（9604）的外观设计专利图片；
反证12：申请号02350045.X，名称为异型铝框条（9606）的外观设计专利图片；
反证13：申请号02371539.1，名称为异型铝框条（9606）的外观设计专利图片；
反证14：申请号02302713.4，名称为异型铝框条（9606）的外观设计专利图片；
反证15：苏州罗普斯金铝合金花格网有限公司1998年7月24日的出货单，复印件10页。

2002年12月18日，专利复审委员会收到请求人1提交的意见陈述书及以下证据：

证据18：专利权人在诉销售商侵权时，销售商出具的证据，复印件3页。

针对本专利权，另有如皋市满园装饰材料经营部（下称请求人2）于2002年6月14日提交无效宣告请求书，龙口市南山铝型材总厂（下称请求人3）于2002年7月2日提交无效宣告请求书，骆宗涛（下称请求人4）于2003年2月21日提交无效宣告请求书，上述3个无效请求所涉及的无效宣告的理由都是本专利权的授予不符合专利法第23条的规定。

专利复审委员会于2003年9月22日针对上述四个无效宣告请求案作出第5480号无效宣告请求审查决定书，认定本专利产品在申请日之前已经公开销售，因此宣告本专利权无效。

专利权人不服专利复审委员会作出的第5480号无效宣告请求审查决定书，向北京市第一中级人民法院提出诉讼，2004年6月28日北京市第一中级人民法院作出（2004）一中行初字第27号行政判决书，维持第5480号无效宣告请求审查决定书。

专利权人不服北京市第一中级人民法院作出（2004）一中行初字第27号行政判决书，向北京市高级人民法院提起上诉，2004年12月14日北京市高级人民法院作出（2004）高行终字第345号行政判决书，该判决书认定：对于罗普斯金公司在一审诉讼程序中提出的罗普斯金公司1998年8月20日出库单、LPSK祁连山868系列气密窗型材简图（7张）、吴浩陈述及9张照片本院予以接受；LPSK祁连山868系列气密窗型材简图（7张）虽为散页，亦未标注日期，本院对该证据的来源、提交的方式、出现的时间，与其他证据的关系，双方当事人之间的利害关系，本行业的常识惯例，罗普斯金公司以往申请专利的经历和经验等方面进行了综合审查，本院确认，该证据客观真实、合法有效，应予采信。以此作为基础，本院认为，依据现有事实和证据，并不能唯一地确认8602型号对应的产品形状就是本外观设计专利产品的形状，也就是说将若干证据相组合不能唯一确认罗普斯金公司于本专利申请日前公开销售的就是本案专利产品。专利复审委员会第5480号无效宣告请求审查决定及一审判决在认定事实、适用法律方面均有错误，故予以撤销，专利复审委员会应予重新作出审查决定。

专利复审委员会依法组成合议组，并于2006年9月22日向四方请求人以及专利权人发出《无效宣告请求口头审理通知书》，定于2006年11月2日进行口头审理。

2006年10月10日，请求人1提交了口头审理回执，表明不能参加口头审理。

2006年11月2日，口头审理如期进行。四方请求人均未出席，专利权人出席口头审理并充分陈述了意见。

鉴于请求人2、3、4对专利复审委员会发出的口头审理通知书在指定的期限内未作答复，并且不参加口头审理，根据专利法实施细则第69条第3款的规定，请求人2、3、4的无效宣告请求视为撤回。

在以上程序的基础上，本案合议组认为事实已经清楚，故在北京市高级人民法院作出（2004）高行终字第345号行政判决书所认定事实的基础上，对请求人1的无效宣告请求作出如下决定。

二、决定的理由

专利法第23条规定：授予专利权的外观设计，应当同申请日以前在国内外出版物上公开发表过或者国内公开使用过的外观设计不相同和不相近似，并不得与他人在先取得的合法权利相冲突。

请求人1主张以其提交的证据1~9证明1998年7月24日本专利产品已经公开销售；以证据10~14证明本专利产品已经在申请日前即1998年5月19日至24日召开的第六届全国建筑装饰材料及酒店用品（昆明）订货会上公开展出，因此本专利不符合专利法第23条的规定。

1. 对1998年7月24日的销售公开事实的认定

在（2004）高行终字第345号行政判决书中，北京市高级人民法院明确认定罗普斯金公司在一审诉讼程序中提出的LPSK祁连山868系列气密窗型材简图（7张）属于客观真实、合法有效的证据，应予采信。基于此，该判决确认依据现有事实和证据，并不能唯一地确认8652型号对应的产品形状就是本外观设计专利产品的形状，也就是说将若干证据相组合不能唯一确认罗普斯金公司于本专利申请日前公开销售的就是本案专利产品。因此，合议组对于请求人的"1998年7月24日销售的异型铝框条（8602）就是本专利产品"这一主张不予支持，也就是综合该案中出现的证据不能唯一确认罗普斯金公司于本专利申请日前公开销售的就是本案专利产品。所以请求人1提出的"本专利产品在其申请日之前通过销售而公开"，因此本专利不符合专利法第23条的无效理由不能成立。

2. 对于展览公开事实的认定

请求人1提交的意图证明所展示产品与本专利产品的外观设计一致的是证据11，即证人刘洪之的声明书，该声明书证明被展产品的型号与《罗普斯金LPSK高强度气密门窗》广告宣传杂志所示的产品型号一致，但这一事实仅有该证人的书面证言予以证明，而证人无正当理由没有出席口头审理作证，请求人1也未提交其他证据对其主张予以佐证，因此合议组认为参展产品的外观形状不能确定，从而无法确认本专利产品已经在该次展览会上进行了公开展览，因此对请求人1有关"本专利产品在申请日前已通过展览公开"的主张不予支持。

3. 结论

综上，请求人1所主张的"本专利产品在其申请日之前通过销售、展览的方式公开，因此本专利的授权不符合专利法第23条"的无效理由不能成立。

三、决定

维持98325690.X号外观设计专利权有效。当事人对本决定不服的，可以根据专利法第46条第2款的规定，自收到本决定之日起三个月内向北京市第一中级人民法院起诉。根据该款的规定，一方当事人起诉后，另一方当事人应当作为第三人参加诉讼。

链节片

无效宣告请求审查决定（第 9442 号）

决 定 号	第 9442 号
决 定 日	2006 年 12 月 26 日
发明创造名称	链节片
外观设计分类号	08-99
无效宣告请求人	上海流行饰品有限公司
专 利 权 人	潘国基
申 请 号	00309285.2
申 请 日	2000 年 9 月 6 日
授 权 公 告 日	2001 年 5 月 9 日
合议组组长	张跃平
主 审 员	李彦涛
参 审 员	刘 静
附 图	1 页

法 律 依 据 专利法第 23 条

决 定 要 点

如果本专利的外观设计与在先设计的外观设计由于形状不同，而对产品外观设计的整体视觉效果不具有显著的影响，则本专利就与在先设计不相近似。

一、案由

本无效宣告请求涉及国家知识产权局于 2001 年 5 月 9 日授权公告的申请号为 00309285.2 的外观设计专利，其产品名称为"链节片"，申请日为 2000 年 9 月 6 日，专利权人是潘国基。

针对上述外观设计专利权（下称本专利），上海流行饰品有限公司（下称请求人）于 2003 年 9 月 25 日向专利复审委员会提出无效宣告请求，请求人提出的宣告本专利无效的事实和理由是：在本专利申请日前，已有与本专利相近似的外观设计产品发表和国内销售，故本专利不符合专利法第 23 条的规定。与此同时，请求人提交如下附件证明上述事实：

附件 2：申请号为 80107667 的中国台湾专利的公告本复印件，专利名称为《饰品铜爪链一次冲压成型的方法及其装置》；

附件 3：申请号为 82104876 的中国台湾专利的公告本复印件，专利名称为《一种爪链制造方法》；

附件4-1：上海流行饰品有限公司开具的 No.04295636《上海增值税专用发票》复印件；

附件4-2：第3021466号《税收（出口货物专用）缴款书》复印件，其上加盖有上海市金山区国家税务局第三税务所公章；

附件5：中国台湾《文笔合作外销采购电话簿》1998下半年版（2页，1998年7月出版）、1988下半年版（2页，1988年7月出版）、1995上半年版（2页，1995年1月出版），均为复印件。

经形式审查合格后，专利复审委员会于2003年10月22日向双方当事人发出《无效宣告受理通知书》，并将有关文件副本转送专利权人，同时成立合议组对本无效请求案进行审理。

2004年4月29日，专利复审委员会本案合议组向请求人以及专利权人发出口头审理通知书，拟定于2004年6月9日举行口头审理。

口头审理如期举行，双方当事人均出席并发表了意见。请求人当庭提交了附件2、3中涉及的专利公报的复印件二份（各3页），其上加盖有国家知识产权局专利检索咨询中心副本认证专用章（红章），以及附件4-1、4-2的复印件（共1页），其上加盖有上海市金山区第三税务所（红章）。请求人确认是以附件3的图1作为在先设计与本专利外观设计进行对比，对于其他证据表示不再进行相近似性比较。专利权人表示附件2、3、5均为台湾地区形成的证据，没有办理认证和公证手续，不能成为有效证据，请求人口头审理时提交的专利公报在内容与形式上与附件2、3不同，属于新的证据，其递交日期超过举证期限，应当不予采用。同时，专利权人强调本专利与对比文件相比在轮廓上有明显差别，专利产品的购买者和使用者具有特殊性，因此本专利和对比文件不会被混淆，具备不相近似性。

2005年9月12日，专利复审委员会发出第7486号无效宣告审查决定书，宣告本专利无效。该决定的主要理由为：本专利和附件3图1所示对比外观设计相比，具有下述区别，第一，二者的轮廓线构成不同；第二，二者齿状突起的延伸方向不同。但对于链节片一类的产品，由于在使用状态下，其形状发生很大的变化，而对该产品有常识性了解的消费者会知道其使用状态下的形状是怎样的，并会从使用状态下的形状出发对二者进行具有美学意义的判断，进而做出最终影响其购买结论的相近似判断，因此合议组认为对链节片产品应根据使用状态下的形状来进行外观设计产品的相近似判断。本专利和在先设计所涉及的链节片在使用状态下都是形成了向上伸出的四爪的空台，从而可抓住外露面为长方形的镶嵌物，其区别在于底部链接用缺口的形状略有不同，侧部链节贴合面的形状略有不同，但对于链节片这类产品，上述区别处于使用时相对不容易看到的部位，不会对视觉效果产生显著的影响，因此本专利和对比文件属于相近似的外观设计，本专利不符合专利法第23条的规定。

专利权人对该决定不服，认为该决定认定事实和适用法律错误，向北京市第一中级人民法院起诉，2005年12月20日，北京市第一中级人民法院作出（2005）一中行初字第1083号行政判决书，判决书认为：根据专利法第23条的规定，授予专利权的外观设计应当同申请日以前在国内外出版物上公开发表过的或者国内公开使用过的外观设计不相同和不相近似，并不得与他人在先取得的合法权利相冲突。参照审查指南第四部分第五章第3.2节的规定，在确定判断客体的类型时，应当根据外观设计的图片、照片、物品进行确定，因而，第7486号决定在比较时应当以二者外观设计的图片为基础，而以所记载的产品的"使用状态"作为对比基础，缺乏法律依据，从而撤销第7486号无效宣告审查决定。

请求人对该判决不服，向北京市高级人民法院提起上诉，2006年6月16日，北京市高级人民法院作出（2006）高行终字第237号行政判决书，该判决书认为：根据专利法第23条的规定，授予专利权的外观设计应当同申请日以前在国内外出版物上公开发表过的或者国内公开使用过的外观设计不相同和不相近似，并不得与他人在先取得的合法权利相冲突，并参照审查指南第四部分第五章第3.2

节的规定，在确定判断客体的类型时，应当根据外观设计的图片、照片、物品进行确定，因此，在将本专利与对比文件进行对比时应当以二者外观设计的图片为基础。审查指南第四部分第五章第7.3.2节规定，变化状态是指在销售和使用时呈现不同的形状的产品，这种状态的变化并不包括对产品破坏性的加工，且通常这种状态的变化是可反复的。本专利经加工后才能成为空台，这种平片至空台的加工显然是不可反复变化，不属于审查指南规定的变化状态的产品。第7486号决定以本专利与对比文件被加工后都形成向上伸出的四爪平台，即产品被加工后的"使用状态"作为对比基础，缺乏法律依据，因此维持一审判决。

收到终审判决后，专利复审委员会重新成立合议组，继续对本案进行审查，2006年11月2日，专利复审委员会本案合议组向请求人以及专利权人发出口头审理通知书，拟定于2006年12月13日举行口头审理。

2006年11月28日，专利权人提交了意见陈述书，简述了本专利与附件3相比不近似的理由，专利权人认为，本专利的两侧的腰线是弧线，附件3是直线；本专利肩部轮廓由内向外倾斜，附件3是平直线；本专利的肩部外测线是向内的斜线，附件3是垂直线；本专利的各齿呈外倾状，附件3是垂直状。

2006年12月13日，口头审理如期举行，双方当事人的代理人均出席了口头审理。在口头审理中，合议组将专利权人2006年11月28日提交的意见陈述书当庭转交给请求人。请求人陈述的主要意见为：（1）增加专利法实施细则第2条第3款作为无效宣告理由；（2）确认所使用的证据为附件2~5；（3）以附件2、3作为在先出版物公开的证据，以附件4、5作为在先使用公开的证据阐述了本专利相对于上述附件相近似的理由；（4）附件2中使用的内容为图7，附件3中使用的内容为图1b。请求人认为：链节片的功能决定了其必然是薄片状，类似H形有四个对称的角，为了将空台串在一起中间的开口必须是类似梯形的形状。专利权人陈述的主要意见为：（1）认可证据2、3的真实性和公开性，但认为其公开的链节片与本专利不同也不相近似；（2）认可证据4的真实性，但是认为其不能构成完整的证据链证明与本专利相近似的外观设计在先销售；（3）不认可证据5的真实性，并且认为其是在台湾地区形成的证据应当进行相关的公证认证手续。专利权人认为：中间的开口是梯形还是圆弧形对性能没有太大的影响，主要是美感上的区别。

至此，合议组认为本案事实已经清楚，依法作出审查决定。

二、决定的理由

1. 关于无效宣告的理由

请求人在口头审理中请求增加以专利法实施细则第2条第3款作为无效宣告的证据，对此合议组表示接受，理由如下：

虽然本次口头审理的时间是在2006年7月1日之后，但本无效宣告请求是2003年10月22日立案的无效宣告请求案，根据《施行修订后审查指南的过渡办法》的规定，"对于2006年7月1日之前提出的无效宣告请求……对其自无效宣告请求之日起一个月后提出的新理由、新证据的审查适用2001年10月18日公布的审查指南第四部分第三章第3.1节的规定"，而2001年10月18日公布的审查指南第四部分第三章第3.1节规定，"对请求人在提出无效宣告请求之日起一个月后提出的需要新的证据支持的新的无效宣告理由和提交的用于证明在提出无效宣告请求之日起一个月内未举证主张的具体事实的新证据，合议组不予考虑"，显然，请求人提出的本专利不符合专利法实施细则第2条第3款的理由不需要新证据的支持，不属于合议组不予考虑的情形，所以合议组接受这一无效宣告理由。

2. 关于无效宣告使用的证据

（1）请求人在口头审理程序中提出以附件2~5作为证据，合议组注意到，在第一次口头审理中请求人确认以附件3的图1作为在先设计与本专利外观设计进行对比，对于其他证据表示不再进行相近似性比较。但是，首先，请求人的上述"对其他证据不再进行相似性比较"并非对证据的放弃；其次，即使上述意见可理解为对证据的放弃，由于其仅涉及对证据的处分，而不涉及对事实的认可，在请求人明确提出要求采用附件2~5进行比较时，合议组考虑到双方均对附件2~5发表过质证意见，并且专利权人也曾对请求人基于附件2~5所提出的无效理由进行过答辩，故接受其提出的以附件2~5作为证据来与本专利进行相似性比较并无不妥。

（2）请求人提交的附件2、3和4的真实性得到专利权人的认可，并且附件2、3的公开日及附件4的销售日期均早于本专利的申请日，可以作为评价本专利是否符合专利法第23条的证据予以采纳；请求人提供了附件5但未出示其原件，专利权人对其真实性表示质疑，在此情况下，合议组不能认可附件5的真实性。

综上所述，合议组采用附件2~4作为证据对本专利进行评述。

3. 法律适用

（1）关于专利法实施细则第2条第3款。

专利法实施细则第2条第3款规定：专利法所称外观设计，是指对产品的形状、图案或者其结合以及色彩与形状、图案的结合所作出的富有美感并适于工业应用的新设计。

请求人认为：链节片不是独立的产品，并且是中间产品，不是最终产品，因此，不属于专利法实施细则第2条第3款所称的外观设计。

合议组认为：①审查指南确实规定产品的不能分割、不能单独出售或者使用的局部或部分设计不能授予专利权，本专利所述的链节片可以加工成"空台"以抓住嵌入的玉石、宝石等镶嵌物，制成项链、手链等饰物，诚然，在项链、手链中链节片是产品的一个部件，但是，手链、项链等是由链节片串连组装而成，链节片可以拆开作为独立的产品存在，所以，其并不属于审查指南所规定的"不可分割不能单独出售或使用的局部或部分设计"；②请求人主张链节片不是最终产品，不是直接面向最终消费者的产品，但这与一件产品外观设计是否属于外观设计的保护客体并无关联。

综上所述，本专利的外观设计属于外观设计的保护客体，符合专利法实施细则第2条第3款的规定。

（2）关于专利法第23条。

专利法第23条规定：授予专利权的外观设计，应当同申请日以前的在国内外出版物上公开发表过或者国内公开使用过的外观设计不相同和不相近似，并不得与他人在先取得的合法权利相冲突。

①使用附件2与本专利对比。

本专利名称为"链节片"，其外观设计整体为薄片状，形状大致为"变形H"形，在"变形H"两侧斜向外倾斜状伸出四个长条形齿，四齿的顶端成弧形，该"变形H"形具有上下两个缺口，缺口为弧形，齿外侧的肩部为倾斜线，其与齿之间的夹角为钝角，整体上看，本专利的链节片轮廓线为直线和曲线相结合、且呈轴向对称（详见本专利附图）。

附件2图7公开了一段正在加工中未截断的链节片，其中显示每个链节片均为类似H形，具有四个齿，四齿呈平行状，H形的上下有两个缺口，每两个链节片之间有冲压为圆形的孔（详见附件2附图）。

本专利与附件2相比，属于相同类别的产品，可以进行相近似比较，二者虽然都为薄片状的链节片，但是本专利主体形状与附件2明显不同，本专利为"变形H"状，附件2的主体形状为比较方正的"H形";二者的轮廓线明显不同,本专利为直线和曲线相结合,而附件2几乎全为直线条;本专利的四个齿与肩部的夹角为钝角,呈外倾状,而附件2的四个齿与肩部的夹角为直角,呈平行状。

由于功能所限,这种"链节片"产品通常为薄片状的"H形",故"H形"四个角的夹角、形状、中间开口的形状变化会对整体视觉效果产生显著影响。本专利由于主体形状、四齿的夹角、两个缺口的弧线以及整体的轮廓线等,给人以比较活泼生动的印象,而附件2的链节片由于直线形的轮廓、四齿与肩部的夹角为直角,主体形状比较方正,给人以比较整齐规矩的印象。所以,上述区别对于本专利和附件2的外观设计的整体视觉效果产生了显著影响,本专利与附件2不相近似。

②使用附件3与本专利对比。

附件3图1b公开了一种链节片,该链节片整体为薄片状,形状主体为H形,其四角有平行的四个长条状的齿,四齿的顶端为直线,链节片的缺口为外大内小的梯形,齿外侧的肩部轮廓线与齿呈垂直角度,整体上看,附件3的链节片轮廓线为直线、呈轴向对称(详见附件3附图)。

经过观察对比可知,本专利和附件3图1b中的链节片相比,存在如下区别:a. 二者的主体形状不同,本专利为"变形H"形,而附件3的链节片为较为方正的"H形",b. 二者的轮廓线不同,本专利为直线和曲线相结合,而附件3均为直线;c. 二者均有四个齿,但是四齿的伸展方向不同,本专利中的四齿呈向外倾斜状,而附件3为平行状;d. 本专利的四齿的顶端为弧线,而附件3为直线;e. 二者的齿外侧的肩部的形状不同,本专利为倾斜线,附件3为与齿垂直;f. 二者的缺口的形状不同,本专利为弧线,附件3为外阔内小的梯形。

由于功能所限,这种"链节片"产品通常为薄片状的"H形",故"H形"四个角的夹角、形状、中间开口的形状变化会对整体视觉效果产生显著影响。本专利由于主体形状为"变形的H"状,四齿的夹角为钝角,两个缺口为弧线以及整体的轮廓线等,给人以比较活泼生动的印象,而附件3的链节片由于四齿与肩部的夹角为直角,缺口也为直线形,主体形状比较方正,给人以比较整齐规矩的印象。所以,上述区别对于本专利和附件3的外观设计的整体视觉效果产生了显著影响,本专利与附件3不相近似。

③使用附件4作为证据的无效理由。

附件4为上海流行饰品有限公司(即请求人)开具的No.04295636《上海增值税专用发票》的复印件和第3021466号《税收(出口货物专用)缴款书》复印件,其上加盖有上海市金山区国家税务局第三税务所公章,其用于证明与本专利外观设计相近似的产品已经在先销售公开,但是附件4并没有提供其所销售的产品的形状,也就无法判断该产品与本专利是否相近似,所以证据4没有形成完整的证据链,不足以证明与本专利外观设计相似的产品已经在先公开销售。

综上所述,本专利与附件2和附件3均不相近似,附件4不能证明与本专利外观设计相近似的产品公开销售,所以本专利符合专利法第23条的规定。

三、决定

维持00309285.2号外观设计专利权有效。

一方当事人对本决定不服的,可以根据专利法第46条第2款的规定,在收到本决定之日起三个月内向北京市第一中级人民法院起诉。起诉后,另一方当事人可以根据行政诉讼法第27条的规定,作为第三人向北京市第一中级人民法院申请参加诉讼。

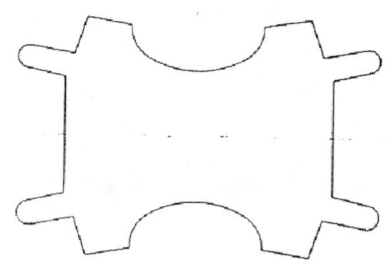

本专利

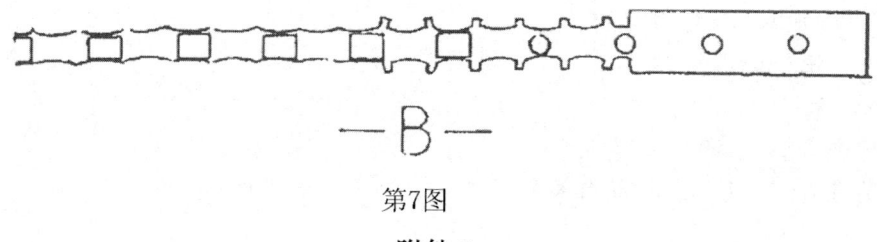

第7图

附件2

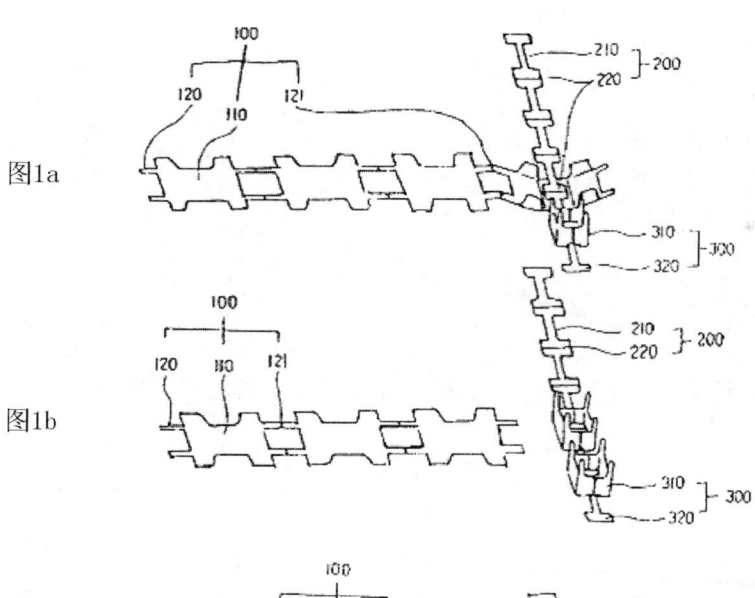

图1a

图1b

图1c

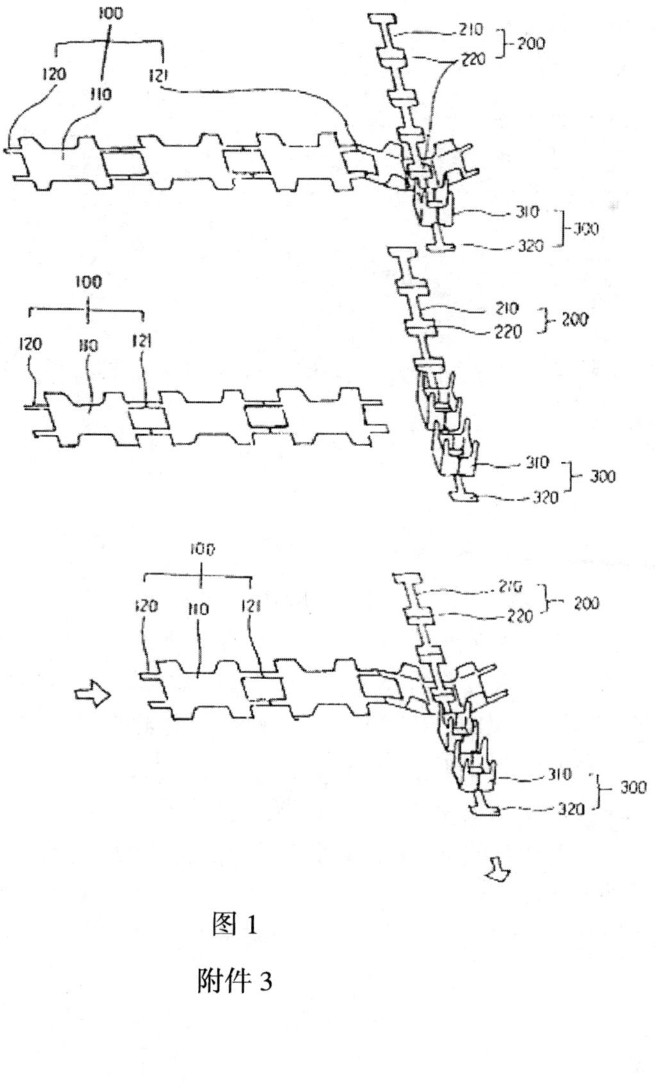

图1

附件3

平底链节片

无效宣告请求审查决定（第9443号）

决　定　号　第9443号
决　定　日　2006年12月26日
发明创造名称　平底链节片
外观设计分类号　08-99
无效宣告请求人　上海流行饰品有限公司
专　利　权　人　潘国基
申　请　号　00344637.9
申　请　日　2000年11月6日
授权公告日　2001年8月1日
合议组组长　张跃平
主　审　员　李彦涛
参　审　员　刘静
附　　　图　1页

法　律　依　据　专利法第23条
决　定　要　点

本专利与在先设计存在的差别很小，对整体视觉效果不具有显著影响，本专利与该在先设计属于相近似的外观设计。

一、案由

本无效宣告请求涉及国家知识产权局于2001年8月1日授权公告的申请号为00344637.9的外观设计专利，其产品名称为"平底链节片"，申请日为2000年11月6日，专利权人是潘国基。

针对上述外观设计专利权（下称本专利），上海流行饰品有限公司（下称请求人）于2003年9月25日向专利复审委员会提出无效宣告请求，请求人提出的宣告本专利无效的事实和理由是：在本专利申请日前，已有与本专利相近似的外观设计产品发表和国内销售，故本专利不符合专利法第23条的规定。与此同时，请求人提交如下附件证明上述事实：

附件2：申请号为80107667的中国台湾专利的公告本复印件，专利名称为《饰品铜爪链一次冲压成型的方法及其装置》；

附件3：申请号为82104876的中国台湾专利的公告本复印件，专利名称为《一种爪链制造方法》；

附件 4-1：上海流行饰品有限公司《上海增值税专用发票》复印件（编号不清楚）；

附件 4-2：《税收（出口货物专用）缴款书》复印件（编号不清楚），其上加盖有上海市金山区国家税务局第三税务所公章；

附件 5：中国台湾《文笔合作外销采购电话簿》1998 年下半年版（2 页，1998 年 7 月出版）、1988 年下半年版（2 页，1988 年 7 月出版）、1995 年上半年版（2 页，1995 年 1 月出版），均为复印件，共 6 页；

经形式审查合格后，专利复审委员会于 2003 年 10 月 22 日向双方当事人发出《无效宣告受理通知书》，同时将有关文件副本转送专利权人。

2004 年 4 月 29 日，专利复审委员会本案合议组向请求人以及专利权人发出口头审理通知书，拟定于 2004 年 6 月 9 日举行口头审理。

口头审理如期举行，双方当事人均出席并发表了意见。请求人当庭提交了附件 2、3 所涉及专利的专利公报复印件二份（各 3 页），其上加盖有国家知识产权局专利检索咨询中心副本认证专用章（红章），以及附件 4-1、4-2 的复印件（共 1 页），其上加盖有上海市金山区第三税务所章。请求人确认是以附件 3 的图 1 作为在先设计与本专利外观设计进行对比，对于其他证据表示不再进行相近似性比较。专利权人表示附件 2、3、5 均为台湾地区形成的证据，没有办理认证和公证手续，不能成为有效证据，请求人口头审理时提交的专利公报在内容与形式上与附件 2、3 不同，属于新的证据，其递交日期超过举证期限，应当不予采用。同时，专利权人强调本专利与对比文件相比在轮廓上有明显差别，专利产品的购买者和使用者具有特殊性，因此本专利和对比文件不会被混淆，具备不相近似性。

2005 年 9 月 12 日，专利复审委员会发出第 7485 号无效宣告审查决定书，宣告本专利无效。该决定的主要理由为：本专利和对比外观设计（附件 3 图 1）相比，具有下述明显区别，第一，二者的齿状突起的末端轮廓不同，本专利为圆弧状，在先设计为平直状；第二，二者"H"形的横竖线条连结部位的形状不同，本专利为折线连结，在先设计为直线连结。但对于链节片一类的产品，由于在使用状态下，其形状发生很大的变化，而对该产品有常识性了解的消费者会知道其使用状态下的形状是怎样的，并会从使用状态下的形状出发对二者进行具有美学意义的判断，进而做出最终影响其购买结论的相近似判断，因此合议组认为对链节片产品应根据使用状态下的形状来进行外观设计产品的相近似判断。本专利和在先设计所涉及的链节片在使用状态下都是形成了向上伸出的四爪的空台，从而可抓住外露面为长方形的镶嵌物，其区别在于底部链接用缺口的形状略有不同，但对于链节片这类产品，上述区别处于使用时相对不容易看到的部位，不会对视觉效果产生显著的影响，因此本专利和对比文件属于相近似的外观设计，本专利不符合专利法第 23 条的规定。

专利权人对该决定不服，认为该决定认定事实和适用法律错误，向北京市第一中级人民法院起诉，2005 年 12 月 20 日，北京市第一中级人民法院作出（2005）一中行初字第 1082 号行政判决书，判决书认为：根据专利法第 23 条的规定，授予专利权的外观设计应当同申请日以前在国内外出版物上公开发表过的或者国内公开使用过的外观设计不相同和不相近似，并不得与他人在先取得的合法权利相冲突。参照审查指南第四部分第五章第 3.2 节的规定，在确定判断客体的类型时，应当根据外观设计的图片、照片、物品进行确定，因而，第 7485 号决定在比较时应当以二者外观设计的图片为基础，而以所记载的产品的"使用状态"作为对比基础，缺乏法律依据，从而撤销第 7485 号无效宣告审查决定。

请求人对该判决不服，向北京市高级人民法院提起上诉，2006 年 6 月 16 日，北京市高级人民法院作出（2006）高行终字第 236 号行政判决书，该判决书认为：根据专利法第 23 条的规定，授予专利权的外观设计应当同申请日以前在国内外出版物上公开发表过的或者国内公开使用过的外观设计不相同和不相近似，并不得与他人在先取得的合法权利相冲突，并参照审查指南第四部分第五章第3.2节的规定，在确定判断客体的类型时，应当根据外观设计的图片、照片、物品进行确定，因此，在将本专利与对比文件进行对比时应当以二者外观设计的图片为基础。审查指南第四部分第五章第7.3.2节规定，变化状态是指在销售和使用时呈现不同的形状的产品，这种状态的变化并不包括对产品破坏性的加工，且通常这种状态的变化是可反复的。本专利经加工后才能成为空台，这种平片至空台的加工显然是不可反复变化，不属于审查指南规定的变化状态的产品。第7485号决定以本专利与对比文件被加工后都形成向上伸出的四爪平台，即产品被加工后的"使用状态"作为对比基础，缺乏法律依据，因此维持一审判决。

收到终审判决后，专利复审委员会重新成立合议组，继续对本案进行审查，2006年11月2日，专利复审委员会本案合议组向请求人以及专利权人发出口头审理通知书，拟定于2006年12月13日举行口头审理。

2006年11月28日，专利权人提交了意见陈述书，专利权人认为：（1）本专利的两侧的腋下有台阶，附件3没有；本专利的齿前端是圆形，附件3是方形。（2）本专利产品的购买者和使用者具有特殊性，其一般消费者是工匠，具有比常人高得多的形状识别力。

2006年12月13日，口头审理如期举行，双方当事人的代理人均出席了口头审理。在口头审理中，合议组将专利权人于2006年11月28日提交的意见陈述书当庭转交给请求人。请求人陈述的主要意见为：（1）增加专利法实施细则第2条第3款作为无效宣告理由；（2）确认所使用的证据为附件2~5；（3）以附件2、3作为在先出版物公开的证据，以附件4、5作为在先使用公开的证据阐述了本专利相对于上述附件相近似的理由；（4）附件2中使用的内容为图7，附件3中使用的内容为图1b。请求人认为：链节片的功能决定了其必然是薄片状，类似H形有四个对称的角，为了将空台串在一起中间的开口必须是类似梯形的形状。专利权人陈述的主要意见为：（1）认可证据2、3的真实性和公开性，但认为其公开的链节片与本专利不相同也不相近似；（2）认可证据4的真实性，但是认为其不能构成完整的证据链证明与本专利相近似的外观设计在先销售；（3）不认可证据5的真实性，并且认为其是在台湾地区形成的证据应当进行相关的公证认证手续。专利权人认为：中间的开口是梯形还是圆弧形对性能没有太大的影响，主要是美感上的区别。

至此，合议组认为本案事实已经清楚，依法作出审查决定。

二、决定的理由

1. 关于无效宣告的理由

请求人在口头审理中请求增加以专利法实施细则第2条第3款作为无效宣告的证据，对此合议组表示接受，理由如下：

虽然本次口头审理的时间是在2006年7月1日之后，但本无效宣告请求是2003年10月22日立案的无效宣告请求案，根据《施行修订后审查指南的过渡办法》的规定，"对于2006年7月1日之前提出的无效宣告请求……对其自无效宣告请求之日起一个月后提出的新理由、新证据的审查适用2001年10月18日公布的审查指南第四部分第三章第3.1节的规定"，而2001年10月18日公布的审查指南第四部分第三章第3.1节规定，"对请求人在提出无效宣告请求之日起一个月后提出的需要新的证据支持的新的无效宣告理由和提交的用于证明在提出无效宣告请求之日起一个月内未举证主张的具体事实的新证据，合议组不予考虑"，显然，请求人提出的本专利不符合专利法实施细则第2条第3款的理由不需要新证据的支持，不属于合议组不予考虑的情形，所以合议组接受这一无效宣告理由。

因此，本案的无效宣告的理由如下：（1）本专利不符合专利法实施细则第2条第3款的规定，（2）本专利相对于证据2~5不符合专利法第23条的规定。

2. 关于无效宣告使用的证据

（1）请求人在口审程序中提出以附件2~5作为证据，合议组注意到，在第一次口头审理中请求人确认以附件3的图1作为在先设计与本专利外观设计进行对比，对于其他证据表示不再进行相近似性比较，但是，首先，请求人的上述"对其他证据不再进行相似性比较"并非对证据的放弃；其次，即使上述意见可理解为对证据的放弃，由于其仅涉及对证据的处分，而不涉及对事实的认可，在请求人明确提出要求采用附件2~5进行比较时，合议组考虑到双方均对附件2~5发表过质证意见，并且专利权人也曾对请求人基于附件2~5所提出的无效理由进行过答辩，故接受其提出的以附件2~5作为证据来与本专利进行相似性比较并无不妥。

（2）请求人提交的附件2、3和4的真实性得到专利权人的认可，并且附件2、3的公开日及附件4的销售日期均早于本专利的申请日，可以用于本专利的相似性比较；请求人提供了附件5但未出示其原件，专利权人对其真实性表示质疑，在此情况下，合议组不能认可附件5的真实性。

综上所述，合议组采用附件2~4作为证据对本专利是否符合专利法第23条进行评述。

3. 法律适用

（1）专利法实施细则第2条第3款。

专利法实施细则第2条第3款规定：专利法所称外观设计，是指对产品的形状、图案或者其结合以及色彩与形状、图案的结合所作出的富有美感并适于工业应用的新设计。

请求人认为：链节片不是独立的产品，并且是中间产品，不是最终产品，因此，不属于专利法实施细则第2条第3款所称的外观设计。

合议组认为：①审查指南确实规定产品的不能分割、不能单独出售或者使用的局部或部分设计不能授予专利权，本专利所述的链节片可以加工成"空台"以抓住嵌入的玉石、宝石等镶嵌物，制成项链、手链等饰物，诚然，在项链、手链中链节片是产品的一个部件，但是，手链、项链等是由链节片串连组装而成，链节片可以拆开作为独立的产品存在，所以，其并不属于审查指南所规定的"不可分割不能单独出售或使用的局部或部分设计"；②请求人主张链节片不是最终产品，不是直接面向最终消费者的产品，但这与一件产品外观设计是否属于外观设计的保护客体并无关联。

综上所述，本专利的外观设计属于外观设计的保护客体，符合专利法实施细则第2条第3款的规定。

（2）专利法第23条。

专利法第23条规定：授予专利权的外观设计，应当同申请日以前的在国内外出版物上公开发表过或者国内公开使用过的外观设计不相同和不相近似，并不得与他人在先取得的合法权利相冲突。

本专利要求保护一种平底链节片，其整体为薄片状，形状主体为"H形"，其四角有平行的四个长条状的齿，链节片有上下两个缺口，缺口形状为外大内小的状如台阶的折线，齿外侧的肩部轮廓线与齿呈垂直角度，整体上看，本专利的链节片轮廓线为直线、呈轴向对称（详见本专利附图）。

附件3图1b公开了一种链节片，该链节片整体为薄片状，形状主体为"H形"，其四角有平行的四个长条状的齿，链节片的缺口为外大内小的梯形，齿外侧的肩部轮廓线与齿呈垂直角度，整体上看，附件3的链节片轮廓线为直线、呈轴向对称（详见附件3附图）。

本专利与附件3属于相同类别的产品，可以进行相近似性比较。经比较发现，二者在形状上有许多相同或相似之处：均为薄片状，形状主体均为"H形"，均有四齿且与肩部的夹角为直角，上下两个缺口均为外阔内小。所不同的是，本专利的缺口为台阶状的折线，而附件3为梯形。

虽然因功能所限，这种"链节片"产品通常为薄片状的"H形"，但正如前文所述，本专利与附件3的链节片形状上的差别很小，仅仅是缺口形状有所不同，上述的差别对二者整体视觉影响不明显，二者整体造型均比较方正，给人以比较整齐规矩的视觉印象，所以，二者整体视觉效果类似，本专利与附件3属于相近似的外观设计。

由于已经认定本专利与附件3属于相近似的外观设计，合议组不再对其他证据和无效宣告的理由进行评述。

三、决定

宣告00344637.9号外观设计专利权无效。

一方当事人对本决定不服的，可以根据专利法第46条第2款的规定，在收到本决定之日起三个月内向北京市第一中级人民法院起诉。起诉后，另一方当事人可以根据行政诉讼法第27条的规定，作为第三人向北京市第一中级人民法院申请参加诉讼。

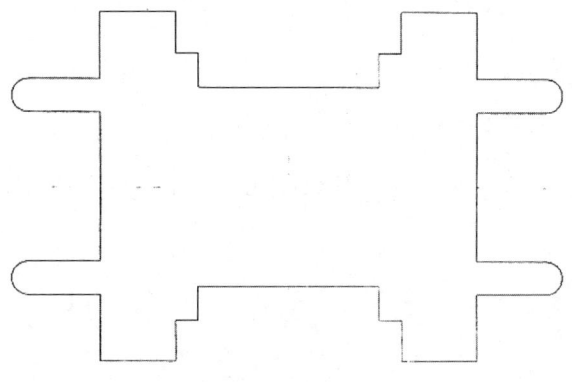

本专利附图

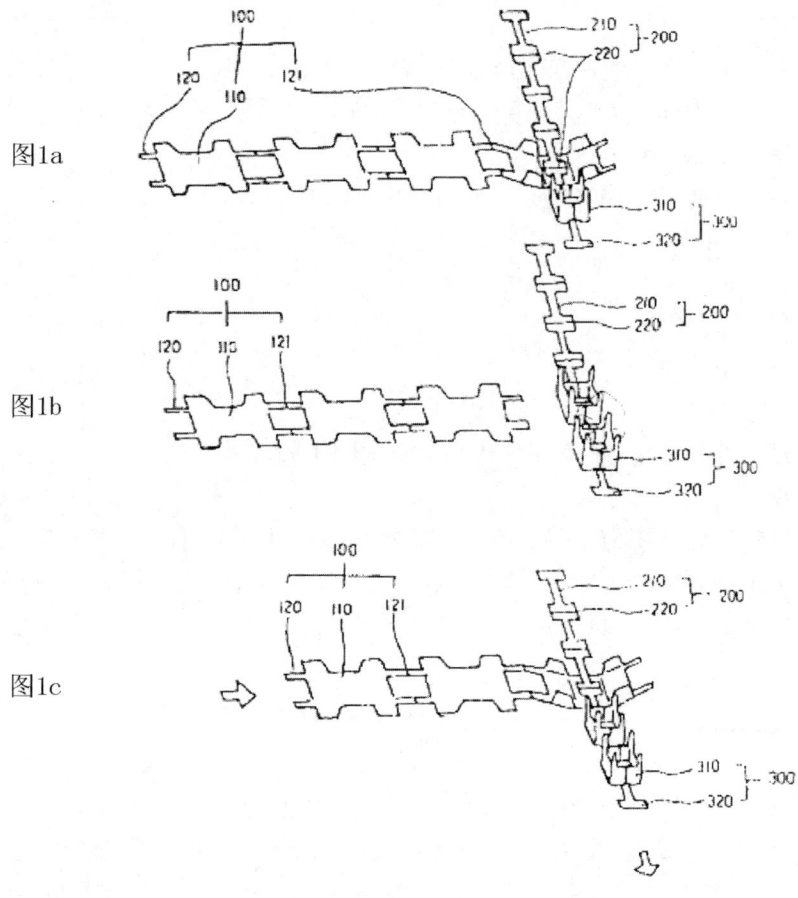

图1
附件3附图

包装纸

无效宣告请求审查决定（第9446号）

决 定 号	第9446号
决 定 日	2007年1月16日
发明创造名称	包装纸
外观设计分类号	05-06
无效宣告请求人	昆明市官渡区汉东纸业纸品厂
专 利 权 人	彭志光
专 利 号	200530021035.5
申 请 日	2005年2月18日
授权公告日	2006年1月25日
合议组组长	钟 华
主 审 员	张雪飞
参 审 员	王霞军
法 律 依 据	专利法第23条，专利法实施细则第66条

决 定 要 点

请求人提交的证据或者证明力不足，或者与本案争议的使用公开的事实无关，或者证据之间缺少关联性，或者部分证据的真实性不能被认定，均不足以形成完整的证明体系证明相关产品在先使用公开的事实，因此请求人提出的无效宣告请求的理由不成立。

一、案由

本无效宣告请求涉及国家知识产权局于2006年1月25日授权公告的200530021035.5号外观设计专利，其产品名称是"包装纸"，申请日是2005年2月18日，专利权人是彭志光。

针对上述外观设计专利权（下称本专利），2006年9月14日昆明市官渡区汉东纸业纸品厂（下称请求人）向专利复审委员会提出无效宣告请求，其理由是本专利不符合专利法第23条的规定。请求人认为专利权人故意隐瞒已经公开的事实，恶意取得本专利，应宣告本专利无效。请求人同时提交了如下证据附件：

附件1是昌宁县公证处作出的"（2006）昌证字第151号"公证书复印件3页，公证内容为与该公证书相粘连的《物证保全现场记录》复印件与原件相符，原件上李清华、李国张、唐卫云的签名属实，且与该公证书相粘连的四张照片系保全现场拍摄，照片底片存于公证处，另有与该公证书相粘连的《证明》和"笨精灵®系列柔洁雅"卷筒纸10筒加签封存；

附件 2 是经昌宁县公证处签章确认的《物证保全现场记录》复印件 1 页；

附件 3 是陈蓉签名的证言复印件 1 页；

附件 4 是吴涯签名的《证明》复印件 1 页；

附件 5 是谢泽良、陈蓉和吴涯签名的证言及"笨精灵® 系列柔洁雅"卷纸图片双面复印件 1 张；

附件 6 是"笨精灵® 系列柔洁雅"卷纸照片 1 张。

专利复审委员会根据无效宣告请求审查程序的规定受理了该无效宣告请求，并于 2006 年 9 月 18 日将请求人的无效宣告请求文件转送专利权人。

其后，请求人又于 2006 年 9 月 30 日提交了意见陈述书，认为本专利产品在其申请日以前就已被设计制作、印刷和公开销售使用，本专利不符合中国专利法第 23 条的规定，应予宣告无效。请求人同时提交了附件 1~附件 5 的原件，并补充了如下证据附件（编号续前）：

附件 7 是《昆明市万达纸品厂销售单》3 张和《仁和日化经营部》单据 77 张；

附件 8 是昌宁县公证处签章的照片四张和经昌宁县公证处签章确认的李国张签名的《证明》复印件 1 页；

附件 9 是《昆明市万达卫生用品厂货物承运清单》照片 2 张；

附件 10 是李贵顺、李建康和浦存香签名的证言及"笨精灵® 系列柔洁雅"卷纸图片双面页 1 张。

针对请求人于无效宣告请求之日提出的理由和证据，专利权人于 2006 年 10 月 17 日提交了意见陈述书，说明本方在本专利申请日以前没有销售过与本专利图案相同或者相近似的产品，应维持本专利有效；并认为请求人提交的附件 1 所示公证书的附件不完整，不能说明事实，不予认可；附件 2~附件 4 中证人的身份不能确认，相关证言不予认可；附件 5 和附件 6 的来源、时间和证明问题不明，不予认可。同时专利权人说明本案涉及的包装一般纸制品的包装袋是用普通热压封口机封口，其内夹带的标有生产日期的合格证标签可随意替换，成本低廉，易于制作，故不排除请求人作伪的可能；且附件 1 公证书所涉及的国张副食经营部与请求人存在经济利益关系，相关证言证明力低，不应采信；对于上述，专利权人提交如下证据附件：

反证 1 是昆明市公证处作出的"（2006）昆证民字第 17788 号"公证书，内附《现场记录》复印件 2 页、照片 25 张（内有 2 张重复）和《满堂红超市》单据及《云南省商业零售统一发票》复印件共 1 页，公证内容为《现场记录》复印件与原件相符，原件上签名属实，照片系保全现场拍摄，与实际状况相符，另有刻录光盘和保全物品封存于公证处；

反证 2 是保山市公证处作出的"（2006）保市证字第 342 号"公证书，内附《物证保全现场记录》复印件 1 页、身份证复印件 3 页、《国张经营部》收据复印件 1 页和照片 11 张，公证内容为《证据保全现场记录》复印件与原件相符，原件上签名属实，照片系保全现场拍摄，收据复印件与原件相符，上述相关原件均由公证处加签封存；

反证 3 是刻录光盘。

专利复审委员会于 2006 年 11 月 9 日将请求人补充的意见陈述及附件和专利权人的意见陈述及附件分别转送对方当事人，同时向双方当事人发出口头审理通知书，定于 2006 年 12 月 18 日进行口头审理。

口头审理如期举行，请求人由业主及委托代理人出庭，专利权人委托代理人出庭；双方均对对方出庭人员的身份无异议，对合议组成员均无回避请求。

在口头审理中，请求人坚持其原有观点，并指明附件 8 所示照片也作为与附件 7 和附件 9 相结合的证据，认为依据原有证据能够证明在本专利申请日以前已有与其相同或者相近似的产品公开使用过。请求人当庭提交了附件 6 和附件 8 照片所示的昆明市万达卫生用品厂制造的"笨精灵® 系列柔洁雅"卷纸实物两件，其中附件6照片所示实物内夹带的合格证标签上未注明生产年份，附件8照片所示实物与昌宁县公证处签章的"临时封签"条被置于同一塑料袋中，请求人说明不以附件6作为使用公开的证据，而是以附件6照片所示实物与附件8照片所示实物相比较，可证明附件8照片所示实物内夹带的合格证标签是没有换过的；同时请求方的证人李国张（国张副食经营部店主）出庭作证，确认附件8照片所示店铺即为本店，附件8照片所示实物确是本店销售，其外包装与2004年10月在广丰商场进货时的状态一致，在卖出前一直留存店内，并说明在2006年9月12日前后电话联系、买纸和公证的过程。另外，请求人说明专利权人系昆明市万达卫生用品厂的法定代表人，并当庭出示了企业登记情况材料，合议组当庭告知请求人该材料属于超期提交的证据，本案不予考虑。对于专利权人提交的反证，请求人认为反证1公证书所公证的拍摄时间和内附照片上记载的拍摄时间不一致，形式上存在缺陷，且该公证书是对演示伪造的过程进行证据保全，是违法的；对于反证2的真实性没有异议，但本方与国张副食经营部仅为一般的经营关系，不存在利害关系。

专利权人也坚持其原有观点，当庭核实了相关证据的原件和实物，声明对附件1公证书、证人李国张的店铺存在和两件实物本身的真实性没有异议；补充认为附件1、附件2和附件8是将完整的公证书及附件拆散提交，形式上有瑕疵，且整个公证的过程是事先策划好的；附件7所示单据均不是发票，制作随意性大，相关购货单位均未出证，是否真实存在不明，且其上所示产品的图案不明，无法对比；附件9所示单据无原件，且来源不合法，不予认可；附件10为复印件，且证人身份不明，不认可证言的真实性；对于证人李国张的证词，对其作为证人的身份有异议，其当庭的陈述超过了举证期限，且相关实物的公证处封条有问题。对于反证1中拍摄时间不一致的缺陷，专利权人认为相机上设定的时间可能有误。

在相近似性判断方面，请求人认为证据中照片所示的外观设计与本专利相近似，专利权人认为不相同且不相近似。

在上述审理的基础上，合议组经合议，认为本案事实清楚，依法作出本审查决定。

二、决定的理由

（1）基于请求人提出的无效宣告请求的理由，合议组依据专利法第23条的规定对本案进行审理。

专利法第23条规定：授予专利权的外观设计，应当同申请日以前在国内外出版物上公开发表过或者国内公开使用过的外观设计不相同和不相近似，并不得与他人在先取得的合法权利相冲突。

（2）请求人在口头审理时（2006年12月18日）补充的证据材料已超出了自无效宣告请求之日（2006年9月14日）起一个月的举证期限，根据专利法实施细则第66条的规定：在专利复审委员会受理无效宣告请求后，请求人可以在提出无效宣告请求之日起1个月内增加理由或者补充证据。逾期增加理由或者补充证据的，专利复审委员会可以不予考虑。因此合议组对该超期提交的证据材料不予考虑。

对于请求方的证人李国张在口头审理中进行的陈述，由于其主要内容与附件2和附件8中记载的相关内容相一致，其他内容也是基于在质证过程中对于相关内容询问的回答，因此该证人出庭作证是履行证人证言类证据的正常法定程序，不属于超期提交的证据，本案予以考虑。

（3）请求人提交的附件1是昌宁县公证处作出的"（2006）昌证字第151号"公证书，公证内容为与该公证书相粘连的《物证保全现场记录》复印件与原件相符，原件上李清华、李国张、唐卫云的签名属实，且与该公证书相粘连的四张照片系保全现场拍摄，照片底片存于公证处，另有与该公证书相粘连的《证明》和"笨精灵®系列柔洁雅"卷筒纸10筒加签封存；附件2是经昌宁县公证处签章确认的《物证保全现场记录》；附件6是"笨精灵®系列柔洁雅"卷纸照片；附件8是昌宁县公证处签章的照片四张和经昌宁县公证处签章确认的李国张签名的《证明》。在口头审理中请求人提交了附件6和附件8照片所示的昆明市万达卫生用品厂制造的"笨精灵® 系列柔洁雅"卷纸实物两件，同时请求方的证人李国张（国张副食经营部店主）针对其曾出具过的证言出庭作证。

针对上述证据，合议组认为：虽然附件1公证书和附件2、附件8所示公证书附件是相互分离的，但由于其内容关联，且均经过了公证处的签章确认，因此能够作为一套完整、真实、有效的公证材料加以认定，通过上述公证材料能够认定在2006年9月12日附件8照片所示的"笨精灵® 系列柔洁雅"卷纸（合格证标签上显示生产日期为2004年9月9日）在国张副食经营部进行销售的事实；对于请求人在口头审理中提交的附件8照片所示实物，虽然在封存形式上存在瑕疵，但由于其外观和生产日期等方面均与上述公证材料相一致，因此能够作为上述公证材料的关联证据。但是，此类合格证标签形成的随意性较大，且产品的生产日期并不等同于公开销售、使用日期，在没有相关证据的支持下，不能认定相关产品在合格证标签记载的"生产日期"即处于公众可以得知的状态；同时虽然证人李国张在证言中说明上述相关产品是在2004年10月进的货，但是在没有当时销售过程中产生的原始证据的支持下，仅凭该证言尚不足以作为认定销售事实的依据；因此上述证据尚不足以认定相关产品在本专利申请日（2005年2月18日）以前公开使用的事实。

对于附件6照片所示实物，由于其与附件8照片所示实物属于两件独立存在的不同产品，因此二者的包装形式并不具有必然的相互印证真实性、完整性的关系。

（4）请求人提交的附件3是陈蓉签名的证言；附件4是吴涯签名的《证明》；附件5是谢泽良、陈蓉和吴涯签名的证言及"笨精灵® 系列柔洁雅"卷纸图片双面页。针对上述附件，合议组认为：上述出证人均未出庭作证，且陈蓉证明的是在2004年12月以前曾设计过相关产品，吴涯证明的是在2004年12月以前曾印刷过相关产品，谢泽良证明的也是在2004年印刷过相关产品，因此在没有相关证据的支持下，上述设计、印刷证明不足以证明相关产品公开使用的事实。

（5）请求人提交的附件7是《昆明市万达纸品厂销售单》3张和《仁和日化经营部》单据77张。针对附件7，合议组认为：虽然《昆明市万达纸品厂销售单》显示在2003年与专利权人相关的昆明市万达纸品厂曾销售给邹某"笨30卷"、"笨6卷"、"笨10卷无心"和"笨2卷"等商品，但是在没有相关证据的支持下，不足以认定上述简化名称的商品所使用的外包装即为附件8照片所示"笨精灵® 系列柔洁雅"卷纸的外包装，因此与本案的关联性不足；而《仁和日化经营部》单据显示在2003~2005年该单位曾分别销售给多家单位和个人"笨精灵6卷"、"柔洁雅"、"笨6卷"、"笨8卷"、"笨12卷"、"笨精灵12卷"、"笨精灵"和"柔洁雅小"等商品，其中部分单据显示的销售日期在本专利申请日以后，依据其他单据也不足以认定上述简化名称的商品所使用的外包装与专利权人以及附件8照片所示"笨精灵® 系列柔洁雅"卷纸的外包装之间的关系，因此与本案也均不具有关联性。

（6）请求人提交的附件9是《昆明市万达卫生用品厂货物承运清单》照片2张。针对附件9，合议组认为：其上所示的单据无原件，在专利权人产生质疑的情况下，真实性不予认定。

（7）请求人提交的附件10是李贵顺、李建康和浦存香签名的证言及"笨精灵® 系列柔洁雅"卷纸图片双面页。针对附件10，合议组认为：虽然上述出证人均证明在2004年销售过相关产品，但由于出证人均未出庭作证，且没有当时销售过程中产生的原始证据的支持，因此仅凭单纯证言尚不足以作为认定销售事实的依据。

（8）综上所述，请求人提交的证据未能形成完整的证明体系，公证材料、证人证言和票据等证据之间也缺少必要的关联性，因此均不足以支持其无效宣告请求的理由。

（9）基于上述已得出请求人证据不足的结论，因此合议组对于专利权人提交的反证不再予以评述。

三、决定

维持 200530021035.5 号外观设计专利权有效。

当事人对本决定不服的，可以根据专利法第 46 条第 2 款的规定，自收到本决定之日起三个月内向北京市第一中级人民法院起诉。根据该款的规定，一方当事人起诉后，另一方当事人应当作为第三人参加诉讼。

枪刷（22T）

无效宣告请求审查决定（第9447号）

决 定 号	第9447号
决 定 日	2006年12月26日
发明创造名称	枪刷（22T）
外观设计分类号	04-01
无效宣告请求人	宁波市鄞州福兴制刷厂
专 利 权 人	唐岳芬
专 利 号	200530103753.7
申 请 日	2005年1月25日
授 权 公 告 日	2005年9月21日
合议组组长	崔国振
主 审 员	叶娟
参 审 员	郭婷
法 律 依 据	专利法第23条

决 定 要 点

请求人对其主张的事实负有举证责任，如果所举证据不足以证明其主张的事实，请求人将承担对其不利的后果。

一、案由

本无效宣告请求案涉及国家知识产权局于2005年9月21日授权公告的、名称为"枪刷（22T）"的200530103753.7号外观设计专利（下称本专利），其申请日为2005年1月25日，专利权人是唐岳芬。

针对上述专利权，宁波市鄞州福兴制刷厂（下称请求人）于2006年7月11日向专利复审委员会提出专利权无效宣告请求，以本专利不符合专利法第23条为由请求宣告本专利权无效，请求人同时提交的附件如下：

附件1：本专利的专利证书复印件1页；
附件2：上海飞达工业制刷贸易有限公司产品介绍，复印件共16页；
附件3：UNION公司产品介绍，复印件共28页；
附件4：宁波宁海HOT SPRING制刷有限公司的产品宣传册，复印件24页。

依据上述附件，请求人认为：本专利与附件2第1、9、11页、附件3第13~15页和封底、附件4第

18页和封底所示产品图案相比,其整体形状相近似,从整体上观察,与附件2~4所示产品外观设计的设计构思相同,其体现的具体设计部位相同,且刷毛形状相同,因而本专利的外观设计属于国内外已经公开使用过的设计,不符合专利法第23条的规定,应予无效。

经形式审查合格后,专利复审委员会受理了该无效宣告请求案,并于2006年9月6日向双方当事人发出《无效宣告请求受理通知书》,同时将《专利权无效宣告请求书》及其附件的副本转送给专利权人,要求其在指定期限内答复,同时成立合议组对本无效请求案进行审理。

2006年9月16日,专利权人针对上述专利权无效宣告请求提交了意见陈述书,专利权人认为:附件2~4分别是上海飞达工业制刷贸易有限公司、UNION公司、宁波宁海HOT SPRING有限公司的产品介绍的内部图册样本,都不属于专利法意义上的出版物,请求人没有证据证明公众中的任何人已经获知或已经公开了其中的内容,因此请求人提出宣告本专利权无效的理由和证据明显不足,其主张不能成立,本专利符合专利法第23条规定。

2006年10月23日,专利复审委员会本案合议组分别向双方当事人发出《无效宣告请求口头审理通知书》,告知双方当事人专利复审委员会拟定于2006年12月19日对本无效宣告请求案进行口头审理。

2006年12月19日,口头审理如期举行,双方当事人均委托代理人参加了口头审理,口头审理中:

(1)请求人明确其无效理由为本专利不符合专利法第23条的规定,主张本专利外观设计与出版物上公开的在先设计相同或相近似;

(2)请求人明确表示放弃附件2、3,同时提交了附件4的原件和以下新证据(编号续前):

附件5:2001年5月18日出版的宁波日报第1版复印件1页,其上加盖有"宁波市图书馆报刊阅览室"蓝色原章,以及复印该报纸的发票原件;

请求人陈述,附件4是由厂家直接提供的,附件4首页右下角记载的"2001"即为出版时间,附件4的封底上记载了宁波的电话号码,该电话号码为7位,而根据附件5可知宁波市的电话号码从2001年5月升为8位,由此可以证明附件4形成于本专利申请日之前;合议组当庭将上述附件5的复印件转交给专利权人,专利权人认为附件5属于新证据,因而拒绝接受该证据;

(3)经核对原件后专利权人认可附件4与原件一致,但认为附件4是一份外文证据,由于请求人在举证期限内没有提供其中文译文,因此附件4应被视为未提交,同时请求人也没有提交公证认证和/或其他佐证来证明附件4的真实性,没有明确表明出版日期的合法性时间,因此对附件4的真实性、合法性、关联性均不认可。

至此,本案合议组认为本案的事实清楚,可以依法作出审查决定。

二、决定的理由

1. 法律依据

专利法第23条规定:授予专利权的外观设计,应当同申请日以前在国内外出版物上公开发表过或者国内公开使用过的外观设计不相同和不相近似,并不得与他人在先取得的合法权利相冲突。

2. 关于证据

请求人共提交了4份证据,即附件2~5。口头审理时,请求人放弃了附件2、3。

附件4是一份外文证据,根据《专利权无效宣告请求书》中的记载,该证据为"宁波宁海HOT SPRING制刷有限公司"的图册,请求人在口头审理时确认该证据是其从厂家直接获得的,但无证据对此予以证明,请求人确认在本案审理过程中未曾提交过附件4的中文译文。合议组认为:首先,虽然请求人陈述附件4获自厂家,但未提供相关证据予以证实,因此附件4的来源不明;其次,附件4

是一份外文证据，由于请求人未曾提交过附件4的中文译文，因此无法获知其出版信息并确认其为正规出版物，从形式上看附件4是一份产品图册，由于这类产品图册的制作简单容易、随意性很强，请求人也未能提交其他证据来证明其真实性。综上所述，合议组对附件4的真实性不予确认。

附件5用于证明附件4的出版时间，鉴于上述合议组已经对附件4的真实性不予确认，因此合议组对附件5不再评述。

3. 关于专利法第23条

请求人对其主张的事实负有举证责任，如果所举证据不足以证明其主张的事实，请求人将承担对其不利的后果。本案中，由于请求人没有提供足够的证据证明本专利的外观设计在其申请日前已经公开，因此其所提出的本专利不符合专利法第23条规定的主张由于缺少必要的证据支持而不能成立，合议组对于请求人提出的无效宣告请求不予支持。

根据上述事实和理由，本案合议组作出如下决定。

三、决定

维持200530103753.7号外观设计专利权有效。

当事人对本决定不服的，可以根据专利法第46条第2款的规定，自收到本决定之日起三个月内向北京市第一中级人民法院起诉。根据该款规定，一方当事人起诉后，另一方当事人应当作为第三人参加诉讼。

枪刷（12T）

无效宣告请求审查决定（第 9448 号）

决 定 号	第 9448 号
决 定 日	2006 年 12 月 26 日
发明创造名称	枪刷（12T）
外观设计分类号	04-01
无效宣告请求人	宁波市鄞州福兴制刷厂
专 利 权 人	唐岳芬
专 利 号	200530103746.7
申 请 日	2005 年 1 月 25 日
授权公告日	2005 年 9 月 21 日
合议组组长	崔国振
主 审 员	叶 娟
参 审 员	郭 婷
法 律 依 据	专利法第 23 条

决 定 要 点

请求人对其主张的事实负有举证责任，如果所举证据不足以证明其主张的事实，请求人将承担对其不利的后果。

一、案由

本无效宣告请求案涉及国家知识产权局于 2005 年 9 月 21 日授权公告的、名称为"枪刷（12T）"的第 200530103746.7 号外观设计专利（下称本专利），其申请日为 2005 年 1 月 25 日，专利权人是唐岳芬。

针对上述专利权，宁波市鄞州福兴制刷厂（下称请求人）于 2006 年 7 月 11 日向专利复审委员会提出专利权无效宣告请求，以本专利不符合专利法第 23 条为由请求宣告本专利权无效，请求人同时提交的附件如下：

附件 1：本专利的专利证书复印件 1 页；
附件 2：上海飞达工业制刷贸易有限公司产品介绍，复印件共 16 页；
附件 3：UNION 公司产品介绍，复印件共 28 页；
附件 4：宁波宁海 HOT SPRING 制刷有限公司的产品宣传册，复印件 24 页。

依据上述附件，请求人认为：本专利与附件 2 第 1、9、11 页、附件 3 第 13~15 页和封底、附件

4第18页和封底所示产品图案相比,其整体形状相近似,从整体上观察,与附件2~4所示产品外观设计的设计构思相同,其体现的具体设计部位相同,且刷毛形状相同,因而本专利的外观设计属于国内外已经公开使用过的设计,不符合专利法第23条的规定,应予无效。

经形式审查合格后,专利复审委员会受理了该无效宣告请求案,并于2006年9月6日向双方当事人发出《无效宣告请求受理通知书》,同时将《专利权无效宣告请求书》及其附件的副本转送给专利权人,要求其在指定期限内答复,同时成立合议组对本无效请求案进行审理。

2006年9月16日,专利权人针对上述专利权无效宣告请求提交了意见陈述书,专利权人认为:附件2~4分别是上海飞达工业制刷贸易有限公司、UNION公司、宁波宁海HOT SPRING有限公司的产品介绍的内部图册样本,都不属于专利法意义上的出版物,请求人没有证据证明公众中的任何人已经获知或已经公开了其中的内容,因此请求人提出宣告本专利权无效的理由和证据明显不足,其主张不能成立,本专利符合专利法第23条规定。

2006年10月23日,专利复审委员会本案合议组分别向双方当事人发出《无效宣告请求口头审理通知书》,告知双方当事人专利复审委员会拟定于2006年12月19日对本无效宣告请求案进行口头审理。

2006年12月19日,口头审理如期举行,双方当事人均委托代理人参加了口头审理,口头审理中:

(1)请求人明确其无效理由为本专利不符合专利法第23条的规定,主张本专利外观设计与出版物上公开的在先设计相同或相近似;

(2)请求人明确表示放弃附件2、3,同时提交了附件4的原件和以下新证据(编号续前):

附件5:2001年5月18日出版的宁波日报第1版复印件1页,其上加盖有"宁波市图书馆报刊阅览室"蓝色原章,以及复印该报纸的发票原件;

请求人陈述,附件4是由厂家直接提供的,附件4首页右下角记载的"2001"即为出版时间,附件4的封底上记载了宁波的电话号码,该电话号码为7位,而根据附件5可知宁波市的电话号码从2001年5月升为8位,由此可以证明附件4形成于本专利申请日之前;合议组当庭将上述附件5的复印件转交给专利权人,专利权人认为附件5属于新证据,因而拒绝接受该证据;

(3)经核对原件后专利权人认可附件4与原件一致,但认为附件4是一份外文证据,由于请求人在举证期限内没有提供其中文译文,因此附件4应被视为未提交,同时请求人也没有提交公证认证和/或其他佐证来证明附件4的真实性,没有明确表明出版日期的合法性时间,因此对附件4的真实性、合法性、关联性均不认可。

至此,本案合议组认为本案的事实清楚,可以依法作出审查决定。

二、决定的理由

1. 法律依据

专利法第23条规定:授予专利权的外观设计,应当同申请日以前在国内外出版物上公开发表过或者国内公开使用过的外观设计不相同和不相近似,并不得与他人在先取得的合法权利相冲突。

2. 关于证据

请求人共提交了4份证据,即附件2~5。口头审理时,请求人放弃了附件2、3。

附件4是一份外文证据,根据《专利权无效宣告请求书》中的记载,该证据为"宁波宁海HOT SPRING制刷有限公司"的图册,请求人在口头审理时确认该证据是其从厂家直接获得的,但无证据对此予以证明,请求人确认在本案审理过程中未曾提交过附件4的中文译文。合议组认为:首先,虽然请求人陈述附件4获自厂家,但未提供相关证据予以证实,因此附件4的来源不明;其次,附件4

是一份外文证据,由于请求人未曾提交过附件4的中文译文,因此无法获知其出版信息并确认其为正规出版物,从形式上看附件4是一份产品图册,由于这类产品图册的制作简单容易、随意性很强,请求人也未能提交其他证据来证明其真实性。综上所述,合议组对附件4的真实性不予确认。

附件5用于证明附件4的出版时间,鉴于上述合议组已经对附件4的真实性不予确认,因此合议组对附件5不再评述。

3. 关于专利法第23条

请求人对其主张的事实负有举证责任,如果所举证据不足以证明其主张的事实,请求人将承担对其不利的后果。本案中,由于请求人没有提供足够的证据证明本专利的外观设计在其申请日前已经公开,因此其所提出的本专利不符合专利法第23条规定的主张由于缺少必要的证据支持而不能成立,合议组对于请求人提出的无效宣告请求不予支持。

根据上述事实和理由,本案合议组作出如下决定。

三、决定

维持200530103746.7号外观设计专利权有效。

当事人对本决定不服的,可以根据专利法第46条第2款的规定,自收到本决定之日起三个月内向北京市第一中级人民法院起诉。根据该款规定,一方当事人起诉后,另一方当事人应当作为第三人参加诉讼。

咖啡壶（V）

无效宣告请求审查决定（第9449号）

决 定 号	第9449号
决 定 日	2006年12月11日
发明创造名称	咖啡壶（V）
国际分类号	07-01
无效宣告请求人	爱尔菲股份有限公司（alfiGmbH）
专 利 权 人	肖安江
专 利 号	200430029508.1
申 请 日	2004年1月18日
授权公告日	2004年9月29日
合议组组长	崔哲勇
主 审 员	樊晓东
参 审 员	詹靖康
附 图	2页

法律依据 专利法第23条

决定要点

本专利的咖啡壶外观设计与在先设计的区别只体现在细微、不容易引起消费者注意的地方，不影响咖啡壶整体形状的相近似性判断，因此两者属于相近似的外观设计。

一、案由

本无效宣告请求涉及国家知识产权局于2004年9月29日授权公告的200430029508.1号外观设计专利（下称本专利），其名称为"咖啡壶（V）"，申请日为2004年1月18日，专利权人是肖安江。

针对上述专利权，爱尔菲股份有限公司（下称请求人）于2006年01月27日向国家知识产权局专利复审委员会提出无效宣告请求，认为本专利不符合专利法第23条的规定，请求宣告该专利无效。请求人提交了如下附件作为证据：

附件1：本专利的著录信息及图片复印件；

附件2（证据1）：2004年版"DEUTSCHESTANDARDS"（德国标准）的封面、第18~19页以及第600页及其公证、认证文件复印件；

附件3（证据2）：封面上标有2003年11月28日字样的"Ratgeber Frau und Familie"（女性与家庭教程）杂志的封面、第1660页及其公证、认证文件复印件；

附件4（证据3）：封面上标有 Dezember 2003 字样的"DerFeinschmecker"（美食家）杂志的封面、第145页及其公证、认证文件复印件；

附件5（证据4）：封面上标有1992字样的"Markte & Medien Kontaktbuch"（市场与媒体联系名册）的封面、第130页、第6页及其公证、认证文件复印件；

附件6（证据5）：封面上标有2003/2004字样的"alfi® Design your life"（总（产品）目录）的封面、第6、7页、第26页、第102页及其公证、认证文件复印件；

附件7（证据6）：alfi公司出具的日期为2002.12.13的"Invoice"（发票）及其公证、认证文件复印件；

请求人在无效宣告请求书中认为：证据1~4均为本专利申请日前的公开出版物，在其上分别公开了与本外观设计相同或相近似的设计；证据5、6的结合证明与本外观设计相同或相近似的设计在申请日前已经公开销售过，因此本专利不符合专利法第23条的规定。

2006年2月27日请求人补充提交了意见陈述书及其附件，提交的附件如下：

附件8：证据1的公证、认证文件的中文译文，以及证据1的部分译文；

附件9：证据2的公证、认证文件的中文译文，以及证据2的部分译文；

附件10：证据3的公证、认证文件的中文译文，以及证据3的部分译文；

附件11：证据4的公证、认证文件的中文译文，以及证据4的部分译文；

附件12：证据5的公证、认证文件的中文译文，以及证据5的部分译文；

附件13：证据6的公证、认证文件的中文译文，以及证据6的部分译文；

附件14（证据7）：2001年版《德国标准》的封面、第180、181、476页、版权页复印件及部分中文译文。

经形式审查合格，专利复审委员会依法受理了上述无效宣告请求，并于2006年3月22日向请求人和专利权人发出无效宣告请求受理通知书，并将请求人提交的无效宣告请求书及其附件清单中所列附件的副本以及请求人于2006年2月27日提交的补充意见及其附件清单中所列附件副本转送给专利权人，要求其在指定的期限内答复，同时依法成立合议组对本无效宣告请求案进行审理。

请求人在指定的期限内未对上述无效宣告请求受理通知书进行答复。

合议组于2006年8月29日向双方当事人发出无效宣告请求口头审理通知书，定于2006年9月27日在专利复审委员会进行口头审理。

为了方便双方当事人，经与双方当事人协商同意后，口头审理改为2006年9月26日举行，双方当事人均到庭参加口头审理，在口头审理过程中双方当事人均对合议组成员无回避请求，对对方出庭人员身份没有异议。请求人当庭提交了证据1~6的公证认证书的原件，证据7、证据5的原件，并当庭明确放弃使用证据4；专利权人对附件1~6的公证认证书的真实性、译文的准确性没有异议，但专利权人认为一个公开出版物不会将一个企业的产品罗列到一起，因此对证据4是公开出版物有异议，专利权人还认为证据7是一份无公证认证的文件，对其真实性有异议；合议组当庭告知双方当事人证据1的出版时间晚于本专利的申请日，域外证据7无公证认证文件，因此上述两个证据不能作为在先出版物使用；请求人明确其无效理由为专利法第23条，所使用的在先设计为：证据2第1660页的左下角靠右的图片、证据3第145页中间的图片，请求人认为证据6中2/8页中有关900572.000.560型咖啡壶的销售记录以及证据5第7页0572系列咖啡壶的图片证明了与本专利相同或相近似的设计在申请日前已经进口到国内从而导致在国内公开使用；合议组当庭告知双方当事人：双方在庭上已经充分陈述各自的意见，口头审理之后，合议组不再接受双方当事人的任何意见和证据。

在此基础上，合议组认为当事人已经充分发表了意见，本案事实已经调查清楚，可以依法作出本决定。

二、决定的理由

根据请求人提出的无效宣告请求的理由和提交的证据，本案合议组依据专利法第23条对本案进行审理。

专利法第23条规定：授予专利权的外观设计，应当同申请日以前在国内外出版物上公开发表过或者国内公开使用过的外观设计不相同和不相近似，并不得与他人在先取得的合法权利相冲突。

1. 关于证据

证据1是一份德国标准，其上标有2004年出版，根据审查指南第2.1.3.1节规定："印刷日只写明年月或年份的，以所写月份的最后一日或者所写年份的12月31日为公开日"，因此可以推定其出版日为2004年12月31日，由于该日期晚于本专利的申请日2004年1月18日，因此该证据不能作为在先公开出版物使用。

证据2是2003年第12期的《女性与家庭教程》杂志封面及第1660页复印件及其公证认证文件，该公证认证文件由韦尔特海姆市第二公证处证明上述复印件与原件一致，公证员为施密特博士；由莫斯巴赫地方法院院长米斯勒博士签字证明韦尔特海姆市公证处和公证员的印章属实；由德意志联邦共和国外交部的官员内尔斯签字证明莫斯巴赫地方法院的印章及院长米斯勒博士的签字属实；再由我国住法兰克福总领事馆认证德意志联邦共和国外交部的印章和内尔斯签字属实。由于证据2的公证认证文件齐备，其出版日在本专利的申请日之前，因此，证据2属于本专利申请日前的公开出版物，该证据2中的图片可以作为在先设计用来评价本专利是否符合专利法第23条的规定。

证据3是2003年12月出版的《美食家》杂志封面及第145页复印件及其公证认证文件，该公证认证文件由韦尔特海姆市第二公证处公证上述复印件与原件一致，公证员为施密特博士；由莫斯巴赫地方法院院长米斯勒博士签字证明韦尔特海姆市公证处和公证员的印章属实；由德意志联邦共和国外交部的官员内尔斯签字证明莫斯巴赫地方法院的印章及院长米斯勒博士的签字属实；再由我国住法兰克福总领事馆认证德意志联邦共和国外交部的印章和内尔斯签字属实。由于证据3的公证认证文件齐备，其出版日在本专利的申请日之前，因此，证据3属于本专利申请日前的公开出版物，该证据3中的图片可以作为在先设计用来评价本专利是否符合专利法第23条的规定。

请求人在口头审理中当庭明确放弃使用证据4，因此在本决定中将不再考虑证据4。

证据5是一份来自alfi的产品目录的封面、第6、7页、第26页和第102页的复印件及其公证认证文件，在该产品目录的封面上标有2003/2004年，根据审查指南第2.1.3.1节规定："印刷日只写明年月或年份的，以所写月份的最后一日或者所写年份的12月31日为公开日"，因此可以推定其公开日为2004年12月31日，由于该日期晚于本专利的申请日2004年1月18日，因此该证据不能适用专利法第23条的规定作为本案有效证据。

证据6是一份货单发票的复印件及其公证认证文件，该公证认证文件由韦尔特海姆市第二公证处公证上述复印件与原件一致，公证员为施密特博士；由莫斯巴赫地方法院院长米斯勒博士签字证明韦尔特海姆市公证处和公证员的印章属实；由德意志联邦共和国外交部的官员内尔斯签字证明莫斯巴赫地方法院的印章及院长米斯勒博士的签字属实；再由我国住法兰克福总领事馆认证德意志联邦共和国外交部的印章和内尔斯签字属实。由于证据6的公证认证文件齐备，且专利权人对其公证书的真实性、译文的准确性均没有异议，因此，合议组认为证据6是真实有效的，具有证据证明效力。

证据7是一份德国标准复印件，其上标有2001年出版，该证据属于域外证据，由于其没有履行公证认证手续，因此其真实性无法予以确定，故在本案中，合议组对该证据不予采信。

2. 关于专利法第 23 条

在口头审理中，请求人当庭明确其无效理由为：（1）使用证据 2 第 1660 页的左下角靠右的图片证明在申请日之前已有相同或相似的外观设计被公开；（2）使用证据 3 第 145 页中间的图片证明在申请日之前已有相同或相似的外观设计被公开；（3）使用证据 6 中 2/8 页中有关 900572.000.560 型咖啡壶的销售记录以及证据 5 第 7 页 0572 系列咖啡壶的图片证明了与本专利相同或相近似的设计在申请日前已经进口到国内从而导致在国内公开使用。下面合议组将首先对无效理由 a 的事实进行评述：

证据 2 第 1660 页的左下角靠右的图片为咖啡壶的外观设计，其与本专利属于同种类的产品，故可以进行如下相似性对比：

本专利的咖啡壶从其主视图、左视图、右视图以及俯视图可以看出该咖啡壶包括呈长圆柱形，中部有一条环线，将其分为上下两层，且其上下两端略向里收拢的壶体；半圆形的壶盖；其尖角略向下弯曲，呈船形的壶嘴；分上下两部分，中间向内凹的壶颈；连接在壶盖的壶嘴后部之间的卡子；其两端分别固定于壶颈和壶体上部，向上成近似三角形形状，角尖向上凸起的壶把以及在壶体底部的基座（参见附图，本专利）。

证据 2 的咖啡壶（下称在先设计 1）从其附图可以看出其包括呈长圆柱形，中部有一条环线，将其分为上下两层，且其上下两端略向里收拢的壶体；半圆形的壶盖；其尖角略向下弯曲，呈船形的壶嘴；分上下两部分，中间向内凹的壶颈；连接在壶盖的壶嘴后部之间的卡子；以及其两端分别固定于壶颈和壶体上部，向上成近似三角形形状，角尖向上凸起的壶把（参见附图，在先设计 1）。

将本专利的咖啡壶与在先设计 1 相比，两者的整体形状几乎相同，其不同点在于本专利的咖啡壶壶体底部有基座，而从在先设计 1 看不出这一区别特征，对此，本案合议组认为，该区别之处只体现在细微、不容易引起消费者注意的地方，不影响咖啡壶整体形状的相近似性判断，按照外观设计专利整体观察、综合对比的原则，一般消费者以一般注意力难以区分本专利与在先设计 1，因此，本专利与在先设计 1 应属于相近似的外观设计。综上所述，本专利与申请日之前公开发表的证据 2 中的咖啡壶外观设计相近似，不符合专利法第 23 条的规定。

鉴于由上述证据 2 与本专利相比较已得出本专利不符合专利法第 23 条所规定的授权条件的结论，合议组对请求人提出的其他无效理由不再进行评述。

三、决定

依据专利法第 23 条的规定，宣告 200430029508.1 号外观设计专利权全部无效。

当事人对本决定不服的，可以根据专利法第 46 条第 2 款的规定，自收到本决定之日起三个月内向北京市第一中级人民法院起诉。根据该款的规定，一方当事人起诉后，另一方当事人应当作为第三人参加诉讼。

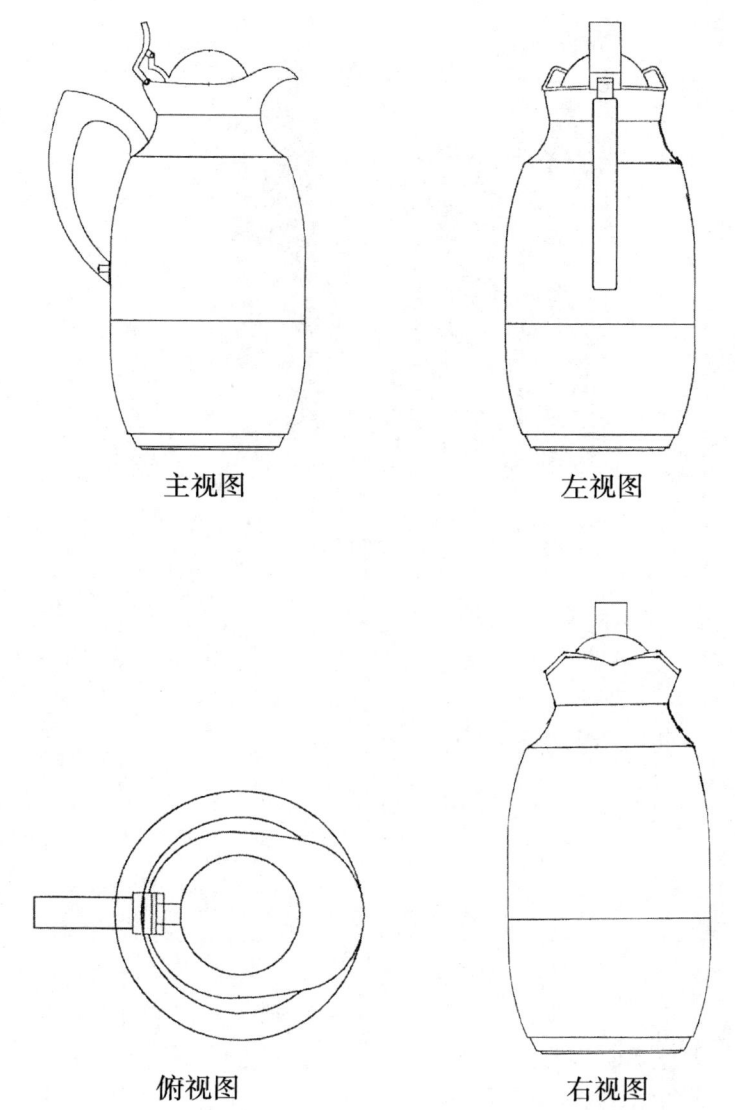

主视图　　　左视图

俯视图　　　右视图

本专利

在先设计

咖啡壶（Ⅵ）

无效宣告请求审查决定（第 9450 号）

决 定 号	第 9450 号
决 定 日	2006 年 12 月 11 日
发明创造名称	咖啡壶（Ⅵ）
外观设计分类号	07-01
无效宣告请求人	爱尔菲股份有限公司（alfiGmbH）
专 利 权 人	肖安江
专 利 号	200430029502.4
申 请 日	2004 年 1 月 18 日
授权公告日	2005 年 6 月 8 日
合议组组长	崔哲勇
主 审 员	樊晓东
参 审 员	詹靖康
附 图	1 页

法 律 依 据 专利法第 23 条

决 定 要 点

对于咖啡壶的外观设计的相近似性判断而言，从整体观察、综合判断的角度出发，其壶体、壶嘴以及壶把的握手部分的设计是判断两者外观设计是否相近似的要旨所在，至于壶盖及其连接卡子，其只是体现功能的部件，不会给整体的外观设计带来明显不同的视觉效果，因此，本专利的咖啡壶与在先设计的咖啡壶属于相近似的外观设计。

一、案由

本无效宣告请求涉及国家知识产权局于 2005 年 6 月 8 日授权公告的 200430029502.4 号外观设计专利（下称本专利），其名称为"咖啡壶（Ⅵ）"，申请日为 2004 年 1 月 18 日，专利权人是肖安江。

针对上述专利权，爱尔菲股份有限公司（下称请求人）于 2006 年 1 月 27 日向国家知识产权局专利复审委员会提出无效宣告请求，认为本专利不符合专利法第 23 条的规定，请求宣告该专利无效。请求人提交了如下附件作为证据：

附件 1：本专利的著录信息及图片复印件；

附件 2（证据 1）：2004 年版"DEUTSCHESTANDARDS"（德国标准）的封面、第 18~19 页以及第 600 页及其公证、认证文件复印件；

附件3（证据2）：封面上标有2003年11月28日字样的"Ratgeber Frau und Familie"（女性与家庭教程）杂志的封面、第1660页及其公证、认证文件复印件；

附件4（证据3）：封面上标有Dezember 2003字样的"DerFeinschmecker"（美食家）杂志的封面、第145页及其公证、认证文件复印件；

附件5（证据4）：封面上标有1992字样的"Markte & Medien Kontaktbuch"（市场与媒体联系名册）的封面、第130页、第6页及其公证、认证文件复印件；

附件6（证据5）：封面上标有2003/2004字样的"alfi® Design your life"（总（产品）目录）的封面、第6、7页、第26页、第102页及其公证、认证文件复印件；

附件7（证据6）：alfi公司出具的日期为2002.12.13的"Invoice"（发票）及其公证、认证文件复印件；

请求人在无效宣告请求书中认为：证据1~4均为本专利申请日前的公开出版物，在其上分别公开了与本外观设计相同或相近似的设计；证据5、6的结合证明与本外观设计相同或相近似的设计在申请日前已经公开销售过，因此本专利不符合专利法第23条的规定。

2006年2月27日请求人补充提交了意见陈述书及其附件，提交的附件如下：

附件8：证据1的公证、认证文件的中文译文，以及证据1的部分译文；

附件9：证据2的公证、认证文件的中文译文，以及证据2的部分译文；

附件10：证据3的公证、认证文件的中文译文，以及证据3的部分译文；

附件11：证据4的公证、认证文件的中文译文，以及证据4的部分译文；

附件12：证据5的公证、认证文件的中文译文，以及证据5的部分译文；

附件13：证据6的公证、认证文件的中文译文，以及证据6的部分译文；

附件14（证据7）：2001年版《德国标准》的封面、第180、181、476页、版权页复印件及部分中文译文。

经形式审查合格，专利复审委员会依法受理了上述无效宣告请求，并于2006年3月22日向请求人和专利权人发出无效宣告请求受理通知书，并将请求人提交的无效宣告请求书及其附件清单中所列附件的副本以及请求人于2006年2月27日提交的补充意见及其附件清单中所列附件副本转送给专利权人，要求其在指定的期限内答复，同时依法成立合议组对本无效宣告请求案进行审理。

请求人在指定的期限内未对上述无效宣告请求受理通知书进行答复。

合议组于2006年8月29日向双方当事人发出无效宣告请求口头审理通知书，定于2006年9月27日在专利复审委员会进行口头审理。

为了方便双方当事人，经与双方当事人协商同意后，口头审理改为2006年9月26日举行，双方当事人均到庭参加口头审理，在口头审理过程中双方当事人对合议组成员无回避请求，对对方出庭人员身份没有异议。请求人当庭提交了证据1~6的公证认证书的原件，证据7、证据5的原件，并当庭明确放弃使用证据4；专利权人对附件1~6的公证认证书的真实性、译文的准确性没有异议，但专利权人认为一个公开出版物不会将一个企业的产品罗列到一起，因此对证据4是公开出版物有异议，专利权人还认为证据7是一份无公证认证的文件，对其真实性有异议；合议组当庭告知双方当事人证据1的出版时间晚于本专利的申请日，域外证据7无公证认证文件，因此上述两个证据不能作为在先出版物使用；请求人明确其无效理由为专利法第23条，所使用的在先设计为：证据2第1660页的左下角靠右的图片、证据3第145页中间的图片；请求人认为证据6中2/8页中有关900572.000.560型咖啡壶的销售记录以及证据5第7页0572系列咖啡壶的图片证明了与本专利相同或相近似的设计在申请日前已经进口到国内从而导致在国内公开使用；合议组当庭告知双方当事人：双方在庭上已经充分陈述各自的意见，口头审理之后，合议组不再接受双方当事人的任何意见和证据。

在此基础上，合议组认为当事人已经充分发表了意见，本案事实已经调查清楚，可以依法作出本决定。

二、决定的理由

1. 法律依据

根据请求人提出的无效宣告请求的理由和提交的证据，本案合议组依据专利法第 23 条对本案进行审理。

专利法第 23 条规定：授予专利权的外观设计，应当同申请日以前在国内外出版物上公开发表过或者国内公开使用过的外观设计不相同和不相近似，并不得与他人在先取得的合法权利相冲突。

2. 证据的认定

证据 1 是一份德国标准，其上标有 2004 年出版，根据审查指南第 2.1.3.1 节规定："印刷日只写明年月或年份的，以所写月份的最后一日或者所写年份的 12 月 31 日为公开日"，因此可以推定其出版日为 2004 年 12 月 31 日，由于该日期晚于本专利的申请日 2004 年 1 月 18 日，因此该证据不能作为在先公开出版物使用。

证据 2 是 2003 年第 12 期的《女性与家庭教程》杂志封面及第 1660 页复印件及其公证认证文件，该公证认证文件由韦尔特海姆市第二公证处证明上述复印件与原件一致，公证员为施密特博士；由莫斯巴赫地方法院院长米斯勒博士签字证明韦尔特海姆市公证处和公证员的印章属实；由德意志联邦共和国外交部的官员内尔斯签字证明莫斯巴赫地方法院的印章及院长米斯勒博士的签字属实；再由我国住法兰克福总领事馆认证德意志联邦共和国外交部的印章和内尔斯签字属实。由于证据 2 的公证认证文件齐备，其出版日在本专利的申请日之前，因此，证据 2 属于本专利申请日前的公开出版物，该证据 2 中的图片可以作为在先设计用来评价本专利是否符合专利法第 23 条的规定。

证据 3 是 2003 年 12 月出版的《美食家》杂志封面及第 145 页复印件及其公证认证文件，该公证认证文件由韦尔特海姆市第二公证处公证上述复印件与原件一致，公证员为施密特博士；由莫斯巴赫地方法院院长米斯勒博士签字证明韦尔特海姆市公证处和公证员的印章属实；由德意志联邦共和国外交部的官员内尔斯签字证明莫斯巴赫地方法院的印章及院长米斯勒博士的签字属实；再由我国住法兰克福总领事馆认证德意志联邦共和国外交部的印章和内尔斯签字属实。由于证据 3 的公证认证文件齐备，其出版日在本专利的申请日之前，因此，证据 3 属于本专利申请日前的公开出版物，该证据 3 中的图片可以作为在先设计用来评价本专利是否符合专利法第 23 条的规定。

请求人在口头审理中当庭明确放弃使用证据 4，因此在本决定中将不再考虑证据 4。

证据 5 是一份来自 alfi 的产品目录的封面、第 6、7 页、第 26 页和第 102 页的复印件及其公证认证文件，在该产品目录的封面上标有 2003/2004 年，根据审查指南第 2.1.3.1 节规定："印刷日只写明年月或年份的，以所写月份的最后一日或者所写年份的 12 月 31 日为公开日"，因此可以推定其公开日为 2004 年 12 月 31 日，由于该日期晚于本专利的申请日 2004 年 1 月 18 日，因此该证据不能适用专利法第 23 条的规定作为本案有效证据。

证据 6 是一份货单发票的复印件及其公证认证文件，该公证认证文件由韦尔特海姆市第二公证处公证上述复印件与原件一致，公证员为施密特博士；由莫斯巴赫地方法院院长米斯勒博士签字证明韦尔特海姆市公证处和公证员的印章属实；由德意志联邦共和国外交部的官员内尔斯签字证明莫斯巴赫地方法院的印章及院长米斯勒博士的签字属实；再由我国住法兰克福总领事馆认证德意志联邦共和国外交部的印章和内尔斯签字属实。由于证据 6 的公证认证文件齐备，且专利权人对其公证书的真实性、译文的准确性均没有异议，因此，合议组认为证据 6 是真实有效的，具有证据证明效力。

证据7是一份德国标准复印件，其上标有2001年出版，该证据属于域外证据，由于其没有履行公证认证手续，因此其真实性无法予以确定，故在本案中，合议组对该证据不予采信。

3. 关于专利法第23条

在口头审理中，请求人当庭明确其无效理由为：（1）使用证据2第1660页的左下角靠右的图片证明在申请日之前已有相同或相似的外观设计被公开；（2）使用证据3第145页中间的图片证明在申请日之前已有相同或相似的外观设计被公开；（3）使用证据6中2/8页中有关900572.000.560型咖啡壶的销售记录以及证据5第7页0572系列咖啡壶的图片证明了与本专利相同或相近似的设计在申请日前已经进口到国内从而导致在国内公开使用。下面合议组将首先对无效理由（1）的事实进行评述：

证据2的第1660页的左下角靠右的图片为咖啡壶的外观设计，其与本专利属于同种类的产品，故可以进行如下相似性对比：

本专利的咖啡壶从其主视图、左视图、右视图以及俯视图可以看出其包括呈长圆柱形，中部有一条环线，将其分为上下两层，且其上下两端略向里收拢的壶体；圆形的壶盖；其尖角略向下弯曲，呈船形的壶嘴；分上下两部分，中间向内凹的壶颈；其两端分别固定于壶颈和壶体上部，向上成近似三角形形状，角尖向上凸起的壶把以及壶体底部的基座（参见附图，本专利）。

证据2的咖啡壶（下称在先设计1）从其附图可以看出其包括呈长圆柱形，中部有一条环线，将其分为上下两层，且其上下两端略向里收拢的壶体；半圆形的壶盖；其尖角略向下弯曲，呈船形的壶嘴；分上下两部分，中间向内凹的壶颈；在壶盖的壶颈后部之间连接的卡子以及其两端分别固定于壶颈和壶体上部，向上成近似三角形形状，角尖向上凸起的壶把（参见附图，在先设计1）。

将本专利与在先设计1相比可以看出，两者的整体形状是基本上相同的，其区别在于：本专利的咖啡壶的壶盖为圆形，而在先设计1的壶盖为半圆形；本专利的咖啡壶的壶体底部有基座，而从在先设计1看不出这一区别特征；本专利的咖啡壶的壶盖的壶嘴后部之间没有连接卡子，而在先设计1的壶盖的壶嘴后部之间连接有卡子。本案合议组认为，对于此类咖啡壶的外观设计而言，其圆柱形壶体、船形壶嘴以及壶把的握手部分的设计是判断两者外观设计是否相近似的要旨所在，这方面设计充分体现了咖啡壶的外观设计在一般消费者视觉印象中的视觉冲击力，而壶盖和卡子的设计不同是由于不同的功能性设计所带来的，即，是由咖啡壶壶盖的按压式（本专利）与翻盖式（在先设计）设计的不同功能需求所必然带来的结果，对咖啡壶的整体视觉效果不具有显著的影响，至于底部的基座，只是外观设计的细微、不容易引起消费者注意的地方，因此，根据外观设计专利整体观察、综合对比的原则，本专利外观设计与在先设计1属于相近似的外观设计。综上所述，本专利与申请日之前公开发表的证据2中的咖啡壶外观设计相近似，不符合专利法第23条的规定。

鉴于由上述证据2与本专利相比较已得出本专利不符合专利法第23条所规定的授权条件的结论，合议组对请求人提出的其他无效理由不再进行评述。

三、决定

依据专利法第23条的规定，宣告200430029502.4号外观设计专利权全部无效。

当事人对本决定不服的，可以根据专利法第46条第2款的规定，自收到本决定之日起三个月内向北京市第一中级人民法院起诉。根据该款的规定，一方当事人起诉后，另一方当事人应当作为第三人参加诉讼。

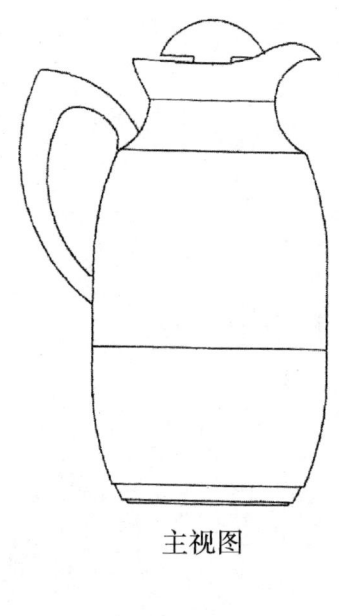
主视图

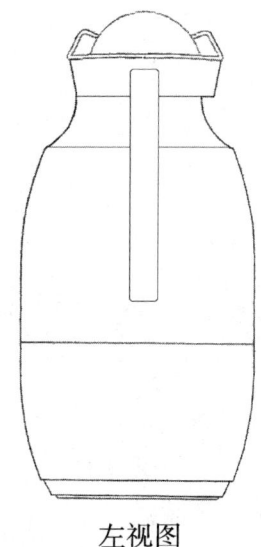
左视图

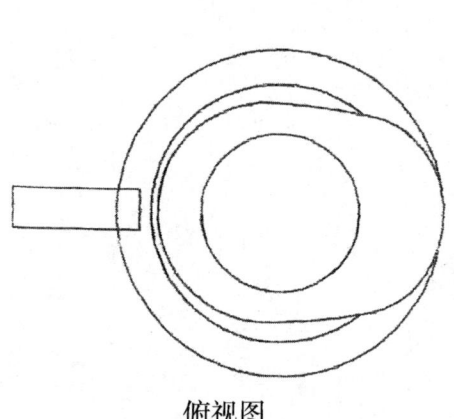
俯视图

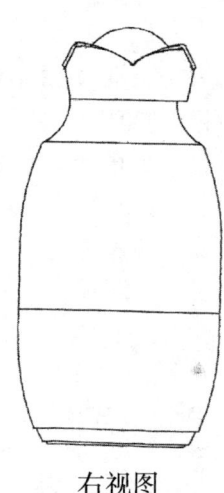
右视图

本专利

在先设计

包装盒

无效宣告请求审查决定（第9452号）

决 定 号	第9452号
决 定 日	2007年1月17日
发明创造名称	包装盒
外观设计分类号	09-03
无效宣告请求人	马斯公司
专 利 权 人	戴永发
专 利 号	200430121305.5
申 请 日	2004年12月17日
授权公告日	2005年8月17日
合议组组长	吴赤兵
主 审 员	李巍巍
参 审 员	王霞军
附 图	2页
法律依据	专利法第23条
决定要点	

请求人提交的在先设计与本专利图案差别明显，足以对二者的整体外观设计产生显著的视觉影响，因此，二者属于不相同且不相近似的外观设计。

一、案由

本无效宣告请求涉及2005年8月17日国家知识产权局授权公告的200430121305.5号外观设计专利，其产品名称是"包装盒"，申请日是2004年12月17日，专利权人是戴永发。

针对上述外观设计专利权（下称本专利），马斯公司（下称请求人）于2006年7月13日向专利复审委员会提出无效宣告请求，其理由是本专利不符合专利法第23条的规定。请求人认为，本专利与在先公开的另外一项外观设计专利的形状完全相同，设计图案非常近似，因此，消费者完全会因为本专利的产品与在先公开的产品外观设计相近似而产生视觉混淆，从而造成误认。同时，请求人提交了如下附件作为证据：

附件1-1是本专利外观设计专利公报复印件1页；

附件1-2是本专利外观设计专利信息和图片2页；

附件2-1是03336740.X号外观设计专利公报复印件1页；

附件 2-2 是 03336740.X 号外观设计专利信息和图片 2 页；

附件 3 是大城县美萨佳士达食品有限公司的"曼士卡"商标档案复印件 1 页。

专利复审委员会根据无效宣告请求审查程序的规定受理了该无效宣告请求，并于 2006 年 8 月 4 日将无效宣告请求书和证据的副本转送给专利权人，限其在指定的期限内答复。并告知专利权人如逾期不答复，不影响专利复审委员会的审理。

针对请求人提出的无效宣告请求理由和提交的证据，专利权人至今未作出任何答复。

专利复审委员会于 2006 年 11 月 7 日向双方当事人发出《合议组成员告知通知书》，指出如对本案合议组人员有回避请求的，请于收到本通知之日起 7 天内提交书面请求书，逾期未答复，视为无回避请求。在规定的期限内双方当事人均未对合议组成员提出回避的请求。同日专利复审委员会还向双方当事人发出《无效宣告请求口头审理通知书》，定于 2007 年 1 月 9 日在专利复审委员会进行口头审理。

口头审理如期举行，仅请求人一方委托代理人出席了口头审理。在口头审理过程中，请求人坚持原有观点，认为本专利与在先设计均为六棱柱形，且在同样的 1/6 的部位均有一个呈半圆弧形透明设计，从六面视图看二者的设计风格和图案也是相近似的，只是巧克力棒的倾斜位置不同，但巧克力棒一端均有部分巧克力外皮脱落。"曼士卡"的商标图案在外观设计中不予保护，对附件 3 大城县美萨佳士达食品有限公司的"曼士卡"商标档案页的来源不能确认，认为其出处应该是商标局网站。

在以上审理的基础上，本案合议组经合议，认为本案事实清楚，依法作出本审查决定。

二、决定的理由

（1）法律依据。

根据请求人提出的无效宣告请求的理由和提交的证据，本案合议组依据专利法第 23 条的规定对本案进行审理。

专利法第 23 条规定：授予专利权的外观设计，应当同申请日以前在国内外出版物上公开发表过或者国内公开使用过的外观设计不相同和不相近似，并不得与他人在先取得的合法权利相冲突。

（2）证据的认定。

请求人提交的附件 3 是大城县美萨佳士达食品有限公司的"曼士卡"商标档案页，请求人欲说明"曼士卡"商标在外观设计中是不予保护的，在口头审理时请求人未提交原件，且不能确定该证据的来源，也没有提交其他证据佐证其的客观真实性，因此，该附件不适用于本案。

请求人提交的附件 2-1、附件 2-2 是 03336740.X 号外观设计专利公报复印件和专利信息及图片，对此，本合议组进行了核实，该复印件与原件相符，其真实性可以确定。该专利的申请日是 2003 年 7 月 31 日，授权公告日是 2004 年 3 月 31 日，授权公告号是 CN3359744D，名称为"包装盒（DOVE 150g SKU）"。其授权公告日早于本专利申请日（2004 年 12 月 17 日），属于专利法第 23 条所述的出版物，适用于本案。其上公开有一包装盒外观设计（下称在先设计），由于其与本专利属于相同种类产品，故可以与本专利进行相近似比较。

（3）本专利包括 7 幅视图（主视图、后视图、左视图、右视图、俯视图、仰视图、立体图），简要说明中记载：A 部为透明，未要求保护色彩。从各视图观察，本专利整体形状为六棱柱形，从主视图观察，从上至下分别排列有英文文字、两根平行放置的巧克力棒、呈半圆弧形透明窗口、中文文字；从后视图观察，左上方排列有三个长方框，其内分别为散放着的果仁和液体状巧克力、中文文字，中间为英文文字和大致呈横置的"A"字形巧克力棒，下方为被覆盖了的文字、条形码；从俯视图观察，上方分别排列有中文文字、三个长方框，其内分别为液体状巧克力和散放着的果仁，下方排列有英文文字和巧克力棒；从仰视图观察，排列有商标"曼士卡"、中文文字和条形码及被覆盖了的文字；左右视图长方形框中，分别排列有英文文字和中文文字。包装盒中巧克力棒的一端有部分巧克力外皮脱落（详见本专利附图）。

（4）在先设计7幅视图（主视图、后视图、左视图、右视图、俯视图、仰视图、立体图），未要求保护色彩。从各视图观察，在先设计整体形状为六棱柱形，背景为深浅不同的颜色和不规则条纹组成，从主视图观察，从上至下分别排列有中文文字、横置的巧克力棒及半粒果仁、被覆盖了的文字和呈半圆弧形透明窗口；从后视图观察，其上方排列有英文文字、中部为巧克力棒和果仁，及条形码、被覆盖了的文字；从俯视图观察，上方分别排列有英文文字、巧中文文字、克力棒和果仁；从仰视图观察，从上至下分别排列有中文文字、条形码及被覆盖了的文字；左右视图中分别排列有中文文字和被覆盖了的文字、数字。包装盒中巧克力棒的一端有部分巧克力外皮脱落（详见在先设计附图）。

将本专利与在先设计相比较，二者相同之处在于：整体形状均为六棱柱形、包装盒中巧克力棒的一端有部分巧克力外皮脱落、呈半圆弧形透明窗口。二者主要不同点为：背景图案不同，本专利无，在先设计有，图案不同，本专利为文字图案、散放着的果仁及液体状巧克力、文字图案与巧克力棒，在先设计为文字图案与波浪状图案、文字图案与巧克力棒。合议组认为：包装盒上出现的包括产品名称在内的文字不考虑其作为文字的字意，仅视为是一种图案。虽然，二者属于同类产品，整体形状、装盒中巧克力棒的一端有部分巧克力外皮脱落、呈半圆弧形透明窗口的设计存在着基本相同点。但是，该类产品外观设计的相近似判断不能仅限于此，因构图方法、表现方式等的不同，也会使图案不相近似，从而使外观设计不相近似，以一般消费者作为判断主体来观察二者的外观设计，二者包装盒上的图案和背景设计存在明显差别，其所组成的外观设计产品，从整体上对一般消费者的整体视觉效果具有显著的影响，致使一般消费者很容易将二者区分开，不容易产生混同、误认。因此，本专利与在先设计属于不相同且不相近似的外观设计。

（5）综上所述，请求人提交的证据不能证明本专利不符合专利法第23条规定。请求人对其提出的无效宣告请求的主张有责任提供充分的证据，如果其提供的证据不够充分，应承担其主张不能成立的法律后果。本案请求人提供的证据均不能支持其主张，其无效宣告请求的理由不成立。

三、决定

维持200430121305.5号外观设计专利权有效。当事人对本决定不服的，可以根据专利法第46条第2款的规定，自收到本决定之日起三个月内向北京市第一中级人民法院起诉。根据该款的规定，一方当事人起诉后，另一方当事人应当作为第三人参加诉讼。

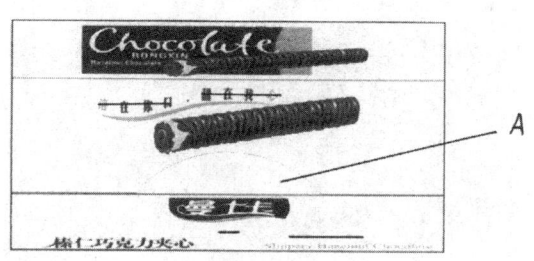

主视图 后视图

左视图 右视图

俯视图 仰视图

立体图

本专利附图

主视图

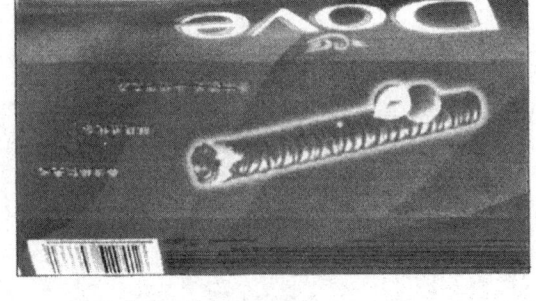
后视图

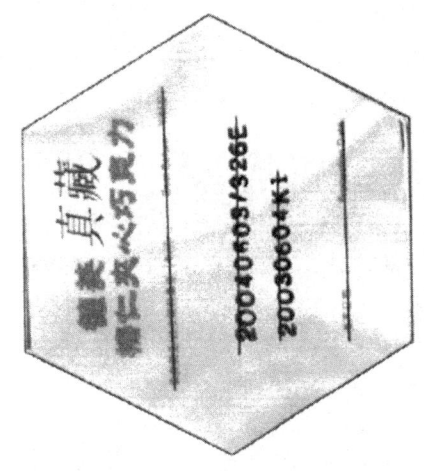
左视图

右视图

俯视图

仰视图

立体图
对比文件附图

酒包装袋

无效宣告请求审查决定（第9454号）

决　定　号	第9454号
决　定　日	2007年1月18日
发明创造名称	酒包装袋
外观设计分类号	09-05
无 效 请 求 人	金华浙福酒业有限公司
专　利　权　人	杭州浙牌酒业有限公司
申　请　号	98334137.0
申　请　日	1998年12月25日
授 权 公 告 日	1999年11月3日
合 议 组 组 长	张跃平
主　审　员	王霞军
参　审　员	吴赤兵
附　　图	1页

法　律　依　据　中国专利法第23条

决　定　要　点

本专利与在先设计在形状、图案、色彩上采用了极其相近似的设计，从而导致一般消费者对二者的整体外观设计容易产生混淆和误认，且二者的不同点也不足以对二者的整体外观设计产生显著的视觉影响，因此二者应属于相近似的外观设计。

一、案由

本无效宣告请求涉及的是国家知识产权局于1999年11月3日授权公告的、名称为"酒包装袋"的外观设计专利（下称本专利），其申请号是98334137.0，申请日是1998年12月25日，专利权人是杭州浙牌酒业有限公司。

针对本专利权，金华浙福酒业有限公司（下称请求人）于2004年8月22日向专利复审委员会提出无效宣告请求，其理由是：本专利与在先申请并已授权的96320910.8号外观设计专利形状、图案相近似，二者的差异只是涂覆部分文字内容的删除，占比例很小，应属于细微局部差异。因此，本专利不符合中国专利法第23条规定。与此同时，请求人提交了如下附件作为证据：

附件1：本专利公报复印件；
附件2：96320910.8号外观设计专利公报复印件；

附件 3：本专利权人变更公告复印件。

经形式审查合格，专利复审委员会受理了此案，并于 2005 年 9 月 14 日将无效请求书及相关材料转送给专利权人。

专利复审委员会于 2005 年 10 月 24 日收到专利权人的意见陈述书，专利权人认为：1. 二者主视图上方虽然都有比较大的长方块，都用了一个"酒"字压在长方块角上，但是并不能因此忽略被涂覆部分内容差异的存在，因为被涂覆部分有明显的差异。2. 附件 2 使用了三个金奖图标，而附件 1 被涂覆部分是四个较大的方块，附件 2 的字是平等排列的，而附件 1 中的字是跳跃式排列的，左边五个字，右边四个字，且上下错开。本专利设计具有独创性。

专利复审委员会于 2006 年 9 月 1 日向双方当事人发出合议组成员告知通知书。

专利复审委员会于 2006 年 10 月 12 日向双方当事人发出口头审理通知书，定于 2006 年 11 月 21 日口头审理。

口头审理如期举行，请求人参加，专利权人未出庭。合议组当庭将专利权人的意见陈述书转送给请求人，请求人进行了答辩。请求人坚持本专利与附件 2 形状、图案、色彩均相近似的观点。

经合议组合议，当庭宣告本专利权无效。

二、决定的理由

1. 基于请求人提出的无效宣告请求理由，合议组对本专利是否符合专利法第 23 条的规定进行审查。

专利法第 23 条规定："授予专利权的外观设计，应当同申请日以前在国内外出版物上公开发表过或者国内公开使用过的外观设计不相同和不相近似，并不得与他人在先取得的合法权利相冲突"。

2. 请求人提交的附件 2 是国家知识产权局于 1997 年 8 月 13 日授权公告的、申请号为 96320910.8、名称为"浙酒包装袋"的外观设计专利公报复印件，经合议组核实，其真实性可以确认。该专利公报的公开日期早于本专利的申请日 1998 年 12 月 25 日，属于专利法第 23 条规定的出版物，该外观设计专利（下称在先设计）与本专利用途相同属于同类产品，在外观设计相近似判断中具有可比性，可以作为在先设计适用于本案。

3. 本专利公报公开了产品 2 面视图和 2 幅使用状态参考图，并请求色彩保护。图中所示，本专利包装袋为长方形，主视图从上至下的图案设计为，顶端为一行涂覆文字框，文字下方背景为红色的长方块，在长方块的中上端为黄色块，在该块的左下角写有一"酒"字，酒字旁有一被涂盖的字，酒字下方是四个被涂盖的方块，方块下用素描方法勾勒出的中国江南古建筑图案，图案下方中部为黄色椭圆形，上面有四个被涂盖方块。包装袋的背面两侧为红色长方块，长方块内有若干行文字。（详见本专利附图）。

在先设计公开了产品 2 面视图，并请求保护色彩。图中所示，在先设计包装袋为长方形，主视图从上至下的图案设计为，顶端为一行上下错开文字，文字下方是背景为红色的长方块，长方块的中上端为黄色块，在该块左下角写有一"酒"字，酒字旁有浙字，酒字下方印有三个奖章，奖章下方用素描方法勾勒出中国江南的古建筑图案，图案下方中部为黄色椭圆形，包装袋的背面两侧为红色长方块，长方块内有若干行文字。（详见在先设计附图）。

将本专利与在先设计比较，二者相同点为均为长方形包装袋，色彩搭配相同，均由红黄黑三种颜色组成，图案设计相近似，其不同点是，本专利将图案上的文字涂覆，而在先设计文字没有涂覆；本专利中间有四个方块，在先设计中间设有三个奖章图案；合议组认为，本专利和在先设计从整体视觉观察，二者图案整体布局极其相近似，从而容易导致一般消费者对二者的整体外观设计产生混淆和误认，文字涂覆和中间图案数量的不同点均明显不足以对二者的整体视觉效果产生显著的影响，因此二者应属于相近似的外观设计。

4. 综上所述，在本专利申请日前已有与本专利形状、图案、色彩相近似产品在国内公开出版物上发表，因此，本专利的授予不符合专利法第 23 条的规定。

三、决定

宣告 98334137.0 号外观设计专利权无效。

当事人对本决定不服的，可以根据专利法第 46 条第 2 款的规定，自收到本决定之日起三个月内向北京市第一中级人民法院起诉。根据该款的规定，一方当事人起诉后，另一方当事人应当作为第三人参加诉讼。

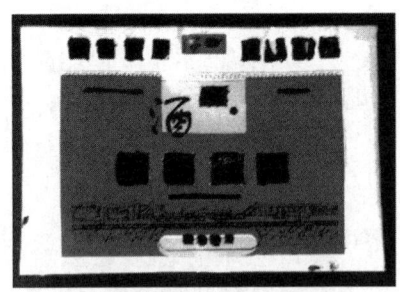 

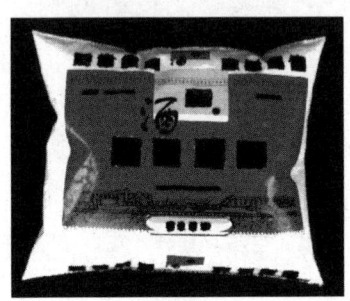 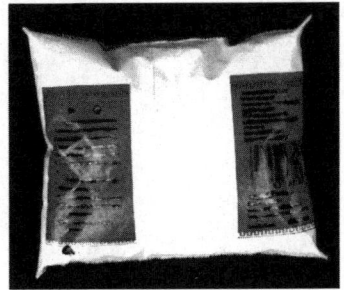

本专利附图

在先设计附图

摩托车油箱（一）

无效宣告请求审查决定（第 9455 号）

决 定 号	第 9455 号
决 定 日	2007 年 1 月 18 日
发明创造名称	摩托车油箱（一）
外观设计分类号	12-11
无效宣告请求人	王美华
专 利 权 人	戴志强
专 利 号	03315163.6
申 请 日	2003 年 3 月 21 日
授 权 公 告 日	2004 年 1 月 28 日
合 议 组 组 长	张 沧
主 审 员	何 炜
参 审 员	吴通义
附 图	1 页

法 律 依 据 专利法第 23 条

决 定 要 点

在外观设计相同或相近似性判断中，对于未反映出产品各面视图的在先设计图片或照片，应当依据一般消费者的认知能力来确定在先设计所公开的信息。根据在先设计图片或者照片已经公开的内容即可推定出产品其他部分或者其他变化状态的外观设计的，则该其他部分或者其他变化状态的外观设计也被视为已经公开。

一、案由

本无效宣告请求案涉及国家知识产权局于 2004 年 1 月 28 日授权公告的、名称为"摩托车油箱（一）"的 03315163.6 号外观设计专利（下称本专利），其申请日为 2003 年 3 月 21 日，专利权人是戴志强。

针对上述专利权，王美华（下称请求人）于 2005 年 10 月 25 日向专利复审委员会提交了《专利权无效宣告请求书》，以本专利不符合专利法第 23 条为由请求宣告该专利权无效。为支持其主张，请求人提交了以下证据：

证据 1：江苏省常州市武进区公证处出具的（2005）常武证经内字第 837 号公证书，原件共 12 页，公证书包括证人证言、武进市宏全模具研究所的产品简介，以及照片 6 张；

证据 2：江苏省常州市武进区公证处出具的（2005）常武证经内字第 838 号公证书，原件共 6 页，公证书包括一份证人证言；

证据 3：江苏省常州市武进区公证处出具的（2005）常武证经内字第 840 号公证书，原件共 6 页，公证书包括送货通知单、入库凭单、收款收据各一页；

证据 4：江苏省常州市武进区公证处出具的（2005）常武证经内字第 839 号公证书，原件共 4 页，公证书包括一份协议书。

请求人主张：证据 1~4 证明武进市小河镇东尧彩印厂为武进市宏全模具研究所印制了武进市模具研究所的产品简介，其中有耐克铃木王的油箱，该油箱的外观设计与本专利完全相同；即在本专利申请日前，公开了一种与本专利外观设计完全相同的摩托车油箱，因此，本专利的外观设计不符合专利法第 23 条的规定，本专利应予宣告无效。

经形式审查合格后，专利复审委员会受理了该无效宣告请求案，并于 2005 年 10 月 26 日向双方当事人发出《无效宣告请求受理通知书》，同时将《专利权无效宣告请求书》及上述证据的副本转送给专利权人，要求其在指定期限内答复，同时成立合议组对本无效宣告请求案进行审理。

专利权人于 2005 年 11 月 4 日针对《专利权无效宣告请求书》提交了意见陈述书，认为证据 1~4 经过了公证，对其真实性无异议，但所涉及的耐克铃木王摩托车只能看到顶面和侧面，不能看到全部，不能完全反映本专利的六面视图的外观设计，不能作为对本专利的完全公开。

请求人于 2005 年 11 月 8 日提交了意见陈述书，认为摩托车和油箱一般都是左右对称，使用状态下任何人只能看到顶面和两个侧面，底面无法看到，本专利与原有摩托车油箱相比，其设计要点仅仅为在侧面增设一个耐克形状的钩，其他方面都与老款铃木王油箱相同，而请求人提供的证据中，从名称"耐克铃木王油箱"到照片也反映的是一个具有耐克钩形的铃木王油箱，二者完全相同。

请求人于 2005 年 12 月 1 日补充提交了意见陈述书及证据 5：

证据 5：专利号为 01300052.7 的中国外观设计专利，授权公告日为 2001 年 10 月 17 日，专利权人为铃木株式会社，共 9 页。

请求人认为证据 5 中的摩托车的外观设计，从主视图、后视图以及立体图，也能清楚地看出钩状，而且能够看出摩托车的油箱左右对称，并且只能看到顶面和侧面，无法看到底部。

2006 年 9 月 6 日，专利复审委员会本案合议组分别向双方当事人发出《无效宣告请求口头审理通知书》，告知双方当事人拟定于 2006 年 10 月 17 日对本无效宣告请求案进行口头审理，并随通知书将专利权人于 2005 年 11 月 4 日提交的意见陈述书转送给请求人，将请求人于 2005 年 11 月 8 日提交的意见陈述书、2005 年 12 月 1 日提交的意见陈述书以及证据 5 转送专利权人，并要求双方在口头审理中予以答复。

2006 年 10 月 17 日，口头审理如期举行。双方当事人均参加了口头审理。在口头审理过程中，合议组对无效理由及证据进行了调查，双方当事人进行了充分的意见陈述。口头审理过程中认定的事实如下：（1）合议组当庭宣布由于请求人提交证据 5 的时间在提出无效宣告请求的一个月后，根据专利法实施细则第 66 条的规定，合议组不予考虑；（2）专利权人对证据 1~4 的真实性无异议，对证据 1~4 公证的内容、包括证人证言内容的真实性无异议，对证据 1 中武进市宏全模具研究所的《产品简介》、证据 3 中的送货通知单、入库通知单、收款收据，以及证据 4 中的协议书的真实性没有异议；（3）请求人认为证据 1 中《产品简介》的"耐克铃木王"图片和六张照片所反映的与本专利相同的产品在申请日前已经公开，本专利不符合专利法第 23 条的规定，并强调摩托车油箱的左右两侧面是对称的；（4）专利权人对证据 1 中的《产品简介》在本专利申请日前公开无异议，但认为证据 1《产品简介》中耐克铃木王的图是产品立体图，不能完全反映本专利六面视图所示的产品，本专利的加油口为圆形，而《产品简介》的立体图中的加油口可能为椭圆，看不清楚，且产品曲线不同于本专利；（5）专利权人认可证据1中六张照片反映的实物就是证据1证人证言中所说的在签署协议时给赵丹的实物，即证据1《产品简介》中耐克铃木王反映的实物，但是认为不能证明该照片及其反映的实物在申请日前公开。

至此，合议组认为本案的事实清楚，可以作出审查决定。

二、决定的理由

1. 关于证据

证据1包括：（1）常州市武进区公证处对常州市大方印刷厂（原武进市小河镇东尧彩印厂）销售员赵丹进行的证言保全，证言显示，赵丹于2001年11月17日代表武进市小河镇东尧彩印厂与常州市武进宏全模具研究所（原武进市宏全模具研究所）签订了委托印刷1000本《武进市宏全模具研究所产品简介》的协议，并于2001年12月9日由赵丹交付于对方经手人储莉，该产品简介中有一款耐克铃木王的产品，赵丹留有当时签订的协议书原件和送货通知单以及对方提供的耐克铃木王油箱实物；（2）《武进市宏全模具研究所产品简介》原件；（3）公证当场拍摄的耐克铃木王油箱实物照片6张。

证据2包括常州市武进区公证处对常州市武进宏全模具研究所（原武进市宏全模具研究所）仓库保管员储莉进行的证言保全，证言显示，武进市宏全模具研究所于2001年11月委托武进市小河镇东尧彩印厂印刷了1000本摩托车油箱宣传样本，收货时间为2001年12月9日，由该印刷厂的赵丹送货，有入库凭单及收款收据为证，该产品样本中有一款耐克铃木王油箱。

证据3包括：（1）盖有武进市小河镇东尧彩印厂公章的No.0495353号"送货通知单"，时间为2001年12月9日，收货单位是武进市宏全模具研究所，产品名称为"样本"，数量1000，总价3200元，收货单位经手人签名为"储莉"，送货单位经手人签名为"赵丹"；（2）No.0226712号"入库凭单"，时间为2001年12月9日，产品名称为"样本"，数量1000，总价3200元，交物人签名为"赵丹"，制单人签名为"储莉"；（3）武进市小河镇东尧彩印厂No.0179474号"收款收据"，入账时间2001年12月9日，交款单位是武进市宏全模具研究所，金额3200元，经办人签名为赵丹。证据3公证书公证的内容为上述"送货通知单"、"入库凭单"、"收款收据"与原件内容相符。

证据4包括一份协议书，内容为武进市宏全模具研究所于2001年11月17日委托武进市小河镇东尧彩印厂印刷1000本摩托车油箱宣传样本，总价3200元，代表武进市小河镇东尧彩印厂签字的是赵丹，协议书盖有两单位的公章。证据4公证书公证的内容为上述"协议"与原件内容相符。

证据5是专利号为01300052.7的中国外观设计专利，授权公告日2001年10月17日，专利权人为铃木株式会社。

请求人提交的上述证据1~4的公证书均为原件。专利权人对证据1~4的真实性无异议。证据1中包括一份《武进市宏全模具研究所产品简介》原件，专利权人认可其真实性，并对其在本专利申请日前公开无异议。专利权人对证据1~2中证人证言内容的真实性、对证据3中的送货通知单、入库通知单和收款收据证据4中的协议书的真实性均无异议。合议组对证据1~4的真实性及证据1~4中所附材料的真实性予以认定。

请求人提出本无效请求的日期为2005年10月25日，根据专利法实施细则第66条的规定，请求人补充新证据的期限为2005年11月25日，而请求人提交证据5的日期为2005年12月1日，该日期已经超出了上述期限，而且证据5旨在证明新的出版物公开的事实，因此，合议组对证据5不予考虑。

2. 关于专利法第 23 条

专利法第 23 条规定：授予专利权的外观设计，应当同申请日以前在国内外出版物上公开发表过或者国内公开使用过的外观设计不相同和不相近似，并不得与他人在先取得的合法权利相冲突。

（1）公开性认定。

证据 1 和证据 2 中的两份证人证言、证据 1 中所附的《武进市宏全模具研究所产品简介》原件、证据 3 中的送货通知单、入库通知单和收款收据、以及证据 4 中的协议书，可以互相印证以下事实：武进市宏全模具研究所于 2001 年 11 月 17 日委托武进市小河镇东尧彩印厂印刷了 1000 本证据 1 中所附的《武进市宏全模具研究所产品简介》，印刷完成日早于 2001 年 12 月 9 日。专利权人对上述事实没有异议。合议组认为，武进市宏全模具研究所印刷该产品简介的目的显然是为了向外界宣传宣传本单位的产品，该产品简介的印刷时间为 2001 年底，而本专利申请日为 2003 年 3 月 21 日，因此可以推认证据 1 所附《武进市宏全模具研究所产品简介》的公开时间早于本专利申请日。专利权人对于证据 1 所附《武进市宏全模具研究所产品简介》在本专利申请日前已经公开也没有异议。因此，证据 1 中所附《武进市宏全模具研究所产品简介》第 6 页中的"耐克铃木王"产品图片（下称在先设计）可以作为本专利申请日前的在先设计用来评价本专利是否符合专利法第 23 条的规定。

（2）相同或相近似性比较。

在外观设计相同或相近似性判断中，对于未反映出产品各面视图的在先设计图片或照片，应当依据一般消费者的认知能力来确定在先设计所公开的信息。根据在先设计图片或者照片已经公开的内容即可推定出产品其他部分或者其他变化状态的外观设计的，则该其他部分或者其他变化状态的外观设计也被视为已经公开。例如在轴对称、面对称或者中心对称的情况下，如果图片或者照片仅公开了产品外观设计的一个对称面，则其余对称面也被视为已经公开。

本专利产品为摩托车油箱，未要求保护色彩，记载有主视图、俯视图、仰视图、左视图、右视图、后视图、立体图。各视图显示其油箱产品整体为鞍形，其上部是一由前到后逐渐变窄变低的弧面，在弧面靠近前部有一个圆形加油口，油箱的两侧面从前上到后下逐渐变窄，在前上部和后下部的分界处有一个"√"形凹陷沟，沟的下边缘突起，两侧面的前部呈隆起状，后部变平变薄（参见本专利附图）。

在先设计也为摩托车油箱，只有立体图，能看到其上部、前部和一个侧面，其上部是一由前到后逐渐变窄变低的弧面，在弧面靠近前部有一个圆形加油口，油箱的侧面从前上到后下逐渐变窄，在前上部和后下部的分界处有一个"√"形凹陷沟，沟的下边缘突起，该侧面的前部呈隆起状，后部变平变薄（参见证据 1 附图）。

在先设计与本专利均为摩托车油箱，其用途和功能完全相同，属于相同种类的产品，可以进行相同和相近似性的比较。经比较，二者所示摩托车油箱的主要形状、整体布局和图案设计均基本相同。主要区别在于：①本专利俯视图可以清楚显示油箱顶部的加油口为正圆形，而在先设计的立体图只显示油箱顶部的加油口为圆形，请求人认为不能排除为椭圆形的可能；②本专利显示了产品的各面视图，而在先设计只有产品立体图，未显示产品的另一侧面及底部设计。

合议组认为：对于区别①，油箱加油口的通常设计都是圆形，虽然在先设计是立体图，不能从俯视角度明确确定其是正圆形的，但一般消费者看到在先设计时的直观印象会认为其是圆形，而且即使有一定椭圆度，其区别也属于局部细微的改变，不能引起一般消费者视觉上的注意，这种区别不能使两者在整体视觉效果上产生明显的差异；关于区别②，尽管在先设计所示产品只能看到油箱顶部和一个侧面，但是摩托车油箱一般均为对称设计，本专利产品的主视图和后视图也对称相同，另外摩托车油箱底部由于安装关系属于一般消费者看不到或者不太关注的部位，因此在先设计虽然看不到油箱的另一侧面和底部，但并不影响消费者会对两者产生极其相似的视觉效果，从而得出相近似的结论。

因此，本专利与在先设计的产品用途和功能完全相同，二者在立体形状、整体布局和结构设计上均极其近似，从而导致一般消费者对二者产生极其相近似的视觉效果，合议组根据整体观察、综合判断的原则，认定本专利构成与在先设计相近似的外观设计。

综上所述，本专利与申请日之前公开发表的在先设计中的外观设计相近似，因此本专利的授权不符合专利法第 23 条的规定。

根据上述事实和理由，本案合议组作出如下决定。

三、决定

宣告 03315163.6 号外观设计专利权无效。

当事人对本决定不服的，可以根据专利法第 46 条第 2 款的规定，自收到本决定之日起三个月内向北京市第一中级人民法院起诉。根据该款规定，一方当事人起诉后，另一方当事人应当作为第三人参加诉讼。

仰视图　　　　　　右视图

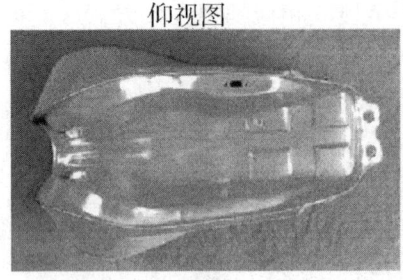 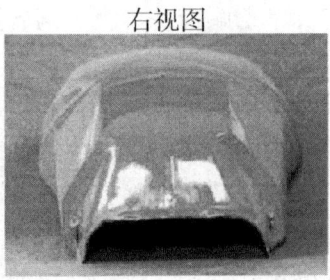

主视图　　　　　　左视图

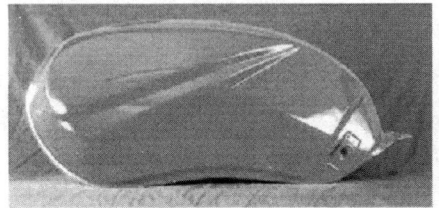 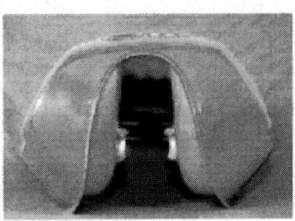

俯视图　　　　　　后视图

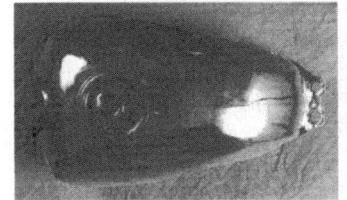

立体图

本专利附图

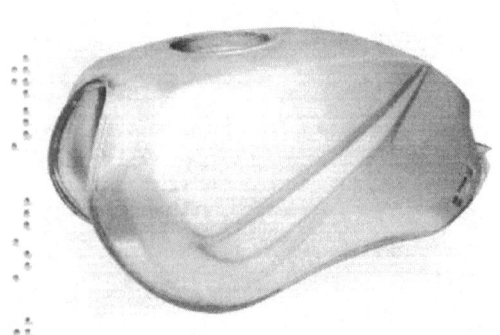

耐克铃木王

证据1附图

电壁炉（BLT-999A-2）

无效宣告请求审查决定（第9459号）

决 定 号	第9459号
决 定 日	2007年1月18日
发明创造名称	电壁炉（BLT-999A-2）
外观设计分类号	23-03
无效宣告请求人	北京通路宝商贸有限公司
专 利 权 人	上海宝路通电器有限公司
申 请 号	03326658.1
申 请 日	2003年1月22日
授权公告日	2003年9月10日
合议组组长	吴亚琼
主 审 员	路传亮
参 审 员	祁轶军
附 图	2页
法律依据	专利法第23条

决定要点

一般消费者在购买外观设计产品时通常会更加注重使用状态下能够看到的部位，因此其相对于使用状态下看不到的部位具有更显著的视觉影响。本专利与在先设计相比较具有雷同的整体风格，整体形状相近似，因此本专利与在先设计属于相近似的外观设计。

一、案由

本无效宣告请求涉及的是国家知识产权局于2003年9月10日授权公告的专利号为03326658.1、名称是"电壁炉（BLT-999A-2）"的外观设计专利，其申请日是2003年1月22日，专利权人是上海宝路通电器有限公司。

针对上述外观设计专利权（下称本专利），北京通路宝商贸有限公司（下称请求人）于2005年11月24日向国家知识产权局专利复审委员会提出无效宣告请求，其理由是：本专利与在先设计所公开的设计都是立方体式壁炉，对消费者的视觉冲击力在于它们的主视图，而它们的主视图相近似，炉体中间位置都设置有一个燃烧的壁炉腔，壁炉腔内有熊熊燃烧的木炭火焰，故本专利不符合专利法第23条的规定。同时，请求人提交了以下证据：

证据1：专利号为00313905.0、公告日为2000年12月27日的中国外观设计专利公告文本复印件，共 2 页；

证据 2：专利号为 01344430.1、公告日为 2002 年 4 月 10 日的中国外观设计专利公告文本复印件，共 2 页；

证据 3：2002 年 8 月 7 日的《参考消息》的相关版面复印件，共 1 页。

经形式审查合格，专利复审委员会于 2005 年 11 月 24 日受理了此案，并将无效请求书及相关材料副本转送给专利权人，并要求其在规定的期限内答复。同时成立合议组对此案进行审理。

请求人于 2005 年 12 月 9 日补充提交了一份证据，以证明本专利的外观设计不符合专利法第 23 条的规定。该证据为：

证据 4：专利号为 01344439.5、公告日为 2002 年 4 月 10 日的中国外观设计专利公告文本复印件，共 2 页。

针对上述无效宣告请求，专利权人于 2006 年 1 月 6 日提交了意见陈述书，认为：（1）证据 1 所示的炉体后部两侧带有明显的折角，周边带有边框，且炉体面板两侧无折边，因此不应认定证据 1 与本专利相似；（2）证据 2 所反映的设计整体形状与本专利截然不同，炉体两侧和额眉处的设计也不同，且证据 2 所示的炉体底部安装有滑轮，而本专利根本没有该设计，因此给一般消费者的视觉感受是完全不同的，故证据 2 与本专利也不相近似；（3）证据 3 是《参考消息》报纸，无法清晰地看清其外形设计，故无法与本专利进行相似性比较。

2006 年 9 月 27 日，合议组向双方当事人发出口头审理通知书，定于 2006 年 11 月 21 日在专利复审委员会举行口头审理。同时，将专利权人的上述意见陈述书转送给请求人，将请求人补充提交的证据转送给专利权人，并要求双方当事人在指定的期限内进行答复。

双方当事人在指定的期限内均没有答复。

口头审理如期举行，仅请求人参加了口头审理，专利权人缺席口头审理。口头审理中，请求人明确表示对变更后的合议组成员无回避请求，请求人确认其无效理由是本专利相对于证据 1~4 均不符合专利法第 23 条的规定，并认为证据 2 和 4 与本专利虽然在火焰形状和边框上略有不同，但整体上仍然是相近似的，同时声称证据 3 的原件在审理申请号为 03326657.3 的外观设计专利无效案件时已经提交给专利复审委员会，因此无法当庭出示原件。

至此，合议组认为本案事实已经清楚，可以依法作出审查决定。

二、决定的理由

1. 证据认定

证据 1 是专利号为 00313905.0、公告日为 2000 年 12 月 27 日的中国外观设计专利公告文本复印件，经合议组核实，对其真实性予以确认，证据 1 属于公开日早于本专利的申请日的公开出版物，故该证据（下称在先设计）可以作为在先设计与本专利进行对比。

2. 关于本专利是否符合专利法第 23 条的规定的问题

专利法第 23 条规定：授予专利权的外观设计，应当同申请日以前在国内外出版物上公开发表过或者国内公开使用过的外观设计不相同和不相近似，并不得与他人在先取得的合法权利相冲突。

就本案而言，本专利以六面视图表示了一种电壁炉的外观设计，整个壁炉外形为长方体，从主视图上看，在由矩形框架构成的炉体中间位置设置一个壁炉腔，内有可以"熊熊燃烧"的"木炭"，壁炉腔的上、下部均有较宽的边框，上部边框的表面有多条平行的横向凸筋，炉腔左右侧各有一较宽的边框；从仰视图上看，炉腔两侧的边框还带有向后的折边；从后视图上看，炉腔的后部为一方形平板（详见附图）。

在先设计的六面视图也表示了一种电壁炉的外观设计，其整个壁炉外形呈长方体，从主视图上看,该壁炉的正面为一平面,炉体中间位置设置一个壁炉腔,内有可以"熊熊燃烧"的"木炭",壁炉腔的上、下部均有较宽的边框,上、下部边框的表面有多条平行的横向凸筋,炉腔左右侧各有一较宽的边框;从后视图上看,炉腔后部为一方形平板;从仰视图上看,炉腔两侧的边框为平板;从仰视图上看,炉腔后部两侧带有折角(详见附图)。

将本专利与在先设计相比较,两者的主要区别在于:(1)本专利所示电壁炉炉腔左右两侧的边框均带有向后的折边,而在先设计炉腔左右两侧的边框均为平板;(2)本专利炉腔的下部边框表面是光滑的平面,而在先设计炉腔的下部边框表面有多条平行横向凸筋;(3)本专利炉腔后部一为方形板,而在先设计炉腔后部带有折角。

由以上比较,合议组认为,本专利与在先设计都是嵌入式壁炉,在使用状态下,两者都仅露出本专利的主视图或对应于该视图所示的表面,属于以特定方向朝向使用者的产品,一般消费者在购买该外观设计产品的时候也会更注意产品的主视图所示的外观。因此,该产品主视图所示产品的外观对产品整体视觉效果具有更显著的影响。通过上述对比,可以认定两者主视图所示的产品外观是相近似的。虽然本专利所示电壁炉炉腔左右两侧的边框均带有向后的折边和炉腔后部一为方形板,而在先设计炉腔左右两侧的边框均为平板和炉腔后部带有折角,但炉腔左右侧的边框在主视图上都表现为一较宽的平面,在使用状态下是看不到折边的和后部的折角的,因而这两处细微的差别对产品的整体视觉效果不具有显著的影响;本专利和在先设计在炉腔下部边框的外表面略有差异也不会对产品的整体视觉效果产生显著的影响。故本专利与在先设计整体风格雷同,属于相近似的外观设计,本专利不符合专利法第 23 条的规定。

三、决定

宣告 03326658.1 号外观设计专利权无效。

当事人对本决定不服的,可以根据专利法第 46 条第 2 款的规定,自收到本决定之日起三个月内向北京市第一中级人民法院起诉。根据该款的规定,一方当事人起诉后,另一方当事人应当作为第三人参加诉讼。

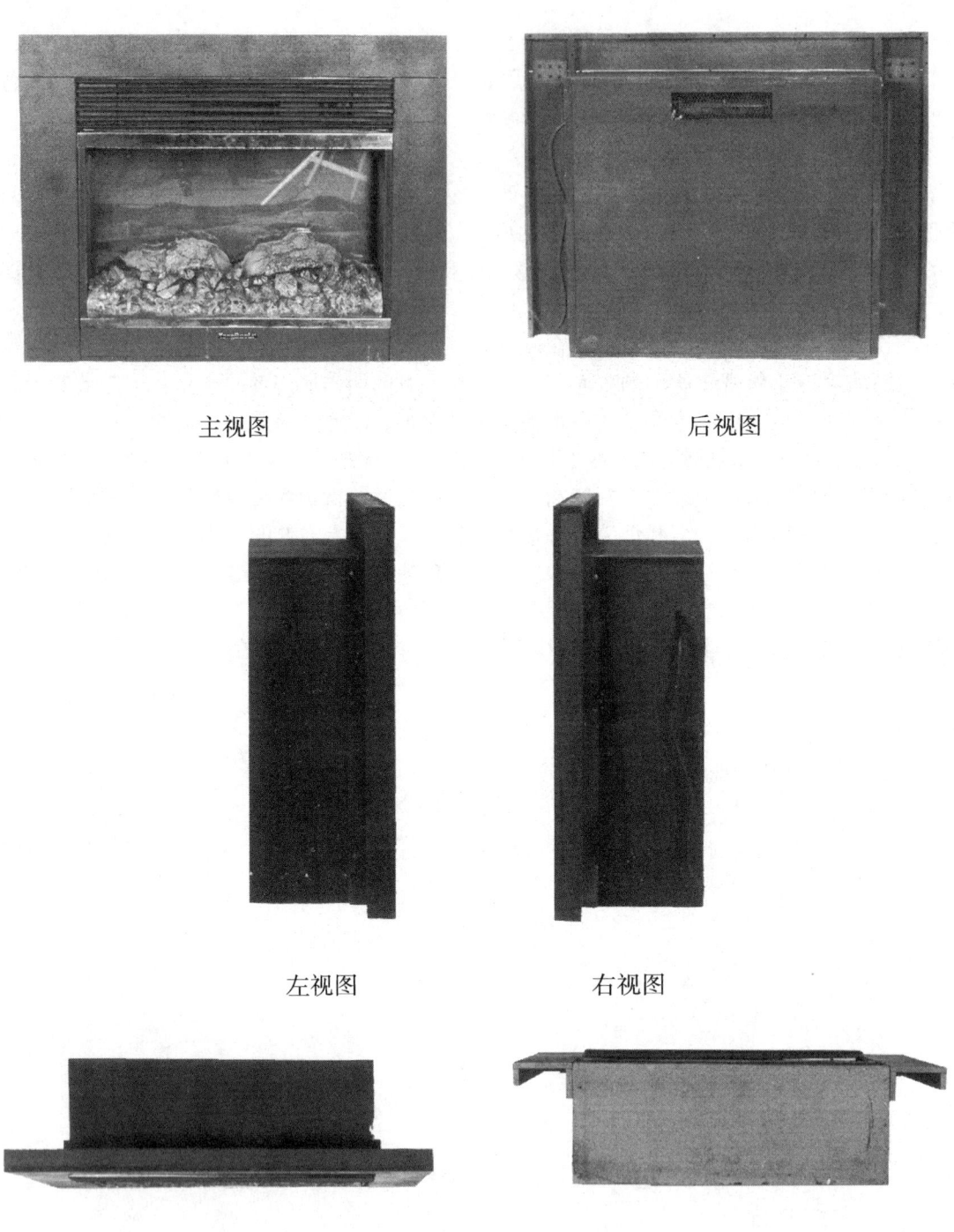

主视图　　　后视图

左视图　　　右视图

俯视图　　　仰视图

本专利附图

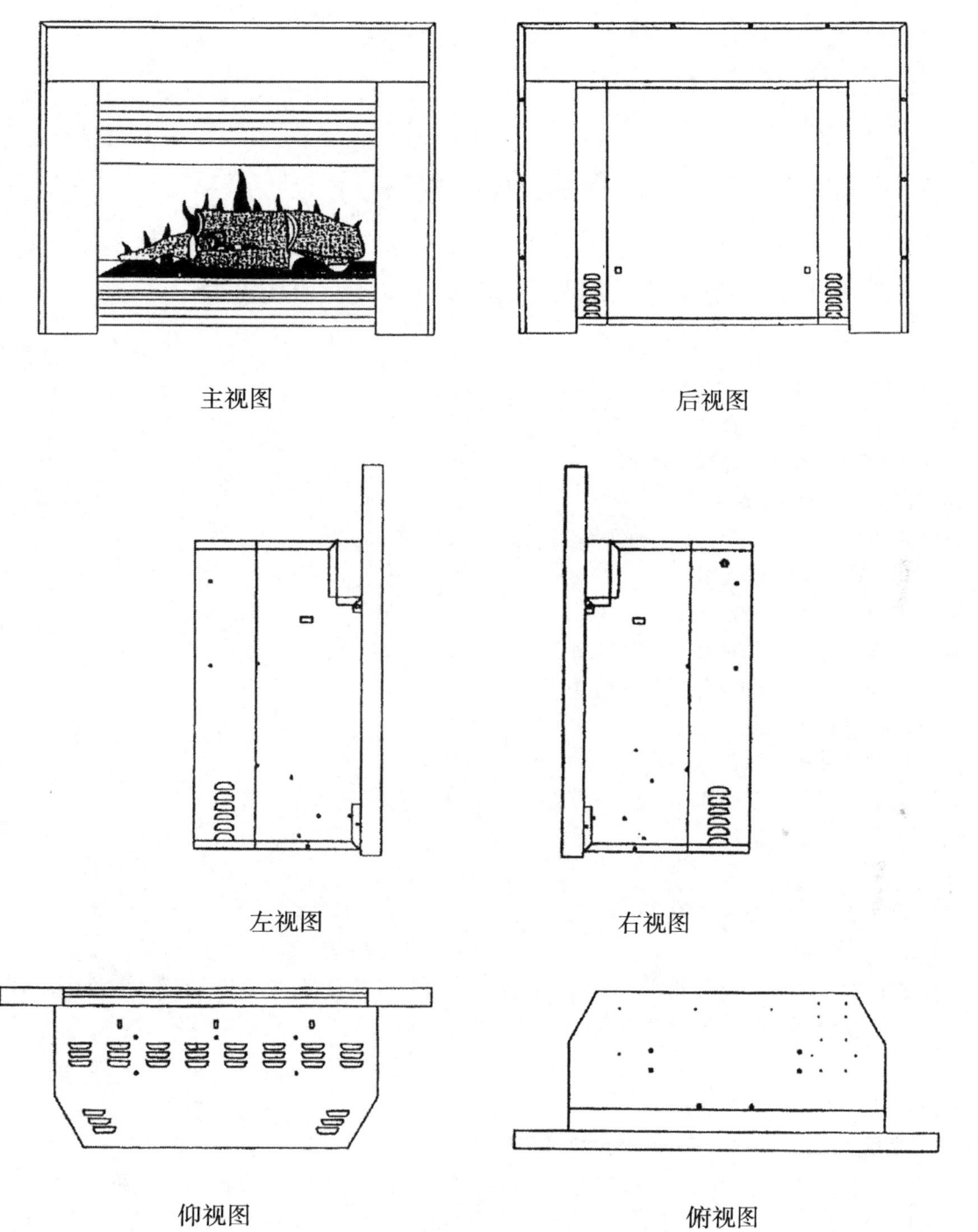

主视图　　　后视图

左视图　　　右视图

仰视图　　　俯视图

在先设计图

包装箱（牛奶）

无效宣告请求审查决定（第 9462 号）

决　定　号	第 9462 号
决　定　日	2007 年 1 月 17 日
发明创造名称	包装箱（牛奶）
外观设计分类号	09-03
无效宣告请求人	宜兰食品工业股份有限公司
专 利 权 人	陈天财
专　利　号	200330104594.3
申　请　日	2003 年 11 月 19 日
授权公告日	2004 年 6 月 30 日
合议组组长	张　沧
主　审　员	孙跃飞
参　审　员	李彦涛
附　　　图	2 页
法律依据	专利法第 23 条

决定要点

如果被比设计与在先设计相比，不同点均是各个部位细微的变化，没有对整体的视觉效果产生显著的影响，则二者属于相近似的外观设计。

一、案由

本无效宣告请求涉及国家知识产权局于 2004 年 6 月 30 日授权公告的、名称为"包装箱（牛奶）"的 200330104594.3 号外观设计专利权（下称本专利），其申请日为 2003 年 11 月 19 日，专利权人为陈天财。

2005 年 5 月 23 日，针对上述专利权，宜兰食品工业股份有限公司（下称请求人）向国家知识产权局专利复审委员会提出无效宣告请求，请求人认为在本专利申请日以前已经有与其相近似的外观设计在广告上公开，因此本专利不符合专利法第 23 条的规定，宣告本专利无效。请求人同时提交了以下证据：

证据 1：公证书，（2005）沪卢证经字第 279 号，复印件，共 4 页；

证据 2-1：证据 1 封存光盘的相关内容的打印件，共 28 页；

证据 2-2：证据 1 封存光盘视频截图的彩色打印件，共 2 页；

证据 3：本专利授权公告文本的复印件及其彩色附图，共 2 页。

经形式审查合格后，专利复审委员会受理了该无效宣告请求，并于 2005 年 6 月 14 日向双方当事人发出了《无效宣告请求受理通知书》，并向专利权人转送了《专利权无效宣告请求书》及其附件清单中所列附件副本，同时成立合议组对本无效请求案进行审理。

2005 年 7 月 25 日，专利权人针对无效宣告请求受理通知书提交了意见陈述书，请求人声称原通信地址错误，没有收到专利复审委员会转送的《专利权无效宣告请求书》及其附件，无法进行答复，请求专利复审委员会将上述文件转送至新地址。

2005 年 8 月 12 日，专利复审委员会向专利权人发出《转送文件通知书》，将《专利权无效宣告请求书》及其附件的复印件转送给专利权人。

2005 年 9 月 26 日，专利权人提交了意见陈述书，认为请求人提交的证据 1、2 不能采信，并不能证明在本专利申请日以前已经有与其相近似的外观设计在广告上公开，请求专利复审委员会维持本专利有效。

2005 年 10 月 11 日，专利复审委员会本案合议组向双方当事人发出《无效宣告请求口头审理通知书》，拟定于 2005 年 12 月 2 日对本案进行口头审理。同时向请求人转送了专利权人于 2005 年 9 月 26 日提交的意见陈述书。

2005 年 11 月 28 日，专利权人提交了意见陈述书，表示不参加拟定于 2005 年 12 月 2 日进行的口头审理，并认为：（1）请求人提交的证据 1 及证据 2 非直接证据，是间接证据，其证据形成、来源、内容的疑点很多，不能作为证明本专利在申请日前已经有与其近似的外观设计在广告上公开的证据；（2）即使将本专利的外观设计与请求人提交的外观设计相比，二者卡通人物的造型、姿态设计有多处不同，设计文字也不相同，因此，二者是不相同和不相近似的外观设计，本专利的外观设计符合专利法第 23 条的规定。

2005 年 12 月 2 日，口头审理如期举行，请求人的代理人出席了口头审理，专利权人缺席。庭审过程中，（1）请求人当庭提交了证据 1 的原件；（2）请求人当庭提交了上海市卢湾区公证处证物袋，案号 279 号，上贴有"上海市卢湾区公证处封"字样的封条，封条上多处盖有"上海市卢湾区公证处"红章；（3）合议组当庭拆封上述证物袋，该证物袋内装有一张光盘（下称证据 4），以及一份"旺旺旺仔牛奶"电视广告统计报告（下称证据 5），该报告首页上记载有"日期：2002 年 1 月 1 日至 2003 年 12 月 31 日"，每页的右上角都盖有"ctr 市场研究报告专用章"蓝章；（4）请求人当庭演示了证据 4 的视频内容，并将视频特别停留在证据 2-2 视频截图的相应位置和本专利的外观设计进行比较，认为本专利和证据 4 公开的外观设计属于相近似的外观设计，本专利不符合专利法第 23 条的规定；（5）请求人要求庭后补交一份合同和发票来佐证，合议组同意并要求请求人在口头审理后 15 日内提交。

2005 年 12 月 14 日，请求人提交了以下证据的复印件，并表明可以提供原件以备核实：

证据 6：央视市场研究股份有限公司与广州旺旺食品有限公司的数据购买合同，2002 年，复印件共 8 页。

2006 年 2 月 23 日，本案合议组向双方当事人发出《转送文件通知书》，将专利权人于 2005 年 11 月 28 日提交的意见陈述书转送给请求人，将请求人于 2005 年 12 月 14 日提交的意见陈述书及其附件转送给专利权人，要求双方在指定期限内答复。

2006 年 3 月 24 日，针对上述《转送文件通知书》，专利权人提交了意见陈述书，认为：（1）请求人提交的证据 6 属于提出无效宣告请求之日起 1 个月之后提交的新证据，应不予考虑；（2）证据 6 不是原件且其证据形式、来源、内容都存在疑点，不能作为证据；（3）证据 6 表明提供证据的人与当事人之间存在利害关系,因此不能采信这些证据。

2006年4月6日,针对上述《转送文件通知书》,请求人提交了意见陈述书,仍然坚持其在口头审理时的观点和主张。

2006年10月10日,本案合议组向双方当事人发出《无效宣告请求审查通知书》,要求请求人在指定期限内提交证据6的原件,要求专利权人在指定日期至专利复审委员会核实证据6的复印件与原件是否一致。

在指定期限内,请求人提交了证据6的原件。

专利权人未至专利复审委员会核实证据6的复印件与原件的一致性。

经过上述审理程序,合议组认为本案事实已经清楚,可以依法作出审查决定。

二、决定的理由

1. 举证期限

根据2006年版审查指南的"施行修订后审查指南的过渡办法",对于在2006年7月1日之前提出的无效宣告请求,对其自无效宣告请求之日起一个月后提出的新理由、新证据的审查适用2001年10月18日公布的审查指南第四部分第三章第3.1节的规定。

2001年10月18日公布的审查指南的第四部分第三章第3.1节规定:对请求人在提出无效宣告请求之日起一个月后提出的需要新的证据支持的新的无效宣告理由和提交的用于证明在提出无效宣告请求之日起一个月内未举证主张的具体事实的新证据,合议组不予考虑。

专利权人认为:请求人提交的证据4~6属于提出无效宣告请求之日起1个月之后提交的新证据,应不予考虑。

对此,合议组认为:(1)本无效宣告请求的提出日是2005年5月23日,在2006年7月1日之前,应适用2001年10月18日公布的审查指南第四部分第三章第3.1节的规定;(2)虽然证据4~6的递交时间在提出本无效宣告请求之日起一个月之后,但是证据4、5是证据1的公证书所封存的证据,证据6是央视市场研究股份有限公司与广州旺旺食品有限公司的数据购买合同,用以补强证明证据4、5的真实性及合法性,属于证据1的关联证据,而非证明新事实的新证据,故合议组对证据4~6予以考虑。

2. 证据认定

证据1为公证书,请求人提交了原件,虽然专利权人对该证据的真实性提出质疑,但专利权人仅仅推测这些证据不具有真实性,没有能够提出足以证明这些证据不具有真实性的相反证据,故合议组认为证据1真实可信。

证据1的公证书证明了湖南旺旺食品有限公司上海分公司委托代理人张萍在公证员仲维强、公证人员薛顺宝的监督下,于2005年2月5日下午在上海市青海路一一八号四楼央视市场研究股份有限公司上海分公司,接受了央视市场研究股份有限公司工作人员高洁交付的"旺仔牛奶"光盘及《旺旺牛奶电视广告统计报告》,并交付公证处贴封。

证据4、5为证据1公证书所封存的证据,证据4为录有电视广告视频的光盘,证据5为央视市场研究股份有限公司出具的电视广告统计报告,该报告记载了在2002年1月1日至2003年12月31日期间,上述光盘记录的电视广告在全国各地众多电视频道中播出的时间和次数。

证据6为央视市场研究股份有限公司与广州旺旺食品有限公司的数据购买合同,请求人提交了该证据的原件。证据6表明央视市场研究股份有限公司与广州旺旺食品有限公司之间签订了数据购买合同,在合同中规定了由广州旺旺食品有限公司向央视市场研究股份有限公司支付一定费用,而由央视市场研究股份有限公司负责在2002年12月1日至2004年11月30日期间内对常规媒体(包括电视和平面）上的相关广告进行监测、录像并形成统计数据，这些数据可以被广州旺旺食品有限公司以及其所属的旺旺控股有限公司、其子公司、分公司使用。

证据 4、5、6 相互印证，在没有足够相反证据的情况下，合议组认为证据 4、5、6 可以被采信。

证据 3 是本专利授权公告文本的复印件及其彩色附图，合议组依职权核实后认为该证据真实可信。

证据 2-1 是证据 5"旺旺旺仔牛奶"电视广告统计报告内容的打印件，证据 2-2 是证据 4 光盘视频截图的打印件，经核实后合议组认为这些证据可以被采信。

由此可见，请求人提交的证据 1、2-2、4、5 和 6 已经形成一个完整的证据链，可以证明在本专利的申请日之前，证据 4 光盘中的旺仔牛奶广告已在国内的电视广告中公开，证据 2-2 的视频截图（下称对比文件）可以作为在先设计与本专利的外观设计比较，判断二者是否相同和/或相近似。

专利权人还声称证据 4、5、6 的提供人与当事人存在利害关系，因此不能采信这些证据。对此，合议组认为：专利权人没有提交任何证据来证明证据 4、5、6 的提供人与请求人之间存在利害关系以致于影响证据 4~6 的真实性，因此对专利权人的上述主张不予支持。

3. 关于专利法第 23 条

专利法第 23 条规定：授予专利权的外观设计，应当同申请日以前在国内外出版物上公开发表过或者国内公开使用过的外观设计不相同和不相近似，并不得与他人在先取得的合法权利相冲突。

如果被比设计与在先设计相比，不同点均是各个部位细微的变化，没有对整体的视觉效果产生显著的影响，则二者属于相近似的外观设计。

本专利要求保护一种包装箱的外观设计，其请求保护色彩，由各视图可知，本专利的产品形状为扁形长方体状箱体，箱体为红色。俯视图的中央部分的图案是一个略侧向的卡通男孩头像，大眼睛、圆鼻子，张着嘴，上身为蓝色衣服和绿色背带裤，举着一只手；头像的左侧有多列竖排的文字说明，俯视图的左上角有一个缩小的卡通男孩头像和一个边缘为波浪线的圆形图标；头像的右侧由上而下排列着"大旺"、"牛奶"、"我要"、"MILK"、"DRINK"等文字设计，其中"大旺"二字为黑色，其余文字为白色，"我要"二字外加白框。主视图左侧为同上的卡通男孩头像；中间有"大旺牛奶"的文字设计，其中"大旺"二字为黑色，"牛奶"二字为白色，其下有横排的文字说明；右侧由上而下排列着"MILK"、"DRINK"的文字设计以及多行文字说明。后视图与主视图类似，但右侧的文字设计为"精品"二字。左视图左侧缩进排列着两行相同的文字设计"大旺牛奶"，其中"大旺"二字为黑色，"牛奶"二字为白色，右侧由上而下排列着一行文字说明和一条形码（详见本专利附图）。

对比文件公开的也是一种扁形长方体状、箱体为红色的包装箱的外观设计。俯视图的中央部分的图案是一个正面卡通男孩头像，大眼睛、圆鼻子，张着嘴，上身为红色背心；头像的左侧有多列竖排的文字说明，俯视图的左上角有一个缩小的卡通男孩头像和一个圆形的图标，左下角有一圆形图标；头像的右侧由上而下排列着"旺仔"、"牛奶"、"我要"、"MILK"、"DRINK"等文字设计，其中"旺仔"二字为深色，其余文字为白色，"我要"二字外加白框。主视图左侧为同上的卡通男孩头像；中间有"××牛奶"的文字设计（×表示模糊字迹，下同），其中"××"二字为深色，"牛奶"二字为白色，其下有横排的文字说明。左视图左侧有一行文字设计"××牛奶"，其中"××"二字为深色，"牛奶"二字为白色，右侧为一条形码（详见对比文件附图）。

将本专利与对比文件进行比较，二者的相同点是：整体形状相同，色彩设计相近似，图案均是以卡通男孩头像作为主要图案设计，其他视图有相应文字和商标设计。二者的不同点是：（1）对比文件未公开该设计的后视图；（2）卡通男孩的设计不同，人物脸部的眼睛、耳朵、嘴及所穿的衣服不同；（3）某些局部的布局有所不同；（4）具体的文字内容设计不同。针对上述不同点，合议组认为：（1）本专利的后视图与主视图非常相似，而且包装箱的设计惯例也是主视图和后视图相同或者相近似，因此对比文件的后视图不可见不会导致本专利与对比文件二者不相近似；（2）虽然两外观设计的卡通男孩的姿态略有不同，二者脸部的眼、耳、嘴及衣服多处细微不同，但没有对男孩的形象、表情产生显著的视图影响，不会特别引起一般消费者的注意；（3）某些局部的布局不同占整体图案的比例很小，没有对外观设计的整体视觉效果造成显著影响；（4）外观设计的相近似性判断不考虑文字的具体内容，仅是考虑其排列位置所产生的视觉影响。因此，二者存在的差别在整体视觉效果中不具有显著的影响。本专利与对比文件属于相近似的外观设计。

综上所述，在本专利申请日之前，已有与之相近似的外观设计在国内电视广告中公开，因此本专利不符合专利法第 23 条的规定。

基于上述事实和理由，合议组作出下述决定。

三、决定

宣告 200330104594.3 号外观设计专利权无效。

当事人对本决定不服的，可以根据专利法第 46 条第 2 款的规定，自收到本决定之日起三个月内向北京市第一中级人民法院起诉。根据该款规定，一方当事人起诉后，另一方当事人应当作为第三人参加诉讼。

主视图

后视图

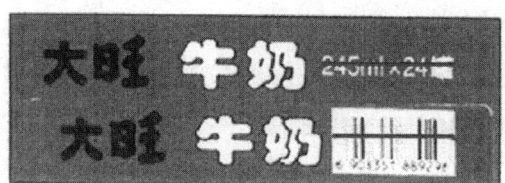

左视图

俯视图

立体图

本专利附图

对比文件图

北京市第一中级人民法院
行政判决书

(2007) 一中行初字第692号

原告陈天财，男，1957年4月9日出生，汉族，福州大旺食品有限公司经理，住中华人民共和国福建省福州市台江区光明城小区E座701。

委托代理人康永辉，男，1953年12月16日出生，福州大旺食品有限公司职员，住中华人民共和国福建省福州市鼓楼区湖东路64号1座301号。

被告中华人民共和国国家知识产权局专利复审委员会，住所地中华人民共和国北京市海淀区北四环西路9号银谷大厦10~12层。

法定代表人廖涛，副主任。

委托代理人李彦涛，中华人民共和国国家知识产权局专利复审委员会审查员。

委托代理人杜微科，中华人民共和国国家知识产权局专利复审委员会审查员。

第三人宜兰食品工业股份有限公司，住所地台湾省宜兰县苏澳镇新城里新城北路19-13号。

法定代表人李玉生，董事长。

委托代理人张萍，女，1976年9月12日出生，北京大旺食品有限公司丰台分公司职员，住上海市长宁区中山西路620号。

委托代理人张冠坤，女，1981年4月11日出生，北京大旺食品有限公司丰台分公司职员，住河北省石家庄市新华区五七路29号政法学院2001届法律系。

原告陈天财不服被告中华人民共和国国家知识产权局专利复审委员会（以下简称专利复审委员会）于2007年1月17日作出第9462号无效宣告请求审查决定（以下简称第9462号决定），于法定期限内向本院提起诉讼。本院于2007年5月10日受理本案后，依法组成合议庭，并通知宜兰食品工业股份有限公司（以下简称宜兰食品公司）作为第三人参加本案诉讼，于2007年8月15日公开开庭进行了审理。原告陈天财的委托代理人康永辉，被告专利复审委员会的委托代理人李彦涛、杜微科，第三人宜兰食品公司的委托代理人张萍、张冠坤到庭参加了诉讼。本案现已审理终结。

第9462号决定系专利复审委员会就宜兰食品公司对陈天财享有的名称为"包装箱（牛奶）"的外观设计专利（以下简称本专利）所提出的无效宣告请求作出的。专利复审委员会在该决定中认定：

（1）关于举证期限。宜兰食品公司提出无效宣告请求的时间在2006年7月1日之前，因此应适用2001年10月18日公布的《审查指南》第四部分第三章第3.1节的规定。虽然宜兰食品公司提交证据4至6的时间在提出本无效宣告请求之日起一个月之后，但是证据4、5是证据1的公证书所封存的证据，证据6是央视市场研究股份有限公司与广州旺旺食品有限公司的数据购买合同，用以补强证明证据4、5的真实性及合法性，属于证据1的关联证据，而非证明新事实的新证据，故专利复审委员会对证据4至6予以考虑。(2) 证据的认定。宜兰食品公司提交的证据1、2-2、4、5和6已经形成一个完整的证据链，可以证明在本专利申请日之前，证据4光盘中的旺仔牛奶广告已在国内的电视广告中公开，证据2-2的视频截图（下称对比文件）可以作为在先设计与本专利比较，判断二者是否相同或相近似。陈天财提出的关于证据4、5、6的提供人与宜兰食品公司存在利害关系不能采信的主张，缺乏事实依据，不予支持。(3) 关于本专利是否符合《中华人民共和国专利法》（以下简称《专利法》）第二十三条的规定。将本专利与对比文件进行比较，二者的相同点是：整体形状相同，色彩设计相近似，图案均是以卡通男孩头像作为主要图案设计，其他视图有相应文字和商标设计。二者的不同点是：对比文件未公开该设计的后视图；卡通男孩的设计不同，人物脸部的眼睛、耳朵、嘴及所穿的衣服不同；某些局部的布局有所不同；具体的文字内容设计不同。针对上述不同点，专利复审委员会认为，本专利的后视图与主视图非常相似，而且包装箱的设计惯例也是主视图和后视图相同或者相近似，因此对比文件的后视图不可见不会导致本专利与对比文件二者不相近似。虽然两外观设计的卡通男孩的姿态略有不同，二者脸部的眼、耳、嘴及衣服多处细微不同，但没有对男孩的形象、表情产生显著的视图影响，不会特别引起一般消费者的注意。某些局部的布局不同占整体图案的比例很小，没有对外观设计的整体视觉效果造成显著影响。外观设计的相近似性判断不考虑文字的具体内容，仅是考虑其排列位置所产生的视觉影响。因此，二者存在的差别在整体视觉效果中不具有显著的影响。本专利与对比文件属于相近似的外观设计。因此，在本专利申请日之前，已有与之相近似的外观设计在国内电视广告中公开，本专利不符合《专利法》第二十三条的规定。基于上述理由，专利复审委员会作出第9462号决定，宣告本专利权无效。

原告陈天财不服，在法定期限内向本院提起行政诉讼。其诉称：（1）宜兰食品公司曾向国家工商行政管理总局商标评审委员会（商标评审委员会）提出异议申请，请求撤销我以本专利中男孩头像注册的图形商标。商标评审委员会驳回了其异议请求。因此，本专利与在先设计相比不相同也不相近似。（2）宜兰食品公司提交的证据1不能作为定案的依据。证据2-1未表明统计报告的制作主体，证据2-2（即对比文件）也无法体现牛奶包装箱的全貌。宜兰食品公司在口头审理时提交的证据4和5，并非证据1公证封存的物品。专利复审委员会未将这两份证据向我转交。证据6的提交时间也在口头审理之后，是一份无合同签订时间及法定代表人签字的无效证据。且该合同的签订方为广州旺旺食品有限公司，并非湖南旺旺食品有限公司上海分公司。因此，宜兰食品公司提交的上述证据不能形成完整的证据链证明对比文件在本专利申请日之前公开。（3）将本专利与对比文件对比，两者存在显著的区别，不属于相近似的外观设计。综上，专利复审委员会认定事实和适用法律均有错误，请求法院撤销第9462号决定，由专利复审委员会重新作出无效宣告请求审查决定。

被告专利复审委员会辩称：（1）陈天财提交的有关商标评审委员会商标异议的证据与本案没有关联性。（2）由于陈天财未参加口头审理，口头审理缺席审理，专利复审委员会依职权对宜兰食品公司在口头审理时当庭提交的公证书原件及其封存证据4、5（证据4、5分别与提出无效宣告请求时的证据1、2相对应）的真实性进行了核对。针对证据6，专利复审委员会曾向陈天财发出审查意见通知书，给其提供了对证据6进行质证的权利。（3）因本案所涉的无效宣告请求的提出日为2005年，因此专利复审委员会在无效宣告请求程序中根据《审查指南》2001年版中第四部分第三章3.1节的有关规定，对各个证据的举证期限进行了审查和认定。（4）关于上述证据及本专利是否符合《专利法》第二十三条规定的认定，专利复审委员会坚持第9462号决定中的意见。综上所述，专利复审委员会作出的第9462号决定认定事实清楚、适用法律法规正确、审理程序合法，请求法院维持第9462号决定。

第三人宜兰食品公司未提交书面意见陈述，其当庭述称同意专利复审委员会在第9462号决定中的意见。请求法院维持第9462号决定。

本院经审理查明：

本案涉及的名称为"包装箱（牛奶）"的外观设计专利由陈天财于2003年11月19日向国家知识产权局提出申请，于2004年6月30日被授权公告，专利号为200330104594.3。本专利包括5幅视图（见附图1），即主视图、后视图、左视图、俯视图、立体图，并请求保护色彩。

宜兰食品公司针对本专利于2005年5月23日向专利复审委员会提出了无效宣告请求，其理由是本专利不符合《专利法》第二十三条的规定。宜兰食品公司在提出无效请求时提交了如下证据：

证据 1：(2005) 沪卢证经字第 279 号公证书复印件。其相关内容为：申请人湖南旺旺食品有限公司上海分公司于 2005 年 2 月 3 日向本处申请，对该公司拟向央视市场研究股份有限公司上海分公司领取物品及证明进行证据保全公证。公证员于 2005 年 2 月 5 日下午在上海市青海路 118 号 4 楼央视市场研究股份有限公司上海分公司接待室，监督了该公司工作人员高洁将"旺旺黑白配"光盘及《旺旺黑白配电视广告统计报告》、"旺旺牛奶"光盘及《旺旺牛奶电视广告统计报告》各一份交予湖南旺旺食品有限公司上海分公司代理人张萍。由张萍将上述光盘及文件交由公证处贴封。

证据 2-1 为证据 1 封存光盘的相关内容的打印件。其内容为对"旺旺牛奶"产品所作电视广告的统计表，统计时间为 2002 年 1 月 1 日至 2003 年 12 月 31 日。

证据 2-2 为证据 1 封存的"旺旺牛奶"广告光盘的视频截图的彩色打印件三张，即对比文件（见附图 2）。

证据 3：本专利授权公告文本的复印件及其彩色附图。

口头审理于 2005 年 12 月 2 日举行，陈天财在收到《无效宣告请求口头审理通知书》后未参加口头审理。口头审理过程中，宜兰食品公司当庭提交了证据 1 的原件及所附公证证物袋。根据专利复审委员会提交的《口头审理记录表》记载，该证物袋上贴有"上海市卢湾区公证处封"字样的封条。当庭拆封证物袋后发现内装有一张"旺旺牛奶"光盘（即证据 4），以及一份"旺旺旺仔牛奶"电视广告统计报告（即证据 5）。该报告首页上记载有"日期：2002 年 1 月 1 日至 2003 年 12 月 31 日"，每页的右上角都盖有"ctr 市场研究报告专用章"蓝章。宜兰食品公司当庭演示了证据 4 的视频内容，并将视频特别停留在证据 2-2 视频截图的相应位置和本专利的外观设计进行比较。在本案庭审过程中，宜兰食品公司称，证据 1 所附证物袋在启封时，内部还装有公证书中所述的"旺旺黑白配"光盘一张及《旺旺黑白配电视广告统计报告》一份。由于这两份证物与本案无关联性，因此在口头审理中当庭撤回了。专利复审委员会认可宜兰食品公司的上述陈述内容，但陈天财表示异议，认为公证书内容与公证物品不符。口头审理结束后，宜兰食品公司为进一步证明其证据 5 与证据 2 和证据 4 之间具有关联性，向专利复审委员会提交了证据 6。

证据 6：《数据购买合同》。该合同由央视市场研究股份有限公司（乙方）与广州旺旺食品有限公司（甲方）于 2002 年签订。双方约定，由乙方向甲方提供广告监测服务，合同项下提供的数据仅限于甲方及甲方所属之旺旺股份有限公司、之子公司、分公司使用。监测节目为食品大类、饮料大类、酒类。监测地区和频道为乙方常规媒体（包括电视和平面）。检测服务期限为 2002 年 12 月 1 日至 2004 年 11 月 30 日。报告提供方式为网上下载或光盘。

2005 年 10 月 11 日，专利复审委员会向陈天财和宜兰食品公司发出《无效宣告请求口头审理通知书》，拟定于 2005 年 12 月 2 日对本案进行口头审理。2005 年 11 月 28 日，陈天财提交了意见陈述书，表示不参加拟定于 2005 年 12 月 2 日进行的口头审理。2005 年 12 月 2 日，口头审理如期举行，宜兰食品公司的代理人出席了口头审理，陈天财缺席。

另查，商标评审委员会曾于 2001 年 2 月 14 日作出商评字（2000）第 4629 号裁定书。商标评审委员会认为宜兰食品公司对福州市仓山天才饮料食品公司享有的"大旺及图"商标所提出的异议理由不成立，其提交的"旺旺"文字商标（即引证商标）与"大旺及图"商标（被异议商标）相比较，两者在外观视觉和呼叫上存在较大差别。不构成近似商标。

宜兰食品公司、湖南旺旺食品有限公司上海分公司、广州旺旺食品有限公司均由新加坡旺旺控股有限公司于 1995 年投资设立。

以上事实有本专利公报、宜兰食品公司提交的证据 1 至证据 6、《口头审理记录表》、商评字

(2000) 第 4629 号裁定书、企业工商登记档案及当事人陈述等证据在案佐证。

本院认为：

1. 相关证据的认定问题。

基于查明的事实，陈天财在收到专利复审委员会发出的参加口头审理的通知后，并未参加 2005 年 12 月 2 日进行的口头审理。而相关法律、法规在申请宣告专利权无效审查过程中设立这一程序的目的之一就在于，通过无效请求人和专利权人的当面质证，对双方证据的真实性，关联性及其证明内容发表意见。在宜兰食品公司提出无效请求所附的证据中，证据 1 为公证书原件，其封存的光盘（即证据 4 和证据 5）亦为原件。上述证据均需在口头审理程序中进行勘验，而陈天财的缺席，是其放弃了核对上述证据封存情况和发表意见的权利，由此产生的后果，其应自行承担。根据证据 1、专利复审委员会的口头审理记录以及专利复审委员会和宜兰食品公司在本案庭审陈述的内容，本院认定证据 1、4、5 的真实性与本案的关联性。虽然证据 6 系宜兰食品公司在口头审理程序后提交，但其作为证据 1、4、5 的补强证据并不违反相关法律规定。该证据有合同双方的盖章，且签订该合同的双方均未对该证据真实性提出异议，陈天财提出异议但未提交相关证据予以佐证。因此本院对证据 6 的真实性予以认定。根据宜兰食品公司提交的相关企业登记证明资料显示，宜兰食品公司、湖南旺旺食品有限公司上海分公司、广州旺旺食品有限公司均由新加坡旺旺控股有限公司于 1995 年投资设立，上述企业属于关联企业。宜兰食品公司使用证据 6 所作的统计数据，符合证据 6 合同双方的约定，且合同双方对宜兰食品公司使用统计数据的情况均未提出异议。因此，本院对证据 6 与本案的关联性亦予以认定。陈天财关于证据 1、5、6 不能作为本案定案依据的主张，缺乏事实与法律依据，本院不予采信。

2. 本专利是否符合《专利法》第二十三条规定。

《专利法》第二十三条规定："授予专利权的外观设计，应当同申请日以前在国内外出版物上公开发表过或者国内公开使用过的外观设计不相同和不相近似，并不得与他人在先取得的合法权利相冲突。"

将本专利与对比文件进行比较，二者的相同点在于整体形状相同，色彩设计相近似，图案均是以卡通男孩头像作为主要图案设计，其他视图有相应文字和商标设计。二者的不同点在于对比文件未公开该设计的后视图；两者的卡通男孩的设计不同，人物脸部的眼睛、耳朵、嘴及所穿的衣服不同；两者的某些局部的布局有所不同；两者的具体的文字内容设计不同。根据上述比较的情况，我院认为本专利的后视图与主视图非常相似，而且包装箱的设计惯例也是主视图和后视图相同或者相近似，因此对比文件的后视图不可见通常情况下，不会影响本专利与对比文件二者相比较的结论。虽然两外观设计的卡通男孩的姿态略有不同，二者脸部的眼、耳、嘴及衣服多处细微不同，但没有对男孩的形象、表情产生显著的视图影响，不会特别引起一般消费者的注意。而且局部的布局不同占整体图案的比例很小，没有对外观设计的整体视觉效果造成显著影响。由于外观设计的相近似性判断不考虑文字的具体内容，仅是考虑其排列位置所产生的视觉影响。因此，二者存在的差别在整体视觉效果中不具有显著的影响。本专利与对比文件属于相近似的外观设计。虽然陈天财提供了商评字（2000）第 4629 号裁定书，用以证明本专利与在先设计不相同且不相近似，但本院认为，无论从对比的客体、对比的标准及所适用的相关法律，该裁定书均与本案无关联性。由于在本专利申请日之前，已有与之相近似的外观设计在国内电视广告中公开，因此本专利不符合《专利法》第二十三条的规定。陈天财关于本专利符合《专利法》第二十三条规定的主张，缺乏事实和法律依据，本院不予支持。

综上，陈天财关于本专利符合专利法第二十三条规定的主张，缺乏事实和法律依据，本院不予支持。专利复审委员会作出的第 9462 号决定程序合法，证据充分，适用法律正确，应予维持。依照

《中华人民共和国行政诉讼法》第五十四条第（一）项之规定，本院判决如下：

维持被告国家知识产权局专利复审委员会作出的第9462号无效宣告请求审查决定。

案件受理费人民币100元，由原告陈天财负担（已交纳）。

如不服本判决，原告陈天财、被告国家知识产权局专利复审委员会可于本判决送达之日起15日内，第三人宜兰食品工业股份有限公司可于本判决送达之日起30日内向本院提交上诉状及其副本，并交纳上诉案件受理费人民币100元，上诉于北京市高级人民法院。

审　判　长　仪　军
代理审判员　侯占恒
人民陪审员　刘元霞
二〇〇八年七月二十一日
书　记　员　王　溪

主视图

后视图

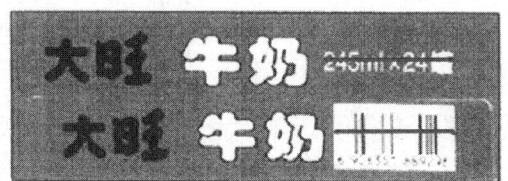
左视图

俯视图

立体图

附件1

对比文件图

附件2

标贴（永丰饪王）

无效宣告请求审查决定（第 9463 号）

决 定 号	第 9463 号
决 定 日	2006 年 12 月 24 日
发明创造名称	标贴（永丰饪王）
外观设计分类号	19-08
无效宣告请求人	北京二锅头酒业股份有限公司
专 利 权 人	崇海弟
专 利 号	200530021789.0
申 请 日	2005 年 6 月 16 日
授权公告日	2006 年 3 月 29 日
合议组组长	张美菊
主 审 员	穆丽娟
参 审 员	唐向阳
附 图	1 页

法 律 依 据 专利法第 23 条

决 定 要 点

由工商行政管理局作出的生效的处罚决定是国家行政机关作出的行政决定，可以作为认定事实的依据。本案涉及的《行政处罚决定书》经向出具该处罚决定的北京市工商行政管理局通州分局核查为真实，并且已经生效，因此可以采信。

如果一项外观设计专利权是否与商标专用权等他人在先合法权利相冲突已经在生效的行政决定或判决中作出认定，那么该外观设计专利就与该在先合法权利相冲突，不符合专利法第 23 条的规定。

一、案由

本无效宣告请求涉及国家知识产权局于 2006 年 3 月 29 日授权公告的、名称为"标贴（永丰饪王）"的 200530021789.0 号的外观设计专利（下称本专利），其申请日为 2005 年 6 月 16 日，专利权人为崇海弟。

针对上述专利权，北京二锅头酒业股份有限公司（下称请求人）于 2006 年 8 月 9 日向专利复审委员会提出了无效宣告请求。请求人所提交的证据如下：

证据 1：第 3615409 号注册商标证、审查流程及公告复印件，共 4 页；

证据 2：第 133470 号注册商标证复印件，共 1 页；

证据3：北京市著名商标荣誉证书复印件，共1页；

证据4：北京市工商行政管理局通州分局行政处罚决定书（京工商通处字（2006）第77号）复印件共5页；

经形式审查合格，专利复审委员会受理了上述请求，并于2006年8月10日向双方当事人发出无效宣告请求受理通知书，并将无效宣告请求书及其附件清单中所列的附件副本转送专利权人。

针对该无效宣告请求，专利权人没有提交意见陈述。

本案合议组于2006年10月18日向双方当事人发出口头审理通知书，定于2006年11月29日上午举行口头审理。

口头审理如期举行，请求人出席口头审理，专利权人未出席口头审理。请求人对合议组成员无回避请求。

请求人当庭明确其无效理由为本专利不符合专利法第23条的规定，并出示了证据1~3中两份商标注册证及北京市著名商标荣誉证书（2000年）的原件以及带有"北京市工商行政管理局通州分局"骑缝红章的证据4的复印件。请求人表示证据4已经生效，并且认为证据4中所提及的外观设计专利就是本专利。

口头审理结束后，合议组于2006年11月29日向专利权人转寄了口头审理记录表复印件。专利权人期满未提交答复意见。

在上述工作的基础上，合议组认为本案事实已经清楚，可以依法作出审查决定。

二、决定的理由

1. 证据认定

请求人出示了证据1中商标注册证及证据2、3的原件，专利权人未进行答复，合议组视为对其真实性没有异议，并且合议组经核实也未发现证据1中的商标注册证及证据2、3存在能影响其真实性的瑕疵，因此合议组对证据1中的商标注册证及证据2、3的真实性予以认可。关于证据4，合议组依法向北京市工商行政管理局通州分局及其对外网站进行调查核实后认定请求人提交的京工商通处字（2006）第77号行政处罚决定是真实的，并且已经生效，可以作为本案认定事实的证据使用，因此合议组对该证据予以认可。

2. 关于专利法第23条

专利法第23条规定：授予专利权的外观设计，应当同申请日以前在国内外出版物上公开发表过或者国内公开使用过的外观设计不相同和不相近似，并不得与他人在先取得的合法权利相冲突。

证据2是第3615409号商标注册证，其注册人是北京二锅头酒业股份有限公司，有效期限自2005年5月21日至2015年5月20日，因此证据2是本专利申请日（2005年6月16日）之前已生效的商标权。

证据4是北京市工商行政管理局通州分局做出的京工商通处字（2006）第77号行政处罚决定书，该处罚决定已经生效。该行政处罚决定涉及当事人祁瑞祥侵犯了权利人北京二锅头酒业股份有限公司的第3615409号商标专用权的行政处罚决定。

证据4第4页第2段提到"案件调查中，当事人委托代理人崇海弟申辩：崇海弟就永丰任王产品标贴于2005年6月16日申请外观设计专利，该专利于2006年3月29日经中华人民共和国知识产权局批准获得外观设计专利，并提供了相关证书"，该内容虽没有明确所提及专利的专利号，但经合议组调查，崇海弟于2005年6月16日申请并于2006年3月29日获得授权的与"永丰任王"相关的外观设计专利仅本专利一个，因此可以认定证据4中涉及的上述专利即本专利。

证据4第4页第3段提到"在权利人（北京二锅头酒业股份有限公司）取得商标注册后，将与权利人相近似的产品标签申请外观设计专利，侵犯了权利人的在先合法权利，此情节并不影响我局对其侵犯商标专用权行为的认定，而恰恰反映了当事人（即专利权人及其委托人祁瑞祥）的主观故意"。证据4的上述内容已经认定本专利与第3615409号商标相近似，并且侵犯了请求人的在先合法权利，依据生效的证据4京工商通处字（2006）第77号行政处罚决定合议组认为本专利的取得与请求人在先注册的第3615409号商标相近似，从而与请求人的在先合法权利相冲突，本专利不符合专利法第23条的有关规定。

三、决定

宣告200530021789.0号外观设计专利权无效。

当事人对本决定不服的，可以根据专利法第46条第2款的规定，自收到本决定之日起三个月内向北京市第一中级人民法院起诉。根据该款的规定，一方当事人起诉后，另一方当事人应当作为第三人参加诉讼。

主视图

本专利附图

指定颜色,"料酒"、"牌"放弃专用权

请求人的在先注册商标

饮料瓶盖

无效宣告请求审查决定（第 9467 号）

决 定 号	第 9467 号
决 定 日	2007 年 1 月 8 日
发明创造名称	饮料瓶盖
外观设计分类号	09-07
无效宣告请求人	浙江华龙食品有限公司
专 利 权 人	浙江乐源生物工程有限公司
专 利 号	200430106789.6
申 请 日	2004 年 12 月 4 日
授权公告日	2005 年 7 月 13 日
合议组组长	高 栋
主 审 员	高海燕
参 审 员	郭 琼
附 图	2 页
法 律 依 据	专利法第 23 条

决 定 要 点

如果一项外观设计专利与在先外观设计专利在整体视觉效果上相同或者相近似，则该项外观设计专利不符合专利法第 23 条的规定。

一、案由

本无效宣告请求案涉及国家知识产权局于 2005 年 7 月 13 日授权公告的、专利号为 200430106789.6、名称为"饮料瓶盖"的外观设计专利（下称本专利），其专利权人为浙江乐源生物工程有限公司，申请日为 2004 年 12 月 4 日。

针对本专利权，浙江华龙食品有限公司（下称请求人）于 2006 年 5 月 15 日向国家知识产权局专利复审委员会提出无效宣告请求，理由是本专利不符合专利法第 23 条的规定，请求人同时提交了以下附件作为证据材料：

附件 1：中国 CN3281930 号外观设计专利公报复印件（下称对比文件），其授权公告日为 2003 年 3 月 12 日。

请求人认为，对比文件公告日在本专利申请日之前，属于专利法第 23 条所称的出版物；对比文件与本专利属于同一种类产品，通过整体观察、综合判断的方式对二者的俯视图、后视图、主视图、右视图、左视图、仰视图和打开状态示意图进行比较，二者几乎是一模一样，属于相同的外观设计，因此，本专利不符合专利法第 23 条的规定。

经形式审查合格，专利复审委员会于 2006 年 5 月 16 日向双方当事人发出无效宣告请求受理通知书，并将《专利权无效宣告请求书》及其附件清单中所列附件副本转给专利权人。

专利权人于 2006 年 6 月 30 日提交意见陈述书，专利权人认为：第一，请求人提交的证据为复印件，未出示原件，也未出示合法来源，不应采信；第二，请求人的无效宣告请求没有具体分析二者的不同点，仅强调"二者几乎是一模一样"是不符合受理条件的；第三，二者的主要不同点在于：分类号不同，本专利分类号为 09-07，对比文件分类号为 09-01；整体造型不同，本专利整体形状像"鸟头"，而对比文件则像"钟"；盖身不同，本专利盖身呈浪形，显示为平滑，而对比文件在同一部位则呈尖齿形，显示为棱角分明。因此，本专利与对比文件属于不相同且不相近似的外观设计。

专利复审委员会依法成立本案合议组，并于 2006 年 9 月 18 日向双方当事人发出无效宣告请求口头审理通知书，定于 2006 年 11 月 15 日举行口头审理。同时将专利权人于 2006 年 6 月 30 日提交的意见陈述书及其附件转给请求人。

口头审理于 2006 年 11 月 15 日如期举行，双方当事人均参加了口头审理。在口头审理中，双方当事人对对方出庭人员的身份无异议，对合议组成员变更无异议，对合议组成员无回避请求；请求人当庭提交盖有"国家知识产权局专利检索咨询中心副本认证专用章"红章的对比文件复印件，章上印有"经确认此副本与原件相同"的字样，日期为 2006 年 11 月 14 日。专利权人对对比文件的真实性无异议；专利权人认为本专利与对比文件的区别在于：本专利是鸟头形，而对比文件是钟形，本专利盖身上有波浪型线条，而对比文件是尖齿形，因此二者形状、图案不同，具有显著差异。

至此，合议组认为本案事实已经清楚，可以依法作出审查决定。

二、决定的理由

1. 法律依据

基于请求人提出的无效宣告理由，合议组依据中国专利法第 23 条的规定对本案进行审理。

中国专利法第 23 条规定：授予专利权的外观设计，应当同申请日以前在国内外出版物上公开发表过或者国内公开使用过的外观设计不相同和不相近似，并不得与他人在先取得的合法权利相冲突。

审查指南规定：判断外观设计相同或者相近似时应当从一般消费者的角度对在先设计与被比设计进行整体观察、综合判断。所谓整体观察、综合判断是指由被比设计的整体来确定是否与在先设计相同或者相近似，而不从被比设计的部分或者局部出发得出与在先设计是否相同或者相近似的结论。（参见审查指南第四部分第五章第 5.1 节和 5.5 节）

2. 证据认定

请求人所提交的对比文件为本专利申请日之前公开的外观设计专利公报，且专利权人对对比文件的真实性无异议，因此，对比文件可用于评价本专利是否符合专利法第 23 条的规定。

3. 关于专利法第 23 条

本专利是关于"饮料瓶盖"的外观设计，从其各视图观察，该瓶盖包括一近似圆台形盖身及其上方的可翻开小盖。其中，盖身上有波浪形线条，其顶部向上伸出有吸嘴；可翻开小盖呈半圆形，其顶部设置有圆环形拉手，拉手的环形圆周上均匀分布有若干个小圆形凹坑，拉手一侧向外伸出一小凸缘。（详见本专利附图）

对比文件公开了一款"瓶盖"的外观设计视图。从其各视图观察，该瓶盖包括一近似圆台形盖身及其上方的可翻开小盖。其中，盖身上有尖齿形线条，其顶部向上伸出有吸嘴；可翻开小盖呈半圆形，其顶部设置有圆环形拉手，拉手的环形圆周上均匀分布有若干个小圆形凹坑。（详见对比文件附

图)

合议组认为：审查指南第四部分第五章第6.1节规定，在确定产品的类别时，可以参考产品的名称、国际外观设计分类表以及产品货架分类，但是应当以产品的用途是否相同为准，同一类别的产品是指用途完全相同的产品。由于本专利和对比文件所示均为瓶盖的外观设计，它们的用途相同，因此根据上述审查指南的规定，本专利和对比文件属于同一类别的产品，具有可比性。

将本专利与对比文件相比较，其主要相同点为：（1）二者的瓶盖均包括近似圆台形盖身和可翻开小盖；（2）盖身顶部均向上伸出有吸嘴；（3）可翻开小盖均呈半圆形，其顶部均设置有圆环形拉手，拉手的环形圆周上都均匀分布有若干个小圆形凹坑。由此可见，本专利与对比文件相比，上述瓶盖各部分结构的形状相近似，它们在整个瓶盖中的布局也相近似，从而使得本专利与对比文件瓶盖的整体形状相近似。

将本专利与对比文件相比较，其主要不同点为：（1）盖身上线条的形状不同，本专利盖身上为波浪形线条，而对比文件盖身上为尖齿形线条；（2）本专利拉手一侧向外伸出一小凸缘，而对比文件相应位置处没有小凸缘。合议组认为，上述盖身上线条的形状不同、以及拉手一侧是否向外伸出小凸缘等区别均是局部的细微差别，对本专利和对比文件瓶盖的整体视觉效果尚不足以造成显著影响。

虽然专利权人认为本专利拉手一侧向外伸出一小凸缘，使得本专利瓶盖整体形状像"鸟头"，而对比文件瓶盖整体形状则像"钟"，但是，如上所述，拉手一侧是否向外伸出小凸缘仅是局部的细微差别，因而这种差别尚不足以对本专利和对比文件瓶盖的整体形状造成显著影响，从而也不足以对本专利和对比文件瓶盖的整体视觉效果造成显著影响。

4. 结论

综上所述，本专利与对比文件整体形状相近似，二者的区别点不足以对二者的整体视觉效果带来显著影响，因此，本专利与对比文件的整体视觉效果相近似，本专利不符合专利法第23条的规定。

三、决定

宣告200430106789.6号外观设计专利权无效。

当事人对本决定不服的，可以根据专利法第46条第2款的规定，自收到本决定之日起三个月内向北京市第一中级人民法院起诉。根据该款的规定，一方当事人起诉后，另一方当事人应当作为第三人参加诉讼。

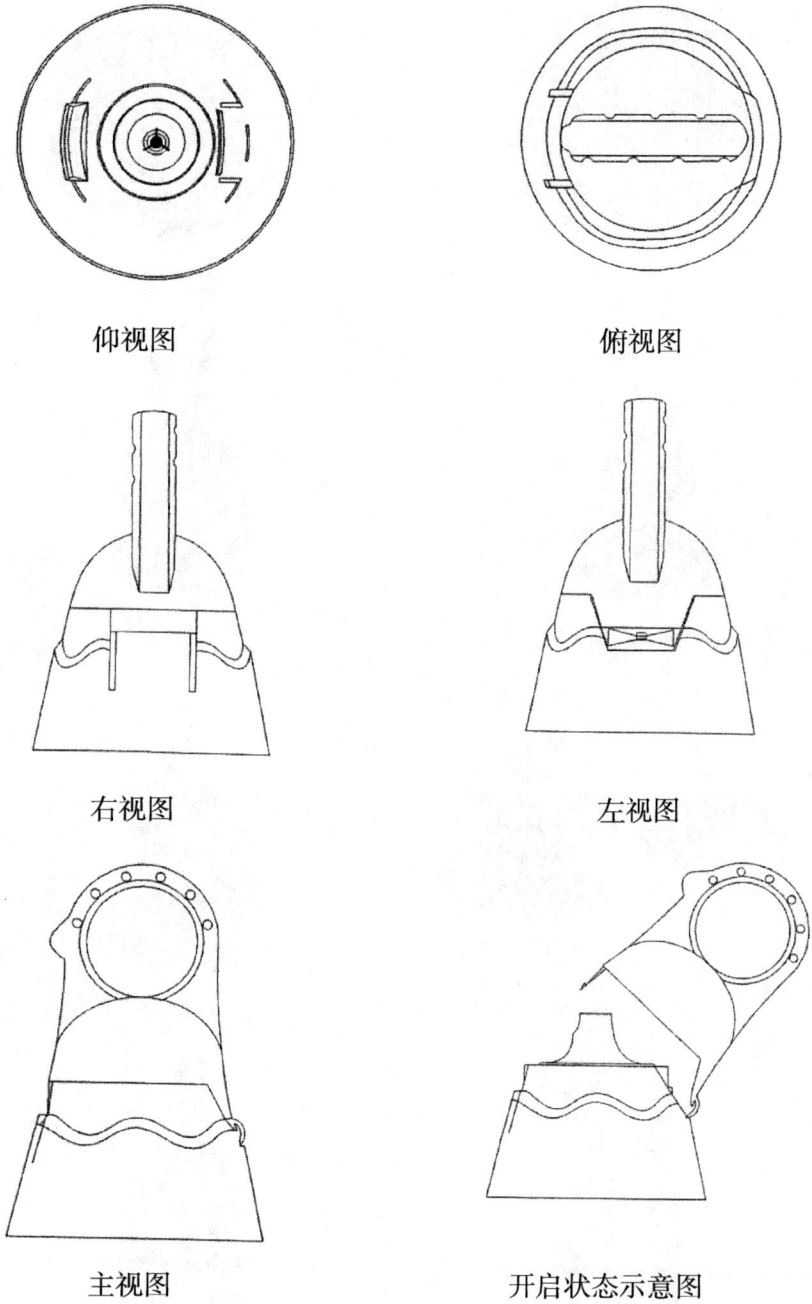

仰视图　　　俯视图

右视图　　　左视图

主视图　　　开启状态示意图

本专利附图

对比文件图

北京市第一中级人民法院行政判决书

(2007) 一中行初字第687号

原告浙江乐源生物工程有限公司，住所地浙江省德清县乾龙经济区

委托代理人王亚轩，北京金言诚信知识产权代理有限公司专利代理人

委托代理人张娟，女，1977年10月27日出生，汉族，北京金言诚信知识产权代理有限公司办公室主任，住北京市东城区碾子胡同16号

被告国家知识产权局专利复审委员会，住所地北京市海淀区北四环西路9号银谷大厦10~12层

法定代表人廖涛，副主任

委托代理人高海燕，国家知识产权局专利复审委员会审查员

委托代理人高雪，国家知识产权局专利复审委员会审查员

第三人浙江华龙食品有限公司，住所地浙江省德清县乾元镇乾龙开发

法定代表人卫永法，董事长

委托代理人陈继亮，杭州九洲专利事务所有限公司专利代理人原告浙江乐源生物工程有限公司（简称乐源公司）不服被告国家知识产权局专利复审委员会（简称专利复审委员会）于2007年1月8日作出的第9467号无效宣告请求审查决定（简称第9467号决定），在法定期限内向本院提起行政诉讼。本院于2007年5月10日受理后，依法组成合议庭，并通知浙江华龙食品有限公司（简称华龙公司）作为本案第三人参加诉讼，于2007年6月18日公开开庭进行了审理。原告乐源公司的委托代理人王亚轩，被告专利复审委员会的委托代理人高海燕、高雪，第三人华龙公司的委托代理人陈继亮到庭参加诉讼。本案现已审理终结。第9467号决定系专利复审委员会针对华龙公司就乐源公司拥有的名称为"饮料瓶盖"的外观设计专利（简称本专利）提出的无效宣告请求所作出。第9467号决定认定：1. 华龙公司提交的授权公告日为2003年3月12日的CN3281930号外观设计专利（简称对比文件）为本专利申请日之前公开的外观设计专利公报，且专利权人对对比文件的真实性无异议，因此，对比文件可用于评价本专利是否符合专利法第二十三条的规定。2. 由于本专利和对比文件所示均为瓶盖的外观设计，两者用途相同，根据《审查指南》的规定，本专利和对比文件属于同一类别的产品，具有可比性。将本专利和对比文件相比较，其主要相同点为：（1）二者的瓶盖均包括近似圆台形盖身和可翻开小盖；（2）盖身顶部均向上伸出有吸嘴；（3）可翻开小盖均呈半圆形，其顶部均设置有圆环形拉手，拉手的环形圆周上都均匀分布有若干个小圆形凹坑。可见，本专利与对比文件相比，上述瓶盖各部分结构的形状相近似，它们在整个瓶盖中的布局也相近似，从而使得本专利与对比文件瓶盖的整体形状相近似。将本专利与对比文件相比较，其主要不同点为：（1）盖身上线条的形状不同，本专利盖身上为波浪形线条，而对比文件盖身上为尖齿形线条；（2）本专利拉手一侧向外伸出一小凸缘，而对比文件相应位置处没有小凸缘。可见，上述盖身上线条的形状不同，以及拉手一侧是否向外伸出小凸缘等区别均是局部的细微差别，对本专利和对比文件瓶盖的整体视觉效果尚不足以造成显著影响。因此，本专利不符合专利法第二十三条的规定。

据此，专利复审委员会作出第9467号决定，宣告本专利权全部无效。原告乐源公司不服，向本院提起行政诉讼，其诉称：1. 被告适用法律法规错误。第9467号决定附图仅有仰视图和俯视图，有偷换概念之嫌，且本专利与对比文件相比较时，缺少判定的方式和判断主体。2. 本专利符合专利法第二十三条规定。首先，由于瓶盖是与瓶子组合使用，因此判断本专利与对比文件是否相同或相近似

应当以中间消费者，即以饮料厂的专业人员为判断主体；其次，本专利整体形状像"鸟头"，盖身上有波浪型线条，显示为平滑，而对比文件则像"钟"，盖身是尖齿形，因此，二者形状、图案不同，具有显著差异。综上，请求人民法院判决撤销第9467号决定。被告专利复审委员会坚持其在第9467号决定中的意见，并在庭审中进一步辩称：第9467号决定中遗漏部分视图属于打印方面的问题，而在其首页将第9467号决定写成第9647号决定属于笔误。另外，被告认为本案判断主体应当是一般消费者，即最终产品（饮料）的购买者。通过整体观察、综合判断，本专利与对比文件的差别仅是局部细微差别，对产品外观设计的整体视觉效果不具有显著的影响。因此，原告的诉讼理由不能成立，第9467号决定认定事实清楚，适用法律正确，请求人民法院依法驳回原告的诉讼请求，维持第9467号决定。第三人华龙公司未向本院提交书面的意见陈述，其在庭审中表示同意被告意见，请求法院判决维持第9467号决定。

本院经审理查明：

本案涉及的是国家知识产权局于2007年7月13日授权公告的名称为"饮料瓶盖"的外观设计专利（即本专利），其申请日为2004年12月4日，专利号为200430106789.6，专利权人为乐源公司。本专利授权公告包括6幅视图，即俯视图、主视图、右视图、左视图、仰视图和开启状态示意图（见附图1）。

2006年5月15日，华龙公司以本专利不符合专利法第二十三条的规定为由，向专利复审委员会提出无效宣告请求，并提交了附件1作为证据材料。

附件1（即对比文件）是2003年3月12日授权公告的02337863.8号外观设计专利权的公报复印件，其中包括8幅视图，即俯视图、后视图、立体图、仰视图、右视图、主视图、左视图和使用状态图（见附图2）。附件1公开了一款瓶盖的外观设计。

华龙公司认为，对比文件公告日在本专利申请日之前，属于专利法第二十三条所称的出版物；对比文件与本专利属于同一种类产品，通过整体观察、综合判断的方式对二者的俯视图、后视图、主视图、右视图、左视图、仰视图和打开状态示意图进行比较，二者几乎是一模一样，属于相同的外观设计，因此，本专利不符合专利法第二十三条的规定。

庭审过程中，乐源公司提出无效宣告请求人华龙公司系主张本专利与对比文件相同，而第9467号决定却认定本专利与对比文件相近似，违反了请求原则。

2006年11月15日，专利复审委员会举行了口头审理。

2007年1月8日，专利复审委员会针对华龙公司的无效宣告请求作出第9467号决定。

在第9467号决定中，本专利附图仅有仰视图和俯视图，对比文件附图仅有俯视图、仰视图、后视图和立体图。第9467号决定发文页标明决定号为第9647号，而该决定首页标明决定号为9467号。

庭审过程中，专利复审委员会明确决定号应为第9467号，并表示附图遗漏的视图可能是打印的问题，愿意立即更正。

2007年6月18日，专利复审委员会作出《更正处分通知书》，其中载明：第9467号决定附图中本专利的附图增加右视图、左视图、主视图和开启状态示意图，对比文件的附图增加使用状态图、右视图、主视图和左视图。第9467号决定的发文页决定号由"第9647号"变更为"第9467号"，与决定正文的决定号一致。

以上事实有本专利公报，附件1，第9467号决定及其《更正处分通知书》以及当事人陈述等在案佐证。

本院认为：

专利法第二十三条规定，授予专利权的外观设计，应当同申请日以前在国内外出版物上公开发表过或者国内公开使用过的外观设计不相同和不相近似,并不得与他人在先取得的合法权利相冲突。

首先,对比文件为本专利申请日之前公开的外观设计专利公报,且专利权人对对比文件的真实性无异议,因此,对比文件可用于评价本专利是否符合专利法第二十三条的规定。

其次,关于相似性的判断主体。《审查指南》将外观设计相同和相近似性判断的判断主体确定为一般消费者,因外观设计是基于工业产品产生,通过不同于同类产品且富于美感的外观吸引消费者注意,并赢得消费者的喜爱,故只有对此类产品具有关注的心理状态并在此基础上具有一定的知识水平,产生一定认知能力的一般消费者才具有进行判断的能力。就本案所涉瓶盖而言,由于瓶盖为盛装饮料器皿的一部分,因此,具有关注此类产品的心理状态并具有一定的知识水平和认知能力的一般消费者应当是购买饮料产品的消费者。

再次,本专利与对比文件是否相近似。外观设计相同和相近似的判断原则是考察被比设计与在先设计的差别对产品外观设计的整体视觉效果有无显著影响。如果一般消费者经过对被比设计与在先设计的整体观察可以看出,二者的差别对于产品外观设计的整体视觉效果不具有显著的影响,则被比设计与在先设计相近似;否则,两者既不相同,也不相近似。就本案而言,将本专利与对比文件相比较,其主要不同点为:(1)盖身上线条的形状不同,本专利盖身上为波浪形线条,而对比文件盖身上为尖齿形线条;(2)本专利拉手一侧向外伸出一小凸缘,而对比文件相应位置处没有小凸缘。本院认为,上述差别仅属于局部的细微差别,普通消费者施以一般注意的目光进行观察,二者在整体视觉效果没有显著区别,容易导致消费者产生混淆。因此,本专利和对比文件所示外观设计相近似,本专利不符合专利法第二十三条的规定。

关于原告认为专利复审委员会不能对华龙公司提出本专利与对比文件属于相同外观设计的请求作出相近似判断的主张,本院认为,华龙公司认为本专利与对比文件几乎一模一样,从而主张本专利不符合专利法第二十三条的规定,专利复审委员会基于华龙公司的请求进行外观设计相同和相近似判断并无不当。因此,原告的理由没有事实和法律依据,本院不予支持。

至于原告所称第9467号决定存在决定号错误,附图不全面的情形,本院认为,专利复审委员会对此已予以更正,并且上述问题并未对原告的实体权利产生实质性影响,被告对其工作上的疏忽及时予以更正,对此本院不持异议。

综上,被告作出的第9467号决定认定事实清楚,适用法律正确,程序合法,应予维持。原告请求撤销该决定的理由均不能成立,本院不予支持。依照《中华人民共和国行政诉讼法》第五十四条第(一)项之规定,判决如下:

维持被告国家知识产权局专利复审委员会作出的第9467号无效宣告请求审查决定。案件受理费一百元,由原告浙江乐源生物工程有限公司负担(已交纳)。如不服本判决,各方当事人可于本判决书送达之日起十五日内,向本院提交上诉状及其副本,交纳上诉案件受理费一百元,上诉于北京市高级人民法院。

审 判 长 刘海旗
代理审判员 佟 姝
代理审判员 刘元霞
二〇〇七年七月二十日
书 记 员 陈 勇

北京市高级人民法院行政判决书

(2007) 高行终字第 460 号

上诉人（原审原告）浙江乐源生物工程有限公司，住所地浙江省德清县乾龙经济区

委托代理人王亚轩，男，汉族，1939 年 5 月 20 日出生，北京金言诚信知识产权代理有限公司专利代理人，住北京市朝阳区安慧里三区 18 号楼 1 门 502 号

委托代理人张娟，女，汉族，1977 年 10 月 27 日出生，北京金言诚信知识产权代理有限公司办公室主任，住北京市东城区碾子胡同 16 号

被上诉人（原审被告）国家知识产权局专利复审委员会，住所地北京市海淀区北四环西路 9 号银谷大厦 10-12 层

法定代表人廖涛，副主任

委托代理人高栋，该委员会审查员

委托代理人瞿晓峰，该委员会审查员

原审第三人浙江华龙食品有限公司，住所地浙江省德清县乾元镇乾龙开发区

法定代表人卫永法，董事长

上诉人浙江乐源生物工程有限公司（简称乐源公司）因专利权无效行政纠纷一案，不服北京市第一中级人民法院（2007）一中行初字第 687 号行政判决，向本院提起上诉。本院 2007 年 10 月 8 日受理后，依法组成合议庭进行了审理。2007 年 11 月 19 日，上诉人乐源公司的委托代理人王亚轩、被上诉人国家知识产权局专利复审委员会（简称专利复审委员会）的委托代理人高栋、瞿晓峰到本院接受了询问。本案现已审理终结。本案涉及的是国家知识产权局于 2007 年 7 月 13 日授权公告的名称为"饮料瓶盖"的外观设计专利（简称本专利），其申请日为 2004 年 12 月 4 日，专利号为 200430106789.6，专利权人为乐源公司。2006 年 5 月 15 日，浙江华龙食品有限公司（简称华龙公司）以本专利不符合专利法第二十三条的规定为由，向专利复审委员会提出无效宣告请求。2007 年 1 月 8 日，专利复审委员会作出第 9467 号无效宣告请求审查决定（简称第 9467 号决定），宣告本专利权无效。乐源公司不服该决定，向北京市第一中级人民法院提起诉讼。北京市第一中级人民法院认为，就本案所涉瓶盖而言，由于瓶盖为盛装饮料器皿的一部分，因此，具有关注此类产品的心理状态并具有一定的知识水平和认知能力的一般消费者应当是购买饮料产品的消费者。将本专利与对比文件相比较，其主要差别仅属于局部的细微差别，普通消费者施以一般注意的目光进行观察，二者整体视觉效果没有显著区别，容易导致消费者产生混淆。因此，本专利和对比文件所示外观设计相近似，本专利不符合专利法第二十三条的规定。综上，依照《中华人民共和国行政诉讼法》第五十四条第（一）项之规定，北京市第一中级人民法院判决：维持专利复审委员会作出的第 9467 号无效宣告请求审查决定。乐源公司不服原审判决，向本院提起上诉。其诉称：1. 专利复审委员会审查程序中存在错误，原审判决未予纠正是错误的。第 9467 号决定的首页决定号错误，而且该决定附图仅有仰视图和俯视图，未将本专利的全部视图予以对比，使二者的差异部分不能展现出来，这是很不客观、不公正的。2. 原审法院适用法律错误。首先，由于瓶盖是与瓶子组合使用，因此，判断本专利与对比文件是否相同或相近似应当以中间消费者，即饮料厂的专业人员为判断主体；其次，本专利整体形状像"鸟头"，盖身上有波浪形线条，显示为平滑，而对比文件则像"钟"，盖身是尖齿形，因此，二者形状、图案不同，具有显著差异。综上，请求二审法院判决撤销原审判决及第 9467 号决定。专利

复审委员会、华龙公司服从原审判决。

本院经审理查明：

本案涉及的是国家知识产权局于2007年7月13日授权公告的名称为"饮料瓶盖"的外观设计专利（即本专利），其申请日为2004年12月4日，专利号为200430106789.6，专利权人为乐源公司。本专利授权公告包括6幅视图，即俯视图、主视图、右视图、左视图、仰视图和开启状态示意图（见判决书附图1）。

2006年5月15日，华龙公司以本专利不符合专利法第二十三条的规定为由，向专利复审委员会提出无效宣告请求，并提交了附件1作为证据材料。

附件1（简称对比文件）是2003年3月12日授权公告的02337863.8号外观设计专利权的公报复印件，其中包括8幅视图，即俯视图、后视图、立体图、仰视图、右视图、主视图、左视图和使用状态图（见判决书附图2），其公开了一款瓶盖的外观设计。

华龙公司认为，对比文件公告日在本专利申请日之前，属于专利法第二十三条所称的出版物；对比文件与本专利属于同一种类产品，通过整体观察、综合判断的方式对二者的俯视图、后视图、主视图、右视图、左视图、仰视图和打开状态示意图进行比较，二者几乎是一模一样，属于相同的外观设计，因此，本专利不符合专利法第二十三条的规定。

2006年11月15日，专利复审委员会举行了口头审理。

2007年1月8日，专利复审委员会针对华龙公司的无效宣告请求作出第9467号决定，该决定认定：1.华龙公司提交的授权公告日为2003年3月12日的CN3281930号外观设计专利（即对比文件）为本专利申请日之前公开的外观设计专利公报，且专利权人对对比文件的真实性无异议，因此，对比文件可用于评价本专利是否符合专利法第二十三条的规定。2.由于本专利和对比文件所示均为瓶盖的外观设计，两者用途相同，根据《审查指南》的规定，本专利和对比文件属于同一类别的产品，具有可比性。将本专利和对比文件相比较，其主要相同点为：（1）二者的瓶盖均包括近似圆台形盖身和可翻开小盖；（2）盖身顶部均向上伸出有吸嘴；（3）可翻开小盖均呈半圆形，其顶部均设置有圆环形拉手，拉手的环形圆周上都均匀分布有若干个小圆形凹坑。可见，本专利与对比文件相比，上述瓶盖各部分结构的形状相近似，它们在整个瓶盖中的布局也相近似，从而使得本专利与对比文件瓶盖的整体形状相近似。将本专利与对比文件相比较，其主要不同点为：（1）盖身上线条的形状不同，本专利盖身上为波浪形线条，而对比文件盖身上为尖齿形线条；（2）本专利拉手一侧向外伸出一小凸缘，而对比文件相应位置处没有小凸缘。可见，上述盖身上线条的形状以及拉手一侧是否向外伸出小凸缘等区别均是局部的细微差别，对本专利和对比文件瓶盖的整体视觉效果尚不足以造成显著影响。因此，本专利不符合专利法第二十三条的规定。据此，专利复审委员会作出第9467号决定，宣告本专利权全部无效。

在第9467号决定中，本专利附图仅有仰视图和俯视图，对比文件附图仅有俯视图、仰视图、后视图和立体图。第9467号决定发文页标明决定号为第9647号，而该决定首页标明决定号为9467号。

以上事实有本专利公报，附件1，第9467号决定以及当事人陈述等在案佐证。

本院认为：

专利法第二十三条规定，授予专利权的外观设计，应当同申请日以前在国内外出版物上公开发表过或者国内公开使用过的外观设计不相同和不相近似，并不得与他人在先取得的合法权利相冲突。

《审查指南》将外观设计相同和相近似性判断的判断主体确定为一般消费者，因外观设计是基于工业产品产生，通过不同于同类产品的且富于美感的外观吸引消费者的注意，并赢得消费者的喜爱，故只有对此类产品具有关注的心理状态并在此基础上具有一定的知识水平，产生一定认知能力的一般消费者才具有进行判断的能力。就本案所涉瓶盖而言，由于瓶盖为盛装饮料器皿的一部分，因此，具有关注此类产品的心理状态并具有一定的知识水平和认知能力的一般消费者应当是购买饮料产品的消费者。上诉人乐源公司关于瓶盖产品的一般消费者应当为饮料厂家的上诉主张，没有事实依据，本院不予支持。

外观设计相同和相近似的判断原则是考察被比设计与在先设计的差别对产品外观设计的整体视觉效果有无显著影响。如果一般消费者经过对被比设计与在先设计的整体观察可以看出，二者的差别对于产品外观设计的整体视觉效果不具有显著的影响，则被比设计与在先设计相近似；否则，两者既不相同，也不相近似。就本案而言，将本专利与对比文件相比较，其主要不同点为：（1）盖身上线条的形状不同，本专利盖身上为波浪形线条，而对比文件盖身上为尖齿形线条；（2）本专利拉手一侧向外伸出一小凸缘，而对比文件相应位置处没有小凸缘。上述差别仅属于局部的细微差别，普通消费者施以一般注意的目光进行观察，二者的整体视觉效果没有显著区别，容易导致消费者产生混淆。因此，本专利和对比文件所示外观设计相近似，本专利不符合专利法第二十三条的规定。上诉人乐源公司关于本专利与对比文件不相同也不相近似的上诉主张于法无据，本院不予支持。

关于乐源公司所称第9467号决定存在决定号错误、附图不全面的情形的上诉主张，本院认为，专利复审委员会的无效决定存在上述错误确属不当，但是鉴于上述问题并未对乐源公司的实体权利产生实质性影响，因此，对乐源公司的此项上诉主张，本院不予支持。

综上，原审判决认定事实清楚，适用法律正确，应当予以维持。上诉人浙江乐源生物工程有限公司的上诉主张于法无据，本院不予支持。依照《中华人民共和国行政诉讼法》第六十一条第一款第（一）项之规定，判决如下：

驳回上诉，维持原判。

一审案件受理费一百元，由浙江乐源生物工程有限公司负担（已交纳）；二审案件受理费一百元，由浙江乐源生物工程有限公司负担（已交纳）。

本判决为终审判决。

审　判　长　刘继祥
代理审判员　莎日娜
代理审判员　焦　彦
二〇〇六年十二月二十日
书　记　员　毕　怡

卷尺（2001型）

无效宣告请求审查决定（第9471号）

决 定 号	第9471号
决 定 日	2007年1月31日
发明创造名称	卷尺（2001型）
外观设计分类号	10-04
无效宣告请求人	宁波巨联工量具有限公司
专 利 权 人	周晓刚
申 请 号	00335382.6
申 请 日	2000年10月24日
授权公告日	2001年5月30日
合议组组长	张跃平
主 审 员	王霞军
参 审 员	吴赤兵
附 图	2页

法律依据 专利法第23条

决定要点

本专利和对比文件整体形状均为"小老鼠"状，是在卷尺领域内比较新颖的引人注目的形状设计，虽然二者产品的正面凹形设计和底部设计有所区别，但其应属于局部细微变化，上述区别均不足以对整体外观设计产生显著的影响。就一般消费者而言，二者的整体形状相似已经形成了相近似的视觉印象，因此，二者属于相近似的外观设计。

一、案由

本无效宣告请求涉及的是国家专利局于2001年5月30日授权公告的、名称为"卷尺（2001型）"的外观设计专利（下称本专利），其申请号是00335382.6，申请日是2000年10月24日，专利权人是周晓刚。

针对本专利权，宁波巨联工量具有限公司（下称请求人）于2005年12月1日向专利复审委员会提出无效宣告请求，其理由是：在本专利申请日之前已有相近似产品在国内出版物上公开发表，本专利权的授予不符合专利法第23条的规定。与此同时，请求人提交了如下附件作为证据：

附件1：99301306.6号外观设计专利公报复印件；
附件2：00337552.8号外观设计专利公报复印件；

附件 3：本专利公报。

经形式审查合格，专利复审委员会受理了此案，并于 2005 年 12 月 1 日将无效请求书及相关材料转送给专利权人。

请求人于 2005 年 12 月 14 日补充提交了一份证据（编号续前）：

附件 4：99323894.7 号公外观设计专利公报复印件。

专利权人于 2006 年 1 月 13 日针对请求人提交的无效宣告请求及证据进行了答复，专利权人指出：附件 2 的公告时间晚于本专利的申请日，不符合专利法第 23 条中所规定的要求，不能作为本专利的对比文件使用。仅将本专利与附件 1 进行比较，认为本专利与附件 1 的壳体整体形状、正面图案、按钮等均存在不同之处，这些不同之处对卷尺的整体视觉效果产品显著影响，二者属于不相同且不相近似的外观设计。

2006 年 6 月 22 日专利复审委员会将请求人补充提交的证据和专利权人意见陈述分别转给对方当事人。同日，向双方当事人发出合议组成员告知通知书。

2006 年 7 月 24 日专利权人针对请求人补充提交的证据进行了答辩，专利权人认为本专利与附件 4 在整体形状、卷尺口部、尾部均不相同也不相近似。专利权人还强调卷尺是一种一般消费者熟知的、常见的文具用品，而且卷尺的外观设计因其结构上限制都有一定的固有设计，不能因此就认为这一类卷尺都是相近似的外观设计。

2006 年 8 月 2 日请求人再次提交了意见陈述书，将本专利和附件 1 和附件 4 详细进行比较，认为二者的不同点应属于简单的替换和模仿，不属于专利法意义上的创新设计。

2006 年 8 月 7 日专利复审委员会将专利权人的意见陈述书转给请求人。

2006 年 10 月 12 日专利复审委员会向双方当事人发出口头审理通知书，定于 2006 年 11 月 22 日进行口头审理。

口头审理如期举行，双方均派代表参加。当庭请求人将附件 2 的无效理由由不符合专利法第 23 条变更为不符合专利法第 9 条的规定，专利权人对请求人提交的附件 1 至附件 4 的真实性无异议，但认为与本专利不相同不相近似，双方当事人各自坚持原有观点。

合议组认为本案事实清楚，可以依法作出审查决定。

二、决定的理由

（1）基于请求人提出的无效宣告请求理由，合议组对本专利是否符合专利法第 9 条和第 23 条的规定进行审查。

专利法第 9 条规定：两个以上的申请人分别就同样的发明创造申请专利的，专利权授予最先申请的人。

专利法第 23 条规定：授予专利权的外观设计，应当同申请日以前在国内外出版物上公开发表过或者国内公开使用过的外观设计不相同和不相近似，并不得与他人在先取得的合法权利相冲突。

（2）请求人提交的附件 1 是国家知识产权局于 1999 年 11 月 10 日授权公告的、申请号为 99301306.6、名称为"卷尺"的外观设计专利公报复印件，专利权人对该证据的真实性没有异议。该对比文件的公开日期早于本专利的申请日，属于专利法第 23 条规定的出版物，该外观设计专利与本专利用途相同属于同类产品，在外观设计相近似判断中具有可比性，可以作为本专利对比文件（下称对比文件）适用于本案。

（3）本专利公开了产品的 6 面视图和 2 幅使用状态参考图。如图所示，本专利产品整体形状近似不规则半圆形盒状体，从主视图、后视图看近似"小老鼠"，卷尺的正面设有近似"心"形的凹陷设计，用于粘贴产品标贴，左下部有一条略凸起的弧线，左下角尾部有一小凸把柄，盒体一侧有一凸起按钮，盒体的底部设计有一椭圆形按钮，盒体后部中间位置装有一挂件（详见本专利附图）。

对比文件公开了产品的 6 面视图和立体图，如图所示，对比文件整体形状近似半圆形盒状体，从主视图、后视图看近似"小老鼠"，卷尺的正面设有不规则圆形的凹陷设计，凹部中间位置有一圆形图案，左下角尾部有一凸起的把柄，且把柄底部与盒体底部在一水平面上，盒体一侧有一凸起按钮，盒体后部中间位置装有一挂件（详见对比文件附图）。

（4）将本专利与对比文件相比较，两者产品整体形状均近似为"小老鼠"状，盒体正面有凹陷形图案，盒体一侧设有按钮。二者主要不同点为盒体下部形状有所不同；本专利盒体正面为"心"形凹部设计，而对比文件凹部设计近似圆形，本专利左下部有一凸起的弧线，而对比文件没有。合议组进一步将二者分析对比，本专利最引人关注的是其"小老鼠"状的整体形状，而对比文件的整体形状也为"小老鼠"状，虽然二者产品正面凹形设计和底部设计有所区别，但都应属于局部细微差别，上述差异不足以对整体外观设计产生显著的影响。就一般消费者而言，二者的整体形状相似已经形成了相近似的视觉印象，因此，二者属于相近似的外观设计。

（5）综上所述，在本专利申请日以前已有与其相近似的外观设计在出版物上公开发表过，本专利不符合专利法第 23 条的规定。

（6）鉴于已得出本专利与在先设计相近似的结论，对于请求人提交的其他证据合议组不再评述。

三、决定

宣告 00335382.6 号外观设计专利权全部无效。

当事人对本决定不服的，可以根据专利法第 46 条第 2 款的规定，自收到本决定之日起三个月内向北京市第一中级人民法院起诉。根据该款的规定，一方当事人起诉后，另一方当事人应当作为第三人参加诉讼。

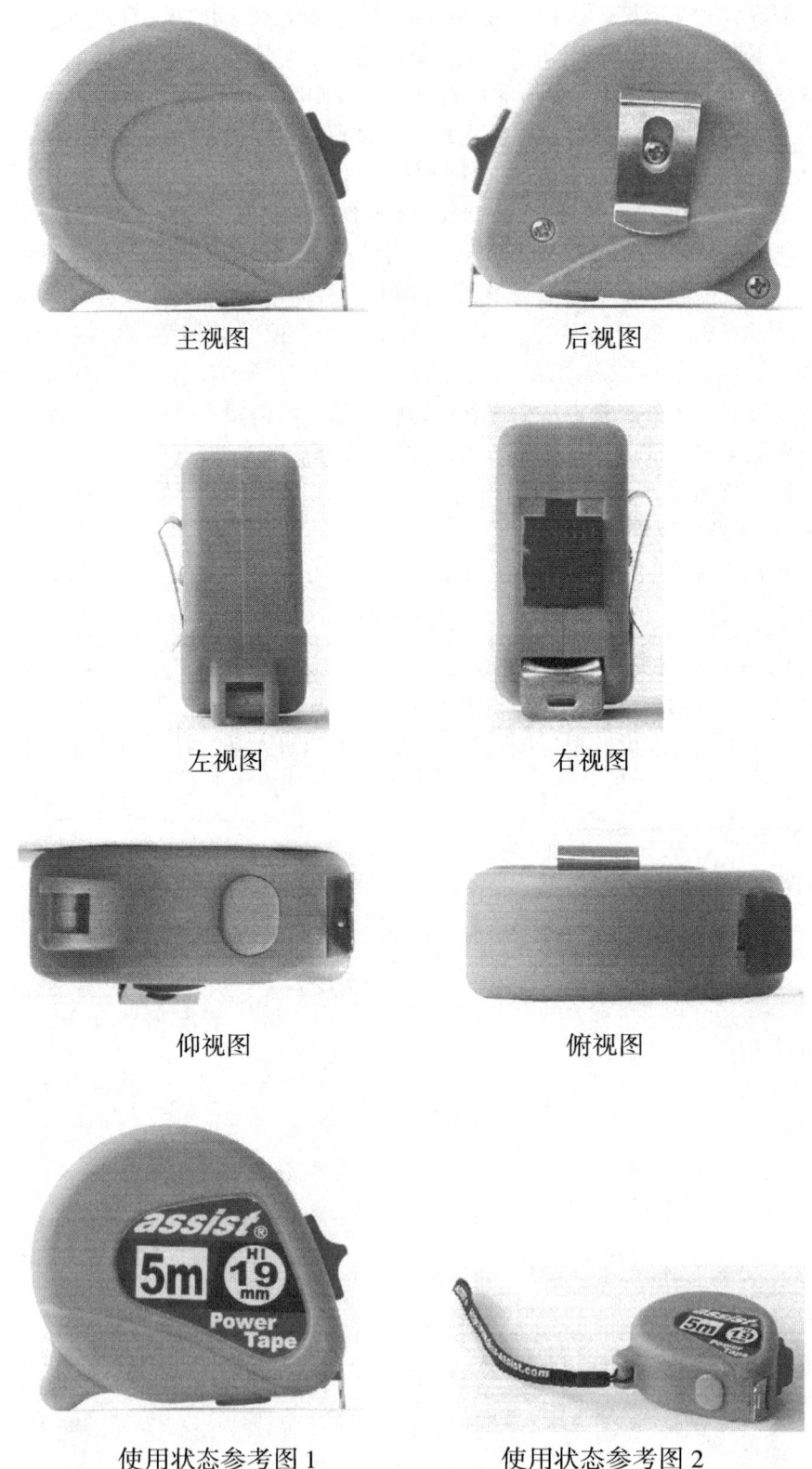

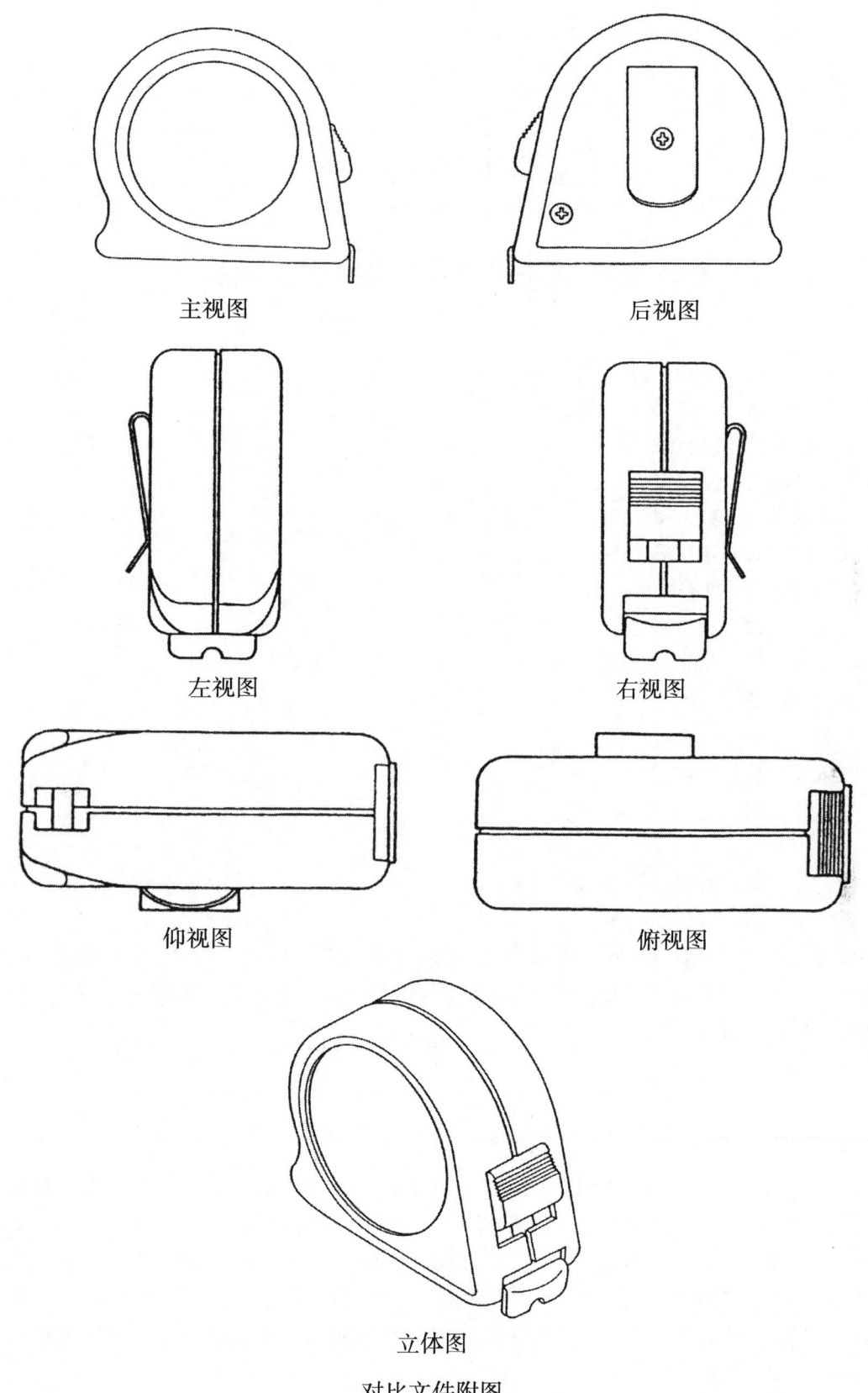

主视图　　　后视图

左视图　　　右视图

仰视图　　　俯视图

立体图

对比文件附图

包装袋

无效宣告请求审查决定（第9485号）

决 定 号	第9485号
决 定 日	2007年1月5日
发明创造名称	包装袋
外面设计分类号	09-05
无效宣告请求人	孙 军
专 利 权 人	张长城
专 利 号	200530020187.3
申 请 日	2005年5月11日
授 权 公 告 日	2006年2月1日
合议组组长	崔国振
主 审 员	张家祥
参 审 员	吴红权
附 图	1页

法 律 依 据 专利法第23条

决 定 要 点

如果被比设计与在先设计的整体形状相同，构图要素及布局相同，二者色彩搭配相似，且均具有醒目的视觉效果，而二者的差异对上述醒目的视觉效果而言均是细微差别，那么，被比设计与在先设计属于相近似的外观设计。

一、案由

本无效宣告请求案涉及国家知识产权局于2006年2月1日授权公告的、名称为"包装袋"的第200530020187.3号外观设计专利（下称本专利），其申请日为2005年5月11日，专利权人为张长城。

针对上述专利权，孙军（下称请求人）于2006年5月19日向专利复审委员会提出无效宣告请求，其理由是本专利不符合专利法第23条的规定，请求人同时提交了以下证据：

证据1：证明人孙瑞的证言，共1页，附康翔包装袋实物一个，包装袋的背面记载有订货专线0451-4102905 4102906；

证据2：证明人马海波的证言，加盖有哈尔滨道外区向南公司的印章（红章），共1页，附康翔包装袋实物一个，包装袋的背面记载有订货专线0451-4102905 4102906；

证据3：2003年7月1日（星期二）的哈尔滨日报，内容是哈尔滨市的电话号码自2003年7月1日零时起由7位升为8位，复印件共1页；

证据4：食品标签备案登记表（复印件共4页）、哈尔滨康翔食品有限公司整改方案（复印件共2页）以及国家肉类食品质量监督检验中心出具的检验报告（复印件共4页）。

请求人认为：在本专利的申请日之前，哈尔滨康翔食品有限公司委托哈尔滨上洋包装制品有限公司印制了与本专利相同图案的包装袋、哈尔滨康翔食品有限公司生产了使用这种这种包装袋的产品、哈尔滨市向南物资贸易有限公司等单位在国内公开销售了采用这种图案的包装袋包装的产品，所以本专利不符合专利法第23条的规定。

经形式审查合格后，专利复审委员会受理了上述请求，于2006年7月25日向双方当事人发出《无效宣告请求受理通知书》，并将《专利权无效宣告请求书》及其附件的副本转送给专利权人，要求其在指定的期限内答复，同时成立合议组对本无效请求案进行审理。

2006年8月23日，专利权人针对上述《无效宣告请求受理通知书》及其附件陈述了意见，专利权人认为：证据1的证明材料不属实，详见反证1；证据2中的哈尔滨向南物资贸易有限公司不存在；哈尔滨日报关于电话号码升位的广告无法否认造假的事实；证据4中的《食品标签登记表》恰恰证明了以前使用过的包装袋与本专利有八点不同之处，因此，本专利符合专利法第23条的规定。同时，专利权人提交了以下反证：

反证1：哈尔滨上洋包装制品有限公司出具的证明，加盖有哈尔滨上洋包装制品有限公司的印制（红章），共1页；

反证2："哈尔滨电视台《都市零距离》节目录像（李逵与李鬼）"光盘1张；

反证3：食品标签备案登记表，复印件共4页；

反证4：现在使用的包装袋实物1个，包装袋的背面记载有订货专线0451-84102905 84102906。

2006年10月17日，本案合议组向双方当事人发出《无效宣告请求口头审理通知书》，定于2006年11月27日对该专利权的无效请求进行口头审理。

2006年11月27日，口头审理如期进行，双方当事人均出席了口头审理。口头审理过程中，双方当事人对合议组成员的变更均未提出异议和回避请求，合议组记录了如下事实：（1）专利权人不认可证据1和2的真实性，但对证据3和4的真实性没有异议；（2）专利权人确认以前使用过的包装袋与食品标签备案登记表中的图案相同，但有8点不同（即，①以前使用过的包装袋的主色调为草绿，本专利的主色调为墨绿；②以前使用过的包装袋的辅助色调为大红，本专利的辅助色调为橙黄；③以前使用过的包装袋的《烤肠》字体细瘦，本专利的《烤肠》字体丰满；④以前使用过的包装袋的标识为汉字《康翔》，本专利的标识为字母《kangxiang》；⑤以前使用过的包装袋的标识形状为椭圆，本专利的标识形状为扁圆；⑥以前使用过的包装袋的标识颜色为大红，本专利的标识颜色为橙黄；⑦以前使用过的包装袋的标识外有边缘线，本专利的标识外无边缘线；⑧以前使用过的包装袋的后身有广告语，本专利的后身无广告语，有质量问题提示），请求人也认可了上述8点区别；（3）专利权人确认上述8点区别是将本专利的包装袋与证据4中的备案标签图案进行对比得出的；（4）专利权人提交的反证2（光盘）是为了证明本专利申请日之后的有关查处仿冒造假的事实，与本专利是否符合专利法第23条的规定无关，因此不再进行播放，双方当事人对此无异议；（5）请求人当庭提交了哈尔滨市道里区公证处出具的（2006）哈里证民字2752、2758号公证书，其内容分别为"食品标签备案登记表"和"哈尔滨康翔食品有限公司整改方案"。

至此，合议组认为本案的事实清楚，可以作出审查决定。

二、决定的理由

1. 法律依据

专利法第23条规定：授予专利权的外观设计，应当同申请日以前在国内外出版物上公开发表过或者国内公开使用过的外观设计不相同和不相近似，并不得与他人在先取得的合法权利相冲突。

2. 证据认定

对于证据1中孙瑞的证言，其本人没有出庭进行质证，并且专利权人提交的反证1指出，孙瑞不是哈尔滨市上洋包装制品有限公司的员工，在请求人没有进一步提供证据的情况下，合议组对此不予采信。对于证据2中马海波的证言，由于公司名称与公司印章明显不一致，并且证人也没有出庭进行质证，在请求人没有进一步提供证据的情况下，合议组对该证言也不予采信。对于证据1和证据2中的包装袋实物，虽然请求人用证据3对其使用日期进行了佐证，但由于上述证言不能采信，而请求人又不能证明该两个包装袋的合法来源，因此，合议组对其真实性不予认可。反证2是为了证明2006年4月17日哈尔滨市工商局经检大队查处仿冒造假的事实，与本专利是否符合专利法第23条的规定无关，故而未当庭播放以进一步质证，双方当事人对此均无异议，因此在本决定中对该证据不再进一步评述。反证4是专利权人现在使用的包装袋，与本专利是否符合专利法第23条的规定无关。反证3与证据4中的食品标签备案登记表相同。

对于请求人提交的证据4，专利权人对其真实性没有异议，而请求人当庭也提交了公证书予以佐证，因此，合议组对其真实性予以认可。经核实，证据4中食品标签备案登记表的签发日期为1998年6月8日，该登记表上分别加盖有哈尔滨康翔食品有限公司和哈尔滨市技术监督局标准化处公章。合议组认为：首先，食品标签备案登记制度是为了保障消费者和食品生产企业的双方利益，根据GB7718及其相关规定，对预售食品的标签向技术监督部门进行登记备案的一项制度，为了保障自己的合法权益，消费者应有权向相关部门查询所购买食品的包装袋上的标签与登记备案的标签是否相同。其次，专利权人在口头审理过程中确认，申请日前使用过与食品标签备案登记表第2页中的图案相同，并具有2006年8月23日提交的意见陈述书中所述颜色的包装袋。此外，哈尔滨康翔食品有限公司的整改方案和国家肉类食品质量监督检验中心出具的检验报告也进一步证明了专利权人在本专利的申请日前使用了具有上述图案的包装袋。在专利权人没有提供相反证据的情况下，可以确定上述图案在申请日前已经处于任何人想要得知便能得知的状态。由于二者都是包装袋，用途相同，属于相同种类的外观设计，因此可以作为在先设计来评价本专利是否符合专利法第23条的规定。

3. 相近似判断

基于授权公告的文本，本专利的"包装袋"为一平面产品，只有主视图，后视图无设计内容，故省略后视图，并要求保护色彩。从主视图可以看出，该包装袋为长方形，左上角有一背景色为草绿色的圆弧形图案，该图案的中间有繁体"烤肠"二字，"烤肠"的右侧有竖排的"康翔鲜味"字样，"康翔鲜味"的右上角为一底色为橙黄色的椭圆形标识，中间有一飞翔的鸟，鸟的左下方有字体较小的汉语拼音"KANGXIANG"，圆弧形图案的右下角有一底色为橙黄色的云彩状图案，中间有"台湾风味"字样，包装袋的右下角有倾斜的橙黄色汉语拼音"KAOCHANG"，该拼音的下面为橙黄色的直角三角形图案（祥见本专利附图）。

上述食品标签备案登记表第2页中的包装袋图案（下称在先设计）也是平面产品，从该图片可以看出，该包装袋为长方形，左上角有一圆弧形图案，该图案的中间有繁体"烤肠"二字，"烤肠"的右侧有竖排的"康翔鲜味"字样，"康翔鲜味"的右上角为一椭圆形标识，椭圆外部有边缘线，中间有一飞翔的鸟，鸟的左下方有字体较小的"康翔"字样，圆弧形图案的右下角有一云彩状图案，中间有"台湾风味"字样，包装袋的右下角有倾斜的汉语拼音"KAOCHANG"，该拼音的下面为直角三角形图案（详见在先设计的附图）。

从主视图中可以看出，本专利的主色调也是草绿色，并且本专利没有保护后视图，因此，专利权人在意见陈述书中所述的第1点和第8点区别不成立。在此情况下，将本专利与在先设计相比较，二者的包装袋均为长方形，左上角有一背景色为草绿色的圆弧形图案，该图案的中间有繁体"烤肠"二字，"烤肠"的右侧有竖排的"康翔鲜味"字样，"康翔鲜味"的右上角为一椭圆形标识，中间有一飞翔的鸟，圆弧形图案的右下角有一云彩状图案，中间有"台湾风味"字样，包装袋的右下角有倾斜的汉语拼音"KAOCHANG"，该拼音的下面为直角三角形图案，由此可见，上述两个包装袋图案的整体形状相似，构图要素及布局基本相同。二者的不同之处主要在于：（1）"烤肠"的字体不同，本专利的"烤肠"字体略丰满，在先设计的"烤肠"字体略细瘦；（2）椭圆形标识不同，本专利的椭圆形标识没有边缘线，鸟的左下方为字体较小的汉语拼音"KANGXIANG"，在先设计中的椭圆形标识有边缘线，鸟的左下方为字体较小的"康翔"字样，并且二者的椭圆弧度略有不同；（3）椭圆形标识、云彩状图案、"KAOCHANG"以及直角三角形图案的底色（即专利权人所述的辅助色调）不同，本专利中的底色为橙黄色，而根据专利权人于2006年8月23日提交的意见陈述书以及口头审理过程中的陈述，在先设计中的底色为大红色。

合议组认为，在本专利与在先设计的整体形状相同、构图要素及布局相同、二者色彩搭配相似且均具有醒目的视觉效果的情况下，上述字体、标识以及底色等的差异均是细微差别，对二者的整体视觉效果不构成显著影响，因此，本专利与在先设计属于相近似的外观设计，本专利相对于在先设计不符合专利法第23条的规定。

基于以上事实和理由，本案合议组作出如下审查决定。

三、决定

宣告200530020187.3号外观设计专利权无效。

当事人对本决定不服的，可以根据专利法第46条第2款的规定，自收到本决定之日起三个月内向北京市第一中级人民法院起诉。根据该款的规定，一方当事人起诉后，另一方当事人应当作为第三人参加诉讼。

本专利（主视图）　　　　　在先设计（主视图）

路灯（一）

无效宣告请求审查决定（第9488号）

决 定 号	第9488号
决 定 日	2007年2月6日
发明创造名称	路灯（一）
外面设计分类号	26-03
无效宣告请求人	福建省泉盛电力设施有限公司
专 利 权 人	浙江阳光集团股份有限公司
申 请 号	03309571.X
申 请 日	2003年5月6日
授权公告日	2003年11月5日
合议组组长	耿 博
主 审 员	杜微科
参 审 员	李 阳
附 图	2页
法律依据	专利法第9条

决定要点

当一外观设计与在先设计相比在多个具体部位上具有明显差别，并且所述差别使得二者整体视觉效果差异明显时，应当认定二者既不相同，也不相近似。

一、案由

本无效宣告请求涉及国家知识产权局于2003年11月5日授权公告的申请号为03309571.X、名称为"路灯（一）"的外观设计专利权（下称本专利），其申请日为2003年5月6日，专利权人为浙江阳光集团股份有限公司。

针对上述专利权，福建省泉盛电力设施有限公司（下称请求人）于2006年5月19日向专利复审委员会提出无效宣告请求，理由是本专利不符合专利法第9条、第23条的规定，请求人提交了以下附件作为证据：

附件1：授权公告号为CN3326789的中国外观设计公告，授权公告日为2003年10月1日。

请求人在无效宣告请求书中认为，附件1与本专利造型均为流线型，两者的左、右视图均为三角形的夸张化，俯视图和仰视图完全相同，因此本专利与附件1相近似，属于同样的创造，不符合专利法第9、23条的规定。

经形式审查合格,专利复审委员会受理了上述请求,于 2006 年 5 月 19 日向双方当事人发出了无效宣告请求受理通知书,并将无效宣告请求书及其附件副本转给专利权人(下称被请求人)。

合议组于 2006 年 6 月 16 日收到专利权人提交的意见陈述书,专利权人认为本专利与附件 1 相比既不相同更不近似,符合专利法第 9 条、第 23 条的规定。

合议组于 2006 年 10 月 8 日向双方当事人发出口头审理通知书,定于 2006 年 11 月 14 日举行口头审理,随口头审理通知书合议组将 2006 年 6 月 16 日收到的专利权人提交的意见陈述书转送给请求人。

口头审理如期举行,双方当事人对变更后的合议组成员无回避请求,对对方出庭人员的身份和资格没有异议,请求人明确其无效理由为本专利不符合专利法第 9 条的规定,放弃关于本专利不符合专利法第 23 条规定的无效理由;专利权人对附件 1 的真实性、合法性及关联性无异议。

在上述工作的基础上,合议组认为本案事实已清楚,可以依法作出审查决定。

二、决定的理由

1. 证据

请求人提交的附件 1 是授权公告号为 CN3326789 的中国外观设计专利公告,专利权人对其真实性、合法性和关联性均无异议,故合议组对该附件予以采信。附件 1 的申请日为为 2003 年 3 月 11 日,授权公告日为 2003 年 10 月 1 日,附件 1 相对于本专利是他人在先申请、在后公开的外观设计,可以将附件 1 作为在先外观设计与本专利进行比较。

2. 专利法第 9 条

专利法第 9 条规定:两个以上的申请人分别就同样的发明创造申请专利的,专利权授予最先申请的人。

审查指南第一部分第三章第 6.5.1 节规定:在判断是否属于专利法第 9 条所述的"同样的发明创造"时,同样的外观设计是指两项外观设计相同或相近似。

本专利涉及一种路灯,由灯罩和灯两部分组成。从主视图及后视图观察,灯罩整体为略微呈菱形的花瓣状,灯罩顶面为光滑的弧面,灯罩底面呈弯曲的弧线形,灯罩左右两端之间有 4 条呈放射状分布的装饰性凹槽,灯从灯罩下方略微向下伸出;从仰视图看,灯罩底面为船形,灯为椭圆形且位于灯罩中间右侧;从右视图看,灯罩底面向上略微翘起并与灯罩顶面相连(详见本专利附图)。

附件 1 所示的路灯与本专利属于相同的产品类别,也由灯罩及灯组成。从主视图看,灯罩整体略微呈半球状,灯罩顶部有一棱线,灯罩底面水平延伸;从仰视图看,灯罩底面为梭形,椭圆形灯位于灯罩中央(详见对比文件附图)。

将本专利与附件 1 比较,二者在灯罩的整体形状、灯罩底面、灯罩顶面、灯与灯罩间的位置关系等几个方面均存在较大区别,附件 1 中的路灯也不具有本专利中路灯灯罩上带有的装饰性凹槽,因此本专利与附件 1 相比具有较大差别,整体视觉效果差异明显,二者既不相同也不近似。

综上所述,本专利符合专利法第 9 条的规定。

基于以上事实和理由,本案合议组作出如下审查决定。

三、决定

维持 03309571.X 号外观设计专利权有效。

当事人对本决定不服的,可以根据专利法第 46 条第 2 款的规定,自收到本决定之日起三个月内向北京市第一中级人民法院起诉。根据该款的规定,一方当事人起诉后,另一方当事人应当作为第三人参加诉讼。

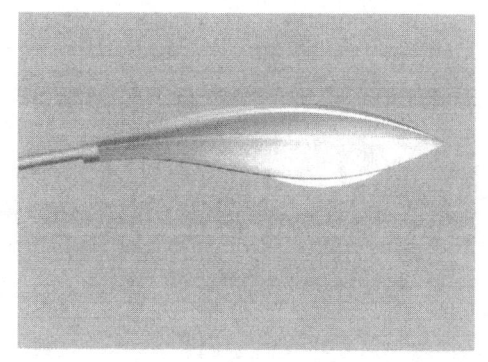
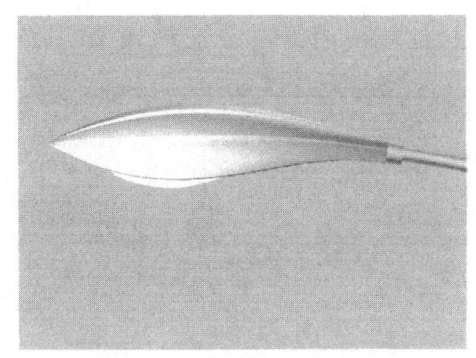

主视图　　　　　　　　　　　后视图

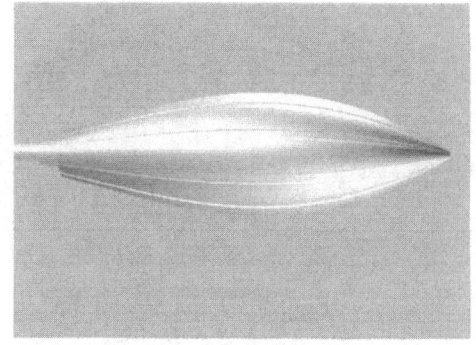
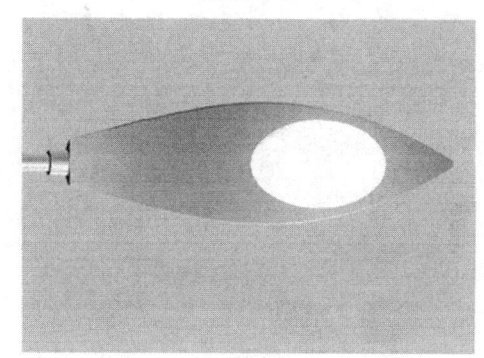

俯视图　　　　　　　　　　　仰视图

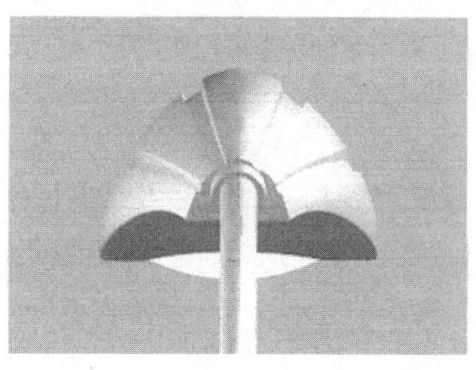
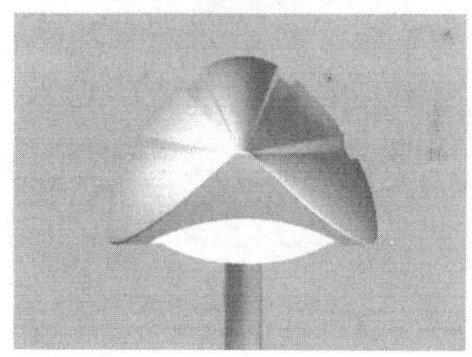

左视图　　　　　　　　　　　右视图

本专利附图

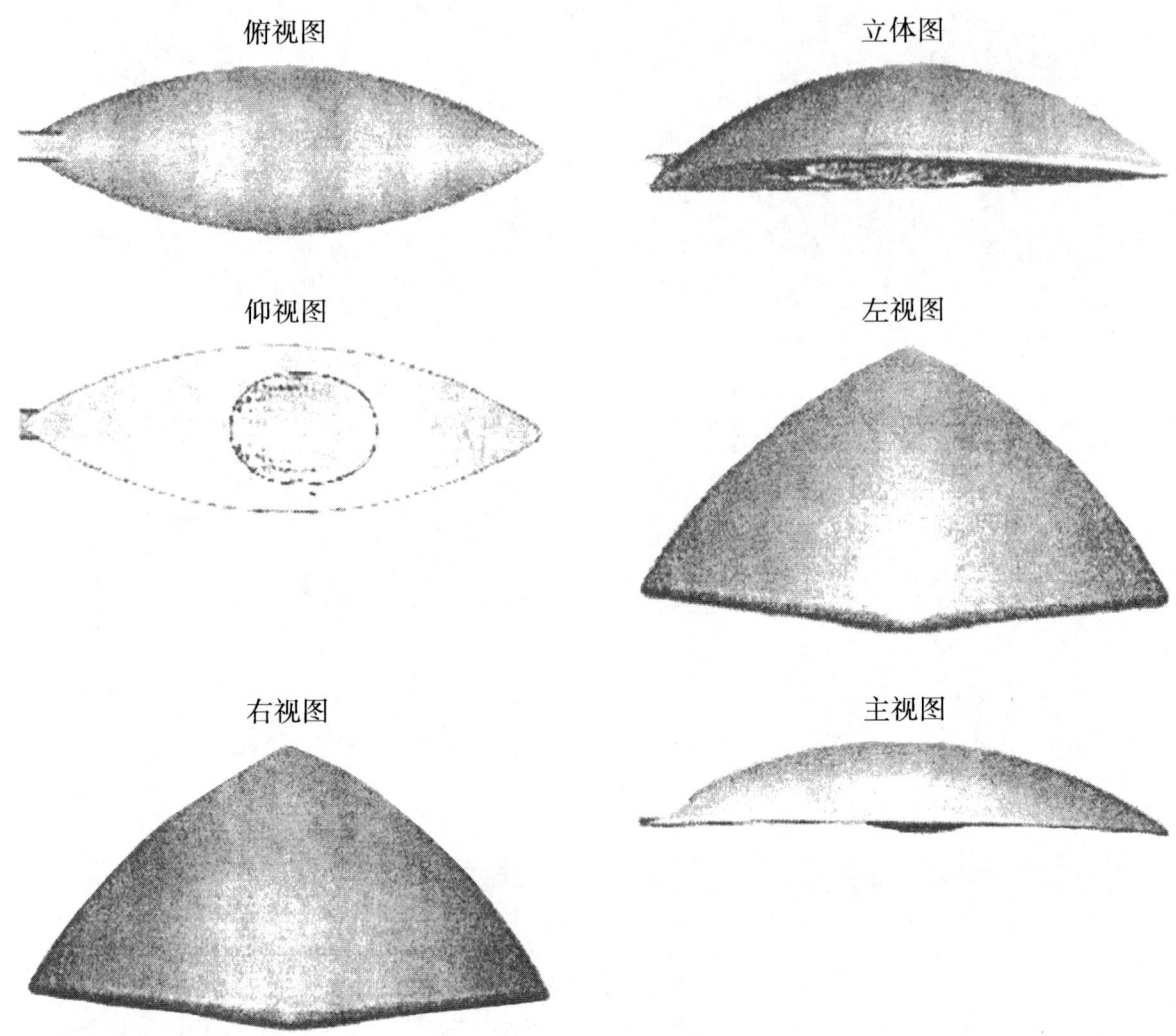

对比文件图

滤清器（11）

无效宣告请求审查决定（第9492号）

决　定　号	第9492号
决　定　日	2007年1月31日
发明创造名称	滤清器（11）
外观设计分类号	23-01
无效宣告请求人	张家港市长城滤清器有限公司
专　利　权　人	张家港市圣美机械有限公司
专　利　号	200430069997.3
申　请　日	2004年9月9日
授权公告日	2005年4月27日
合议组组长	张　沧
主　审　员	何　炜
参　审　员	吴通义
法　律　依　据	专利法第23条

决定要点

在无效宣告请求案件中，请求人对其主张的事实负有举证责任，若其提交的证据不足以支持其主张，应当承担不利的后果。

一、案由

本无效宣告请求案涉及国家知识产权局于2005年4月27日授权公告的、名称为"滤清器（11）"的200430069997.3号外观设计专利（下称本专利），其申请日为2004年9月9日，专利权人是张家港市圣美机械有限公司。

针对上述专利权，张家港市长城滤清器有限公司（下称请求人）于2005年12月28日向专利复审委员会提交了《专利权无效宣告请求书》，以本专利不符合专利法第23条为由请求宣告该专利权无效。为支持其主张，请求人提交了以下证据：

证据1：重庆市江津市公证处出具的（2005）渝津证字第1108号《公证书》，复印件共11页，包括照片21张和"现场工作记录"。

证据2："星火牌"滤清器产品样本，复印件共3页；

证据3：《苏州日报》2002年4月20日A1版，复印件共2页；

证据4：《苏州日报》2002年4月19日B4版，复印件共2页；

证据5：苏州图书馆读者借阅书刊索书单及查询人身份证，复印件共2页。

依据上述证据，请求人主张：（1）证据1可以证明与本专利的外观设计相同的产品在申请日之前已经在国内公开使用过，其中照片3~11展示了第一台滤清器的外观和标牌，其出厂时间为2003年9月；照片13、15~20展示了第二台滤清器的外观和标牌、说明标贴等，其出厂时间为2004年6月。两台滤清器均在本专利申请日前处于公知的使用状态，均与本专利的外观设计相同。（2）证据2~5可以证明与本专利的外观设计相近似的外观设计在申请日前已经在国内公开出版物上公开发表过。其中，证据2为企业的产品样本，其中公开了与本专利外观设计相近似的产品，证据3~5可以证明证据2的公开时间早于本专利申请日。因此，本专利的外观设计不符合专利法第23条的规定，本专利应予宣告无效。

经形式审查合格后，专利复审委员会受理了该无效宣告请求案，并于2005年12月29日向双方当事人发出《无效宣告请求受理通知书》，同时将《专利权无效宣告请求书》及上述附件的副本转送给专利权人，要求其在指定期限内答复，同时成立合议组对本无效宣告请求案进行审理。

2006年9月6日，专利复审委员会本案合议组分别向双方当事人发出《无效宣告请求口头审理通知书》，告知双方当事人专利复审委员会拟定于2006年10月17日对本无效宣告请求案进行口头审理。

2006年10月17日，口头审理如期进行，请求人和专利权人分别委托代理人参加了口头审理。庭审中，合议组听取了双方当事人的陈述并记录以下事实：（1）请求人当庭出示了证据1、2的原件，出示了证据5中查询单的原件，但没有出示证据3、4以及证据5中身份证的原件；（2）专利权人对证据1的真实性没有异议，对证据1公证时反映的内容没有异议，但是不认可证据1中照片所示产品为申请日前公开的产品，认为不能排除该产品为伪造的或经过改装的产品，其标牌也不能排除伪造的可能；（3）专利权人对证据2与其原件的一致性没有异议，但是不认可其真实性，认为不排除其伪造的可能，也不认可证据2在申请日前公开；（4）专利权人不认可证据3、4的真实性，不认可苏州电话升位的时间为2002年4月20日，对证据5中的查询单的真实性没有异议；（5）请求人认为证据1中的两台滤清器与本专利产品相同，证据2中的滤清器与本专利产品相近似。

经过上述程序，合议组认为本案事实已经调查清楚，可以依法作出审查决定。

二、决定的理由

1. 法律依据

基于请求人提出无效宣告请求所依据的事实和理由，合议组对本专利是否符合专利法第23条的规定进行审查。专利法第23条规定：授予专利权的外观设计，应当同申请日以前在国内外出版物上公开发表过或者国内公开使用过的外观设计不相同和不相近似，并不得与他人在先取得的合法权利相冲突。

2. 关于出版物公开

请求人主张与本专利相近似的产品已经在本专利申请日前公开的出版物中公开，所依据的证据为证据2~5。其中，请求人在口头审理中出示了证据2的原件、以及证据5中索书单的原件，未出示证据3、4的原件以及证据5中身份证的原件。

证据2为"星火牌"滤清器产品样本，该样本没有记载出版时间和印刷时间，在封底印有滤清器生产厂家和联系方式，其中电话号码均为7位数，区号0520。请求人主张由证据3~4报纸中有关苏州电话升至8位的公告和报道，可以证明区号0520的电话号码于2002年4月20日升为8位数，因此证据2在本专利申请日前公开。

合议组认为，由于证据3~4均为复印件，专利权人对其真实性不予认可，虽然请求人在口头审理中出示了证据5中索书单的原件,但是其并不能证明证据3~4的真实性。在证据3~4的真实性得不到确认的前提下,不能认定证据2所示的公开时间,即证据3~5无法证明证据2在本专利申请日之前公开。因此证据2不能用来评价本专利是否符合专利法第23条的规定。

综上,请求人关于与本专利相近似的外观设计在申请日前已被出版物公开的主张不成立。

3. 关于使用公开

请求人认为与本专利相同的产品在本专利申请日前已经公开使用,所依据的证据为证据1,即重庆市江津市公证处出具的(2005)渝津证字第1108号《公证书》。《公证书》的内容为:证明公证书中所附《现场工作记录》的复印件与原件相符,所附照片与公证员于2005年12月16日在重庆淮柴发动机厂看到的两台"星火牌"滤清器相符。

证据1是重庆市江津市公证处出具的关于现场取证的公证书,请求人在口头审理中出示了证据1的原件,专利权人认可其真实性,合议组对证据1的真实性予以认可。根据公证书的内容,可以认定的事实是公证员及相关人员于2005年12月16日对重庆市潍柴发动机厂使用的两台"星火牌"滤清器进行拍照并作了现场工作记录,两台"星火牌"滤清器的外观如证据1中照片所示,对于公证书中所示的两台"星火牌"滤清器,请求人根据其标牌上的"出厂日期",主张其于本专利申请日前已公开。专利权人对此持异议,认为公证只能证明当时现场的情况,无法公证产品是否仿冒,标牌是否改造过。

合议组认为:虽然照片10、11所示产品标牌"出厂年月"部分标有"03 9"的字样,照片13、20所示产品标牌"出厂年月"部分标有"04 6"的字样,但是由于化工设备类产品的标牌拆装改造容易,随意性比较大,且上述字迹模糊不清,合议组无法据此直接认定两台"滤清器"产品的具体使用公开的日期,并且由于请求人没有其他证据如销售发票、购销合同等,来证明所述"滤清器"产品在本专利申请日前已公开。因此合议组认为,仅仅根据证据1的公证书及照片,尚不足以证明上述两台"星火牌"滤清器在本专利申请日之前已公开销售或使用。

因此,合议组对请求人依据证据1认为与本专利相同或相近似的外观设计在申请日前已经公开销售或使用的主张不予支持。

4. 结论

综上所述,请求人未能提交有效证据来证明本专利与申请日之前在国内外出版物上公开发表的或在国内公开使用的外观设计相同或相近似。因此,请求人的主张未能得到证据支持,即请求人以本专利不符合专利法第23条的规定的无效请求理由不成立。

根据上述事实和理由,本案合议组作出如下决定。

三、决定

维持200430069997.3号外观设计专利权有效。

当事人对本决定不服的,可以根据专利法第46条第2款的规定,自收到本决定之日起三个月内向北京市第一中级人民法院起诉。根据该款的规定,一方当事人起诉后,另一方当事人应当作为第三人参加诉讼。

滤清器（12）

无效宣告请求审查决定（第9493号）

决 定 号	第9493号
决 定 日	2007年1月31日
发明创造名称	滤清器（12）
外观设计分类号	23-01
无效宣告请求人	张家港市长城滤清器有限公司
专 利 权 人	张家港市圣美机械有限公司
专 利 号	200430069998.8
申 请 日	2004年9月9日
授权公告日	2005年4月27日
合议组组长	张 沧
主 审 员	何 炜
参 审 员	吴通义
法 律 依 据	专利法第23条

决 定 要 点

在无效宣告请求案件中，请求人对其主张的事实负有举证责任，若其提交的证据不足以支持其主张，应当承担不利的后果。

一、案由

本无效宣告请求案涉及国家知识产权局于2005年4月27日授权公告的、名称为"滤清器（12）"的200430069998.8号外观设计专利（下称本专利），其申请日为2004年9月9日，专利权人是张家港市圣美机械有限公司。

针对上述专利权，张家港市长城滤清器有限公司（下称请求人）于2005年12月28日向专利复审委员会提交了《专利权无效宣告请求书》，以本专利不符合专利法第23条为由请求宣告该专利权无效。为支持其主张，请求人提交了以下证据：

证据1：一组滤清器照片，共9张，5页；
证据2："星火牌"滤清器产品样本，复印件共3页；
证据3：《苏州日报》2002年4月20日A1版，复印件共2页；
证据4：《苏州日报》2002年4月19日B4版，复印件共2页；
证据5：苏州图书馆读者借阅书刊索书单及查询人身份证，复印件共2页。

依据上述证据,请求人主张:(1)证据1显示了与本专利外观设计相近似的产品,其标牌显示出厂时间为2002年3月,因此在申请日之前已经处于公知的使用状态;(2)证据2~5可以证明与本专利的外观设计相近似的外观设计在申请日前已经在国内公开出版物上公开发表过。其中,证据2为企业的产品样本,公开了与本专利外观设计相近似的产品,证据3~5可以证明证据2的公开时间早于本专利申请日。因此,本专利的外观设计不符合专利法第23条的规定,本专利应予宣告无效。

经形式审查合格后,专利复审委员会受理了该无效宣告请求案,并于2005年12月29日向双方当事人发出《无效宣告请求受理通知书》,同时将《专利权无效宣告请求书》及上述证据的副本转送给专利权人,要求其在指定期限内答复,同时成立合议组对本无效宣告请求案进行审理。

2006年9月6日,专利复审委员会本案合议组分别向双方当事人发出《无效宣告请求口头审理通知书》,告知双方当事人专利复审委员会拟定于2006年10月17日对本无效宣告请求案进行口头审理。

2006年10月17日,口头审理如期进行,请求人和专利权人分别委托代理人参加了口头审理。庭审中,合议组对请求人提出的无效理由和双方提交的证据进行了充分调查,并听取了各方当事人的陈述:(1)请求人当庭出示了证据1所示产品的实物和证据2的原件,出示了证据5中查询单的原件,但没有出示证据3、4以及证据5中身份证的原件;(2)专利权人对证据1的真实性没有异议,但对证据1反映产品的真实性有异议,对其来源有异议,认为不能排除该产品为伪造的或经过改装的产品,其标牌也不能排除伪造的可能;(3)专利权人对证据2与其原件的一致性没有异议,但是不认可其真实性,认为不排除其伪造的可能,也不认可证据2在申请日前已经公开;(4)专利权人不认可证据3~4的真实性,不认可苏州电话升位的时间为2002年4月20日,对证据5中的查询单的真实性没有异议;(5)请求人认为证据1中的滤清器和证据2中的滤清器都与本专利产品相近似。

经过上述程序,合议组认为本案事实已经调查清楚,可以依法作出审查决定。

二、决定的理由

1. 法律依据

基于请求人提出无效宣告请求所依据的事实和理由,合议组对本专利是否符合专利法第23条的规定进行审查。专利法第23条规定:授予专利权的外观设计,应当同申请日以前在国内外出版物上公开发表过或者国内公开使用过的外观设计不相同和不相近似,并不得与他人在先取得的合法权利相冲突。

2. 关于出版物公开

请求人主张与本专利相近似的产品已经在本专利申请日前公开的出版物中公开,所依据的证据为证据2~5。其中,请求人在口头审理中出示了证据2的原件、以及证据5中索书单的原件,未出示证据3、4的原件以及证据5中身份证的原件。

证据2为"星火牌"滤清器产品样本,该样本没有记载出版时间和印刷时间,在封底印有滤清器生产厂家和联系方式,其中电话号码均为7位数,区号0520。请求人主张由证据3~4报纸中有关苏州电话升至8位的公告和报道,可以证明区号0520的电话号码于2002年4月20日升为8位数,因此证据2在本专利申请日前公开。

合议组认为,由于证据3~4均为复印件,专利权人对其真实性不予认可,虽然请求人在口头审理中出示了证据5中索书单的原件,但是其并不能证明证据3~4的真实性。在证据3~4的真实性得不到确认的前提下,不能认定证据2所示的公开时间,即证据3~5无法证明证据2在本专利申请日之前公开。因此证据2不能用来评价本专利是否符合专利法第23条的规定。

综上,请求人关于与本专利相近似的外观设计在申请日前已被出版物公开的主张不成立。

3. 关于使用公开

请求人认为与本专利相同的产品在本专利申请日前已经公开使用，所依据的证据为证据1，请求人在口头审理中出示了证据1反映的滤清器实物。由于证据1本身为原件，专利权人对其真实性无异议，合议组对证据1的真实性予以认可。专利权人对证据1所示产品是否仿冒，标牌是否改造过，产品是否经过改装及其是否在本专利申请日前公开有异议。

合议组认为：证据1所示产品的使用公开时间是对本案具有重要影响的事实。虽然照片9所示、及口审中出示的实物的标牌"出厂年月"部分标有"02 3"的字样，但是由于化工设备类产品的标牌拆装改造容易，随意性比较大，且上述字迹模糊不清，合议组无法据此直接认定该实物具体使用公开的日期，并且请求人也没有提供如该实物的销售发票、购销合同等其他证据来证明证据1中的"滤清器"产品在本专利申请日前已公开使用过。因此仅凭证据1的照片和实物，尚不足以证明上述"星火牌"滤清器在本专利申请日之前已公开销售或使用。

因此，合议组对请求人依据证据1认为与本专利相同或相近似的外观设计在申请日前已经公开销售或使用的主张不予支持。

4. 结论

综上所述，请求人未能提交有效证据来证明本专利与申请日之前在国内外出版物上公开发表的或在国内公开使用的外观设计相同或相近似。因此，请求人的主张未能得到证据支持，即请求人以本专利不符合专利法第23条的规定的无效请求理由不成立。

根据上述事实和理由，本案合议组作出如下决定。

三、决定

维持200430069998.8号外观设计专利权有效。

当事人对本决定不服的，可以根据专利法第46条第2款的规定，自收到本决定之日起三个月内向北京市第一中级人民法院起诉。根据该款的规定，一方当事人起诉后，另一方当事人应当作为第三人参加诉讼。

瓶贴（清茶低糖-PET500）

无效宣告请求审查决定（第9496号）

决 定 号	第9496号
决 定 日	2007年2月12日
发明创造名称	瓶贴（清茶低糖-PET500）
外观设计分类号	19-08
无效宣告请求人	统一企业（中国）投资有限公司
专 利 权 人	顶益（开曼岛）控股有限公司
专 利 号	200530005469.6
申 请 日	2005年3月11日
授权公告日	2005年10月26日
合议组组长	吴赤兵
主 审 员	王霞军
参 审 员	张雪飞
附 图	1页

法 律 依 据 专利法第23条

决 定 要 点

本专利与申请日前在国内外出版物上公开发表的产品外观设计比较不相同也不相近，且请求人的其他理由也缺少证据的支持，因此本专利应予维持。

一、案由

本无效宣告请求案涉及的是国家知识产权局于2005年10月26日授权公告的，名称为"瓶贴（清茶低糖-PET500）"的外观设计专利（下称本专利），其申请号是200530005469.6，申请日是2005年3月11日，专利权人是顶益（开曼岛）控股有限公司。

针对本专利，统一企业（中国）投资有限公司（下称请求人）于2006年7月3日向专利复审委员会提出无效宣告请求，其理由是：本专利与2004年7月出版的《Beverage Guide 2004》杂志中第147页上公开的瓶贴图案相近似；本专利与"三得利清茶"产品的瓶贴图案相近似，"三得利清茶"产品在本专利申请日前已在国内多家电视台播放广告；同时本专利与03305552.1号外观设计专利相近似，本专利的授予不符合《专利法》第23条的规定。与此同时，请求人提交了如下附件作为证据：

附件1：2004年7月在日本出版的《Beverage Guide 2004》杂志封面、第147广告页复印件3页；

附件2："三得利清茶"产品包装瓶图片1页；
附件3：尼尔森媒介研究报告复印件34页；
附件4：03305552.1号外观设计专利著录项目和图片复印件2页；
附件5：本专利公报复印件。

经形式审查合格，专利复审委员会受理了此案，并将无效请求书副本及相关材料转送给专利权人。

2006年7月28日请求人补充提交2页日文产品说明书，产品说明书上图片所示包装瓶的图案与附件1第147广告页上公开的产品图片基本相同。

2006年8月17日专利复审委员会收到专利权人的意见陈述书，专利权人认为，没有证据证明本专利与附件1瓶贴的形状相同，虽然两产品取自相同题材，但图案的表现方式，花样大小形态均不同；附件2产品是请求人声称本专利申请日前制造的，但该产品与本专利申请日之前已公开的事实无关联性；请求人未提供附件3播放广告的内容，无证据证明附件2产品是否为附件3播放的广告内容；本专利与附件4产品构图方法、表现方式均不相同也不相近似，请求维持本专利有效。专利权人同时提交了02301666.3、02301667.1、02301668.X号外观设计专利公报，以说明作为瓶贴一类的产品在中间部位具有一纵长条的设计是此类产品的惯常设计，并提交了本专利和附件4所示瓶贴的彩色图样。

专利复审委员会于2006年10月17日向双方当事人发出口头审理通知书，定于2006年12月5日进行口头审理。同时，将请求人补充提交的证据和专利权人的意见陈述及附件分别转送给对方当事人。

口头审理如期举行，双方当事人均派代表参加，请求人对专利权人的代理人出庭资格有异议，认为专利权人的代理人曾经代理过请求人的其他专利案件，合议组当庭告知请求人，专利权人的代理人是否代理过请求人的其他案件，与本次无效宣告请求案件无关，当庭驳回请求人代理人的异议请求。请求人当庭提交了附件1《Beverage Guide 2004》杂志原件及针对该杂志进行的公证、认证文件及中文译文，并认为补充提交的日文图片所示与附件1照片所示为同一产品；提交了附件3的证据原件。专利权人对请求人提交的附件1杂志的真实性没有异议，对附件2、附件3证据的真实性有异议，认为附件2的证据不能证明在本专利申请日前已经公开销售，附件3不能证明在本专利申请日前有此类广告刊登的事实，这个证据不能形成完整证据链，也没有证据证明附件2和附件3有关联性。当庭双方当事人将本专利与附件1、附件2、附件4所示瓶贴分别进行相近似比较，双方当事人仍坚持原有主张。

合议组认为本案事实清楚，可以依法作出审查决定。

二、决定的理由

1. 法律依据

基于请求人提出的无效宣告请求的理由，合议组依据专利法第23条的规定对本案进行审理。

专利法第23条规定：授予专利权的外观设计，应当同申请日以前在国内外出版物上公开发表过或者国内公开使用过的外观设计不相同和不相近似，并不得与他人在先取得的合法权利相冲突。

请求人在口头审理当庭对专利权人的代理人出庭资格有异议，理由是该代理人曾经为请求人代理过专利案件。合议组认为请求人以此作为异议请求没有法律依据，该代理人代理请求人其他专利案件，与本无效宣告请求案件没有利害关系。

2. 证据认定

请求人提交的附件1是《Beverage Guide 2004》杂志复印件3页，口头审理当庭请求人提交了杂志的原件，该杂志来源于日本，同时提交了针对该杂志进行的公证、认证文件及翻译件，专利权人表示对杂志的真实性没有异议。该杂志为2004年饮料指南，根据审查指南相关规定，可以确认杂志是在2004年12月31日公开的，公开日早于本专利的申请日，属于专利法第23条规定的出版物。请求人指认在该杂志的第147页中译文为"茉莉花茶"的瓶贴图案（下称对比文件1）与本专利相近似。对比文件1与本专利用途相同属于同类产品，在外观设计相近似判断中具有可比性，可以作为在先设计适用于本案。

请求人提交的附件2是两张"三得利清茶"饮料瓶照片，其中1张照片可见瓶盖上印有"040302"的数字，请求人欲通过该数字证明该瓶饮料是在2004年3月2日公开销售的。合议组认为，仅凭请求人提交的两张照片，无法确定此饮料的公开销售时间，在产品上印制数字其随意性较大，专利权人对其真实性有异议，在请求人未能提交其他佐证的情况下，仅凭附件2不能证明该产品在国内公开销售的事实。

请求人提交的附件3是尼尔森媒介研究报告34页，口头审理当庭请求人提交该报告的原件，专利权人对其真实性有异议。该研究报告内容是"三得利清茶"广告在东方电视台、上海电视台播放的时间明细表，报告只提供了"三得利清茶"广告播放的时间表，没有播出广告的具体内容。请求人称广告内容与附件2一致，但没有提交相关证据支持自己的主张，因此仅凭附件3不能证明在本专利申请日前已有与本专利相近似的外观设计产品在电视台播放。

请求人提交的附件4是国家知识产权局于2003年12月24日授权公告的、申请号为03305552.1、名称为"瓶贴（绿茶）"的外观设计专利著录项目和图片复印件，经合议组核实，其真实性可以确认。该专利公报的公开日期早于本专利的申请日2005年3月11日，属于专利法第23条规定的出版物，该外观设计专利（下称对比文件2）与本专利用途相同属于同类产品，在外观设计相近似判断中具有可比性，可以作为在先设计适用于本案。

3. 相近似比较

本专利授权公报公开了产品的主视图和使用状态参考图，并请求保护色彩。本专利瓶贴为长方形，瓶贴的底色上、下两端为绿色，中间逐渐变黄，瓶贴的背景图案由黄色的花朵、花叶、花茎组成共四组。瓶贴的中部和左侧有两组相同的图案，上端写有"康师傅"三个字，字的下方是由绿色构成的长方形色块，色块上写有黄、白色彩构成的"茉莉清茶"四个大字，字下方绘有一朵盛开的茉莉花及花蕾，中心图案右侧依次排列红色印章和竖排文字，长方形图案左侧也有竖排文字，瓶贴的右侧为若干行说明性文字（详见本专利附图）。

对比文件1是1张产品使用状态图，图中显示瓶贴上下两端各一条蓝色色带，瓶贴中部上方为一朵盛开的茉莉花，花的下方是由蓝色色块构成的长方形，色块上为日文的产品名称，色块下方标有"CLEAR"英文字母，字母旁有红色印章和两行竖排文字，其他另有细小文字排列（详见对比文件1附图）。

对比文件2公开了产品主视图，并请求保护色彩。对比文件2瓶贴为长方形，瓶贴的底色主要为绿色，中间为淡黄色波纹，瓶贴的背景图案由飘散的叶片构成。瓶贴的左、右两侧各有一组相同的图案，上方为"统一"两个红字，中间为"绿茶"两个黑色大字，字下方图案由一青花茶盘、茶碗和茶叶构成，图案两侧有若干竖排文字说明（详见对比文件2附图）。

将本专利与对比文件1比较，本专利为瓶贴，而对比文件1显示的是瓶子使用状态图，仅仅显示出瓶贴部分图案。二者图案中虽然都有长方形色块和茉莉花，但二者整体图案布局和色彩有很大差异，在视觉效果上具有显著的影响，使一般消费者不容易误认、混同，因此二者应属于不相同也不相近似的外观设计。

将本专利与对比文件 2 比较，二者相同点是瓶贴均为长方形，图案中均有两组相同图案，二者的主要不点是，背景图案、色彩不同，本专利背景图案是由四组花瓣、花叶、花茎组成，色彩由绿、黄两色组成，主要以黄色为主，而对比文件 2 背景图案为飘散的花叶，色彩主要以绿色为主；本专利与对比文件 2 整体图案设计采用了不同色彩、不同的构图方式，本专利的主要图案由不同色彩构成的文字、花朵和色块组成，而对比文件 2 主要是以黑色文字、青花茶盘茶碗和茶叶组成，二者的图案设计差别较大，在视觉效果上具有显著的影响，使一般消费者不容易误认、混同，因此二者应属于不相同也不相近似的外观设计。

综上所述，请求人没有提交充分的、有证明力的证据支持其无效宣告请求的理由，因此其提出无效宣告请求的理由不成立。

三、决定

维持 200530005469.6 号外观设计专利权有效。

当事人对本决定不服的，可以根据专利法第 46 条第 2 款的规定，自收到本决定之日起三个月内向北京市第一中级人民法院起诉。根据该款的规定，一方当事人起诉后，另一方当事人应当作为第三人参加诉讼。

主视图　　　　　　　　使用状态参考图

本专利附图

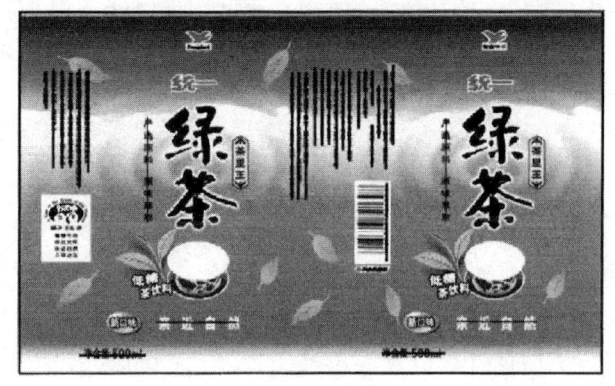

对比文件附图1　　　　　　　　对比文件附图2

药品盒

无效宣告请求审查决定（第 9498 号）

决 定 号	第 9498 号
决 定 日	2007 年 2 月 14 日
发明创造名称	药品盒
外观设计分类号	09-03
无效宣告请求人	山东健康药业有限公司
专 利 权 人	莱阳市江波制药有限责任公司
专 利 号	200530090611.1
申 请 日	2005 年 3 月 3 日
授权公告日	2005 年 11 月 30 日
合议组组长	张跃平
主 审 员	徐清平
参 审 员	张雪飞
法 律 依 据	专利法第 23 条，专利法实施细则第 66 条

决 定 要 点

请求人提交的证据中部分证据的真实性不能确定，其他证据因缺乏关联性而不能形成完整的证据链，由此不足以证明相关产品包装盒已在先使用，也不足以证明被有关机关责令停止使用的产品包装装潢即为本专利包装盒外观设计，由此不能证明本专利是否与他人在先权利构成权利冲突。因此，请求人据此证明本专利不符合专利法第 23 条规定的主张不能成立。

一、案由

本无效宣告请求涉及的是国家知识产权局于 2005 年 11 月 30 日授权公告的 200530090611.1 号外观设计专利，使用该外观设计的产品名称为"药品盒"，申请日是 2005 年 3 月 3 日，专利权人是莱阳市江波制药有限责任公司。

针对上述专利权（下称本专利），山东健康药业有限公司（下称请求人）于 2006 年 7 月 26 日向专利复审委员会提出无效宣告请求，其依据的事实和理由是：本专利与请求人早在 1992 年投放市场大量销售的药品盒、药品箱外观设计相近似；请求人的该包装实样已在相关主管部门进行了备案，享有在先的合法权利。因此，本专利不仅与请求人早在国内公开使用的外观设计相近似，也与请求人在先取得的合法权利相冲突，其不符合专利法第 22 条、第 23 条的规定，应被宣告无效。请求人同时提交了如下附件作为证据：

附件1：本专利的专利证书复印件1页；
附件2：济南东风制药厂关于盐酸环丙沙星片的宣传材料复印件1页；
附件3：济南扬帆印务有限公司出具的证明复印件1页；
附件4：章丘市仁和印务有限公司出具的证明复印件1页；
附件5：请求人与济南扬帆印务有限公司、章丘市仁和印务有限公司业务往来、开票时间分别在2005年、2006年的发票复印件4张；
附件6：济南东风制药厂生产的"扬帆牌"盐酸环丙沙星片所获荣誉证书复印件1页；
附件7：分别为"济南名牌产品"、"济南名牌"的标牌照片2张；
附件8：济南东风制药厂有限公司的包装盒照片1张；
附件9：请求人的盐酸环丙沙星片包装盒照片2张；
附件10：专利权人的盐酸环丙沙星片包装盒照片1张；
附件11：专利权人于2005年3月5日生产的盐酸环丙沙星片包装盒照片2张；
附件12：专利权人于2005年11月8日生产的盐酸环丙沙星片包装盒实物1个；
附件13：淄博大有医药有限公司出货单复印件1张；
附件14：请求人关于对仿冒盐酸环丙沙星片包装、装潢不正当竞争的投诉书复件件3页；
附件15：烟台市工商行政管理局"烟工商公责改字（2005）第67号"责令改正通知书复印件1页；
附件16：请求人的情况说明并附有济南市食品药品监督管理局的相关证明复印件1页。

经形式审查合格，专利复审委员会受理了该无效宣告请求，并于2006年9月11日将无效宣告请求书及其附件的副本转送给专利权人，要求其在指定期限内陈述意见。

2006年10月15日专利权人提交了意见陈述书，专利权人认为：请求人提交的附件2所示宣传材料为单方证据，其来源、印刷时间、印刷厂家均缺乏有效证明，且模糊不清，不足以采信；附件3、附件4所示证明单位均与请求人有利害关系，且其证言内容无相关物证予以佐证，缺乏可信性；附件5所示四张发票的开票时间均在本专利申请日之后，该证据对其自身起不到任何证明作用，相反能反证附件3、附件4所示证言的虚假性；附件8、附件9均系孤证，缺乏相关证据证实其真实性；对于附件15所示责令改正通知书，在专利权人当即提出异议情况下，烟台市工商行政管理局于2005年9月29日给专利权人书面答复，否定了其效力，请求人依据早已无效的责令改正通知书进行无效宣告请求，不符合专利法相关规定；附件16所示国家药品监督管理部门的证明在形式上极不严肃且不符合常规，其内容亦无相应物证予以证实，不能被采信。因此，请求人的无效宣告请求应予驳回。专利权人同时提交了如下附件作为反证：

附件A：烟台市工商行政管理局"关于莱阳市江波制药有限责任公司异议书的答复"复印件1页；
附件B：题为"盐酸环丙沙星包装小盒的主体设计理念"说明1页。

专利复审委员会于2006年10月27日向双方当事人发出了口头审理通知书，定于2006年11月28日对本案进行口头审理。同时将上述专利权人的意见陈述及其附件转送给请求人。

2006年11月15日请求人补充提交了如下证据：（编号续前）
附件17：请求人的盐酸环丙沙星片包装盒照片1张；
附件18：专利权人的盐酸环丙沙星片包装盒照片1张；
附件19：请求人与章丘市仁和印务有限公司、济南扬帆印务有限公司业务往来、开票时间在2003年的发票复印件3张；

附件 20：济南市食品药品监督管理局"济食药监函〔2006〕195 号"文件 1 份；

附件 21：山东省药品监督管理局"鲁药监注字〔2003〕220 号"文件复印件 1 份，其上盖有济南市食品药品监督管理局骑缝章；

附件 22：请求人于 2003 年 12 月向济南市药品监督管理局提出的"药品包装备案申请"相关材料复印件 1 份，其上盖有济南市食品药品监督管理局骑缝章；

附件 23：山东省药品监督管理局"鲁药监注字〔2002〕143 号"文件复印件 1 份；

附件 24：山东省药品监督管理局"鲁药监注字〔2003〕4 号"文件复印件 1 份。

口头审理如期举行，双方当事人委托的代理人参加了审理，双方对对方参加口头审理人员的身份没有异议，对合议组成员没有回避请求。合议组当庭告知请求人其提交的附件 17~24 已超过规定的举证期限，合议组不予考虑。请求人当庭出示了附件 1~4、附件 6、附件 13~16 的原件，未能出示附件 5、附件 7 的原件，所提交的有关包装盒实物与附件 8 至附件 11 照片所示包装盒不一致；请求人认为其提交的证据可分别或者相结合证明有关在先公开使用和权利冲突的事实；对于专利权人提交的反证 A，请求人称其和省工商局都未收到所示"答复"，且该"答复"并没有明确撤销有关"责令改正通知书"，故附件 15 所示责令改正通知书并未失效，可证明有关权利冲突的事实，同时可证明在先使用的事实；请求人还主张其生产的有关产品包装盒的样式、图案、色彩是没有变化的，在市场上流通的仅有一种包装。专利权人当庭出示了附件 A 的原件，认为该证据即否定、并可由此视为撤销了附件 15 所示责令改正通知书，且附件 15 无相关文字、图案信息可证明与本专利外观设计相关联，未形成完整的证明体系，不能证明有关使用在先和权利冲突的事实；请求人提交的其他公开使用的证据均是无效证据，不能形成完整的证据链证明在先公开使用的事实。双方在坚持其原有书面意见观点的基础上详细阐述了各自的具体主张及理由，充分进行了意见陈述。

2007 年 1 月 13 日请求人补充提交了如下证据：（编号续前）

附件 25：山东省济南市长清区公证处"〔2006〕济长清证民字第 302 号"公证书复印件 1 份；

附件 26：山东省济南市长清区公证处"〔2006〕济长清证民字第 303 号"公证书复印件 1 份。

2007 年 1 月 25 日专利复审委员会收到了署名为请求人的代理人的书面代理意见，但无请求人或其代理人签字或盖章。

通过上述审理，在双方当事人充分意见陈述的基础上，合议组经合议，认为本案事实清楚，依法作出本审查决定。

二、决定的理由

1. 无效宣告请求理由和相关法律规定

请求人提出无效宣告请求的理由是本专利不符合专利法第 22 条、第 23 条的规定，合议组认为，专利法第 22 条是关于发明和实用新型授权条件的规定，其明显不能作为本案外观设计专利的无效宣告请求理由的法律依据；因此，基于请求人提出无效宣告请求所依据的事实和理由，合议组对本专利是否符合专利法第 23 条的规定进行审查。

专利法第 23 条规定：授予专利权的外观设计，应当同申请日以前在国内外出版物上公开发表过或者国内公开使用过的外观设计不相同和不相近似，并不得与他人在先取得的合法权利相冲突。

2. 不予考虑的证据和意见陈述

请求人分别于 2006 年 11 月 15 日、2007 年 1 月 13 日补充提交了证据附件 17~26，合议组认为，请求人提交的上述证据是在自提出无效宣告请求之日起一个月后补充的证据，其已超过举证期限，根据专利法实施细则第 66 条和审查指南相关规定，合议组对上述证据不予考虑。

专利复审委员会于 2007 年 1 月 25 日收到署名为请求人代理人的书面代理意见，但无请求人或其代理人签字或盖章，其不具法律效力，专利复审委员会不予考虑。

3. 证据和事实认定

请求人提交的附件1是本专利的专利证书复印件，其内容属实，可证明本专利外观设计相关信息，但不能直接支持其无效宣告请求主张。

请求人提交的附件2是济南东风制药厂关于盐酸环丙沙星片的宣传材料复印件；附件3、附件4分别是济南扬帆印务有限公司、章丘市仁和印务有限公司出具的证明复印件，其内容是证明其分别从1992年、1996年开始印制请求人所生产的盐酸环丙沙星片小盒和中盒包装，十多年来该包装盒除个别文字有小变动外，盒的尺寸、样式、装潢等没有改变；附件5是请求人与济南扬帆印务有限公司、章丘市仁和印务有限公司业务往来的发票复印件，其开票时间分别为2005年10月9日、2005年10月11日、2005年11月7日、2006年1月8日；附件6是济南东风制药厂生产的"扬帆牌"盐酸环丙沙星片所获荣誉证书复印件；附件7分别为"济南名牌产品"、"济南名牌"的标牌照片；附件8至附件11分别是济南东风制药厂有限公司、请求人和专利权人的盐酸环丙沙星片包装盒照片；附件12是专利权人的盐酸环丙沙星片包装盒实物；附件13是淄博大有医药有限公司出货单复印件，其打印时间为2005年5月12日；附件14是请求人关于对仿冒盐酸环丙沙星片包装、装潢不正当竞争的投诉书复印件；附件15是烟台市工商行政管理局"烟工商公责改字〔2005〕第67号"责令改正通知书复印件，其内容是：经查专利权人于2005年3月至2005年5月26日期间生产的"江波"牌盐酸环丙沙星片所使用的外包装装潢与请求人使用在先的"扬帆"牌盐酸环丙沙星片外包装装潢近似，责令专利权人停止使用该包装装潢，并消除现存的该包装装潢；附件16是请求人关于其包装盒的情况说明，并附有济南市食品药品监督管理局的相关证明，其内容是证明请求人于2002年3月18日换发批准文号资料及包装设计样稿报该局转报，并于2003年12月25日将该产品包装实样报该局备案。对于上述证据，请求人当庭出示了附件1～4、附件6、附件13～16的原件，未能提供附件5、附件7的原件，所提交的有关包装盒实物与附件8～11照片所示包装盒不一致。

合议组认为：

上述附件5、附件7分别为发票复印件和标牌实物照片，在未提供其原件或原物情况下，无法核实该复印件或照片内容与原件、原物是否相符，并不能确定该证据的真实性，故合议组对所述证据不予采信。

附件2所示宣传材料作为企业散页印刷品，在无相关联证据佐证情况下不足以认定其真实性和公开散发的事实，且其本身未显示有关产品包装的公开时间，虽涉及"（92）10198-27"批准生产文号和"（93）07-049"鲁卫药宣字，但批准生产文号、药卫宣字与药品的包装并无唯一对应关系，故该宣传材料所示相关产品包装的公开时间亦不能确定。附件3、附件4所示证明无证明内容所涉及的相关印制业务的有效原始证据作印证，其内容尚不足以采信，且仅凭证明中的文字说明、产品名称亦不能确定其所证明的包装盒外观设计之具体内容，由此不能认定证明内容涉及的包装盒与其他证据所示（或所述）包装盒是否一致，即不具关联性。对于附件6所示获荣誉证书，仅凭所记载的生产单位、产品名称和品牌尚不能确定所述产品包装外观设计的具体内容，由此不能认定该证书所涉及的药品包装盒与其他证据所示（或所述）包装盒是否一致，即不具关联性。对于附件8～11所示包装盒照片，请求人未提供与照片所示包装盒相一致的包装盒实物，无法核实照片内容与原实物是否相符，由此不能确定该证据的真实性；同时，对于附件8～12所示包装盒，由于与其他证据之间不具关联性，在此情况下仅凭包装盒本身显示的生产日期，而无相关生产、销售的原始证据印证情况下，尚不足以认定所示包装盒的生产时间和公开时间。对于附件13所示出货单，同前述，仅凭药品名称、生产单位尚不能确定所述产品包装外观设计的具体内容，由此不能认定所涉及的药品包装盒与其他证据所示

（或所述）包装盒是否一致，即不具关联性；且该出货单的打印时间（即开具时间）在本专利申请日之后，其不能证明有关在先使用或本专利与在先权相冲突的事实。附件14为请求人的相关投诉书，其内容属当事人自我陈述，无相关证据证明情况下，其内容不足以被采信。对于附件15、附件16所示责令改正通知书、情况说明和相关证明，在未附所述产品包装盒图片的情况下，仅凭药品名称、品牌、生产单位等文字说明，尚不能确定所述产品包装外观设计的具体内容，由此不能认定所涉及的药品包装盒与本专利外观设计是否相同或者相近似，故不足以证明已有与本专利相同或者相近似的包装盒外观设计已在先使用或在相关部门备案，同时亦不能证明责令改正通知书中所述责令停止使用的产品包装装潢是否为本专利包装盒外观设计，由此不能证明本专利是否与他人在先权利构成权利冲突。

综上，请求人提交的上述证据中部分证据的真实性不能确定，其他证据因缺乏关联性而不能形成完整的证据链，由此不足以证明相关产品包装盒已在先使用，也不足以证明被有关机关责令停止使用的产品包装装潢即为本专利包装盒外观设计。

4. 结论

请求人提交的证据不足以证明已有与本专利相近似包装盒外观设计在国内在先使用，也不足以证明本专利与在先合法权利相冲突，因此，请求人据此证明本专利不符合专利法第23条规定的主张不能成立。

鉴于上述已得出请求人的无效宣告请求主张不能成立的结论，本决定对专利权人提交的作为反证的证据不予评述。

三、决定

维持200530090611.1号外观设计专利权有效。

当事人对本决定不服的，可以根据专利法第46条第2款的规定，自收到本决定之日起三个月内向北京市第一中级人民法院起诉。根据该款的规定，一方当事人起诉后，另一方当事人应当作为第三人参加诉讼。

# 184

咖啡壶（Ⅲ）

无效宣告请求审查决定（第 9499 号）

决 定 号	第 9499 号
决 定 日	2007 年 2 月 12 日
发明创造名称	咖啡壶（Ⅲ）
外观设计分类号	07-01
无效宣告请求人	爱尔菲股份有限公司
专 利 权 人	肖安江
专 利 号	200430029501.X
申 请 日	2004 年 1 月 18 日
授权公告日	2004 年 10 月 20 日
合议组组长	徐清平
主 审 员	何 炜
参 审 员	刘玉玲
附 图	1 页
法 律 依 据	专利法第 23 条

决 定 要 点

对于本案咖啡壶的外观设计的相近似性判断而言，从整体观察、综合判断的角度出发，其壶体、壶嘴以及壶把的握手部分的设计是判断两者外观设计是否相近似的要旨所在。本专利的咖啡壶外观设计与在先设计的区别只体现在细微、不容易引起消费者注意的地方，不影响咖啡壶整体形状的相近似性判断，因此两者属于相近似的外观设计。

一、案由

本无效宣告请求涉及的是国家知识产权局于 2004 年 10 月 20 日授权公告的外观设计专利，其名称为"咖啡壶（Ⅲ）"，专利号是 200430029501.X，申请日为 2004 年 1 月 18 日，专利权人是肖安江。

针对上述外观设计专利权（下称本专利），爱尔菲股份有限公司（下称请求人）于 2006 年 1 月 27 日向专利复审委员会提出无效宣告请求，请求人认为：（1）证据 1~4 均为本专利申请日前公开的出版物，其上分别公开了与本专利相同或相近似的设计，因此本专利不符合专利法第 23 条的规定；（2）证据 6 为 alfi 公司向中艺国际名牌用品进出口公司的发货单，其上显示发货日期为 2002 年 11

月、12月,结合证据5,即alfi公司的产品目录,可以证明与本专利相同或相近似的设计在申请日前已经在国内公开销售过,因此本专利不符合专利法第23条的规定。请求人为支持其无效宣告请求的理由提交了如下附件作为证据:

附件1:本专利外观设计专利公报复印件1页;
附件2(证据1):"DEUTSCHE STANDARDS"及其公证、认证文件;
附件3(证据2):"Ratgeber Frau und Familie"及其公证、认证文件;
附件4(证据3):"Der Feinschmecker"及其公证、认证文件;
附件5(证据4):"Märkte & Medien Kontaktbuch"及其公证、认证文件;
附件6(证据5):"Gesamtkatalog"及其公证、认证文件;
附件7(证据6):"Invoice"及其公证、认证文件。

请求人于2006年2月27日向专利复审委员会提交了证据1~6的中文译文,同时提交了证据1的2001年发行的版本(以下称为证据7)及其译文。

经形式审查合格后,专利复审委员会受理了该无效宣告请求案,并于2006年6月9日向双方当事人发出《无效宣告请求受理通知书》,同时将《专利权无效宣告请求书》及上述证据的副本转送给专利权人,限其在指定的期限内答复。并告知专利权人如逾期不答复,不影响专利复审委员会的审理,同时成立合议组对本无效宣告请求案进行审理。

专利权人在指定的期限内未对上述无效宣告请求受理通知书进行答复。

2006年12月22日,专利复审委员会本案合议组分别向双方当事人发出《无效宣告请求口头审理通知书》,告知双方当事人专利复审委员会定于2007年1月31日对本无效宣告请求案进行口头审理。

口头审理于2007年1月31日如期举行,双方当事人均委托代理人到庭参加了口头审理,在口头审理过程中双方当事人对合议组成员无回避请求,对对方出庭人员身份没有异议。在口头审理过程中,合议组对无效宣告请求理由及证据进行了调查,双方当事人进行了充分的意见陈述。口头审理过程中认定的事实如下:(1)请求人明确表示放弃证据1、2、3、7;(2)请求人当庭出示了证据4~6的原件及其公证认证书的原件;(3)专利权人对证据4~6的公证认证书的真实性、中文译文的准确性没有异议,对证据4~6的原件与复印件的一致性没有异议;(4)请求人明确其无效宣告请求理由为专利法第23条,所主张的出版物公开的在先设计为证据4第130页左栏的第三幅图中最右边的壶、以及右栏的第二幅图中右边的壶;所主张的使用公开为:证据6中4/8页中有关0772.201.100型和0772.000.100型咖啡壶的销售记录、以及证据5第26页右栏相应型号咖啡壶的图片,证明了与本专利相近似的外观设计在申请日前已经进口销售到国内从而导致在国内公开使用,请求人明确放弃证据5~6中有关0572.000.560型产品作为证据使用;(5)专利权人当庭提交了答辩书,合议组将其转交给请求人;(6)专利权人认为证据4中的图片模糊不清,并且照片展示的产品外观受摄影角度和背景等的影响与本专利的图纸设计不具有可比性,证据4产品壶体中部有环线,看不到底座,和本专利区别很大;专利权人认为证据5的出版时间不能确定,证据6显示的2002年的产品型号与证据5显示的2004年的产品图片没有必然的联系。合议组当庭告知双方当事人:请求人可以在7日内提交口审答辩词,7日后请求人提交的所有材料以及口头审理后专利权人提交的所有材料合议组都将不予考虑。

2007年2月6日,请求人提交了口头审理答辩词,陈述了本专利不符合专利法第23条的理由,该意见与其之前提出的意见基本相同。

在此基础上，合议组认为当事人已经充分发表了意见，本案事实已经调查清楚，可以依法作出本决定。

二、决定的理由

1. 法律依据

根据请求人提出的无效宣告请求的理由和提交的证据，本案合议组依据专利法第 23 条对本案进行审理。

专利法第 23 条规定：授予专利权的外观设计，应当同申请日以前在国内外出版物上公开发表过或者国内公开使用过的外观设计不相同和不相近似，并不得与他人在先取得的合法权利相冲突。

2. 关于证据

请求人在口头审理中当庭明确放弃证据 1~3、7，因此在本决定中将不再考虑证据证据 1~3、7。

证据 4 是《市场与媒体联系名册 1992 德国广告代理概貌》的封面、第 130 页、第 6 页及其公证、认证文件复印件。其版权页（第 6 页）记载，该出版物是 1991 年度第 24 期，其国际标准刊号是"ISSN0171-3353"；国际标准图书编号为"ISBN 3-88546-011-4"。可见，该出版物属于公开出版物，根据审查指南第二部分第三章 2.1.3.1 节规定："印刷日只写明年月或年份的，以所写月份的最后一日或者所写年份的 12 月 31 日为公开日"，因此推定证据 4 的公开日期为 1991 年 12 月 31 日。该公证认证文件由韦尔特海姆市第二公证处公证上述复印件与原件一致，该复印件复印自《1992 版德国广告代理概貌》一书，公证员为施密特博士；由莫斯巴赫地方法院院长米斯勒博士签字证明韦尔特海姆市公证处和公证员的印章属实；由德意志联邦共和国外交部的官员内尔斯签字证明莫斯巴赫地方法院的印章及院长米斯勒博士的签字属实；再由我国驻法兰克福总领事馆认证德意志联邦共和国外交部的印章和内尔斯签字属实。由于证据 4 的公证认证文件齐备，其公开日在本专利的申请日之前，故证据 4 属于本专利申请日前的公开出版物，该证据 4 中的图片可以作为在先设计用来评价本专利是否符合专利法第 23 条的规定。

3. 相同相近似比较

证据 4 第 130 页左栏的第三幅图中最右边的壶（以下称为在先设计）为咖啡壶的外观设计，与本专利属于同种类的产品，故可以进行如下相似性对比：

本专利记载有主视图、俯视图、左视图、右视图，简要说明记载"因前后对称，省略后视图；省略仰视图"。从其主视图、左视图、右视图以及俯视图可以看出该咖啡壶包括呈扁鼓形、其上下两端略向里收拢的壶体、底座、壶盖、壶颈、手提式把手五个部分。壶体底部有一条环线，其下有很薄的底座；壶盖呈半球形，通过卡子连接到壶颈上部；壶颈分上下两部分，下部向内凹，上部呈船形，前端为突出的鸟嘴形壶嘴；把手的两端分别固定于壶体中部和壶体上部靠近壶颈的位置，大致呈自上向下向外侧倾斜的字母"C"的形状，略呈矩形（参见本专利附图）。

在先设计的咖啡壶为立体图，其包括呈扁鼓形、其上下两端略向里收拢的壶体、壶盖、壶颈、手提式把手四个部分。壶体中部有一条环线；壶盖呈半球形，通过卡子连接到壶颈上部；壶颈分上下两部分，下部向内凹，上部呈船形，前端为突出的鸟嘴形壶嘴；把手的两端分别固定于壶体中部和壶体上部靠近壶颈的位置，大致呈自上向下向外侧倾斜的字母"C"的形状，略呈矩形（参见在先设计附图）。

将本专利的咖啡壶与在先设计相比，两者的整体形状几乎相同，其不同点在于：（1）本专利的咖啡壶壶体底部有底座，而从在先设计看不出有无底座；（2）本专利壶体底部有一条环线，而在先设计壶体中部有一条环线；（3）本专利除主视图外，还有左、右视图和俯视图，其中左视图和俯视图能够看到把手的宽度，而在先设计只有立体图，显示不出把手宽度。

对此，本案合议组认为，区别（1）、（2）体现在细微、不容易引起消费者注意的地方，属于局部的细微变化，对咖啡壶的整体视觉效果不足以产生显著影响。

至于区别（3），根据审查指南第四部分第五章第5.5.1节的规定，在先设计的图片或者照片未反映产品各面视图的，应当依据一般消费者的认知能力来确定在先设计所公开的信息。依据一般消费者的认知能力，根据在先设计图片或者照片已经公开的内容即可推定出产品其他部分或者其他变化状态的外观设计的，则该其他部分或者其他变化状态的外观设计也被视为已经公开。例如在轴对称、面对称或者中心对称的情况下，如果图片或者照片仅公开了产品外观设计的一个对称面，则其余对称面也被视为已经公开。因此合议组认为，由于咖啡壶一般为轴对称设计，根据在先设计公开的立体图，依据一般消费者的认知能力，可以推定出产品其他部分的外观设计基本与本专利相同或相近似，把手的宽度由其功能决定不会有太大区别，且属于细微、不容易引起消费者注意的地方。

综上，因此，上述区别（1）～（3）不足以使本专利产品与在先设计产生显著区别，一般消费者以一般注意力难以区分本专利与在先设计。本专利与在先设计的产品用途完全相同，二者在整体形状、各部分布局和比例设计上均极其近似，从而导致一般消费者对二者产生极其相近似的视觉效果。合议组根据整体观察、综合判断的原则，认定本专利构成与在先设计相近似的外观设计。

综上所述，本专利与申请日之前公开发表的在先设计中的外观设计相近似，因此本专利的授权不符合专利法第23条的规定。

鉴于由上述证据4与本专利相比较已得出本专利不符合专利法第23条所规定的授权条件的结论，合议组对请求人提出的其他无效宣告请求理由和证据不再进行评述。

三、决定

依据专利法第23条的规定，宣告200430029501.X号外观设计专利权全部无效。

当事人对本决定不服的，可以根据专利法第46条第2款的规定，自收到本决定之日起三个月内向北京市第一中级人民法院起诉。根据该款的规定，一方当事人起诉后，另一方当事人应当作为第三人参加诉讼。

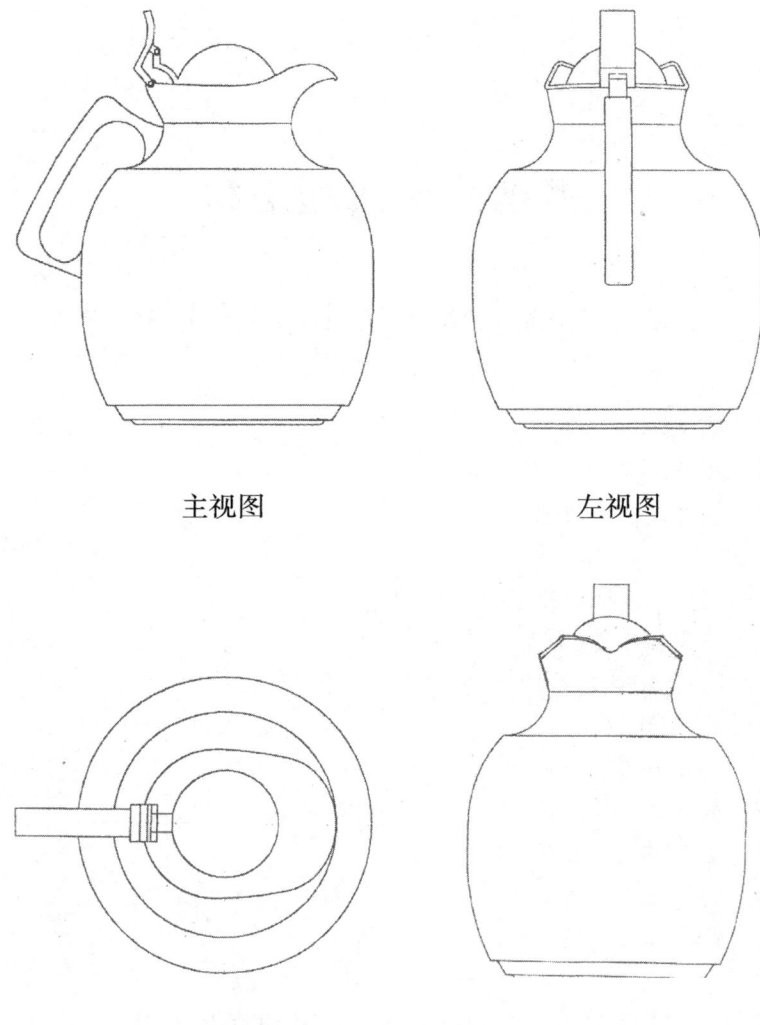

主视图　　　　　　　左视图

俯视图　　　　　　　右视图

本专利附图

在先设计附图

便携式天线通信机

无效宣告请求审查决定（第 9504 号）

决 定 号	第 9504 号
决 定 日	2007 年 2 月 5 日
发明创造名称	便携式天线通信机
外观设计分类号	14-03-P0382
无效宣告请求人	福建冠威通信技术有限公司
专 利 权 人	株式会社建伍
专 利 号	00345609.9
申 请 日	2000 年 11 月 30 日
授权公告日	2001 年 9 月 5 日
合议组组长	黄玉平
主 审 员	张惠军
参 审 员	周航
附 图	4 页

法 律 依 据 专利法第 23 条，专利法实施细则第 13 条第 1 款

决 定 要 点

如果一般消费者经过对被比设计与在先设计的整体观察可以看出，二者的差别对于产品外观设计的整体视觉效果具有显著的影响，则应当认为被比设计与在先设计不相近似。

一、案由

本无效宣告请求涉及国家知识产权局于 2001 年 9 月 5 日授权公告的、名称为"便携式天线通信机"的 00345609.9 号外观设计专利权（下称本专利），其申请日是 2000 年 11 月 30 日，优先权日为 2000 年 7 月 25 日，专利权人是株式会社建伍。

针对本专利权，福建冠威通信技术有限公司（下称请求人）于 2006 年 8 月 14 日向专利复审委员会提出无效宣告请求，其理由是，本专利不符合专利法第 23 条和专利法实施细则第 13 条第 1 款的规定。同时，请求人提交了如下证据：

证据 1：《中国通信机厂商名录》封面、载有"95 年度版"字样的 1 页、第 306 和 307 页、第 306 页与第 307 页之间的广告插页 1 页以及封底页的复印件，共六页；

证据 2：ZL00345608.0 号中国外观设计专利授权公报复印件，其申请日为 2000 年 11 月 30 日、优先权日为 2000 年 7 月 25 日、授权公告日为 2001 年 9 月 5 日、专利权人为株式会社建伍（即本专

利的专利权人)。

请求人认为,证据 1 的广告插页中刊登的 TK-208 产品照片外观与本专利外观相近似,因此本专利不符合专利法第 23 条的规定;另外,证据 2 与本专利除主视图下半部存在局部差异外,其他五面视图均完全相同,由于主视图下半部的微小差异并不对整体外观视觉产生显著影响,因此本专利与证据 2 相近似,属于同样的发明创造,不符合专利法实施细则第 13 条第 1 款的规定。

经形式审查合格后,专利复审委员会受理了上述无效宣告请求,于 2006 年 8 月 14 日向双方当事人发出无效宣告请求受理通知书,并将无效宣告请求书及其附件清单中所列附件副本转送给专利权人,要求其在指定期限内答复。

针对上述无效宣告请求,专利权人于 2006 年 9 月 29 日向专利复审委员会提交了意见陈述书,认为证据 1 是复印件,不能单独作为定案的依据,并认为证据 1 与本专利在扬声器透音孔部分、按键区部分和顶部调节旋钮部分均存在差别,因此本专利与证据 1 不相同也不相近似,符合专利法第 23 条的规定。此外,专利权人认为本专利与证据 2 的按键区存在明显不同,因而本专利与证据 2 是两个不同的外观设计,不属于重复授权。

专利复审委员会依法成立合议组对本案进行审理。合议组于 2006 年 12 月 22 日向双方当事人发出无效宣告请求口头审理通知书,定于 2007 年 1 月 30 日对本案进行口头审理;随同口头审理通知书,将专利权人于 2006 年 9 月 29 日提交的意见陈述书副本转送给请求人。

口头审理如期举行,双方当事人均委托代表参加,并对对方出席口头审理人员的身份及资格均无异议。请求人当庭提交了证据 1 的原件,并当庭补充提交该份证据原件的版权页复印件 1 页,其上载明证据 1 的出版日期为 1994 年 12 月,合议组当庭将该补充提交的版权页转给专利权人。此外,请求人表示仅使用证据 1 的第 306 页与第 307 页之间的广告插页中公开的"TK-208"型产品与本专利进行相近似性对比。专利权人经核实,认为证据 1 的复印件与原件一致,并对证据 1 和证据 2 的真实性均没有异议。

在口头审理中,请求人明确的其无效宣告请求的理由、范围和证据与请求书中相同。请求人认为,本专利与证据 1 存在以下共同之处:(1)天线和两个调节旋钮均设置在机体上侧,天线位于左侧,旋钮位于右侧;(2)机身的上半部均稍粗于下半部;(3)机身正面上部具有对称的圆弧形显示屏,下设透音孔;(4)上部透音孔与下部按键区之间存有间隔区;(5)按键区均由四行四列按键组成。对此,专利权人认为,本专利与证据 1 存在以下区别:(1)本专利透音孔区域的两侧分别设有一呈椭圆形的大按钮,而证据 1 没有此设置;(2)本专利按键区的按键为椭圆形,证据 1 为长方形;(3)本专利两调节旋钮的高度不一样,而证据 1 两调节旋钮的高度相同;(4)本专利按键区两侧各设有两个小凹坑,证据 1 没有该设置;(5)本专利机身的上部与下部之间不存在间隔区;(6)证据 1 的按键区位于凸起的面上,且按键旁有标号,而本专利的按键区与透音孔处于相同平面上,且按键旁没有标号;(7)证据 1 的透音孔为圆形,且较小,本专利的透音孔为椭圆形,且较大;(8)证据 1 的显示屏下面设有 4 个按钮,透音孔区域左侧设有两个按钮,而本专利没有这些按钮。合议组当庭对证据 1 原件公开的图片进行核实后确认:其按键区突出于机身平面。

请求人认为:本专利与证据 2 两者的天线、调节旋钮、透音孔、显示屏、透音孔两侧的椭圆形大按钮均相同,差别仅在于在主视图中下半部的按键区不同,但其他 5 面视图完全相同,并认为在使用时本专利外观设计产品的正面靠近讲话者的口部,而人们更关注其他几个面,因此认为两者的差别是细微的,并认为显示屏是这类产品受关注的主要部位,而本专利与证据 2 的显示屏相同。对此,专利权人认为:人们主要看到和关注的是主视图,而本专利和证据 2 两者主视图中的按键区明显不同,本专利具有包括多个按键的按键区,而证据 2 在相应的位置仅有一个细长的位于中间的图案,两者的差别是显著的,其视觉效果明显不同,并认为按键区是普通消费者关注的部位。

至此,合议组认为本案的事实已经清楚,现依法作出审查决定。

二、决定的理由

1. 法律依据

基于请求人提出无效宣告请求所依据的理由和事实,合议组对本专利是否符合专利法第 23 条、专利法实施细则第 13 条第 1 款的规定进行审查。

专利法第 23 条规定:授予专利权的外观设计,应当同申请日以前在国内外出版物上公开发表过或者国内公开使用过的外观设计不相同和不相近似,并不得与他人在先取得的合法权利相冲突。

专利法实施细则第 13 条第 1 款规定:同样的发明创造只能被授予一项专利。

2. 关于证据

请求人共提交 2 份证据,其中证据 1 是《中国通信机厂商名录》,其出版日期为 1994 年 12 月,早于本专利的申请日,请求人表示仅使用证据 1 的第 306 页与第 307 页之间的广告插页中公开的"TK-208"型产品与本专利进行相近似性对比;证据 2 是与本专利同日申请、同日授权且专利权人相同的另一项涉及"便携式通信机"的外观设计专利。专利权人对证据 1 和证据 2 的真实性均无异议。合议组经审查,认为证据 1 和证据 2 可以作为本案的证据使用,其中证据 1 广告插页中公开的"TK-208"型产品和证据 2 的外观设计与本专利属于相同种类的产品,可以作为在先设计与本专利进行相同或相近似性比较。

3. 关于本专利是否符合专利法第 23 条的规定

请求人认为,本专利与证据 1 相近似,不符合专利法第 23 条的规定。

经审查,本专利要求保护一种便携式天线通信机外观设计,包括六面视图、立体图、显示透明部分的主视图、通电状态主视图和阴影状态立体图。从主视图看,本专利的便携式天线通信机包括:位于机身顶部的天线旋钮区部分;位于机身正面上部的显示屏及紧邻其显示屏的扬声器透音孔部分,以及位于机身正面下部的按键区部分。天线旋钮区部分包括底部略粗、中间稍细且顶部膨出的天线,和两个高度略有不同的圆柱状调节旋钮。显示屏大致呈椭圆形状,而透音孔部分包括由多个椭圆形小透音孔组成的透音孔区,在透音孔区左右两侧各设有一个大椭圆形部分,从每个大椭圆形部分的中部纵向分割成上下两个按钮。按键区包括排列成 4 行 4 列的按键。此外,在机身下部的左右两侧分别设置上下排列的两个小凹坑,在按键区与凹坑之间各有一条纵向线条。从其后视图看,本专利的机身后侧从上部到下部依次包括:两个螺钉、一个较大的长方形图案、一个较小的长方形图案和一个近似圆形的黑块,在黑块两侧以及上部横跨机身背侧设有一条黑线。从其左视图和右视图看,本专利的机身两侧分别设有调节旋钮。从仰视图看,本专利的机身底部横向设有一条将底部对称分割的直线,在底部靠近左右两端的位置设有两条与该横向直线垂直的纵向直线。从整体上看,本专利便携式天线通信机的机身上部略粗于机身下部(参见本专利附图)。

证据 1 中作为在先设计的 TK-208 产品也是一种天线通信机产品,仅包括一幅立体视图图片,该立体视图中 TK-208 型通信产品的正面面对观察者,其左右两侧、背侧和底部均为不可见的。从证据 1 中的该幅图片可以看出,证据 1 的天线通信机包括:位于机身顶部的天线旋钮区部分;位于机身正面上部的显示屏和紧邻其显示屏的扬声器透音孔部分以及位于机身正面下部的按键区部分。天线旋钮区部分包括底部略粗、朝向顶部逐渐变细的天线,和两个高度大体相同的圆柱状调节旋钮。显示屏大致呈椭圆形状。透音孔部分包括由多个圆形小透音孔组成的透音孔区,在显示屏与透音孔区的上部之间设有四个水平排列的小按钮,透音孔区左侧设有垂直排列的两个小按钮。按键区部分由排列成 4 行 4 列的按键组成,在每个按键的旁边设有标号,从图片可以清楚地看出,按键区处于一个突出于机身平面的平面上,并且在透音孔部分与按键区之间有两行文字,靠近透音孔部分一侧的为一行白色小字,靠近按键区一侧的为白色较大的"KENWOOD"字样。从整体上看,证据1天线通信机的机身上部略粗于机身下部(参见证据1附图)。

通过对比本专利与证据1的图片可以看出,两者存在以下区别:(1)本专利在透音孔区的两侧分别设有一个大椭圆形部分,从每个椭圆形部分的中部纵向分割成上下两个小按钮,而证据1在透音孔区的两侧没有此设置;(2)两者天线的形状不同:本专利的天线底部略粗、中间稍细且顶部膨出,而证据1的天线底部略粗、朝向顶部逐渐变细;(3)本专利两调节旋钮的高度不同,而证据1两调节旋钮的高度相同;(4)本专利按键区两侧各设有两个小凹坑,证据1在按键区两侧未设有小凹坑;(5)证据1的按键区位于凸出机身的平面上,且按键旁有标号,而本专利的按键区与透音孔则处于相同平面上,且按键旁没有标号;(6)证据1的显示屏与透音孔之间设有4个按钮,透音孔区左侧设有两个按钮,而本专利未设有这些按钮;(7)由于证据1只能看到机身正面,无法就机身的背侧、左右两侧和底部的外观设计与本专利进行对比。鉴于本专利与证据1存在上述诸多区别,并且这些差别对于产品的整体视觉影响具有显著的影响,一般消费者不会将本专利与证据1的TK-208产品误认、混同,因此本专利与证据1不相同也不相近似,符合专利法第23条的规定。

4. 关于本专利是否符合专利法实施细则第13条第1款的规定

请求人认为本专利与证据2只有主视图的下半部存在微小差别,对整体视觉不会产生显著影响,二者外观相近似,属于同样的发明创造,不符合专利法实施细则第13条第1款的规定。

如前所述,证据2是专利权人的另一份外观设计专利,包括六面视图、立体图、显示透明部分的主视图、通电状态主视图和阴影状态立体图,其申请日和授权公告日均与本专利相同,分类号相同。通过比较可以看出,证据2的后视图、左视图、右视图、俯视图和仰视图分别与本专利的对应视图相同。本专利与证据2的区别仅体现在主视图上。将本专利与证据2的主视图进行对比,可以看出,两者均包括:位于机身顶部的天线旋钮区部分;位于机身正面上部的显示屏和紧邻其显示屏的扬声器透音孔部分以及位于机身正面下部的按键区部分。两者的天线旋钮区部分、显示屏和透音孔部分均相同,但两者机身正面下部区域不同。本专利机身正面下部区域设有按键区,包括排列成4行4列的按键,在机身下部的左右两侧分别设有上下排列的两个小凹坑,在按键区与凹坑区域之间各有一条纵向线条。证据2机身下部区域仅包括一个位于中央的纵向的长椭圆形图案。故两者机身下部区域的设计存在显著差异:本专利机身下部区域设有包括多个按键的按键区,显示出其设计复杂的特点,而证据1的机身下部区域没有设置按键区,其仅包括一个设在中央的长椭圆形图案,显示出其设计简洁的特点。因而两者体现出实质不同的设计构思,进而对整体视觉效果产生显著的影响,一般消费者不会将本专利与证据2误认、混同,故本专利与证据2不相同与不相近似,不属于相同的发明创造,符合专利法实施细则第13条第1款的规定。

综上所述,相对于请求人所提交的证据1和证据2而言,本专利符合专利法第23条和专利法实施细则第13条第1款的规定,请求人的无效宣告请求的理由均不成立。

三、决定

维持00345609.9号外观设计专利权有效。

当事人对本决定不服的,可以根据专利法第46条第2款的规定,自收到本决定之日起三个月内向北京市第一中级人民法院起诉。根据该款的规定,一方当事人起诉后,另一方当事人应当作为第三人参加诉讼。

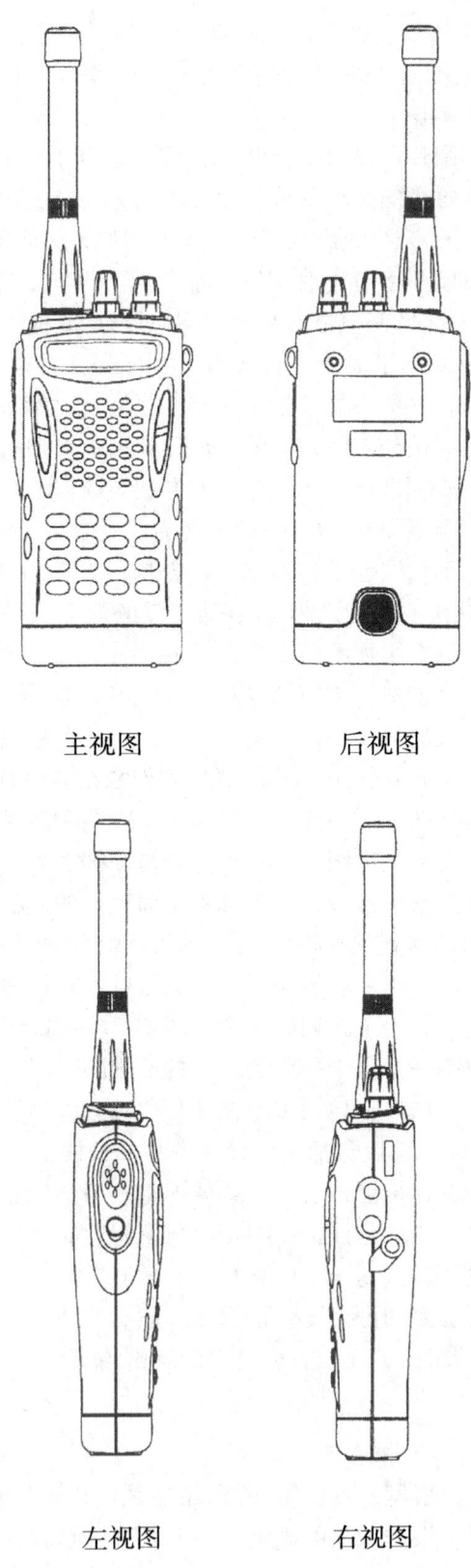

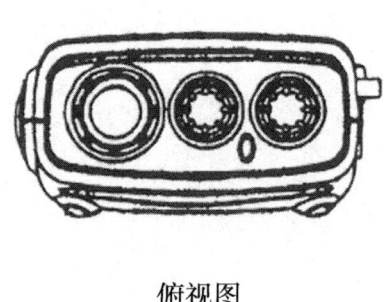
俯视图

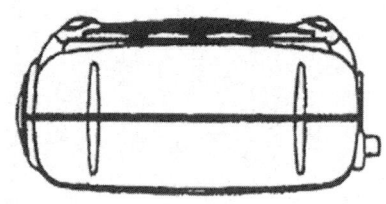
仰视图

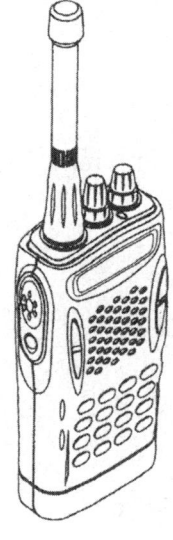
立体图

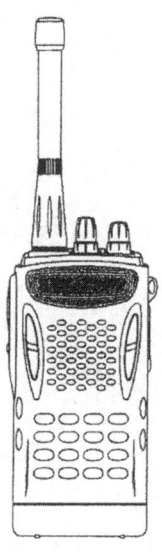
显示透明部分的主视图

通电状态主视图

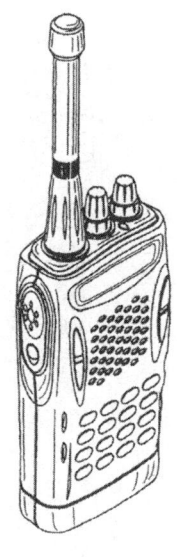
阴影状态立体图

本专利附图

证据1附图

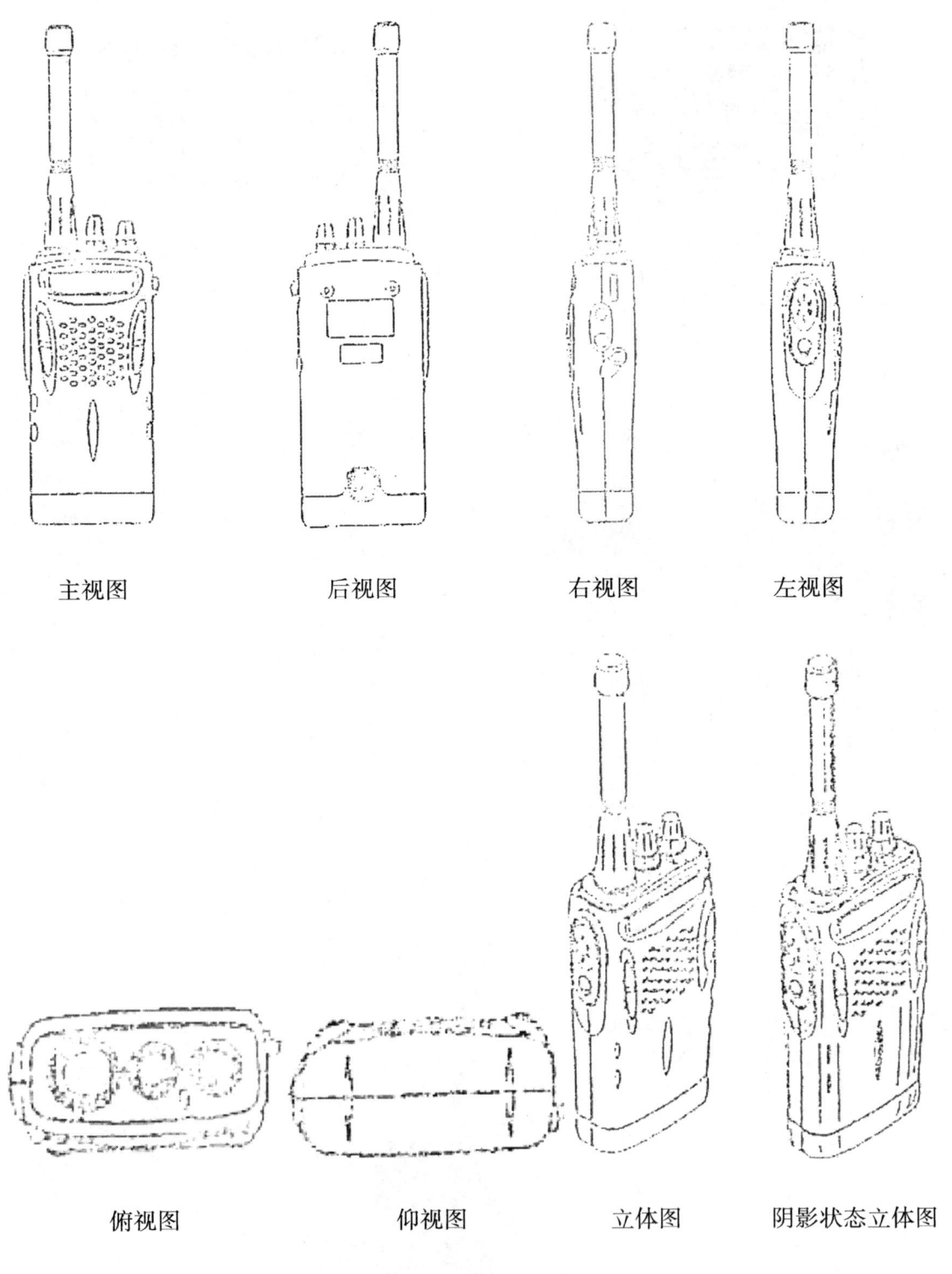

证据 2 附图

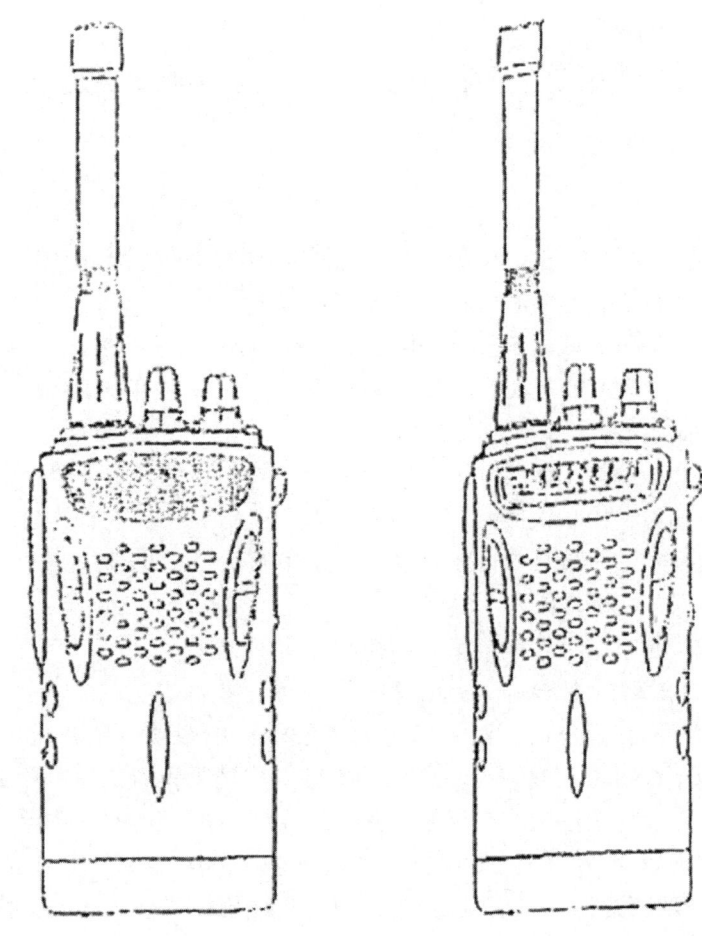

显示透明部分的主视图　　　　通电状态主视图

证据 2 附图

北京市第一中级人民法院行政判决书

(2007) 一中行初字第 644 号

原告福建冠威通信技术有限公司，住所地中华人民共和国福建省福清市融桥工业区清荣大道北前亭

委托代理人蔡学俊，福州元创专利代理公司专利代理人

委托代理人林立嵩，福建冠威通信技术有限公司法律顾问

被告国家知识产权局专利复审委员会，住所地北京市海淀区北四环西路 9 号银谷大厦 10~12 层

法定代表人廖涛，副主任

委托代理人周航，女，中华人民共和国国家知识产权局专利复审委员会审查员

委托代理人杨存吉，男，中华人民共和国国家知识产权局专利复审委员会审查员

第三人建伍株式会社，住所地日本国东京都八王子市石川町 2697 番地 3

法定代表人河原春郎，代表取缔役

委托代理人郭金城，北京市金杜律师事务所律师

委托代理人魏炜，北京市金杜律师事务所律师

原告福建冠威通信技术有限公司（以下简称冠威公司）不服被告中华人民共和国国家知识产权局专利复审委员会（以下简称专利复审委）作出的无效宣告请求审查决定，于 2007 年 4 月 13 日向本院提起行政诉讼，本院受理后依法组成合议庭，并依法通知与被诉具体行政行为有利害关系的建伍株式会社参加诉讼。本院于 2007 年 8 月 22 日公开开庭审理了本案。原告冠威公司的委托代理人蔡学俊，被告专利复审委的委托代理人周航、杨存吉，第三人建伍株式会社的委托代理人郭金城、魏炜到庭参加了诉讼。本案现已审理终结。2007 年 2 月 5 日，被告作出第 9504 号无效宣告请求审查决定（以下简称第 9504 号决定），决定维持 00345609.9 号外观设计专利权（以下简称本专利）有效。被告于答辩期内向本院提交了作出被诉具体行政行为的证据材料：1. 本专利授权公报复印件；2.《中国通信机厂商名录》封面、载有 95 年度版字样的 1 页、第 306 和 307 页、306 页与 307 页之间的广告插页 1 页以及封底页的复印件（即第 9504 号决定中的证据 1）；3. ZL00345608.0 号中国外观设计专利授权公报复印件（即第 9504 号决定中的证据 2）。上述证据用以证明被诉决定认定事实清楚，适用法律正确，程序合法。原告冠威公司诉称：1. 本专利与申请日前公开出版物发表过的外观设计专利相近似。本专利申请日是 2000 年 11 月 30 日，但是 95 年出版的"中国通信机厂商名录"在第 306 页至 307 页之间的广告插页中公开登载了 TK-208 产品的照片外观设计与本专利完全相近似。因此，本专利不符合《中华人民共和国专利法》（以下简称《专利法》）第二十三条的规定；2. 同样的发明创造只能被授予一项专利。本专利与专利号为 ZL00345608.0 的"便携式天线通信机"的六面图中，除主视图下半部存在局部差异外，其他五面视图均完全相同，由于主视图下半部的微小差异并不对整体外观视觉产生显著影响，因此从消费者的视觉来看，上述两项相近似的外观设计专利应属于同一发明创造。根据不能重复授权的原则，本专利应予以宣告无效；3.《外观设计复审与无效案例》一书中的星形蜂窝水暖炉案例分析表明，授予专利权的外观设计与其申请日前已经使用的产品外观设计相比，既有相同部位和相近似部位，也有非相同部位，其相同和相近似部位为外观设计的基本部分，非相同部位则为局部，因此两者是相近似的外观设计。本专利与被比产品主体上是相同的，局部的细微差别就一般消费者来看，二者的差别对于产品外观设计的整体视觉不具有显著的影响，因此本专利与被比产品相近似。综上，第 9504 号决定不符合客观事实，也不符合《审查指南》关于外观设计相同和相

近似判断的原则，故请求法院撤销该决定。原告向法院提交了以下证据：1.《中国通信机厂商名录》封面、载有95年度版字样的1页、第306和307页、306页与307页之间的广告插页1页以及封底页的复印件（即第9504号决定中的证据1），用以证明上述证据中公开登载的照片的外观设计与本专利相近似；2. ZL00345608.0号中国外观设计专利授权公报复印件（即第9504号决定中的证据2）和本专利授权公报复印件，用以证明证据2的外观设计与本专利为同一发明创造；3.《外观设计专利复审与无效案例》（专利文献出版社1999年7月版）封面、出版页及第27页复印件，用以证明本专利与被比产品是相近似的外观设计。同时原告提交了《审查指南》第388页和第389页复印件作为其法律依据。被告专利复审委辩称：关于本专利与对比文件相近似判断的意见，被告坚持第9504号决定中的认定。同时，原告在诉讼中提交的证据3及《审查指南》中关于外观设计相同和相近似判断原则的内容均未涉及本专利以及所用证据的内容。第9504号决定认定事实清楚，适用法律正确，审理程序合法，请求法院驳回原告的诉讼请求，维持该决定。第三人建伍株式会社同意被告意见，请求法院驳回原告诉讼请求，维持第9504号决定。第三人向法院提交了如下证据：1.（2006）一中民终字第9999号民事判决书复印件，用以证明本专利与第00345608.0号外观设计专利既不相同也不相近似；2.（2006）高行终字第464号行政判决书复印件；3.（2006）高行终字第465号行政判决书复印件；4.（2006）高行终字第467号行政判决书复印件，证据2. 证据3. 证据4用以证明用同一专利权人同一申请日申请的两项外观设计专利互相对比判断两者的相似性不符合法律的立法本意。

经庭审质证，原告对被告证据的关联性、合法性、真实性无异议，但对证据的证明作用有异议；第三人对被告证据无异议；被告、第三人对原告证据1. 证据2的关联性、合法性、真实性无异议，但对证据的证明作用有异议，同时认为原告证据3与本案无关。原告对第三人证据的关联性有异议，被告对第三人证据无异议。

经审查，被告提交的证据及原告证据1. 证据2与本案具有关联性，且合法、真实，本院予以确认。原告证据3系行政程序中未提交的证据，且与本案不具有关联性，本院不予采纳。第三人证据与本案无关联，本院不予采纳。

经审理查明，本无效宣告请求涉及中华人民共和国国家知识产权局于2001年9月5日授权公告的、名称为"便携式天线通信机"的00345609.9号外观设计专利权（即本专利），其申请日是2000年11月30日，优先权日为2000年7月25日，专利权人是本案第三人。

针对本专利权，本案原告于2006年8月14日向被告提出无效宣告请求，其理由是，本专利不符合《中华人民共和国专利法》（以下简称《专利法》）第二十三条和《中华人民共和国专利法实施细则》（以下简称《实施细则》）第十三条第一款的规定。同时，原告提交了如下证据：

证据1：《中国通信机厂商名录》封面、载有"95年度版"字样的1页、第306和307页、306页与307页之间的广告插页1页以及封底页的复印件，共六页；

证据2：ZL00345608.0号中国外观设计专利授权公报复印件，其申请日为2000年11月30日、优先权日为2000年7月25日、授权公告日为2001年9月5日、专利权人为建伍株式会社（即本案的第三人）。

原告认为，证据1的广告插页中刊登的TK-208产品照片外观与本专利外观相近似，因此本专利不符合《专利法》第二十三条的规定；另外，证据2与本专利除主视图下半部存在局部差异外，其他五面视图均完全相同，由于主视图下半部的微小差异并不对整体外观视觉产生显著影响，因此本专利与证据2相近似，属于同样的发明创造，不符合《实施细则》第十三条第一款的规定。

经形式审查合格后，被告受理了上述无效宣告请求，于2006年8月14日向双方当事人发出无效宣告请求受理通知书，并将无效宣告请求书及其附件清单中所列附件副本转送给第三人，要求其在指定期限内答复。

针对上述无效宣告请求，第三人于2006年9月29日向被告提交了意见陈述书，认为证据1是复印件，不能单独作为定案的依据，并认为证据1与本专利在扬声器透音孔部分、按键区部分和顶部调节旋钮部分均存在差别，因此本专利与证据1不相同也不相近似，符合《专利法》第二十三条的规定。此外，第三人认为本专利与证据2的按键区存在明显不同，因而本专利与证据2是两个不同的外观设计，不属于重复授权。

被告依法成立合议组对本案进行审理。于2006年12月22日向双方当事人发出无效宣告请求口头审理通知书，定于2007年1月30日对本案进行口头审理；随同口头审理通知书，将第三人于2006年9月29日提交的意见陈述书副本转送给原告。

口头审理如期举行，双方当事人均委托代表参加，并对对方出席口头审理人员的身份及资格均无异议。原告当庭提交了证据1的原件，并当庭补充提交该份证据原件的版权页复印件1页，其上载明证据1的出版日期为1994年12月，被告当庭将该补充提交的版权页转给第三人。此外，原告表示仅使用证据1的306页与307页之间的广告插页中公开的"TK-208"型产品与本专利进行相近似性对比。第三人经核实，认为证据1的复印件与原件一致，并对证据1和证据2的真实性均没有异议。

在口头审理中，原告明确其无效宣告请求的理由、范围和证据与请求书中相同。原告认为，本专利与证据1存在以下共同之处：（1）天线和两个调节旋钮均设置在机体上侧，天线位于左侧，旋钮位于右侧；（2）机身的上半部均稍粗于下半部；（3）机身正面上部具有对称的圆弧形显示屏，下设透音孔；（4）上部透音孔与下部按键区之间存有间隔区；（5）按键区均由四行四列按键组成。对此，第三人认为，本专利与证据1存在以下区别：（1）本专利透音孔区域的两侧分别设有一呈椭圆形的大按钮，而证据1没有此设置；（2）本专利按键区的按键为椭圆形，证据1为长方形；（3）本专利两调节旋钮的高度不一样，而证据1两调节旋钮的高度相同；（4）本专利按键区两侧各设有两个小凹坑，证据1没有该设置；（5）本专利机身的上部与下部之间不存在间隔区；（6）证据1的按键区位于凸起的面上，且按键旁有标号，而本专利的按键区与透音孔处于相同平面上，且按键旁没有标号；（7）证据1的透音孔为圆形，且较小，本专利的透音孔为椭圆形，且较大；（8）证据1的显示屏下面设有4个按钮，透音孔区域左侧设有两个按钮，而本专利没有这些按钮。被告当庭对证据1原件公开的图片进行核实后确认：其按键区突出于机身平面。

原告认为：本专利与证据2两者的天线、调节旋钮、透音孔、显示屏、透音孔两侧的椭圆形大按钮均相同，差别仅在于在主视图中下半部的按键区不同，但其他5面视图完全相同，并认为在使用时本专利外观设计产品的正面靠近讲话者的口部，而人们更关注其他几个面，因此认为两者的差别是细微的，并认为显示屏是这类产品受关注的主要部位，而本专利与证据2的显示屏相同。对此，第三人认为：人们主要看到和关注的是主视图，而本专利和证据2两者主视图中的按键区明显不同，本专利具有包括多个按键的按键区，而证据2在相应的位置仅有一个细长的位于中间的图案，两者的差别是显著的，其视觉效果明显不同，并认为按键区是普通消费者关注的部位。

被告经审查认为：

1. 法律依据。

基于原告提出无效宣告请求所依据的理由和事实，被告对本专利是否符合《专利法》第二十三条、《实施细则》第十三条第一款的规定进行审查。

2. 关于证据。

原告共提交2份证据，其中证据1是《中国通信机厂商名录》，其出版日期为1994年12月，早于本专利的申请日，原告表示仅使用证据1的306页与307页之间的广告插页中公开的"TK-208"

型产品与本专利进行相近似性对比；证据2是与本专利同日申请、同日授权且第三人相同的另一项涉及"便携式通信机"的外观设计专利。第三人对证据1和证据2的真实性均无异议。被告认为，证据1和证据2可以作为本案的证据使用，其中证据1广告插页中公开的"TK-208"型产品和证据2的外观设计与本专利属于相同种类的产品，可以作为在先设计与本专利进行相同或相近似性比较。

3. 关于本专利是否符合《专利法》第二十三条的规定

经审查，本专利要求保护一种便携式天线通信机外观设计，包括六面视图、立体图、显示透明部分的主视图、通电状态主视图和阴影状态立体图。从主视图看，本专利的便携式天线通信机包括：位于机身顶部的天线旋钮区部分；位于机身正面上部的显示屏及紧邻其显示屏的扬声器透音孔部分，以及位于机身正面下部的按键区部分。天线旋钮区部分包括底部略粗、中间稍细且顶部膨出的天线，和两个高度略有不同的圆柱状调节旋钮。显示屏大致呈椭圆形状，而透音孔部分包括由多个椭圆形小透音孔组成的透音孔区，在透音孔区左右两侧各设有一个大椭圆形部分，从每个大椭圆形部分的中部纵向分割成上下两个按钮。按键区包括排列成4行4列的按键。此外，在机身下部的左右两侧分别设置上下排列的两个小凹坑，在按键区与凹坑之间各有一条纵向线条。从其后视图看，本专利的机身后侧从上部到下部依次包括：两个螺钉、一个较大的长方形图案、一个较小的长方形图案和一个近似圆形的黑块，在黑块两侧以及上部横跨机身背侧设有一条黑线。从其左视图和右视图看，本专利的机身两侧分别设有调节旋钮。从仰视图看，本专利的机身底部横向设有一条将底部对称分割的直线，在底部靠近左右两端的位置设有两条与该横向直线垂直的纵向直线。从整体上看，本专利便携式天线通信机的机身上部略粗于机身下部。

证据1中作为在先设计的TK-208产品也是一种天线通信机产品，仅包括一幅立体视图图片，该立体视图中TK-208型通信产品的正面面对观察者，其左右两侧、背侧和底部均为不可见的。从证据1中的该幅图片可以看出，证据1的天线通信机包括：位于机身顶部的天线旋钮区部分；位于机身正面上部的显示屏和紧邻其显示屏的扬声器透音孔部分以及位于机身正面下部的按键区部分。天线旋钮区部分包括底部略粗、朝向顶部逐渐变细的天线，和两个高度大体相同的圆柱状调节旋钮。显示屏大致呈椭圆形状。透音孔部分包括由多个圆形小透音孔组成的透音孔区，在显示屏与透音孔区的上部之间设有四个水平排列的小按钮，透音孔区左侧设有垂直排列的两个小按钮。按键区部分由排列成4行4列的按键组成，在每个按键的旁边设有标号，从图片可以清楚地看出，按键区处于一个突出于机身平面的平面上，并且在透音孔部分与按键区之间有两行文字，靠近透音孔部分一侧的为一行白色小字，靠近按键区一侧的为白色较大的"KENWOOD"字样。从整体上看，证据1天线通信机的机身上部略粗于机身下部。

通过对比本专利与证据1的图片可以看出，两者存在以下区别：（1）本专利在透音孔区的两侧分别设有一个大椭圆形部分，从每个椭圆形部分的中部纵向分割成上下两个小按钮，而证据1在透音孔区的两侧没有此设置；（2）两者天线的形状不同：本专利的天线底部略粗、中间稍细且顶部膨出，而证据1的天线底部略粗、朝向顶部逐渐变细；（3）本专利两调节旋钮的高度不同，而证据1两调节旋钮的高度相同；（4）本专利按键区两侧各设有两个小凹坑，证据1在按键区两侧未设有小凹坑；（5）证据1的按键区位于凸出机身的平面上，且按键旁有标号，而本专利的按键区与透音孔则处于相同平面上，且按键旁没有标号；（6）证据1的显示屏与透音孔之间设有4个按钮，透音孔区左侧设有两个按钮，而本专利未设有这些按钮；（7）由于证据1只能看到机身正面，无法就机身的背侧、左右两侧和底部的外观设计与本专利进行对比。鉴于本专利与证据1存在上述诸多区别，并且这些差别对于产品的整体视觉影响具有显著的影响，一般消费者不会将本专利与证据1的TK-208产品误认、混同，因此本专利与证据1不相同也不相近似，符合《专利法》第二十三条的规定。

4. 关于本专利是否符合《实施细则》第十三条第一款的规定

证据2是第三人的另一份外观设计专利，包括六面视图、立体图、显示透明部分的主视图、通电状态主视图和阴影状态立体图，其申请日和授权公告日均与本专利相同，分类号相同。通过比较可以看出，证据2的后视图、左视图、右视图、俯视图和仰视图分别与本专利的对应视图相同。本专利与证据2的区别仅体现在主视图上。将本专利与证据2的主视图进行对比，可以看出，两者均包括：位于机身顶部的天线旋钮区部分；位于机身正面上部的显示屏和紧邻其显示屏的扬声器透音孔部分以及位于机身正面下部的按键区部分。两者的天线旋钮区部分、显示屏和透音孔部分均相同，但两者机身正面下部区域不同。本专利机身正面下部区域设有按键区，包括排列成4行4列的按键，在机身下部的左右两侧分别设有上下排列的两个小凹坑，在按键区与凹坑区域之间各有一条纵向线条。证据2机身下部区域仅包括一个位于中央的纵向的长椭圆形图案。故两者机身下部区域的设计存在显著差异：本专利机身下部区域设有包括多个按键的按键区，显示出其设计复杂的特点，而证据1的机身下部区域没有设置按键区，其仅包括一个设在中央的长椭圆形图案，显示出其设计简洁的特点。因而两者体现出实质不同的设计构思，进而对整体视觉效果产生显著的影响，一般消费者不会将本专利与证据2误认、混同，故本专利与证据2不相同与不相近似，不属于相同的发明创造，符合《实施细则》第十三条第一款的规定。

综上所述，相对于原告所提交的证据1和证据2而言，本专利符合《专利法》第二十三条和《实施细则》第十三条第一款的规定，原告的无效宣告请求的理由均不成立。故被告作出第9504号决定。原告不服，诉至本院。

本院认为，各方当事人对于第9504号决定中关于法律依据、证据认定以及该决定作出的程序无异议。经审查，本院对上述内容予以确认。

本案的焦点问题是本专利是否符合《专利法》第二十三条及《实施细则》第十三条第一款的规定。

《专利法》第二十三条规定：授予专利权的外观设计，应当同申请日以前在国内外出版物上公开发表过或者国内公开使用过的外观设计不相同和不相近似，并不得与他人在先取得的合法权利相冲突。

将本专利与原告在无效程序中提交的证据1相比较，二者在透音孔区的两侧的椭圆形状设计、天线的形状设计、两调节旋钮的高度设计、按键区部分的设计、显示屏与透音孔之间的按钮及透音孔区左侧两个按钮设计等方面存在差别，且这些差别足以对天线通信机这种产品的整体视觉效果产生显著的影响，本专利与证据1不相同也不相近似。

《实施细则》第十三条第一款规定："同样的发明创造只能被授予一项专利。"

将本专利与原告在无效程序中提交的证据2相比，虽然二者在后视图、左视图、右视图、俯视图和仰视图中所体现出的设计上相同，但是对于便携式天线通信机这种产品而言，其产品的正面设计，即主视图所体现出的设计才是最能引起消费者注意的部分。将本专利主视图与证据2主视图相比较，二者的机身正面下部区域设计明显不同，而上述差别对于整体视觉效果产生显著的影响，二者既不相同亦不相近似，不属于同样的发明创造。

综上，被告认定本专利符合《专利法》第二十三条及《实施细则》第十三条第一款的规定正确。第9504号决定认定事实清楚，适用法律正确，行政程序合法，本院应予维持。原告的诉讼主张缺乏事实和法律依据，本院不予支持。依照《中华人民共和国行政诉讼法》第五十四条第（一）项之规定，判决如下：

维持被告中华人民共和国国家知识产权局专利复审委员会于二〇〇七年二月五日作出的第9504

号无效宣告请求审查决定。

案件受理费100元,由原告福建冠威通信技术有限公司负担(已交纳)。

原告福建冠威通信技术有限公司、被告中华人民共和国国家知识产权局专利复审委员会可在本判决书送达之日起15日内,第三人建伍株式会社可在本判决书送达之日起30日内,向本院递交上诉状,上诉于中华人民共和国北京市高级人民法院。

审　判　长　强刚华
代理审判员　贾志刚
代理审判员　彭新民
二〇〇七年九月二十九日
书　记　员　殷　悦
书　记　员　张　莹

水陆两用玩具沙滩车

无效宣告请求审查决定（第 9509 号）

决 定 号	第 9509 号
决 定 日	2006 年 1 月 17 日
发明创造名称	水陆两用玩具沙滩车
外观设计分类号	21-01
无效宣告请求人	马特尔公司
专 利 权 人	罗立纲
专 利 号	200430096528.0
申 请 日	2004 年 12 月 9 日
授 权 公 告 日	2005 年 7 月 27 日
合议组组长	张　度
主 审 员	孙克良
参 审 员	李　熙
附 图	3 页

法 律 依 据 专利法第 23 条

决 定 要 点

如果被比设计与在先设计的相同部分为该类产品的惯常设计，而不同部分对产品的视觉效果具有显著影响，则二者既不相同，也不相近似。

一、案由

本无效宣告请求案涉及国家知识产权局于 2005 年 7 月 27 日授权公告的 200430096528.0 号外观设计专利（下称本专利），其名称为"水陆两用玩具沙滩车"，申请日为 2004 年 12 月 9 日，专利权人是罗立纲。

针对上述专利权，马特尔公司（下称请求人）于 2006 年 7 月 7 日向国家知识产权局专利复审委员会提出无效宣告请求，认为本专利权利要求不符合专利法第 23 条的规定，请求宣告该专利权无效。请求人提交了下述附件作为证据：

附件 1：中国 200430096528.0 号外观设计专利公告复印件（本专利）；

附件 2：共同体 000212774-0003 号外观设计专利公告文本（其公告日为 2004 年 10 月 19 日）复印件（下称对比文件 1）；

附件 3：共同体 000212774-0001 号外观设计专利公告文本（其公告日为 2004 年 10 月 19 日）复

印件（下称对比文件2）。

请求人在无效宣告请求书中认为：本专利外观设计的产品与对比文件1和对比文件2的产品相同、外观设计的分类号相同，用途和功能也相同，本专利与对比文件1、2的整体布局完全相同，车身上的细微差别不能给人产生显著差别的印象，且对比文件1、2的出版公告日均早于本专利，因此本专利不符合专利法第23条的规定。

经形式审查合格，专利复审委员会依法受理了上述无效宣告请求，于2006年8月7日向请求人和专利权人发出无效宣告请求受理通知书，并将请求人提交的无效宣告请求书及其附件清单中所列附件的副本转送给专利权人，要求其在指定的期限内答复，同时成立合议组对本无效宣告请求案进行审理。

专利权人针对上述无效宣告请求于2006年9月20日提交了意见陈述书及如下附件：

附件1：中国ZL200430096528.0号外观设计（本专利）在中国专利局网站上的公告图片打印件；

附件2：共同体000212774-0001号外观设计（对比文件2）在共同体网站上的公告图片打印件；

附件3：共同体000212774-0001号外观设计（对比文件2）的实物照片；

附件4：马特尔公司在中国申请的ZL200530003133.6号专利公告复印件；

附件5：马特尔公司在中国申请的ZL200530003135.5号专利公告复印件；

附件6：马特尔公司在中国申请的ZL200530003131.7号专利公告复印件；

附件7：马特尔公司在共同体申请的000004346-0021号、000004346-0022号、000004346-0023号外观设计在共同体官方网站的公告图片。

专利权人认为：本专利与对比文件1和对比文件2不相近似，不会给一般消费者造成混淆。一般消费者在购买玩具车辆时，更会注重车身的造型，而本专利的玩具车车身像一只宇宙飞船，而对比文件1的车身像一只装甲车，对比文件2的车身像一只赛车。另外，本专利车身整体轮廓平直，线条简洁，棱角突出，车身高厚，而对比文件1、2车身整体轮廓曲折，线条复杂，棱角不分明，车身扁平，消费者不容易将其混淆。其次，附件4、5、6外观设计的产品使用相同轮子的事实可以证明，即使在轮子相同的情况下，车身仍具有广阔的设计空间，单凭轮子的形状和角度还不能决定整个玩具车辆的整体形象和设计风格。因此本专利相对于对比文件1、2符合专利法第23条的规定。

2006年11月13日，合议组向双方当事人发出无效宣告请求口头审理通知书，定于2006年12月20日进行口头审理。

口头审理于如期举行，双方当事人均到庭参加口头审理，本案合议组对请求人提出的无效理由和事实进行了调查。并充分听取了双方当事人的陈述，在口头审理过程中双方当事人均对合议组成员变更没有异议，对合议组成员无回避请求，合议组在此情况下就本无效宣告请求案进行了庭审调查：请求人明确其无效理由为本专利与对比文件1、2对比不符合专利法第23条的规定；专利权人对对比文件1、2的真实性没有异议，对对比文件1、2著录项目译文的准确性没有异议；双方当事人当庭已经充分陈述各自的意见，口头审理之后，合议组不再接受双方当事人的任何意见和证据。

在此基础上，合议组认为本案事实已经调查清楚，现依法作出本决定。

二、决定的理由

1. 关于证据

对比文件1、2为共同体外观设计专利公告文本复印件，其公告日均早于本申请的申请日，并且专利权人对其真实性和著录项目译文的准确性都没有异议，因此对比文件1、2可以作为评述本专利是否符合专利法第23条规定的证据。

2. 关于专利法第 23 条

专利法第 23 条规定：授予专利权的外观设计，应当同申请日以前在国内外出版物上公开发表过或者国内公开使用过的外观设计不相同和不相近似，并不得与他人在先取得的合法权利相冲突。

本专利所示外观设计的产品名称是"水路两用玩具沙滩车"，包括主视图、仰视图、左视图、俯视图、后视图和立体图，其中右视图与左视图对称，因此省略右视图。

纵观本专利的各视图可知，本专利的沙滩车中间的车身轮廓为六边形，其中前后部为对称的三角形，轮廓线条平直简洁，棱角突出分明，车身中部为椭圆形突脊，左右两侧为两个螺旋形的轮子。

对比文件 1 所示外观设计包括六面视图及立体图。从其图中可以看出，对比文件 1 的沙滩车中间的车身轮廓为五边形，车身线条复杂，车身中部车舱为复杂多边形长条状，左右两侧为两个螺旋形的轮子。

对比文件 2 所示外观设计包括六面视图及立体图。从上述图中可以看出，对比文件 2 的沙滩车中间的车身轮廓基本上为五边形，头部从车身突出，后部具有尾翼，左右两侧为两个螺旋形的轮子。

将本专利分别与对比文件 1、2 进行比较，它们均为玩具类的外观设计，属相同种类产品。将其形状进行比较，不同之处在于：车身的形状完全不同。合议组认为：如果被比设计与在先设计的相同部分为该类产品的惯常设计，而不同部分对产品的视觉效果具有显著影响，则二者既不相同，也不相近似。就本专利而言，左右两侧的螺旋形轮子为沙滩车玩具的惯常设计，不易引起一般消费者的关注，而本专利对一般消费者引起关注的是车身的形状，因此车身的差别对于产品的外观设计的整体视觉效果具有显著的影响。因而本专利与对比文件 1 和 2 的外观设计既不相同，也不相近似。

请求人认为能够引起消费者注意的是在先设计与本专利的轮子设计和轮子与车身的布置。合议组认为：沙滩车玩具包括车身和轮子，尽管沙滩车轮子的形状与普通玩具车辆的形状不同，但这是由其在沙滩中行驶的功能决定的，因此属于此类玩具车辆的惯常设计，而一般消费者在购买此类玩具车辆时，更会注意车身的造型，所以本专利与对比文件 1、2 的差别对于产品的外观设计的整体视觉效果具有显著的影响，因此它们之间既不相同，也不相近似。

综上，本专利与对比文件 1、2 属于既不相同也不相近似的外观设计，因此本专利符合专利法第 23 条的规定。

三、决定

维持 200430096528.0 号外观设计专利权有效。

当事人对本决定不服的，可以根据专利法第 46 条第 2 款的规定，自收到本决定之日起三个月内向北京市第一中级人民法院起诉。根据该款的规定，一方当事人起诉后，另一方当事人应当作为第三人参加诉讼。

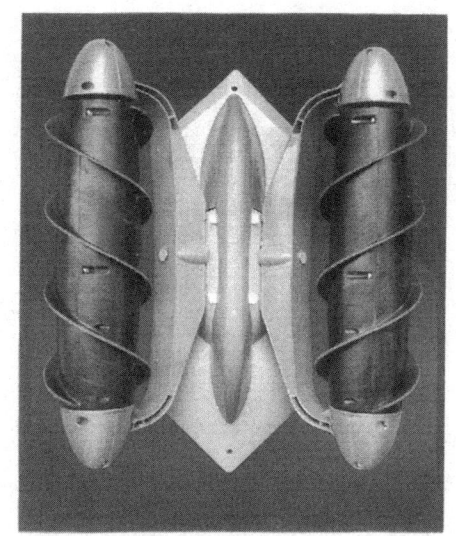

仰视图

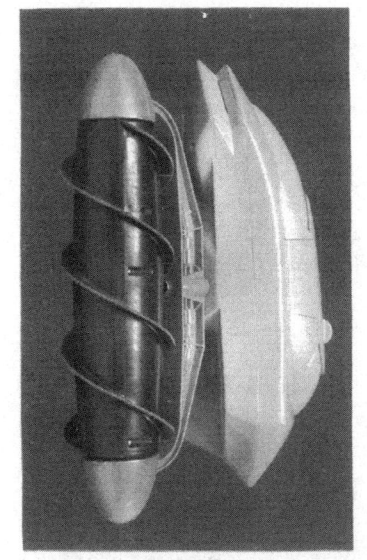

左视图

主视图

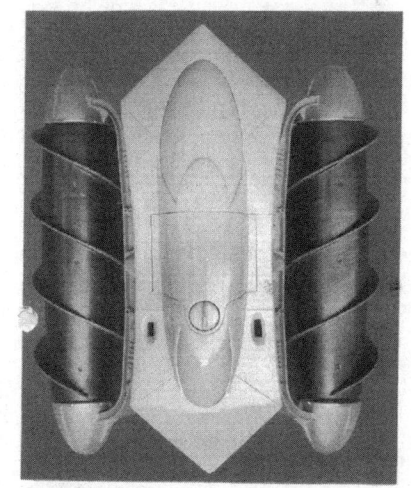

俯视图

后视图

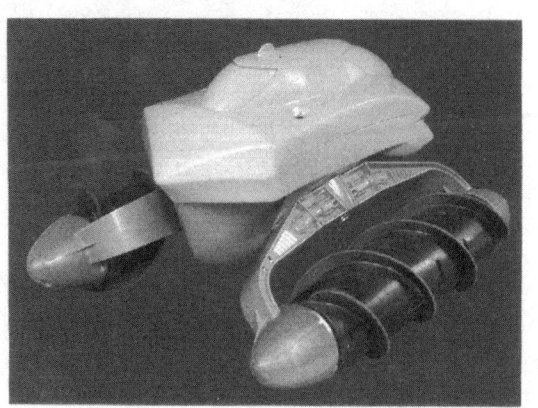

立体图

本专利附图

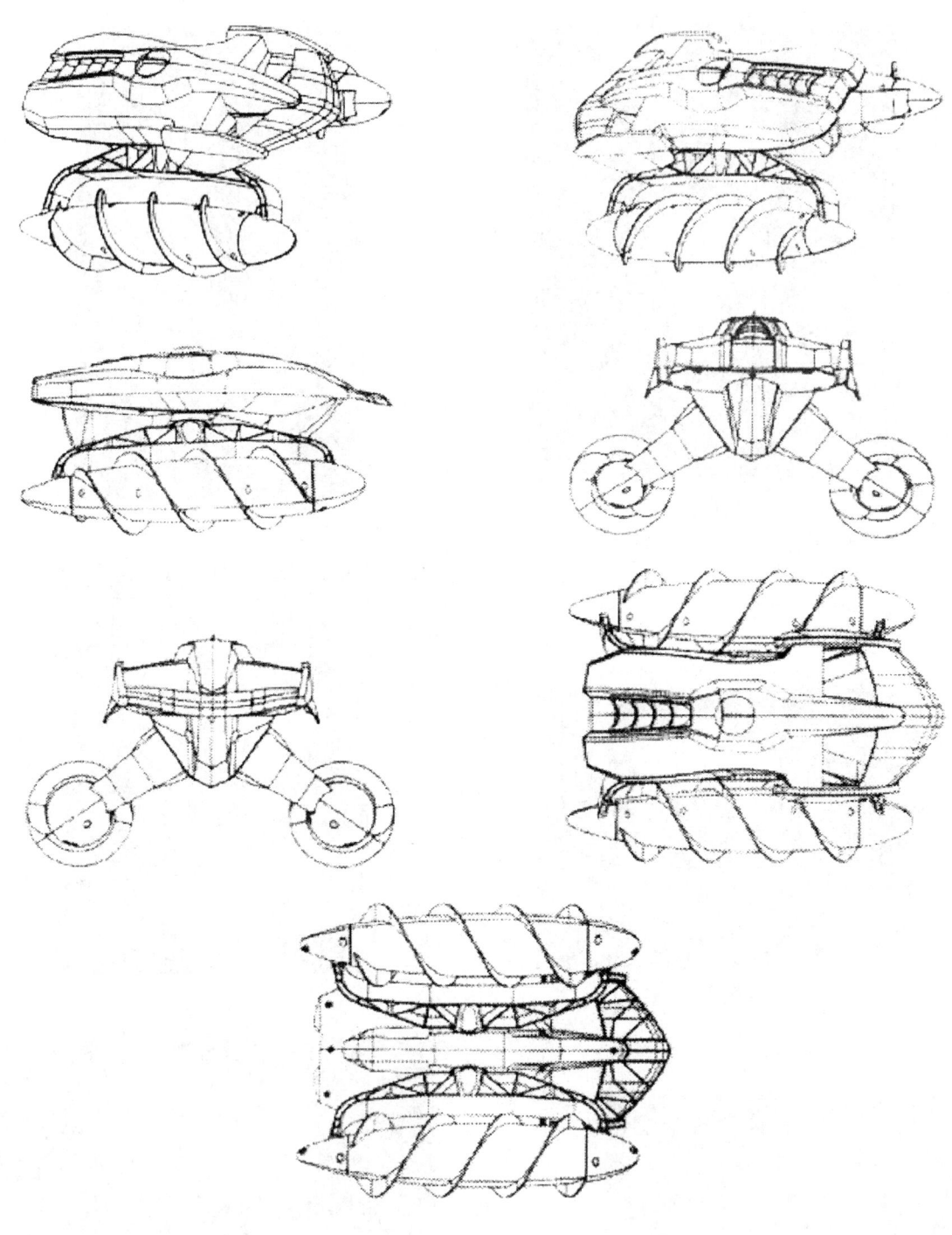

对比文件 1 附图

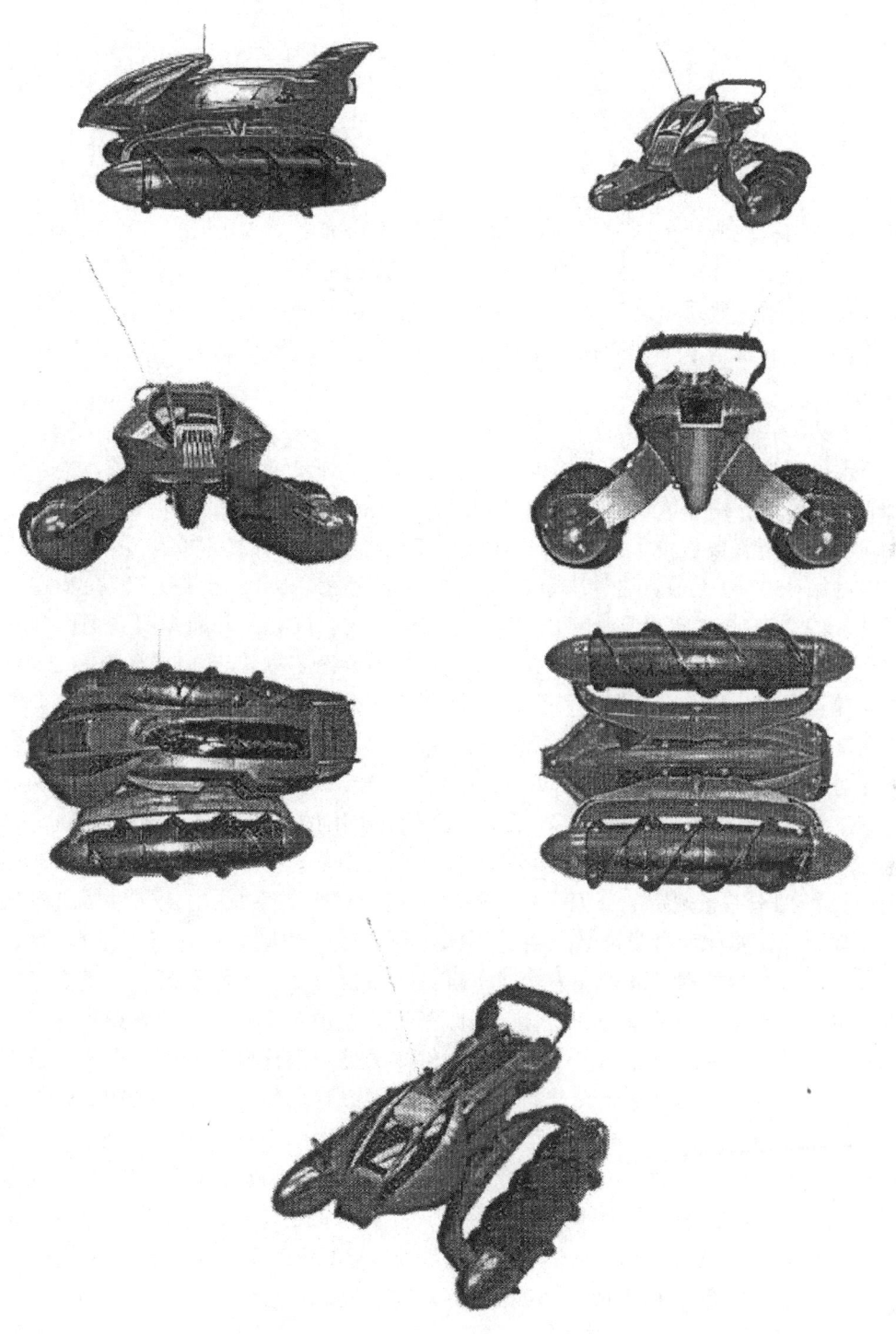

对比文件2附图

北京市第一中级人民法院
行政判决书

(2007) 一中行初字第 861 号

原告马特尔公司，住所地美国加利福尼亚州埃尔塞贡市大陆街 333 号。

委托代理人梁朝玉，北京金之桥知识产权代理有限公司专利代理人。

委托代理人刘良勇，北京金之桥知识产权代理有限公司专利代理人。

被告中华人民共和国国家知识产权局专利复审委员会，住所地北京市海淀区北四环西路 9 号银谷大厦 10~12 层。

法定代表人廖涛，副主任。

委托代理人孙克良，中华人民共和国国家知识产权局专利复审委员会审查员。

委托代理人齐宏涛，中华人民共和国国家知识产权局专利复审委员会审查员。

原告马特尔公司不服被告中华人民共和国国家知识产权局专利复审委员会（以下简称专利复审委员会）作出的第 9509 号无效宣告请求审查决定（以下简称第 9509 号决定），在法定期限内向本院提起行政诉讼。本院于 2007 年 6 月 21 日受理后，依法组成合议庭，并通知罗立纲作为本案的第三人参加诉讼，罗立纲已书面明确表示不作为本案第三人参加诉讼。本院于 2007 年 9 月 24 日对本案公开开庭进行了审理。原告马特尔公司的委托代理人刘良勇、梁朝玉，被告专利复审委员会的委托代理人齐宏涛、孙克良到庭参加了诉讼。本案现已审理终结。第 9509 号决定系被告专利复审委员会就原告马特尔公司针对第三人罗立纲所享有的 200430096528.0 号、名称为"水陆两用玩具沙滩车"的外观设计专利（以下简称本专利）所提出的无效宣告请求而作出的，该决定认定：关于《中华人民共和国专利法》（以下简称《专利法》）第二十三条。对比文件 1、对比文件 2 可以作为评述本专利是否符合《专利法》第二十三条规定的证据。将本专利分别与对比文件 1、对比文件 2 进行比较，它们均为玩具类的外观设计，属相同种类产品。将其形状进行比较，不同之处在于：车身的形状完全不同。就本专利而言，左右两侧的螺旋形轮子为沙滩车玩具的惯常设计，不易引起一般消费者的关注，而本专利对一般消费者引起关注的是车身的形状，因此车身的差别对于产品的外观设计的整体视觉效果具有显著的影响。因而本专利与对比文件 1 和对比文件 2 的外观设计既不相同，也不相近似。马特尔公司认为能够引起消费者注意的是在先设计与本专利的轮子设计和轮子与车身的布置。对此专利复审委员会认为：沙滩车玩具包括车身和轮子，尽管沙滩车轮子的形状与普通玩具车辆的形状不同，但这是由其在沙滩中行驶的功能决定的，因此属于此类玩具车辆的惯常设计，而一般消费者在购买此类玩具车辆时，更会注意车身的造型，所以本专利与对比文件 1、对比文件 2 的差别对于产品的外观设计的整体视觉效果具有显著的影响，因此它们之间既不相同，也不相近似。综上，本专利与对比文件 1、对比文件 2 属于既不相同也不相近似的外观设计，因此本专利符合《专利法》第二十三条的规定。据此，第 9509 号决定维持本专利权有效。马特尔公司不服，于法定期限内向本院提起诉讼，其诉称：（1）第 9509 号决定对本专利与在先设计公开的内容认定不清，无视两者设计风格相同，在后的本专利对在先设计的抄袭、模仿，却过分夸大了二者的细微差别。（2）第 9509 号决定在无证据支持的情况下认定本专利与对比文件的轮子设计是功能性决定的设计，属于惯常设计，并在此基础上认为一般消费者在购买此类玩具时，更会注意车身造型，其认定错误。（3）第 9509 号决定未坚持整体观察、综合判断的原则，仅对车身部分进行了比对从而错误地得出二者不相近似的结论。原告认为，即使仅比对车身，本专利与对比文件亦相近似。综上，本专利与对比文件1、对比文件2为相近似的外观设计，请求法院撤销第9509号决定。被告专利复审委员会辩称：本专利与对比文件1、对比文件2为不相同不相近似的外观设计，具体理由同第9509号决定。第9509号决定认定事实清楚，适用法律正确，审理程序合法，请求法院予以维持。

本院经审理查明：

本专利是名称为"水陆两用玩具沙滩车"，申请号为200430096528.0号的外观设计专利，其申请日为2004年12月9日，授权公告为2005年7月27日，专利权人为罗立纲。本专利包括六幅视图，分别为立体图、主视图、后视图、仰视图、俯视图、左视图，其中右视图与左视图对称，因此省略右视图（详见附图）。

针对本专利，马特尔公司于2006年7月7日向专利复审委员会提出无效宣告请求，认为本专利相对于对比文件1、对比文件2不符合《专利法》第二十三条的规定，请求宣告本专利权无效。

其中，对比文件1是公告日为2004年10月19日的共同体000212774-0003号外观设计专利公告文本，其包括七幅视图（详见附图）。

对比文件2是公告日为2004年10月19日的共同体000212774-0001号外观设计专利公告文本，其包括七幅视图（详见附图）。

2006年12月20日专利复审委员会针对本无效宣告请求进行口头审理。口头审理中，马特尔公司明确其无效理由为本专利与对比文件1、对比文件2对比不符合《专利法》第二十三条的规定；专利权人罗立纲对对比文件1、对比文件2的真实性没有异议，对对比文件1、对比文件2著录项目译文的准确性没有异议。

在此基础上，专利复审委员会作出第9509号决定，维持本专利有效。

庭审中，专利复审委员会认为螺旋形轮子是惯常设计，不须证据支持，其在庭审前后均未提交任何相关证据。

以上事实有本专利授权公告文本、对比文件1、对比文件2、第9509号决定及庭审笔录在案佐证。

本院认为：

第9509号决定中认定，因左右两侧的螺旋形轮子是由其在沙滩中行驶的功能决定的，因此属于此类玩具车辆的惯常设计，不易引起一般消费者的关注。对此，本院认为，鉴于专利法所保护的外观设计须适于工业应用，故外观设计须具有功能性。鉴于此，由功能所决定的设计并非必然不会引起一般消费者关注。通常而言，只有由功能唯一限定的特定形状才不会引起消费者关注，亦不会对整体视觉效果产生显著影响。本案中，鉴于被告并未举证证明螺旋形轮子是由其在沙滩中行驶的功能所唯一限定的形状，故第9509号决定中仅以其为由功能决定的形状而认为不易引起一般消费者关注，该认定错误，本院不予维持。对于螺旋形轮子是否属于惯常设计，本院认为，依据《最高人民法院关于行政诉讼证据若干问题的规定》第六十八条的规定可知，只有对于众所周知的事实、自然规定及定理、按照法律规定推定的事实、已经依法证明的事实及根据日常生活经验法则推定的事实，当事人才无须举证。鉴于本案并不属于上述情况，故被告须举证证明螺旋形轮子对于沙滩车而言是惯常设计。鉴于被告在本案中未提交任何惯常设计的证据，故本院对于第9509号决定中所作出的螺旋形轮子为惯常设计的认定不予支持。

《专利法》第二十三条规定：授予专利权的外观设计，应当同申请日以前在国内外出版物上公开发表过或者国内公开使用过的外观设计不相同和不相近似，并不得与他人在先取得的合法权利相冲突。

将本专利分别与对比文件1、对比文件2进行比较，就产品而言，它们均为玩具类的外观设计，属相同种类产品。就形状而言，本专利与对比文件1、对比文件2均由三部分构成，即车身、车轮及支架。鉴于无证据证明螺旋形轮子为惯常设计，故在具体比对时应考虑车轮对视觉所产生的影响。通过比对可知，本专利与对比文件1、对比文件2的轮子及支架形状基本相同，车身在整体设计上亦较为近似，均呈多边形的长条状，且车身的上下面均形成有突脊。其不同点仅在于本专利与对比文件在车身上的设计具有细微差别，即本专利车身的轮廓为六面形，其中前后部为三角形。对比文件1、对比文件2车身均为五边形。但该差别并不会对一般消费者产生显著视觉影响，据此，本院认为，本专利与对比文件1、对比文件2为相近似的外观设计，本专利不符合《专利法》第二十三条的规定。

综上，第9509号决定认定事实错误，本院依法予以撤销。依照《中华人民共和国行政诉讼法》第五十四条第（二）项之规定，本院判决如下：

1. 撤销被告国家知识产权局专利复审委员会作出的第9509号无效宣告请求审查决定。
2. 被告国家知识产权局专利复审委员会重新作出无效宣告审查决定。

案件受理费100元，由被告中华人民共和国国家知识产权局专利复审委员会负担（于本判决生效之日起7日内交纳）。

如不服本判决，原告马特尔公司可在本判决书送达之日起30日内，被告中华人民共和国国家知识产权局专利复审委员会可在本判决书送达之日起15日内向本院提交上诉状并交纳上诉案件受理费100元，上诉于北京市高级人民法院。

审　判　长　姜　颖
代理审判员　苏　杭
代理审判员　芮松艳
二〇〇七年十二月十日
书　记　员　王　晔

电力蒸汽熨斗

无效宣告请求审查决定（第 9510 号）

决 定 号	第 9510 号
决 定 日	2006 年 12 月 28 日
发明创造名称	电力蒸汽熨斗
外观设计分类号	07-05
无效宣告请求人	浙江月立电器有限公司
专 利 权 人	SEB 公司
专 利 号	98322299.1
申 请 日	1998 年 2 月 5 日
优 先 权 日	1997 年 8 月 5 日
授 权 公 告 日	1999 年 2 月 24 日
合议组组长	钱亦俊
主 审 员	张跃平
参 审 员	张雪飞
附 图	10 页

法 律 依 据 专利法第 23 条

决 定 要 点

对于电熨斗这类产品，由于其功能的限定，必然包括电熨斗壳体部分和底板两部分，壳体通常也分熨斗前部、中部和后部，且熨斗壳体前部是功能控制区，中部是操作把手，后部连接电源连线，熨斗壳体部分下面是加热底板。此外，加热底板的前端以及熨斗壳体前端受功能的限定都会呈尖形，因此，这些共同点在外观设计相同相近似性判断中具有的影响比较小，而熨斗的外轮廓包括主视图看到的轮廓和左右视图看到的轮廓、控制操作按钮的形状、把手的形状、握孔的形状以及由这些部位组成的熨斗的整体视觉效果决定着熨斗的外观设计的近似与否。

一、案由

本无效宣告请求涉及的是 1999 年 2 月 24 日国家知识产权局授权公告的 98322299.1 号外观设计专利（下称本专利），其名称是"电力蒸汽熨斗"，申请日是 1998 年 2 月 5 日，优先权日是 1997 年 8 月 5 日，专利权人是穆里内克斯股份有限公司，之后专利权人变更为 SEB 公司（下称专利权人）。

针对本专利权，2005 年 12 月 16 日浙江月立电器有限公司（下称请求人）向专利复审委员会提出无效宣告请求，其理由是在本专利申请日之前，在国内外公开出版物上公开发表的产品外观设计与本专利相近似，因此本专利不符合专利法第 23 条的规定。请求人同时提交了作为证据的 10 个附件：

附件 1：授权公告日为 1996 年 6 月 26 日的 93304874.2 号外观设计专利公告信息复印件；

附件 2：公告日为 1996 年 5 月 14 日、专利号为 Des.369890 的美国专利公报复印件；

附件 3：公告日为 1995 年 12 月 12 日、专利号为 Des.365184 的美国专利公报复印件；

附件 4：授权公告日为 1996 年 3 月 6 日的 95301143.7 号外观设计专利公告信息复印件；

附件 5：公告日为 1996 年 4 月 16 日、专利号为 Des.369004 的美国专利公报复印件；

附件 6：授权公告日为 1996 年 6 月 26 日的 95301148.8 号外观设计专利公告信息复印件；

附件 7：授权公告日为 1996 年 5 月 15 日的 95303502.6 号外观设计专利公告信息复印件；

附件 8：授权公告日为 1991 年 8 月 14 日的 90303766.1 号外观设计专利公告信息复印件；

附件 9：授权公告日为 1991 年 6 月 19 日的 90303619.3 号外观设计专利公告信息复印件；

附件 10：是本专利授权公报复印件。

专利复审委员会根据无效宣告请求审查程序的规定受理了该无效宣告请求，并于 2005 年 12 月 19 日将请求人的无效宣告请求书及其附件的副本转送给专利权人。

专利权人于 2006 年 1 月 24 日向专利复审委员会提交了意见陈述书，专利权人对请求人提交的附件 1、2、3、5、8、9 的合法性、真实性均有异议。并且将本专利与附件 1~9 进行了逐一对比，认为本专利与附件 1~9 相比的相似之处基本均为本类产品的功能性设计，是由其功能决定的。根据审查指南的规定，完全取决于功能的那部分形状不能作为判断外观设计是否相同和相近似的因素。由于熨斗所必须提供的功能决定了对熨斗产品的创新设计是有局限性的，本专利正是在满足此类产品所必须具有的功能的基础上，在最大限度内作出了独特的设计，因此，本专利与这九篇对比文件相比既不相同也不相近似。

专利复审委员会于 2006 年 6 月 13 日将专利权人 2006 年 1 月 24 日提交的意见陈述书转送给请求人，并向双方当事人发出口头审理通知书，定于 2006 年 8 月 9 日对本案进行口头审理。

2006 年 7 月 25 日，专利复审委员会收到专利权人的意见陈述书。认为请求人应当提交外文证据的中文译文。

2006 年 8 月 9 日口头审理如期举行，双方均委托代理人出庭。合议组当庭将 2006 年 7 月 25 日收到的专利权人的意见陈述书转送给请求人。在口头审理中，双方当事人对合议组组成人员无回避请求。请求人对专利权人委托书中的签名有异议，要求专利权人提供有资格代表人签字的委托书，请求人认为专利权人代理人张一军没有委托书，对其出庭资格有异议。请求人对当庭收到的专利权人的意见陈述不要求另给答辩期。专利权人再一次提出对请求人提交的美国对比文件有异议，认为请求人应当提交相应的中文译文，认为其应当提交相应的中文译文。专利权人对请求人提供的中国外观设计的网上下载文件的真实性有异议。此外，双方当事人就本专利与对比文件的相近似性问题阐述了各自的观点。

在上述审理的基础上，合议组经过合议，认为本案事实清楚，要求专利权人在口头审理后两个月内提交有资格代表人的委托书及其公证认证件和代理人张一军的委托书。

2006 年 9 月 12 日专利权人提交了代理委托书和"唯一股东关于 SEB 公司的决定"的公证认证件，该决定载明 Philippe Crevoisier 先生为 SEB 公司的新董事长，在唯一股东所授权限和公司主要经营活动范围内，董事长享有以公司的名义处理各种公务的充分权利。提交的代理委托书就是 Philippe Crevoisier 先生签字的。

2006 年 12 月 6 日，专利复审委员会将上述委托书及公司法人身份代表决定的公证认证件转送给请求人，要求其在收到本通知之日起 7 日内到专利复审委员会外观设计申诉处核实原件及其内容，期满未核实的,视为当事人已得知上述内容,并且未提出反对意见。

请求人至今未作出任何答复,也未到专利复审委员会核实上述委托书及公证认证件。

合议组在上述审理的基础上,认为本案事实清楚,可以依法作出本审查决定。

二、决定的理由

1. 无效宣告请求的理由

根据请求原则,合议组依据请求人提出的无效宣告请求理由即本专利不符合专利法第23条的规定这一理由进行审查。

专利法第23条规定:授予专利权的外观设计,应当同申请日以前在国内外出版物上公开发表过或者国内公开使用过的外观设计不相同和不相近似,并不得与他人在先取得的合法权利相冲突。

2. 证据的审查

请求人提交的附件1、附件4、附件6、附件7、附件8和附件9是中国外观设计专利授权公告信息复印件,经核实其内容属实。因这些外观设计的公开日期都早于本专利优先权日,其可以作为评价本专利是否符合专利法第23条的证据被采信。

请求人提交的附件2、附件3、附件5是美国专利公报复印件,经核实其与原件相符,而且其公开日都在本专利优先权日前。专利权人对请求人提交的美国对比文件有异议,认为请求人应当提交相应的中文译文。对此合议组认为:请求人在无效宣告请求书中已经对这些美国外观设计的名称、专利号和公开时间进行了翻译,对此,专利权人对其真实性并未提出异议。而引用的作为对比文件的图片不涉及翻译的问题,故专利权人的上述主张不成立。因此,这些证据可以作为评价本专利是否符合专利法第23条的证据被采纳。

3. 相同和相近似性比较

附件1公开了一款"电力蒸汽熨斗"(下称对比文件1)的主视图、后视图、左视图、右视图、俯视图、仰视图和立体图。该熨斗壳体部分分熨斗前部、中部和后部,熨斗壳体前部是功能控制区,中部是操作把手,后部有后跟部和电源连线,熨斗壳体部分下面是加热底板和底板尾部。从各视图可知,熨斗前部的功能控制区上端凸出,靠近前端有两个杯形小孔,壳体中部把手基本水平,把手下方的握孔呈两端为弧形的长圆孔,孔下方有一个操作钮,壳体后部上方接电源线,下方的后跟部从主视图和后视图看呈梯形嵌于熨斗壳体后部中,后跟部下方还有一个长圆形部分;壳体下的加热底板前部近似三角形,后部近似矩形,底板上设置有许多出气小孔,底板尾部向上倾斜并带有凹陷部;从对比文件1的左右视图看,熨斗后部轮廓呈上端为圆弧的三角形,三角形下是一个矩形;从主视图看,熨斗外部轮廓前端倾斜度较大,控制按钮略向上凸出,后部的把手部位基本水平,后部向下向外倾斜(详见对比文件1附图)。

附件2公开了一款"蒸汽熨斗"(下称对比文件2)的八幅视图。该熨斗壳体部分分熨斗前部、中部和后部,熨斗壳体前部是功能控制区,中部是操作把手,后部有电源连线和靠近加热底板的尾部,熨斗壳体部分下面是加热底板。从各视图可知,对比文件2熨斗前部的功能控制区上端是凸起的小按钮,靠近前端有一个较大的孔,壳体中部把手基本水平,把手下方的握孔呈两端为弧形的长圆孔,孔下方有一个圆形操作钮,壳体后部上方接电源线,壳体后部从侧面看倾斜,上窄下宽,靠近加热底板的尾部在加热底板上方且与加热底板基本平行;壳体下的加热底板三个边呈弧形整体近似三角形,底板上设置有许多出气小孔;从对比文件2的左右视图看(按本专利视图名称定义其各面视图),熨斗后部轮廓呈上端为圆弧的三角形,三角形下是一个很窄的矩形;从主视图看,熨斗外部轮廓前端倾斜度较大,控制按钮略向上凸出,从控制按钮起后部的把手部位水平,后部向下向外倾斜(详见对比文件2附图)。

附件 3 公开了一款"电熨斗"（下称对比文件 3）的六幅视图。该电熨斗壳体部分分熨斗前部、中部和后部，熨斗壳体前部是功能控制区，中部是操作把手，后部有电源连线和靠近加热底板的尾部，熨斗壳体部分下面是加热底板。从各视图可知，对比文件 3 熨斗前部的功能控制区上端是凸起的两个按钮，一个较小，一个较大，靠近前端有一个较大的孔和一个较小的孔，壳体中部把手略向上倾斜，把手下方的握孔呈两端为弧形的长圆孔，孔旁边设置有一个操作钮，壳体后部上方接电源线，壳体后部从侧面看倾斜，上宽下窄，靠近加热底板的尾部在加热底板上方呈不规则形状；壳体下的加热底板近似水滴形，底板上设置有许多出气小孔；从对比文件 3 的左右视图看（按本专利视图名称定义其各面视图），熨斗后部轮廓呈上端为圆弧的等腰三角形，两腰底部两端有凸出于三角形的部分，三角形下是很窄的加热底板；从主视图看，熨斗上方外轮廓近似一条斜线一直向上倾斜，熨斗后部向下向内倾斜（详见对比文件 3 附图）。

附件 4 公开了一款"电蒸汽熨斗"（下称对比文件 4）的主视图、后视图、左视图、右视图、俯视图、仰视图和立体图。该熨斗壳体部分分熨斗前部、中部和后部，熨斗壳体前部是功能控制区，中部是操作把手，后部有电源连线、后跟部和靠近加热底板的尾部，熨斗壳体部分下面是加热底板。从各视图可知，熨斗前部的功能控制区上端凸出，靠近前端有两个小孔，其中一个较大一个较小，壳体中部把手基本水平，把手下方的握孔呈两端为弧形的长圆孔，孔下方有一个圆形操作钮，壳体后部上方接电源线，下方的后跟部凸出于壳体后部表面且与其平行；壳体下的加热底板前部近似三角形，后部近似正方形，底板上设置有许多出气小孔，靠近加热底板的尾部向上倾斜；从对比文件 4 的左右视图看，熨斗后部轮廓近似三角形，三角形下是加热底板；从主视图看，熨斗外部轮廓前端倾斜度较大，控制按钮略向上凸出，后部的把手部位水平，后部向下向外倾斜（详见对比文件 4 附图）。

附件 5 公开了一款"蒸汽熨斗"（下称对比文件 5）的八幅视图。该熨斗壳体部分分熨斗前部、中部和后部，熨斗壳体前部是功能控制区，中部是操作把手，后部有电源连线和靠近加热底板的尾部，熨斗壳体部分下面是加热底板。从各视图可知，对比文件 5 熨斗前部的功能控制区上端是一个凸起的小按钮，靠近前端有一个较大的圆孔和一个较小的杯形孔，壳体中部把手略向上倾斜，把手下方的握孔大体呈两端为弧形的长圆孔，孔下方有一个圆形操作钮，壳体后部上方接电源线，壳体后部从侧面看倾斜，上窄下宽，靠近加热底板的尾部在加热底板上方且与加热底板基本平行，且其边缘有一个圆柱形部分；壳体下的加热底板三个边呈弧形整体近似三角形，底板上设置有许多出气小孔；从对比文件 5 的左右视图看，熨斗后部轮廓呈上端为圆弧的近似三角形，三角形下是一个很窄的加热底板；从主视图看，熨斗外部轮廓前端倾斜度较大，控制按钮略向上凸出，从控制按钮起后部的把手部位水平，后部向下向外倾斜（详见对比文件 5 附图）。

附件 6 公开了一款"熨斗"（下称对比文件 6）的主视图、后视图、左视图、右视图、俯视图、仰视图和立体图。该熨斗壳体部分分熨斗前部、中部和后部，熨斗壳体前部是功能控制区，中部是操作把手，后部有电源连线、底座和靠近加热底板的尾部，熨斗壳体部分下面是加热底板。从各视图可知，对比文件 6 熨斗前部的功能控制区上端是凸起的两个小按钮，靠近前端有一个较大的长圆孔，壳体中部把手略向上倾斜，把手下方的握孔呈腰子形，孔下方有一个圆形操作钮，壳体后部上方接垂直向上的电源线，壳体后部是一个底座，从侧面看倾斜且上窄下宽，靠近加热底板的尾部在加热底板上方且向上倾斜；壳体下的加热底板两边呈弧形，后边中间外凸，底板上设置有许多出气小孔；从对比文件 6 的左右视图看，熨斗后部轮廓呈小山包形；从主视图看，熨斗外部轮廓前端倾斜度较大，控制按钮略向上凸出，从控制按钮起后部的把手部位略向上倾斜，后部向下向外倾斜（详见对比文件 6 附图）。

附件 7 公开了一款"熨斗"（下称对比文件 7）的主视图、后视图、左视图、右视图、俯视图、仰视图、两个剖视图和立体图。该电熨斗壳体部分分熨斗前部、中部和后部，熨斗壳体前部是功能控制区，中部是操作把手，后部有电源连线、底座和靠近加热底板的尾部，熨斗壳体部分下面是加热底板。从各视图可知，对比文件7熨斗前部的功能控制区有一个水平的圆形按钮，壳体中部把手略向下倾斜，把手下方的握孔呈不规则形，孔下方有一个矩形，壳体后部上方斜向上的电源线，壳体后部上方有一个凸出的尾翼，从侧面看壳体后部向外倾斜，靠近加热底板的尾部在加热底板上方且略向上倾斜；壳体下的加热底板为两边呈弧形的近似三角形；从对比文件7的左右视图看，熨斗后部轮廓呈顶端为圆弧的近似三角形，上方的尾翼为扁椭圆形；从主视图看，熨斗外部轮廓前端倾斜度较小，控制按钮处略向上凸出，从控制按钮起后部的把手部位略向下倾斜，后部向下向外倾斜（详见对比文件7附图）。

附件8公开了一款"蒸汽熨斗"（下称对比文件8）的主视图、后视图、右视图、俯视图、仰视图和立体图。该熨斗壳体部分分熨斗前部、中部和后部，熨斗壳体前部是功能控制区，中部是操作把手，后部有电源连线、底座和靠近加热底板的尾部，熨斗壳体部分下面是加热底板。从各视图可知，对比文件8熨斗前部的功能控制区是凸起的两个小按钮，壳体中部把手基本水平，把手下方的握孔呈平行四边形，孔下方有一个圆形操作钮，壳体后部上方接斜向上的电源线，壳体后部是一个底座，从侧面看倾斜且下方向外倾斜，靠近加热底板的尾部向上倾斜；壳体下的加热底板为两边呈弧形的近似三角形，底板上设置有许多出气小孔；从对比文件8的后视图看，熨斗后部轮廓呈小山包形；从右视图看，熨斗外部轮廓前端倾斜度较大，从控制按钮起后部的把手部位基本水平，后部向下向外倾斜（详见对比文件8附图）。

附件9公开了一款"蒸汽熨斗"（下称对比文件9）的主视图、后视图、右视图、俯视图、仰视图和立体图。该熨斗壳体部分分熨斗前部、中部和后部，熨斗壳体前部是功能控制区，中部是操作把手，后部有电源连线、底座和靠近加热底板的尾部，熨斗壳体部分下面是加热底板。从各视图可知，对比文件9熨斗前部的功能控制区是凸起的按钮，按钮下方有一个长孔，壳体中部把手平直且与前面的功能控制区有明显的分界，把手下方的握孔呈梯形，孔下方有一个圆形操作钮，壳体后部上方接斜向上的电源线，壳体后部是一个底座，从侧面看倾斜且下方向外倾斜，靠近加热底板的尾部向上倾斜；壳体下的加热底板为两边呈弧形的近似三角形，底板上设置有许多出气小孔；从对比文件9的后视图看，熨斗后部轮廓呈梯形；从右视图看，熨斗外部轮廓前端倾斜度较大，从控制按钮起后部的把手部位水平，后部向下向外倾斜（详见对比文件9附图）。

本专利授权公告文本公开了电力蒸汽熨斗的主视图、后视图、左视图、右视图、俯视图、仰视图和立体图。从这些视图可以看出，本专利电力蒸汽熨斗包括电熨斗壳体部分和底板两部分，壳体分熨斗前部、中部和后部，熨斗壳体前部是功能控制区，中部是操作把手，后部有尾翼板和电源连线，熨斗壳体部分下面是加热底板。从各视图可知，熨斗前部的功能控制区上端凸出且为深色区域，靠近前端有一个比较大的孔，壳体中部把手略向上倾斜，把手下方的握孔呈两端为弧形的长圆孔，长圆孔周围有一个深色区域，孔下方有一个圆形操作钮，壳体后部上方接电源线，后部中间向内凹陷，后部下端有一个尾翼板，尾翼板下方靠近加热底板的尾部向上倾斜；壳体下的加热底板前部近似三角形，后部近似正方形，底板上设置有许多出气小孔；从本专利的主视图看，熨斗外部轮廓前端倾斜度较大，从控制按钮起后部的把手部位略向上倾斜，后部轮廓呈"S"形，后部下方还设有一个外凸的扁尾翼板，靠近加热底板的尾翼向上圆滑倾斜。从左右视图看，熨斗后部轮廓呈葫芦形，下方的尾翼板呈扁椭圆形（详见本专利附图）。

由于本专利与上述九个对比文件均是熨斗，属于同类产品，可以进行相同相近似性比较。合议组认为，对于电熨斗这类产品，由于其功能的限定，必然包括电熨斗壳体和底板两部分，壳体通常也分熨斗前部、中部和后部，且熨斗壳体前部是功能控制区，中部是操作把手、后部连接电源连线，熨斗壳体部分下面是加热底板。此外，加热底板的前端以及熨斗壳体前端受功能的限定都会呈尖形，因此，这些共同点在外观设计相同相近似性判断中具有的影响比较小，而熨斗的外轮廓包括主视图看到的轮廓和左右视图看到的轮廓、控制操作按钮的形状、把手的形状、握孔的形状以及由这些部位组成的熨斗的整体视觉效果决定着熨斗的外观设计的近似与否。

将本专利与上述九篇对比文件分别单独进行相同和相近似比较可知，本专利从其主视图看，熨斗外部轮廓前端倾斜度较大，从控制按钮起后部的把手部位略向上倾斜，后部轮廓呈"S"形，后部下方还设有一个外凸的扁尾翼板，靠近加热底板的尾翼向上圆滑倾斜。从左右视图看，熨斗后部轮廓呈葫芦形，下方的尾翼板呈扁椭圆形。本专利整体给人的视觉印象圆滑流畅，比较现代。

对比文件1无论是按钮的形状，还是熨斗的后部轮廓与本专利都有很大不同，从整体造型看其外轮廓周边线条比较平直。

对比文件2与本专利的差异更大，无论是其操作控制按钮的形状，还是熨斗的外轮廓，尤其是熨斗后部造型，靠近加热底板的尾部等与本专利都有很大差异，整体造型比较平直。

对比文件3与本专利的差异也很明显，其操作控制按钮、熨斗前部轮廓、后部造型、尾翼板的形状都与本专利有很大差异。

对比文件4与本专利也有很大不同，其操作控制按钮、熨斗后部造型、靠近加热底板的尾部与本专利都有很大差异。

对比文件5熨斗的前部轮廓、后部造型、靠近加热底板的尾部以及操作控制面板与本专利都有很大的差异。

对比文件6的操作控制按钮、握孔形状、熨斗后部造型、电源线连接方式以及靠近加热底板的尾部等与本专利都有很大差异。

对比文件7、对比文件8和对比文件9的控制操作按钮、握孔形状、熨斗前部轮廓、后部造型以及靠近加热底板的尾部与本专利差异都很大。

而每个对比文件与本专利的差异对二者的整体视觉效果都具有显著影响，因此，本专利与上述九个对比文件单独对比都属于不相同也不相近似的外观设计。

综上所述，请求人提交的所有证据都不能支持其主张，不能证明本专利不符合专利法第23条的规定。

三、决定

维持98322299.1号外观设计专利权有效。

当事人对本决定不服的，可以根据专利法第46条第2款的规定，自收到本决定之日起三个月内向北京市第一中级人民法院起诉。根据该款的规定，一方当事人起诉后，另一方当事人应当作为第三人参加诉讼。

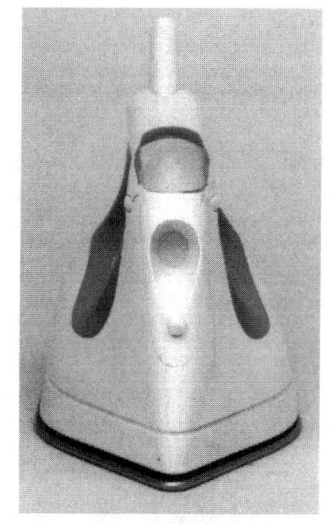
左视图

右视图

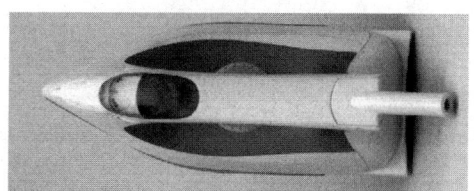
俯视图

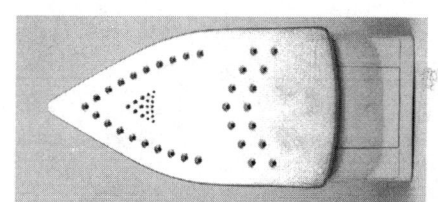
仰视图

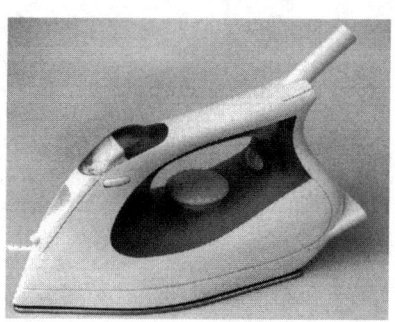
立体图

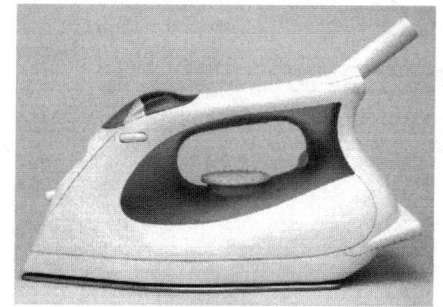
主视图

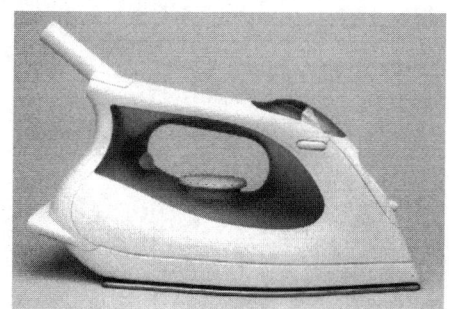
后视图

本专利附图

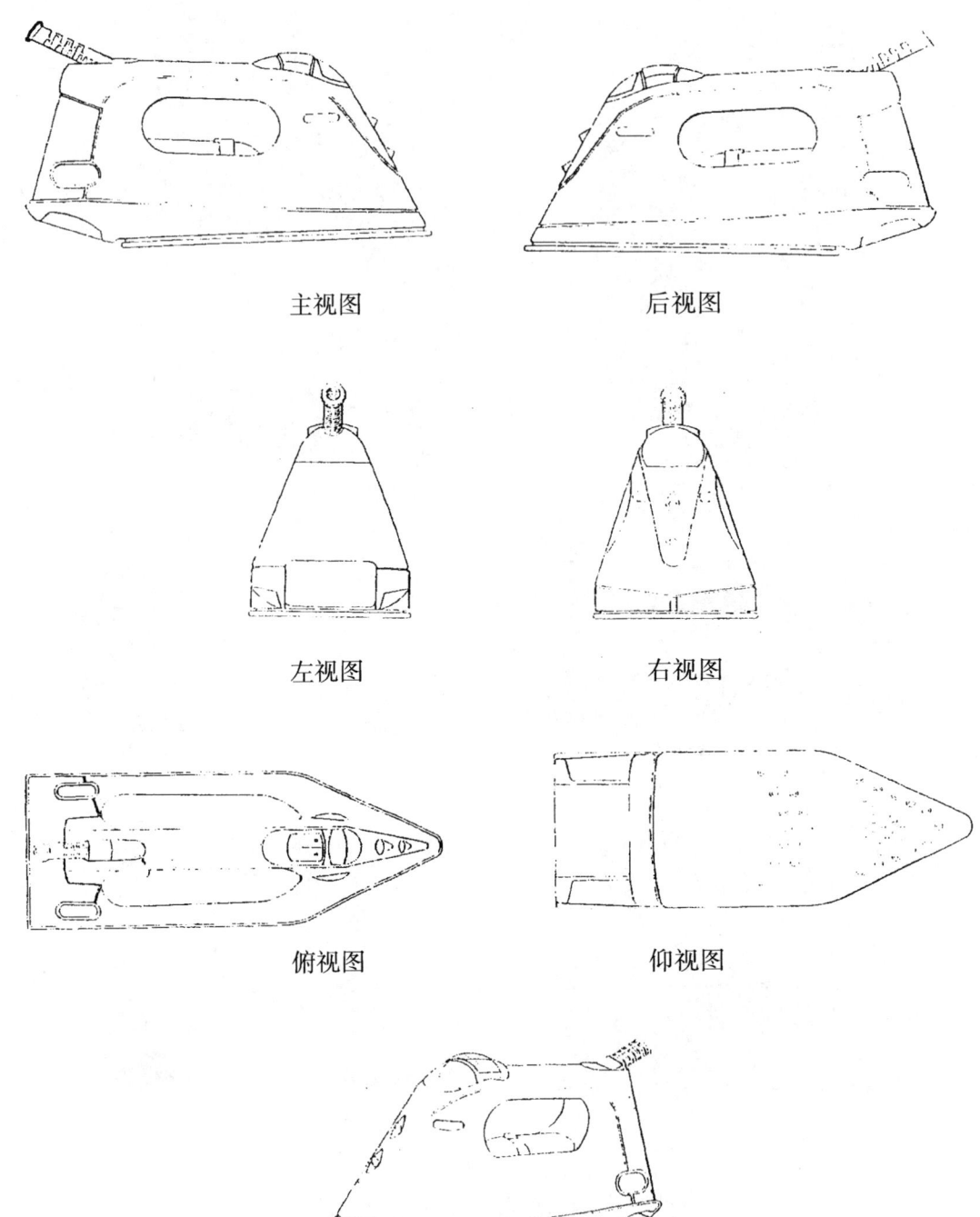

主视图　　　　　后视图

左视图　　　　　右视图

俯视图　　　　　仰视图

立体图

对比文件 1 附图

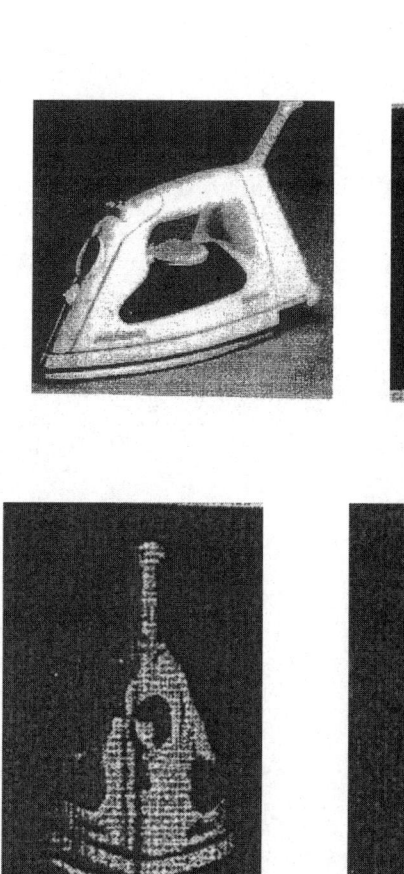

FIG. 1

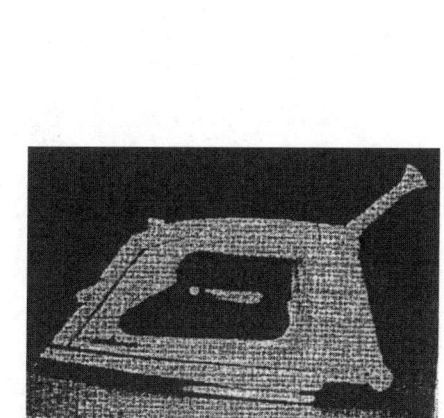

FIG. 2

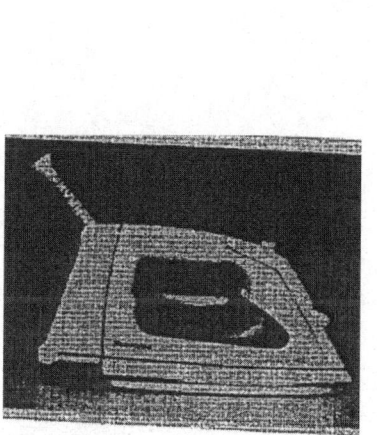

FIG. 3 FIG. 4 FIG. 5

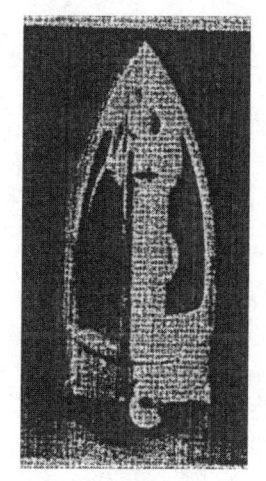

FIG. 6 FIG. 7 FIG. 8

对比文件2附图

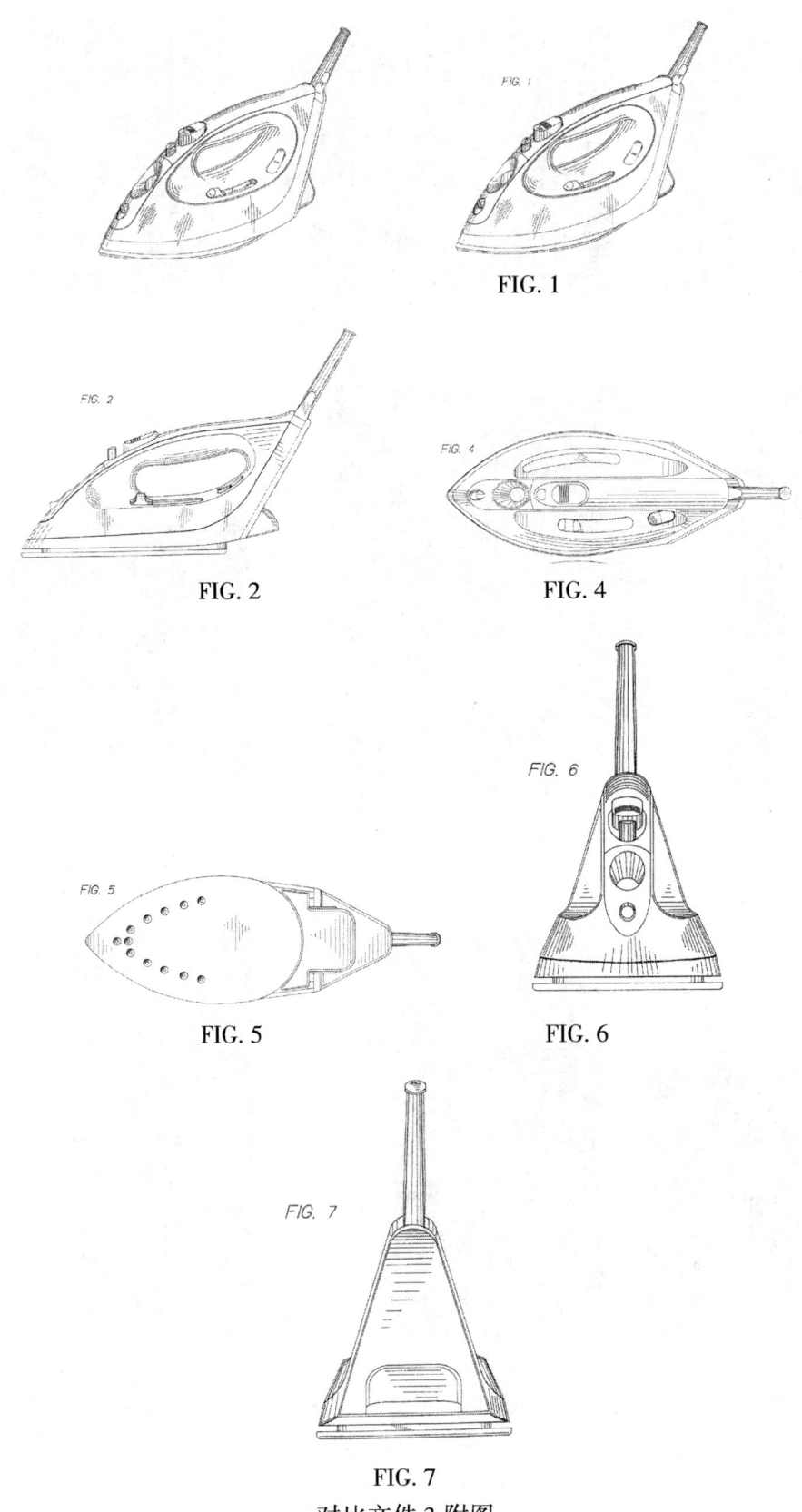

对比文件3附图

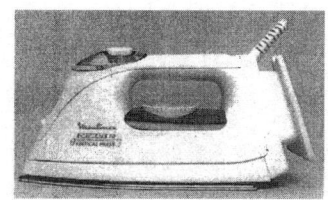
主视图

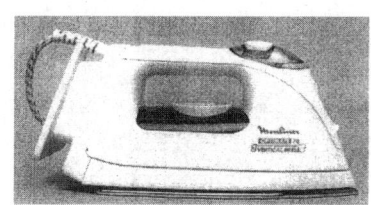
后视图

左视图

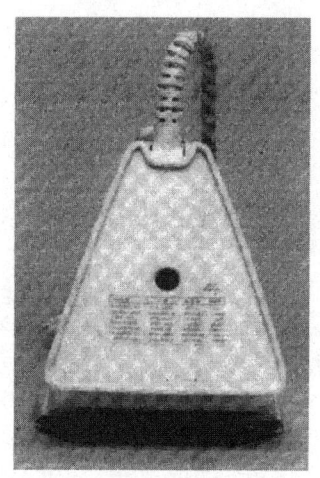
右视图

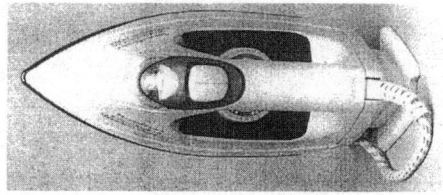
俯视图

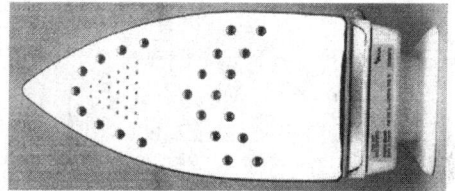
仰视图

立体图

对比文件4附图

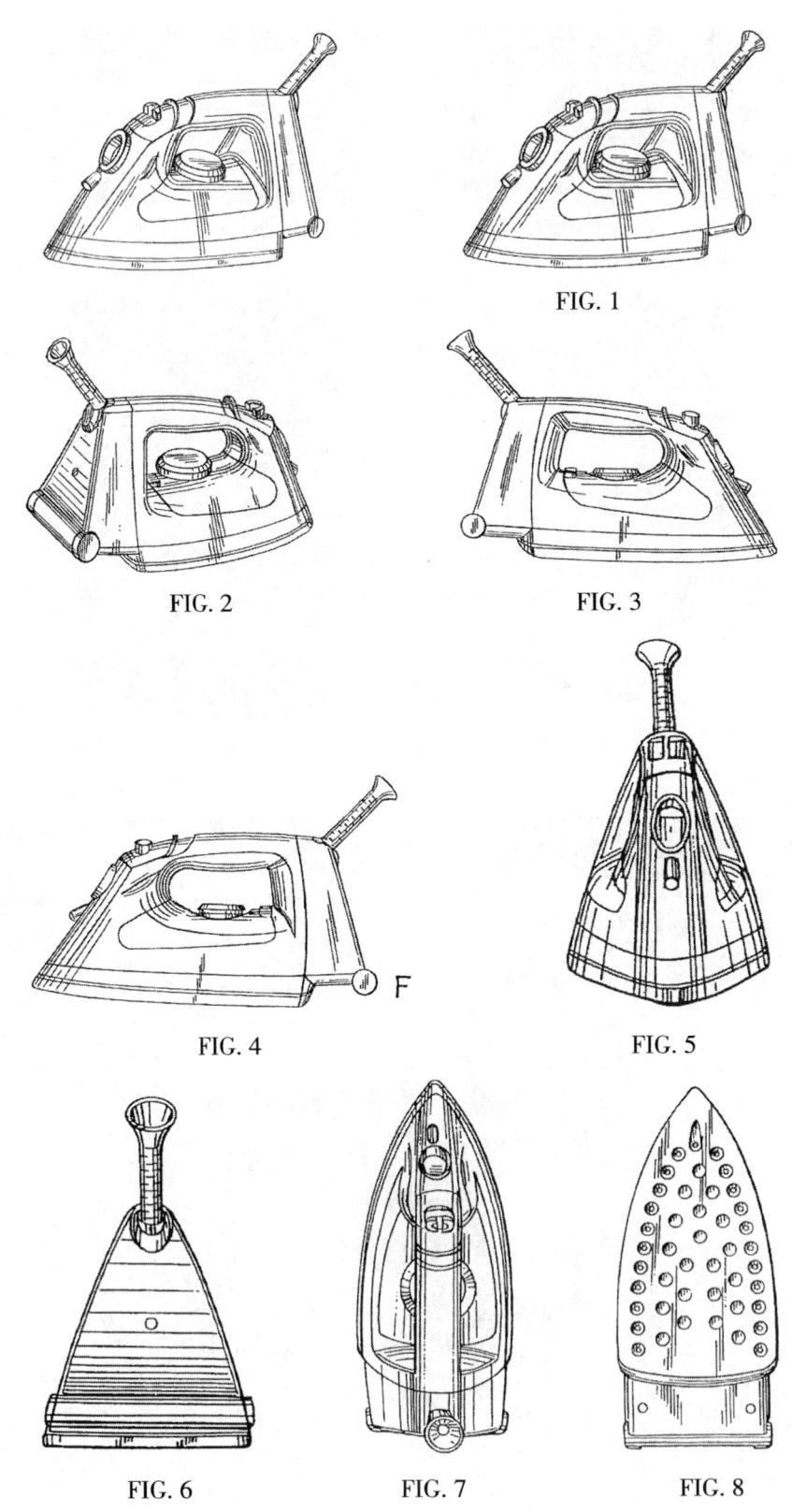

对比文件 5 附图

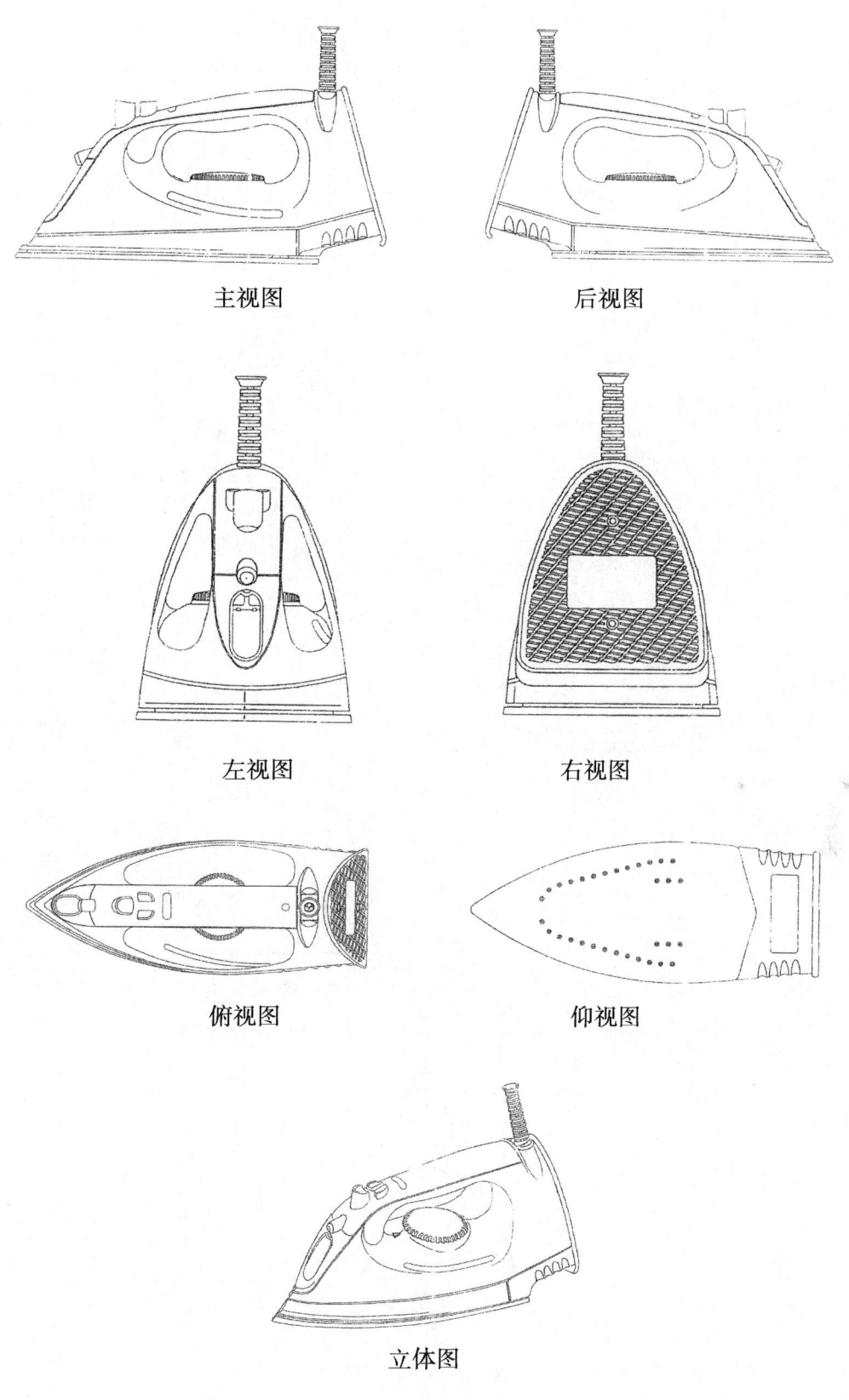

对比文件6附图

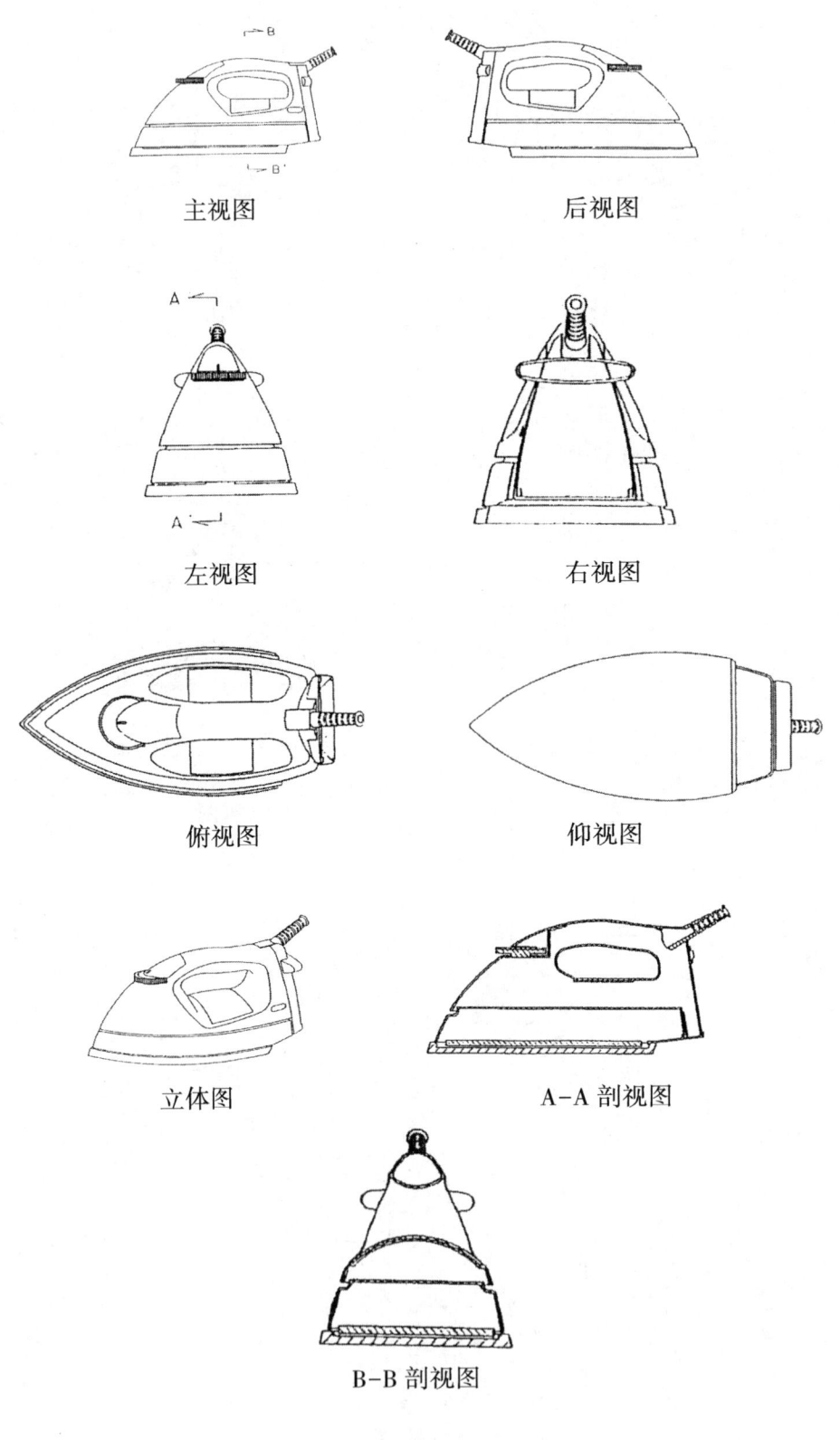

主视图 后视图

左视图 右视图

俯视图 仰视图

立体图 A-A 剖视图

B-B 剖视图

对比文件 7 附图

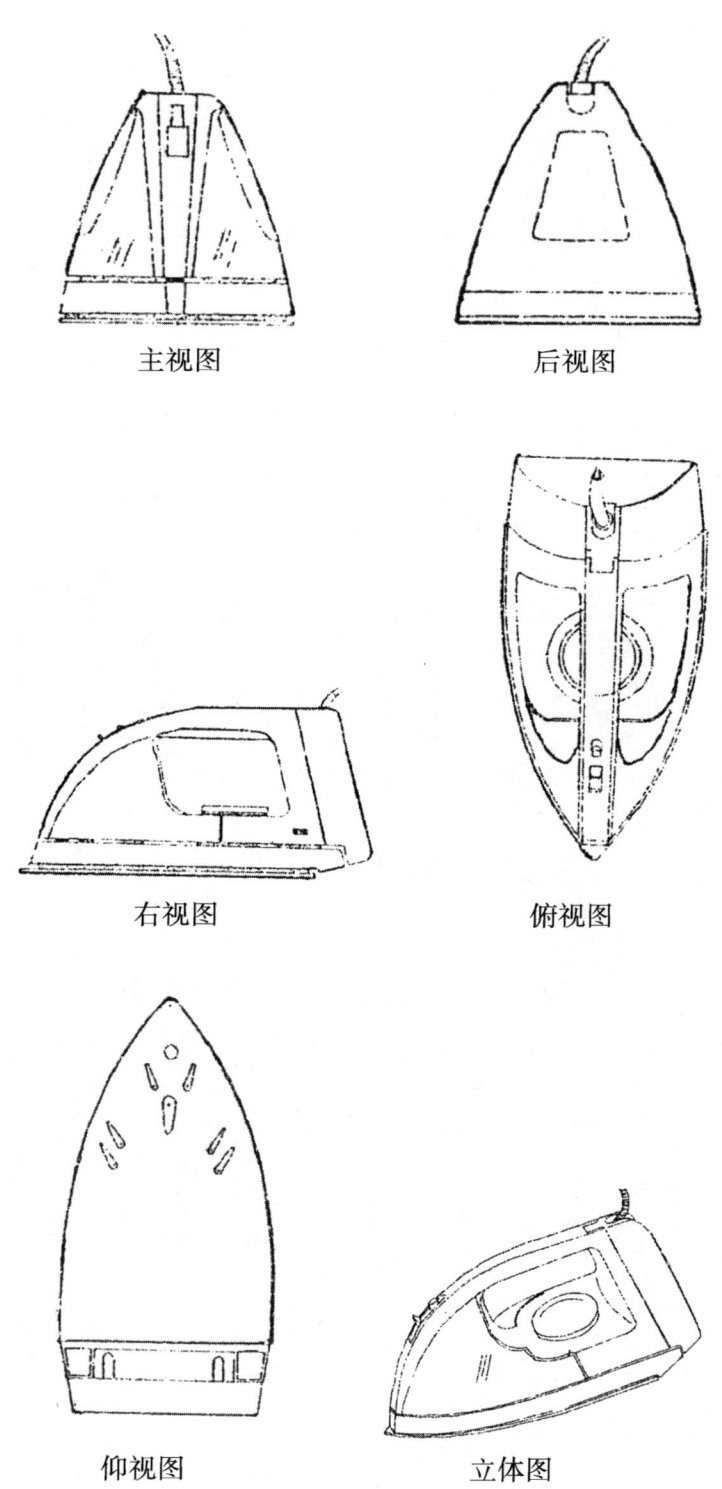

主视图　　　　后视图

右视图　　　　俯视图

仰视图　　　　立体图

对比文件 8 附图

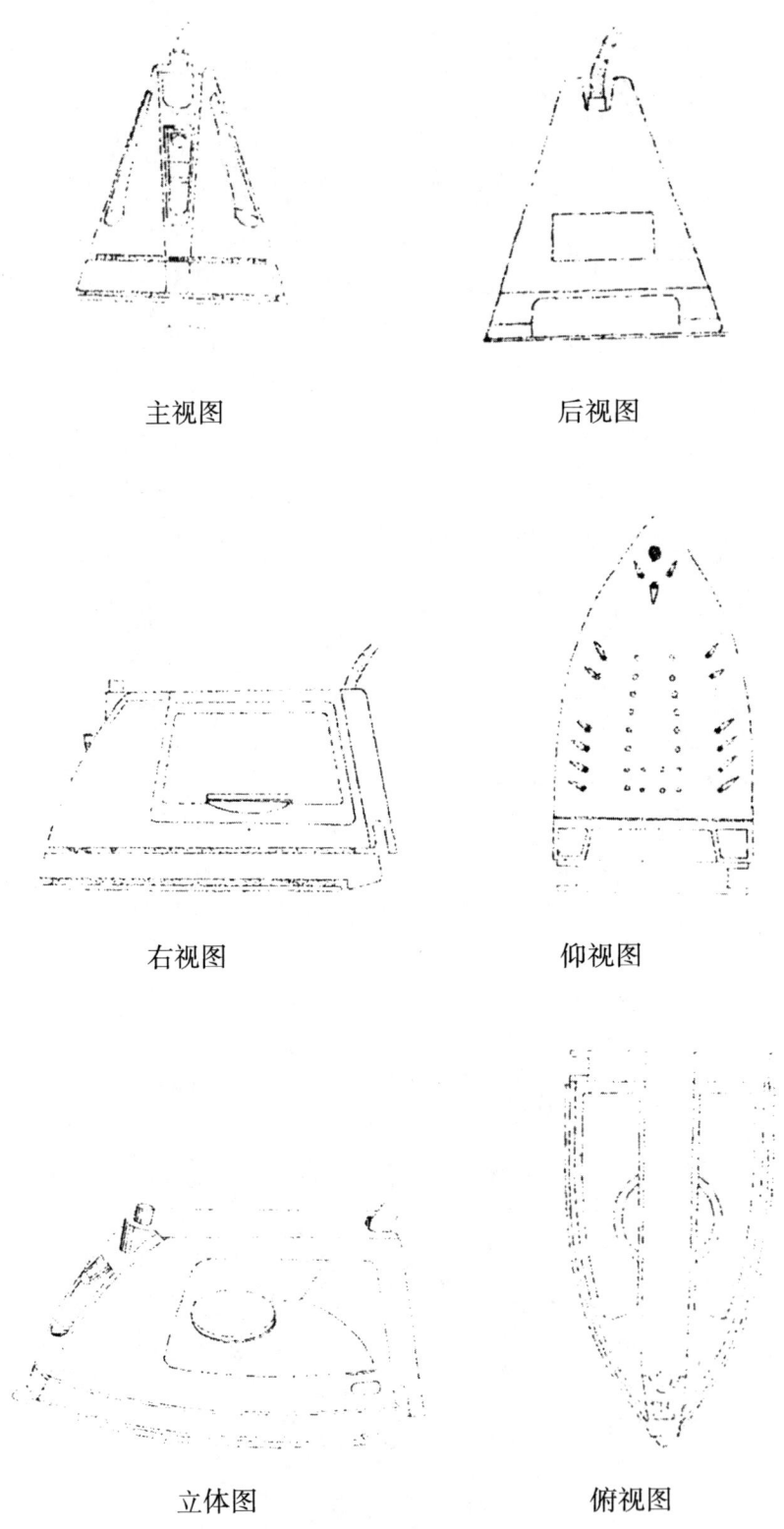

主视图　　　　　　　　后视图

右视图　　　　　　　　仰视图

立体图　　　　　　　　俯视图

对比文件9附图

北京市第一中级人民法院
行政判决书

(2007) 一中行初字第 794 号

原告浙江月立电器有限公司，住所地浙江省慈溪市周巷镇环城东路 953 号。

委托代理人林建军，北京金之桥知识产权代理有限公司专利代理人。

委托代理人刘世颂，男，1981 年 1 月 1 日出生，北京金之桥知识产权代理有限公司职员，住北京市海淀区清河镇永泰东里 46 号楼 4 门 502。

被告国家知识产权局专利复审委员会，住所地北京市海淀区北四环西路 9 号银谷大厦 10~12 层。

法定代表人廖涛，副主任。

委托代理人张雪飞，国家知识产权局专利复审委员会审查员。

委托代理人张华，国家知识产权局专利复审委员会审查员。

第三人 SEB 公司 (SEBS. A.)，住所地法国瑟隆热。

法定代表人德洛努瓦·德·拉图尔·达尔戴兹·蒂耶里，董事长兼总经理。

委托代理人夏志泽，北京市万慧达观勤律师事务所律师。委托代理人葛强，男，1969 年 11 月 10 日出生，北京市万慧达知识产权代理有限公司专利代理人，住北京市西城区三里河三区 38 楼 2 门 3 号。原告浙江月立电器有限公司（以下简称月立公司）不服被告国家知识产权局专利复审委员会（以下简称专利复审委员会）第 9510 号无效宣告请求审查决定（以下简称第 9510 号决定），于法定期限内向本院提起行政诉讼。本院于 2007 年 5 月 31 日受理后，依法组成合议庭，并根据相关法律规定通知 SEB 公司作为本案的第三人参加诉讼，于 2007 年 8 月 30 日公开开庭审理了本案。原告月立公司的委托代理人刘世颂，被告专利复审委员会的委托代理人张雪飞、张华，第三人 SEB 公司的委托代理人葛强到庭参加诉讼。本案现已审理终结。月立公司针对 SEB 公司拥有的第 98322299.1 号名称为"电力蒸汽熨斗"的外观设计专利（以下简称本专利），向专利复审委员会提出无效宣告请求。专利复审委员会于 2006 年 12 月 28 日作出第 9510 号决定，认为：(1) 由于本专利与九个对比文件均是熨斗，属于同类产品，可以进行相同相近似性比较。对于电熨斗这类产品，由于其功能的限定，必然包括电熨斗壳体和底板两部分，壳体通常也分熨斗前部、中部和后部，且熨斗壳体前部是功能控制区，中部是操作把手、后部连接电源连线，熨斗壳体部分下面是加热底板。此外，加热底板的前端以及熨斗壳体前端受功能的限定都会呈尖形，因此，这些共同点在外观设计相同相近似性判断中具有的影响比较小，而熨斗的外轮廓包括主视图看到的轮廓和左右视图看到的轮廓、控制操作按钮的形状、把手的形状、握孔的形状以及由这些部位组成的熨斗的整体视觉效果决定着熨斗的外观设计的近似与否。(2) 将本专利与九篇对比文件分别单独进行相同和相近似比较可知，本专利从其主视图看，熨斗外部轮廓前端倾斜度较大，从控制按钮起后部的把手部位略向上倾斜，后部轮廓呈 "S" 形，后部下方还设有一个外凸的扁尾翼板，靠近加热底板的尾翼向上圆滑倾斜。从左右视图看，熨斗后部轮廓呈葫芦形，下方的尾翼板呈扁椭圆形。本专利整体给人的视觉印象圆滑流畅，比较现代。对比文件 1 无论是按钮的形状，还是熨斗的后部轮廓与本专利都有很大不同，从整体造型看其外轮廓周边线条比较平直。对比文件 2 与本专利的差异更大，无论是其操作控制按钮的形状，还是熨斗的外轮廓，尤其是熨斗后部造型，靠近加热底板的尾部等与本专利都有很大差异，整体造型比较平直。对比文件 3 与本专利的差异也很明显，其操作控制按钮、熨斗前部轮廓、后部造型、尾翼板的形状都与本专利有很大差异。对比文件4与本专利也有很大不同，其操作控制按钮、熨斗后部造型、靠近加热底板的尾部与本专利都有很大差异。对比文件5熨斗的前部轮廓、后部造型、靠近加热底板的尾部以及操作控制面板与本专利都有很大的差异。对比文件6的操作控制按钮、握孔形状、熨斗后部造型、电源线连接方式以及靠近加热底板的尾部等与本专利都有很大差异。对比文件7、对比文件8和对比文件9的控制操作按钮、握孔形状、熨斗前部轮廓、后部造型以及靠近加热底板的尾部与本专利差异都很大。而每个对比文件与本专利的差异对二者的整体视觉效果都具有显著影响，因此，本专利与上述九个对比文件单独对比都属于不相同也不相近似的外观设计。月立公司提交的所有证据都不能证明本专利不符合《中华人民共和国专利法》（以下简称《专利法》）第二十三条的规定。据此，专利复审委员会作出第9510号决定，维持本专利权有效。原告月立公司不服第9510号决定，在法定期限内向本院提起行政诉讼，其诉称：（1）第9510号决定关于功能限定形状的认定错误。《审查指南》规定："产品的功能、内部结构、技术性能对整体视觉效果不具有显著的影响"、"由产品功能唯一限定的特定形状对整体视觉效果不具有显著影响。"，即只是说由产品功能唯一限定的特定形状才对整体视觉效果不具有显著影响。但第9510号决定却认为"对于电熨斗这类产品，由于其功能的限定，必须包括电熨斗壳体和底板两部分，壳体通常也分为熨斗前部、中部和后部，且熨斗壳体前部是功能控制区，中部是操作把手、后部连接电源连线，熨斗壳体部分下面是加热底板。此外，加热底板的前端以及熨斗壳体前端受功能的限定都会呈尖形，因此，这些共同点在外观设计相同相近似判断中具有的影响比较小"。上述部位的设计并不是唯一的，这种认定不符合《审查指南》的规定。（2）第9510号决定关于"熨斗外轮廓、控制操作按钮的形状、把手的形状、握孔的形状以及由该部位组成的熨斗的整体视觉效果决定熨斗的外观设计近似与否"的认定错误，违反了整体观察、综合判断的原则。（3）第9510号决定认定对比文件与本专利有较大差别，是错误的。因此，原告请求人民法院判决撤销第9510号决定。被告专利复审委员会辩称：第9510号决定认定事实清楚、适用法律法规正确、审查程序合法，关于本专利与对比文件的相近似判断仍坚持第9510号决定的评述，请求人民法院予以维持。第三人SEB公司述称：本专利符合《专利法》的相关规定。第9510号决定认定事实清楚，适用法律正确，审查程序合法，请求人民法院依法驳回原告的诉讼请求，维持第9510号决定。

本院经审理查明：

第9510号决定涉及的是名称为"电力蒸汽熨斗"、专利号为98322299.1的外观设计专利（即本专利），该专利的申请日为1998年2月5日，优先权日为1997年8月5日，授权公告日为1999年2月24日，原专利权人为穆里内克斯股份有限公司，现专利权人是SEB公司。本专利授权公报有7幅视图（本专利外观设计详见本判决书附图）。

针对本专利，月立公司于2005年12月16日以本专利不符合《专利法》第二十三条的规定为由，向专利复审委员会提出无效宣告请求，并提交了9篇对比文件，即：

对比文件1系授权公告日为1996年6月26日、名称为"电力蒸汽熨斗"的93304874.2号外观设计专利，其授权公报有7幅视图（对比文件1外观设计详见本判决附图）。

对比文件2系授权公告日为1996年5月14日、专利号为Des.369890的美国专利，其授权公报有8幅视图（对比文件2外观设计详见本判决附图）。

对比文件3系授权公告日为1995年12月12日、专利号为Des.365184的美国专利，其授权公报有6幅视图（对比文件3外观设计详见本判决附图）。对比文件4系授权公告日为1996年3月6日、名称为"电蒸汽熨斗"的95301143.7号外观设计专利，其授权公报有7幅视图（对比文件4外观设计详见本判决附图）。

对比文件5系授权公告日为1996年4月16日、专利号为Des.369004的美国专利，其授权公报有

8幅视图（对比文件5外观设计详见本判决附图）。

对比文件6系授权公告日为1996年6月26日、名称为"熨斗"的95301148.8号外观设计专利，其授权公报有7幅视图（对比文件6外观设计详见本判决附图）。

对比文件7系授权公告日为1996年5月15日、名称为"熨斗"的95303502.6号外观设计专利，其授权公报有9幅视图（对比文件7外观设计详见本判决附图）。

对比文件8系授权公告日为1991年8月14日、名称为"蒸汽熨斗"的90303766.1号外观设计专利，其授权公报有6幅视图（对比文件8外观设计详见本判决附图）。

对比文件9系授权公告日为1991年6月19日、名称为"蒸汽熨斗"的90303619.3号外观设计专利，其授权公报有6幅视图（对比文件9外观设计详见本判决附图）。

专利复审委员会于2006年8月9日对上述无效宣告请求进行了口头审理。

2006年12月28日，专利复审委员会作出第9510号决定。

在本案庭审中，月立公司表示对第9510号决定关于本专利和对比文件3、对比文件4、对比文件5、对比文件6、对比文件7、对比文件8、对比文件9的描述没有异议，认为对比文件1、对比文件2的把手有一定斜度，而非第9510号决定所述的"基本水平"。月立公司认为对于熨斗类产品而言，无论是在使用还是购买时，后部都是不容易观察到的，因此在相近似对比中，应当弱化该部位，而不应当作为主要的对比部位。

以上事实有本专利授权公告、第9510号决定、对比文件1、对比文件2、对比文件3、对比文件4、对比文件5、对比文件6、对比文件7、对比文件8、对比文件9及当事人陈述等证据在案佐证。

本院认为：

《专利法》第二十三条规定，授予专利权的外观设计，应当同申请日以前在国内外出版物上公开发表过或者国内公开使用过的外观设计不相同和不相近似，并不得与他人在先取得的合法权利相冲突。本案中，本专利与对比文件1、对比文件2、对比文件3、对比文件4、对比文件5、对比文件6、对比文件7、对比文件8、对比文件9均涉及电熨斗类产品，对比文件1、对比文件2、对比文件3、对比文件4、对比文件5、对比文件6、对比文件7、对比文件8、对比文件9的公开日均在本专利的优先权日之前，可以用于评价本专利是否符合《专利法》第二十三条的规定。

如果一般消费者经过对比，本专利与对比文件的差别对于产品的整体视觉效果具有显著的影响，则二者既不相同，也不相近似。对于电熨斗这类产品，为了实现其功能，必然包括电熨斗壳体和底板两部分，壳体通常也分熨斗前部、中部和后部，且熨斗壳体前部是功能控制区，中部是操作把手、后部连接电源连线，熨斗壳体部分下面是加热底板。此外，加热底板的前端以及熨斗壳体前端受功能的限定都会呈尖形，因此，这些共同点在外观设计相同相近似性判断中具有的影响比较小，而熨斗的外轮廓包括主视图看到的轮廓和左右视图看到的轮廓、控制操作按钮的形状、把手的形状、握孔的形状以及由这些部位组成的熨斗的整体视觉效果决定着熨斗的外观设计的近似与否。被告在第9510号决定中并没有认定受功能限定的部位对整体视觉效果不具有显著影响，而只是说影响比较小，这种认定并没有违反《审查指南》的相关规定。对于电熨斗类产品而言，消费者在购买和使用时是容易关注到其尾部的，尾部的设计对于相近似判断具有影响。原告关于消费者不容易观察尾部、应当弱化尾部的主张没有事实和法律依据，本院不予支持。

本专利从其主视图看，熨斗外部轮廓前端倾斜度较大，从控制按钮起后部的把手部位略向上倾斜，后部轮廓呈"S"形，后部下方还设有一个外凸的扁尾翼板，靠近加热底板的尾翼向上圆滑倾斜。从左右视图看，熨斗后部轮廓呈葫芦形，下方的尾翼板呈扁椭圆形。本专利整体给人的视觉印象圆滑流畅，比较现代。与之相比，对比文件1整体轮廓线条比较平直，按钮的形状、熨斗后部轮廓与本专利具有很大不同；对比文件2的线条也比较平直，棱角分明，尾部呈三角形，按钮的形状与本专利也存在较大区别；对比文件3的操作控制按钮、熨斗前部轮廓、后部造型、尾翼板的形状都与本专利有很大差异；对比文件4的操作控制按钮、熨斗后部造型、靠近加热底板的尾部与本专利也有很大差异；对比文件5在前部轮廓、后部造型、靠近加热底板的尾部以及操作控制面板等部位上的设计与本专利存在明显的差异；对比文件6的操作控制按钮、握孔形状、熨斗后部造型、电源线连接方式以及靠近加热底板的尾部等与本专利有很大差异；对比文件7、对比文件8和对比文件9的控制操作按钮、握孔形状、熨斗前部轮廓、后部造型以及靠近加热底板的尾部与本专利差异都很大。综上，每篇对比文件与本专利均存在较大的差异，尤其是整体轮廓、设计风格及尾部的差异，对二者的整体视觉效果都具有显著影响，因此本专利与对比文件1、对比文件2、对比文件3、对比文件4、对比文件5、对比文件6、对比文件7、对比文件8、对比文件9均不相同也不相近似。

综上所述，被告作出的第9510号决定认定事实清楚，适用法律正确，程序合法，应予维持。原告的诉讼请求不能成立，本院不予支持。依照《中华人民共和国行政诉讼法》第五十四条第（一）项之规定，判决如下：

维持被告国家知识产权局专利复审委员会作出的第9510号无效宣告请求审查决定。

案件受理费100元，由原告浙江月立电器有限公司负担（已交纳）。

如不服本判决，原告浙江月立电器有限公司、被告国家知识产权局专利复审委员会可在本判决书送达之日起15日内，第三人SEB公司可在本判决书送达之日起30日内，向本院递交上诉状及其副本，并交纳上诉案件受理费100元，上诉于中华人民共和国北京市高级人民法院。

审　判　长　刘海旗
代理审判员　周云川
代理审判员　马晓亚
二〇〇七年九月二十日
书　记　员　高　颖

北京市高级人民法院
行政裁定书

（2007）高行终字第541号

上诉人（原审原告）浙江月立电器有限公司，住所地浙江省慈溪市周巷镇环城东路953号。
委托代理人林建军，北京金之桥知识产权代理有限公司专利代理人。
被上诉人（原审被告）国家知识产权局专利复审委员会，住所地北京市海淀区北四环西路9号银谷大厦10~12层。
法定代表人廖涛，副主任。
委托代理人张雪飞，国家知识产权局专利复审委员会审查员。
委托代理人余心蕾，国家知识产权局专利复审委员会审查员。
原审第三人SEB公司（SEBS.A.），住所地法兰西共和国瑟隆热。
法定代表人德洛努瓦·德·拉图尔·达尔戴兹·蒂耶里，董事长兼总经理。
委托代理人夏志泽，北京市万慧达观勤律师事务所律师上诉人浙江月立电器有限公司因专利权无效纠纷一案，不服中华人民共和国北京市第一中级人民法院（2007）一中行初字第794号行政判决，向本院提起上诉。本院受理后，依法组成合议庭进行审理。在本案审理过程中，上诉人浙江月立电器有限公司于2007年11月9日向本院申请撤回上诉。

本院经审查认为，上诉人浙江月立电器有限公司的撤诉申请系其真实意思表示，未违反法律规定，亦未侵犯他人合法权益，应予准许。依照《中华人民共和国行政诉讼法》第五十一条之规定，裁定如下：

准许上诉人浙江月立电器有限公司撤回上诉，各方均按原审判决执行。

一审案件受理费100元，由浙江月立电器有限公司负担（已交纳）；二审案件受理费100元，减半收取50元，由浙江月立电器有限公司负担（已交纳）。

本裁定为终审裁定。

审　判　长　张雪松
代理审判员　刘晓军
代理审判员　李燕蓉
二〇〇七年十一月二十一日
书　记　员　乔晓柳

智能卡水流计量装置

无效宣告请求审查决定（第9512号）

决 定 号	第9512号
决 定 日	2007年2月26日
发明创造名称	智能卡水流计量装置
国际分类号	10-04-F0227
无效宣告请求人	华立仪表集团股份有限公司
专 利 权 人	董有议，姜跃炜
专 利 号	99338258.4
申 请 日	1999年11月23日
授权公告日	2000年9月13日
合议组组长	黄 颖
主 审 员	赵 明
参 审 员	欧 岚
法律依据	专利法第23条
决定要点	

申请日前在展览会上展示的产品已经使其处于公众所知的状态。

一、案由

本无效宣告请求涉及中华人民共和国国家知识产权局于2000年9月13日授权公告的、名称为"智能卡水流计量装置"的外观设计专利权（下称本专利），其专利号是99338258.4，申请日是1999年11月23日，专利权人是董有议、姜跃炜。

针对本专利权，华立仪表集团股份有限公司（下称请求人）于2005年7月28日向专利复审委员会提出无效宣告请求，认为本专利不符合专利法第23条的规定，同时请求人提交了如下附件：

附件1：浙江省杭州市余杭区公证处出具的（2005）杭余证民字第2220号《公证书》原件；

附件2：（2005）杭余证民字第2220号《公证书》附件——杭州市余杭区公证处密封的设计图光盘；

附件3：浙江省杭州市余杭区公证处出具的（2005）杭余证民字第2221号《公证书》原件；

附件4：（2005）杭余证民字第2221号《公证书》附件——杭州市余杭区公证处密封的水表实物；

附件5：浙江省杭州市余杭区公证处出具的（2005）杭余证民字第2222号《公证书》原件；

附件6：商标公告1991年第31期总第340期第70页复印件；
附件7：商标公告1998年第33期总第654期第495页复印件。

请求人认为：与本专利外观设计相同的产品已于申请日前以提供实物的方式向第三方公开，构成了公开使用，不符合专利法第23条的规定。其中附件1徐涛的证言说明了事件的整个过程，其提供的借条及附件2的设计光盘印证了证言的内容，附件3张立平的证言与徐涛的证言相互印证，附件4水表实物、附件5借条作为物证和书证更证明了事件的真实性，附件6、7证明了本专利的照片及附件4水表实物上的商标为宁波东海仪表水道有限公司的注册商标，与附件1~5结合进一步证明事件的真实性。

请求人于2005年8月26日向专利复审委员会提交意见陈述书，其补充了无效的理由和证据，其中补充的证据为：

附件8：《中国计量》杂志1999年第12期中有关'99中国计量检测技术与设备展览会的报道复印件，共3页；

附件9：中国计量协会水表工作委员会档案中有关'99中国计量检测技术与设备展览会的记载复印件，共8页；

附件10：在'99中国计量检测技术与设备展览会上拍摄的照片，共12张；

附件11：'99中国计量检测技术与设备展览会参展商胸牌复印件，1页。

请求人认为：涉案专利的外观设计，在申请日前的1999年11月3~5日，已在于深圳举办的'99中国计量检测技术与设备展览会上公开展出，因此，本专利不符合专利法第23条的规定。

经形式审查合格，专利复审委员会依法受理了上述无效宣告请求，并于2005年12月8日向请求人和专利权人发出无效宣告请求受理通知书，同时将专利权无效宣告请求书及其附件清单中所列附件的副本以及请求人于2005年8月26日递交的补充意见及其附件清单中所列附件的副本转送给专利权人，并要求专利权人在指定的期限内陈述意见。

针对专利复审委员会于2005年12月8日发出的上述无效宣告请求受理通知书以及请求人于2005年8月26日提交的意见陈述书，专利权人于2006年1月13日提交了意见陈述书，专利权人认为：请求人提交的附件1~7不能证明宁波东海仪表水道有限公司借出的水表与本专利所显示的水表相同；附件5的借条上没有借用人水联公司的章戳，只有张立平个人签字，不能证明两公司之间有借水表这一行为；借条上所借水表型号是"DN20"IC卡水表，而本外观设计上产品上的型号为LXSGZ-20E，所借水表与本专利产品不对应，不能认定所借水表是本专利照片所显示的水表；请求人提交的附件8是《中国计量》杂志，该杂志第24页虽报道了11月3~5日举办了"'99中国计量检测技术与设备展览会"，但没有报道展览会的具体内容，因而无法证明本专利在申请日之前已经公开展览；请求人提交的附件9上没有公章也没有签字，所以其真实性无法确定；附件10是个人提供的照片，同样不能确定其真实性；附件11是展览会参展商的胸牌，请求人提出其与附件10相互印证，由于附件10照片中胸牌上的公章无法辨认，所以无法确认附件10照片中的胸牌与附件11一致。

专利复审委员会依法成立合议组。本案合议组于2006年3月2日向双方发出无效宣告请求口头审理通知书，定于2006年4月18日举行口头审理。随同口头审理通知书，将专利权人于2006年1月13日提交的意见陈述书的副本转送给请求人。

口头审理如期举行，双方当事人均参加了口头审理。口头审理中，请求人明确其无效理由为本专利不符合专利法第23条的规定，其中使用附件1~7的组合证明在本专利申请日前与本专利外观设计相同的水表已出借，以提供实物的方式向第三方公开，构成了公开使用；使用附件4、6、7以及附件8~11的组合证明本专利与1999年11月3~5日举办的"'99中国计量检测技术与设备展览会"上展出的水表外观相比不符合专利法第 23 条的规定。

请求人当庭提交附件 6~9、11 的原件以及附件 10 照片的底片，同时提交了中国计量协会水表工作委员会出具的证明原件（附件 12）、宁波市工商行政管理局企业名称变更核准通知书原件（附件 13）以及宁波东海集团有限公司出具的证明原件（附件 14），合议组当庭将附件 12~14 的复印件转交给专利权人，专利权人认为上述新提交的证据超出了举证期限，并对其真实性有异议。

专利权人当庭核实附件 2、4 上公证处的封条完好，附件 9 上宁波水表股份有限公司的封条完好，专利权人对附件 1~8 的真实性没有异议，对附件 5 中借条的真实性以及附件 9~11 的真实性有异议。

至此，合议组认为本案事实已经清楚，可以作出审查决定。

二、决定的理由

专利法第 23 条规定：授予专利权的外观设计，应当同申请日以前在国内外出版物上公开发表过或者国内公开使用过的外观设计不相同和不相近似，并不得与他人在先取得的合法权利相冲突。

附件 8 为 1999 年第 12 期《中国计量》杂志，该杂志中记载了 1999 年 11 月 3 日至 5 日，'99 中国计量检测技术与设备展览会在深圳国际展览中心举办。附件 9 为中国计量协会水表工作委员会档案，其中第 64 页的中计协表委（99）第 010 号通知中记载了由中国计量协会主办的，深圳市计量协（学）会承办的 "'1999 年中国计量检测技术与设备展览会" 将于 1999 年 11 月 3~5 日展出；该档案第 112 页的深圳展览会简讯中记载了 1999 年 11 月 3~5 日，水表工作委员会参加了 "99 中国计量技术和设备" 展览会，参加展出的共有宁波水表厂、宁波东海集团公司、武汉阿拉德水表公司等七个会员单位。合议组认为，附件 8 和 9 相互印证足以证明在 1999 年 11 月 3~5 日在深圳举办了 "99 年中国计量检测技术与设备展览会"，并且该展览会的举办日期早于本专利的申请日。

附件 10 是李志华提供的在该展览会上所拍摄的照片，其中第 25、26、27、33、36 号照片所拍摄的水表工作委员会展台、武汉阿拉德水表有限公司展台、宁波东海集团公司展台与附件 9 第 112~115 页上述三家展位的照片相一致。同时，请求人提交了上述照片的全套底片，该底片为完整的一卷，由此合议组认为，附件 9 和附件 10 照片可以相互印证足以证实附件 10 的真实性，因此合议组对附件 10 予以采信。

合议组经审查后认为，附件 10 中第 1 号、第 3 号、第 29 号、第 33 号、第 36 号和第 37 号照片中示出了使用状态下的水表，由上述照片可以看出，该水表由本体和保护盖组成，保护盖处于开启状态；本体上部为塑料表壳，下部为水流通道；表壳上端部为矩形液晶屏，下端部为圆形表盘。虽然上述照片中没有清楚地反映出液晶屏下面的插卡口，仅是在液晶屏的下面反映出有白色的突出部分，但作为智能卡式的计量装置，其必然具有智能卡的插卡口，一般的消费者依据其的认知能力，可以推定出该突出部分就是用于智能卡的插卡口；另外，上述展示的水表也没有反映出其底部及两端部的视图，但合议组认为，上述部分仅是在使用状态下不会被一般消费者关注的部位，并且上述部位的设计变化也不会对产品的整体视觉效果产生显著影响。综上所述，经整体观察，综合判断，合议组认为：本专利的外观设计与展出的水表在整体形状的设计、整体布局以及颜色深浅对比均相同，从而整体上给一般消费者留有相同的视觉印象，特别是在使用状态下，一般消费者很容易将二者的外观设计相混淆。因此就整体而言，二者属于相近似的外观设计，本专利不符合专利法第 23 条的规定。

此外，在附件 10 的第 3 号、第 29 号、第 33 号、第 36 号和第 37 号照片中，东海集团展位的展板上展示了一种旋翼磁传智能卡式水表的图片，图中产品为保护盖打开的水表的左、右立体视图，该图片清晰的反映出液晶屏下方的智能卡插卡口，上述视图与本专利左视图、右视图以及立体图 I 所示的外观设计相同，虽然上述图片也没有公开出其底部及两端部的视图，但基于上述同样的理由，合议组认为，本专利与展板上所公开的图片相比属于相近似的外观设计，不符合专利法第 23 条的规定。

专利权人虽然对附件9~10的真实性提出异议，但并没有提交相关的证据支持其主张，因此合议组对专利权人的主张不予支持。

三、决定

宣告99338258.4号外观设计专利权无效。

当事人对本决定不服的，可以根据专利法第46条第2款的规定，自收到本决定之日起三个月内向北京市第一中级人民法院起诉。根据该款规定，一方当事人起诉后，另一方当事人应当作为第三人参加诉讼。

标贴（芹菜干红）

无效宣告请求审查决定（第 9514 号）

决 定 号	第 9514 号
决 定 日	2007 年 2 月 13 日
发明创造名称	标贴（芹菜干红）
外观设计分类号	19-08
无效宣告请求人	中粮酒业有限公司
专 利 权 人	支守申
申 请 号	200330134623.0
申 请 日	2003 年 12 月 30 日
授 权 公 告 日	2004 年 8 月 4 日
合 议 组 组 长	钱亦俊
主 审 员	吴赤兵
参 审 员	李巍巍
附 图	1 页

法 律 依 据 专利法第 9 条

决 定 要 点

本专利与对比文件相比，主体图案设计基本相同，长城依山脉向远处蜿蜒延伸和山脉的走势均相近似；以一般消费者作为判断主体来观察二者的外观设计，长城山脉脚下的葡萄园设计、文字和商标设计及位置不同应属于局部细微的差别，对整体视觉效果不具有显著性的影响，所以，二者属于相近似的外观设计。

一、案由

本无效宣告请求涉及 2004 年 8 月 4 日国家知识产权局授权公告的 200330134623.0 号外观设计专利，其名称是"标贴（芹菜干红）"，申请日是 2003 年 12 月 30 日，专利权人是支守申。

针对上述外观设计专利权（下称本专利），2005 年 8 月 23 日中粮酒业有限公司（下称请求人）向专利复审委员会提出无效宣告请求，其理由是本专利不符合专利法第 23 条的规定。请求人认为本专利与在先公开的另外一项外观设计专利相同或者十分相近似，很容易造成混淆，同时，请求人提交了如下附件作为证据：

附件 1 是本专利外观设计专利公报复印件 1 页；
附件 2 是 03358684.5 号外观设计专利公报复印件 1 页；

附件 3 是第 1474477 号、第 1447904 号、第 3244779 号、第 3244778 号商标注册证复印件 4 份。

专利复审委员会根据无效宣告请求审查程序的规定受理了该无效宣告请求，并于 2005 年 9 月 22 日将请求人的无效宣告请求文件的副本转送专利权人。

专利权人于 2005 年 10 月 28 日进行了意见陈述，专利权人认为：本专利文字和商标的字意、排列与附件 2 中的不同；附件 3 商标注册证或只是简单的长城图案或只是简单的文字；且本专利实施的葡萄酒酒瓶上标有明确的厂名等信息，故不会误导消费者，因此，应维持本专利有效。

请求人于 2006 年 5 月 8 日向专利复审委员会提出变更无效宣告请求的理由，由依据专利法第 23 条宣告本专利无效，变更为依据专利法第 9 条宣告本专利外观设计无效。

专利复审委员会于 2006 年 6 月 8 日将专利权人 2005 年 10 月 28 日的意见陈述书转送给请求人；将请求人 2006 年 5 月 8 日的变更无效宣告理由的意见陈述转送给专利权人，同日还向双方事人发出合议组成员告知通知书。在规定的期限内双方当事人均未对合议组的组成提出回避请求。

专利复审委员会于 2006 年 7 月 5 日收到请求人的意见陈述书，请求人认为：专利权人所述的不同点是一般注意力无法区分的；两外观设计的整体布局相同；两外观设计的长城图案的走势、烽火台的个数、背景山脉远近视角等设计均基本相同，使相关公众无法区分，造成混淆，因此，应宣告本专利外观设计无效。

专利权人对专利复审委员会 2006 年 6 月 8 日的转送文件通知至今未答复。

本案合议组于 2006 年 11 月 14 日向双方当事人发出《合议组成员告知通知书》，逾期双方当事人均未对合议组成员提出回避请求。

至此，合议组认为，本案事实清楚，可以依法作出审查决定。

二、决定的理由

基于请求人提出的无效宣告请求的理由和证据，合议组依据专利法第 9 条的规定对本案进行审理。

专利法第 9 条规定：两个以上的申请人分别就同样的发明创造申请专利的，专利权授予最先申请的人。

请求人提交的附件 2 是 03358684.5 号外观设计专利公报复印件，经合议组核实，该复印件与原件相符，该外观设计专利的授权公告日是 2004 年 5 月 5 日（在本专利申请日之后），其申请日是 2003 年 9 月 17 日（在本专利申请日之前），公开号为 CN3366820D，其外观设计的产品名称是"瓶贴（经典长城干红）"，专利权人是常春雨。所示专利属于他人在本专利申请日之前申请，之后授权公告的外观设计专利，因此，附件 2（下称对比文件）可适用专利法第 9 条的规定作为本案对比文件。合议组认为，该公报中的"瓶贴（经典长城干红）"与本专利为相同种类产品，该对比文件可以与本专利进行相近似性的比较。

本专利所示瓶贴的授权公告的视图仅为主视图，其形状是长方形，中间部分图案设计以"长城、山脉和葡萄园"为主体图案设计，上下部分是文字拼音和商标图案排列设计，本专利未要求保护色彩（详见本专利附图）。

对比文件所示标贴的授权公告的视图仅为主视图，其形状是长方形，中间部分图案设计以"长城和山脉"为主体图案设计，上下部分是文字拼音图案排列设计，对比文件未要求保护色彩（详见对比文件附图）。

将本专利与对比文件相比较，其相同点为：二者设计均有长城、山脉、文字拼音和商标图案，且长城、山脉的构图相同。不同点为：本专利长城山脉脚下是葡萄园设计；对比文件无葡萄园设计；文字和商标设计的位置略有不同：本专利主体图案上部为文字，下部有商标，对比文件上部为文字和拼音，下部无商标。通过整体观察，合议组认为：虽然本专利与对比文件相比主体图案中的长城山脉脚下的设计不同，但其后长城依山脉向远方延伸的蜿延和山脉的走势均是基本相同的；根据《审查指南》的有关规定，"文字和数字的字音、字义不属于外观设计保护的内容。"因此，标贴上的文字和商标设计只作为一种图案，以一般消费者作为判断主体来观察二者的外观设计，其长城山脉下葡萄园设计、文字和商标的设计的位置不同应属于局部细微的差别，对整体视觉效果不具有显著性的影响，所以，二者属于相近似的外观设计。

同样的发明创造对于外观设计是指两项外观设计相同或者相近似，基于上述认定，在本专利申请日前已有他人就同样的外观设计申请了专利，因此，本专利不符合专利法第9条的规定。

在已经得出上述审查结论的基础上，本审查决定对请求人提交的其他证据不再作出评述。

三、决定

宣告200330134623.0号外观设计专利权全部无效。

当事人对本决定不服的，可以根据专利法第46条第2款的规定，自收到本决定之日起三个月内向北京市第一中级人民法院起诉。根据该款的规定，一方当事人起诉后，另一方当事人应当作为第三人参加诉讼。

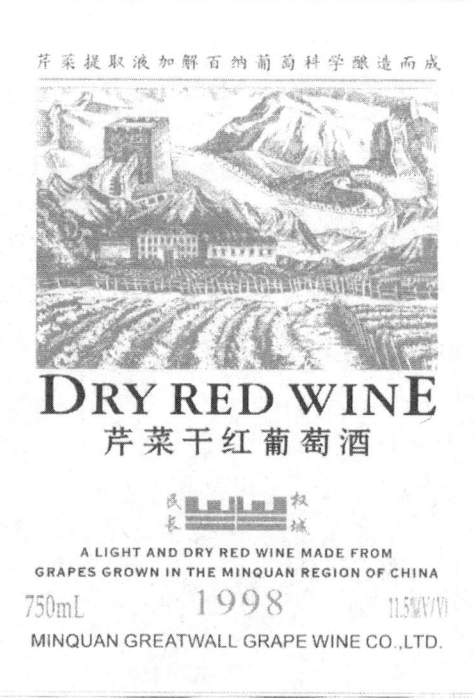

本专利附图

对比文件附图

生物试条（B）

无效宣告请求审查决定（第9516号）

决 定 号	第9516号
决 定 日	2007年2月6日
发明创造名称	生物试条（B）
外观设计分类号	10-05
无效宣告请求人	湛江市汇通药业有限公司
专 利 权 人	郑会义
专 利 号	01350208.5
申 请 日	2001年10月24日
授权公告日	2002年8月14日
合议组组长	张雪飞
主 审 员	张跃平
参 审 员	王霞军
法 律 依 据	专利法第23条

决 定 要 点

依照民事诉讼法第65条由有关单位向人民法院提出的证明文书，应由单位负责人签名或盖章，并加盖单位印章。根据审查指南第四部分第八章第1节引言中的规定，无效宣告程序中有关证据的各种问题，本指南没有规定的，可参照人民法院民事诉讼中的相关规定。单位证明只有单位印章，没有单位负责人签名或盖章，不具备形式要件，也没有相关负责人出席口头审理作证，因此不能作为定案依据。

根据药品管理法第53条的规定，药品包装必须适合药品质量的要求，方便储存、运输和医疗使用。发运中药材必须有包装。在每件包装上，必须注明品名、产地、日期、调出单位，并附有质量合格的标志。为此，公开销售的药品外包装盒上必须注明生产日期。

一、案由

本无效宣告请求涉及的是2002年8月14日国家知识产权局授权公告的专利号为01350208.5的外观设计专利（下称本专利），其名称是"生物试条（B）"，申请日是2001年10月24日，专利权人是郑会义。

针对本专利，2005年11月4日湛江市汇通药业有限公司（下称请求人）向专利复审委员会提出无效宣告请求，其理由是请求人曾与汕头大卫生物技术有限公司合作，从1999年底开始销售"快速秀"一步法早早孕诊断盒，并且有该产品在本专利申请日之前的进货凭证、出货凭证、销售到全国各地的销售凭证、退货凭证及诊断盒等。诊断盒上印有与本专利完全相同的图片，由此可以说明本专利在其申请日之前在国内公开使用过，本专利不符合专利法第 23 条的规定。请求人同时提交了作为证据的 10 个附件：

附件 1 是 2001 年 6 月 15 日汕头经济特区大卫生物技术有限公司出具的 3 张发票（发票号 0004631、0004632 和 0004633）复印件；

附件 2 是 2001 年 6 月 15 日汕头经济特区大卫生物技术有限公司出具的出库单复印件 1 张；

附件 3 是 2001 年 8 月 28 日汕头经济特区大卫生物技术有限公司出具的出库单复印件 1 张；

附件 4 是给贵州大集医药贸易有限责任公司的发货单复印件 1 张；

附件 5 是 2004 年 12 月 22 日贵州省医药（集团）药品配送有限责任公司收货单复印件 1 张；

附件 6 是请求人出售给珠海万石医药公司"快速秀早早孕试盒"的凭证（发票、发货单和中国工商银行资金汇划补充凭证）复印件 3 张；

附件 7 是 2001 年 10 月 18 日肇庆市计划生育药具管理站给请求人汇划款的中国工商银行资金汇划补充凭证复印件 1 张；

附件 8 是请求人给肇庆市计划生育药具管理站调拨"快速秀早早孕试盒"的调拨单复印件 1 张；

附件 9 是汕头经济特区大卫生物技术有限公司出具的出库单复印件；

附件 10 是"快速秀"一步法早早孕诊断盒复印件。

专利复审委员会根据无效宣告请求审查程序的规定受理了该无效宣告请求，并于 2005 年 11 月 7 日将请求人的无效宣告请求书及其附件副本转送给专利权人。

请求人于 2005 年 12 月 5 日向专利复审委员会提交了下列补充证据（编号续前）：

附件 11：分别由阳江市计划生育药具管理站和肇庆市公证处封存的相关材料封皮照片共 2 张；

附件 12：阳江市计划生育药具管理站出具的证明复印件；

附件 13：阳江市计划生育药具管理站 2001 年 1 月记账凭证、进仓单、调拨单复印件（共 4 张）；

附件 14：阳江市计划生育药具管理站 2001 年记账凭证、中国银行信汇凭证、调拨单复印件（共 3 张）；

附件 15：阳江市计划生育药具管理站 2001 年记账凭证、中国银行信汇凭证、收款收据、转账单据复印件（共 4 张）；

附件 16：阳江市计划生育药具管理站 2001 年记账凭证、收款收据复印件（共 2 张）；

附件 17：阳江市计划生育药具管理站 2001~2002 年记账凭证、收款收据、中国农业银行存款凭条复印件（共 11 张）；

附件 18：阳江市计划生育药具管理站 2001~2002 年转账凭证、收款收据、记账凭证复印件（共 5 张）；

附件 19：阳江市计划生育药具管理站 2001~2002 年记账凭证、进仓单、发货单复印件（共 4 张）；

附件 20：阳江市计划生育药具管理站 2002 年记账凭证、收款收据复印件（共 2 张）；

附件 21：阳江市计划生育药具管理站下属药店 2001 年销售快速秀孕盒账单复印件（共 13 张）；

附件 22：汕头经济特区大卫生物技术有限公司企业法人营业执照、药品生产许可证复印件（共 2 张）；

附件 23：润和生物医药科技（汕头）有限公司企业法人营业执照、药品生产许可证复印件（共 2 张）；

附件24：湛江市蓝天贸易有限公司企业法人营业执照复印件1张；

附件25：广东省肇庆市公证处（2005）肇内证字第743号公证书复印件，其中包括照片9张、肇庆市计划生育药具管理站的账簿资料复印件2页和封存的"快速秀一步法早早孕诊断盒"产品一盒；

附件27：请求人在意见陈述中称口头审理时提交快速秀包装盒及内容物实物；

附件28：请求人在意见陈述中称口头审理时提供快速秀包装盒及内容物实物。

针对请求人的无效宣告请求，专利权人于2005年12月13日向专利复审委员会提交了意见陈述书。专利权人认为请求人提交的证据均为复印件，因此对上述证据的真实性均有异议，而且认为附件1到附件9最多只能证明该公司曾经卖过"快速秀"一步法早早孕诊断盒，但不能证明本专利在其申请日前就被使用过。而且根据请求人提交的附件10，专利权人发现，该包装盒使用的名称与国家卫生部的批文名称不一致，卫生部批准的名称是"早早孕胶体金诊断试剂"，而不是诊断盒复印件上的一步法早早孕诊断盒，由此进一步说明该包装盒不是大卫公司当时使用的包装盒。请求人提出的所有证据都不能说明本专利在申请日前就已经公开使用过。

专利复审委员会于2006年6月12日将专利权人的上述意见陈述书转送给请求人，要求其在收到文件之日起一个月内答复，期满未答复，视为当事人已得知转送文件中所涉及到的理由、事实和证据，并且未提出反对意见。

2006年6月12日专利复审委员会将请求人补充提交的证据转送给专利权人，要求其在收到文件之日起一个月内答复，期满未答复，视为当事人已得知转送文件中所涉及到的理由、事实和证据，并且未提出反对意见。与此同时，专利复审委员会向双方当事人发出口头审理通知书，定于2006年8月14日对本案进行口头审理。

2006年7月3日专利权人针对请求人的补充证据提交了意见陈述书，专利权人认为请求人补充提交的证据是请求日一个月后提交的证据，合议组不应当接受这些证据。附件25的公证书复印件只有一名公证员署名，属于可撤销的公证，附件12是阳江市计划生育药具管理站出具的证明，由于该药具管理站销售的是无效宣告请求人的产品，与请求人之间存在利益关系，因此该证据属于利害关系人提供的证据，其真实性存在疑问。公证和证明的出具单位也无权认定产品的外观。

口头审理如期举行，双方当事人的代理人参加了口头审理。在口头审理过程中，合议组将专利权人2006年7月3日提交的意见陈述书当庭转送给请求人。请求人提交了附件12的原件（并当庭提交了附件12"证明"中提到的附件11所示由阳江市计划生育药具管理站密封后的七盒报废样品）、盖有阳江市计划生育药具管理站红章的附件13、附件14、附件15、附件16、附件17、附件18、附件19、附件20和附件21的复印件、附件25公证书原件，当庭提交了附件11所示由肇庆市公证处封存的附件27原件（同附件25公证书附3包装盒实物），以及附件28所述的实物（包括三个包装盒，其中有一个包装盒表面打印的生产日期在本专利申请日之前，两个包装盒表面打印的生产日期在本专利申请日之后），请求人进一步补充了附件6的关联证据附件26即珠海市万生药业有限公司出具的证明（注：为了方便查看，决定中的证据编号与口头审理记录中的编号一致），当庭提交了"关于《发现异常问题通知单》的回复"（附件29）以及网上下载的商品销售信息3页（附件30）。专利权人对封存的附件27样品的真实性没有异议，对附件22、附件23和附件24的真实性无异议。专利权人认为请求人补充提交的证据是请求日一个月后提交的证据，合议组不应当接受这些证据。专利权人当庭提交了补充答辩意见及三份反证；

反证1是原卫生部药政管理局给汕头经济特区大卫生物技术有限公司的"体外诊断试剂生产申请批件"复印件1页；

反证 2 是广东省第八批换发药品批准文号品种目录复印件 1 页；

反证 3 是网上下载的商标详细信息 1 页。

请求人将所提交的证据分成四组，第一组到第三组证明本专利在其申请日前已经公开销售，第四组证据是证明身份的证据。

第一组证据包括附件 7、附件 8、附件 9、附件 25、当庭提交的物证附件 27 和附件 28。

附件 7 是 2001 年 10 月 18 日肇庆市计划生育药具管理站给请求人汇划款的中国工商银行资金汇划补充凭证复印件，附件 8 是请求人给肇庆市计划生育药具管理站调拨"快速秀早早孕试盒"的调拨单复印件，附件 9 是汕头经济特区大卫生物技术有限公司出具的出库单复印件，证据 25 是公证书（包括照片 9 张，现场复印的肇庆市计划生育药具管理站的账簿资料 2 页，快速秀一步法早早孕诊断盒实物一盒（附件 27 所示））。请求人当庭放弃附件 28 中申请日前出售的实物，保留申请日后出售的两个实物。请求人以此欲证明汕头经济特区大卫生物技术有限公司于 2001 年 9 月 30 日向请求人出售了快速秀诊断盒，请求人又在本专利申请日前向肇庆市计生药具管理站出售了快速秀诊断盒，其内容物上有生产日期 2001 年 9 月 28 日。其中有一盒放置于肇庆市计生药具管理站的样版陈列柜中。

专利权人认为，请求人没有提交附件 7、附件 8 和附件 9 的原件，附件 28 的包装盒都是申请日以后的，而且对上载明的批准文号有异议，从政府网站上查到的名称与快速秀包装盒不一致，以当庭提交的反证为证。附件 27 的实物盒子上没有生产日期，虽然内容物上有日期，但其与盒子是可以分离的。而且附件 25 中的账目单和附件 27 包装盒没有必然的联系。

针对专利权人的上述意见，请求人提交了《发现异常问题通知单》的回复（附件 29），并且认为试剂和药的名称不一致是合情合理的。

第二组证据包括附件 10~附件 21，附件 28 中的两个包装盒，请求人放弃附件 10。附件 11 是肇庆市公证处和阳江市计划生育药具管理站封存的相关材料封皮照片，附件 12 是阳江市计划生育药具管理站出具的证明，附件 13~附件 21 是阳江市计划生育药具管理站 2001~2002 年的各种销售记账凭证等。请求人以此欲证明在本专利申请日前阳江市计划生育药具管理站就从请求人处购买了"快速秀早早孕诊断盒"，并在阳江市场销售。

专利权人则认为请求人提交的证据存在许多疑点，而且保存过期的药品是不可理解的。

第三组证据是附件 1~附件 6，补充提交的附件 26 作为附件 6 的补充证据。请求人以此欲证明在本专利申请日之前请求人已经从汕头经济特区大卫生物技术有限公司购买了"快速秀诊断盒"，并且销售给了贵州大集医药贸易有限责任公司和珠海万生医药公司。

第四组证据是附件 22~附件 24，其是证明相关企业身份的证据。专利权人对这些证据的真实性没有异议。

口头审理之后的 2006 年 9 月 12 日，请求人提交了附件 1~附件 9 的原件。

专利权人于 2006 年 12 月 18 日到专利复审委员会核实原件，核实原件与复印件相符，并将复印件取走。

经口头审理及双方当事人意见陈述，合议组认为本案的事实清楚，可以依法作出如下决定。

二、决定的理由

1. 无效宣告请求的理由

请求人提出的无效宣告请求理由是本专利不符合专利法第 23 条的规定。

专利法第 23 条规定：授予专利权的外观设计，应当同申请日以前在国内外出版物上公开发表过或者国内公开使用过的外观设计不相同和不相近似，并不得与他人在先取得的合法权利相冲突。

2. 证据的审查和事实的认定

请求人提交的第一组证据包括附件7、附件8、附件9、附件25和当庭提交的物证附件27和附件28。请求人提交了上述附件的原件，专利权人未对附件7、附件8和附件9的真实性提出质疑，专利权人认为附件25的公证书中只有一名公证员署名，属于可撤销的公证，对此合议组认为该公证书中虽然只有一名公证员署名，但一起做公证的是两名公证员，符合《中华人民共和国公证暂行条例》的相关规定，其真实性可以被确认。

请求人以此欲证明汕头经济特区大卫生物技术有限公司于2001年9月30日向请求人出售了快速秀诊断盒，请求人又在本专利申请日前向肇庆市计生药具管理站出售了快速秀诊断盒，其内容物上有生产日期2001年9月28日。其中有一盒放置于肇庆市计生药具管理站的样版陈列柜中。

合议组经合议审查后认为，从附件9可以证明"快速秀诊断盒"于本专利申请日之前的2001年9月30日已经由汕头经济特区大卫生物技术有限公司出售给请求人，由附件7可以证明2001年10月18日肇庆市计划生育药具管理站给请求人汇划款，由附件8可以证明请求人给肇庆市计划生育药具管理站调拨"快速秀"早早孕试盒，由附件25中的账单可以证明肇庆市计划生育药具管理站在本专利申请日之前的2001年10月11日从请求人处购买了快速秀早早孕试盒。请求人欲通过附件25照片所示展示柜中的快速秀一步法早早孕诊断盒证明该诊断盒就是肇庆市计划生育药具管理站在申请日前购买的诊断盒。

对此合议组认为，由于展示柜中的诊断盒本身没有生产日期，根据《中华人民共和国药品管理法》第53条的规定，药品包装必须适合药品质量的要求，方便储存、运输和医疗使用。发运中药材必须有包装。在每件包装上，必须注明品名、产地、日期、调出单位，并附有质量合格的标志。为此，公开销售的药品外包装盒上必须注明生产日期，而在肇庆市计划生育药具管理站展示柜中的"快速秀一步法早早孕诊断盒"外包装上并没有显示生产日期、有效期等日期，不符合《中华人民共和国药品管理法》的规定。虽然请求人认为，盒子上没有生产日期是由于在2001年以前生产的，但在内容物上有日期，并进一步认为药具管理站的展示柜是样品展示柜，而不是销售柜。合议组认为，所述内容物上的日期是2001年9月30日，并不是如请求人所述的2001年之前，因此该包装盒应当符合《中华人民共和国药品管理法》的规定。请求人将提交的附件7、附件8和附件9和附件25、当庭提交的附件27和附件28结合在一起，欲证明肇庆市计划生育药具管理站药具展示柜中展示的诊断盒即从请求人处购买的产品，由此可知，展示柜中的样品应当是肇庆市计划生育药具管理站购买的产品，而购买的药品包装盒按照法律的相关规定应当载明生产日期和有效日期等，为此，合议组认为，由此不足以认定展示柜中展出的没有生产日期、有效期的诊断盒是与附件7、附件8和附件9相对应的诊断盒。因此，附件7、附件8、附件9、附件25和附件27并不能形成完整的证据链证明肇庆市计划生育药具管理站药具展示柜中展示的诊断盒在本专利申请日前公开销售。附件28是请求人当庭提交的包装盒，请求人当庭放弃了其中一个，剩余的两个包装盒的生产日期在本专利申请日之后，其不能与本组证据中的其余证据组成完整的证据链证明其在本专利申请日之前销售。

第二组证据包括附件10~21以及附件28中的两个包装盒，请求人放弃附件10。附件11是肇庆市公证处和阳江市计划生育药具管理站封存的相关材料封皮照片，附件12是阳江市计划生育药具管理站出具的证明，附件13~21是阳江市计划生育药具管理站2001~2002年的各种销售记账凭证等。请求人当庭提交了肇庆市公证处封存的盖有阳江市计划生育药具管理站红章的纸袋中包装的7个"快速秀一步法早早孕诊断盒"，以此欲证明在本专利申请日前阳江市计划生育药具管理站就从请求人处购买了"快速秀早早孕诊断盒"，并在阳江市场销售。对此合议组认为，附件12的证明作为单位证明，根据最高人民法院印发《关于适用<中华人民共和国民事诉讼法>若干问题的意见》的通知第77

条的规定：依照民事诉讼法第65条由有关单位向人民法院提出的证明文书，应由单位负责人签名或盖章，并加盖单位印章。根据审查指南第四部分第八章第1节引言中的规定，无效宣告程序中有关证据的各种问题，本指南没有规定的，可参照人民法院民事诉讼中的相关规定。由于该附件只有单位印章，没有单位负责人签名或盖章，不具备形式要件，同时也没有相关负责人出席口头审理作证，因此不能作为定案依据。附件13~21是阳江市计划生育药具管理站2001~2002年的各种销售记账凭证，其中涉及的产品名称为"湛江药具"、"孕盒"、"快速秀"、"快速秀早早孕诊断盒"，但请求人提交的7个"快速秀一步法早早孕诊断盒"的生产日期均在本专利申请日之后，因此，与附件13~21不能相互对应形成完整的证据链，附件28的两个包装盒的生产日期也在本专利申请日之后，也不能与附件13~21形成完整的证据链证明所述包装盒实物在本专利申请日之前公开销售。

第三组证据是附件1~6，补充提交的附件26作为附件6的补充证据。请求人以此欲证明在本专利申请日之前请求人已经从汕头经济特区大卫生物技术有限公司购买了"快速秀诊断盒"，并且销售给了贵州大集医药贸易有限责任公司和珠海万生医药公司。对此合议组认为，附件1~6中销售的产品分别名称为"快速秀诊断盒"、"快速秀早早孕诊断盒"、"快速秀早早孕试盒"，附件26的证明内容是珠海市万生药业有限公司在本专利申请日之前购进快速秀早早孕诊断盒，该附件中附有"快速秀一步法早早孕诊断盒外包装盒及其内容物照片复印件"，且法人盖章法人代表签字。合议组认为附件26具备单位证明的形式要件，但法人代表并未出庭作证，且附件6中的买方名称与附件26证明中的不符，而银行的凭证也未体现买方的信息，附件26证明中所述的生产日期与下附图片中的日期不符，由于附件6和附件26存在上述种种瑕疵，合议组通过审查认为附件26的证明力不够，不能证明其想要证明的事实。附件6和附件26也不能相互关联形成完整的证据链。因此虽然请求人提交了附件1~6的原件，但由于其上未显示销售产品的外观设计，仅凭附件26的证言不能证明与本专利相同或近似的外观设计在本专利申请日之前公开。

请求人提交的第四组证据是附件22~24，该组证明请求人和专利权人身份。专利权人对这些证据的真实性没有异议。

请求人提交的附件29和附件30是想证明包装盒本身的合法性，并不能证明其在本专利申请日前就已公开销售的事实。

专利权人提交的反证不影响对上述三组证据的审查结论，故在此不予评述。

综上所述，请求人提交的所有证据都不能支持其主张。

三、决定

维持01350208.5号外观设计专利权有效。

当事人对本决定不服的，可以根据专利法第46条第2款的规定，自收到本决定之日起三个月内向北京市第一中级人民法院起诉。根据该款的规定，一方当事人起诉后，另一方当事人应当作为第三人参加诉讼。

北京市第一中级人民法院
行政判决书

(2007) 一中行初字第 805 号

原告湛江市汇通药业有限公司，住所地湛江市麻章经济技术开发区金园路西侧。

法定代表人顾伯明，董事长。委托代理人郝颖洁，女，1975年10月22日出生，无业，住内蒙古赤峰市元宝山区平庄东楼区家属楼18楼3单元7号，现住北京市海淀区中关村南大街1号友谊宾馆苏园公寓14单元202室。

委托代理人孟令欣，男，1975年10月4日出生，北京京北医院法律顾问，住河北省邢台市桥西区金华中学集体户。现住北京市海淀区清河永泰园小区4号楼5单元603室。

被告中华人民共和国国家知识产权局专利复审委员会，住所地北京市海淀区北四环西路9号银谷大厦10~12层。

法定代表人廖涛，副主任。

委托代理人张跃平，中华人民共和国国家知识产权局专利复审委员会审查员。

委托代理人朱明雅，中华人民共和国国家知识产权局专利复审委员会审查员。

第三人郑会义，男，1958年9月17日出生，加拿大籍公民，润和生物医药科技（汕头）有限公司总经理，暂住广东省深圳市福田区红荔西路香蜜三村5号楼A-24B。

委托代理人彭晓云，女，1968年5月3日出生，润和生物医药科技（汕头）有限公司法律顾问，住北京市东城区仓南胡同12号楼1门111号。

原告湛江市汇通药业有限公司（以下简称汇通药业公司）不服被告中华人民共和国国家知识产权局专利复审委员会（以下简称专利复审委员会）于2007年2月6日作出的第9516号无效宣告请求审查决定（以下简称第9516号决定），于法定期限内向本院提起诉讼。本院于2007年6月5日受理本案后，依法组成合议庭，并按照法律有关规定通知郑会义作为第三人参加诉讼，于2007年11月6日公开开庭进行了审理。原告汇通药业公司的法定代表人顾伯明及委托代理人郝颖洁、孟令欣，被告专利复审委员会的委托代理人张跃平、朱明雅，第三人郑会义的委托代理人彭晓云到庭参加诉讼。本案现已审理终结。

专利复审委员会第9516号决定系就汇通药业公司对郑会义享有的第01350208.5号外观设计专利（以下简称本专利）所提出的无效宣告请求作出的。专利复审委员会在该决定中认定：（1）无效宣告请求的理由。请求人提出的无效宣告请求理由是本专利不符合《中华人民共和国专利法》（以下简称《专利法》）第二十三条的规定。（2）证据的审查和事实的认定。请求人提交的第一组证据包括附件7、附件8、附件9、附件25和当庭提交的物证附件27和附件28。请求人提交了上述附件的原件，专利权人未对附件7、附件8和附件9的真实性提出质疑，专利权人认为附件25的公证书中只有一名公证员署名，属于可撤销的公证，对此专利复审委员会认为，该公证书中虽然只有一名公证员署名，但一起做公证的是两名公证员，符合《中华人民共和国公证暂行条例》的相关规定，其真实性可以被确认。

请求人以此欲证明汕头经济特区大卫生物技术有限公司于2001年9月30日向请求人出售了快速秀诊断盒，请求人又在本专利申请日前向肇庆市计生药具管理站出售了快速秀诊断盒，其内容物上有生产日期2001年9月28日。其中有一盒放置于肇庆市计生药具管理站的样版陈列柜中。

专利复审委员会经审查后认为，从附件9可以证明"快速秀诊断盒"于本专利申请日之前的2001年9月30日已经由汕头经济特区大卫生物技术有限公司出售给请求人，由附件7可以证明2001年10月18日肇庆市计划生育药具管理站给请求人汇划款，由附件8可以证明请求人给肇庆市计划生育药具管理站调拨"快速秀"早早孕试盒，由附件25中的帐单可以证明肇庆市计划生育药具管理站在本专利申请日之前的2001年10月11日从请求人处购买了快速秀早早孕试盒。请求人欲通过附件25照片所示展示柜中的快速秀一步法早早孕诊断盒证明该诊断盒就是肇庆市计划生育药具管理站在申请日前购买的诊断盒。

对此专利复审委员会认为，由于展示柜中的诊断盒本身没有生产日期，根据《中华人民共和国药品管理法》第五十三条的规定，药品包装必须适合药品质量的要求，方便储存、运输和医疗使用。发运中药材必须有包装。在每件包装上，必须注明品名、产地、日期、调出单位，并附有质量合格的标志。为此，公开销售的药品外包装盒上必须注明生产日期，而在肇庆市计划生育药具管理站展示柜中的"快速秀一步法早早孕诊断盒"外包装上并没有显示生产日期、有效期等日期，不符合《中华人民共和国药品管理法》的规定。虽然请求人认为，盒子上没有生产日期是由于在2001年以前生产的，但在内容物上有日期，并进一步认为药具管理站的展示相是样品展示柜，而不是销售柜。专利复审委员会认为，所述内容物上的日期是2001年9月28日，并不是如请求人所述的2001年之前，因此该包装盒应当符合《中华人民共和国药品管理法》的规定。请求人将提交的附件7、附件8、附件9、附件25、当庭提交的附件27和附件28结合在一起，欲证明肇庆市计划生育药具管理站药具展示柜中展示的诊断盒即从请求人处购买的产品，由此可知，展示柜中的样品应当是肇庆市计划生育药具管理站购买的产品，而购买的药品包装盒按照法律的相关规定应当载明生产日期和有效日期等，为此，专利复审委员会认为，由此不足以认定展示柜中展出的没有生产日期、有效期的诊断盒是与附件7、附件8和附件9相对应的诊断盒。因此，附件7、附件8、附件9、附件25和附件27并不能形成完整的证据链证明肇庆市计划生育药具管理站药具展示柜中展示的诊断盒在本专利申请日前公开销售。附件28是请求人当庭提交的包装盒，请求人当庭放弃了其中一个，剩余的两个包装盒的生产日期在本专利申请日之后，其不能与本组证据中的其余证据组成完整的证据链证明其在本专利申请日之前销售。

第二组证据包括附件10至附件21以及附件28中的两个包装盒，请求人放弃附件10。附件11是肇庆市公证处和阳江市计划生育药具管理站封存的相关材料封皮照片，附件12是阳江市计划生育药具管理站出具的证明，附件13至附件21是阳江市计划生育药具管理站2001~2002年的各种销售记帐凭证等。请求人当庭提交了肇庆市公证处封存的盖有阳江市计划生育药具管理站红章的纸袋中包装的7个"快速秀一步法早早孕诊断盒"，以此欲证明在本专利申请日前阳江市计划生育药具管理站就从请求人处购买了"快速秀早早孕诊断盒，并在阳江市场销售。对此专利复审委员会认为，附件12的证明作为单位证明，根据最高人民法院印发《关于适用〈中华人民共和国民事诉讼法〉若干问题的意见》的通知第77条的规定：依照民事诉讼法第六十五条由有关单位向人民法院提出的证明文书，应由单位负责人签名或盖章，并加盖单位印章。根据《审查指南》第四部分第八章第1节引言中的规定，无效宣告程序中有关证据的各种问题，本指南没有规定的，可参照人民法院民事诉讼中的相关规定。由于该附件只有单位印章，没有单位负责人签名或盖章，不具备形式要件，同时也没有相关负责人出席口头审理作证，因此不能作为定案依据。附件13-附件21是阳江市计划生育药具管理站2001~2002年的各种销售记帐凭证，其中涉及的产品名称为"湛江药具"、"孕盒"、"快速秀"、"快速秀早早孕诊断盒"，但请求人提交的7个"快速秀一步法早早孕诊断盒"的生产日期均在本专利申请日之后，因此，与附件13至附件21不能相互对应形成完整的证据链，附件28的两个包装盒的生产日期也在本专利申请日之后，也不能与附件13至附件21形成完整的证据链证明所述包装盒实物在本专利申请日之前公开销售。

第三组证据是附件1至附件6，补充提交的附件26作为附件6的补充证据。请求人以此欲证明在本专利申请日之前请求人已经从汕头经济特区大卫生物技术有限公司购买了"快速秀诊断盒"，并且销售给了贵州大集医药贸易有限责任公司和珠海万生医药公司。对此专利复审委员会认为，附件1至附件6中销售的产品名称分别为"快速秀诊断盒"、"快速秀早早孕诊断盒"、"快速秀早早孕试盒"，附件26的证明内容是珠海市万生药业有限公司在本专利申请日之前购进快速秀早早孕诊断盒，该附件中附有"快速秀一步法早早孕诊断盒外包装盒及其内容物照片复印件"，且法人盖章法人代表签字。专利复审委员会认为附件26具备单位证明的形式要件，但法人代表并未出庭作证，且附件6中的买方名称与附件26证明中的不符，而银行的凭证也未体现买方的信息，附件26证明中所述的生产日期与下附图片中的日期不符，由于附件6和附件26存在上述种种瑕疵，专利复审委员会通过审查认为附件26的证明力不够，不能证明其想要证明的事实。附件6和附件26也不能相互关联形成完整的证据链。因此虽然请求人提交了附件1至附件6的原件，但由于其上未显示销售产品的外观设计，仅凭附件26的证言不能证明与本专利相同或近似的外观设计在本专利申请日之前公开。

请求人提交的第四组证据是附件22至附件24，该组证明请求人和专利权人身份。专利权人对这些证据的真实性没有异议。请求人提交的附件29和附件30是想证明包装盒本身的合法性，并不能证明其在本专利申请日前就已公开销售的事实。专利权人提交的反证不影响对上述三组证据的审查结论，故在此不予评述。综上所述，请求人提交的所有证据都不能支持其主张。据此，专利复审委员会作出第9516号决定，维持本专利权有效。

原告汇通药业公司不服第9516号决定，在法定期限内向本院提起行政诉讼，其诉称：第9516号决定认定事实不清，适用法律不当。（1）本专利的无效宣告请求中，原告提交的第一组证据包括附件7、8、9、25、27、28，其中附件27为附件25照片中的实物；附件25系公证书，在该公证书中详细的记录了附件27包装盒的照片和附件27内容物照片，附件27的内包装物上，不但印有2001年9月28日的生产日期字样，而且印刷有与附件27外包装上产品形状一致的图案，该图案与本专利要求保护的图形完全一致。第9516号决定以附件27诊断盒外包装没有生产日期，不符合《中华人民共和国药品管理法》规定为由，认为附件27并非与附件7、8、9相对应的诊断盒，认定该组证据不能形成完整的证据链证明肇庆市计划生育药具管理站药具展示柜中展示的诊断盒在本专利申请日前公开销售。2001年2月28日修订的《中华人民共和国药品管理法》第五十三条虽然规定了在药品包装上注明生产日期和批号，但该法的生效条款明确规定：本法自2001年12月1日起施行。在该法修订之前，一直延用1984年9月20日通过的《中华人民共和国药品管理法》，而其中并没有对包装作出强制性规定。本专利无效宣告请求争议的焦点是本专利申请日之前是否存在与本专利申请相同的外观设计产品已经在国内市场上公开销售，第9516号决定以附件27违反当时未发生法律效力的法律，对该证据不予认定，该认定属适用法律不当。附件27证据所展示的实物是否违反《中华人民共和国药品管理法》关于外包装的规定，需要承担什么法律责任，均与该行政确权案件没有任何法律关系。（2）第二组证据中，附件12是阳江市计划生育管理站出具的证明文件，附件13~21为该单位自2001年1月至2002年购入和销售快速秀的相关帐目。附件12证明了附件13~21中提到的快速秀产品与现有的快速秀产品外观一致。该组证据足以证明阳江市计划生育管理站自2001年1月开始销售与本专利外观设计相同形状和图案的产品的相关事实。附件12中法定代表人未签字的局部形式瑕疵，不应影响对其内容真实性和证据证明力的认定。因此，第9516号决定对事实认定不清。故请求法院撤销第9516号决定，宣告本专利权无效。

被告专利复审委员会辩称：(1) 我方作出的第9516号决定所依据的无效理由是《专利法》第二十三条规定，所依据的证据是原告提交的证据，即原告提交的附件1~28。(2) 原告在行政起诉状中认为第9516号决定对第一组证据的认定是错误。其主要观点是决定中提到《中华人民共和国药品管理法》第五十三条虽然对药品包装上的生产日期和批号作了规定，但同时又规定：本法自2001年12月1日起施行。该法修订前一直延用1984年9月20日通过的《中华人民共和国药品管理法》，其中并没有对包装作出强制性规定。对此，我方认为，但凡有生活常识的人都会注意药品的生产日期和保质期，药品包装上应注明生产日期显然应属于公知常识。即使1984年9月20日通过的《中华人民共和国药品管理法》中并没有对包装作出强制性规定，自2001年1月1日起施行的《药品包装、标签和说明书管理规定（暂行）》第九条（二）（三）（四）和（五）中对药品的包装标签也作出了明确规定，无论内外包装都应当注明药品的生产日期、生产批号、有效期等。由于附件27的包装盒上没有注明相应日期，其不符合药品包装的相应管理办法，因此，可以确认附件27并不是市场上销售的"快速秀诊断盒"，由此也就不能认为附件27与附件7、8、9和附件25存在唯一的对应关系，这些证据之间不能形成完整的证据链。由于附件27与上述其他证据没有对应关系，那么在肇庆市计划生育药具站样版陈列柜中的附件27何时陈列就不得而知。原告的另一主要观点是第二组证据中的附件12证明了附件13~21中提到的快速秀产品与现在销售的快速秀产品外观一致。附件12法定代表人未签字的局部形式瑕疵，不应影响对其内容真实性和证据证明力的认定。对此，我方认为，首先，第9516号决定并没有将第二组证据中的每一个证据割裂开来进行认定。附件12中阳江市计划生育药具管理站称：我站自2001年1月4日购进的"快速秀早早孕诊断盒"内装的生物试条外观与该产品现有内装的生物试条外观均无任何区别。但是从仓库废品中提取的报废样品却没有一个是本专利申请日之前的包装盒。无论是个人证人证言还是单位证明，都是自然人对事实的回忆，其内容的准确性需要相关佐证证明，本案中原告虽然提交了附件13~21，但这些证据并不能证明产品的外观，而用于证明产品外观的仅是附件12的自然人的证言，在没有申请日之前的包装盒对其进行印证的情况下，附件12中的证明不足以证明所述包装盒实物在本专利申请日之前公开销售。综上所述，第9516号决定认定事实清楚，适用法律正确，原告的诉讼请求不能成立，请求人民法院依法驳回原告的诉讼请求，维持第9516号决定。

第三人郑会义述称：关于原告提供的第一组证据中附件27的内容物疑点太多，无法印证，不能作为本案证据。尤其是内容物与本身外包装、公证书及其封存实物甚至销售帐目之间都没有可以相互对应和印证的地方。再加上内容物本身的可替换性，其证据缺乏唯一性和真实性。那么这组证据链得到的结论也缺乏唯一性。被告提供了国家医药管理局前后两次颁布的《中华人民共和国药品管理法》，在新法实施前应当执行旧法，即1985年7月1日（旧法实施日）至2001年12月1日（新法实施日）之间至少应当执行旧法，而1985年7月1日实施的《中华人民共和国药品管理法》第六章第三十六条明确规定：规定有有效期的药品，必须在包装上注明有效期，作为本案检测试剂，显然具有有效期，所以应当在包装盒的外面注明生产日期或生产批号。2001年1月1日实施的国家医药管理局颁布的《药品包装、标签和说明书管理规定》（暂行）在第八条明确规定了包装的含义。国家对此实行严格管理制度，目的是保障药品使用安全、有效，维护人民身体健康。因此本案试剂盒外包装如果不按照规定注明有效期，生产日期或生产批号，那么无疑会给管理造成漏洞，尤其是在内容物和外包装可以分离和调换的特殊药品，如果不能保证内容物和外包装的一致性，这种漏洞是显然存在的。同时，国家医药管理局还颁布了其他一系列的药品管理法规，如1988年9月1日颁布实施的《药品包装管理办法)》（附件）的第二十五条，均对药品包装作了规定。关于第二组证据，我方认为法律不仅保证形式的合法，而且也保证实质的合法。而且首先保证形式的合法。即使不考虑形式的问题，也没有任何证据证明第二组证据能形成唯一结论的证据链,结合第一组证据也无法唯一结论。据此,请求人民法院维持第9516号决定。

经本院审理查明,第三人郑会义于2001年10月24日向国家知识产权局提出名称为"生物试条(B)"的外观设计专利申请,2002年8月14日被授权公告,专利号为01350208.5。针对上述专利权,原告汇通药业公司于2005年11月4日向专利复审委员会提出无效宣告请求,其理由为,原告自1999年起即与汕头经济特区大卫生物技术有限公司合作,销售"快速秀"一步法早早孕诊断盒(以下简称诊断盒),该诊断盒上印有与本专利完全相同的图片,由此可以说明本专利在其申请日之前已经在国内公开使用过,由此本专利不符合《专利法》第二十三条的规定。原告在无效程序期间共提交了如下证据,用以支持其无效理由:

附件1:2001年6月15日汕头经济特区大卫生物技术有限公司出具的3张发票(发票号0004631、0004632和0004633)复印件;

附件2:2001年6月15日汕头经济特区大卫生物技术有限公司出具的出库单复印件1张;

附件3:2001年8月28日汕头经济特区大卫生物技术有限公司出具的出库单复印件1张;

附件4:给贵州大集医药贸易有限责任公司的发货单复印件1张;

附件5:2004年12月22日贵州省医药(集团)药品配送有限责任公司收货单复印件1张;

附件6:请求人出售给珠海万石医药公司"快速秀早早孕试盒"的凭证(发票、发货单和中国工商银行资金汇划补充凭证)复印件3张;

附件7:2001年10月18日肇庆市计划生育药具管理站给请求人汇划款的中国工商银行资金汇划补充凭证复印件1张;

附件8:请求人给肇庆市计划生育药具管理站调拨"快速秀早早孕试盒"的调拨单复印件1张;

附件9:汕头经济特区大卫生物技术有限公司出具的出库单复印件;

附件10:"快速秀"一步法早早孕诊断盒复印件。

附件11:分别由阳江市计划生育药具管理站和肇庆市公证处封存的相关材料封皮照片共2张;

附件12:阳江市计划生育药具管理站出具的证明复印件;

附件13:阳江市计划生育药具管理站2001年1月记帐凭进仓单、调拨单复印件(共4张);

附件14:阳江市计划生育药具管理站2001年记帐凭证、中国银行信汇凭证、调拨单复印件(共3张);

附件15:阳江市计划生育药具管理站2001年记帐凭证、中国银行信汇凭证、收款收据、转帐单据复印件(共4张);

附件16:阳江市计划生育药具管理站2001年记帐凭证、收款收据复印件(共2张);

附件17:阳江市计划生育药具管理站2001~2002年记张凭证、收款收据、中国农业银行存款凭条复印件(共11张);

附件18:阳江市计划生育药具管理站2001~2002年转帐凭证、收款收据、记帐凭证复印件(共5张);

附件19:阳江市计划生育药具管理站2001~2002年记帐凭证、进仓单、发货单复印件(共4张);

附件20:阳江市计划生育药具管理站2002年记帐凭证、收款收据复印件(共2张);

附件21:阳江市计划生育药具管理站下属药店2001年销售快速秀孕盒帐单复印件(共13张);

附件22:汕头经济特区大卫生物技术有限公司企业法人营业执照、药品生产许可证复印件(共2张);

附件23：润和生物医药科技（汕头）有限公司企业法人营业执照、药品生产许可证复印件（共2张）；

附件24：湛江市蓝天贸易有限公司企业法人营业执照复印件1张；

附件25：广东省肇庆市公证处（2005）肇内证字第743号公证书复印件，其中包括照片9张、肇庆市计划生育药具管理站的帐簿资料复印件2页和封存的"快速秀一步法早早孕诊断盒"产品一盒；

附件27：请求人在意见陈述中称口头审理时提交快速秀包装盒及内容物实物；

附件28：请求人在意见陈述中称口头审理时提供快速秀包装盒及内容物实物。

第三人郑会义在无效程序中，向专利复审委员会提交了对原告证据进行抗辩的证据：（1）原卫生部药政管理局给汕头经济特区大卫生物技术有限公司的"体外诊断试剂生产申请批件"复印件1页；（2）广东省第八批换发药品批准文号品种目录复印件1页；（3）网上下载的商标详细信息1页。

专利复审委员会针对原告提出的无效宣告请求理由及相关证据，对该无效请求进行了审理，并于2007年2月6日作出第9516号决定，维持本专利有效。

上述事实，有第9516号决定、本专利授权公告、原告及第三人在无效程序中提交的证据及双方当事人的陈述等证据在案佐证。

本院认为，根据《专利法》第二十三条规定，授予专利权的外观设计，应当同申请日以前在国内外出版物上公开发表过或者国内公开使用过的外观设计不相同和不相近似，并不得与他人在先取得的合法权利相冲突。上述规定是一项外观设计能否被授予专利权的先决条件。在本案中，原告基于本专利申请日之前即已在国内公开使用为理由，向被告提出了无效宣告请求，被告也是基于该无效理由进行了审理并作出相关决定。因此，本案的审理重点仅限于本专利是否在申请日之前在国内公开使用。

根据庭审查明的事实可以确认，本案关键的证据为附件7、8、9、25和附件27、28。第三人对上述证据的真实性未提出质疑。本院予以确认。根据上述证据，可以证明如下事实，第三人自述郑会义曾为汕头经济特区大卫生物技术有限公司的企业负责人，该企业与原告在本专利申请日之前即存在销售关系，原告与肇庆市计生药具管理站亦存在销售关系。原告在本专利申请日前向肇庆市计生药具管理站出售过快速秀诊断盒，广东省肇庆市公证处（2005）肇内证字第743号公证书所封存的"快速秀一步法早早孕诊断盒"的内包装上压印有01年9月28日的字样，内包装内的产品实物亦与第三人申请的外观设计完全一致。该证据与附件9（内容为汕头经济特区大卫生物技术有限公司出具的出库单，出单时间为2001年9月30日，收货单位为汇通药业公司，品名为快速秀诊断盒，批号为010928）结合，可以得出如下结论，即公证保全的诊断盒内包装上载明的日期，与出库单上注明的批号在数字上完全一致，产品实物与本专利完全一致，虽然二者的产品名称存在差异，但主要名称相同。根据民事证据高度盖然性的原则，可以认定在公证保全的诊断盒内包装上载明的日期为生产日期，与汕头经济特区大卫生物技术有限公司出库单注明的批号为同一批次产品，即生产时间为2001年9月28日，批号为010928，汕头经济特区大卫生物技术有限公司向原告销售产品的外观与本专利相同，该批产品的销售时间为2001年9月30日，且数量达到32000盒。上述证据已经形成了证据链条，足以证明第三人在本专利申请日之前，已经在国内销售过与本专利相同的外观设计产品，并通过原告的销售网络销售给最终用户使用。由于上述证据足以证明在本专利申请日之前已有与本专利相同的外观设计产品在国内公开销售和使用，已经破坏了本专利的新颖性，因此本院对原告在无效程序中提交的其他证据不予评述。

关于涉案的物证是否违反《中华人民共和国药品管理法》的问题。本院认为，虽然该法在第五十三条规定了药品包装必须适合药品质量的要求，方便储存、运输和医疗使用。发运中药材必须有包装。在每件包装上，必须注明品名、产地、日期、调出单位，并附有质量合格的标志等要求，但该法的修订时间为 2001 年 2 月 28 日，生效日为 2001 年 12 月 1 日。在该法修订案生效之前，不排除汕头经济特区大卫生物技术有限公司生产的诊断盒外包装上未注明生产时间的情形，同时由于第三人郑会义与汕头经济特区大卫生物技术有限公司曾经具有关联性，其未提交相反的证据证明汕头经济特区大卫生物技术有限公司生产的诊断盒在本专利申请日之前已注明生产日期的相关证据。此外，违反《中华人民共和国药品管理法》系由行政主管机关根据相应的情节进行处罚。该法对《专利法》第二十三条的规定并不产生排斥。

综上所述，专利复审委员会作出的第 9516 号决定认定事实不清，适用法律错误，依据《中华人民共和国行政诉讼法》第五十四条第（二）项第 1、2 目之规定，判决如下：

1. 撤销被告中华人民共和国国家知识产权局专利复审委员会作出的第 9516 号无效宣告请求审查决定；

2. 被告中华人民共和国国家知识产权局专利复审委员重新就第 01350208.5 号名称为"生物试条（B）"的外观设计专利权作出无效宣告请求审查决定。

案件受理费 100 元，由被告中华人民共和国国家知识产权局专利复审委员会负担（本判决生效之日起七日内交纳）。

如不服本判决，原告湛江市汇通药业有限公司、被告中华人民共和国国家知识产权局专利复审委员会可于判决书送达之日起 15 日内、第三人郑会义可于判决书送达之日起 30 日内，向本院递交上诉状并按对方当事人的人数提交副本，交纳上诉案件受理费 100 元，上诉于北京市高级人民法院。

审　判　长　刘海旗
代理审判员　佟　姝
人民陪审员　郝建欣
二〇〇七年十一月二十七日
书　记　员　高　颖

北京市高级人民法院
行政判决书

（2008）高行终字第 41 号

上诉人（原审第三人）郑会义，男，加拿大籍公民，1958 年 9 月 17 日出生，润和生物医药科技（汕头）有限公司总经理，住广东省汕头市大学路荣升科技园公司宿舍。

委托代理人吴建平，广东知明律师事务所律师。

被上诉人（原审原告）湛江市汇通药业有限公司，住所地广东省湛江市麻章经济技术开发区金园路西侧。

法定代表人顾伯明，董事长。

委托代理人郝颖洁，女，汉族，1975 年 10 月 22 日出生，无业，住内蒙古自治区赤峰市元宝山区平庄东楼区家属楼 18 楼 3 单元 7 号。

原审被告中华人民共和国国家知识产权局专利复审委员会，住所地北京市海淀区北四环西路 9 号银谷大厦 10~12 层。

法定代表人廖涛，副主任。

委托代理人朱明雅，该委员会审查员。

上诉人郑会义因专利权无效行政纠纷一案，不服北京市第一中级人民法院（2007）一中行初字第 805 号行政判决，向本院提起上诉。本院 2008 年 1 月 17 日受理本案后，依法组成合议庭，于 2008 年 2 月 21 日公开开庭进行了审理。上诉人郑会义的委托代理人吴建平，被上诉人湛江市汇通药业有限公司（以下简称汇通药业公司）的法定代表人顾伯明及其委托代理人郝颖洁，原审被告中华人民共和国国家知识产权局专利复审委员会（以下简称专利复审委员会）的委托代理人朱明雅到庭参加了诉讼。本案现已审理终结。

郑会义于 2001 年 10 月 24 日向国家知识产权局提出名称为"生物试条（B）"的外观设计专利申请（以下简称本专利），2002 年 8 月 14 日被授权公告，专利号为 01350208.5。针对本专利，汇通药业公司于 2005 年 11 月 4 日向专利复审委员会提出无效宣告请求，理由为本专利不符合《中华人民共和国专利法》（以下简称《专利法》）第二十三条的规定。2007 年 2 月 6 日，专利复审委员会作出第 9516 号无效宣告请求审查决定（以下简称第 9516 号决定），维持本专利权有效。汇通药业公司不服该决定，向北京市第一中级人民法院提起诉讼。

北京市第一中级人民法院认为，本案关键的证据为附件 7、8、9、25 和附件 27、28。根据上述证据，可以证明如下事实：汇通药业公司在本专利申请日前向肇庆市计生药具管理站出售过"快速秀"一步法早早孕诊断盒（以下简称诊断盒），广东省肇庆市公证处（2005）肇内证字第 743 号公证书所封存的"快速秀一步法早早孕诊断盒"的内包装上压印有 01 年 9 月 28 日的字样，内包装内的产品实物亦与本专利完全一致。公证保全的诊断盒内包装上载明的日期与出库单上注明的批号在数字上完全一致，产品实物与本专利完全一致，虽然二者的产品名称存在差异，但主要名称相同。根据民事证据高度盖然性的原则，可以认定在公证保全的诊断盒内包装上载明的日期为生产日期，与汕头经济特区大卫生物技术有限公司（以下简称大卫公司）出库单注明的批号为同一批次产品。大卫公司向汇通药业公司销售产品的外观与本专利相同，该批产品的销售时间为 2001 年 9 月 30 日。上述证据已经形成了证据链，足以证明在本专利申请日之前已有与本专利相同的外观设计产品在国内公开销售和使用。《中华人民共和国药品管理法》的修订时间为 2001 年 2 月 28 日，生效日为 2001 年 12 月 1 日。在该法修订案生效之前，不排除大卫公司生产的诊断盒外包装上未注明生产时间的情形，同时，由于郑会义与大卫公司曾经具有关联性，其未提交相反的证据证明大卫公司生产的诊断盒在本专利申请日之前已注明生产日期的相关证据。此外，违反《中华人民共和国药品管理法》系由行政主管机关根据相应的情节进行处罚。该法对《专利法》第二十三条的规定并不产生排斥。

综上所述，专利复审委员会作出的第 9516 号决定认定事实不清，适用法律错误，依据《中华人民共和国行政诉讼法》第五十四条第（二）项第 1、2 目之规定，判决：（1）撤销专利复审委员会作出的第 9516 号决定；（2）专利复审委员会重新就第 01350208.5 号名称为"生物试条（B）"的外观设计专利权作出无效宣告请求审查决定。

郑会义不服原审判决，向本院提起上诉，请求撤销原审判决，维持第 9516 号决定有效。其主要理由为：（1）汇通药业公司以本专利在专利申请日前即已在国内公开使用为理由认定其无效，缺乏必要的证据。汇通药业公司提供的附件 27 的真实性无法认定，不能作为本案证据。（2）原审法院的推理不能成立。附件 27 上的批号不等于是生产日期的缩写，而且汇通药业公司调拨给肇庆市计划生育药具管理站的产品没有批号，名称也不一样，只是销售时间在上诉人卖给汇通药业公司产品之后就凭此认定这是同一产品属于认定事实错误。此外，公证处封存的产品是否就是上诉人于 2001 年 9 月

30日卖给汇通药业公司的批号为010928的产品没有证据支持。专利复审委员会、汇通药业公司服从原审判决。

本院经审理查明：郑会义于2001年10月24日向国家知识产权局提出名称为"生物试条（B）"的外观设计专利申请，2002年8月14日被授权公告，专利号为01350208.5。针对上述专利权，汇通药业公司于2005年11月4日向专利复审委员会提出无效宣告请求，理由为：汇通药业公司自1999年起即与大卫公司合作，销售诊断盒，该诊断盒上印有与本专利完全相同的图片，可以说明本专利在其申请日之前已经在国内公开使用过，由此本专利不符合《专利法》第二十三条的规定。汇通药业公司在无效程序期间共提交了如下证据，用以支持其无效理由：

附件1：2001年6月15日大卫公司出具的3张发票（发票号0004631、0004632和0004633）复印件；

附件2：2001年6月15日大卫公司出具的出库单复印件（1张）；

附件3：2001年8月28日大卫公司出具的出库单复印件（1张）；

附件4：汇通药业公司给贵州大集医药贸易有限责任公司的发货单复印件（1张）；

附件5：2004年12月22日贵州省医药（集团）药品配送有限责任公司收货单复印件（1张）；

附件6：汇通药业公司出售给珠海万石医药公司"快速秀早早孕试盒"的凭证（发票、发货单和中国工商银行资金汇划补充凭证）复印件（共3张）；

附件7：2001年10月18日肇庆市计划生育药具管理站给汇通药业公司汇划款的中国工商银行资金汇划补充凭证复印件（1张）；

附件8：汇通药业公司给肇庆市计划生育药具管理站调拨"快速秀早早孕试盒"的调拨单复印件（1张）；

附件9：大卫公司出具的出库单复印件；

附件10："快速秀"一步法早早孕诊断盒复印件。

附件11：分别由阳江市计划生育药具管理站和肇庆市公证处封存的相关材料封皮照片（共2张）；

附件12：阳江市计划生育药具管理站出具的证明复印件；

附件13：阳江市计划生育药具管理站2001年1月记帐凭证、进仓单、调拨单复印件（共4张）；

附件14：阳江市计划生育药具管理站2001年记帐凭证、中国银行信汇凭证、调拨单复印件（共3张）；

附件15：阳江市计划生育药具管理站2001年记帐凭证、中国银行信汇凭证、收款收据、转帐单据复印件（共4张）；

附件16：阳江市计划生育药具管理站2001年记帐凭证、收款收据复印件（共2张）；

附件17：阳江市计划生育药具管理站2001~2002年记帐凭证、收款收据、中国农业银行存款凭条复印件（共11张）；

附件18：阳江市计划生育药具管理站2001~2002年转帐凭证、收款收据、记帐凭证复印件（共5张）；

附件19：阳江市计划生育药具管理站2001~2002年记帐凭证、进仓单、发货单复印件（共4张）；

附件20：阳江市计划生育药具管理站2002年记帐凭证、收款收据复印件（共2张）；

附件21：阳江市计划生育药具管理站下属药店2001年销售快速秀孕盒帐单复印件（共13张）；

附件22：大卫公司企业法人营业执照、药品生产许可证复印件（共2张）；

附件23：润和生物医药科技（汕头）有限公司企业法人营业执照、药品生产许可证复印件（共2张）；

附件24：湛江市蓝天贸易有限公司企业法人营业执照复印件（1张）；

附件25：广东省肇庆市公证处（2005）肇内证字第743号公证书复印件，其中包括照片9张、肇庆市计划生育药具管理站的帐簿资料复印件2页和封存的"快速秀一步法早早孕诊断盒"产品一盒；

附件27：即附件25中的包装盒实物；

附件28：汇通药业公司提供快速秀包装盒及内容物实物。

郑会义在无效程序中，向专利复审委员会提交了对汇通药业公司证据进行抗辩的证据：

（1）原卫生部药政管理局给大卫公司的"体外诊断试剂生产申请批件"复印件1页；

（2）广东省第八批换发药品批准文号品种目录复印件1页；

（3）网上下载的商标详细信息1页。

专利复审委员会针对汇通药业公司提出的无效宣告请求理由及相关证据对该无效请求进行了审理，并于2007年2月6日作出第9516号决定，维持本专利权有效。专利复审委员会在该决定中认定：（1）无效宣告请求的理由。请求人提出的无效宣告请求理由是本专利不符合《专利法》第二十三条的规定。（2）证据的审查和事实的认定。请求人提交的第一组证据包括附件7、8、9、25和当庭提交的物证附件27、28。请求人提交了上述附件的原件，专利权人未对附件7、8、9的真实性提出质疑，专利权人认为附件25的公证书中只有一名公证员署名，属于可撤销的公证，对此专利复审委员会认为，该公证书中虽然只有一名公证员署名，但一起做公证的是两名公证员，符合《中华人民共和国公证暂行条例》的相关规定，其真实性可以被确认。请求人以此欲证明大卫公司于2001年9月30日向请求人出售了快速秀诊断盒，请求人又在本专利申请日前向肇庆市计生药具管理站出售了快速秀诊断盒，其内容物上有生产日期2001年9月28日。其中有一盒放置于肇庆市计生药具管理站的样版陈列柜中。

专利复审委员会经审查后认为，附件9可以证明"快速秀诊断盒"已经于本专利申请日之前的2001年9月30日由大卫公司出售给请求人，附件7可以证明2001年10月18日肇庆市计划生育药具管理站给请求人汇划款，附件8可以证明请求人给肇庆市计划生育药具管理站调拨"快速秀"早早孕试盒，附件25中的帐单可以证明肇庆市计划生育药具管理站在本专利申请日之前的2001年10月11日从请求人处购买了快速秀早早孕试盒。请求人欲通过附件25照片所示展示柜中的快速秀一步法早早孕诊断盒证明该诊断盒就是肇庆市计划生育药具管理站在申请日前购买的诊断盒。

专利复审委员会认为，由于展示柜中的诊断盒本身没有生产日期，根据《中华人民共和国药品管理法》第五十三条的规定，药品包装必须适合药品质量的要求，方便储存、运输和医疗使用。发运中药材必须有包装。在每件包装上，必须注明品名、产地、日期、调出单位，并附有质量合格的标志。为此，公开销售的药品外包装盒上必须注明生产日期，而在肇庆市计划生育药具管理站展示柜中的"快速秀一步法早早孕诊断盒"外包装上并没有显示生产日期、有效期等日期，不符合《中华人民共和国药品管理法》的规定。虽然请求人认为盒子上没有生产日期是由于在2001年以前生产的，但在内容物上有日期，并进一步认为药具管理站的展示柜是样品展示柜，而不是销售柜。专利复审委员会认为，所述内容物上的日期是2001年9月28日，并不是如请求人所述的2001年之前，因此该包装盒应当符合《中华人民共和国药品管理法》的规定。请求人将附件7、8、9、25及当庭提交的附件27、28结合在一起，欲证明肇庆市计划生育药具管理站药具展示柜中展示的诊断盒即从请求人处购买的产品，由此可知，展示柜中的样品应当是肇庆市计划生育药具管理站购买的产品，而购买的药品包装盒按照法律的相关规定应当载明生产日期和有效日期等。专利复审委员会认为，由此不足以认定展示柜中展出的没有生产日期、有效期的诊断盒是与附件7、8、9相对应的诊断盒。因此，附件7、8、9、25和附件27并不能形成完整的证据链证明肇庆市计划生育药具管理站药具展示柜中展示的诊断盒在本专利申请日前已公开销售。附件28是请求人当庭提交的包装盒，请求人当庭放弃了其中一个，剩余的两个包装盒的生产日期在本专利申请日之后，不能与本组证据中的其余证据组成完整的证据链证明其在本专利申请日之前销售。

第二组证据包括附件10至附件21以及附件28中的两个包装盒，请求人放弃附件10。附件11是肇庆市公证处和阳江市计划生育药具管理站封存的相关材料封皮照片，附件12是阳江市计划生育药具管理站出具的证明，附件13至附件21是阳江市计划生育药具管理站2001~2002年的各种销售记帐凭证等。请求人当庭提交了肇庆市公证处封存的盖有阳江市计划生育药具管理站红章的纸袋中包装的7个"快速秀一步法早早孕诊断盒"，以此欲证明在本专利申请日前阳江市计划生育药具管理站就从请求人处购买了"快速秀早早孕诊断盒"，并在阳江市场销售。对此专利复审委员会认为，附件12的证明作为单位证明，根据最高人民法院印发《关于适用〈中华人民共和国民事诉讼法〉若干问题的意见》的通知第七十七条的规定：依照民事诉讼法第六十五条由有关单位向人民法院提出的证明文书，应由单位负责人签名或盖章，并加盖单位印章。根据《审查指南》第四部分第八章第1节引言中的规定，无效宣告程序中有关证据的各种问题，本指南没有规定的，可参照人民法院民事诉讼中的相关规定。由于该附件只有单位印章，没有单位负责人签名或盖章，不具备形式要件，同时也没有相关负责人出席口头审理作证，因此不能作为定案依据。附件13至附件21是阳江市计划生育药具管理站2001~2002年的各种销售记帐凭证，其中涉及的产品名称为"湛江药具"、"孕盒"、"快速秀"、"快速秀早早孕诊断盒"，但请求人提交的7个"快速秀一步法早早孕诊断盒"的生产日期均在本专利申请日之后，因此，与附件13至附件21不能相互对应形成完整的证据链，附件28的两个包装盒的生产日期也在本专利申请日之后，也不能与附件13至附件21形成完整的证据链证明所述包装盒实物在本专利申请日之前公开销售。

第三组证据是附件1至附件6，补充提交的附件26作为附件6的补充证据。请求人以此欲证明在本专利申请日之前请求人已经从大卫公司购买了"快速秀诊断盒"，并且销售给了贵州大集医药贸易有限责任公司和珠海万生医药公司。对此专利复审委员会认为，附件1至附件6中销售的产品名称分别为"快速秀诊断盒"、"快速秀早早孕诊断盒"、"快速秀早早孕试盒"，附件26的证明内容是珠海市万生药业有限公司在本专利申请日之前购进快速秀早早孕诊断盒，该附件中附有"快速秀一步法早早孕诊断盒外包装盒及其内容物照片复印件"，且有法人盖章、法人代表签字。专利复审委员会认为，附件26具备单位证明的形式要件，但法人代表并未出庭作证，且附件6中买方的名称与附件26证明中的不符，而银行的凭证也未体现买万的信息，附件26证明中所述的生产日期与下附图片中的日期不符，由于附件6和附件26存在上述种种瑕疵，故其证明力不够，不能证明其想要证明的事实。附件6和附件26也不能相互关联形成完整的证据链。因此，虽然请求人提交了附件1至附件6的原件，但由于其上未显示销售产品的外观设计，仅凭附件26的证言不能证明与本专利相同或近似的外观设计在本专利申请日之前公开。

请求人提交的第四组证据是附件22至附件24，该组证明请求人和专利权人身份。专利权人对这些证据的真实性没有异议。请求人提交的附件29、30是想证明包装盒本身的合法性，并不能证明其在本专利申请日前就已公开销售的事实。专利权人提交的反证不影响对上述三组证据的审查结论，故在此不予评述。综上所述，请求人提交的所有证据都不能支持其主张。据此，专利复审委员会作出第9516号决定，维持本专利权有效。

上述事实，有第9516号决定、本专利授权公告、汇通药业公司及郑会义在无效程序中提交的证据及双方当事人的陈述等证据在案佐证。

本院认为，根据《专利法》第二十三条规定，授予专利权的外观设计，应当同申请日以前在国内外出版物上公开发表过或者国内公开使用过的外观设计不相同和不相近似，并不得与他人在先取得的合法权利相冲突。本案的审理重点在于本专利是否在申请日之前在国内销售公开。

本案关键的证据为附件7、8、9、25和附件27，其中附件27为附件25中由肇庆市公证处封存的诊断盒实物。就上述证据而言，上诉人仅对附件27的真实性提出质疑，对其他证据未提出异议，本院予以确认。证据27为广东省肇庆市公证处（2005）肇内证字第743号公证书所封存的"快速秀一步法早早孕诊断盒"，其内包装上压印有01年9月28日的字样，内包装内的产品实物亦与上诉人申请的外观设计完全一致。该证据与附件9（内容为大卫公司出具的出库单，出单时间为2001年9月30日，收货单位为汇通药业公司，品名为快速秀诊断盒，批号为010928）结合，可以得出如下结论，即公证保全的诊断盒内包装上载明的日期与出库单上注明的批号在数字上完全一致，产品实物与本专利完全一致，虽然二者的产品名称存在差异，但主要名称相同。根据民事证据高度盖然性的原则，可以认定公证保全的诊断盒内包装上载明的日期为生产日期，与大卫公司出库单注明的批号为同一批次产品，即生产时间为2001年9月28日，批号为010928。综合考虑附件7、8、9、25和附件27，本院可以合理地认为，郑会义曾为大卫公司的企业负责人，该企业与汇通药业公司在本专利申请日之前即存在销售关系，汇通药业公司与肇庆市计生药具管理站亦存在销售关系，汇通药业公司在本专利申请日前向肇庆市计生药具管理站出售过快速秀诊断盒，大卫公司向汇通药业公司所销售的产品外观与本专利相同，该批产品的销售时间为2001年9月30日。上述证据已经形成了证据链，足以证明在本专利申请日之前，汇通药业公司已经在国内销售过与本专利相同的外观设计产品。由于上述证据足以证明在本专利申请日之前已有与本专利相同的外观设计产品在国内公开销售，故本专利不符合《专利法》第二十三条的规定，应当被宣告无效。上诉人郑会义关于附件27的真实性无法认定的上诉主张没有事实和法律依据，本院不予支持。

综上，原审判决认定事实清楚，适用法律正确，应当予以维持。上诉人郑会义的上诉主张于法无据，本院不予支持。依照《中华人民共和国行政诉讼法》第六十一条第一款第（一）项之规定，判决如下：

驳回上诉，维持原判。

一审案件受理费100元，由中华人民共和国国家知识产权局专利复审委员会负担（于本判决生效之日起7日内交纳）；二审案件受理费100元，由郑会义负担（已交纳）。

本判决为终审判决。

审　判　长　刘继祥
审　判　员　莎日娜
代理审判员　焦　彦
二〇〇八年三月五日
书　记　员　毕　怡

标贴（安防设备）

无效宣告请求审查决定（第9519号）

决 定 号	第9519号
决 定 日	2007年2月5日
发明创造名称	标贴（安防设备）
外观设计分类号	19-08
无效宣告请求人	刘肇怀
专 利 权 人	李科赛
专 利 号	200430032626.8
申 请 日	2004年2月13日
授 权 公 告 日	2004年11月10日
合 议 组 组 长	王桂莲
主 审 员	王琦琳
参 审 员	刘 畅
法 律 依 据	专利法第23条

决 定 要 点

如果一件产品同在先设计相比整体外观形状相同，且某一部位上的细微形状变化不会对该产品的整体视觉效果构成显著性影响，应当认为两者属于相近似的外观设计。

一、案由

本无效宣告请求涉及中华人民共和国国家知识产权局于2004年11月10日授权公告的，名称为"标贴（安防设备）"的外观设计专利（下称本专利），其专利号是200430032626.8，申请日是2004年2月13日，专利权人是李科赛。

针对上述专利权，刘肇怀（下称请求人）于2005年12月20日向专利复审委员会提出无效宣告请求，其提交作为证据使用的附件如下：

附件1：中国交通信息产业杂志社编辑出版发行的《中国交通信息产业》2003年第10期原件1本，上述原件的封面、版权页、目录页、封面内折页、封底的复印件共6页；

附件2：《中国公共安全》杂志社编辑出版的《中国公共安全》2004年第1期原件1本，上述原件的封面、目录页、广告索引折页、"深圳市漠龙智能电子有限公司"广告页、第92~93页、封底的复印件共7页；

附件3：《中国公共安全》杂志社编辑出版的《中国公共安全》2003年第5期原件1本，上述原件的封面、目录页、广告目录页、"深圳市漠龙智能电子有限公司"广告页、"美国NTK（洛泰克）有限公司"广告折页、"深圳市普惠实业有限公司，深圳洛泰克（NTK）实业有限公司"广告折页、封底的复印件共8页；

附件4：申请人为洛泰克公司（LIUTEX CO.）的"AD"商标公告页复印件1页；

附件5：关于注册号为1072302，注册日期为1997年8月7日的商标AD的《引证商标资料》复印件1页；

附件6：加盖有中华人民共和国国家工商行政管理局商标局公章的第1072302号《商标注册证》复印件1页；

附件7：加盖有中华人民共和国国家工商行政管理总局商标局公章的关于第1072302号商标的《注册商标转让证明》复印件1页；

附件8：本专利著录信息及其主视图复印件1页。

结合上述证据，请求人认为：本专利相对于附件1~4中的任何一个均不符合专利法第23条的规定，附件1、附件2和附件3都是公开出版物，而且已经在先公开了本专利的字样，附件4~7证明"AD"是在先取得商标权的商标。

经形式审查合格，专利复审委员会依法受理了上述无效宣告请求，并于2006年4月13日向双方当事人发出无效宣告请求受理通知书，同时将无效宣告请求书及其附件清单中所列附件的副本转送给专利权人，并要求其在指定期限内答复。

专利权人逾期未答复。

专利复审委员会依法成立合议组对本案进行审理，于2006年10月12日向双方当事人发出无效宣告请求口头审理通知书，指出本案合议组定于2006年11月24日举行口头审理。

口头审理如期举行，请求人参加了口头审理，专利权人缺席。

在口头审理中，请求人明确其无效理由和范围为：本专利与附件1~3中产品广告所公开的内容，以及附件4~8中所公开的"AD"商标相近似，因而不符合专利法第23条的规定。请求人当庭提交了附件4的原件，未提交附件5~8的原件。请求人认为：附件1~3均为公开出版物，且出版发行时间在本专利申请日之前，附件1~3中均公开了"AD"商标的字母图案，其形状设计与本专利相近似，附件4~7中所公开的"AD"商标的字母图案也与本专利相近似，因此本专利不符合专利法第23条的规定。

至此，合议组认为本案事实清楚，现依法作出审查决定。

二、决定的理由

1. 关于证据和在先设计

请求人提交的附件1、附件2和附件3分别是2003年第10期《中国交通信息产业》、2004年第1期《中国公共安全》和2003年第5期《中国公共安全》的原件和相关页的复印件，合议组经核实，上述附件1~3的复印件均与原件一致。附件1的出版日为2003年10月25日，附件2的出版日为2004年1月1日，附件3的出版日为2003年5月1日，在本专利的申请日之前，因此上述附件可以作为本专利的在先设计使用。

请求人提交的附件4为"AD"商标公告页复印件，并且请求人于口头审理当庭提交了其原件，合议组经核实后认为该复印件与原件一致，因此该附件4可以作为在先设计使用。

请求人提交的附件5~7均为复印件，请求人并未提供上述附件5至附件7的原件，在没有其他证据证明其真实性的情况下，附件5~7不能单独作为定案的依据。

2. 关于本专利是否符合专利法第 23 条的规定

专利法第 23 条规定：授予专利权的外观设计，应当同申请日以前在国内外出版物上公开发表过或者国内公开使用过的外观设计不相同和不相近似，并不得与他人在先取得的合法权利相冲突。

审查指南第四部分第五章规定：如果一般消费者经过对被比设计与在先设计的整体观察可以看出，两者的差别对于产品外观设计的整体视觉效果不具有显著的影响，则被比设计与在先设计相近似。判断外观设计相同或者相近似时应当从一般消费者的角度进行判断。

本专利为标贴（安防设备），适用于安防设备领域；附件 1 是《中国交通信息产业》，其封面内折页是美国 Infinova（英飞拓）有限公司（原美国 NTK 有限公司）的广告彩页，其上刊登有"AD"商标图案，而且上述封面内折页中印刷有由 LAN 联接起来的安全设备图样，这些安全设备包括"门禁控制系统"等，因此附件 1 中的"AD"商标用于标识安防设备。由此可见，本专利的"AD"标贴图案和附件 1 的"AD"商标图案均用于标识安防设备，二者的功能相同，可以进行相近似的比较。

本专利只有主视图一幅视图，为平面图形。本专利主视图由字母部分和边框部分组成。边框部分为矩形，矩形的四角呈圆弧状。字母部分为大写英文字母"AD"，"AD"字母是右斜体字母，其相对于边框的短边向右倾斜。字母的笔划部分由多条平行于边框长边的横线条构成，上述的横线条的宽度彼此相同。

将附件 1 封面内折页中所公开的"AD"商标图案与本专利相比较，其相同点在于：字母部分都是"AD"的右斜体字母，倾斜角度大致相同，字母的笔划部分均由多条平行的横线条构成，上述横线条的宽度大致相同。其不同点在于：本专利是白底黑字而附件 1 中的"AD"商标图案是蓝底白字，另外本专利的字母周围有四角为圆弧状的矩形边框。

在上述区别中，首先，本专利是单一色彩，也没有要求保护色彩，在其相对于在先设计仅仅是色彩发生了改变的情况下，两者仍属于相近似的外观设计；另外，标贴类产品在使用时带有边框属于惯常设计，针对"AD"这样规则的英文字母字体，选用角部采用弧线设计的矩形边框也属于惯常设计，该边框对本专利的整体视觉效果并不具有显著的影响。

基于上述理由，本专利与在先设计之间的差别对于二者的整体视觉效果不具有显著的影响，因而二者属于相近似的外观设计，即，本专利不符合专利法第 23 条的规定。

鉴于本专利相对于附件 1 不符合专利法第 23 条的规定，本决定不再将其他附件与本专利进行比较。

三、决定

宣告 200430032626.8 号外观设计专利权无效。

当事人对本决定不服的，可以根据专利法第 46 条第 2 款的规定，自收到本决定之日起三个月内向北京市第一中级人民法院起诉。根据该款的规定，一方当事人起诉后，另一方当事人应当作为第三人参加诉讼。

包装盒

无效宣告请求审查决定（第 9521 号）

决 定 号	第 9521 号
决 定 日	2007 年 1 月 30 日
发明创造名称	包装盒
外观设计分类号	09-03
无效宣告请求人	广东宝来奇保健饮品有限公司
专 利 权 人	杨凯铭
专 利 号	03357804.4
申 请 日	2003 年 8 月 20 日
授权公告日	2004 年 3 月 17 日
合议组组长	聂春艳
主 审 员	高海燕
参 审 员	李玲玲
附 图	2 页
法 律 依 据	专利法第 23 条
决 定 要 点	

如果一项外观设计专利与在先外观设计在整体视觉效果上相近似，则该项外观设计专利不符合专利法第 23 条的规定。

一、案由

本无效宣告请求案涉及国家知识产权局于 2004 年 3 月 17 日授权公告的、专利号为 03357804.4、名称为"包装盒"的外观设计专利（下称本专利），其专利权人为杨凯铭，申请日为 2003 年 8 月 20 日。

针对本专利权，广东宝来奇保健饮品有限公司（下称请求人）于 2006 年 4 月 27 日向国家知识产权局专利复审委员会提出无效宣告请求，理由是本专利不符合专利法第 23 条的规定。请求人提交的专利权无效宣告请求书附有如下证据 1 和 2：

证据 1：广东省阳江市邮政广告公司以免费赠阅方式发行的《广东专送广告阳江版》彩色复印件两页以及阳江市邮政函件集邮分局于 2006 年 4 月 11 日出具的证明复印件；

证据 2：化州市工商行政管理局化工商处字（2004）第 59 号行政处罚决定书复印件。

请求人认为：证据 1 证明了在本专利申请日之前，《广东专送广告阳江版》就公开发表了宝来奇雪梨膏的广告图片，其与本专利外观设计相近似；证据2证明了在本专利申请日之前，具有与本专利外观设计相近似的外观设计的产品已经在国内公开销售。

请求人于2006年5月24日补充提交了意见陈述书，该意见陈述书附有如下证据3~18（编号续前）：

证据3：声称是广东省卫生监督所于2005年6月17日出具的证明复印件；

证据4：声称是阳江市卫生监督所于2005年6月15日出具的证明复印件；

证据5：声称是广东电视台广告部于2005年6月17日出具的证明复印件及相关光盘；

证据6：声称是广州市花都区广播电视台于2003年4月8日向广州市倚天龙广告有限公司出具的广告播出证明复印件；

证据7：声称是珠海电视台总编室于2003年向广州市倚天龙广告有限公司出具的广告播出证明复印件；

证据8：声称是湛江市电视台总编室于2003年向广州市倚天龙广告有限公司出具的广告播出证明复印件；

证据9：声称是韶关电视台节目部于2003年4月30日向广州市倚天龙广告有限公司出具的广告播出证明复印件；

证据10：声称是顺德市广播电视台于2003年向广州市倚天龙广告有限公司出具的广告播出证明复印件；

证据11：声称是肇庆电视台经济信息部于2003年向广州市倚天龙广告有限公司出具的广告播出证明复印件；

证据12：声称是东莞电视台于2003年5月13日向广州市倚天龙广告有限公司出具的广告播出证明复印件；

证据13：声称是南海市广播电视台于2003年向广州市倚天龙广告有限公司出具的广告播出证明复印件；

证据14：声称是云浮电视台于2002年4月20日向广州市倚天龙广告有限公司出具的广告播出证明复印件；

证据15：声称是江门有线广电网络中心于2003年向广州市倚天龙广告有限公司出具的广告播出证明复印件；

证据16：声称是茂名有线广播电视台于2003年3月20日向广州市倚天龙广告有限公司出具的广告播出证明复印件；

证据17：声称是广州市电视台向广州市倚天龙广告公司出具的广告播出证明复印件；

证据18：广东宝来奇保健饮品有限公司的企业法人营业执照复印件。

请求人在2006年5月24日递交的意见陈述书中认为，证据3为广东省卫生监督所出具的证明，证明了请求人自2003年起一直使用的产品包装与本专利外观设计相近似；证据4为阳江市卫生监督所出具的证明，证明了请求人自公司成立以来一直使用的产品包装与本专利外观设计相近似，证据18证明了该公司的成立时间为1995年3月；请求人的产品包装按广东省卫生局和阳江市卫生局的规定分别在上述两个卫生监督所备案；证据5为广东电视台的证明，证明了请求人雪梨膏产品的广告自1999年以来一直在该台播出，所附的广告样带证明了播出的广告产品包装与本专利外观设计相近似；证据6~17为广东省12家电视台在播出宝来奇雪梨膏产品广告时出具给广告公司的播出证明，证明了宝来奇广告在这些电视台播出过，播出时间均在本专利的申请日之前，这些电视台所用的广告母带与广东电视台的广告母带相同。

专利复审委员会于 2006 年 6 月 22 日向双方当事人发出了无效宣告请求受理通知书，并将《专利权无效宣告请求书》及其附件清单中所列附件副本以及请求人于 2006 年 5 月 24 日递交的补充意见及其附件清单中所列附件副本转给了专利权人。

专利权人于 2006 年 8 月 4 日提交了意见陈述书。专利权人认为本专利符合专利法第 23 条的规定，具体理由为：证据 1 不能证明与本专利相似的外观设计在本专利申请日之前公开发表过；证据 2 对事实认定有误，且化州市长发保健制品厂已经提起行政诉讼，该行政决定书未生效，该证据也未能表明所涉及产品的外观设计是否与本专利构成近似；证据 3 仅用来说明备案过，不能证明有与本专利相似的外观设计在本专利申请日之前公开过；证据 4 未能证明有与本专利相似的外观设计在本专利申请日之前公开过；证据 5~17 也未能证明有与本专利相似的外观设计在本专利申请日之前以电视广告的形式公开过。

专利复审委员会依法成立本案合议组，并于 2006 年 9 月 18 日向双方当事人发出无效宣告请求口头审理通知书，定于 2006 年 11 月 22 日举行口头审理。同时将专利权人于 2006 年 8 月 4 日提交的意见陈述书转给请求人。

口头审理于 2006 年 11 月 22 日如期举行，双方当事人均参加了口头审理。在口头审理中，双方当事人对合议组成员变更无异议，对合议组成员无回避请求，对对方出庭人员的身份无异议。请求人明确其无效理由为：本专利不符合专利法第 23 条的规定；请求人明确其证据 1~17 均用于单独评价本专利是否符合专利法第 23 条的规定。请求人当庭出示证据 1~17 的原件，合议组当庭将证据 1~17 的原件转交专利权人进行核实，专利权人认可证据 1~17 的复印件与原件一致。专利权人当庭提交反证 1~3 的复印件，并出示反证 1~2 的原件，反证 3 的原件在在先无效程序中已经提交。反证 1 是化州市长发保健制品厂诉化州市工商行政管理局的行政诉状，反证 2 是广东省化州市人民法院（2004）化法行初字第 30 号之一的行政裁定书，该行政裁定书裁定化州市长发保健制品厂诉化州市工商行政管理局不服行政处罚纠纷一案中止诉讼，反证 3 是宝来奇雪梨膏包装盒图案复印件，其中，反证 1、2 证明证据 2 是未生效的处罚决定，且与本案无关，反证 3 证明宝来奇雪梨膏有不同的包装盒。合议组当庭将反证 1~3 的复印件转给请求人。请求人认可反证 1~3 复印件与原件一致。专利权人认为，证据 1 的《广东专送广告阳江版》没有出版号，不是正式公开出版物，证据 1 的证明无证人签字，并且证人未出庭质证，其上写明广东专送广告（阳江版）的发布单位是"阳江市邮政函件集邮分局的上级主管部门广东省邮政函件集邮局"，与《广东专送广告阳江版》的发行单位不一致，因此证据 1 的证明与《广东专送广告阳江版》无关联性，因此不认可证据 1 的真实性；证据 2 是未生效的处罚决定，且与本案无关；证据 3~17 或者没有出证人的签字，或者证人未出庭质证，或者所盖的不是公章、或者出证日期在所证事实之前，或者出证日期不全，或者无出证日期，或者无法确定播出的广告内容、或者笔迹不统一，因而不认可证据 3~17 内容的真实性，证据 3~17 不能作为定案依据。请求人当庭提交信封加盖"广东电视台业务专用章"骑缝章的证据 5 提及的样带，专利权人认为样带骑缝日期在证据 5 出证日期之后，缺乏关联性，且样带作为新证据超过举证期限。

至此，合议组认为本案事实已经清楚，可以依法作出审查决定。

二、决定的理由

1. 法律依据

基于请求人提出的无效宣告理由，合议组依据专利法第 23 条的规定对本案进行审理。

专利法第 23 条规定：授予专利权的外观设计，应当同申请日以前在国内外出版物上公开发表过或者国内公开使用过的外观设计不相同和不相近似，并不得与他人在先取得的合法权利相冲突。

审查指南第四部分第五章第 5 节"判断方式"部分规定：在判断外观设计相同或者相近似时，

应当从一般消费者的角度对在先设计与被比设计进行整体观察、综合判断。所谓整体观察、综合判断是指由被比设计的整体来确定是否与在先设计相同或者相近似，而不从被比设计的部分或者局部出发得出与在先设计是否相同或者相近似的结论。

2. 关于证据

审查指南第二部分第三章第2.1.3.1节规定：专利法意义上的出版物是指记载有技术或设计内容的独立存在的传播载体，并且应当表明或者有其他证据证明其公开发表或出版的时间。符合上述含义的出版物可以是各种印刷的、打字的纸件，例如专利文献、报纸、广告宣传册等。

请求人提交的证据1包括广东省阳江市邮政广告公司以免费赠阅方式发行的《广东专送广告阳江版》彩色复印件两页（下称对比文件1），在口头审理中，请求人当庭出示了对比文件1的原件，专利权人核实后认可对比文件1与原件一致，虽然专利权人认为对比文件1没有出版号，不是正式公开出版物，但是对比文件1中明确印有广告经营许可号"粤工商广字010874号"、发布单位"广东省阳江市邮政广告公司"、发行日期"1999年11月25日"等信息，在没有其他相反证据的情况下，合议组对对比文件1的真实性予以认可。由于对比文件1第1页印有的发行日期为1999年11月25日，早于本专利的申请日2003年8月20日，对比文件1第2页印有宝来奇正宗雪梨膏包装盒的广告图片，因此，对比文件1属于上述审查指南第二部分第三章第2.1.3.1节规定的专利法意义上的出版物，其第2页印有的宝来奇正宗雪梨膏包装盒的广告图片可以作为在先设计来评价本专利是否符合专利法第23条的规定。

3. 关于本专利相对于对比文件1是否符合专利法第23条的规定

合议组认为：本专利和对比文件1的图片均为包装盒，属于同一类别的产品，可以进行相近似性对比。

本专利是关于"包装盒"的外观设计，其各视图均为长方形，其包装盒整体呈现长方体形状。从其主视图观察，其图案主要包括：一个四角均为圆角的长方形外框；外框内嵌套有一个四角均为圆角的长方形内框；从内框上边稍右侧向下延伸有一条带；条带上印有由小"水滴"拼成的近似圆环形"七宝堂"商标，商标下方印有"七宝堂"三个小字；内框中央偏上方印有"雪梨膏"三个大字；"雪梨膏"大字下方印有雪梨图案，雪梨图案包括中间竖直放置的一只雪梨、左侧躺倒的一瓣雪梨和右后侧倒向放置的一只雪梨，中间竖直放置的雪梨带有一大一小两片叶片，左侧躺倒的一瓣雪梨的一角伸出至外框之外，右后侧倒向放置的一只雪梨的"梨把"也伸出至外框之外，中间竖直放置的雪梨和左侧躺倒的一瓣雪梨之间还点缀有几片叶片，中间竖直放置的雪梨前方还点缀有多粒种籽；内框内还隐约出现有叶片图案。从其后视图观察，其后视图图案与主视图图案相比除将"七宝堂"和"雪梨膏"文字换成相应的拼音和英文文字外，其余图案相同；从其左、右视图观察，其图案除分别有"正宗雪梨膏"的中文和英文文字及相关说明外，还都包括四角均为圆角的长方形内外框以及隐约出现的叶片图案；从其俯视图观察，其图案包括四角均为圆角的长方形外框，外框内印有由小"水滴"拼成的近似圆环形"七宝堂"商标图案，图案下方印有"七宝堂"三个小字（详见本专利附图）。

对比文件1第2页是关于宝来奇正宗雪梨膏的包装盒立体图片，其正面（下称主视图，对应本专利的主视图）、左侧面（下称左视图，对应本专利的左视图）和顶面（下称俯视图，对应本专利的俯视图）均为长方形，其包装盒整体呈现长方体形状。从其主视图观察，其图案主要包括：一个四角均为圆角的长方形外框；外框内嵌套有一个四角均为圆角的长方形内框；从内框上边稍左侧向下延伸有一条带；条带上印有菱形"宝来奇"商标，商标下方印有"宝来奇"三个小字；内框中央偏上方印有"雪梨膏"三个大字；"雪梨膏"大字下方印有雪梨图案，雪梨图案包括中间竖直放置的一只雪梨、左侧躺倒的一瓣雪梨和右后侧倒向放置的一只雪梨，中间竖直放置的雪梨带有一大一小两片叶片，左侧躺倒的一瓣雪梨的一角伸出至外框之外，右后侧倒向放置的一只雪梨的"梨把"也伸出至外框之外，中间竖直放置的雪梨和左侧躺倒的一瓣雪梨之间还点缀有几片叶片，中间竖直放置的雪梨前方还点缀有多粒种籽；内框内还隐约有叶片图案。从其左视图观察，其图案除有"正宗雪梨膏"的英文文字及相关说明外，还包括四角均为圆角的长方形内外框以及隐约出现的叶片图案；从其俯视图观察，其图案包括四角均为圆角的长方形外框，外框内印有菱形"宝来奇"商标图案，图案下方隐约可见"宝来奇"三个小字（详见对比文件1包装盒的立体图片）。

将本专利与对比文件1的包装盒相比较，其主要相同点为：（1）二者均为长方体形状；（2）二者主视图图案均包括长方形内外框、从内框上边向下延伸的条带、条带上均印有各自的商标图案、商标图案下方均印有相应小字、内框中央偏上方均印有"雪梨膏"三个大字、"雪梨膏"大字下方均印有基本相同的雪梨图案；（3）二者左视图图案均包括"正宗雪梨膏"的英文文字及相关说明、长方形内外框以及隐约出现的叶片图案；（4）二者俯视图图案均包括长方形外框、外框内均印有各自的商标图案、图案下方均印有小字。由此可见，本专利和对比文件1包装盒的形状相同，且在主视图、左视图和俯视图图案上的题材相同，构图方法相近似，表现方式也相近似。由于本专利后视图图案与其主视图图案相比仅表现为将中文文字文字换成相应的拼音和英文文字，因此，本专利后视图和对比文件1包装盒的主视图图案的题材相同，构图方法相近似、表现方式也相近似。由于本专利右视图图案与其左视图图案相比仅表现为将"正宗雪梨膏"的英文文字换成相应的中文文字，因此，本专利右视图和对比文件1包装盒的左视图图案的题材相同，构图方法相近似，表现方式也相近似。

将本专利与对比文件1包装盒相比较，其主要不同点为：（1）二者主视图中条带的位置略有不同，本专利条带在内框中偏右，而对比文件条带在内框中偏左；（2）二者的商标图案不同。合议组认为，上述条带的位置以及商标图案的不同均是局部的细微差别，对包装盒的整体视觉效果尚不足以造成显著影响。

综上所述，本专利与对比文件1包装盒的形状相同，二者图案的题材相同，构图方法相近似，表现方式也相近似，且二者的区别点不足以给二者的整体视觉效果带来显著影响，因此，本专利与对比文件1包装盒的整体视觉效果相近似，本专利不符合专利法第23条的规定。

由于本专利与对比文件1包装盒相近似，不符合专利法第23条的规定，因此，对于请求人提交的其他理由和证据合议组不再予以评述。由于专利权人提交的反证1、2用于证明证据2是未生效的处罚决定，因此，合议组对该反证1和2也不再予以评述。专利权人提交的反证3用于证明宝来奇雪梨膏有不同的包装盒，在本专利与对比文件1相近似的情况下，合议组对该反证3不再予以评述。

三、决定

宣告03357804.4号外观设计专利权全部无效。

当事人对本决定不服的，可以根据专利法第46条第2款的规定，自收到本决定之日起三个月内向北京市第一中级人民法院起诉。根据该款的规定，一方当事人起诉后，另一方当事人应当作为第三人参加诉讼。

主视图

后视图

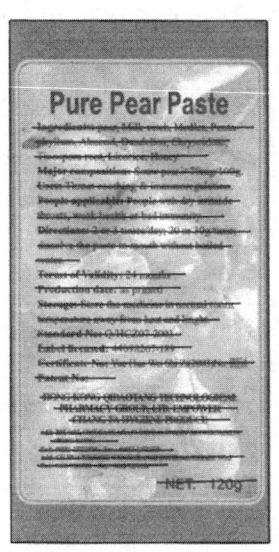
左视图

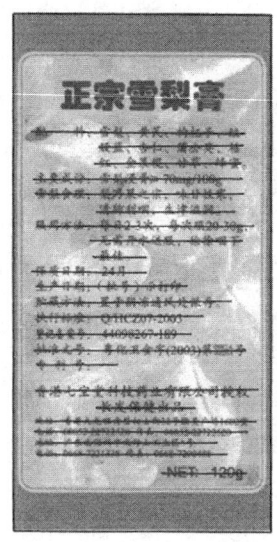
右视图

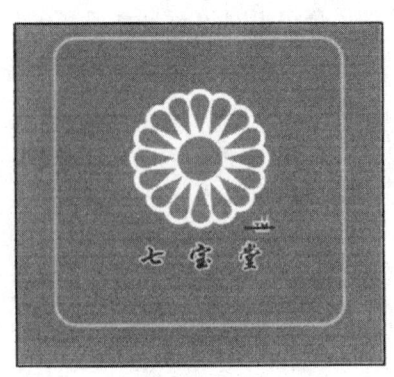
俯视图

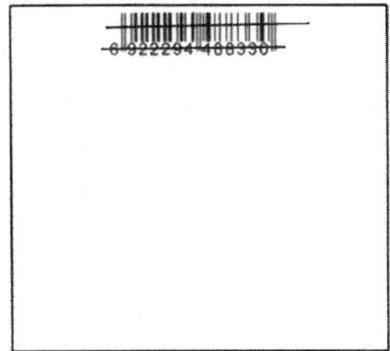
仰视图

本专利附图

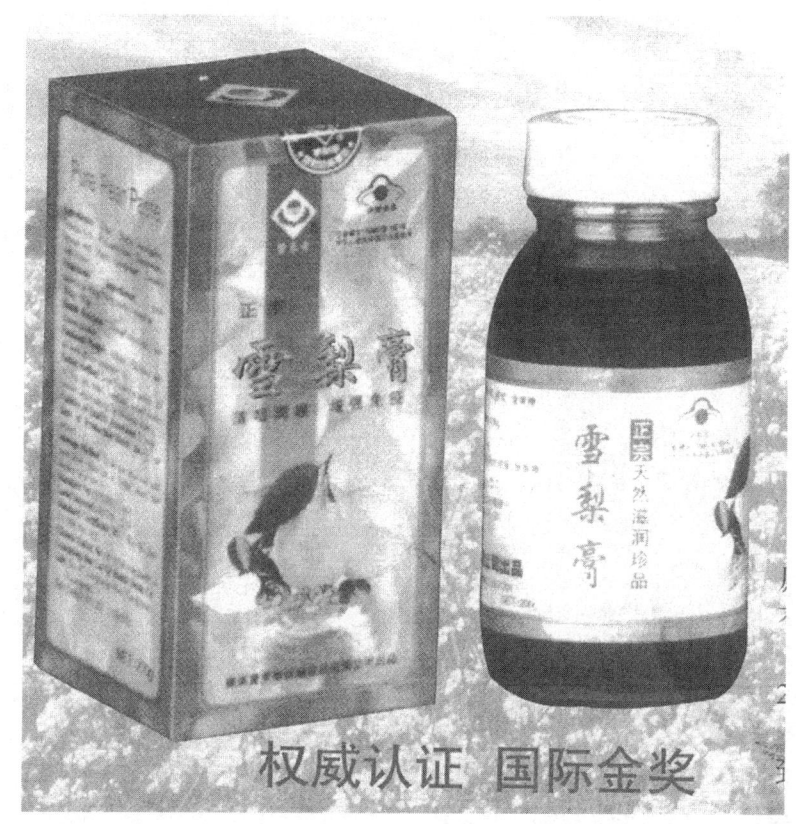

对比文件图

包装袋（德氏鲜奶糕）

无效宣告请求审查决定（第9536号）

决　定　号	第9536号
决　定　日	2007年3月2日
发明创造名称	包装袋（德氏鲜奶糕）
外观设计分类号	09-05
无效宣告请求人	可尔必思株式会社
专　利　权　人	王德刚
专　利　号	02332647.6
申　请　日	2002年8月1日
授权公告日	2003年4月2日
合议组组长	张雪飞
主　审　员	钟　华
参　审　员	王霞军
法律依据	专利法第23条、第46条，《最高人民法院关于民事诉讼证据的若干规定》第69条

决定要点

对于因未缴纳年费而终止的专利权而言，无效宣告请求的审查仅针对其存续期间内的专利权进行；未出庭作证的利害关系人所作出的证人证言，虽经公证认证手续，仍不能单独作为认定案件事实的依据。

一、案由

本无效宣告请求涉及国家知识产权局于2003年4月2日授权公告的名称为"包装袋（德氏鲜奶糕）"的02332647.6号外观设计专利（下称本专利），其申请日为2002年8月1日，专利权人为王德刚。

针对本专利，可尔必思株式会社（下称请求人）于2005年12月20日专利复审委员会提出无效宣告请求，其理由是在本专利申请日前已经有相近似的外观设计在出版物上公开发表过，因此本专利不符合专利法第23条的规定，请求人同时提交如下附件作为证据：

附件1：《饮料商品指南》的原件、复印件；

附件2：《CALPIS公司饮料制品目录》的彩色复印件、黑白复印件；

附件3：附件1、附件2的公证认证件及相关中文译文。

经形式审查合格，专利复审委员会依法受理了上述无效宣告请求，并于 2006 年 4 月 12 日将无效宣告请求书及相关文件的副本转给专利权人，要求其在指定的期限内答复。专利权人逾期未陈述意见。

专利复审委员会于 2006 年 9 月 4 日向双方当事人发出口头审理通知书，定于 2006 年 10 月 23 日举行口头审理。

口头审理如期举行，请求人有代理人出席了本次口头审理，专利权人缺席本次口头审理。在口头审理中，请求人指认了证据 1 第 88 页中的两个图作为对比文件并签名，指认了证据 2 中的对比文件并签名，明确证据 1 和证据 2 的公证认证书中出证人高井由香为请求人的雇员，认为证据 1 为公开发行出版物，证据 2 为公司宣传册。

至此，合议组认为本案事实已经调查清楚，可以作出如下审查决定。

二、决定的理由

1. 审查对象

经查，本专利已于 2004 年 8 月 2 日因未缴纳年费而终止，因此其存续期间为申请日 2002 年 8 月 1 日起至 2004 年 8 月 1 日止。本无效宣告请求的审查仅针对该存续期间内的本专利权。

2. 法律依据

专利法第 23 条规定：授予专利权的外观设计，应当同申请日以前在国内外出版物上公开发表过或者国内公开使用过的外观设计不相同和不相近似，并不得与他人在先取得的合法权利相冲突。

专利法第 46 条规定：专利复审委员会对宣告专利权无效的请求应当及时审查和作出决定。并通知请求人和专利权人。宣告专利权无效的决定，由国务院专利行政部门登记和公告。

对专利复审委员会宣告专利权无效或者维持专利权的决定不服的，可以自收到通知之日起 3 个月内向人民法院起诉。人民法院应该通知无效宣告请求程序的对方当事人作为第三人参加诉讼。

《最高人民法院关于民事诉讼证据的若干规定》第 69 条规定：下列证据不能单独作为认定案件事实的依据：（1）未成年人所作的与其年龄和智力状况不相当的证言；（2）与一方当事人或者其代理人有利害关系的证人出具的证言；（3）存有疑点的视听资料；（4）无法与原件、原物核对的复印件、复制品；（5）无正当理由未出庭作证的证人证言。

3. 本专利是否符合专利法第 23 条的规定

附件 1、附件 2 均为域外形成的证据，附件 3 为附件 1、附件 2 的公证认证件，根据附件 3 的中文译文可知，附件 3 中的公证内容为"兹证明本人亲自见证高井由香在所附文件上署名"，高井由香的声明内容为："特此声明所附文件均真实有效，且该复印件与相应原始文件一致"，根据附件 3 的上述内容可知，附件 3 实际上为对高井由香的证人证言所作的公证认证，公证内容可以证明高井由香确实作出过上述声明，但是不能证明上述声明的内容是否真实。在口头审理中，请求人的代理人已经说明高井由香为请求人的雇员，可认定其为请求人的利害关系人。同时，高井由香也未出席本次口头审理作证。

根据审查指南第八章引言规定：无效宣告程序中有关证据的各种问题，适用本指南的规定，本指南没有规定的，可参照人民法院民事诉讼中的相关规定。该章第 4.2 节 "证人证言" 规定……未能出席口头审理作证的证人出具的书面证言不能单独作为认定案件事实的依据……《最高人民法院关于民事诉讼证据的若干规定》第 69 条："下列证据不能单独作为认定案件事实的依据……（二）与一方当事人或者其代理人有利害关系的证人出具的证言……（五）无正当理由未出庭作证的证人证言。" 根据上述规定，由于附件 3 为利害关系人的声明，且未出庭作证，因此不能单独作为认定案件事实的依据，即仅凭附件 3 中证人所作出的 "声明" 不能单独作为本案的定案依据。因此附件 3

不足于认定附件1、附件2的真实性，更无法证明附件1、附件2已经在本专利申请日前公开发表过，因此附件1~3不能证明本专利不符合专利法第23条的规定。

综上所述，请求人提交的所有证据均不能支持其主张，其无效宣告请求不成立。

三、决定

维持02332647.6号外观设计专利权有效。

当事人对本决定不服的，可以根据专利法第46条第2款的规定，自收到本决定之日起三个月内向北京市第一中级人民法院起诉，根据该款规定，一方当事人起诉后，另一方当事人应当作为第三人参加诉讼。

包装盒（2）

无效宣告请求审查决定（第9537号）

决 定 号	第9537号
决 定 日	2007年3月2日
发明创造名称	包装盒（2）
外观设计分类号	09-03
无效宣告请求人	汕头市澄海区松炀塑胶玩具有限公司
专 利 权 人	李贤佳
专 利 号	200430094607.8
申 请 日	2004年12月7日
授权公告日	2005年7月20日
合议组组长	张雪飞
主 审 员	钟 华
参 审 员	徐清平
法 律 依 据	专利法第23条、第46条
决 定 要 点	

域外形成的证据，既没有履行相应的公证认证文件，也没有其他证据证明其真实性，根据审查指南第四部分第八章第2.2.2节的有关规定，不能作为认定案件事实的依据。

一、案由

本无效宣告请求涉及国家知识产权局于2005年7月20日授权公告的名称为"包装盒（2）"的200430094607.8号外观设计专利（下称本专利），其申请日为2004年12月7日，专利权人为李贤佳。

针对本专利，汕头市澄海区松炀塑胶玩具有限公司（下称请求人）于2006年6月28日向专利复审委员会提出无效宣告请求，其理由是在本专利申请日前已经有相同或者相近似的外观设计在出版物上公开发表过，因此本专利不符合专利法第23条的规定，请求人同时提交如下附件作为证据：

附件1：日本《玩具酷报》复印件4页；

附件2：日本《电击》月刊复印件4页。

经形式审查合格，专利复审委员会依法受理了上述无效宣告请求，并于2006年6月28日将无效宣告请求书及相关文件的副本转给专利权人，要求其在指定的期限内答复。

2006年8月15日，专利复审委员会收到专利权人的意见陈述书，专利权人认为：附件2、附件3为域外形成的证据，没有履行相应的公证认证手续，因此没有证据效力；本专利与附件2、附件3上所记载的外观设计均不相同且不相近似。专利权人同时提交了如下反证：

反证：广东省玩具协会出具的《证明》复印件。

2006年10月10日，专利复审委员会向请求人转送了上述专利权人提交的意见陈述书及附件。同日，专利复审委员会向双方当事人发出口头审理通知书，定于2006年11月29日举行口头审理。

2006年10月31日，专利复审委员会收到请求人的口头审理通知书回执，2006年11月14日，收到专利权人的口头审理回执，双方当事人均称出席本次口头审理。

口头审理如期举行，双方当事人均缺席了本次口头审理，其后双方当事人也未提交意见陈述书。

在此基础上，合议组经过合议，认为本案事实清楚，依法作出如下审查决定。

二、决定的理由

1. 法律依据

专利法第23条规定：授予专利权的外观设计，应当同申请日以前在国内外出版物上公开发表过或者国内公开使用过的外观设计不相同和不相近似，并不得与他人在先取得的合法权利相冲突。

专利法第46条规定：专利复审委员会对宣告专利权无效的请求应当及时审查和作出决定，并通知请求人和专利权人。宣告专利权无效的决定，由国务院专利行政部门登记和公告。

对专利复审委员会宣告专利权无效或者维持专利权的决定不服的，可以自收到通知之日起三个月内向人民法院起诉。人民法院应当通知无效宣告请求程序的对方当事人作为第三人参加诉讼。

2. 本专利是否符合专利法第23条的规定

附件1为日本《玩具酷报》复印件，附件2为日本《电击》月刊复印件，两者均为域外形成的证据的复印件，请求人没有提交相应的公证认证文件，也没有其他证据能证明其真实性。根据审查指南第四部分第八章第2.2.2节的有关规定，不能作为认定本案件事实的依据。由于附件1、附件2均不能作为本案的定案依据，因此不能证明本专利不符合专利法第23条的规定。

专利权人提交的反证为书面证明的复印件，其真实性不能确认，因此也不能作为认定本案事实的依据，其不影响上述审查结论。

综上所述，请求人提交的所有证据均不能支持其主张，因此其无效宣告请求不成立。

三、决定

依据专利法第23条和第46条第1款的规定，维持200430094607.8号外观设计专利权有效。

当事人对本决定不服的，可以根据专利法第46条第2款的规定，自收到本决定之日起三个月内向北京市第一中级人民法院起诉，根据该款规定，一方当事人起诉后，另一方当事人应当作为第三人参加诉讼。

包装袋（德氏可可鲜奶糕）

无效宣告请求审查决定（第9543号）

决 定 号	第9543号
决 定 日	2007年3月1日
发明创造名称	包装袋（德氏可可鲜奶糕）
外观设计分类号	09-05
无效宣告请求人	可尔必思株式会社
专 利 权 人	王德刚
专 利 号	02332651.4
申 请 日	2002年8月1日
授权公告日	2003年4月2日
合议组组长	张雪飞
主 审 员	钟华
参 审 员	王霞军
法 律 依 据	专利法第23条、第46条，《最高人民法院关于民事诉讼证据的若干规定》第69条

决 定 要 点

对于因未缴纳年费而终止的专利权而言，无效宣告请求的审查仅针对其存续期间内的专利权进行；未出庭作证的利害关系人所作出的证人证言，虽经公证认证手续，仍不能单独作为认定案件事实的依据。

一、案由

本无效宣告请求涉及国家知识产权局于2003年4月2日授权公告的名称为"包装袋（德氏可可鲜奶糕）"的02332651.4号外观设计专利（下称本专利），其申请日为2002年8月1日，专利权人为王德刚。

针对本专利，可尔必思株式会社（下称请求人）于2005年12月20日专利复审委员会提出无效宣告请求，其理由是在本专利申请日前已经有相近似的外观设计在出版物上公开发表过，因此本专利不符合专利法第23条的规定，请求人同时提交如下附件作为证据：

附件1：《饮料商品指南》的原件、复印件；

附件2：《CALPIS公司饮料制品目录》的彩色复印件、黑白复印件；

附件3：附件1、附件2的公证认证件及相关中文译文。

经形式审查合格，专利复审委员会依法受理了上述无效宣告请求，并于2006年4月12日将无效宣告请求书及相关文件的副本转给专利权人，要求其在指定的期限内答复。专利权人逾期未陈述意见。

专利复审委员会于2006年9月4日向双方当事人发出口头审理通知书，定于2006年10月23日举行口头审理。

口头审理如期举行，请求人有代理人出席了本次口头审理，专利权人缺席本次口头审理。在口头审理中，请求人指认了证据1第88页中的两个图作为对比文件并签名，指认了证据2中的对比文件并签名，明确证据1和证据2的公证认证书中出证人高井由香为请求人的雇员，认为证据1为公开发行出版物，证据2为公司宣传册。

至此，合议组认为本案事实已经调查清楚，可以作出如下审查决定。

二、决定的理由

1. 审查对象

经查，本专利已于2004年8月2日因未缴纳年费而终止，因此其存续期间为申请日2002年8月1日起至2004年8月1日止。本无效宣告请求的审查仅针对该存续期间内的本专利权。

2. 法律依据

专利法第23条规定：授予专利权的外观设计，应当同申请日以前在国内外出版物上公开发表过或者国内公开使用过的外观设计不相同和不相近似，并不得与他人在先取得的合法权利相冲突。

专利法第46条规定：专利复审委员会对宣告专利权无效的请求应当及时审查和作出决定。并通知请求人和专利权人。宣告专利权无效的决定，由国务院专利行政部门登记和公告。

对专利复审委员会宣告专利权无效或者维持专利权的决定不服的，可以自收到通知之日起3个月内向人民法院起诉。人民法院应该通知无效宣告请求程序的对方当事人作为第三人参加诉讼。

《最高人民法院关于民事诉讼证据的若干规定》第69条规定：下列证据不能单独作为认定案件事实的依据：（1）未成年人所作的与其年龄和智力状况不相当的证言；（2）与一方当事人或者其代理人有利害关系的证人出具的证言；（3）存有疑点的视听资料；（4）无法与原件、原物核对的复印件、复制品；（5）无正当理由未出庭作证的证人证言。

3. 本专利是否符合专利法第23条的规定

附件1、附件2均为域外形成的证据，附件3为附件1、附件2的公证认证件，根据附件3的中文译文可知，附件3中的公证内容为"兹证明本人亲自见证高井由香在所附文件上署名"，高井由香的声明内容为："特此声明所附文件均真实有效，且该复印件与相应原始文件一致"，根据附件3的上述内容可知，附件3实际上为对高井由香的证人证言所作的公证认证，公证内容可以证明高井由香确实作出过上述声明，但是不能证明上述声明的内容是否真实。在口头审理中，请求人的代理人说明高井由香为请求人的雇员，可认定为请求人的利害关系人。同时，高井由香也未出席本次口头审理作证。

根据审查指南第八章引言规定：无效宣告程序中有关证据的各种问题，适用本指南的规定，本指南没有规定的，可参照人民法院民事诉讼中的相关规定。该章第4.2节"证人证言"规定……未能出席口头审理作证的证人出具的书面证言不能单独作为认定案件事实的依据……《最高人民法院关于民事诉讼证据的若干规定》第69条："下列证据不能单独作为认定案件事实的依据……（2）与一方当事人或者其代理人有利害关系的证人出具的证言……（5）无正当理由未出庭作证的证人证言。"根据上述规定，由于附件3为利害关系人的声明，且未出庭作证，因此不能单独作为认定案件事实的依据，即仅凭附件3中证人所作出的"声明"不能单独作为本案的定案依据。因此附件3不足以认定附件1、附件2的真实性，更无法证明附件1、附件2已经在本专利申请日前公开发表过，因此附件1~3不能证明本专利不符合专利法第23条的规定。

综上所述，请求人提交的所有证据均不能支持其主张，其无效宣告请求不成立。

三、决定

维持02332651.4号外观设计专利权有效。

当事人对本决定不服的，可以根据专利法第46条第2款的规定，自收到本决定之日起三个月内向北京市第一中级人民法院起诉，根据该款规定，一方当事人起诉后，另一方当事人应当作为第三人参加诉讼。

包装袋（德氏猕猴桃真果）

无效宣告请求审查决定（第9544号）

决 定 号	第9544号
决 定 日	2007年3月1日
发明创造名称	包装袋（德氏猕猴桃真果）
外观设计分类号	09-05
无效宣告请求人	可尔必思株式会社
专 利 权 人	王德刚
专 利 号	02332649.2
申 请 日	2002年8月1日
授权公告日	2003年4月2日
合议组组长	张雪飞
主 审 员	钟 华
参 审 员	王霞军
法 律 依 据	专利法第23条、第46条，《最高人民法院关于民事诉讼证据的若干规定》第69条

决定要点

对于因未缴纳年费而终止的专利权而言，无效宣告请求的审查仅针对其存续期间内的专利权进行；未出庭作证的利害关系人所作出的证人证言，虽经公证认证手续，仍不能单独作为认定案件事实的依据。

一、案由

本无效宣告请求涉及国家知识产权局于2003年4月2日授权公告的名称为"包装袋（德氏猕猴桃真果）"的02332649.2号外观设计专利（下称本专利），其申请日为2002年8月1日，专利权人为王德刚。

针对本专利，可尔必思株式会社（下称请求人）于2005年12月20日专利复审委员会提出无效宣告请求，其理由是在本专利申请日前已经有相近似的外观设计在出版物上公开发表过，因此本专利不符合专利法第23条的规定，请求人同时提交如下附件作为证据：

附件1：《饮料商品指南》的原件、复印件；

附件2：《CALPIS公司饮料制品目录》的彩色复印件、黑白复印件；

附件3：附件1、附件2的公证认证件、相关中文译文及其复印件。

经形式审查合格，专利复审委员会依法受理了上述无效宣告请求，并于2006年4月12日将无效宣告请求书及相关文件的副本转给专利权人，要求其在指定的期限内答复。专利权人逾期未陈述意见。

专利复审委员会于2006年9月4日向双方当事人发出口头审理通知书，定于2006年10月23日举行口头审理。

口头审理如期举行，请求人有代理人出席了本次口头审理，专利权人缺席本次口头审理。在口头审理中，请求人指认了证据1第88页中的两个图作为对比文件并签名，指认了证据2中的对比文件并签名，明确证据1和证据2的公证认证书中出证人高井由香为请求人的雇员，认为证据1为公开发行出版物，证据2为公司宣传册。

至此，合议组认为本案事实已经调查清楚，可以作出如下审查决定。

二、决定的理由

1. 审查对象

经查，本专利已于2004年8月2日因未缴纳年费而终止，因此其存续期间为申请日2002年8月1日起至2004年8月1日止。本无效宣告请求的审查仅针对该存续期间内的本专利权。

2. 法律依据

专利法第23条规定：授予专利权的外观设计，应当同申请日以前在国内外出版物上公开发表过或者国内公开使用过的外观设计不相同和不相近似，并不得与他人在先取得的合法权利相冲突。

专利法第46条规定：专利复审委员会对宣告专利权无效的请求应当及时审查和作出决定。并通知请求人和专利权人。宣告专利权无效的决定，由国务院专利行政部门登记和公告。

对专利复审委员会宣告专利权无效或者维持专利权的决定不服的，可以自收到通知之日起3个月内向人民法院起诉。人民法院应该通知无效宣告请求程序的对方当事人作为第三人参加诉讼。

《最高人民法院关于民事诉讼证据的若干规定》第69条规定：下列证据不能单独作为认定案件事实的依据：（1）未成年人所作的与其年龄和智力状况不相当的证言；（2）与一方当事人或者其代理人有利害关系的证人出具的证言；（3）存有疑点的视听资料；（4）无法与原件、原物核对的复印件、复制品；（5）无正当理由未出庭作证的证人证言。

3. 本专利是否符合专利法第23条的规定

附件1、附件2均为域外形成的证据，附件3为附件1、附件2的公证认证件，根据附件3的中文译文可知，附件3中的公证内容为"兹证明本人亲自见证高井由香在所附文件上署名"，高井由香的声明内容为："特此声明所附文件均真实有效，且该复印件与相应原始文件一致"，根据附件3的上述内容可知，附件3实际上为对高井由香的证人证言所作的公证认证，公证内容可以证明高井由香确实作出过上述声明，但是不能证明上述声明的内容是否真实。在口头审理中，请求人的代理人说明高井由香为请求人的雇员，可认定为请求人的利害关系人。同时，高井由香也未出席本次口头审理作证。

根据审查指南第八章引言规定：无效宣告程序中有关证据的各种问题，适用本指南的规定，本指南没有规定的，可参照人民法院民事诉讼中的相关规定。该章第4.2节"证人证言"规定：……未能出席口头审理作证的证人出具的书面证言不能单独作为认定案件事实的依据……《最高人民法院关于民事诉讼证据的若干规定》第69条："下列证据不能单独作为认定案件事实的依据：……（2）与一方当事人或者其代理人有利害关系的证人出具的证言……（5）无正当理由未出庭作证的证人证言"。根据上述规定，由于附件3为利害关系人的声明，且未出庭作证，因此不能单独作为认定案件事实的依据，即仅凭附件3中证人所作出的"声明"不能单独作为本案的定案依据。因此附件3

不足以认定附件1、附件2的真实性，更无法证明附件1、附件2已经在本专利申请日前公开发表过，因此附件1~3不能证明本专利不符合专利法第23条的规定。

综上所述，请求人提交的所有证据均不能支持其主张，其无效宣告请求不成立。

三、决定

维持02332649.2号外观设计专利权有效。

当事人对本决定不服的，可以根据专利法第46条第2款的规定，自收到本决定之日起三个月内向北京市第一中级人民法院起诉，根据该款规定，一方当事人起诉后，另一方当事人应当作为第三人参加诉讼。

耳机（CD-760）

无效宣告请求审查决定（第 9546 号）

决　定　号	第 9546 号
决　定　日	2007 年 3 月 1 日
发明创造名称	耳机（CD-760）
外观设计分类	14-01-H0129
无效宣告请求人	博罗县园洲佳禾电子有限公司
专　利　权　人	宏霖电子（深圳）有限公司
专　利　号	01325128.7
申　请　日	2001 年 5 月 15 日
授权公告日	2001 年 12 月 26 日
合议组组长	柴爱军
主　审　员	何　炜
参　审　员	吴通义
附　　　图	2 页

法律依据 专利法第 23 条

决定要点

本专利和在先设计涉及的产品均为耳机，属于同一类别的产品，二者在主要形状、整体布局和结构设计上基本相同，而所存在的差别也未对产品外观设计的整体视觉效果产生显著的影响，根据整体观察、综合判断的原则，本专利与在先设计属于相近似的外观设计。

一、案由

本无效宣告请求涉及国家知识产权局于 2001 年 12 月 26 日授权公告的外观设计专利，其名称为"耳机（CD-760）"，专利号是 01325128.7，申请日为 2001 年 5 月 15 日，专利权人是宏霖电子（深圳）有限公司。

针对上述外观设计专利权（下称本专利），博罗县园洲佳禾电子有限公司（下称请求人）于 2006 年 1 月 14 日向专利复审委员会提出无效宣告请求，请求人认为：（1）附件 2 中第 18、19 页的《慧聪商情》杂志 1998 年第 12 期（出版发行日期为 1998 年 9 月）中的 CD-750、CD-750BM+VR 的耳机产品的外观设计与本专利相近似；（2）附件 2 中第 20、21 页的《慧聪商情》杂志 1999 年第 56 期（出版发行日期为 1999 年 4 月 19 日）中的 CD-750、CD-750BM+VR 的耳机产品的外观设计与本专利相近似；（3）附件 2 中第 22、23 页的《工业器材——影音技术与市场》杂志第 22 期（出版发行日期为 1998 年 10 月 30 日）中的 CD-750、CD-750BM+VR 的耳机产品的外观设计与本专利相近似；（4）附件 2 中第 24、25 页的《工业器材——影音技术与市场》杂志第 28 期（出版发行日期为 1998 年 12 月 10 日）中的 CD-750、CD-750BM+VR 的耳机产品外观设计与本专利相近似；（5）附件 2 中第 26~28 页的《影音技术与市场》杂志专刊第六期（出版发行日期为 1999 年）中的 CD-750M 耳机产品的外观设计与本专利相近似；（6）附件 2 中第 57~59 页的《Electronics Marketplace》杂志 1998 年 10 月期（出版发行日期为 1998 年 10 月）中的 CD-750、CD-750BM+VR 的耳机产品的外观设计与本专利相近似；（7）附件 2 中第 60~62 页的《Electronics Marketplace》杂志 1998 年 12 月期（出版发行日期为 1998 年 12 月）中的 CD-750、CD-750BM+VR 的耳机产品的外观设计与本专利相近似。综上所述，在本专利申请日之前已经在出版物上公开了与本专利相近似或者相同的外观设计，因此，本专利不符合专利法第 23 条和专利法实施细则第 2 条第 3 款关于"新设计"的规定。请求人在提出无效宣告请求的同时提交了如下附件：

附件 1 是本专利外观设计专利公报复印件 1 页；

附件 2 是北京市第一中级人民法院调取证据复印件 118 页。

经过形式审查，专利复审委员会受理了该无效宣告请求，并于 2006 年 6 月 9 日将无效宣告请求书和附件清单中所列附件的副本转送给专利权人，限其在指定的期限内答复。并告知专利权人如逾期不答复，不影响专利复审委员会的审理。

针对请求人提出的无效宣告请求理由和提交的附件，专利权人未作出任何答复。

2006 年 12 月 15 日，专利复审委员会本案合议组分别向双方当事人发出《无效宣告请求口头审理通知书》，告知双方当事人专利复审委员会定于 2007 年 1 月 23 日对本无效宣告请求案进行口头审理，并告知口头审理涉及的主要问题，及无效宣告请求人期满未提交回执，并且不参加口头审理的，其无效宣告请求视为撤回；专利权人不参加口头审理的，可以缺席审理。

2007 年 1 月 5 日专利权人提交了口头审理回执，明确表示不参加口头审理。

口头审理于 2007 年 1 月 23 日如期举行，仅请求人一方委托代理人参加了口头审理，专利权人未参加口头审理。在口头审理过程中，请求人表示放弃本专利不符合专利法实施细则第 2 条第 3 款的无效宣告理由，并当庭出示了盖有"北京市第一中级人民法院档案材料专用章"红章的附件 2，合议组对请求人提交的证据进行了核实。请求人在口头审理中详细陈述了其提出无效宣告请求时的意见。

在以上审理的基础上，本案合议组经合议，认为本案事实清楚，依法作出本审查决定。

二、决定的理由

1. 法律依据

专利法第 23 条规定：授予专利权的外观设计，应当同申请日以前在国内外出版物上公开发表过或者国内公开使用过的外观设计不相同和不相近似，并不得与他人在先取得的合法权利相冲突。

2. 证据认定

请求人提交的附件 2 是北京市第一中级人民法院调取证据工作记录的复印件，合议组将其与请求人当庭提交的盖有"北京市第一中级人民法院档案材料专用章"红章的调取附件 2 工作记录复印件进行了核实，该复印件与盖有红章的复印件中的相关页相符。该证据是本案请求人对专利复审委员会第 7013 号无效宣告请求审查决定不服、向北京市第一中级人民法院提起行政诉讼时，北京市第一中级人民法院依请求人的申请，前往国家工商行政管理总局商标评审委员会调取证据的工作记录，其中涉及的、请求人在提出本无效宣告请求所使用的出版物类证据已经北京市第一中级人民法院核实复印件与原件相符，且针对这些证据，专利权人既没有提出书面的异议也没有参加本案的口头审理。附件 2 中的第 22、23 页（该页码为请求人自行编排）为《工业器材——影音技术市场》杂志的封面及第

32页，其封面记载有《工业器材——影音技术与市场》专刊第三期，售价10元，右上角注有"22期、1998.10.30"字样，并有刊号，在经过法院确认且专利权人未提出异议的情况下，合议组对其真实性予以认定。其出版发行日期为1998年10月30日，在本专利申请日（2001年5月15日）之前，可以作为判断本专利是否符合专利法第23条的规定的对比文件（下称对比文件）。

3. 相同、相近似性比较

本专利包括8幅视图，即主视图、后视图、左视图、右视图、俯视图、仰视图、立体图、使用状态参考图，无简要说明。从各视图观察，本专利耳机的两个耳罩为圆形，两个耳罩内侧为软耳套，耳罩外侧分为不同颜色的两部分，其中下部为半圆形。连接两个耳罩的是弧形连接板，连接板上包有软套子，软套子与弧形板连接处呈倒梯形凸起，连接板两端有伸缩装置（调节杆），连接板与耳罩连接的部位上有涂敷掉的文字（详见本专利的附图）。

对比文件记载的CD-750BM+VR为一耳机的立体图图片（下称在先设计），在先设计的两个耳罩为圆形，两个耳罩内侧为软耳套，耳罩外侧分为两部分，其中下部为半圆形。连接两个耳罩的是弧形连接板，连接板上包有软套，软套子与弧形板连接处呈倒梯形凸起，连接板两端有伸缩装置（调节杆），连接板与耳罩连接的部位上有文字。其中一个耳罩与连接板连接的部位带有麦克风（详见在先设计的附图）。

本专利与在先设计的主要区别在于：本专利不带有麦克风，而在先设计有麦克风。

针对该区别点，合议组认为，相对于本专利而言，在先设计中麦克风的存在属于因产品功能的增加而带来的产品外观设计内容的增加，这种因功能上的增加而使得产品外观设计所增加的设计内容不应作为外观设计相近似判断的要点，应以与本专利相对应的外观设计内容为考虑要点。将在先设计中与本专利相对应部分的外观设计内容作为一个整体与本专利进行比较时，二者极其相似。而且，在先设计仅多一个普通麦克风的设计，二者的这一差别并未对产品外观设计的整体视觉效果产生显著的影响。

根据上述对比，本专利与在先设计在主要形状、整体布局和结构设计上基本相同，其差别在整体视觉效果上并不具有显著的影响，从而导致一般消费者对二者产生极其相近似的视觉效果，因此根据整体观察、综合判断的原则，二者属于相近似的外观设计。

综上所述，在本专利申请日以前已有与其相近似的外观设计在出版物上公开发表过，本专利不符合专利法第23条的规定。

鉴于上述评价已经得出本专利不符合专利法第23条规定的结论，本审查决定对请求人提交的其他证据不再作出评述。

三、决定

宣告01325128.7号外观设计专利权全部无效。

当事人对本决定不服的，可以根据专利法第46条第2款的规定，自收到本决定之日起三个月内向北京市第一中级人民法院起诉。根据该款的规定，一方当事人起诉后，另一方当事人应当作为第三人参加诉讼。

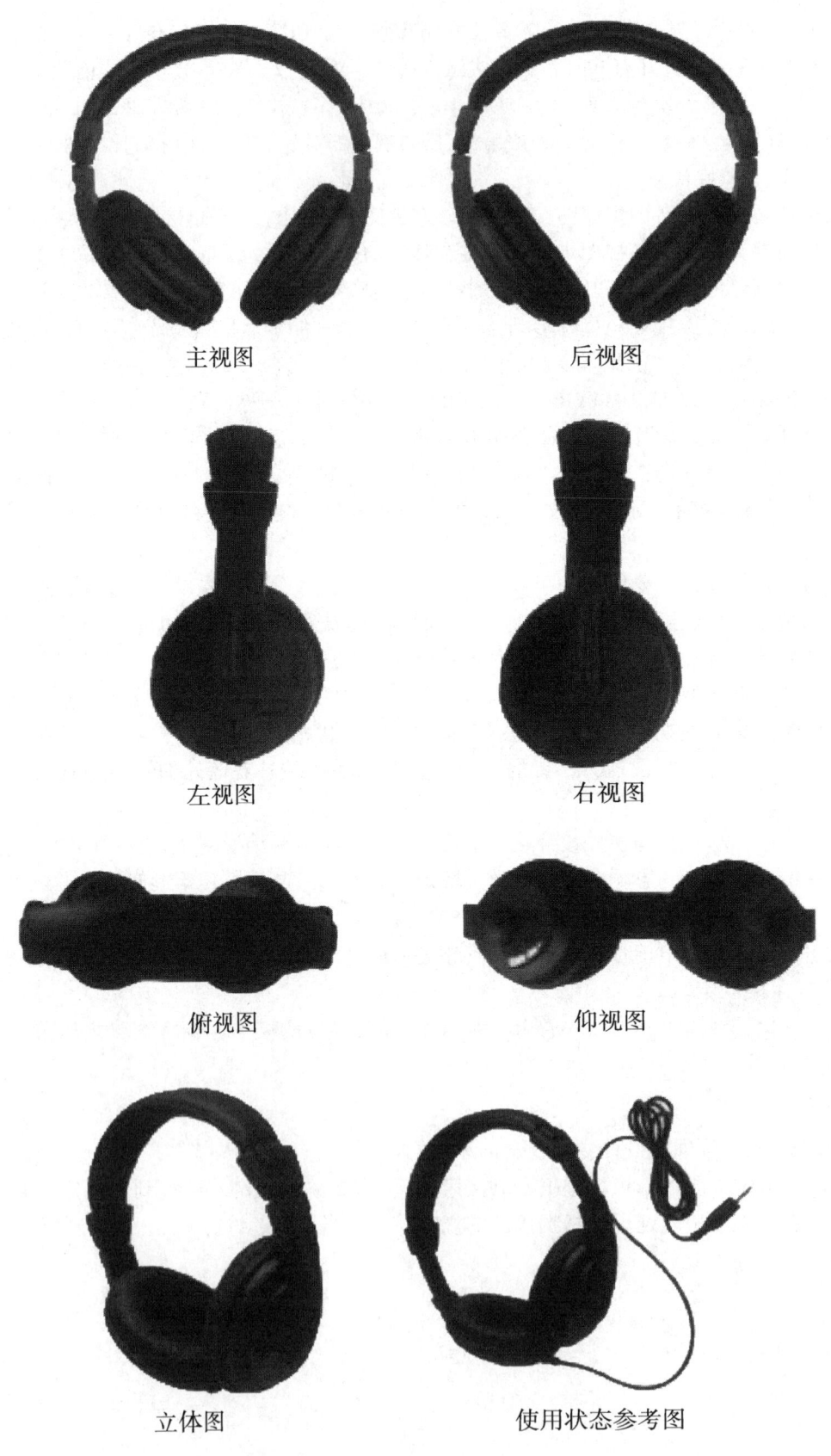

CD-750BM+VR

在先设计附图

玩具娃娃头部

无效宣告请求审查决定（第 9551 号）

决 定 号	第 9551 号
决 定 日	2007 年 3 月 12 日
发明创造名称	玩具娃娃头部
外观设计分类号	21-01
无效宣告请求人	汕头市澄海区松炀塑胶玩具有限公司
专 利 权 人	李贤佳
专 利 号	200330117814.6
申 请 日	2003 年 11 月 28 日
授权公告日	2004 年 9 月 22 日
合议组组长	张跃平
主 审 员	钟 华
参 审 员	徐清平
法 律 依 据	专利法第 23 条、第 46 条
决 定 要 点	

域外形成的证据，既没有履行相应的公证认证手续，也没有其他证据证明其真实性，根据审查指南第四部分第八章第 2.2.2 节的有关规定，不能作为认定案件事实的依据。

一、案由

本无效宣告请求涉及国家知识产权局于 2004 年 9 月 22 日授权公告的名称为"玩具娃娃头部"的 200330117814.6 号外观设计专利（下称本专利），其申请日为 2003 年 11 月 28 日，专利权人为李贤佳。

针对本专利，汕头市澄海区松炀塑胶玩具有限公司（下称请求人）于 2006 年 6 月 28 日向专利复审委员会提出无效宣告请求，其理由是在本专利申请日前已经有相近似的外观设计在出版物上公开发表过，因此本专利不符合专利法第 23 条的规定，请求人同时提交如下附件作为证据：

附件 1：本专利网上下载信息页 1 页；
附件 2：日本《电击》月刊复印件 4 页。

经形式审查合格，专利复审委员会依法受理了上述无效宣告请求，并于 2006 年 6 月 28 日将无效宣告请求书及相关文件的副本转给专利权人，要求其在指定的期限内答复。

2006 年 8 月 15 日，专利复审委员会收到专利权人的意见陈述书，专利权人认为：附件 2 为域外形成的证据，没有履行相应的公证认证手续，因此没有证据效力；本专利与附件2上的所记载的外观设计不相同且不相近似。专利权人同时提交了如下反证：

反证：广东省玩具协会出具的《证明》复印件。

2006年10月10日，专利复审委员会向请求人转送了上述专利权人提交的意见陈述书及附件。同日，专利复审委员会向双方当事人发出口头审理通知书，定于2006年11月29日举行口头审理。

2006年10月31日，专利复审委员会收到请求人的口头审理通知书回执，2006年11月14日，收到专利权人的口头审理回执，双方当事人均称出席本次口头审理。

口头审理如期举行，双方当事人均缺席了本次口头审理，其后双方当事人也未提交意见陈述书。

在此基础上，合议组经过合议，认为本案事实清楚，依法作出如下审查决定。

二、决定的理由

1. 法律依据

专利法第23条规定：授予专利权的外观设计，应当同申请日以前在国内外出版物上公开发表过或者国内公开使用过的外观设计不相同和不相近似，并不得与他人在先取得的合法权利相冲突。

专利法第46条规定：专利复审委员会对宣告专利权无效的请求应当及时审查和作出决定，并通知请求人和专利权人。宣告专利权无效的决定，由国务院专利行政部门登记和公告。

对专利复审委员会宣告专利权无效或者维持专利权的决定不服的，可以自收到通知之日起三个月向人民法院起诉。人民法院应当通知无效宣告请求程序的对方当事人作为第三人参加诉讼。

2. 本专利是否符合专利法第23条的规定

附件1为本专利网上下载信息页，经合议组核实，其内容真实，可以作为认定本专利相关信息的依据。

附件2为日本《电击》月刊复印件，其为域外形成的证据的复印件。审查指南第四部分第八章第2.2.2节规定：域外证据是指在中华人民共和国领域外形成的证据，该证据应当经所在国公证机关予以证明，并经中华人民共和国驻该国使领馆予以认证，或者履行中华人民共和国与该所在国订立的有关条约中规定的证明手续……但是在以下三种情况下，对上述两类证据，当事人可以在无效宣告程序中不办理相关的证明手续：（1）该证据是能够从除中国香港、澳门、台湾地区外的国内公开渠道获得的，如从专利局获得的国外专利文件，或者从公共图书馆获得的国外文献资料。（2）有其他证据足以证明该证据真实性的。（3）对方当事人认可该证据的真实性的。

请求人没有提交附件2的公证认证文件，也没有其他证据能证明附件2的真实性。根据上述规定，附件2不能作为认定本案件事实的依据。

由于附件2不能作为本案的定案依据，因此其不能证明本专利不符合专利法第23条的规定。

专利权人提交的反证为书面证明的复印件，其真实性不能确认，因此也不能作为认定本案事实的依据，其不影响上述审查结论。

综上所述，请求人提交的所有证据均不能支持其主张，因此其无效宣告请求不成立。

三、决定

依据专利法第23条和第46条第1款的规定，维持200330117814.6号外观设计专利权有效。

依据专利法第46条第2款的规定，当事人对本决定不服的，可以根据专利法第46条第2款的规定，自收到本决定之日起三个月内向北京市第一中级人民法院起诉，根据该款规定，一方当事人起诉后，另一方当事人应当作为第三人参加诉讼。

电子冷热保温箱（CW-317）

无效宣告请求审查决定（第9552号）

决 定 号	第9552号
决 定 日	2007年3月15日
发明创造名称	电子冷热保温箱（CW-317）
外观设计分类号	07-07
无效宣告请求人	刘文荣
专 利 权 人	李焯辉
专 利 号	03320680.5
申 请 日	2003年3月14日
授权公告日	2003年10月8日
合议组组长	张跃平
主 审 员	李巍巍
参 审 员	钟华
法 律 依 据	专利法第23条，审查指南第四部分第一章第8（2）节

决定要点

在北京市第一中级人民法院作出的"（2005）一中行初字第768号行政判决书"中已经对无效宣告请求人提出的理由和事实进行审查，并作出撤销第7027号无效宣告请求审查决定结论的前提下，本案合议组依据该判决作出维持本专利权有效的决定。

一、案由

本无效宣告请求涉及2003年10月8日国家知识产权局授权公告的03320680.5号外观设计专利，其产品名称是"电子冷热保温箱（CW-317）"，申请日是2003年3月14日，专利权人是李焯辉。

针对上述外观设计专利权（下称本专利），2004年7月6日刘文荣（下称请求人）向专利复审委员会提出无效宣告请求，其理由是本专利不符合专利法第23条的规定。请求人认为在本专利申请日以前已有与其相近似的外观设计在出版物上公开发表过，并提交了作为证据的下列附件：

附件1是2003年2月26日授权公告的02338196.5号外观设计专利公报复印件1页，其授权公告号为CN3279371D。

专利复审委员会根据无效宣告请求审查程序受理了该无效宣告请求，并于2004年7月7日将请求人的无效宣告请求文件的副本转送专利权人。

专利权人于2004年8月9日提交了意见陈述书，认为将请求人提交的附件中所示外观设计与本专利相比较，二者从主视图、左视图、右视图和俯视图上看均不同，是明显不同的外观设计，本专利应予维持。

专利复审委员会于 2004 年 9 月 27 日将专利权人意见陈述的副本转送请求人，同时向专利权人发出合议组告知通知书。双方当事人在指定期限内均未作出任何意见陈述。

在当事人意见陈述的基础上，合议组经合议，认为本案事实清楚，依法于 2005 年 4 月 4 日作出第 7027 号无效宣告审查决定（下称第 7027 号决定），并于 2005 年 4 月 13 日向双方当事人发出第 7027 号决定。专利复审委员会在第 7027 号决定中认定请求人提交的附件 1 属于专利法第 23 条所规定的公开出版物，适用于本案。且其上公开的外观设计（下称对比文件）与本专利相近似，因此本专利不符合专利法第 23 条的规定，从而宣告本专利全部无效。

专利权人不服第 7027 号决定，向北京市第一中级人民法院提起行政诉讼。专利权人认为第 7027 号决定认定事实不清，适用法律不当，请求人民法院撤销第 7027 号决定。

北京市第一中级人民法院经审理后，于 2005 年 12 月 20 日作出了"（2005）一中行初字第 768 号行政判决"，撤销了第 7027 号无效宣告请求审查决定。

各方当事人均未提起上诉，该判决已生效（下称生效判决）。

在此前提下，对上述无效宣告请求复审委员会重新成立合议组进行审查。

专利复审委员会于 2007 年 1 月 16 日向双方当事人发出合议组成员告知通知书，并告知如对合议组成员有回避请求的，请于收到本通知之日起 7 天内提交书面请求书，并且说明理由，必要时附具有关证据。逾期未答复，视为无回避请求。

在规定的期限内双方当事人未对合议组的组成提出回避请求。

在此基础上，经本案合议组合议，作出本审查决定。

二、决定理由

审查指南第四部分第一章第 8（2）节规定：因主要证据不足或者法律适用错误导致审查决定被撤销的，不得以相同的理由和证据作出与原决定相同的决定。北京市第一中级人民法院在生效判决中认定：第 7027 号决定所述的"箱门的基本布局"系指箱门的整体形状以及箱门上的部件的布置，其反映了外观设计的内容，该表述并无不当；专利是一种小型的电子冷热保温箱，由于其体积较小，携带方便，消费者在购买及使用该产品的过程中，除了其背部和底部以外，其他的部位均容易引起消费者的注意，因此，将本专利与对比文件相比较时应采用综合判断的方式进行判断；从综合判断的角度观察，虽然本专利与对比文件的整体形状非常近似，但由于本专利保温箱箱门中的"n"形凹部、类"7"字形的凹部、椭圆形的凹部以及相应的凸起属于形状上的变化，系以形状为显著的影响，其相对于对比文件的箱门上以图案为设计要素的"U"形以及椭圆形图案而言，二者差别是明显的，一般消费者容易区分，二者不属于相同或者相近似的设计。

鉴于生效判决中已经就本专利与对比文件是否构成相近似进行了对比判断，受生效判决的既判力的约束，合议组作出如下决定。

三、决定

维持 03320680.5 号外观设计专利权有效。

当事人对本决定不服的，可以根据专利法第 46 条第 2 款的规定，自收到本决定之日起三个月内向北京市第一中级人民法院起诉。根据该款的规定，一方当事人起诉后，另一方当事人应当作为第三人参加诉讼。

水 杯

无效宣告请求审查决定（第9554号）

决 定 号	第9554号
决 定 日	2007年1月11日
发明创造名称	水 杯
外观设计分类号	07-07
无效宣告请求人	浙江吉康塑胶有限公司
专 利 权 人	哈纳考比株式会社
专 利 号	200430103955.7
申 请 日	2004年10月20日
优 先 权 日	2004年9月22日
授 权 公 告 日	2006年1月25日
合 议 组 组 长	徐清平
主 审 员	张雪飞
参 审 员	李巍巍
附 图	2页

法 律 依 据 专利法第9条，专利法实施细则第13条第1款

决 定 要 点

请求人提交的在先设计与本专利差别明显，足以对二者的整体外观设计产生显著的视觉影响，因此二者应属于不相同且不相近似的外观设计，即二者不属于同样的发明创造。

一、案由

本无效宣告请求涉及国家知识产权局于2006年1月25日授权公告的200430103955.7号外观设计专利，其产品名称是"水杯"，申请日是2004年10月20日，优先权日是2004年9月22日，专利权人是哈纳考比株式会社。

针对上述外观设计专利权（下称本专利），2006年8月4日浙江吉康塑胶有限公司（下称请求人）向专利复审委员会提出无效宣告请求，其理由是本专利不符合专利法第23条和专利法实施细则第13条第1款的规定。请求人认为本专利与另外一项在先的外观设计专利所示饮水杯的杯体外形轮廓基本相同，区别仅在于本专利杯体上的两条凹槽，不能产生显著的视觉差别，因此二者是相近似的外观设计，本专利属于重复授权，应当宣告无效。请求人同时提交了如下证据附件：公开日为2004年12月22日的200430018413.X号外观设计专利的著录项目及图片复印件共2页，其产品名称为

"饮水杯（滤叶太空杯2型）"，申请日为2004年4月28日，申请人为吴秀杰，公开号为CN 3413029。

专利复审委员会根据无效宣告请求审查程序的规定受理了该无效宣告请求，并于2006年9月8日将请求人的无效宣告请求文件转送专利权人。

专利权人于2006年10月19日提交了意见陈述书，认为将本专利与在先专利所示杯体相比，本专利沿纵向居中设置的长条状凹槽和底部外缘的圆环形颗粒状饰纹对整体视觉效果构成了显著差别，一般消费者不易将二者混淆，因此二者属于不相近似的外观设计，应维持本专利有效。

专利复审委员会于2006年11月8日将专利权人的意见陈述转送请求人，同时向双方当事人发出口头审理通知书，定于2006年12月13日进行口头审理。

口头审理如期举行，双方当事人均委托代理人出庭，双方均对对方出庭人员的资格无异议，对合议组成员均无回避请求。在口头审理中，合议组当庭告知双方当事人，请求人提交的证据为他人在本专利申请日以前申请并在本专利申请日以后公开的中国外观设计专利文件，并告知请求人专利法第9条和第23条的含义；请求人声明依据原有证据，将无效宣告请求的理由变更为专利法第9条和专利法实施细则第13条第1款；专利权人声明对请求人所提交证据的真实性及其对于专利法第9条和专利法实施细则第13条第1款的适用性均无异议。在相近似性判断方面，双方当事人在主要方面均各自坚持原有观点。

在上述审理的基础上，合议组经合议，认为本案事实清楚，依法作出本审查决定。

二、决定的理由

针对请求人提出的无效宣告请求的理由和证据，由于请求人提交的证据为他人在专利申请日前申请并在专利申请日后公开的中国外观设计专利文件，因此明显不适用专利法第23条的无效宣告理由，在合议组依职权告知请求人专利法第9条和第23条的含义的情况下，请求人将无效宣告理由变更为专利法第9条和专利法实施细则第13条第1款，专利权人也声明对请求人所提交的证据对于上述无效宣告理由的适用性均无异议，因此合议组依据专利法第9条和专利法实施细则第13条第1款的规定对本案进行审理。

专利法第9条规定：两个以上的申请人分别就同样的发明创造申请专利的，专利权授予最先申请的人。

专利法实施细则第13条第1款规定：同样的发明创造只能被授予一项专利。

请求人提交的证据是公开日为2004年12月22日的200430018413.X号外观设计专利的著录项目及图片复印件，其产品名称为"饮水杯（滤叶太空杯2型）"，申请日为2004年4月28日，申请人为吴秀杰，公开号为CN 3413029；专利权人对其真实性无异议。经核实，该证据内容真实，确系在本专利申请日（优先权日）以前由他人提出专利申请并在后被授权公告的外观设计专利，属于专利法第9条所规定的在先申请，同时也适用于专利法实施细则第13条第1款的规定，因此适用于本案。

该200430018413.X号外观设计专利授予的是一款水杯的外观设计（下称在先设计）。从图片上观察，在先设计分为杯盖和杯体两部分；杯盖由上小下大两个近似圆柱体叠加而成，并有提带设计；杯体为近似腰形的回转体（详见在先设计附图）。

本专利是水杯杯体的外观设计，其整体形状为近似腰形的回转体，上部为螺纹口，下部有环形颗粒状图案，前、后两面的中部沿纵向凹进腰形槽，槽上为不规则的颗粒状图案（详见本专利附图）。

合议组认为：本专利和在先设计均为水杯的外观设计，用途相同，属于相同类别的产品，具有可比性。

将本专利与在先设计相比较，其相同点为：二者杯体部分的基本外形设计大体相同。合议组认为：从整体视觉观察，虽然存在上述相同点，但由于本专利在杯体前、后两面的中部沿纵向凹进设计的腰形槽及其上的不规则颗粒状图案设计极为醒目，已足以导致本专利杯体与在先设计在整体视觉效果上产生显著的差别，一般消费者不会产生误认、混同，且请求人未能证明本专利相对于在先设计存在的上述不同点属于应弱化考虑的惯常设计等情况，因此上述差别对于二者的整体视觉效果明显具有显著的影响，同时二者在杯盖、杯底等处也存在区别，因此二者应属于不相同且不相近似的外观设计。根据审查指南的规定，"同样的发明创造"对于外观设计而言，是指外观设计相同或者相近似，因此本专利和在先设计不属于同样的发明创造。

综上所述，请求人提交的证据不能支持其无效宣告请求的理由。

三、决定

维持200430103955.7号外观设计专利权有效。

当事人对本决定不服的，可以根据专利法第46条第2款的规定，自收到本决定之日起三个月内向北京市第一中级人民法院起诉。根据该款的规定，一方当事人起诉后，另一方当事人应当作为第三人参加诉讼。

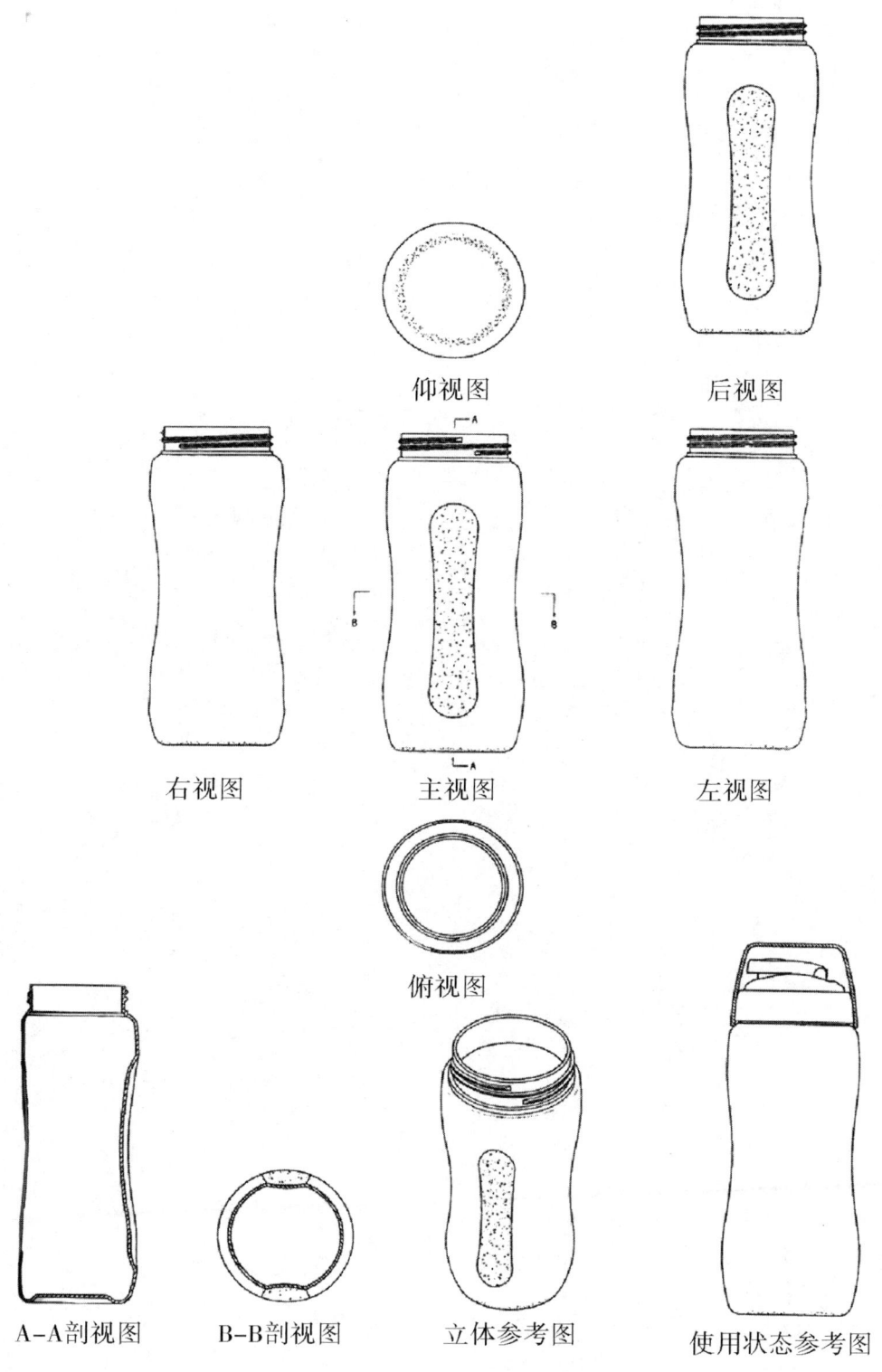

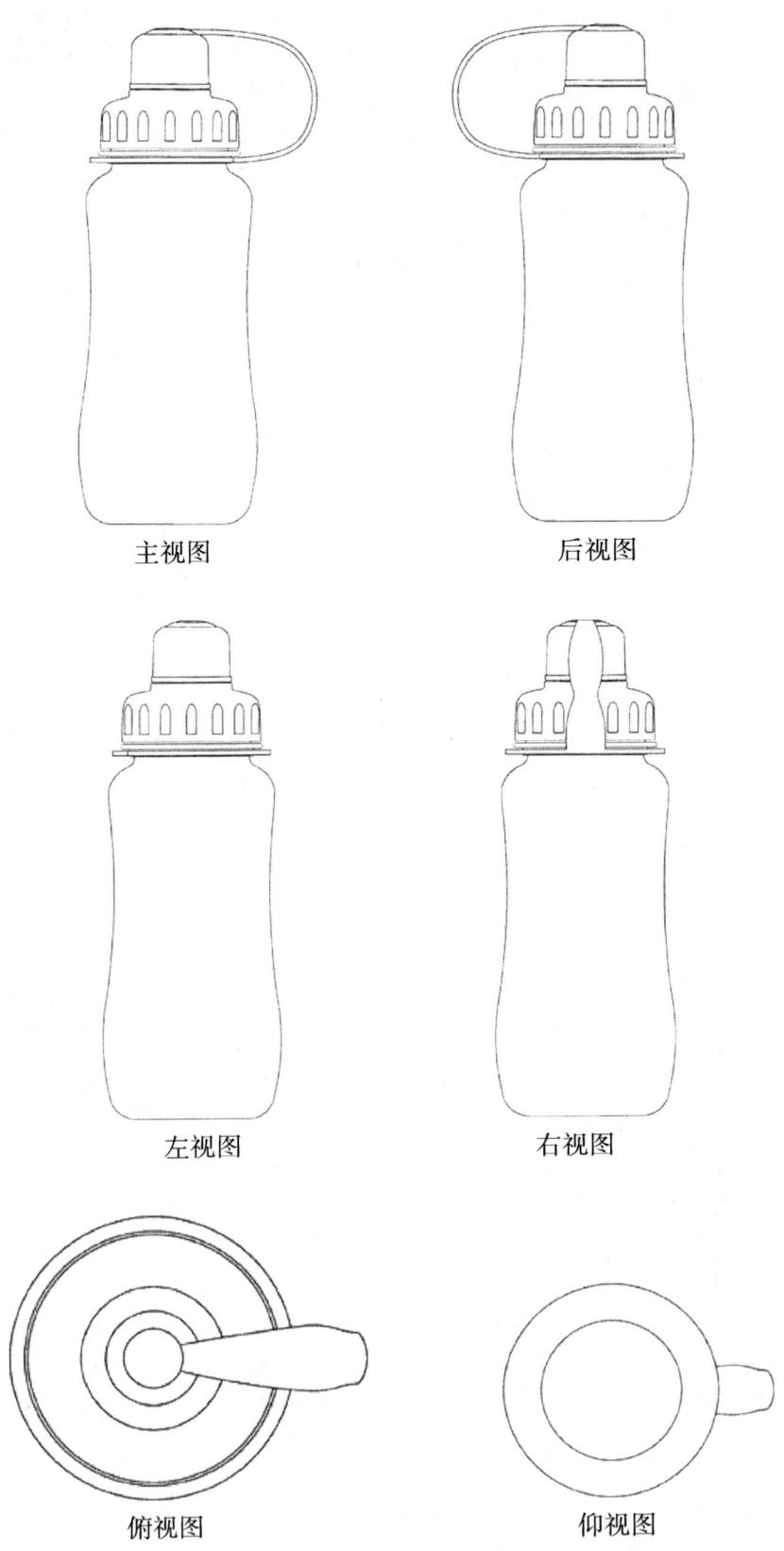

在先设计

北京市第一中级人民法院
行政判决书

(2007) 一中行初字第775号

原告浙江吉康塑胶有限公司，住所地中华人民共和国浙江省台州市黄岩区东城王东村。

法定代表人陈顺弟，董事长。

委托代理人王兵，杭州天正专利事务所有限公司专利代理人。

被告中华人民共和国国家知识产权局专利复审委员会，住所地中华人民共和国北京市海淀区北四环西路9号。

法定代表人廖涛，副主任。

委托代理人张雪飞，男，中华人民共和国国家知识产权局专利复审委员会审查员。

委托代理人张华，男，中华人民共和国国家知识产权局专利复审委员会审查员。

第三人哈纳考比株式会社，住所地大韩民国汉城瑞草区瑞草3洞1556-1。

法定代表人金昶浩，授权代表。

委托代理人李亚莉，女，北京康信知识产权代理有限责任公司职员。

委托代理人李尊霞，女，北京康信知识产权代理有限责任公司职员。

原告浙江吉康塑胶有限公司（以下简称吉康公司）不服被告中华人民共和国国家知识产权局专利复审委员会（以下简称专利复审委）作出的无效宣告请求审查决定，于2007年5月28日向本院提起行政诉讼。本院受理后依法组成合议庭，并依法通知与被诉具体行政行为有利害关系的哈纳考比株式会社参加诉讼。本院于2007年8月21日公开开庭审理了本案。原告吉康公司的委托代理人王兵，被告专利复审委的委托代理人张雪飞、张华，第三人哈纳考比株式会社的委托代理人李亚莉、李尊霞到庭参加了诉讼。本案现已审理终结。

2007年1月11日，被告作出第9554号无效宣告请求审查决定（以下简称第9554号决定），决定维持200430103955.7号外观设计专利权（以下简称本专利）有效。

被告于答辩期内向本院提交了作出被诉具体行政行为的证据材料：

（1）本专利公报复印件；（2）ZL200430018413.X号外观设计专利公报（即在先设计）复印件；（3）第9554号决定。上述证据用以证明被告作出被诉决定认定事实清楚、适用法律正确、程序合法。

原告吉康公司诉称，（1）《审查指南》规定：外观设计应当采用整体观察、综合判断的方式进行相同或者相近似判断。所谓整体观察、综合判断的方式是指由被比设计的整体来确定是否与在先设计相同或者相近似，而不从外观设计的部分或者局部出发得出与在先设计是否相同或者相近似的结论。本案中本专利与在先设计的外形相同，本专利与在先设计都是中间收腰的外形，给一般消费者极为鲜明的视觉印象。本专利与在先设计的区别仅仅在于杯体前后面的腰形槽及其上的不规则颗粒状图案。这一区别本身固然造成了视觉差别，但是与整体形状对视觉的影响相比，这一区别是次要的、局部的，一般消费者会对两者独特的整体形状留有更加深刻的印象。第9554号决定没有从整体出发，而是从局部出发来判断外观设计的近似性，导致以偏概全。（2）行政决定将一般消费者不会产生误认、混同，等同于两外观设计不相近似，是理论上的重大错误。《审查指南》规定："如果一般消费者会将被比设计与在先设计误认、混同，则二者的差别对于产品外观设计的整体视觉效果显然不具有显著的影响。但是，仅仅根据两项外观设计不会导致一般消费者误认、混同并不必然得出二者的差别对于产品外观设计的整体视觉效果具有显著的影响的结论。"一般消费者能区分,不等于两者不相近似。这是《审查指南》关于外观设计近似性比较的重要规定。在专利司法实践中,一般以整体和主要造型是否相同作为外观设计近似的判断依据,即使局部和次要部分有能够让人区分的变化,一般仍然认为两者是近似的。(3) 两者在杯盖、杯底等处的区别未影响整体视觉印象。本专利的杯盖只出现在专利公告的使用状态参考图中,依法不属于专利设计方案之内。行政决定将不属于专利设计的部件,纳入近似性比较,以论证专利的有效性,显然是违法的。《审查指南》规定:"使用时容易看到部位的设计变化相对于不容易看到或者看不到部位的设计变化,通常对整体视觉效果更具有显著的影响。"杯底的圆环在使用状态时不能被使用者看到,不能对消费者的视觉印象产生任何影响,更不论显著的影响。(4)《审查指南》指出:"在综合考虑各种因素的情况下,若区别点仅在于局部的细微变化,则其对整体视觉效果不足以产生显著影响。例如,被比设计与在先设计均为电饭煲,区别点仅在于二者控制按钮的形状不同,且控制按钮在电饭煲中仅为一个局部细微的设计,在整体设计中所占比例很小,其变化不足以对整体视觉效果产生显著影响。"相对整体形状,水杯的腰形槽所占整体设计比例很小,一般消费者经过对专利与在先设计的整体观察可以看出,二者的差别对于产品外观设计的整体视觉效果不具有显著的影响。综上所述,本专利与在先设计相近似。第 9554 号决定在认定事实和适用法律上均有错误,请求法院依法撤消予以撤销。

原告向法院提交第 9554 号决定,证明该决定认定事实错误。

被告专利复审委辩称,第 9554 号决定适用法律正确,相近似性判断的认定正确,结论正确,原告的事实和理由不能成立,请求法院维持第 9554 号决定。

第三人哈纳考比株式会社认为本专利和对比文件是不相近似的外观设计,第 9554 号决定认定事实和理由正确,请求法院予以维持。

第三人未向法院提交证据。

经庭审质证,原告对被告证据的关联性、合法性、真实性无异议,对证据的证明作用有异议;第三人对被告证据无异议;被告、第三人对原告证据关联性、合法性、真实性无异议,但对其证明作用有异议。

经审查,被告及原告提交的证据与本案具有关联性,且合法、真实,本院予以确认。

经审理查明,本无效宣告请求涉及中华人民共和国国家知识产权局于 2006 年 1 月 25 日授权公告的 200430103955.7 号外观设计专利(即本专利),其名称为"水杯",申请日为 2004 年 10 月 20 日,专利权人是本案第三人。

针对上述专利权,原告于 2006 年 8 月 4 日向被告提出无效宣告请求,认为本专利不符合《中华人民共和国专利法》(以下简称《专利法》)第二十三条和《中华人民共和国专利法实施细则》(以下简称《专利法实施细则》)第十三条第一款的规定,请求宣告本专利无效。原告提交了附件:公开日为 2004 年 12 月 22 日的 200430018413.X 号外观设计专利的著录项目及图片复印件共 2 页,其产品名称为"饮水杯(滤叶太空杯 2 型)",申请日为 2004 年 4 月 28 日,申请人为吴秀杰,公开号为 CN3413029(即对比文件)。

原告认为:本专利与在先设计所示饮水杯的杯体外形轮廓基本相同,区别仅在于本专利杯体上的两条凹槽,不能产生显著的视觉差别,因此二者是相近似的外观设计,本专利属于重复授权,应当宣告无效。

被告根据无效宣告请求审查程序的规定受理了该无效宣告请求,并于 2006 年 9 月 8 日将原告的无效宣告请求文件转送本案第三人。

第三人于 2006 年 10 月 19 日提交了意见陈述书,认为将本专利与在先专利所示杯体相比,本专利沿纵向居中设置的长条状凹槽和底部外缘的圆环形颗粒状饰纹对整体视觉效果构成了显著差别，一般消费者不易将二者混淆，因此二者属于不相近似的外观设计，应维持本专利有效。

2006年8月29日，被告向双方当事人发出《无效宣告请求口头审理通知书》，拟定于2006年10月10日在被告处举行口头审理，并将第三人于2005年3月28日提交的意见陈述书及其附件副本转送给原告。

被告于2006年11月8日将第三人的意见陈述转送原告，同时向双方当事人发出口头审理通知书，定于2006年12月13日进行口头审理。

口头审理如期举行，双方当事人均委托代理人出庭，双方均对对方出庭人员的资格无异议，对合议组成员均无回避请求。在口头审理中，被告当庭告知双方当事人，原告提交的证据为他人在本专利申请日以前申请并在本专利申请日以后公开的中国外观设计专利文件，并告知原告《专利法》第九条和第二十三条的含义；原告声明依据原有证据，将无效宣告请求的理由变更为《专利法》第九条和《专利法实施细则》第十三条第一款；第三人声明对原告所提交证据的真实性及其对于《专利法》第九条和《专利法实施细则》第十三条第一款的适用性均无异议。在相近似性判断方面，双方当事人在主要方面均各自坚持原有观点。

被告经审查认为：

（1）针对原告提出的无效宣告请求的理由和证据，由于原告提交的证据为他人在专利申请日前申请并在专利申请日后公开的中国外观设计专利文件，因此明显不适用《专利法》第二十三条的无效宣告理由，在被告依职权告知原告《专利法》第九条和第二十三条的含义的情况下，原告将无效宣告理由变更为《专利法》第九条和《专利法实施细则》第十三条第一款，第三人也声明对原告所提交的证据对于上述无效宣告理由的适用性均无异议，因此合议组依据《专利法》第九条和《专利法实施细则》第十三条第一款的规定对本案进行审理。

（2）原告提交的证据是公开日为2004年12月22日的200430018413.X号外观设计专利的著录项目及图片复印件，其产品名称为"饮水杯（滤叶太空杯2型）"，申请日为2004年4月28日，申请人为吴秀杰，公开号为CN3413029；第三人对其真实性无异议。经核实，该证据内容真实，确系在本专利申请日（优先权日）以前由他人提出专利申请并在后被授权公告的外观设计专利，属于《专利法》第九条所规定的在先申请，同时也适用于《专利法实施细则》第十三条第一款的规定，因此适用于本案。

（3）该200430018413.X号外观设计专利授予的是一款水杯的外观设计（下称在先设计）。从图片上观察，在先设计分为杯盖和杯体两部分；杯盖由上小下大两个近似圆柱体叠加而成，并有提带设计；杯体为近似腰形的回转体。

本专利是水杯杯体的外观设计，其整体形状为近似腰形的回转体，上部为螺纹口，下部有环形颗粒状图案，前、后两面的中部沿纵向凹进腰形槽，槽上为不规则的颗粒状图案。

被告认为：本专利和在先设计均为水杯的外观设计，用途相同，属于相同类别的产品，具有可比性。

将本专利与在先设计相比较，其相同点为：二者杯体部分的基本外形设计大体相同。从整体视觉观察，虽然存在上述相同点，但由于本专利在杯体前、后两面的中部沿纵向凹进设计的腰形槽及其上的不规则颗粒状图案设计极为醒目，已足以导致本专利杯体与在先设计在整体视觉效果上产生显著的差别，一般消费者不会产生误认、混同，且原告未能证明本专利相对于在先设计存在的上述不同点属于应弱化考虑的惯常设计等情况，因此上述差别对于二者的整体视觉效果明显具有显著的影响，同时二者在杯盖、杯底等处也存在区别，因此二者应属于不相同且不相近似的外观设计。根据《审查指南》的规定，"同样的发明创造"对于外观设计而言，是指外观设计相同或者相近似，因此本专利和在先设计不属于同样的发明创造。原告提交的证据不能支持其无效宣告请求的理由。

综上，被告作出第9554号决定。原告不服，诉至本院。

本院认为，《专利法》第九条规定：两个以上的申请人分别就同样的发明创造申请专利的，专利权授予最先申请的人。《专利法实施细则》第十三条第一款规定：同样的发明创造只能被授予一项专利。本案中，原告在无效程序中提交的200430018413.X号外观设计专利（即在先设计），其申请日早于本专利优先权日，公开日晚于本专利申请日，可以作为判断本专利是否符合上述法律规定的依据。

在先设计公开了一种水杯的外观设计，将其与本专利的外观设计相比较，二者杯体部分基本外形大体相同。从整体视觉观察，本专利在杯体前、后两面的中部设计有沿杯体纵向凹进设计的腰形槽以及点缀于槽上的颗粒状装饰，本专利的该腰形槽及其颗粒状设计从杯体的上部笔直延伸到杯体下部，其在杯体侧面所占面积较大，而在先设计的杯体上没有任何图案设计。故本专利与在先设计在杯体上相比较，本专利的腰形槽及其颗粒状设计在观察上非常醒目，足以导致本专利与在先设计在整体视觉而不是局部效果上产生显著的差别，一般消费者不会产生误认或者混同，且该区别亦足以使本专利和在先设计不相近似。故被告关于本专利与在先设计不属于同样的发明创造的判断正确。

综上，被告认定本专利符合《专利法》第九条规定和《专利法实施细则》第十三条第一款的规定正确。第9554号决定认定事实清楚，适用法律正确，行政程序合法，本院应予维持。原告的诉讼主张缺乏事实和法律依据，本院不予支持。依照《中华人民共和国行政诉讼法》第五十四条第（一）项之规定，判决如下：

维持被告中华人民共和国国家知识产权局专利复审委员会于二〇〇七年一月十一日作出的第9554号无效宣告请求审查决定。

案件受理费100元，由原告浙江吉康塑胶有限公司负担（已交纳）。

如不服本判决，原告浙江吉康塑胶有限公司、被告中华人民共和国国家知识产权局专利复审委员会可在本判决书送达之日起15日内，第三人哈纳考比株式会社可在本判决书送达之日起30日内，向本院提交上诉状，并按对方当事人人数提出副本，上诉于中华人民共和国北京市高级人民法院。

审　判　长　强刚华
代理审判员　贾志刚
人民陪审员　史新章
二〇〇七年九月二十九日
书　记　员　殷悦　张莹

北京市高级人民法院
行政判决书

(2008）高行终字第144号

上诉人（一审原告）浙江吉康塑胶有限公司，住所地中华人民共和国浙江省台州市黄岩区东城王东村。

法定代表人陈顺弟，董事长。

委托代理人王观法，北京弘优律师事务所律师。

被上诉人（一审被告）中华人民共和国国家知识产权局专利复审委员会，住所地中华人民共和国北京市海淀区北四环西路9号。

法定代表人廖涛，副主任。

委托代理人张雪飞，男，中华人民共和国国家知识产权局专利复审委员会审查员。

委托代理人刘妍，女，中华人民共和国国家知识产权局专利复审委员会审查员。

被上诉人（一审第三人）哈纳考比株式会社，住所地大韩民国汉城瑞草区瑞草3洞1556-1。

法定代表人金昶浩，授权代表。

委托代理人李亚莉，女，北京康信知识产权代理有限责任公司职员。

委托代理人李尊霞，女，北京康信知识产权代理有限责任公司职员。

上诉人浙江吉康塑胶有限公司（以下简称吉康公司）因专利无效审查决定，不服北京市第一中级人民法院（2007）一中行初字第775号行政判决，向本院提起上诉。本院依法组成合议庭进行了审理，现已审理终结。

2007年1月11日，中华人民共和国国家知识产权局专利复审委员会（以下简称专利复审委）作出第9554号无效宣告请求审查决定（以下简称第9554号决定），维持200430103955.7号名称为"水杯"的外观设计专利权（以下简称本专利）有效。吉康公司不服上述决定，向北京市第一中级人民法院提起行政诉讼。

一审法院判决认定，《中华人民共和国专利法》（以下简称《专利法》）第九条规定：两个以上的申请人分别就同样的发明创造申请专利的，专利权授予最先申请的人。《中华人民共和国专利法实施细则》（以下简称《专利法实施细则》）第十三条第一款规定：同样的发明创造只能被授予一项专利。吉康公司在无效程序中提交的200430018413.X号外观设计专利（即在先设计），其申请日早于本专利优先权日，公开日晚于本专利申请日，可以作为判断本专利是否符合上述法律规定的依据。

本案在先设计公开了一种水杯的外观设计，将其与本专利的外观设计相比较，二者杯体部分基本外形大体相同。从整体视觉观察，本专利在杯体前、后两面的中部设计有沿杯体纵向凹进设计的腰形槽以及点缀于槽上的颗粒状装饰，本专利的该腰形槽及其颗粒状设计从杯体的上部笔直延伸到杯体下部，其在杯体侧面所占面积较大，而在先设计的杯体上没有任何图案设计。故本专利与在先设计在杯体上相比较，本专利的腰形槽及其颗粒状设计在观察上非常醒目，足以导致本专利与在先设计在整体视觉而不是局部效果上产生显著的差别，一般消费者不会产生误认或者混同，且该区别亦足以使本专利和在先设计不相近似。故专利复审委关于本专利与在先设计不属于同样的发明创造的判断正确。综上，专利复审委作出的第9554号决定认定事实清楚，适用法律正确，行政程序合法。依照《中华人民共和国行政诉讼法》第五十四条第（一）项的规定，判决予以维持。

吉康公司不服一审判决，于 2007 年 10 月 21 日提出上诉。诉称，（1）一审法院认定的"本专利与在先专利不属于同样的发明创造"事实错误，缺乏法律依据。一审法院认为"本专利的腰形槽及其颗粒状设计足以导致本专利与在先设计在整体视觉而不是局部效果上产生显著的差别，一般消费者不会产生误认或者混同，且该区别亦足以使本专利和在先设计不相近似。"由此可以看出，腰形槽及其颗粒状设计是一审法院认定两种设计不相似的唯一依据。而上诉人认为，腰形槽及其颗粒状设计固然使得本专利和在先设计相比具有了一些差别，但是相对于水杯整体来说，这点差别还是微小的，不能必然的得出一般消费者不会产生混同的结论，一审法院的认定是缺乏法律依据的。一般消费者会不会对两种相类似的产品产生混同，以及在什么样的条件下才会产生混同，这需要经过事实的检验才能得出正确的结论。《审查指南》在对一般消费者的特点描述中有这样一点：判断主体是一般消费者，而不是专家或者专业设计人员，他以一般注意力分辨产品的外观设计，使用时不易见到部位的外观设计，以及不具有一般美学意义的部位的外观和要素设计不会给其留下视觉印象，他不会注意到产品的形状、图案以及色彩的微小变化。这说明产品形状上的微小变化完全有可能使一般消费者对两种产品产生混同，它不能作为判断二者不相近似的依据。本专利和在先设计的基本外形大体相同，两者都是近似腰形的回转体，这一点也正是一般消费者最容易关注的地方，而本专利设计上的腰形槽及其颗粒状设计只是产品形状的微小变化而已，并不能证明 200430018413.X 号外观设计专利与 200430103955.7 号外观专利不相近似。（2）《审查指南》中关于判断两专利是否相同或者相近似的原则有这样的规定：如果一般消费者在试图购买被比外观设计产品时，在只能凭其购买和使用所留印象而不能见到被比外观设计的情况下，会将在先设计误认为是被比外观设计，即产生混同，则被比外观设计与在先设计相同或者与在先设计相近似。而本案中涉案的两种产品均为水杯，而且是外形基本相同，都是近似的回转体，一般消费者在购买水杯的时候更注重的是它喝水的功效，在两款产品的大体外形相似的情况下，难免会产生混同，由此，本专利与在先设计是相似的，专利复审委作出的第 9554 号决定是错误的。

综上，一审法院判决认定的事实缺乏法律依据，请求二审法院撤销一审判决，同时撤销专利复审委作出的第 9554 号决定。

被上诉人专利复审委仍持 9554 号决定意见，并认为一审法院判决认定事实清楚，适用法律正确，请求二审法院驳回上诉，维持一审判决。

被上诉人哈纳考比株式会社同意专利复审委的意见。

经审理查明，2004 年 10 月 20 日，哈纳考比株式会社向中华人民共和国国家知识产权局提出了名称为"水杯"的外观设计专利申请（即本专利），2006 年 1 月 25 日，本专利被授权公告，专利号为 200430103955.7，专利权人为哈纳考比株式会社。

2006 年 8 月 4 日，吉康公司针对本专利向专利复审委提出无效宣告请求，认为本专利不符合《专利法》第二十三条和《专利法实施细则》第十三条第一款的规定，请求宣告本专利无效。吉康公司提交了附件：公开日为 2004 年 12 月 22 日的 200430018413.X 号外观设计专利的著录项目及图片复印件共 2 页，其产品名称为"饮水杯（滤叶太空杯 2 型）"，申请日为 2004 年 4 月 28 日，申请人为吴秀杰，公开号为 CN 3413029（即对比文件）。

吉康公司认为，本专利与在先设计所示饮水杯的杯体外形轮廓基本相同，区别仅在于本专利杯体上的两条凹槽，不能产生显著的视觉差别，因此二者是相近似的外观设计，本专利属于重复授权，应当宣告无效。

专利复审委根据无效宣告请求审查程序的规定受理了该无效宣告请求，并于 2006 年 9 月 8 日将吉康公司的无效宣告请求文件转送哈纳考比株式会社。

2006 年 10 月 19 日，哈纳考比株式会社提交了意见陈述书，认为将本专利与在先专利所示杯体相比，本专利沿纵向居中设置的长条状凹槽和底部外缘的圆环形颗粒状饰纹对整体视觉效果构成了显著差别，一般消费者不易将二者混淆，因此二者属于不相近似的外观设计，应维持本专利有效。

2006年8月29日，专利复审委向双方当事人发出《无效宣告请求口头审理通知书》，拟定于2006年10月10日在专利复审委处举行口头审理，并将哈纳考比株式会社于2005年3月28日提交的意见陈述书及其附件副本转送给吉康公司。

专利复审委于2006年11月8日将哈纳考比株式会社的意见陈述转送吉康公司，同时向双方当事人发出口头审理通知书，定于2006年12月13日进行口头审理。

本案口头审理如期举行，双方当事人均委托代理人出庭，双方均对对方出庭人员的资格无异议，对合议组成员均无回避请求。在口头审理中，专利复审委当庭告知双方当事人，吉康公司提交的证据为他人在本专利申请日以前申请并在本专利申请日以后公开的中国外观设计专利文件，并告知吉康公司《专利法》第九条和第二十三条的含义；吉康公司声明依据原有证据，将无效宣告请求的理由变更为《专利法》第九条和《专利法实施细则》第十三条第一款；哈纳考比株式会社声明对吉康公司所提交证据的真实性及其对于《专利法》第九条和《专利法实施细则》第十三条第一款的适用性均无异议。在相近似性判断方面，双方当事人在主要方面均各自坚持原有观点。

2007年1月11日，专利复审委作出第9554号决定，维持本专利有效，主要理由是：

（1）针对吉康公司提出的无效宣告请求的理由和证据，由于吉康公司提交的证据为他人在专利申请日前申请并在专利申请日后公开的中国外观设计专利文件，因此明显不适用《专利法》第二十三条的无效宣告理由，在专利复审委依职权告知吉康公司《专利法》第九条和第二十三条的含义的情况下，吉康公司将无效宣告理由变更为《专利法》第九条和《专利法实施细则》第十三条第一款，哈纳考比株式会社也声明对吉康公司所提交的证据对于上述无效宣告理由的适用性均无异议，因此合议组依据《专利法》第九条和《专利法实施细则》第十三条第一款的规定对本案进行审理。

（2）吉康公司提交的证据是公开日为2004年12月22日的200430018413.X号外观设计专利的著录项目及图片复印件，其产品名称为"饮水杯（滤叶太空杯2型）"，申请日为2004年4月28日，申请人为吴秀杰，公开号为CN 3413029；哈纳考比株式会社对其真实性无异议。经核实，该证据内容真实，确系在本专利申请日（优先权日）以前由他人提出专利申请并在后被授权公告的外观设计专利，属于《专利法》第九条所规定的在先申请，同时也适用于《专利法实施细则》第十三条第一款的规定，因此适用于本案。

（3）该200430018413.X号外观设计专利授予的是一款水杯的外观设计（即在先设计）。从图片上观察，在先设计分为杯盖和杯体两部分；杯盖由上小下大两个近似圆柱体叠加而成，并有提带设计；杯体为近似腰形的回转体。

本专利是水杯杯体的外观设计，其整体形状为近似腰形的回转体，上部为螺纹口，下部有环形颗粒状图案，前、后两面的中部沿纵向凹进腰形槽，槽上为不规则的颗粒状图案。

本专利和在先设计均为水杯的外观设计，用途相同，属于相同类别的产品，具有可比性。

将本专利与在先设计相比较，其相同点为：二者杯体部分的基本外形设计大体相同。从整体视觉观察，虽然存在上述相同点，但由于本专利在杯体前、后两面的中部沿纵向凹进设计的腰形槽及其上的不规则颗粒状图案设计极为醒目，已足以导致本专利杯体与在先设计在整体视觉效果上产生显著的差别，一般消费者不会产生误认、混同，且吉康公司未能证明本专利相对于在先设计存在的上述不同点属于应弱化考虑的惯常设计等情况，因此，上述差别对于二者的整体视觉效果明显具有显著的影响，同时二者在杯盖、杯底等处也存在区别，因此，二者应属于不相同且不相近似的外观设计。根据《审查指南》的规定，"同样的发明创造"对于外观设计而言，是指外观设计相同或者相近似，因此，本专利和在先设计不属于同样的发明创造。

吉康公司不服上述决定，向北京市第一中级人民法院提起行政诉讼。

本案一审期间，专利复审委向一审法院提交了以下主要证据：（1）本专利公报复印件；（2）ZL200430018413.X号外观设计专利公报复印件。

吉康公司、哈纳考比株式会社未向一审法院提交证据。

一审法院经审查认为，专利复审委提交的证据与本案具有关联性，且合法、真实，予以确认。

以上证据材料均已随案移送本院，经审查，本院确认一审法院认证意见正确，可以作为认定本案事实的根据。

本院认为，上诉人吉康公司在本案无效程序中提交的200430018413.X号外观设计专利，虽然其公开日晚于本专利的申请日，但申请日早于本专利优先权日，因此，可以作为判断本专利是否符合《专利法》第九条关于"两个以上的申请人分别就同样的发明创造申请专利的，专利权授予最先申请的人"，《专利法实施细则》第十三条第一款关于"同样的发明创造只能被授予一项专利"法律规定的根据。

关于本专利与在先设计是否属于同样的发明创造的问题。本案在先设计公开了一种水杯的外观设计，将其与本专利的外观设计相比较，虽然二者杯体部分基本外形大体相同，但从整体视觉观察，本专利在杯体前、后两面的中部设计有沿杯体纵向凹进设计的腰形槽以及点缀于槽上的颗粒状装饰。本专利的腰形槽及其颗粒状设计从杯体的上部笔直延伸到杯体下部，该设计在杯体侧面所占面积较大，而在先设计的杯体上没有任何图案设计。因此，本专利与在先设计在整体杯体上比较，本专利的腰形及其颗粒状设计在观察上非常醒目，足以导致本专利与在先设计在整体视觉而不是局部效果上产生显著的差别，同时二者在杯盖处也存在区别，一般消费者不会产生误认或者混同，上述区别亦足以使本专利与在先设计不相近似。因此，专利复审委关于本专利与在先设计不属于同样的发明创造的认定正确。

综上，专利复审委作出的第9554号决定维持200430103955.7号外观设计专利权有效合法，一审法院判决维持正确。依据《中华人民共和国行政诉讼法》第六十一条第（一）项的规定，判决如下：

驳回上诉，维持一审判决。

二审案件受理费人民币100元，由上诉人浙江吉康塑胶有限公司负担（已交纳）。

本判决为终审判决。

审　判　长　朱世宽
代理审判员　赵宇晖
代理审判员　朱海宏
二〇〇八年五月二十日
书　记　员　张　怡

# 车体铝型材（导电轨2）

无效宣告请求审查决定（第9555号）

决 定 号	第9555号
决 定 日	2007年3月15日
发明创造名称	车体铝型材（导电轨2）
外观设计分类号	25-01
无效宣告请求人	广东兴发创新股份有限公司
专 利 权 人	张培良
专 利 号	200530095120.6
申 请 日	2005年9月30日
授权公告日	2006年4月26日
合议组组长	张跃平
主 审 员	钟 华
参 审 员	王霞军
附 图	2页

法律依据 专利法第23条、第46条

决定要点

在本专利申请日前已经有与本专利相同的外观设计在本专利申请日前公开发表过，因此本专利不符合专利法第23条的规定。

一、案由

本无效宣告请求涉及的是国家知识产权局于2006年4月26日授权公告的200530095120.6号外观设计专利，其名称为"车体铝型材（导电轨2）"，申请日是2005年9月30日，专利权人是张培良。

针对上述专利权（下称本专利），广东兴发创新股份有限公司（下称请求人）于2006年5月29日向专利复审委员会提出无效宣告请求，其依据的事实和理由是：本专利与在本专利申请日前授权公告的外观设计完全相同，因此不符合专利法第23条的规定。请求人同时提交了如下证据：

证据1：01315712.4号外观设计专利公报复印件；
证据2：本外观设计专利公报复印件。

经形式审查合格，专利复审委员会受理了该无效宣告请求，并根据无效宣告请求审查程序的规定，于2006年7月21日将无效宣告请求书及其附件的副本转送给专利权人，要求其在指定期限内陈述意见。专利权人逾期未答复。

2006年10月11日，专利复审委员会向双方当事人发出合议组成员告知通知书，告知其如对合议组成员有回避请求，可于收到本通知之日起7日内提交书面请求书，逾期未答复，视为无回避请求。双方当事人均逾期未陈述意见。

至此，合议组经合议，认为本案事实清楚，依法作出本审查决定。

二、决定的理由

1. 法律依据

专利法第23条规定：授予专利权的外观设计，应当同申请日以前在国内外出版物上公开发表过或者国内公开使用过的外观设计不相同和不相近似，并不得与他人在先取得的合法权利相冲突。

专利法第46条规定：专利复审委员会对宣告专利权无效的请求应当及时审查和作出决定。并通知请求人和专利权人。宣告专利权无效的决定，由国务院专利行政部门登记和公告。

对专利复审委员会宣告专利权无效或者维持专利权的决定不服的，可以自收到通知之日起三个月内向人民法院起诉。人民法院应该通知无效宣告请求程序的对方当事人作为第三人参加诉讼。

2. 本专利是否符合专利法第23条的规定

证据1为01315712.4号外观设计专利公报复印件，经合议组核实，证据1的内容真实。其授权公告日为2001年11月28日，早于本专利申请日2005年9月30日，因此证据1上所记载的外观设计可用作评价本专利是否符合专利法第23条所述在先公开发表过的外观设计（下称在先设计）。

证据2为本外观设计专利公报，经合议组核实，其内容真实，可用以说明本专利的内容。

本专利为一种型材，其横截面的一端为扁平弓型，另一端为鞋尖相对的粗高跟鞋形，两端通过两平行横条相连接。本专利的其余视图的外轮廓均为常规的矩形（详见本专利附图）。

在先设计也为一种型材，其横截面的一端为扁平弓型，另一端为鞋尖相对的粗高跟鞋形，两端通过两平行横条相连接。本专利的其余视图的外轮廓均为常规的矩形（详见在先设计附图）。

本专利与在先设计均为型材，两者种类相同，可以进行相近似性比较。将本专利与对比文件相比较，两者的整体形状及各部分的形状完全相同，因此本专利不符合专利法第23条的规定。

三、决定

依据专利法第23条和第46条第1款的规定，宣告200530095120.6号外观设计专利权全部无效。

依据专利法第46条第2款的规定，当事人对本决定不服的，自收到本决定之日起三个月内向北京市第一中级人民法院起诉。根据该款的规定，一方当事人起诉后，另一方当事人应当作为第三人参加诉讼。

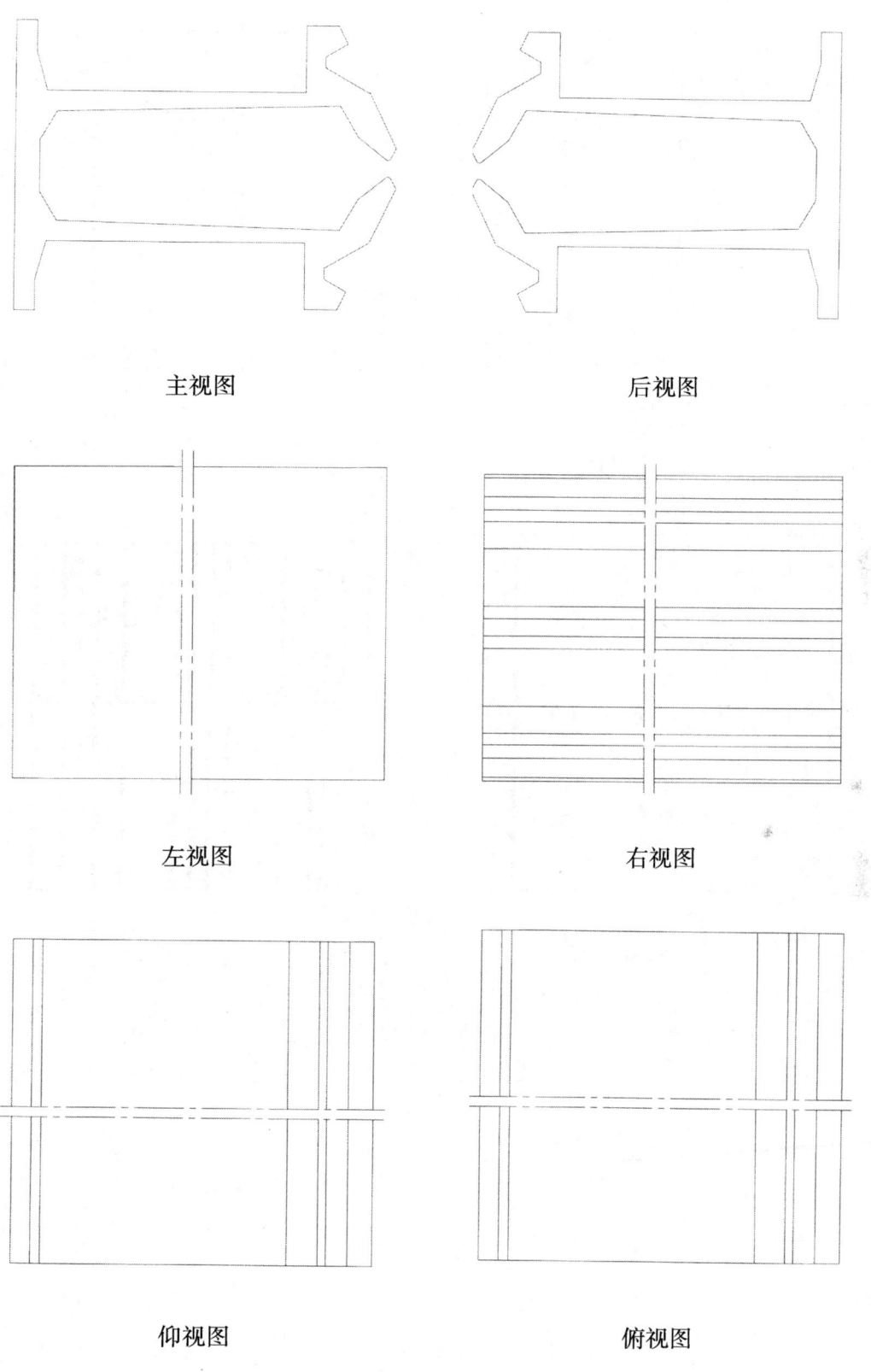

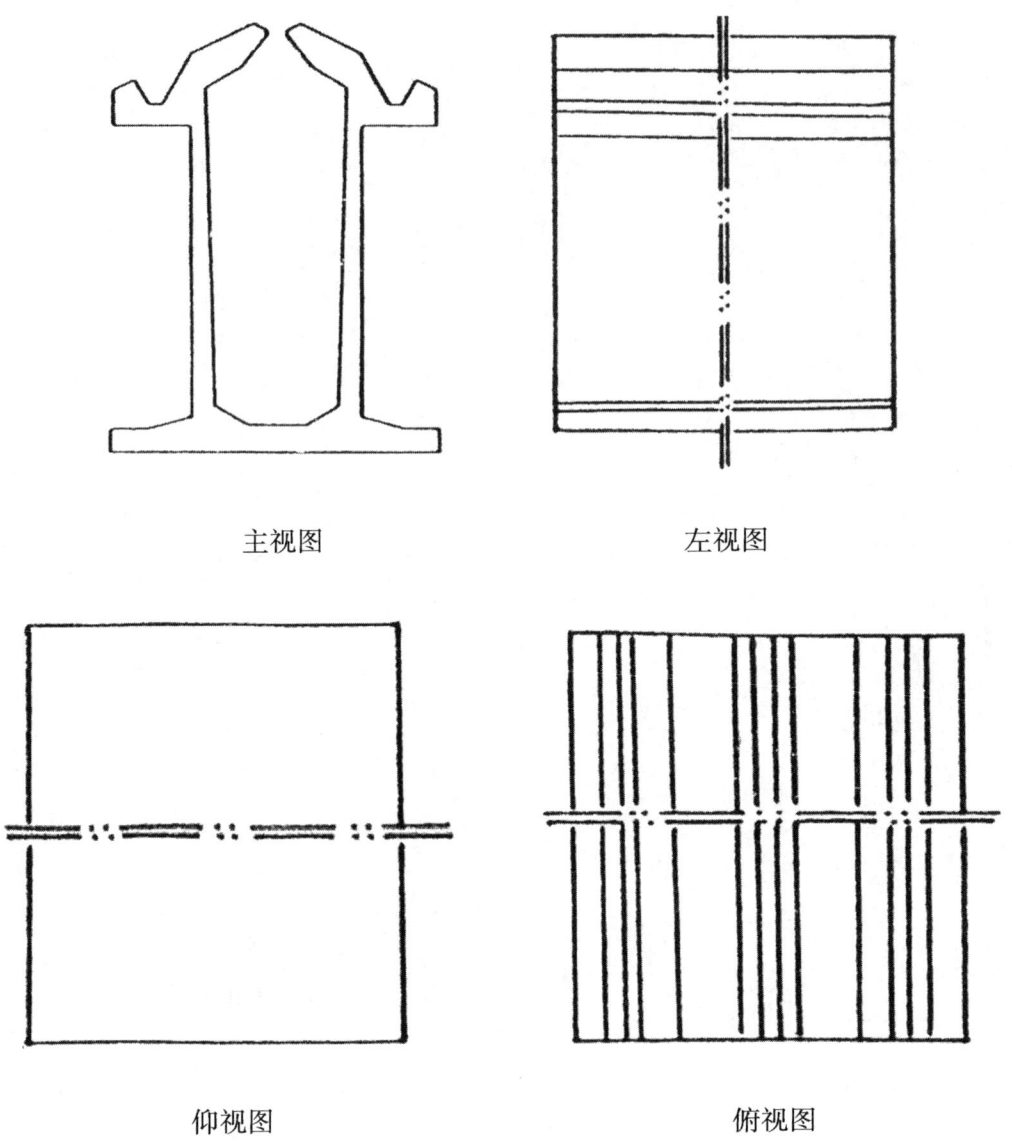

对比文件附图

灯（120V20W 小型柜子灯）

无效宣告请求审查决定（第 9556 号）

决　定　号	第 9556 号
决　定　日	2007 年 2 月 27 日
发明创造名称	灯（120V20W 小型柜子灯）
外观设计分类号	26-05
无效宣告请求人	温州万丰电器有限公司，卢萨照明公司
专　利　权　人	达加利电器（上海）有限公司
专　利　号	03328106.8
申　请　日	2003 年 2 月 28 日
授 权 公 告 日	2003 年 10 月 8 日
合议组组长	钟 华
主　审　员	叶 娟
参　审　员	郭 婷
附　　　图	2 页
法　律　依　据	专利法第 23 条

决　定　要　点

对比文件的附图及说明书已经清楚地给出了该产品的结构和组装说明，根据对比文件公开的内容完全能够获知对比文件所示产品组装后的外观，能够与本专利进行相近似性比较；

本专利与申请日前公开发表的外观设计相近似，因此不符合专利法第 23 条的规定。

一、案由

本无效宣告请求案涉及国家知识产权局于 2003 年 10 月 8 日授权公告的、名称为"灯（120V20W 小型柜子灯）"的 03328106.8 号外观设计专利（下称本专利），其申请日为 2003 年 2 月 28 日，专利权人是达加利电器（上海）有限公司。

针对上述专利权，温州万丰电器有限公司（下称请求人Ⅰ）于 2006 年 7 月 4 日以本专利不符合专利法第 23 条的规定为由向专利复审委员会提出无效宣告请求（下称请求案Ⅰ），请求宣告该专利权无效，为支持其主张，请求人Ⅰ提交了以下证据：

附件 1：第 6491413 B1 号美国专利，公开日为 2002 年 12 月 10 日，英文，复印件共 11 页；
附件 2：第 6431722 B1 号美国专利，公开日为 2002 年 8 月 13 日，英文，复印件共 11 页；
附件 3：第 D456090 S 号美国外观设计专利，公开日为 2002 年 4 月 23 日，英文，复印件共 2 页；

附件4：从中国国家知识产权局网站下载的第01322083.7号中国外观设计专利公告网页，公告日为2002年4月24日，共1页；

附件5：出境受理报检数据明细查询，复印件共4页。

依据上述证据，请求人I认为：（1）附件1、2所示专利的产品名称分别为高压柜子灯、柜子灯，本专利所示产品也是一种灯具，而且这些产品具有相同的用途，都用于柜子，名称都是柜子灯，属于同一种类，具有可比性；附件1或2的附图均为立体图，能够准确反映出其产品的整体形状，从该视图观察，产品的形状为扁圆柱体，灯面为圆形，灯面中间是与灯面同圆心的圆形透光面，在透光面与灯面外边缘之间的环形灯面上，均匀分布8个弧形开口，灯具后面是圆形，圆心处是一圆形凸起，弧状开口槽设置在从圆心处按照半径方向向外射线方向上，射线均匀分布，成"十"字形，每列射线方向开有3个弧形开口，紧邻最外侧弧形开口位置设置四个凸起小圆柱；将附件1或2的立体图与本专利各视图进行对比，可以看出，附件1或2所示外观设计与本专利完全相同，在实际购买和使用中，一般消费者在产品整体视觉上会产生混淆，因此，根据整体观察、综合判断的原则应当认为本专利与附件1、2所示设计均相同；附件3、4所示外观设计专利的产品名称为灯泡，可应用于柜子灯；因此，本专利同申请日以前在国内外出版物上公开发表过的在先专利相同；（2）请求人I获得了美国卢萨照明公司授权生产其专利产品柜子灯及灯泡，经由本专利外观设计专利权人指派的公司出口，并获准在该产品上使用美国卢萨照明公司的相关标识（LUSA），因此本专利专利权人可以获得请求人I生产柜子灯产品的有关信息，进行了外观设计申请并得到授权，在该外观设计图片上还可以明确辨认出"LUSA"标识，事实上本专利外观设计产品在申请日前已由请求人I生产并出口，已经构成对本专利产品的使用公开。

经形式审查合格后，专利复审委员会受理了该无效宣告请求案I，并于2006年7月6日向双方当事人发出《无效宣告请求受理通知书》，将《专利权宣告无效请求书》及其所附证据的副本转送给专利权人，要求其在指定期限内答复，同时成立合议组对本无效请求案I进行审理。

2006年8月3日，请求人I提交了附件1、2中与本案有关部分的中文译文，同时对无效理由、证据进行了补充，补充理由为：请求人I于2000年前即获得美国卢萨照明公司授权生产柜子灯并销售出口，该柜子灯产品于1998年通过美国安全认证，因此，本专利外观设计同申请日前在国内公开生产销售使用过的产品相同。同时补充的证据如下（编号续前）：

附件6：订单确认书，复印件共4页；

附件7：出货前检测报告单，复印件共3页；

附件8：万泰认证质量管理体系认证证书，复印件共1页；

附件9：我国出入境检验检疫出境货物换证凭单，复印件共2页。

专利权人于2006年8月9日针对上述《无效宣告请求受理通知书》作出答复，认为：（1）附件1~3为外文资料，请求人I未提交其中文译文，根据审查指南的相关规定应被视为未提交；（2）附件4中的任意一个图形与本专利的视图相比均不相同或相似；（3）附件5既不是公开出版物，也未记载出版印刷日期，更未记载有与本专利视图相同或相近似的图片，因此附件5不能证明本专利与申请日前国内外出版物上公开发表过的外观设计相同或相近似，也不能证明本专利与申请日前国内公开使用过的产品相同或相近似。

2006年9月13日，专利复审委员会本案合议组将请求人I于2006年8月3日提交的意见陈述书及其附件副本转送给专利权人，要求其在指定期限内作出答复，期满不答复的，视为其已得知所转送文件中的内容，并且未提出反对意见。

2006年12月26日，专利复审委员会本案合议组分别向请求案I的双方当事人发出《无效宣告请求口头审理通知书》，告知双方当事人专利复审委员会拟定于2007年2月1日上午对本无效宣告请求案I进行口头审理。同时，专利复审委员会本案合议组将专利权人于2006年8月9日提交的意见陈述书的副本转送给请求人I，要求其于口头审理之时针对所转送的文件进行答复。

2007年2月1日上午，口头审理如期举行，双方当事人均委托代理人参加了口头审理，并对对方当事人的出庭资格无异议，对合议组成员无回避请求，合议组在此情况下对请求案I进行了庭审调查，调查确认的事实如下：（1）专利权人对附件1~4的真实性予以认可，由于附件5~9为复印件而对其真实性不予认可，请求人I不能提交附件5~9的原件；（2）专利权人认为，虽然附件1、2的译文中存在瑕疵，但这不影响用附件1、2与本专利进行相近似判断，因此不再提交补正译文；（3）请求人I明确附件1、2用于证明其中所示产品的设计与本专利外观设计相近似，附件3、4用于证明附件1、2在使用时可以安装有附件3、4所示灯泡，附件5~9用于证明在本专利申请日之前已经有与本专利所示产品外观设计相近似的产品在国内生产并出口过；（4）请求人I还明确，附件1中使用图1、2与本专利进行相近似比较，而图3、4仅用于表明附件1中的柜子灯的组装关系而不用于与本专利的相近似比较，附件2中使用图2、3与本专利进行相近似性比较；（5）专利权人认为附件1给出的是产品分解图，不能凭借想象而得出其与本专利相近似的结论。

针对上述同一专利权，卢萨照明公司（下称请求人II）于2006年7月25日以其不符合专利法第23条、专利法实施细则第2条第3款的规定为由向专利复审委员会提出了无效宣告请求（下称请求案II），请求宣告该专利权无效，为支持其主张，请求人II提交了以下证据（编号续前）：

附件10：第6491413 B1号美国专利，公开日为2002年12月10日，英文，复印件共10页；

附件11：卢萨照明公司关于橱柜照明装置的报告，99RT10840，2000年2月11日，英文，复印件共17页。

请求人II还同时提交了附件10的中文译文（共15页）、附件11的中文译文（共17页）以及本专利授权公告文本，依据上述证据，请求人II认为：（1）附件10、11在本专利申请日之前公开，所示产品属于用于橱柜下方的照明装置，与本专利产品相同，可与本专利进行相同或相近似性比较；（2）本专利所示产品总体外形为圆柱体，包括上部壳体和下部壳体，上部壳体比下部壳体薄，下部壳体端面上设有六个销，上部壳体端表面包括内环，内环与外周围之间均匀分布有八个圆弧槽状开口；（3）附件10或11所示产品具有与本专利所示产品相同的上述设计，设计风格、比例和外形完全相同，二者的差别仅在于本专利与附件10所示产品的后视图略有不同，由于使用时后视图显示的表面被结合在柜子上，使得该类产品的后视图在使用和购买过程中一般消费者不会注意到，因此，该差别对于产品的整体视觉效果不具有显著的影响，本专利与附件10、11所示产品外观相近似；（4）首先，本专利的仰视图中部有一个凹口，而俯视图中没有，也即俯视图与仰视图的投影关系不对应，其次，本专利所示产品其左视图与右视图应当是对称的，但在本专利的简要说明中记载"左视图与右视图相同"，这两点致使本专利所示产品无法被生产出，不适于工业应用，因而不符合专利法实施细则第2条第3款的规定。

经形式审查合格后，专利复审委员会受理了该无效宣告请求案II，并于2006年9月6日向请求案II的双方当事人发出《无效宣告请求受理通知书》，将《专利权无效宣告请求书》及其所附证据的副本转送给专利权人，要求其在指定期限内答复，同时成立合议组对本无效请求案II进行审理。

专利权人于2006年10月20日作出答复，认为：（1）关于附件10，首先，其中的视图是一种橱柜下方使用的照明装置的立体分解图，该图与本专利的各视图均完全不同，且该图无法表达组合后的产品的六面视图，其次，本专利所示产品底座侧面设有矩形的出线缺口，而附件10中没有，由于附件10所示产品是橱柜下方使用的照明装置，其底座的底端面直接固定到橱柜下方的板壁上，连接照明装置的导线需要从橱柜下方板壁中穿孔通过，而本专利中连接发光元件的导线可以从柜子板壁面上通过，无需穿孔，因此该特征是消费者无法忽视的明显区别；（2）关于附件11，首先，它不是公开出版物不能作为证据使用；其次，其中的视图是一种橱柜下方使用的照明装置的立体分解图，该图与本专利的各视图均完全不同，最后，附件11所示产品底座侧面也未设置矩形的出线缺口；（3）本专利所示产品底座侧面内设有一个出线缺口，与该出线缺口对称的底座的另一侧面内没有设置相同的出线缺口，但是，底座内部的构件是具有颜色的，底座内部的构件可以在生产过程中选择任意颜色，当然也包括拍摄外观设计照片时的背景色，因此请求人II认为俯视图与仰视图投影关系不对应的观点不能成立；简要说明及其文字并不属于本外观设计专利保护的内容，其仅用于解释为何未提供左视图，请求人II正是根据本专利在公告中的图片准确地理解了外观设计，可见本外观设计的图片准确、完整、清楚地表达了其保护范围；请求人II认为本专利所示产品不适于工业应用只是其主观臆测，不能成立，请求人II未提供任何能够证明本专利所示产品不可生产的证据，请求人II的这一观点与其将本专利产品与橱柜下方使用的照片装置进行的比较是自相矛盾的。

2006年12月26日，专利复审委员会本案合议组分别向请求案II的双方当事人发出《无效宣告请求口头审理通知书》，告知专利复审委员会拟定于2007年2月1日下午对无效宣告请求案II进行口头审理。同时，专利复审委员会本案合议组将专利权人于2006年10月20日提交的意见陈述书的副本转送给请求人II，要求其于口头审理之时针对所转送的文件进行答复。

2007年2月1日下午，口头审理如期举行，双方当事人均委托代理人参加了口头审理，并对对方当事人的出庭资格无异议，对合议组成员无回避请求，合议组在此情况下对请求案II进行了庭审调查，调查确认的事实如下：（1）请求人II放弃本专利不符合专利法实施细则第2条第3款这一无效宣告理由，明确其无效宣告请求理由仅为本专利不符合专利法第23条的规定，所依据的证据为附件10、11，主张本专利与附件10、11所示产品外观设计相近似，其中附件10为最接近的对比文件；（2）专利权人对附件10的真实性、合法性、关联性、公开性均无异议，对附件11的真实性和公开性有异议；（3）请求人II表示无法提交附件11的原件，但当庭提交了两份新证据附件12（国家科技图书文献中心的网页资料2页）和附件13（英文网页检索资料3页），并要求继续提交由卢萨公司法人代表出具的证言和由美国保险商实验所人员出具的证言用于证明附件11的公开日期，以及要求提交卢萨公司的产品通过UL认证的公证认证材料复印件，合议组当庭将附件12、13的副本转交给专利权人，专利权人认为上述新证据附件12、13、证言和公证认证材料的提交时间均超出了举证期限，因而不予接受，对此，合议组当庭告知请求人II附件12、13、证言和公证认证材料属于新证据，其提交时间已经超出了自提出无效请求之日起一个月内的举证期限，因而不能被接受；（4）专利权人对附件10译文中"灯壳12"这一术语的翻译有异议，经双方当事人协商，二者均同意将这一术语改译成"部件12"，专利权人对附件10译文中的其他内容以及附件11的译文无异议；（5）请求人II明确附件10中使用图1、2、3与本专利进行相近似比较，附件11中使用图6831、6830、9130；（6）专利权人认为附件10给出的是产品分解图，不能凭借想象而得出其与本专利相近似的结论。

至此，合议组认为本案的事实清楚，可以作出审查决定。

二、决定的理由

1. 关于无效宣告请求理由和法律依据

基于请求人I、II提出无效宣告请求所依据的事实和理由，合议组对本专利是否符合专利法第23条的规定进行审查。

专利法第23条规定：授予专利权的外观设计，应当同申请日以前在国内外出版物上公开发表过或者国内公开使用过的外观设计不相同和不相近似，并不得与他人在先取得的合法权利相冲突。

2. 关于证据

鉴于专利权人认可附件1~4的真实性，认可附件10的真实性，因此合议组对附件1~4、10的真实性予以确认。鉴于附件10与附件1相比，其中仅缺少"USPTO出具的发明人印刷错误的纠错证明"这一页，而该页内容并不涉及具体的产品设计图和文字说明。因此，为便于评述，以下所指对比文件1同时指代附件1和10。请求人Ⅰ和Ⅱ欲以对比文件1作为本专利的在先设计与本专利进行相近似比较，附件3、4仅作为辅助证据而不作为对比文件，请求人Ⅱ还欲以附件2作为本专利的在先设计与本专利进行相近似比较。合议组认为：对比文件1和附件2所示产品均为橱柜用灯具，与本专利所示产品属于同类产品，且其公开日均在本专利申请日之前，因此可以用作本专利的在先设计与本专利进行相近似性比较。鉴于请求人Ⅱ提交了对比文件1的完整译文，且经口头审理时的调查，专利权人除认为该译文中"灯壳12"这一术语应改译成"部件12"外，对其余译文均无异议，请求人Ⅱ也对上述改译表示认可，因此，合议组在进行本专利与对比文件1的相近似性比较时以上述修正过的请求人Ⅱ提交的对比文件1译文为准。

附件5~9均为证明产品使用公开的证据，依次为产品出境受理报检数据明细查询、订单确认书、出货前检测报告单、万泰认证质量管理体系认证证书、我国出入境检验检疫出境货物换证凭单，附件11是一份产品报告，这些证据均为复印件，专利权人对其真实性均表示异议。合议组认为：附件5~9、11均为复印件，请求人Ⅱ未能提供其原件或者其他佐证证明其真实性，因此合议组对这些证据的真实性不予确认。

附件12、13是请求人Ⅱ于口头审理时（即2007年2月1日）提交的。专利法实施细则第66条规定：对于无效请求人在提出无效宣告请求之日起1个月后增加的理由或者补充证据，专利复审委员会可以不予考虑。请求案Ⅱ的提出日期为2006年7月25日，根据上述规定，请求人补充新证据的期限为2006年8月25日，而附件12、13的提交日期已经超出了上述期限，不符合专利法实施细则第66条的规定，因此合议组对其不予考虑。

3. 本专利与对比文件1的相近似性比较

根据本专利授权文本视图可见，本专利所示产品小柜子灯呈扁圆柱体（为便于评述，以可见灯泡一侧为上，相对侧为下），上部下部为直径相同的扁圆形壳体，下部壳体略厚于上部壳体，灯具上底面沿圆周均匀排列有八个弧形凹槽，从上底面可见凹入的反射面，下部壳体下端侧面设有一个矩形开口，下部壳体下底边设有多个小安装脚，灯具下底面分作由下部壳体底面构成的外圈和由部件12底面构成的内部圆形底面，该圆形底面中央设有一个扁圆凸起，自该凸起向外放射排列有四列弧形槽，每列三个，最外侧弧形槽外侧各有一个小圆凸起（参见本专利视图）。

对比文件1公开了一种小型柜子灯具，图1是该柜子灯具的立体分解图，从该分解图可见该灯具共包括四个部件，按图中位置从上至下依次为盖80、灯具10、部件12和表面封闭外壳100，图2是部件12的底部后视图，图3是图1所示灯具的表面安装透视图。根据对比文件1图1、2、3以及说明书的描述，所述灯具四个部件之间的组装方式是：盖80封闭部件12（参见对比文件1译文第5页第2段第1行），反射器60坐落在部件12的三个支柱18上（参见对比文件1译文第4页倒数第2、3行），部件12放在外壳100内（参见对比文件1译文第6页第3、4行，第6页倒数第1行），外壳100上的槽108与反射器60中的开口74对准（参见对比文件1译文第5页第3段第5行）。由于盖80上表面为玻璃透镜、外壳100的底部为空（参见对比文件1图1和译文第5页第2段第3行），因此根据上述组装方式可知，该柜子灯组装后的外观为：整体呈扁圆柱体（为便于评述，以灯盖玻璃透镜60面为灯具的上，相对侧为下），上部下部为直径相同的扁圆形壳体，下部壳体（对比文件1外壳100）略厚于上部壳体（对比文件1盖80），灯具上底面沿圆周均匀排列有八个弧形凹槽88，从上底面中间的玻璃透镜可见灯具内部的反射器小平面 63，下部壳体下端侧面（对比文件 1 附图标记107）设有一个矩形开口（参见对比文件 1 图 3 中附图标记 100 附近所示），下部壳体下底边设有多个小安装脚（对比文件 1 销 118），灯具下底面分作由下部壳体底面构成的外圈和由部件 12 底面构成的内部圆形底面，该圆形底面中央设有一个扁圆凸起，自该凸起向外放射排列有四列弧形槽，每列三个，最外侧弧形槽外侧各有一个小圆凸起（参见对比文件 1 图 1、2、3 和说明书）。

合议组认为：将本专利外观设计与对比文件 1 小柜子灯的外观设计相比，二者整体形状及大部分细节设置均相同，二者的区别仅在于：二者下部圆形底面上的设计细节略有不同，例如中央的扁圆凸起厚度、小圆凸起的大小，以及二者其他的细微差别。上述区别相对于小柜子灯的整体而言属于局部的细微的区别，而且本专利的小型柜子灯在安装时其下底面固定于橱柜上，消费者在使用时是无法看到这一与对比文件 1 存在细微区别的下底面的，在本专利与对比文件 1 整体形状相似，尤其是主视图非常相似的情况下，上述区别不足以对两者的整体视觉效果产生显著的影响，因此应认定本专利与对比文件 1 相近似，不符合专利法第 23 条的规定。

此外，请求人主张对比文件 1 中仅给出了小柜子灯的分解图而未给出组装后的产品六面视图，因而无法与本专利进行比较。合议组认为：对比文件 1 的图 1、2、3 以及说明书已经清楚地给出了该产品的结构和如何进行组装的说明，根据对比文件 1 公开的内容完全能够获知对比文件 1 所示产品组装后的外观，能够与本专利进行相近似性比较，因此请求人的主张不能成立。

4. 结论

综上所述，本专利外观设计与对比文件 1 中所示产品的外观设计相近似，不符合专利法第 23 条的规定。

鉴于上述已得出本专利不符合专利法第 23 条规定的结论，本决定对请求人 I 提出的本专利与附件 2 相近似的理由不再评述。

三、决定

宣告 03328106.8 号外观设计专利权全部无效。

当事人对本决定不服的，可以根据专利法第 46 条第 2 款的规定，自收到本决定之日起三个月内向北京市第一中级人民法院起诉。根据该款规定，一方当事人起诉后，另一方当事人应当作为第三人参加诉讼。

主视图 后视图 右视图

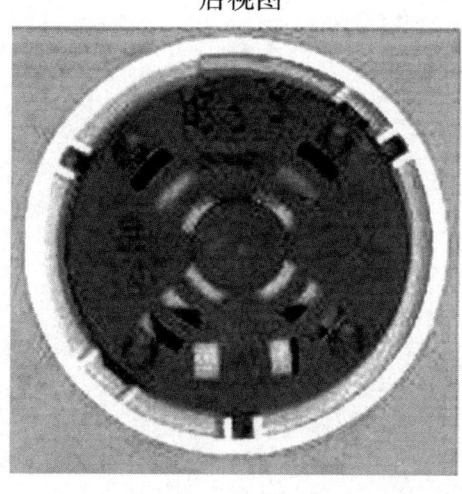

俯视图 仰视图

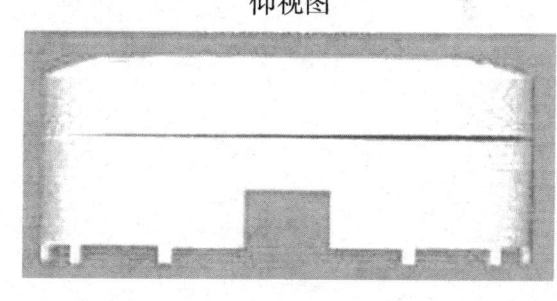

本专利视图

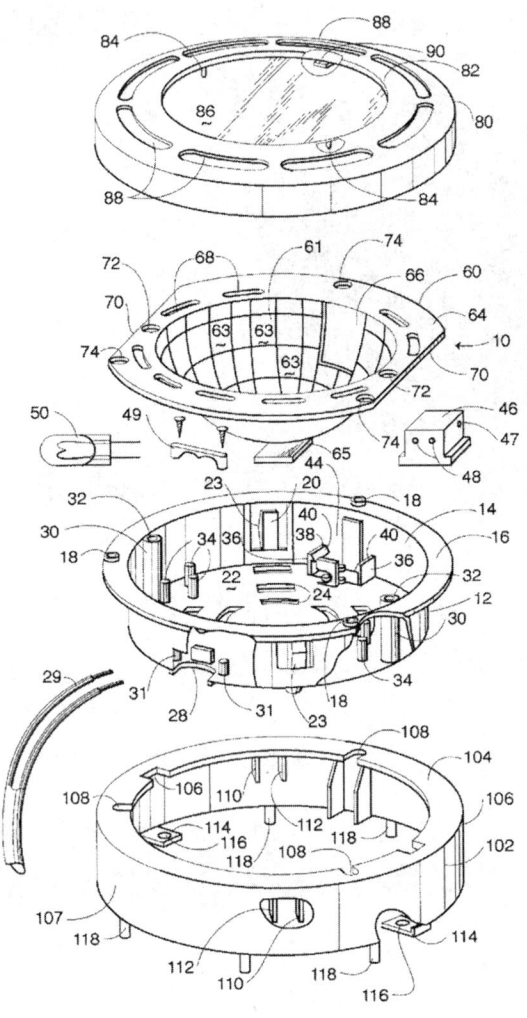

附件1 附图1

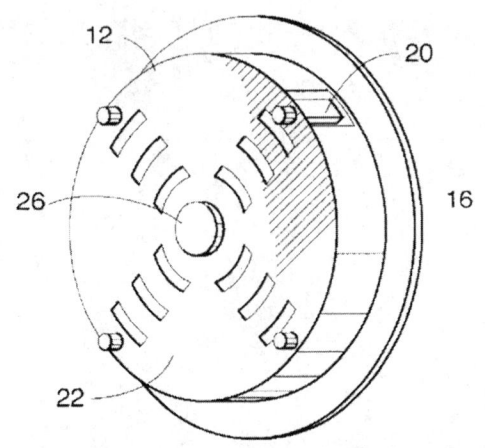

附件1 附图2

附件1 附图3

北京市第一中级人民法院
行政判决书

(2007) 一中行初字第821号

原告达加利电器（上海）有限公司，住所地上海市松江区洞泾镇渔洋浜村（洞泾工业区二区）。

委托代理人顾家平，上海市金桥律师事务所律师。

被告中华人民共和国国家知识产权局专利复审委员会，住所地北京市海淀区北四环西路9号银谷大厦10~12层。

法定代表人廖涛，中华人民共和国国家知识产权局专利复审委员会副主任。

委托代理人叶娟，中华人民共和国国家知识产权局专利复审委员会审查员。

委托代理人隋璐，中华人民共和国国家知识产权局专利复审委员会审查员。

第三人卢萨照明公司，住所地美利坚合众国加利福尼亚州91355瓦伦西亚市克罗克大街28310号B室。

第三人温州万丰电器有限公司。

法定代表人桑福德·贝南森，总裁。

委托代理人蒋旭荣，中国国际贸易促进会专利商标事务所代理人。

委托代理人郭小军，中国国际贸易促进会专利商标事务所代理人。

原告达加利电器（上海）有限公司（以下简称达加利公司）不服被告中华人民共和国国家知识产权局专利复审委员会（以下简称专利复审委员会）于2007年2月27日作出的第9556号无效宣告请求审查决定（以下简称第9556号决定），于法定期限内向本院提起行政诉讼。本院于2007年6月11日受理本案后，依法组成合议庭，并依法通知第9556号决定的请求人卢萨照明公司（以下简称卢萨公司）、温州万丰电器有限公司（以下简称万丰公司）作为第三人参加本案诉讼。本院于2007年12月4日公开开庭进行了审理。原告达加利公司的委托代理人顾家平，被告专利复审委员会的委托代理人叶娟、隋璐，第三人卢萨公司的委托代理人蒋旭荣、郭小军到庭参加了诉讼，第三人万丰公司经本院依法传票传唤，无正当理由没有到庭参加诉讼，本院依法进行缺席审理。本案现已审理终结。

被告专利复审委员会针对第三人万丰公司、卢萨公司就原告达加利公司的名称为"灯（120V 20W 小型柜子灯）"的外观设计专利（专利号为03328106.8，简称本专利）所提出的无效宣告请求作出第9556号决定，该决定认定：（1）关于无效宣告请求理由和法律依据基于万丰公司、卢萨公司提出无效宣告请求所依据的事实和理由，专利复审委员会对本专利是否符合《中华人民共和国专利法》（以下简称《专利法》）第23条的规定进行审查。（2）关于证据鉴于达加利公司认可附件1、附件2、附件3、附件4的真实性，认可附件10的真实性，因此专利复审委员会对附件1、附件2、附件3、附件4、附件10的真实性予以确认。鉴于附件10与附件1相比，其中仅缺少"USPTO出具的发明人印刷错误的纠错证明"这一页，而该页内容并不涉及具体的产品设计图和文字说明。因此，为便于评述，以下所指对比文件1同时指代附件1和附件10。万丰公司、卢萨公司欲以对比文件1作为本专利的在先设计与本专利进行相近似比较，附件3、附件4仅作为辅助证据而不作为对比文件，卢萨公司还欲以附件2作为本专利的在先设计与本专利进行相近似比较。专利复审委员会认为：对比文件1和附件2所示产品均为橱柜用灯具，与本专利所示产品属于同类产品，且其公开日均在本专利申请日之前，因此可以用作本专利的在先设计与本专利进行相近似性比较。鉴于卢萨公司提交了对比文件1的完整译文，且经口头审理时的调查，达加利公司除认为该译文中"灯壳 12"这一术语应改译成"部件 12"外，对其余译文均无异议，卢萨公司也对上述改译表示认可，因此，专利复审委员会在进行本专利与对比文件 1 的相近似性比较时以上述修正过的卢萨公司提交的对比文件 1 译文为准。附件 5、附件 6、附件 7、附件 8、附件 9 均为证明产品使用公开的证据，依次为产品出境受理报检数据明细查询、订单确认书、出货前检测报告单、万泰认证质量管理体系认证证书、我国出入境检验检疫出境货物换证凭单，附件 11 是一份产品报告，这些证据均为复印件，达加利公司对其真实性均表示异议。专利复审委员会认为：附件 5、附件 6、附件 7、附件 8、附件 9、附件 11 均为复印件，卢萨公司未能提供其原件或者其他佐证证明其真实性，因此专利复审委员会对这些证据的真实性不予确认。附件 12、附件 13 是卢萨公司于口头审理时（即 2007 年 2 月 1 日）提交的。《中华人民共和国专利法实施细则》（以下简称《专利法实施细则》）第 66 条规定：对于无效请求人在提出无效宣告请求之日起一个月后增加的理由或者补充证据，专利复审委员会可以不予考虑。卢萨公司的提出日期为 2006 年 7 月 25 日，根据上述规定，请求人补充新证据的期限为 2006 年 8 月 25 日，而附件 12、附件 13 的提交日期已经超出了上述期限，不符合《专利法实施细则》第 66 条的规定，因此专利复审委员会对其不予考虑。（3）本专利与对比文件 1 的相近似性比较根据本专利授权文本视图可见，本专利所示产品小柜子灯呈扁圆柱体（为便于评述，以可见灯泡一侧为上，相对侧为下），上部下部为直径相同的扁圆形壳体，下部壳体略厚于上部壳体，灯具上底面沿圆周均匀排列有八个弧形凹槽，从上底面可见凹入的反射面，下部壳体下端侧面设有一个矩形开口，下部壳体下底边设有多个小安装脚，灯具下底面分作由下部壳体底面构成的外圈和由部件 12 底面构成的内部圆形底面，该圆形底面中央设有一个扁圆凸起，自该凸起向外放射排列有四列弧形槽，每列三个，最外侧弧形槽外侧各有一个小圆凸起（参见本专利视图）。对比文件 1 公开了一种小型柜子灯具，图 1 是该柜子灯具的立体分解图，从该分解图可见该灯具共包括四个部件，按图中位置从上至下依次为盖 80、灯具 10、部件 12 和表面封闭外壳 100，图 2 是部件 12 的底部后视图，图 3 是图 1 所示灯具的表面安装透视图。根据对比文件 1 图 1、2、3 以及说明书的描述，所述灯具四个部件之间的组装方式是：盖 80 封闭部件 12（参见对比文件 1 译文第 5 页第 2 段第 1 行），反射器 60 坐落在部件 12 的三个支柱 18 上（参见对比文件 1 译文第 4 页倒数第 2、3 行），部件 12 放在外壳 100 内（参见对比文件 1 译文第 6 页第 3、4 行，第 6 页倒数第 1 行），外壳 100 上的槽 108 与反射器 60 中的开口 74 对准（参见对比文件 1 译文第 5 页第 3 段第 5 行）。由于盖 80 上表面为玻璃透镜、外壳 100 的底部为空（参见对比文件 1 图 1 和译文第 5 页第 2 段第 3 行），因此根据上述组装方式可知，该柜子灯组装后的外观为：整体呈扁圆柱体（为便于评述，以灯盖玻璃透镜 60 面为灯具的上，相对侧为下），上部下部为直径相同的扁圆形壳体，下部壳体（对比文件 1 外壳 100）略厚于上部壳体（对比文件 1 盖 80），灯具上底面沿圆周均匀排列有八个弧形凹槽 88，从上底面中间的玻璃透镜可见灯具内部的反射器小平面 63，下部壳体下端侧面（对比文件 1 附图标记 107）设有一个矩形开口（参见对比文件 1 图 3 中附图标记 100 附近所示），下部壳体下底边设有多个小安装脚（对比文件 1 销 118），灯具下底面分作由下部壳体底面构成的外圈和由部件 12 底面构成的内部圆形底面，该圆形底面中央设有一个扁圆凸起，自该凸起向外放射排列有四列弧形槽，每列三个，最外侧弧形槽外侧各有一个小圆凸起（参见对比文件 1 图 1、2、3 和说明书）。专利复审委员会认为：将本专利外观设计与对比文件 1 小柜子灯的外观设计相比，二者整体形状及大部分细节设置均相同，二者的区别仅在于：二者下部圆形底面上的设计细节略有不同，例如中央的扁圆凸起厚度、小圆凸起的大小，以及二者其他的细微差别。上述区别相对于小柜子灯的整体而言属于局部的细微的区别，而且本专利的小型柜子灯在安装时其下底面固定于橱柜上，消费者在使用时是无法看到这一与对比文件 1 存在细微区别的下底面的，在本专利与对比文件 1 整体形状相似，尤其是主视图非常相似的情况下，上述区别不足以对两者的整体视觉效果产生显著的影响，因此应认定本专利与对比文件1相近似，不符合专利法第23条的规定。此外，达加利公司主张对比文件1中仅给出了小柜子灯的分解图而未给出组装后的产品六面视图，因而无法与本专利进行比较。专利复审委员会认为：对比文件1的图1、2、3以及说明书已经清楚地给出了该产品的结构和如何进行组装的说明，根据对比文件1公开的内容完全能够获知对比文件1所示产品组装后的外观，能够与本专利进行相近似性比较，因此达加利公司的主张不能成立。被告专利复审委员会第9556号决定宣告第03328106.8号外观设计专利权全部无效。原告达加利公司不服该决定，于法定期限内向本院提起诉讼，诉称：（1）本专利与对比文件1产品的设计明显不同或不近似。对比文件1中的视图是立体分解图，与本专利的六面视图不同。（2）在本专利的仰视图中，底座的侧面内还有一个矩形的出线缺口，对比文件1中的零件均不具备此形状特征。任何消费者不可能忽视有无该矩形出线缺口的明显区别，因为对比文件是橱柜下方使用的照明装置，其底座的座端面直接固定到橱柜下方的板壁上，连接照明装置的导线需要从橱柜下方板壁中穿孔通过，而本专利中连接发光元件的导线可以从柜子板壁面上通过，无需穿孔。（3）本专利后视图与对比文件不尽相同，且消费者是在购买时才会区分两者外形的区别，在安装完毕后，虽然后视图显示的表面被结合在柜子上，但已不产生影响消费者是否购买及使用的选择权。故后视图显示的不同足以影响整体效果上的近似性。综上，原告请求法院依法撤销专利复审委员会第9556号决定。被告专利复审委员会辩称：（1）第9556号决定中的对比文件1的立体分解图能够表达组合后的产品的六面试图。（2）对比文件1所示产品上设有矩形开口。（3）对于产品的后视图，本专利的后视图与对比文件1的相似，不能对产品的整体视觉效果产生显著影响，且在该产品的最终使用状态下是不可见的，故无论将"一般消费者"解释为购买者、安装者、最终使用者，都不会对产品整体视觉效果产生显著影响。综上，请求法院维持第9556号决定。第三人卢萨公司未提交书面陈述意见，其当庭述称：同意被告专利复审委员会的意见。

本院经审理查明：

达加利公司于2003年2月28日向中华人民共和国国家知识产权局专利局申请了名称为"灯（120V20W小型柜子灯）"的外观设计专利（即本专利）。本专利于2003年10月8日被授权公告，专利号为第03328106.8号。

针对上述专利权，万丰公司于2006年7月4日以本专利不符合专利法第23条的规定为由向专利复审委员会提出无效宣告请求，请求宣告该专利权无效，为支持其主张，万丰公司提交了以下证据：

附件1：第6491413B1号美国专利，公开日为2002年12月10日，英文，复印件共11页；

附件2：第6431722B1号美国专利，公开日为2002年8月13日，英文，复印件共11页；

附件3：第D456090S号美国外观设计专利，公开日为2002年4月23日，英文，复印件共2页；

附件4：从中国国家知识产权局网站下载的第01322083.7号中国外观设计专利公告网页，公告日为2002年4月24日，共1页；

附件5：出境受理报检数据明细查询，复印件共4页。

经形式审查合格后，专利复审委员会受理了该无效宣告请求案。

2006年8月3日，万丰公司提交了附件1、附件2中与本案有关部分的中文译文，同时对无效理由、证据进行了补充，补充理由为：万丰公司于2000年前即获得卢萨公司授权生产柜子灯并销售出口，该柜子灯产品于1998年通过美国安全认证，因此，本专利外观设计同申请日前在国内公开生产销售使用过的产品相同。同时补充的证据如下（编号续前）：

附件6：订单确认书，复印件共4页；附件7：出货前检测报告单，复印件共3页；附件8：万泰认证质量管理体系认证证书，复印件共1页；

附件9：中华人民共和国出入境检验检疫出境货物换证凭单，复印件共2页。

达加利公司于2006年8月9日针对上述《无效宣告请求受理通知书》作出答复。

2007年2月1日上午，口头审理如期举行，双方当事人均委托代理人参加了口头审理。

针对上述同一专利权，卢萨公司于2006年7月25日以其不符合《专利法》第23条、《专利法实施细则》第2条第3款的规定为由向专利复审委员会提出了无效宣告请求，请求宣告该专利权无效，为支持其主张，卢萨公司提交了以下证据（编号续前）：

附件10：第6491413B1号美国专利，公开日为2002年12月10日，英文，复印件共10页；

附件11：卢萨照明公司关于橱柜照明装置的报告，99RT10840，2000年2月11日，英文，复印件共17页。

卢萨公司还同时提交了附件10的中文译文（共15页）、附件11的中文译文（共17页）以及本专利授权公告文本。

经形式审查合格后，专利复审委员会受理了该无效宣告请求案。

达加利公司于2006年10月20日作出答复。

2007年2月1日下午，口头审理如期举行，双方当事人均委托代理人参加了口头审理。

2007年2月27日，专利复审委员会作出第9556号无效宣告请求审查决定。上述事实，有第9556号决定、本专利专利证书、第6491413B1号美国专利文献以及当事人陈述等证据在案佐证。

本院认为：

根据各方当事人的诉辩主张，本案争议的焦点是：（1）对比文件1中的立体分解图视图能否体现本专利的六面视图；（2）本专利仰视图中的矩形出线缺口与对比文件1相比是否有区别；（3）本专利后视图与对比文件的区别是否容易导致消费者对二者发生混淆。

（1）对比文件1中给出了小柜子灯的分解图而未给出组装后的产品六面视图，但是，从对比文件1的附图以及说明书中可以清楚地得到该产品的结构和组装方法，其中附图1中四个零部件以从上到下的方式排列，显然可以进行垂直方向的组装，并且其组装后的外观完全可以根据四个零部件的叠加关系获知，并且对比文件1的附图2已经给出了部分组装后的产品的背面视图，故本院认为对比文件1中的立体分解图能够体现本专利的六面视图，达加利公司的此诉讼理由不能成立。

（2）本专利仰视图中有一矩形出线缺口，而从对比文件1的附图2、3中也明显可以看出存在一矩形出线缺口，二者并没有显著区别。故对达加利公司的此理由本院不予支持。

（3）将本专利外观设计与对比文件1小柜子灯的下部圆形底面的外观设计相比，二者整体形状及大部分细节设置均相同，二者的区别仅在于：中央的扁圆凸起厚度不同等细微区别。由于上述区别显著细微，故不能对产品的整体视觉效果产生显著影响。而且本专利的小型柜子灯的背面在使用状态下不可见，亦没有吸引一般消费者在购买时予以关注的功能性设置，容易被一般消费者所忽略，故本专利与对比文件后视图的区别不会对产品整体视觉效果产生显著影响，不影响对产品的整体观察、综合判断。达加利公司起诉称消费者在购买时才会区分两者外形的区别，此理由没有事实及法律依据，本院不予支持。

综上，本专利与对比文件1整体形状相似，二者的区别不足以对整体视觉效果产生显著的影响，本专利不符合专利法第23条的规定。被告专利复审委员会作出的第9556号决定认定事实清楚，程序合法，应予维持。依照《中华人民共和国行政诉讼法》第五十四条第（一）项之规定，本院判决如下：

维持被告中华人民共和国国家知识产权局专利复审委员会作出的第9556号无效宣告请求审查决定。

案件受理费 100 元，由原告达加利电器（上海）有限公司负担（已交纳）。

如不服本判决，原告达加利电器（上海）有限公司、被告中华人民共和国国家知识产权局专利复审委员会、第三人温州万丰电器有限公司可在本判决书送达之日起 15 日内，第三人卢萨照明公司可在本判决书送达之日起 30 日内向本院递交上诉状，并按对方当事人人数提交副本，交纳上诉案件受理费 100 元，上诉于北京市高级人民法院。

审　判　长　任　进
代理审判员　邢　军
代理审判员　唐晓君
二〇〇六年十二月十九日
书　记　员　袁　伟

油漆罐

无效宣告请求审查决定（第 9558 号）

决　定　号	第 9558 号
决　定　日	2007 年 3 月 15 日
发明创造名称	油漆罐
外观设计分类号	09-01
无效宣告请求人	广东华润涂料有限公司
专　利　权　人	袁勇章
专　利　号	200430150667.7
申　请　日	2004 年 7 月 26 日
授权公告日	2005 年 12 月 7 日
合议组组长	王晓云
主　审　员	汪送来
参　审　员	孙跃飞
附　　图	1 页
法　律　依　据	专利法第 23 条

决　定　要　点

若本专利产品与相同类别的在先设计产品相比，其形状相同，整体布局及设计风格极为相似，且二者的差别不会对产品的整体视觉效果产生显著的影响，则本专利产品与在先外观设计产品相近似。

一、案由

本无效宣告请求案涉及国家知识产权局于 2005 年 12 月 7 日授权公告的、名称为"油漆罐"的 200430150667.7 号外观设计专利权（下称本专利），其申请日为 2004 年 7 月 26 日，专利权人为袁勇章。

针对上述专利权，广东华润涂料有限公司（下称请求人）于 2006 年 3 月 31 日向专利复审委员会提出无效宣告请求，认为本专利不符合专利法第 23 条的规定，并提交了下述附件作为证据：

附件 1：第 02324866.1 号中国外观设计专利公报复印件共 1 页，其授权公告日为 2002 年 10 月 9 日；

附件 2a：外商投资企业变更核准通知书复印件共 1 页；

附件 2b：中国名牌产品证书复印件共 1 页；

附件 2c：重点高新技术企业证书复印件共 1 页；
附件 2d：广东省著名商标证书复印件共 1 页；
附件 2e：广东省名牌产品证书复印件共 1 页；
附件 3a：衡阳市工商行政管理局当场处罚决定书，工商公处字（2004）第 016 号，复印件共 1 页；
附件 3b：武汉市工商行政管理局东西湖分局责令改正通知书，东工商责改字（2004）第 011 号，复印件共 1 页；
附件 3c：宜昌市工商局伍家岗分局行政处罚决定书，宜市工商伍处字（2005）4 号，复印件共 1 页。

请求人认为，（1）本专利与附件 1 的产品属于同类产品；（2）本专利主视图的上方为"三角形图标"及"润的漆"三个大字，中部为"彩虹撇"图案，下方为两行文字，附件 1 产品的主视图上方为"三角形图标"以及"华润漆"三个大字，中部为独特醒目的油漆刷痕形状的"彩虹撇"图案，彩虹具有丰富的颜色，下方右侧为两行文字，两者不同之处仅在于本专利将"三角形图标"从右边移到左边，把"华润漆"改为"润的漆"，把"彩虹撇"图案转过 90 度布局，但是，两者整体布局、设计风格、字体大小、图形样式都非常相似；（3）本专利申请人有明显的故意模仿行为，"润的漆"的这种"傍名牌"行为已被给予多次行政处罚。综上所述，本专利与附件 1 的外观设计相近似，不符合专利法第 23 条的规定。

经形式审查合格后，专利复审委员会受理了上述请求，于 2006 年 5 月 31 日向双方当事人发出《无效宣告请求受理通知书》，并将《专利权无效宣告请求书》及其附件的副本转送给专利权人，要求其在指定的期限内答复，同时成立合议组对本无效请求案进行审理。

专利权人于 2006 年 7 月 10 日提交了答辩书，专利权人认为，本专利与附件 1 产品相比，（1）"三角形"形状、色彩和摆放位置均不相同；（2）本专利外观设计中的名称为"润的漆"，而附件 1 的产品名称为"华润漆"，两者不同；（3）本专利与附件 1 产品的图形、色彩和摆放位置不同，本专利外观设计中图形较小，色彩从左到右分别由红、橙、黄、绿、青、蓝、紫七种颜色组成一个整体图形，图形位置从上往下是向右倾斜的，而附件 1 产品的图形较大，色彩由红、黄、绿三部分横向色块重叠组成，两者图形的形状也不相同。因此，本专利与附件 1 的外观设计既不相同，也不相近似。

2006 年 12 月 6 日，本案合议组向双方当事人发出《无效宣告请求口头审理通知书》，拟定于 2007 年 1 月 16 日对本专利权的无效宣告请求案进行口头审理，并将专利权人答辩书的副本转送给请求人，要求请求人在口头审理时一并答复。

2007 年 1 月 16 日，口头审理如期进行，双方当事人的代理人出席了口头审理。庭审过程中，合议组就本案的无效理由及证据进行了调查。专利权人对附件 1、附件 2a~2e、附件 3b 的真实性没有异议。请求人没有提供附件 3a 和附件 3c 的原件，专利权人对其真实性不予认可。

至此，合议组认为本案的事实清楚，可以作出审查决定。

二、决定的理由

1. 审查文本

本决定以授权公告的文本为审查基础。

2. 证据

请求人提交的附件 1 为第 02324866.1 号中国外观设计专利公报，专利权人对其真实性没有异议，合议组对其真实性予以确认。附件 1 的授权公告日在本专利申请日之前，其中公开的外观设计属于本专利申请日以前在国内出版物上公开发表的外观设计。

3. 专利法第 23 条

专利法第 23 条规定：授予专利权的外观设计，应当同申请日以前在国内外出版物上公开发表过或者国内公开使用过的外观设计不相同和不相近似，并不得与他人在先取得的合法权利相冲突。

若本专利产品与相同类别的在先设计产品相比，其形状相同，整体布局及设计风格极为相似，且二者的差别不会对产品的整体视觉效果产生显著的影响，则本专利产品与在先外观设计产品相近似。

本专利产品名称为"油漆罐"，附件 1 的产品名称为"包装罐（地板漆）"，二者属于类别相同的产品，因此，附件 1 可以作为在先设计与本专利进行相同、相近似比较。

本专利的授权公告文本共 5 幅视图，即主视图、左视图、右视图、俯视图和立体图。从各幅视图整体观察可以看出，本专利为立体产品，图案设计主要集中在主视图。从主视图观察，本专利产品正面为矩形，在矩形中部醒目位置为一不规则块状油漆刷痕；上部为三行被划掉的文字，从上至下分别为：第一行是一个小图标与一行小文字并列，第二行为近似宋体的三个较大文字，第三行为一行小文字；下部为两行被划掉的小文字。从左、右视图看，侧面主要为被划掉的文字设计，左侧面底部还有一小长方形图标。从俯视图看，顶面整面略下陷，面内约半部分有梯形凸起，中部有提手，另一小半部分有圆形油漆出入口。本专利背面与正面设计相同，底面无设计要点。本专利不要求保护颜色（见本专利附图）。

附件 1 公开的地板漆包装罐包括 6 幅视图，即主视图、左视图、右视图、后视图、俯视图和立体图。从各幅视图整体观察可以看出，附件 1 为立体产品，图案设计主要集中于主视图。从主视图观察，附件 1 产品正面为矩形，在矩形中部醒目位置为一不规则块状油漆刷痕，上部有两行被划掉的文字，分别为：第一行为小字与一个小图标并列，第二行为近似宋体的三个较大文字；油漆刷痕右下角部位有两行被划掉的小文字。从左、右视图看，附件 1 产品左侧面下部有一长方形图案，右侧面下部为被划掉的两个小图标和两行小字。从俯视图看，顶面整体略下陷，左大半部有长方形凸起，中部有提手，右小半部有圆形油漆出入口。从后视图看，背面主要为划掉的文字设计（见附件 1 附图）。

将两者进行对比可知，本专利与附件 1 的产品均为扁长方体形，长、宽、高的比例相同；两产品整体布局和设计风格极为相似，正面中部醒目位置都是不规则块状油漆刷痕图案，该图案的上、下部均有被划掉的文字设计；顶面整体均下陷，主要包括凸起部分、提手和油漆出入口。

两者主要区别在于：（1）正面不规则油漆刷痕图案在具体细节上略不同；（2）本专利产品背面与正面设计相同，而附件 1 产品的背面为说明性文字设计；（3）本专利产品左右两侧面主要为文字设计，而附件 1 产品左右两侧面具有小图标设计。合议组认为，两者正面图案设计的题材均为油漆刷痕，构图方法及表现方式都非常相似，不规则块状油漆刷痕图案的具体细节不容易给一般消费者留有印象，该具体细节的差别对整体视觉效果不具有显著的影响；虽然本专利产品背面与正面相同，但是在其正面和背面任一面均与附件 1 产品正面设计相近似的情况下，由这种背面与正面设计相同而与附件 1 产品构成的差别不会对产品的整体视觉效果产生显著的影响；本专利产品左右两侧面的文字设计与附件 1 产品左右两侧面的小图标在使用状态下均不会被一般消费者特别关注，其差别也不会对产品的整体视觉效果产生显著的影响。

另外，专利权人还指出本专利产品与附件 1 产品图案颜色不同。但是，本专利并没有要求保护色彩，因此颜色的不同对两者相似性判断没有影响。

综上所述，本专利与附件 1 的外观设计产品属于相同的类别，外观设计的形状相同，两产品的整体布局及设计风格极为相似，两者的差别并没有对产品整体视觉效果产生显著的影响，属于相近似的外观设计。因此，本专利相对于附件1不符合专利法第23条的规定。

鉴于采用证据1已经得出上述结论，合议组对请求人提交的其他证据不予评述。

基于以上事实和理由，本案合议组作出如下审查决定。

三、决定

宣告200430150667.7号外观设计专利权无效。

当事人对本决定不服的，可以根据专利法第46条第2款的规定，自收到本决定之日起三个月内向北京市第一中级人民法院起诉。根据该款的规定，一方当事人起诉后，另一方当事人应当作为第三人参加诉讼。

右视图　　主视图　　左视图　　立体图　　俯视图

本专利附图

右视图　　主视图　　左视图

立体图　　后视图　　俯视图

附件1附图

强力胶托板（11）

无效宣告请求审查决定（第9559号）

决 定 号	第9559号
决 定 日	2007年3月15日
发明创造名称	强力胶托板（11）
外观设计分类号	19-08
无效宣告请求人	亨斯迈先进材料（瑞士）有限公司
专 利 权 人	袁宏伟
专 利 号	02368595.6
申 请 日	2002年12月26日
授权公告日	2003年8月13日
合议组组长	钱亦俊
主 审 员	钟 华
参 审 员	李巍巍
附 图	1页

法 律 依 据 专利法第23条、第46条，专利法实施细则第66条

决 定 要 点

在先设计虽然没有公开后视图，但本专利后视图上仅有若干说明性图案和文字，则该后视图不足以对产品的整体视觉效果产生显著的影响。

一、案由

本无效宣告请求涉及的是国家知识产权局于2003年8月13日授权公告的名称为"强力胶托板（11）"的02368595.6号外观设计专利，专利权人为袁宏伟。

针对上述专利权（下称本专利），亨斯迈先进材料（瑞士）有限公司（下称请求人）于2005年8月3日向专利复审委员会提出无效宣告请求，其理由是在本专利申请日前已经有相近似的外观设计在出版物上公开发表过，因此本专利不符合专利法第23条的规定，请求人同时提交了如下附件作为证据：

附件1：1997年《建筑材料与设备指南年鉴》第184页；

附件2：新加坡出版的2001/2002年"GREEN BOOK"复印件6页；

附件3：新加坡出版的2002/2003年"GREEN BOOK"复印件6页；

附件4：广州市第一公共汽车公司巴士车厢外的广告复印件7页，合同复印件共9页，广告刊出

通知书1页；

附件5：1996年11月7日公告的中国第940040号商标注册公告页复印件；

附件6：1993年11月7日公告的中国第676338号商标注册公告页复印件；

附件7：本专利公报复印件。

请求人认为：本专利与附件1所示外观设计完全相同，同时本专利还明显将附件2和附件3中所示他人的在先权利作为主要图案，完全沿袭甚至抄袭了他人已经公开发表或者国内公开使用的外观设计，因此请求专利复审委员会宣告本专利无效。

2005年9月2日，请求人主动提交意见陈述书，补充提交了如下附件（编号续前）：

附件8：1997年《建筑材料与设备指南年鉴》的公证认证件的复印件8页；

附件9：新加坡出版的2001/2002年"GREEN BOOK"的公证认证的复印件10页；

附件10：新加坡出版的2002/2003年"GREEN BOOK"的公证认证件的复印件10页；

附件11：新加坡国立图书委员会证明信函及其公证认证件的复印件、中文译文共10页。

2005年9月16日，请求人再次提交了意见陈述书，补充提交了如下附件（编号续前）：

附件12：新加坡国立图书委员会证明信函及其公证认证件的复印件、中文译文共12页。

2006年6月30日，请求人又提交了意见陈述书，补充提交了如下附件（编号续前）：

附件13：新加坡国立图书委员会证明信函及其公证认证件件的中文译文4页；

附件14：新加坡出版的2001/2002年"GREEN BOOK"的公证认证件的中文译文4页；

附件15：新加坡出版的2002/2003年"GREEN BOOK"的公证认证件的中文译文4页。

经形式审查合格，专利复审委员会依法受理了上述无效宣告请求，并于2006年8月1日将无效宣告请求书及相关文件的副本转给专利权人，要求其在指定的期限内答复。专利权人逾期未进行答复。

专利复审委员会于2006年10月10日向双方当事人发出口头审理通知书，定于2006年11月28日举行口头审理。

口头审理如期举行，双方当事人均有代理人出席了本次口头审理。在口头审理中，请求人当庭提交了上述附件1所属整本书原件和对上述附件8至附件10的原件，提交了上述附件11"新加坡国立图书馆证明信函"的公证认证件的原件。在此基础上，双方当事人进行了充分的意见陈述和辩论。专利权人确认附件1的原件与复印件一致，认为附件1为国内出版物无需办理公证认证手续，对附件1至附件3、附件11的真实性均予以承认，但认为仍需要提交附件2和附件3的原件以核实。请求人认为其指认的附件1上所示外观设计与本专利相近似，附件2和附件3上所示的外观设计与本专利除商标相差一个字母外完全相同，专利权人对此不持异议。

至此，合议组经合议，认为本案事实清楚，依法作出本审查决定。

二、决定的理由

1. 法律依据

专利法第23条规定：授予专利权的外观设计，应当同申请日以前在国内外出版物上公开发表过或者国内公开使用过的外观设计不相同和不相近似，并不得与他人在先取得的合法权利相冲突。

专利法第46条规定：专利复审委员会对宣告专利权无效的请求应当及时审查和作出决定。并通知请求人和专利权人。宣告专利权无效的决定，由国务院专利行政部门登记和公告。

对专利复审委员会宣告专利权无效或者维持专利权的决定不服的，可以自收到通知之日起三个月内向人民法院起诉。人民法院应该通知无效宣告请求程序的对方当事人作为第三人参加诉讼。

专利法实施细则第六十六条规定：在专利复审委员会受理无效宣告请求后，请求人可以在提出无效宣告请求之日起一个月内增加理由或者补充证据。逾期增加理由或者补充证据的，专利复审委员会可以不予考虑。

2. 证据的认定

证据1为1997年《建筑材料与设备指南年鉴》第184页，请求人于2005年9月2日补充提交了附件8即含附件1及其出版信息页的公证认证件的复印件，附件8的提交日是在本无效宣告请求提起日2005年8月3日的一个月内，因此根据专利法实施细则第66条的规定，合议组对该证据予以考虑。

在口头审理中，请求人提交了附件8的原件，还提交了附件1所属的1997年《建筑材料与设备指南年鉴》整本书原件。专利权人确认附件1原件与复印件一致，认为附件1为国内出版物无需公证认证，对其公证认证件附件8的真实性予以承认。因此附件1和附件8的真实性和合法性可以确认，可以作为认定本案事实的依据。

3. 本专利是否符合专利法第23条的规定

根据附件8所附的出版信息页记载，附件1的印刷日为1997年5月。《审查指南》第二部分第三章第2.1.3.1节规定："出版物的印刷日视为公开日，有其他证据证明其公开日的除外。印刷日只写明年月或者年份的，以所写月份的最后一日或者所写年份的12月31日为公开日"。根据上述规定，附件1的公开日视为1997年5月31日，该日期早于本专利申请日2002年12月26日，因此请求人所指认的附件1上记载的外观设计（下称在先设计）可用以评述本专利是否符合专利法第二十三条的规定。

本专利为强力胶托板的外观设计，在先设计也为强力胶托板的外观设计，两者用途相同，因此所属产品的种类相同，可以进行相近似性比较。

本专利为强力胶托板的外观设计，请求保护色彩。本专利整体形状为长方形。主视图的最上端为蓝底长方形横条，其中间有小圆孔，右上角有"90"等白色说明性文字；主视图稍下为白底长方形横条，其上横向排列有"Aroldite"图案；主视图的中下部的左边为蓝色长方形占据了中下部约三分之二空间，右边从上至下排列有三个以蓝色双横线隔开的黄色长方框，长方框内分别有折断桌腿、锤子、断裂的齿轮等白色图案，最下端为蓝底上的黄色、白色说明性文字若干行。后视图上在白底上有若干黑色的说明性图案和文字（详见本专利附图）。

在先设计也为强力胶托板的外观设计，其整体形状为长方形，最上端为蓝底长方形横条，其左边有扁平"凸"字形孔，右上角有"90"等白色、黄色说明性文字；稍下为白底长方形横条，横向排列有"Araldite"商标图案；中下部的左边为蓝色长方形，占据了中下部约三分之二空间，右边从上至下排列有三个以蓝色双横线格开的黄色长方框，长方框内分别有折断桌腿、破裂的壶、断裂的齿轮等图案，最下端为蓝底上的黄色、白色说明性文字若干行。在先设计没有公开后视图（详见在先设计附图）。

将本专利与在先设计相比，两者整体形状相同，主视图的构图及各对应部位的色彩相似，其区别在于：本专利的上部的中间有小圆孔，在先设计没有该小圆孔；在先设计的最上端左边有扁平"凸"字形孔，本专利没有该扁平"凸"字形孔；本专利为"Aroldite"，在先设计相应位置有商标"Araldite"，两者相差一个字母；本专利中下部的左边为蓝色长方形占据了中下部约三分之二空间，在先设计在该位置内装有小牙膏状的强力胶；在先设计没有公开后视图；此外两者的说明性文字略有不同。合议组认为：外观设计的构成要素为形状、图案和色彩，本专利的"Aroldite"与在先设计相应部位的"Araldite"商标仅相差一个字母，应该认定两者相似；从本专利的产品名称和使用状态图看，其在实际使用时是应该装纳有强力胶的，而且在先设计的中下部的左边也为蓝色长方形占据了中下部约三分之二空间，即两者相应部位的图案、色彩是相似的；在先设计虽然没有公开后视图，但本专利后视图上仅有说明性图案和文字，不足以对产品的整体视觉效果产生显著的影响；本专利与在先设计有无小圆孔、有无扁平"凸"字形孔、本专利主视图的中下部左边中间的锤子图案与在先设计相应部位的破裂壶的图案的不同、有无说明性文字的不同均属于局部的细微的区别，在本专利整体形状相同、构图相同、主要图案和各部位色彩均相似的情况下，对于一般消费者而言，上述区别不足以对产品的整体视觉效果产生显著的影响，因此本专利与在先设计相近似，不符合专利法第23条的规定。

鉴于上述评述已经得出本专利不符合外观设计专利授权条件的结论，合议组对请求人提交的其余证据不再予以评述。

三、决定

依据专利法第23条和专利法第46条第1款的规定，宣告02368595.6号外观设计专利权全部无效。

依据专利法第46条第2款的规定，当事人对本决定不服的，自收到本决定之日起三个月内向北京市第一中级人民法院起诉。根据该款的规定，一方当事人起诉后，另一方当事人应当作为第三人参加诉讼。

 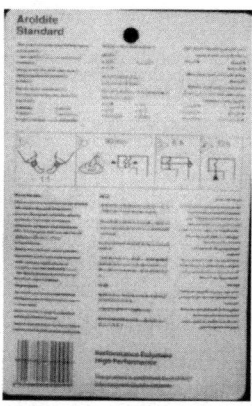

主视图　　　　　　　后视图

使用状态图

本专利附图

在先设计附图

饮料包装罐（红牛维生素）

无效宣告请求审查决定（第 9570 号）

决 定 号	第 9570 号
决 定 日	2007 年 3 月 14 日
发明创造名称	饮料包装罐（红牛维生素）
外观设计分类号	09-03
无效宣告请求人	红牛维他命饮料有限公司
专 利 权 人	中山市珠江饮料厂有限公司
专 利 号	200530057693.X
申 请 日	2005 年 4 月 29 日
授 权 公 告 日	2005 年 11 月 23 日
合 议 组 组 长	赵 明
主 审 员	李广峰
参 审 员	刘瑞斌
附 图	2 页
法 律 依 据	专利法第 23 条

决 定 要 点

如果两项用途相同并均要求保护色彩的外观设计，其形状相同，各个视图中图案和文字的位置关系、各自在视图中所占的大小比例基本相同，底色和文字、图案的颜色相近似，两者在整体视觉上并不能产生明显的差异，那么这两个外观设计属于相近似的外观设计。

一、案由

本无效宣告请求涉及国家知识产权局于 2005 年 11 月 23 日授权公告的、名称为"饮料包装罐（红牛维生素）"的外观设计专利权（下称本专利），其专利号是 200530057693.X，申请日是 2005 年 4 月 29 日，专利权人是中山市珠江饮料厂有限公司。

针对本专利权，红牛维他命饮料有限公司（下称请求人）于 2006 年 1 月 23 日向专利复审委员会提出无效宣告请求，同时提交了如下附件：

附件 1：红牛维他命饮料有限公司与北京汇智英财专利代理事务所签订的专利权无效宣告程序授权委托书；

附件 2：授权公告号为 CN3487233D，授权公告日为 2005 年 11 月 23 日的外观设计授权公告文本，复印件 1 页（本专利）；

附件 3：公开（公告）号为 CN3059022，公开（公告）日为 1997 年 6 月 11 日，名称为"包装罐"的外观设计专利公告文本，复印件，共 8 页；

附件 4：专利复审委员会于 2004 年 2 月 24 日作出的第 5836 号无效宣告请求审查决定，复印件，共 6 页。

与请求人所提交的附件 3 不同的是，在无效宣告请求书的附件清单中记载的附件 3 是公开日为 2005 年 2 月 23 日，公开号为 CN200430067925.5 的专利公报，但未提交该公报。

请求人认为：附件 3 公开了一种包装罐的外观设计，附件 3 与本专利保护的外观设计属于类别相同、形状相同、图案相近似的设计，而附件 3 的公开日期远早于本专利的申请日。因此本专利不符合专利法第 23 条、专利法实施细则第 2 条第 3 款及第 13 条第 1 款的规定，不应当被授予专利权。

经形式审查合格，专利复审委员会依法受理了上述无效宣告请求，并于 2006 年 4 月 18 日向请求人和专利权人发出无效宣告请求受理通知书，随同无效宣告请求受理通知书将专利权无效宣告请求书及其附件清单中所列附件的副本转送给专利权人，并要求专利权人在指定的期限内陈述意见。

专利权人逾期未针对上述无效宣告请求受理通知书进行答复。

专利复审委员会依法成立合议组，并于 2006 年 9 月 14 日向双方当事人发出无效宣告请求口头审理通知书，定于 2006 年 10 月 23 日对上述无效宣告请求进行口头审理。

口头审理如期进行，双方均出席了口头审理。在口头审理过程中，请求人放弃附件 4 作为证据使用，请求人当庭提交了在无效宣告请求书附件清单中记载的附件 3，CN200430067925.5 号外观设计专利（下称附件 3-1）作为证据使用，专利权人对请求人所提交证据的真实性无异议。

至此，合议组认为本案事实已经清楚，现依法作出审查决定。

二、决定的理由

1. 关于证据和现有技术

请求人提交的证据是附件 3 和附件 3-1，专利权人对上述附件的真实性没有异议。合议组经审查后认可附件 3 和附件 3-1 的真实性，并认为虽然请求人没有在请求书中附具附件 3-1 的公开文本，但是请求人在无效宣告请求书中提到了将附件 3-1 作为证据使用，因此可以接受附件 3-1 作为证据使用。同时由于附件 3 与附件 3-1 的公开日期均在本专利的申请日前，因此附件 3 和附件 3-1 均可以用于评价本专利是否符合专利法第 23 条的有关规定。

2. 关于专利法第 23 条

专利法第 23 条规定：授予专利权的外观设计，应当同申请日以前在国内外出版物上公开发表过或者国内公开使用过的外观设计不相同和不相近似，并不得与他人在先取得的合法权利相冲突。

本专利公开了一种饮料包装罐，附件 3-1 也公开了一种饮料包装罐的外观设计图片，因此两者的用途相同，属于同一种类产品，合议组认为可以将上述两个外观设计进行对比以判断两者是否构成相近似。

本专利公开的饮料包装罐外形呈圆柱形，其主视图与后视图相同，图中底色大部分为金黄色，只是在两侧边缘处很窄的一部分为橘黄底色，中上部为被涂覆的两头相对的红色的牛的图案，中下部及下部为被涂覆的黑色文字。本专利左视图中底色大部分为橘黄色，只是在两侧边缘处很窄的一部分为金黄底色，上部有两行被涂覆的斜向黑色文字，中部和下部是被涂覆的黑色文字。本专利右视图与左视图基本相同，只是在中下部偏右侧的位置印有长方形条形码。本专利顶部由俯视图看呈圆形，圆形外周呈现一圈凹槽，圆形中心为拉环的开启点，拉环两侧分别为被涂覆的红色文字和图案。本专利底部由仰视图看为圆形，圆形外周呈现一圈凹槽（详见本专利附图）。

附件 3-1 公开的饮料包装罐外形呈圆柱形，主视图底色为金黄色，中上部为两头相对的红色的牛的图案，中下部分两行印有蓝色的"RedBull"和"红牛"字样，底部为横向的蓝底白字的"维生素功能饮料"字样。后视图中上部为两行倾斜的文字，中下部为被涂覆的黑色文字，其底色为由浅至深的蓝色。底部与上述"维生素功能饮料"字样相对应的位置和方向上是蓝底白字的"Super Vitamin Drink"字样。左右视图的底色主要部分均为金黄色，其中左视图的大部分均为横向被涂覆的黑色文字，右视图的左侧为被涂覆的竖向黑色文字，右侧为被涂覆的长方形条形码。本专利顶部由俯视图看呈圆形，圆形外周呈现一圈凹槽，圆形中心为拉环的开启点，拉环的左右两侧有被涂覆的红色文字和图案（详见附件3-1附图）。

本外观设计专利请求保护色彩，因此判断其与附件3-1是否构成相近似时，应将其形状、图案和色彩与附件3-1的相应要素进行比较。本专利与附件3-1相比均为饮料包装罐，其外形均采用圆柱形设计，主视图底色均采用大量金黄色，主视图中图案与文字的位置关系、各自在视图中所占的大小比例基本相同，左右视图中的文字及条形码的位置关系，排列方向基本相同，俯视图中拉环的形状和位置完全相同。本专利与附件3-1所不同的是本专利主后视图与左右视图的底色分别为金黄色和橘黄色，而附件3-1中主视图与左右视图的底色为金黄色，后视图中下部的底色为由浅至深的蓝色；本专利主、后视图中的文字为黑色和蓝色，附件3-1中相应部分的文字为蓝色；本专利主、后、左、右视图中的底部均没有如附件3-1中的横向蓝底色字条，附件3-1的后视图中上部为两行斜向文字，本专利在左右视图上部为两行斜向文字。

合议组认为，本专利与附件3-1相比形状相同，底色相近似，各个视图中图案与文字的位置关系、各自在视图中所占的大小比例基本相同，两者之间的区别只是局部细微的差别，这种差别在整体视觉上并不能产生明显的差异，一般消费者很容易将本专利与附件3-1相混淆，因此本专利与附件3-1属于相近似的外观设计，不符合专利法第23条的规定。

鉴于上述分析已经得出本专利不符合专利法第23条规定的结论，因此本决定对请求人提出的其他理由不作评述。

依据上述事实和理由，现作出如下审查决定。

三、决定

宣告200530057693.X号外观设计专利权无效。

当事人对本决定不服的，可以根据专利法第46条第2款的规定，自收到本决定之日起三个月内向北京市第一中级人民法院起诉。根据该款的规定，一方当事人起诉后，另一方当事人应当作为第三人参加诉讼。

主视图

后视图

左视图

右视图

俯视图

仰视图

立体图

本专利

俯视图 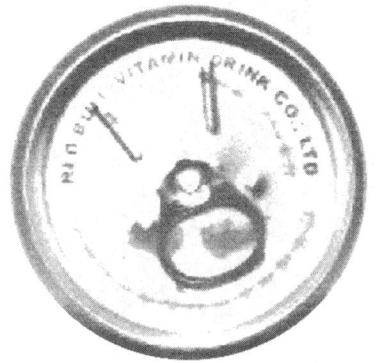 后视图  立体图

右视图  主视图  左视图

对比文件（附件3-1）

润滑油瓶

无效宣告请求审查决定（第9573号）

决 定 号	第9573号
决 定 日	2007年3月12日
发明创造名称	润滑油瓶
外观设计分类号	09-01
无效宣告请求人	北京统一石油化工有限公司
专 利 权 人	左国正
申 请 号	200530057526.5
申 请 日	2005年4月27日
授权公告日	2006年3月15日
合议组组长	柴爱军
主 审 员	侯秋霞
参 审 员	吴红权
附 图	2页

法律依据 专利法第23条

决定要点

在外观设计专利相同或相近似的判断中，如果一般消费者经过对被比设计与在先设计的整体观察可以看出，二者的差别对于产品外观设计的整体视觉效果不具有显著的影响，则被比设计与在先设计相近似。

一、案由

本无效宣告请求案涉及国家知识产权局于2006年3月15日授权公告的、名称为"润滑油瓶"的200530057526.5号外观设计专利权（下称本专利），其申请日为2005年4月27日，专利权人为左国正。

针对上述专利权，北京统一石油化工有限公司（下称请求人）于2006年7月5日向专利复审委员会提出无效宣告请求。请求人提交了证据1：

证据1：第00306809.9号、名称为"塑桶（3）"的中国外观设计专利公报，该专利的授权公告日为2000年10月18日。

请求人认为：本专利和证据1的外观设计产品均为盛液体用的包装桶，并且两者产品整体构思及造型相似，因此本专利与证据1所示的外观设计相近似，因此其不符合专利法第23条的规定。

经形式审查合格后,专利复审委员会受理了上述请求,于2006年8月10日向双方当事人发出《无效宣告请求受理通知书》,并将《专利权无效宣告请求书》及其附件清单中所列附件的副本转送给专利权人,要求其在指定期限内答复,同时成立合议组对本无效宣告请求案进行审查。

针对上述《专利权无效宣告请求书》,专利权人未提交意见陈述。

2006年11月1日,专利复审委员会本案合议组向双方当事人发出《合议组成员告知通知书》,告知双方当事人如对本案合议组成员有回避请求,请于收到本通知书之日起7日内提交书面的请求书。双方当事人至本决定作出时未提出回避请求。

经合议,合议组认为本案事实清楚,可以作出审查决定。

二、决定的理由

1. 法律依据

基于请求人提出的无效宣告请求所依据的事实和理由,合议组对本专利是否符合专利法第23条的规定进行审查。

专利法第23条规定:授予专利权的外观设计,应当同申请日以前在国内外出版物上公开发表过或者国内公开使用过的外观设计不相同和不相近似,并不得与他人在先取得的合法权利相冲突。

2. 证据和事实的认定

请求人提交的证据1,是2000年10月18日授权公告的第00306809.9号中国外观设计专利公报。经合议组核实,该证据所示内容与原件一致,确系在本专利申请日(2005年4月27日)以前公开的中国外观设计专利公报,属于中国专利法第23条所规定的公开出版物,适用于本案,下称证据1为对比文件。

本专利公开了一款润滑油瓶的外观视图。从图片上观察,本专利产品主要由瓶盖、瓶体和把手组成的扁形桶(从仰视图看桶体的形状为长度是宽度约2倍的近似长方形),桶的主要设计位于主视图和后视图所示的面上,上述两面上的设计为对称的设计。从主视图上看,桶体为类似鸡蛋形的不规则形状,其左、右端线条皆为弧形,左右端线条在瓶盖处汇合;桶体右侧从上下端各有两条呈放射状的微凹装饰条,中部有四个微凹装饰点;桶体右侧中部向内凹陷成一近似长方形的空洞和空洞右侧的光滑支撑立柱,空洞和支撑立柱构成了把手部分;桶体左侧下端向内倾斜形成一与底面和侧面分别相交的斜面(详见本专利附图)。

合议组认为:本专利和对比文件都为桶的外观设计,二者属于相同种类的物品,具有可比性。

对比文件公开了一款塑料桶的外观视图。从图片上观察,其产品为主要由瓶盖、瓶体和把手组成的扁形桶(从仰视图看桶体的形状为长度是宽度约2倍的近似长方形),桶的主要设计位于主视图和后视图所示的面上,上述两面上的设计为对称的设计。从主视图上看,桶体为类似鸡蛋形的不规则形状,其左、右端线条皆为弧形,左右端线条在瓶盖处汇合;桶体右侧中部向内凹陷成一近似长方形的空洞和空洞右侧的光滑支撑立柱,空洞和支撑立柱构成了把手部分;桶体右侧把手部分上部有两条微凹装饰条,下部有四条微凹装饰条;桶体左侧下端向内倾斜形成一与底面和侧面分别相交的斜面(详见对比文件附图)。

将本专利与对比文件相比较,二者桶体形状、把手形状、瓶盖均相近似,整体形状也相近似。两者主要不同点为:(1)本专利桶体主视图左侧线条的弧度小于对比文件桶体主视图左侧线条的弧度;(2)本专利桶体主视图右侧有四个微凹装饰条,对比文件桶体主视图右侧有六个微凹装饰条;(3)本专利桶体中部有四个微凹装饰点,对比文件无此设计。对此,合议组认为:区别(1)虽然使对比文件产品比本专利产品左侧略大,但该区别并不足以使消费者区分两种产品;区别(2)和(3)则属于局部细微差别。本专利和对比文件产品的区别在整体视觉效果上对二者的整体外观设计不具有显著的影响；本专利和对比文件无论是在整体形状还是在各个主要部件的形状及连接等方面均采用了基本相同的设计，使二者的整体外观设计产生了混同的视觉印象，足以导致一般消费者对二者的整体外观设计产生混淆和误认，因此二者应属于相近似的外观设计。

综上所述，在本专利申请日以前已有与其相近似的外观设计在出版物上公开发表过，本专利不符合专利法第 23 条的规定。

基于以上事实和理由，本案合议组作出如下审查决定。

三、决定

宣告 200530057526.5 号外观设计专利权无效。

当事人对本决定不服的，可以根据专利法第 46 条第 2 款的规定，自收到本决定之日起三个月内向北京市第一中级人民法院起诉。根据该款的规定，一方当事人起诉后，另一方当事人应当作为第三人参加诉讼。

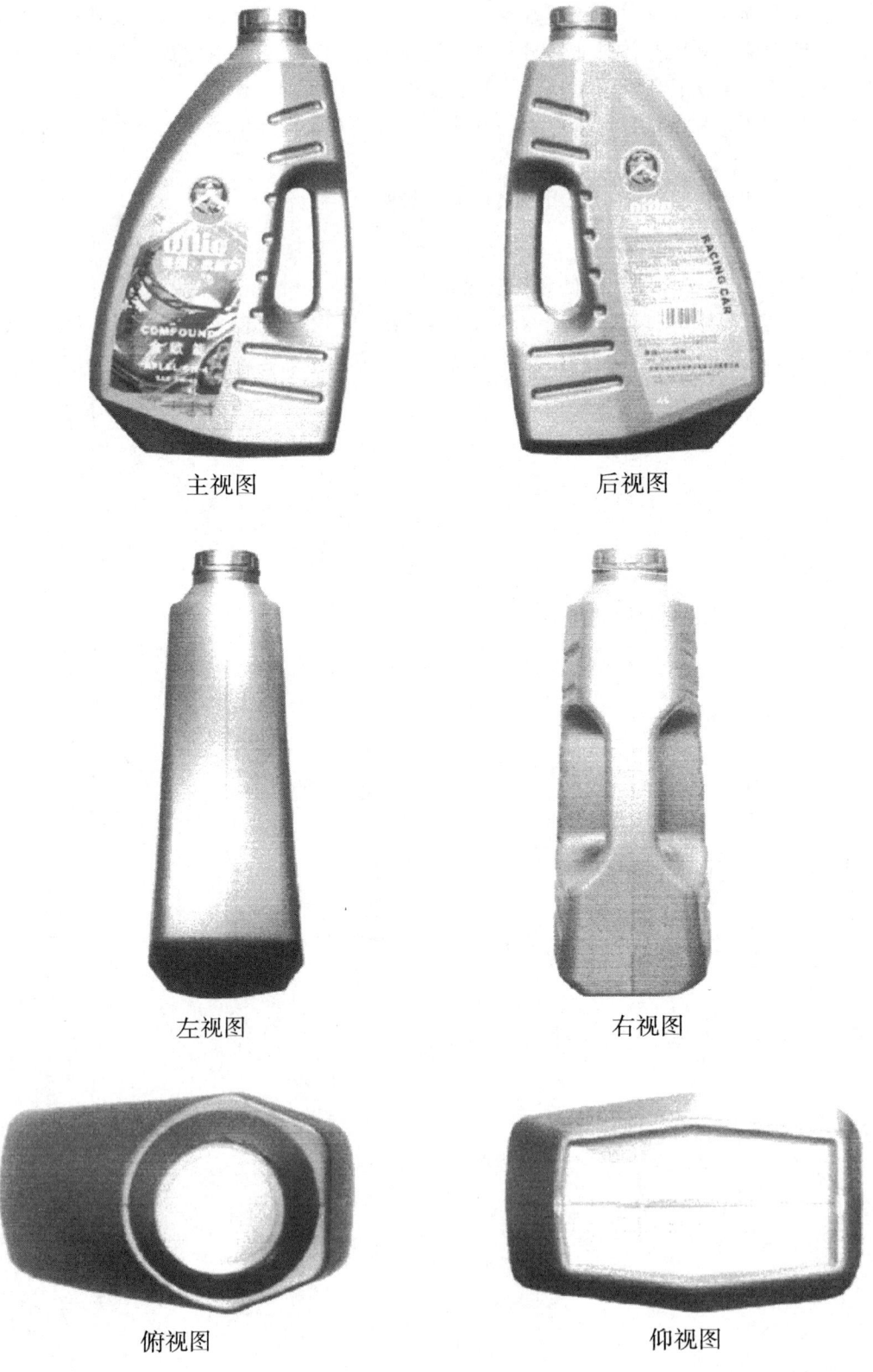

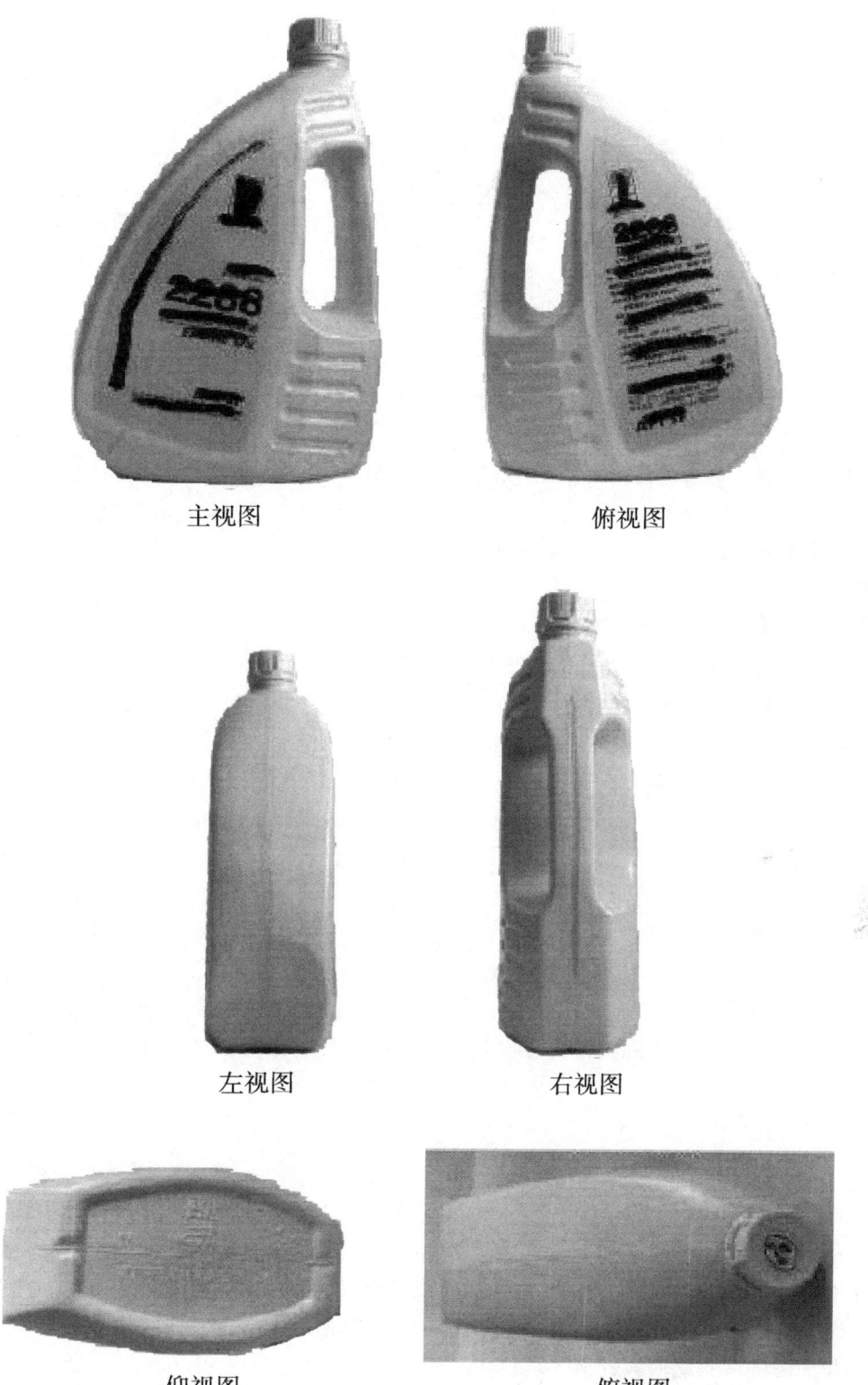

主视图　　　　　　　　俯视图

左视图　　　　　　　　右视图

仰视图　　　　　　　　俯视图

对比文件附图

润滑油瓶

无效宣告请求审查决定（第9574号）

决 定 号	第9574号
决 定 日	2007年3月12日
发明创造名称	润滑油瓶
外观设计分类号	09-02
无效宣告请求人	北京统一石油化工有限公司
专 利 权 人	唐 莹
申 请 号	200530062170.4
申 请 日	2005年6月27日
授权公告日	2006年4月12日
合议组组长	柴爱军
主 审 员	侯秋霞
参 审 员	吴红权
附 图	2页
法 律 依 据	专利法第23条

决 定 要 点

在外观设计专利相同或相近似的判断中，如果一般消费者经过对被比设计与在先设计的整体观察可以看出，二者的差别对于产品外观设计的整体视觉效果不具有显著的影响，则被比设计与在先设计相近似。

一、案由

本无效宣告请求案涉及国家知识产权局于2006年4月12日授权公告的、名称为"润滑油瓶"的200530062170.4号外观设计专利权（下称本专利），其申请日为2005年6月27日，专利权人为唐莹。

针对上述专利权，北京统一石油化工有限公司（下称请求人）于2006年7月5日向专利复审委员会提出无效宣告请求。请求人提交了证据1：

证据1：第200430003806.3号、名称为"塑桶（37）"的中国外观设计专利公报，该专利的授权公告日为2004年9月1日。

请求人认为：本专利和证据1的外观设计产品均为盛液体用的塑料包装桶，并且两者产品整体构思及造型相似，因此本专利与证据1所示的外观设计相近似，因此其不符合专利法第23条的规定。

经形式审查合格后，专利复审委员会受理了上述请求，于2006年8月10日向双方当事人发出

《无效宣告请求受理通知书》，并将《专利权无效宣告请求书》及其附件清单中所列附件的副本转送给专利权人，要求其在指定期限内答复，同时成立合议组对本无效宣告请求案进行审查。

针对上述《专利权无效宣告请求书》，专利权人未提交意见陈述。

2006年11月1日，专利复审委员会本案合议组向双方当事人发出《合议组成员告知通知书》，告知双方当事人如对本案合议组成员有回避请求，请于收到本通知书之日起7日内提交书面的请求书。双方当事人至本决定作出时未提出回避请求。

经合议，合议组认为本案事实清楚，可以作出审查决定。

二、决定的理由

1. 法律依据

基于请求人提出的无效宣告请求所依据的事实和理由，合议组对本专利是否符合专利法第23条的规定进行审查。

专利法第23条规定：授予专利权的外观设计，应当同申请日以前在国内外出版物上公开发表过或者国内公开使用过的外观设计不相同和不相近似，并不得与他人在先取得的合法权利相冲突。

2. 证据和事实的认定

请求人提交的证据1是2004年9月1日授权公告的200430003806.3号、名称为"塑桶（37）"的中国外观设计专利公报。经合议组核实，该证据所示内容与原件一致，确系在本专利申请日（2005年6月27日）以前公开的中国外观设计专利公报，属于专利法第23条所规定的公开出版物，适用于本案，下称证据1为对比文件。

本专利公开了一款润滑油瓶的外观视图。从图片上观察，本专利产品主视图的面为近似梯形、底面为长方形的桶；桶的主要设计位于主视图和后视图的面上，上述两面上的设计为对称的设计。从主视图上可以看出，桶体为近似梯形，桶体的上端面为梯形的斜边，桶体的左侧面为弧度较小的弧形面；桶体的左侧面和上端面相交处桶体延伸形成了圆形的桶口（没有桶盖）；桶体的上部形成有提手部，其由桶体向内凹陷所形成的凹槽构成，凹槽的两边平行于上端面，凹槽内为磨砂状表面；在提手部的下方形成有形状如桶体（近似梯形）的微凹装饰面（详见本专利附图）。

对比文件公开了一款塑料桶的外观视图。从图片上观察，其产品为主视图的面为近似梯形、底面为长方形的桶；桶的主要设计位于主视图和后视图的面上，上述两面上的设计为对称的设计。从主视图上可以看出，桶体为近似梯形，桶体的上端面为梯形的斜边，桶体的左侧面为弧度较小的弧形面；桶体的左侧面和上端面相交处桶体延伸形成了圆形的桶口，桶口上带有桶盖；桶体的上部形成有提手部，其由桶体向内凹陷所形成的凹槽构成，凹槽的两边平行于上端面（详见对比文件附图）。

合议组认为：本专利和对比文件都为桶的外观设计，二者属于相同种类的物品，具有可比性。

将本专利与对比文件相比较，二者桶体形状、提手形状、桶口形状均相近似，整体形状也相近似。两者主要不同点为：（1）本专利桶体上没有桶盖，对比文件桶体上有桶盖；（2）本专利桶体提手凹槽部分为磨砂表面，对比文件桶体提手凹槽为光滑表面；（3）本专利桶体在提手部下方有一微凹装饰面，对比文件桶体表面没有微凹装饰面。对此，合议组认为：在包装桶桶体形状和提手形状极为相近似的情况下，包装桶上是否有桶盖，以及提手部分表面是否光滑，桶体表面是否有微凹装饰面属于局部细微的差异，二者的这些细微差别对于产品外观设计的整体视觉效果不具有显著的影响。普通消费者施以一般的注意力，是不会注意到这些细微区别的，极易将二者混同，因此二者应属于相近似的外观设计。

综上所述，在本专利申请日以前已有与其相近似的外观设计在出版物上公开发表过，本专利不符合专利法第23条的规定。

基于以上事实和理由，本案合议组作出如下审查决定。

三、决定

宣告200530062170.4号外观设计专利权无效。

当事人对本决定不服的，可以根据专利法第46条第2款的规定，自收到本决定之日起三个月内向北京市第一中级人民法院起诉。根据该款的规定，一方当事人起诉后，另一方当事人应当作为第三人参加诉讼。

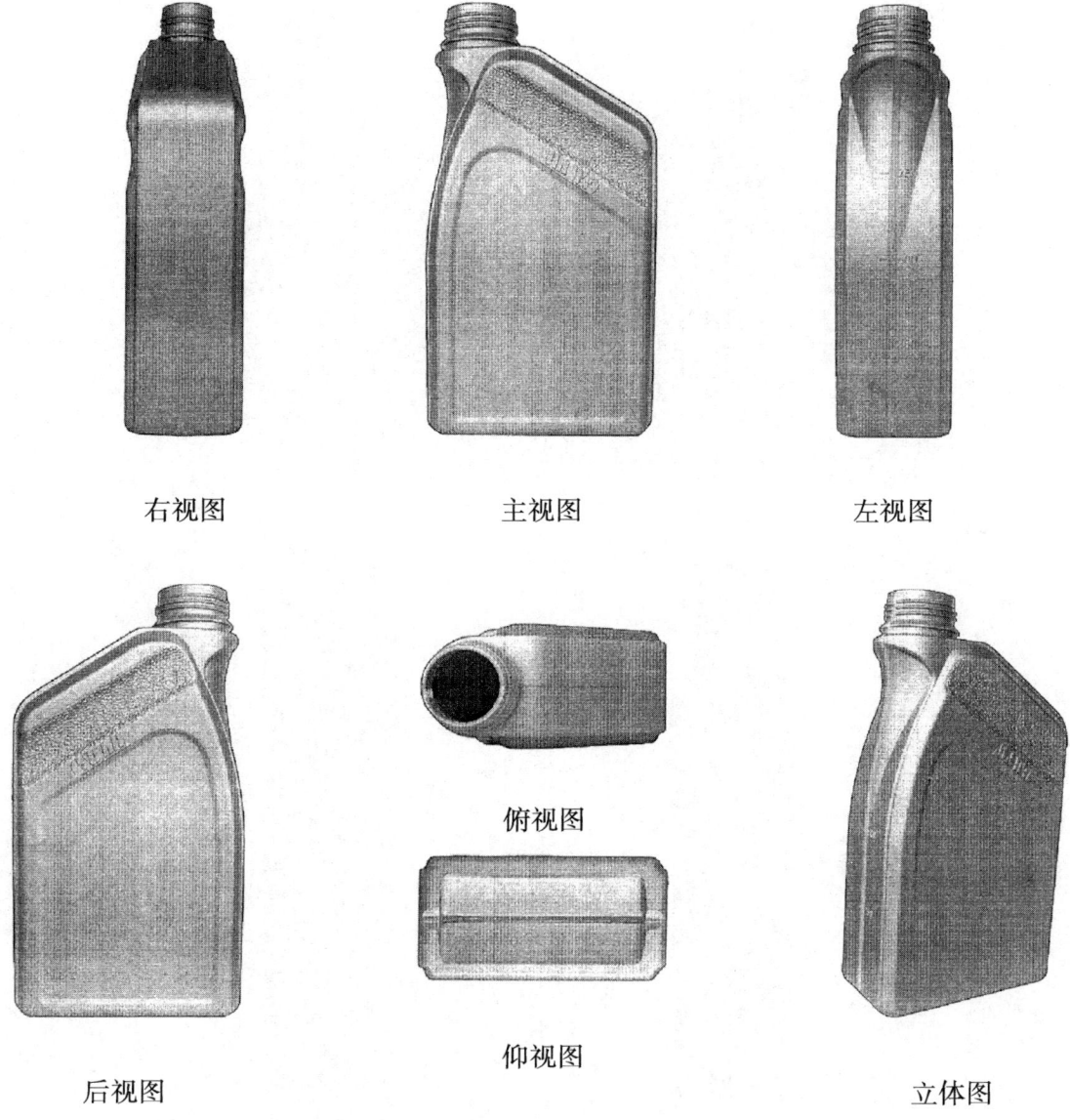

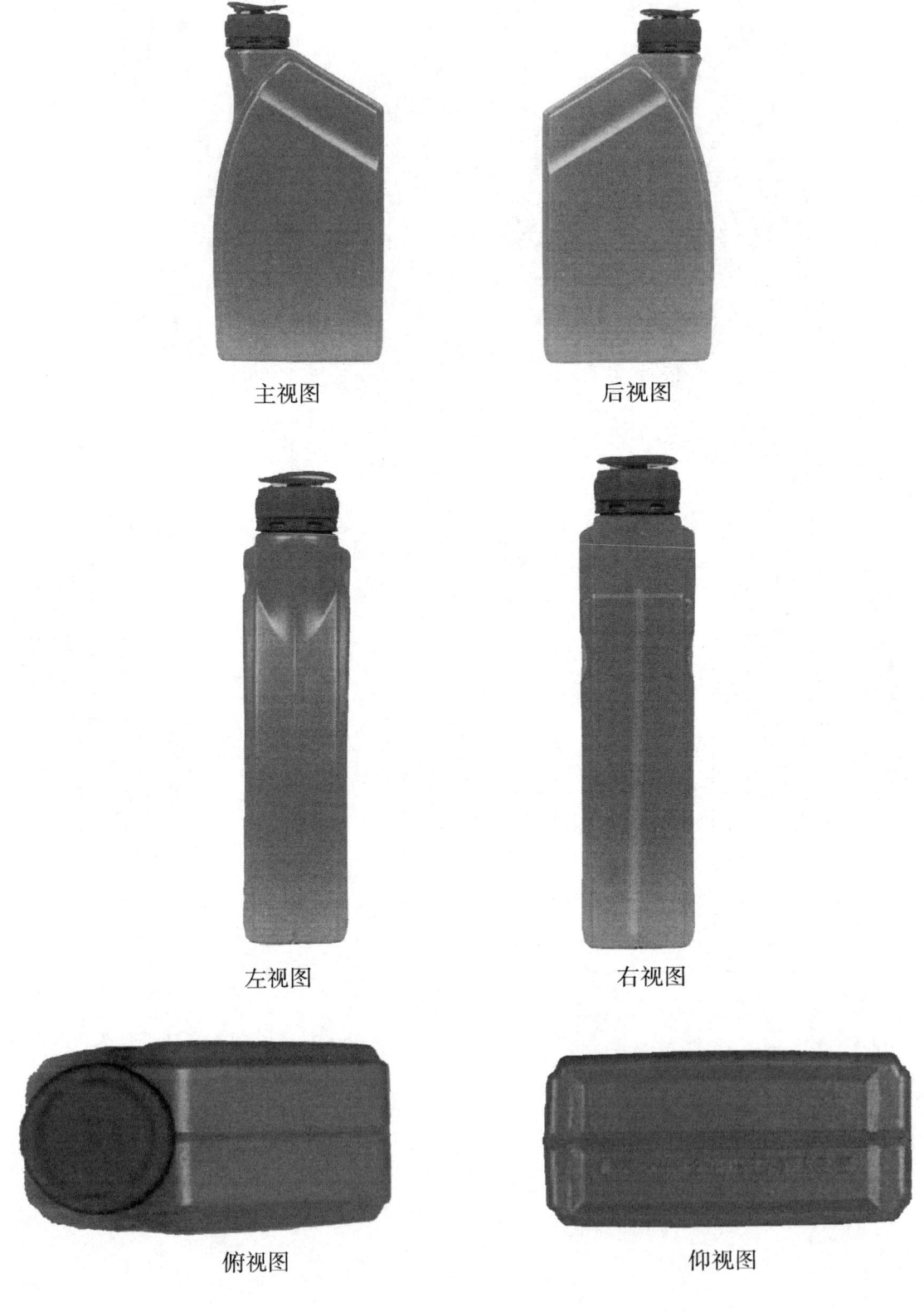

对比文件附图

立式胶体磨

无效宣告请求审查决定（第 9576 号）

决 定 号	第 9576 号
决 定 日	2007 年 3 月 19 日
发明创造名称	立式胶体磨
外观设计分类号	15-09
无效宣告请求人	温州市豪龙胶体磨厂
专 利 权 人	杨剑英
专 利 号	200330112297.3
申 请 日	2003 年 11 月 18 日
授 权 公 告 日	2004 年 6 月 9 日
合议组组长	崔 峥
主 审 员	陈海平
参 审 员	宋鸣镝
附 图	1 页

法 律 依 据 专利法第 23 条

决 定 要 点

在外观设计专利与同类产品的在先外观设计之间仅存在有局部差异时，如果该局部差异不足以使一般消费者从整体视觉上清楚地将它们区分成两种不同造型的产品，则二者属于相近似的外观设计。

一、案由

本无效宣告请求涉及的是国家知识产权局于 2004 年 6 月 9 日授权公告的，专利号为 200330112297.3，名称为"立式胶体磨"的外观设计专利（下称本专利），该专利的申请日为 2003 年 11 月 18 日，专利权人为杨剑英。

温州市豪龙胶体磨厂（下称请求人）针对本专利于 2006 年 2 月 23 日向国家知识产权局专利复审委员会提出了无效宣告请求，请求宣告本专利全部无效，其理由是本专利不符合专利法第 23 条的规定，请求人同时提交了如下附件作为证据：

附件 1：中国轻工业出版社出版、1997 年 1 月第 1 版第 2 次印刷的《现代果蔬汁加工工艺学》相关页复印件，共 7 页；

附件 2：温州市电信分公司编印的"温州市电话号簿"（2000/2001）相关页复印件，共 4 页；

附件 3：温州市电信分公司编印的"温州市电话号簿"（2001/2002）相关页复印件，共 4 页；

附件4：期刊《食品工业科技》2002年第10期相关页复印件，共4页；
附件5：期刊《食品工业科技》2003年第4期相关页复印件，共6页；
附件6：期刊《食品工业科技》2003年第5期相关页复印件，共6页。

经审查，上述无效宣告请求符合专利法及其实施细则规定的形式要求，专利复审委员会予以受理，于2006年2月27日向请求人和专利权人发出了无效宣告请求受理通知书，并将上述无效宣告请求书及附件副本转给了专利权人，要求专利权人在指定期限内进行意见陈述。

专利权人于2006年3月23日针对上述无效宣告请求提交了意见陈述书，专利权人认为本专利符合专利法第23条的规定。

请求人于2006年3月23日提交了附有下述补充证据的意见陈述书：

补充证据1：温州市邮电局编印的"96温州电话号簿"相关页复印件，共5页；

补充证据2：温州市电信分公司编印的"温州市电话号簿"（2000/2001）相关页复印件，共6页（其中4页同上述附件2）；

补充证据3：中华书局2002年8月第1版第一次印刷"2002温州年鉴"相关页复印件，共6页；

补充证据4：2006年3月7日温州市胶体磨厂出具的"证明"复印件1页；

补充证据5："非公司企业法人基本情况"（涉及温州市胶体磨厂）复印件1页；

补充证据6：温州市胶体磨厂"JM胶体磨系列"广告页复印件2页；

补充证据7：2006年3月7日温州市鹿城乳化机械公司出具的"证明"复印件1页；

补充证据8："非公司企业法人基本情况"（涉及温州市鹿城乳化机械公司）复印件1页；

补充证据9：温州市鹿城乳化机械公司"唯力机械"广告宣传页复印件，共4页；

补充证据10：温州市鹿城乳化机械公司"JM-L系列胶体磨使用说明书"复印件，共6页；

补充证据11：浙江省温州市工业企业统一发票和浙江增值税专用发票复印件各1页；

补充证据12：温州市豪龙胶体磨厂"胶体磨JM-F/L系列使用说明书"复印件，共6页；

补充证据13：浙江增值税专用发票复印件，共7页；

补充证据14：中华人民共和国浙江省温州市龙湾区公证处出具的（2006）浙温龙公字第1477号公证书复印件，共10页；

补充证据15：期刊《食品与机械》2002年第5期相关页复印件，共4页；

补充证据16：中国轻工业出版社2000年9月第1版第1次印刷《食品加工机械与设备》相关页（共11页）复印件（合并复印为6页）；

补充证据17：机械工业出版社2002年3月第1版第1次印刷《农副产品加工与食品机械》复印件，共6页；

补充证据18：中国轻工业出版社2000年3月第1版第1次印刷《食品加工技术装备》相关页复印件，共7页。

请求人认为上述补充证据可以证明本专利不符合专利法第23条的规定。

专利复审委员会本案合议组于2006年8月24日向请求人及专利权人发出了口头审理通知书，定于2006年10月23日在专利复审委员会举行口头审理，同时将上述请求人于2006年3月23日提交的意见陈述书及所附补充证据的副本转给专利权人，将上述专利权人于2006年3月23日提交的意见陈述书转给请求人。

口头审理按期举行，双方当事人出席了本次口头审理。

专利权人对请求人提供的证据即上述附件1~6及补充证据1~18的真实性与关联性无异议。双方当事人对本案的事实和理由进行了陈述和辩论。

在上述工作的基础上，本案合议组经过合议，认为本案的事实已经清楚，可以作出审查决定。

二、决定的理由

基于请求人提出的无效宣告请求的理由和提供的证据，本案合议组依据专利法第 23 条的规定对本案进行审理。

专利法第 23 条规定：授予专利权的外观设计，应当同申请日以前在国内外出版物上公开发表过或者国内公开使用过的外观设计不相同和不相近似，并不得与他人在先取得的合法权利相冲突。

合议组选用请求人提交的补充证据 15 即期刊《食品与机械》2002 年第 5 期广告页中所刊登的"JM 系列胶体磨（精品）"外观照片作为本案的对比外观设计；该证据公开于本专利的申请日之前，专利权人已对该证据本身的真实性与关联性予以认可。

下面合议组将本专利与对比外观设计进行比较：

本专利的"立式胶体磨"以 7 幅视图（主视图、后视图、右视图、左视图、仰视图、俯视图、立体图）的形式公开了该胶体磨的外观。其中可见：

该胶体磨的主体外形依竖直轴线旋转对称；

其上部进料斗部分呈倒圆锥形；

其中部磨体部分呈圆柱形，磨体上端有调节环、下端有盘形座；

其下部为电机外壳部分呈圆柱形，其上下端各有一基本等径的盘形座；

另有若干配件如：相对设置的调节环手柄；胶体磨的出料管及回流管；电机接线盒等（详见本专利附图）。

对比外观设计中显示了一种立式胶体磨的正面视图（相当于本专利的主视图），其中可见：

该胶体磨的主体外形依竖直轴线旋转对称；

其上部进料斗部分呈倒圆锥形；

其中部磨体部分呈圆柱形，磨体上端有调节环、下端有盘形座；

其下部为电机外壳部分呈圆柱形，其下端有盘形座；

另有若干配件如：相对设置的调节环手柄；胶体磨的出料管及回流管等（详见对比外观设计图）。

合议组的意见如下：

虽然对比外观设计只有一个对应于本专利主视图的视图，但是由于所反映的胶体磨主体形状是旋转对称的，故该对比外观设计视图即可以反映出所示胶体磨的外观的整体造型。

将本专利与对比外观设计相对比，可以看出两者的整体轮廓是彼此相似的。虽然两者之间也具有一些细部差异，例如：对比外观设计中没有示出电机接线盒；电机外壳上端没有与下端盘形座基本等径的盘形座；本专利的调节环手柄以近似水平的方向伸出而对比外观设计的手柄向上扬起并具有球状头等。但根据整体观察、综合判断的原则，在对本案所涉及的胶体磨类产品之间进行相近似性判断时，应重点观察其总体形状。而在本案中，本专利与对比外观设计的胶体磨外观的总体形状是相似的；虽然两者间在局部如前文所述还存在有一些细部区别，但相对于两者的产品整体造型而言，这些区别不足以使得二产品外观形状出现整体显著差异，即其对于胶体磨的整体视觉效果不具有显著的影响。因此，合议组认为，本专利与对比外观设计属于相近似的外观设计。

综上所述，本专利与申请日以前公开发表的外观设计相近似。因此，本专利不符合专利法第 23 条的规定。

鉴于本决定已在请求人提交的证据之一的基础上作出结论，故对请求人所提交的其他证据不再予以评述。

三、决定

宣告 200330112297.3 号外观设计专利权全部无效。

当事人对本决定不服的，可以根据专利法第 46 条第 2 款的规定，自收到本决定之日起三个月内向北京市第一中级人民法院起诉。根据该款的规定，一方当事人起诉后，另一方当事人应当作为第三人参加诉讼。

JM 系列胶体磨（精品）
对比外观设计图

手　柄

无效宣告请求审查决定（第 9577 号）

决　定　号	第 9577 号
决　定　日	2007 年 3 月 19 日
发明创造名称	手　柄
外观设计分类号	07-02
无效宣告请求人	泰斯科玛有限公司
专　利　权　人	吕恩明
专　利　号	200530104323.7
申　请　日	2005 年 3 月 14 日
授权公告日	2005 年 12 月 21 日
合议组组长	徐清平
主　审　员	钟　华
参　审　员	张雪飞
附　图	2 页

法　律　依　据　专利法第 23 条、第 46 条
决　定　要　点

香港外观设计申请文件副本上记载有记入香港外观设计注册记录册日期，由于公众可以通过查阅注册记录册得到外观设计申请文件的信息，因此香港外观设计申请文件的信息在记入注册记录册起即处于为公众所知的状态，该日期为上述外观设计的公开日期。

一、案由

本无效宣告请求涉及国家知识产权局于 2005 年 12 月 21 日授权公告的名称为"手柄"的 200530104323.7 号的外观设计专利（下称本专利），其申请日为 2005 年 3 月 14 日，专利权人为吕恩明。

针对本专利，泰斯科玛有限公司（下称请求人）于 2006 年 7 月 25 日向专利复审委员会提出无效宣告请求，其理由是在本专利申请日前已经有相近似的外观设计在出版物上公开发表过和公开销售过，因此本专利不符合专利法第 23 条的规定，请求人同时提交如下附件作为证据：

附件 1：香港 0410976.5 号外观设计申请文件副本、证明的复印件和相关译文共计 7 页；
附件 2：《TESCOMA-NOVINKY-NEW 2/2004》复印件共 20 页；
附件 3：《ZBOZI PRODEJ》复印件共 3 页；

附件4：《TESKOMA》复印件2页；

附件5：《TESCOMA 1.10-31.10.2004》复印件1页；

附件6：附件2~5的捷克外交部公证书及中国驻捷克大使馆的认证书复印件及中文译文共15页。

经形式审查合格，专利复审委员会依法受理了上述无效宣告请求，并于2006年9月6日将无效宣告请求书及相关文件的副本转给专利权人，要求其在指定的期限内答复。专利权人逾期未陈述意见。

专利复审委员会于2006年11月7日向双方当事人发出口头审理通知书，定于2006年12月20日举行口头审理。

口头审理如期举行，请求人委托代理人李平参加本次口头审理，专利权人缺席本次口头审理。在口头审理中，请求人提交了附件1至附件6的原件，坚持认为附件1至附件5上所记载的外观设计已经在本专利申请日前公开发表过并且公开使用，且与本专利完全相同，因此本专利不符合专利法第23条的规定。

至此，合议组认为本案事实已经调查清楚，可以作出如下审查决定。

二、决定的理由

1. 法律依据

专利法第23条规定：授予专利权的外观设计，应当同申请日以前在国内外出版物上公开发表过或者国内公开使用过的外观设计不相同和不相近似，并不得与他人在先取得的合法权利相冲突。

专利法第46条规定：专利复审委员会对宣告专利权无效的请求应当及时审查和作出决定，并通知请求人和专利权人。宣告专利权无效的决定，由国务院专利行政部门登记和公告。

对专利复审委员会宣告专利权无效或者维持专利权的决定不服的，可以自收到通知之日起3个月内向人民法院起诉。人民法院应当通知无效宣告请求程序的对方当事人作为第三人参加诉讼。

2. 证据的认定

证据1为香港0410976.5号外观设计申请文件副本及其证明，请求人在口头审理中提交了证据1的原件，经合议组核实，证据1的原件与复印件相符。证据1中包含有香港特别行政区政府知识产权署外观设计注册处知识产权检查官LAM，Ka‐Yuk于2006年1月19日出具的证明，其证明内容的中文译文为"本人在此证明所附文件是与设计注册号0410976.5相关的设计注册簿条目的真实副本，该设计的注册日期是2004年5月7日。除非另有更新，注册日期将于2009年5月6日结束。"因此证据1所附的香港0410976.5号外观设计申请文件副本的真实性应予确认，可以作为认定本案事实的依据。

该香港0410976.5号外观设计申请文件副本上显示其记入注册记录册日期为2004年7月2日，该日期早于本专利申请日2005年3月14日。由于公众可以通过注册记录册查阅到外观设计申请文件的信息，因此0410976.5号外观设计申请文件的信息在记入注册记录册起即处于为公众所知的状态，即该外观设计构成能用以评述本专利是否符合专利法第23条的规定的在先设计（下称在先设计）。

3. 本专利是否符合专利法第23条的规定

本专利为一种手柄的外观设计，在先设计公开了一种手柄的外观设计，两者所属产品的种类相同，因此可以进行相近似性比较。

本专利为手柄的外观设计，整体形状近似扁平的梭形，但尾端较平滑。中段的中央部位、尾端、顶端有较深的镶嵌体。中段的中央部位呈略凹的梭形，前端中空形成扇形挂孔。接近尾端的正反面各排列有两排共六个小凸点（详见本专利附图）。

在先设计也为手柄的外观设计，整体形状近似扁平的梭形，但尾端较平滑。中段的中央部位为略凹的梭形，靠近尾端有一条弧形分割线，前端中空形成扇形挂孔。前端、尾端沿纵向各有一条分割线，中段的外围两侧各有两条斜向分割线。接近尾端处排列凸出的字母标记（详见在先设计附图）。

将本专利与在先设计比较，两者的整体形状相似，前端、中段、尾端的形状均相似。其不同之处在于：本专利的中段的中央部位、尾端、顶端有较深的镶嵌体，在先设计没有镶嵌体。本专利没有分割线条，在先设计各部位有若干分割线。本专利的尾端排列有小凸点，在先设计的尾端排列有字母标记。对此，合议组认为，本专利没有请求色彩，其镶嵌体较浅，与其余部位对比不强烈，分割线条的有无、尾部排列的小凸点或者凸出的字母的差别应属于局部的细微差别。合议组认为：于一般消费者而言，在本专利整体形状相似、各对应部位的形状也均近似的情况下，上述区别不足以对产品的整体视觉效果产生显著的影响，因此本专利与在先设计构成相近似，本专利不符合专利法第 23 条的规定。

鉴于上述评述已经得出本专利不符合专利授权条件的结论，合议组对请求人提出的其他理由和证据不再予以评述。

三、决定

根据专利法第 23 条和专利法第 46 条第 1 款的规定，宣告 200530104323.7 号外观设计专利权无效。

根据专利法第 46 条第 2 款的规定，当事人对本决定不服的，可以自收到本决定之日起三个月内向北京市第一中级人民法院起诉，根据该款规定，一方当事人起诉后，另一方当事人应当作为第三人参加诉讼。

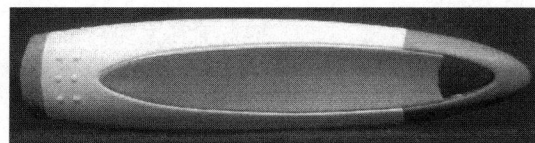

主视图　　　　　　　　　俯视图

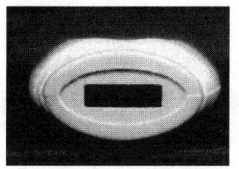

左视图　　　　　　　右视图

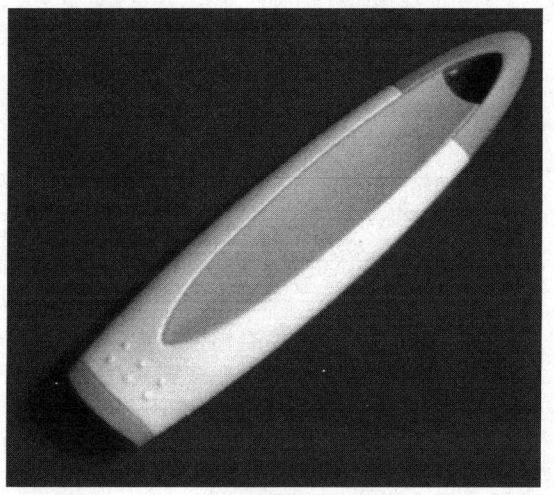

立体图

本专利附图

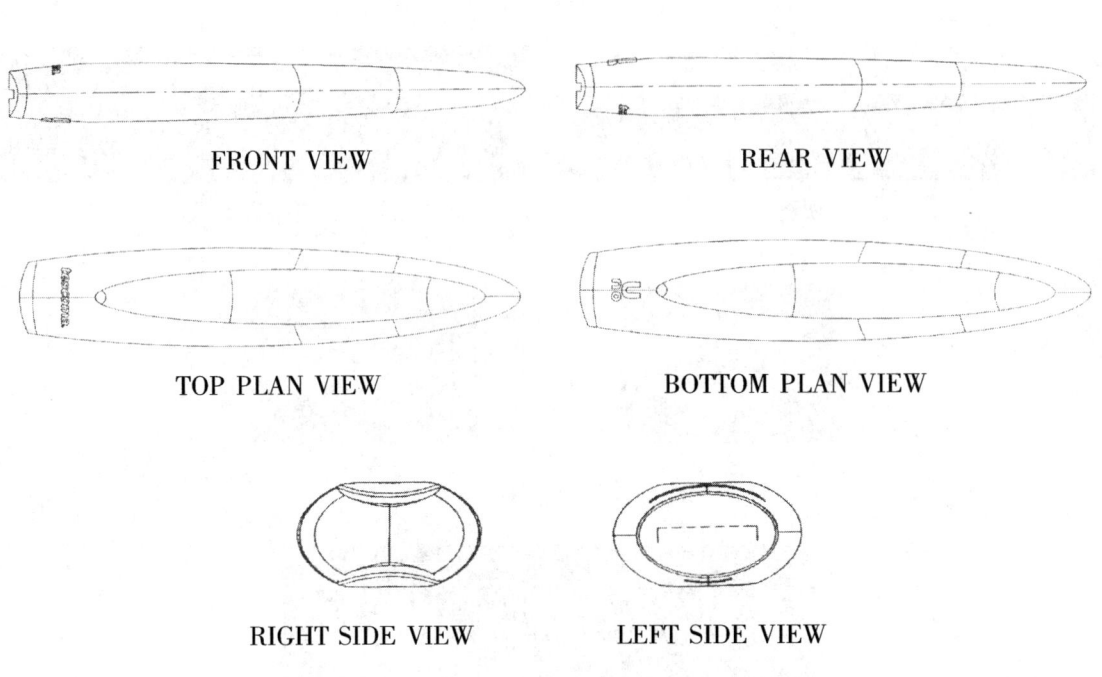

FRONT VIEW　　　　　　　　REAR VIEW

TOP PLAN VIEW　　　　　　BOTTOM PLAN VIEW

RIGHT SIDE VIEW　　　　　LEFT SIDE VIEW

PERSPECTIVE VIEW

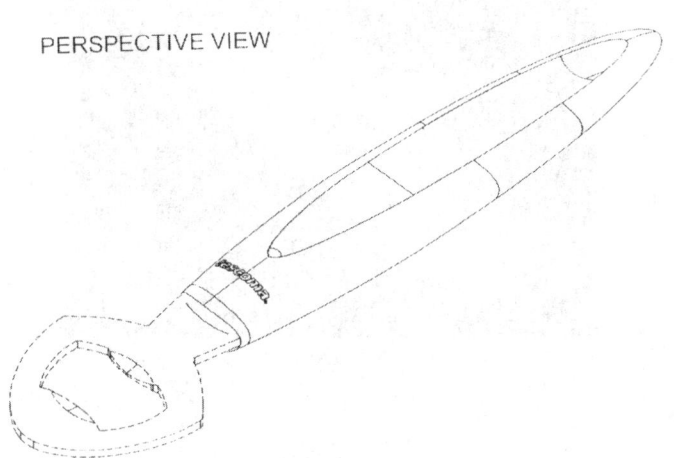

PERSPECTIVE VIEW

对比文件附图

电控伸缩门

无效宣告请求审查决定（第9578号）

决 定 号	第9578号
决 定 日	2007年3月19日
发明创造名称	电控伸缩门
外观设计分类号	25-02
无效宣告请求人	南京小金牛电动门制造有限公司
专 利 权 人	赵建华
专 利 号	200530083074.8
申 请 日	2005年4月30日
授权公告日	2006年1月18日
合议组组长	吴赤兵
主 审 员	李巍巍
参 审 员	王霞军
附 图	2页

法 律 依 据 专利法第23条

决 定 要 点

本专利与在先设计相比，二者在机头形状和机身竖杆及中间连接杆和横杆连接后所组成的图案，及竖杆顶端的设计均存在着明显的差别，足以对二者的整体外观设计产生显著的视觉影响，因此，本专利与在先设计应属于不相同且不相近似的外观设计。

一、案由

本无效宣告请求涉及2006年1月18日国家知识产权局授权公告的200530083074.8号外观设计专利，其产品名称是"电控伸缩门"，申请日是2005年4月30日，专利权人是赵建华。

针对上述外观设计专利权（下称本专利），南京小金牛电动门制造有限公司（下称请求人）于2006年7月19日向专利复审委员会提出无效宣告请求，其理由是本专利不符合专利法第23条的规定。请求人认为，本专利与申请日前的在先专利产品的外观设计相似，并提交了作为证据的附件00316874.3号外观设计专利公报复印件1页。

专利复审委员会根据无效宣告请求审查程序的规定受理了该无效宣告请求，并于2006年9月11日将无效宣告请求书和证据的副本转送给专利权人，限其在指定的期限内答复。并告知专利权人如逾期不答复，不影响专利复审委员会的审理。

专利复审委员会于 2006 年 11 月 7 日向双方当事人发出《合议组成员告知通知书》，在规定的期限内双方当事人均未对合议组成员提出回避的请求。

针对请求人提出的无效宣告请求理由和提交的证据，专利权人至今未作出任何答复。

专利复审委员会于 2007 年 1 月 11 日向请求人发出《无效宣告请求审查通知书》，告知请求人：针对 2006 年 7 月 19 日提出的无效宣告请求，专利权人至今进行未答复。如你方对无效宣告请求时所提交的理由和证据还有新的意见陈述，请在收到本通知之日起 1 个月内进行陈述，期满未答复的，不影响专利复审委员会的审理。

在规定的期限内请求人未提交意见陈述书。

在以上审理的基础上，本案合议组经合议，认为本案事实清楚，依法作出本审查决定。

二、决定的理由

根据请求人提出的无效宣告请求的理由和提交的证据，本案合议组依据专利法第 23 条的规定对本案进行审理。

专利法第 23 条规定：授予专利权的外观设计，应当同申请日以前在国内外出版物上公开发表过或者国内公开使用过的外观设计不相同和不相近似，并不得与他人在先取得的合法权利相冲突。

请求人提交的附件 1 是 00316874.3 号外观设计专利公报复印件，对此，本合议组进行了核实，该复印件与原件相符，其真实性可以确定。该专利的申请日是 2000 年 11 月 3 日，授权公告日是 2001 年 5 月 9 日，授权公告号是 CN3186236D，名称为"电控伸缩门"（下称在先设计）。其授权公告日早于本专利申请日（2005 年 4 月 30 日），属于专利法第 23 条所述的出版物，适用于本案。在先设计公开了一款电控伸缩门，与本专利属于相同种类产品，故可以与本专利进行相近似比较。

本专利包括 8 幅视图（主视图、后视图、左视图、右视图、俯视图、仰视图、立体图、收缩状态图），从整体观察本专利由门头、门框和行走轮三部分组成，门头为三角形，下部有三对行走轮，门框由多个立柱、交叉杆和长短插管相互铰接，构成彼此相连相互交错排列的三角状门框，在相互连接的立柱下方各有一对行走轮（详见本专利附图）。

在先设计是电控伸缩门，包括 9 幅视图（伸展状态主视图、伸展状态后视图、伸展状态左视图、伸展状态右视图、伸展状态仰视图、伸展状态俯视图、收缩状态主视图、收缩状态仰视图、收缩状态俯视图），从整体观察在先设计由门头、门框和行走轮三部分组成，门头近似"竖琴"状，四角顶端为四面菱形的枪尖状，底座呈四棱凸台状，底部有三对行走轮，门框由多个长短相间的立柱、交叉杆和长短插管相互铰接，交叉杆呈"大括号"状，将多个长短相间的立柱彼此相连，构成的波浪状门框，将前后两排长立柱相连的连接杆大致呈"S"形，长立柱的顶端为四面菱形的枪尖状，在相互连接的长立柱的下方各有一对行走轮（详见在先设计附图）。

本专利与在先设计相比，其相同点均是由门头、门框和行走轮三部分组成，二者不相同点是：门头的形状不同，本专利为三角形设计（主、后视图），在先设计近似为"竖琴"状设计（主、后视图），门框的形状不同，本专利立柱顶端为圆弧过渡，交叉杆将立柱彼此相连，呈相互交错排列的三角状门框，在先设计顶端为四面菱形的枪尖状，呈"大括号"状的交叉杆将长短相间的立柱彼此相连，呈两两相对的波浪状门框。合议组认为：本专利与在先设计相比，二者门头形状和门框立柱、交叉杆和长短插管连接后所组成的形状，及立柱顶端的设计均存在着明显不同，上述的不同点对二者的整体外观设计产生显著的视觉影响，不会使一般消费者产生误认、混同，因此，本专利与在先设计应属于不相同且不相近似的外观设计。

综上所述，请求人提交的证据不能证明本专利不符合专利法第 23 条的规定。请求人对其提出的无效宣告请求的主张有责任提供充分的证据，如果其提供的证据不够充分，应承担其主张不能成立的法律后果。本案请求人提供的证据均不能支持其主张，其无效宣告请求的理由不成立。

三、决定

维持200530083074.8号外观设计专利权有效。

当事人对本决定不服的，可以根据专利法第46条第2款的规定，自收到本决定之日起三个月内向北京市第一中级人民法院起诉。根据该款的规定，一方当事人起诉后，另一方当事人应当作为第三人参加诉讼。

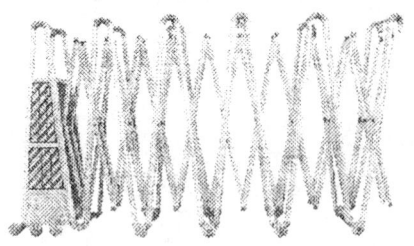
主视图

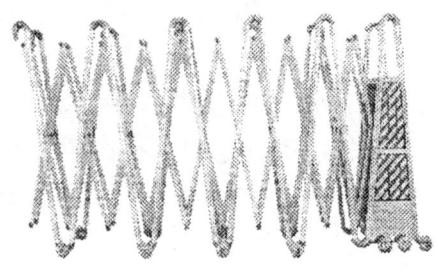
后视图

左视图

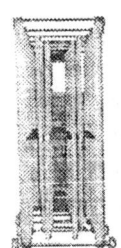
右视图

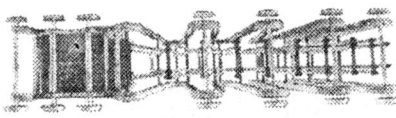
仰视图

俯视图

本专利附图

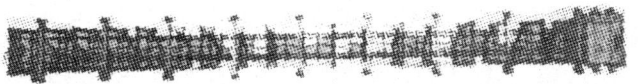

伸展状态仰视图

 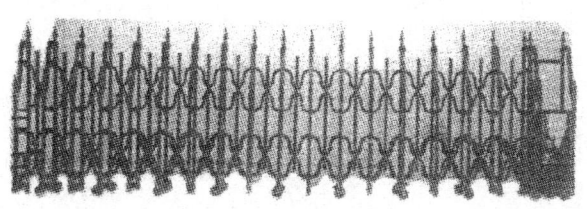 

伸展状态右视图　　　　　伸展状态主视图　　　　　伸展状态左视图

伸展状态俯视图

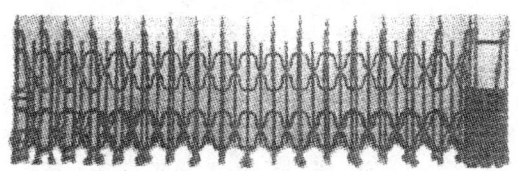

伸展状态后视图

收缩状态仰视图

收缩状态主视图

收缩状态俯视图

对比文件附图

… 211

瓷砖（十）

无效宣告请求审查决定（第9579号）

决 定 号	第9579号
决 定 日	2007年3月19日
发明创造名称	瓷砖（十）
外观设计分类号	25-01
无效宣告请求人	张少勇
专 利 权 人	陈立闽
专 利 号	200530018645.X
申 请 日	2005年6月8日
授权公告日	2006年2月22日
合议组组长	吴赤兵
主 审 员	李巍巍
参 审 员	徐清平
附 图	3页

法 律 依 据 专利法第23条，专利法实施细则第13条

决 定 要 点

本专与在先设计1和在先设计2相比较，虽然整体形状均为长方形薄片，但其表面图案的整体视觉效果具有显著差别，因此，本专利与在先设计1和在先设计2属于不相同且不相近似的外观设计。

一、案由

本无效宣告请求涉及2006年2月22日国家知识产权局授权公告的200530018645.X号外观设计专利，其产品名称是"瓷砖（十）"，申请日是2005年6月8日，专利权人是陈立闽。

针对上述外观设计专利权（下称本专利），张少勇（下称请求人）于2006年7月26日向专利复审委员会提出无效宣告请求，其理由是本专利不符合专利法第23条和实施细则第13条的规定。请求人认为本专利与在先公开的外观设计专利相近似，同时提交了如下附件作为证据：

附件1是01337396.X号外观设计专利的著录项目及外观设计图片1页；

附件2是02334152.1号外观设计专利公报复印件1页；

附件3是本专利的著录项目及外观设计图片1页；

附件4是本专利使用状态图复印件1页；

附件5是附件1的使用状态图复印件1页。

请求人认为：附件1公开了一种瓷砖，其公开日早于本专利申请日，二者形状相近似，均主要由长方形及直角三角形单体拼合而成的长方形砖体，均采用浮雕效果的设计风格，其区别仅在于本专利有两个正方形单体的设计，以一般消费者对瓷砖设计的认知能力判断，长方形和正方形属于惯常设计；附件2公开了一种艺术瓷砖，其公开日早于本专利申请日，二者形状相近似，均采用直线条与斜线条拼接而成明显的凹凸立体感的设计，区别仅在于三角形单体的数量及砖体表面花纹的不同。但是，当本专利与附件1、附件2均铺设在墙面时，使用者都只有一近似的视觉印象，即由长方形及直角三角形单体拼接而成的具有浮雕设计风格的瓷砖。一般消费者在购买时会产生混淆。请求人还认为，根据审查指南的规定，同样的外观设计指的是两项外观设计相同或相近似，因此，本专利与附件1、附件2相比属于同样的外观设计，本专利违反了专利法第23条、专利法实施细则第13条的规定，应当宣告本专利权无效。同时请求人还认为其所提交的证据事实清楚，请求书面审理。

专利复审委员会根据无效宣告请求审查程序的规定受理了该无效宣告请求，并于2006年10月20日将无效宣告请求书和证据的副本转送给专利权人，限其在指定的期限内答复。并告知专利权人如逾期不答复，不影响专利复审委员会的审理。

2006年11月22日专利复审委员会收到专利权人提交的意见陈述书，专利权人认为，附件1、附件2除了形状与本专利相似外，图案完全不同，本专利无论在设计风格，还是构图上，以及视觉效果上，均存在着极大的区别；因此，请求人提出的证据无法支持其的主张，应当维持本专利有效。另外鉴于请求人提出以书面形式审理本案，为缩短审查时间，减少审查成本，同意本案以书面形式进行审理。

专利复审委员会于2007年1月16日将专利权人提交的意见陈述转送给请求人，并告知其应在收到通知之日起壹个月内答复，期满未答复的，视为当事人已得知转送文件中所涉及的事实和理由，并且未提出反对意见。同日还向双方当事人发出《合议组成员告知通知书》，并告知如对合议组成员有回避请求的，请于收到本通知之日起7天内提交书面请求书，并且说明理由，必要时附具有关证据。

在规定的期限内双方当事人均未对合议组成员提出回避的请求。

请求人对专利复审委员会2007年1月16日的转送文件通知至今未进行意见陈述。

在以上审理的基础上，本案合议组经合议，认为本案事实清楚，可以依法作出如下审查决定。

二、决定的理由

根据请求人提出的无效宣告请求的理由和提交的证据，本案合议组依据专利法第23条和专利法实施细则第13条的规定对本案进行审理。

专利法第23条规定：授予专利权的外观设计，应当同申请日以前在国内外出版物上公开发表过或者国内公开使用过的外观设计不相同和不相近似，并不得与他人在先取得的合法权利相冲突。

专利法实施细则第13条规定：同样的发明创造只能被授予一项专利。依据专利法第九条的规定，两个以上的申请人在同一日分别就同样的发明创造申请专利的，应当在收到国务院专利行政部门的通知后自行协商确定申请人。

请求人提交的附件1是01337396.X号外观设计专利的著录项目及外观设计图片复印件，对此，经合议组核实，该复印件内容属实，其真实性可以确定。该专利的申请日是2001年9月1日，授权公告日是2002年6月12日，授权公告号是CN3241597D，使用外观设计的产品名称为"瓷砖（仿石艺术砖3）"（下称在先设计1），专利权人是苏昆贤，为他人在先申请且已授权的外观设计专利，可适用专利法实施细则第13条的规定。同时，附件1的授权公告日早于本专利申请日

（2005年6月8日），为本专利申请日前公开发表的外观设计，属于专利法第23条所述的公开出版物，适用于本案。

请求人提交的附件2是02334152.1号外观设计专利公报复印件，对此，经合议组核实，该复印件内容属实，其真实性可以确定。该专利的申请日是2002年9月10日，授权公告日是2003年4月9日，授权公告号是CN3287828D，使用外观设计的产品名称为"艺术瓷砖（1）"（下称在先设计2），专利权人是苏祥芳，为他人在先申请且已授权的外观设计专利，可适用专利法实施细则第13条的规定。同时，附件2的授权公告日早于本专利申请日（2005年6月8日），为本专利申请日前公开发表的外观设计，属于专利法第23条所述的公开出版物，适用于本案。

本专利外观设计包括主视图、左视图、俯视图和立体图，简要说明中记载：后视图无设计要点，省略后视图。右视图与左视图旋转180度后相同，省略右视图。仰视图与俯视图旋转180度后相同，省略仰视图。从各视图观察，本专利整体形状为长方形薄片，瓷砖正面的左上角和右下角为正方形图案，其上为不规则凹凸花纹，在左上角正方形的下端、右上角及沿右下角正方形上边沿和左侧边沿设有相错叠加的条纹状折角阶梯图案（详见本专利附图）。

在先设计1包括主视图、左视图、俯视图、使用状态参考图1和使用状态参考图2，简要说明中记载：省略其他视图。从各视图观察，在先设计1整体形状为长方形薄片，瓷砖正面中部有一斜置的长方形，将瓷砖分割成四个直角三角形，长方形表面为不规则凹凸花纹，上下直角三角形表面为条形凹凸花纹（详见在先设计1附图）。

在先设计2授权公告的视图仅为主视图，简要说明中记载：本外观设计产品的主要设计要点为主视图上图案，其他视图无设计要点，故省略其他视图。从主视图观察，其整体形状为长方形，其上为一向外凸起的四角星，四角星的四个角分别与长方形四个角相接，在四角星的边沿有一凸起沿围绕（详见在先设计2附图）。

本专利和在先设计1及在先设计2中所示的产品都是瓷砖，属于相同种类的产品，故可以进行如下相近似性比较：

将本专利与在先设计1相比较，二者的相同点为：整体形状均为长方形薄片。不同点为：本专利正面的图案为正方形和相错叠加的条纹状折角阶梯图案，在先设计1正面的图案为长方形和两两大小相等的直角三角形，从整体观察，合议组认为：虽然二者整体形状均为长方形，但以一般消费者作为判断主体来观察二者的外观设计，瓷砖正面的图案存在着明显的差别，其对整体视觉效果具有显著的影响，因此，本专利与在先设计1为不相同且不相近似的外观设计。

将本专利与在先设计2相比较，二者的相同点为：整体形状均为长方形薄片。不同点为：本专利正面的图案为正方形和相错叠加的条纹状折角阶梯图案，在先设计2正面的图案为四角星，从整体观察，合议组认为：虽然二者整体形状均为长方形，但以一般消费者作为判断主体来观察二者的外观设计，瓷砖正面的图案存在着明显的差别，其对整体视觉效果具有显著的影响，因此，本专利与在先设计2为不相同且不相近似的外观设计。

专利法实施细则第13条中所述的"同样的发明创造"对于外观设计专利而言，是指外观设计相同或者相近似。基于上述认定，本专利与在先设计1、在先设计2均为不相同且不相近似的外观设计，因此，本专利与在先设计1或者在先设计2不是"同样的发明创造"。

综上所述，请求人提交的证据所示外观设计均与本专利不相同且不相近似，其不能证明本专利不符合专利法第23条和专利法实施细则第13条的规定。请求人对其提出的无效宣告请求的主张有责任提供充分的证据，如果其提供的证据不够充分，应承担其主张不能成立的法律后果。本案请求人提供的证据均不能支持其主张，其无效宣告请求的理由不成立。

三、决定

维持 200530018645.X 号外观设计专利权有效。

当事人对本决定不服的,可以根据专利法第 46 条第 2 款的规定,自收到本决定之日起三个月内向北京市第一中级人民法院起诉。根据该款的规定,一方当事人起诉后,另一方当事人应当作为第三人参加诉讼。

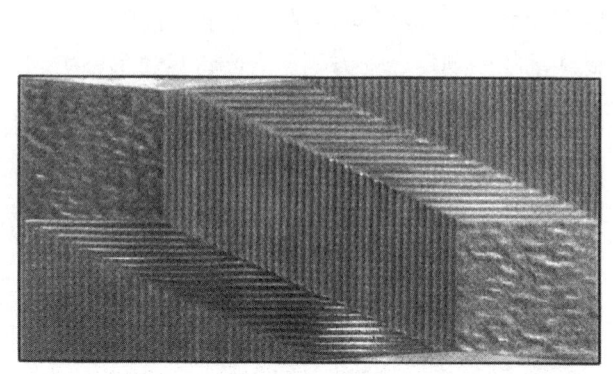 

主视图　　　　左视图

俯视图

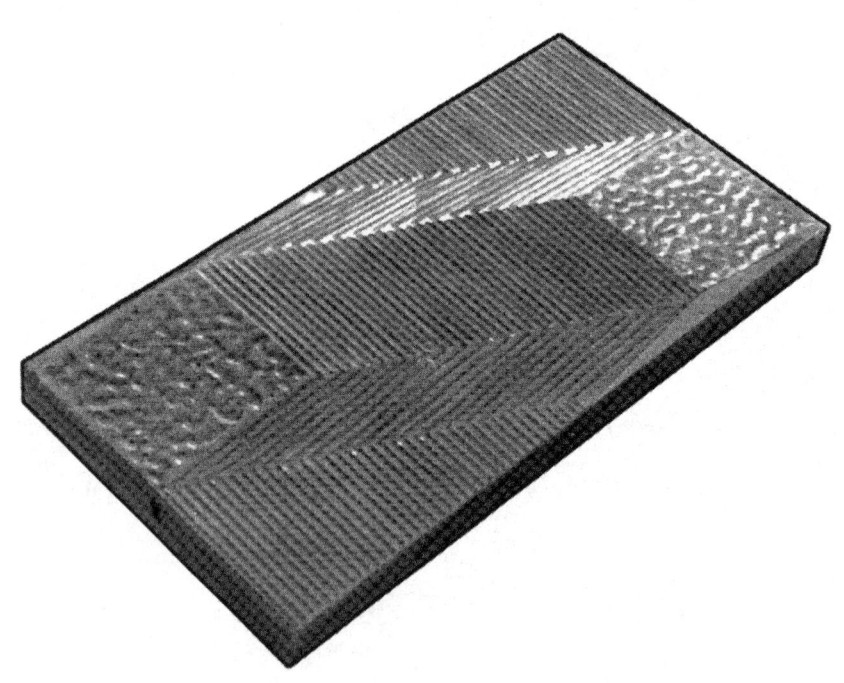

立体图

本专利附图

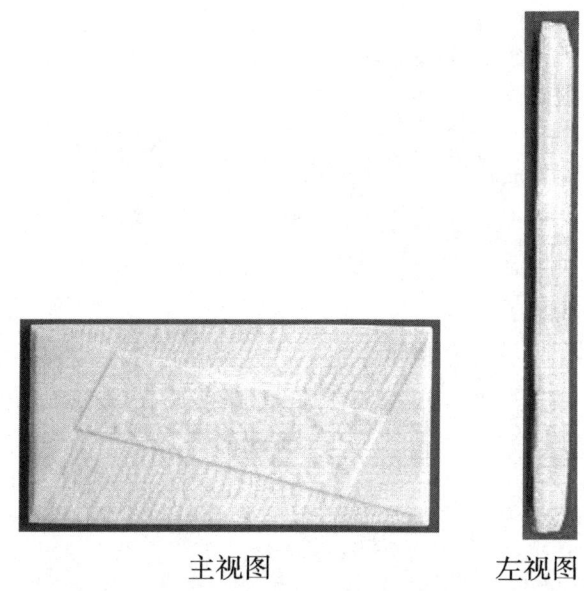

主视图 左视图

俯视图

使用状态参考图1

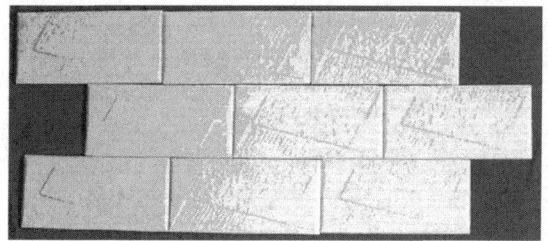

使用状态参考图2

在先设计1附图

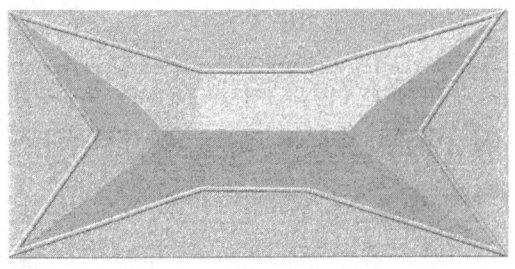

主视图

在先设计 2 附图

分体式胶体磨

无效宣告请求审查决定（第9580号）

决 定 号	第9580号
决 定 日	2007年3月22日
发明创造名称	分体式胶体磨
外观设计分类号	15-09
无效宣告请求人	温州市豪龙胶体磨厂，张祥
专 利 权 人	杨剑英
专 利 号	200330112298.8
申 请 日	2003年11月18日
授权公告日	2004年6月16日
合议组组长	崔峥
主 审 员	陈海平
参 审 员	宋鸣镝
附 图	2页
法律依据	专利法第23条

决定要点

在外观设计专利与同类产品的在先外观设计之间仅存在有局部差异时，如果该局部差异不足以使一般消费者从整体视觉上清楚地将它们区分成两种不同造型的产品，则二者属于相近似的外观设计。

一、案由

本无效宣告请求涉及的是国家知识产权局于2004年6月16日授权公告的，专利号为200330112298.8，名称为"分体式胶体磨"的外观设计专利（下称本专利），该专利的申请日为2003年11月18日，专利权人为杨剑英。

温州市豪龙胶体磨厂与张祥（以下依次称为第1、2请求人）针对本专利于2006年2月23日分别向国家知识产权局专利复审委员会提出了无效宣告请求，请求宣告本专利全部无效，其理由均为本专利不符合专利法第23条的规定，请求人1、2均提交了如下附件作为证据：

附件1：温州市电信分公司编印的"温州市电话号簿"（2000/2001）相关页复印件，共4页；
附件2：期刊《食品工业科技》2003年第5期相关页复印件，共6页。

经审查，上述无效宣告请求符合专利法及其实施细则规定的形式要求，专利复审委员会予以受理，于2006年2月27日向请求人1、2和专利权人发出了无效宣告请求受理通知书，并将上述无效宣告请求书及附件副本转给了专利权人，要求专利权人在指定期限内进行意见陈述，同时成立合议组对本案进行审理。

专利权人于 2006 年 3 月 23 日针对上述无效宣告请求提交了意见陈述书，专利权人认为本专利符合专利法第 23 条的规定。

第 1、2 请求人同时于 2006 年 3 月 23 日提交了均附有下述补充证据的意见陈述书：

补充证据 1：温州市邮电局编印的"96 温州电话号簿"相关页复印件，共 5 页；

补充证据 2：温州市电信分公司编印的"温州市电话号簿"（2000/2001）相关页复印件，共 6 页（其中 4 页同上述附件 1）；

补充证据 3：中华书局 2002 年 8 月第 1 版第一次印刷"2002 温州年鉴"相关页复印件，共 6 页；

补充证据 4：2006 年 3 月 7 日温州市胶体磨厂出具的"证明"复印件 1 页；

补充证据 5："非公司企业法人基本情况"（涉及温州市胶体磨厂）复印件 1 页；

补充证据 6：温州市胶体磨厂"JM 胶体磨系列"广告页复印件 2 页；

补充证据 7：2006 年 3 月 7 日温州市鹿城乳化机械公司出具的"证明"复印件 1 页；

补充证据 8："非公司企业法人基本情况"（涉及温州市鹿城乳化机械公司）复印件 1 页；

补充证据 9：温州市鹿城乳化机械公司"唯力机械"广告宣传页复印件，共 4 页；

补充证据 10：温州市鹿城乳化机械公司"JM-L 系列胶体磨使用说明书"复印件，共 6 页；

补充证据 11：浙江省温州市工业企业统一发票和浙江增值税专用发票复印件各 1 页；

补充证据 12：温州市豪龙胶体磨厂"胶体磨 JM-F/L 系列使用说明书"复印件，共 6 页；

补充证据 13：浙江增值税专用发票复印件，共 7 页；

补充证据 14：中华人民共和国浙江省温州市龙湾区公证处出具的（2006）浙温龙公字第 1477 号公证书复印件，共 10 页；

补充证据 15：期刊《食品与机械》2002 年第 5 期相关页复印件，共 4 页；

补充证据 16：北京赛潮文化发展有限公司主办的月刊《中国化工》2003 年第 9 期中的相关页复印件，共 3 页；

补充证据 17：机械工业出版社 2002 年 3 月第 1 版第 1 次印刷《农副产品加工与食品机械》相关页复印件，共 6 页。

请求人 1、2 均认为上述补充证据可以证明本专利不符合专利法第 23 条的规定。

专利复审委员会本案合议组于 2007 年 1 月 25 日向请求人 1、2 及专利权人发出了口头审理通知书，定于 2007 年 3 月 8 日在专利复审委员会举行口头审理，同时将上述请求人 1、2 于 2006 年 3 月 23 日提交的意见陈述书及所附补充证据的副本转给专利权人，将上述专利权人于 2006 年 3 月 23 日提交的意见陈述书转给请求人 1、2。

口头审理按期举行，请求人 1、2（以下合称请求人）及专利权人出席了本次口头审理。

在口头审理程序中请求人出示了其所提交的证据的原件，专利权人将上述原件与请求人所提交的证据复印件核对后认为与请求人所提交的证据复印件相符；双方当事人并对本案的事实和理由进行了陈述和辩论。

在上述工作的基础上，本案合议组经过合议，认为本案的事实已经清楚，可以作出审查决定。

二、决定的理由

基于请求人提出的无效宣告请求的理由和提供的证据，本案合议组依据专利法第 23 条的规定对本案进行审理。

专利法第 23 条规定：授予专利权的外观设计，应当同申请日以前在国内外出版物上公开发表过或者国内公开使用过的外观设计不相同和不相近似，并不得与他人在先取得的合法权利相冲突。

合议组选用请求人提交的作为证据的附件2即期刊《食品工业科技》2003年第5期广告页中所刊登的"JM-F80-140"型胶体磨外观照片作为本案的对比外观设计；该证据为月刊，公开于本专利的申请日之前。该证据在口头审理时已经过质证，专利权人对该证据的真实性已予以认可。

下面合议组将本专利与对比外观设计进行比较：

本专利的"分体式胶体磨"以6幅视图（主视图、后视图、左视图、右视图、俯视图、立体图）的形式公开了该胶体磨的外观。其中可见：

该胶体磨的本体部分与电机部分并列于一横长方体底座之上，底座左右端面有均布的小散热孔、前后面下沿各有两个固定螺栓座；

胶体磨本体外形依竖直轴线旋转对称，其上部进料斗部分呈倒圆锥形，其中部磨体部分呈圆柱形，磨体上端有调节环，下部机座部分有圆柱形外罩，外罩圆周近上端处有小散热孔组成的环带

电机外罩呈圆柱形，顶部周边圆滑，下部周向有小散热孔组成的环带；

另有若干配件如：相对设置的调节环手柄；胶体磨的出料管及回流管；电机接线盒等（详见本专利附图）。

对比外观设计中显示了一种分体式胶体磨的透视图（相当于本专利的立体图），其中可见：

该胶体磨的本体部分与电机部分并列于一横长方体底座之上；

胶体磨本体外形依竖直轴线旋转对称，其上部进料斗部分呈倒圆锥形，其中部磨体部分呈圆柱形，下部机座部分呈近似圆柱体的截头圆锥体，顶端有盘形座，磨体上端有调节环；

电机外壳部分呈圆柱形，顶部周边圆滑，电机周向均布散热片；

另有若干配件如：相对设置的调节环手柄；胶体磨的出料管及回流管；电机接线盒等（详见对比外观设计图）。

合议组的意见如下：

虽然对比外观设计只有一个对应于本专利立体图的视图，但是由于所反映的胶体磨本体与电机的形状都是旋转对称的，它们所坐落的底座的形状是二维轴对称的，故该对比外观设计视图可以反映出所示胶体磨的外观的整体造型。

将本专利与对比外观设计相对比，可以看出两者的整体轮廓是彼此相似的。虽然两者的外观之间也具有一些局部差异，例如本专利胶体磨本体下部机座部分与电机部分均被圆柱形外罩罩住而对比外观设计的相应部分未被罩住。但是，根据整体观察、综合判断的原则，在对本案所涉及的胶体磨类产品之间进行相近似性判断时，应重点观察其总体形状。而在本案中，本专利与对比外观设计的胶体磨外观的总体形状是相似的，两者间的局部差异相对于其产品整体造型而言不足以使得二产品外观形状出现整体显著差异，即其对于胶体磨的整体视觉效果不具有显著的影响。因此，合议组认为，本专利与对比外观设计属于相近似的外观设计。

综上所述，本专利与申请日以前公开发表的外观设计相近似。因此，本专利不符合专利法第23条的规定。

鉴于本决定已在请求人提交的证据之一的基础上作出结论，故对请求人所提交的其他证据不再予以评述。

三、决定

宣告200330112298.8号外观设计专利权全部无效。

当事人对本决定不服的，可以根据专利法第46条第2款的规定，自收到本决定之日起三个月内向北京市第一中级人民法院起诉。根据该款的规定，一方当事人起诉后，另一方当事人应当作为第三人参加诉讼。

主视图　　　　　　左视图

后视图　　　　　　右视图

 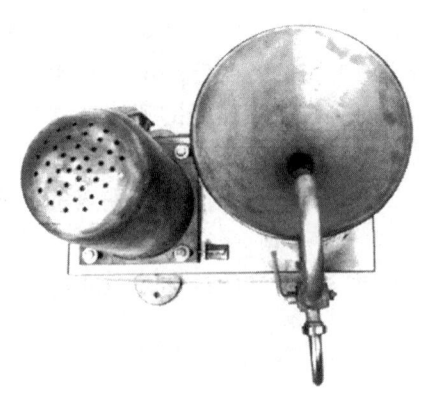

立体图　　　　　　俯视图

本专利附图

JM-F80-140

对比文件图

化妆镜（01）

无效宣告请求审查决定（第9581号）

决 定 号	第9581号
决 定 日	2007年3月19日
发明创造名称	化妆镜（01）
外观设计分类号	03-01
无效宣告请求人	广州市越秀区彩明饰品店
专 利 权 人	王沛宏
申 请 号	200530073884.5
申 请 日	2005年10月31日
授权公告日	2006年8月16日
合议组组长	钟华
主 审 员	王霞军
参 审 员	徐清平
附 图	2页
法 律 依 据	专利法第23条

决 定 要 点

镜子作为生活中的日常用品，一般消费者在购买时首先考虑的是镜子形状，作为镜子上的转轴形状不是一般消费者在购买镜子时主要考虑的因素。对于转轴形状上的差异应属于局部细微差别，不足以对整体外观设计产生显著的影响。就一般消费者而言，二者的整体形状相似已经形成了相近似的视觉印象，因此，二者属于相近似的外观设计。

一、案由

本无效宣告请求涉及的是国家专利局于2006年8月16日授权公告的、名称为"化妆镜（01）"的外观设计专利（下称本专利），其申请号是200530073884.5，申请日是2005年10月31日，专利权人是王沛宏。

针对本专利权，广州市越秀区彩明饰品店（下称请求人）于2006年11月8日向专利复审委员会提出无效宣告请求，其理由是：专利权人在本专利申请日之前已将与本专利形状相同的产品申请了外观设计专利并获得授权，之后因未交年费而终止，然后再将已终止的专利又重新申请了本专利。因此，本专利权的授予不符合专利法第23条的规定。与此同时，请求人提交了如下附件作为证据：

附件1：02356611.6号外观设计专利著录项目及图片复印件3页；

附件2：200530073885.X号外观设计专利著录项目及图片复印件3页；
附件3：200530073884.5号外观设计专利著录项目及图片复印件2页；
附件4：200530073434.6号外观设计专利著录项目及图片复印件3页；
附件5：200530073429.5号外观设计专利著录项目及图片复印件3页；
附件6：200530073432.7号外观设计专利著录项目及图片复印件2页；
附件7：200530073433.1号外观设计专利著录项目及图片复印件4页；
附件8：02338144.2号外观设计专利著录项目及图片复印件4页。

经形式审查合格，专利复审委员会受理了此案，并于2006年11月9日将无效宣告请求书及相关材料转送给专利权人。

专利复审委员会于2006年12月21日收到专利权人的意见陈述书，专利权人将本专利与请求人提交的所有对比文件分别进行比较，认为本专利从整体形状至镜盖上端的卡口处、转轴等多个细节部位均与对比文件不相同，请求维持本专利权有效，专利权人同时将请求人提交的除附件2外其他附件以及在广州法院提起的侵权诉讼的证据随意见陈述书寄给专利复审委员会。

专利复审委员会于2007年1月19日向双方当事人发出合议组成员告知通知书，在规定的期限内双方当事人均未对合议组成员提出回避请求。

合议组认为本案事实清楚，可以依法作出审查决定。

二、决定的理由

基于请求人提出的无效宣告请求理由，合议组对本专利是否符合专利法第23条的规定进行审查。

专利法第23条规定：授予专利权的外观设计，应当同申请日以前在国内外出版物上公开发表过或者国内公开使用过的外观设计不相同和不相近似，并不得与他人在先取得的合法权利相冲突。

请求人提交的附件1是国家知识产权局于2003年1月8日授权公告的、申请号为02356611.6、名称为"镜（长方形）"的外观设计著录项目及图片复印件（下称在先设计），合议组将著录项目内容及图片与该外观设计专利公报进行核实，其内容相符，其真实性可以确认。在先设计的公开日期早于本专利的申请日，其公报属于专利法第23条规定的出版物，该外观设计专利与本专利用途相同属于同类产品，在外观设计相近似判断中具有可比性，可以作为本专利的对比文件，适用于本案。

本专利公开了产品的6面视图和1幅使用状态参考图。如图所示，本专利产品整体形状为正方形，上镜盖镶入在下镜盖内，镜盖表面平整，镜盖的下方中部设有一长方形卡口，镜盖的顶端为扁平槽口转轴（详见本专利附图）。

在先设计公开了产品的5面视图和1幅使用状态参考图，如图所示，对比文件整体形状为长方形，上镜盖镶入在下镜盖内，镜盖表面平整，镜盖的下方中部设有一长方形卡口，镜盖的顶端为圆柱形转轴（详见在先设计附图）。

将本专利与对比文件相比较，其相同点是：两者产品整体形状近似，本专利为正方形，在先设计在长方形，二者镜面表面平整，镜面下端均有一长方形卡口，其主要不同点为镜盖顶端转轴形状不同，本专利为扁平槽口转轴，而在先设计转轴为圆柱形。合议组进一步分析认为，镜子作为生活中的日常用品，一般消费者在购买时首先考虑的是镜子形状，而镜子上转轴是否制作成扁平的、还是圆柱形状不是一般消费者在购买镜子时主要考虑的因素，本专利与在先设计转轴形状上的差异属于局部细微差别，上述差异不足以对整体外观设计产生显著的影响。就一般消费者而言，二者的整体形状相似已经形成了相近似的视觉印象，因此，二者属于相近似的外观设计。

综上所述，在本专利申请日以前已有与其相近似的外观设计在出版物上公开发表过，本专利不符合专利法第23条的规定。

鉴于已得出本专利不符合授权条件结论，对于请求人提交的其他证据本决定不再评述。

三、决定

宣告200530073884.5号外观设计专利权全部无效。

当事人对本决定不服的，可以根据专利法第46条第2款的规定，自收到本决定之日起三个月内向北京市第一中级人民法院起诉。根据该款的规定，一方当事人起诉后，另一方当事人应当作为第三人参加诉讼。

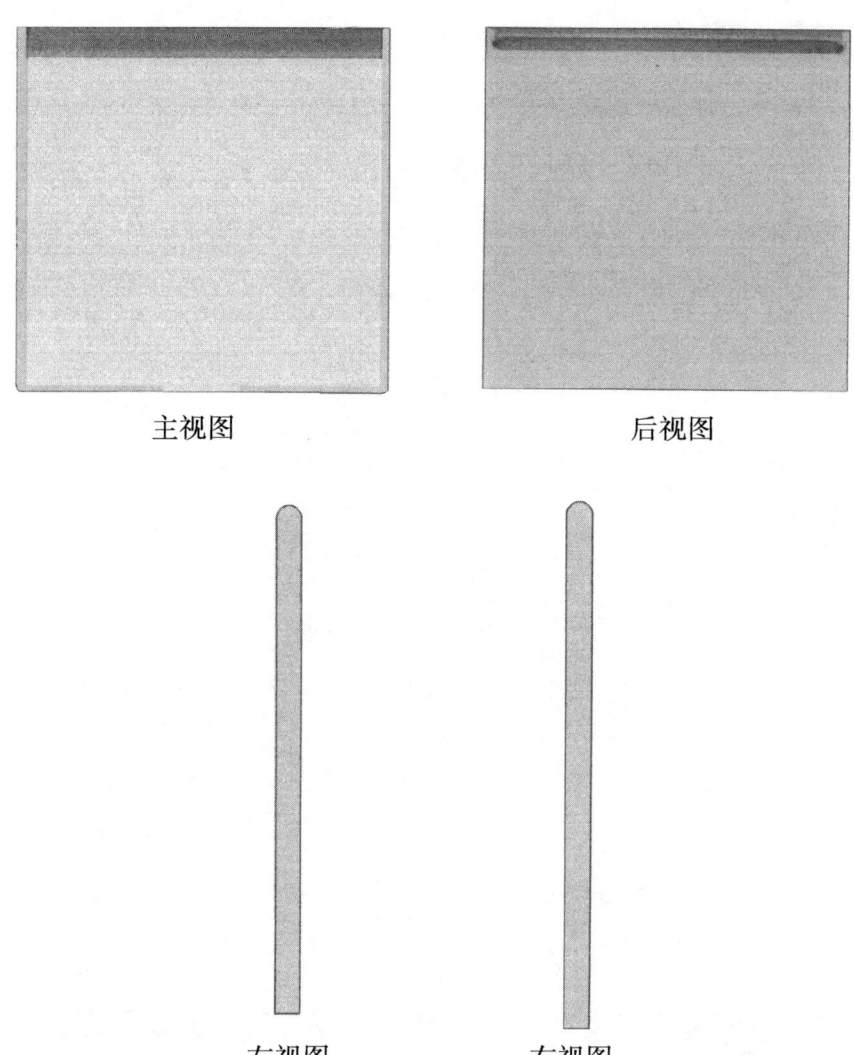

主视图　　　　　　后视图

左视图　　　　　　右视图

俯视图　　　　　　仰视图

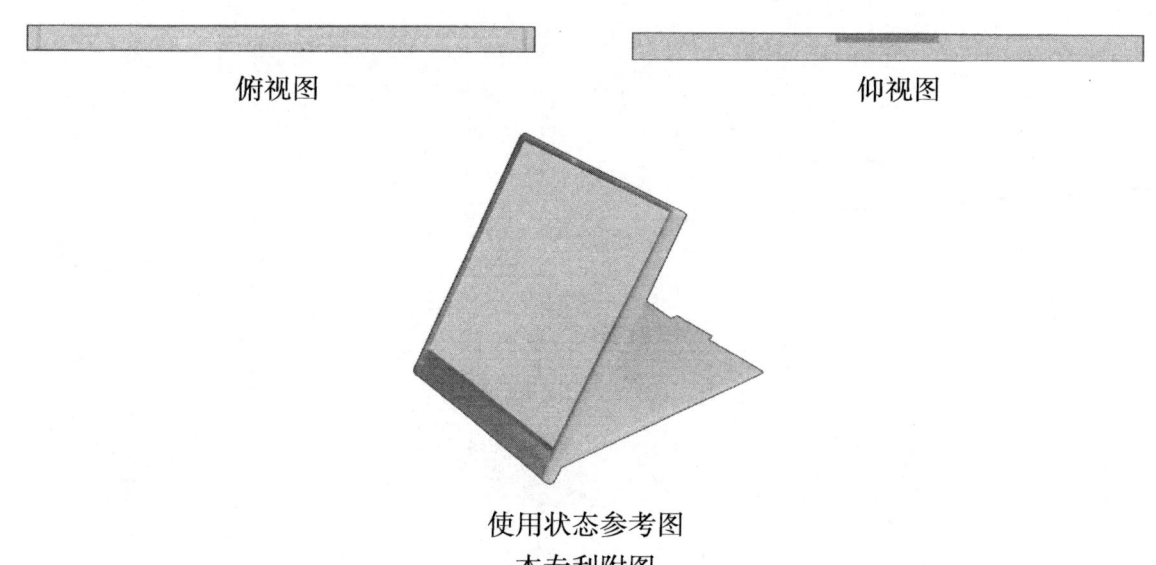

使用状态参考图
本专利附图

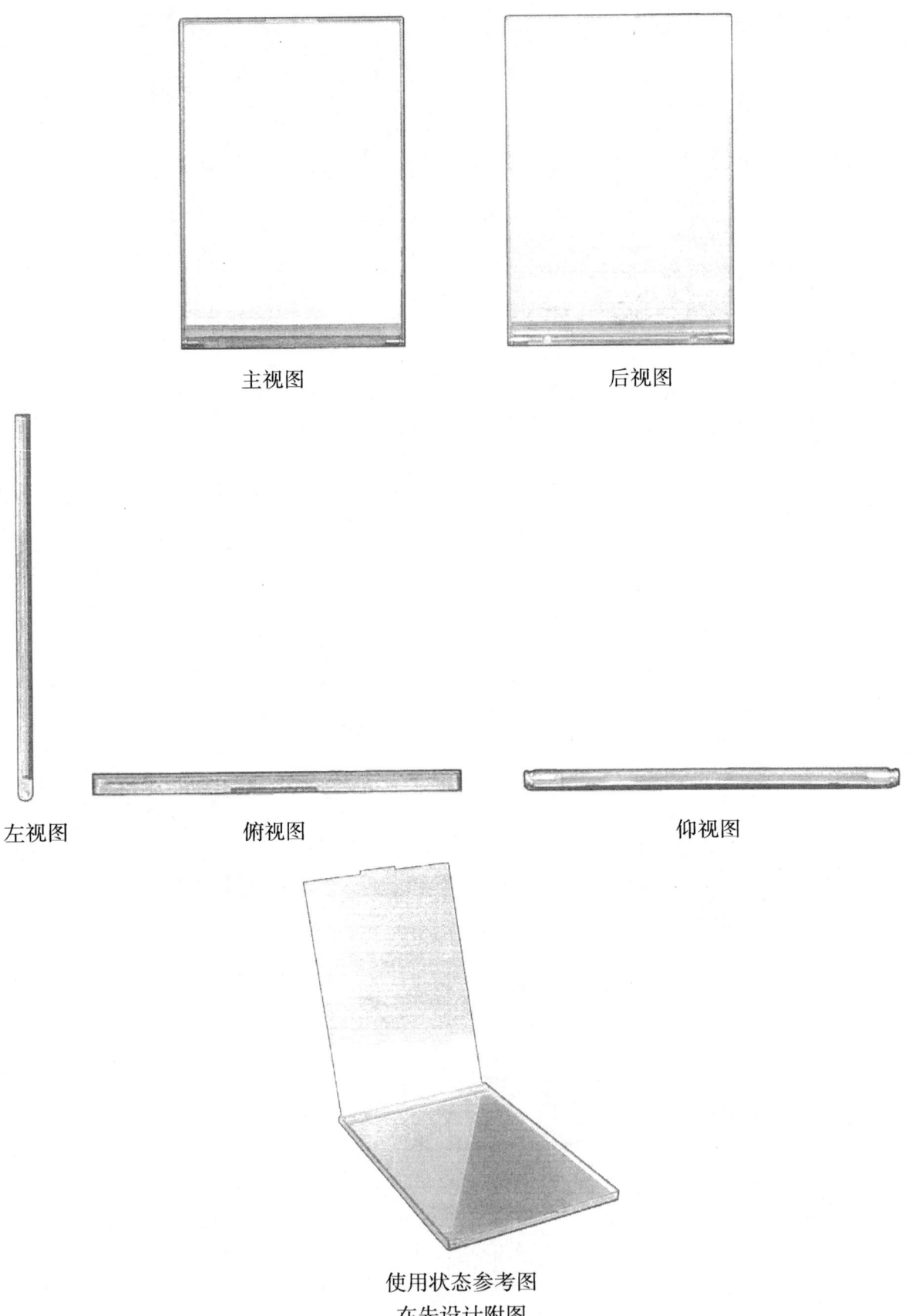

主视图　　　　　　　　后视图

左视图　　俯视图　　　　仰视图

使用状态参考图
在先设计附图

化妆镜（02）

无效宣告请求审查决定（第 9582 号）

决 定 号	第 9582 号
决 定 日	2007 年 3 月 20 日
发明创造名称	化妆镜（02）
外观设计分类号	03-01
无效宣告请求人	广州市越秀区彩明饰品店
专 利 权 人	王沛宏
申 请 号	200530073885.X
申 请 日	2005 年 10 月 31 日
授 权 公 告 日	2006 年 8 月 16 日
合议组组长	钟 华
主 审 员	王霞军
参 审 员	徐清平
附 图	2 页

法 律 依 据 专利法第 23 条

决 定 要 点

镜子作为生活中的日常用品，一般消费者在购买时首先考虑的是镜子形状，作为镜子上的转轴形状不是一般消费者在购买镜子时主要考虑的因素，且转轴形状上的差异属于局部细微差别，不足以对整体外观设计产生显著的影响。就一般消费者而言，二者的整体形状相似已经形成了相近似的视觉印象，因此，二者属于相近似的外观设计。

一、案由

本无效宣告请求涉及的是国家专利局于 2006 年 8 月 16 日授权公告的、名称为"化妆镜（02）"的外观设计专利（下称本专利），其申请号是 200530073885.X，申请日是 2005 年 10 月 31 日，专利权人是王沛宏。

针对本专利权，广州市越秀区彩明饰品店（下称请求人）于 2006 年 11 月 8 日向专利复审委员会提出无效宣告请求，其理由是：专利权人在本专利申请日之前已将与本专利形状相同的产品申请了外观设计专利并获得授权，之后因未交年费而终止，然后再将已终止的专利又重新申请了本专利。因此，本专利权的授予不符合专利法第 23 条的规定。与此同时，请求人提交了如下附件作为证据：

附件 1：02356611.6 号外观设计专利著录项目及图片复印件 3 页；

附件2：200530073885.X号外观设计专利著录项目及图片复印件3页；
附件3：200530073884.5号外观设计专利著录项目及图片复印件2页；
附件4：200530073434.6号外观设计专利著录项目及图片复印件3页；
附件5：200530073429.5号外观设计专利著录项目及图片复印件3页；
附件6：200530073432.7号外观设计专利著录项目及图片复印件2页；
附件7：200530073433.1号外观设计专利著录项目及图片复印件4页；
附件8：02338144.2号外观设计专利著录项目及图片复印件4页。

经形式审查合格，专利复审委员会受理了此案，并于2006年11月9日将无效宣告请求书及相关材料转送给专利权人。

专利复审委员会于2006年12月21日收到专利权人的意见陈述书，专利权人将本专利与请求人提交的所有对比文件分别进行比较，认为本专利从整体形状至镜盖上端的卡口处、转轴等多个细节部位均与对比文件不相同，请求维持本专利权有效，专利权人同时将请求人提交的除附件3外其他附件以及在广州法院提起的侵权诉讼的证据随意见陈述书寄给专利复审委员会。

专利复审委员会于2006年12月29日向双方当事人发出合议组成员告知通知书，在规定的期限内双方当事人均未对合议组成员提出回避请求。

合议组认为本案事实清楚，可以依法作出审查决定。

二、决定的理由

基于请求人提出的无效宣告请求理由，合议组对本专利是否符合专利法第23条的规定进行审查。

专利法第23条规定：授予专利权的外观设计，应当同申请日以前在国内外出版物上公开发表过或者国内公开使用过的外观设计不相同和不相近似，并不得与他人在先取得的合法权利相冲突。

请求人提交的附件1是国家知识产权局于2003年1月8日授权公告的、申请号为02356611.6、名称为"镜（长方形）"的外观设计著录项目及图片复印件（下称在先设计），合议组将著录项目内容及图片与该外观设计专利公报进行核实内容相符，其真实性可以确认。在先设计的公开日期早于本专利的申请日，其公报属于专利法第23条规定的出版物，该外观设计专利与本专利用途相同属于同类产品，在外观设计相近似判断中具有可比性，可以作为本专利的对比文件，适用于本案。

本专利公开了产品的6面视图和1幅使用状态参考图。如图所示，本专利产品整体形状为长方形，上镜盖镶入在下镜盖内，镜盖表面平整，镜盖的下方中部设有一长方形卡口，镜盖的顶端为扁平槽口转轴（详见本专利附图）。

在先设计公开了产品的5面视图和1幅使用状态参考图，如图所示，对比文件整体形状为长方形，上镜盖镶入在下镜盖内，镜盖表面平整，镜盖的下方中部设有一长方形卡口，镜盖的顶端为圆柱形转轴（详见在先设计附图）。

将本专利与对比文件相比较，其相同点是：两者产品整体形状均为长方形，镜面表面平整，镜面下端均有一长方形卡口，其主要不同点为镜盖顶端转轴形状不同，本专利为扁平槽口转轴，而在先设计转轴为圆柱形。合议组进一步分析认为，镜子作为生活中的日常用品，一般消费者在购买时首先考虑的是镜子形状，而镜子上转轴是否制作成扁平的、还是圆柱形状不是一般消费者在购买镜子时主要考虑的因素，且本专利与在先设计转轴形状上的差异属于局部细微差别，上述差异不足以对整体外观设计产生显著的影响。就一般消费者而言，二者的整体形状相似已经形成了相近似的视觉印象，因此，二者属于相近似的外观设计。

综上所述，在本专利申请日以前已有与其相近似的外观设计在出版物上公开发表过，本专利不符合专利法第23条的规定。

214

化妆镜（02）

无效宣告请求审查决定（第9582号）

决 定 号	第9582号
决 定 日	2007年3月20日
发明创造名称	化妆镜（02）
外观设计分类号	03-01
无效宣告请求人	广州市越秀区彩明饰品店
专 利 权 人	王沛宏
申 请 号	200530073885.X
申 请 日	2005年10月31日
授权公告日	2006年8月16日
合议组组长	钟 华
主 审 员	王霞军
参 审 员	徐清平
附 图	2页
法 律 依 据	专利法第23条

决 定 要 点

镜子作为生活中的日常用品，一般消费者在购买时首先考虑的是镜子形状，作为镜子上的转轴形状不是一般消费者在购买镜子时主要考虑的因素，且转轴形状上的差异属于局部细微差别，不足以对整体外观设计产生显著的影响。就一般消费者而言，二者的整体形状相似已经形成了相近似的视觉印象，因此，二者属于相近似的外观设计。

一、案由

本无效宣告请求涉及的是国家专利局于2006年8月16日授权公告的、名称为"化妆镜（02）"的外观设计专利（下称本专利），其申请号是200530073885.X，申请日是2005年10月31日，专利权人是王沛宏。

针对本专利权，广州市越秀区彩明饰品店（下称请求人）于2006年11月8日向专利复审委员会提出无效宣告请求，其理由是：专利权人在本专利申请日之前已将与本专利形状相同的产品申请了外观设计专利并获得授权，之后因未交年费而终止，然后再将已终止的专利又重新申请了本专利。因此，本专利权的授予不符合专利法第23条的规定。与此同时，请求人提交了如下附件作为证据：

附件1：02356611.6号外观设计专利著录项目及图片复印件3页；

附件2：200530073885.X号外观设计专利著录项目及图片复印件3页；
附件3：200530073884.5号外观设计专利著录项目及图片复印件2页；
附件4：200530073434.6号外观设计专利著录项目及图片复印件3页；
附件5：200530073429.5号外观设计专利著录项目及图片复印件3页；
附件6：200530073432.7号外观设计专利著录项目及图片复印件2页；
附件7：200530073433.1号外观设计专利著录项目及图片复印件4页；
附件8：02338144.2号外观设计专利著录项目及图片复印件4页。

经形式审查合格，专利复审委员会受理了此案，并于2006年11月9日将无效宣告请求书及相关材料转送给专利权人。

专利复审委员会于2006年12月21日收到专利权人的意见陈述书，专利权人将本专利与请求人提交的所有对比文件分别进行比较，认为本专利从整体形状至镜盖上端的卡口处、转轴等多个细节部位均与对比文件不相同，请求维持本专利权有效，专利权人同时将请求人提交的除附件3外其他附件以及在广州法院提起的侵权诉讼的证据随意见陈述书寄给专利复审委员会。

专利复审委员会于2006年12月29日向双方当事人发出合议组成员告知通知书，在规定的期限内双方当事人均未对合议组成员提出回避请求。

合议组认为本案事实清楚，可以依法作出审查决定。

二、决定的理由

基于请求人提出的无效宣告请求理由，合议组对本专利是否符合专利法第23条的规定进行审查。

专利法第23条规定：授予专利权的外观设计，应当同申请日以前在国内外出版物上公开发表过或者国内公开使用过的外观设计不相同和不相近似，并不得与他人在先取得的合法权利相冲突。

请求人提交的附件1是国家知识产权局于2003年1月8日授权公告的、申请号为02356611.6、名称为"镜（长方形）"的外观设计著录项目及图片复印件（下称在先设计），合议组将著录项目内容及图片与该外观设计专利公报进行核实内容相符，其真实性可以确认。在先设计的公开日期早于本专利的申请日，其公报属于专利法第23条规定的出版物，该外观设计专利与本专利用途相同属于同类产品，在外观设计相近似判断中具有可比性，可以作为本专利的对比文件，适用于本案。

本专利公开了产品的6面视图和1幅使用状态参考图。如图所示，本专利产品整体形状为长方形，上镜盖镶入在下镜盖内，镜盖表面平整，镜盖的下方中部设有一长方形卡口，镜盖的顶端为扁平槽口转轴（详见本专利附图）。

在先设计公开了产品的5面视图和1幅使用状态参考图，如图所示，对比文件整体形状为长方形，上镜盖镶入在下镜盖内，镜盖表面平整，镜盖的下方中部设有一长方形卡口，镜盖的顶端为圆柱形转轴（详见在先设计附图）。

将本专利与对比文件相比较，其相同点是：两者产品整体形状均为长方形，镜面表面平整，镜面下端均有一长方形卡口，其主要不同点为镜盖顶端转轴形状不同，本专利为扁平槽口转轴，而在先设计转轴为圆柱形。合议组进一步分析认为，镜子作为生活中的日常用品，一般消费者在购买时首先考虑的是镜子形状，而镜子上转轴是否制作成扁平的、还是圆柱形状不是一般消费者在购买镜子时主要考虑的因素，且本专利与在先设计转轴形状上的差异属于局部细微差别，上述差异不足以对整体外观设计产生显著的影响。就一般消费者而言，二者的整体形状相似已经形成了相近似的视觉印象，因此，二者属于相近似的外观设计。

综上所述，在本专利申请日以前已有与其相近似的外观设计在出版物上公开发表过，本专利不符合专利法第23条的规定。

鉴于已得出本专利不符合授权条件的结论，对于请求人提交的其他证据本决定不再评述。

三、决定

宣告 200530073885.X 号外观设计专利权全部无效。

当事人对本决定不服的，可以根据专利法第 46 条第 2 款的规定，自收到本决定之日起三个月内向北京市第一中级人民法院起诉。根据该款的规定，一方当事人起诉后，另一方当事人应当作为第三人参加诉讼。

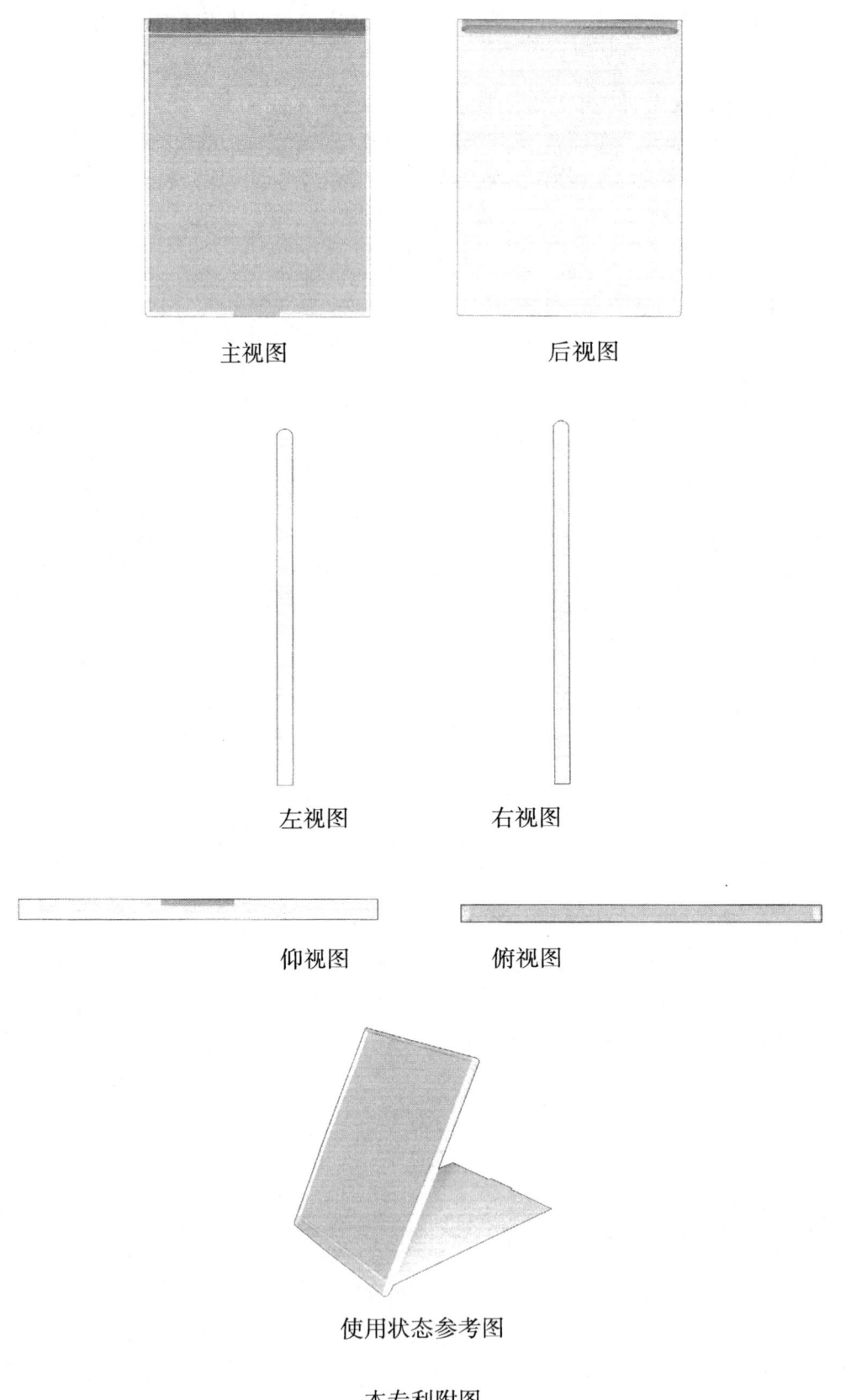

1352

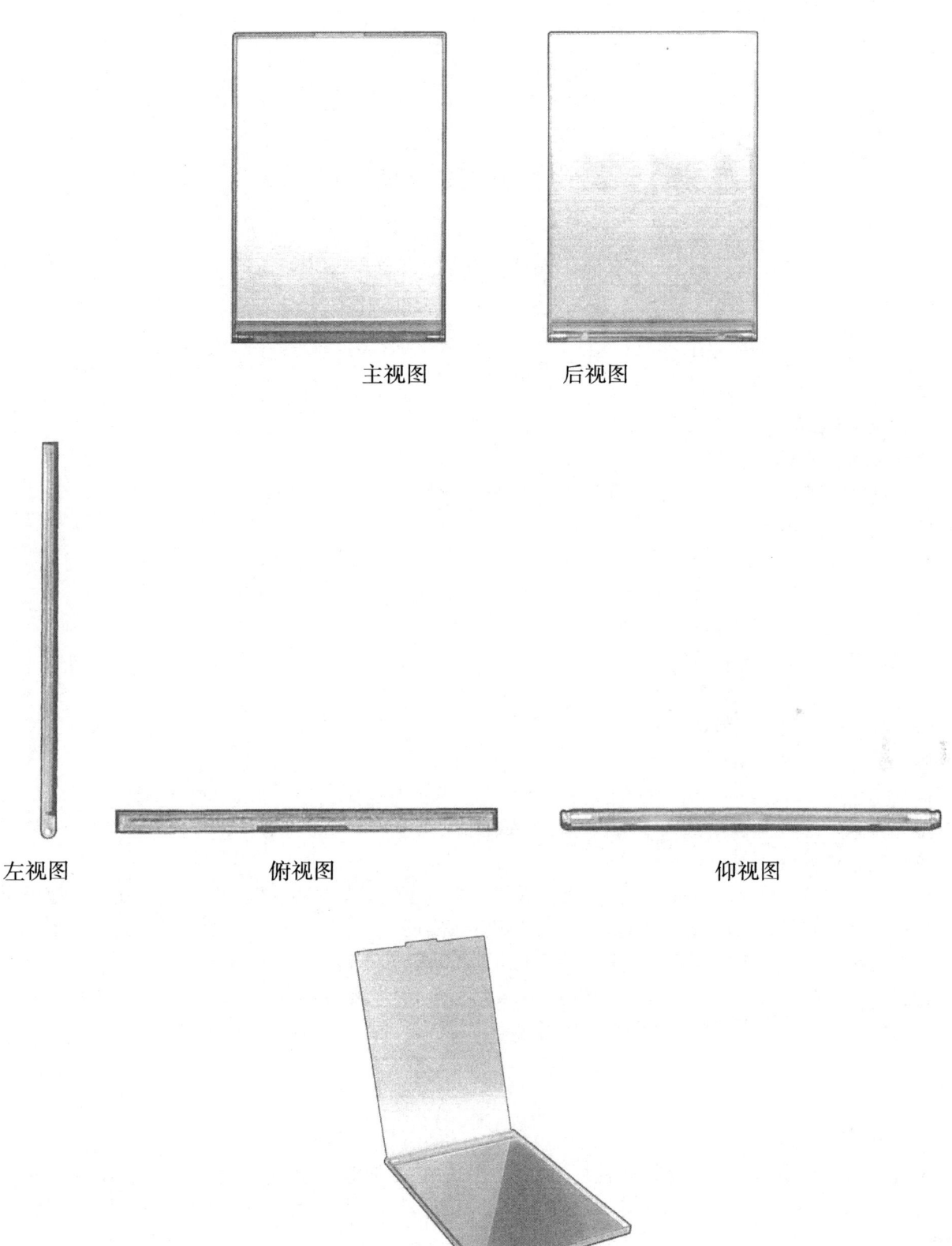

215

高尔夫颈套（2）

无效宣告请求审查决定（第9585号）

决 定 号	第9585号
决 定 日	2007年3月2日
发明创造名称	高尔夫颈套（2）
外观设计分类号	21-02
无效宣告请求人	厦门市湖里区高健橡塑制品厂，崔道俊
专 利 权 人	张 军
专 利 号	200430030131.1
申 请 日	2004年1月6日
授权公告日	2004年8月18日
合议组组长	吴赤兵
主 审 员	王霞军
参 审 员	李巍巍
附 图	1页
法律依据	专利法第23条，专利法实施细则第6条、第66条

决 定 要 点

以在中国领域外形成的出版物作为证据，如果对方当事人对其真实性提出异议，又缺少其他证明真实性的证据，则仅凭相关出版物本身不足以认定其真实性。

以与前案认定证据不同的证据再次提出无效宣告请求，并不违反"一事不再理原则"。

针对国内出版物证据，通过书名、日期、邮发代号和刊号等信息足以确定唯一的对应关系，在对方当事人仅提出质疑而未能提交相关反证的情况下，能够认定相关出版物的真实性。

一、案由

本无效宣告请求涉及国家知识产权局于2004年8月18日授权公告的200430030131.1号外观设计专利，该外观设计的产品名称是"高尔夫颈套（2）"，申请日是2004年1月6日，专利权人是张军。

1. 第一次无效宣告请求程序

针对上述外观设计专利权（下称本专利），2005年4月7日厦门市湖里区高健橡塑制品厂（下称第一请求人）向专利复审委员会提出无效宣告请求，其理由是本专利不符合专利法第23条的规定。第一请求人认为本专利与在其申请日以前本方生产、销售的高尔夫颈套产品的外观设计相近似，与在

其申请日以前的出版物上公开的高尔夫颈套的外观设计相近似，因此本专利无新颖性。同时，第一请求人提交了如下证据附件：

附件（一）1 是 2003 年版《GOLF EQUIPMENT UNIVERSAL CATALOGUE》杂志的封面、前言页、目录首页和第 538~541 页复印件以及厦门译雅翻译咨询有限公司签章的相关中文译文复印件共 15 页。

专利复审委员会根据无效宣告请求审查程序的规定受理了该无效宣告请求，并于 2005 年 4 月 11 日将第一请求人的无效宣告请求文件转送专利权人。

其后，第一请求人又于 2005 年 5 月 8 日提交了意见陈述书，坚持认为在本专利申请日以前已有与其相近似的外观设计在出版物上公开发表过，并认为在本专利申请日以前已有与其相同的外观设计产品在国内公开销售。同时，第一请求人请求专利复审委员会调查其无法自行获取的厦门茂靖体育运动器材有限公司的生产情况，并补充了如下证据附件（编号续前）：

附件（一）2 是 2000 年版《高尔夫用品综合目录》（译名）杂志的出版信息页和第 587 页复印件及相关中文译文复印件共 5 页，其上均盖有厦门精艺达翻译服务有限公司翻译专用章；

附件（一）3 是 1999 年《高尔夫专业》杂志的内页复印件 1 页；

附件（一）4 是 2000 年《中国高尔夫》杂志的内页复印件 1 页；

附件（一）5 是《高尔夫》杂志的内页复印件 2 页。

2005 年 5 月 9 日第一请求人再次补充了如下证据附件（编号续前）：

附件（一）6 是第 09373833 号《中国图书进出口（集团）总公司销售专用发票》复印件 1 页。

后经过文件转送程序和口头审理程序，第一请求人放弃附件（一）5 作为本案的证据，其在口头审理中出示了附件（一）1 至附件（一）4 所示杂志和附件（一）6 所示发票的原件，并补充了附件（一）3 和附件（一）4 所示杂志的封面和相关信息页等复印件。

对于第一请求人提出的无效宣告请求的理由和证据，专利权人主要认为第一请求人提交的证据材料均系域外形成，未经公证认证，不具有合法形式，且来源不明，均不应被采信；同时第一请求人后补充的新理由和新证据超出了举证期限，不应被接受，本专利应予维持。

在当事人的意见陈述及证据和口头审理的基础上，专利复审委员会于 2005 年 11 月 18 日作出第 7725 号无效宣告请求审查决定书（下称第 7725 号决定），并于 2005 年 11 月 22 日将第 7725 号决定分别寄送双方当事人。专利复审委员会在第 7725 号决定中认定：第一请求人提交的附件（一）3 所示 1999 年《高尔夫专业》杂志不属于在无效宣告请求之日起一个月后提交的新证据，应予以考虑；通过其上标有的出处、日期和定价等信息能够认定该杂志属于在本专利申请日以前在中国内陆公开散发的出版物，且其上公开了与本专利相近似的高尔夫球杆颈套的外观设计，因此本专利不符合中国专利法第 23 条的规定。从而宣告本专利无效。

专利权人不服第 7725 号决定，向北京市第一中级人民法院提起行政诉讼。后经过两审行政诉讼程序，北京市高级人民法院于 2006 年 8 月 9 日作出"（2006）高行终字第 313 号"行政判决书（下称终审判决）。终审判决认定：第 7725 号决定所采信的 1999 年《高尔夫专业》杂志的出版单位是位于中国香港的威博体育专门出版社，因此在不具有相关证明手续、亦未有其他证据佐证该杂志在国内于 1999 年已为公众所知的情况下，专利复审委员会认定该杂志在国内于 1999 年已为公众所知属于证据不足。从而维持北京市第一中级人民法院作出的"（2006）一中行初字第 106 号"行政判决书，撤销第 7725 号决定。

基于生效的终审判决，专利复审委员会重新组成合议组对本案进行再次审理，并于 2006 年 11 月 14 日向双方当事人发出口头审理通知书，定于 2006 年 12 月 21 日进行口头审理。

2. 第二次无效宣告请求程序

针对本专利，2006年9月4日崔道俊（下称第二请求人）向专利复审委员会提出无效宣告请求，其理由是本专利不符合专利法第23条的规定。第二请求人认为本专利与在其申请日以前厦门茂靖体育器材有限公司生产、销售的高尔夫颈套产品的外观设计相近似，与其申请日以前发表的出版物上公开的高尔夫颈套的外观设计相近似，因此本专利无新颖性。同时，第二请求人提交了如下证据附件：

附件（二）1是2003年9月号《高尔夫专业》杂志的封面、出版信息页和第7页复印件共3页。

专利复审委员会根据无效宣告请求审查程序的规定受理了该无效宣告请求，并于2006年9月4日将第二请求人的无效宣告请求文件转送专利权人。

其后，第二请求人又于2006年9月30日提交了意见陈述书，坚持认为本专利与其申请日以前在出版物上公开发表过的外观设计相同或者相近似；并请求专利复审委员会向相关企事业单位和团体调查取证。同时，第二请求人补充了如下证据附件（编号续前）：

附件（二）2是2003年2月号《高尔夫时尚》杂志的封面第59页复印件共2页；

附件（二）3是2003年3月号《高尔夫时尚》杂志的封面、第13页、第73页、第97页和第113页复印件共5页；

附件（二）4是2003年4月号《高尔夫时尚》杂志的封面和某内页复印件共2页；

附件（二）5是2003年7月号《高尔夫时尚》杂志的封面和第23页复印件共2页；

附件（二）6是2003年版《GOLF EQUIPMENT UNIVERSAL CATALOGUE》杂志的封面和第538~541页复印件以及厦门译雅翻译咨询有限公司签章的相关中文译文复印件共12页，另附厦门译雅翻译咨询有限公司的《企业法人营业执照》复印件2页和第09373833号《中国图书进出口（集团）总公司销售专用发票》复印件1页；

附件（二）7是2003年11月号《体育大观高球版》杂志的封面、第7页、第33页、第35页、第88页和第95页复印件共6页；

附件（二）8是2003年11月号《高尔夫》杂志的封面、第149页、第152页和第171页复印件共4页；

附件（二）9是2000年11月号《高尔夫》杂志的封面、第78页、第81页和第159页复印件共4页。

2006年10月11日专利复审委员会收到广东木兰广告有限公司签章的证言复印件；同时，专利复审委员会收到专利权人的意见陈述，专利权人认为：（1）第一次无效宣告请求程序中涉及的第7725号决定所运用的证据是香港出版物《高尔夫专业》，后两审人民法院均认定第7725号决定证据不足，从而撤销第7725号决定，而第二请求人又以与前案人民法院生效判决中相同的证据和理由重复提出第二次无效宣告请求，违反了审查指南规定的无效宣告请求的"一事不再理原则"和审查决定被人民法院生效判决撤销后的审查程序，并违反了最高人民法院关于申请再审期限的相关司法解释的规定；（2）第二请求人提交的附件（二）1所示2003年9月《高尔夫专业》杂志不具备国家出版物的主体资格和法定要件，属于无号非法出版物，缺乏证据的真实性、合法性和有效性。基于上述，专利权人认为应驳回第二次无效宣告请求，并提交了如下证据附件：

反证（二）1是第一请求人提交的附件（一）3所示1999年《高尔夫专业》杂志的出版信息页复印件1页；

反证（二）2是第二请求人提交的附件（二）1所示2003年9月《高尔夫专业》杂志的出版信息页复印件1页。

专利复审委员会于2006年11月14日将第二请求人的意见陈述及附件和专利权人的意见陈述及

附件分别转送对方当事人。同时向双方当事人发出口头审理通知书,定于 2006 年 12 月 21 日进行口头审理;并告知第二请求人,对于专利复审委员会于 2006 年 10 月 11 日收到的广东木兰广告有限公司签章的证言,合议组认为该证言的提交主体与第二请求人不符,不属于本案的有效文件。对于第二请求人提出的调查取证申请,按照审查指南第四部分第八章第 3 节的规定,专利复审委员会认为确有必要,才会应当事人的申请调查取证,鉴于本案中请求人还提交其他关键性证据,合议组认为没有必要进行。另告知专利权人,由于第二请求人提出的附件(二)1 与第 7725 号决定所涉及的证据不同,因此第二次无效宣告请求不属于以同样的理由和证据再次提出无效宣告请求的情形,不违反"一事不再理原则"。

2006 年 12 月 5 日专利复审委员会收到专利权人的意见陈述,专利权人坚持其原有观点,并认为第二请求人补充的证据来源不合法,均无购书发票,且均为香港或者日本形成的,未办理相关的证明手续,不能作为证据使用,同时部分证据不具备国内出版物的法定要件,部分证据是对于第一次无效宣告请求程序中涉及证据的重复提交,均不具有真实性、合法性和有效性,因此应驳回第二次无效宣告请求。

专利复审委员会于 2006 年 12 月 21 日口头审理开始前将上述专利权人的意见陈述转送第二请求人。

3. 合并口头审理程序

对于上述两个请求人针对本专利先后提出的两次无效宣告请求,专利复审委员会依法进行合并口头审理。2006 年 12 月 21 日口头审理如期举行,各方当事人均委托代理人出庭,各方当事人均对合议组成员无回避请求,对对方出庭人员的资格也均无异议。

在口头审理中,针对第一次无效宣告请求,第一请求人说明均无法对证据进行公证,但认为附件(一)1 所示 2003 年版《GOLF EQUIPMENT UNIVERSAL CATALOGUE》杂志是在国内获得的,附件(一)6 所示发票可证明该杂志购于中国图书进出口(集团)总公司书店,不需要公证认证,请求人当庭提交了附件(一)1 和附件(一)6 的原件,其中附件(一)6 所示发票的背面写有书名及其译名,并有中国图书进出口(集团)总公司报刊部收订二科的签章;专利权人当庭核实证据原件,坚持其原有观点,并认为正规发票背面不可以写字,附件(一)6 应为假发票。

针对第二次无效宣告请求,第二请求人坚持其原有观点,并认为虽然附件(二)1 所示 2003 年 9 月《高尔夫专业》杂志是香港出版物,但其为 2003 年第六届中国(深圳)国际高尔夫球博览会会刊,来源于广东木兰广告有限公司,应属于域内证据,第二请求人当庭提交了广东木兰广告有限公司签章的证言,并提交了附件(二)1 至附件(二)9 所示杂志及发票的原件;专利权人当庭核实证据原件,坚持其原有观点,认为第二请求人提交的附件(二)1 所示杂志和第一次无效宣告请求程序中涉及的第 7725 号决定所运用的证据均为香港出版物,因此违反了"一事不再理原则",并认为第二请求人提交的其他证据中均未标明相关杂志的出版单位,均不足为证。

在相近似性判断方面,两个请求人均坚持原有观点;专利权人认为证据中所示的相关外观设计均位于高尔夫球杆上,其是否是装饰或是图案不明,所示产品与本专利不同,而本专利是套在高尔夫球杆上的,有内径。

在针对上述两次无效宣告请求进行审理的基础上,合议组经合议,认为事实已清楚,依法作出本审查决定。

二、决定的理由

基于两个请求人提出的无效宣告请求的理由,合议组依据专利法第 23 条的规定进行审理。

专利法第 23 条规定:授予专利权的外观设计,应当同申请日以前在国内外出版物上公开发表过或者国内公开使用过的外观设计不相同和不相近似，并不得与他人在先取得的合法权利相冲突。

第一请求人在提出无效宣告请求之日提交的附件（一）1是2003年版《GOLF EQUIPMENT UNIVERSAL CATALOGUE》杂志的封面、前言页、目录首页和第538~541页复印件以及厦门译雅翻译咨询有限公司签章的相关中文译文复印件；其后于2005年5月9日补充了附件（一）6（即第09373833号《中国图书进出口（集团）总公司销售专用发票》复印件）作为关联证据，并在口头审理中提交了上述附件的原件。

针对上述附件，合议组认为：通过相关中文译文可知附件（一）1所示2003年版《GOLF EQUIPMENT UNIVERSAL CATALOGUE》杂志本身形成于日本，虽然第一请求人提交附件（一）6试图证明该杂志可通过国内公共渠道获得，但由于附件（一）6所示发票中记载的项目为"进口报刊零星订购"，与附件（一）1所示杂志的名称不符，且该发票的背面仅有手写书名及其译名和中国图书进出口（集团）总公司报刊部收订二科的签章，既无任何证明内容，也未体现该书的年代、版次等信息，尚不足以认定2005年4月30日开具的附件（一）6所示发票即为购买附件（一）1所示2003年版《GOLF EQUIPMENT UNIVERSAL CATALOGUE》杂志的原始票据，关联性明显不足；因此附件（一）1所示杂志作为域外证据，第一请求人未能履行相关证明手续，也未能提交其他证据佐证该杂志的真实性，在专利权人提出质疑的情况下，其真实性不能被认定。

第一请求人于2005年5月8日补充的附件（一）2是2000年版《高尔夫用品综合目录》（译名）杂志的出版信息页和第587页复印件及相关中文译文复印件，其上均盖有厦门精艺达翻译服务有限公司翻译专用章；附件（一）3是1999年《高尔夫专业》杂志的内页复印件；附件（一）4是2000年《中国高尔夫》杂志的内页复印件；附件（一）5是《高尔夫》杂志的内页复印件。

针对上述附件，合议组认为：根据专利法实施细则第66条的规定，在专利复审委员会受理无效宣告请求后，请求人可以在提出无效宣告请求之日起1个月内增加理由或者补充证据。逾期增加理由或者补充证据的，专利复审委员会可以不予考虑。另根据专利法实施细则第6条的规定，期限以年或者月计算的，以其最后一月的相应日为期限届满日；该月无相应日的，以该月最后一日为期限届满日；期限届满日是法定节假日的，以节假日后的第一个工作日为期限届满日。本案第一次无效宣告请求的提出日期为2005年4月7日，而1个月的期限届满日2005年5月7日是法定假日，因此第一请求人于2005年5月8日补充的上述证据不属于超期提交的新证据，应予以考虑。

附件（一）2所示杂志由其出版信息页记载的内容可知形成于日本，附件（一）3所示杂志由其出版信息页记载的内容可知形成于香港，附件（一）4所示杂志的内页上记载的内容未显示出其是形成于中国领域内的任何信息，附件（一）5所示杂志未提交过原件，且第一请求人在口头审理中说明均无法对上述证据进行公证；因此，在第一请求人未能提交其他证据对上述杂志的真实性予以证明、专利权人亦提出质疑的情况下，上述证据的真实性均不能被认定。

第一请求人认为本专利与在其申请日以前生产、销售的高尔夫颈套产品的外观设计相同或者相近似，并请求专利复审委员会调查其无法自行获取的厦门茂靖体育运动器材有限公司的生产情况。对此，合议组认为：根据审查指南第四部分第八章第3节的规定，专利复审委员会认为确有必要，才会应申请人的请求进行调查取证，因产品的生产并不等同于产品的公开销售，并不导致相关设计处于公众可以得知的状态，因此合议组认为没有必要调查取证。在缺乏证据的情况下，合议组对第一请求人提出的使用公开的无效宣告请求的理由不予支持。

综上所述，第一请求人提出的无效宣告请求的理由均不能成立。

第二请求人在提出无效宣告请求之日提交的附件（二）1是2003年9月《高尔夫专业》杂志的封面、出版信息页和第7页复印件；专利权人认为该杂志和第一次无效宣告请求程序中涉及的第

7725号决定所运用的附件（一）3所示杂志均为香港出版物，因此违反了审查指南规定的无效宣告请求的"一事不再理原则"和审查决定被人民法院生效判决撤销后的审查程序，也违反了最高人民法院关于申请再审期限的相关司法解释的规定，并提交了反证（二）1和反证（二）2。对此，合议组认为：经核实，反证（二）1和附件（一）3所示的杂志为1999年《高尔夫专业》，而反证（二）2和附件（二）1所示的杂志为2003年9月《高尔夫专业》，二者证据不同，因此第二次无效宣告请求不属于以同样的理由和证据再次提出无效宣告请求的情形，不违反"一事不再理原则"；且最高人民法院关于申请再审期限的相关司法解释的规定与无效宣告请求的审理无关，因此合议组对专利权人的上述主张不予支持。

第二请求人在口头审理中提交了广东木兰广告有限公司签章的证言作为附件（二）1的补充证据。对此，合议组认为：该补充证据的有效提交日期为2006年12月21日，超出了自无效宣告请求之日（2006年9月4日）起1个月的举证期限，根据专利法实施细则第66条的规定，本案不予考虑。

第二请求人提交的附件（二）2是2003年2月号《高尔夫时尚》杂志的封面和第59页复印件，其后于口头审理中提交了该杂志的完整原件。针对附件（二）2，合议组认为：在该杂志的封面上不仅标有"高尔夫时尚"的刊名、"2003年2月号"的日期和"￥38"的定价，而且明确标有"62-145"的邮发代号、"ISSN 1671-0843"的国际标准刊号和"CN51-1612/G8"的国内统一刊号等信息，形成了刊名、日期、刊号、邮发代号等信息的唯一确定关系，在第二请求人已提交该杂志完整原件的情况下，虽然专利权人质疑其真实性、合法性和有效性，但是未能提交任何反证支持其主张，因此合议组根据该杂志及其上记载的上述信息认定该杂志属于真实的、合法的、在国内公开发行的出版物，属于专利法第23条规定的在本专利申请日（2004年1月6日）以前公开发行的出版物，适用于本案。

在该杂志的第59页上公开了一款高尔夫球杆颈套的外观设计（下称在先设计）。虽然专利权人认为在先设计位于高尔夫球杆上，其是否装饰或是图案不明，所示产品与本专利不同；但是从图片上观察，在先设计明显与杆头和杆身从形状和色彩上相区分，且从图片旁的文字描述可知，杆头和杆身是采用完全不同的材质制成，因此在先设计应为杆头和杆身结合部的专用颈部套筒设计，是此类高尔夫球杆的典型部件，与同样套在高尔夫球杆颈部上使用的本专利用途完全相同，二者属于同一类别的产品，具有可比性。

从图片上观察，在先设计为深紫红色的圆台形回转体，近窄端处环绕一条金环（详见在先设计附图）。

本专利为深褐色的圆台形回转体，具有明确内径的套孔设计，近窄端处环绕一条金环，请求保护色彩（详见本专利附图）。

将本专利和在先设计相比较，其不同点为：二者的底色不同，且本专利套孔的内径明确。合议组认为：从整体视觉观察，二者的色彩搭配极为接近，不会对二者的整体视觉效果产生显著的影响，且此类产品在使用状态下是套在高尔夫球杆上的，因此套孔内侧属于安装、使用时不容易看到的功能性部位，也不足以对此类产品整体外观设计的相近似性判断产生显著的影响；本专利和在先设计的整体形状设计、图案分割设计和色彩搭配设计均是相同或者相近似的，容易导致一般消费者对二者的整体外观设计产生误认、混同，因此二者应属于相近似的外观设计。综上所述，在本专利申请日以前已有与其相近似的高尔夫球杆颈套的外观设计在出版物上公开发表过，本专利不符合专利法第23条的规定。

鉴于由上述在先设计与本专利相比较已得出本专利不符合专利法所规定的授权条件的结论，合议组对第二请求人提出的其他理由和证据不再予以评述。

三、决定

宣告200430030131.1号外观设计专利权全部无效。

当事人对本决定不服的，可以根据专利法第46条第2款的规定，自收到本决定之日起三个月内向北京市第一中级人民法院起诉。根据该款的规定，一方当事人起诉后，另一方当事人应当作为第三人参加诉讼。

主视图

立体图 1　　　　　立体图 2

本专利附图

对比文件附图

北京市第一中级人民法院
行政判决书

(2007) 一中行初字第837号

原告张军,男,1972年3月25日出生,土家族,厦门亿威塑胶运动器材有限公司法定代表人,身份证住址贵州省沿河县黑水乡龙堡村上白溪组,现住福建省厦门市湖里区殿前六组工业区。

委托代理人张延顺,男,1952年4月5日出生,土家族,住贵州省沿河土家族自治县黑水乡龙堡村上白溪组。

被告国家知识产权局专利复审委员会,住所地北京市海淀区北四环西路9号银谷大厦10~12层。

法定代表人廖涛,副主任。

委托代理人张雪飞,国家知识产权局专利复审委员会审查员。

委托代理人程强,国家知识产权局专利复审委员会审查员。

第三人崔道俊,男,1970年5月2日出生,土家族,厦门市湖里区高健橡塑制品厂(经营场所:福建省厦门市湖里区枋湖村枋湖社277号)业主,身份证住址贵州省沿河县淇滩镇联桥村平屯组,现住福建省厦门市湖里区枋湖村枋湖社277号。

委托代理人吴武成,福建万石律师事务所律师。

委托代理人潘进,福建万石律师事务所律师。

原告张军不服被告国家知识产权局专利复审委员会(以下简称专利复审委员会)于2007年3月2日作出的第9585号无效宣告请求审查决定(以下简称第9585号决定),于法定期限内向本院提起诉讼。本院于2007年6月12日受理本案后,依法组成合议庭,并按照法律有关规定通知崔道俊作为第三人参加诉讼,于2007年9月6日公开开庭进行了审理。原告张军及其委托代理人张延顺,被告专利复审委员会的委托代理人张雪飞、程强,第三人崔道俊的委托代理人潘进到庭参加了诉讼。本案现已审理终结。专利复审委员会第9585号决定系就厦门市湖里区高健橡塑制品厂(以下简称高健橡塑制品厂)和崔道俊对张军拥有的第200430030131.1号外观设计专利(以下简称本专利)所提出的无效宣告请求作出的。专利复审委员会在该决定中认定:(1)高健橡塑制品厂于2005年4月7日提出的无效宣告请求的理由均不能成立。(2)崔道俊提交了2003年2月号《高尔夫时尚》杂志的封面和第59页复印件及该杂志的完整原件。在该杂志的封面上不仅标有"高尔夫时尚"的刊名、"2003年2月号"的日期和"38"的定价,而且明确标有"62-145"的邮发代号、"ISSN 1671-0843"的国际标准刊号和"CN51-1612/G8"的国内统一刊号等信息,形成了刊名、日期、刊号、邮发代号等信息的唯一确定关系,虽然张军质疑其真实性、合法性和有效性,但是未能提交任何反证支持其主张,因此该杂志属于真实的、合法的、在国内公开发行的出版物,属于《中华人民共和国专利法》(以下简称《专利法》)第二十三条规定的在本专利申请日以前公开发行的出版物。在该杂志的第59页上公开了一款高尔夫球杆颈套的外观设计(简称在先设计),与本专利属于同一类别的产品。将本专利和在先设计相比较,其不同点为:二者的底色不同,且本专利套孔的内径明确。但从整体视觉观察,二者的色彩搭配极为接近,不会对二者的整体视觉效果产生显著的影响,且此类产品在使用状态下是套在高尔夫球杆上的,因此套孔内侧属于安装、使用时不容易看到的功能性部位,也不足以对此类产品整体外观设计的相近似性判断产生显著的影响；本专利和在先设计的整体形状设计、图案分割设计和色彩搭配设计均是相同或者相近似的，容易导致一般消费者对二者的整体外观设计产生误认、混同，因此二者应属于相近似的外观设计，本专利不符合《专利法》第二十三条的规定。专利复审委员会据此作出第9585号无效决定，宣告本专利权无效。原告张军不服该决定，在法定期限内向本院提起行政诉讼，其诉称：（1）本案经原一、二审判决已终审结案，被告使用与原生效判决中相同的证据，再次受理第三人的无效宣告请求，并作出第9585号决定，其行为缺乏法律依据，违反了《中华人民共和国专利法实施细则》（以下简称《专利法实施细则》）第六十五条第二款的规定，违反了《审查指南》所规定的"一事不再理原则"。（2）第三人提交的证据不符合合法出版物的规定，被告采用其证据违反了《出版物市场管理规定》的相关规定。因此，原告请求人民法院判决撤销第9585号决定。被告专利复审委员会辩称：《专利法实施细则》第六十五条第二款规定的是"同样的理由和证据"。本案第三人第二次无效宣告请求的证据与第一次的证据不同，不属于以同样的理由和证据再次提出无效宣告请求的情形，不违反"一事不再理原则"。对于原告提出的其他问题，被告仍坚持第9585号决定中的认定。综上，被告认为原告的诉讼理由不能成立，第9585号决定认定事实清楚，适用法律正确，请求人民法院维持该决定。第三人崔道俊述称：（1）第一次无效宣告请求人是高健橡塑制品厂，但是第二次的无效宣告请求人是崔道俊，两案请求人不一样，不适用"一事不再理原则"。（2）本专利已是公知技术，已经丧失了新颖性。因此请求人民法院判决维持第9585号决定。

本院经审理查明：

"高尔夫颈套（2）"外观设计专利（即本专利）由张军于2004年1月6日向国家知识产权局提出申请，于2004年8月18日被授权公告，专利号为200430030131.1。本专利授权公告包括3幅视图，即立体图1、立体图2、主视图，其请求保护色彩。从授权公报看，本专利为深褐色的圆台形回转体，具有明确内径的套孔设计，近窄端处环绕一条金环（本专利的外观详见本判决附图）。

针对本专利，高健橡塑制品厂于2005年4月7日以本专利不符合《专利法》第二十三条的规定为由，向专利复审委员会提出无效宣告请求，并提交了包括1999年《高尔夫专业》杂志在内的相关证据。2005年11月18日，专利复审委员会作出第7725号无效宣告请求审查决定（简称第7725号决定），认为1999年《高尔夫专业》杂志上公开了与本专利相近似的高尔夫球杆颈套的外观设计，因此宣告本专利无效。张军不服第7725号决定，向我院提起行政诉讼。2006年3月27日，我院作出（2006）一中行初字第106号行政判决书，认为第7725号决定所采信的1999年《高尔夫专业》杂志没有履行相关证明手续，专利复审委员会采用该证据并宣告本专利无效属主要证据不足，故判决撤销专利复审委员会第7725号决定。2006年8月9日，北京市高级人民法院作出（2006）高行终字第313号行政判决书，维持了（2006）一中行初字第106号行政判决书。基于生效的终审判决，专利复审委员会重新组成合议组对该无效宣告请求中除1999年《高尔夫专业》杂志以外的证据和理由继续进行审理。

2006年9月4日，崔道俊以本专利不符合《专利法》第二十三条规定为由，向专利复审委员会提出无效宣告请求，并提交了2003年9月《高尔夫专业》杂志的封面、出版信息页和第7页等作为证据。专利复审委员会受理了该无效宣告请求，并于2006年9月4日将崔道俊的无效宣告请求文件转送张军。2006年9月30日崔道俊补充了包括2003年2月号《高尔夫时尚》杂志在内的8份证据。2003年2月号《高尔夫时尚》封面上标有"高尔夫时尚"的刊名、"2003年2月号"的日期和"38"的定价，还标有"62-145"的邮发代号、"ISSN 1671-0843"的国际标准刊号和"CN51-1612/G8"

的国内统一刊号等信息,其版权页除了标明上述信息外,还载明主管单位为四川省体育局,主办单位为四川省体育总会,由高尔夫时尚杂志社编辑出版,由成都市邮政局、高尔夫时尚杂志社发行。在该杂志的第59页上公开了一款高尔夫球杆颈套的外观设计(即在先设计),在先设计为黑色的圆台形回转体,近窄端处环绕一条金环(在先设计详见本判决书附图)。

2006年12月21日,专利复审委员会对前述两无效宣告请求合并举行了口头审理。

2007年3月2日,专利复审委员会作出第9585号决定。

在本案庭审过程中,张军认为2003年2月号《高尔夫时尚》杂志没有版权批准文件,不符合出版物的相关规定,但其明确表示不能提交相反的证据支持其该项主张。张军还表示对于第9585号决定所认定的本专利和在先设计的客观描述没有异议。专利复审委员会向本院提交了2003年2月号《高尔夫时尚》杂志的完整原件。

上述事实有本专利公报、第9585号决定、(2006)一中行初字第106号行政判决书、(2006)高行终字第313号行政判决书、2003年2月号《高尔夫时尚》杂志及当事人陈述等证据在案佐证。

本院认为:

1. 关于被告受理无效宣告请求是否合法

本案中,虽然在先生效的行政判决书撤销了第7725号决定,但该判决结果不等同于直接确认本专利权继续有效,被告仍需要对于无效宣告请求人提出的其他理由和证据进行审理。同时,根据《专利法》第四十五条的规定,任何人仍可以针对该专利提出无效宣告请求。《专利法实施细则》第六十五条第二款规定,在专利复审委员会就无效宣告请求作出决定之后,又以同样的理由和证据请求无效宣告的,专利复审委员会不予受理。本案中,在先的第7725号决定及后续的两审行政诉讼涉及的是1999年《高尔夫专业》杂志,而在后的无效宣告请求受理的依据是2003年9月《高尔夫专业》杂志,二者虽然刊名相同,但刊期、出版时间、内容均不相同,不属于相同的证据。因此被告对于第7725号决定中未评述的证据和理由继续进行审理,同时根据新的证据再次受理针对本专利的无效宣告请求并作出第9585号决定没有违反《专利法实施细则》第六十五条第二款规定的"一事不再理"原则,原告关于被告受理行为违法的主张没有法律依据,本院不予支持。

2. 关于本专利是否符合《专利法》第二十三条规定

《专利法》第二十三条规定:授予专利权的外观设计,应当同申请日以前在国内外出版物上公开发表过或者国内公开使用过的外观设计不相同和不相近似,并不得与他人在先取得的合法权利相冲突。

2003年2月号《高尔夫时尚》杂志标有刊名、日期、刊号、邮发代号、主管单位、主办单位、出版单位、发行单位等信息,被告也在诉讼中提交了该杂志的原件,其已经尽到了证明该杂志真实性的举证责任。虽然原告仍有异议,但在其未能提交任何相反证据的情况下,本院对该杂志本身及其上公开的信息的真实性予以确认。由于该杂志的出版日早于本专利的申请日,故包含于该杂志中的在先设计可以用于评价本专利是否符合《专利法》第二十三条的规定。

在先设计与本专利均为高尔夫球杆杆头和杆身结合部的专用颈部套筒设计,二者属于同一类别的产品。将本专利和在先设计相比较,二者的整体形状设计、图案分割设计和色彩搭配设计均是相同或者相近似的,容易导致一般消费者对二者的整体外观设计产生误认、混同,因此二者应属于相近似的外观设计,本专利不符合《专利法》第二十三条的规定,应当被宣告无效。

综上,被告专利复审委员会作出的第9585号决定认定事实清楚,适用法律正确,程序合法,应予维持。原告张军请求撤销该决定的理由不能成立，本院不予支持。依照《中华人民共和国行政诉讼法》第五十四条第（一）项之规定，本院判决如下：

维持国家知识产权局专利复审委员会作出的第9585号无效宣告请求审查决定。

案件受理费100元，由原告张军负担（已交纳）。

如不服本判决，各方当事人可于本判决送达之日起15日内，向本院提交上诉状及其副本，并交纳上诉案件受理费100元，上诉于北京市高级人民法院。

审　判　长　刘海旗
代理审判员　周云川
代理审判员　佟　姝
二〇〇六年十二月二十日
书　记　员　高　颖

北京市高级人民法院
行政判决书

（2007）高行终字第498号

上诉人（原审原告）张军，男，土家族，1972年3月25日出生，厦门亿威塑胶运动器材有限公司法定代表人，住贵州省沿河县黑水乡龙堡村上白溪组。

委托代理人张延顺，男，土家族，1952年4月5日出生，住贵州省沿河土家族自治县黑水乡龙堡村上白溪组。

委托代理人张明，男，土家族，1974年9月25日出生，厦门亿威塑胶运动器材有限公司副经理，住贵州省沿河县黑水乡龙堡村上白溪组。

被上诉人（原审被告）国家知识产权局专利复审委员会，住所地北京市海淀区北四环西路9号银谷大厦10~12层。

法定代表人廖涛，副主任。

委托代理人王霞军，该委员会审查员。

委托代理人程强，该委员会审查员。

原审第三人崔道俊，男，土家族，1970年5月2日出生，厦门市湖里区高健橡塑制品厂业主，住贵州省沿河县淇滩镇联桥村平屯组。

上诉人张军不服因外观设计专利权无效行政纠纷一案，不服北京市第一中级人民法院（2007）一中行初字第837号行政判决，向本院提出上诉。本院2007年11月3日受理本案后，依法组成合议庭，于2007年11月26日公开开庭进行了审理。上诉人张军的委托代理人张延顺、张明，被上诉人国家知识产权局专利复审委员会（以下简称专利复审委员会）的委托代理人王霞军、程强到庭参加了诉讼。原审第三人崔道俊明确表示不参加本案庭审。本案现已审理终结。北京市第一中级人民法院认定，张军是"高尔夫颈套（2）"外观设计专利（以下简称本专利）的专利权人。专利复审委员会曾于2005年11月18日就本专利作出第7725号无效宣告请求审查决定（以下简称第7725号决定）。

2006年9月4日，崔道俊以本专利不符合专利法第二十三条规定为由，向专利复审委员会提出无效宣告请求，2007年3月2日，专利复审委员会作出第9585号无效宣告请求审查决定（以下简称第9585号决定），宣告本专利权无效。北京市第一中级人民法院认为，在先的第7725号决定及后续的两审行政诉讼涉及的是1999年《高尔夫专业》杂志，而在后的无效宣告请求受理的依据是2003年9月《高尔夫专业》杂志，刊期、出版时间、内容均不相同，不属于相同的证据。因此第9585号决定没有违反《专利法实施细则》第六十五条第二款的规定。2003年2月号《高尔夫时尚》杂志标有刊名、日期等信息，专利复审委员会也在诉讼中提交了该杂志的原件，已尽到了证明该杂志真实性的举证责任。张军未能提交任何相反证据，因此，该杂志本身及其上公开的信息的真实性应予确认。在先设计与本专利属于同一类别的产品。将本专利和在先设计相比较，二者属于相近似的外观设计，应当被宣告无效。北京市第一中级人民法院依照《中华人民共和国行政诉讼法》第五十四条第（一）项之规定，判决：维持专利复审委员会做出的第9585号决定。张军不服原审判决，向本院提出上诉，请求撤销原审判决。理由是：专利复审委员会做出的第9585号决定。张军不服原审判决，向本院提出上诉，请求撤销原审判决。理由是：专利复审委员会依据无效宣告请求人重复提交的证据受理本案，违反了"一事不再理"原则；无效宣告请求人提交的对比文件没有说明合法来源，对其真实性不予认可；本专利与在先设计相比不相同。专利复审委员会、崔道俊服从原审判决。

经审理查明，本专利由张军于2004年1月6日向国家知识产权局提出申请，于2004年8月18日由国家知识产权局公告授权，专利号为200430030131.1。本专利授权公告包括3幅视图，即立体图1、立体图2、主视图，请求保护色彩。本专利为深褐色的圆台形回转体，具有明确内径的套孔设计，近窄端处环绕一条金环（见本判决书附图1）。

针对本专利，高健橡塑制品厂于2005年4月7日以本专利不符合《专利法》第二十三条的规定为由，向专利复审委员会提出无效宣告请求，并提交了包括1999年《高尔夫专业》杂志在内的相关证据。2005年11月18日，专利复审委员会作出第7725号决定，认为1999年《高尔夫专业》杂志上公开了与本专利相近似的高尔夫球杆颈套的外观设计，因此宣告本专利权无效。张军不服第7725号决定，向一审法院提起行政诉讼。2006年3月27日，北京市第一中级人民法院做出（2006）一中行初字第106号行政判决，认为第7725号决定所采信的1999年《高尔夫专业》杂志没有履行相关证明手续，专利复审委员会采用该证据并宣告本专利权无效属主要证据不足，故判决撤销专利复审委员会第7725号决定。2006年8月9日，本院作出（2006）高行终字第313号行政判决，维持了（2006）一中行初字第106号行政判决。基于前述生效的终审判决，专利复审委员会重新组成合议组对该无效宣告请求中除1999年《高尔夫专业》杂志以外的证据和理由继续进行审理。

2006年9月4日，崔道俊以本专利不符合《专利法》第二十三条规定为由，向专利复审委员会提出无效宣告请求，并提交了2003年9月《高尔夫专业》杂志的封面、出版信息页和第7页等作为证据。专利复审委员会受理了该无效宣告请求，并于2006年9月4日将崔道俊的无效宣告请求文件转送张军。2006年9月30日崔道俊补充了包括2003年2月号《高尔夫时尚》杂志在内的8份证据。2003年2月号《高尔夫时尚》封面上标有"高尔夫时尚"的刊名、"2003年2月号"的日期和"￥38"的定价，还标有"62-145"的邮发代号、"ISSN1671-0843"的国际标准刊号和"CN51-1612/G8"的国内统一刊号等信息，其版权页除了标明上述信息外，还载明主管单位为四川省体育局，主办单位为四川省体育总会，由高尔夫时尚杂志社编辑出版，由成都市邮政局、高尔夫时尚杂志社发行。在该杂志的第59页上公开了一款高尔夫球杆颈套的外观设计，该设计为黑色的圆台形回转体，近窄端处环绕一条金环（见本判决书附图2）。

2006年12月21日，专利复审委员会对前述两无效宣告请求合并举行了口头审理。

2007年3月2日，专利复审委员会做出第9585号决定。该决定认为，（1）高健橡塑制品厂于2005年4月7日提出的无效宣告请求的理由均不能成立。（2）崔道俊提交了2003年2月号《高尔夫时尚》杂志的封面和第59页复印件及该杂志的完整原件。在该杂志的封面上不仅标有"高尔夫时尚"的刊名、"2003年2月号"的日期和"￥38"的定价，而且明确标有"62-145"的邮发代号、"ISSN1671-0843"的国际标准刊号和"CN51-1612/G8"的国内统一刊号等信息，形成了刊名、日期、刊号、邮发代号等信息的唯一确定关系，虽然张军质疑其真实性、合法性和有效性，但是未能提交任何反证支持其主张，因此该杂志属于真实的、合法的、在国内公开发行的出版物，属于《中华人民共和国专利法》（以下简称《专利法》）第二十三条规定的在本专利申请日以前公开发行的出版物。在该杂志的第59页上公开了一款高尔夫球杆颈套的外观设计，与本专利属于同一类别的产品。将本专利和在先设计相比较，其不同点为：二者的底色不同，且本专利套孔的内径明确。但从整体视觉观察，二者的色彩搭配极为接近，不会对二者的整体视觉效果产生显著的影响，且此类产品在使用状态下是套在高尔夫球杆上的，因此套孔内侧属于安装、使用时不容易看到的功能性部位，也不足以对此类产品整体外观设计的相近似性判断产生显著的影响；本专利和在先设计的整体形状设计、图案分割设计同，因此二者应属于相近似的外观设计，本专利不符合《专利法》第二十三条的规定。专利复审委员会据此作出第9585号决定，宣告本专利权无效。

在本院庭审过程中，张军主张无效宣告请求人在第一次无效程序中曾经提交过2003年2月号《高尔夫时尚》杂志这一证据。张军认可该证据在第一次无效程序中未经转交及质证，也不是专利复审委员会做出第7725号决定的证据；在本次无效审查程序口头审理中见过2003年2月号《高尔夫时尚》杂志原件。

上述事实有本专利公报、第9585号决定、北京市第一中级人民法院（2006）一中行初字第106号行政判决书、北京市高级人民法院（2006）高行终字第313号行政判决书、2003年2月号《高尔夫时尚》杂志及当事人陈述等证据在案佐证。

本院认为，人民法院生效的行政判决以证据不足为由撤销专利复审委员会做出的第7725号决定，专利复审委员会应对无效宣告请求人提出的其他理由和证据继续进行审理。第7725号决定所引用的证据是1999年《高尔夫专业》杂志，而在后的无效宣告请求受理的依据是崔道俊提交的2003年9月《高尔夫专业》杂志，二者刊名相同，但刊期、出版时间、出版单位、杂志内容均不相同，不属于相同的证据。张军主张2003年2月号《高尔夫时尚》杂志曾于第一次无效宣告审查程序中提交过，但张军亦认可该证据未被专利复审委员会接受及转送，故不应视为重复提交的证据。崔道俊依据新的理由和证据再次提出无效宣告请求不违反法律规定。专利复审委员会依据人民法院的行政判决以及根据无效请求人提交的新的证据受理新的无效宣告请求并合并审理是合法的。

《专利法》第二十三条规定：授予专利权的外观设计，应当同申请日以前在国内外出版物上公开发表过或者国内公开使用过的外观设计不相同和不相近似，并不得与他人在先取得的合法权利相冲突。

经张军确认，崔道俊在专利复审委员会进行的口头审理中提交了2003年2月号《高尔夫时尚》杂志的原件。该证据标有刊名、日期、刊号、邮发代号、主管单位、主办单位、出版单位、发行单位等信息，张军虽不认可该证据的真实性，但是未提供相反证据支持其主张。因此，可以认定2003年

2月号《高尔夫时尚》杂志是早于本专利申请日在国内出版发行的公开出版物，该杂志中的图片所反映的产品外观设计可以作为评价本专利是否符合《专利法》第二十三条的规定的在先设计。

本专利与在先设计的整体形状相近似。本专利要求保护色彩，本专利的圆台形回转体为深褐色、近乎黑色，近窄端处环绕一条金环，在先设计圆台形回转体为黑色，近窄端处同样位置也环绕一条金环，因此，二者的色彩以及色彩搭配形成的图案分割设计是相近似的，对于一般消费者而言，二者的视觉差异是不显著的，应属于相近似的外观设计，本专利不符合《专利法》第二十三条的规定，应当被宣告无效。

综上，张军的上诉理由均不能成立，其上诉请求本院不予支持。原审判决认定事实清楚，适用法律正确。依照《中华人民共和国行政诉讼法》第六十一条第一款第（一）项之规定，判决如下：

驳回上诉，维持原判。

一审案件受理费 100 元，由张军负担（已交纳）。二审案件受理费 100 元，由张军负担（已交纳）。

本判决为终审判决。

审　判　长　刘　辉
代理审判员　岑宏宇
代理审判员　张冬梅
二〇〇七年十二月十一日
书　记　员　耿巍巍

高尔夫颈套（1）

无效宣告请求审查决定（第9586号）

决 定 号	第9586号
决 定 日	2007年3月2日
发明创造名称	高尔夫颈套（1）
外观设计分类号	21-02
无效宣告请求人	厦门市湖里区高健橡塑制品厂，崔道俊
专 利 权 人	张 军
专 利 号	200430030130.7
申 请 日	2004年1月6日
授权公告日	2004年8月25日
合议组组长	吴赤兵
主 审 员	王霞军
参 审 员	李巍巍
附 图	1页

法 律 依 据 专利法第23条，专利法实施细则第6条、第66条

决 定 要 点

以在中国领域外形成的出版物作为证据，如果对方当事人对其真实性提出异议，又缺少其他证明真实性的证据，则仅凭相关出版物本身不足以认定其真实性。

以与前案认定证据不同的证据再次提出无效宣告请求，并不违反"一事不再理原则"。

针对国内出版物证据，通过书名、日期、邮发代号和刊号等信息足以确定唯一的对应关系，在对方当事人仅提出质疑而未能提交相关反证的情况下，能够认定相关出版物的真实性。

一、案由

本无效宣告请求涉及国家知识产权局于2004年8月25日授权公告的200430030130.7号外观设计专利，该外观设计的产品名称是"高尔夫颈套（1）"，申请日是2004年1月6日，专利权人是张军。

1. 第一次无效宣告请求程序

针对上述外观设计专利权（下称本专利），2005年4月7日厦门市湖里区高健橡塑制品厂（下称第一请求人）向专利复审委员会提出无效宣告请求，其理由是本专利不符合专利法第23条的规定。第一请求人认为本专利与在其申请日以前本方生产、销售的高尔夫颈套产品的外观设计相近似，与在

其申请日以前的出版物上公开的高尔夫颈套的外观设计相近似,因此本专利无新颖性。同时,第一请求人提交了如下证据附件:

附件(一)1是2003年版《GOLF EQUIPMENT UNIVERSAL CATALOGUE》杂志的封面、前言页、目录首页和第538~541页复印件以及厦门译雅翻译咨询有限公司签章的相关中文译文复印件共15页。

专利复审委员会根据无效宣告请求审查程序的规定受理了该无效宣告请求,并于2005年4月11日将第一请求人的无效宣告请求文件转送专利权人。

其后,第一请求人又于2005年5月8日提交了意见陈述书,坚持认为在本专利申请日以前已有与其相近似的外观设计在出版物上公开发表过,并认为在本专利申请日以前已有与其相同的外观设计产品在国内公开销售。同时,第一请求人请求专利复审委员会调查其无法自行获取的厦门茂靖体育运动器材有限公司的生产情况,并补充了如下证据附件(编号续前):

附件(一)2是2000年版《高尔夫用品综合目录》(译名)杂志的出版信息页和第587页复印件及相关中文译文复印件共5页,其上均盖有厦门精艺达翻译服务有限公司翻译专用章;

附件(一)3是1999年《高尔夫专业》杂志的内页复印件1页;

附件(一)4是2000年《中国高尔夫》杂志的内页复印件1页;

附件(一)5是《高尔夫》杂志的内页复印件2页。

2005年5月9日第一请求人再次补充了如下证据附件(编号续前):

附件(一)6是第09373833号《中国图书进出口(集团)总公司销售专用发票》复印件1页。

后经过文件转送程序和口头审理程序,第一请求人放弃附件(一)5作为本案的证据,其在口头审理中出示了附件(一)1至附件(一)4所示杂志和附件(一)6所示发票的原件,并补充了附件(一)3和附件(一)4所示杂志的封面和相关信息页等复印件。

对于第一请求人提出的无效宣告请求的理由和证据,专利权人主要认为第一请求人提交的证据材料均系域外形成,未经公证认证,不具有合法形式,且来源不明,均不应被采信;同时第一请求人后补充的新理由和新证据超出了举证期限,不应被接受,本专利应予维持。

在当事人的意见陈述及证据和口头审理的基础上,专利复审委员会于2005年11月4日作出第7659号无效宣告请求审查决定书(下称第7659号决定),并于2005年11月14日将第7659号决定分别寄送双方当事人。专利复审委员会在第7659号决定中认定:第一请求人提交的附件(一)3所示1999年《高尔夫专业》杂志不属于在无效宣告请求之日起一个月后提交的新证据,应予以考虑;通过其上标有的出处、日期和定价等信息能够认定该杂志属于在本专利申请日以前在中国内陆公开散发的出版物,且其上公开了与本专利相近似的高尔夫球杆颈套的外观设计,因此本专利不符合中国专利法第23条的规定。从而宣告本专利无效。

专利权人不服第7659号决定,向北京市第一中级人民法院提起行政诉讼。后经过两审行政诉讼程序,北京市高级人民法院于2006年8月9日作出"(2006)高行终字第311号"行政判决书(下称终审判决)。终审判决认定:第7659号决定所采信的1999年《高尔夫专业》杂志的出版单位是位于中国香港的威博体育专门出版社,因此在不具有相关证明手续、亦未有其他证据佐证该杂志在国内于1999年已为公众所知的情况下,专利复审委员会认定该杂志在国内于1999年已为公众所知属于证据不足。从而维持北京市第一中级人民法院作出的"(2006)一中行初字第105号"行政判决书,撤销第7659号决定。

基于生效的终审判决,专利复审委员会重新组成合议组对本案进行再次审理,并于2006年11月14日向双方当事人发出口头审理通知书,定于2006年12月21日进行口头审理。

2. 第二次无效宣告请求程序

针对本专利，2006 年 9 月 4 日崔道俊（下称第二请求人）向专利复审委员会提出无效宣告请求，其理由是本专利不符合专利法第 23 条的规定。第二请求人认为本专利与在其申请日以前厦门茂靖体育器材有限公司生产、销售的高尔夫颈套产品的外观设计相近似，与其申请日以前发表的出版物上公开的高尔夫颈套的外观设计相近似，因此本专利无新颖性。同时，第二请求人提交了如下证据附件：

附件（二）1 是 2003 年 9 月《高尔夫专业》杂志的封面、出版信息页和第 7 页复印件共 3 页。

专利复审委员会根据无效宣告请求审查程序的规定受理了该无效宣告请求，并于 2006 年 9 月 4 日将第二请求人的无效宣告请求文件转送专利权人。

其后，第二请求人又于 2006 年 9 月 30 日提交了意见陈述书，坚持认为本专利与其申请日以前在出版物上公开发表过的外观设计相同或者相近似；并请求专利复审委员会向相关企事业单位和团体调查取证。同时，第二请求人补充了如下证据附件（编号续前）：

附件（二）2 是 2003 年 2 月号《高尔夫时尚》杂志的封面第 59 页复印件共 2 页；

附件（二）3 是 2003 年 3 月号《高尔夫时尚》杂志的封面、第 13 页、第 73 页、第 97 页和第 113 页复印件共 5 页；

附件（二）4 是 2003 年 4 月号《高尔夫时尚》杂志的封面和某内页复印件共 2 页；

附件（二）5 是 2003 年 7 月号《高尔夫时尚》杂志的封面和第 23 页复印件共 2 页；

附件（二）6 是 2003 年版《GOLF EQUIPMENT UNIVERSAL CATALOGUE》杂志的封面和第 538~541 页复印件以及厦门译雅翻译咨询有限公司签章的相关中文译文复印件共 12 页，另附厦门译雅翻译咨询有限公司的《企业法人营业执照》复印件 2 页和第 09373833 号《中国图书进出口（集团）总公司销售专用发票》复印件 1 页；

附件（二）7 是 2003 年 11 月号《体育大观高球版》杂志的封面、第 7 页、第 33 页、第 35 页、第 88 页和第 95 页复印件共 6 页；

附件（二）8 是 2003 年 11 月号《高尔夫》杂志的封面、第 149 页、第 152 页和第 171 页复印件共 4 页；

附件（二）9 是 2000 年 11 月号《高尔夫》杂志的封面、第 78 页、第 81 页和第 159 页复印件共 4 页。

2006 年 10 月 11 日专利复审委员会收到广东木兰广告有限公司签章的证言复印件；同时，专利复审委员会收到专利权人的意见陈述，专利权人认为：（1）第一次无效宣告请求程序中涉及的第 7659 号决定所运用的证据是香港出版物《高尔夫专业》，后两审人民法院均认定第 7659 号决定证据不足，从而撤销第 7659 号决定，而第二请求人又以与前案人民法院生效判决中相同的证据和理由重复提出第二次无效宣告请求，违反了审查指南规定的无效宣告请求的"一事不再理原则"和审查决定被人民法院生效判决撤销后的审查程序，并违反了最高人民法院关于申请再审期限的相关司法解释的规定；（2）第二请求人提交的附件（二）1 所示 2003 年 9 月《高尔夫专业》杂志不具备国家出版物的主体资格和法定要件，属于无号非法出版物，缺乏证据的真实性、合法性和有效性。基于上述，专利权人认为应驳回第二次无效宣告请求，并提交了如下证据附件：

反证（二）1 是第一请求人提交的附件（一）3 所示 1999 年《高尔夫专业》杂志的出版信息页复印件 1 页；

反证（二）2 是第二请求人提交的附件（二）1 所示 2003 年 9 月《高尔夫专业》杂志的出版信息页复印件 1 页。

专利复审委员会于 2006 年 11 月 14 日将第二请求人的意见陈述及附件和专利权人的意见陈述及附件

分别转送对方当事人。同时向双方当事人发出口头审理通知书，定于2006年12月21日进行口头审理；并告知第二请求人，对于专利复审委员会于2006年10月11日收到的广东木兰广告有限公司签章的证言，合议组认为该证言的提交主体与第二请求人不符，不属于本案的有效文件，对于第二请求人提出的调查取证申请，按照审查指南第四部分第八章第3节的规定，专利复审委员会认为确有必要，才会应当事人的申请调查取证，鉴于本案中请求人还提交其他关键性证据，合议组认为没有必要进行；另告知专利权人，由于第二请求人提出的附件（二）1与第7659号决定所涉及的证据不同，因此第二次无效宣告请求不属于以同样的理由和证据再次提出无效宣告请求的情形，不违反"一事不再理原则"。

2006年12月5日专利复审委员会收到专利权人的意见陈述，专利权人坚持其原有观点，并认为第二请求人补充的证据来源不合法，均无购书发票，且均为香港或者日本形成的，未办理相关的证明手续，不能作为证据使用，同时部分证据不具备国内出版物的法定要件，部分证据是对于第一次无效宣告请求程序中涉及证据的重复提交，均不具有真实性、合法性和有效性，因此应驳回第二次无效宣告请求。

专利复审委员会于2006年12月21日口头审理开始前将上述专利权人的意见陈述转送第二请求人。

3. 合并口头审理程序

对于上述两个请求人针对本专利先后提出的两次无效宣告请求，专利复审委员会依法进行合并口头审理。2006年12月21日口头审理如期举行，各方当事人均委托代理人出庭，各方当事人均对合议组成员无回避请求，对对方出庭人员的资格也均无异议。

在口头审理中，针对第一次无效宣告请求，第一请求人说明均无法对证据进行公证，但认为附件（一）1所示2003年版《GOLF EQUIPMENT UNIVERSAL CATALOGUE》杂志是在国内获得的，附件（一）6所示发票可证明该杂志购于中国图书进出口（集团）总公司书店，不需要公证认证，请求人当庭提交了附件（一）1和附件（一）6的原件，其中附件（一）6所示发票的背面写有书名及其译名，并有中国图书进出口（集团）总公司报刊部收订二科的签章；专利权人当庭核实证据原件，坚持其原有观点，并认为正规发票背面不可以写字，附件（一）6应为假发票。

针对第二次无效宣告请求，第二请求人坚持其原有观点，并认为虽然附件（二）1所示2003年9月《高尔夫专业》杂志是香港出版物，但其为2003年第六届中国（深圳）国际高尔夫球博览会会刊，来源于广东木兰广告有限公司，应属于域内证据，第二请求人当庭提交了广东木兰广告有限公司签章的证言，并提交了附件（二）1至附件（二）3、附件（二）5-附件（二）9所示杂志及发票的原件；专利权人当庭核实证据原件，坚持其原有观点，认为第二请求人提交的附件（二）1所示杂志和第一次无效宣告请求程序中涉及的第7659号决定所运用的证据均为香港出版物，因此违反了"一事不再理原则"，并认为第二请求人提交的其他证据中均未标明相关杂志的出版单位，均不足为证。

在相近似性判断方面，两个请求人均坚持原有观点；专利权人认为证据中所示的相关外观设计均位于高尔夫球杆上，其是否是装饰或是图案不明，所示产品与本专利不同，而本专利是套在高尔夫球杆上的，有内径。

在针对上述两次无效宣告请求进行审理的基础上，合议组经合议，认为事实已清楚，依法作出本审查决定。

二、决定的理由

基于两个请求人提出的无效宣告请求的理由，合议组依据专利法第23条的规定进行审理。

专利法第23条规定：授予专利权的外观设计，应当同申请日以前在国内外出版物上公开发表过或者国内公开使用过的外观设计不相同和不相近似，并不得与他人在先取得的合法权利相冲突。

第一请求人在提出无效宣告请求之日提交的附件（一）1是2003年版《GOLF EQUIPMENT UNI-

VERSAL CATALOGUE》杂志的封面、前言页、目录首页和第538~541页复印件以及厦门译雅翻译咨询有限公司签章的相关中文译文复印件；其后于2005年5月9日补充了附件（一）6（即第09373833号《中国图书进出口（集团）总公司销售专用发票》复印件）作为关联证据，并在口头审理中提交了上述附件的原件。

针对上述附件，合议组认为：通过相关中文译文可知附件（一）1所示2003年版《GOLF EQUIPMENT UNIVERSAL CATALOGUE》杂志本身形成于日本，虽然第一请求人提交附件（一）6试图证明该杂志可通过国内公共渠道获得，但由于附件（一）6所示发票中记载的项目为"进口报刊零星订购"，与附件（一）1所示杂志的名称不符，且该发票的背面仅有手写书名及其译名和中国图书进出口（集团）总公司报刊部收订二科的签章，既无任何证明内容，也未体现该书的年代、版次等信息，尚不足以认定2005年4月30日开具的附件（一）6所示发票即为购买附件（一）1所示2003年版《GOLF EQUIPMENT UNIVERSAL CATALOGUE》杂志的原始票据，关联性明显不足；因此附件（一）1所示杂志作为域外证据，第一请求人未能履行相关证明手续，也未能提交其他证据佐证该杂志的真实性，在专利权人提出质疑的情况下，其真实性不能被认定。

第一请求人于2005年5月8日补充的附件（一）2是2000年版《高尔夫用品综合目录》（译名）杂志的出版信息页和第587页复印件及相关中文译文复印件，其上均盖有厦门精艺达翻译服务有限公司翻译专用章；附件（一）3是1999年《高尔夫专业》杂志的内页复印件；附件（一）4是2000年《中国高尔夫》杂志的内页复印件；附件（一）5是《高尔夫》杂志的内页复印件。

针对上述附件，合议组认为：根据专利法实施细则第66条的规定，在专利复审委员会受理无效宣告请求后，请求人可以在提出无效宣告请求之日起1个月内增加理由或者补充证据。逾期增加理由或者补充证据的，专利复审委员会可以不予考虑。另根据专利法实施细则第6条的规定，期限以年或者月计算的，以其最后一月的相应日为期限届满日；该月无相应日的，以该月最后一日为期限届满日；期限届满日是法定节假日的，以节假日后的第一个工作日为期限届满日。本案第一次无效宣告请求的提出日期为2005年4月7日，而1个月的期限届满日2005年5月7日是法定假日，因此第一请求人于2005年5月8日补充的上述证据不属于超期提交的新证据，应予以考虑。

附件（一）2所示杂志由其出版信息页记载的内容可知形成于日本，附件（一）3所示杂志由其出版信息页记载的内容可知形成于香港，附件（一）4所示杂志的内页上记载的内容未显示出其是形成于中国领域内的任何信息，附件（一）5所示杂志未提交过原件，且第一请求人在口头审理中说明均无法对上述证据进行公证；因此，在第一请求人未能提交其他证据对上述杂志的真实性予以证明、专利权人亦提出质疑的情况下，上述证据的真实性均不能被认定。

第一请求人认为本专利与在其申请日以前生产、销售的高尔夫颈套产品的外观设计相同或者相近似，并请求专利复审委员会调查其无法自行获取的厦门茂靖体育运动器材有限公司的生产情况。对此，合议组认为：根据审查指南第四部分第八章第3节的规定，专利复审委员会认为确有必要，才会应申请人的请求进行调查取证，因产品的生产并不等同于产品的公开销售，并不导致相关设计处于公众可以得知的状态，因此合议组认为没有必要调查取证。在缺乏证据的情况下，合议组对第一请求人提出的使用公开的无效宣告请求的理由不予支持。

综上所述，第一请求人提出的无效宣告请求的理由均不能成立。

第二请求人在提出无效宣告请求之日提交的附件（二）1是2003年9月《高尔夫专业》杂志的封面、出版信息页和第7页复印件；专利权人认为该杂志和第一次无效宣告请求程序中涉及的第7659号决定所运用的附件（一）3所示杂志均为香港出版物，因此违反了审查指南规定的无效宣告请求的"一事不再理原则"和审查决定被人民法院生效判决撤销后的审查程序，也违反了最高人民法院关于申请再审期限的相关司法解释的规定，并提交了反证（二）1和反证（二）2。对此，合议组认为：经核实，反证（二）1和附件（一）3所示的杂志为1999年《高尔夫专业》，而反证（二）2和附件（二）1所示的杂志为2003年9月《高尔夫专业》，二者证据不同，因此第二次无效宣告请求不属于以同样的理由和证据再次提出无效宣告请求的情形，不违反"一事不再理原则"；且最高人民法院关于申请再审期限的相关司法解释的规定与无效宣告请求的审理无关，因此合议组对专利权人的上述主张不予支持。

第二请求人在口头审理中提交了广东木兰广告有限公司签章的证言作为附件（二）1的补充证据。对此，合议组认为：该补充证据的有效提交日期为2006年12月21日，超出了自无效宣告请求之日（2006年9月4日）起1个月的举证期限，根据专利法实施细则第66条的规定，本案不予考虑。

第二请求人提交的附件（二）3是2003年3月号《高尔夫时尚》杂志的封面、第13页、第73、第97页和第113页复印件，其后于口头审理中提交了该杂志的完整原件。针对附件（二）3，合议组认为：在该杂志的封面上不仅标有"高尔夫时尚"的刊名、"2003年3月号"的日期和"￥38"的定价，而且明确标有"62~145"的邮发代号、"ISSN 1671-0843"的国际标准刊号和"CN51-1612/G8"的国内统一刊号等信息，形成了刊名、日期、刊号、邮发代号等信息的唯一确定关系，在第二请求人已提交该杂志完整原件的情况下，虽然专利权人质疑其真实性、合法性和有效性，但是未能提交任何反证支持其主张，因此合议组根据该杂志及其上记载的上述信息认定该杂志属于真实的、合法的、在国内公开发行的出版物，属于专利法第23条规定的在本专利申请日（2004年1月6日）以前公开发行的出版物，适用于本案。

在该杂志的第97页上公开了一款高尔夫球杆颈套的外观设计（下称在先设计）。虽然专利权人认为在先设计位于高尔夫球杆上，其是否是装饰或是图案不明，所示产品与本专利不同；但是从图片上观察，在先设计明显与杆头和杆身从形状和色彩上相区分，且从图片旁的文字描述可知，杆头和杆身是采用完全不同的材质制成，因此在先设计应为杆头和杆身结合部的专用颈部套筒设计，是此类高尔夫球杆的典型部件，与同样套在高尔夫球杆颈部上使用的本专利用途完全相同，二者属于同一类别的产品，具有可比性。

从图片上观察，在先设计为圆台形回转体，近窄端处环绕一条带圈（详见在先设计附图）。

本专利为圆台形回转体，具有明确内径的套孔设计，近窄端处环绕一条带圈（详见本专利附图）。

将本专利和在先设计相比较，其不同点为：本专利套孔的内径明确，在先设计图片未公开。合议组认为：关于内径的显示问题，此类产品在使用状态下是套在高尔夫球杆上的，因此套孔内侧属于安装、使用时不容易看到的功能性部位，也不足以对此类产品整体外观设计的相近似性判断产生显著的影响；本专利和在先设计的整体形状设计、图案分割设计均是相同或者相近似的，容易导致一般消费者对二者的整体外观设计产生误认、混同，因此二者应属于相近似的外观设计。

综上所述，在本专利申请日以前已有与其相近似的高尔夫球杆颈套的外观设计在出版物上公开发表过，本专利不符合专利法第23条的规定。

鉴于由上述在先设计与本专利相比较已得出本专利不符合专利法所规定的授权条件的结论，合议组对第二请求人提出的其他理由和证据不再予以评述。

三、决定

宣告200430030130.7号外观设计专利权全部无效。

当事人对本决定不服的，可以根据专利法第46条第2款的规定，自收到本决定之日起三个月内向北京市第一中级人民法院起诉。根据该款的规定，一方当事人起诉后，另一方当事人应当作为第三人参加诉讼。

主视图

立体图1　　　立体图2

本专利附图

对比文件附图

北京市第一中级人民法院
行政判决书

(2007) 一中行初字第 838 号

原告张军，男，1972年3月25日出生，土家族，厦门亿威塑胶运动器材有限公司法定代表人，身份证住址贵州省沿河县黑水乡龙堡村上白溪组，现住福建省厦门市湖里区殿前六组工业区。

委托代理人张延顺，男，1952年4月5日出生，土家族，住贵州省沿河土家族自治县黑水乡龙堡村上白溪组。

被告国家知识产权局专利复审委员会，住所地北京市海淀区北四环西路9号银谷大厦10~12层。

法定代表人廖涛，副主任。

委托代理人张雪飞，国家知识产权局专利复审委员会审查员。

委托代理人程强，国家知识产权局专利复审委员会审查员。

第三人崔道俊，男，1970年5月2日出生，土家族，厦门市湖里区高健橡塑制品厂（经营场所：福建省厦门市湖里区枋湖村枋湖社277号）业主，身份证住址贵州省沿河县淇滩镇联桥村平屯组，现住福建省厦门市湖里区枋湖村枋湖社277号。

委托代理人吴武成，福建万石律师事务所律师。

委托代理人潘进，福建万石律师事务所律师原告张军不服被告国家知识产权局专利复审委员会（以下简称专利复审委员会）于2007年3月2日作出的第9586号无效宣告请求审查决定（以下简称第9586号决定），于法定期限内向本院提起诉讼。本院于2007年6月12日受理本案后，依法组成合议庭，并按照法律有关规定通知崔道俊作为第三人参加诉讼，于2007年9月6日公开开庭进行了审理。原告张军及其委托代理人张延顺，被告专利复审委员会的委托代理人张雪飞、程强，第三人崔道俊的委托代理人潘进到庭参加了诉讼。本案现已审理终结。专利复审委员会第9586号决定系就厦门市湖里区高健橡塑制品厂（以下简称高健橡塑制品厂）和崔道俊对张军拥有的第200430030130.7号外观设计专利（以下简称本专利）所提出的无效宣告请求作出的。专利复审委员会在该决定中认定：（1）高健橡塑制品厂于2005年4月7日提出的无效宣告请求的理由均不能成立。（2）崔道俊提交了2003年3月号《高尔夫时尚》杂志的封面和第97页复印件及该杂志的完整原件。在该杂志的封面上不仅标有"高尔夫时尚"的刊名、"2003年3月号"的日期和"38"的定价，而且明确标有"62-145"的邮发代号、"ISSN 1671-0843"的国际标准刊号和"CN51-1612/G8"的国内统一刊号等信息，形成了刊名、日期、刊号、邮发代号等信息的唯一确定关系，虽然张军质疑其真实性、合法性和有效性，但是未能提交任何反证支持其主张，因此该杂志属于真实的、合法的、在国内公开发行的出版物，属于《中华人民共和国专利法》（以下简称《专利法》）第二十三条规定的在本专利申请日以前公开发行的出版物。在该杂志的第97页上公开了一款高尔夫球杆颈套的外观设计（以下简称在先设计），与本专利属于同一类别的产品。将本专利和在先设计相比较，其不同点为：本专利套孔的内径明确，在先设计图片未公开。但由于此类产品在使用状态下是套在高尔夫球杆上的，因此套孔内侧属于安装、使用时不容易看到的功能性部位，也不足以对此类产品整体外观设计的相近似判断产生显著的影响，本专利和在先设计的整体形状设计、图案分割设计均是相同或者相近似的，容易导致一般消费者对二者的整体外观设计产生误认、混同，因此二者应属于相近似的外观设计。本专利不符合《专利法》第二十三条的规定。专利复审委员会据此作出第9586号无效决定，宣告本专利权无效。原告张军不服该决定，在法定期限内向本院提起行政诉讼，其诉称：（1）本案经原一、二审判决已终审结案，被告使用与原生效判决中相同的证据，再次受理第三人的无效宣告请求，并作出第9586号决定，其行为缺乏法律依据，违反了《中华人民共和国专利法实施细则》（以下简称《专利法实施细则》）第六十五条第二款的规定，违反了《审查指南》所规定的"一事不再理原则"。（2）第三人提交的证据不符合合法出版物的规定，被告采用其证据违反了《出版物市场管理规定》的相关规定。因此，原告请求人民法院判决撤销第9586号决定。被告专利复审委员会辩称：专利法实施细则第六十五条第二款规定的是"同样的理由和证据"。本案第三人第二次无效宣告请求的证据与第一次的证据不同，不属于以同样的理由和证据再次提出无效宣告请求的情形，不违反"一事不再理原则"。对于原告提出的其他问题，被告仍坚持第9586号决定中的认定。综上，被告认为原告的诉讼理由不能成立，第9586号决定认定事实清楚，适用法律正确，请求人民法院维持该决定。第三人崔道俊述称：（1）第一次无效宣告请求人是高健橡塑制品厂，但是第二次的无效宣告请求人是崔道俊，两案请求人不一样，不适用"一事不再理原则"。（2）本专利已是公知技术，已经丧失了新颖性。因此请求人民法院判决维持第9586号决定。

本院经审理查明：

"高尔夫颈套（1）"外观设计专利（即本专利）由张军于2004年1月6日向国家知识产权局提出申请，于2004年8月25日被授权公告，专利号为200430030130.7。本专利授权公告包括3幅视图，即立体图1、立体图2、主视图，无色彩保护。从授权公报看，本专利为圆台形回转体，近窄端处环绕一条带圈（本专利的外观详见本判决附图）。针对本专利，高健橡塑制品厂于2005年4月7日以本专利不符合《专利法》第二十三条的规定为由，向专利复审委员会提出无效宣告请求，并提交了包括1999年《高尔夫专业》杂志在内的相关证据。2005年11月4日，专利复审委员会作出第7659号无效宣告请求审查决定（以下简称第7659号决定），认为1999年《高尔夫专业》杂志上公开了与本专利相近似的高尔夫球杆颈套的外观设计，因此宣告本专利无效。张军不服第7659号决定，向我院提起行政诉讼。2006年3月27日，我院作出（2006）一中行初字第105号行政判决书，认为第7659号决定所采信的1999年《高尔夫专业》杂志没有履行相关证明手续，专利复审委员会采用该证据并宣告本专利无效属主要证据不足，故判决撤销专利复审委员会第7659号决定。2006年8月9日，北京市高级人民法院作出（2006）高行终字第311号行政判决书，维持了（2006）一中行初字第105号行政判决书。基于生效的终审判决，专利复审委员会重新组成合议组对该无效宣告请求中除1999年《高尔夫专业》杂志以外的证据和理由继续进行审理。

2006年9月4日，崔道俊以本专利不符合《专利法》第二十三条规定为由，向专利复审委员会提出无效宣告请求，并提交了2003年9月《高尔夫专业》杂志的封面、出版信息页和第7页等作为证据。专利复审委员会受理了该无效宣告请求，并于2006年9月4日将崔道俊的无效宣告请求文件转送张军。2006年9月30日崔道俊补充了包括2003年3月号《高尔夫时尚》杂志在内的8份证据。2003年3月号《高尔夫时尚》封面上标有"高尔夫时尚"的刊名、"2003年3月号"的日期和"38"的定价，还标有"62-145"的邮发代号、"ISSN 1671-0843"的国际标准刊号和"CN51-1612/G8"的国内统一刊号等信息，其版权页除了标明上述信息外，还载明主管单位为四川省体育局，主办单位为四川省体育总会，由高尔夫时尚杂志社编辑出版，由成都市邮政局、高尔夫时尚杂志社发行。在该杂志的第97页上公开了一款高尔夫球杆颈套的外观设计（即在先设计），在先设计明显与杆头和杆身从形状和色彩上相区分（在先设计详见本判决书附图）。

2006年12月21日，专利复审委员会对前述两无效宣告请求合并举行了口头审理。

2007年3月2日，专利复审委员会作出第9586号决定。

在本案庭审过程中，张军认为2003年3月号《高尔夫时尚》杂志没有版权批准文件，不符合出版物的相关规定，但其明确表示不能提交相反的证据支持其该项主张。张军还表示对于第9586号决定所认定的本专利和在先设计的客观描述没有异议。专利复审委员会向本院提交了2003年3月号《高尔夫时尚》杂志的完整原件。

上述事实有本专利公报、第9586号决定、（2006）一中行初字第105号行政判决书、（2006）高行终字第311号行政判决书、2003年3月号《高尔夫时尚》杂志及当事人陈述等证据在案佐证。

本院认为：

1. 关于被告受理无效宣告请求是否合法。

本案中，虽然在先生效的行政判决书撤销了第7659号决定，但该判决结果不等同于直接确认本专利权继续有效，被告仍需要对于无效宣告请求人提出的其他理由和证据进行审理。同时，根据专利法第四十五条的规定，任何人仍可以针对该专利提出无效宣告请求。《专利法实施细则》第六十五条第二款规定，在专利复审委员会就无效宣告请求作出决定之后，又以同样的理由和证据请求无效宣告的，专利复审委员会不予受理。本案中，在先的第7659号决定及后续的两审行政诉讼涉及的是1999年《高尔夫专业》杂志，而在后的无效宣告请求受理的依据是2003年9月《高尔夫专业》杂志，二者虽然刊名相同，但刊期、出版时间、内容均不相同，不属于相同的证据。因此被告对于第7659号决定中未评述的证据和理由继续进行审理，同时根据新的证据再次受理针对本专利的无效宣告请求并作出第9586号决定没有违反《专利法实施细则》第六十五条第二款规定的"一事不再理"原则，原告关于被告受理行为违法的主张没有法律依据，本院不予支持。

2. 关于本专利是否符合专利法第二十三条规定。

专利法第二十三条规定：授予专利权的外观设计，应当同申请日以前在国内外出版物上公开发表过或者国内公开使用过的外观设计不相同和不相近似，并不得与他人在先取得的合法权利相冲突。

2003年3月号《高尔夫时尚》杂志标有刊名、日期、刊号、邮发代号、主管单位、主办单位、出版单位、发行单位等信息，被告也在诉讼中提交了该杂志的原件，其已经尽到了证明该杂志真实性的举证责任。虽然原告仍有异议，但在其未能提交任何相反证据的情况下，本院对该杂志本身及其上公开的信息的真实性予以确认。由于该杂志的出版日早于本专利的申请日，故包含于该杂志中的在先设计可以用于评价本专利是否符合《专利法》第二十三条的规定。

在先设计与本专利均为高尔夫球杆杆头和杆身结合部的专用颈部套筒设计，二者属于同一类别的产品。将本专利和在先设计相比较，二者的整体形状设计、图案分割设计均是相同或者相近似的，容易导致一般消费者对二者的整体外观设计产生误认、混同，因此二者应属于相近似的外观设计，本专利不符合《专利法》第二十三条的规定，应当被宣告无效。

综上，被告专利复审委员会作出的第9586号决定认定事实清楚，适用法律正确，程序合法，应予维持。原告张军请求撤销该决定的理由不能成立，本院不予支持。依照《中华人民共和国行政诉讼法》第五十四条第（一）项之规定，本院判决如下：

维持国家知识产权局专利复审委员会作出的第9586号无效宣告请求审查决定。

案件受理费 100 元，由原告张军负担（已交纳）。

如不服本判决，各方当事人可于本判决送达之日起 15 日内，向本院提交上诉状及其副本，并交纳上诉案件受理费 100 元，上诉于北京市高级人民法院。

审　判　长　刘海旗
代理审判员　周云川
代理审判员　佟　姝
二〇〇六年十二月二十日
书　记　员　高　颖

北京市高级人民法院
行政判决书

（2007）高行终字第 499 号

上诉人（原审原告）张军，男，土家族，1972 年 3 月 25 日出生，厦门亿威塑胶运动器材有限公司法定代表人，住贵州省沿河县黑水乡龙堡村上白溪组。

委托代理人张延顺，男，土家族，1952 年 4 月 5 日出生，住贵州省沿河土家族自治县黑水乡龙堡村上白溪组。

委托代理人张明，男，土家族，1974 年 9 月 25 日出生，厦门亿威塑胶运动器材有限公司副经理，住贵州省沿河县黑水乡龙堡村上白溪组。

被上诉人（原审被告）国家知识产权局专利复审委员会，住所地北京市海淀区北四环西路 9 号银谷大厦 10~12 层。

法定代表人廖涛，副主任。

委托代理人王霞军，该委员会审查员。

委托代理人程强，该委员会审查员。

原审第三人崔道俊，男，土家族，1970 年 5 月 2 日出生，厦门市湖里区高健橡塑制品厂业主，住贵州省沿河县淇滩镇联桥村平屯组。

上诉人张军因外观设计专利权无效行政纠纷一案，不服北京市第一中级人民法院（2007）一中行初字第 838 号行政判决，向本院提出上诉。本院 2007 年 11 月 3 日受理本案后，依法组成合议庭，于 2007 年 11 月 26 日公开开庭进行了审理。上诉人张军的委托代理人张延顺、张明，被上诉人国家知识产权局专利复审委员会（以下简称专利复审委员会）的委托代理人王霞军、程强到庭参加了诉讼。原审第三人崔道俊明确表示不参加本案庭审。

本案现已审理终结。北京市第一中级人民法院认定，张军是"高尔夫颈套（1）"外观设计专利（以下简称本专利）的专利权人。专利复审委员会曾于 2005 年 11 月 4 日就本专利作出第 7659 号无效宣告请求审查决定（以下简称第 7659 号决定）。2006 年 9 月 4 日，崔道俊以本专利不符合《专利法》第二十三条规定为由，向专利复审委员会提出无效宣告请求，2007 年 3 月 2 日，专利复审委员会做出第 9586 号无效宣告请求审查决定（以下简称第 9586 号决定），宣告本专利权无效。北京市第一中级人民法院认为，本案中，在先的第 7659 号决定及后续的两审行政诉讼涉及的是 1999 年《高尔夫专业》杂志，而在后的无效宣告请求受理的依据是 2003 年 9 月《高尔夫专业》杂志，刊期、出版时间、内容均不相同，不属于相同的证据。因此第 9586 号决定没有违反《专利法实施细则》第六十五条第二款的规定。2003 年 3 月号《高尔夫时尚》杂志标有刊名、日期等信息，专利复审委员会也在诉讼中提交了该杂志的原件，已尽到了证明该杂志真实性的举证责任。张军未能提交任何相反证据，因此，该杂志本身及其上公开的信息的真实性应予确认。在先设计与本专利属于同一类别的产品。将本专利和在先设计相比较，二者属于相近似的外观设计，应当被宣告无效。北京市第一中级人民法院依照《中华人民共和国行政诉讼法》第五十四条第（一）项之规定，判决：维持专利复审委员会做出的第 9586 号决定。张军不服原审判决，向本院提出上诉，请求撤销原审判决。理由是：专利复审委员会依据无效宣告请求人重复提交的证据受理本案，违反了"一事不再理"原则；无效宣告请求人提交的对比文件没有说明合法来源，对其真实性不予认可。专利复审委员会、崔道俊服从原审判决。

经审理查明，本专利由张军于 2004 年 1 月 6 日向国家知识产权局提出申请，于 2004 年 8 月 25 日由国家知识产权局公告授权，专利号为 200430030130.7。本专利授权公告包括 3 幅视图，即立体图 1、立体图 2、主视图。本专利为圆台形回转体，近窄端处环绕一条带圈（见本判决书附图 1）。

针对本专利，高健橡塑制品厂于 2005 年 4 月 7 日以本专利不符合《专利法》第二十三条的规定为由，向专利复审委员会提出无效宣告请求，并提交了包括 1999 年《高尔夫专业》杂志在内的相关证据。2005 年 11 月 4 日，专利复审委员会做出第 7659 号决定，认为 1999 年《高尔夫专业》杂志上公开了与本专利相近似的高尔夫球杆颈套的外观设计，因此宣告本专利权无效。张军不服第 7659 号决定，向一审法院提起行政诉讼。2006 年 3 月 27 日，北京市第一中级人民法院做出（2006）一中行初字第 105 号行政判决，认为第 7659 号决定所采信的 1999 年《高尔夫专业》杂志没有履行相关证明手续，专利复审委员会采用该证据并宣告本专利权无效属主要证据不足，故判决撤销专利复审委员会第 7659 号决定。2006 年 8 月 9 日，本院作出（2006）高行终字第 311 号行政判决，维持了（2006）一中行初字第 105 号行政判决。基于前述生效的终审判决，专利复审委员会重新组成合议组对该无效宣告请求中除 1999 年《高尔夫专业》杂志以外的证据和理由继续进行审理。

2006 年 9 月 4 日，崔道俊以本专利不符合《专利法》第二十三条规定为由，向专利复审委员会提出无效宣告请求，并提交了 2003 年 9 月《高尔夫专业》杂志的封面、出版信息页和第 7 页等作为证据。专利复审委员会受理了该无效宣告请求，并于 2006 年 9 月 4 日将崔道俊的无效宣告请求文件转送张军。2006 年 9 月 30 日崔道俊补充了包括 2003 年 3 月号《高尔夫时尚》杂志在内的 8 份证据。2003 年 3 月号《高尔夫时尚》封面上标有"高尔夫时尚"的刊名、"2003 年 3 月号"的日期和"￥38"的定价，还标有"62-145"的邮发代号、"ISSN1671-0843"的国际标准刊号和"CN51-1612/G8"的国内统一刊号等信息，其版权页除了标明上述信息外，还载明主管单位为四川省体育局，主办单位为四川省体育总会，由高尔夫时尚杂志社编辑出版，由成都市邮政局、高尔夫时尚杂志社发行。在该杂志的第 97 页上公开了一款高尔夫球杆颈套的外观设计，该设计明显与杆头和杆身从形状和色彩上相区分（见本判决书附图 2）。

2006 年 12 月 21 日，专利复审委员会对前述两无效宣告请求合并举行了口头审理。

2007 年 3 月 2 日，专利复审委员会作出第 9586 号决定。该决定认为，（1）高健橡塑制品厂于 2005 年 4 月 7 日提出的无效宣告请求的理由均不能成立。（2）崔道俊提交了 2003 年 3 月号《高尔夫时尚》杂志的封面和第97页复印件及该杂志的完整原件。在该杂志的封面上不仅标有"高尔夫时尚"的刊名、"2003年3月号"的日期和"￥38"的定价,而且明确标有"62-145"的邮发代号、"ISSN16710843"的国际标准刊号和"CN51-1612/G8"的国内统一刊号等信息,形成了刊名、日期、刊号、邮发代号等信息的唯一确定关系,虽然张军质疑其真实性、合法性和有效性,但是未能提交任何反证支持其主张,因此该杂志属于真实的、合法的、在国内公开发行的出版物,属于《专利法》第二十三条规定的在本专利申请日以前公开发行的出版物。在该杂志的第97页上公开了一款高尔夫球杆颈套的外观设计,与本专利属于同一类别的产品。将本专利和在先设计相比较,其不同点为:本专利套孔的内径明确,在先设计图片未公开。但由于此类产品在使用状态下是套在高尔夫球杆上的,因此套孔内侧属于安装,使用时不容易看到的功能性部位,也不足以对此类产品整体外观设计的相近似判断产生显著的影响,本专利和在先设计的整体形状设计、图案分割设计均是相同或者相近似的,容易导致一般消费者对二者的整体外观设计产生误认、混同,因此二者应属于相近似的外观设计。本专利不符合《专利法》第二十三条的规定。专利复审委员会据此作出第9586号决定,宣告本专利权无效。

在本院庭审过程中,张军主张无效宣告请求人在第一次无效程序中曾经提交过2003年3月号《高尔夫时尚》杂志这一证据。张军认可该证据在第一次无效程序中未经转交及质证,也不是专利复审委员会作出第7659号决定的证据;在本次无效审查程序口头审理中见过2003年3月号《高尔夫时尚》杂志原件;张军认可本专利与在先设计是相近似的外观设计。

上述事实有本专利公报、第9586号决定、北京市第一中级人民法院(2006)一中行初字第105号行政判决书、北京市高级人民法院(2006)高行终字第311号行政判决书、2003年3月号《高尔夫时尚》杂志相关复印件及当事人陈述等证据在案佐证。

本院认为,人民法院生效的行政判决以证据不足为由撤销专利复审委员会作出的第7659号决定,专利复审委员会应对无效宣告请求人提出的其他理由和证据继续进行审理。第7659号决定所引用的证据是1999年《高尔夫专业》杂志,而在后的无效宣告请求受理的依据是崔道俊提交的2003年9月《高尔夫专业》杂志,二者刊名相同,但刊期、出版时间、出版单位、杂志内容均不相同,不属于相同的证据。张军主张2003年3月号《高尔夫时尚》杂志曾于第一次无效宣告审查程序中提交过,但张军亦认可该证据未被专利复审委员会接受及转送,故不应视为重复提交的证据。崔道俊依据新的理由和证据再次提出无效宣告请求不违反法律规定。专利复审委员会依据人民法院的行政判决以及根据无效请求人提交的新的证据受理新的无效宣告请求并合并审理是合法的。

《专利法》第二十三条规定:授予专利权的外观设计,应当同申请日以前在国内外出版物上公开发表过或者国内公开使用过的外观设计不相同和不相近似,并不得与他人在先取得的合法权利相冲突。经张军确认,崔道俊在专利复审委员会进行的口头审理中提交了2003年3月号《高尔夫时尚》杂志的原件。该证据标有刊名、日期、刊号、邮发代号、主管单位、主办单位、出版单位、发行单位等信息,张军虽不认可该证据的真实性,但是未提供相反证据支持其主张。因此,可以认定2003年2月号《高尔夫时尚》杂志是早于本专利申请日在国内出版发行的公开出版物,该杂志中的图片所反映的产品外观设计可以作为评价本专利是否符合《专利法》第二十三条的规定的在先设计。根据本案当事人陈述及其他证据,本专利与在先设计构成相近似的外观设计,因此,本专利不符合《专利法》第二十三条的规定,应当被宣告无效。

综上,张军的上诉理由均不能成立,其上诉请求本院不予支持。原审判决认定事实清楚,适用法律正确。依照《中华人民共和国行政诉讼法》第六十一条第一款第（一）项之规定，判决如下：

驳回上诉，维持原判。

一审案件受理费100元，由张军负担（已交纳）。二审案件受理费100元，由张军负担（已交纳）。

本判决为终审判决。

审　判　长　刘　辉
代理审判员　岑宏宇
代理审判员　张冬梅
二〇〇七年十二月十一日
书　记　员　耿巍巍

CD 包

无效宣告请求审查决定（第 9587 号）

决 定 号	第 9587 号
决 定 日	2007 年 3 月 19 日
发明创造名称	CD 包
外观设计分类号	03-01
无效宣告请求人	惠州有利皮具有限公司
专 利 权 人	刘裕章
专 利 号	03338088.0
申 请 日	2003 年 6 月 19 日
授 权 公 告 日	2004 年 6 月 2 日
合 议 组 组 长	张梅珍
主 审 员	杨军艳
参 审 员	徐晓亚
附 图	1 页

法 律 依 据 专利法第 23 条

决 定 要 点

如果一般消费者通过对被比设计与在先设计的整体观察可以看出，二者的差别对于产品外观设计的整体视觉效果不具有显著的影响，则被比设计与在先设计相近似。

一、案由

本无效宣告请求案涉及国家知识产权局于 2004 年 6 月 2 日授权公告的、名称为"CD 包"的外观设计专利（下称本专利），其申请号是 03338088.0，申请日是 2003 年 6 月 19 日，专利权人是刘裕章。

针对本专利权，惠州有利皮具有限公司（下称请求人）于 2005 年 9 月 23 日向专利复审委员会提出无效宣告请求，其理由是：在本专利申请日之前，与本专利相同或相近似的产品外观设计已在国内外出版物上公开发表过，因此本专利不符合专利法第 23 条的规定。请求人提交的附件如下：

附件 1：《大陆制品采购指南》2002 年下半年版封面页、第 A-314 页、第 A-380 页、第 B-164 页和第 B-165 页复印件，共 5 页；

附件 2：《大陆制品采购指南》2003 年上半年版封面页、第 A-361 页和第 B-279 页复印件，共 3 页；

附件 3：《Hong Kong Enterprise》VOL.5，2003 年封面页、第 60 页和第 391 页复印件，共 3 页。

经形式审查合格,专利复审委员会依法受理了上述无效宣告请求,并于 2005 年 11 月 30 日向双方当事人发出无效宣告请求受理通知书,随同受理通知书将无效宣告请求书及其附件清单中所列附件的副本转送给专利权人,要求其在收到该通知之日起一个月内对该无效宣告请求陈述意见。

2006 年 1 月 3 日,专利权人寄交了意见陈述书,认为:(1)《大陆制品采购指南》是赠送使用的书,不对外发行,因此不是公开出版物;(2)《大陆制品采购指南》的封面上都印有"样品书"、"非卖品"字样,附件 1 和附件 2 的封面上没有,对其真实性提出异议,并提交了《大陆制品采购指南》2002 年下半年版带有封面页的照片 2 张,该封面页上记载有"样品书"、"非卖品"的字样;(3)本专利产品表面构成、外形和装光盘时的外观、厚度均与请求人所提交附件中的产品不同。

针对上述无效宣告请求,专利复审委员会依法成立合议组进行审理。本案合议组于 2006 年 8 月 9 日向双方当事人发出无效宣告请求口头审理通知书,定于 2006 年 10 月 31 日进行口头审理。随同口头审理通知书,将专利权人于 2006 年 1 月 3 日提交的意见陈述书转给请求人。

口头审理如期举行,请求人出席了本次口头审理,专利权人缺席。

在口头审理中,请求人明确其无效宣告请求的理由为:本专利不符合专利法第 23 条的规定。

请求人当庭补充提交了附件 4 和附件 5,以证明附件 1~3 是可以购买的。附件 4 包括:北京市公证协会 2006 年 10 月 30 日出具的信函原件 1 页(下称附件 4.1),经台湾台北地方法院公证处认证的、编号为 PZ 35921050 的统一发票复印件 1 页(下称附件 4.2)。附件 5 为档案编号为 K19074 的证明书共 5 页,其中包括证明原件 1 页、证明书附件 1No. B 19227 号发票复印件 1 页、证明书附件 2《Hong Kong Enterprise》书刊封面复印件 1 页和证明书封底 2 页。

请求人当庭提交了附件 1~3、附件 4.2 和附件 5 中 No. B19227 号发票的原件,以及附件 3 中相关部分的中文译文,并补充提交附件 1 和附件 2 的目录页作为证据使用,以证明附件 1 和附件 2 的出版日期。请求人表示附件 1 和附件 2 有两个版本,专利权人意见陈述书中所附照片是赠送版本,而请求人提交的是可以买到的销售版本。

关于专利法第 23 条的无效理由,请求人认为:本专利的整体形状及表面为弧形突起的形状与附件中的图案显示完全相同;附件 1 第 B-164 页的图案与本专利非常近似;本专利与附件中图案相比厚度没有很大差别;附件中产品表面由多块料缝制构成对外观设计没有影响。

2006 年 11 月 2 日,专利复审委员会本案合议组向专利权人发出无效宣告请求审查通知书,告知其请求人在 2006 年 10 月 31 日口头审理当庭提交了附件 4 和附件 5,补充提交了附件 1 和附件 2 的目录页作为证据使用,并提交了附件 3 相关部分的中文译文;此外,还告知其请求人认为附件 1 和附件 2 有正式销售版和赠送版两个版本的意见;要求专利权人自收到该通知书之日起一个月内,针对请求人所提交补充证据的真实性、附件 3 中文译文的准确性进行意见陈述,逾期不答复视为其没有异议。随同无效宣告请求审查通知书,将口头审理记录表复印件 4 页、附件 4 复印件 3 页、附件 5 复印件 5 页、附件 1 和附件 2 目录页复印件 2 页及附件 3 中文译文复印件 1 页转给专利权人。

专利权人逾期未答复。

基于上述当事人的意见陈述及口头审理,合议组认为本案事实已清楚,现依法作出审查决定。

二、决定的理由

1. 关于证据

附件 1 为刊物《大陆制品采购指南》2002 年下半年版,请求人当庭提交了该刊物的原件,并提交了附件 4 对该原件的来源加以证明。

本无效宣告请求的请求日在 2006 年 7 月 1 日之前,根据 2006 年审查指南关于《施行修订后审查指南的过渡办法》的规定,对其自无效宣告请求之日起一个月后提出的新理由、新证据的审查适用

2001版审查指南。

2001版审查指南第四部分第三章第3.1节规定，对于请求人在提出无效宣告请求之日起一个月后提交的用于证明在提出无效宣告请求之日起一个月内未举证主张的具体事实的新证据，合议组不予考虑。

针对请求人于口头审理当庭所提交的附件4，合议组认为请求人使用附件4是为了进一步证明附件1的真实性，不属于2001版审查指南所规定的新证据，因此予以接受。

附件4包括附件4.1：北京市公证协会出具的信函原件和附件4.2：经台湾台北地方法院公证处认证的PZ 35921050号统一发票复印件，专利权人对附件4的真实性未提出异议，合议组经审查对附件4的真实性予以认可，附件4可以作为本案证据使用。

其中附件4.1的信函证明了附件4.2是由海基会寄来的。附件4.2统一发票复印件的背面内容表明该发票复印件经台湾台北地方法院公证处认证，证明复印件与原件相符，并且原件也经过了查证；该统一发票本身证明台湾文簿有限公司于中华民国95年9月12日（公元2006年9月12日）销售了刊物"《大陆制品采购指南》2002下"，从而证明了附件1的原件能够从台湾文簿有限公司购买，其来源是真实、合法的。此外，针对专利权人意见陈述书中所附赠送版本的照片，请求人于口头审理当庭解释说明附件1有赠送版和销售版两个版本。专利权人对上述意见未提出异议。合议组经审查认为，请求人对附件1具有两种版本的解释是合理的。因此，合议组对请求人当庭提交的附件1原件的真实性予以认可。

附件1为刊物《大陆制品采购指南》2002年下半年版封面页、目录页、第A-314页、第A-280页、第B-164页和第B-165页复印件，请求人当庭提交了该刊物的原件，专利权人对附件1的真实性未提出异议，合议组经审查上述复印件与原件相符，因此对附件1的真实性予以认可，附件1可以作为本案证据使用。

附件1目录页中记载其为2002年9月出版，即公开日在本专利的申请日之前，因此其上公开的图片或照片构成了本专利的在先设计。

2. 关于专利法第23条的无效理由

专利法第23条规定：授予专利权的外观设计，应当同申请日以前在国内外出版物上公开发表过或者国内公开使用过的外观设计不相同和不相近似，并不得与他人在先取得的合法权利相冲突。

请求人认为附件1第B-164页的图案与本专利非常近似，厚度、挂钩和拉链均没有明显差别，因此本专利不符合专利法第23条的规定。

经审查，本专利共有6幅平面视图、1幅立体图和1幅使用状态参考图，从视图可知该产品为CD包，该CD包为圆形，上下表面呈弧形突起，侧面中部有拉链，上下表面边缘之间于拉链端头位置处有一宽条相连接，上下表面之一在其边缘与宽条连接处设有一挂钩。详见本决定附图"本专利"。

附件1第B-164页中由1幅立体图示出了一种CD包产品，从视图可知其形状为圆形，一表面略微呈弧形突起，侧面中部有拉链，另一表面在其边缘部设有一挂钩。详见本决定附图"附件1第B-164页图"。

将本专利与附件1第B-164页图比较，两者整体形状均为圆形，一表面呈弧形突起，侧面中部有拉链，在两表面之一的边缘处设有挂钩。两者的区别在于：本专利中两表面均呈弧形突起，上下表面边缘之间于拉链端头位置处有一宽条相连接；附件1第B-164页图仅能看到该CD包的一表面，另一表面不可见，且两表面之间没有宽条相连。

审查指南第四部分第五章第5.5.1节规定：在先设计的图片或者照片未反映产品各面视图的，应当依据一般消费者的认知能力来确定在先设计所公开的信息。

依据一般消费者的认知能力，根据在先设计图片或者照片已经公开的内容即可推定出产品其他部分的外观设计的，则该其他部分的外观设计也被视为已经公开。

合议组认为，依据一般消费者的认知能力，CD 包产品其两表面形状一般是对称的，因此可以确定附件 1 第 B-164 页图所示出的 CD 包其两表面均略呈弧形突起。

在 CD 包这种产品中两表面间的连接条相对于整个产品所占的比例较小，因此引起消费者关注的应当是 CD 包的整体形状及所占比例较大的两表面的形状；在本专利与附件 1 第 B-164 页图所显示的产品中，CD 包整体均为圆形、两表面均呈弧形突起，因此两者在形状上是相近似的。

此外，本专利是单纯形状的外观设计，因此只要本专利的形状与附件 1 第 B-164 页图所显示产品的形状相近似，则两者外观设计就是相近似的，而不用考虑附件 1 中产品两表面是否由多块料缝制或多个色块形成的图案构成。

基于上述分析，本合议组认为本专利与附件 1 第 B-164 页图中所显示产品的整体视觉效果没有显著的差别，一般消费者会将二者误认、混同，因此二者属于相近似的外观设计，本专利权的授予不符合专利法第 23 条的规定。

鉴于附件 1 第 B-164 页的图片已经足以使本专利无效，因此对于请求人提交的其他作为证据使用的附件不再评述。

三、决定

依据专利法第 23 条的规定，宣告 03338088.0 号外观设计专利权无效。

当事人对本决定不服的，可以根据专利法第 46 条第 2 款的规定，自收到本决定之日起三个月内向北京市第一中级人民法院起诉。根据该款的规定，一方当事人起诉后，另一方当事人应当作为第三人参加诉讼。

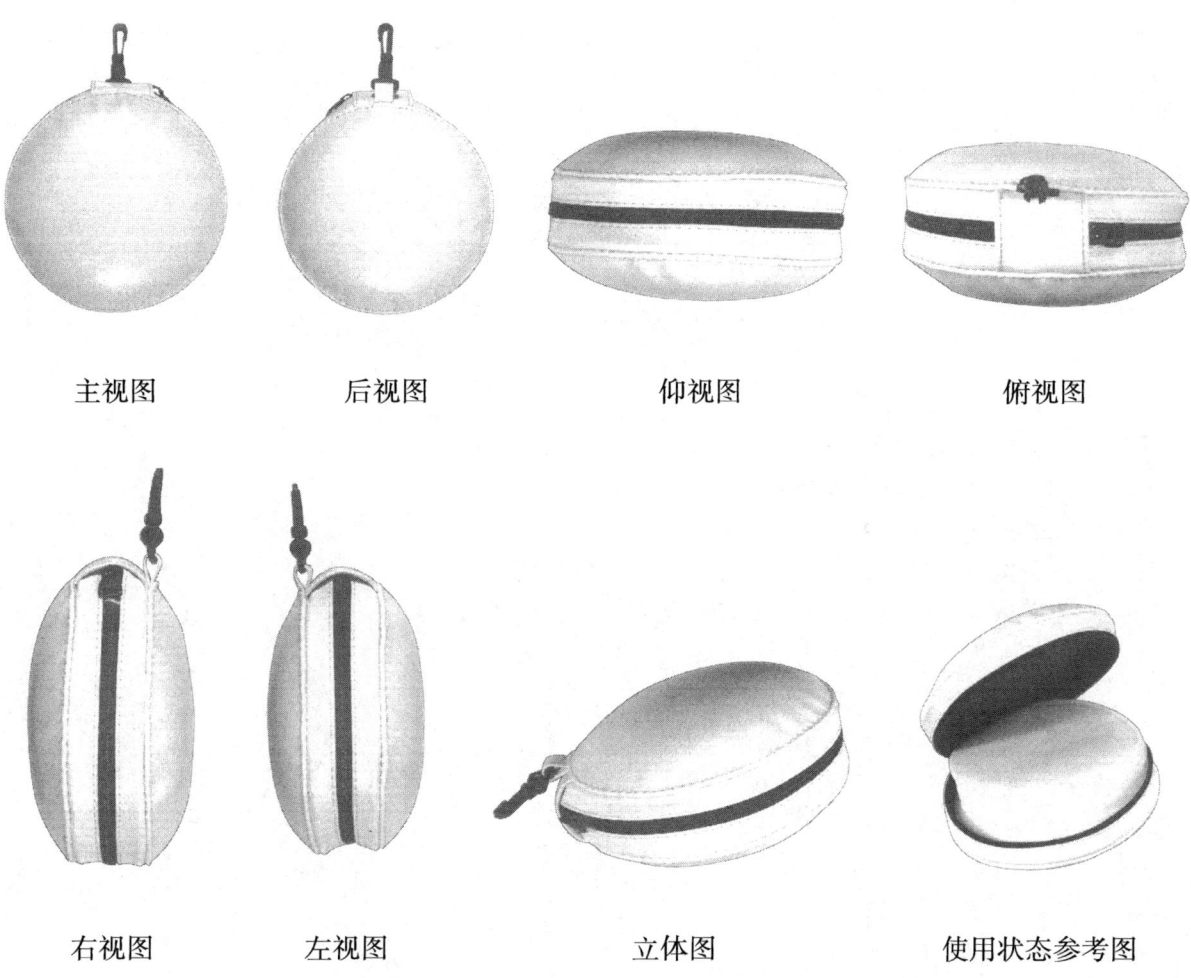

| 主视图 | 后视图 | 仰视图 | 俯视图 |

| 右视图 | 左视图 | 立体图 | 使用状态参考图 |

本专利

附件1第B-164页

高尔夫颈套（4）

无效宣告请求审查决定（第9589号）

决 定 号	第9589号
决 定 日	2007年2月6日
发明创造名称	高尔夫颈套（4）
外观设计分类号	21-02
无效宣告请求人	厦门市湖里区高健橡塑制品厂，崔道俊
专 利 权 人	张 军
专 利 号	200430047130.8
申 请 日	2004年6月23日
授权公告日	2005年1月26日
合议组组长	吴赤兵
主 审 员	张雪飞
参 审 员	王霞军
附 图	1页

法 律 依 据 专利法第23条，专利法实施细则第6条、第66条

决 定 要 点

以在中国领域外形成的出版物作为证据，如果对方当事人对其真实性提出异议，又缺少其他证明真实性的证据，则仅凭相关出版物本身不足以认定其真实性；

以与前案认定证据不同的证据再次提出无效宣告请求，并不违反"一事不再理原则"；

针对国内出版物证据，通过书名、日期、邮发代号和刊号等信息足以确定唯一的对应关系，在对方当事人仅提出质疑而未能提交相关反证的情况下，能够认定相关出版物的真实性。

一、案由

本无效宣告请求涉及国家知识产权局于2005年1月26日授权公告的200430047130.8号外观设计专利，使用该外观设计的产品名称是"高尔夫颈套（4）"，申请日是2004年6月23日，专利权人是张军。

1. 第一次无效宣告请求程序

针对上述外观设计专利权（下称本专利），2005年4月7日厦门市湖里区高健橡塑制品厂（下称第一请求人）向专利复审委员会提出无效宣告请求，其理由是本专利不符合专利法第23条的规定。第一请求人认为本专利与在其申请日以前本方生产、销售的高尔夫颈套产品的外观设计相近似，与在

其申请日以前的出版物上公开的高尔夫颈套的外观设计相近似，因此本专利无新颖性。同时，第一请求人提交了如下证据附件：

附件（一）1是2003年版《GOLF EQUIPMENT UNIVERSAL CATALOGUE》杂志的封面、前言页、目录首页和第538~541页复印件以及厦门译雅翻译咨询有限公司签章的相关中文译文复印件共15页。

专利复审委员会根据无效宣告请求审查程序的规定受理了该无效宣告请求，并于2005年4月11日将第一请求人的无效宣告请求文件转送专利权人。

其后，第一请求人又于2005年5月8日提交了意见陈述书，坚持认为在本专利申请日以前已有与其相近似的外观设计在出版物上公开发表过，并认为在本专利申请日以前已有与其相同的外观设计产品在国内公开销售。同时，第一请求人请求专利复审委员会调查其无法自行获取的厦门茂靖体育运动器材有限公司的生产情况，并补充了如下证据附件（编号续前）：

附件（一）2是2000年版《高尔夫用品综合目录》（译名）杂志的出版信息页和第587页复印件及相关中文译文复印件共5页，其上均盖有厦门精艺达翻译服务有限公司翻译专用章；

附件（一）3是1999年《高尔夫专业》杂志的内页复印件1页；

附件（一）4是2000年《中国高尔夫》杂志的内页复印件1页；

附件（一）5是《高尔夫》杂志的内页复印件2页。

2005年5月9日第一请求人再次补充了如下证据附件（编号续前）：

附件（一）6是第09373833号《中国图书进出口（集团）总公司销售专用发票》复印件1页。

后经过文件转送程序和口头审理程序，第一请求人放弃附件（一）5作为本案的证据，其在口头审理中出示了附件（一）1至附件（一）4所示杂志和附件（一）6所示发票的原件，并补充了附件（一）3和附件（一）4所示杂志的封面和相关信息页等复印件。

对于第一请求人提出的无效宣告请求的理由和证据，专利权人主要认为第一请求人提交的证据材料均系域外形成，未经公证认证，不具有合法形式，且来源不明，均不应被采信；同时第一请求人后补充的新理由和新证据超出了举证期限，不应被接受，本专利应予维持。

在当事人的意见陈述及证据和口头审理的基础上，专利复审委员会于2005年11月1日作出第7661号无效宣告请求审查决定书（下称第7661号决定），并于2005年11月14日将第7661号决定分别寄送双方当事人。专利复审委员会在第7661号决定中认定：第一请求人提交的附件（一）3所示1999年《高尔夫专业》杂志不属于在无效宣告请求之日起一个月后提交的新证据，应予以考虑；通过其上标有的出处、日期和定价等信息能够认定该杂志属于在本专利申请日以前在中国内陆公开散发的出版物，且其上公开了与本专利相近似的高尔夫球杆颈套的外观设计，因此本专利不符合专利法第23条的规定。从而宣告本专利无效。

专利权人不服第7661号决定，向北京市第一中级人民法院提起行政诉讼。后经过两审行政诉讼程序，北京市高级人民法院于2006年8月9日作出"（2006）高行终字第314号"行政判决书（下称终审判决）。终审判决认定：第7661号决定所采信的1999年《高尔夫专业》杂志的出版单位是位于中国香港的威博体育专门出版社，因此在不具有相关证明手续、亦未有其他证据佐证该杂志在国内于1999年已为公众所知的情况下，专利复审委员会认定该杂志在国内于1999年已为公众所知属于证据不足。从而维持北京市第一中级人民法院作出的"（2006）一中行初字第103号"行政判决书，撤销第7661号决定。

基于生效的终审判决，专利复审委员会重新组成合议组对本案进行再次审理，并于2006年11月14日向双方当事人发出口头审理通知书，定于2006年12月21日进行口头审理。

2. 第二次无效宣告请求程序

针对本专利，2006年9月4日崔道俊（下称第二请求人）向专利复审委员会提出无效宣告请求，其理由是本专利不符合中国专利法第23条的规定。第二请求人认为本专利与在其申请日以前厦门茂靖体育器材有限公司生产、销售的高尔夫颈套产品的外观设计相近似，与其申请日以前发表的出版物上公开的高尔夫颈套的外观设计相近似，因此本专利无新颖性。同时，第二请求人提交了如下证据附件：

附件（二）1是2003年9月《高尔夫专业》杂志的封面、出版信息页和第7页复印件共3页。

专利复审委员会根据无效宣告请求审查程序的规定受理了该无效宣告请求，并于2006年9月4日将第二请求人的无效宣告请求文件转送专利权人。

其后，第二请求人又于2006年9月30日提交了意见陈述书，坚持认为本专利与其申请日以前在出版物上公开发表过的外观设计相同或者相近似；并请求专利复审委员会向相关企事业单位和团体调查取证。同时，第二请求人补充了如下证据附件（编号续前）：

附件（二）2是2003年2月号《高尔夫时尚》杂志的封面、目录页和第103页复印件共3页；

附件（二）3是2003年3月号《高尔夫时尚》杂志的封面、第14~15页和第98页复印件共4页；

附件（二）4是2003年4月号《高尔夫时尚》杂志的封面和某内页复印件共2页；

附件（二）5是2003年5月号《高尔夫时尚》杂志的封面和部分内页复印件共3页；

附件（二）6是2003年7月号《高尔夫时尚》杂志的封面和第23页复印件共2页；

附件（二）7是2003年9月号《高尔夫时尚》杂志的封面和第68页复印件共2页；

附件（二）8是2003年12月号《高尔夫时尚》杂志的封面和第79页复印件共2页；

附件（二）9是2003年版《GOLF EQUIPMENT UNIVERSAL CATALOGUE》杂志的封面和第538~541页复印件以及厦门译雅翻译咨询有限公司签章的相关中文译文复印件共12页，另附厦门译雅翻译咨询有限公司的《企业法人营业执照》复印件2页和第09373833号《中国图书进出口（集团）总公司销售专用发票》复印件1页；

附件（二）10是2003年11月号《体育大观高球版》杂志的封面、第7页、第33页、第35页、第88页和第95页复印件共6页；

附件（二）11是2003年11月号《高尔夫》杂志的封面、第149页、第152页和第171页复印件共4页；

附件（二）12是2000年11月号《高尔夫》杂志的封面、第78页、第81页和第159页复印件共4页。

2006年10月11日专利复审委员会收到广东木兰广告有限公司签章的证言复印件；同时，专利复审委员会收到专利权人的意见陈述，专利权人认为：（1）第一次无效宣告请求程序中涉及的第7661号决定所运用的证据是香港出版物《高尔夫专业》，后两审人民法院均认定第7661号决定证据不足，从而撤销第7661号决定，而第二请求人又以与前案人民法院生效判决中相同的证据和理由重复提出第二次无效宣告请求，违反了《审查指南》规定的无效宣告请求的"一事不再理原则"和审查决定被人民法院生效判决撤销后的审查程序，并违反了最高人民法院关于申请再审期限的相关司法解释的规定；（2）第二请求人提交的附件（二）1所示2003年9月《高尔夫专业》杂志不具备国家出版物的主体资格和法定要件，属于无号非法出版物，缺乏证据的真实性、合法性和有效性。基于上述，专利权人认为应驳回第二次无效宣告请求，并提交了如下证据附件：

反证（二）1是第一请求人提交的附件（一）3所示1999年《高尔夫专业》杂志的出版信息页

复印件1页；

反证（二）2是第二请求人提交的附件（二）1所示2003年9月《高尔夫专业》杂志的出版信息页复印件1页。

专利复审委员会于2006年11月14日将第二请求人的意见陈述及附件和专利权人的意见陈述及附件分别转送对方当事人。同时向双方当事人发出口头审理通知书，定于2006年12月21日进行口头审理；并告知第二请求人，专利复审委员会于2006年10月11日收到广东木兰广告有限公司签章的证言，但该证言的提交主体与第二请求人不符，不属于本案的有效文件，且对于第二请求人提出的调查取证申请，由于申请的理由不属于专利复审委员会必须依职权调查的范围，因此专利复审委员会不自行调查取证，第二请求人应履行其举证义务；另告知专利权人，由于第二请求人提出的附件（二）1与第7661号决定所涉及的证据不同，因此第二次无效宣告请求不属于以同样的理由和证据再次提出无效宣告请求的情形，不违反"一事不再理原则"。

2006年12月5日专利复审委员会收到专利权人的意见陈述，专利权人坚持其原有观点，并认为第二请求人补充的证据来源不合法，均无购书发票，且均为香港或者日本形成的，未办理相关的证明手续，不能作为证据使用，同时部分证据不具备国内出版物的法定要件，部分证据是对于第一次无效宣告请求程序中涉及证据的重复提交，均不具有真实性、合法性和有效性，因此应驳回第二次无效宣告请求。

专利复审委员会于2006年12月21日口头审理开始前将上述专利权人的意见陈述转送第二请求人。

3. 合并口头审理程序

对于上述两个请求人针对本专利先后提出的两次无效宣告请求，专利复审委员会依法进行合并口头审理。2006年12月21日口头审理如期举行，各方当事人均委托代理人出庭，各方当事人均对合议组成员无回避请求，对对方出庭人员的资格也均无异议。

在口头审理中，针对第一次无效宣告请求，第一请求人说明均无法对证据进行公证，但认为附件（一）1所示2003年版《GOLF EQUIPMENT UNIVERSAL CATALOGUE》杂志是在国内获得的，附件（一）6所示发票可证明该杂志购于中国图书进出口（集团）总公司书店，不需要公证认证，请求人当庭提交了附件（一）1和附件（一）6的原件，其中附件（一）6所示发票的背面写有书名及其译名，并有中国图书进出口（集团）总公司报刊部收订二科的签章；专利权人当庭核实证据原件，坚持其原有观点，并认为正规发票背面不可以写字，附件（一）6应为假发票。

针对第二次无效宣告请求，第二请求人坚持其原有观点，并认为虽然附件（二）1所示2003年9月《高尔夫专业》杂志是香港出版物，但其为2003年第六届中国（深圳）国际高尔夫球博览会会刊，来源于广东木兰广告有限公司，应属于域内证据，第二请求人当庭提交了广东木兰广告有限公司签章的证言，并提交了附件（二）1-附件（二）3和附件（二）6-附件（二）12所示杂志及发票的原件；专利权人当庭核实证据原件，坚持其原有观点，认为第二请求人提交的附件（二）1所示杂志和第一次无效宣告请求程序中涉及的第7661号决定所运用的证据均为香港出版物，因此违反了"一事不再理原则"，并认为第二请求人提交的其他证据中均未标明相关杂志的出版单位，均不足为证。

在相近似性判断方面，两个请求人均坚持原有观点；专利权人认为证据中所示的相关外观设计均位于高尔夫球杆上，其是否是装饰或是图案不明，所示产品与本专利不同，而本专利是套在高尔夫球杆上的，有内径。

在针对上述两次无效宣告请求进行审理的基础上，合议组经合议，认为事实已清楚，依法作出本审查决定。

二、决定的理由

基于两个请求人提出的无效宣告请求的理由,合议组依据专利法第 23 条的规定进行审理。

专利法第 23 条规定:授予专利权的外观设计,应当同申请日以前在国内外出版物上公开发表过或者国内公开使用过的外观设计不相同和不相近似,并不得与他人在先取得的合法权利相冲突。

第一请求人在提出无效宣告请求之日提交的附件(一)1 是 2003 年版《GOLF EQUIPMENT UNIVERSAL CATALOGUE》杂志的封面、前言页、目录首页和第 538~541 页复印件以及厦门译雅翻译咨询有限公司签章的相关中文译文复印件;其后于 2005 年 5 月 9 日补充了附件(一)6(即第 09373833 号《中国图书进出口(集团)总公司销售专用发票》复印件)作为关联证据,并在口头审理中提交了上述附件的原件。

针对上述附件,合议组认为:通过相关中文译文可知附件(一)1 所示 2003 年版《GOLF EQUIPMENT UNIVERSAL CATALOGUE》杂志本身形成于日本,虽然第一请求人提交附件(一)6 试图证明该杂志可通过国内公共渠道获得,但由于附件(一)6 所示发票中记载的项目为"进口报刊零星订购",与附件(一)1 所示杂志的名称不符,且该发票的背面仅有手写书名及其译名和中国图书进出口(集团)总公司报刊部收订二科的签章,既无任何证明内容,也未体现该书的年代、版次等信息,尚不足以认定 2005 年 4 月 30 日开具的附件(一)6 所示发票即为购买附件(一)1 所示 2003 年版《GOLF EQUIPMENT UNIVERSAL CATALOGUE》杂志的原始票据,关联性明显不足;因此附件(一)1 所示杂志作为域外证据,第一请求人未能履行相关证明手续,也未能提交其他证据佐证该杂志的真实性,在专利权人提出质疑的情况下,其真实性不能被认定。

第一请求人于 2005 年 5 月 8 日补充的附件(一)2 是 2000 年版《高尔夫用品综合目录》(译名)杂志的出版信息页和第 587 页复印件及相关中文译文复印件,其上均盖有厦门精艺达翻译服务有限公司翻译专用章;附件(一)3 是 1999 年《高尔夫专业》杂志的内页复印件;附件(一)4 是 2000 年《中国高尔夫》杂志的内页复印件;附件(一)5 是《高尔夫》杂志的内页复印件。

针对上述附件,合议组认为:根据专利法实施细则第 66 条的规定,在专利复审委员会受理无效宣告请求后,请求人可以在提出无效宣告请求之日起 1 个月内增加理由或者补充证据。逾期增加理由或者补充证据的,专利复审委员会可以不予考虑。另根据专利法实施细则第 6 条的规定,期限以年或者月计算的,以其最后一月的相应日为期限届满日;该月无相应日的,以该月最后一日为期限届满日;期限届满日是法定节假日的,以节假日后的第一个工作日为期限届满日。本案第一次无效宣告请求的提出日期为 2005 年 4 月 7 日,而 1 个月的期限届满日 2005 年 5 月 7 日是法定假日,因此第一请求人于 2005 年 5 月 8 日补充的上述证据不属于超期提交的新证据,应予以考虑。

但是,附件(一)2 所示杂志由其出版信息页记载的内容可知形成于日本,附件(一)3 所示杂志由其出版信息页记载的内容可知形成于香港,附件(一)4 所示杂志的内页上记载的内容未显示出其是形成于中国领域内的任何信息,附件(一)5 所示杂志未提交过原件,且第一请求人在口头审理中说明均无法对上述证据进行公证;因此,在第一请求人未能提交其他证据佐证上述杂志的真实性、专利权人亦提出质疑的情况下,上述证据的真实性均不能被认定。

第一请求人认为本专利与在其申请日以前生产、销售的高尔夫颈套产品的外观设计相同或者相近似,并请求专利复审委员会调查其无法自行获取的厦门茂靖体育运动器材有限公司的生产情况。对此,合议组认为:该调查取证申请的理由不属于专利复审委员会必须依职权调查的范围,且产品的生产并不等同于产品的公开销售,通常并不导致相关设计处于公众可以得知的状态,因此在缺乏证据的情况下,合议组对第一请求人提出的使用公开的无效宣告请求的理由不予支持。

综上所述,第一请求人提出的无效宣告请求的理由均不能成立。

第二请求人在提出无效宣告请求之日提交的附件（二）1是2003年9月《高尔夫专业》杂志的封面、出版信息页和第7页复印件；专利权人认为该杂志和第一次无效宣告请求程序中涉及的第7661号决定所运用的附件（一）3所示杂志均为香港出版物，因此违反了审查指南规定的无效宣告请求的"一事不再理原则"和审查决定被人民法院生效判决撤销后的审查程序，也违反了最高人民法院关于申请再审期限的相关司法解释的规定，并提交了反证（二）1和反证（二）2。对此，合议组认为：经核实，反证（二）1和附件（一）3所示的杂志为1999年《高尔夫专业》，而反证（二）2和附件（二）1所示的杂志为2003年9月《高尔夫专业》，二者证据不同，因此第二次无效宣告请求不属于以同样的理由和证据再次提出无效宣告请求的情形，不违反"一事不再理原则"；且最高人民法院关于申请再审期限的相关司法解释的规定与无效宣告请求的审理无关，因此合议组对专利权人的上述主张不予支持。

第二请求人在口头审理中提交了广东木兰广告有限公司签章的证言作为附件（二）1的补充证据。对此，合议组认为：该补充证据的有效提交日期为2006年12月21日，超出了自无效宣告请求之日（2006年9月4日）起1个月的举证期限，根据专利法实施细则第66条的规定，本案不予考虑。

第二请求人提交的附件（二）3是2003年3月号《高尔夫时尚》杂志的封面、第14~15页和第98页复印件，其后于口头审理中提交了该杂志的完整原件。针对附件（二）3，合议组认为：在该杂志的封面上不仅标有"高尔夫时尚"的刊名、"2003年3月号"的日期和"￥38"的定价，而且明确标有"62~145"的邮发代号、"ISSN 1671-0843"的国际标准刊号和"CN51-1612/G8"的国内统一刊号等信息，形成了刊名、日期、邮发代号、刊号等信息的唯一确定关系，在第二请求人已提交该杂志完整原件的情况下，虽然专利权人质疑其真实性、合法性和有效性，但是未能提交任何反证支持其主张，因此合议组根据该杂志及其上记载的上述信息认定该杂志属于真实的、合法的、在国内公开发行的出版物，属于专利法第23条规定的在本专利申请日（2004年6月23日）以前公开发行的出版物，适用于本案。

在该杂志的第15页上公开了一款高尔夫球杆颈套的外观设计（下称在先设计）。虽然专利权人认为在先设计位于高尔夫球杆上，其是否是装饰或是图案不明，所示产品与本专利不同；但是从图片上观察，在先设计明显与杆头和杆身从形状上相区分，应为杆头和杆身结合部的专用颈部套筒设计，是此类高尔夫球杆的典型部件，与同样套在高尔夫球杆颈部上使用的本专利用途完全相同，二者属于同一类别的产品，具有可比性。

从图片上观察，在先设计为黑色的圆台形回转体，近窄端处环绕两条金环（详见在先设计附图）。

本专利为深褐色的圆台形回转体，具有明确内径的套孔设计，近窄端处环绕两条金环（详见本专利附图）。

将本专利和在先设计相比较，其不同点为：二者的底色不同，且本专利套孔的内径明确。合议组认为：从整体视觉观察，二者的色彩搭配极为接近，不会对二者的整体视觉效果产生显著的影响，且此类产品在使用状态下是套在高尔夫球杆上的，因此套孔内侧属于安装、使用时不容易看到的功能性部位，也不足以对此类产品整体外观设计的相近似性判断产生显著的影响；本专利和在先设计的整体形状设计、图案分割设计和色彩搭配设计均是相同或者相近似的，容易导致一般消费者对二者的整体外观设计产生误认、混同，因此二者应属于相近似的外观设计。

综上所述，在本专利申请日以前已有与其相近似的高尔夫球杆颈套的外观设计在出版物上公开发表过，本专利不符合专利法第23条的规定。

鉴于由上述在先设计与本专利相比较已得出本专利不符合专利法所规定的授权条件的结论，合议组对第二请求人提出的其他理由和证据不再予以评述。

三、决定

宣告200430047130.8号外观设计专利权全部无效。

当事人对本决定不服的，可以根据专利法第46条第2款的规定，自收到本决定之日起三个月内向北京市第一中级人民法院起诉。根据该款的规定，一方当事人起诉后，另一方当事人应当作为第三人参加诉讼。

主视图　　　　　立体图

俯视图　　　　　仰视图

本专利附图

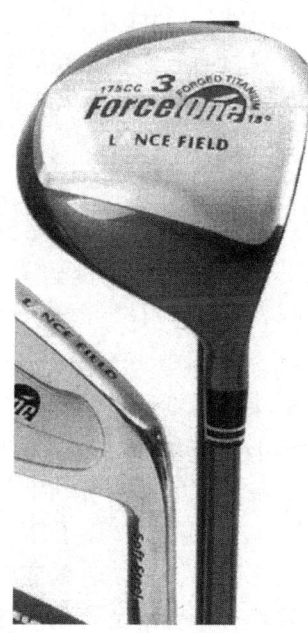

在先设计附图

北京市第一中级人民法院
行政判决书

(2007)一中行初字第839号

原告张军，男，1972年3月25日出生，土家族，厦门亿威塑胶运动器材有限公司法定代表人，身份证住址贵州省沿河县黑水乡龙堡村上白溪组，现住福建省厦门市湖里区殿前六组工业区。

委托代理人张延顺，男，1952年4月5日出生，土家族，住贵州省沿河土家族自治县黑水乡龙堡村上白溪组。

被告国家知识产权局专利复审委员会，住所地北京市海淀区北四环西路9号银谷大厦10~12层。

法定代表人廖涛，副主任。

委托代理人张雪飞，国家知识产权局专利复审委员会审查员。

委托代理人程强，国家知识产权局专利复审委员会审查员。

第三人崔道俊，男，1970年5月2日出生，土家族，厦门市湖里区高健橡塑制品厂（经营场所：福建省厦门市湖里区枋湖村枋湖社277号）业主，身份证住址贵州省沿河县淇滩镇联桥村平屯组，现住福建省厦门市湖里区枋湖村枋湖社277号。

委托代理人吴武成，福建万石律师事务所律师。

委托代理人潘进，福建万石律师事务所律师。

原告张军不服被告国家知识产权局专利复审委员会（以下简称专利复审委员会）于2007年2月6日作出的第9589号无效宣告请求审查决定（以下简称第9589号决定），于法定期限内向本院提起诉讼。本院于2007年6月12日受理本案后，依法组成合议庭，并按照法律有关规定通知崔道俊作为第三人参加诉讼，于2007年9月6日公开开庭进行了审理。原告张军及其委托代理人张延顺，被告专利复审委员会的委托代理人张雪飞、程强，第三人崔道俊的委托代理人潘进到庭参加了诉讼。本案现已审理终结。专利复审委员会第9589号决定系就厦门市湖里区高健橡塑制品厂（以下简称高健橡塑制品厂）和崔道俊对张军拥有的第200430047130.8号外观设计专利（以下简称本专利）所提出的无效宣告请求作出的。专利复审委员会在该决定中认定：（1）高健橡塑制品厂于2005年4月7日提出的无效宣告请求的理由均不能成立。（2）崔道俊提交了2003年3月号《高尔夫时尚》杂志的封面和第14~15页复印件及该杂志的完整原件。在该杂志的封面上不仅标有"高尔夫时尚"的刊名、"2003年3月号"的日期和"38"的定价，而且明确标有"62-145"的邮发代号、"ISSN 1671-0843"的国际标准刊号和"CN51-1612/G8"的国内统一刊号等信息，形成了刊名、日期、刊号、邮发代号等信息的唯一确定关系，虽然张军质疑其真实性、合法性和有效性，但是未能提交任何反证支持其主张，因此该杂志属于真实的、合法的、在国内公开发行的出版物，属于《中华人民共和国专利法》（以下简称《专利法》）第二十三条规定的在本专利申请日以前公开发行的出版物。在该杂志的第15页上公开了一款高尔夫球杆颈套的外观设计（以下简称在先设计），与本专利属于同一类别的产品。将本专利和在先设计相比较，其不同点为：二者的底色不同，且本专利套孔的内径明确。但从整体视觉观察，二者的色彩搭配极为接近，不会对二者的整体视觉效果产生显著的影响，且此类产品在使用状态下是套在高尔夫球杆上的，因此套孔内侧属于安装、使用时不容易看到的功能性部位，也不足以对此类产品整体外观设计的相近似性判断产生显著的影响；本专利和在先设计的整体形状设计、图案分割设计和色彩搭配设计均是相同或者相近似的，容易导致一般消费者对二者的整体外观设计产生误认、混同,因此二者应属于相近似的外观设计,本专利不符合《专利法》第二十三条的规定。专利复审委员会据此作出第9589号无效决定,宣告本专利权无效。原告张军不服该决定,在法定期限内向本院提起行政诉讼,其诉称:(1)本案经原一、二审判决已终审结案,被告使用与原生效判决中相同的证据,再次受理第三人的无效宣告请求,并作出第9589号决定,其行为缺乏法律依据,违反了《中华人民共和国专利法实施细则》(以下简称《专利法实施细则》)第六十五条第二款的规定,违反了《审查指南》所规定的"一事不再理原则"。(2)第三人提交的证据不符合合法出版物的规定,被告采用其证据违反了《出版物市场管理规定》的相关规定。因此,原告请求人民法院判决撤销第9589号决定。被告专利复审委员会辩称:《专利法实施细则》第六十五条第二款规定的是"同样的理由和证据"。本案第三人第二次无效宣告请求的证据与第一次的证据不同,不属于以同样的理由和证据再次提出无效宣告请求的情形,不违反"一事不再理原则"。对于原告提出的其他问题,被告仍坚持第9589号决定中的认定。综上,被告认为原告的诉讼理由不能成立,第9589号决定认定事实清楚,适用法律正确,请求人民法院维持该决定。第三人崔道俊述称:(1)第一次无效宣告请求人是高健橡塑制品厂,但是第二次的无效宣告请求人是崔道俊,两案请求人不一样,不适用"一事不再理原则"。(2)本专利已是公知技术,已经丧失了新颖性。因此请求人民法院判决维持第9589号决定。

本院经审理查明:

"高尔夫颈套(4)"外观设计专利(即本专利)由张军于2004年6月23日向国家知识产权局提出申请,于2005年1月26日被授权公告,专利号为200430047130.8。本专利授权公告包括4幅视图,即主视图、立体图、俯视图、仰视图,其请求保护色彩。从授权公报看,本专利为深褐色的圆台形回转体,具有明确内径的套孔设计,近窄端处环绕两条金环(本专利的外观详见本判决附图)。

针对本专利,高健橡塑制品厂于2005年4月7日以本专利不符合《专利法》第二十三条的规定为由,向专利复审委员会提出无效宣告请求,并提交了包括1999年《高尔夫专业》杂志在内的相关证据。2005年11月1日,专利复审委员会作出第7661号无效宣告请求审查决定书(简称第7661号决定),认为1999年《高尔夫专业》杂志上公开了与本专利相近似的高尔夫球杆颈套的外观设计,因此宣告本专利无效。张军不服第7661号决定,向我院提起行政诉讼。2006年3月27日,我院作出(2006)一中行初字第103号行政判决书,认为第7661号决定所采信的1999年《高尔夫专业》杂志没有履行相关证明手续,专利复审委员会采用该证据并宣告本专利无效属主要证据不足,故判决撤销专利复审委员会第7661号决定。2006年8月9日,北京市高级人民法院作出(2006)高行终字第314号行政判决书,维持了(2006)一中行初字第103号行政判决书。基于生效的终审判决,专利复审委员会重新组成合议组对该无效宣告请求中除1999年《高尔夫专业》杂志以外的证据和理由继续进行审理。

2006年9月4日,崔道俊以本专利不符合《专利法》第二十三条规定为由,向专利复审委员会提出无效宣告请求,并提交了2003年9月号《高尔夫专业》杂志的封面、出版信息页和第7页等作为证据。专利复审委员会受理了该无效宣告请求,并于2006年9月4日将崔道俊的无效宣告请求文件转送张军。2006年9月30日崔道俊补充了包括2003年3月号《高尔夫时尚》杂志在内的11份证据。2003年3月号《高尔夫时尚》封面上标有"高尔夫时尚"的刊名、"2003年3月号"的日期和"38"的定价,还标有"62-145"的邮发代号、"ISSN 1671-0843"的国际标准刊号和"CN51-1612/G8"的国内统一刊号等信息,其版权页除了标明上述信息外,还载明主管单位为四川省体育局,主办单位为四川省体育总会,由高尔夫时尚杂志社编辑出版,由成都市邮政局、高尔夫时尚杂志社发行。在该杂志的第15页上公开了一款高尔夫球杆颈套的外观设计(即在先设计),在先设计为黑色的圆台形回转体，近窄端处环绕两条金环（在先设计详见本判决书附图）。

2006年12月21日，专利复审委员会对前述两无效宣告请求合并举行了口头审理。

2007年2月6日，专利复审委员会作出第9589号决定。

在本案庭审过程中，张军认为2003年3月号《高尔夫时尚》杂志没有版权批准文件，不符合出版物的相关规定，但其明确表示不能提交相反的证据支持其该项主张。张军还表示对于第9589号决定所认定的本专利和在先设计的客观描述没有异议。专利复审委员会向本院提交了2003年3月号《高尔夫时尚》杂志的完整原件。

上述事实有本专利公报、第9589号决定、（2006）一中行初字第103号行政判决书、（2006）高行终字第314号行政判决书、2003年3月号《高尔夫时尚》杂志及当事人陈述等证据在案佐证。

本院认为：

1. 关于被告受理无效宣告请求是否合法

本案中，虽然在先生效的行政判决书撤销了第7661号决定，但该判决结果不等同于直接确认本专利权继续有效，被告仍需要对于无效宣告请求人提出的其他理由和证据进行审理。同时，根据专利法第四十五条的规定，任何人仍可以针对该专利提出无效宣告请求。《专利法实施细则》第六十五条第二款规定，在专利复审委员会就无效宣告请求作出决定之后，又以同样的理由和证据请求无效宣告的，专利复审委员会不予受理。本案中，在先的第7661号决定及后续的两审行政诉讼涉及的是1999年《高尔夫专业》杂志，而在后的无效宣告请求受理的依据是2003年9月《高尔夫专业》杂志，二者虽然刊名相同，但刊期、出版时间、内容均不相同，不属于相同的证据。因此被告对于第7661号决定中未评述的证据和理由继续进行审理，同时根据新的证据再次受理针对本专利的无效宣告请求并作出第9589号决定没有违反专利法实施细则第六十五条第二款规定的"一事不再理"原则，原告关于被告受理行为违法的主张没有法律依据，本院不予支持。

2. 关于本专利是否符合《专利法》第二十三条规定

《专利法》第二十三条规定：授予专利权的外观设计，应当同申请日以前在国内外出版物上公开发表过或者国内公开使用过的外观设计不相同和不相近似，并不得与他人在先取得的合法权利相冲突。

2003年3月号《高尔夫时尚》杂志标有刊名、日期、刊号、邮发代号、主管单位、主办单位、出版单位、发行单位等信息，被告也在诉讼中提交了该杂志的原件，其已经尽到了证明该杂志真实性的举证责任。虽然原告仍有异议，但在其未能提交任何相反证据的情况下，本院对该杂志本身及其上公开的信息的真实性予以确认。由于该杂志的出版日早于本专利的申请日，故包含于该杂志中的在先设计可以用于评价本专利是否符合《专利法》第二十三条的规定。

在先设计与本专利均为高尔夫球杆杆头和杆身结合部的专用颈部套筒设计，二者属于同一类别的产品。将本专利和在先设计相比较，二者的整体形状设计、图案分割设计和色彩搭配设计均是相同或者相近似的，容易导致一般消费者对二者的整体外观设计产生误认、混同，因此二者应属于相近似的外观设计，本专利不符合《专利法》第二十三条的规定，应当被宣告无效。

综上，被告专利复审委员会作出的第9589号决定认定事实清楚，适用法律正确，程序合法，应予维持。原告张军请求撤销该决定的理由不能成立，本院不予支持。依照《中华人民共和国行政诉讼法》第五十四条第（一）项之规定，本院判决如下：

维持国家知识产权局专利复审委员会作出的第9589号无效宣告请求审查决定。

案件受理费100元，由原告张军负担（已交纳）。

如不服本判决，各方当事人可于本判决送达之日起15日内，向本院提交上诉状及其副本，并交纳上诉案件受理费100元,上诉于北京市高级人民法院。

审　判　长　刘海旗
代理审判员　周云川
代理审判员　佟　姝
二〇〇六年十二月二十日
书　记　员　高　颖

高尔夫颈套（3）

无效宣告请求审查决定（第9590号）

决 定 号	第9590号
决 定 日	2007年3月20日
发明创造名称	高尔夫颈套（3）
外观设计分类号	21-02
无效宣告请求人	厦门市湖里区高健橡塑制品厂，崔道俊
专利权人	张 军
专 利 号	200430047131.2
申 请 日	2004年6月23日
授权公告日	2005年1月26日
合议组组长	吴赤兵
主 审 员	张雪飞
参 审 员	王霞军
附 图	1页

法 律 依 据 专利法第23条，专利法实施细则第6条、第66条

决 定 要 点

以在中国领域外形成的出版物作为证据，如果对方当事人对其真实性提出异议，又缺少其他证明真实性的证据，则仅凭相关出版物本身不足以认定其真实性；

以与前案认定证据不同的证据再次提出无效宣告请求，并不违反"一事不再理原则"；

针对国内出版物证据，通过书名、日期、邮发代号和刊号等信息足以确定唯一的对应关系，在对方当事人仅提出质疑而未能提交相关反证的情况下，能够认定相关出版物的真实性。

一、案由

本无效宣告请求涉及国家知识产权局于2005年1月26日授权公告的200430047131.2号外观设计专利，使用该外观设计的产品名称是"高尔夫颈套（3）"，申请日是2004年6月23日，专利权人是张军。

1. 第一次无效宣告请求程序

针对上述外观设计专利权（下称本专利），2005年4月7日厦门市湖里区高健橡塑制品厂（下称第一请求人）向专利复审委员会提出无效宣告请求，其理由是本专利不符合专利法第23条的规定。第一请求人认为本专利与在其申请日以前本方生产、销售的高尔夫颈套产品的外观设计相近似，与在

其申请日以前的出版物上公开的高尔夫颈套的外观设计相近似，因此本专利无新颖性。同时，第一请求人提交了如下证据附件：

附件（一）1 是 2003 年版《GOLF EQUIPMENT UNIVERSAL CATALOGUE》杂志的封面、前言页、目录首页和第 538~541 页复印件以及厦门译雅翻译咨询有限公司签章的相关中文译文复印件共 15 页。

专利复审委员会根据无效宣告请求审查程序的规定受理了该无效宣告请求，并于 2005 年 4 月 11 日将第一请求人的无效宣告请求文件转送专利权人。

其后，第一请求人又于 2005 年 5 月 8 日提交了意见陈述书，坚持认为在本专利申请日以前已有与其相近似的外观设计在出版物上公开发表过，并认为在本专利申请日以前已有与其相同的外观设计产品在国内公开销售。同时，第一请求人请求专利复审委员会调查其无法自行获取的厦门茂靖体育运动器材有限公司的生产情况，并补充了如下证据附件（编号续前）：

附件（一）2 是 2000 年版《高尔夫用品综合目录》（译名）杂志的出版信息页和第 587 页复印件及相关中文译文复印件共 5 页，其上均盖有厦门精艺达翻译服务有限公司翻译专用章；

附件（一）3 是 1999 年《高尔夫专业》杂志的内页复印件 1 页；

附件（一）4 是 2000 年《中国高尔夫》杂志的内页复印件 1 页；

附件（一）5 是《高尔夫》杂志的内页复印件 2 页。

2005 年 5 月 9 日第一请求人再次补充了如下证据附件（编号续前）：

附件（一）6 是第 09373833 号《中国图书进出口（集团）总公司销售专用发票》复印件 1 页。

后经过文件转送程序和口头审理程序，第一请求人放弃附件（一）5 作为本案的证据，其在口头审理中出示了附件（一）1 至附件（一）4 所示杂志和附件（一）6 所示发票的原件，并补充了附件（一）3 和附件（一）4 所示杂志的封面和相关信息页等复印件。

对于第一请求人提出的无效宣告请求的理由和证据，专利权人主要认为第一请求人提交的证据材料均系域外形成，未经公证认证，不具有合法形式，且来源不明，均不应被采信；同时第一请求人后补充的新理由和新证据超出了举证期限，不应被接受，本专利应予维持。

在当事人的意见陈述及证据和口头审理的基础上，专利复审委员会于 2005 年 11 月 7 日作出第 7660 号无效宣告请求审查决定书（下称第 7660 号决定），并于 2005 年 11 月 14 日将第 7660 号决定分别寄送双方当事人。专利复审委员会在第 7660 号决定中认定：第一请求人提交的附件（一）3 所示 1999 年《高尔夫专业》杂志不属于在无效宣告请求之日起一个月后提交的新证据，应予以考虑；通过其上标有的出处、日期和定价等信息能够认定该杂志属于在本专利申请日以前在中国内陆公开散发的出版物，且其上公开了与本专利相近似的高尔夫球杆颈套的外观设计，因此本专利不符合专利法第 23 条的规定。从而宣告本专利无效。

专利权人不服第 7660 号决定，向北京市第一中级人民法院提起行政诉讼。后经过两审行政诉讼程序，北京市高级人民法院于 2006 年 8 月 9 日作出"（2006）高行终字第 309 号"行政判决书（下称终审判决）。终审判决认定：第 7660 号决定所采信的 1999 年《高尔夫专业》杂志的出版单位是位于中国香港的威博体育专门出版社，因此在不具有相关证明手续、亦未有其他证据佐证该杂志在国内于 1999 年已为公众所知的情况下，专利复审委员会认定该杂志在国内于 1999 年已为公众所知属于证据不足。从而维持北京市第一中级人民法院作出的"（2006）一中行初字第 104 号"行政判决书，撤销第 7660 号决定。

基于生效的终审判决，专利复审委员会重新组成合议组对本案进行再次审理，并于 2006 年 11 月 14 日向双方当事人发出口头审理通知书，定于 2006 年 12 月 21 日进行口头审理。

2. 第二次无效宣告请求程序

针对本专利，2006年9月4日崔道俊（下称第二请求人）向专利复审委员会提出无效宣告请求，其理由是本专利不符合专利法第23条的规定。第二请求人认为本专利与在其申请日以前厦门茂靖体育器材有限公司生产、销售的高尔夫颈套产品的外观设计相近似，与其申请日以前发表的出版物上公开的高尔夫颈套的外观设计相近似，因此本专利无新颖性。同时，第二请求人提交了如下证据附件：

附件（二）1是2003年9月《高尔夫专业》杂志的封面、出版信息页和第7页复印件共3页。

专利复审委员会根据无效宣告请求审查程序的规定受理了该无效宣告请求，并于2006年9月4日将第二请求人的无效宣告请求文件转送专利权人。

其后，第二请求人又于2006年9月30日提交了意见陈述书，坚持认为本专利与其申请日以前在出版物上公开发表过的外观设计相同或者相近似；并请求专利复审委员会向相关企事业单位和团体调查取证。同时，第二请求人补充了如下证据附件（编号续前）：

附件（二）2是2003年2月号《高尔夫时尚》杂志的封面、目录页和第103页复印件共3页；

附件（二）3是2003年3月号《高尔夫时尚》杂志的封面、第14~15页和第98页复印件共4页；

附件（二）4是2003年4月号《高尔夫时尚》杂志的封面和某内页复印件共2页；

附件（二）5是2003年5月号《高尔夫时尚》杂志的封面和部分内页复印件共3页；

附件（二）6是2003年7月号《高尔夫时尚》杂志的封面和第23页复印件共2页；

附件（二）7是2003年9月号《高尔夫时尚》杂志的封面和第68页复印件共2页；

附件（二）8是2003年12月号《高尔夫时尚》杂志的封面和第79页复印件共2页；

附件（二）9是2003年版《GOLF EQUIPMENT UNIVERSAL CATALOGUE》杂志的封面和第538~541页复印件以及厦门译雅翻译咨询有限公司签章的相关中文译文复印件共12页，另附厦门译雅翻译咨询有限公司的《企业法人营业执照》复印件2页和第09373833号《中国图书进出口（集团）总公司销售专用发票》复印件1页；

附件（二）10是2003年11月号《体育大观高球版》杂志的封面、第7页、第33页、第35页、第88页和第95页复印件共6页；

附件（二）11是2003年11月号《高尔夫》杂志的封面、第149页、第152页和第171页复印件共4页；

附件（二）12是2000年11月号《高尔夫》杂志的封面、第78页、第81页和第159页复印件共4页。

2006年10月11日专利复审委员会收到广东木兰广告有限公司签章的证言复印件；同时，专利复审委员会收到专利权人的意见陈述，专利权人认为：（1）第一次无效宣告请求程序中涉及的第7660号决定所运用的证据是香港出版物《高尔夫专业》，后两审人民法院均认定第7660号决定证据不足，从而撤销第7660号决定，而第二请求人又以与前案人民法院生效判决中相同的证据和理由重复提出第二次无效宣告请求，违反了审查指南规定的无效宣告请求的"一事不再理原则"和审查决定被人民法院生效判决撤销后的审查程序，并违反了最高人民法院关于申请再审期限的相关司法解释的规定；（2）第二请求人提交的附件（二）1所示2003年9月《高尔夫专业》杂志不具备国家出版物的主体资格和法定要件，属于无号非法出版物，缺乏证据的真实性、合法性和有效性。基于上述，专利权人认为应驳回第二次无效宣告请求，并提交了如下证据附件：

反证（二）1是第一请求人提交的附件（一）3所示1999年《高尔夫专业》杂志的出版信息页复印件1页；

反证（二）2是第二请求人提交的附件（二）1所示2003年9月《高尔夫专业》杂志的出版信息页复印件1页。

专利复审委员会于2006年11月14日将第二请求人的意见陈述及附件和专利权人的意见陈述及附件分别转送对方当事人。同时向双方当事人发出口头审理通知书，定于2006年12月21日进行口头审理；并告知第二请求人，专利复审委员会于2006年10月11日收到广东木兰广告有限公司签章的证言，但该证言的提交主体与第二请求人不符，不属于本案的有效文件，且对于第二请求人提出的调查取证申请，由于申请的理由不属于专利复审委员会必须依职权调查的范围，因此专利复审委员会不自行调查取证，第二请求人应履行其举证义务；另告知专利权人，由于第二请求人提出的附件（二）1与第7660号决定所涉及的证据不同，因此第二次无效宣告请求不属于以同样的理由和证据再次提出无效宣告请求的情形，不违反"一事不再理原则"。

2006年12月5日专利复审委员会收到专利权人的意见陈述，专利权人坚持其原有观点，并认为第二请求人补充的证据来源不合法，均无购书发票，且均为香港或者日本形成的，未办理相关的证明手续，不能作为证据使用，同时部分证据不具备国内出版物的法定要件，部分证据是对于第一次无效宣告请求程序中涉及证据的重复提交，均不具有真实性、合法性和有效性，因此应驳回第二次无效宣告请求。

专利复审委员会于2006年12月21日口头审理开始前将上述专利权人的意见陈述转送第二请求人。

3. 合并口头审理程序

对于上述两个请求人针对本专利先后提出的两次无效宣告请求，专利复审委员会依法进行合并口头审理。2006年12月21日口头审理如期举行，各方当事人均委托代理人出庭，各方当事人均对合议组成员无回避请求，对对方出庭人员的资格也均无异议。

在口头审理中，针对第一次无效宣告请求，第一请求人说明均无法对证据进行公证，但认为附件（一）1所示2003年版《GOLF EQUIPMENT UNIVERSAL CATALOGUE》杂志是在国内获得的，附件（一）6所示发票可证明该杂志购于中国图书进出口（集团）总公司书店，不需要公证认证，请求人当庭提交了附件（一）1和附件（一）6的原件，其中附件（一）6所示发票的背面写有书名及其译名，并有中国图书进出口（集团）总公司报刊部收订二科的签章；专利权人当庭核实证据原件，坚持其原有观点，并认为正规发票背面不可以写字，附件（一）6应为假发票。

针对第二次无效宣告请求，第二请求人坚持其原有观点，并认为虽然附件（二）1所示2003年9月《高尔夫专业》杂志是香港出版物，但其为2003年第六届中国（深圳）国际高尔夫球博览会会刊，来源于广东木兰广告有限公司，应属于域内证据，第二请求人当庭提交了广东木兰广告有限公司签章的证言，并提交了附件（二）1至附件（二）3和附件（二）6-附件（二）12所示杂志及发票的原件；专利权人当庭核实证据原件，坚持其原有观点，认为第二请求人提交的附件（二）1所示杂志和第一次无效宣告请求程序中涉及的第7660号决定所运用的证据均为香港出版物，因此违反了"一事不再理原则"，并认为第二请求人提交的其他证据中均未标明相关杂志的出版单位，均不足为证。

在相近似性判断方面，两个请求人均坚持原有观点；专利权人认为证据中所示的相关外观设计均位于高尔夫球杆上，其是否是装饰或是图案不明，所示产品与本专利不同，而本专利是套在高尔夫球杆上的，有内径。

在针对上述两次无效宣告请求进行审理的基础上，合议组经合议，认为事实已清楚，依法作出本审查决定。

二、决定的理由

基于两个请求人提出的无效宣告请求的理由，合议组依据专利法第 23 条的规定进行审理。

专利法第 23 条规定：授予专利权的外观设计，应当同申请日以前在国内外出版物上公开发表过或者国内公开使用过的外观设计不相同和不相近似，并不得与他人在先取得的合法权利相冲突。

第一请求人在提出无效宣告请求之日提交的附件（一）1 是 2003 年版《GOLF EQUIPMENT UNIVERSAL CATALOGUE》杂志的封面、前言页、目录首页和第 538~541 页复印件以及厦门译雅翻译咨询有限公司签章的相关中文译文复印件；其后于 2005 年 5 月 9 日补充了附件（一）6（即第 09373833 号《中国图书进出口（集团）总公司销售专用发票》复印件）作为关联证据，并在口头审理中提交了上述附件的原件。

针对上述附件，合议组认为：通过相关中文译文可知附件（一）1 所示 2003 年版《GOLF EQUIPMENT UNIVERSAL CATALOGUE》杂志本身形成于日本，虽然第一请求人提交附件（一）6 试图证明该杂志可通过国内公共渠道获得，但由于附件（一）6 所示发票中记载的项目为"进口报刊零星订购"，与附件（一）1 所示杂志的名称不符，且该发票的背面仅有手写书名及其译名和中国图书进出口（集团）总公司报刊部收订二科的签章，既无任何证明内容，也未体现该书的年代、版次等信息，尚不足以认定 2005 年 4 月 30 日开具的附件（一）6 所示发票即为购买附件（一）1 所示 2003 年版《GOLF EQUIPMENT UNIVERSAL CATALOGUE》杂志的原始票据，关联性明显不足；因此附件（一）1 所示杂志作为域外证据，第一请求人未能履行相关证明手续，也未能提交其他证据佐证该杂志的真实性，在专利权人提出质疑的情况下，其真实性不能被认定。

第一请求人于 2005 年 5 月 8 日补充的附件（一）2 是 2000 年版《高尔夫用品综合目录》（译名）杂志的出版信息页和第 587 页复印件及相关中文译文复印件，其上均盖有厦门精艺达翻译服务有限公司翻译专用章；附件（一）3 是 1999 年《高尔夫专业》杂志的内页复印件；附件（一）4 是 2000 年《中国高尔夫》杂志的内页复印件；附件（一）5 是《高尔夫》杂志的内页复印件。

针对上述附件，合议组认为：根据专利法实施细则第 66 条的规定，在专利复审委员会受理无效宣告请求后，请求人可以在提出无效宣告请求之日起 1 个月内增加理由或者补充证据。逾期增加理由或者补充证据的，专利复审委员会可以不予考虑。另根据专利法实施细则第 6 条的规定，期限以年或者月计算的，以其最后一月的相应日为期限届满日；该月无相应日的，以该月最后一日为期限届满日；期限届满日是法定节假日的，以节假日后的第一个工作日为期限届满日。本案第一次无效宣告请求的提出日期为 2005 年 4 月 7 日，而 1 个月的期限届满日 2005 年 5 月 7 日是法定假日，因此第一请求人于 2005 年 5 月 8 日补充的上述证据不属于超期提交的新证据，应予以考虑。

但是，附件（一）2 所示杂志由其出版信息页记载的内容可知形成于日本，附件（一）3 所示杂志由其出版信息页记载的内容可知形成于香港，附件（一）4 所示杂志的内页上记载的内容未显示出其是形成于中国领域内的任何信息，附件（一）5 所示杂志未提交过原件，且第一请求人在口头审理中说明均无法对上述证据进行公证；因此，在第一请求人未能提交其他证据佐证上述杂志的真实性、专利权人亦提出质疑的情况下，上述证据的真实性均不能被认定。

第一请求人认为本专利与在其申请日以前生产、销售的高尔夫颈套产品的外观设计相同或者相近似，并请求专利复审委员会调查其无法自行获取的厦门茂靖体育运动器材有限公司的生产情况。对此，合议组认为：该调查取证申请的理由不属于专利复审委员会必须依职权调查的范围，且产品的生产并不等同于产品的公开销售，通常并不导致相关设计处于公众可以得知的状态，因此在缺乏证据的情况下，合议组对第一请求人提出的使用公开的无效宣告请求的理由不予支持。

综上所述，第一请求人提出的无效宣告请求的理由均不能成立。

第二请求人在提出无效宣告请求之日提交的附件（二）1是2003年9月《高尔夫专业》杂志的封面、出版信息页和第7页复印件；专利权人认为该杂志和第一次无效宣告请求程序中涉及的第7660号决定所运用的附件（一）3所示杂志均为香港出版物，因此违反了审查指南规定的无效宣告请求的"一事不再理原则"和审查决定被人民法院生效判决撤销后的审查程序，也违反了最高人民法院关于申请再审期限的相关司法解释的规定，并提交了反证（二）1和反证（二）2。对此，合议组认为：经核实，反证（二）1和附件（一）3所示的杂志为1999年《高尔夫专业》，而反证（二）2和附件（二）1所示的杂志为2003年9月《高尔夫专业》，二者证据不同，因此第二次无效宣告请求不属于以同样的理由和证据再次提出无效宣告请求的情形，不违反"一事不再理原则"；且最高人民法院关于申请再审期限的相关司法解释的规定与无效宣告请求的审理无关，因此合议组对专利权人的上述主张不予支持。

第二请求人在口头审理中提交了广东木兰广告有限公司签章的证言作为附件（二）1的补充证据。对此，合议组认为：该补充证据的有效提交日期为2006年12月21日，超出了自无效宣告请求之日（2006年9月4日）起1个月的举证期限，根据专利法实施细则第66条的规定，本案不予考虑。

第二请求人提交的附件（二）2是2003年2月号《高尔夫时尚》杂志的封面、目录页和第103页复印件，其后于口头审理中提交了该杂志的完整原件。针对附件（二）2，合议组认为：在该杂志的封面上不仅标有"高尔夫时尚"的刊名、"2003年2月号"的日期和"￥38"的定价，而且明确标有"62~145"的邮发代号、"ISSN 1671-0843"的国际标准刊号和"CN51-1612/G8"的国内统一刊号等信息，形成了刊名、日期、邮发代号、刊号等信息的唯一确定关系，在第二请求人已提交该杂志完整原件的情况下，虽然专利权人质疑其真实性、合法性和有效性，但是未能提交任何反证支持其主张，因此合议组根据该杂志及其上记载的上述信息认定该杂志属于真实的、合法的、在国内公开发行的出版物，属于专利法第23条规定的在本专利申请日（2004年6月23日）以前公开发行的出版物，适用于本案。

在该杂志的第103页上公开了一款高尔夫球杆颈套的外观设计（下称在先设计）。虽然专利权人认为在先设计位于高尔夫球杆上，其是否是装饰或是图案不明，所示产品与本专利不同；但是从图片上观察，在先设计明显与杆头和杆身从形状上相区分，应为杆头和杆身结合部的专用颈部套筒设计，是此类高尔夫球杆的典型部件，与同样套在高尔夫球杆颈部上使用的本专利用途完全相同，二者属于同一类别的产品，具有可比性。

从图片上观察，在先设计为圆台形回转体，近窄端处环绕两条宽度不同的细带（详见在先设计附图）。

本专利为圆台形回转体，具有明确内径的套孔设计，近窄端处环绕两条宽度相同的细带（详见本专利附图）。

将本专利和在先设计相比较，其不同点为：近窄端处的细带宽度搭配不同，且本专利套孔的内径明确。合议组认为：从整体视觉观察，细带宽度的差别明显属于局部细微差别，不会对二者的整体视觉效果产生显著的影响，且此类产品在使用状态下是套在高尔夫球杆上的，因此套孔内侧属于安装、使用时不容易看到的功能性部位，也不足以对此类产品整体外观设计的相近似性判断产生显著的影响；本专利和在先设计的整体形状设计和图案分割设计均是相同或者相近似的，容易导致一般消费者对二者的整体外观设计产生误认、混同，因此二者应属于相近似的外观设计。

综上所述，在本专利申请日以前已有与其相近似的高尔夫球杆颈套的外观设计在出版物上公开发表过，本专利不符合专利法第23条的规定。

鉴于由上述在先设计与本专利相比较已得出本专利不符合专利法所规定的授权条件的结论，合议组对第二请求人提出的其他理由和证据不再予以评述。

三、决定

宣告200430047131.2号外观设计专利权全部无效。

当事人对本决定不服的，可以根据专利法第46条第2款的规定，自收到本决定之日起三个月内向北京市第一中级人民法院起诉。根据该款的规定，一方当事人起诉后，另一方当事人应当作为第三人参加诉讼。

主视图　　　　　　　立体图

俯视图　　　　　　　仰视图

本专利

在先设计

北京市第一中级人民法院
行政判决书

(2007) 一中行初字第 840 号

原告张军，男，1972 年 3 月 25 日出生，土家族，厦门亿威塑胶运动器材有限公司法定代表人，身份证住址贵州省沿河县黑水乡龙堡村上白溪组，现住福建省厦门市湖里区殿前六组工业区。

委托代理人张延顺，男，1952 年 4 月 5 日出生，土家族，住贵州省沿河土家族自治县黑水乡龙堡村上白溪组。

被告国家知识产权局专利复审委员会，住所地北京市海淀区北四环西路 9 号银谷大厦 10~12 层。

法定代表人廖涛，副主任。

委托代理人张雪飞，国家知识产权局专利复审委员会审查员。

委托代理人程强，国家知识产权局专利复审委员会审查员。

第三人崔道俊，男，1970 年 5 月 2 日出生，土家族，厦门市湖里区高健橡塑制品厂（经营场所：福建省厦门市湖里区枋湖村枋湖社 277 号）业主，身份证住址贵州省沿河县淇滩镇联桥村平屯组，现住福建省厦门市湖里区枋湖村枋湖社 277 号。

委托代理人吴武成，福建万石律师事务所律师。

委托代理人潘进，福建万石律师事务所律师。原告张军不服被告国家知识产权局专利复审委员会（以下简称专利复审委员会）于 2007 年 3 月 20 日作出的第 9590 号无效宣告请求审查决定（以下简称第 9590 号决定），于法定期限内向本院提起诉讼。本院于 2007 年 6 月 12 日受理本案后，依法组成合议庭，并按照法律有关规定通知崔道俊作为第三人参加诉讼，于 2007 年 9 月 6 日公开开庭进行了审理。原告张军及其委托代理人张延顺，被告专利复审委员会的委托代理人张雪飞、程强，第三人崔道俊的委托代理人潘进到庭参加了诉讼。本案现已审理终结。专利复审委员会第 9590 号决定系就厦门市湖里区高健橡塑制品厂（以下简称高健橡塑制品厂）和崔道俊对张军拥有的第 200430047131.2 号外观设计专利（简称本专利）所提出的无效宣告请求作出的。专利复审委员会在该决定中认定：（1）高健橡塑制品厂于 2005 年 4 月 7 日提出的无效宣告请求的理由均不能成立。（2）崔道俊提交了 2003 年 2 月号《高尔夫时尚》杂志的封面和第 103 页复印件及该杂志的完整原件。在该杂志的封面上不仅标有"高尔夫时尚"的刊名、"2003 年 2 月号"的日期和"38"的定价，而且明确标有"62-145"的邮发代号、"ISSN 1671-0843"的国际标准刊号和"CN51-1612/G8"的国内统一刊号等信息，形成了刊名、日期、刊号、邮发代号等信息的唯一确定关系，虽然张军质疑其真实性、合法性和有效性，但是未能提交任何反证支持其主张，因此该杂志属于真实的、合法的、在国内公开发行的出版物，属于《中华人民共和国专利法》（以下简称《专利法》）第二十三条规定的在本专利申请日以前公开发行的出版物。在该杂志的第 103 页上公开了一款高尔夫球杆颈套的外观设计（以下简称在先设计），与本专利属于同一类别的产品。将本专利和在先设计相比较，其不同点为：近窄端处的细带宽度搭配不同，且本专利套孔的内径明确。从整体视觉观察，细带宽度的差别明显属于局部细微差别，不会对二者的整体视觉效果产生显著的影响，且此类产品在使用状态下是套在高尔夫球杆上的，因此套孔内侧属于安装、使用时不容易看到的功能性部位，也不足以对此类产品整体外观设计的相近似性判断产生显著的影响；本专利和在先设计的整体形状设计和图案分割设计均是相同或者相近似的，容易导致一般消费者对二者的整体外观设计产生误认、混同，因此二者应属于相近似的外观设计，本专利不符合《专利法》第二十三条的规定。专利复审委员会据此作出第9590号无效决定，宣告本专利权无效。原告张军不服该决定，在法定期限内向本院提起行政诉讼，其诉称：（1）本案经原一、二审判决已终审结案，被告使用与原生效判决中相同的证据，再次受理第三人的无效宣告请求，并作出第9590号决定，其行为缺乏法律依据，违反了《中华人民共和国专利法实施细则》（以下简称《专利法实施细则》）第六十五条第二款的规定，违反了《审查指南》所规定的"一事不再理原则"。（2）第三人提交的证据不符合合法出版物的规定，被告采用其证据违反了《出版物市场管理规定》的相关规定。因此，原告请求人民法院判决撤销第9590号决定。被告专利复审委员会辩称：《专利法实施细则》第六十五条第二款规定的是"同样的理由和证据"。本案第三人第二次无效宣告请求的证据与第一次的证据不同，不属于以同样的理由和证据再次提出无效宣告请求的情形，不违反"一事不再理原则"。对于原告提出的其他问题，被告仍坚持第9590号决定中的认定。综上，被告认为原告的诉讼理由不能成立，第9590号决定认定事实清楚，适用法律正确，请求人民法院维持该决定。第三人崔道俊述称：（1）第一次无效宣告请求人是高健橡塑制品厂，但是第二次的无效宣告请求人是崔道俊，两案请求人不一样，不适用"一事不再理原则"。（2）本专利已是公知技术，已经丧失了新颖性。因此请求人民法院判决维持第9590号决定。

本院经审理查明：

"高尔夫颈套（3）"外观设计专利（即本专利）由张军于2004年6月23日向国家知识产权局提出申请，于2005年1月26日被授权公告，专利号为200430047131.2。本专利授权公告包括4幅视图，即主视图、立体图、俯视图、仰视图，未请求保护色彩。从授权公报看，本专利为圆台形回转体，具有明确内径的套孔设计，近窄端处环绕两条浅色环（本专利的外观详见本判决附图）。

针对本专利，高健橡塑制品厂于2005年4月7日以本专利不符合《专利法》第二十三条的规定为由，向专利复审委员会提出无效宣告请求，并提交了包括1999年《高尔夫专业》杂志在内的相关证据。2005年11月7日，专利复审委员会作出第7660号无效宣告请求审查决定（以下简称第7660号决定），认为1999年《高尔夫专业》杂志上公开了与本专利相近似的高尔夫球杆颈套的外观设计，因此宣告本专利无效。张军不服第7660号决定，向我院提起行政诉讼。2006年3月27日，我院作出（2006）一中行初字第104号行政判决书，认为第7660号决定所采信的1999年《高尔夫专业》杂志没有履行相关证明手续，专利复审委员会采用该证据并宣告本专利无效属主要证据不足，故判决撤销专利复审委员会第7661号决定。2006年8月9日，北京市高级人民法院作出（2006）高行终字第309号行政判决书，维持了（2006）一中行初字第104号行政判决书。基于生效的终审判决，专利复审委员会重新组成合议组对该无效宣告请求中除1999年《高尔夫专业》杂志以外的证据和理由继续进行审理。

2006年9月4日，崔道俊以本专利不符合《专利法》第二十三条规定为由，向专利复审委员会提出无效宣告请求，并提交了2003年9月《高尔夫专业》杂志的封面、出版信息页和第7页等作为证据。专利复审委员会受理了该无效宣告请求，并于2006年9月4日将崔道俊的无效宣告请求文件转送张军。2006年9月30日崔道俊补充了包括2003年2月号《高尔夫时尚》杂志在内的11份证据。2003年2月号《高尔夫时尚》封面上标有"高尔夫时尚"的刊名、"2003年2月号"的日期和"38"的定价，还标有"62-145"的邮发代号、"ISSN 1671-0843"的国际标准刊号和"CN51-1612/G8"的国内统一刊号等信息，其版权页除了标明上述信息外，还载明主管单位为四川省体育局，主办单位为四川省体育总会,由高尔夫时尚杂志社编辑出版,由成都市邮政局、高尔夫时尚杂志社发行。在该杂志的第103页上公开了一款高尔夫球杆颈套的外观设计(即在先设计),在先设计为圆台形回转体,近窄端处环绕两条浅色环(在先设计详见本判决书附图)。

2006年12月21日,专利复审委员会对前述两无效宣告请求合并举行了口头审理。

2007年3月20日,专利复审委员会作出第9590号决定。

在本案庭审过程中,张军认为2003年2月号《高尔夫时尚》杂志没有版权批准文件,不符合出版物的相关规定,但其明确表示不能提交相反的证据支持其该项主张。张军还表示对于第9590号决定所认定的本专利和在先设计的客观描述没有异议。专利复审委员会向本院提交了2003年2月号《高尔夫时尚》杂志的完整原件。

上述事实有本专利公报、第9590号决定、(2006)一中行初字第104号行政判决书、(2006)高行终字第309号行政判决书、2003年2月号《高尔夫时尚》杂志及当事人陈述等证据在案佐证。

本院认为:

1. 关于被告受理无效宣告请求是否合法

本案中,虽然在先生效的行政判决书撤销了第7660号决定,但该判决结果不等同于直接确认本专利权继续有效,被告仍需要对于无效宣告请求人提出的其他理由和证据进行审理。同时,根据专利法第四十五条的规定,任何人仍可以针对该专利提出无效宣告请求。《专利法实施细则》第六十五条第二款规定,在专利复审委员会就无效宣告请求作出决定之后,又以同样的理由和证据请求无效宣告的,专利复审委员会不予受理。本案中,在先的第7660号决定及后续的两审行政诉讼涉及的是1999年《高尔夫专业》杂志,而在后的无效宣告请求受理的依据是2003年9月《高尔夫专业》杂志,二者虽然刊名相同,但刊期、出版时间、内容均不相同,不属于相同的证据。因此被告对于第7660号决定中未评述的证据和理由继续进行审理,同时根据新的证据再次受理针对本专利的无效宣告请求并作出第9590号决定没有违反《专利法实施细则》第六十五条第二款规定的"一事不再理"原则,原告关于被告受理行为违法的主张没有法律依据,本院不予支持。

2. 关于本专利是否符合《专利法》第二十三条规定

《专利法》第二十三条规定:授予专利权的外观设计,应当同申请日以前在国内外出版物上公开发表过或者国内公开使用过的外观设计不相同和不相近似,并不得与他人在先取得的合法权利相冲突。

2003年2月号《高尔夫时尚》杂志标有刊名、日期、刊号、邮发代号、主管单位、主办单位、出版单位、发行单位等信息,被告也在诉讼中提交了该杂志的原件,其已经尽到了证明该杂志真实性的举证责任。虽然原告仍有异议,但在其未能提交任何相反证据的情况下,本院对该杂志本身及其上公开的信息的真实性予以确认。由于该杂志的出版日早于本专利的申请日,故包含于该杂志中的在先设计可以用于评价本专利是否符合《专利法》第二十三条的规定。

在先设计与本专利均为高尔夫球杆杆头和杆身结合部的专用颈部套筒设计,二者属于同一类别的产品。将本专利和在先设计相比较,二者的整体形状设计、图案分割设计均是相同或者相近似的,容易导致一般消费者对二者的整体外观设计产生误认、混同,因此二者应属于相近似的外观设计,本专利不符合《专利法》第二十三条的规定,应当被宣告无效。

综上,被告专利复审委员会作出的第9590号决定认定事实清楚,适用法律正确,程序合法,应予维持。原告张军请求撤销该决定的理由不能成立,本院不予支持。依照《中华人民共和国行政诉讼法》第五十四条第(一)项之规定,本院判决如下:

维持国家知识产权局专利复审委员会作出的第 9590 号无效宣告请求审查决定。

案件受理费 100 元，由原告张军负担（已交纳）。

如不服本判决，各方当事人可于本判决送达之日起 15 日内，向本院提交上诉状及其副本，并交纳上诉案件受理费 100 元，上诉于北京市高级人民法院。

审 判 长 刘海旗
代理审判员 佟 姝
代理审判员 周云川
二〇〇六年十二月二十日
书 记 员 高 颖

北京市高级人民法院
行政判决书

（2007）高行终字第 497 号

上诉人（原审原告）张军，男，1972 年 3 月 25 日出生，土家族，厦门亿威塑胶运动器材有限公司法定代表人，住贵州省沿河县黑水乡龙堡村上白溪组。

委托代理人张延顺，男，土家族，1952 年 4 月 5 日出生，住贵州省沿河土家族自治县黑水乡龙堡村上白溪组。

委托代理人张明，男，土家族，1974 年 9 月 25 日出生，厦门亿威塑胶运动器材有限公司副经理，住贵州省沿河县黑水乡龙堡村上白溪组。

被上诉人（原审被告）国家知识产权局专利复审委员会，住所地北京市海淀区北四环西路 9 号银谷大厦 10~12 层。

法定代表人廖涛，副主任。

委托代理人王霞军，该委员会审查员。

委托代理人程强，该委员会审查员。

原审第三人崔道俊，男，1970 年 5 月 2 日出生，土家族，厦门市湖里区高健橡塑制品厂业主，住贵州省沿河县淇滩镇联桥村平屯组。上诉人张军因外观设计专利权无效行政纠纷一案，不服北京市第一中级人民法院（2007）一中行初字第 840 号行政判决，向本院提出上诉。本院 2007 年 11 月 3 日受理本案后，依法组成合议庭，于 2007 年 11 月 26 日公开开庭进行了审理。上诉人张军的委托代理人张延顺、张明，被上诉人国家知识产权局专利复审委员会（以下简称专利复审委员会）的委托代理人王霞军、程强到庭参加了诉讼。原审第三人崔道俊明确表示不参加本案庭审。本案现已审理终结。

北京市第一中级人民法院认定，张军是"高尔夫颈套（3）"外观设计专利（以下简称本专利）的专利权人。专利复审委员会曾于 2005 年 11 月 7 日就本专利作出第 7660 号无效宣告请求审查决定（以下简称第 7660 号决定）。2006 年 9 月 4 日，崔道俊以本专利不符合《专利法》第二十三条规定为由，向专利复审委员会提出无效宣告请求，2007 年 3 月 20 日，专利复审委员会作出第 9590 号无效宣告请求审查决定（以下简称第 9590 号决定），宣告本专利权无效。北京市第一中级人民法院认为，在先的第 7660 号决定及后续的两审行政诉讼涉及的是 1999 年《高尔夫专业》杂志，而在后的无效宣告请求受理的依据是 2003 年 9 月《高尔夫专业》杂志，刊期、出版时间、内容均不相同，不属于相同的证据。因此第 9590 号决定没有违反专利法实施细则第六十五条第二款的规定。2003 年 2 月号《高尔夫时尚》杂志标有刊名、日期等信息，专利复审委员会也在诉讼中提交了该杂志的原件，已尽到了证明该杂志真实性的举证责任。张军未能提交任何相反证据，因此，该杂志本身及其上公开的信息的真实性应予确认。在先设计与本专利属于同一类别的产品。将本专利和在先设计相比较，二者属于相近似的外观设计，应当被宣告无效。北京市第一中级人民法院依照《中华人民共和国行政诉讼法》第五十四条第（一）项之规定，判决：维持专利复审委员会作出的第 9590 号决定。张军不服原审判决，向本院提出上诉，请求撤销原审判决。理由是：专利复审委员会依据无效宣告请求人重复提交的证据受理本案，违反了"一事不再理"原则；无效宣告请求人提交的对比文件没有说明合法来源，对其真实性不予认可。专利复审委员会、崔道俊服从原审判决。

经审理查明，本专利由张军于 2004 年 6 月 23 日向国家知识产权局提出申请，于 2005 年 1 月 26 日由国家知识产权局公告授权，专利号 200430047131.2。本专利授权公告包括 4 幅视图，即主视图、立体图、俯视图、仰视图。本专利为圆台形回转体，具有明确内径的套孔设计，近窄端处环绕两条浅色环（见本判决书附图 1）。

针对本专利，高健橡塑制品厂于 2005 年 4 月 7 日以本专利不符合《专利法》第二十三条的规定为由，向专利复审委员会提出无效宣告请求，并提交了包括 1999 年《高尔夫专业》杂志在内的相关证据。2005 年 11 月 7 日，专利复审委员会做出第 7660 号决定，认为 1999 年《高尔夫专业》杂志上公开了与本专利相近似的高尔夫球杆颈套的外观设计，因此宣告本专利权无效。张军不服第 7660 号决定，向北京市第一中级人民法院提起行政诉讼。2006 年 3 月 27 日，该院做出（2006）一中行初字第 104 号行政判决，认为第 7660 号决定所采信的 1999 年《高尔夫专业》杂志没有履行相关证明手续，专利复审委员会采用该证据并宣告本专利权无效属主要证据不足，故判决撤销专利复审委员会第 7660 号决定。2006 年 8 月 9 日，本院作出（2006）高行终字第 309 号行政判决，维持原审判决。基于前述生效的终审判决，专利复审委员会重新组成合议组对该无效宣告请求中除 1999 年《高尔夫专业》杂志以外的证据和理由继续进行审理。

2006 年 9 月 4 日，崔道俊以本专利不符合《专利法》第二十三条规定为由，向专利复审委员会提出无效宣告请求，并提交了 2003 年 9 月《高尔夫专业》杂志的封面、出版信息页和第 7 页等作为证据。专利复审委员会受理了该无效宣告请求，并于 2006 年 9 月 4 日将崔道俊的无效宣告请求文件转送张军。2006 年 9 月 30 日崔道俊补充了包括 2003 年 2 月号《高尔夫时尚》杂志在内的 11 份证据。2003 年 2 月号《高尔夫时尚》封面上标有"高尔夫时尚"的刊名、"2003 年 2 月号"的日期和"￥38"的定价，还标有"62-145"的邮发代号、"ISSN1671-0843"的国际标准刊号和"CN51-1612/G8"的国内统一刊号等信息，其版权页除了标明上述信息外，还载明主管单位为四川省体育局，主办单位为四川省体育总会，由高尔夫时尚杂志社编辑出版，由成都市邮政局、高尔夫时尚杂志社发行。在该杂志的第 103 页上公开了一款高尔夫球杆颈套的外观设计，该设计为圆台形回转体，近窄端处环绕两条浅色环（见本判决书附图 2）。

2006 年 12 月 21 日，专利复审委员会对前述两无效宣告请求合并举行了口头审理。

2007 年 3 月 20 日，专利复审委员会作出第 9590 号决定，宣告本专利权无效。该决定认为：（1）高健橡塑制品厂于 2005 年 4 月 7 日提出的无效宣告请求的理由均不能成立。（2）崔道俊提交了 2003 年 2 月号《高尔夫时尚》杂志的封面和第 103 页复印件及该杂志的完整原件。在该杂志的封面上不仅标有"高尔夫时尚"的刊名、"2003年2月号"的日期和"￥38"的定价，而且明确标有"62-145"的邮发代号、"ISSN1671-0843"的国际标准刊号和"CN51-1612/G8"的国内统一刊号等信息，形成了刊名、日期、刊号、邮发代号等信息的唯一确定关系，虽然张军质疑其真实性、合法性和有效性，但是未能提交任何反证支持其主张，因此该杂志属于真实的、合法的、在国内公开发行的出版物，属于《专利法》第二十三条规定的在本专利申请日以前公开发行的出版物。在该杂志的第103页上公开了一款高尔夫球杆颈套的外观设计，与本专利属于同一类别的产品。将本专利和在先设计相比较，其不同点为：近窄端处的细带宽度搭配不同，且本专利套孔的内径明确。从整体视觉观察，细带宽度的差别明显属于局部细微差别，不会对二者的整体视觉效果产生显著的影响，且此类产品在使用状态下是套在高尔夫球杆上的，因此套孔内侧属于安装、使用时不容易看到的功能性部位，也不足以对此类产品整体外观设计的相近似性判断产生显著的影响；本专利和在先设计的整体形状设计和图案分割设计均是相同或者相近似的，容易导致一般消费者对二者的整体外观设计产生误认、混同，因此二者应属于相近似的外观设计，本专利不符合《专利法》第二十三条的规定。专利复审委员会据此作出第9590号决定，宣告本专利权无效。

在本院庭审过程中，张军主张无效宣告请求人在第一次无效程序中曾经提交过2003年2月号《高尔夫时尚》杂志这一证据。张军认可该证据在第一次无效程序中未经转交及质证，也不是专利复审委员会作出第7660号决定的证据；在本次无效审查程序口头审理中见过2003年2月号《高尔夫时尚》杂志原件；张军认可本专利与在先设计是相近似的外观设计。

上述事实有本专利公报、第9590号决定、北京市第一中级人民法院（2006）一中行初字第104号行政判决书、北京市高级人民法院（2006）高行终字第309号行政判决书、2003年2月号《高尔夫时尚》杂志相关复印件及当事人陈述等证据在案佐证。

本院认为，人民法院生效的行政判决以证据不足为由撤销专利复审委员会作出的第7660号决定，专利复审委员会应对无效宣告请求人提出的其他理由和证据继续进行审理。第7660号决定所引用的证据是1999年《高尔夫专业》杂志，而在后的无效宣告请求受理的依据是崔道俊提交的2003年9月《高尔夫专业》杂志，二者刊名相同，但刊期、出版时间、出版单位、杂志内容均不相同，不属于相同的证据。张军主张2003年2月号《高尔夫时尚》杂志曾于第一次无效宣告审查程序中提交过，但张军亦认可该证据未被专利复审委员会接受及转送，故不应视为重复提交的证据。崔道俊依据新的理由和证据再次提出无效宣告请求不违反法律规定。专利复审委员会依据人民法院的行政判决以及根据无效请求人提交的新的证据受理新的无效宣告请求并合并审理是合法的。

《专利法》第二十三条规定：授予专利权的外观设计，应当同申请日以前在国内外出版物上公开发表过或者国内公开使用过的外观设计不相同和不相近似，并不得与他人在先取得的合法权利相冲突。

经张军确认，崔道俊在专利复审委员会进行的口头审理中提交了2003年2月号《高尔夫时尚》杂志的原件。该证据标有刊名、日期、刊号、邮发代号、主管单位、主办单位、出版单位、发行单位等信息，张军虽不认可该证据的真实性，但是未提供相反证据支持其主张。因此，可以认定2003年2月号《高尔夫时尚》杂志是早于本专利申请日在国内出版发行的公开出版物，该杂志中的图片所反映的产品外观设计可以作为评价本专利是否符合《专利法》第二十三条的规定的在先设计。

根据本案当事人陈述及其他证据，本专利与在先设计构成相近似的外观设计，因此，本专利不符合《专利法》第二十三条的规定，应当被宣告无效。

综上，张军的上诉理由均不能成立，其上诉请求本院不予支持。原审判决认定事实清楚，适用法律正确。依照《中华人民共和国行政诉讼法》第六十一条第一款第（一）项之规定，判决如下：

驳回上诉，维持原判。

一审案件受理费 100 元，由张军负担（已交纳）。二审案件受理费 100 元，由张军负担（已交纳）。

审　判　长　刘　辉
代理审判员　岑宏宇
代理审判员　张冬梅
二〇〇七年十二月十一日
书　记　员　耿巍巍

瓶贴（假日长城村干红葡萄酒）

无效宣告请求审查决定（第9593号）

决　定　号	第9593号
决　定　日	2007年3月22日
发明创造名称	瓶贴（假日长城村干红葡萄酒）
外观设计分类号	19-08
无效宣告请求人	中粮酒业有限公司
专　利　权　人	谢文胜
专　利　号	200430065827.8
申　请　日	2004年10月19日
授权公告日	2005年4月20日
合议组组长	张跃平
主　审　员	徐清平
参　审　员	李巍巍
附　　　图	1页

法　律　依　据　专利法第9条
决　定　要　点

本专利与在先设计所示标贴相近似的形状、主体图案和整体构图形成的整体视觉效果相近似，其属于相近似的外观设计。本专利与他人在先申请的外观设计专利相近似，即构成同样的发明创造，因此，本专利不符合专利法第9条的规定。

一、案由

本无效宣告请求涉及的是国家知识产权局于2005年4月20日授权公告的200430065827.8号外观设计专利，使用该外观设计的产品名称为"瓶贴（假日长城村干红葡萄酒）"，申请日是2004年10月19日，专利权人是谢文胜。

针对上述专利权（下称本专利），中粮酒业有限公司（下称请求人）于2006年1月12日向专利复审委员会提出无效宣告请求，其依据的事实和理由是：本专利与200430010440.2号外观设计专利形状相同、图案构图和布局相近似、色彩相近似，且两项专利都是在同类产品上使用；本专利同时使用了与知名品牌"长城"注册商标相同或相近似的文字标识，很容易造成混淆。因此，本专利不符合专利法第23条的规定。请求人同时提交了如下附件作为证据：

附件1：本专利著录项目及其外观设计图片复印件1页；

附件2：200430010440.2号外观设计专利著录项目及其外观设计图片复印件1页；

附件3：第70855号、第1447904号、第3244775号、第1474477号、第3244778号、第3244779号商标注册证复印件各1页；

附件4：企业法人营业执照、名称变更证明复印件共3页。

经形式审查合格，专利复审委员会受理了该无效宣告请求，并于2006年6月14日将无效宣告请求书及其附件的副本转送给专利权人，要求其在指定期限内陈述意见。

2006年7月11日专利复审委员会收到了专利权人提交的意见陈述书，专利权人认为：（1）请求人提交的附件2所示外观设计专利主视图与在国家知识产权局网站上检索到的该专利视图不一致，请求人所提交的该专利不应受专利法保护；（2）将本专利与请求人提交的附件2所示外观设计专利及附件3所示商标注册证的图形相比较，其色彩不相近似，图案不相近似，即长城图案的地段及走向不同，图案和文字的排列方式均不相同，两件专利产品名称不同且与长城注册商标既不相同也不相近似，不会造成混淆；（3）长城作为一个特殊地名，专利权人依据商标法实施细则第49条的规定享有正当使用其名称及图案的权利。综上所述，应维持本专利有效。专利权人同时提交了本专利所示瓶贴实物1张。

2006年10月23日专利复审委员会收到了请求人提交的意见陈述书，请求人提出将原无效宣告请求理由中的法律依据由专利法第23条变更为专利法第9条及专利法实施细则第13条第1款，并认为本专利与附件2所示外观设计专利属于同样的发明创造，其不符合所述法条规定的授予专利权的条件。

专利复审委员会成立合议组对本案进行审理，于2006年11月7日将上述专利权人和请求人提交的意见陈述书分别转送给对方，要求双方在指定期限内陈述意见。同时告知双方本案合议组成员。

2006年12月11日专利复审委员会收到了请求人提交的意见陈述书，请求人再次提交了200430010440.2号外观设计专利的著录项目及其正确的外观设计图片，并将本专利和该在先专利进行了详细对比，认为一般消费者很容易对二者所示外观设计产生误认和混淆，其差别对整体视觉效果不具显著影响，属于相近似的外观设计，即属于同样的发明创造，故本专利不符合专利法的规定，应予宣告无效。

专利复审委员会于2006年12月19日将上述请求人提交的意见陈述及其附件转送给专利权人，要求其在指定期限内陈述意见。

2007年1月16日专利复审委员会收到了专利权人提交的意见陈述书，其将本专利与请求人提交的200430010440.2号外观设计专利进行了详细分析对比，认为二者的图案存在明显差别，其构图方法、表现方式、图形色彩、花样大小、文字内容形式等均不相近似，其属于既不相同也不相近似的外观设计，请求人基于专利法第9条和专利法实施细则第13条第1款规定对本专利提出的无效宣告请求的理由不能成立，本专利应维持有效。

通过上述审理，在双方当事人意见陈述的基础上，合议组经合议，认为本案事实清楚，依法作出本审查决定。

二、决定的理由

1. 关于无效宣告请求理由的变更

根据《施行修订后审查指南的过渡办法》的规定，对于在2006年7月1日之前提出的无效宣告请求，对其自无效宣告请求之日起一个月后提出的新理由、新证据的审查适用2001年10月18日公布的审查指南（下称原审查指南）第四部分第三章第3.1节的规定。原审查指南该部分规定：对请求人在提出无效宣告请求之日起一个月后提出的需要新的证据支持的新的无效宣告理由和提交的用于证明在提出无效宣告请求之日起一个月内未举证主张的具体事实的新证据，合议组不予考虑。

请求人于2006年10月23日将原基于专利法第23条规定提出的无效宣告请求理由变更为基于专利法第9条和专利法实施细则第13条第1款规定的无效宣告请求理由，其虽已超过自提出无效宣告请求之日起一个月的期限，但请求人用以支持该变更后无效宣告请求理由的证据（即附件2）已在无效宣告请求日提交，虽然请求人首次提交的附件2专利图片与所公告的该专利图片不一致而后才提交了该专利的正确图片，但其属于对已提交证据的补正，不属于新提交的证据。因此，该变更后的无效宣告请求理由不属于原审查指南所规定的需要新的证据支持的新的无效宣告理由，合议组予以考虑。

2. 法律依据

请求人变更后的无效宣告请求的理由是本专利不符合专利法第9条和专利法实施细则第13条第1款的规定，根据请求人所提交的证据，结合本案案情，合议组决定首先对本专利是否符合专利法第9条的规定进行审查。

专利法第9条规定：两个以上的申请人分别就同样的发明创造申请专利的，专利权授予最先申请的人。

3. 证据认定

请求人提交的作为证据的附件2是200430010440.2号外观设计专利著录项目及其外观设计图片复印件，专利权人提出请求人首次提交的该专利图片与所公告的该专利图片不一致，请求人随后补正提交了该专利的正确图片复印件，并经合议组转送文件后，专利权人针对经补正提交的该专利相关文件进行了意见陈述。附件2所示外观设计专利申请日为2004年6月14日，授权公告日为2005年1月5日，使用外观设计的产品名称为"标贴（新长城干红）"，专利权人为支守申，经合议组核实，上述补正后的附件2所示外观设计专利著录项目及其外观设计图片内容属实，该专利属于他人在本专利申请日之前申请、之后授权公告的外观设计专利（下称在先设计），因此，可作为认定本专利是否符合专利法第9条规定的证据。

4. 外观设计对比

在先设计为"标贴"外观设计，与本专利使用外观设计的产品"瓶贴"属相同种类的产品，故对二者外观设计作如下对比：

本专利仅有主视图。所示瓶贴为长方形平面设计，上下为细小的波浪状边缘。瓶贴上部是以山峦、长城、烽火台为主要内容的类似素描效果的主体图案，该主体图案右下角还有较小建筑物图案及圆形标识图案；主体图案下方为多行中文和英文文字（详见本专利附图）。

在先设计仅有主视图。所示标贴为长方形平面设计。标贴上部是以山峦、长城、烽火台为主要内容的类似素描效果的主体图案，该主体图案下方为多行中文和英文文字（详见在先设计附图）。

将本专利与对比文件相比较，由于二者均未要求保护色彩，故不进行色彩对比。二者不同之处主要在于：在先设计无本专利所示上下边的细小波浪边缘，在主体图案中的长城走向、烽火台、山峦设计有所不同，在先设计无本专利主体图案右下角的建筑物图案及圆形标识图案，二者的文字内容以排列行数不同。合议组认为，二者在形状上设计虽存在有无细小波浪边缘的差异，但其整体形状为长方形平面设计，该细小波浪边对整体形状影响较小，其属于相近似的长方形平面形状；在主体图案上均以山峦、长城、烽火台为主要内容，其中长城图案、烽火台的取景范围和构图相近，山峦背景虽不完全相同但与长城相结合的视觉效果相近，且二者均采用了类似素描效果的相同表现手法，在此情况下二者虽有长城的具体走向、烽火台、山峦设计等具体细节不同，但对由所述长城、山峦、烽火台形成的整体图案效果不具显著影响；至于本专利主体图案右下角的建筑物图案及圆形标识图，其处于图案边缘的非视觉中心，且为局部点缀图案，其差异对上述主体图案的视觉效果影响甚微；二者在文字内容上虽有不同,但外观设计对比不考虑具体文字的字意,且二者在文字排列上虽有行数不同但均为多行横向排列的中英文文字,由此形成文字排列图案并无显著差别;在构图上均为上部主体图案与下部多行文字相结合的整体构图方式,虽文字的位置布局有所不同,但整体构图形式相近。因此,二者相近似的形状、主体图案和整体构图形成的整体视觉效果相近似,其属于相近似的外观设计。

5. 结论

同样的发明创造对于外观设计而言是指外观设计相同或者相近似,综上所述,本专利与他人在先申请的外观设计专利相近似,即构成同样的发明创造,因此,本专利不符合专利法第9条的规定。

鉴于上述已得出本专利不符合专利法第9条规定的结论,本决定对请求人提出的其他理由和证据不作评述。

三、决定

宣告200430065827.8号外观设计专利权全部无效。

当事人对本决定不服的,可以根据专利法第46条第2款的规定,自收到本决定之日起三个月内向北京市第一中级人民法院起诉。根据该款的规定,一方当事人起诉后,另一方当事人应当作为第三人参加诉讼。

本专利附图

在先设计附图

灯（120V 螺旋玻璃盖柜子吸顶灯）

无效宣告请求审查决定（第 9594 号）

决 定 号	第 9594 号
决 定 日	2007 年 3 月 14 日
发明创造名称	灯（120V 螺旋玻璃盖柜子吸顶灯）
外观设计分类号	26-05
无效宣告请求人	卢萨照明公司
专 利 权 人	达加利电器（上海）有限公司
专 利 号	03328105.X
申 请 日	2003 年 2 月 28 日
授 权 公 告 日	2003 年 10 月 29 日
合议组组长	徐清平
主 审 员	张 霞
参 审 员	郑 直
附 图	2 页

法 律 依 据 专利法第 23 条
决 定 要 点
本专利与对比文件相比较其形状不同为局部细微差别，有关图案差异对整体形状视觉效果不具有显著影响，因此，本专利与对比文件所公开的外观设计是相近似的。

一、案由

本无效宣告请求涉及国家知识产权局于 2003 年 10 月 29 日授权公告的名称为"灯（120V 螺旋玻璃盖柜子吸顶灯）"的 03328105.X 号外观设计专利（下称本专利），其申请日是 2003 年 2 月 28 日，专利权人是达加利电器（上海）有限公司。

针对上述专利权，卢萨照明公司（下称请求人）于 2006 年 7 月 14 日向专利复审委员会提出了无效宣告请求，理由是本专利不符合专利法第 23 条以及专利法实施细则第 2 条第 3 款的规定，并提交了如下附件作为证据：

附件 1：US D443713S 号美国外观设计专利公报，公告日为 2001 年 6 月 12 日，及其中文译文（下称对比文件）；

请求人认为：对比文件在本专利的申请日之前公开，属于用于柜子上的照明装置，二者产品相同，可与本专利进行相同或相近似性对比，在综合判断二者形状的基础上，二者的设计构思完全相同，其差别对于产品的整体视觉效果不具有显著的影响，因此本专利不符合专利法第23条的规定；本专利俯视图与仰视图的投影关系不对应，右视图、俯视图和仰视图的灯壳为不透明的，主视图和后视图中的环形部分是透明的但在简要说明中没有记载，因此，由于上述不对应，本专利不适于工业应用，不符合专利法实施细则第2条第3款的规定。

经形式审查合格后，专利复审委员会受理了该无效宣告请求，于2006年8月7日向双方当事人发出了无效宣告请求受理通知书，并将无效宣告请求书及其附件副本转给了专利权人。

2006年9月8日专利权人针对无效宣告请求书提交意见陈述，认为：在本专利的主视图和后视图中，灯壳与底座之间设置有环形带，环形带是对比文件不具备的图案设计，并且，在本专利的俯视图、仰视图和右视图中，底座的底端面的周边间隔设置有复数个安装接脚，本专利的仰视图中底座的侧面还设置有一个出线缺口，对比文件不具备上述形状特征，因此，本专利与对比文件不相同，也不相近似；本专利符合专利法实施细则第2条第3款的规定。

专利复审委员会依法成立合议组对本案进行审理，合议组于2006年12月5日向双方当事人发出口头审理通知书，定于2007年1月24日在专利复审委员会举行口头审理，并随通知书将专利权人于2006年9月8日提交的意见陈述书转给了请求人。

口头审理如期举行，双方均参加了口头审理。在口头审理过程中，双方当事人对合议组成员无回避请求。双方当事人对对方出庭人员身份无异议。请求人明确表示无效宣告请求理由为：本专利不符合专利法第23条以及专利法实施细则第2条第3款的规定。专利权人对对比文件（US D443713S号美国外观设计专利公报）的真实性以及属于专利法第23条规定的在先出版物没有异议。合议组告知双方当事人可在口审结束之日起7日内双方当事人给予关于和解的答复。

在上述审理的基础上，合议组认为本案事实已经清楚，依法作出本审查决定。

二、决定的理由

专利法第23条规定：授予专利权的外观设计，应当同申请日以前在国内外出版物上公开发表过或者国内公开使用过的外观设计不相同和不相近似，并不得与他人在先取得的合法权利相冲突。

请求人提交的对比文件是US D443713S号美国外观设计专利公报，其公告日为2001年6月12日，早于本专利的申请日，专利权人对其真实性以及属于专利法第23条规定的在先出版物没有异议，因此其属于专利法第23条所指的本专利申请日前的公开出版物，能够作为本案的有效证据。

本专利是一种吸顶灯，其简要说明中记载灯壳采用透明材料制成。本专利公报共5幅视图，即主视图、后视图、右视图、仰视图和俯视图。如图所示，本专利产品由圆柱体灯座以及半球形灯罩构成，灯罩直径小于灯座直径，从其俯视图、仰视图和右视图可以看出，所述灯座包括上下两部分，上部是透明材料制成的灯壳，下部是不透明材料制成的底座，底座的底端面的周边间隔设置有多个安装接脚，底座侧面还设置有出线缺口（详见本专利附图）。

对比文件是一种照明装置，共四幅图，即仰视图、侧视图、俯视图和立体图。如图所示，对比文件产品由圆柱体灯座以及半球形灯罩构成，灯罩直径小于灯座直径，从其仰视图可以看出，所述灯座包括由环形凹槽分割的上下两部分（详见对比文件附图）。

将本专利与对比文件所示的照明装置相比较，二者均为照明装置，其均由圆柱体灯座以及半球形灯罩构成，灯罩直径小于灯座直径，灯座均由两部分构成，二者不同之处主要在于：本专利灯座上部是透明材料制成的灯壳，下部是不透明材料制成的底座，底座的底端面的周边间隔设置有多个安装接脚，底座侧面还设置有出线缺口，对比文件中的照明装置不具有上述结构。对此，合议组认为，对于本案吸顶灯类的照明产品而言，一般消费者更加关注灯的整体外观形状，安装接脚和出线缺口均属于在吸顶灯底座部分的局部设计，且所述差别并不占具十分显要的部位，尚不足以构成两产品外观形状的明显改变，应属于局部细微区别，不足以使一般消费者明显区分出两者为不同的产品。并且，虽然本专利的灯壳部分使用了透明材料，但是，通过人的视觉能观察到的其透明部分以内的结构不存在任何形状上的变化，仅为环形图案，本专利并未要求保护色彩，故对色彩不予考虑，在此情况下，该环形图案差别对于二者基本相同的整体形状所形成的整体视觉效果不具有显著的影响。据此，合议组认定本专利与对比文件所公开的外观设计是相近似的。

综上所述，本专利与对比文件在先公开发表的外观设计属于相近似的外观设计，因此，本专利不符合专利法第23条的规定。

鉴于本专利不符合专利法第23条规定的无效宣告请求的理由成立，本决定对于其他无效宣告请求的理由不再进行评述。

三、决定

宣告03328105.X号外观设计专利权全部无效。

当事人对本决定不服的，可以根据专利法第46条第2款的规定，自收到本决定之日起三个月内向北京市第一中级人民法院起诉。根据该款的规定，一方当事人起诉后，另一方当事人应当作为第三人参加诉讼。

主视图

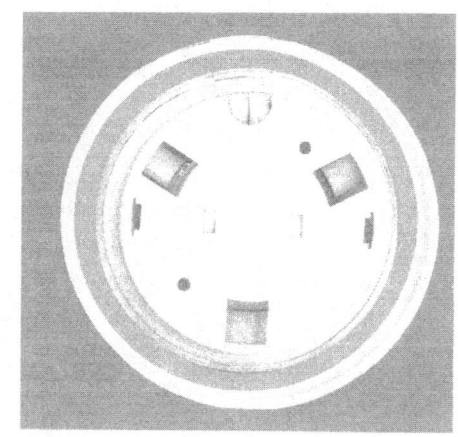
后视图

俯视图

仰视图

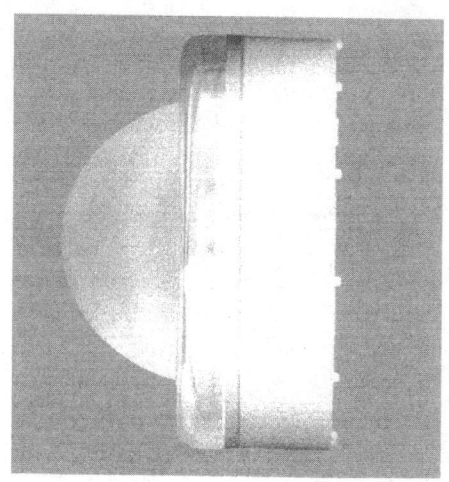
右视图

本专利附图

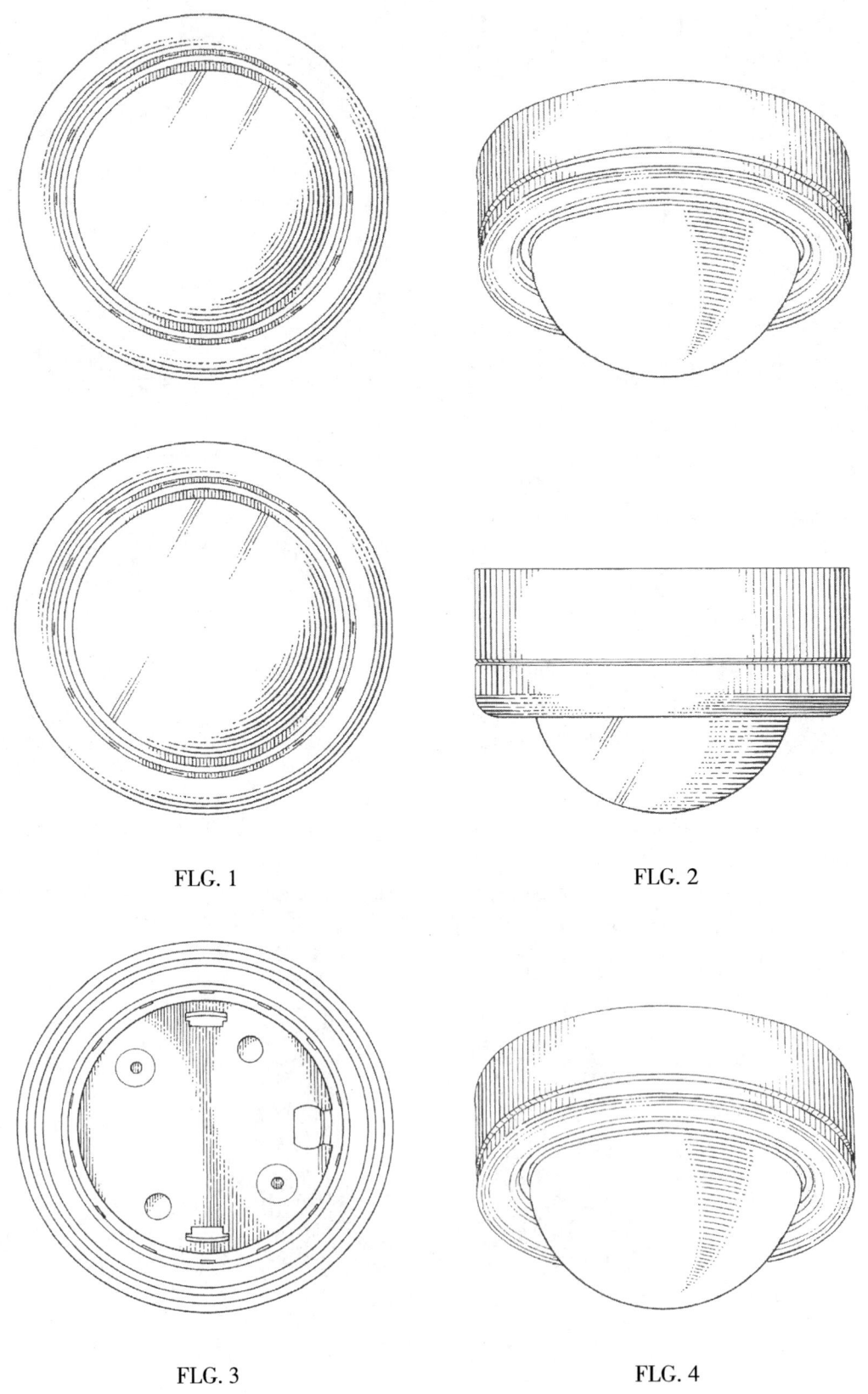

FLG. 1 FLG. 2 FLG. 3 FLG. 4

对比文件附图

北京市第一中级人民法院
行政判决书

(2007) 一中行初字第 820 号

原告达加利电器（上海）有限公司，住所地上海市松江区洞泾镇渔洋浜村（洞泾工业区二区）。

委托代理人顾家平，上海市金桥律师事务所律师。

被告国家知识产权局专利复审委员会，住所地北京市海淀区北四环西路 9 号银谷大厦 10~12 层。

法定代表人廖涛，国家知识产权局专利复审委员会副主任。

委托代理人张霞，国家知识产权局专利复审委员会审查员。

委托代理人隋璐，国家知识产权局专利复审委员会审查员。

第三人卢萨照明公司，住所地美利坚合众国加利福尼亚州 91355 瓦伦西亚市克罗克大街 28310 号 B 室。

法定代表人桑福德·贝南森，总裁。

委托代理人蒋旭荣，中国国际贸易促进会专利商标事务所代理人。

委托代理人郭小军，中国国际贸易促进会专利商标事务所代理人。

原告达加利电器（上海）有限公司（以下简称达加利公司）不服被告中华人民共和国国家知识产权局专利复审委员会（以下简称专利复审委员会）于 2007 年 3 月 14 日作出的第 9594 号无效宣告请求审查决定（以下简称第 9594 号决定），于法定期限内向本院提起行政诉讼。本院于 2007 年 6 月 11 日受理本案后，依法组成合议庭，并通知第 9594 号决定的请求人卢萨照明公司（以下简称卢萨公司）作为第三人参加本案诉讼。本院于 2007 年 12 月 4 日公开开庭进行了审理。原告达加利公司的委托代理人顾家平，被告专利复审委员会的委托代理人张霞、隋璐，第三人卢萨公司的委托代理人蒋旭荣、郭小军到庭参加了诉讼。本案现已审理终结。被告专利复审委员会针对第三人卢萨公司就原告达加利公司的名称为"灯（120V 螺旋玻璃盖柜子吸顶灯）"的外观设计专利（专利号为 03328105.X，简称本专利）所提出的无效宣告请求作出第 9594 号决定，该决定认定：卢萨公司提交的对比文件是 USD443713S 号美国外观设计专利公报（以下简称对比文件），其公告日为 2001 年 6 月 12 日，早于本专利的申请日，达加利公司对其真实性以及属于《专利法》二十三条规定的在先出版物没有异议，因此其属于《专利法》第二十三条所指的本专利申请日前的公开出版物，能够作为本案的有效证据。本专利是一种吸顶灯，其简要说明中记载灯壳采用透明材料制成。本专利公报共 5 幅视图，即主视图、后视图、右视图、仰视图和俯视图。如图所示，本专利产品由圆柱体灯座以及半球形灯罩构成，灯罩直径小于灯座直径，从其俯视图、仰视图和右视图可以看出，所述灯座包括上下两部分，上部是透明材料制成的灯壳，下部是不透明材料制成的底座，底座的底端面的周边间隔设置有多个安装接脚，底座侧面还设置有出线缺口（详见本专利附图）。对比文件是一种照明装置，共四幅图，即仰视图、侧视图、俯视图和立体图。如图所示，对比文件产品由圆柱体灯座以及半球形灯罩构成，灯罩直径小于灯座直径，从其仰视图可以看出，所述灯座包括由环形凹槽分割的上下两部分。详见对比文件附图。将本专利与对比文件所示的照明装置相比较，二者均为照明装置，其均由圆柱体灯座以及半球形灯罩构成，灯罩直径小于灯座直径，灯座均由两部分构成，二者不同之处主要在于：本专利灯座上部是透明材料制成的灯壳，下部是不透明材料制成的底座，底座的底端面的周边间隔设置有多个安装接脚，底座侧面还设置有出线缺口，对比文件中的照明装置不具有上述结构。对此，专利复审委员会认为，对于本案吸顶灯类的照明产品而言，一般消费者更加关注灯的整体外观形状，安装接脚和出线缺口均属于在吸顶灯底座部分的局部设计，且所述差别并不占具十分显要的部位，尚不足以构成两产品外观形状的明显改变，应属于局部细微区别，不足以使一般消费者明显区分出两者为不同的产品。并且，虽然本专利的灯壳部分使用了透明材料，但是，通过人的视觉能观察到的其透明部分以内的结构不存在任何形状上的变化，仅为环形图案，本专利并未要求保护色彩，故对色彩不予考虑，在此情况下，该环形图案差别对于二者基本相同的整体形状所形成的整体视觉效果不具有显著的影响。据此，专利复审委员会认定本专利与对比文件所公开的外观设计是相近似的。综上所述，本专利与对比文件在先公开发表的外观设计属于相近似的外观设计，因此，本专利不符合《中华人民共和国专利法》（以下简称《专利法》）第二十三条的规定。鉴于本专利不符合《专利法》第二十三条规定的无效宣告请求的理由成立，本决定对于其他无效宣告请求的理由不再进行评述。被告专利复审委员会第9594号决定宣告第03328105.X号外观设计专利权全部无效。原告达加利公司不服该决定，于法定期限内向本院提起诉讼，诉称：（1）本专利与对比文件1产品的设计明显不同或不近似。本专利的主视图和后视图中，灯壳与底座之间设置有环形带，该环形带是对比文件所不具备的图案设计。二者具有明显的外观区别。（2）在本专利的俯视图、仰视图和右视图中，底座端的周边间隔设置有复数个安装接脚，而对比文件没有该安装接脚。（3）在本专利的仰视图中，底座的侧面内还有一个出线缺口，对比文件不具备此形状特征。任何消费者不可能忽视有无该出线缺口的明显区别，因为对比文件是柜子上使用的照明装置，其底座的座端面直接固定到柜子板壁上，连接照明装置的导线需要从柜子板壁中穿孔通过，而本专利中连接发光元件的导线可以从柜子板壁面上通过，无需穿孔。（4）本专利后视图与对比文件完全不同，后视图显示的表面是本专利的外表面之一，是整个专利外表完整的组成部分，且消费者是在购买时才会区分两者外形的区别，在安装完毕后，虽然后视图显示的表面被结合在柜子上，但已不产生影响消费者是否购买及使用的选择权。故后视图显示的不同足以影响整体效果上的近似性。综上，原告请求法院依法撤销专利复审委员会第9594号决定。被告专利复审委员会辩称：对于本案吸顶灯类的照明产品而言，一般消费者更加关注灯的整体外观形状，安装接脚和出线缺口均属于在吸顶灯底座部分的局部设计，且所述差别并不占具十分重要的部位，尚不足以构成本专利和对比文件外观形状的明显改变，应属于局部细微区别，不足以使一般消费者明显区分出两者为不同的产品。并且，虽然本专利的灯壳部分使用了透明材料，但通过人的视觉能观察到的其透明部分以内的结构不存在任何形状上的变化，仅为环形图案，该环形图案差别对于二者基本相同的整体形状所形成的整体视觉效果不具有显著影响。据此，可以认定本专利与对比文件所公开的外观设计是相近似的。综上，请求法院维持第9594号决定。第三人卢萨公司未提交书面陈述意见，其当庭述称：同意被告专利复审委员会的意见，外观设计近似性判断中，功能性的变化不会造成显著的区别。

本院经审理查明：

达加利公司于2003年2月28日向国家知识产权局专利局申请了名称为"灯（120V螺旋玻璃盖柜子吸顶灯）"的外观设计专利（即本专利）。本专利于2003年10月29日被授权公告，专利号为第03328105.X号。

针对上述专利权，卢萨公司于2006年7月14日向专利复审委员会提出了无效宣告请求，理由是本专利不符合《专利法》第二十三条以及《专利法实施细则》第二条第三款的规定，并提交了如下附件作为证据：

附件1：USD443713S号美国外观设计专利公报，公告日为2001年6月12日，及其中文译文；

经形式审查合格后，专利复审委员会受理了该无效宣告请求。

2006年9月8日达加利公司针对无效宣告请求书提交意见陈述。

口头审理如期举行，双方均参加了口头审理。

2007年3月14日，专利复审委员会作出第9594号无效宣告请求审查决定。

上述事实，有第9594号决定、本专利专利证书、USD443713S号美国外观设计专利公报以及当事人陈述等证据在案佐证。

本院认为：

将本专利与对比文件所示的照明装置相比较，二者均由圆柱体灯座以及半球形灯罩构成，灯罩直径小于灯座直径，灯座均由两部分构成，二者不同之处主要在于：本专利灯座上部是透明材料制成的灯壳，下部是不透明材料制成的底座，底座的底端面的周边间隔设置有多个安装接脚，底座侧面还设置有出线缺口，对比文件中的照明装置不具有上述结构，本专利的后视图与对比文件后视图存在较明显区别。

根据各方当事人的诉辩主张，本案争议的焦点是：（1）因本专利灯壳采用透明材料制成所带来的外观差异与对比文件相比是否构成显著区别；（2）本专利底座端的周边间隔设置的多个安装接脚、侧面的出线缺口，而对比文件没有相对应的设置，上述区别是否构成显著区别；（3）本专利后视图与对比文件的区别是否构成显著区别。

（1）审查指南规定：对于外表使用透明材料的产品，通过人的视觉观察到的其透明部分以内的形状、图案、色彩，应视为该产品的外观设计的一部分。本专利的灯壳部分使用了透明材料，但是，观察本专利的六面视图，不能看出其透明部分以内的底座部分在形状和结构存在明显变化。至于该透明部分边缘处明显的绿色环形带，由于本专利并未要求保护色彩，故对色彩不予考虑，在此情况下，上述透明部分以内的形状和该环形带的差别对于二者基本相同的整体形状所形成的整体视觉效果不具有显著的影响。故本院对达加利公司主张的环形带是二者具有的明显外观区别的诉讼理由不予支持。

（2）本专利底座的底端面的周边间隔设置有多个安装接脚，底座侧面还设置有出线缺口，而对比文件中的照明装置不具有上述结构。本院认为，由于本专利属于吸顶灯类的照明产品，在其使用状态下，一般消费者关注的是其整体外观形状，安装接脚和出线缺口均属于在吸顶灯底座部分的局部设计，在使用状态下不会被一般消费者所关注，且安装接脚和出线缺口的存在属于本专利的功能性设置，其本身相对于本专利整体外观而言不具有美感，故在使用状态下亦应当尽量避免被一般消费者所关注。故上述安装接脚和出线缺口的区别不构成对产品整体视觉效果的显著区别，达加利公司的此理由本院不予支持。

（3）本专利的后视图与对比文件后视图存在较明显区别，达加利公司据此认为该区别导致消费者在购买时将影响其选择，而安装完毕后，已不会对消费者是否混淆产生影响。对此本院认为，本专利的吸顶灯的背面在使用状态下不可见，即本专利的关注点并不在其背面，背面亦没有吸引一般消费者在购买时予以关注的功能性设置，容易被一般消费者所忽略，故本专利与对比文件后视图的区别不会对产品整体视觉效果产生显著影响，不影响对产品的整体观察、综合判断。达加利公司起诉称消费者是在购买时才会区分二者外形的区别，此理由没有事实及法律依据，本院不予支持。

综上，本专利与对比文件整体形状相似，二者的区别不足以对整体视觉效果产生显著的影响，本专利不符合专利法第23条的规定。被告专利复审委员会作出的第9594号决定认定事实清楚，程序合法，应予维持。依照《中华人民共和国行政诉讼法》第五十四条第（一）项之规定，本院判决如下：

维持被告中华人民共和国国家知识产权局专利复审委员会作出的第9594号无效宣告请求审查决定。

案件受理费100元，由原告达加利电器（上海）有限公司负担（已交纳）。

如不服本判决，原告达加利电器（上海）有限公司、被告中华人民共和国国家知识产权局专利复审委员会可在本判决书送达之日起 15 日内，第三人卢萨照明公司可在本判决书送达之日起 30 日内向本院递交上诉状，并按对方当事人人数提交副本，交纳上诉案件受理费 100 元，上诉于北京市高级人民法院。

审　判　长　任　进
代理审判员　邢　军
代理审判员　唐晓君
二〇〇六年十二月十九日
书　记　员　袁　伟

客货汽车（轻型2）

无效宣告请求审查决定（第9595号）

决 定 号	第9595号
决 定 日	2007年3月23日
发明创造名称	客货汽车（轻型2）
外观设计分类号	12-08
无效宣告请求人	日产自动车株式会社
专 利 权 人	长城汽车股份有限公司
专 利 号	03300562.1
申 请 日	2003年1月21日
授权公告日	2003年11月5日
合议组组长	吴赤兵
主 审 员	张跃平
参 审 员	张雪飞
附 图	2页

法律依据 专利法第23条

决定要点

在先设计车顶的行李架属于选配装置，在相近似比较中，仅就其与本专利相对应的车体造型进行比较。

本专利货箱后挡板的形状仅仅属于该类产品的惯常设计，即使其与在先设计的后挡板不同，也不会对整体视觉效果产生显著影响。

一、案由

本无效宣告请求涉及2003年11月5日国家知识产权局授权公告的03300562.1号外观设计专利，其名称是"客货汽车（轻型2）"，申请日是2003年1月21日，专利权人是长城汽车股份有限公司。

针对上述外观设计专利权（下称本专利），2006年3月27日日产自动车株式会社（下称请求人）向专利复审委员会提出无效宣告请求，其理由是本专利不符合专利法第23条的规定。请求人认为在本专利申请日前已经有与其相近似的外观设计在国外出版物上公开发表，故本专利不符合专利法第23条的规定。请求人提交的证据2证明《4×4 MAGAZINE》第46期杂志于2001年11月发行，其中第50~55页刊登了与本专利相近似的在先设计，证据3至证据7证明《4×4 MAGAZINE》第46期杂志为公开出版物，附件一证明行李架为选装件。下面是请求人提交的作为证据的附件（与口头审理记录中的编号一致）：

证据1：国家知识产权局网站下载的本专利授权公告文本复印件。

证据2：香港居民文伟雄出具的《声明》件副本（共1页）及该居民身份证明复印件（共1页）和其提供的《4×4 MAGAZINE》第46期（2001年11月）杂志复印件（196页）的公证认证件。

证据3：中国委托公证人赖显荣出具的《证明书》复印件1页。

证据4：中国委托公证人赖显荣出具的《证明书》复印件1页及随附的《4×4 MAGAZINE》第46期杂志复印件（196页）。

证据5：矢岛幸南出具的《宣誓陈述书》及翻译件复印件各1页及其公证认证件复印件各1页及随附的《4×4MAGAZINE》第46期杂志复印件（196页）。

证据6：中国委托公证人赖显荣出具的《证明书》复印件1页及随附的《香港特别行政区政府宪报》第6卷第43期第4号特别副刊的复印件的公证认证件，其中D10790页登载有《4×4MAGAZINE》2001年第36~47书刊。

证据7：中华人民共和国长安公证处出具的（2006）长证内经字第405号公证书复印件（共14页）。

请求人还提交了作为附件的附件一：《国家经济贸易委员会、公安部关于进一步加强车辆公告管理和注册登记有关事项的通知》（国经贸产业【2002】768号）复印件共7页。

专利复审委员会根据无效宣告请求审查程序的规定受理了该无效宣告请求，并于2006年7月11日将请求人的无效宣告请求文件的副本转送专利权人。

针对上述无效宣告请求书，专利权人于2006年8月28日提交了意见陈述书。专利权人认为，请求人提交的证据2是出证人本人于2001年10月15日购买的2001年11月的期刊，不符合一般常识，因通常情况下不可能在上月中旬的公共报刊亭购到下月期刊，即使在香港地区也是如此。因此专利权人对该证据的真实性和关联性均有异议。证据3没有注册登记号，尚不足以说明其是一本公开出版物。对于证据4专利权人认为，公证是公证人对所见证事件的客观反映，而不应当是对于所发生事件的查证，因此专利权人对该证据的真实性和关联性均有异议。证据5中的公证件没有中文译文，专利权人无法作出客观的意见陈述，《宣誓陈述书》随附的《4×4MAGAZINE》2001年11月杂志未经公证机构公证，而且也无注册号，不能确认其公开性。证据7香港中央图书馆的陈列中根本未出现《4×4MAGAZINE》第46期杂志，所以，专利权人对其真实性、关联性和公开性均有异议。

2006年10月27日专利复审委员会向双方当事人发出口头审理通知书，定于2006年12月5日在专利复审委员会进行口头审理。

口头审理如期举行。双方当事人的委托代理人均参加了口头审理。合议组当庭将2006年8月28日专利权人提交的意见陈述书转送请求人。在口头审理过程中，双方当事人对本案合议组的组成人员没有回避请求，请求人对对方出庭人员的身份没有异议，专利权人对请求人以及其出庭人员身份有异议，认为委托书不符合法定要求。合议组当庭决定，因日方法人代表的身份无法查证，故请求人的有关手续不符合法定要求，并且根据最高人民法院《关于民事诉讼证据的若干规定》第十一条的规定，应当对请求人的身份以及委托代理人中的日籍人员大桥吉之的身份进行公证认证。

请求人在口头审理过程中提交了证据3、证据4、证据5、证据6和证据7的原件，并提交了证据5中公证件的译文。合议组将该译文当庭转送给专利权人。

口头审理过程中双方当事人对请求人提交的所有证据进行了质证，对于证据1，专利权人认为其不符合要求，应当提交公报；请求人认为其来源于国家知识产权局网站，该证据的真实性可以由合议组核实。证据2包括香港居民文伟雄的声明、身份证复印件和《4×4MAGAZINE》第46期杂志复印件的公证认证件。专利权人认为证据2中的声明属于证人证言，证人没有到庭，而且也没有提交发票，从《4×4MAGAZINE》的目录看，其显示的046并不能代表是第46期，证人证言和杂志是不相符的。请求人则认为《4×4MAGAZINE》是2001年11月出版的，期号是第46期。证据3是中国委托公证人赖显荣出具的证明书，请求人认为该证据可以证明证据2的杂志是一本公开出版物。专利权人则认为该证据不能作为实际购买和销售的日期。对于证据4，请求人认为，由该证据可以证明香港中央图书馆2001年10月22日收藏的《4×4MAGAZINE》第46期杂志与所提交的复印件相符。该杂志在香港公开出版过。专利权人则认为，赖显荣律师所说的复印件中没有"第46期（2001年11月）"字样，与证据2的"Vol. 046 2001.11"相矛盾。对于证据5，请求人认为该证据可以证明所附杂志在香港公开出版。专利权人则认为公证认证只能证明印章和签字属实。而且进一步强调2001年11月发行的杂志，10月份是购买不到的。对于证据6，请求人认为其是证据3的补充，该杂志的注册信息在宪报的D10790页中，主要证明所述杂志为公开出版物。专利权人则认为证据6中D10790页左上角刊登的是"Vol. 36-47 2001"，没有请求人所说的第46期。而且请求人也没有提交相应部分的中文译文，所以不能作为证据。请求人认为香港政府宪报的第一页和第二页是中英文对照的。对于证据7，请求人认为所公证的内容是通过互联网可以查到该杂志藏于香港的中央图书馆，该证据是证据4的补充，说明该杂志公开出版过。专利权人则认为公证只是证明了下载的过程，其附页11页第45期~第47期与证据2中载明的"Vol. 46 2001.11"相矛盾。请求人认为所提交的附件一仅是一个法规文件，不作为证据提交，通过该附件可以说明行李架是一个选装配件。

  口头审理过程中，双方当事人就相同和相近似判断也陈述了各自的观点。请求人以其提交的证据2作为与本专利进行相同和相近似比较的证据，具体比较的图片是第52页左上角的Frontier汽车侧视图、第53页中公开的Frontier汽车的前视图、第54页最上方公开的Frontier汽车的立体图和第55页上方中部公开的Frontier汽车的前视图和后视图。请求人认为本专利和在先设计都具有发动机箱、客箱、货箱，比例为1:2:2。从汽车前面看，有呈梯形的挡风玻璃，前组合灯呈长方形，与车身侧的配合处呈圆形的角，在其内部有大型的凹陷，有上下两层小圆形的灯。散热器罩有梯形的散热口，两端成倾斜柱体，柱体之间有横向的圆杆。散热器下方有保险杠，外侧呈圆弧形。前面的整体轮廓形状及主要部位基本相同。车门把手位于车的后侧，从这点看，二者也基本相同。从后面看，货箱挡板是横向长方形的，两侧具有后组合灯，后组合灯呈竖向的长方形，也是基本相同的。二者的差异在行李架、车门下部的脚踏板，但这些是不会引起一般消费者的注意的。轮眉突起属于局部的细微差异。请求人进一步认为，客货汽车的设计中，前面和侧面是富于变化的，消费者对此会有关注。在先设计和本专利的开口部容易引起消费者的注意，发动机的前方也是引起消费者注意的地方。外观设计公报和杂志上的汽车，都是公开了前面的立体图，可以看出车体的头部是容易引起消费者注意的。所以，两者整体形状是基本相同的，前面极为相同，侧面和后面基本相同。二者的差异在整体形状基本相同的情况下，仅是局部的细微差异，不会对产品的外观设计的整体形状产生显著的影响。专利权人则认为没有证据表明上述各页码公开的汽车属于同一种型号的汽车，二者不相同也不相近似。根据审查指南第一部分第三章第4.2节的规定"产品设计要点涉及六个面的，应当提交六面正投影视图。请求人提交的证据中的视图不是外观设计所要求的六面视图。退一步讲，即使这些图片可以与本专利进行比较，本专利也完全符合专利法第23条的规定。具体而言，从本专利的主视图看，散热孔分成两排、有鼻孔的形状，而且是分开的，而在先设计的散热孔没有分成两排。灯的高度与在先设计也不同。从侧视图看，本专利汽车的高度也比在先设计大，而且更倾斜些。本专利车体下层没有脚踏板，在先设计有脚踏板，而且从图上不能看出在先设计汽车的轮胎。本专利没有货架，在先设计有货架，而且二者反光镜的形状也是不同的。从后视图看，本专利后车窗为大梯形，车窗上均布有三条防护柱，在先设计则没有，本专利后车体的后挡板为长方形，挡板两端对称分布有两个把手，在先设计则在其后挡板中部有一个梯形，梯形内设有把手，此外，本专利保险杠为近似长方形，在先设计的保险杠为凸出的凹字形。

口头审理中，合议组要求请求人在一个月内补充委托代理人"大桥吉之"的身份证明及委托书的公证认证材料，并针对当庭转送的专利权人的意见陈述书进行答复。请求人逾期未针对专利权人的意见陈述进行答复。

2007年1月5日，请求人提交了延期提交公证认证材料的请求书，请求书中称，因请求人所在国日本在元旦期间放假，导致委托手续的公证认证材料不能按时递交，请专利复审委员会准予延期五个工作日（2007年1月12日前）。

征得合议组的许可后，请求人于2007年1月11日向专利复审委员会提交了委托手续的公证认证材料，包括受委托人的出席口头审理的代理人张敬强、段毅和大桥吉之的授权委托书，其上有日产自动车株式会社及其法定代表人的印章，以及法定代表人的身份证明书，其上有日产自动车株式会社和代表取缔役志贺俊之的印章，和大桥吉之的代理人身份证明书，其上有日产自动车株式会社及其法定代表人的印章，和2006年登簿第1157~1161号公证书，其中每一份公证书后都附有中华人民共和国驻日本国大使馆领事部的认证书。还包括一份印鉴证明书和一份现在事项部分证明书及其翻译件，以证明代表取缔役印章的真实性以及请求人的经营范围和代表取缔役等情况，并提交了律师"何连明"证明印鉴证明书、现在事项部分证明书的译文与原文完全一致的证明书及其公证认证件。2007年1月18日请求人补交了2006年登簿第1157~1161号公证书的翻译件，这些公证书旨在证明前述委托书中的印章属实。

合议组于2007年1月18日向专利权人发出了核实文件通知书，通知专利权人在收到本通知之日起7日内到专利复审委员会核实上述委托书。

专利权人于2007年1月30日对这些授权委托书及其公证认证件进行了核实，并对委托书的合法性予以认可。

至此，合议组认为，本案事实清楚，可以依法作出审查决定。

二、决定的理由

1. 法律依据

基于请求人提出的无效宣告请求的理由和证据，合议组依据专利法第23条的规定对本案进行审理。

专利法第23条规定：授予专利权的外观设计，应当同申请日以前在国内外出版物上公开发表过或者国内公开使用过的外观设计不相同和不相近似，并不得与他人在先取得的合法权利相冲突。

2. 证据认定

请求人提交的证据1是国家知识产权局网站下载的本专利授权公告文本复印件，合议组经核实其真实性可以被确认。

请求人提交的证据2，其中包括香港居民文伟雄的声明、身份证复印件和《4×4MAGAZINE》第46期杂志复印件的公证认证件，文伟雄的声明其本人于2001年10月15日于香港公共报亭购得《4×4MAGAZINE》第46期杂志，并将该杂志于2005年出售给北京市毅弘律师事务所律师。赖显荣律师对此声明作出公证，公证该声明在本人面前作出，并盖有中华人民共和国司法部委托香港律师办理内地使用的公证文书转递专用章。《4×4MAGAZINE》第46期杂志复印件上有中国委托公证人赖显荣出具的公证词，证明此复印本与原本相符，其原本经本人查证属实。合议组认为，《4×4MAGAZINE》第46期杂志的真实性已经经过具有中国委托公证人资格的香港律师予以公证，并且加盖了中华人民共和国司法部委托香港律师办理内地使用的公证文书的转递专用章，符合形成于香港的证据的公证认证手续，因此，可以确认该证据的真实性。虽然专利权人认为"第46期（2001年11月）"字样与证据2的"Vol.046 2001.11"相矛盾，10月中旬买不到11月份的杂志，但合议组认为香港公证人已经证实了"Vol.046 2001.11"就是"第46期（2001年11月）"，在其真实性可以确认的情况下，可以认定该证据作为一本公开出版物的出版日期是2001年11月，其公开日在本专利申请日2003年1月21日以前，属于专利法第23条所规定的公开出版物，可以作为评价本专利是否符合专利法第23条的证据予以采纳。

请求人提交的证据3是中国委托公证人赖显荣出具的《证明书》，该证据中中国委托公证人赖显荣律师进一步证明根据《香港特别行政区政府宪报》第6卷第43期第4号特别副刊，《4×4MAGAZINE》第46期已根据《书刊注册条例》的规定，在香港书刊注册组进行了注册登记，是一本公开出版物。由此可以进一步证明证据2中《4×4MAGAZINE》第46期的真实性。

证据4是中国委托公证人赖显荣出具的《证明书》1页及随附的《4×4MAGAZINE》第46期杂志复印件（196页）。公证内容是：经本人查证，随附的《4×4MAGAZINE》第46期（2001年11月）的复印件与香港中央图书馆所收藏的该杂志原本相符，其原件属实。而且杂志复印件上有中国委托公证人赖显荣出具的公证词，证明此复印本与原本相符，其原本经本人查证属实。该证据进一步证明了随附的《4×4MAGAZINE》第46期（2001年11月）的真实性和公开性。

证据5是矢岛幸南出具的《宣誓陈述书》及翻译件及其公证认证件及随附的《4×4MAGAZINE》第46期杂志复印件。宣誓人矢岛幸南称其为4×4MAGAZINE CO, Ltd的会长，其证明了本公司曾在香港发行了本宣誓陈述书后附的《4×4MAGAZINE》第46期杂志，从该证据进一步说明了《4×4MAGAZINE》第46期的真实性。

证据6是中国委托公证人赖显荣出具的《证明书》1页及随附的《香港特别行政区政府宪报》第6卷第43期第4号特别副刊的复印件的公证认证件。证明书中证明经本人查证，随附的《香港特别行政区政府宪报》第6卷第43期第4号特别副刊（2002年10月25日）的复印件与香港中环大会堂图书馆收藏的《香港特别行政区政府宪报》第6卷第43期第4号特别副刊（2002年10月25日）之原本相符，其原本属实。其中D10790页登载有《4×4MAGAZINE》2001年第36~47书刊。由此进一步证明《4×4MAGAZINE》第46期的真实性和公开性。

证据7是中华人民共和国长安公证处出具的（2006）长证内经字第405号公证书复印件（共14页）。该证据进一步证明香港中央图书馆中收藏有《4×4MAGAZINE》第46期杂志。也是进一步证明该出版物的真实性和公开性。

请求人提交的作为附件的附件一即《国家经济贸易委员会、公安部关于进一步加强车辆公告管理和注册登记有关事项的通知》（国经贸产业【2002】768号），该附件旨在由法规性文件证明车顶的行李架属于选配装置。

请求人以证据2第52页左上角的Frontier汽车侧视图，第54页最上方公开的Frontier汽车的立体图，第55页上方中部公开的Frontier汽车前视图和后视图作为与本专利进行相同和相近似性比较的对象。虽然专利权人认为不能证明各个视图属于一种型号的汽车，对此合议组认为结合汽车的图片和说明可以确认其属于Frontier型号的卡车，是一种车型。

3. 相近似比较分析

因本专利与上述Frontier型号卡车属于相同类别物品，二者可以进行相同和相近似比较判断。下面将该款车外观设计（下称在先设计）与本专利进行相同和相近似比较。

本专利客货汽车没有请求保护色彩，其外观设计的要素在于产品的形状。整个产品由发动机箱、客箱和货箱三部分组成，客箱长度与货箱长度接近，机箱长度约是客箱的一半。客箱为四门双排座，前车窗呈梯形。本专利有四个侧车窗，分别呈直角梯形和矩形。车前组合灯位于发动机箱前部两侧，卧于保险杠上方内侧。组合灯之间是通风散热孔，呈倒梯形，其间有横向圆杆，圆杆中部有倒三角形装置。前保险杠圆润浑厚，其中部有矩形通风孔，两侧有圆形小灯。沿前后保险杠上方和下方的高度，在车的侧部从前至后各有一条状槽。货箱与客箱间有栏杆隔开，货箱后部两侧有组合后灯，两个组合后灯的中间是货箱后挡板，后挡板为长方形，挡板上部两端对称分布有两个把手，此外，本专利后保险杠位于货箱后挡板下部，为近似的长方形（见本专利附图）。

从在先设计图片观察，由图片看，在先设计由发动机箱、客箱和货箱三部分组成，客箱长度与货箱长度接近，机箱长度约是客箱的一半。客箱为四门双排座，客箱顶部带有一个行李架，前车窗呈梯形。有四个侧车窗，分别呈直角梯形和矩形。车前组合灯位于发动机箱前部两侧，卧于保险杠上方内侧。组合灯之间是通风散热孔，呈倒梯形，其间有横向圆杆。前保险杠圆润浑厚，其中部有矩形通风孔、两侧有圆形小灯。在车的左右两侧大约保险杠上下方位置从前至后各有两条凹槽。凹槽下部有脚踏板。由车的后部看，组合后灯位于货箱后部两侧，组合后灯中间是货箱后挡板，后挡板为长方形，挡板中间上部有一个梯形部分，梯形中间是把手，此外，货箱后部保险杠位于货箱后挡板下部，为近似长方形（见在先设计附图）。

将本专利与在先设计进行比较后认为：在先设计车顶的行李架属于选配装置，在相近似比较中，仅就其与本专利相对应的车体造型进行比较。本专利外观设计的要素为产品的形状，因本专利与在先设计所示汽车属于左右对称的造型设计，因此图片反映了车的正面、侧面和后面的造型。经上述比较后可知，二者整体形状、前部组合灯、通风孔、车窗、车门等各部分的形状几乎相同，各部分之间的比例都基本相同，所不同的是车的后部货箱后挡板和保险杠。合议组认为，从整体看，二者的视觉效果极为相近似，对于上述不同之处，合议组认为像本专利货箱后挡板的形状属于货车后挡板的惯常设计，对整体视觉效果不会产生显著影响，二者的后保险杠虽然有所不同，但二者都近似矩形，只是具体设计有所不同，这种不同应属于局部细微差别。经过对本专利和在先设计进行整体观察和综合判断，在本专利与在先设计整体及其他各部分造型及相互之间比例如此相同或近似的情况下，上述差异不会对整体视觉效果产生显著影响，故应将二者判定为相近似的外观设计。

4. 结论

在本专利申请日以前已有与之相近似的外观设计在出版物上公开发表过，本专利的授予不符合专利法第23条的规定。

三、决定

依据专利法第23条的规定，宣告03300562.1号外观设计专利权无效。

当事人对本决定不服的，可以根据专利法第46条第2款的规定，自收到本决定之日起三个月内向北京市第一中级人民法院起诉。根据该款的规定，一方当事人起诉后，另一方当事人应当作为第三人参加诉讼。

主视图　　　　　　　后视图

左视图　　　　　　　右视图

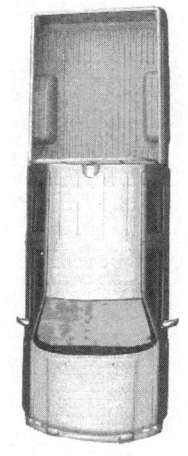

俯视图　　　　　　　立体图

本专利附图

在先设计附图 1

在先设计附图 2

在先设计附图 3

在先设计附图 4

在先设计附图

北京市第一中级人民法院
行政判决书

(2007) 一中行初字第 888 号

原告长城汽车股份有限公司，住所地中华人民共和国河北省保定市朝阳南大街 2266 号。

法定代表人魏建军，董事长。

委托代理人徐国文，北京安博达知识产权代理有限公司专利代理人。

委托代理人母宗绪，长城汽车股份有限公司专利顾问。

被告中华人民共和国国家知识产权局专利复审委员会，住所地中华人民共和国北京市海淀区北四环西路 9 号银谷大厦。

法定代表人廖涛，副主任。

委托代理人张雪飞，男，中华人民共和国国家知识产权局专利复审委员会审查员。

委托代理人张鹏，男，中华人民共和国国家知识产权局专利复审委员会审查员。

第三人日产自动车株式会社，住所地日本横滨神奈川。

法定代表人卡洛斯·戈恩，代表取缔役。

委托代理人吕毅勇，北京市毅弘律师事务所律师。

委托代理人张敬强，北京银龙知识产权代理有限公司专利代理人。

原告长城汽车股份有限公司不服被告中华人民共和国国家知识产权局专利复审委员会作出的第 9595 号无效宣告请求审查决定，向本院提起行政诉讼。本院受理后，依法组成合议庭，向被告送达了起诉状副本及应诉通知书，并依照《中华人民共和国行政诉讼法》第二十七条之规定，通知日产自动车株式会社作为本案第三人参加诉讼。本院于 2007 年 8 月 31 日公开开庭审理了本案。原告的委托代理人徐国文、母宗绪，被告的委托代理人张雪飞、张鹏，第三人的委托代理人吕毅勇、张敬强到庭参加了诉讼。本案现已审理终结。

2007 年 3 月 23 日，被告作出第 9595 号无效宣告请求审查决定（以下简称第 9595 号决定），依照《中华人民共和国专利法》（以下简称《专利法》）第二十三条的规定，宣告原告的名称为客货汽车（轻型 2）专利号为 03300562.1 的外观设计专利权（以下简称本专利）无效。

被告为证明第 9595 号决定的合法性，在法定举证期限内向本院提供的证据包括：口头审理记录表（附页）；2~7 即第三人在无效请求审查程序中提供的证据 2 至证据 7。

原告诉称，第 9595 号决定使用的证据 2、3、4 和 6 均无第三人相关申请，因此与我国对涉港公证实施的委托公证人制度相悖，不符合形成于香港的公证手续，这些证据缺乏合法性、真实性和关联性，不能采信。第 9595 号决定违背司法部《中国委托公证人（香港）管理办法》明确规定的"委托公证人必须按照司法部规定的委托业务范围和文书格式出具公证文书"，公证文书是公证人对证据进行的公证而非对证据进行查证，但第 9595 号决定采用了香港律师进行公证权限外的"查证"的证据 4 和 6，第三人在被告举行的口头审理中也未出示香港授予公证人员进行查证的权利的法律规定。第 9595 号决定采信了无任何附件支持的证据 3，且使用了既未在无效宣告请求时提出也未在口审中质证的"在先设计附图 2"，违背了《审查指南》中规定的听证和质证原则。第 9595 号决定错误的采信了缺乏合法性、真实性和关联性的特定人对发生在四年多以前回忆的事件及复印件的证据2作为定案的依据。这与《审查指南》中关于"未能出席口头审理作证的证人出具的书面证言不能单独作为认定案件事实的依据"，"公证文书仅根据证人的陈述而得出证人陈述的内容具有真实性的结论，则该公证文书的结论不能作为定案的依据"的规定相悖。证据2中公证的声明是证人文伟雄于2006年1月10日在监誓人赖显荣面前做的一份回忆，即文伟雄对四年多前的"2001年10月15日其于香港公共报刊亭购得《4×4 MAGAZINE》第46期（2001年11月）的回忆，及对10天前其"将自己拥有的《4×4 MAGAZINE》第46期（2001年11月）出售给北京市毅弘律师事务所律师蔺蔺"的回忆。第9595号决定在认定证据2的真实性时，仅对是否符合形成于香港证据的形式进行了审查，将公证文书的结论作为具有真实性的结论，未对证人回忆的事实真实性进行审查，证据2是在第三人未向香港赖显荣律师提出申请的情况下作出的，是文伟雄主动到胡百全律师事务所作的；文伟雄将其拥有的《4×4 MAGAZINE》主动出售给北京市毅弘律师事务所律师蔺蔺10天后，又到赖显荣的律师事务所去声明"本人于2001年10月15日于香港公共报刊亭购得《4×4 MAGAZINE》第46期（2001年11月）"，这两件事实说明文伟雄和第三人之间有某种利益上的特殊关系。被告未对该证人进行质证，在不知证人文伟雄的智力状况、品德、知识、经验、法律意识下采纳了其证言；具有公证资格的香港律师也未看到证人声称的在香港公共报刊亭购得《4×4 MAGAZINE》第46期的原件。第9595号决定错误的将复印件的证据2推定为原件，将《4×4 MAGAZINE》杂志复印本中不连贯的第50~55页主观推定为连贯的页码，并以此作为定案依据。

本案涉及的客体是具有三维结构的客货汽车，它的外形由六面视图决定，在《审查指南》中又明确规定了在外观设计中的判断原则是整体观察，对于本案而言，第三人提供的复印件证据2仅有三幅视图，缺少对消费者视觉效果有着重要影响的立体图、俯视图和左侧视图。第9595号决定关于证据2附件2的汽车车顶架子是选配装置和对选配装置给消费者带来的视觉效果不予考虑的做法无法律依据。本外观设计专利同证据2附件2的汽车比，具有许多不同之处，两者既不相同也不相近似，完全符合《专利法》第二十三条的规定，本专利的俯视图是一般消费者使用时最容易看到的部位设计，所以对整体视觉效果更具有显著的影响，但证据2附件2中却没有俯视图。本专利的客货汽车的右视图与证据2附件2的汽车的右视图不同之处在于本专利的客货汽车分为带有右车窗部分的上层和右车体的下层（共二层），无行李架层，右车体的下层没有脚踏板，车轮上部的轮眉凸起很小，而且窄小；证据2附件2的汽车分为行李架的上层，带有右车窗部分的中层及右车体的下层（共三层），有行李架层，右车体的下层有脚踏板，车轮上部的轮眉凸起非常明显，而且宽大。本专利的主视图分为前车窗的上层和前车体的下层（共二层），无行李架层，前车窗部分为大梯形，大梯形的上边上有一个小梯形，大梯形的底边上的左右对称分布二个长方形反光镜，其前车体的下一层的两个前照灯为一个整体的类似的长方形，其散热罩为上、中、下三个层次。证据2附件2的汽车的主视图分为行李架的上层，前车窗的中层和前车体的下层，有行李架层，前车窗部分为透明的梯形，透明梯形的底边上左右对称分布有二个梯形物，在其右的梯形前有半个万向盘状物，在透明梯形的上底边下有一椭圆状物，透明大梯形下底边的左右对称分布的二个近似长方形的反光镜，其前车体的下层的两个前照灯均为由相近的正方形和近似的长方形组合而成，其散热罩是上、下二个层次。从上述的对比中可以看出在先设计的主视图与本专利最显著不同之处就在于在先设计是其主视图有行李架的上层，前车窗的中层和前车体的下层组成，也就是说它是三层结构，而本外观设计专利是二层结构。将本外观设计专利的后视图与证据2附件2所谓的后视图对比中：可以看出两者的不同之处在于证据2附件2所谓的后视图是由行李架上部分的上层，后车窗部分的中层和后车车体部分的下层所组成，其保险杠为凸出的凹形，后车窗玻璃为透明的大梯形，而本专利是二层结构，其后车窗由三条柱将梯形分成四个部分，两边二个梯形，中间两个长方形。从上述的左视图、主视图、后视图、俯视图的对比中可以看出，本外观设计专利与证据2附件2的外观设计不相同，也不相近似，本外观设计专利的授权符合《专利法》第二十三条的规定，因此，请求撤销第9595号决定并由被告承担诉讼费。

原告为支持其诉讼主张，向本院提交了下列证据：（1）本专利授权公告文本；（2）第三人提出无效宣告请求时提交的整体形状对比图；（3）第三人无效请求书。

被告辩称，根据《中华人民共和国公证法》第二条的规定，公证根据当事人申请作出。如果当事人不申请，香港具有公证资格的律师就不会作出公证，这是普通人都知晓的常识。根据《中国委托公证人办理公证文书规则（试行）》第三条的规定，委托公证人直接证明的内容必须经查证属实……查证属实，是指委托公证人应就需审查的内容向有关部门出具的证明文件，委托公证人应根据自己的经验对其进行鉴定，确认其无可疑之处。由此可见，公证人在进行公证时必须查证属实，原告有关"公证人仅能对证据进行公证而不能对证据进行查证"的观点缺乏法律依据。根据《中华人民共和国公证法》第十一条第一款第（九）项的规定，公证机构可以办理保全证据的公证事项，既然是保全证据，就可以对现有的证据如香港中央图书馆收藏的证据进行查证，并非如原告所述只能在公证处对所看到的证据进行公证，因此，"查证"并非超越权限，而且第三人提交的公证文书中都加盖有中国法律服务香港有限公司的转递章，根据《中国委托公证人（香港）管理办法》第五条的规定，公司应定期将加章转递情况报司法部。由此可以证明，只要加盖有上述转递章的公证文书就应该符合相关法律规定，证据3是中国委托公证人赖显荣出具的《证明书》，其证明根据《香港特别行政区政府宪报》第6卷第43期第4号特别副刊（2002年10月25日），《4×4 MAGAZINE》第46期（2001年11月）已根据《书刊注册条例》的规定，在香港书刊注册组进行了注册登记，是一本公开出版物。这也是公证员履行职责对证据的查证，不知原告还需要何附件支持，而事实上第三人已经提交了《香港特别行政区政府宪报》第6卷第43期第4号特别副刊即证据6。第三人在提出无效宣告请求时提交了《4×4 MAGAZINE》第46期杂志复印件，口审时也提交了公证件原件，第三人以其第50~55页插图中所公开的Nissan Frontier客货汽车的外观设计作为与本专利进行相同和相近似比较的客体，被告已经将请求书及其附件转送给原告，口头审理过程中也对此进行了质证，因此，被告作出的第9595号决定是符合听证原则的。第三人在无效审查程序中提交的证据2至7都是证明《4×4 MAGAZINE》第46期杂志的真实性。证据2中的《4×4 MAGAZINE》第46期杂志是复印件，但是已经公证证明其与原件相符。虽然证据2中包含有香港居民文伟雄的声明，但委托公证人赖显荣不仅公证了复印件与原件相符，也公证了其原件经过该公证员查证属实。尤其是通过证据4证明复印件与香港中央图书馆所收藏的该杂志的原件相符，也通过证据3、证据5、证据6和证据7等进一步证明该杂志的真实性。由于提出本专利无效的理由是《专利法》第二十三条，在先设计是已经在本专利申请日之前公开的设计，因此，比较的仅仅是与本专利相应的设计，多余的行李架不予考虑。就象在先设计公开了一辆自行车，而本专利仅仅为车把手一样，比较的是车把手而非整个自行车。关于本专利与在先设计的相近似判断，在决定中有详细的描述即不赘述。

综上，第9595号决定认定事实清楚，适用法律正确、原告的诉讼请求不能成立，因此，请求驳回原告的诉讼请求。维持第9595号决定。

第三人述称，第三人在无效宣告请求程序中提交给被告的证据1为本专利授权公告文本，其真实性已得到确认，证据2~7均为真实、合法并且与案件事实具有关联性的证据，在原告没有提出任何相反证据的情况下，被告确认证据2~7具有合法性、真实性和关联性的行为符合《中华人民共和国民事诉讼法》第六十七条和《审查指南》第四部分第八章4.5节的规定,被告在无效宣告请求程序中采用了"整体观察、综合判断"的判断方式,该方式符合《审查指南》第四部分第五章第5.5节的规定。在将本专利与第三人提交的证据2中公开的在先设计进行比较后,被告认定:二者都由发动机厢、客厢、货厢三部分组成,比例基本一致,整体轮廓、整体形状基本相同;车的前部组合灯、通风孔、车窗、车门等各部分之间的形状及比例基本相同;二者在后部货箱后挡板、保险杠等部位存在细微差异,但这些差异不会对整体视觉效果产生显著影响。被告关于被比外观设计与在先设计相同点和差异点的认定是准确的,关于差异点不对整体视觉效果产生显著影响的判断符合《审查指南》第四部分第五章第4节(3)的规定,原告指出第9595号决定采用了第三人既未在无效宣告请求时提出也未在口头审理程序中经过质证的在先设计附图2,违背听证和质证原则。而在先设计附图2已登载在《4×4 MAGAZINE》第46期杂志第54页,第三人在提出无效宣告请求时已提交了证据2、4和5,这三份证据的附件均为《4×4 MAGAZINE》第46期杂志,当然也包括了第54页,第三人代理人张敬强还在证据2附件《4×4 MAGAZINE》第46期杂志的第50~55页中,在用以进行相近似比较的各张图片(包括在先设计附图2)上分别签名确认,因此,原告关于第三人未提交在先设计附图2的主张与事实不符;在口头审理时双方对证据2、4和5进行了质证,此外,第三人还将用以进行相近似比较的图片(包括在先设计附图2)制成幻灯片在口审时当场演示,原告参加了全过程,因此,原告关于在先设计附图2未经质证的主张与事实不符。原告关于证据2、3、4和6不符合形成于香港的证据的公证手续的主张没有相应的事实和法律依据。《中国委托公证人(香港)管理办法》第三条规定,委托公证人的业务范围是证明发生在香港地区的法律行为,有法律意义的事实和文书。《中国委托公证人办理公证文书规则(试行)》第三条:委托公证人直接证明的内容必须经查证属实,非直接证明的内容需确认无疑或不得明显虚假。查证属实,是指委托公证人应就需审查的内容向有关部门或人士调查,证明其真实无误;确认无疑,是指对需审查的香港有关部门出具的证明文件,委托公证人应根据自己的经验对其进行鉴定,确认其无可疑之处。"根据该规定,委托公证人有权利也有义务对所要证明的事实和证据进行调查取证、检查核实。因此,原告关于委托公证人无权对证据进行查证的主张没有法律依据。证据4和证据6是按照法定程序进行了公证证明的法律事实和文书,根据《中华人民共和国民事诉讼法》第六十七条和《审查指南》第四部分第八章第4.5节的规定,其应当作为认定事实的根据,除非原告提供足以推翻证据4和证据6公证证明的相反证据。但在本案中,原告并未提供任何相反证据。因此,原告关于证据4、6不应采用的主张没有事实和法律依据。证据3是香港委托公证人根据证据6出具的公证证明,以证明《4×4 MAGAZINE》第46期杂志为公开出版物。证据6中附有《香港特别行政区政府宪报》第6卷第43期第4号特别副刊的复印件,该特别副刊公布了香港民政事务局(书刊注册组)根据《书刊注册条例》第5条的规定对在香港公开出版的书刊注册登记的记录,该记录足以证明《4×4 MAGAZINE》第46期杂志在香港公开出版的事实。此外,证据2、4也能够证明证据3内容的真实性,证据2、3、4、6之间构成了互相证明的证据链锁,因此,原告关于证据3无附件支持不应采信的主张没有任何法律和事实的依据。证据2(包括附件《4×4 MAGAZINE》第46期杂志)经香港委托公证人公证,并经中国法律服务(香港)有限公司盖章转递,是合法的公证证据。证人作证的过程常常是证人回忆既往事实的过程,因此,不能仅因为文伟雄根据其回忆出具声明就否认声明内容的真实性,在无效宣告审查程序中,证据2最重要的内容是所附的杂志,具体是指以该杂志第50~55页登载的在先设计与被比外观设计进行相近似比较。文伟雄先生的证言只是说明证据2所附,《4×4 MAGAZINE》杂志的来源,关于购书、售书的时间等细节并非是第三人在本案中必需举证证明的内容。对于证据2的真实性,证据3~7已充分证明《4×4

MAGAZINE》第46期杂志为公开出版物,证据4和证据5的附件也能证明证据2附件杂志的真实性(证据4、5的附件内容与证据2附件的内容完全一致)。关于文伟雄与第三人的关系与本案无关。被告根据证据3~7已经足以认定证据2所附杂志真实性,以该杂志50~55页登载的在先设计与被比外观设计进行相近似比较符合《审查指南》的相关规定。至于文伟雄的智力状况、品德、知识、经验、法律意识,并不是被告需要审查的内容,另外,原告如果认为文伟雄声明不真实则应当提供相应证据。证据2、5所附的《4×4 MAGAZINE》第46期杂志装订状态完好,可以证明第50~55页是连贯的,原告的主张是毫无根据的主观推定。第三人提交的杂志《4×4 MAGAZINE》第46期(2001年11月)第50455页中:登载了从在先设计汽车的各个不同方向拍摄的照片,显示了在先设计汽车所有的外观形状,在先设计各部位均清晰可见,符合《审查指南》第四部分第五章的要求,可以与本专利进行相近似比较。原告曾对车顶行李架是选配装置的事实作出过承认;国家经济贸易委员会、公安部《关于进一步加强车辆公告管理和注册登记有关事项的通知》关于汽车产品选装件的举例中包含"顶罩行李架"一项,客货汽车的行李架为选装配置也是一般消费者公知的常识。由于选装装置是非必要的部件,且其不易引起一般消费者的注意,因此行李架的差异对整体视觉效果不具有显著影响;进行相近似判断时不考虑其影响并不违反《审查指南》确定的"整体观察、综合判断"的原则。第三人提交的杂志《4×4 MAGAZINE》第46期(2001年11月)第54、55页中的照片已经充分地公开了在先设计的俯视图的设计。并且,原告关于"被比外观设计的俯视图是一般消费者使用时最容易看到的部位的设计"的主张没有提出任何根据和理由,且有悖常理,因此该主张不能成立。由于行李架的存在,使得在先设计的车体分为行李架、车窗和车体三层,存在脚踏板和轮眉凸起较大;被比外观设计的车体分为车窗和车体两层,不存在脚踏板和轮眉凸起较小;所以右视图不相同也不相近似。被比外观设计的呈大梯形形状的前车窗上面有一个小梯形(高位刹车灯);在先设计没有。在先设计的前车窗为透明的梯形,可以看到其内部形状;不能看到被比外观设计的前车窗内部的形状。在先设计的前组合灯为由相近的正方形和近似的长方形组合而成,散热器罩分为上、下两个层次;被比外观设计的前组合灯近似为长万形;散热器罩分为上、中、下三层。被比外观设计十的后车窗外有护栏;在先设计的后车窗外没有护栏。被比外观设计的货厢后挡板上部对称分布有两个长方形;在先设计后挡板上部中间有一个大的梯形。

综上,第9595号决定证据确凿,适用法律正确、审查程序合法。原告主张第9595号决定错误的各项理由均不成立。因此,请求维持第9595号决定。

第三人为支持其诉讼主张,向本院提交了下列证据:(1)口头审理时演示的幻灯片文件打印稿。(2)口头审理记录。证明原告已经承认了车顶行李架是选配装置。

经庭审质证,本院审查认为,第三人证据1、2的真实性无法确认,本院不予采纳。被告证据1~7、原告证据1~3与第9595号决定的合法性审查有关联且合法、各方当事人对其真实性亦无异议,本院予以采纳。被告证据1能够证明本专利无效审查程序中口头审理的情况;对被告证据2~7的证明作用,本院认同被告在第9595号决定中的认定意见;原告证据1能够证明本专利外观设计的内容;原告证据2能够证明第三人提出无效宣告请求时提交的整体形状对比图的内容;原告证据3能够证明第三人提出无效宣告的具体请求、理由及相关证据的具体内容和证明的事项等。

根据上述有效证据及各方当事人在庭审中无争议的陈述,本院对本案事实作出如下认定:
中华人民共和国国家知识产权局(以下简称国知局)于2003年11月5日授权公告了本专利。该专利的申请日为2003年1月21日,专利权人是本案原告。本专利没有请求保护色彩,所示外观设计的要素在于该客货汽车产品的形状。整个产品由发动机箱、客箱和货箱三部分组成,客箱长度与货箱长度接近，机箱长度约是客箱的一半、客箱为四门双排座，前车窗呈梯形。本专利有四个侧车窗，分别呈直角梯形和矩形。车前组合灯位于发动机箱前部两侧，卧于保险杠上方内侧。组合灯之间是通风散热孔，呈倒梯形，其间有横向圆杆，圆杆中部有倒三角形装置。前保险杠圆润浑厚，其中部有矩形通风孔，两侧有圆形小灯。沿前后保险杠上方和下方的高度，在车的侧部从前至后各有一条状楷。货箱与客箱间有栏杆隔开，货箱后部两侧有组合后灯，两个组合后灯的中间是货箱后挡板，后挡板为长方形，挡板上部两端对称分布有两个把手，此外，本专利后保险杠位于货箱后挡板下部，为近似的长方形（见本专利附图）。

第三人于 2006 年 3 月 27 日针对本专利向被告提出无效宣告请求，理由是本专利不符合《专利法》第二十三条的规定。第三人认为在本专利申请日前已经有与其相近似的外观设计在国外出版物上公开发表，故本专利不符合《专利法》第二十三条的规定，第三人提交了如下证据：

证据 1：国家知识产权局网站下载的本专利授权公告文本复印件。

证据 2：香港居民文伟雄出具的《声明》件副本（共 1 页）及文伟雄的居民身份证明复印件（共 1 页）和其提供的《4×4 MAGAZINE》第 46 期（2001 年 11 月）杂志复印件（196 页）的公证认证件。文伟雄声明其本人于 2001 年 10 月 15 日于香港公共报亭购得《4×4 MAGAZINE》第 46 期杂志，并将该杂志于 2005 年出售给北京市毅弘律师事务所律师。赖显荣律师对此声明作出公证，公证该声明在本人面前作出，并盖有中华人民共和国司法部委托香港律师办理内地使用的公证文书转递专用章。《4×4 MAGAZINE》第 46 期杂志复印件上有中国委托公证人赖显荣出具的公证词，证明此复印本与原本相符，其原本经本人查证属实。

证据 3：中国委托公证人赖显荣出具的《证明书》复印件 1 页。赖显荣律师在《证明书》中证明根据《香港特别行政区政府宪报》第 6 卷第 43 期第 4 号特别副刊，《4×4 MAGAZINE》第 46 期已根据《书刊注册条例》的规定，在香港书刊注册组进行了注册登记，是一本公开出版物。

证据 4：中国委托公证人赖显荣出具的《证明书》复印件 1 页及随附的《4×4 MAGAZINE》第 46 期杂志复印件（196 页）。公证内容是：经本人查证，随附的《4×4 MAGAZINE》第 46 期（2001 年 11 月）的复印件与香港中央图书馆所收藏的该杂志原本相符，其原件属实。而且杂志复印件上有中国委托公证人赖显荣出具的公证词，证明此复印本与原本相符，其原本经本人查证属实。

证据 5：矢岛幸南出具的《宣誓陈述书》及翻译件复印件各 1 页及其公证认证件复印件各 1 页及随附的《4×4 MAGAZINE》第 46 期杂志复印件（196 页）。宣誓人矢岛幸南称其为 4×4MAGAZINE CO, Ltd 的会长，其证明了本公司曾在香港发行了本宣誓陈述书后附的《4×4 MAGAZINE》第 46 期杂志。

证据 6：中国委托公证人赖显荣出具的《证明书》复印件 1 页及随附的《香港特别行政区政府宪报》第 6 卷第 43 期第 4 号特别副刊的复印件的公证认证件，其中 D10790 页登载有《4×4 MAGAZINE》2001 年第 36~47 期书刊。证明书中证明经本人查证，随附的《香港特别行政区政府宪报》第 6 卷第 43 期第 4 号特别副刊（2002 年 10 月 25 日）的复印件与香港中环大会堂图书馆收藏的《香港特别行政区政府宪报》第 6 卷第 43 期第 4 号特别副刊（2002 年 10 月 25 日）之原本相符，其原本属实。其中 D10790 页登载有《4×4 MAGAZINE》2001 年第 36~47 期书刊。

证据 7：中华人民共和国长安公证处出具的（2006）长证内经字第 405 号公证书复印件（共 14 页）。公证内容为对香港公共图书馆网页检索及下载《4×4 MAGAZINE》杂志相关信息文件的过程。证明：香港中央图书馆中收藏有《4×4 MAGAZINE》第 46 期杂志。

第三人还提交了作为附件的附件一：国家经济贸易委员会、公安部《关于进一步加强车辆公告管理和注册登记有关事项的通知》（国经贸产业［2002］768号）复印件共7页。

第三人认为其上述证据2证明《4×4 MAGAZINE》第46期杂志于2001年11月发行，其中第50~55页刊登了与本专利相近似的在先设计，证据3~7证明《4×4 MAGAZINE》第46期杂志为公开出版物，附件一证明行李架为选装件。

被告受理后，将第三人的无效宣告请求文件的副本转送原告。针对上述无效宣告请求书，原告提交了意见陈述书。

随后，被告向双方当事人发出口头审理通知书，定于2006年12月5日在被告处进行口头审理。原告和第三人的委托代理人均参加了口头审理。被告当庭将原告提交的意见陈述书转送第三人。在口头审理过程中，原告对第三人以及其出庭人员身份提出异议，认为委托书不符合法定要求。被告认为第三人法人代表的身份无法查证，第三人的有关委托手续不符合法定要求，因此，被告要求第三人在一个月内补充委托代理人"大桥吉之"的身份证明及委托书的公证认证材料，并针对当庭转送的原告的意见陈述书进行答复。

第三人在口头审理过程中提交了证据3、证据4、证据5、证据6和证据7的原件，并提交了证据5中公证件的译文。被告将该译文当庭转送给原告。

口头审理过程中，原告和第三人对第三人提交的所有证据进行了质证，并就本专利与第三人提交的证据2中《4×4 MAGAZINE》第46期杂志第52页左上角的Frontier汽车侧视图、第53页中公开的Frontier汽车的前视图、第54页最上方公开的Frontier汽车的立体图和第55页上方中部公开的Frontier汽车的前视图和后视图的相同和相近似性陈述了各自的观点。

口头审理后，第三人逾期未针对原告的意见陈述进行答复。2007年1月5日其向被告提交了延期提交公证认证材料的请求书，请求书中称，因第三人所在国日本在元旦期间放假，导致委托手续的公证认证材料不能按时递交，请求被告准予延期五个工作日（2007年1月12日前）。被告许可后，第三人如期向被告提交了委托手续的公证认证材料等。原告核实第三人的授权委托书及其公证认证件后，对上述委托书的合法性予以认可。

被告经审查认为，第三人提交的证据1是国知局网站下载的本专利授权公告文本复印件，经核实其真实性可以确认。第三人提交的证据2《4×4 MAGAZINE》第46期杂志的真实性已经经过具有中国委托公证人资格的香港律师予以公证，并且加盖了中华人民共和国司法部委托香港律师办理内地使用的公证文书的转递专用章，符合形成于香港的证据的公证认证手续，因此，可以确认该证据的真实性。虽然原告认为"第46期（2001年11月）"字样与证据2的"Vol. 046 2001.11"相矛盾，10月中旬买不到11月份的杂志，但香港公证人已经证实了"Vol. 0-6 2001.11"就是"第46期（2001年11月）"，在其真实性可以确认的情况下，可以认定该证据作为一本公开出版物的出版日期是2001年11月，其公开日在本专利申请日2003年1月21日以前，属于《专利法》第二十三条所规定的公开出版物，可以作为评价本专利是否符合《专利法》第二十三条的证据予以采纳。第三人提交的证据3中，中国委托公证人赖显荣证明根据《香港特别行政区政府宪报》第6卷第43期第4号特别副刊，《4×4 MAGAZINE》第46期已根据《书刊注册条例》的规定，在香港书刊注册组进行了注册登记，是一本公开出版物。由此可以进一步证明证据2中《4×4 MAGAZINE》第46期的真实性。第三人提交的证据4中国委托公证人赖显荣出具的《证明书》及随附的《4×4 MAGAZINE》第46期杂志复印件，进一步证明了随附的《4×4 MAGAZINE》第46期（2001年11月）的真实性和公开性。第三人提交的证据5矢岛幸南出具的《宣誓陈述书》及翻译件及其公证认证件及随附的《4×4 MAGAZINE》第46期杂志复印件进一步说明了《4×4 MAGAZINE》第46期的真实性。第三人提交的证据6

中国委托公证人赖显荣出具的《证明书》及随附的《香港特别行政区政府宪报》第6卷第43期第4号特别副刊的复印件的公证认证件进一步证明《4×4 MAGAZINE》第46期的真实性和公开性。第三人提交的证据7中华人民共和国长安公证处出具的（2006）长证内经字第405号公证书复印件（共14页）。进一步证明香港中央图书馆中收藏有《4×4 MAGAZINE》第46期杂志，该出版物具有真实性和公开性。第三人提交的附件一国家经济贸易委员会、公安部《关于进一步加强车辆公告管理和注册登记有关事项的通知》（国经贸产业［2002］768号），该附件旨在由法规性文件证明车顶的行李架属于选配装置。

第三人以证据2第52页左上角的Frontier汽车侧视图，第54页最上方公开的Frontier汽车的立体图，第55页上方中部公开的Frontier汽车前视图和后视图作为与本专利进行相同和相近似性比较的对象。虽然原告认为不能证明各个视图属于一种型号的汽车，但被告认为，结合汽车的图片和说明可以确认其属于Frontier型号的卡车，是一种车型。因本专利与上述Frontier型号卡车（以下简称在先设计）属于相同类别物品，二者可以进行相同和相近似比较判断。

从在先设计图片观察，在先设计由发动机箱、客箱和货箱三部分组成，客箱长度与货箱长度接近，机箱长度约是客箱的一半。客箱为四门双排座：客箱顶部带有一个行李架，前车窗呈梯形。有四个侧车窗，分别呈直角梯形和矩形。车前组合灯位于发动机箱前部两侧，卧于保险杠上方内侧。组合灯之间是通风散热孔，呈倒梯形，其间有横向圆杆。前保险杠圆润浑厚，其中部有矩形通风孔、两侧有圆形小灯。在车的左右两侧大约保险杠上下方位置从前至后各有两条凹槽。凹槽下部有脚踏板。由车的后部看，组合后灯位于货箱后部两侧，组合后灯中间是货箱后挡板，后挡板为长方形，挡板中间上部有一个梯形部分，梯形中间是把手，此外，货箱后部保险杠位于货箱后挡板下部，为近似长方形（见在先设计附图）。

将本专利与在先设计进行比较，在先设计车顶的行李架属于选配装置，在相近似比较中，仅就其与本专利相对应的车体造型进行比较。本专利外观设计的要素为产品的形状，因本专利与在先设计所示汽车属于左右对称的造型设计，因此图片反映了车的正面、侧面和后面的造型。经上述比较后可知，二者整体形状、前部组合灯、通风孔、车窗、车门等各部分的形状几乎相同，各部分之间的比例都基本相同，所不同的是车的后部货箱后挡板和保险杠。被告认为，从整体看，二者的视觉效果极为相近似，对于上述不同之处，被告认为本专利货箱后挡板的形状属于货车后挡板的惯常设计，对整体视觉效果不会产生显著影响，二者的后保险杠虽然有所不同，但二者都近似矩形，只是具体设计有所不同，这种不同应属于局部细微差别。经过对本专利和在先设计进行整体观察和综合判断，在本专利与在先设计整体及其他各部分造型及相互之间比例如此相同或近似的情况下，上述差异不会对整体视觉效果产生显著影响，故应格二者判定为相近似的外观设计。由于在本专利申请日以前已有与之相近似的外观设计在出版物上公开发表过，本专利权的授予不符合《专利法》第二十三条的规定。所以，被告作出了宣告本专利权无效的第9595号决定。

本院认为，《专利法》第二十三条规定："授予专利权的外观设计，应当同申请日以前在国内外出版物上公开发表过或者国内公开使用过的外观设计不相同和不相近似，并不得与他人在先取得的合法权利相冲突。"被告在第9595号决定中，对第三人在无效审查程序中提交的证据的判断和使用无误。《4×4 MAGAZINE》第46期（2001年11月）杂志作为一本公开出版物，其出版日期早于本专利申请日，属于上述法律所规定的公开出版物，本专利与该出版物上登载的Frontier型号卡车属于相同类别物品。由于该出版物上登载的Frontier型号卡车图片所显示的在先设计车顶的行李架属于选配装置，在相近似比较中，应仅就其与本专利相对应的车体造型进行比较。通过整体观察，本专利与上述在先设计较为近似，虽然本专利与该在先设计存在局部差异，但这些差异并未给产品带来整体造型上的显著变化，两者应属于相近似的外观设计。被告第 9595 号决定认定事实清楚，适用法律正确，行政程序合法，本院应予维持，原告的诉讼主张缺乏事实及法律根据，其请求本院不予支持。据此，依照《中华人民共和国行政诉讼法》第五十四条第（一）项，判决如下：

维持被告中华人民共和国国家知识产权局专利复审委员会作出的第 9595 号无效宣告请求审查决定。

案件受理费人民币 100 元，由原告长城汽车股份有限公司负担（已交纳）。

如不服本判决，长城汽车股份有限公司，中华人民共和国国家知识产权局专利复审委员会可在判决书送达之日起 15 日内，日产自动车株式会社可在判决书送达之日起 30 日内，向本院递交上诉状，并按对方当事人的人数提交副本，上诉于北京市高级人民法院。

审　判　长　吴　月
审　判　员　李纪红
人民陪审员　杨一平
二〇〇八年十二月六日
书　记　员　郎莉萍

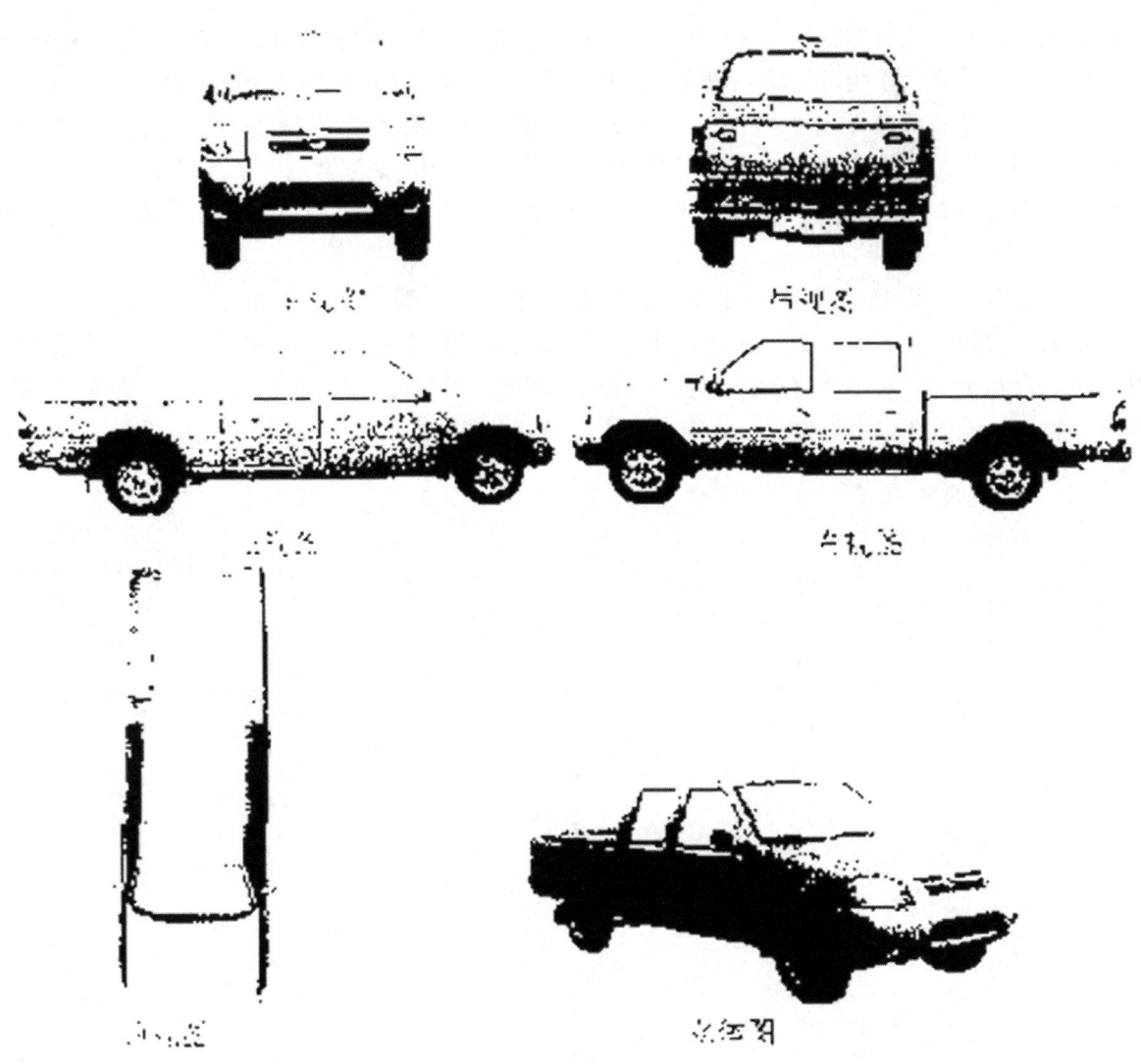

本专利附图

在先设计附图1

在先设计附图2

在先设计附图3

在先设计附图4

在先设计附图

北京市高级人民法院
行政裁定书

(2008) 高行终字第 205 号

上诉人（一审原告）长城汽车股份有限公司，住所地中华人民共和国河北省保定市朝阳南大街2266号。

法定代表人魏建军，董事长。

被上诉人（一审被告）中华人民共和国国家知识产权局专利复审委员会，住所地中华人民共和国北京市海淀区北四环西路9号银谷大厦。

法定代表人廖涛，副主任。

委托代理人张跃平，女，中华人民共和国国家知识产权局专利复审委员会审查员。

委托代理人张鹏，男，中华人民共和国国家知识产权局专利复审委员会审查员。

被上诉人（一审第三人）日产自动车株式会社，住所地日本神奈川县横滨市神奈川区宝町2番地。

法定代表人卡洛斯·戈恩，代表取缔役。

委托代理人吕毅勇，北京市毅弘律师事务所律师。

委托代理人张敬强，北京银龙知识产权代理有限公司专利代理人。

上诉人长城汽车股份有限公司因专利无效审查决定一案，不服中华人民共和国北京市第一中级人民法院（2007）一中行初字第888号行政判决书，向本院提起上诉。在本院依法组成合议庭对本案进行审理期间，上诉人自愿向本院申请撤回上诉。

经审查，本院认为，上诉人长城汽车股份有限公司申请撤回上，系其真实意思表示，且未违反相关法律、法规的规定，本院予以准许。依据《中华人民共和国行政诉讼法》第五十一条的规定，裁定如下：

准许上诉人长城汽车股份有限公司撤回上诉。

二审案件受理费人民币100元，由长城汽车股份有限公司负担，减半收取（已交纳）。

本裁定为终审裁定。

审 判 长 郭 宜
审 判 员 张学磊
代理审判员 朱海宏
二〇〇八年四月十一日
书 记 员 程钰玮

网格印刷镀膜玻璃

无效宣告请求审查决定（第9596号）

决 定 号	第9596号
决 定 日	2007年3月26日
发明创造名称	网格印刷镀膜玻璃
外观设计分类号	05-06
无效宣告请求人	沈阳-汀普莱斯电器有限公司
专 利 权 人	李伟
专 利 号	200530096369.9
申 请 日	2005年1月17日
授权公告日	2005年9月7日
合议组组长	王霞军
主 审 员	徐清平
参 审 员	张雪飞
法 律 依 据	专利法第23条

决定要点

请求人提交的证据中，部分证据的真实性不能确认，也不能分别单独或相结合证明在本专利申请日之前已经公开生产、销售或发表过与本专利外观设计相同或相近似的产品，其据此证明本专利不符合专利法第23条规定的主张不能成立。

一、案由

本无效宣告请求涉及的是国家知识产权局于2005年9月7日授权公告的200530096369.9号外观设计专利，使用该外观设计的产品名称为"网格印刷镀膜玻璃"，申请日是2005年1月17日，专利权人是李伟。

针对上述专利权（下称本专利），沈阳-汀普莱斯电器有限公司（下称请求人）于2006年10月11日向专利复审委员会提出无效宣告请求，其依据的事实和理由是：请求人已于2004年9月开始批量生产本专利所示外观设计产品，并用于BF33、BF39、BF45等电壁炉产品上，且爱尔兰格伦汀普莱斯于2001年已经使用该外观设计产品，还在国外申请了专利。因此，本专利不具备新颖性，其不符合专利法第23条的规定。同时，专利权人在2004年11月9日与请求人签订了一份玻璃加工合同，由请求人向其提供生产图纸，专利权人利用请求人提供的生产图纸申请外观设计专利，其违反了专利法第23条中不得与他人在先取得的合法权利相冲突的规定。请求人同时提交了如下附件作为证据：

附件1：玻璃生产图纸复印件2页；
附件2：产品零件明细表复印件2页；
附件3：海关进口货物报关单复印件3页；
附件4：请求人的电壁炉产品宣传样本原件1册；
附件5：培训手册复印件4页；
附件6：请求人与沈阳市新思维工艺玻璃厂签订的购销合同复印件1页。

专利复审委员会经形式审查合格受理了该无效宣告请求，并将无效宣告请求书及其附件的副本转送给专利权人，要求其在指定期限内陈述意见。

专利权人逾期未作答复。

2006年11月13日请求人补充提交了以下证据（编号续前）：

附件7：DIMPLEX北美有限公司专利申请统计表复印件2页；
附件8：请求人与慈溪市某玻璃加工厂签订的购销合同复印件1页。

专利复审委员会成立合议组对本案进行审理，于2007年1月12日向请求人和专利权人发出口头审理通知书，定于2007年3月12日对本案进行口头审理。同时将上述请求人补充提交的证据转送给专利权人。

口头审理如期举行，专利权人本人及双方委托的代理人参加了审理。双方对对方参加口头审理人员的身份和资格没有异议，对合议组成员没有回避请求。双方对请求人提交的证据进行了质证，详细阐述了自己的具体主张和理由，所涉及内容主要如下：

（1）请求人当庭提交了附件1至附件3、附件5的原件，其认为：附件3、附件5所示海关进口货物报关单和培训手册可证明BF系列壁炉早在2004年就已经生产、销售；附件6为请求人与专利权人所属公司签订的合同，可证明在本专利申请日前已生产相关玻璃产品，且合同规定由请求人向对方提供产品图纸；附件2所示产品零件明细表可证明上述在先生产、销售的BF系列壁炉中包括有玻璃产品零件，其相应记载的图号与附件1所示图纸的图号相一致，即可证明在先生产、销售的BF系列壁炉中使用了附件1所示与本专利相近似的玻璃外观设计；附件4所示产品宣传样本亦证明请求人在先生产了BF系列壁炉，且该壁炉中使用了本专利所示玻璃外观设计。

（2）专利权人对请求人提交的附件2、附件3、附件4、附件6所示证据的真实性无异议，并认为：对于附件1所示图纸上的签字日期不能确定其真实性，且其中第二张图纸的签字日期在本专利申请日之后，该图纸所示产品外观设计与本专利亦存在显著差别；附件2、附件3所示证据与本案不具关联性，且附件3中所示产品的进口行为不属于专利法第23条规定的情形；对于附件4所示产品宣传样本，请求人不能证明其制作时间在本专利申请日之前，且未显示任何与本专利外观设计相同或相近似的图片；对于附件5中所示图片，看不出与本专利相近似的外观设计，与本案不具关联性，且请求人不能证明其制作时间在本专利申请日之前；附件6所示购销合同与本案不具关联性，其中所涉及的产品并不是本专利外观设计产品。

（3）对于附件7、附件8所示证据，请求人确认为其补充提交的证据，对该证据未提交相关意见陈述，所涉及的外文证据也未提交中文译文；合议组当庭告知请求人，其未结合该补充提交的证据具体说明无效宣告请求理由，且未提交附件7的中文译文，根据审查指南的相关规定，合议组对所述补充证据不予考虑。请求人欲当庭补充提交附件7中所涉及专利的专利申请书，合议组当庭告知请求人，其已超过举证期限，合议组对该证据不予接收。

经过上述审理，合议组经合议，认为本案事实清楚，依法作出本审查决定。

二、决定理由

1. 无效宣告请求理由及相关法律规定

请求人提出无效宣告请求的理由是本专利不符合专利法第23条的规定，基于请求人提出的无效宣告请求理由和主张的事实，合议组对本专利是否符合专利法第23条的规定进行审查。专利法第23条规定：授予专利权的外观设计，应当同申请日以前在国内外出版物上公开发表过或者国内公开使用过的外观设计不相同和不相近似，并不得与他人在先取得的合法权利相冲突。

2. 不予考虑的证据

2006年11月13日请求人补充提交了作为证据的附件7、附件8，经查，自请求人提出无效宣告请求之日（2006年10月11日）起一个月的举证期限届满日2006年11月11日为法定假日星期六，根据专利法实施细则第6条的规定，期限届满日是法定节假日的，以节假日后的第一个工作日为期限届满日，故上述举证期限应顺延至2006年11月13日，即请求人补充提交的证据未超过所述举证期限。但是，请求人未针对该补充证据进行意见陈述，即未结合该补充提交的证据具体说明无效宣告请求理由，并且也未提交附件7的中文译文，根据审查指南第四部分第三章第4.3.1节相关规定，合议组对所述补充证据不予考虑。请求人欲当庭补充提交附件7中所涉及专利的专利申请书作为证据，根据专利法实施细则第66条的规定，其已超过自请求人提出无效宣告请求之日起一个月的补充证据期限，且不属审查指南第四部分第三章第4.3.1节规定的可以考虑的除外情形，因此，合议组对请求人欲补充的该证据不予接收。

3. 证据和事实认定

请求人提交的附件1是玻璃生产图纸复印件，所示图号分别为5900160000、5900161100；附件2为产品零件明细表复印件，其列出了产品型号为"大壁炉BF33ST"的零件名称和相应图号等信息，其中请求人指出的第65项所示"玻璃"零件产品的图号为5900161000；附件3为海关进口货物报关单复印件，所记载商品名称、型号分别为电壁炉BF33ST、电壁炉BF39ST；附件4为请求人的电壁炉产品宣传样本原件，其中记载有BF33、39、45系列壁炉产品的照片；附件5为有关培训手册复印件，记载有多款电壁炉产品；附件6是请求人与沈阳市新思维工艺玻璃厂签订的购销合同复印件，所涉及产品名称为"玻璃"，并有尺寸规格。对于前述证据复印件，请求人在口头审理中提交了附件1至附件3、附件5的原件。

合议组认为：上述证据中，附件1和附件5所示图纸、培训手册，其仅为企业内部材料或宣传性材料，且与其他证据无直接联系，在无相关证据进一步佐证的情况下，尚不足以认定其真实性；由于专利权人对附件2、附件3、附件4、附件6所示证据的真实性明确表示无异议，合议组由此对所述证据的真实性直接予以确认；但是，附件2、附件3、附件6中并无相关产品附图，附件4中虽有壁炉产品的照片，但并未显示相关玻璃产品的外观设计，况且对于附件2、附件4也未予证明其公开时间，因此，附件2至附件4、附件6不能证明在先公开了与本专利外观设计相同或相近似的产品；同时，附件2中所示"大壁炉BF33ST"的"玻璃"零件产品图号与附件1图纸所示图号并不一致，故不能证明附件2所述壁炉产品中使用了附件1所示玻璃外观设计；在此情况下，附件3至附件6中虽记载有与附件2相同型号的产品，同样也不能通过附件2证明其产品中使用了附件1所示玻璃外观设计。综上，请求人提交的证据不足以证明在本专利申请日之前已经公开生产、销售或发表过与本专利外观设计相同或相近似的产品。

4. 关于权利冲突

请求人称其在2004年11月9日与专利权人签订了一份玻璃加工合同，由请求人向专利权人提供生产图纸，专利权人利用请求人提供的生产图纸申请外观设计专利，其违反了专利法第23条中不得与他人在先取得的合法权利相冲突的规定。合议组认为，请求人对此并未提交生效的能够证明权利冲突的处理决定或者判决，根据专利法实施细则第65条第3款的规定：以授予专利权的外观设计与他人在先取得的合法权利相冲突为理由请求宣告外观设计专利权无效，但是未提交生效的能够证明权利冲突的处理决定或者判决的，专利复审委员会不予受理；因此，合议组对请求人所主张的关于本专利构成权利冲突的无效宣告请求理由不予审理。

综上所述，请求人提交的证据不足以证明在本专利申请日之前已经公开生产、销售或发表过与本专利外观设计相同或相近似的产品，也未提交有效证据证明本专利与他人在先取得的合法权利相冲突，因此，请求人以此证明本专利不符合专利法第23条规定的主张不能成立。

三、决定

维持200530096369.9号外观设计专利权有效。

当事人对本决定不服的，可以根据专利法第46条第2款的规定，自收到本决定之日起三个月内向北京市第一中级人民法院起诉。根据该款的规定，一方当事人起诉后，另一方当事人应当作为第三人参加诉讼。

挖掘机仪表（WZB201A型）

无效宣告请求审查决定（第9603号）

决 定 号	第9603号
决 定 日	2007年3月26日
发明创造名称	挖掘机仪表（WZB201A型）
外观设计分类号	10-04
无效宣告请求人	广西南宁市精祥仪表有限责任公司
专 利 权 人	魏玉龙
专 利 号	200430015944.3
申 请 日	2004年1月18日
授权公告日	2004年9月1日
合议组组长	吴赤兵
主 审 员	李改平
参 审 员	徐清平
法 律 依 据	专利法第23条
决 定 要 点	

请求人提交的证据均不能证明在本专利申请日前已有与本专利相同或相近似的产品在出版物上公开发表或在国内公开销售，请求人的无效宣告请求的主张未得到有效证据的支持。

一、案由

本无效宣告请求涉及的是国家知识产权局于2004年9月1日授权公告的、名称为"挖掘机仪表（WZB201A型）"的外观设计专利，其申请号是200430015944.3，申请日是2004年1月18日，专利权人是魏玉龙。

针对上述专利权（下称本专利），广西南宁市精祥仪表有限责任公司（下称请求人）于2006年9月30日向专利复审委员会提出无效宣告请求，其理由是：在本专利申请日之前已有非常近似的产品在市场上销售，同时有宣传彩页广为散发，故本专利缺乏专利必须具备的新颖性，其专利权的授予不符合专利法第23条的规定。与此同时，请求人提交了如下附件作为证据：

附件1是附有广西林业勘测设计院劳动服务公司印刷厂证明的广西南宁市精祥仪表有限责任公司的宣传彩页复印件1页和该印刷厂出具的发票复印件1张；

附件2是广西玉林玉柴工程机械有限责任公司出具的证明复印件2份，其中一件上附有WZB-202型挖掘机数字监控仪的图片，以及与该证明相关的销售发票复印件3张；

附件3是湖南山河智能机械股份有限公司供应部出具的证明原件以及与该证明相应的销售发票复印件1张，证明上贴有一仪表图片；

附件4是本专利图片及著录项目在国家知识产权局网站上的下载件。

经形式审查合格，专利复审委员会受理了此案，并于2006年11月17日将无效请求书及相关材料副本转送给专利权人。

专利复审委员会于2006年12月18日收到专利权人意见陈述书，专利权人认为，证据1是请求人自行印刷的宣传材料，材料上没有表明其公开发表的时间，不是专利法意义上的出版物，而广西林业勘测设计院劳动服务公司印刷厂开具的发票为一张普通账务凭证，不能对应说明就是上述宣传材料的公开发表日期，无法证明宣传材料在专利申请日之前就广为散发；证据2、3之间以及它们与证据1之间互相矛盾，矛盾在于从提供的发票可以发现，同样一个时间销售的产品其名称都不一致，并且实际销售的产品名称与宣传材料上的产品型号不一致。专利权人还认为，本专利授权公告文件中所反映的本专利图片有俯视图、后视图、主视图、左视图和右视图，而请求人所提交的图仅为主视图。

专利复审委员会于2007年1月25日将专利权人意见陈述书及附件转给请求人。

专利复审委员会于2007年1月25日向双方当事人发出无效宣告请求口头审理通知书，定于2007年3月13日在专利复审委员会进行口头审理。

口头审理如期举行，双方当事人均有代理人到庭参加。请求人当庭陈述了请求宣告无效的主要理由和事实，认为本专利产品在申请日之前已有非常近似的产品在市场上销售，同时有宣传彩页广为散发，提交了证据1、2、3的原件，即宣传彩页、各证明、各发票的原件。专利权人核实上述原件后，对销售事实的真实性有异议，并且认为证据2中的证明原件中的章不清楚，且与提交的证据2中的证明复印件不一致；证据2、3中销售的仪表型号不一致，与宣传彩页中的型号不一致。请求人辩称：证据2的证明原件有两份，其中一份提交给了法院，但内容是相同的；发票中的型号不一致且与宣传彩页中的型号不一致，这是货号与型号的区别，生产中每个产品都有一个型号，而销售时会给购买单位一个货号。因此产生上述不一致情况。

请求人希望当庭提交补充公证书3份，以进一步证明附件2和附件3的相关销售和使用的事实。合议组当庭告知请求人，补充所述公证书属新的证据，超过了举证期限，根据审查指南的有关规定，本案不予考虑。

请求人当庭展示了自己生产的一种挖掘机仪表外壳。

合议组认为本案事实清楚，可以依法作出审查决定。

二、决定的理由

1. 法律依据

基于请求人提出的无效宣告请求理由，合议组对本专利是否符合专利法第23条的规定进行审查。

专利法第23条规定："授予专利权的外观设计，应当同申请日以前在国内外出版物上公开发表过或者国内公开使用过的外观设计不相同和不相近似，并不得与他人在先取得的合法权利相冲突。"

2. 证据认定

附件1中的宣传彩页上没有印刷时间或公开时间，其上有广西林业勘测设计院劳动服务公司印刷厂的证明："此彩页为我公司2003年9月份所印制，对应所用发票号码为0003491，2006年9月8日"，并盖有公章，附件1中的发票的发票号为NO.0003491，该发票上注明的签发时间为2003年9月4日。合议组认为，宣传彩页上的广西林业勘测设计院劳动服务公司印刷厂的证明属于证人证言，是一种事后回忆，没有其他相关证据充分证明该证人证言的真实性，因此，仅凭广西林业勘测设计院劳动服务公司印刷厂的证明不能认定宣传彩页与发票的关联性。由于宣传彩页上没有印刷时间或公开时间，发票也不能证明宣传彩页的印刷时间，所以宣传彩页的公开时间不能得到证实，故附件1不足以证明本专利申请日前在出版物上已公开了与本专利相同或相近似的外观设计。

附件2中广西玉林玉柴工程机械有限责任公司出具的证明称："兹有广西南宁市精祥仪表精祥仪表有限责任公司2003年12月17日开具的广西增值税专用发票：NO.00335989、NO.00335990、NO.00335991三张，为广西南宁市精祥仪表有限责任公司2003年11月销售给我公司的组合仪表（830D-1300014），即组合仪表WZB202的销售发票，仪表外观与图片一致。特此证明"，该证明上贴有产品图片，图片下方有文字："WZB-202型挖掘机数字监控仪"。另一份证明除无产品图片外与前一份证明内容相同。专利权人认为附有照片的证明原件与在先提交的证明复印件不一致，合议组认为证明原件与在先提交的证明复印件两者证明的内容完全相同，故对附件2中的证明原件予以认可；附件2中还附有三张发票，发票号码为：NO.00335989、NO.00335990、NO.00335991，这三张发票在"货物或应税劳务名称"栏中填写有"组合仪表（830D-1300014）"。合议组认为，广西玉林玉柴工程机械有限责任公司出具的证明作为证言没有其他相关证据充分证明其内容的真实性，不能据此认定所称"组合仪表（830D-1300014）即组合仪表WZB202"的真实性，也不能认定组合仪表WZB202的外观"与图片一致"。因此，三张发票中所指的产品"组合仪表（830D-1300014）"不能认定为与证明中所附图片一致。故附件2不足以证明本专利申请日前已有与本专利相同或相近似的产品在国内公开销售。

附件3中湖南山河智能机械股份有限公司供应部出具的证明中贴有产品图片，并附有相关的发票。附件3所附证据与附件2所附证据的内容与性质基本相同，合议组认为，没有相关证据充分证明湖南山河智能机械股份有限公司供应部出具的证明内容的真实性，不能据此认定发票中所指的货物与所提交的证明中所附的图片的必然关系。故附件3不足以证明本专利申请日前已有与本专利相同或相近似的产品在国内公开销售。

附件4可证明本专利相关信息，不能直接证明请求人主张的上述事实。

综上，请求人提交的证据不能证明在本专利申请日前已有与本专利相同或相近似产品在出版物上公开发表或在国内公开销售，请求人的无效宣告请求的主张未得到有效证据的支持。不能证明本专利的授予不符合专利法第23条的规定。

三、决定

维持200430015944.3号外观设计专利权有效。

当事人对本决定不服的，可以根据专利法第46条第2款的规定，自收到本决定之日起三个月内向北京市第一中级人民法院起诉。根据该款的规定，一方当事人起诉后，另一方当事人应当作为第三人参加诉讼。

榨菜包装袋

无效宣告请求审查决定（第 9604 号）

决 定 号	第 9604 号
决 定 日	2007 年 3 月 20 日
发明创造名称	榨菜包装袋
外观设计分类号	09-05
无效宣告请求人	北京红山食品有限公司
专 利 权 人	重庆市涪陵区渝杨榨菜有限公司
专 利 号	200530010649.3
申 请 日	2005 年 7 月 1 日
授权公告日	2006 年 4 月 12 日
合议组组长	张 沧
主 审 员	祝海燕
参 审 员	李金光
附 图	1 页
法 律 依 据	专利法第 23 条

决 定 要 点

两个同类产品的外观设计，如果其整体形状、图案、色彩均相似，其区别仅为局部的细微改变，则这种改变不能使两个外观设计在整体视觉效果上产生明显的差异，不能引起一般消费者视觉上的注意，应当认定两外观设计相近似。

一、案由

本无效宣告请求案涉及国家知识产权局于 2006 年 4 月 12 日授权公告、名称为"榨菜包装袋"的 200530010649.3 号外观设计专利权（下称本专利），其申请日为 2005 年 7 月 1 日，专利权人为重庆市涪陵区渝杨榨菜有限公司。

针对上述专利权，北京红山食品有限公司（下称请求人）于 2006 年 4 月 14 日以本专利不符合专利法第 23 条为由向专利复审委员会提出专利权无效宣告请求，同时请求人提交了下述附件作为证据：

附件 1：200330134121.8 号中国外观设计专利，申请日为 2003 年 12 月 11 日，授权公告日为 2004 年 7 月 7 日，专利权人北京红山食品有限公司，网页公开彩色打印件共 3 页；

附件 2：02351520.1 号中国外观设计专利，申请日为 2002 年 10 月 21 日，授权公告日为 2003 年 5 月 21 日，专利权人北京红山食品有限公司，网页公开彩色打印件共 3 页。

依据上述附件，请求人的具体理由是：附件1和2均为公开日在本专利申请日之前的外观设计专利，其可用于评价本专利；附件1、2与本专利相比，其构图主体相同，都包括拼音字母、卡通图案、竖长方形内书"正宗"二字、商标等，整体构图相近。对于一般消费者，在购买上述产品时对于二者间的细微差别不会注意，二者属于相近似的设计。

经形式审查合格后，专利复审委员会受理了上述请求，于2006年5月24日向双方当事人发出《无效宣告请求受理通知书》，并将《专利权无效宣告请求书》及其附件的副本转送给专利权人，要求其在指定的期限内答复，同时成立合议组对本无效宣告请求案进行审理。

2006年8月17日，本案合议组向双方当事人发出《无效宣告请求口头审理通知书》，告知双方当事人本案合议组定于2006年9月25日对本无效请求案进行口头审理。

2006年9月25日，口头审理如期进行，双方当事人均出席了口头审理。庭审过程中，合议组就本案的无效理由及证据逐一进行了调查，双方当事人充分陈述了各自的意见。请求人当庭提交了在国家知识产权局网页上公开的附件1和2的打印彩图，主张附件1和2公开的包装袋与本专利包装袋相近似。专利权人对附件1和2的真实性和公开性无异议，但主张专利局出版的纸件公报系黑白印刷，因此体现不出色彩。专利权人还当庭提交了重庆市涪陵区榨菜管理办公室出具的有关"北京红山食品厂无权使用涪陵榨菜证明商标"的证明文件1份，专利权人主张依据该证明可以认定标注有"涪陵"字样的附件2不能使用；请求人对专利权人提交的上述证明文件的真实性无异议。

至此，合议组认为本案的事实清楚，可以作出审查决定。

二、决定的理由

1. 法律适用

专利法第23条规定，授予专利权的外观设计，应当同申请日以前在国内外出版物上公开发表过或者国内公开使用过的外观设计不相同和不相近似，并不得与他人在先取得的合法权利相冲突。

2. 证据认定

请求人提交的附件2为02351520.1号中国外观设计专利公报网页彩色打印件。虽然专利权人主张专利局出版的纸件专利公报中附件2所涉及的包装袋未体现出色彩，且附件2也未要求保护色彩，但是经合议组核查，国家知识产权局网站上公布的专利公报中的确公开了附件2的色彩，因此合议组对附件2的真实性予以认可。由于附件2的授权公告日为2003年5月21日，在本专利的申请日之前，且二者用途相同，属于相同类别的产品，因此可以作为在先设计（下称在先设计）来评价本专利是否符合专利法第23条的规定。

专利权人认为由于附件2所示外观设计专利中包含了"涪陵"字样，从而依据重庆市涪陵区榨菜管理办公室出具的"北京红山食品厂无权使用涪陵榨菜证明商标"的证明文件，可以得出附件2不具有法律上的证据效力。合议组认为，附件2所示外观设计是否含有未经允许而使用的商标，与附件2能否作为本专利的申请日之前公开的出版物用以评价本专利是否符合专利法第23条的规定无关。

3. 外观设计相近似性认定

本专利为一榨菜包装袋，要求保护色彩。本专利外观形状为长方形，主视图显示本包装袋底色为灰色，图案竖向设计，红色边框将包装袋分为上下两个长方形。其中上面的长方形占据了绝大部分面积并处于显著位置，上部红色边框中内套黄色边框，其中的图案以白色为底色；上部边框中的顶端为几乎横贯包装袋的扁平长方形，其为在黑色背景下以白色显示"FULING YU YANG ZHA CAI XI LIE"的拼音文字，其中"FULING"标于显著位置；下方左边为一内容被涂覆黑色竖长方形框，右边为一被涂覆的商标；最下一行左边为分两行排列的"涪陵榨菜"四个红字，右边为一卡通图案。本专利包装袋下端红色长方形框中包含一行被涂覆的中文说明性文字和一行拼音文字（具体参见本专利附图)。

在先设计也为一榨菜包装袋,其形状为长方形,主视图显示该包装袋底色为灰色,图案竖向设计,红色边框将包装袋分为上下两个长方形。其中上面的长方形占据了绝大部分面积并处于显著位置,上部红色边框中内套黄色边框,其中的图案以白色为底色;上部边框中的顶端为几乎横贯包装袋的扁平长方形,其为在黑色背景下以白色显示"FULING MUSTARD ROOT SPOCED"的拼音英文文字,其中"FULING"标于显著位置;下方左边为一红色商标和黑色宋体"涪陵"文字,右边为一卡通图案;最下一行左边为分两行排列的"方便榨菜"四个红字,右边为一黑色竖长方形框,框中有呈上下排列的"正宗"黑色宋体文字。在先设计专利包装袋下端红色长方形框中包含一行被涂覆的中文说明性文字和一行被涂覆的拼音文字。(具体参见在先设计附图)。

本专利与在先设计属于同类产品的外观设计,将本专利与在先设计相比较,二者存在的相同点为:二者均为榨菜包装袋,属于同一类物品;包装袋的整体布局基本相同、主要图案相同、色彩也基本相同。二者存在的主要不同点为:在先设计中的卡通是半身的,而本专利卡通为盘腿全身的;在先设计的卡通和黑色竖方框的位置与本专利相应图案的位置略有区别。对此合议组认为,上述区别均属于局部、细微的变化,并不能使人在整体视觉上产生明显不同的视觉差异,一般消费者在观察时间上、空间上有一定间隔的方式进行比较时,容易将二者相混淆。因此,二者属于相近似的外观设计,本专利不符合专利法第 23 条的规定。

在得出上述结论的基础上,合议组对请求人提出的其他证据不再进行评述。

三、决定

宣告 200530010649.3 号外观设计专利权无效。

当事人对本决定不服的,可以根据专利法第 46 条第 2 款的规定,自收到本决定之日起三个月内向北京市第一中级人民法院起诉。根据该款的规定,一方当事人起诉后,另一方当事人应当作为第三人参加诉讼。

本专利附图

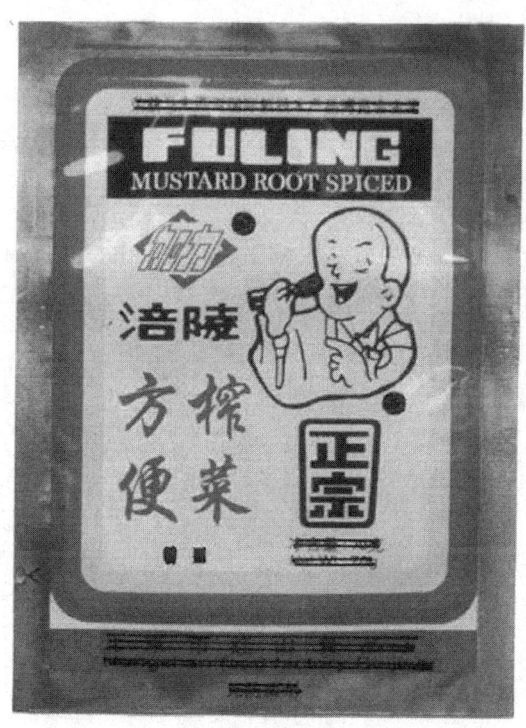

在先设计附图

高铝陶瓷过滤片

无效宣告请求审查决定（第9609号）

决 定 号	第9609号
决 定 日	2007年3月9日
发明创造名称	高铝陶瓷过滤片
外观设计分类号	23-01
无效宣告请求人	萍乡市美景环保陶瓷有限公司
专 利 权 人	王建忠
专 利 号	03342466.7
申 请 日	2003年7月30日
授权公告日	2004年2月4日
合议组组长	钟 华
主 审 员	张 霞
参 审 员	李 阳
附 图	2页

法 律 依 据 专利法第23条

决 定 要 点

外观设计的分类号在判断两个外观设计是否属于相近似产品的时候仅起参考作用。如果一项外观设计与对比文件的分类号不同，但其部分用途与对比文件相近，仍应认为两者属于相近似种类产品的外观设计。

如果一项被比设计与在先设计的类别相近似，形状相同，则该被比设计与在先设计相近似。

一、案由

本无效宣告请求涉及国家知识产权局于2004年2月4日授权公告的名称为"高铝陶瓷过滤片"的03342466.7号外观设计专利（下称本专利），其申请日是2003年7月30日，专利权人是王建忠。

针对上述专利权，萍乡市美景环保陶瓷有限公司（下称请求人）于2006年2月19日向专利复审委员会提出了无效宣告请求，理由是本专利不符合专利法实施细则第13条第1款的规定，并提交了如下附件作为证据：

附件1：中国02303889.6号外观设计专利，其申请日为2002年4月29日，公开日为2002年12月18日；

请求人认为：本专利与附件1只是外观设计主题名称不同，实际上它们都是用于石化工业脱硫装置中作为液体过滤、催化和支撑保护剂使用的产品,具有相同的用途,属于同类产品;在两份外观设计图片中,相应图片中外观设计产品形状完全相同,且两份外观设计专利均未请求保护色彩,因此,它们属于同样的发明创造,属于同样的外观设计专利,因此本专利不符合专利法实施细则第13条第1款的规定。

经形式审查合格后,专利复审委员会受理了该无效宣告请求,于2006年8月11日向双方当事人发出了无效宣告请求受理通知书,并将无效请求书及其附件副本转给了专利权人。

2006年9月25日专利权人针对无效请求书提交意见陈述,同时提交了如下附件作为反证:

反证1:赣知司鉴发司字第[2005]1204号司法鉴定书复印件;

反证2:江西省南昌市中级人民法院(2004)洪民三初第46号民事调解书复印件;

反证3:工矿产品购销合同复印件;

反证4:赣科鉴字[2004]第119号科学技术成果鉴定证书复印件。

专利权人认为:蜂窝形保护催化剂与高铝陶瓷过滤片应属于不同种类产品,其一,种类不同,其二,作用不同,蜂窝形保护催化剂主要用于石油化工脱硫,高铝陶瓷过滤片主要用于将悬浮在液体或气体中的固体颗粒进行过滤,其过滤过程不存在化学反应,其三,高铝陶瓷过滤片虽有时用作于石化工业催化剂载体,但其本身并不发生化学反应。2004年7月召开的石化工业催化剂载体用高铝陶瓷科学技术成果鉴定会上时任鉴定委员会委员的陈峥对专利权人的专利未提出异议。蜂窝形保护催化剂与高铝陶瓷过滤片属于不同种类的产品,根据我国专利法和专利法实施细则的相关规定,符合授予专利权的法定条件。

专利复审委员会依法成立合议组对本案进行审理,合议组于2006年12月6日向双方当事人发出了口头审理通知书,定于2007年1月25日在专利复审委员会举行口头审理,并随通知书将专利权人于2006年9月25日提交的意见陈述书及其附件复印件转给了请求人。

口头审理如期举行,双方均参加了口头审理。在口头审理过程中,双方当事人对合议组成员无异议、无回避请求。双方当事人对对方出庭人员身份无异议。请求人将无效宣告请求的理由由专利法实施细则第13条第1款变更为专利法第23条,专利权人认为不需要在口头审理之后对于专利法第23条的无效理由进一步陈述意见。专利权人对附件1的真实性无异议,请求人对反证1、2、4的真实性无异议,对反证3的真实性有异议。请求人明确其无效理由、事实、证据为:本专利相对于附件1不符合专利法第23条的规定。双方对上述问题均发表了各自的意见。关于本专利与附件1所公开的两个产品,专利权人认为:本专利是纯陶瓷的,没有经过催化加工,附件1所公开的催化剂是通过催化加工的,所以在化工脱硫中会发生一定的化学反应,本专利在使用过程中不会发生化学变化,只会对液体中的杂质进行过滤。本专利在催化过程中是作为载体使用,本专利可以作为催化剂的载体。

在上述工作的基础上,合议组认为本案事实已经清楚,依法作出本无效宣告请求审查决定。

二、决定的理由

1. 法律依据

专利法第23条规定:授予专利权的外观设计,应当同申请日以前在国内外出版物上公开发表过或者国内公开使用过的外观设计不相同和不相近似,并不得与他人在先取得的合法权利相冲突。

2. 证据的认定

经合议组核实,附件1的内容真实,可以作为有效证据,其授权公告日(2002年12月18日)早于本专利的申请日(2003年7月30日),可以用于评述本专利是否符合专利法第23条的规定。

3. 本专利是否符合专利法第23条的规定

本专利为高铝陶瓷过滤片,分类号为23-01,附件1公开了一种蜂窝形保护催化剂(下称在先设计），其分类号为 15-99，两者分类号不同，专利人认为两者名称不同、分类号不同、用途不同，因此不属于同一种类的产品。对此，合议组认为，外观设计的分类号在确定两外观设计是否属于相同或相近似种类产品时候，只是起一定的参考作用。最终判断两个外观设计是否属于相同或者相近似种类的产品，应该看它们的用途是否相同或者相近似。专利权人在口审过程中已经提及本专利与在先设计的区别仅在于本专利没有经过催化加工，在使用过程中不会发生化学变化，只会对液体中的杂质进行过滤，而在先设计的催化剂在使用过程中除了过滤作用外，还会参与化学变化。由专利权人对本专利和在先设计的对比分析，可以看出，本专利与在先设计的差别仅在于是否参与化学变化，二者均具有过滤的用途，因此，考虑到两外观设计的用途，合议组认为，本专利的高铝陶瓷过滤片与在先设计的蜂窝形保护催化剂部分用途相同，应属于相近似类别的产品。在此基础上，可以将两个外观设计的相应要素进行对比以判断两者是否构成相近似。

将本专利与在先设计相似性比较如下：

本专利是高铝陶瓷过滤片，没有请求保护色彩。从其主视图、俯视图以及立体图可以看出，本专利为短圆柱体，顶面和底面均为圆形，其上密布有正反相间规则排列的三角形通孔（见本专利附图）。

在先设计是蜂窝形保护催化剂，从其主视图、俯视图以及立体图可以看出，在先设计也为短圆柱体，顶面和底面均为圆形，其上密布有正反相间规则排列的三角形通孔（见在先设计附图）。

本专利与在先设计均属于相似类别的外观设计，本外观设计专利没有请求保护色彩，也没有设置图案，因此判断其与在先设计是否构成相近似，仅需将其形状进行比较。本专利与在先设计相比，两者形状相同。由于本专利与在先设计类别相近似，形状相同，因此应认为本专利与在先设计的外观设计相近似，不符合专利法第 23 条的规定。

三、决定

宣告 03342466.7 号外观设计专利权全部无效。

当事人对本决定不服的，可以根据专利法第 46 条第 2 款的规定，自收到本决定之日起三个月内向北京市第一中级人民法院起诉。根据该款的规定，一方当事人起诉后，另一方当事人应当作为第三人参加诉讼。

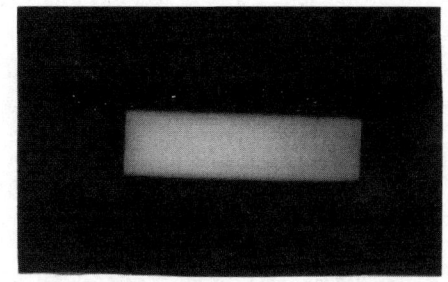

主视图

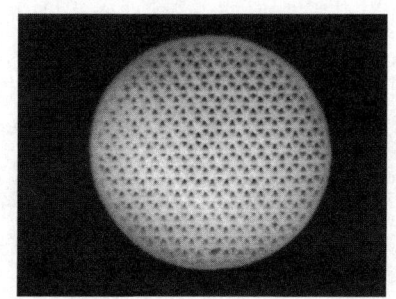

俯视图

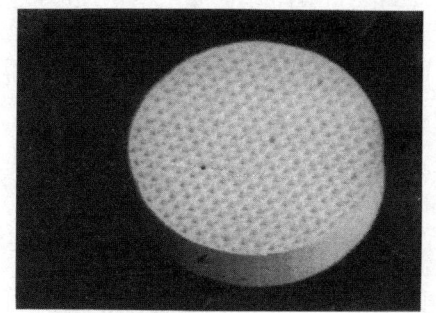

立体图

本专利附图

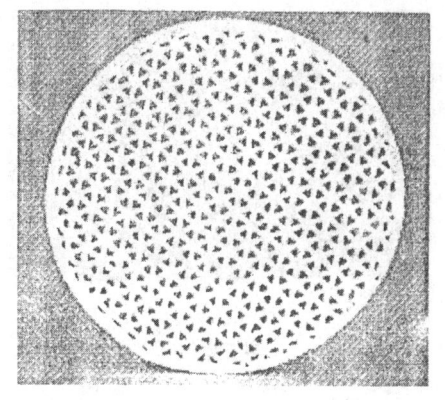

主视图

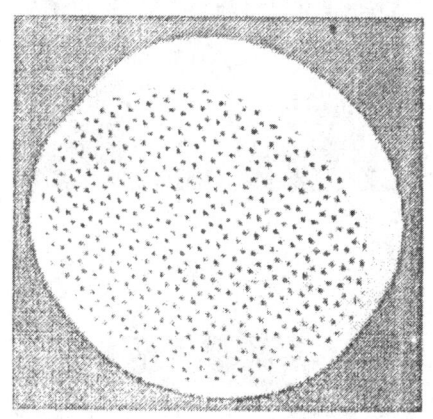

立体图

俯视图

在先设计附图

除铁机

无效宣告请求审查决定（第9612号）

决 定 号	第9612号
决 定 日	2007年3月30日
发明创造名称	除铁机
外观设计分类号	15-99
无效宣告请求人	张维红
专 利 权 人	赵维珂
申 请 号	03350418.0
申 请 日	2003年6月11日
授权公告日	2004年1月28日
合议组组长	耿 博
主 审 员	王丽颖
参 审 员	田 华
附 图	1页
法律依据	专利法第23条

决定要点

本专利与申请日之前公开的在先设计存在差别，这些差别对产品的整体视觉效果产生了显著的影响，它们之间属于既不相同又不相近似的外观设计。

一、案由

本无效宣告请求涉及中国国家知识产权局于2004年1月28日授权公告的，名称为"除铁机"的外观设计专利（下称本专利），其申请号是03350418.0，申请日是2003年6月11日，专利权人是赵维珂。

针对上述专利权，张维红（下称请求人）于2006年2月5日向专利复审委员会提出无效宣告请求，其理由是：本专利的外观设计已由在先设计公开，因此不符合专利法第23条的规定。与此同时，请求人提交了如下证据：

证据1：专利号为97214777.2的实用新型专利说明书，其授权公告日为1998年12月30日；

证据2：专利号为97214777.2产品宣传册复印件，3页；

证据 3：淄博市淄川龙泉兴发机械厂 XF-1000 型全自动除铁器使用说明书；

证据 4：山东省工业统一发票存根联 No.0287831、No.0518875 的复印件。

经形式审查合格，专利复审委员会于 2006 年 2 月 22 日受理了该无效宣告请求，并将请求书及证据材料副本转送给专利权人，要求专利权人在指定期限内进行答复。

专利权人于 2006 年 9 月 6 日寄交了书面答复意见，主要认为本专利与证据 1 相比，两者根本不相近似。

专利复审委员会于 2007 年 1 月 30 日向双方当事人发出了口头审理通知书，定于 2007 年 3 月 12 日在专利复审委员会对本案进行口头审理，同时将上述专利权人提交的答复意见一并转文给请求人。

口头审理如期举行。双方当事人均参加了口头审理，双方当事人对对方出席口头审理人员的身份没有异议，对变更后的合议组成员没有回避请求。请求人当庭放弃了证据 2、3、4，声明仅使用证据 1 来评价本专利不符合专利法第 23 条的规定。专利权人对证据 1 的真实性无异议。

在双方当事人的意见陈述、口头审理查明事实的基础上，合议组认为本案事实清楚，能够依法作出审查决定。

二、决定的理由

1. 法律规定

专利法第 23 条规定：授予专利权的外观设计，应当同申请日以前在国内外出版物上公开发表过或者国内公开使用过的外观设计不相同和不相近似，并不得与他人在先取得的合法权利相冲突。

2. 关于证据

专利权人对证据 1 的真实性无异议，合议组经核实对该份证据的真实性予以确认，证据 1 为一份公开日在本专利申请日前的专利文献，可以适用专利法第 23 条的规定。证据 1 与本专利均为除铁机，且用途相同，因此可以与本专利进行相同或相近似比较。

3. 相同或相近似比较

请求人认为证据 1 的专利说明书附图中公开了除铁机的立体图，图中展示了其产品的正面、左侧面及顶面，这三个面的设计与本专利相近似。

本专利所示的除铁机由泥浆槽及其下方的矩形框架两大部分组成，泥浆槽的两外侧分别设有电机，在泥浆槽的内部设有转动辊，下方向外设有滑槽，在泥浆槽内靠近左侧边设有一进料斗，该进料斗明显高出泥浆槽，其高出的高度约占泥浆槽整体高度的三分之一，其长度约占泥浆槽总长度的三分之一，其宽度基本与泥浆槽的宽度相同，在泥浆槽的内部设置有水管，该水管从槽壁中穿出，除铁机下方位置有两根管伸出（详见本专利附图）。

证据 1 所示的除铁机也由泥浆槽及其下方的矩形框架两大部分组成，泥浆槽的两外侧分别设有电机，在泥浆槽的内部设有转动辊，下方向外设有滑槽，在方形泥浆槽的上方设有水管（详见证据 1 说明书附图）。

将二者相比较，二者不同之处在于：（1）本专利中在泥浆槽内靠近左侧边设有一进料斗，该进料斗明显高出泥浆槽，其高出的高度约占泥浆槽整体高度的三分之一，其长度约占泥浆槽总长度的三分之一，其宽度基本与泥浆槽的宽度相同，而证据 1 中则无此进料斗；（2）本专利的水管设置在泥浆槽的内部，从槽壁中穿出，而证据 1 中的水管在方形泥浆槽的上方；（3）本专利的除铁机下方位置可明显看出有两根管，而证据 1 中没有该结构。对此，合议组认为，本专利与证据 1 存在的三点区别，尤其是进料斗的区别，根据其在整个产品中所占的比例及所处的位置属于容易对一般消费者的视觉引起注意的地方，上述区别的存在对产品的整体视觉效果产生了显著的影响，二者属于既不相同又不相近似的外观设计。本专利符合专利法第 23 条的规定。

三、决定

维持 03350418.0 号外观设计专利权有效。

当事人对本决定不服的，可以根据专利法第 46 条第 2 款的规定，自收到本决定之日起三个月内向北京市第一中级人民法院起诉。根据该款的规定，一方当事人起诉后，另一方当事人应当作为第三人参加诉讼。

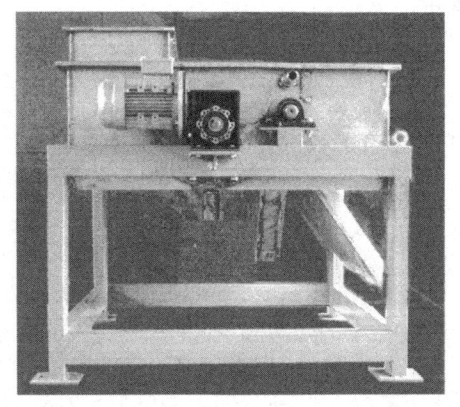

本专利主视图

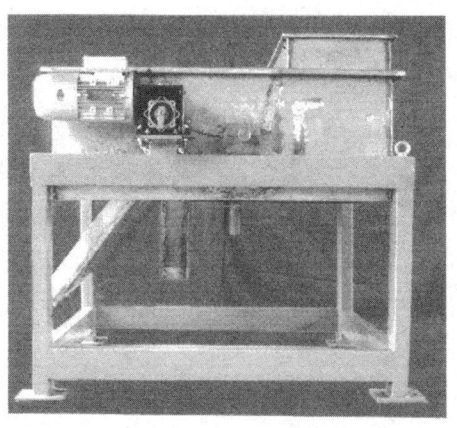

本专利后视图

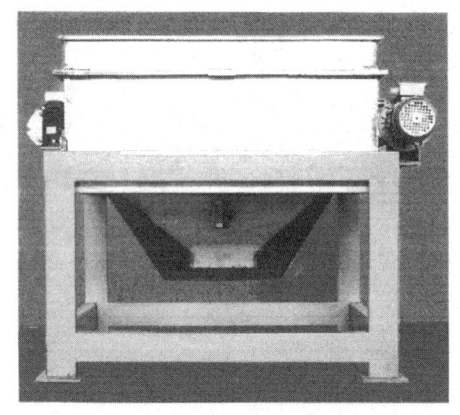

本专利左视图

本专利右视图

本专利俯视图

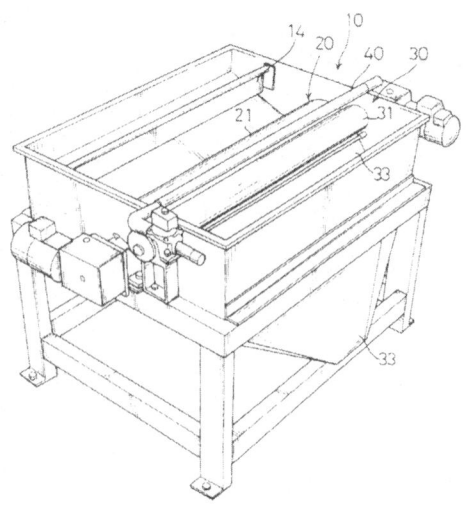

证据1立体图

北京市第一中级人民法院
行政裁定书

(2007) 一中行初字第 1154 号

原告张维红，男，汉族，1969年10月28日出生，住山东省淄博市淄川区龙泉镇。
委托代理人苗峻，济南舜源专利事务所有限公司专利代理人。
被告国家知识产权局专利复审委员会，住所地北京市海淀区北四环西路9号银谷大厦10~12层。
法定代表人廖涛，副主任。
委托代理人郭鹏鹏，国家知识产权局专利复审委员会审查员。
委托代理人瞿晓峰，国家知识产权局专利复审委员会审查员。
第三人赵维珂，男，汉族，1966年3月31日出生，淄博维霄除铁设备厂厂长，住山东省淄博市张店区沣水镇张二村。
委托代理人任祥生，男，汉族，1976年1月19日出生，淄博慧乾知识产权代理有限公司经理，住山东省淄博市张店区柳泉路科技苑小区。

原告张维红不服被告国家知识产权局专利复审委员会于2007年3月30日作出的第9612号无效宣告请求审查决定，于法定期限内向本院提起行政诉讼。本院于2007年8月23日受理本案后，依法组成合议庭，并通知赵维珂作为本案第三人参加诉讼。本院分别于2007年9月28日、2007年10月10日、2007年9月17日以传票通知原告张维红、被告国家知识产权局专利复审委员会、第三人赵维珂于2007年10月19日13时30分在本院第十九法庭公开开庭审理本案。2007年10月19日公开开庭审理本案时，原告张维红及其委托代理人苗峻均未到庭参加诉讼，并且未向本院陈述相关的正当理由。

本院认为，原告张维红经本院合法传唤，无正当理由拒不到庭，可以按撤诉处理。依照《最高人民法院关于执行〈中华人民共和国行政诉讼法〉若干问题的解释》第四十九条第一款的规定，本院裁定如下：

本案按原告张维红撤回对被告国家知识产权局专利复审委员会的起诉处理。案件受理费100元，由原告张维红负担（已交纳）。

审 判 长 赵 静
代理审判员 姜庶伟
代理审判员 乔 平
二〇〇七年十月二十二日
书 记 员 严 哲

咖啡壶（Ⅸ）

无效宣告请求审查决定（第 9617 号）

决 定 号	第 9617 号
决 定 日	2007 年 1 月 30 日
发明创造名称	咖啡壶（Ⅸ）
外观设计分类号	07-01
无效宣告请求人	爱尔菲股份有限公司（alfiGmbH）
专 利 权 人	肖安江
专 利 号	200430029505.8
申 请 日	2004 年 1 月 18 日
授权公告日	2005 年 3 月 2 日
合议组组长	熊 婷
主 审 员	孙治国
参 审 员	李韵美
附 图	1 页

法 律 依 据 专利法第 23 条
决 定 要 点

对于咖啡壶的外观设计的相近似性判断而言，从整体观察、综合判断的角度出发，其壶体、壶嘴以及壶把的握手部分的设计是判断两者外观设计是否相近似的要旨所在，至于壶盖及其连接卡子，它们是体现功能的部件，且不会给整体的外观设计带来明显不同的视觉效果，因此，本专利的咖啡壶与在先设计的咖啡壶属于相近似的外观设计。

一、案由

本无效宣告请求涉及国家知识产权局于 2005 年 3 月 2 日授权公告的 200430029505.8 号外观设计专利（下称本专利），其名称为"咖啡壶（Ⅸ）"，申请日为 2004 年 1 月 18 日，专利权人是肖安江。

针对上述专利权，爱尔菲股份有限公司（下称请求人）于 2006 年 1 月 27 日向国家知识产权局专利复审委员会提出无效宣告请求，认为本专利不符合专利法第 23 条的规定，请求宣告该专利无效。请求人提交了如下附件：

附件 1：本专利的著录信息及图片复印件；

附件 2（下称证据 1）：2004 年版"DEUTSCHESTANDARDS"（德国标准）的封面、第 18~19 页以及第 600 页复印件及其公证、认证文件复印件；

附件 3（下称证据 2）：封面上标有 2003 年 11 月 28 日字样的"Ratgeber Frau und Familie"（女性与家庭教程）杂志的封面、第 1660 页复印件及其公证、认证文件复印件；

附件 4（下称证据 3）：封面上标有 2003.12 字样的"DerFeinschmecker"（美食家）杂志的封面、第 145 页复印件及其公证、认证文件复印件；

附件 5（下称证据 4）：封面上标有 1992 字样的"Markte & Medien Kontaktbuch"（市场与媒体联系名册）的封面、第 130 页、第 6 页复印件及其公证、认证文件复印件；

附件 6（下称证据 5）：封面上标有 2003/2004 字样的"alfi® Design your life"（总（产品）目录）的封面、第 6、7 页、第 26 页、第 102 页复印件及其公证、认证文件复印件；

附件 7（下称证据 6）：alfi 公司出具的日期为 2002.12.13 的"Invoice"（发票）复印件及其公证、认证文件复印件；

请求人在无效宣告请求书中认为：证据 1~4 均为本专利申请日前的公开出版物，在其上分别公开了与本专利相同或相近似的外观设计；证据 5、6 的结合证明与本专利相同或相近似的外观设计在申请日前已经公开销售过，因此本专利不符合专利法第 23 条的规定。

2006 年 2 月 27 日请求人补充提交了意见陈述书及其附件，提交的附件如下：

附件 8：证据 1 的公证、认证文件的中文译文，以及证据 1 的部分译文；

附件 9：证据 2 的公证、认证文件的中文译文，以及证据 2 的部分译文；

附件 10：证据 3 的公证、认证文件的中文译文，以及证据 3 的部分译文；

附件 11：证据 4 的公证、认证文件的中文译文，以及证据 4 的部分译文；

附件 12：证据 5 的公证、认证文件的中文译文，以及证据 5 的部分译文；

附件 13：证据 6 的公证、认证文件的中文译文，以及证据 6 的部分译文；

附件 14（下称证据 7）：2001 版《德国标准》的封面、第 180、181、476 页、版权页复印件及部分中文译文。

经形式审查合格，专利复审委员会依法受理了上述无效宣告请求，并于 2006 年 3 月 22 日向请求人和专利权人发出无效宣告请求受理通知书，并将请求人提交的无效宣告请求书及其附件清单中所列附件的副本以及请求人于 2006 年 2 月 27 日提交的补充意见及其附件清单中所列附件副本转送给专利权人，要求其在指定的期限内答复，同时依法成立合议组对本无效宣告请求案进行审理。

专利权人在指定的期限内未对上述无效宣告请求受理通知书进行答复。

合议组于 2006 年 8 月 11 日向双方当事人发出无效宣告请求口头审理通知书，定于 2006 年 9 月 26 日在专利复审委员会进行口头审理。

口头审理按期举行，双方当事人均到庭参加口头审理，在口头审理过程中双方当事人对合议组成员无回避请求，对对方出庭人员身份没有异议。请求人当庭提交了证据 1~6 的公证认证书的原件，证据 7、证据 5 的原件，请求人当庭明确放弃使用证据 1~3；专利权人对证据 1~6 的公证认证书的真实性、译文的准确性没有异议，但专利权人认为一个公开出版物不会将一个企业的产品罗列到一起，因此对证据 4 是公开出版物有异议，专利权人还认为证据 7 是一份无公证认证的文件，对其真实性有异议；合议组当庭告知双方当事人证据 1 的出版时间晚于本专利的申请日，域外证据 7 无公证认证文件，因此上述两个证据不能作为在先出版物使用；请求人明确其无效理由为专利法第 23 条，所使用的在先设计为：证据 4 的左栏上数第 3 行图片中最右边一个壶以及右栏上数第 2 行图片中最右边的一个壶；请求人认为证据 6 中 4/8 页中有关 0772.000.100 和 0772.201.100 型咖啡壶的销售记录以及证据 5 第 26 页 0772.000.100 和 0772.201.100 共 2 个咖啡壶的图片证明了与本专利相同或相近似的设计在申请日前已经公开使用；合议组当庭告知双方当事人：双方在庭上已经充分陈述各自的意见，口头审理之后，合议组不再接受双方当事人的任何意见和证据。

在此基础上，合议组认为当事人已经充分发表了意见，本案事实已经调查清楚，可以依法作出本决定。

二、决定的理由

1. 法律依据

根据请求人提出的无效宣告请求的理由和提交的证据，本案合议组依据专利法第 23 条对本案进行审理。

专利法第 23 条规定：授予专利权的外观设计，应当同申请日以前在国内外出版物上公开发表过或者国内公开使用过的外观设计不相同和不相近似，并不得与他人在先取得的合法权利相冲突。

2. 证据的认定

证据 4 是《1992 市场与媒体联系名册》的封面、第 130 页、第 6 页及其公证、认证文件的复印件。该公证认证文件由韦尔特海姆市第二公证处公证上述复印件与原件一致，公证员为施密特博士；由莫斯巴赫地方法院院长米斯勒博士签字证明韦尔特海姆市公证处和公证员的印章属实；由德意志联邦共和国外交部的官员内尔斯签字证明莫斯巴赫地方法院的印章及院长米斯勒博士的签字属实；再由我国驻法兰克福总领事馆认证德意志联邦共和国外交部的印章和内尔斯签字属实。证据 4 的公证认证文件齐备，证据 4 的版权页（第 6 页）记载，该出版物是 1991 年度第 24 期，其国际标准刊号是"ISSN0171-3353"；国际标准图书编号为"ISBN 3-88546-011-4"。可见，该出版物属于公开出版物，推定其公开日期为 1991 年 12 月 31 日。其出版日在本专利的申请日之前，故证据 4 属于本专利申请日前的公开出版物，该证据 4 中的图片可以作为在先设计用来评价本专利是否符合专利法第 23 条的规定。

3. 关于专利法第 23 条

在口头审理中，请求人当庭明确其无效理由为：a. 使用证据 4 的左栏上数第 3 行图片中最右边一个壶以及右栏上数第 2 行图片中最右边的一个壶证明在申请日之前已有相同或相似的外观设计被公开；b. 使用证据 6 中 4/8 页中有关 0772.000.100 和 0772.201.100 型咖啡壶的销售记录以及证据 5 第 26 页 0772.000.100 和 0772.201.100 共 2 个咖啡壶的图片证明与本专利相同或相近似的设计在申请日前已经进口到国内从而导致在国内公开使用。下面合议组将首先对无效理由 a 的事实进行评述：

证据 4 的右栏上数第 2 行图片中最右边的一个壶（下称在先设计 1）为咖啡壶的外观设计，其与本专利属于同种类的产品，故可以进行如下相似性对比：

本专利的咖啡壶从其主视图、左视图、右视图以及俯视图可以看出其包括呈长圆柱形，中下部有一条环线，将其分为上下两层，且其上下两端略向里收拢的壶体，该环线距离壶体上端的距离约是其距离下端距离的二倍；半球形的壶盖；其尖角略向下弯曲，呈船形的壶嘴；分上下两部分，中间向内凹的壶颈；其两端分别固定于壶颈和壶体中上部，向上呈近似四边形形状的壶把以及壶体底部的基座（参见本专利附图）。

在先设计 1 从其附图可以看出其包括呈长圆柱形，中下部有一条环线，将其分为上下两层，且其上下两端略向里收拢的壶体，该环线距离壶体上端的距离约是其距离下端距离的二倍；半球形的壶盖；其尖角略向下弯曲，呈船形的壶嘴；中间向内凹的壶颈；在壶盖和壶颈后部之间连接的卡子以及其两端分别固定于壶颈和壶体上部，向上呈近似四边形形状的壶把（参见在先设计 1 附图）。

将本专利与在先设计 1 相比可以看出，两者的整体形状是基本上相同的，其区别在于：本专利壶体中下部的环线与在先设计 1 壶体中下部的环线的位置稍有不同；本专利的咖啡壶的壶体底部有基座，而从在先设计 1 看不出这一区别特征；本专利的咖啡壶的壶盖的壶嘴后部之间没有连接卡子，而在先设计1的壶盖的壶嘴后部之间连接有卡子。本案合议组认为，对于此类咖啡壶的外观设计而言，其圆柱形壶体、船形壶嘴以及壶把的握手部分的设计是判断两者外观设计是否相近似的要旨所在，这方面设计充分体现了咖啡壶的外观设计在一般消费者视觉印象中的视觉冲击力，而卡子的设计不同是由于不同的功能性设计所带来的，即，是由咖啡壶壶盖的按压式（本专利）与翻盖式（在先设计1附图）设计的不同功能需求所必然带来的结果，并且对咖啡壶的整体视觉效果不具有显著的影响，至于底部的基座以及环线位置的微小差别，只是外观设计的细微、不容易引起消费者注意的地方，因此，根据外观设计专利整体观察、综合对比的原则，本专利外观设计与在先设计1属于相近似的外观设计。综上所述，本专利与申请日之前公开发表的证据4中的咖啡壶外观设计相近似，不符合专利法第23条的规定。

鉴于由上述证据4与本专利相比较已得出本专利不符合专利法第23条所规定的授权条件的结论，合议组对请求人提出的其他无效理由和证据不再进行评述。

三、决定

依据专利法第23条的规定，宣告200430029505.8号外观设计专利权无效。

当事人对本决定不服的，可以根据专利法第46条第2款的规定，自收到本决定之日起三个月内向北京市第一中级人民法院起诉。根据该款的规定，一方当事人起诉后，另一方当事人应当作为第三人参加诉讼。

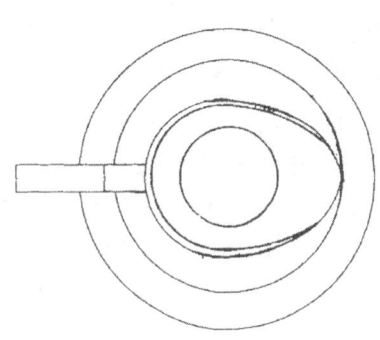
俯视图

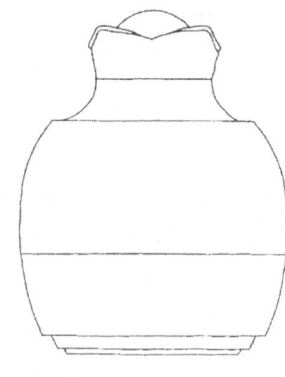
右视图

主视图

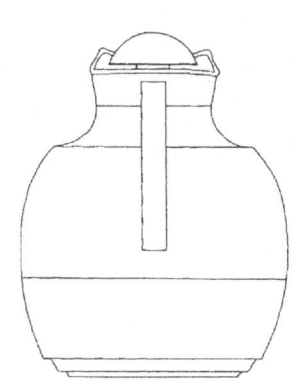
左视图

本专利附图

在先设计1附图

瓶贴（悠之源鲜橙多）

无效宣告请求审查决定（第9622号）

决 定 号	第9622号
决 定 日	2007年3月29日
发明创造名称	瓶贴（悠之源鲜橙多）
外观设计分类号	19-08
无效宣告请求人	张修远
专 利 权 人	黄发珍
专 利 号	200430065820.6
申 请 日	2004年10月18日
授 权 公 告 日	2005年5月25日
合议组组长	刘颖杰
主 审 员	马燕
参 审 员	张惠军
附 图	1页
法 律 依 据	专利法第23条

决 定 要 点

在综合考虑各种因素的情况下，若本专利外观设计与在先设计的区别点仅在于局部的细微变化，其对整体视觉效果不足以产生显著影响，则认为本专利外观设计与在先设计相近似。

一、案由

本无效宣告请求涉及国家知识产权局于2005年5月25日授权公告的、专利号为200430065820.6、名称为"瓶贴（悠之源鲜橙多）"的外观设计专利（下称本专利），其申请日为2004年10月18日，专利权人为黄发珍。

针对上述专利权，张修远（下称请求人）于2006年1月23日向专利复审委员会提出无效宣告请求，其理由是本专利不符合专利法第23条的规定。同时，请求人提交了如下附件：

附件1：专利号为ZL200430001888.8的外观设计专利公报复印件及彩色图样（下称对比文件），其授权公告日为2004年8月18日；

附件2：专利号为ZL200430065820.6的外观设计专利公报复印件，即本专利。

请求人认为：对比文件的授权公告日为2004年8月18日，早于本专利的申请日，本专利的外观设计与对比文件的外观设计属于同一类产品，且本专利的外观设计与对比文件的外观设计相近似。

经形式审查合格，专利复审委员会受理了上述无效宣告请求，于2006年4月12日向双方当事人发出无效宣告请求受理通知书，同时将无效宣告请求书及其附件清单中所列附件副本转送给专利权人，要求专利权人于收到通知一个月内就请求人提出的无效宣告请求陈述意见。

2006年5月24日，专利权人针对上述无效宣告请求提交了意见陈述书，认为本专利与对比文件不相同也不相近似，具体理由如下：(1) 本专利权人使用的"鲜橙多"三个字的字体及大小与对比文件使用的"鲜橙多"字体及大小不同；(2) 本专利权人使用"鲜橙多"这三个文字前加有"悠之源"三个字，构成"悠之源鲜橙多"，与对比文件的"统一鲜橙多"明显不同；(3) 请求人将瓶贴的主视图划分为四个部分，认为在第一部分和第三部分中，本专利的"悠之源"和"鲜橙多"的背景分别为一绿色小椭圆形和一红色大椭圆形，而对比文件的设计视图上无相似的设计；在第二部分和第四部分中，本专利的"鲜橙多"的背景是一小椭圆形，对比文件为"统一鲜橙多"，且"统一鲜橙多"的背景为卷曲纸状大长方条；(4) 本专利设计图中的"鲜橙多"、橘子、橘色与对比文件设计的设计形式和处理手法不同，其图案不相同，在外观视觉、读音呼叫上存在较大差别，消费者根本不会混淆误认。

专利复审委员会依法成立合议组对上述无效宣告请求进行审理，本案合议组于2006年8月28日向双方当事人发出无效宣告请求口头审理通知书，定于2006年9月28日对本案进行口头审理，同时将专利权人于2006年5月24日提交的意见陈述书及其附件副本转送给请求人。

口头审理如期举行，请求人出席了口头审理，专利权人未出席。在口头审理中，请求人明确其无效理由、事实和证据为：本专利相对于对比文件不符合专利法第23条的规定。

2006年9月26日，专利权人向专利复审委员会寄交了意见陈述书，专利权人认为，(1) 针对本专利的无效宣告请求书的无效宣告请求人是张修远，但在无效宣告请求书附页的请求人署名又变为统一企业股份有限公司，而无效宣告请求书所附文件中没有无效宣告请求人张修远委托统一企业股份有限公司的委托书，因此，无效宣告请求人的身份混乱，本案的无效宣告请求是无权、无效的代理请求；(2) 如果无效宣告请求人是张修远，那么该请求人并未根据规定"结合证据对无效宣告请求的理由进行具体意见陈述"，如果无效宣告请求人是统一企业股份有限公司，那么该请求人提交了意见陈述却没有按规定提交相应的无效宣告请求书及证据，因此，不管请求人是张修远还是统一企业股份有限公司，该无效宣告请求文件都不符合提出无效宣告请求所规定的条件；(3) 即使现在对上述问题进行更改也已经来不及了，并且是违规的，专利权人不接受。

2006年10月11日，合议组向专利权人发出合议组成员告知通知书，并告知专利权人如果对变更后的合议组成员有回避请求，于收到该通知书之日起7日内提交书面请求书，逾期未答复，视为无回避请求。专利权人逾期未作答复。

2006年10月13日，合议组向请求人发出转送文件通知书，将专利权人于2006年9月26日寄交的意见陈述书转送给请求人，要求请求人在收到所述文件之日起一个月内答复。

2006年11月24日，请求人针对合议组于2006年10月13日转送的文件提交了意见陈述书，指出2006年1月23日提交无效宣告请求时已按规定提交了委托人为张修远的授权委托书，无效宣告请求书附页中的请求人应当是张修远，署名误写为他人是代理机构打字错误。同时重新提交了无效宣告请求书及其附页，其无效宣告请求书及其附页的署名均为张修远。

2006年12月4日，合议组向专利权人发出转送文件通知书，将请求人于2006年11月24日提交的意见陈述书以及所附的无效宣告请求书及其附页转送给专利权人，要求专利权人在收到所述文件之日起一个月内答复。

2007年1月4日，专利权人针对合议组于2006年12月4日转送的文件寄交了意见陈述书，在意见陈述书中,专利权人认为(1)请求人于2006年1月23日提交的无效宣告请求书不符合规定,并坚持不接受此份无效宣告请求书;(2)无效宣告请求人重新递交的无效宣告请求书附页的落款时间倒签为2005年12月31日,但专利复审委员会的收文日为2006年11月26日,请求人重新递交的文件早已超过举证期限;(3)请求人于2006年11月24日递交的无效宣告请求书⑦栏没有无效宣告请求人的签字,只有代理机构的"申请专用"章,不符合应盖受托代理机构的公章的规定,且附页最后一页的落款处的受托代理机构没有盖受托代理机构的公章,也没有受托代理人的签字,其真实性、合法性仍有问题。

2007年1月23日,合议组向请求人发出无效宣告请求补正通知书,指出请求人于2006年1月23日提交的无效宣告请求书表格中"无效宣告请求人"一栏内的名称与附页落款处的"请求人"的名称不一致,要求请求人在7日内以书面方式补正。

2007年1月25日,请求人向专利复审委员会提交了补正书以及无效宣告请求书和附页,该无效宣告请求书表格中的"无效宣告请求人"一栏内的名称与附页落款处"请求人"的名称一致,均为张修远。

至此,合议组认为本案事实已经清楚,可以依法作出审查决定。

二、决定的理由

1. 关于无效宣告请求书是否符合规定

(1)请求人在提出无效宣告请求时,其请求书中表格中"无效宣告请求人"为张修远,与附页落款处"请求人"的名称不一致。后请求人在意见陈述中指出该不一致为打字错误造成。经合议组查明,请求人与请求书同时提交的授权委托书中的委托人为张修远,受托人为中国商标专利事务所有限公司,代理人为宋义兴,且授权内容为本专利无效宣告请求事项,在请求书中的请求人或代理机构签章一栏中盖有"中国商标专利事务所有限公司"红章,在请求书附页落款处也有"代理人:中国商标专利事务所有限公司宋义兴"的字样,且附页中的内容也是对本专利提出的无效宣告请求的具体内容,其涉及的理由、证据也可以与请求书相对应。根据以上内容可以证实该附页确属本无效宣告请求的附页。对于请求人认为打字错误的主张,合议组予以认可。另外,虽然附页中签字错误,使得该请求书在形式上存在瑕疵,但对于无效请求的理由的具体意见陈述并无影响,也不会致使专利权人无法了解该具体理由证据,并且在专利权人提出该缺陷后,合议组在将请求人认为打字错误的意见告知专利权人后也给予专利权人合理的期限陈述意见。同时,合议组于2007年1月23日向请求人发出补正通知书,请求人于2007年1月25日提交了克服上述笔误的无效宣告请求书。在此基础上合议组认为补正后的无效请求书在形式上已经符合规定。

(2)专利权人认为,请求人提交的无效宣告请求书⑦栏没有无效宣告请求人的签字,只有代理机构申请专利专用的"申请专用"章,不符合审查指南和民法中关于应盖受托代理机构的公章之规定。对此合议组认为,根据专利法实施细则第118条的规定,向国务院专利行政部门提交申请文件或者办理各种手续,应当使用国务院专利行政部门制定的统一格式,由申请人、专利权人、其他利害关系人或者其代表人签字或者盖章;委托专利代理机构的,由专利代理机构盖章。本案中由于请求人委托了代理机构,因此,此处应当盖代理机构的章。另外,此处的印章确为请求人所委托代理机构的印章,其虽然标明是"申请专用"章,但不能据此否认加盖的该印章是该专利代理机构的公章。本案中加盖"中国商标专利事务所有限公司申请专用"章的意见陈述应当认定是真实、有效的。此外,专利权人认为,无效宣告请求书附页中最后一页的落款处没有盖受托代理机构的公章,也没有受托代理人的签字。对此合议组认为,在无效宣告请求书⑤栏"结合证据对无效宣告请求理由的具体意见陈述"中有"请详见附页"的字样,可见该无效宣告请求书及其附页构成一个整体,因此,仅在无效宣告请求书表格中盖有代理机构的章即可，在附页落款处不必要求再次加盖代理机构的章并让代理人签字。

综上，合议组认为，请求人于2007年1月25日补正的无效宣告请求书符合专利法及其实施细则的规定。

2. 证据认定

对比文件为外观设计专利文献，且其授权公告日为2004年8月18日，早于本专利的申请日，经合议组核实，对比文件可以作为用于评价本专利是否符合专利法第23条的规定的对比文件。

3. 本专利是否符合专利法第23条的规定

专利法第23条规定：授予专利权的外观设计，应当同申请日以前在国内外出版物上公开发表过或者国内公开使用过的外观设计不相同和不相近似，并不得与他人在先取得的合法权利相冲突。

本专利是一种瓶贴，分类号为19-08，对比文件是一种标贴，分类号亦为19-08，本专利与对比文件的产品具有相同的用途，即都是贴在瓶子上专为标识和包装饮料而使用的，因此，本专利与对比文件属于相同种类产品的外观设计。

请求人在将本专利外观设计与对比文件外观设计的图案进行比较时，将本专利外观设计的主视图和对比文件外观设计的主视图划分成四个部分分别进行比较。关于请求人这种划分为四个部分的方法，专利权人认为，请求人将本专利的外观设计分为四个部分之后又自行将这四个部分随意调动位置来比较，改变了其构图方法、表现方式等，所以，请求人的比较方法明显不符合审查指南第四部分第5章《外观设计相同和相近似的判断》的上述规定。对此合议组认为，由于本专利外观设计和对比文件外观设计都是使标贴沿饮料瓶外圆周一圈而贴在饮料瓶上的，常规的标贴的接合部分很窄，标贴的各个部分均会在饮料瓶外圆周上呈现给消费者，且呈现的是连续的第一部分、第二部分、第三部分、第四部分，即，消费者不会注意到标贴在非使用状态下的四个部分的划分情况，因此，鉴于标贴在使用状态时呈现沿饮料瓶外圆周的环形连续状态，并且这种连续状态不会影响消费者的视觉印象，合议组认为，请求人所划分的四个部分不影响对外观设计的相似性判断。为便于比较，合议组将采用这种划分成四个部分的方式。

本专利为一瓶贴，其设计形状为长方形，整体以浅色的橙子图案做底色，其主视图可分为四个部分。第一部分和第三部分的图案相同，是瓶贴的主要部分，其包括深色长椭圆形色块，该色块上有白色"鲜橙多"三个字，字体近似为黑体，在"鲜橙多"字体的左上侧有小椭圆形色块，其上标有"悠之源"字样，在"多"字下方，有一个半剖的橙子图形。深色长椭圆形色块、"鲜橙多"几个字和橙子图案是该设计的主要部分。第二部分包括设置在上半部分的标有"鲜橙多"几个字的深色长椭圆形色块。第四部分包括位于上半部分的标有"鲜橙多"几个字的深色长椭圆形色块和位于下半部分的条形码。本专利不要求保护色彩。

对比文件为一标贴，其设计形状为长方形，整体以浅桔黄色的橙子图案做底色，其主视图可分为四个部分。第一部分和第三部分的图案相同，是标贴的主要部分，其包括深桔黄色的长方形色块，深色长方形色块呈弯曲的飘带形，其上有白色"鲜橙多"三个字，字体为黑体，在"鲜橙多"左上方有"统一"字样，在"多"字下方，有一个半剖的橙子图形，在第一部分左下侧，从左至右向斜上方排列有二行字："补充每日所需维他命C"。深色长方形色块、"鲜橙多"几个字和橙子图案是该设计的主要部分。第二部分包括位于上半部分的"统一鲜橙多"几个字。第四部分包括位于上部的呈圆形的图标和位于下部的白色长方形框。

本专利外观设计未请求保护色彩，因此判断其与对比文件是否相近似时，应将其形状、图案与对比文件的相应要素分别进行比较。本专利与对比文件相比，两者的形状相同，均为长方形，且整体都以浅色的橙子图案做底色。将本专利的第一部分（第三部分）与对比文件的第一部分（第三部分）相比较，两者都有深色的色块，该色块上有白色"鲜橙多"三个字，在"多"字下方，有一个半剖的橙子图形。其区别在于：在本专利外观设计的第一部分中，深色色块呈长椭圆形，"鲜橙多"的字体近似为黑体，"鲜橙多"的左上侧有标有"悠之源"字样的小椭圆形色块；而在对比文件外观设计的第一部分中，深色色块为长方形且呈弯曲的飘带形，"鲜橙多"的字体为黑体，"鲜橙多"左上方没有小椭圆形色块但有"统一"字样，并且在第一部分左下侧，从左至右向斜上方排列有二行字："补充每日所需维他命C"。将本专利的第二部分与对比文件的第二部分相比，两者在上部都有表示为"鲜橙多"的字样，其区别在于：本专利的上部有"鲜橙多"三个字，对比文件的上部有"统一鲜橙多"五个字。将本专利的第四部分与对比文件的第四部分相比，两者的区别在于：本专利的上半部分是标有"鲜橙多"几个字的深色长椭圆形色块，下半部分是条形码，对比文件的上部是呈圆形的图标，下部是白色长方形框。

上面虽然将两外观设计分为四部分分别进行了比较，但在实际使用状态下，两者首先给人的印象都是布满橙子的底色图案，而在该图案之上，最突出、使人印象最深刻的就是写有"鲜橙多"字样的色块及其下面的半剖的橙子，也即前述的第一部分和第三部分，且这两部分在两外观设计中都占有相当大的比例，由于两者在这两部分上的设计的相似导致两外观设计整体上相似。并且，从整体上来说，两外观设计的四个部分之间的相互排布位置关系，以及这四部分之中相应要素的位置关系也均是对应的。这也就导致了从整体上看，两外观设计呈现相似的视觉效果。虽然两外观设计在局部要素的设计上有一些细微变化，但这不足以对两者的整体视觉效果产生影响，因此合议组认为本专利与对比文件外观设计相近似，本专利外观设计不符合专利法第23条的规定。

三、决定

宣告200430065820.6号外观设计专利权无效。

当事人对本决定不服的，可以根据专利法第46条第2款的规定，自收到本决定之日起三个月内向北京市第一中级人民法院起诉，根据该款规定，一方当事人起诉后，另一方当事人应当作为第三人参加诉讼。

| 第一部分 | 第二部分 | 第三部分 | 第四部分 |

本专利主视图

| 第四部分 | 第一部分 | 第二部分 | 第三部分 |

对比文件主视图

灯（11）

无效宣告请求审查决定（第9625号）

决 定 号	第9625号
决 定 日	2007年3月29日
外观设计名称	灯（11）
外观设计分类号	2605
无效宣告请求人	Aqua创作有限公司
专 利 权 人	胡贤权
申 请 号	200430086944.2
申 请 日	2004年10月25日
授 权 公 告 日	2005年7月13日
合议组组长	徐媛媛
主 审 员	耿 博
参 审 员	张 华
法 律 依 据	专利法第23条

决 定 要 点

当一在先设计与本专利相比较整体设计基本相同，虽存在一些区别，但这些区别在整体的视觉效果上不具有显著性影响时，应当认定两者属于相近似的外观设计。

一、案由

本无效宣告请求涉及的是国家知识产权局专利局于2005年7月13日授权公告的，名称为"灯（11）"的外观设计专利（下称本专利），其申请号是200430086944.2，申请日是2004年10月25日，专利权人是胡贤权。

针对本专利，Aqua创作有限公司（下称请求人）于2006年2月24日向专利复审委员会提出无效宣告请求，其无效理由是：由于刊载有与本外观设计相近似的在先设计的出版物在本专利申请日之前已经公开发表，故本专利的授权不符合专利法第23条的有关规定。

与此同时，请求人提交了如下附件作为证据：

附件1：200430086944.2号外观设计专利公告（本专利）；
附件2：（2006）京海民证字第0430号公证书。

请求人认为附件2中所附杂志《GRAPHIS》中第47页的图以及所附杂志《International Lighting Design》中的第58、59、80、81页登载的在先设计，这些照片从不同的角度反映了在先设计的立体形状，通过比较可以认定两者的形状几乎完全相同，故本专利的授权不符合专利法第 23 条的规定。

经形式审查合格后，专利复审委员会受理了上述无效宣告请求，并将无效宣告请求书及相关材料转送给专利权人。

专利权人于 2006 年 5 月 23 日向专利复审委员会提交了意见陈述书。专利权人认为：附件 2 中有相当部分的内容使用了外文，根据审查指南的有关规定，应当提交中文译文，所以附件 3 中的外文部分不应作为证据使用。《GRAPHIS》、《International Lighting Design》是否为合法的出版物，值得怀疑，因为未能发现任何证明其合法性的痕迹，并且《International Lighting Design》杂志未能清楚地载明其有效的公开发表的日期。通过将本专利与请求人所确定的在先设计作比较，在底座的设计、上部开口的设计、灯具壳体外部图案的设计等方面均是不同的，所以这些在先设计与本专利相比较均属于不相同不相近似的外观设计，应该维持本专利有效。

合议组于 2007 年 1 月 18 日向双方当事人发出口头审理通知书，定于 2007 年 3 月 6 日在专利复审委员会举行口头审理。并将专利权人于 2006 年 5 月 23 日提交的意见陈述书转送给请求人。

请求人于 2007 年 2 月 17 日再次提交了意见陈述书。请求人认为附件 2 中所附的杂志均为公开出版物，其公开时间均在本专利的申请日之前，并且这些杂志均被中国国家图书馆收藏，具有明确的出版日期和发行人，所以属于公开的出版物。请求人再次强调了本专利与附件 2 中所公开的在先设计属于同样的外观设计。请求人随同该意见陈述一并提交了如下附件：

附件 3：附件 2 中所附杂志有关部分内容的中文译文；
附件 4：2005 年 6 月 9 日专利权人签署的保证书（复印件）；
附件 5：2005 年 8 月 29 日专利权人签署的承诺书（复印件）；
附件 6：专利权人于 2005 年 10 月 21 日再次签署的承诺书（复印件）。

口头审理如期举行，双方当事人均参加了口头审理，并明确表示对变更后的合议组成员没有回避请求，对对方出席口头审理人员的身份和资格没有异议。合议组当庭将请求人提交的以上意见陈述及所附附件于口头审理开始前当庭转送给专利权人。请求人当庭提交了附件 2 中经公证的杂志《Graphis》第 53 卷（1997 年 3/4 月）的原件；请求人当庭确认其无效理由是本专利与附件 2 中所附杂志《Graphis》第 47 页的左图所示的在先设计相近似，故本专利的授权不符合专利法第 23 条的规定。专利权人指出请求人所依据的《Graphis》杂志无法确认其公开时间，且其所依据的在先设计同本专利相比不相同不相近似。

合议组要求专利权人在口头审理结束之后 7 日内就当庭收到的意见陈述、中文译文的准确性及其所附附件提交书面意见陈述，同时告知专利权人逾期不提交的视为没有意见。专利权人逾期未提交书面意见陈述。

在以上工作的基础上，合议组认为本案事实已经清楚，可以作出本决定。

二、决定的理由

1. 证据的认定

请求人所提交的附件 2 是（2006）京海民证字第 0430 号公证书，在本案中请求人使用的部分为其中经公证的《Graphis》第 53 卷（1997 年 3/4 月）杂志，通过该证据显示该杂志是请求人从国家图书馆查阅的。根据审查指南第八章第 2.2.2 节的规定，可以认定该证据的真实性。由于该期杂志（下称对比文件）是 1997 年的 3、4 月刊，故其公开日推定为 1997 年的 4 月 30 日，早于本专利的申请日，可以用来作为评价本专利是否符合专利法第 23 条的证据。

2. 本专利是否符合专利法第 23 条的规定

专利法第 23 条规定：授予专利权的外观设计，应当同申请日以前在国内外出版物上公开发表过或者国内公开使用过的外观设计不相同和不相近似，并不得与他人在先取得的合法权利相冲突。

本专利的所要求保护的灯的整体形状为喇叭形，底部有一圆环形的底座，和底座连接着一段像腰鼓形状的纺锤体，其上是一个喇叭口，其开口由纺锤体的上端向上逐渐变大，四周呈现出锯齿状。灯体所使用的材料呈现出细密的褶皱（详见本专利附图）。

对比文件中的第47页的左图显示的在先设计也为灯，灯体的整体形状为喇叭形，其底部部分为一段像腰鼓形状的纺锤体，其上是一个喇叭口，其开口由纺锤体的上端向上逐渐变大，四周呈现出锯齿状。灯体所使用的材料呈现出较为宽粗、深刻的褶皱（详见对比文件附图）。

将本专利与对比文件相比较，两者的相同之处在于整体形状大体上均为喇叭形，灯体的主要组成部分喇叭口和纺锤体所占灯的比例基本相同，不同之处在于本专利灯的底部有一圆环形的底座，而在先设计中没有这一底座。另外本专利中的喇叭口相对于纺锤体是竖直向上的，在先设计则有一向右倾斜的角度；本专利灯体上材料显示的褶皱较为细密，而在先设计的褶皱则较为粗宽。但是这些不同之处对于整体形状而言是细微的，在整体视觉效果上并没有造成显著性影响，应当认定两者属于相近似的外观设计，本专利的授权不符合专利法第23条的规定。

专利权人强调在先设计中灯的喇叭口处的边沿两锯齿之间有一斜面，而本专利没有，这一区别能够带来显著的视觉效果，致使两者为不相同不相近似的外观设计。

合议组认为通过在先设计不能清楚、明确的看到两锯齿之间为斜面设计，且即使存在这样的斜面设计，从本专利的视图中也可以看到在相同的部位存在同样的斜面设计，两斜面形状变化的这一区别相对于整体而言属于细微的区别，不会对整体视觉效果造成显著性影响，故对专利权人的这一主张不予支持。

三、决定

宣告200430086944.2号外观设计专利权无效。

当事人对本决定不服的，可以根据专利法第46条第2款的规定，自收到本决定之日起三个月内向北京市第一中级人民法院起诉。根据该款的规定，一方当事人起诉后，另一方当事人应当作为第三人参加诉讼。

灯罩（2）

无效宣告请求审查决定（第9626号）

决 定 号	第9626号
决 定 日	2007年3月30日
外观设计名称	灯罩（2）
外观设计分类号	26-05
无效宣告请求人	Aqua创作有限公司
专 利 权 人	胡贤权
申 请 号	200430086955.0
申 请 日	2004年10月25日
授 权 公 告 日	2005年7月13日
合 议 组 组 长	徐媛媛
主 审 员	耿博
参 审 员	张华
法 律 依 据	专利法第23条

决 定 要 点

当一在先设计与本专利向比较存在诸多区别点，并且这些区别点足以造成两者在整体的视觉效果上存在不同时，应当认定两者属于不同的外观设计。

一、案由

本无效宣告请求涉及的是国家知识产权局专利局于2005年7月13日授权公告的，名称为"灯罩（2）"的外观设计专利（下称本专利），其申请号是200430086955.0，申请日是2004年10月25日，专利权人是胡贤权。

针对本专利，Aqua创作有限公司（下称请求人）于2006年2月24日向专利复审委员会提出无效宣告请求，其理由是：由于刊载有与本外观设计相同的在先设计的出版物在本专利申请日之前已经公开发表，故本专利的授权已不符合专利法第23条的有关规定。

与此同时，请求人提交了如下附件作为证据：

附件1：ZL200430086955.0号外观设计专利公告（本专利）；
附件2：（2006）京海民证字第0430号公证书。

请求人认为附件2中所附杂志《摩登家庭》第153页的图2和图6登载了请求人的在先设计，这些照片从不同的角度反映了在先设计的立体形状，通过比较可以认定两者的形状完全相同，故本专利的授权不符合专利法第 23 条的规定。

经形式审查合格后，专利复审委员会受理了上述无效宣告请求，并将无效宣告请求书及相关材料转送给专利权人，要求专利权人在指定的期限内陈述意见，对此专利权人在指定的期限内未进行意见陈述。

合议组于 2007 年 1 月 18 日向双方当事人发出口头审理通知书，定于 2007 年 3 月 6 日在专利复审委员会举行口头审理。

口头审理如期举行，双方当事人均参加了口头审理，并明确表示对变更后的合议组成员没有回避请求，对对方出席口头审理人员的身份和资格没有异议。请求人当庭提交了《摩登家庭》2004 年第 5 期杂志的原件；请求人当庭确认其无效理由是由于本专利与附件 2 中所附杂志《摩登家庭》中第 153 页的图 2 和图 6 所示的在先设计完全相同，故本专利不符合专利法第 23 条的规定。专利权人指出请求人所依据的附件 2 中的《摩登家庭》杂志无法确认其为双月刊或单月刊，如果其为双月刊，则其公开日在本专利的申请日之后，不适用本案。并不同意请求人所主张的本专利同在先设计相同的观点。

口头审理结束后合议组要求请求人补充证据证明《摩登家庭》杂志是双月刊。请求人于 2007 年 3 月 14 日提交了两份证据，分别为：

补证 1：（2006）京海民证字第 0756 号公证书。

补正 2：（2006）京海民证字第 0757 号公证书。

请求人认为通过这两份证据可以证明《摩登家庭》杂志是单月刊。

在以上工作的基础上，合议组认为本案事实已经清楚，可以作出本决定。

二、决定的理由

1. 证据的认定

请求人所提交的证据 1 是（2006）京海民证字第 0430 号公证书，在本案中请求人使用的证据为《摩登家庭》杂志 2004 年第 5 期，通过该证据显示该证据是请求人从国家图书馆查阅的。根据审查指南第八章第 2.2.2 节的规定，可以认定该证据的真实性。并且从请求人提交的补证 2 中可知该杂志在一年中发行 12 期，即该杂志为单月刊，也即该份证据（下称对比文件）的公开日可以推定为 2004 年的 5 月 31 日，在本专利的申请日之前，所以可以作为用来评价本专利是否符合专利法第 23 条的证据。

请求人主张图 2、图 6 中命名为 Liana 的墙灯属于同一产品，两张图片是从不同的角度观察的视觉效果，专利权人不同意该主张，认为这是两个不同的产品。合议组认为通过该证据显示在图 2、图 6 的墙灯为同一公司命名为同一名称的产品，并且通过这两个产品的整体视觉效果来看应当认定为两者为同一产品，两者是从不同的角度观察到的视觉效果。而专利权人没有提供充分的证据用以证明两者属于不同的产品，因此对其主张不予支持。

2. 本专利是否符合专利法第 23 条的规定

专利法第 23 条规定：授予专利权的外观设计，应当同申请日以前在国内外出版物上公开发表过或者国内公开使用过的外观设计不相同和不相近似，并不得与他人在先取得的合法权利相冲突。

审查指南第四部分第五章第 6.1 节规定：外观设计相同是指被比设计与在先设计是同一类别的产品的外观设计，并且被比设计的全部外观设计要素与在先设计的相应要素相同，其中外观设计要素是指形状、图案以及色彩。

本专利的所要求保护的灯罩，整体的形状为一椭圆体，为下部向上凹进上部向上凸出的类似倒扣盘子的形状，主体轮廓由筋条撑起，外面罩有半透明材料，该材料呈现出较为深刻、粗宽的褶皱，在灯罩的下部中央位置有一圆孔，外布的褶皱从该圆孔呈现出向四周辐射的形状（详见本专利附图）。

对比文件中的图6显示的在先设计也为灯罩，整体大体上呈椭圆体，中间有一椭圆形的孔，其罩上的材料呈现出较细密、深刻的褶皱，并且从图2可以看到该灯罩的右部向内凹进，左部向外凸出（详见对比文件附图）。

将本专利与对比文件相比较，两者的相同之处在于整体形状上均为椭圆形，罩上的材料呈现出褶皱，并且中间均有一圆孔。同时二者至少存在着以下的不同之处：（1）本专利的整体形状较为接近于圆形，而在先设计的整体形状为细长的椭圆形，（2）两者呈现出褶皱的形状不同，本专利的褶皱表现的较为深刻、粗宽，而在先设计的褶皱表现的较为均匀、细密，（3）两者的中间孔的形状也有明显的不同，本专利的中间孔为圆形，而在先设计为椭圆形。另外本专利可以清楚地看到起支撑作用的筋条，而在先设计不能看到该要素。

通过以上的比较可以看出，本专利与在先设计相比不属于相同的外观设计，故合议组对请求人提出的两者"属于相同的外观设计"的主张不予支持。本专利的授权符合专利法第23条的规定。

三、决定

维持200430086955.0号外观设计专利权有效。

当事人对本决定不服的，可以根据专利法第46条第2款的规定，自收到本决定之日起三个月内向北京市第一中级人民法院起诉。根据该款的规定，一方当事人起诉后，另一方当事人应当作为第三人参加诉讼。

灯（12）

无效宣告请求审查决定（第9627号）

决　定　号	第9627号
决　定　日	2007年3月30日
外观设计名称	灯（12）
外观设计分类号	26-05
无效宣告请求人	Aqua创作有限公司
专　利　权　人	胡贤权
申　请　号	200430086945.7
申　请　日	2004年10月25日
授权公告日	2005年7月13日
合议组组长	徐媛媛
主　审　员	耿博
参　审　员	张华
法律依据	专利法第23条

决定要点

当一在先设计与本专利相比较存在诸多区别点，并且这些区别点足以造成两者在整体的视觉效果上存在不同时，应当认定两者属于不同的外观设计。

一、案由

本无效宣告请求涉及的是国家知识产权局专利局于2005年7月13日授权公告的，名称为"灯（12）"的外观设计专利（下称本专利），其申请号是200430086945.7，申请日是2004年10月25日，专利权人是胡贤权。

针对本专利，Aqua创作有限公司（下称请求人）于2006年2月24日向专利复审委员会提出无效宣告请求，其理由是：由于刊载有与本外观设计相同的在先设计的出版物在本专利申请日之前已经公开发表，故本专利的授权不符合专利法第23条的有关规定。

与此同时，请求人提交了如下附件作为证据：

附件1：ZL200430086945.7号外观设计专利公报（本专利）；

附件2：(2006)京海民证字第0430号公证书。

请求人认为附件2中所附杂志《摩登家庭》中第153页的图3和图4登载了请求人的在先设计，这些照片从不同的角度反映了在先设计的立体形状，通过比较可以认定两者的形状完全相同，故本专利的授权不符合专利法第 23 条的有关规定。

经形式审查合格后，专利复审委员会受理了上述无效宣告请求，并将无效宣告请求书及相关材料转送给专利权人，要求专利权人在指定的期限内陈述意见。

专利权人于 2006 年 4 月 20 日向专利复审委员会提交了意见陈述书。专利权人认为：《摩登家庭》杂志是否是合法的出版物，值得怀疑，也未能清楚地载明其有效地公开发表日期，并且由于所使用的证据为外文证据，所以应当提交所使用部分的中文译文，该杂志的第 153 页中的图 3 和图 4 记载的设计分别为不同的作品，并且这两个作品与本专利相比较均不相同也不相近似；所以应该维持本专利有效。

合议组于 2007 年 1 月 18 日向双方当事人发出口头审理通知书，定于 2007 年 3 月 6 日在专利复审委员会举行口头审理。并将专利权人于 2006 年 4 月 20 日提交的意见陈述书转送给请求人。

请求人于 2007 年 2 月 17 日提交了意见陈述书。请求人认为附件 2 中所附的杂志均为公开出版物，其公开时间均在本专利的申请日之前，并且这些杂志均被中国国家图书馆收藏，具有明确的出版日期和发行人，所以属于公开的出版物。请求人再次强调了本专利与附件 2 中所公开的在先设计属于相同的外观设计，请求宣告本专利无效。请求人随同该意见陈述一并提交了如下附件：

附件 3：2005 年 6 月 9 日专利权人签署的保证书（复印件）；

附件 4：2005 年 8 月 29 日专利权人签署的承诺书（复印件）；

附件 5：专利权人于 2005 年 10 月 21 日再次签署的承诺书（复印件）。

口头审理如期举行，双方当事人均参加了口头审理，并明确表示对变更后的合议组成员没有回避请求，对对方出席口头审理人员的身份和资格没有异议。合议组将请求人提交的以上意见陈述及所附附件于口头审理开始前当庭转送给专利权人。请求人当庭提交了《摩登家庭》2004 年第 5 期杂志的原件；请求人当庭确认其无效理由是由于本专利与附件 2 中所附杂志《摩登家庭》第 153 页的图 3 和图 4 所示的在先设计完全相同，故本专利不符合专利法第 23 条的规定。专利权人指出请求人所依据的《摩登家庭》杂志无法确认其为双月刊或单月刊，如果其为双月刊，则其公开日在本专利的申请日之后，不适用本案。并不同意请求人所主张的本专利同在先设计相同的观点。

口头审理结束后合议组要求请求人补充提交证明《摩登家庭》杂志是单月刊的证据。请求人于 2007 年 3 月 14 日提交了两份证据，分别为：

补证 1：（2006）京海民证字第 0756 号公证书。

补正 2：（2006）京海民证字第 0757 号公证书。

请求人认为通过这两份证据可以证明《摩登家庭》杂志是单月刊。

在以上工作的基础上，合议组认为本案事实已经清楚，可以作出本决定。

二、决定的理由

1. 证据的认定

请求人所提交的证据 1 是（2006）京海民证字第 0430 号公证书，在本案中请求人使用的证据为《摩登家庭》杂志 2004 年第 5 期，通过该证据显示其中所附杂志是请求人从国家图书馆查阅的，根据审查指南第八章第 2.2.2 节的规定，可以认定该证据的真实性。从请求人提交的补证 2 中可知该杂志在一年中发行 12 期，即该杂志为单月刊，也即该份证据（下称对比文件）的公开日在本专利的申请日之前，可以作为用来评价本专利是否符合专利法第 23 条的证据。

请求人主张图 3、图 4 中命名为 Maestro 的座地灯属于同一产品，是从不同的角度观察的视觉效果，专利权人不同意该主张，认为这是两个不同的产品。合议组认为通过该证据显示在图 3、图 4 的座地灯为同一公司命名为同一名称的产品，并且通过这两个产品的整体视觉效果来看应当认定为两者为同一产品,故对专利权人所持主张不予支持。

2. 本专利是否符合专利法第 23 条规定

专利法第 23 条规定:授予专利权的外观设计,应当同申请日以前在国内外出版物上公开发表过或者国内公开使用过的外观设计不相同和不相近似,并不得与他人在先取得的合法权利相冲突。

审查指南第四部分第五章第 6.1 节规定:外观设计相同是指被比设计与在先设计是同一类别的产品的外观设计,并且被比设计的全部外观设计要素与在先设计的相应要素相同,其中外观设计要素是指形状、图案以及色彩。

本专利的所要求保护的灯没有要求保护色彩,其整体形状为一椭圆体,在圆心位置有一细长的孔,在底端部被截成平面状,整体的竖直方向上从圆心孔的位置处有一弯折,其外层所罩的材料呈现出褶皱状,整体轮廓通过筋条支撑而成(详见本专利附图)。

对比文件中的图 3、4 显示的在先设计 Maestro 的座地灯,整体大体上呈椭圆体,中间有一椭圆形的孔,其罩上的材料呈现出较细密、均匀的褶皱,从图 4 可以看到该灯罩在竖直方向上以较大弧度的方式呈现出向一侧弯曲构造(详见对比文件附图)。

将本专利与在先设计相比较,两者的相同之处在于整体形状大体上均为椭圆形,罩上的材料呈现出褶皱,并且中间均有一圆孔。同时二者存在着以下的不同之处:(1)椭圆心处的孔的形状不同,本专利为一细长的孔,而在先设计为一外轮廓弧度圆滑的椭圆形;(2)两者所罩材料形成的褶皱不同,本专利的褶皱不均匀,对比文件中的褶皱则显示的均匀细密;(3)两者的弯曲程度不同,本专利是在竖直方向上从圆心开始有一明显的弯折,而在先设计是从下向上呈现出一较大弧度的弯曲。

通过以上的比较可以看出,本专利与在先设计相比不属于相同的外观设计,故合议组对请求人提出的两者"属于相同的外观设计"的主张不予支持。本专利的授权符合专利法第 23 条的规定。

三、决定

维持 200430086945.7 号外观设计专利权有效。

当事人对本决定不服的,可以根据专利法第 46 条第 2 款的规定,自收到本决定之日起三个月内向北京市第一中级人民法院起诉。根据该款的规定,一方当事人起诉后,另一方当事人应当作为第三人参加诉讼。

窗口双向对讲机（2）

无效宣告请求审查决定（第9628号）

决 定 号	第9628号
决 定 日	2007年3月8日
发明创造名称	窗口双向对讲机（2）
外观设计分类号	14-03
无效宣告请求人	漳州市爱德电子技术有限公司
专 利 权 人	漳州市富顺电子有限公司
专 利 号	02373287.3
申 请 日	2002年11月21日
授权公告日	2003年7月30日
合议组组长	宋鸣镝
主 审 员	张惠军
参 审 员	刘 畅
附 图	2页

法律依据 专利法第23条

决定要点

如果一般消费者经过对被比设计与在先设计的整体观察可以看出，二者的差别对于产品外观设计的整体视觉效果不具有显著的影响，则应当认为被比设计与在先设计相近似。

一、案由

本无效宣告请求涉及国家知识产权局于2003年7月30日授权公告的、名称为"窗口双向对讲机（2）"的02373287.3号外观设计专利权（下称本专利），其申请日是2002年11月21日，专利权人是漳州市富顺电子有限公司。

针对本专利权，漳州市爱德电子技术有限公司（下称请求人）于2006年5月8日向专利复审委员会提出无效宣告请求，其理由是，本专利不符合专利法第23条和专利法第9条的相关规定。同时，请求人提交了如下证据：

证据1：ZL02360906.0号中国外观设计专利图片复印件，其申请日为2002年9月3日、授权公告日为2003年5月7日、专利权人为陈百川。

请求人认为，证据1公开了一种窗口双向对讲机的主机，与本专利属于相同产品，两者在视觉各显著部位基本相同，仅在偏角局部有细微的区别，本专利与证据1的件2（即主机）相近似，属于相同的发明创造，因此不符合专利法第23条和第9条的规定。

经形式审查合格后，专利复审委员会受理了上述无效宣告请求，于2006年5月10日向双方当事人发出无效宣告请求受理通知书，将无效宣告请求书及其附件清单中所列附件副本随同无效宣告请求受理通知书转送给专利权人，要求其在指定期限内答复。

针对上述无效宣告请求，专利权人于2006年6月9日向专利复审委员会提交了意见陈述书，认为本专利的要部是整个产品的立体形状，而不是某个视图。请求人仅将证据1的件2的俯视图与本专利的俯视图对比而得出整体相近似的结论是错误的；此外认为证据1件2的俯视图与本专利的俯视图也不相近似。

专利复审委员会依法成立合议组对本案进行审理。合议组于2006年9月8日向双方当事人发出无效宣告请求口头审理通知书，定于2006年10月18日对本案进行口头审理；随同口头审理通知书，将专利权人于2006年6月9日提交的意见陈述书副本转送给请求人。

口头审理因故改为2006年10月17日举行，双方当事人均出席口头审理，并对对方出席口头审理人员的身份及资格均无异议，对口头审理时间的变更均无异议。

在口头审理中，请求人明确其无效宣告理由为本专利相对于证据1不符合专利法第9条的规定，明确表示放弃专利法第23条这一无效理由。专利权人对证据1的真实性表示无异议。

请求人认为：本专利与证据1相比，均由矩形平台和三角棱柱组成，均包含四个按钮，其中两个按钮为圆形，另两个按钮为长方形，两者整体外观相近似。对此，专利权人认为本专利与证据1相比，存在以下差别：（1）三角形凸台的尺寸不同，本专利三角形凸台处于中间，两侧向内缩进，证据1的凸台较宽，与矩形平台为一体，且两者三角形凸台背面的倾斜角度不同；（2）按钮分布不同；（3）证据1图片模糊，无法进行进一步对比，并认为证据1应以专利权纸件公告为准。

请求人认为：证据1三角形凸台也有背部的倾斜，两侧也预留有空间，并认为任何人都可通过互联网对证据1进行核实。

口头审理后，专利权人于2006年10月19日向专利复审委员会提交了意见陈述书，指出：请求人提交的证据1与国家知识产权局外观设计专利公报的内容明显不符，根据专利法及实施细则的相关规定，外观设计的内容应以国家知识产权局外观设计专利公报为准，因此请求人提交的网络下载外观设计图片不得作为在先文件使用；此外，对公众而言，外观设计的图片只能以国家知识产权局的外观设计专利公报为准。

请求人于2006年10月24日向专利复审委员会提交了意见陈述书，指出专利权人"以在先申请的外观专利作为在先设计比对时，应以专利实际纸件公告作为比对文件"的理由没有法律依据，在专利法、专利法实施细则以及审查指南中均没有相关的规定。

至此，合议组认为本案的事实已经清楚，现依法作出审查决定。

二、决定的理由

1. 法律依据

由于在口头审理中请求人明确其无效宣告理由为本专利相对于证据1不符合专利法第9条的规定，明确表示放弃专利法第23条这一无效理由，因此，合议组对本专利是否符合专利法第9条的规定进行审查。

专利法第9条规定：两个以上的申请人分别就同样的发明创造申请专利的，专利权授予最先申请的人。

审查指南第四部分第七章第1节指出，专利法第9条和专利法实施细则第13条第1款所述的"同样的发明创造"，对于外观设计而言，是指外观设计相同或者相近似，所述相同或者相近似的判断适用审查指南第四部分第五章的规定。

审查指南第四部分第五章第 4 节指出，如果一般消费者经过对被比设计与在先设计的整体观察可以看出，二者的差别对于产品外观设计的整体视觉效果不具有显著的影响，则被比设计与在先设计相近似；否则，两者既不相同也不相近似。

2. 关于证据

证据 1 是中国外观设计专利，其申请日早于本专利的申请日，授权公告日晚于本专利的申请日，其专利权人为陈百川。请求人在提出无效宣告请求时提交的是证据 1 外观设计图片。

专利权人在口头审理时表示对证据 1 的真实性没有异议，但认为该证据 1 图片模糊，无法进行进一步对比，并认为证据 1 应以专利权纸件公告为准。此外，在 2006 年 10 月 19 日向专利复审委员会提交的意见陈述书中，专利权人认为请求人所提交的证据 1 与国家知识产权局外观设计专利公报的内容明显不符，根据专利法及专利法实施细则的相关规定，外观设计的内容应以国家知识产权局外观设计专利公报为准，因此请求人提交的网络下载外观设计图片不得作为在先文件使用；此外，对公众而言，外观设计的图片只能以国家知识产权局的外观设计专利公报为准。

在口头审理时，请求人认为任何人都可通过互联网对证据 1 进行核实。此外，请求人在 2006 年 10 月 24 日向专利复审委员会提交的意见陈述书中指出，专利权人"以在先申请的外观专利作为在先设计比对时，应以专利实际纸件公告作为比对文件"的理由没有法律依据，在专利法、专利法实施细则以及审查指南中均没有相关的规定。

关于证据 1 是否真实的问题，合议组认为，首先，请求人在提出无效宣告请求时提交了证据 1，包括证据 1 外观设计专利的专利号以及外观设计图片，并且复审委员会已经随同无效宣告请求受理通知书将该份证据转送给专利权人，专利权人在口头审理之前完全可通过国家知识产权局对社会公开的网站对证据 1 内容的真实性予以核实，而专利权人在 2006 年 6 月 9 日提交的意见陈述书中对证据 1 的真实性并未提出质疑，并且在口头审理当庭明确表示对证据 1 的真实性没有异议。尽管专利权人在口头审理后于 2006 年 10 月 19 日提交的意见陈述书中称"请求人提交的证据 1 与国家知识产权局外观设计专利公报的内容明显不符"，但并未具体指出请求人所提交的证据 1 中的哪些内容存在与专利公报不符的问题，并且也没有提交相关证据对其主张加以证明，因此专利权人的上述主张由于缺乏具体理由或相关证据的支持，不能被接受。另外，合议组依职权对证据 1 公开的内容进行了核实，确认请求人所提交的证据 1 的内容与该证据授权公告时的内容完全一致，因此认定证据 1 是真实的。

对于专利权人"以在先申请的外观专利作为在先设计比对时，应以专利实际纸件公告作为比对文件"的主张，合议组认为，首先，现行的专利法、专利法实施细则以及审查指南中对外观设计专利作为在先设计比对时的证据形式均未作此规定。其次，在专利无效宣告审查中，涉及大量的专利文献，这些证据本身具有不同于其他证据的特殊性：即文献量大、便于检索核实。国家知识产权局官方网站是一个对社会公开的服务于社会公众的公共网站，任何人都可以通过该网站方便地检索、获取国内已经公开或公告的专利文献，同样，专利权人如果对请求人通过网络下载的证据 1 的内容提出质疑，也可通过该网站，通过同样的检索路径对证据 1 进行核实。

关于请求人所提交的证据 1 是否清楚的问题，合议组经审查后认为，在判断作为在先设计的一份外观专利文献是否清楚时，主要考虑该证据是否能够清楚地反映出该在先设计产品的整体和局部形状以及各个设计要素，包括其各面视图反映出的信息应当是清楚和唯一确定的，本领域普通技术人员从该证据能够唯一地获悉该外观设计产品的整体及局部形状。从请求人所提交的证据 1 看，作为在先设计与本专利进行比对的是其中的件 2，证据 1 包括件 2 的主视图、后视图、仰视图、俯视图、左视图和立体图，各个视图本身均是清楚的，并且通过整体上观察各个视图，可以清楚地了解到证据 1 的件

2 的整体形状和各个构成部分的形状，因此，合议组认为，证据 1 是清楚的。

综上所述，合议组认为，请求人所提交的证据 1 真实、清楚，且其申请日早于本专利的申请日，而授权公告日晚于本专利的申请日，因此，证据 1 可以作为在先设计与本专利进行相同或相近似性比较。

3. 关于本专利是否符合专利法第 9 条的规定

在判断本专利与证据 1 是否属于同样的发明创造时，是判断两者是否相同或者相近似。

经审查，本专利要求保护一种窗口双向对讲机，包括仰视图、主视图、左视图、俯视图、后视图和立体图。根据其简要说明，左视图与右视图对称，省略右视图。从立体图和左视图看，本专利的窗口双向对讲机包括一个平台和一个三角形凸台，其中三角形凸台设置在平台上。从俯视图看，三角形凸台的顶面为长方形，包括等距离密布的多条横向贯穿三角形凸台台面的横条，横条区域的上部和下部均留有空白区域，在上部的空白区域靠近左侧的位置处设有一个椭圆形商标图案。该三角形凸台的侧面呈三角形形状，从左视图看，三角形凸台的背侧向内倾斜，两侧在平台上向内缩进。在平台表面上、在三角形凸台的设置位置以下为按钮区，本专利的按钮区左侧包括椭圆形且内带"F"字母的商标；两个大小相同的圆形调节旋钮设置于按钮区的中央，每个调节旋钮上带有放射性的短线条；以及两个长方形按钮设置于按钮区的右侧。从仰视图和左视图看，本专利对讲机的平台的底面包括处于中央的长方形条块，以及四个处于四个角部的圆柱形支腿，在每个圆柱形支腿旁边分别设有一个小圆形，在底面的右下侧设有一个长矩形块（详见本决定中"本专利附图"）。

证据 1 公开了一种窗口对讲机，与本专利属于相同种类的产品。证据 1 的窗口对讲机是一成套产品，由件 1 和件 2 组成，其中的件 2 是窗口对讲机的主机，与本专利的窗口双向对讲机相对应。证据 1 公开了件 2 的主视图、后视图、俯视图、仰视图、左视图和立体图。从立体图和左视图看，本专利的窗口双向对讲机也包括一个平台和一个三角形凸台，其中三角形凸台设置在平台上。从俯视图看，三角形凸台的顶面为长方形，包括等距离密布的多条横向贯穿三角形凸台台面的横条，横条区域的上部和下部均留有空白区域，在上部的空白区域靠近右侧的位置处设有一个商标图案。该三角形凸台的侧面呈三角形形状，从左视图看，三角形凸台的背侧向内倾斜，两侧在平台上向内缩进。在平台表面上、在三角形凸台的设置位置以下为按钮区，本专利的按钮区包括两个大小相同的圆形调节旋钮设置于按钮区中央，两个长方形按钮分别设置于两圆形调节旋钮的两侧，以及设置于按钮区右侧的商标。从仰视图和左视图看，证据 1 对讲机的平台的底面包括处于中央的长方形条块，以及四个处于四个角部的圆柱形支腿，在底面的下侧设有一个长矩形块（详见本决定中"证据 1 件 2 附图"）。

将本专利与证据 1 的件 2 进行比较，可以看出：本专利与证据 1 的件 2 均公开了窗口对讲机的主机，两者属于相同种类的产品，且两者均由平台和三角形凸台组成，并且均包括设置在相同位置处的按钮区，且按钮区均包括两个圆形按钮、两个长方形按钮和一个商标。本专利与证据 1 的件 2 的区别仅在于：本专利三角形凸台上面的小商标设置在横条上部空白区域的左侧，而对比文件 1 中该小商标设置在横条上部空白区域的右侧；按钮区的布置不同，本专利按钮区的商标布置在左侧，然后依次设置两个圆形按钮和两个长方形按钮，而在证据 1 的件 2 中按钮区中，商标布置在右侧，且两个圆形按钮处于两个长方形按钮之间。此外，本专利平台底面中每个支腿旁设有一个小圆形，而证据 1 没有此设置。

由于三角形凸起上的商标和按钮区按钮的排列均为局部细微的设计，在整体设计中所占比例很小，并且平台的底面属于在使用时不易看到的部位，上述设计变化不足以对整体视觉效果产生显著的影响。本专利与证据 1 的件 2 相近似。

关于专利权人认为本专利与证据 1 中三角形凸台背面的倾斜角度不同的观点，合议组认为，本专利与证据1件2的三角形凸台,其侧面形状均为三角形,且三角形背面均向内倾斜,其倾斜角度也并不存在明显的不同,对整体视觉效果不具备显著的影响。

综上所述,本专利与证据1的件2相近似,属于相同的发明创造,因此本专利不符合专利法第9条的规定。

三、决定

宣告02373287.3号外观设计专利权无效。

当事人对本决定不服的,可以根据专利法第46条第2款的规定,自收到本决定之日起三个月内向北京市第一中级人民法院起诉。根据该款的规定,一方当事人起诉后,另一方当事人应当作为第三人参加诉讼。

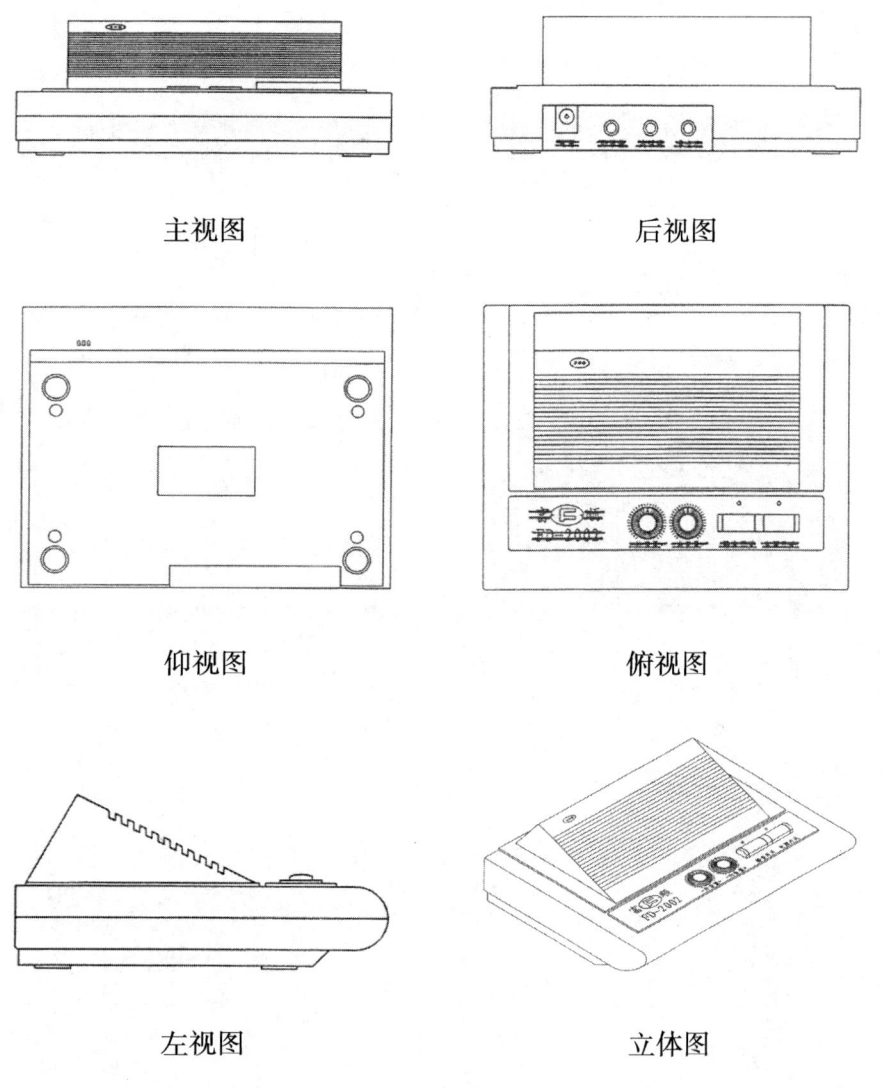

本专利附图

件 2 主视图　　　　　　　　件 2 后视图

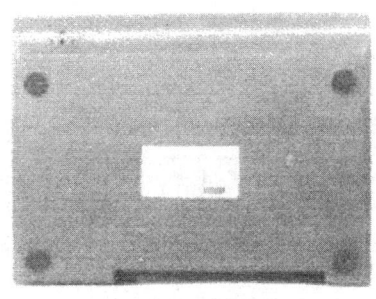 

件 2 仰视图　　　　　　　　件 2 俯视图

件 2 左视图　　　　　　　　件 2 立体图

证据 1 件 2 的附图

窗口双向对讲机（1）

无效宣告请求审查决定（第 9629 号）

决　定　号	第 9629 号
决　定　日	2007 年 4 月 2 日
发明创造名称	窗口双向对讲机（1）
外观设计分类号	14-03
无效宣告请求人	漳州市爱德电子技术有限公司
专　利　权　人	漳州市富顺电子有限公司
专　利　号	02373289.X
申　　请　　日	2002 年 11 月 21 日
授权公告日	2003 年 6 月 11 日
合议组组长	宋鸣镝
主　审　员	张惠军
参　审　员	刘　畅
附　　　图	2 页
法　律　依　据	专利法第 23 条

决　定　要　点

如果一般消费者经过对被比设计与在先设计的整体观察可以看出，二者的差别对于产品外观设计的整体视觉效果不具有显著的影响，则应当认为被比设计与在先设计相近似。

一、案由

本无效宣告请求涉及国家知识产权局于 2003 年 6 月 11 日授权公告的、名称为"窗口双向对讲机（1）"的 02373289.X 号外观设计专利权（下称本专利），其申请日是 2002 年 11 月 21 日，专利权人是漳州市富顺电子有限公司。

针对本专利权，漳州市爱德电子技术有限公司（下称请求人）于 2006 年 5 月 8 日向专利复审委员会提出无效宣告请求，其理由是，本专利不符合专利法第 23 条和专利法第 9 条的相关规定，请求专利复审委员会宣告本专利全部无效。同时，请求人提交了如下证据：

证据 1：ZL01354617.1 号中国外观设计专利图片复印件，其申请日为 2001 年 12 月 12 日、授权公告日为 2002 年 7 月 31 日。

请求人认为，证据 1 公开了一种窗口双向对讲机的主机，与本专利属于相同产品，两者主视图基本相同，都由扬声器、按钮控制面板、麦克风组成且各部件排列布局完全相同；整体外形均为长方形且长宽比例完全相同；扬声器及对应外壳部分占据了整体五分之三的篇幅，扬声器对应外壳部分都由遍布扬声器、等比间隔"横条组"组成，最上面两横线在右上角均预留有排放商标的空白；"横条组"在扬声器正中间的对应位置设一竖条；按钮的控制面板部分，除了声量控制键外，均由三按键组成，三按键正上方均对应一指示灯。由于两者在视觉各显著部位基本相同，仅在偏角局部有细微的区别，因此本专利与证据1的件1（即主机）相近似，属于相同的发明创造，因此不符合专利法第23条和第9条的规定。

经形式审查合格后，专利复审委员会受理了上述无效宣告请求，于2006年5月10日向双方当事人发出无效宣告请求受理通知书，将无效宣告请求书及其附件清单中所列附件副本随同无效宣告请求受理通知书转送给专利权人，要求其在指定期限内答复。

针对上述无效宣告请求，专利权人于2006年6月9日向专利复审委员会提交了意见陈述书，认为本专利的要部是整个产品的立体形状，而不是某个视图。请求人仅将证据1件1的主视图与本专利的主视图对比而得出整体相近似的结论是错误的；认为证据1件1与本专利不相近似，具体理由为：证据1件1的主视图、左视图和俯视图均表明其上部突起为弧状，而本专利没有上部突起，并且从本专利的俯视图可以看出其上部形状为直线条与平面的组合，两者显然不相近似；证据1的功能键为圆形旋钮，而本专利的功能键为长条形滑块；本专利的喇叭占据主视图的大部分，而证据1的喇叭则明显较小；证据1的侧面形状为近似长圆棍形，而本专利的侧面形状为梯形，并且两梯形边的长度差别较大。因此认为本专利与证据1件1的外观明显不同，因此不构成相近似。

专利复审委员会依法成立合议组对本案进行审理。合议组于2006年9月8日向双方当事人发出无效宣告请求口头审理通知书，定于2006年10月18日对本案进行口头审理；随同口头审理通知书，将专利权人于2006年6月9日提交的意见陈述书副本转送给请求人。

口头审理因故改为2006年10月17日举行，双方当事人均出席口头审理，并对对方出席口头审理人员的身份及资格均无异议，对口头审理时间的变更均无异议。

在口头审理中，请求人明确其无效宣告理由为本专利相对于证据1不符合专利法第23条的规定，明确表示放弃专利法第9条这一无效理由。专利权人对证据1的真实性表示无异议。

请求人认为本专利与证据1整体外观设计相近似，仅存在微小区别，两者设计面对使用者的部分占整体设计绝大部分篇幅，且该部分集中有显著视觉效果的设计，而该部分与本专利相近似，具体理由与无效宣告请求书相同。

对此，专利权人认为在无效宣告请求书中仅就主视图将本专利与证据1进行了对比，而外观产品是立体的，且本专利主视图与证据1主视图存在明显区别，认为本专利侧面形状接近梯形，控制板为凹槽，本专利的控制面板基本上是平滑的，无凹槽，并认为本专利立体图体现了整个外观，表现出工业上的美感，因此与证据1不相近似，符合专利法第23条的规定。

至此，合议组认为本案的事实已经清楚，现依法作出审查决定。

二、决定的理由

1. 法律依据

由于在口头审理中请求人明确其无效宣告理由为本专利相对于证据1不符合专利法第23条的规定，明确表示放弃专利法第9条这一无效理由，因此，合议组仅对本专利是否符合专利法第23条的规定进行审查。

专利法第23条规定：授予专利权的外观设计，应当同申请日以前在国内外出版物上公开发表过或者国内公开使用过的外观设计不相同和不相近似，并不得与他人在先取得的合法权利相冲突。

审查指南第四部分第五章第4节指出，如果一般消费者经过对被比设计与在先设计的整体观察可以看出，二者的差别对于产品外观设计的整体视觉效果不具有显著的影响，则被比设计与在先设计相近似；否则，两者既不相同也不相近似。

2. 关于证据

证据1是中国外观设计专利，其授权公告日早于本专利的申请日，且专利权人对其真实性没有异议。经审查，证据1在本案中可以作为证据使用，其可以作为在先设计与本专利进行相同或相近似性比较。

3. 关于本专利是否符合专利法第23条的规定

经审查，本专利要求保护一种窗口双向对讲机，包括主视图、左视图、俯视图、后视图和立体图。根据其简要说明，左视图与右视图对称，省略右视图。从主视图看，本专利的窗口双向对讲机在使用时面对使用者的一面为矩形，其上部大约五分之三的部分为扬声器区，下部大约五分之二的部分为按钮区，扬声器区与按钮区处于相同平面上，并且在按钮区左下部设有麦克风。扬声器区包括多条彼此平行且间隔排列的横条，其中最上部的两横条较短，在该两横条的右侧设置商标，商标由两个同心设置的椭圆形组成，在内部的小椭圆形中设有字母"F"。在扬声器区中包括一个设置在大致中心位置处的圆形喇叭，该喇叭的直径大致与最上部横条与最下部横条之间的间隔相同。在喇叭的中心设有一个竖条，该竖条贯穿所有的横条。按钮区包括设置在其左侧的长条形滑块状调节钮，在该调节钮的上部设有一个表示音量调节大小的小直角三角形；在按钮区的中间设有一个正方形按钮，在按钮区的右侧设有两个横向并置的正方形按钮，在各正方形按钮的上部均设有一个小圆圈。设置在按钮区的左下部的麦克风，内为小圆形、外为由分开成三段的粗圆弧线构成的大圆形。从左视图看，本专利的窗口双向对讲机的侧面整体上近似呈梯形形状。从俯视图看，本专利的窗口双向对讲机在顶面上部设有四个插孔，这四个插孔被一个矩形所包围。从后视图看，本专利的窗口双向对讲机的背侧包括设置在上部左右两侧呈钥匙状图案的挂孔（详见本决定中"本专利附图"）。

证据1公开了一种窗口双向对讲机，与本专利属于相同种类的产品。证据1的窗口双向对讲机是一成套产品，由件1和件2组成，其中的件1是窗口对讲机的主机，与本专利的窗口双向对讲机相对应。证据1公开了件1的主视图、后视图、俯视图、仰视图、左视图和立体图。从主视图看，证据1的窗口双向对讲机在使用时面对使用者的一面为矩形，上部大约五分之三的部分为扬声器区，下部大约五分之二的部分为按钮区，按钮区处于一个凹槽内，从左视图看，扬声器区与按钮区不在一个平面上，按钮区相对于扬声器区稍微弯折；在按钮区的左下部设有麦克风。扬声器区包括多条彼此平行且间隔排列的横条，其中最上部的两横条较短，在该两横条的右侧留有空白。在扬声器区中包括一个设置在中心位置处的圆形喇叭，该喇叭的直径大致与最上部横条与最下部横条之间的间隔相同。在喇叭的中心设有一个竖条，该竖条贯穿所有的横条。按钮区包括两个设置在其左侧的圆形调节旋钮，在各圆形调节旋钮的上部均设有一个表示音量调节大小的牛角尖形状的图案；在按钮区的中间设有一个正方形按钮，该正方形按钮的上方设有一个小圆圈；在按钮区的右侧设有两个矩形小按钮，在每个矩形小按钮的上部均设有一个小圆圈。设置在按钮区的左下部的麦克风为一个向内凹进的小椭圆形、内设三个纵向平行排列的小矩形。从左视图看，证据1的窗口双向对讲机的侧面整体上近似呈梯形形状。从俯视图看，证据1的窗口双向对讲机在顶面上部设有四个插孔，这四个插孔共同设置在一个矩形凹槽内。从后视图看，证据1的窗口双向对讲机的背侧包括设置在上部左右两侧呈钥匙状凹进部分的挂孔（详见本决定中"证据1件1附图"）。

将本专利与证据1的件1进行比较，可以看出：本专利与证据1的件1均公开了窗口双向对讲机的主机，两者属于相同种类的产品，两者均由扬声器区、按钮区和麦克风组成，且这三部分的设置位置相同，所占比例大致相同。两者的扬声器区均包括多条平行排列的横条、一个圆形喇叭和设置在圆形喇叭中间的一个竖条，两者扬声器区的形状和图案基本相同，在整个产品中所占比例大致相同。本专利与证据1件1的区别在于：（1）本专利扬声器区右上角的位置设有一个商标，而证据1在该位置仅留有空白，未设有商标；（2）按钮区按键按钮的形状和设置不同：本专利按钮区左侧设有一个长条形滑块状调节钮，证据1该位置处为两个圆形调节旋钮；证据1按钮区右侧设有两个矩形按钮，且这两个矩形按钮的中间是分开的，本专利该位置处为两个横向并置的矩形按钮，并且按钮区左侧调节钮上部设置的表示音量大小的图案形状不同；（3）本专利的按钮区与扬声器区处于一个平面上，证据1的按钮区设置在一个凹槽内，并且与扬声器区不处于一个平面上，相对于扬声器区稍微弯折；（4）从左视图看，本专利与证据1的窗口双向对讲机的侧面整体上均近似为梯形形状，差别在于本专利侧面由一个小梯形和一个长圆棍形组成，而证据1侧面由一个近似长条形和一个小梯形组成。

合议组认为，本专利与证据1均为窗口双向对讲机产品的外观设计，这类产品在使用状态下面对使用者的一面集中了主要的设计要点，且均包括扬声器区、按钮区和麦克风，两者中关于这三部分的相对设置位置和所占比例均相同，整体视觉效果相近。上述区别（1）～（4）均属于局部的细微变化，在整体设计中所占比例很小，上述设计变化不足以对整体视觉效果产生显著的影响，本专利与证据1的件1相近似。

关于专利权人认为证据1件1的上部突起为弧状，而本专利没有上部突起的观点，合议组认为，比较本专利与证据1件1的左视图可以看出，两者在左视图右上角的部位均为弧状设计，并不存在明显的不同。

关于专利权人认为本专利的喇叭占据主视图的大部分，而证据1的喇叭则明显较小的观点，合议组认为，从本专利与证据1件1的主视图可以看出，两者的喇叭均设置在扬声器区横向大致中央的位置处，其形状均为圆形，且喇叭中间均设有一个的竖条，并且喇叭的直径均大致与最上部横条与最下部横条之间的间隔相同，两者的喇叭在扬声器区中均处于显著的位置，均占据了扬声器区的大部分，二者在大小上的微小差异并不会引起一般消费者的注意，因此专利权人的该主张不能被接受。

综上所述，本专利与证据1的件1相近似，不符合专利法第23条的规定。

三、决定

宣告02373289.X号外观设计专利权无效。

当事人对本决定不服的，可以根据专利法第46条第2款的规定，自收到本决定之日起三个月内向北京市第一中级人民法院起诉。根据该款的规定，一方当事人起诉后，另一方当事人应当作为第三人参加诉讼。

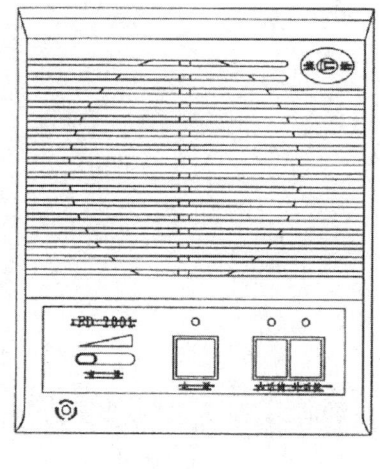
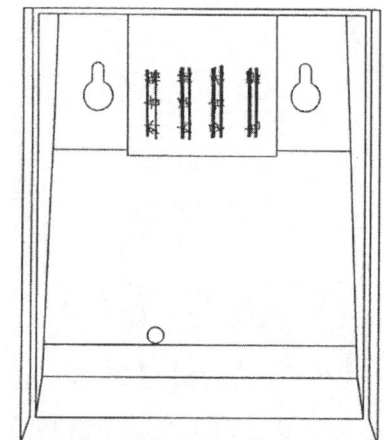

主视图　　　　　　　　后视图

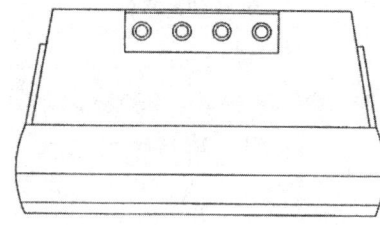
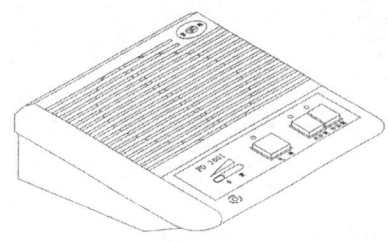

俯视图　　　　　　　　立体图

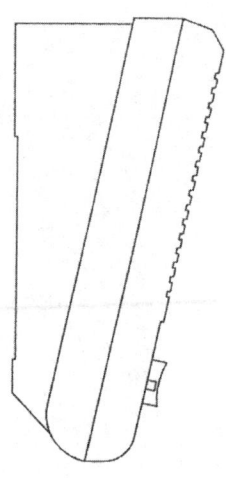

左视图

本专利附图

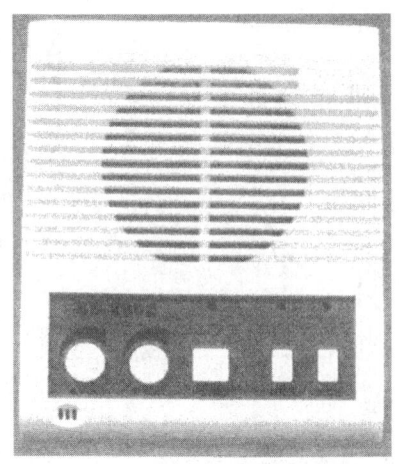
件1主视图

件1后视图

件1仰视图

件1俯视图

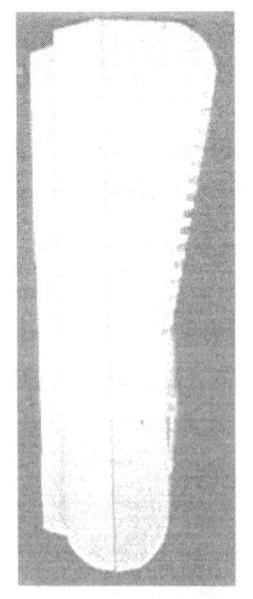
件1左视图

件1立体图

证据1件1附图

包装盒（亮嗓胖大海清咽糖）

无效宣告请求审查决定（第9632号）

决 定 号	第9632号
决 定 日	2007年3月30日
外观设计名称	包装盒（亮嗓胖大海清咽糖）
外观设计分类号	09-03
无效宣告请求人	洛阳市艺东生物制品有限公司
专 利 权 人	江西江中制药（集团）有限责任公司
专 利 号	02345630.2
申 请 日	2002年7月31日
授权公告日	2003年3月12日
合议组组长	高 雪
主 审 员	隋 璐
参 审 员	齐宏涛
法 律 依 据	专利法第23条
决 定 要 点	

请求人应当在无效程序中提交充分、确实的证据以支持其主张，否则将承担不利的后果。

一、案由

本无效宣告请求涉及国家知识产权局于2003年3月12日授权公告的02345630.2号外观设计专利，其产品名称为"包装盒（亮嗓胖大海清咽糖）"，申请日为2002年7月31日，专利权人为江西江中制药（集团）有限责任公司。

针对上述外观设计专利（下称本专利），洛阳市艺东生物制品有限公司（下称请求人）于2006年7月10日向专利复审委员会提出无效宣告请求，认为本专利不符合专利法第23条的规定，并同时提交了下列附件：

附件1：郑州济仁生物保健制品有限公司包装盒（金亮嗓胖大海含片）的复印件，共1页；

附件2：本外观设计的专利证书（ZL02345630.2）的复印件，共1页；

附件3：国家知识产权局外观设计审查部证明及附图的复印件，共6页。

请求人认为在本专利申请日以前，国内外出版物上已公开发表过与之形状、图案相近似的同类产品的图片，并且该外观设计专利与国内其他厂家在此之前曾使用过的包装盒图案设计相近似，故本专利不符合专利法第23条的规定，应当宣告其无效。

经形式审查合格，专利复审委员会于2006年7月11日发出受理通知书受理了上述无效宣告请求，并将无效宣告请求书及其他附件清单所列附件的副本转送给专利权人，要求其在指定的期限内陈述意见。

专利权人于2006年8月14日提交了意见陈述书，认为（1）请求人在无效理由中称在本专利申请日以前，国内外出版物已公开发表过与之形状相近似的图片，但并未出具任何国内或国外出版物，没有证据支持；（2）请求人称该外观设计与国内其他厂家在申请日之前曾使用过的包装盒图案相近似，但所提供的附件1无法证明其中的包装盒在本专利申请日之前已经使用过，附件3仅证明请求人所附上的图或照片与本专利案卷中的"外观设计图或照片"一致，所有附件未形成完整的证据链；（3）请求人仅提供了三份附件，但未说明任何附件所证明的事项，也未结合附件进行具体理由的说明，专利复审委员会不应受理。

专利复审委员会依法成立合议组，于2007年1月24日向双方当事人发出无效宣告请求口头审理通知书，定于2007年3月27日举行口头审理。合议组于2007年1月24日发出转送文件通知书，将专利权人于2006年8月14日提交的意见陈述书转送给请求人。

本次口头审理如期举行，双方当事人均出席了口头审理。双方当事人对对方出席口头审理人员的身份没有异议，亦对变更后的合议组成员没有回避请求；请求人出示了附件1的原件，专利权人认可其复印件与原件相符，但对其真实性和公开时间有异议；请求人认为本专利与申请日之前国内公开使用过的附件1的外观设计相近似，故本专利不符合专利法第23条的规定；专利权人认为在无其他证据佐证的情况下，无法证明附件1的真实性，也无法证明附件1的包装盒在本专利申请日之前已经公开使用。

在上述工作的基础上，合议组认为本案事实已经清楚，可作出本审查决定。

二、决定的理由

专利法第23条规定：授予专利权的外观设计，应当同申请日以前在国内外出版物上公开发表过或者在国内公开使用过的外观设计不相同和不相近似，并不得与他人在先取得的合法权利相冲突。

请求人提交的附件1为郑州济仁生物保健制品有限公司包装盒（金亮嗓胖大海含片），附件2为本专利的专利证书，附件3为本专利图片（黑白）。

专利权人对附件2、3的真实性予以认可，合议组亦予以认可。

请求人声称附件1为郑州济仁生物保健制品有限公司生产的"金亮嗓胖大海含片"的包装盒，请求人当庭提交了附件1的原件，经核实，原件与复印件一致。对于该份证据，合议组认为：（1）虽然请求人提交了附件1的原件，但请求人未能明确说明附件1的形成及来源等因素，亦未提交相应证据证明附件1的形成和来源；（2）附件1上显示的时间信息如"［批准文号］豫卫食字（2005）第0167号"等均在本专利的申请日之后；因此，在没有其他证据佐证的情况下，合议组对附件1的真实性不予认可，对请求人所提出的附件1在本专利申请日之前已经公开的主张亦不能予以支持。

综上所述，请求人没有提交充分的证据支持其无效宣告请求的主张，因此其提出的无效宣告请求不成立。

三、决定

维持02345630.2号外观设计专利权有效。

当事人对本决定不服的，可以根据专利法第46条第2款的规定，自收到本决定之日起三个月内向北京市第一中级人民法院起诉。根据该款的规定，一方当事人起诉后，另一方当事人应当作为第三人参加诉讼。

茶叶罐（六角）

无效宣告请求审查决定（第9633号）

决 定 号	第9633号
决 定 日	2007年3月26日
发明创造名称	茶叶罐（六角）
外观设计分类号	09-03
无效宣告请求人	浙江荣盛达锡制品有限公司，永康市方泰锡制工艺品有限公司
专 利 权 人	谢伟杰
专 利 号	200430078383.1
申 请 日	2004年7月28日
授权公告日	2005年3月30日
合议组组长	黄玉平
主 审 员	张梅珍
参 审 员	刘颖杰
附 图	3页
法 律 依 据	专利法第23条，专利法实施细则第13条第1款
决 定 要 点	

在外观设计专利中，判断是否属于同样的发明创造，首先要判断保护范围是否相同，如果被比设计仅仅保护产品的形状，而在先设计同时保护产品的形状和图案，则应当认为二者保护范围不同，不属于同样的发明创造。

一、案由

本无效宣告请求涉及中华人民共和国国家知识产权局于2005年3月30日授权公告的、名称为"茶叶罐（六角）"的外观设计专利权（下称本专利），其专利号是200430078383.1，申请日是2004年7月28日，专利权人是谢伟杰。

针对上述专利权，浙江荣盛达锡制品有限公司（下称第一请求人）于2006年8月8日向专利复审委员会提出无效宣告请求，无效理由是本专利不符合专利法第23条以及专利法实施细则第13条第1款的规定，其提交的证据如下：

证据1.1：ZL03343398.4中国外观设计专利公报复印件，其授权公告日为2004年1月7日；

证据1.2：ZL200430008065.8中国外观设计专利公报复印件，其申请日为2004年4月9日，授权公告日为2004年11月3日，专利权人为谢伟杰。

第一请求人认为，本专利相对于证据1.1不符合专利法第23条的规定，相对于证据1.2不符合专利法实施细则第13条第1款的规定，因此应当被宣告无效。

经形式审查合格，专利复审委员会依法受理了上述无效宣告请求（案件编号6W06435），于2006年8月8日向双方当事人发出无效宣告请求受理通知书，并将无效宣告请求书及其附件清单中所列附件的副本转送给专利权人。由于专利权人迁移新址不明，上述寄给专利权人的信件被退回，专利复审委员会于2006年10月4日对此无效宣告请求受理通知书进行了公告。2006年9月14日郑秋梅受专利权人委托来专利复审委员会面取了无效宣告请求受理通知书以及无效宣告请求书及其附件清单中所列附件的副本，并在留卷的无效宣告请求受理通知书上说明了面取的上述文件与留卷的无效宣告请求受理通知书一致。

专利复审委员会于2006年11月3日收到专利权人的意见陈述书，专利权人认为，证据1.1和本专利存在以下区别：（1）本专利的茶叶罐呈"细长"形的六角柱，其高/宽之比大约为3/2，呈"矩形"，证据1.1中的茶叶罐呈"短粗"形的六角柱，其高/宽之比大约为1/1.07，大致呈"正方形"；（2）本专利的茶叶罐体的下部有很小的阶梯高度，其阶梯高度约占整个高度的1/10，证据1.1的茶叶罐的上部和下部都有比较高的阶梯高度，其阶梯高度约占整个高度的1/3。证据1.2和本专利的不同点在于：证据1.2的茶叶罐六角柱的各个面上有多种不同的图案，而本专利茶叶罐的各个面上没有任何图案。鉴于本专利与证据1.1、证据1.2均不相同也不相近似，因此本专利符合专利法第23条以及专利法实施细则第13条第1款的规定。

针对上述专利权，永康市方泰锡制工艺品有限公司（下称第二请求人）于2006年8月18日向专利复审委员会提出无效宣告请求，无效理由是本专利不符合专利法第23条以及专利法实施细则第13条第1款的规定，其提交的证据如下：

证据2.1：ZL03343398.4中国外观设计专利公报复印件，其授权公告日为2004年1月7日（同证据1.1）；

证据2.2：ZL200430008065.8中国外观设计专利公报复印件，其申请日为2004年4月9日，授权公告日为2004年11月3日，专利权人为谢伟杰（同证据1.2）。

第二请求人认为，本专利相对于证据2.1不符合专利法第23条的规定，相对于证据2.2不符合专利法实施细则第13条第1款的规定，因此应当被宣告无效。

经形式审查合格，专利复审委员会依法受理了上述无效宣告请求（案件编号6W06664），于2006年11月27日向第二请求人和专利权人发出无效宣告请求受理通知书，并将无效宣告请求书及其附件清单中所列附件的副本转送给专利权人。

专利复审委员会于2006年12月21日收到专利权人针对第二请求人提出的案件编号6W06664的无效宣告请求的意见陈述书，鉴于第二请求人的无效理由及其证据与第一请求人的无效理由及其证据完全相同，专利权人在上述意见陈述书中的具体意见与针对第一请求人的意见也完全相同，其认为本专利与证据2.1（以下将证据1.1、证据2.1统称为证据1）、证据2.2（以下将证据1.2、证据2.2统称为证据2）均不相同也不相近似，因此本专利符合专利法第23条以及专利法实施细则第13条第1款的规定。

专利复审委员会依法成立合议组对上述两个无效宣告请求进行审理。根据审查指南有关合并审理的规定，本案合议组决定对上述两个无效宣告请求合并审理。应三方当事人的请求，本案合议组定于2007年2月8日举行口头审理，于2007年1月18日向三方当事人发出无效宣告请求口头审理通知书，随同口头审理通知书，将2006年11月3日收到的专利权人针对案件编号6W06435的无效宣告请求的意见陈述书转送给第一请求人，将2006年12月21日收到的专利权人针对案件编号6W06664的无效宣告请求的意见陈述书转送给第二请求人。

口头审理如期举行，三方当事人均出席了口头审理。第一、第二请求人明确无效理由、证据及范围均为：本专利相对于证据1不符合专利法第23条的规定，相对于证据2不符合专利法实施细则第13条第1款的规定。专利权人对证据1和2的真实性无异议。在口头审理中，三方当事人就本专利是否符合专利法第23条以及专利法实施细则第13条第1款的规定充分发表了意见，其观点如下：(1) 关于专利法第23条的无效理由，第一、第二请求人认为证据1与本专利都是六角柱状，并且罐盖都是扁圆柱状，因此整体上构成相近似。专利权人认为本专利与证据1的区别在于证据1茶叶罐的上部和下部都有比较高的凸台，并且凸台所占比例比较大，而本专利是细长的，下面的凸台所占比例很小。(2) 关于专利法实施细则第13条第1款的无效理由，第一、第二请求人认为证据2的申请日在本专利申请日之前，其公开日在本专利申请日之后，并由同一申请人申请，并且本专利只是保护形状，而产品形状与证据2完全相同。专利权人认为证据2上有图案，与本专利不同，并且证据2的茶叶罐下边的凸台相对于本专利更为凸出，凸台所占比例比本专利大。

至此，合议组认为本案事实清楚，现依法作出审查决定。

二、决定的理由

1. 关于证据

在本无效程序中，第一、第二请求人提交的证据相同，均为证据1和2，专利权人对其真实性没有异议，经合议组核实证据1和2可以作为本案证据使用。证据1的公开日期在本专利的申请日之前，因此其可以用于评价本专利是否符合专利法第23条的规定；证据2是一份申请日在本专利申请日之前、公开日在本专利申请日之后的中国外观设计专利，其可以用于评价本专利是否符合专利法实施细则第13条第1款的规定。

2. 关于专利法第23条

专利法第23条规定：授予专利权的外观设计，应当同申请日以前在国内外出版物上公开发表过或者国内公开使用过的外观设计不相同和不相近似，并不得与他人在先取得的合法权利相冲突。

第一、第二请求人认为证据1与本专利都是六角柱状，并且罐盖都是扁圆柱状，因此整体上构成相近似。

本案合议组经审理，查明：

本专利是一种茶叶罐的外观设计，包括主视图、左视图、俯视图和仰视图共四面视图，根据其简要说明可知其右视图与左视图相同，后视图与主视图相同，故省略了右视图和后视图。通过观察各个视图，可以看到：该茶叶罐由罐体和罐盖构成，其中罐体为六角柱状，且在罐体底部有一较小的凸台，罐盖为扁圆柱状，罐盖中部略微凸起，详见本决定的附图"本专利"。另外，本专利仰视图在使用时是不易看到的部位，对整体视觉效果不产生显著影响，故略去对仰视图的公开内容的说明。

证据1也是一种茶叶罐的外观设计，同样包括主视图、左视图、俯视图和仰视图共四面视图，并且也是由于右视图与左视图相同，后视图与主视图相同，省略了右视图和后视图。观察各个视图，可以看到：该茶叶罐由罐体和罐盖构成，其中罐体大体为六角柱状，在罐体上部和底部各有一个凸台，罐盖为扁圆柱状，罐盖中部略微凸起，详见本决定的附图"证据1"。另外，证据1仰视图在使用时是不易看到的部位，对整体视觉效果不产生显著影响，故略去对仰视图的公开内容的说明。

将本专利与证据1进行比较，可以看出二者都是由罐体和罐盖构成，罐体大体为六角柱状，罐盖为扁圆柱状。此外，二者存在以下区别：证据1中茶叶罐在罐体上部和底部各有一个凸台，且上下两个凸台都比较明显，而本专利中仅仅在罐体底部有一较小的凸台。正是由于上述区别，使证据1罐体明显具有腰部，并且使得证据1中茶叶罐罐体看起来比本专利的罐体更为粗大，从而与本专利显著区别开来，也就是说一般消费者通过对本专利和证据1的整体观察可以看到，两者之间的上述差别对于茶叶罐外观设计的整体视觉效果具有显著的影响，因此本专利与证据1既不相同也不相近似，符合专利法第23条的规定。

3. 关于专利法实施细则第13条第1款

专利法实施细则第13条第1款规定：同样的发明创造只能被授予一项专利。

第一、第二请求人认为本专利只是保护形状，而该形状与证据2完全相同，因此本专利不符合专利法实施细则第13条第1款的规定。

本案合议组经审理，查明：

证据2保护一种茶叶罐外观设计，包括六面视图。通过观察各个视图，可以看到：该茶叶罐由罐体和罐盖构成，其中罐体为六角柱状，且在罐体底部有一很小的凸台，罐盖为扁圆柱状，罐盖中部略微凸起，罐体的六个柱面从上到下均有图案，详见本决定的附图"证据2"。另外，证据2仰视图在使用时是不易看到的部位，对整体视觉效果不产生显著影响，故略去对仰视图的公开内容的说明。

将本专利与证据2进行比较，可以看出二者都是由罐体和罐盖构成，罐体为六角柱状，罐盖为扁圆柱状。二者的区别在于：证据2中茶叶罐罐体的六个柱面从上到下均有图案，而本专利罐体的六个柱面上没有图案。

合议组认为，对于外观设计专利而言，产品的形状、图案、色彩属于其保护的内容。由于本专利仅保护茶叶罐的形状，而证据2既保护茶叶罐的形状，同时还保护茶叶罐上的图案，也就是说二者的保护范围不同，因此不属于同样的发明创造，即本专利符合专利法实施细则第13条第1款的规定。

综上所述，本专利与证据1不相同也不相近似，同时与证据2不属于同样的发明创造，因此本专利符合专利法第23条以及实施细则第13条第1款的规定。

三、决定

维持200430078383.1号外观设计专利权有效。

当事人对本决定不服的，可以根据专利法第46条第2款的规定，自收到本决定之日起三个月内向北京市第一中级人民法院起诉。根据该款的规定，一方当事人起诉后，另一方当事人应当作为第三人参加诉讼。

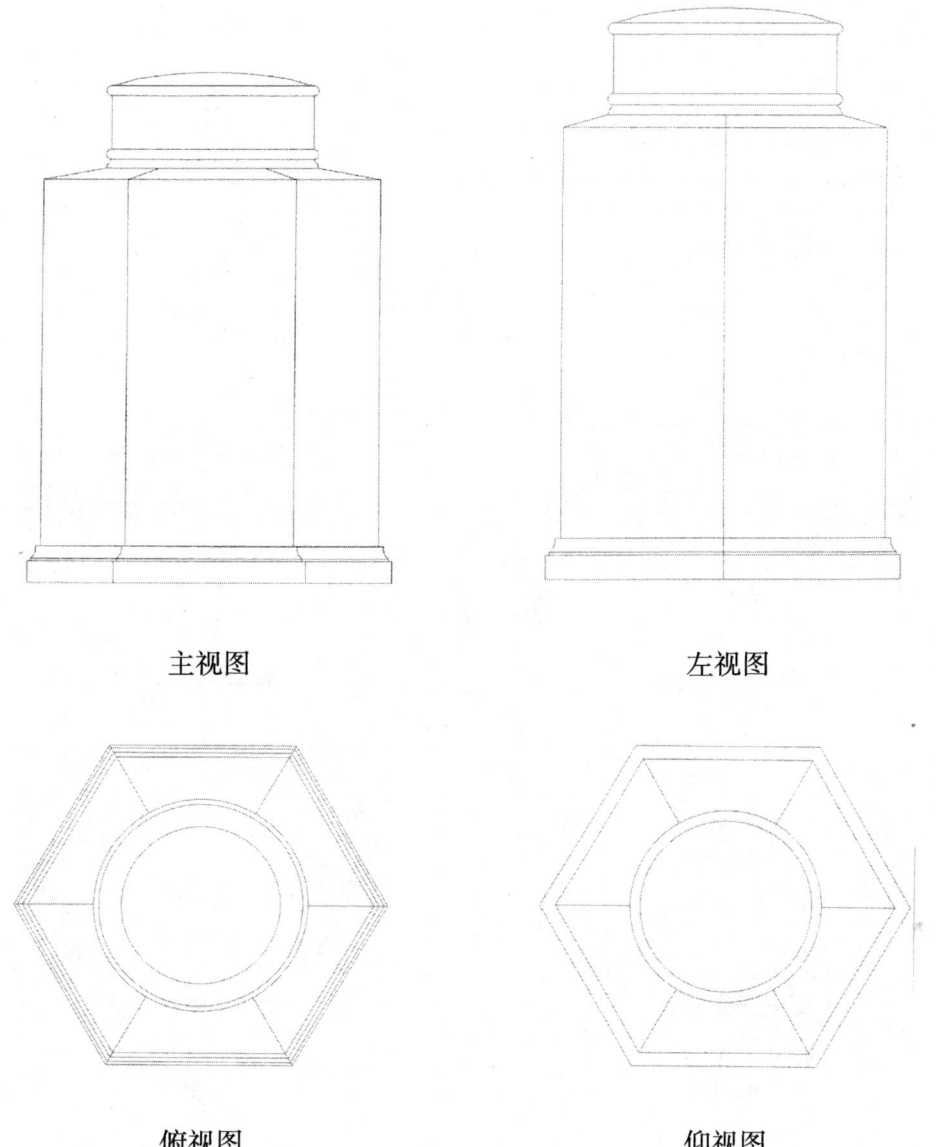

主视图　　　　　　　　左视图

俯视图　　　　　　　　仰视图

本专利

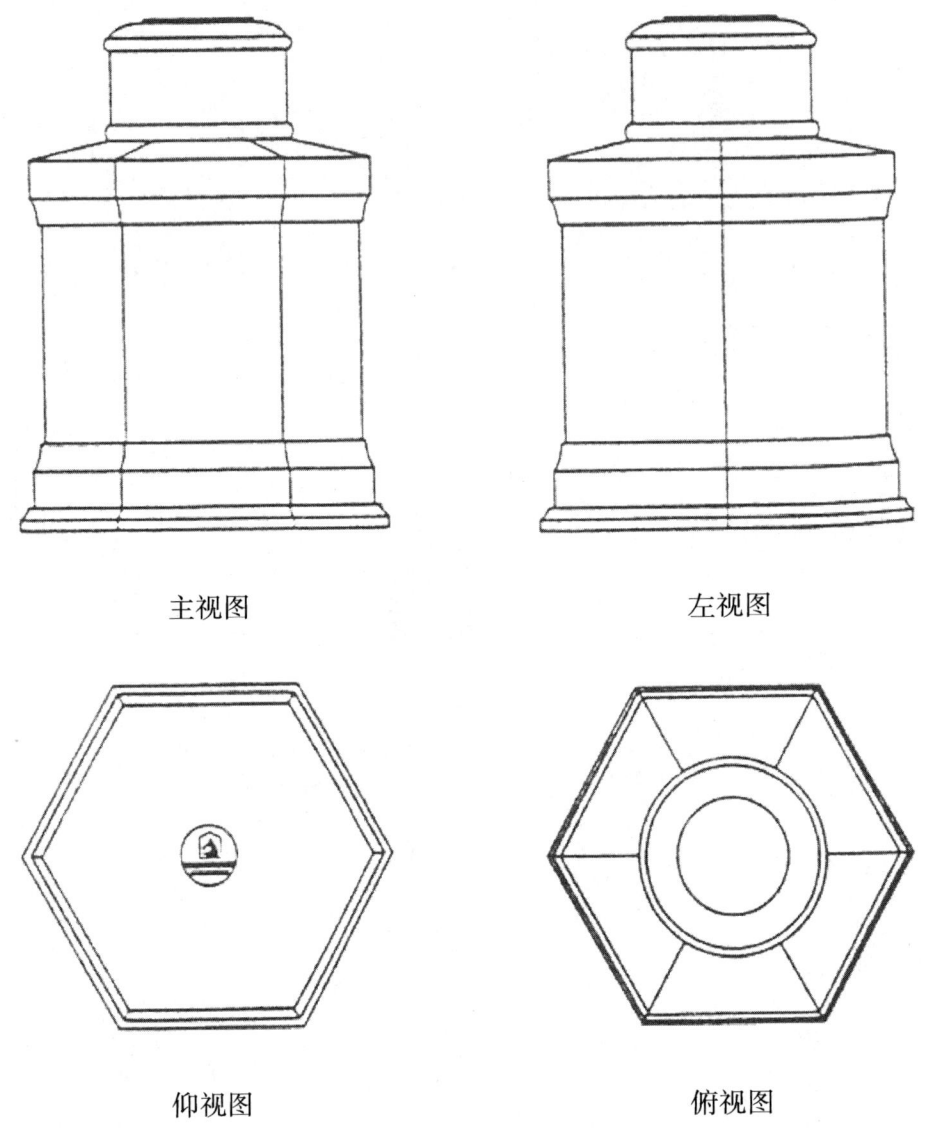

主视图　　　　　　　　左视图

仰视图　　　　　　　　俯视图

证据 1

主视图

后视图

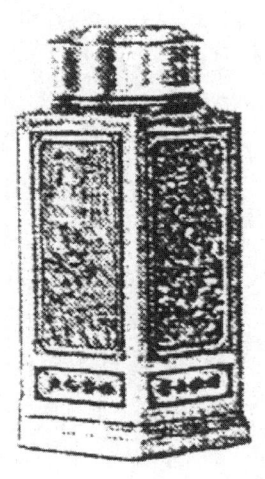
右视图

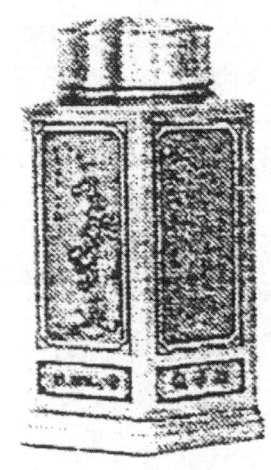
左视图

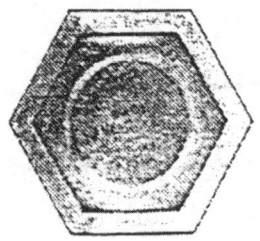
仰视图

俯视图

证据 2

标贴（长城葡园）

无效宣告请求审查决定（第 9634 号）

决 定 号	第 9634 号
决 定 日	2007 年 3 月 27 日
发明创造名称	标贴（长城葡园）
外观设计分类号	19-08
无效宣告请求人	秦皇岛金色长城葡园酿酒有限公司
专 利 权 人	深圳世尠酒业有限公司
专 利 号	02365162.8
申 请 日	2002 年 11 月 25 日
授权公告日	2003 年 10 月 1 日
合议组组长	吴赤兵
主 审 员	张雪飞
参 审 员	徐清平
附 图	1 页

法 律 依 据 专利法第 23 条
决 定 要 点
请求人提交的证据或无原件，不足以认定真实性，或其上所示的在先设计与本专利的主要图案差别明显，属于不相同且不相近似的外观设计，因此请求人提交的证据均不能支持其无效宣告请求的理由。

一、案由

本无效宣告请求涉及的是国家知识产权局于 2003 年 10 月 1 日授权公告的 02365162.8 号外观设计专利，使用该外观设计的产品名称是"标贴（长城葡园）"，申请日是 2002 年 11 月 25 日，专利权人是深圳世尠酒业有限公司。

针对上述外观设计专利权（下称本专利），秦皇岛金色长城葡园酿酒有限公司（下称请求人）于 2005 年 11 月 16 日向专利复审委员会提出无效宣告请求，其理由是本专利不符合专利法第 23 条的规定。请求人认为在本专利申请日以前已有与其相近似的外观设计在出版物上公开发表过和在国内公开使用过，并提交了如下证据附件：

附件 1 是公告日为 2002 年 1 月 9 日的 01329181.5 号外观设计专利的检索文本复印件 2 页，其公告号为 CN 3217846，使用该外观设计的产品名称为"标贴（嘉裕长城干红葡萄酒 1）"；

附件2是请求人与珠海市陆碣贸易有限公司签订的《经销协议书》复印件5页；

附件3是请求人与北京嘉裕东方葡萄酒有限公司签订的《经销协议书》复印件5页；

附件4是2000年第30期总第747期《商标初步审定公告》第584页复印件1页。

专利复审委员会根据无效宣告请求审查程序的规定受理了该无效宣告请求，并于2005年11月16日将请求人的无效宣告请求文件转送专利权人。

其后，请求人又于2005年12月15日提交了意见陈述书，针对附件3补充了如下证据附件以证明在本专利申请日以前已有与其相近似的外观设计在国内公开使用过（编号续前）：

附件5是第01215072号《河北增值税专用发票》复印件1页；

附件6是第01215071号《河北增值税专用发票》复印件1页；

附件7是请求人的《企业法人营业执照（副本）》复印件1页。

专利复审委员会于2005年12月21日收到专利权人的意见陈述书，专利权人认为本专利是独立设计、自有知识产权的作品，在申请日以前无任何在先公开；请求人提交的附件1所示标贴与本专利不相同且不相近似，附件2和附件3所示合同是假的，附件4所示商标与本专利属于不同的法律范畴，也无任何相近似性，因此本专利应予维持；专利权人同时说明了本企业情况及其与请求人之间的纠纷情况，并提交了如下证据附件：

反证1是《证明》复印件1页；

反证2是图案设计稿复印件1页，并附证言；

反证3是酒标复印件1页；

反证4是本专利图片复印件1页；

反证5是请求人提交的附件1所示专利的图片复印件1页；

反证6是专利权人获得的《外观设计专利证书》复印件8页；

反证7是北京市高级人民法院作出的"（2004）高民初字第1288号"《民事裁定书》复印件3页；

反证8是请求人与专利权人签订的《合作协议书》复印件2页、2张《河北增值税专用发票》复印件和2张《储蓄专用存款凭证》复印件。

专利复审委员会于2006年11月27日将请求人补充的意见陈述及附件和专利权人的意见陈述及附件分别转送对方当事人；同时向双方当事人发出口头审理通知书，定于2007年1月8日对本案进行口头审理，并告知双方当事人应在指定期限内提交相关证据的原件。

专利复审委员会于2006年12月6日收到请求人的口头审理通知书回执，请求人说明因本专利纠纷已经由司法途径解决，故不参加口头审理。

专利权人于2006年12月8日提交了口头审理通知书回执和意见陈述书，说明不参加口头审理；并认为请求人提交的附件5和附件6所示发票不能体现所买卖产品的标贴，同时上述发票的开具行为涉嫌违法；且请求人作为证据提交的外观设计产品已被法院判决为商标侵权，其用侵权产品对抗本专利是没有法律效力的，因此本专利应予维持。专利权人同时补充了如下证据附件（编号续前）：

反证9是最高人民法院作出的"（2005）民三终字第5号"《民事判决书》复印件21页。

定于2007年1月8日举行的口头审理，因双方当事人均未出庭而未举行。

在上述审理的基础上，合议组经合议，认为本案事实清楚，依法作出本审查决定。

二、决定的理由

基于请求人提出的无效宣告请求的理由和证据，合议组依据专利法第23条的规定对本案进行审理。

专利法第 23 条规定：授予专利权的外观设计，应当同申请日以前在国内外出版物上公开发表过或者国内公开使用过的外观设计不相同和不相近似，并不得与他人在先取得的合法权利相冲突。

请求人提交的附件 1 是公告日为 2002 年 1 月 9 日的 01329181.5 号外观设计专利的检索文本复印件，其公告号为 CN 3217846，使用该外观设计的产品名称为"标贴（嘉裕长城干红葡萄酒 1）"。经合议组核实，该附件内容真实，确系在本专利申请日（2002 年 11 月 25 日）以前授权公告的外观设计专利的公开文本，属于专利法第 23 条所规定的公开出版物，适用于本案。

在该 01329181.5 号外观设计专利的文本中公开了一款标贴的外观设计（下称在先设计）。从图片上观察，在先设计整体为长方形的平面产品，背面不可见；正面图案从上至下排列"JIAYU CHANGCHENG"字样、中部图案和细小的文字、图案设计，其中部图案包含蜿蜒的长城和山脉等设计（详见在先设计附图）。

本专利也是标贴的外观设计，整体为长方形的平面产品，背面不可见；正面图案从上至下排列"GOLDEN WALL"字样、中部图案、"CABERNET SAUVIGNON"字样及其他细小文字，其中部图案包含蜿蜒的长城、山脉、房屋和田园等设计（详见本专利附图）。

合议组认为：本专利和在先设计均为标贴的外观设计，用途相同，属于相同种类的产品，具有可比性。

将本专利与在先设计相比较，其相同点为：二者的形状均为长方形，正面图案的整体布局基本相同。合议组认为：从整体视觉观察，虽然二者具有上述相同点，但是由于二者正面中部主要图案的设计构图和设计内容明显不同，足以导致一般消费者对本专利与在先设计的整体外观设计产生显著的视觉差别，因此二者应属于不相同且不相近似的外观设计。

请求人提交的附件 2 是请求人与珠海市陆碣贸易有限公司签订的《经销协议书》复印件；附件 3 是请求人与北京嘉裕东方葡萄酒有限公司签订的《经销协议书》复印件；附件 4 是 2000 年第 30 期总第 747 期《商标初步审定公告》第 584 页复印件；附件 5 是第 01215072 号《河北增值税专用发票》复印件；附件 6 是第 01215071 号《河北增值税专用发票》复印件；附件 7 是请求人的《企业法人营业执照（副本）》复印件。针对上述附件，合议组认为：由于请求人未能提交上述证据的原件，也未参加口头审理对证据进行质证，从而无法核实其真实性，仅凭复印件不足以作为认定事实的依据，因此合议组对上述证据均不予采信。

综上所述，请求人提交的证据均不能支持其无效宣告请求的理由。在此结论基础上，合议组对专利权人提交的反证不再予以评述。

三、决定

维持 02365162.8 号外观设计专利权有效。

当事人对本决定不服的，可以根据专利法第 46 条第 2 款的规定，自收到本决定之日起三个月内向北京市第一中级人民法院起诉。根据该款的规定，一方当事人起诉后，另一方当事人应当作为第三人参加诉讼。

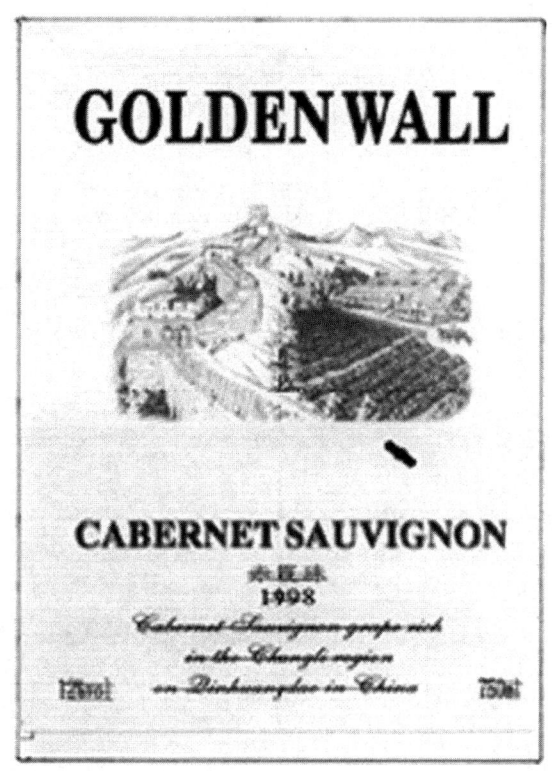

本专利

在先设计

包装盒（精制豆腐乳）

无效宣告请求审查决定（第9639号）

决 定 号	第9639号
决 定 日	2007年3月30日
发明创造名称	包装盒（精制豆腐乳）
外观设计分类号	09-03
无效宣告请求人	宜丰宾馆
专 利 权 人	卢仕平
专 利 号	200430114823.4
申 请 日	2004年12月14日
授权公告日	2005年8月3日
合议组组长	钟 华
主 审 员	高海燕
参 审 员	李 阳
附 图	2页

法律依据 专利法第23条

决定要点

如果一项外观设计专利与在先外观设计的整体形状相同，图案和色彩相近似，使得该项外观设计专利与在先外观设计在整体视觉效果上相近似，则该项外观设计专利不符合专利法第23条的规定。

一、案由

本无效宣告请求案涉及国家知识产权局于2004年12月14日受理、专利号为200430114823.4、名称为"包装盒（精制豆腐乳）"的外观设计专利（下称本专利），其专利权人为卢仕平，授权公告日为2005年8月3日。

针对上述专利权，宜丰宾馆（下称请求人）于2006年3月29日向国家知识产权局专利复审委员会提出无效宣告请求，理由是本专利不符合专利法第23条的规定，同时请求人提交了以下附件作为证据材料：

附件1：200430014419.X号外观设计专利图片复印件；
附件2：请求人声称的于2004年5月6日生产的"精制蛋白乳"包装盒外观设计照片；
附件3：本专利的使用状态图。

请求人认为，附件1公开了与本专利同一种类的产品的外观设计，二者相比，（1）在主视图上，二者主视图形状相同；二者主视图图案在题材、构图方法、表现形式及花样大小上相同；二者色彩相同；附件1所示外观设计与本专利相比虽然有盘子一侧边缘的几朵小红花与小红辣椒、豆子与豆荚、作为图案装饰作用的文字"蛋白"与"豆腐"的细微差别，但这些差别对二者的整体视觉效果不具有显著的影响，因此，二者主视图相近似；（2）在仰视图上，二者仰视图形状相同；由于仰视图为不可见部位，无图案和色彩可比，所以二者仰视图相同；（3）在左视图和右视图上，二者左视图均没有图案；二者左视图色彩相同；由于本专利的左视图并非使用状态下的左视图，而是印制时的展开状态图，其与附件1所示外观设计左视图的展开印制状态图相同，所以二者左视图形状相同；本专利简要说明中说明本专利右视图与左视图相同，附件1所示外观设计的右视图与左视图相同，因此，二者的右视图相同；（4）在俯视图上，基于与上述左视图同样的理由，二者俯视图形状和色彩相同；二者都没有图案；本专利俯视图形状与附件1所示外观设计在展开印制状态时相同，这可以通过本专利俯视图上冲压制成的开孔边槽痕、再结合左视图上的折叠边痕可以看出，该开孔与附件1所示外观设计上所设开孔一样，为本专利使用状态下的提手孔，因此，二者俯视图相同。综上，本专利与附件1所示外观设计相近似。附件2公开了与本专利同一种类的产品的外观设计，基于与本专利主视图与附件1所示外观设计主视图对比时的相同理由，本专利主视图形状、图案和色彩分别与附件2所示外观设计的主视图相近似；本专利的俯视图、左视图、右视图和仰视图分别与附件2所示外观设计的各相应视图相同。因此，本专利与附件2所示外观设计相近似。

专利复审委员会于2006年6月9日向双方当事人发出无效宣告请求受理通知书，并将请求人的意见和证据材料转送给专利权人，要求其在收到本通知书之日起一个月内对该无效宣告请求陈述意见。

专利权人在规定期限内未陈述意见。

专利复审委员会依法成立本案合议组，并于2006年9月18日向双方当事人发出无效宣告请求口头审理通知书，定于2006年11月15日举行口头审理。

口头审理于2006年11月15日如期举行，请求人参加了口头审理，专利权人未参加口头审理。在口头审理中，请求人对合议组成员无回避请求；请求人明确表示无效理由为本专利不符合专利法第23条的规定；附件1证明本专利在申请日之前已经在国内公开发表；附件2证明本专利在先公开使用；附件3证明将本专利展开的使用状态与附件1和2的使用状态完全一样。

至此，合议组认为本案事实已经清楚，可以依法作出审查决定。

二、决定的理由

1. 关于证据

请求人提交的附件1是200430014419.X号外观设计专利图片复印件，合议组将其与专利公报核实后对该附件1的真实性予以认可。从200430014419.X号外观设计专利公报上可知，其发明名称是"包装盒（精制蛋白乳）"，分类号是09-03，公开日是2004年10月20日，早于本专利的申请日，因此，附件1所示外观设计可以作为本专利申请日之前公开的在先外观设计（下称在先设计）。

请求人提交的附件2是其声称的于2004年5月6日生产的"精制蛋白乳"包装盒外观设计照片，由于该类证据形成随意，在没有其他证据质证附件2真实性的情况下，附件2不能作为认定本案事实的定案依据。

请求人提交的附件3用于证明本专利的使用状态，专利权人对附加3的准确性未提出反对意见，因此，附件3可以作为说明本专利使用状态图的参考依据。

2. 关于专利法第23条

专利法第23条规定：授予专利权的外观设计，应当同申请日以前在国内外出版物上公开发表过或者国内公开使用过的外观设计不相同和不相近似，并不得与他人在先取得的合法权利相冲突。

审查指南第四部分第五章第5节"判断方式"规定：在判断外观设计相同或者相近似时，应当从一般消费者的角度对在先设计与被比设计进行整体观察、综合判断。所谓整体观察、综合判断是指由被比设计的整体来确定是否与在先设计相同或者相近似，而不从被比设计的部分或者局部出发得出与在先设计是否相同或者相近似的结论；第6.2节"外观设计相近似的判断"规定：被比设计的形状、图案、色彩与在先设计相近似的，被比设计与在先设计相近似；第6.3节"形状相近似的判断"规定：对于包装盒这类产品，应当以其使用状态下的形状作为判断相近似的依据。

本专利与在先设计均为包装盒的外观设计，二者用途相同，属于同一类别的产品，具有可比性。

本专利是关于包装盒"精制豆腐乳"的外观设计，其外观设计简要说明中说明本专利主视图与后视图相同，并请求保护色彩。从本专利主视图和俯视图的长方形扣手挡片，以及左视图和右视图上隐约可见的倒"V"形折痕可推知，本专利的包装盒在使用状态下呈现上部带有长方形扣手的尖顶屋形形状，而本专利的主视图、左视图、右视图和俯视图均为本专利的包装盒在展开印制状态下的图片；从本专利主视图观察，其图案上部为绿色，下部为有黄绿色边框的以盛有红色豆腐乳的盘子和绿色豆荚为题材的矩形图案，矩形图案四周镶有以豆子为题材的黄绿色边框，矩形图案内的上部是排成一行的"精制豆腐乳"五个字，其中"乳"字明显较大并显示为红色，盘子的左侧稍微伸出至边框部分，在盘子的右侧边缘外有几颗红色小辣椒。从本专利俯视图、左视图和右视图观察，其整体色彩均为绿色，但均未显示出其他特别的图案；从本专利仰视图观察，其未显示出特别的图案和色彩（详见本专利附图）。

在先设计是关于包装盒"精制蛋白乳"的外观设计，从在先设计主视图和俯视图上的长方形扣手孔、以及左视图和俯视图的顶部折痕可知，在先设计的包装盒在使用状态下呈现上部带有长方形扣手的尖顶屋形的形状。从在先设计主视图观察，其图案上部为绿色，下部为有黄色边框的以盛有黄红色豆腐乳的盘子和黄色豆子为题材的矩形图案，矩形图案四周镶有以豆子为题材的黄绿色边框，矩形图案内的上部是排成一行的"精制豆腐乳"五个字，其中"乳"字明显较大且显示为黄色，并伸出至边框部分，盘子的左边缘和下边缘明显伸出至边框部分，在盘子的右侧边缘内有红色图案。从在先设计俯视图、左视图观察，其整体色彩均为绿色，但均未显示出其他特别的图案；从在先设计仰视图观察，其图案为由上下黄色、左右绿色的窄条组成的边框（详见在先设计附图）。

将本专利与在先设计相比较，二者的主要相同点或相近似点在于：（1）二者在使用状态下的整体形状相同，均呈现上部带有长方形扣手的尖顶屋形形状；（2）二者主视图图案上部均为绿色，下部均为有豆子边框的以盛有豆腐乳的盘子和背景物为题材的矩形图案，矩形图案内的上部均是排成一行的"精制豆腐乳"五个字，且"乳"字均明显较大，由此可见，二者主视图图案在题材、构图方法和色彩上相近似；（3）二者俯视图、左视图整体色彩相同，且均未显现出其他图案。因此，本专利与在先设计在使用状态下的形状相同，在俯视图和左视图的色彩上相同，在主视图图案的题材、构图方法和色彩上相近似。

将本专利与在先设计相比较，二者的主要不同点在于：（1）二者的主视图图案中，盘子和"乳"字的位置、"乳"字的颜色和字体略有差别，在先设计中盘子和"乳"字相比本专利而言向边框部分伸出的更多，在先设计中"乳"字显示为黄色，而本专利中"乳"字显示为红色；边框的颜色、豆腐乳的颜色略有差别；矩形图案内的背景物略有不同，本专利为绿色豆荚，而在先设计为黄色豆子；本专利盘子的右侧边缘外有几颗红色小辣椒，而在先设计盘子的右侧边缘内有红色图案；（2）本专利仰视图未显示出其他图案和色彩，而在先设计仰视图图案有由上下黄色、左右绿色的窄条组成的边框。但是，上述盘子和"乳"字的位置、"乳"字的颜色和字体的略微差别、边框和豆腐乳的颜色的略微差别、矩形图案内背景物的不同、盘子右侧边缘内外图案的略微不同、仰视图图案的略微不同均是局部的细微差别，对二者包装盒的整体视觉效果尚不足以造成显著影响。

因此，本专利与在先设计在使用状态下的形状相同，二者在图案和色彩上相近似，且二者的区别点不足以对二者的整体视觉效果带来显著影响，因此，本专利与在先设计相近似，本专利不符合专利法第 23 条的规定。

三、决定

宣告 200430114823.4 号外观设计专利权全部无效。

当事人对本决定不服的，可以根据专利法第 46 条第 2 款的规定，自收到本决定之日起三个月内向北京市第一中级人民法院起诉。根据该款的规定，一方当事人起诉后，另一方当事人应当作为第三人参加诉讼。

 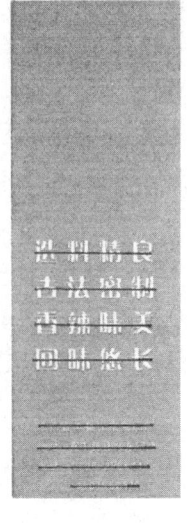 

主视图　　　　　　　左视图　　　　　右视图

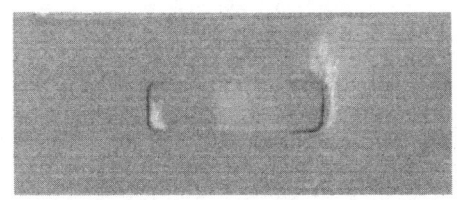

俯视图　　　　　　　　　　　　仰视图

本专利附图

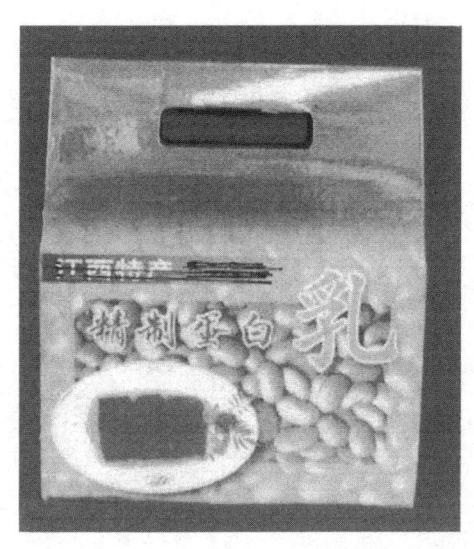

主视图

左视图

俯视图

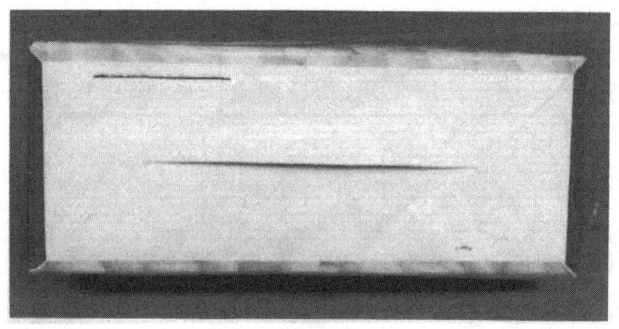

仰视图

在先设计附图

墙地砖（米格拉系列 C）

无效宣告请求审查决定（第 9640 号）

决 定 号	第 9640 号
决 定 日	2007 年 4 月 3 日
发明创造名称	墙地砖（米格拉系列 C）
外观设计分类号	25-01
无效宣告请求人	覃伯祥
专 利 权 人	佛山市南海区彩鸿陶瓷有限公司
专 利 号	200430063261.5
申 请 日	2004 年 8 月 6 日
授 权 公 告 日	2005 年 2 月 2 日
合 议 组 组 长	黄毅斐
主 审 员	李韵美
参 审 员	孙治国
法 律 依 据	专利法第 23 条
决 定 要 点	

请求人没有在口头审理结束之前提供充分的证据支持其无效宣告理由，应当作出维持专利权有效的决定。

一、案由

本无效宣告请求涉及国家知识产权局于 2005 年 2 月 2 日授权公告的 200430063261.5 号外观设计专利（下称本专利），其名称为"墙地砖（米格拉系列 C）"，申请日为 2004 年 8 月 6 日，专利权人是佛山市南海区彩鸿陶瓷有限公司。

针对上述专利权，覃伯祥（下称请求人）于 2006 年 6 月 23 日向国家知识产权局专利复审委员会提出无效宣告请求，认为本专利不符合专利法第 22 条第 1 款和第 23 条的规定，请求宣告本专利无效。请求人提交了如下附件作为证据：

附件 1：《广东科技报》2003 年 10 月 18 日第 11 版复印件；

附件 2：《陶城报》2004 年 2 月 27 日 B1 版复印件；

附件 3：请求人声称为"简一陶瓷"产品宣传页的复印件，共 3 页。

请求人在无效宣告请求书中认为：本专利与佛山市简一陶瓷有限公司在先研发的"香榭丽石抛光马赛克"（又称五度空间石）明显相似相同。佛山市简一陶瓷有限公司已经在本专利申请日前使用上述外观设计，并将"香榭丽石抛光马赛克"（又称五度空间石）这一外观设计在国内外公开发行的报刊《广东科技报》（2003年10月18日第11版，标题：让马赛克焕发新生命——简一陶瓷独创香榭丽石抛光马赛克）和《陶城报》（2004年2月27日B1版，标题：简一陶瓷牛气足——2004年"简一"经销商大会见闻）进行了公开发表和宣传，简一陶瓷公司亦制作"五度空间石画册"对外公开宣传，产品大量投放市场，销往国内外，可见，本专利不具有新颖性。

经形式审查合格，专利复审委员会依法受理了上述无效宣告请求，并于2006年8月7日向请求人和专利权人发出无效宣告请求受理通知书，同时将无效宣告请求书及其附件清单中所列附件副本转寄给专利权人。

专利权人于2006年9月4日提交了针对无效宣告请求的答辩意见。专利权人认为：

（1）本专利是外观设计专利，不适用于专利法第22条第1款的规定；

（2）请求人在请求书中所附的《陶城报》2004年2月27日B1版以及三页据称为简一陶瓷公司《五度空间石图册》的彩页均为复印件，未见其原件，怀疑其真实性；此外，请求人也没有提交《五度空间石图册》的封面、封底，专利权人无法获知这三页彩色复印件是否包含在《五度空间石图册》内，也无法获知这本《五度空间石图册》的庐山真面目，更无法获知这本《五度空间石图册》的出版日期、出版刊号等资料，即无法证明《五度空间石图册》是一本公开出版物，这三页彩色复印件与《五度空间石图册》不能相互印证，缺乏证据的关联性；

（3）《陶城报》2004年2月27日B1版刊登的文章"简一陶瓷牛气足"，是一篇报道经销大会见闻的文章，文中提到"五度空间石"的装饰效果，而没有涉及产品的外观设计，即没有公开该产品的形状和图案，因而对本专利的专利性不构成任何影响；

（4）本专利的设计要点是墙地砖的正面图案，它是由大正方形格、中长方形格、小正方形格按不同组合方式拼合而成，小正方形格面积约为中长方形格面积的1/2，约为大正方形格面积的1/4，形成一种独特的纹理风格和富于美感的装饰效果；附件3中三页五度空间石的各种可对比的墙地砖正面图案均由大小一样的小正方形格纵横整齐排列拼合而成，其图案与本专利图案既不相同也不相近似，两者所形成的纹理风格和装饰效果有很大差别，二者属于不相同或不相近似的外观设计，本专利符合专利法第23条的规定。

本案合议组于2007年1月18日发出了口头审理通知书，定于2007年3月7日进行口头审理，并向请求人发出了转送文件通知书，随该通知书将专利权人于2006年9月4日提交的意见陈述书转寄给请求人。

口头审理于2007年3月7日如期举行。双方当事人对对方出庭人员的身份无异议，对合议组成员无回避请求；请求人明确放弃专利法第22条第1款的无效理由，并当庭出示了附件1、2的原件，明确其无效理由为本专利不符合专利法第23条的规定；专利权人明确表示对附件1和附件2的真实性无异议，并核实确认复印件与原件一致；请求人在口头审理结束前未提交附件3的原件；专利权人对附件3的真实性以及与附件1、2的关联性均有异议。

在口头审理双方当事人已经充分发表意见的基础上，对本案事实已经调查清楚，合议组经合议后，当庭作出维持200430063261.5号外观设计专利权有效的决定。

二、决定的理由

根据请求人提出的无效宣告请求的理由和提交的证据，本案合议组依据专利法第23条对本案进行审理。

专利法第23条规定：授予专利权的外观设计，应当同申请日以前在国内外出版物上公开发表过或者国内公开使用过的外观设计不相同和不相近似，并不得与他人在先取得的合法权利相冲突。

请求人提交了附件1的原件，经核实，合议组对其真实性予以确认。附件1以文字的形式公开了如下内容："近年来，马赛克受到欧美室内设计师的青睐，除了它的怀旧感，还因为小方格组成的墙、地面，较之大块墙、地砖更活泼和富于生活气息。"合议组认为，该部分文字描述仅公开了马赛克图案由小方格组成。

请求人提交了附件2的原件，经核实，合议组对其真实性予以确认。附件2虽然报道了简一陶瓷的香榭丽石抛光砖供不应求，并推出全新系列产品——五度空间石等信息，但是附件2的文字部分并未公开任何简一陶瓷产品的形状、图案、色彩的明确具体说明。

请求人没有提交附件3的原件，专利权人对其真实性有异议，在没有其他相关证据进行佐证的情况下，合议组无法确认其真实性，因此对附件3不予采信。

由于附件3不能作为证据使用，因此无法与附件1或附件2形成完整的证据链证明与本专利相同或相近似的外观设计产品在本专利的申请日之前已经公开发表或使用。

综上所述，请求人提供的证据不足，不能支持其提出的本专利不符合专利法第23条规定的无效理由。

三、决定

维持200430063261.5号外观设计专利权有效。

当事人对本决定不服的，可以根据专利法第46条第2款的规定，自收到本决定之日起三个月内向北京市第一中级人民法院起诉。根据该款的规定，一方当事人起诉后，另一方当事人应当作为第三人参加诉讼。

汽车天窗

无效宣告请求审查决定（第9641号）

决 定 号	第9641号
决 定 日	2007年4月9日
发明创造名称	汽车天窗
外观设计分类号	12-16
无效宣告请求人	诸城市华辰工程塑料有限公司
专 利 权 人	窦清波
专 利 号	200530091016.X
申 请 日	2005年1月27日
授权公告日	2005年10月5日
合议组组长	刘颖杰
主 审 员	杨军艳
参 审 员	王琦琳
法 律 依 据	专利法第23条
决 定 要 点	未能出席口头审理作证的证人出具的书面证言不能单独作为认定案件事实的依据。

一、案由

本无效宣告请求案涉及的是国家知识产权局于2005年10月5日授权公告的、名称为"汽车天窗"的外观设计专利（下称本专利），其申请号是200530091016.X，申请日是2005年1月27日，专利权人是窦清波。

针对本专利权，诸城市华辰工程塑料有限公司（下称请求人）于2006年8月14日向专利复审委员会提出无效宣告请求，其理由是：本外观设计已于申请日前在"江淮"汽车上使用，"江淮"汽车所使用的天窗与本专利的主要设计部分完全相同，只有细微局部的差别，因此两者相近似，本专利不符合专利法第23条的规定。请求人提交的附件如下：

附件1：（2006）诸证民字第323号公证书3页及所附的《现场工作记录》复印件1页和照片13张；

附件2：（2006）诸证民字第331号公证书3页及所附的《调查笔录》复印件2页、《现场工作记录》复印件1页、No.00132007号机动车销售统一发票发票联复印件1页、号牌号码为"鲁G24227"的中华人民共和国机动车行驶证及其副页复印件2页、曹金玉身份证复印件1页和照片5张。

此外，请求人还提交了1张录像光盘。

经形式审查合格，专利复审委员会依法受理了上述无效宣告请求，并于2006年8月14日向双方当事人发出无效宣告请求受理通知书，随同无效宣告请求受理通知书将专利权无效宣告请求书及其附件清单中所列附件的副本转送给专利权人。

专利权人于2006年9月26日提交了意见陈述书，认为本专利与附件1中的汽车天窗相比可动板的形状及可动板与导风板之间的大小比例均不相同，对产品整体视觉效果产生了显著的影响；此外，认为汽车天窗容易更换，公证书不能证明本专利申请日前安装的汽车天窗的形状，证据效力不足。

针对上述无效宣告请求，专利复审委员会依法成立合议组。本案合议组于2007年1月12日向双方当事人发出无效宣告请求口头审理通知书，告知双方当事人本案定于2007年3月8日进行口头审理。随同口头审理通知书将专利权人于2006年9月26日提交的意见陈述书转给请求人。

口头审理如期举行，双方当事人均出席了口头审理。

请求人当庭明确无效宣告请求理由为专利法第23条，附件1和附件2结合使用，证明本专利在先公开使用。

专利权人对附件1和附件2的真实性予以认可。

请求人指出附件2中发票上发动机号04065866与附件1中发动机照片上的编号对应，证明了该车的购买和挂牌日均在本专利申请日之前，并且附件1中的照片显示该车上的汽车天窗的使用状态与本专利相近似。专利权人对该车在本专利申请日之前购买的事实予以认可，但认为附件1和附件2仅能证明购买行为，不能证明购买时的外观设计。

请求人认为：（1）车与车窗是一个整体，购买时就带有车窗，并以车主曹金玉的证言证明车窗"未曾更换"；（2）本产品在使用状态下，一般消费者仅可见导风板，而本专利导风板与附件1中所示导风板相近似。对此，专利权人认为：（1）车窗是可以随时更换的，证人未出庭，其证言效力不足；（2）本专利与附件中产品相比，两者整体形状、可动板的比例、可动板的外形均不相同，此外与产品销售、服务有密切联系的人也是一般消费者。

请求人说明其所提交的光盘内容与公证书中照片和记录所反映的内容一致，无须再播放。

基于上述当事人的意见陈述及口头审理，合议组认为本案事实已清楚，现依法作出审查决定。

二、决定的理由

专利法第23条规定：授予专利权的外观设计，应当同申请日以前在国内外出版物上公开发表过或者国内公开使用过的外观设计不相同和不相近似，并不得与他人在先取得的合法权利相冲突。

关于本专利是否在其申请日之前使用公开。

附件1和附件2为两份公证书，请求人提交了它们的原件，专利权人对它们的真实性予以认可，合议组经审查认为附件1和附件2可以作为本案证据使用。

请求人以附件1证明在2006年8月7日（即附件1公证书中记载的对曹金玉的汽车的天窗进行证据保全公证之日）车牌号为"鲁GZ4227"的汽车所带有的天窗形状与本专利相近似，以附件2中的机动车销售统一发票和机动车行驶证来证明该汽车的购买和挂牌是在本专利申请日之前，以附件2中的调查笔录证明该汽车所带有的天窗从未更换，因此认为与本专利相近似的外观设计已于本专利申请之前使用公开。

审查指南第四部分第八章第4.2节指出，未能出席口头审理作证的证人出具的书面证言不能单独作为认定案件事实的依据。

合议组经审查认为，附件2中的调查笔录属于证人曹金玉出具的书面证言，由于证人曹金玉没有出席口头审理作证，因此该书面证言不能单独作为认定案件事实的依据。此外，请求人也未提供其他的证据对该书面证言进行佐证，因此仅凭附件2中的调查笔录尚不足以证明车牌号为"鲁GZ4227"的汽车所带有的天窗自购买后从未更换过。

附件1能够证明在2006年8月7日当日车牌号为"鲁GZ4227"的汽车所带有的天窗形状，但不能证明本专利申请日之前该汽车所带有的天窗形状。附件2中的机动车销售统一发票和机动车行驶证能够证明该汽车的购买和挂牌在本专利申请日之前，但不能证明该汽车购买和挂牌时所带有的天窗形状。

由于请求人提供的证据不足以证明在本专利申请日之前车牌号为"鲁GZ4227"的汽车所带有的天窗形状，因此对于请求人认为与本专利相近似的外观设计已于本专利申请日之前使用公开的主张，合议组不予支持。

三、决定

维持200530091016.X号外观设计专利权有效。

当事人对本决定不服的，可以根据专利法第46条第2款的规定，自收到本决定之日起三个月内向北京市第一中级人民法院起诉。根据该款的规定，一方当事人起诉后，另一方当事人应当作为第三人参加诉讼。

241

瓷砖（清晨恋）

无效宣告请求审查决定（第9642号）

决 定 号	第9642号
决 定 日	2007年3月26日
发明创造名称	瓷砖（清晨恋）
外观设计分类号	25-01
无效宣告请求人	苏翠筠
专 利 权 人	吴顺清
申 请 号	200430113245.2
申 请 日	2004年12月6日
授权公告日	2005年9月14日
合议组组长	徐清平
主 审 员	王霞军
参 审 员	钟 华
附 图	1页

法 律 依 据 专利法第23条
决 定 要 点

本专利与在先设计所示瓷砖虽然中间一排长方块的长度不同，但二者长方形单元块的设计及上下交错的排列组合形式，已给一般消费者留下了相近似的整体视觉印象，本专利与在先设计属于相近似的外观设计。

一、案由

本无效宣告请求案涉及的是国家知识产权局于2005年9月14日授权公告的，名称为"瓷砖（清晨恋）"的外观设计专利（下称本专利），其申请号是200430113245.2，申请日是2004年12月6日，专利权人是吴顺清。

针对上述专利权，苏翠筠（下称请求人）于2006年7月27日向专利复审委员会提出无效宣告请求，其理由是：本专利与其申请日前在先申请、公告的外观专利相近似，本专利不符合专利法第23条和专利法实施细则第13条第1款的规定。与此同时，请求人提交了如下附件作为证据：

附件1：97313393.7号外观设计专利著录项目和图片复印件；

附件2,00341292.X号外观设计专利著录项目和图片复印件。

经形式审查合格,专利复审委员会于2006年8月10日受理了此案,并将无效请求书及相关材料转送给专利权人。

专利权人于2006年9月12日针对请求人无效宣告请求书进行了答复。专利权人对请求人提交的两篇专利文献相关信息的真实性、合法性无异议,但认为本专利与附件1产品的形状不同,本专利为长方形,而附件1是正方形,二者的图案排列也不相同。本专利与附件2图案排列不同,并且附件2瓷砖表面还有龟裂图纹,而本专利没有。本专利的授予符合专利法第23条的规定。

专利复审委员会于2006年12月29日向双方当事人发出合议组成员告知通知书,在规定的期限内双方当事人均未对合议组成员提出回避请求。

合议组认为本案事实清楚,可以依法作出审查决定。

二、决定的理由

基于请求人提出的无效宣告请求理由,合议组对本专利是否符合专利法第23条和专利法实施细则第13条第1款的规定进行审查。

专利法第23条规定:授予专利权的外观设计,应当同申请日以前在国内外出版物上公开发表过或者国内公开使用过的外观设计不相同和不相近似,并不得与他人在先取得的合法权利相冲突。

专利法实施细则第13条第1款规定同样的发明创造只能被授予一项专利。

请求人提交的附件2是国家知识产权局于2001年6月20日授权公告的、专利号是00341292.X外观设计专利著录项目和图片(下称在先设计),经合议组核实,该著录项目内容和图片与该专利公报公开的内容相符,其真实性可以确认。在先设计与本专利均为瓷砖类产品,用途相同,二者具有可比性,可以进行相近似比较。

本专利公开了产品3面视图,即主视图、仰视图和右视图。省略其他视图。如图所示,本专利整体形状为长方体,瓷砖表面由三排略凸起的长方形单元块组成,上下两排每个长方形单元块的长度相同,中间一排长方形单元块的长度不同,形成三排长方形单元块上下交错的视觉效果。详见本专利附图。

在先设计公开产品2幅视图,即主视图和立体图。如图所示,在先设计整体形状为长方体,瓷砖表面由三排略凸起的长方形单元块组成,每排长方形单元块上下交错排列,形成三排方长形单元块上下交错的视觉效果,每个长方块表面图案为仿自然纹花点。详见在先设计附图。

审查指南第四部分第五章第4节判断原则中规定:使用时容易看到部分的设计变化相对于不容易看到或者看不到部位的设计变化,通常对整体视觉效果更具有显著的影响。合议组认为,瓷砖产品在使用时受朝向的限制,瓷砖正面所展示的图案是一般消费者最为瞩目的,在判断二者外观设计是否相近似时,正面的形状和图案通常对整体视觉效果更具有显著的影响。

将本专利与在先设计进行比较,由于本专利为单纯形状的外观设计,其视觉要点在于产品的正面形状,故应将在先设计的正面形状与本专利作对比,对在先设计的自然纹花点图案不予考虑。二者的整体形状均为长方体,瓷砖正面形状均由三排略凸起的长方形单元块上下交错组成,其区别点为:本专利与在先设计中间一排长方块的长度不同。合议组进一步分析认为,本专利与在先设计虽然中间一排长方块的长度不同,但二者上下交错的长方形排列组合形状已给一般消费者留下了相近似的整体视觉印象,其差异不足以对整体外观设计产生显著的影响。因此,本专利与在先设计产品属于相近似的外观设计。

综上所述,在本专利申请日以前已有与其相近似的外观设计在出版物上公开发表过,本专利不符合专利法第 23 条的规定。鉴于上述已得出本专利不符合专利法第 23 条规定的结论，本决定对请求人提出的其他理由和证据不再评述。

三、决定

宣告 200430113245.2 号外观设计专利权无效。

当事人对本决定不服的，可以根据专利法第 46 条第 2 款的规定，自收到本决定之日起三个月内向北京市第一中级人民法院起诉。根据该款的规定，一方当事人起诉后，另一方当事人应当作为第三人参加诉讼。

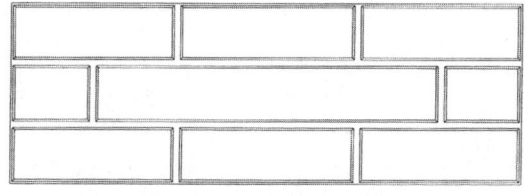

主视图

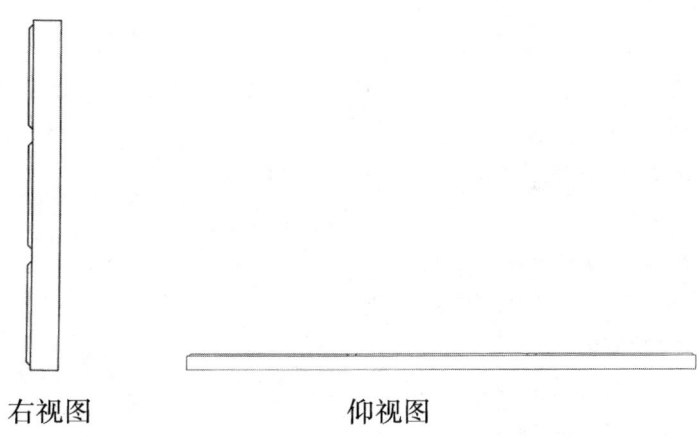

右视图　　　　　　仰视图

本专利附图

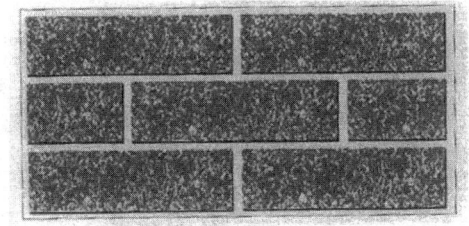

主视图

立体图

在先设计附图

巧克力包装盒（7）

无效宣告请求审查决定（第9643号）

决 定 号	第9643号
决 定 日	2007年2月6日
发明创造名称	巧克力包装盒（7）
外观设计分类号	09-03
无效宣告请求人	费列罗股份公司
专 利 权 人	谢瑞芝
专 利 号	02321689.1
申 请 日	2002年2月1日
授权公告日	2002年7月24日
合议组组长	吴赤兵
主 审 员	王霞军
参 审 员	钟华
附 图	2页

法 律 依 据 专利法第23条，专利法实施细则第2条第3款、第65条、第66条

决 定 要 点

请求人在提出无效宣告请求之日起一个月后补充提交的证据不属于审查指南规定的几种除外情形，专利复审委员会不予考虑。

当对比文件并不是针对具体工业产品的外观设计时，对比文件与本专利没有可比性。

一、案由

本无效宣告请求涉及的是国家知识产权局于2002年7月24日授权公告的申请号为02321689.1的外观设计专利，其产品名称是"巧克力包装盒（7）"，申请日是2002年2月1日，专利权人是谢瑞芝。

针对上述外观设计专利权（下称本专利），费列罗股份公司（下称请求人）于2003年10月22日向专利复审委员会提出无效宣告请求，请求人提出的宣告本专利权无效的事实和理由是：在本专利申请日以前，有与本专利相近似的外观设计图案在国内和国外获得商标注册，并在国内外出版物上公开发表和在国内公开使用过，因此，本专利不符合专利法第23条的规定。与此同时，请求人提交了如下附件作为证据：

附件1是本专利公报复印件；

附件2是经上海市卢湾区公证处公证的第1032943号、第1028264号和第902811号商标注册证的（2003）沪卢证经字第855号公证书（证明复印件与原件相符）；

附件3是编号为728472的国际商标注册证明（复印件）；

附件4是内附标明使用日期的Kinder Surprise的包装纸、包装盒的（2003）沪卢证经字第2419号公证书（经上海市卢湾区公证处公证证明复印件与原件相符）；

附件5是1993年在香港使用的Kinder出奇蛋的宣传图片（复印件）；

附件6是费列罗股份公司1998年出版的Kinder出奇蛋的宣传图片；

附件7是由台湾、香港等七家公司出具的费列罗股份公司的健达缤纷乐等4种产品投放广告片的证明和产品附件；

附件8是内附1996年出版的《费列罗1946-1996》一书的相关页的（2003）沪卢证经字第911号公证书。

专利复审委员会经形式审查合格后受理了该无效宣告请求，并将请求书及有关证据的副本转送专利权人。

针对该无效宣告请求，2004年1月2日专利权人提交意见陈述认为：本专利与请求人的产品不相同且不相近似，本专利中也没有出现Kinder注册商标，不存在与请求人在先权利冲突的问题，故请求专利复审委员会维持本专利权有效。

2004年3月31日，请求人补充提交了证据（编号续前）：

附件8-1是对附件8证据的公证认证文件；

附件9是第1032943号商标编号查询清单复印件7页；第1028264号商标编号查询清单复印件7页和第902811号商标的编号查询清单复印件7页；江苏省南京市鼓楼区公证处出具的（2004）字鼓证内民字第496号公证书复印件一份；南京英和发展有限公司企业注册证及变更登记项目复印件2页；

附件10是上海市公证处出具的（2004）沪证外经字第8240号公证书复印件1份。

专利复审委员会于2004年4月19日向双方当事人发出了口头审理通知书，定于2004年5月25日在专利复审委员会进行口头审理，同时将专利权人于2004年1月2日提交的意见陈述转送请求人，又将请求人提交的补充的文件转送给专利权人。

口头审理如期举行，专利权人没有出席口头审理，仅请求人一方到庭出席了口头审理，请求人当庭提交了针对专利权人2004年1月2日的答辩而进行的意见陈述，其指出：本专利与费列罗股份公司的产品属于相近似的外观设计。

在当事人意见陈述和口头审理的基础上，合议组经合议，认为本案事实清楚，依法作出本审查决定，认定请求人的主张没有得到证据的支持，维持本专利权有效。

请求人不服专利复审委员会作出的审查决定，在规定的期限内向北京市第一中级人民法院提起诉讼，北京市第一中级人民法院于2005年12月27日作出（2005）一中行初字第122号行政判决，判决书中认定：在中华人民共和国国家知识产权局颁布的审查指南第四部分第一章第9.2节审查决定的构成部分明确规定，在"案由部分……应当写明决定的结论对其不利的当事人的全部理由和证据"；在"决定的理由部分……对于决定的结论对其不利的当事人的全部理由、证据和主要观点应当进行具体分析，阐明其理由不成立、观点不被采纳的原因"。因此，本案中，无论原告提交的证据最终是否能够被被告采纳，被告均应对原告提交的全部证据在无效决定中写明，并且说明是否予以采纳的理由。本案中，被告对原告提交的作为相同或相近似对比的证据9、10既未明确写明，也未予以进一步评述，属于对本案重要证据审查的遗漏，导致无效决定认定事实不清。原告要求撤销无效决定的诉讼请求成立，本院予以支持。据此，依照《中华人民共和国行政诉讼法》第 54 条第 2 项第 1 目，判决如下：

撤销被告中华人民共和国国家知识产权局专利复审委员会于 2004 年 9 月 21 日作出的第 6435 号无效宣告请求审查决定。

专利复审委员会于 2006 年 10 月 17 日重新成立合议组，并向无效宣告请求人发出无效宣告请求审查通知书，通知请求人针对无效宣告请求提交的理由和证据进行意见陈述。

请求人于 2006 年 12 月 12 日进行了答复，请求人坚持无效请求书中和口头审理过程中的关于证据和理由的意见陈述。

本案合议组认为事实已清楚，可以依法再次作出本案审查决定。

二、决定的理由

1. 法律依据

基于请求人提出的无效宣告请求理由，合议组对本专利是否符合专利法第 23 条的规定进行审查。

专利法第 23 条规定：授予专利权的外观设计，应当同申请日以前在国内外出版物上公开发表过或者国内公开使用过的外观设计不相同和不相近似，并不得与他人在先取得的合法权利相冲突。

专利法实施细则第 2 条第 3 款规定：专利法所称外观设计，是指对产品的形状、图案或者其结合以及色彩与形状、图案的结合所作出的富有美感并适于工业应于的新设计。

专利法实施细则第 65 条规定：以授予专利权的外观设计与他人在先取得的合法的权利相冲突为理由请求宣告外观设计专利权无效，但是未提交生效的能够证明权利冲突的处理决定或者判决的，专利复审委员会不予受理。

专利法实施细则第 66 条规定：在专利复审委员会受理无效宣告请求后，请求人可以在提出无效宣告请求之日起一个月内增加理由或者补充证据。逾期增加理由或者补充证据的，专利复审委员会可以不予考虑。

2. 证据认定

请求人提交的附件 2 和附件 3 是有关商标方面的证据，根据专利法实施细则第 65 条的规定，请求人只提交了有关的商标证书及国际注册商标证书，却未能提交生效的相关机关的处理决定或法院的判决来证明本专利与请求人取得的商标权利相冲突，因此，本案合议组对请求人提出的关于权利冲突的理由不予支持。请求人同时提出附件 2 商标的公开日期早于本专利的申请日，欲证明本专利与申请日前在国内出版物上公开发表的产品外观设计相同或相近似，合议组认为请求人提交的附件 2 商标四周没有轮廓线，公开的仅是一种图案或标志，在判断不出其使用状态和环境的情况下，不能将其视为一种标贴出版物或包装产品出版物，故不能与本专利进行相同或相近似比较。

请求人提交的附件 4 和附件 7 是有关在本专利申请日前公开使用和在媒体公开的相关证据，对于附件 4，本案合议组认为，仅凭包装纸和包装盒上标注的生产日期来单独的证明其公开日期在本专利申请日以前是不充分的，还应有其他佐证形成一个完整的证据链才能支持其无效宣告请求的主张，因此附件 4 的证明力不足，本案合议组不予采信，而附件 7 是在台湾和香港形成的证据，请求人应履行相关的公证和认证手续，而请求人未能提供相关的公证和认证手续，因此本案合议组对上述证据不予认定。

请求人提交的附件 5 和附件 6 是费列罗股份公司的宣传图片，对于附件 5，其上只有文字内容载明是 1993 年，而其并不是具有出版刊号的出版物，其属于请求人公司内部的宣传广告，其还应有其他的佐证来证明其印刷及公开发行的证据，而单凭其单张的宣传图片不足以证明其公开日期在本专利申请日以前，同样道理，附件 6 上只有费列罗股份公司 1998 年的版权标记，而请求人没有提供关于版权的补强证据，因此也不能证明附件6的公开日期在本专利申请日前，因此，附件5和附件6不予采信。

请求人提交的附件8是1996年出版的《费列罗1946-1996》一书的相关页（复印件），在口头审理中请求人又提交了原本，并对其履行了公证和认证手续，该公证认证文件由宝资·格劳斯·摩迪股份公司的法人代表在公证员面前声明：附件8系由费列罗股份公司编辑，由宝资·格劳斯·摩迪股份公司于1996年出版发行，由都灵检察院证明公证人员身份真实，并且中国驻米兰总领事馆证明意大利共和国都灵检察院的印章和该府官员签字均属实，上述公证和认证手续完备合法，附件8的原件的版权页载明本书印刷于1996年，属于公开出版物，因此，可以得出附件8的公开日期即1996年度早于本专利的申请日，本案予以采信。

请求人提交的附件9是第1032943号商标编号查询清单复印件7页；第1028264号商标编号查询清单复印件7页和902811号商标的编号查询清单复印件7页；南京英和发展有限公司企业注册证及变更登记项目复印件2页；江苏省南京市鼓楼区公证处出具的（2004）字鼓证内民字第496号公证书复印件一份，公证事项是：南京英和发展有限公司对证明和包装盒样品上的盖章过程所取得的证据实施了证据保全的过程，公证书中共附有三份附件，附件一是一份《证明》，证明的内容是"南京英和发展有限公司（原名南京英之杰发展有限公司），位于南京市汉中路2号世界贸易中心，曾是费列罗有限公司的中国总经销商。我们特此确认本证明所附的费列罗公司的包装盒、包装纸和包装袋确为我公司于1998年及1999年期间在中国市场销售的费列罗公司巧克力产品的包装盒、包装纸和包装袋"；附件二是三张《包装盒样品》图片；附件三是公证处工作人员取证过程的《工作记录》。附件10是上海市公证处出具的（2004）沪证外经字第8240号公证书复印件，公证事项是：香港慎昌（中国）有限公司上海代表处的印章及黎志荣的签名与所出具《证明》上的印章与签名均属实，公证书中的证明内容是"本代表处特此证明，慎昌有限公司（总公司地址位于香港火炭坳背湾街1-11号）是意大利费列罗有限公司有关产品的中国总代理。现我们提供的封装内的物品（由本人及慎昌有限公司上海代表处在封口签章）确系我公司于2001年在中国市场代理销售的由费列罗有限公司生产的"健达出奇蛋"巧克力产品实物"。证明上盖有慎昌有限公司上海代表处印章及中国业务负责人黎志荣的签名。对于这些补充证据，合议组认为，根据审查指南第四部分第三章第4.3.1节请求人举证第2项规定："请求人在提出无效宣告请求之日起一个月后补充证据的，专利复审委员会一般不予考虑，但下列情形除外：（1）针对专利权人以合并方式修改的权利要求或者提交的反证据，请求人在专利复审委员会指定的期限内补充证据，并在该期限内结合该证据具体说明相关无效宣告理由的；（2）在口头审理辩论终结前提交技术词典、技术手册和教科书等所属技术领域中的公知常识性证据或者用于完善证据法定形式的公证书、原件等证据，并在该期限内结合该块证据具体说明相关无效宣告理由的。"审查指南中规定的用于完善证据法定形式的公证书，是指公证内容为复印件与原件相符，或对域外证据进行的公证认证。请求人提交的附件9中关于商标的查询清单旨在证明商标的真实性和公开性，合议组在前述对附件2的评述中已经作了评析，在此不予赘述。公证书内容是一份《证明》和三张《包装盒样品》图片，以及公证处工作人员取证过程的《工作记录》；附件10的公证事项是《证明》上的印章与签名属实，附件9和附件10两份公证书公证的内容均不属于审查指南中规定的几种除外情形。而附件9和附件10两份证据的提交日期已超出无效宣告请求增加理由和补充证据的期限，请求人补充提交的证据内容也不属于审查指南规定的几种除外情形，根据专利法实施细则第66条和审查指南的规定，对于附件9和附件10两份证据合议组不予考虑。

附件8中公开的是1幅平面宣传画，画的主体部分为破壳蛋的卡通图案，图案上方有两行外文字，下方有几个卡通人物和玩具车（详见附件8图）。

本专利包装盒形状为长方体，主视图的图案中间有漏空透明的设计，左边是一个类似于鲸鱼的卡通动物和风车、房屋和树组成的图案，右边是从一个破壳的蛋中飞出一只小鸟的图案，底部是牛奶流下时所形成的波浪线，其他还有一些文字排列设计，后视图牛奶背景图案中有若干说明文字，上部分有一小鸟，下部分为几个卡通动物和蛋的图案设计，俯视图的图案设计是在草地上有两个卡通人物，天上有一只小鸟，仰视图为文字设计，右视图为在破壳的蛋上有一蘑菇卡通图案，左视图有一卡通小猫卡通图案（详见本专利附图）。

由上面的描述中可以得知本专利要求保护的是包装盒的外观设计，而附件8为单纯图案，并不是针对具体工业产品的外观设计，根据专利法实施细则第2条第3款的规定，其不属于专利法意义上的外观设计，与本专利没有可比性，不能证明本专利不符合专利法第23条的规定。

综上所述，请求人没有提交充分的有证明力的证据支持其无效宣告请求的主张，因此其无效宣告请求不成立。

三、决定

依据专利法第23条的规定，维持02321689.1号外观设计专利权有效。

当事人对本决定不服的，可以根据专利法第46条第2款的规定，自收到本决定之日起三个月内向北京市第一中级人民法院起诉。根据该款的规定，一方当事人起诉后，另一方当事人应当作为第三人参加诉讼。

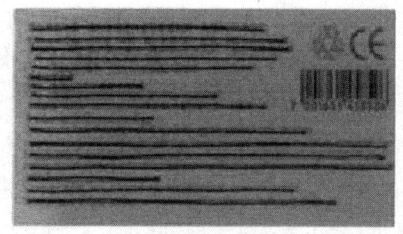

仰视图

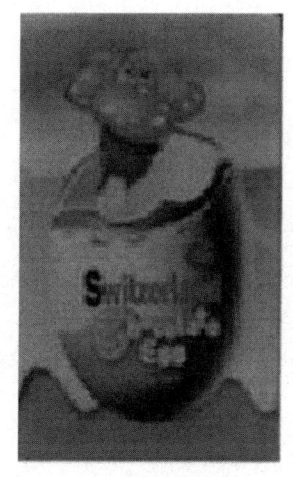  

右视图　　　　　　　主视图　　　　　　　左视图

俯视图

后视图
本专利

附件 8 图

办公椅（01）

无效宣告请求审查决定（第 9644 号）

决 定 号	第 9644 号
决 定 日	2007 年 4 月 6 日
发明创造名称	办公椅（01）
外观设计分类号	06-01
无效宣告请求人	东莞美时家具有限公司
专 利 权 人	陈 敏
申 请 号	02356645.0
申 请 日	2002 年 6 月 6 日
授 权 公 告 日	2003 年 1 月 8 日
合 议 组 组 长	张跃平
主 审 员	王霞军
参 审 员	钟 华
附 图	1 页
法 律 依 据	专利法第 23 条

决 定 要 点

本专利与在先设计整体形状采用了基本相同的外观设计，虽然在先设计比本专利在靠背部分多一个头枕，但二者的外部整体形状相近似，已导致一般消费者产生了相近似的视觉印象，其区别点应属于局部细微差别，二者差异均不足以对整体外观设计产生显著的影响，因此二者属于相近似的外观设计。

一、案由

本无效宣告请求涉及的是国家知识产权局于 2003 年 1 月 8 日授权公告的、名称为"办公椅（01）"的外观设计专利（下称本专利），其申请号是 02356645.0，申请日是 2002 年 6 月 6 日，专利权人是陈敏。

针对本专利权，东莞美时家具有限公司（下称请求人）于 2006 年 1 月 9 日分别向专利复审委员会提出无效宣告请求，其理由是：在本专利申请日前已有与本专利形状相近似的外观设计在国外出版物上公开发表，本专利不符合专利法第 23 条规定。与此同时，请求人提交了如下附件作为证据：

附件 1：本专利著录项目和图片信息页复印件共 7 页；

附件2：德国40101334.0号外观设计图片复印件共4页。

经形式审查合格，专利复审委员会分别受理了此案，并于2006年4月12日将请求人的无效宣告请求书及相关材料转送给专利权人。因原址查无此人被邮局退回，专利复审委员会用公告送达的形式进行告知。

2006年8月17日，专利复审委员会向双方当事人发出合议组成员告知通知书，因专利权人地址不详被退回，专利复审委员会用公告送达的形式进行告知。在规定的期限内请求人未提出合议组成员回避请求。

因合议组成员变更，专利复审委员会于2007年1月8日再次向双方当事人发出合议组成员告知通知书，因专利权人地址不详被退回，专利复审委员会用公告送达的形式进行告知，公告卷期号23-07，公告日2007年2月14日，根据审查指南的规定，以公告之日起满一个月推定为送达日，在规定的期限内请求人未提出合议组成员回避请求。

合议组认为本案事实清楚，可以依法作出审查决定。

二、决定的理由

1. 适用法律

基于请求人提出的无效宣告请求理由，合议组对本专利是否符合专利法第23条的规定进行审查。

专利法第23条规定："授予专利权的外观设计，应当同申请日以前在国内外出版物上公开发表过或者国内公开使用过的外观设计不相同和不相近似，并不得与他人在先取得的合法权利相冲突。"

2. 证据认定

请求人提交的附件2是德国专利商标局于2001年8月24日公开的、名称为"办公转椅"、第40101334.0外观设计专利，经合议组核实，其真实性可以确认。该专利的公开日期早于本专利的申请日，该公报属于专利法第23条规定的公开出版物。该公报包含3张办公转椅设计图和2张办公转椅的放大图，其中设计图1（下称在先设计）与本专利用途相同属于同类产品，在外观设计相近似判断中具有可比性，可以作为对比文件适用于本案。

3. 相近似比较

本专利公报公开了产品5面视图和1幅立体图。本专利由靠背、椅座、扶手及支撑架几部分组成，如图所示，本专利的靠背近似长方形，靠背的下中部有一椭圆形连接架延伸出两个支架使靠背与椅座固定连接，长方形椅座的两侧各有一近似"T"字形的扶手，椅座的下方是五根带滚轮支架腿支撑着整个座椅（详见本专利附图）。

在先设计为立体图，如图所示，在先设计产品由靠背、椅座、扶手及支撑架几部分组成，在先设计的靠背近似长方形，靠背的上方有一长方形头枕，靠背的下中部有一椭圆形连接架造架使靠背与椅座固定连接，长方形椅座的两侧各有一近似"T"字形的扶手，椅座的下方是五支带滚轮支架腿（详见在先设计附图）。

将本专利与在先设计比较，二者产品的整体形状基本相同，区别仅在于在先设计产品靠背上多一个长方形头枕。合议组认为，二者的整体形状相近似，已导致一般消费者产生了相近似的视觉印象。上述区别点应属于局部细微差别，二者差异均不足以对整体外观设计产生显著的影响，因此二者应属于相近似的外观设计。

综上所述，在本专利申请日以前已有与其相近似的外观设计在出版物上公开发表过，本专利不符合专利法第23条的规定。

三、决定

宣告02356645.0号外观设计专利权无效。

当事人对本决定不服的，可以根据专利法第46条第2款的规定，自收到本决定之日起三个月内向北京市第一中级人民法院起诉。根据该款的规定，一方当事人起诉后，另一方当事人应当作为第三人参加诉讼。

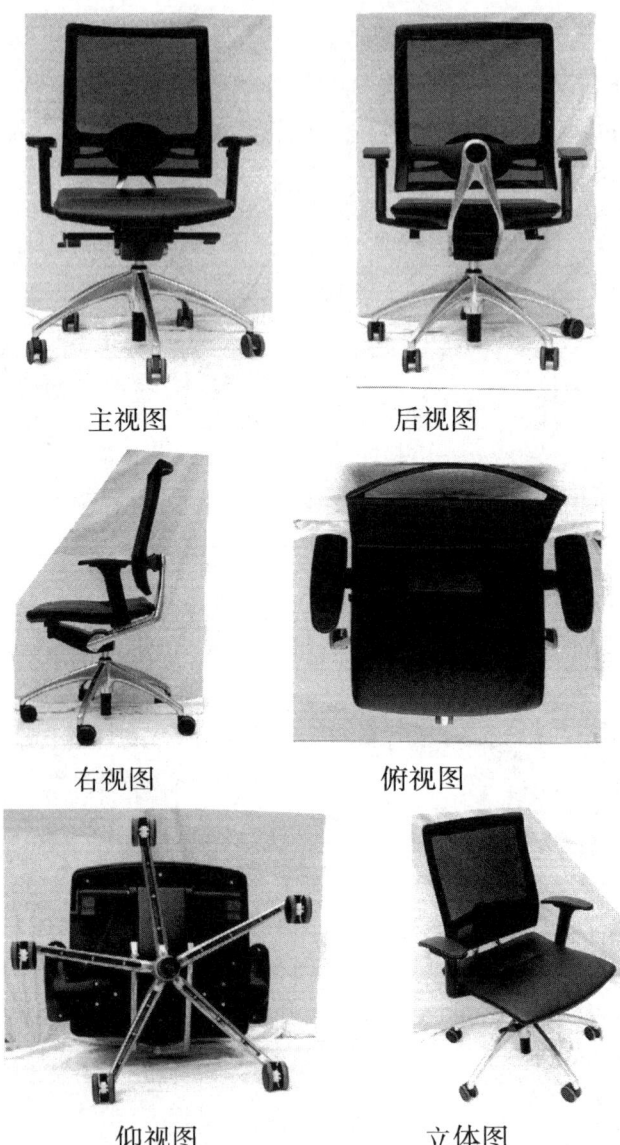

主视图　　　　　　　后视图

右视图　　　　　　　俯视图

仰视图　　　　　　　立体图

本专利附图

在先设计附图

休闲帽

无效宣告请求审查决定（第9650号）

决 定 号	第9650号
决 定 日	2007年4月1日
发明创造名称	休闲帽
外观设计分类号	02-03
无效宣告请求人	荷力胜（广州）蜂窝制品有限公司
专 利 权 人	林耕
专 利 号	01339086.4
申 请 日	2001年9月3日
授权公告日	2002年4月3日
合议组组长	石清
主 审 员	高海燕
参 审 员	翁晓君
附 图	2页

法 律 依 据 专利法第23条

决 定 要 点

由于使用而导致技术方案的公开，或者导致技术方案处于公众可以得知的状态，这种公开方式称为使用公开。使用公开的方式包括能够使公众得知其技术内容的展示、展出等方式。

如果在一项外观设计专利申请日之前已有与其外观设计相同的产品在国内以展示、展出的方式公开使用过，则该项外观设计专利不符合专利法第23条的规定。

一、案由

本无效宣告请求案涉及国家知识产权局于2001年9月3日受理、专利号为01339086.4、名称为"休闲帽"的外观设计专利（下称本专利），其专利权人为林耕，授权公告日为2002年4月3日。

针对上述专利权，荷力胜（广州）蜂窝制品有限公司（下称请求人）于2005年12月27日向国家知识产权局专利复审委员会提出无效宣告请求，其理由是本专利不符合专利法第23条和专利法实施细则第2条第2款的规定，同时请求人提交了以下附件作为证据材料：

附件1：广州经济技术开发区档案馆于2005年10月24日出具的盖有"广州经济技术开发区档案馆"章的证明书复印件1页，其中附有盖有"广州经济技术开发区档案馆复制专用章"的照片复印件3页；

附件2：广州开发区电视中心于2005年10月25日出具的盖有"广州开发区电视中心"章的证明书复印件1页及光盘一张；

附件3：于公共网站下载的广州开发区1998年大事记复印件1页，其上记载了1998年2月27日请求人举行的厂房竣工庆典活动；

附件4：1998年3月5日的广州开发区报复印件1页，其上刊登有1998年2月27日请求人举行厂房竣工庆典活动的简讯；

附件5：广州市黄埔区公证处于2005年11月11日出具的第（2005）穗黄证字第2538号及2539号公证书复印件共8页，分别证明麦欣和黄志玲在1998年2月27日参加了请求人举行的厂房竣工庆典活动，并在各自的证明书上签字；

附件6：荷兰王国驻广州总领馆于2005年10月26日出具的证明书、翻译本及证明书所附照片复印件共4页，其中证明书和所附照片复印件上盖有"CONSULATE-GENERAL of the NATHERLANDS GUANGZHOU"（荷兰王国驻广州总领馆）章；

附件7：荷力胜荷兰有限公司出具的"荷力胜蜂窝帽子供应证明"书及其翻译本复印件共4页，以及中华人民共和国驻荷兰大使馆于2005年11月4日出具的（2005）荷认字第0002731号认证书复印件1页；

附件8：于荷兰荷力胜有限公司的网站下载的网页资料复印件共2页。

请求人认为，附件1~6表明：在1998年2月27日荷力胜（广州）蜂窝制品有限公司的开业典礼上，本专利的外观设计已经向社会公开；附件7和8表明：在1997年荷兰荷力胜有限公司已经在荷兰公开销售本专利外观设计的产品，并将本专利的外观设计公开在其网站上，上述附件证明本专利在申请日之前已经在国内外公开使用，不符合专利法第23条的规定；此外，本专利的外观设计与附件提供的产品外观相比，二者属相同类型的产品，且构成要素相同，外部形状图案等主要设计部分相同，材质和内部结构也相同，因此二者相同或相近似，本专利不符合专利法第23条的规定，本专利不是一个新设计，不符合专利法实施细则第2条第2款的规定。

经形式审查合格，专利复审委员会于2006年1月6日向双方当事人发出无效宣告请求受理通知书，并将请求人的意见和证据材料转给专利权人。

专利权人于2006年2月11日寄交了针对上述无效宣告请求的意见陈述书以及以下反证：

反证1：荷力胜（广州）蜂窝制品有限公司的"经销代理证明"书复印件，其上盖有"福建省顺昌文华生物工程研究所"红章和"此复印件与原件一致福建顺昌文华生物工程研究所"红章，并有李伟签名，该证明书声明：请求人于1997年引进了荷兰总公司的产品——蜂窝休闲帽，并开始在中国市场推广，2005年7月，请求人与李伟达成销售代理协议，由其代理荷力胜公司在中国推广此产品，请求人认为本专利的申请时间在其蜂窝休闲帽产品推出市场之后，已经失去了申请专利所必须具备的新颖性规定；

反证2：专利复审委员会于2006年1月13日寄出，专利权人于2006年1月16日收到的信封复印件1页以及身份证复印件1页，其上盖有"福建省顺昌文华生物工程研究所"红章和"此复印件与原件一致福建省顺昌文华生物工程研究所"红章。

专利权人认为：反证1证明请求人明知有专利权而故意侵权与系列不正当竞争的主要事实；请求人恰恰提供了在1998年2月27日在其内部的非公开状态庆典活动中每人赠送蜂窝纸休闲帽的证据，但是专利权人也是在场人员的主要证据不足；在所有活动中尚未表达其蜂窝休闲帽的仰视图、主视图、俯视图、左视图和使用状态图；其2005年10月27日补充的网站上的视图不能视为本专利申请日前的出版物，也不能视为本专利在国内公开使用过的法律状态；荷兰大使等高级官员在场的特殊场所是非公开场合，称不上公开使用；其公开使用过的客户名单与销售数量证据不足；请求人提出无效请求的时间是2005年12月27日，与本专利的授权公告日2002年4月3日相比超过了二年半时间以上，已超过诉讼和复审时效，依据民法通则第135条、专利法第62条和专利法实施细则第65条的规定，请求维持专利权。

专利复审委员会依法成立本案合议组，并于2006年7月14日向双方当事人发出无效宣告请求口头审理通知书，定于2006年8月28日举行口头审理，同时将专利权人于2006年2月11日寄交的意见陈述书及其附件副本转给请求人。

2006年8月1日，专利权人提交了无效宣告请求口头审理通知书回执，明确表示不能参加口头审理。

口头审理于2006年8月28日如期举行，请求人参加了口头审理，专利权人未参加口头审理。在口头审理中，请求人对合议组成员无回避请求；请求人明确表示无效理由为本专利不符合专利法第23条的规定，并明确放弃本专利不符合专利法实施细则第2条第2款的规定的无效理由；请求人当庭提交附件1、2、4、5、6、7的原件，并演示了附件2的电视录像资料；请求人对专利权人提交的反证1（经销代理证明）的真实性没有异议；请求人明确表示使用附件1~7证明1998年2月27日举行厂房竣工典礼的事实，使用附件8证明1999年12月11日在荷力胜有限公司的网站上公开了蜂窝帽子的图片；请求人表示1998年2月27日参加举行厂房竣工典礼的人员包括：来自荷兰方面的官员、广州经济技术开发区政府部门的工作人员、媒体记者、公司客户及礼仪公司的服务人员，附件5中出具证人证言的证人黄志玲即为参加此次庆典活动的广州经济技术开发区政府部门的工作人员。

至此，合议组认为本案事实已经清楚，可以依法作出审查决定。

二、决定的理由

1. 关于提出无效请求的时间

民法通则第135条规定：向人民法院请求保护民事权利的诉讼时效期间为2年，法律另有规定的除外。

专利法第45条规定：自国务院专利行政部门公告授予专利权之日起，任何单位或者个人认为该专利权的授予不符合本法有关规定的，可以请求专利复审委员会宣告该专利权无效。

由于请求人提出无效宣告请求的时间是2005年12月27日，晚于本专利的授权公告日2002年4月3日，因此，根据上述专利法第45条的规定，请求人可以针对本专利提出无效宣告请求。

对于专利权人提出的"请求人提出无效请求的时间是2005年12月27日，与本专利的授权公告日2002年4月3日相比超过了二年半时间以上，已超过诉讼和复审时效，依据民法通则第135条、专利法第62条和专利法实施细则第65条的规定，请求维持专利权"的意见，合议组认为，在专利法第45条对提出无效请求的时间有明确规定的情况下，优先适用专利法；专利法第62条规定的是侵犯专利权的诉讼时效，与提出无效宣告请求的时间无关；专利法实施细则第65条规定的是对无效宣告请求不予受理的情形，专利权人并未就本无效宣告请求应当不予受理的具体情形提出意见，且经审查，本无效宣告请求也不存在不予受理的情形，因此，合议组对专利权人的上述意见不予支持。

2. 关于证据

（1）关于请求人提交的附件1、2、4、5和6。

请求人在口头审理过程中提交了附件1、2、4、5和6的原件，合议组经核实认可上述附件与原件一致。

附件4是1998年3月5日出版的广州开发区报复印件1页，专利权人在其意见陈述书中对附件4的真实性没有提出异议，因此，合议组对其真实性予以认可，由于附件4的出版日期早于本专利的申请日 2001 年 9 月 3 日，从而附件 4 可以作为本案的证据使用。

附件 1 是广州经济技术开发区档案馆于 2005 年 10 月 24 日出具的证明书以及照片复印件，附件 2 是广州开发区电视中心于 2005 年 10 月 25 日出具的证明书复印件及光盘，附件 5 是广州市黄埔区公证处于 2005 年 11 月 11 日出具的两份各自均包括证明书和照片的公证书复印件，附件 6 是荷兰王国驻广州总领馆于 2005 年 10 月 26 日出具的证明书和翻译本复印件，专利权人对上述附件 1、2、5、6 的真实性没有提出异议，对附件 6 翻译本译文的准确性也没有提出异议，合议组认为，上述附件 1、2、5、6 的证明书、光盘及照片所证明的内容各自不能单独作为认定案件事实的依据，但可以与其他证据结合起来统一考虑。

（2）关于专利权人提交的反证 1 和 2。

专利权人提交的反证 1 是荷力胜（广州）蜂窝制品有限公司的"经销代理证明"书复印件，请求人对其真实性没有异议，因此，合议组对该反证 1 的真实性予以认可，其可以作为本案的证据使用。

专利权人提交的反证 2 是专利复审委员会于 2006 年 1 月 13 日寄出，专利权人于 2006 年 1 月 16 日收到的信封复印件及身份证复印件，由于专利权人在其意见陈述书中并未陈述其使用反证 2 的目的和方式，因此，合议组对该反证 2 不予评述。

3. 关于专利法第 23 条

专利法第 23 条规定：授予专利权的外观设计，应当同申请日以前在国内外出版物上公开发表过或者国内公开使用过的外观设计不相同和不相近似，并不得与他人在先取得的合法权利相冲突。

（1）关于使用公开。

审查指南第二部分第三章第 2.1.3.2 节"使用公开"规定：由于使用而导致技术方案的公开，或者导致技术方案处于公众可以得知的状态，这种公开方式称为使用公开。使用公开的方式包括能够使公众得知其技术内容的展示、展出等方式。

请求人提交的附件 4 是 1998 年 3 月 5 日出版的广州开发区报，其发布的标题为"荷力胜（广州）蜂窝制品有限公司厂房正式竣工"的简讯记载了如下事实：2 月 27 日，座落于广州开发区永和经济区的荷力胜蜂窝制品有限公司厂房正式竣工，荷兰经济事务部大臣威依尔斯、荷兰驻华大使馆官员前来祝贺，威依尔斯大臣在典礼上做了发言，开发区管委会副主任李东云也在典礼上做了发言，从该简讯所附照片可以看到，多名礼仪人员也在剪彩现场。

附件 1 是广州经济技术开发区档案馆于 2005 年 10 月 24 日出具的盖有"广州经济技术开发区档案馆"章的证明书复印件 1 页，并附有三张盖有"广州经济技术开发区档案馆复制专用章"的照片复印件，其中，所附三张照片中都显示有蜂窝帽子的形状，证明书证明请求人于 1998 年 2 月 27 日在永和经济区举行庆典活动，荷兰经济事务部大臣威依尔斯、荷兰驻华大使、广州开发区管委会副主任李东云等各部门代表出席了竣工庆典活动，所附照片为现场所拍，其拍照时间和内容属实。

附件 5 是广州市黄埔区公证处于 2005 年 11 月 11 日出具的两份公证书复印件 8 页，分别证明麦欣和黄志玲在各自的证明书上签字，麦欣和黄志玲的证明书内容分别为：麦欣（现为请求人工作人员）参加了请求人于 1998 年 2 月 27 日举行的庆典活动，荷力胜公司向与会人员每人赠送一顶帽子，麦欣是所附照片复印件中右起第三个手拿蜂窝纸休闲帽的人，黄志玲作为嘉宾参加了请求人于 1998 年 2 月 27 日举行的庆典活动，黄志玲是所附照片复印件中左起第三个戴蜂窝纸休闲帽的人。

附件 6 是荷兰王国驻广州总领馆于 2005 年 10 月 26 日出具的证明书和翻译本复印件 3 页，证明书和随附照片复印件上盖有"荷兰王国驻广州总领馆"章，并声明荷兰经济事务部大臣威依尔斯、荷兰驻华大使等嘉宾出席请求人于 1998 年 2 月 27 日举行的庆典活动，在庆典活动中，荷力胜蜂窝帽子中被赠与到会的客人，随附照片可见当时驻华大使戴上蜂窝帽子的情况。

附件2是广州开发区电视中心于2005年10月25日出具的盖有"广州开发区电视中心"章的证明书复印件1页及光盘一张，证明书证明广州开发区电视中心于1998年2月27日派员参加了请求人在广州开发区永和经济区举行的竣工典礼，其电视录像资料为现场录像，母带现存于该中心；在口头审理的过程中，请求人现场播放了该光盘，该光盘记录的画面中包括附件1以及附件6所附照片的画面，且可见"荷力胜（广州）蜂窝帽子有限公司竣工典礼"字样，并记录了典礼上的发言情况以及向包括礼仪人员在内的与会人员散发蜂窝帽子的情况（详见附件2所附的光盘）。

上述请求人提交的附件4与附件1、2、5和6在竣工典礼举行的时间等内容上互相印证，附件4与附件1、2和6在出席典礼的人员等内容上互相印证，附件1、2、5、6在典礼上展示和散发帽子的情况等内容上互相印证，附件1、2与6在所附照片和光盘记录的画面等内容上互相印证，且从专利权人于2006年2月11日寄交的意见陈述书中明确表示的意见"请求人恰恰提供了在1998年2月27日在其内部的非公开状态庆典活动中每人赠送蜂窝纸休闲帽的证据，但是专利权人也是在场人员的主要证据不足；荷兰大使等高级官员在场的特殊场所是非公开场合，称不上公开使用"来看，专利权人对"请求人于1998年2月27日举行厂房竣工庆典活动并在该活动中向与会人员赠送蜂窝纸休闲帽"这一事件的真实性并未提出反对意见，而仅仅是认为该庆典活动属非公开活动且其是在场人员的主要证据不足，因此，在无其他相反证据的情况下，上述附件1、2、4~6构成了一个完整的证据链，共同证明了以下事实：1998年2月27日，请求人在广州经济技术开发区永和经济区举行了厂房竣工庆典活动，该庆典活动有政府官员、媒体记者、礼仪人员等多人参加，在该庆典活动中，请求人现场展示了蜂窝帽子，并将蜂窝帽子赠送给现场的有关人员，包括参加庆典活动的礼仪人员。

综上所述，请求人在其竣工典礼上向多人展示和散发蜂窝帽子的事实已然成立，虽然专利权人认为该庆典活动属非公开活动且其是在场人员的主要证据不足，但是，由于专利权人并未提出证据证明在有荷兰大使等官员在场的场所内受赠蜂窝帽子的相关人员对蜂窝帽子的外观设计负保密义务，且其是否在场也与本案无关，因此，蜂窝帽子的外观设计由于荷力胜（广州）蜂窝制品有限公司在1998年2月27日举行的庆典活动上的展示和赠与行为而被使用公开了，从而附件1、5所附照片中的蜂窝帽子可以作为本专利申请日前在国内公开使用的外观设计用来与本专利进行相同或者相近似性对比，以最终判断本专利是否符合专利法第23条的规定。

对于专利权人提出的"反证1证明请求人明知有专利权而故意侵权与系列不正当竞争的主要事实；其公开使用过的客户名单与销售数量证据不足"的意见，合议组认为，反证1所要证明的请求人明知有专利权而故意侵权与系列不正当竞争的主要事实与本无效宣告请求案无关；如上所述，根据上述专利法的规定，蜂窝帽子的外观设计已经由于荷力胜（广州）蜂窝制品有限公司在1998年2月27日举行的庆典活动上的展示和赠与行为而被使用公开了。

(2) 关于相同或者相近似性判断。

审查指南第四部分第五章第5节"判断方式"规定：在判断外观设计相同或者相近似时，应当从一般消费者的角度对在先设计与被比设计进行整体观察、综合判断。所谓整体观察、综合判断是指由被比设计的整体来确定是否与在先设计相同或者相近似，而不从被比设计的部分或者局部出发得出与在先设计是否相同或者相近似的结论。

本专利是关于"休闲帽"的外观设计，其外观设计简要说明中说明本专利为一回旋体，从其主视图和右视图来看，其为有纵向皱褶结构的回旋体，该回旋体顶部轮廓平直，由顶部向底部逐渐形成外凸、内凹的弧形外轮廓，该外轮廓并于底部向外张开；从其使用状态图来看，其为有纵向皱褶结构的圆顶礼帽形回旋体，该皱褶结构向下逐渐展开形成一圈帽沿，向上逐渐缩紧形成圆形帽体，并在帽体顶部具有一个小圆孔（详见本专利附图）。

附件1所附第二幅照片中显示有蜂窝帽子的正面形状（帽子位于发言台右侧台面上），从其正面观察，其为一回旋体，该回旋体顶部轮廓平直，由顶部向底部逐渐形成外凸、内凹的弧形外轮廓，并于底部向外张开；附件1所附第一幅照片中显示有蜂窝帽子使用状态下的形状（帽子佩戴在人员头部），从其使用状态观察，其为有纵向皱褶结构的圆顶礼帽形回旋体，该皱褶结构向下逐渐展开形成一圈帽沿，向上逐渐缩紧形成圆形帽体（详见附件1所附第一、第二幅照片）。附件5公证书中，黄志玲证明书所附的照片中显示有蜂窝帽子的斜向俯视形状（帽子拿在照片左起第三人手中），从其斜向俯视观察，该蜂窝帽子的帽体顶部具有一个小圆孔（详见上述附件所附照片）。

对于专利权人提出的"请求人提供的证据材料未表明其蜂窝休闲帽的仰视图、主视图、俯视图、左视图和使用状态图"的意见，合议组认为，请求人提供的证据材料已经清楚的表明其蜂窝帽子的整体外观设计，且本专利与上述附件1、5所附照片显示的蜂窝帽子均为休闲帽的外观设计，属于种类、用途相同的物品，具有可比性。

将本专利与上述蜂窝帽子相比较可见，二者均为有纵向皱褶结构、顶部有一圆孔的圆顶礼帽形回旋体，二者的整体形状相同，所产生的整体视觉效果也相同，因此，在本专利申请日之前已有与本专利外观设计相同的产品在国内公开使用过，从而本专利不符合专利法第23条的规定。

鉴于请求人有关本专利不符合专利法第23条规定的无效理由成立，因此，对于请求人提交的其他证据不再进行评述。

三、决定

宣告01339086.4号外观设计专利权全部无效。

当事人对本决定不服的，可以根据专利法第46条第2款的规定，自收到本决定之日起三个月内向北京市第一中级人民法院起诉。根据该款的规定，一方当事人起诉后，另一方当事人应当作为第三人参加诉讼。

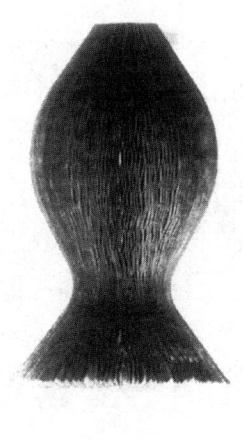 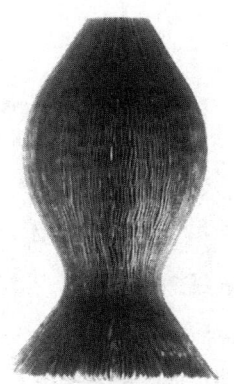

主视图　　　　　右视图

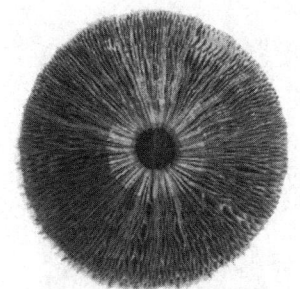 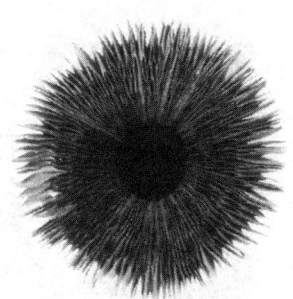

俯视图　　　　　仰视图

使用状态图

本专利附图

附件一附图

附件五附图

咖啡杯具（波浪型 C&S47）

无效宣告请求审查决定（第 9653 号）

决 定 号	第 9653 号
决 定 日	2007 年 4 月 9 日
发明创造名称	咖啡杯具（波浪型 C&S47）
外观设计分类号	07-01
无效宣告请求人	唯宝股份公司
专 利 权 人	蔡俊荣
专 利 号	200530063894.0
申 请 日	2005 年 7 月 19 日
授 权 公 告 日	2006 年 4 月 5 日
合 议 组 组 长	钱亦俊
主 审 员	王霞军
参 审 员	李巍巍
附 图	4 页

法 律 依 据 专利法第 23 条

决 定 要 点

本专利由杯和茶托两件各自独立产品组成的成套产品，成套产品外观设计相近似的判断方式是用不同的在先设计与其所对应的各产品的外观设计分别进行单独对比。

本专利分别与在先设计的杯和茶托比较，其二者的整体形状相近似，杯体高度及长方形与四边形之间的差异属于局部细微差别，不足以对整体外观设计产生显著的影响，本专利的授予不符合专利法第 23 条的规定。

一、案由

本无效宣告请求涉及的是国家知识产权局于 2006 年 4 月 5 日授权公告的，名称为"咖啡杯具（波浪型 C&S47）"的外观设计专利（下称本专利），其申请号是 200530063894.0，申请日是 2005 年 7 月 19 日，专利权人是蔡俊荣。

针对本专利权，唯宝股份公司（下称请求人）于 2006 年 4 月 18 日向专利复审委员会提出无效宣告请求，其理由是：本专利由杯和茶托组成的成套产品，在本专利申请日前已有与本专利杯和茶托形状相近似的产品分别申请专利并予授权。因此，本专利不符合专利法第 23 条的规定。与此同时，请求人提交了如下附件作为证据：

附件1：本专利公报复印件；
附件2：从网络下载的本专利图片；
附件3：03351739.8号外观设计专利公报复印件；
附件4：从网络下载的03351739.8号外观设计专利图片；
附件5：03302295.X号外观设计专利公报复印件；
附件6：从网络下载的03302295.X号外观设计专利图片。

经形式审查合格后，专利复审委员会受理了此案，并于2006年7月12日将无效请求书及相关材料转送给专利权人。

专利权人在规定期限内没有作出任何意见陈述。

2006年10月17日，专利复审委员会向双方当事人发出合议组成员告知通知书，在规定的期限内双方当事人均未提出合议组成员回避请求。

合议组认为本案事实清楚，可以依法作出审查决定。

二、决定的理由

基于请求人提出的无效宣告请求的理由，合议组依据专利法第23条的规定对本案进行审理。

专利法第23条规定：授予专利权的外观设计，应当同申请日以前在国内外出版物上公开发表过或者国内公开使用过的外观设计不相同和不相近似，并不得与他人在先取得的合法权利相冲突。

请求人提交的附件3是国家知识产权局于2003年12月24日授权公告的、申请号为03351739.8、名称为"茶托"的外观设计专利公报复印件，经合议组核实复印件与原件相符，其真实性可以确认。该专利公报的公开日期早于本专利的申请日（2005年7月19日），属于专利法第23条规定的出版物，该外观设计专利与本专利用途相同属于同类产品，在外观设计相近似判断中具有可比性，可以作为对比文件（下称在先设计1）适用于本案。

请求人提交的附件5是国家知识产权局于2003年11月26日授权公告的、申请号为03302295.X、名称为"杯"的外观设计专利公报复印件，经合议组核实复印件与原件相符，其真实性可以确认。该专利公报的公开日期早于本专利的申请日（2005年7月19日），属于专利法第23条规定的出版物，该外观设计专利与本专利用途相同属于同类产品，在外观设计相近似判断中具有可比性，可以作为对比文件（下称在先设计2）适用于本案。

本专利是由茶托和杯两件产品组成的成套产品，授权公报公开了杯的六面视图和立体图，茶托的六面视图和立体图，以及杯和茶托组合后使用状态参考图。

本专利杯由杯体和杯把两部分组成，杯体的杯口直径大于杯底直径呈圆台形状，杯把由杯口略高一端向外延伸翻转成近似半圆弧状，其下端与杯体连接（详见本专利杯附图）。

本专利茶托整体形状为长方体，表面呈波浪形，波峰一端中部设为圆形凹槽的茶托，另一端下部设有一个底托（详见本专利茶托附图）。

在先设计1公开了茶托产品的六面视图和两幅立体图，在先设计1茶托整体形状为四边形表面为波浪状，波峰一端中部设为圆形凹槽的茶托，另一端下部设有一个底托（详见在先设计1附图）。

在先设计2公开了杯的三面视图和两幅立体图，在先设计2杯是由杯体和杯把两部分组成，杯体的杯口直径大于杯底直径呈圆台形状，杯把由杯口略高一端向外延伸翻转成近似半圆弧状，其下端与杯体连接（详见在先设计2附图）。

根据审查指南第四部分第五章"5.2单独对比"规定：被比设计包含有若干项具有独立使用价值的产品的外观设计的，例如，成套产品外观设计，可以用不同的在先设计与其所对应的各产品的外观设计分别进行单独对比。本专利由杯和茶托两件各自独立的产品组成的成套产品，符合成套产品外观设计相近似判断对比方式。合议组首先将本专利茶托与在先设计1茶托进行相近似比较，二者产品表面均为波浪形，波峰中部设有一个圆形凹槽的茶托，另一端下部设有一个底托。不同之处在于：从俯视图观察，本专利茶托整体形状为长方形，在先设计1茶托整体形状为两条横边为波浪形的四边形，合议组认为二者整体形状均为波浪，茶托和底托的设置形状均相同，上述这一区别不足以对整体视觉效果产生显著影响。再将本专利杯与在先设计2杯进行相近似比较：二者整体形状均为上大下小呈圆台状，杯把均由杯口一端向外翻转呈半圆形与杯体连接而形成，二者杯体的主要不同点在于：本专利与在先设计2杯体的高度略有差异，本专利杯体的高度比在先设计2杯体高度略低一点，合议组认为，二者杯体高度的细小差距属于局部细微差别，不足以对整体外观设计产生显著的影响。本专利杯和在先设计2杯、本专利茶托与在先设计1茶托的整体形状相似已经给一般消费者形成了相近似的视觉印象，因此，本专利与在先设计1和在先设计2属于相近似的外观设计。

综上所述，在本专利申请日以前已有与其相近似的外观设计在出版物上公开发表过，本专利不符合专利法第23条的规定。

三、决定

宣告200530063894.0号外观设计专利全部无效。

当事人对本决定不服的，可以根据专利法第46条第2款的规定，自收到本决定之日起三个月内向北京市第一中级人民法院起诉。根据该款的规定，一方当事人起诉后，另一方当事人应当作为第三人参加诉讼。

主视图

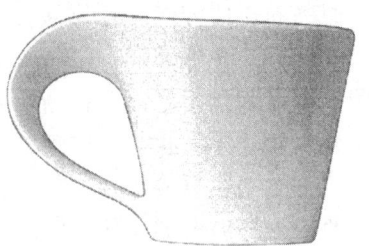
后视图

左视图

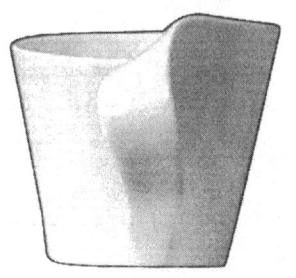
右视图

仰视图

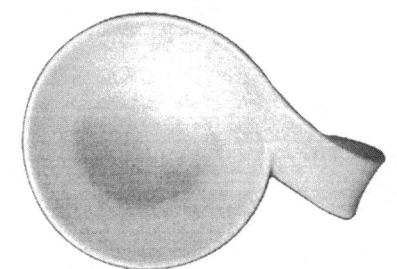
俯视图

立体图

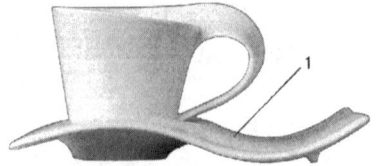
使用状态主视参考图

件1主视图

件1后视图

件1左视图

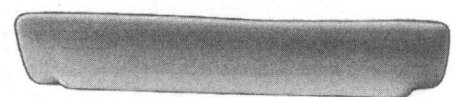

件1右视图

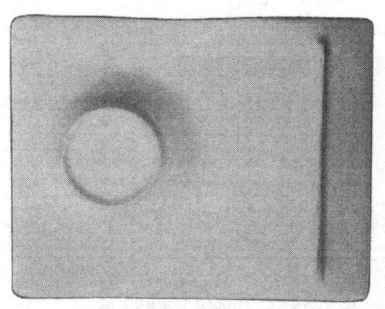

件1仰视图

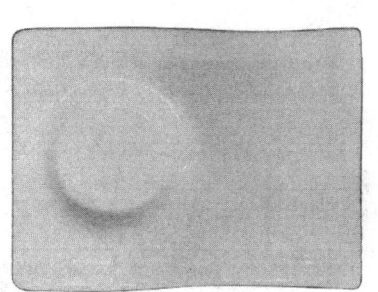

件1俯视图

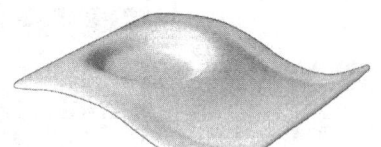

件1立体图

本专利附图

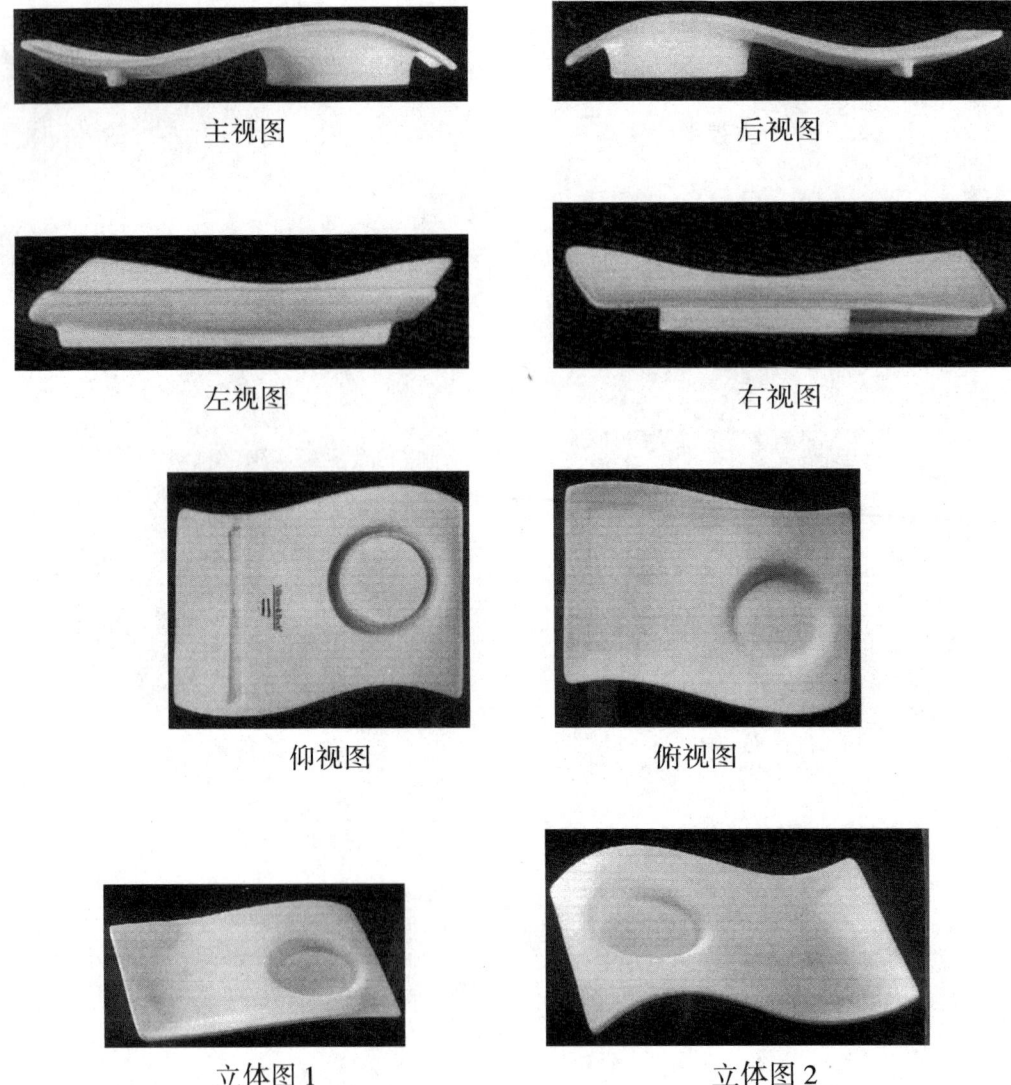

在先设计1附图

 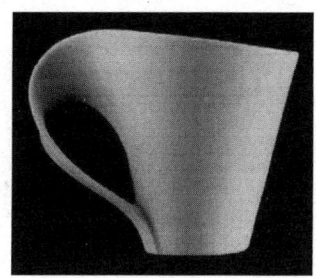

主视图　　　　　　　　后视图

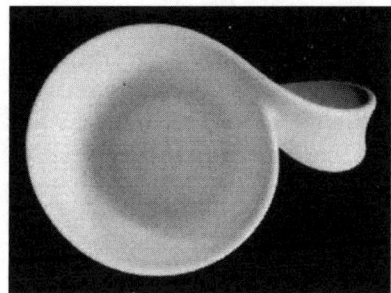 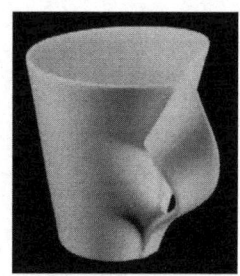

俯视图　　　　　　　　立体图

在先设计附图 2

米箱（G-10）

无效宣告请求审查决定（第9654号）

决 定 号	第9654号
决 定 日	2007年4月16日
发明创造名称	米箱（G-10）
外观设计分类号	07-07
无效宣告请求人	宁波金凌厨房设备有限公司
专 利 权 人	上海黄绮贸易发展有限公司
专 利 号	03330298.7
申 请 日	2003年5月7日
授权公告日	2004年1月7日
合议组组长	吴赤兵
主 审 员	徐清平
参 审 员	王霞军
附 图	2页
法律依据	专利法第23条

决定要点

本专利与在先设计所示米箱或米柜基本相同的整体形状、顶面开口及按钮、一侧面开口和拉手及其相同的位置和比例关系，已形成相近似的整体视觉效果，其不同之处或为局部细微差异或对整体视觉效果不具显著影响，因此，本专利与在先设计属于相近似的外观设计。

一、案由

本无效宣告请求涉及的是国家知识产权局于2004年1月7日授权公告的03330298.7号外观设计专利，使用该外观设计的产品名称为"米箱（G-10）"，申请日是2003年5月7日，专利权人是上海黄绮贸易发展有限公司。

针对上述专利权（下称本专利），宁波金凌厨房设备有限公司（下称请求人）于2006年2月13日向专利复审委员会提出无效宣告请求，其依据的事实和理由是：在本专利申请日之前的1999年1月20日授权公告、刊登在外观设计专利公报上的米柜外观设计专利可证明本专利已被在先公开，因此，本专利不符合专利法第23条的规定。为此，请求人提交了97318359.4号外观设计专利公报复印件及其视图照片作为证据。

经形式审查合格专利复审委员会受理了该无效宣告请求，并于2006年12月29日将无效宣告请求书及其附件的副本转送给专利权人，要求其在指定期限内陈述意见。

专利权人逾期未作答复。

专利复审委员会成立合议组对本案进行审理，于2007年3月8日分别向请求人和专利权人发出合议组成员告知通知书，双方均逾期未对合议组成员提出回避请求。

合议组经合议，认为本案事实清楚，依法作出本审查决定。

二、决定的理由

基于请求人提出无效宣告请求所依据的事实和理由，合议组对本专利是否符合专利法第23条的规定进行审查。专利法第23条规定：授予专利权的外观设计，应当同申请日以前在国内外出版物上公开发表过或者国内公开使用过的外观设计不相同和不相近似，并不得与他人在先取得的合法权利相冲突。

请求人提交的证据是97318359.4号外观设计专利公报复印件及其视图照片，所示专利授权公告日为1999年1月20日，使用外观设计的产品名称为"米柜"，经合议组核实，该复印件所示内容属实，其公告日在本专利申请日之前，确系本专利申请日之前公开发表的外观设计（下称在先设计），可作为认定本专利是否符合专利法第23条规定的证据。

在先设计为"米柜"的外观设计，与本专利使用外观设计的产品"米箱"属相同种类的产品，故对二者外观设计作如下对比：

本专利视图包括六面正投影视图和展开状态图，所示米箱整体形状为长方体，箱体顶面设有长方形开口和圆形钮，开口盖板上亦有类似圆形钮设计，箱体一侧面靠底部有长方形开口，并在开口盖板上有凹陷拉手设计，底面有使米箱可作推拉移动的滑轨设计（详见本专利附图）。

在先设计视图包括主视图、后视图、左视图、右视图、俯视图和使用状态参考图，简要说明记载：仰视图不常见，省略仰视图。所示米柜整体形状为长方体，箱体顶面设有长方形开口和圆形钮，开口盖板上有长方形条设计，箱体两侧面靠底部有长方形开口，并在其中一侧开口盖板上有凹陷拉手设计，底面有使米箱可作推拉移动的滑轨设计（详见在先设计附图）。

将本专利与在先设计相比较，二者所示米箱或米柜的整体形状相同，均有滑轨设计，均在相同位置设有基本相同的顶面开口和按钮、侧面开口和拉手，其不同之处主要在于，二者在顶面开口盖板上分别有圆形和长方形条设计，在先设计在两侧均有开口设计，而本专利仅一侧有相应设计。合议组认为，二者上述相同的整体形状、顶面开口及按钮、一侧面开口和拉手及其相同的位置和比例关系，已形成相近似的整体视觉效果，而所述顶面开口盖板上的不同设计为局部细微差异，本专利在另一侧无开口设计之不同对整体视觉效果不具显著影响，因此，本专利与在先设计属于相近似的外观设计。

综上所述，本专利与其申请日前授权公告的外观设计专利相近似，因此，本专利不符合专利法第23条的规定。

三、决定

宣告03330298.7号外观设计专利权全部无效。

当事人对本决定不服的，可以根据专利法第46条第2款的规定，自收到本决定之日起三个月内向北京市第一中级人民法院起诉。根据该款的规定，一方当事人起诉后，另一方当事人应当作为第三人参加诉讼。

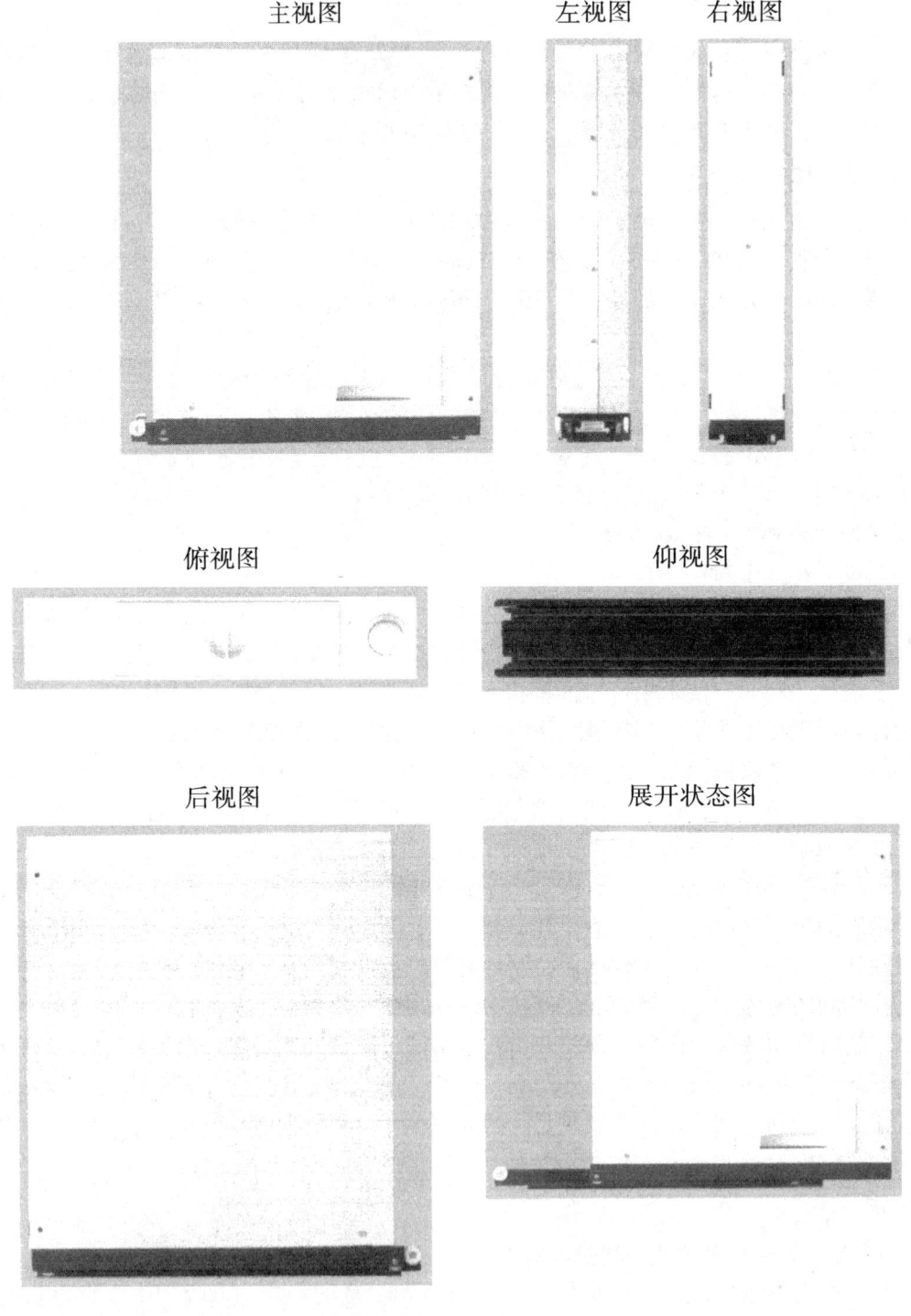

本专利附图

主视图 左视图 右视图

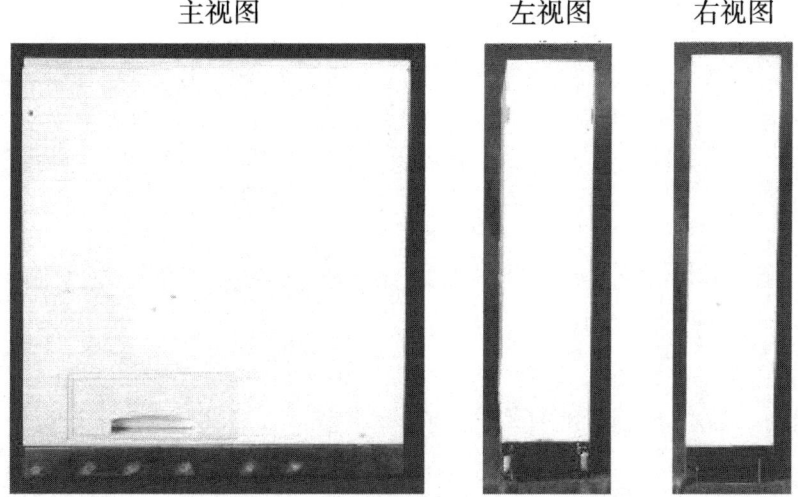

俯视图

后视图 使用状态图

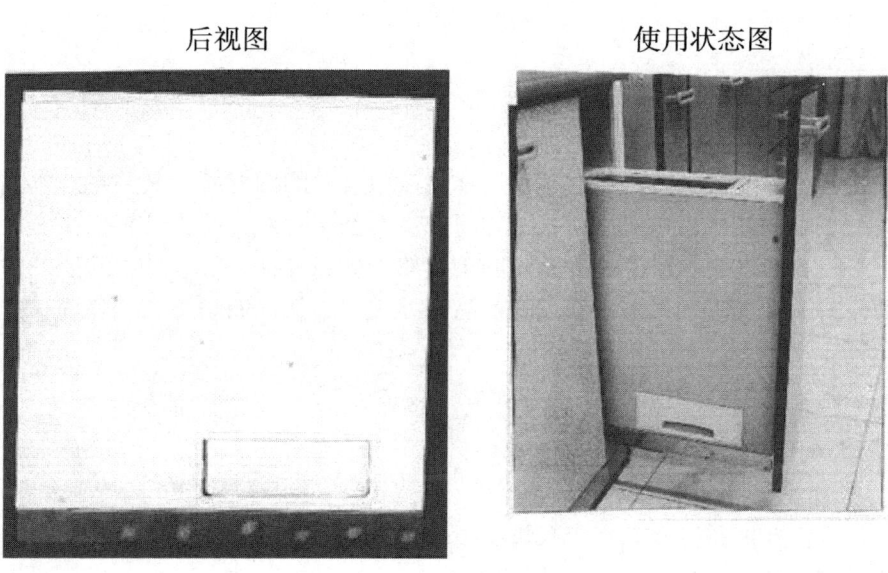

在先设计附图

头 带

无效宣告请求审查决定（第9657号）

决 定 号	第9657号
决 定 日	2007年3月30日
发明创造名称	头 带
外观设计分类号	02-03
无效宣告请求人	句容市绸布印花厂
专 利 权 人	南京昊腾经贸实业有限公司
专 利 号	200530086496.0
申 请 日	2005年7月13日
授权公告日	2006年4月26日
合议组组长	吴赤兵
主 审 员	严若艳
参 审 员	王霞军
法 律 依 据	专利法第23条

决 定 要 点

订单是一种要约，要经过生产厂家的承诺后才能按照订单的内容履行其约定。本案的订单中有的只有一个自然人的签字，其与买方属何关系不得而知；有的买卖双方均未签字，买卖双方均未签字的订单不能证明订货行为的发生。增值税发票表明买卖双方的业务往来，但其中载明的内容不能与订单对应，二者之间没有关联性。发票中没有反映产品的外观，不能证明与本专利相同相近似的外观设计在其申请日前公开。

一、案由

本无效宣告请求涉及的是国家知识产权局于2006年4月26日授权公告的200530086496.0号外观设计专利，使用外观设计的产品名称是"头带"，申请日是2005年7月13日，专利权人是南京昊腾经贸实业有限公司。

针对上述外观设计专利权（下称本专利），句容市绸布印花厂（下称请求人）于2006年6月6日向专利复审委员会提出无效宣告请求，其理由是本专利不符合专利法第22条的规定。请求人认为，在本专利申请日之前，请求人自2002年已经开始生产头带并在国内公开使用，头带产品多次在广交会上公开展览；本专利的专利权人的头带样品也是请求人提供的。请求人提交了如下附件作为证据：

附件1-1：青岛路加数码技术有限公司发给请求人的出口订单复印件2页，定单号为

2004UPJRJU，日期为2004年11月16日。

附件1-2：销货单位为请求人的江苏增值税专用发票复印件4张，货物名称为"头带"，发票号为07107550~07107553，开票日期为2005年4月21日。

附件1-3：请求人的出口订单复印件1页，定单号为2004UPJR042，日期为2004年12月21日。

附件1-4：销货单位为请求人的江苏增值税专用发票复印件1张，货物名称为"头带"，发票号为07107540，开票日期为2005年4月5日。

附件2-1：某数码技术有限公司发给请求人的出口订单复印件6张。

附件2-2：销货单位为请求人的江苏增值税专用发票复印件1张，货物名称为"头带"，发票号为05909971，开票日期为2005年5月16日。

附件2-3：青岛路加数码技术有限公司发给请求人的出口订单复印件2页，定单号为2005UPH050，日期为2005年4月20日。

附件2-4：销货单位为请求人的江苏增值税专用发票复印件7张，货物名称为"头带"，发票号为05935666~05935669、05935671~05935673，开票日期均为2005年6月28日。

附件2-5：青岛路加数码技术有限公司发给请求人的出口订单复印件1页，定单号为2005UPH060，日期为2005年5月13日。

附件2-6：销货单位为请求人的江苏增值税专用发票复印件1张，货物名称为"头带"，发票号为10539725，开票日期为2005年8月29日。

附件2-7：青岛路加数码技术有限公司发给请求人的出口订单复印件1页，定单号为2005UPH038，日期为2005年6月7日。

附件2-8：销货单位为请求人的江苏增值税专用发票复印件2张，货物名称为"头带"，发票号为06406975、06406976，开票日期为2005年8月12日。

附件3：图片彩色复印件3张。

附件4：专利权人的权利声明复印件。

专利复审委员会根据无效宣告请求审查程序的规定受理了该无效宣告请求，并于2006年11月15日将上述无效宣告请求书及其附件的副本转送给专利权人，要求其在指定期限内陈述意见。

专利权人于2006年12月11日提交了意见陈述书。专利权人认为：请求人提交的全部证据缺乏真实性和关联性，不能达到其欲证明的目的，本专利的授权符合专利法的规定。专利权人请求维持本专利有效，同时提交了如下附件作为反证：

附件A：专利权人的订单表复印件2页，订单号为HT6066，交货日期为2006年8月20日。

附件B：专利权人的订单表复印件2页，订单号为HT6066，交货日期为2003年8月20日。

附件C：送货通知复印件2页。

附件D：照片复印件2张，显示的拍摄日期分别是2006年12月1日和2003年4月18日。

专利复审委员会于2007年2月11日将专利权人提交的上述意见陈述书及附件的副本转送请求人，并同时向双方当事人发出口头审理通知书，定于2007年3月22日对本案进行口头审理。

2007年3月22日口头审理如期举行。请求人、专利权人及各自的委托代理人出庭，双方对对方的出庭人员资格均没有异议，对合议组成员没有回避请求。在口头审理中，请求人将无效宣告请求的理由由本专利不符合专利法第22条的规定变更为本专利不符合专利法第23条的规定，并明确了提交的全部证据用于证明使用公开。请求人出示了附件1和附件2的原件，专利权人当庭核实了附件1、附件2的原件与复印件的一致性，对附件1、附件2中的订单的真实性有异议。专利权人提交了反证附件A、附件B，以此欲证明订单可以补做，其中的内容如交货日期可以随便修改。专利权人对附件

1、附件2中发票的真实性无异议。应请求人的要求，专利权人出示了附件B的原件。双方当事人各自坚持原有观点，并对各自证据的真实性、关联性等进行了辩论。

在当事人的意见陈述和口头审理的基础上，合议组经合议，认为本案事实清楚，依法作出本审查决定。

二、决定的理由

1. 法律依据

基于请求人在口头审理中明确的无效宣告请求的理由，合议组依据中国专利法第23条的规定对本案进行审理。

专利法第23条规定：授予专利权的外观设计，应当同申请日以前在国内外出版物上公开发表过或者国内公开使用过的外观设计不相同和不相近似，并不得与他人在先取得的合法权利相冲突。

2. 证据认定

（1）请求人提交的附件1为请求人2004年的部分订单和发票，其中包括：青岛路加数码技术有限公司发给请求人的出口订单复印件2页（附件1-1），定单号为2004UPJRJU，日期为2004年11月16日，交货日期为2004年2月21日；江苏增值税专用发票复印件4张（附件1-2），销货单位为请求人，购货单位为青岛路加数码技术有限公司，货物名称为"头带"，发票号为07107550~07107553，开票日期为2005年4月21日；请求人的出口订单复印件1页（附件1-3），定单号为2004UPJR042，日期为2004年12月21日，无买方及买卖双方签章；江苏增值税专用发票复印件1张（附件1-4），销货单位为请求人，购货单位为青岛路加数码技术有限公司，货物名称为"头带"，发票号为07107540，开票日期为2005年4月5日。对于附件1-1，仅有买方签字，签名人为"周哲"，请求人没有提供证据证明购货单位与签名人之间的关系，订单中也无卖方签章，在专利权人对其真实性不认可且提出反证说明类似订单可以补做、交货日期可以随意更改的情况下，合议组认为附件1-1的真实性还不能被确认。对于请求人在口头审理中提出的"证据的原件，通过纸张和签章，可以看出这样的证据至少有两年了"的主张，由于请求人没有提供权威机构的鉴定证明，该主张合议组不予支持。对于附件1-2，专利权人对其真实性没有异议，但对其与附件1-1的关联性有异议：附件1-2中的货物名称为"头带"，附件1-1中包括头带和海盗帽。合议组认为：发票表明请求人曾向青岛路加数码技术有限公司供货，货物名称为"头带"，由于附件1-1中不仅包括"头带"，还包括"海盗帽"，按常理，履行的订单中货物名称是什么，发票中就应当写什么，因此，尽管两者"数量"、"金额"相对应，附件1-2中的"头带"是否就是附件1-1中的头带还不能被确认。在附件1-1的真实性不能确认的情况下，附件1-2既不能佐证附件1-1的真实性，与附件1-1也没有必然的关联性。对于附件1-3，订单中买方不明，无买卖双方的签章，真实性不能确认。附件1-4用于佐证请求人履行了附件1-3中的内容，但二者的购货单位无法对应，货物名称不完全对应，由于附件1-3的真实性不能确认，附件1-4既不能佐证附件1-3的真实性，与附件1-3也没有必然的关联性。发票（附件1-2、附件1-4）中未反映产品的外观，所以附件1不能作为本案的定案依据。

（2）请求人提交的附件2为请求人2005年的部分订单和发票，其中包括：某数码技术有限公司发给请求人的出口订单复印件6张（附件2-1）；销货单位为请求人、购货单位为青岛路加数码技术有限公司的江苏增值税专用发票复印件1张（附件2-2），货物名称为"头带"，发票号为05909971，开票日期为2005年5月16日；青岛路加数码技术有限公司发给请求人的出口订单复印件2页（附件2-3），定单号为2005UPH050，日期为2005年4月20日。销货单位为请求人、购货单位为青岛路加数码技术有限公司的江苏增值税专用发票复印件7张（附件2-4），货物名称为"头带"，发票号为05935666~05935669、05935671~05935673，开票日期均为2005年6月28日；青岛路加数码技术有限公司发给请求人的出口订单复印件1页（附件2-5），定单号为2005UPH060，日期为2005年5月13日；销货单位为请求人、购货单位为青岛路加数码技术有限公司的江苏增值税专用发票复印件1张（附件2-6），货物名称为"头带"，发票号为10539725，开票日期为2005年8月29日；青岛路加数码技术有限公司发给请求人的出口订单复印件1页（附件2-7），定单号为2005UPH038，日期为2005年6月7日；销货单位为请求人、购货单位为青岛路加数码技术有限公司的江苏增值税专用发票复印件2张（附件2-8），货物名称为"头带"，发票号为06406975、06406976，开票日期为2005年8月12日。对于附件2-1，订单中买方的名称被覆盖，仅有"周哲"的签字，无卖方签章，基于与认定附件1-1真实性同样的理由，合议组认为附件2-1的真实性还不能被确认。由于附件2-1中买方名称不明，无论是货物名称还是买方名称均与附件2-2之间没有对应关系，附件2-2不能用于证明附件2-1已经履行，而附件2-2中又没有显示产品的外观。同理，附件2-3的真实性无法被确认。附件2-4中货物名称、数量、金额与附件2-3中的均不对应，不能用于证明附件2-3已经履行，附件2-4中也未反映出产品的外观。附件2-5、附件2-7中均无买卖双方的签章，真实性不能被确认。附件2-6、附件2-8的开票日期在本专利的申请日之后，合议组不予考虑。因此，附件2不能作为本案的定案依据。

（3）请求人提交的附件3为照片彩色复印件，附件4是专利权人的权利声明复印件。合议组认为：请求人未提供附件3的原件，仅有照片复印件不能作为认定事实的依据，附件4与认定本案是否在申请日前使用公开无关。因此，附件3、附件4均不能证明本专利不符合专利法第23条的规定。

（4）对于专利权人于2006年12月11日提交的证据，专利权人在口头审理中表示"只是说明……日期是可以修改的"，合议组对专利权人提交的证据不作评述。

订单是一种要约，要经过生产厂家的承诺后才能按照订单的内容履行其约定。本案的订单中有的只有一个自然人的签字，其与买方属何关系不得而知；有的买卖双方均未签字，买卖双方均未签字的订单不能证明订货行为的发生。增值税发票表明买卖双方的业务往来，但其中载明的内容不能与订单对应，二者之间没有关联性。发票中没有反映产品的外观，不能证明与本专利相同相近似的外观设计在其申请日前公开。

综上所述，请求人提交的证据均不能支持其无效宣告请求的理由，请求人应承担举证不能的法律后果。本专利的授予符合专利法第23条的规定。

三、决定

维持200530086496.0号外观设计专利权有效。

当事人对本决定不服的，可以根据专利法第46条第2款的规定，自收到本决定之日起三个月内向北京市第一中级人民法院起诉。根据该款的规定，一方当事人起诉后，另一方当事人应当作为第三人参加诉讼。

手表（XJ-663）

无效宣告请求审查决定（第 9658 号）

决 定 号	第 9658 号
决 定 日	2007 年 4 月 16 日
发明创造名称	手表（XJ-663）
外观设计分类号	10-02
无效宣告请求人	石狮市龙盛塑胶电子有限公司
专 利 权 人	李仁续
专 利 号	200530080109.2
申 请 日	2005 年 1 月 15 日
授权公告日	2005 年 10 月 19 日
合议组组长	张雪飞
主 审 员	李巍巍
参 审 员	王霞军
法 律 依 据	专利法第 23 条

决定要点

对于印有日期的非正规出版单位发行的产品宣传样本等出版物，在没有相关佐证证明其确切公开日期的情况下，不能将所印日期视为公开日，从而判断该出版物在此日期已公开出版发行。

一、案由

本无效宣告请求涉及 2005 年 10 月 19 日国家知识产权局授权公告的 200530080109.2 号外观设计专利，其产品名称是"手表（XJ-663）"，申请日是 2005 年 1 月 15 日，专利权人是李仁续。

针对上述外观设计专利权（下称本专利），石狮市龙盛塑胶电子有限公司（下称请求人）于 2006 年 7 月 16 日向专利复审委员会提出无效宣告请求，其理由是本专利不符合专利法第 23 条的规定。请求人认为，在本专利申请日以前已有与其相同或相近似的外观设计产品在出版物上公开发表过，并提交了如下附件作为证据：

附件 1 是 2003 年 12 期《New Electronics》杂志复印件 3 页；
附件 2 是 2004 年 8 月刊深圳市三泰电子厂产品名册复印件 3 页。

专利复审委员会根据无效宣告请求审查程序的规定受理了该无效宣告请求，并于 2006 年 8 月 31

日将无效宣告请求书和证据的副本转送给专利权人，限其在指定的期限内答复。并告知专利权人如逾期不答复，不影响专利复审委员会的审理。

专利权人于 2006 年 10 月 1 日提交了意见陈述书，专利权人针对无效宣告请求的理由进行了意见陈述，专利权人认为，附件 1 是香港《New Electronics》杂志，其形成地在香港，为域外证据，请求人没有提供中文译文也没有提供相关的公证认证文件，从其内容看也无法认定其是公开出版物，也没有印刷时间；附件 2 是三泰电子厂产品名册，其不是公开出版物，也没有印刷时间；因此，附件 1 和附件 2 与本专利均不具有可比性，应当维持本专利有效。

专利复审委员会于 2007 年 1 月 15 日将专利权人提交的意见陈述转送给请求人，并告知在收到通知之日起壹个月内答复，也可以在口头审理当庭陈述意见；期满未答复的，视为当事人已得知转送文件中所涉及的事实、理由和证据，并且未提出反对意见。同日还向双方当事人发出《无效宣告请求口头审理通知书》，定于 2007 年 3 月 7 日进行口头审理。

专利复审委员会于 2007 年 1 月 29 日向双方当事人发出《合议组成员告知通知书》，指出如对本案合议组人员有回避请求的，请于收到本通知之日起 7 天内提交书面请求书，逾期未答复，视为无回避请求。

口头审理如期举行，仅请求人代理人出席了口头审理。在口头审理过程中，请求人当庭声明放弃附件 1 作为本案的证据，提交了附件 2 的原件，称其为香港三泰实业公司和深圳市三泰电子厂共同发布的产品宣传册，认为其内第 21 页和第 22 页中所示的产品与本专利相比为相近似的外观设计。

在以上审理的基础上，本案合议组经合议，认为本案事实清楚，依法作出本审查决定。

二、决定的理由

1. 法律依据

根据请求人提出的无效宣告请求的理由和提交的证据，本案合议组依据专利法第 23 条的规定对本案进行审理。

专利法第 23 条规定：授予专利权的外观设计，应当同申请日以前在国内外出版物上公开发表过或者国内公开使用过的外观设计不相同和不相近似，并不得与他人在先取得的合法权利相冲突。

2. 证据的认定

由于请求人在口头审理时当庭明确放弃附件 1 作为无效证据，故合议组对该证据不再予以评述。

请求人提交的附件 2 是深圳市三泰电子厂产品名册封面、封底和第 21 页、第 22 页复印件，在口头审理时请求人当庭递交了该附件的整本原件，为香港三泰实业公司和深圳市三泰电子厂共同发布的产品宣传册，请求人称该产品宣传册是从展览会上获得，但不能说明是何时在何展览会上获得。专利权人在意见陈述中认为，该附件 2 没有印刷时间，不是公开出版物，且也没有证据可以证明其公开的时间早于本专利申请日，二者不具有可比性。经合议组核对，原件与复印件一致，该附件的封面上有以手表为主体组成的 "2004" 数字图案，封底的右下角注有 "2004 年 8 月刊" 字样，是与本案无利害关系的第三人的产品宣传册。本合议组认为：从该附件所记载的内容看，因其属于非正规出版单位印刷的企业产品宣传样本，其上没有记载相关出版发行信息，不足以视其为公开出版物。虽然可以推定其编制的时间是 2004 年 8 月，但是，该附件是何年何月以何种方式向公众公开散发，即：公众何时可获知该附件所记载内容，仅凭该附件所记载内容不能得知。在没有其他相关佐证的情况下，该附件不足以支持请求人的无效理由。

综上所述，请求人提交的证据不能证明本专利不符合专利法第 23 条的规定。请求人对其提出的无效宣告请求的主张有责任提供充分的证据，如果其提供的证据不够充分，应承担其主张不能成立的法律后果。本案请求人提供的证据不能支持其主张，其无效宣告请求的理由不成立。

三、决定

维持 200530080109.2 号外观设计专利权有效。

当事人对本决定不服的，可以根据专利法第 46 条第 2 款的规定，自收到本决定之日起三个月内向北京市第一中级人民法院起诉。根据该款的规定，一方当事人起诉后，另一方当事人应当作为第三人参加诉讼。

北京市第一中级人民法院
行政判决书

（2007）一中行初字第 898 号

原告石狮市龙盛塑胶电子有限公司，住所地福建省石狮市灵秀镇钞坑村双龙新区华盛工业大厦。

委托代理人倪英富，福建中言律师事务所律师。

委托代理人张景华，福建中言律师事务所律师。

被告国家知识产权局专利复审委员会，住所地北京市海淀区北四环西路 9 号银谷大厦 10~12 层。

法定代表人廖涛，副主任。

委托代理人王霞军，女，国家知识产权局专利复审委员会审查员。

委托代理人高雪，女，国家知识产权局专利复审委员会审查员。

第三人李仁续，男，1957 年 5 月 25 日出生，汉族，石狮市信嘉电子有限公司董事长，住福建省石狮市新源中街 105 号。

委托代理人刘兰，女，1961 年 6 月 4 日出生，福建省泉州市文华专利代理有限公司职员，住福建省泉州市丰泽街兴业银行 22 楼 B 单元。

委托代理人赖开慧，男，1976 年 4 月 27 日出生，福建省泉州市文华专利代理有限公司职员，住福建省泉州市丰泽街兴业银行 22 楼 B 单元。

原告石狮市龙盛塑胶电子有限公司不服被告国家知识产权局专利复审委员会作出的第 9658 号无效宣告请求审查决定（以下简称无效决定），向本院提起行政诉讼。本院受理后依法组成合议庭，根据《中华人民共和国行政诉讼法》第二十七条、《中华人民共和国专利法》（以下简称《专利法》）第四十六条第二款的规定，通知李仁续作为第三人参加诉讼。本院于 2007 年 9 月 3 日公开开庭审理了本案，原告的委托代理人倪英富和张景华、被告的委托代理人王霞军和高雪、第三人的委托代理人刘兰到庭参加了诉讼。本案现已审理终结。被告针对原告提出的无效请求于 2007 年 4 月 16 日作出无效决定，其主要内容如下：本无效宣告请求案涉及名称为"手表（XJ-663）"、申请号是第 200530080109.2 号外观设计专利（以下简称本专利），专利权人为第三人。针对本专利，原告于 2006 年 7 月 16 日向被告提出无效宣告请求及相关证据。被告经审查后认为：（1）法律依据被告依据《专利法》第二十三条的规定对本案进行审理。（2）关于证据的认定原告在口头审理时明确放弃附件 1（2003 年 12 期《New Electronics》杂志复印件）作为无效证据，故被告不予评述。原告提交的附件 2 是 2004 年 8 月刊深圳市三泰电子厂产品名册复印件，原告没有提交该附件是何年何月以何种方式向公众公开散发的证据，该附件不足以支持原告的无效理由。（3）原告提交的证据不能证明本专利不符合《专利法》第二十三条的规定。被告依据《专利法》第二十三条的规定，决定维持本专利有效。

被告为证明无效决定的合法性，向本院提交了下列证据，用于证明被告的审查情况：（1）专利权无效宣告请求书及其附件清单；（2）口头审理记录。原告诉称，已经发生法律效力的福建省泉州市中级人民法院（2006）泉民初字第258号民事判决确认了本专利与《New Electronics》杂志2004年第8期93页TS-5522型手表的外观一致，本专利技术已属于公知技术；原告在本专利申请日以前已经将与本专利外观一致的M-5522型产品在网上公开展示，原告向法院提交的公证书证实了展示的情况。本专利不符合《专利法》第二十三条的规定，原告请求撤销无效决定。原告向本院提交了下列证据，用于支持其诉讼主张：（1）福建省泉州市中级人民法院（2006）泉民初字第258号民事判决；（2）2004年第8期《New Electronics》杂志；（3）（2006）厦思证经字第438号公证书。原告在本院庭审中明确，其在无效程序中没有向被告提交过上述3份证据。被告辩称，无效决定认定的事实清楚、适用法律正确、程序合法，被告坚持无效决定的理由，请求法院判决维持无效决定。第三人请求法院判决维持无效决定。第三人未向本院提交证据。

经庭审质证，对于被告提交的证据，原告及第三人均没有异议。对于原告提交的证据，被告及第三人认为因原告在无效程序中没有提交，故与本案无关。本院根据最高人民法院《关于行政诉讼证据若干问题的规定》，对当事人提交的证据认证如下：被告提交证据符合关联性、合法性、真实性的要求，可以证明本案的相关事实，本院予以确认；原告提交的证据，因其在无效程序中没有向被告提交，故不能作为认定被诉具体行政行为是否合法的证据，本院不予以确认。

依据上述有效证据以及均无异议的当事人陈述，本院认定事实如下：

第三人于2005年1月15日向国家知识产权局申请名称是"手表（XJ-663）"的外观设计专利（即本专利），2005年10月19日授权公告，专利号为第200530080109.2号，专利权人是第三人。

针对本专利，原告于2006年7月16日向被告提出无效宣告请求，其理由是本专利不符合《专利法》第二十三条的规定。原告向被告提交了下列证据：

附件1、附件2003年12期《New Electronics》杂志复印件3页；

附件2、附件2004年8月刊深圳市三泰电子厂产品名册复印件3页。

被告经形式审查合格后受理了原告提出的无效请求，并成立合议组对本无效请求案进行审理。被告向原告和第三人送达了《无效宣告请求口头审理通知书》，并将《专利权无效宣告请求书》及其附件副本及第三人的意见陈述书分别转送给第三人和原告。

2007年3月7日进行了口头审理，仅原告参加了口头审理。在口头审理过程中，原告当庭声明放弃附件1作为本案的证据，提交了附件2的原件，称其为香港三泰实业公司和深圳市三泰电子厂共同发布的产品宣传册，认为其内第21页和第22页中所示的产品与本专利相比为相近似的外观设计。

被告经审查后作出无效决定，维持本专利有效。原告不服无效决定，向本院提起行政诉讼。另，原告在本院庭审中明确：对于无效决定案由部分载明的事实、审查程序以及理由部分关于法律依据部分没有异议。

本院认为：根据《专利法》第四十六条第一款的规定，被告具有受理无效请求和作出无效决定的法定职权。经各方当事人确认，本案的争议焦点是被告对本案证据附件2的认定是否正确。

原告提交的附件2是深圳市三泰电子厂产品名册封面、封底和第21页、第22页复印件，在口头审理时原告递交了该附件的整本原件，为香港三泰实业公司和深圳市三泰电子厂共同发布的产品宣传册，原告称该产品宣传册是从展览会上获得，但不能说明是何时在何展览会上获得。该附件的封面上有以手表为主体组成的"2004"数字图案，封底的右下角注有"2004年8月刊"字样，是与本案无利害关系的第三人的产品宣传册。从该附件所记载的内容看，因其属于非正规出版单位印刷的企业产品宣传样本，其上没有记载相关出版发行信息，不足以视其为公开出版物。虽然可以推定其编制的时间是2004年8月,但是,该附件是何年何月以何种方式向公众公开散发,在没有其他相关证据佐证的情况下,该附件不能作为在先公开出版物评价本专利,被告对该证据的认定正确。

被告作出的无效决定认定的事实清楚,适用法律正确,程序合法。原告的诉讼请求缺乏事实和法律依据,本院不予支持。据此,本院依照《中华人民共和国行政诉讼法》第五十四条第(一)项的规定,判决如下:

如不服本判决,可在本判决书送达之日起15日内向本院递交上诉状,并按对方当事人人数提交案件受理费100元,由原告石狮市龙盛塑胶电子有限公司负担(已交纳)。维持被告国家知识产权局专利复审委员会于二〇〇七年四月十六日作出的第9658号无效宣告请求审查决定。

案件受理费100元,由原告石狮市龙盛塑胶电子有限公司负担(已交纳)。

如不服本判决,可在本判决书送达之日起15日内向本院递交上诉状,并按对方当事人人数提交副本,上诉于北京市高级人民法院。

审 判 长 齐 莹
代理审判员 乔 军
代理审判员 张靛卿
二〇〇七年九月二十七日
审 判 长 张 涵

铝合金型材（扇中立）

无效宣告请求审查决定（第9659号）

决 定 号	第9659号
决 定 日	2007年4月9日
发明创造名称	铝合金型材（扇中立）
外观设计分类号	25-01
无效宣告请求人	山东达润建材有限公司
专 利 权 人	吴维光
专 利 号	03312757.3
申 请 日	2003年4月3日
授权公告日	2003年11月5日
合议组组长	王霞军
主 审 员	李巍巍
参 审 员	徐清平
法 律 依 据	专利法第5条、第23条

决 定 要 点

在附件10所公证的事实与其他证据均不足以形成一个完整的证据链的情况下，不能认定附件10中所记载的铝合金窗是在本专利申请日前安装的。

在产品生产、销售或使用上是否有主观恶意剽窃他人设计作品的行为，不属于专利法第5条所规定的范围。

请求人提交的证据不够充分，应承担其主张不能成立的法律后果。

一、案由

本无效宣告请求涉及2003年11月5日国家知识产权局授权公告的03312757.3号外观设计专利，其产品名称是"铝合金型材（扇中立）"，申请日是2003年4月3日，专利权人是吴维光。

针对上述外观设计专利权（下称本专利），山东达润建材有限公司（下称请求人）于2006年11月1日向专利复审委员会提出无效宣告请求，其理由是本专利不符合专利法第5条、第23条的规定。请求人认为：(1) 本专利与请求人在2002年10月29日委托广东南海长兴铝业有限公司开发设计销售的"80王"门窗铝合金型材系列产品之一相近似，只是本专利的主视图与设计图纸上的绘制方向有所区别，二者均采用了线条设计，产品的形状、图案及其结合几乎完全相同；（2）广东南海长兴铝业有限公司（即南海长兴铝业厂）经过研究、设计、修改，于2002年11月16日将铝合金型材设计图纸绘制完毕，并将其交付给请求人生产并公开使用销售，而专利权人却于2003年4月3日抢先申请了外观设计专利，是一种为剽窃他人的不道德行为，不应授予专利权。同时，请求人提交了如下附件作为证据：

附件1是广东南海长兴铝业有限公司交付给山东达润建材有限公司的设计图纸复印件1页；

附件2是山东达润建材有限公司与南海长兴铝业厂签订的协议书复印件1页；

附件3是无效宣告请求人营业执照副本复印件1页；

附件4是本专利著录项目及图片复印件2页。

专利复审委员会根据无效宣告请求审查程序的规定受理了该无效宣告请求，并于2006年11月2日将无效宣告请求书和证据的副本转送给专利权人，限其在指定的期限内答复。并告知专利权人如逾期不答复，不影响专利复审委员会的审理。

请求人于2006年11月29日向专利复审委员会递交了意见陈述书及补充证据，请求人认为与本专利完全一样的产品已于2002年8月在青岛科技大学（原青岛化工学院）的弘毅楼（原大讲堂）和政法学院（原经管学院）使用至今，并进行了实地拆装与拍摄，同时将此过程进行了公证，并提交了如下附件作为证据（编号续前）：

附件5是山东达润建材有限公司与山东聊建集团总公司001项目公司于2002年8月7日签订的《工业品买卖合同》复印件1页；

附件6是山东聊建集团总公司001公司出具的证明复印件1页；

附件7是青岛科技大学基建处出具的证明复印件1页；

附件8是青岛化工学院（青岛科技大学）的《建设工程规划许可证》复印件1页；

附件9是山东省人民政府"鲁政字（2002）203号"批准青岛化工学院更名为青岛科技大学的通知复印件2页；

附件10是山东省青岛市崂山区公证处出具的（2006）表崂证经字第922号《公证书》复印件11页。

专利复审委员会于2007年2月5日向双方当事人发出《合议组成员告知通知书》，指出如对本案合议组人员有回避请求的，请于收到本通知之日起7天内提交书面请求书，逾期未答复，视为无回避请求。同日将请求人递交的意见陈述书及补充证据转送给专利权人，并告知在口头审理时一并答复，同日还向双方当事人发出《无效宣告请求口头审理通知书》，定于2007年3月19日在专利复审委员会对本案进行口头审理。

口头审理如期举行，双方均有代表出席。在口头审理过程中，双方均坚持其原有主张。请求人当庭提交了盖有青岛科技大学基建处印章证明复印件与原件一致的附件8复印件，提交了附件5至附件7和附件10的原件，证明在本专利申请日前专利权人的外观设计产品已经公开销售和使用了，认为附件5中记载的"80王"系列是和本专利相同的，附件10公证书中有关照片所示产品与本专利相近似。本案合议组当庭将其转交给专利权人进行核实，专利权人对附件5的真实性有异议，认为出卖人的名称和买受人的名称不是同一时间填写，且该证据与本案无关；认为附件6和附件7为证人证言，出证单位均未派证人出庭质证；附件8虽然是盖红章的复印件，但专利权人对其真实性无异议，专利权人认为建筑工程规划批准后还应有设计、报批、动工、主体结构、安装门窗等一系列程序，不可能在2个月就完成这些全部的程序,在程序上是不可信的,且与本案无关;附件9虽然请求人未提交原件,但专利权人对其的真实性无异议,认为与本案无关;专利权人对附件10的真实性无异议,但认为公证书只能证明公证的经过,不能证明所拆卸的门窗是2002年安装的,认为请求人指定的照片所示产品与本专利外观设计不相同也不相近似。请求人未提交附件1和附件2的原件,专利权人认为设计图纸和开发设计销售协议书均为请求人方与他人签订的资料,应当能出示原件而未出示原件,因此对其真实性有异议。

口头审理后专利权人于2007年3月22日向专利复审委员会递交意见陈述书,再次陈述专利权人在口头审理时的观点。

在以上审理的基础上,本案合议组经合议,认为本案事实清楚,依法作出本审查决定。

二、决定的理由

1. 法律依据

根据请求人提出的无效宣告请求的理由和提交的证据,本案合议组依据专利法第5条、第23条的规定对本案进行审理。

专利法第5条规定:对违反国家法律、社会公德或者妨害公共利益的发明创造,不授予专利权。

专利法第23条规定:授予专利权的外观设计,应当同申请日以前在国内外出版物上公开发表过或者国内公开使用过的外观设计不相同和不相近似,并不得与他人在先取得的合法权利相冲突。

2. 证据的认定

请求人提交的附件1是广东南海长兴铝业有限公司交付给山东达润建材有限公司的设计图纸复印件,其上记载批准日期为2002年11月16日;附件2是山东达润建材有限公司与南海长兴铝业厂签订的开发设计销售"80王"门窗铝合金型材系列产品的协议书复印件,签订日期:2002年10月25日,请求人在口头审理时均未提交原件,专利权人对其真实性有异议。合议组认为:由于请求人未提交上述证据的原件,无法核对其客观真实性,且专利权人对其真实性有异议。因此,附件1和附件2不能单独作为定案依据。

请求人提交的附件5是山东达润建材有限公司与山东聊建集团总公司001项目公司签订的《工业品买卖合同》复印件,该合同的生效日期为2002年8月7日,交货地点为青岛科技大学工地,规格型号是"80王"系列;附件6是山东聊建集团总公司001公司出具的证明复印件,证明"2002年8~9月,我单位从山东达润建材有限公司订购了80王系列铝材(包括下滑道、8107勾企、8106光企等各种型号的铝材)一批,用于我单位在青岛科技大学新建、扩建工程中的门窗工程。2002年8月陆续收到了上述铝材,并于2002年9月底完成了门窗加工、安装工作。"其上签章为"山东聊建集团总公司001公司材料专用章",出证日期为2006年11月20日;附件7是青岛科技大学基建处出具的证明复印件,证明"2002年8~9月份,我学校(青岛科技大学)进行新建、扩建工程中,铝合金门窗由聊建集团001公司和青岛均盛得装饰工程有限公司(原青岛高科技工业园午山塑钢门窗厂)负责购买、加工并安装,铝材由我校指定用山东达润建材有限公司80系列(广东银一百铝业有限公司生产的)铝材,该工程于2002年8月开始施工,于2002年9月竣工,此后迄今,上述铝合金门窗一直未更换。"其上签章为"青岛科技大学基建处",出证日期为2006年11月20日;请求人提交的附件8是青岛化工学院(现青岛科技大学)"青规建管字(2002)117号"《建设工程规划许可证》复印件,批准日期:2002年6月11日,其上有"青岛科技大学基建处"印章,并注有"此复印件与原件一致";附件9是山东省人民政府"鲁政字(2002)203号"批准青岛化工学院更名为青岛科技大学的通知复印件；附件10是山东省青岛市崂山区公证处出具的《公证书》复印件，内附《现场记录》复印件1页和照片19张，公证事项为：保全证据公证，内容为《现场记录》复印件与原件内容相符，原件上钱忠平、王毅、傅燕、陈刚签名属实，照片内容属实。另有照片底片保存于公证处，请求人指定附件10中的有关照片所示产品与本专利相近似。请求人试图通过上述证据证明在本专利申请日前已有与其外观设计相近似的产品在国内公开销售使用过的事实。

针对上述证据，在口头审理时请求人当庭提交过上述部分证据的原件或者公证件，专利权人对附件5至附件7的真实性有异议，对附件9和附件10的真实性无异议，认为上述证据与附件8相结合证明"80王"门窗铝合金型材系列产品的销售使用在程序上不可信。

合议组认为：附件6和附件7作为证人证言的书面证明材料，应有自然人签名以示负责，并应有证人出席口头审理当庭作证和质证，才可具备其证明效力，但附件6和附件7所示证明材料仅有单位签章，而无作为证人的自然人签名以示负责，也均未委派有关证人出席口头审理对其证言进行质证，该证据不符合证言的形式要件，不具备证明效力，因此，附件6和附件7不能作为本案的有效证据。附件8和附件9专利权人对其真实性无异议，其所发生的时间在本专利申请日前，因此，上述证据可以作为本案的有效证据。附件5所示的《工业品买卖合同》中记载的出卖人为"山东达润建材有限公司（供方）"，即请求人与他人签订的《工业品买卖合同》，请求人试图通过附件1、附件2、附件6至附件9来证明该买卖合同已经履行，但请求人未提交能够证明该买卖合同是否已经履行的证据，也未提交其他佐证证明该合同已经履行的证据，鉴于附件8和附件9只能证明青岛化工学院东部新校区建设工程审批和青岛科技大学名称变更的事实，附件1、附件2、附件6和附件7均不能作为本案的有效证据，因此，附件1、附件2、附件6至附件9与附件5不能够形成从订购、支付到安装、使用完整的证明体系的证据，附件5不能作为本案的有效证据。请求人试图通过附件1、附件2、附件5至附件9证明，附件10公证书中所公证的青岛科技大学弘毅楼二楼和三楼的楼梯间走廊，和政法学院一楼北门前厅窗户上的铝合金窗是在在本专利申请日前安装的，鉴于附件8和附件9只能证明青岛化工学院东部新校区建设工程审批和青岛科技大学名称变更的事实，附件1、附件2、附件5至附件7在本案中均不能作为定案的有效证据，而附件10所证明的事实是2006年11月23日，青岛科技大学弘毅楼二楼和三楼的楼梯间走廊，和政法学院一楼北门前厅窗户上的铝合金窗拆装与拍摄的过程，这个事实发生的时间晚于本专利的申请日（2003年4月3日）。因此，在附件10所公证的事实与其他证据不足以形成一个完整的证据链的情况下，不能认定附件10中所记载的铝合金窗是在本专利申请日前安装的，附件10也不能作为本案的有效证据。

附件3是请求人的营业执照副本复印件，是对请求人主体资格和经营范围许可的证明，与本案是否符合专利法第5条和第23条的规定无关。

附件4本专利著录项目及图片是对本专利权所保护范围的确定。

3. 关于专利法第5条

请求人认为专利权人剽窃他人设计作品，抢先申请了外观设计专利的不道德行为，违反了专利法第5条的规定，并试图通过附件1、附件2、附件5至附件7、附件10支持其的主张。审查指南第一部分第三章第6.1节规定：社会公德，是指公众普遍认为是正当的、并被接受的伦理道德观念和行为准则。它的内涵基于一定的文化背景，随着时间的推移和社会的进步不断地发生变化，而且因地域不同而各异。中国专利法中所称的社会公德限于中国境内。例如，带有暴力凶杀或者淫秽内容的图片或者照片的外观设计不能被授予专利权。妨害公共利益，是指外观设计的实施或使用会给公众或社会造成危害，或者会使国家和社会的正常秩序受到影响。本外观设计专利是用于铝合金窗中的型材产品，至于其在产品生产、销售或使用上是否有主观的恶意剽窃他人设计作品，不属于专利法第5条所规定的范围，因此，请求人据此证明本专利不符合专利法第5条规定的主张不能成立。

综上所述，请求人提交的证据不能证明本专利不符合专利法第5条、专利法第23条的规定。请求人对其提出的无效宣告请求的主张有责任提供充分的证据，如果其提供的证据不够充分，应承担其主张不能成立的法律后果。本案请求人提供的证据均不能支持其主张，其无效宣告请求的理由不成立。

三、决定

维持03312757.3号外观设计专利权有效。

当事人对本决定不服的，可以根据专利法第46条第2款的规定，自收到本决定之日起三个月内向北京市第一中级人民法院起诉。根据该款的规定，一方当事人起诉后，另一方当事人应当作为第三人参加诉讼。

瓶贴（5）

无效宣告请求审查决定（第9661号）

决　定　号	第9661号
决　定　日	2007年4月17日
发明创造名称	瓶贴（5）
外观设计分类号	19-08
无效宣告请求人	中粮酒业有限公司
专 利 权 人	董清志
申　请　号	200430003885.8
申　请　日	2004年3月5日
授权公告日	2004年9月22日
合议组组长	吴赤兵
主　审　员	徐清平
参　审　员	李巍巍
附　　　图	1页
法律依据	专利法第23条

决定要点

本专利与在先设计所示瓶贴主体图案相近似，形状和整体构图基本相同，由此形成的整体视觉效果相近似，因此，二者属于相近似的外观设计，本专利不符合专利法第23条的规定。

一、案由

本无效宣告请求涉及的是2004年9月22日国家知识产权局授权公告的200430003885.8号外观设计专利，其名称是"瓶贴（5）"，申请日是2004年3月5日，专利权人是董清志。

针对上述外观设计专利权（下称本专利），中粮酒业有限公司（下称请求人）于2006年12月7日向专利复审委员会提出无效宣告请求，其依据的事实和理由是：本专利与其申请日前授权公告的00337962.0号外观设计专利所示标贴外观设计相近似，并将二者进行了详细分析对比，据此认为本专利不符合专利法第23条的规定，应宣告其无效。请求人同时提交了如下附件作为证据：

附件1：本专利著录项目及其外观设计图片复印件2页；
附件2：00337962.0号外观设计专利著录项目及其外观设计图片复印件3页。

专利复审委员会根据无效宣告请求审查程序的规定受理了该无效宣告请求，并于2007年1月5日将请求人的无效宣告请求书及其附件的副本转送专利权人，要求其在指定期限内陈述意见。

专利权人逾期未作答复。

专利复审委员会成立合议组对本案进行审理，于 2007 年 3 月 8 日分别向请求人和专利权人发出合议组成员告知通知书，双方均逾期未对合议组成员提出回避请求。

合议组经合议，认为本案事实清楚，依法作出本审查决定。

二、决定的理由

基于请求人提出无效宣告请求所依据的事实和理由，合议组对本专利是否符合专利法第 23 条的规定进行审查。专利法第 23 条规定：授予专利权的外观设计，应当同申请日以前在国内外出版物上公开发表过或者国内公开使用过的外观设计不相同和不相近似，并不得与他人在先取得的合法权利相冲突。

请求人提交的附件 2 是 00337962.0 号外观设计专利著录项目及其外观设计图片复印件，所示专利授权公告日为 2001 年 5 月 23 日，使用外观设计的产品名称为"标贴（长城干红 1998 年份）"，经合议组核实，该复印件所示内容属实，其公告日在本专利申请日之前，确系本专利申请日之前公开发表的外观设计（下称在先设计），可作为认定本专利是否符合专利法第 23 条规定的证据。

在先设计为"标贴"的外观设计，与本专利使用外观设计的产品"瓶贴"属相同种类的产品，故对二者外观设计作如下对比：

本专利仅有主视图，省略其他视图。所示瓶贴为长方形平面设计，瓶贴中部是以山峦、长城、烽火台为主要内容的类似素描效果的主体图案，该主体图案上方为两行较大文字和一行较小文字，下方为多行较小文字（详见本专利附图）。

在先设计视图包括主视图和使用状态图。所示标贴为长方形平面设计，瓶贴中部是以山峦、长城、烽火台为主要内容的类似素描效果的主体图案，该主体图案上方为一行较大文字，下方为多行较小文字（详见在先设计附图）。

将本专利与在先设计相比较，二者不同之处主要在于：二者主体图案中的长城、烽火台、山峦图案设计有所不同，二者的文字内容及排列行数不同。合议组认为，二者在主体图案上均以山峦、长城、烽火台为主要内容，其中长城的走向及长城图案、烽火台的取景范围和构图相近，山峦背景虽不完全相同但与长城相结合的视觉效果相近，且二者均采用了类似素描效果的相同表现手法，在此情况下二者虽有长城、烽火台、山峦设计等具体图案的细节不同，但整体视觉效果相近似；二者在文字内容上虽有不同，但外观设计对比不考虑具体文字的字意，二者在文字排列上虽有行数不同但均为多行横向排列的文字，在构图上均为中部主体图案与上下方多行文字相结合的构图方式，其整体构图相近；并且二者均为相同的长方形平面设计。因此，二者相近似的主体图案、基本相同的形状和整体构图形成的整体视觉效果相近似，其属于相近似的外观设计。

综上所述，本专利与其申请日前授权公告的外观设计专利相近似，即已有与其相近似的外观设计在出版物上在先公开发表过，因此，本专利不符合专利法第 23 条的规定。

三、决定

宣告 200430003885.8 号外观设计专利权无效。

当事人对本决定不服的，可以根据专利法第 46 条第 2 款的规定，自收到本决定之日起三个月内向北京市第一中级人民法院起诉。根据该款的规定，一方当事人起诉后，另一方当事人应当作为第三人参加诉讼。

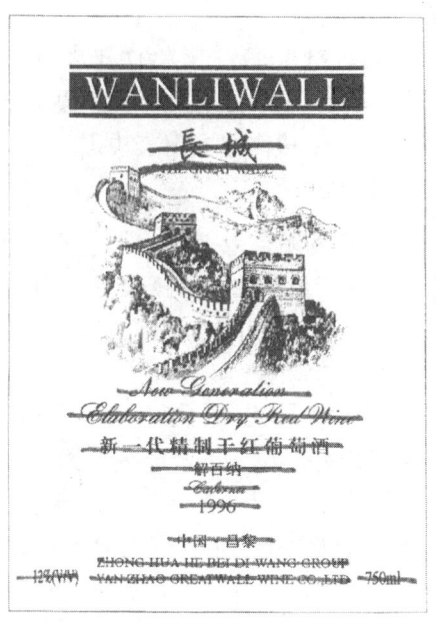

主视图

本专利

主视图 使用状态图

在先设计

吸尘器

无效宣告请求审查决定（第9663号）

决 定 号	第9663号
决 定 日	2007年4月9日
发明创造名称	吸尘器
外观设计分类号	15-05
无效宣告请求人	台州市亿力电器有限公司
专 利 权 人	株式会社东芝
专 利 号	01359936.4
优 先 权 日	2001年6月29日
申 请 日	2001年12月20日
授权公告日	2002年8月7日
合议组组长	徐清平
主 审 员	何炜
参 审 员	任怡
附 图	2页
法 律 依 据	专利法第23条

决 定 要 点

如果被比设计与在先设计存在明显差别，这些差别对产品外观的整体视觉效果产生显著的影响，则两者属于不相同和不相近似的外观设计。

一、案由

本无效宣告请求涉及国家知识产权局于2002年8月7日授权公告的外观设计专利，其名称为"吸尘器"，专利号是01359936.4，申请日为2001年12月20日，优先权日为2001年6月29日，专利权人是株式会社东芝。

针对上述外观设计专利权（下称本专利），台州市亿力电器有限公司（下称请求人）于2006年2月28日向专利复审委员会提出无效宣告请求。请求人认为：附件1和附件2所示在先公开发表的吸尘器分别构成与本专利相近似的外观设计，因此本专利不符合专利法第23条的规定。请求人在无效宣告请求书中未结合附件2具体说明本专利与附件2所示外观设计相同或相近似的理由。请求人在提出无效宣告请求的同时提交了如下附件：

附件1 US 391700号外观设计公告及使用部分的中文译文，授权公告日1998年3月3日，共

6 页；

附件 2 US 376229 号外观设计公告及使用部分中文译文，授权公告日 1996 年 12 月 3 日，共 5 页。

经过形式审查，专利复审委员会受理了该无效宣告请求，并于 2006 年 8 月 15 日将无效宣告请求书和附件清单中所列附件的副本转送给专利权人，限其在指定的期限内答复。

针对请求人提出的无效宣告请求理由和提交的附件，专利权人于 2006 年 9 月 27 日提交了意见陈述书，认为请求人未结合附件 2 具体说明无效宣告的理由，且本专利与附件 1 和附件 2 所示外观设计不相同，也不相近似，本专利符合专利法第 23 条的规定。

2006 年 12 月 15 日，专利复审委员会将上述专利权人的意见陈述书转送给请求人，要求其在指定期限内答复。

请求人在上述指定期限内没有答复。

2007 年 2 月 12 日，专利复审委员会本案合议组分别向双方当事人发出《无效宣告请求口头审理通知书》，告知双方当事人专利复审委员会定于 2007 年 3 月 28 日对本无效宣告请求案进行口头审理。

口头审理于 2007 年 3 月 28 日如期举行，双方当事人均委托代理人到庭参加了口头审理。在口头审理过程中，双方当事人对合议组成员无回避请求，对对方出庭人员身份没有异议。合议组对无效宣告请求理由及证据进行了调查，双方当事人进行了充分的意见陈述，认定的事实如下：(1) 请求人明确表示放弃附件 2 作为证据使用；(2) 专利权人对附件 1 的真实性、公开性，以及中文译文的准确性没有异议；(3) 请求人明确其无效宣告请求理由为专利法第 23 条，所主张的出版物公开的在先设计为附件 1 所示吸尘器的图片，认为与本专利产品构成相近似的外观设计。

在此基础上，合议组认为当事人已经充分发表了意见，本案事实已经调查清楚，可以依法作出本决定。

二、决定的理由

1. 法律依据

根据请求人提出的无效宣告请求的理由和提交的证据，本案合议组依据专利法第 23 条对本案进行审理。

专利法第 23 条规定：授予专利权的外观设计，应当同申请日以前在国内外出版物上公开发表过或者国内公开使用过的外观设计不相同和不相近似，并不得与他人在先取得的合法权利相冲突。

2. 关于证据

请求人在口头审理中当庭明确放弃附件 2，因此在本决定中对其将不再考虑。

附件 1 为美国外观设计专利公报，专利权人对其真实性、公开性和中文译文的准确性均无异议。附件 1 的公开日为 1998 年 3 月 3 日，故属于本专利申请日（本案指优先权日，下同）前的公开出版物，其中的图片可以作为在先设计用来评价本专利是否符合专利法第 23 条的规定。

3. 相同相近似比较

附件 1 所示图片为吸尘器的外观设计，与本专利属于同种类的产品，故可以进行如下相似性对比：

本专利记载有立体图、主视图、俯视图、仰视图、左视图、右视图，简要说明记载"后视图与主视图对称，故省略后视图"。所示吸尘器的总体形状为：从其立体图、俯视图、仰视图可以看出该产品整体轮廓大致呈横向的"凸"字型，自右向左呈阶梯状明显收敛；从主视图可以看出产品整体轮廓大致呈矩形，四条边基本平直；从右视图和左视图可以看出产品整体轮廓大致呈半圆形，轮子外延与吸尘器整体外壳圆滑连接（详见本专利附图）。

附件 1 记载有立体图（图 1）、左视图（图 2）、右视图（图 3）、主视图（图 4）、后视图（图

5)、俯视图（图6旋转90°）、仰视图（图7旋转90°）。所示吸尘器的总体形状，从其立体图、俯视图、仰视图可以看出该产品大致呈横向的梯形，自右向左平缓收敛；从主视图和后视图可以看出该产品整体轮廓大致呈半椭圆形，除底边外其余边为弧线；从右视图和左视图可以看出产品整体轮廓大致呈"凸"字型，轮子处向外明显突出（详见附件1附图）。

将附件1公开的吸尘器与本专利的吸尘器相比，存在以下主要区别：

（1）整体形状的差别：（a）从立体图、俯视图、仰视图看，本专利产品整体轮廓大致横向的"凸"字型，自右向左呈阶梯状明显收敛，而附件1产品大致呈横向的梯形，自右向左平缓收敛；（b）从主视图看，本专利产品整体轮廓大致呈矩形，四条边基本平直，而附件1产品整体轮廓大致呈半椭圆形，除底边外其余边为弧线；（c）从右视图和左视图看，本专利产品整体轮廓大致呈半圆形，轮子外延与吸尘器整体外壳圆滑连接，而附件1产品整体轮廓大致呈"凸"字型，轮子处向外明显突出；（d）本专利产品左侧结构呈三个厚度不同的圆柱体叠加而成，三部分间独立感强，右侧呈一独立的横向圆柱体与左侧结构相连接（参见本专利立体图和俯视图），各部件的分界线多为直线，棱角分明；而附件1产品各构成部件相互融合、浑然一体。

（2）各部件设计的差别：（e）从立体图和俯视图看，本专利产品顶部吸入口部突出于本体，前盖整体轮廓呈椭圆形，其上按钮仅有一个，呈椭圆形，在整体中所占比例很小，提手呈弧形、条状；而附件1产品顶部吸入口嵌入本体，前盖整体轮廓呈梯形，其上按钮有三个，均呈圆形，在整体中所占比例很大，中部有凹型提手；（f）从主视图看，本专利产品前部带有手柄，吸入口部呈矩形，左上端尖角突出；而附件1产品侧表面前部没有可见手柄，吸入口部被本体遮蔽，从侧面不能被看见；（g）从左视图看，本专利产品的吸入口为圆形，而附件1产品为椭圆形；（h）从右视图看，附件1产品的后表面构成部件设计复杂，下侧部分略突出于上侧部分，包括格栅，格栅约占后表面的1/2，本专利无上述部件设计。

合议组认为，对于一般消费者来说，二者上述整体形状和各部件设计的明显区别对产品的整体外观产生了显著的影响，根据整体观察、综合判断的原则，认定本专利产品与附件1所示外观设计属于既不相同又不相近似的外观设计。

综上所述，请求人提供的证据不能证明在本专利的申请日前已有与本专利相同或相近似的外观设计在国内外出版物上公开发表过，合议组对其据此证明本专利不符合专利法第23条规定的主张不予支持。

基于以上事实和理由，作出如下审查决定。

三、决定

维持01359936.4号外观设计专利权有效。

当事人对本决定不服的，可以根据专利法第46条第2款的规定，自收到本决定之日起三个月内向北京市第一中级人民法院起诉。根据该款的规定，一方当事人起诉后，另一方当事人应当作为第三人参加诉讼。

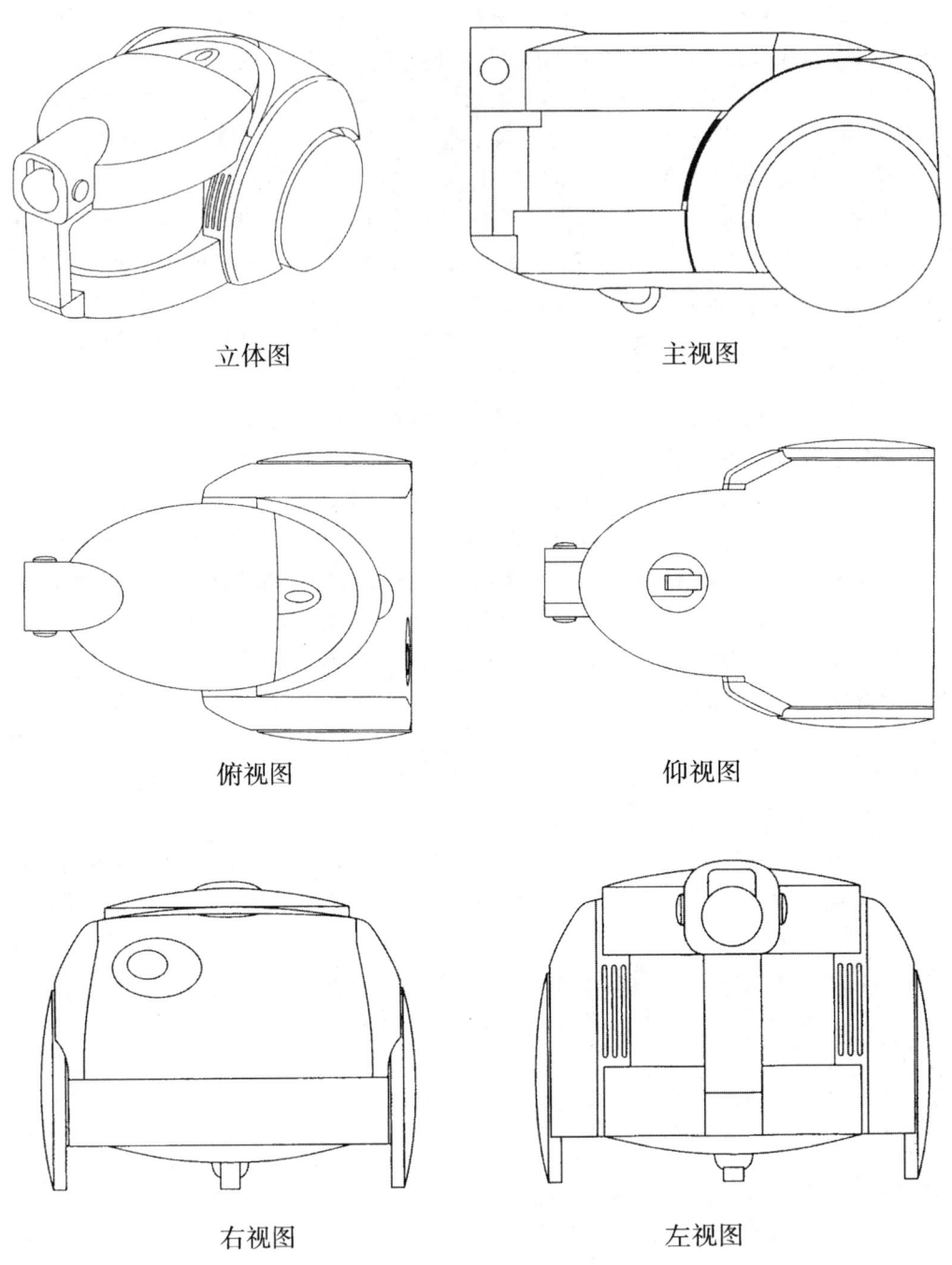

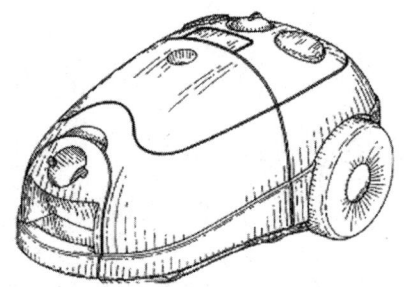
立体图（图1）

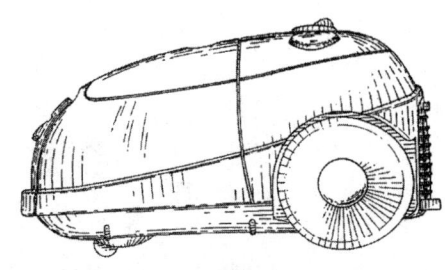
主视图（图4）

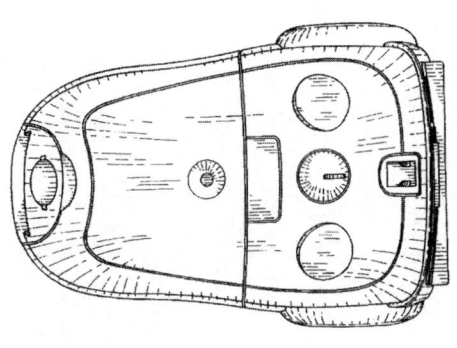
俯视图（图6）

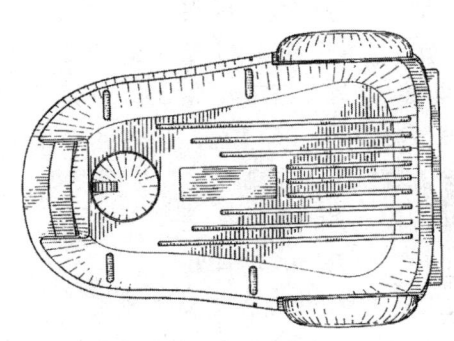
仰视图（图7）

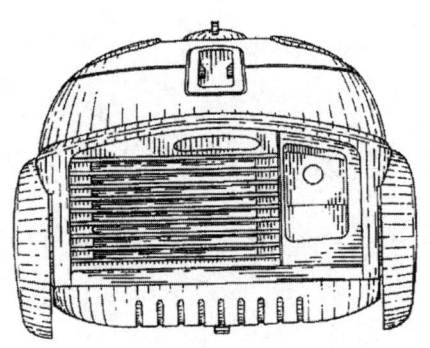
右视图（图3）

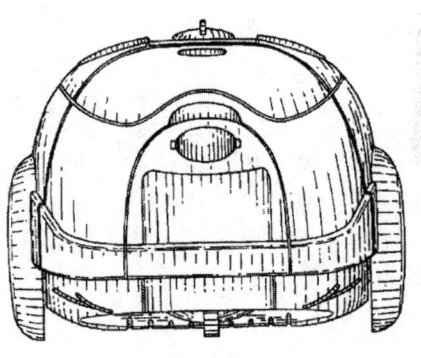
左视图（图2）

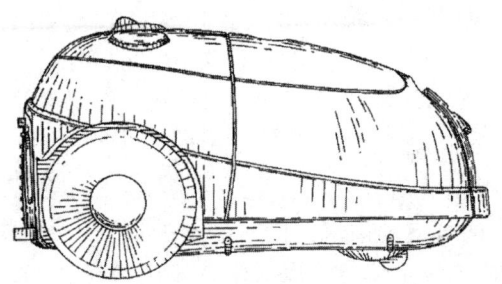
后视图（图5）

附件1附图

窗帘（百褶帘）

无效宣告请求审查决定（第 9666 号）

决 定 号	第 9666 号
决 定 日	2007 年 3 月 8 日
发明创造名称	窗帘（百褶帘）
外观设计分类号	06-10
无效宣告请求人	张劲松
专 利 权 人	张道永
专 利 号	02326470.5
申 请 日	2002 年 5 月 23 日
授 权 公 告 日	2002 年 11 月 13 日
合议组组长	李人久
主 审 员	李金光
参 审 员	许 磊
附 图	1 页

法 律 依 据 专利法第 23 条

决 定 要 点

整体分部差异对外观设计产品的整体视觉效果有显著影响，而外形细微结构变化对外观设计产品的整体视觉效果影响不大。

一、案由

本无效宣告请求涉及国家知识产权局于 2002 年 11 月 13 日授权公告的、名称为"窗帘（百褶帘）"的外观设计专利权（下称本专利），其申请号是 02326470.5，申请日是 2002 年 5 月 23 日，专利权人是张道永。

针对上述专利权，张劲松（下称请求人）于 2006 年 8 月 28 日向专利复审委员会提出无效宣告请求，认为本专利分别与本专利申请日前公开的出版物证据 1~3 中的扇形帘或窗帘相同或相近似，所以本专利不符合专利法第 23 条的规定。请求人同时提交的证据 1~3 如下：

证据 1：《布置与配色》，谢鸣等主编，上海科学普及出版社，2000 年 5 月第 1 次印刷，封面、印刷信息页、封底、第 59 页，复印件共 4 页；

证据 2：《新家居》，习习等编著，浙江科学技术出版社，2000 年 2 月第 2 次印刷，封面、封二、印刷信息页、封底、第 11、60 页，复印件共 6 页；

证据3：《中国纺织美术》，1997年第4期，总第51期，1997年出版，封面、封底、第18、44页，复印件共4页。

经形式审查合格后，专利复审委员会于2006年8月28日受理了上述无效宣告请求。同日，将无效宣告请求书及其附件清单中所列的副本转送给专利权人，并告知专利权人在指定期限内答复，期满未答复的不影响专利复审委员会审理。

2006年9月11日，请求人再次提交了以下证据（编号顺延）：

证据4：《中华窗帘》，洋洋编著，南海出版公司，1997年11月第1次印刷，封面、第6、53、64页，复印件共4页；

证据5：《住房买卖装饰指南》，王玉龙等编著，同济大学出版社，1999年5月第1次印刷，封面、印刷信息页、第242页，复印件共3页；

证据6：《装饰艺术精品集》，保彬等编著，中国轻工业出版社，2002年1月第1次印刷，封面、印刷信息页、第67~69页，复印件共5页；

证据7：《最新窗帘艺术》，方园编著，朝华出版社，1999年4月第1次印刷，封面、印刷信息页、第5页，复印件共3页；

证据8：《中华家居》（精装本），云雨主编，陕西旅游出版社，2001年7月第1次印刷，封面、印刷信息页、第25页，复印件共3页；

证据9：《中国家装走势》，韩维平编著，新疆人民出版社，2002年3月第1次印刷，封面、印刷信息页、第52页，复印件共3页；

证据10：《布艺世界》，2001年8月号，封面、第12页，复印件共2页；

证据11：《城市住宅》，高拯主编，2001年7月，第7期，复印件共6页。

针对请求人于2006年8月28日提交无效宣告请求书以及证据1~3，专利权人于2006年9月18日提交了意见陈述书。专利权人认为：从本专利的主视图可知，本专利有三个要部，分别为上部的长方形、下部与长方形相连接的半圆形及整体外观的均匀折褶状纹，其中最显著要部是整体外观的均匀折褶状纹，而请求人所提供的各证据中的窗帘除了长方形及下部与长方形相连接的半圆形与本专利相似外，其整体外观并无均匀折褶状纹，与本专利整体外观的均匀折褶状纹明显不同，也不存在相近似的情形，二者的设计有根本区别，本专利符合专利法第23条的规定。

专利复审委员会于2006年11月3日向双方当事人发出无效宣告请求口头审理通知书，定于2006年12月13日在专利复审委员会对本案进行口头审理，并将专利权人于2006年9月18日提交的意见陈述书副本转送给请求人，同时，将请求人于2006年9月11日提交的证据的副本转送给专利权人，告知双方当事人可以在口头审理中进行答复。

口头审理如期举行，双方当事人均委托代理人参加了口头审理，且均对合议组成员无回避请求，对对方到庭人员的资格、身份无异议。在口头审理中，双方代理人充分陈述了各自的理由。请求人明确其无效宣告理由是本专利不符合专利法第23条的规定，所用证据为上述证据1~10，并当庭出示了证据1~10的原件，同时放弃证据11；请求人认为本专利的外观设计是来源于行业中已有的扇形帘外观设计，如证据1~10，这些扇形帘设计的特点是上部是一个长方形，下部是一个半圆形，本专利分别与证据1~10所示扇形帘外观设计相同或相近似，而本专利外观设计的折褶是由采用的材料不同造成的。专利权人对证据1~10的真实性、合法性、公开性、关联性无异议。合议组对于本专利是否符合专利法第23条的规定进行了充分调查。

经过上述审查程序，合议组认为本案事实已经调查清楚，可以依法作出本审查决定。

二、决定的理由

专利法第23条规定：授予专利权的外观设计，应当同申请日以前在国内外出版物上公开发表过或者国内公开使用过的外观设计不相同和不相近似,并不得与他人在先取得的合法权利相冲突。

整体分部差异对外观设计产品的整体视觉效果有显著影响,而外形细微结构变化对外观设计产品的整体视觉效果影响不大。

本案中,专利权人对证据1~10的真实性、合法性、关联性均无异议,合议组对其真实性予以确认;证据1~10的公开日在本专利申请日之前,所以证据1~10可以作为评价本专利是否符合专利法第23条规定的证据使用。请求人放弃了证据11,故合议组对证据11不予考虑。

本专利授权文本中的"窗帘(百褶帘)"包括主视图、后视图、左视图、俯视图和折叠状态参考图(见本专利附图),并且在本专利的简要说明中明确表明不保护帘面图案。本专利主视图、后视图所示产品外观上分上、下二部分;帘上部是带有均匀平行折褶纹的长方形,相邻平行折褶的折线不在一个平面中,相间平行折褶的折线在同一平面中;帘下部是带有以半圆心为中心的呈均匀放射状的折褶纹的半圆形,在半圆形与长方形交界处的正面圆心处有一圆纽扣状结构。左视图所示帘整体呈现波纹状。折叠状态参考图所示帘上部可完全折叠。

证据6第67页的附图所示窗帘为扇形帘(见证据6附图),分上下二部分,帘上部是长方形,带有平行相间、均匀凸起的横条,相邻的平行横条位于同一平面内;帘下部是带有以半圆心为中心的呈放射状的折褶纹的半圆形。

证据6公开的附图与本专利外观设计产品属于同类产品即窗帘。将本专利与证据6公开附图对比可以看出,证据6所示窗帘与本专利的相同之处在于:窗帘均分上、下二部分,帘上部是长方形,帘下部是带有以半圆心为中心的呈放射状折褶纹的半圆形;区别之处在于:本专利的帘上部相邻平行折褶折线不在一个平面中,相间平行折褶折线在同一平面中,并且,在窗帘半圆形与长方形交界处的正面圆心处有一圆纽扣状结构,窗帘整体侧观呈波纹状,而证据6的帘上部带有平行相间、均匀凸起的横条,在窗帘半圆形与长方形交界处的正面圆心处没有圆纽扣状结构,侧观没有明显的波纹状。从窗帘整体视觉效果来看,窗帘表面凸起结构以及侧面变化对整体外观视觉效果影响不大,且人们关注的焦点在窗帘的正面,很少注意窗帘的侧面以及顶部。本专利与证据6的窗帘整体结构形状均是由上部长方形和下部带有以半圆心为中心均匀放射状折褶纹的半圆形组成,虽然二者在帘上部表面凸起结构、上下部交界中心处略有差异,但这些部位的变化通常不会引起一般消费者的关注,不会对窗帘的整体视觉效果产生显著影响,因此本专利与证据6所示窗帘附图相近似,不符合专利法第23条的规定。

鉴于本专利与证据6相近似,导致本专利不符合专利法第23条的规定。本决定不再将本专利与证据6以外的其他证据进行对比。

基于上述理由,合议组作出如下决定。

三、决定

宣告02326470.5号外观设计专利权无效。

当事人对本决定不服的,可以根据专利法第46条第2款的规定,在收到本决定之日起三个月内向北京市第一中级人民法院起诉,根据该款的规定,一方当事人起诉后,另一方当事人应当作为第三人参加诉讼。

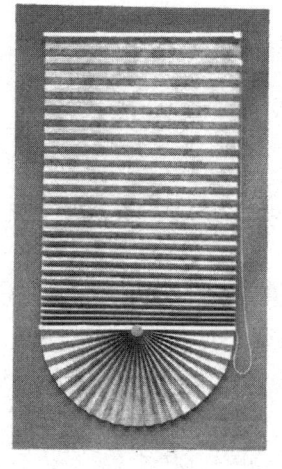 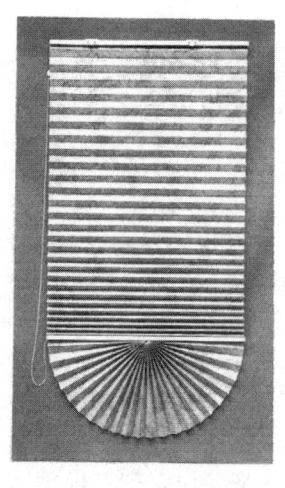 

主视图　　　　　　后视图　　　　　　左视图

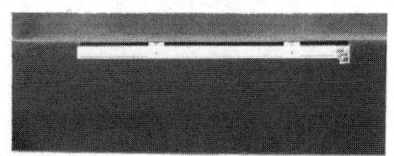 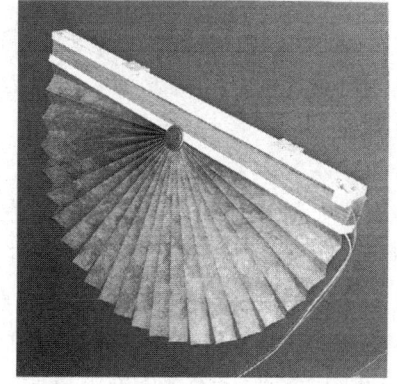

俯视图　　　　　　折叠状态参考图

本专利附图

证据 6 附图

北京市第一中级人民法院
行政判决书

(2007) 一中行初字第 1030 号

原告张道永，男，1965 年 8 月 29 日出生，汉族，金道百褶帘厂负责人，住广东省佛山市三水区乐平镇大岗张边村十八巷 4 号。

委托代理人张国良，男，1946 年 9 月 6 日出生，汉族，退休干部，住北京市海淀区中关村南大街 12 号高层 7 楼 095 号。

委托代理人王朋飞，男，北京路浩知识产权代理有限公司专利代理人。

被告国家知识产权局专利复审委员会，住所地北京市海淀区北四环西路 9 号银谷大厦 10~12 层。

法定代表人廖涛，副主任。

委托代理人李金光，男，国家知识产权局专利复审委员会审查员。

委托代理人程强，男，国家知识产权局专利复审委员会审查员。

第三人张劲松，男，1969 年 10 月 8 日出生，汉族，个体工商户，住广东省佛山市顺德区大良街道碧溪路 6 号东骏花园六巷 3 号。

委托代理人李劲峰，男，1966 年 5 月 9 日出生，汉族，佛山市顺德区劲松实业有限公司职员，住广东省佛山市顺德区大良街道景怡阁 3 座 303 室。

原告张道永不服被告国家知识产权局专利复审委员会作出的第 9666 号无效宣告请求审查决定（以下简称第 9666 号决定），向本院提起行政诉讼。本院受理后，依法组成合议庭，在法定期限内向被告送达了起诉书副本及应诉通知书。依照《中华人民共和国行政诉讼法》第二十七条的规定，本院通知张劲松作为第三人参加诉讼，并于 2007 年 9 月 7 日公开开庭审理了本案。原告及其委托代理人张国良、王朋飞，被告的委托代理人李金光、程强，第三人的委托代理人李劲峰到庭参加了诉讼，本案现已审理终结。

2007 年 3 月 8 日，被告作出第 9666 号决定。该决定认为名称为"窗帘（百褶帘）"的第 02326470.5 号外观设计专利权（以下简称本专利）不符合《中华人民共和国专利法》（以下简称《专利法》）第二十三条的规定，故宣告本专利权无效。

在法定举证期限内，为证明被诉决定的合法性，被告向本院提交了下列证据：（1）本专利授权公报；（2）保彬等编著，中国轻工业出版社 2002 年 1 月第 1 次印刷的《装饰艺术精品集》（以下简称证据 6）封面、印刷信息页、第 67~69 页。

原告诉称，本专利要求保护的是一种折叠窗帘，折叠窗帘属于变化状态的产品，折叠或展开状态都是其基本使用状态，在进行外观相近似比较时，都是应当比较的对象。在本专利的授权公告文本中提供了所述窗帘的折叠状态参考图。根据《审查指南》的相关规定，应将本专利所公开的展开及折叠状态与证据 6 所公开的展开和折叠状态进行比对。而第 9666 号决定对变化状态的产品相近似的判断方法错误，仅将展开状态进行比对，忽略了折叠状态，不符合《审查指南》的规定，作出的二者相近似的结论是错误的。本专利中窗帘的侧面变化是由其表面凸起结构直接决定的，而且也直接影响了该窗帘的折叠状态，使得该窗帘在折叠状态时其上部可以完全折叠，从而明显区别于证据 6 所公开的窗帘。因此，对于折叠窗帘而言，表面凸起结构以及侧面变化足以对处在折叠状态时的窗帘的整体视觉效果产生显著影响。第 9666 号决定认定窗帘表面凸起结构以及侧面变化对整体外观视觉效果影响不大,属于对局部细微变化的判断标准掌握不当。本专利属于可收放式窗帘,展开和收拢状态是其公知的日常使用方式,对于一般消费者而言,在购买和使用时,必然关注其展开和折叠状态的视觉观感。故本专利与证据6的区别,一般消费者完全可以分辨的,不会引起误认。综上所述,第9666号决定适用《审查指南》不当,对变化状态的产品相近似的判断方法错误,对局部细微变化的判断标准掌握不当,对判断主体的标准掌握不当,认定事实不清,最终得出错误结论,请求法院判决撤销该决定,并由被告承担本案的诉讼费用。

在法定举证期限内,原告为支持其诉讼主张,亦向本院提交了与被告证据相同的证据。

被告辩称,根据《审查指南》对确定被比设计的规定,参考图通常用于理解被比设计的所属领域、使用方法、场所或用途,以便确定产品类别。本专利所示图片中明确表示折叠状态的参考图。我委以该参考图确定产品类别,并比较与证据6所示窗帘的相似性符合《审查指南》的规定。一般消费者在选择窗帘时通常将关注点放在窗帘的整体结构的视觉效果上,而窗帘表面凸起结构以及侧面对窗帘整体结构的视觉效果影响不大,因此表面和凸起结构和侧面变化属于局部细微的变化。综上,第9666号决定认定事实清楚,适用法律正确,审理程序合法,请求法院判决维持该决定。

第三人述称,在本专利申请日之前,在窗帘同行业中早已存在的一种叫扇形帘的窗帘,其外观设计的特点是由上部长方形,与下部半圆形连接而成。其整体外观的主要特点和最大的亮点就是下部扇形的形状,本专利外观设计完全是抄袭行业中早已经存在的这种扇形帘的外观设计。站在一般消费者的视角去观察,本专利在展开和折叠状态时,其最大的外观特点就是下半部分半圆形的扇形形状。而这半圆形扇形形状恰恰就是行业中早已存在的扇形帘的外观特点。因此本专利所涉的外观设计无论是在展开还是折叠状态下,都没有新颖性,都不符合授予外观设计专利的条件。这种形状的窗帘可以由各种原材料作出不同的窗帘,本专利由于窗帘所使用的原材料造成的细微的结构变化,对整体的视觉效果影响是很少的。综上所述,第9666号决定认定事实清楚,适用法律正确,审理程序合法,请求法院维持该决定。

在法定举证期限内,第三人为支持自己的诉讼主张,除向本院提交了与被告证据2相同的证据外,还提交了下列证据:(1)谢鸣等主编,上海科学普及出版社2000年5月第1次印刷的《布置与配色》(以下简称证据1)封面、印刷信息页、封底以及第59页;(2)1997年第4期、总第51期的《中国纺织美术》(以下简称证据3)的封面、封底以及第18、44页;(3)洋洋编著,南海出版公司1997年11月第1次印刷的《中华窗帘》(以下简称证据4)封面、第6、53、64页;(4)王玉龙等编著,同济大学出版社1999年5月第1次印刷的《住房买卖、装饰指南》(以下简称证据5)封面、印刷信息页以及第242页。

经庭审质证,原告、被告、第三人对对方提交证据的关联性、合法性、真实性均没有异议,但是不同意对方主张的证据的证明作用。经审查本院认为,原告、被告提交的证据均与本案审查的第9666号决定有关,且符合合法性、真实性的要求,本院予以采纳。对于第三人提交的与被告相同的证据,本院不再重复评述。第三人提交的其他证据不是被诉决定作为对比文件使用的证据,仅能证明第三人在无效程序中为支持自己的主张提交了相应证据的事实。

根据上述确认的有效证据以及当事人当庭无争议的陈述,本院认定事实如下:

2002年5月23日,原告向国家知识产权局提出名称为"窗帘(百褶帘)"的外观设计专利申请。同年11月13日国家知识产权局授予其专利权,即本专利。本专利的授权公告文本包括主视图、后视图、左视图、俯视图和折叠状态参考图,并且在本专利的简要说明中明确表明不保护帘面图案。本专利主视图、后视图所示产品外观分上、下两部分;帘上部是带有均匀平行折褶纹的长方形,相邻平行折褶的折线不在一个平面中,相间平行折褶的折线在同一平面中;帘下部是带有以半圆心为中心的呈均匀放射状的折褶纹的半圆形，在半圆形与长方形交界处的正面圆心处有一圆纽扣状结构。左视图所示帘整体呈现波纹状。折叠状态参考图所示帘上部可完全折叠（详见本专利附图）。

2006年8月28日，第三人以本专利不符合《专利法》第二十三条的规定为由，向被告提出无效宣告请求，同时提交了3份证据。同年9月11日，第三人又补充提交了包括证据6在内共8份证据。其中证据6的第67页图片所示的窗帘为扇形帘，分上下两部分，帘上部是长方形，带有平行相间、均匀凸起的横条，相邻的平行横条位于同一平面内；帘下部是带有以半圆心为中心的呈放射状的折褶纹的半圆形（详见证据6附图）。

被告受理上述无效宣告请求后，将有关文件转送给原告。并于2006年12月13日举行了口头审理。在口头审理中，原告对于第三人提交证据的真实性、合法性、公开性、关联性均没有异议。

被告经审查认为，证据6公开的产品与本专利外观设计产品属于同类产品。将本专利与证据6公开内容的相比较，二者的相同之处在于：窗帘均分上、下两部分，帘上部是长方形，帘下部是带有以半圆心为中心的呈放射状折褶纹的半圆形；二者的区别之处在于：本专利的帘上部相邻平行折褶折线不在一个平面中，相间平行折褶折线在同一平面中，在窗帘半圆形与长方形交界处的正面圆心处有一圆纽扣状结构，窗帘整体侧观呈波纹状；而证据6的帘上部带有平行相间、均匀凸起的横条，在窗帘半圆形与长方形交界处的正面圆心处没有圆纽扣状结构，侧观没有明显的波纹状。从窗帘整体视觉效果来看，窗帘表面凸起结构以及侧面变化对整体外观视觉效果影响不大，且人们关注的焦点在窗帘的正面，很少注意窗帘的侧面以及顶部。本专利与证据6的窗帘整体结构形状均是由上部长方形和下部带有以半圆心为中心均匀放射状折褶纹的半圆形组成，虽然二者在帘上部表面凸起结构、上下部交界中心处略有差异，但这些部位的变化通常不会引起一般消费者的关注，不会对窗帘的整体视觉效果产生显著影响，因此本专利与证据6所示窗帘相近似，不符合《专利法》第二十三条的规定。鉴于以上评述已得出本专利不符合《专利法》第二十三条规定的结论，被告对第三人提交的其他证据未再与本专利进行比对，并于2007年3月8日作出第9666号决定，宣告本专利权全部无效。原告不服该决定，向本院提起行政诉讼，请求撤销该决定。

在本院庭审中，原告、第三人对于第9666号决定作出的程序没有异议，亦认同被告在被诉决定中对于本专利以及证据6公开的窗帘产品外观的描述。

本院认为，原告、第三人对于被告作出第9666号决定的程序不持异议，本院经审查，对被告作出被诉决定程序的合法性予以确认。

参照《审查指南》第四部分第五章第4节关于外观设计相同或相近似判断原则的规定，判断两个外观设计是否相近似，应当看两个外观设计的区别是否对外观设计整体视觉效果产生显著的影响。该章第3节同时亦规定，在判断外观设计是否相同或者相近似时，应当基于被比设计产品的一般消费者的知识水平和认知能力进行评价。对于窗帘产品的外观设计而言，窗帘正面设计是能够引起一般消费者关注的部分。将本专利与证据6第67页公开的窗帘外观相比较，被诉决定对两外观设计的描述和区别特征的认定是准确的。虽然本专利在上半部分平行折褶线的位置、长方形与半圆形交接的圆心处结构以及从侧面观察存在的整体波纹形状等方面，与证据6公开的窗帘产品外观有所不同，但是在两个窗帘的外观均是由方形的上半部和呈放射状折褶纹的半圆形的下半部构成的情况下，上述区别对于窗帘外观的整体视觉效果不具有显著影响。本专利授权公告文本中的折叠状态参考图，主要是作为本专利产品使用状态和功能的一种展示。因此，被告通过对两个外观设计进行整体观察、综合判断，认定二者属于相近似外观设计，并据此作出第9666号决定并无不当。原告关于被告对外观设计相近似的判断方法错误的诉讼主张，缺乏事实和法律依据，本院不予采纳。原告关于窗帘的表面凸起结构以及侧面变化不属于局部细微变化，足以对处在折叠状态时的窗帘的整体视觉效果产生显著影响的诉讼主张，缺乏事实依据，本院亦不予采纳。综上所述，原告要求撤销第 9666 号决定的诉讼请求缺乏事实和法律依据，本院不予支持。依照最高人民法院《关于执行〈中华人民共和国行政诉讼法〉若干问题的解释》第五十六条第（四）项的规定，判决如下：

驳回原告张道永的诉讼请求。

案件受理费 100 元，由原告张道永负担（已交纳）。

如不服本判决，可在本判决书送达之日起 15 日内，向本院递交上诉状，并按对方当事人人数提出副本，预交上诉案件受理费，上诉于北京市高级人民法院。上诉人在上诉期限内未预交上诉案件受理费，又不提出缓交申请的，按自动撤回上诉处理。

审　判　长　梁　菲
代理审判员　何君慧
人民陪审员　付勇军
二〇〇七年十一月十五日
书　记　员　王　丽

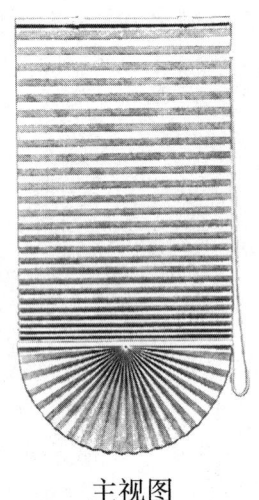 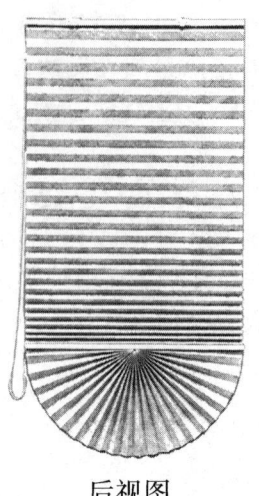 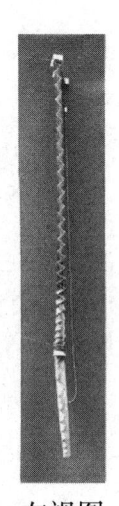

主视图　　　　后视图　　　　左视图

 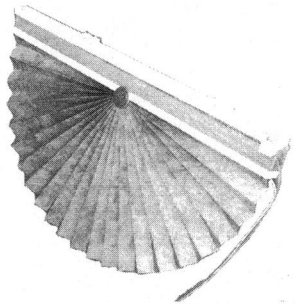

俯视图　　　　折叠状态参考图

本专利附图

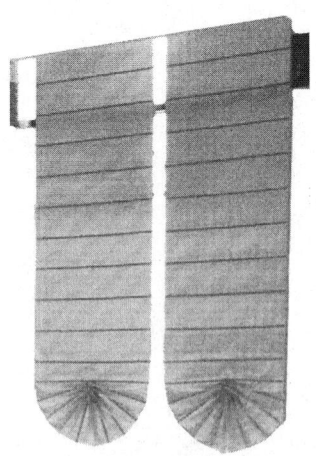

证据6附图

北京市高级人民法院
行政判决书

(2008) 高行终字第 67 号

上诉人（一审原告）张道永，男，1965 年 8 月 29 日出生，汉族，住广东省佛山市三水区乐平镇大岗张边村十八巷 4 号。

委托代理人王朋飞，北京路浩知识产权代理有限公司专利代理人。

被上诉人（一审被告）国家知识产权局专利复审委员会，住所地北京市海淀区北四环西路 9 号银谷大厦 10~12 层。

法定代表人廖涛，副主任。

委托代理人李金光，国家知识产权局专利复审委员会审查员。

委托代理人程强，国家知识产权局专利复审委员会审查员。

被上诉人（一审第三人）张劲松，男，1969 年 10 月 8 日出生，汉族，个体工商户，住广东省佛山市顺德区大良街道碧溪路 6 号东骏花园六巷 3 号。

委托代理人李劲峰，男，1966 年 5 月 9 日出生，汉族，佛山市顺德区劲松实业有限公司职员，住广东省佛山市顺德区大良街道景怡阁 3 座 303 室。

上诉人张道永因专利无效宣告审查决定一案，不服北京市第一中级人民法院 (2007) 一中行初字第 1030 号行政判决，向本院提出上诉。本院依法组成合议庭，审理了本案。本案现已审理终结。

2007 年 3 月 8 日，国家知识产权局专利复审委员会（以下简称专利复审委）作出第 9666 号《无效宣告请求审查决定书》（以下简称第 9666 号决定）。该决定认为名称为"窗帘（百褶帘）"的第 02326470.5 号外观设计专利权（以下简称本专利）不符合《中华人民共和国专利法》（以下简称《专利法》）第二十三条的规定，故宣告本专利权无效。张道永遂诉至北京市第一中级人民法院。

北京市第一中级人民法院经审理认为，参照《审查指南》第四部分第五章第 4 节关于外观设计相同或相近似判断原则的规定，判断两个外观设计是否相近似，应当看两个外观设计的区别是否对外观设计整体视觉效果产生显著的影响。该章第 3 节同时亦规定，在判断外观设计是否相同或者相近似时，应当基于被比设计产品的一般消费者的知识水平和认知能力进行评价。对于窗帘产品的外观设计而言，窗帘正面设计是能够引起一般消费者关注的部分。将本专利与证据 6 第 67 页公开的窗帘外观相比较，第 9666 号决定对两外观设计的描述和区别特征的认定是准确的。虽然本专利在上半部分平行折褶线的位置、长方形与半圆形交接的圆心处结构以及从侧面观察存在的整体波纹形状等方面，与证据 6 公开的窗帘产品外观有所不同，但是在两个窗帘的外观均是由方形的上半部和呈放射状折褶纹的半圆形的下半部构成的情况下，上述区别对于窗帘外观的整体视觉效果不具有显著影响。本专利授权公告文本中的折叠状态参考图，主要是作为本专利产品使用状态和功能的一种展示。因此，专利复审委通过对两个外观设计进行整体观察、综合判断，认定二者属于相近似外观设计，作出第 9666 号决定并无不当。依照最高人民法院《关于执行〈中华人民共和国行政诉讼法〉若干问题的解释》第五十六条第（四）项的规定，判决驳回张道永的诉讼请求。

张道永不服上述一审判决，向本院提起上诉。其主要理由是：专利复审委所作第 9666 号决定对变化状态的产品相近似的判断方法错误，仅将本专利与对比文件的使用状态进行比对，没有对折叠状态进行对比是错误的；对局部细微变化的判断标准掌握不当，本专利中窗帘的侧面变化是表面凸起结构，以及侧面变化足以对处于折叠状态时的整体视觉效果产生显著影响；另外，基于窗帘的使用常识，消费者必然关注窗帘展开和折叠状态的视觉感，本专利与对比文件的区别消费者不会误认。请求二审法院撤销一审判决，撤销专利复审委所作第9666号决定，由被上诉人承担本案诉讼费用。

专利复审委答辩认为，根据《审查指南》的规定，参考图通常用于理解对比设计的所属领域、使用方法、使用场所或用途，以便确定产品类别。本专利所示图片明确表示折叠状态为参考图，专利复审委认定其与对比文件相似，符合《审查指南》关于对变化状态的产品相近似判断的规定；一般消费者对外观设计产品之间在形状、图案以及色彩上的差别具有一定分辨力，但不会注意产品的细微变化；消费者在选购窗帘时，通常关注窗帘整体视觉效果，而窗帘表面凸起结构、功能以及侧面对窗帘整体结构视觉效果影响不大，表面凸起结构以及侧面变化属于局部细微变化，不会引起消费者关注。一审判决认定事实清楚，程序合法，适用法律正确，请求二审法院驳回上诉，维持一审判决。

被上诉人张劲松未向二审法院提交答辩意见。张劲松在一审时的主要意见是，在本专利申请日之前，在窗帘同行业中早已存在的一种叫扇形帘的窗帘，其外观设计的特点是由上部长方形，与下部半圆形连接而成。其整体外观的主要特点就是下部扇形的形状，本专利的设计是行业中早已存在的这种扇形帘的设计。作为一般消费者，本专利在展开和折叠状态时，其最大特点就是下半部分半圆形的扇形形状，而这恰是行业中早已存在的扇形帘的外观特点。因此本专利的设计无论是在展开还是折叠状态下，均无新颖性，都不符合授予专利的条件。本专利由于窗帘所使用的材料造成的细微的结构变化，对整体视觉效果的影响很少。第9666号决定认定事实清楚，适用法律正确，审理程序合法，请求法院予以维持。

经审理查明，2002年5月23日，张道永向国家知识产权局提出名称为"窗帘（百褶帘）"的外观设计专利申请，申请号为02326470.5。2002年11月13日，公告授予专利权，即本专利。本专利的授权公告文本包括：主视图、后视图、左视图、俯视图和折叠状态参考图，并且在本专利的简要说明中明确表明不保护帘面图案。本专利主视图、后视图所示产品外观分上、下两部分；窗帘上部是带有均匀平行折褶纹的长方形，相邻平行折褶的折线不在一个平面中，相间平行折褶的折线在同一平面中；窗帘下部是带有以半圆心为中心的呈均匀放射状的折褶纹的半圆形，在半圆形与长方形交界处的正面圆心处有一圆纽扣状结构。左视图所示窗帘整体呈现波纹状。折叠状态参考图所示窗帘上部可完全折叠。

2006年8月28日，张劲松针对本专利，向专利复审委提出无效宣告请求。认为本专利不符合《专利法》第二十三条的规定，同时提交了三份证据。2006年9月11日，张劲松又补充提交了八份证据。其中证据6的第67页图片所示的窗帘为扇形帘，分上下两部分，窗帘上部是长方形，带有平行相间、均匀凸起的横条，相邻的平行横条位于同一平面内；窗帘下部是带有以半圆心为中心的呈放射状的折褶纹的半圆形。

2006年12月13日，专利复审委就此案举行口头审理。2007年3月8日专利复审委作出第9666号决定，宣告本专利权全部无效。其主要理由是，证据6公开的产品与本专利外观设计产品属于同类产品。将本专利与证据6公开内容的褶比较，二者的相同之处在于：窗帘均分上、下两部分，帘上部是长方形，帘下部是带有以半圆心为中心的呈放射状折褶纹的半圆形；二者的区别之处在于：本专利的帘上部相邻平行折褶折线不在一个平面中，相间平行折褶折线在同一平面中，在窗帘半圆形与长方形交界处的正面圆心处有一圆纽扣状结构，窗帘整体侧观呈波纹状；而证据6的帘上部带有平行相间、均匀凸起的横条，在窗帘半圆形与长方形交界处的正面圆心处没有圆纽扣状结构，侧观没有明显的波纹状。从窗帘整体视觉效果来看，窗帘表面凸起结构以及侧面变化对整体外观视觉效果影响不大，且人们关注的焦点在窗帘的正面，很少注意窗帘的侧面以及顶部。本专利与证据6的窗帘整体结构形状均是由上部长方形和下部带有以半圆心为中心均匀放射状折褶纹的半圆形组成，虽然二者在帘上部表面凸起结构、上下部交界中心处略有差异，但这些部位的变化通常不会引起一般消费者的关注，不会对窗帘的整体视觉效果产生显著影响，因此本专利与证据6所示窗帘相近似，不符合《专利法》第二十三条的规定。鉴于以上评述已得出本专利不符合《专利法》第二十三条规定的结论，因此对张劲松提交的其他证据不再与本专利进行比对。

专利复审委在一审中提交了以下证据：（1）本专利授权公报；（2）保彬等编著，中国轻工业出版社2002年1月第1次印刷的《装饰艺术精品集》（即证据6）封面、印刷信息页、第67~69页。

上述证据材料一并随案移送本院。本院经审查认为，专利复审委提交的证据，能够证明本案相关事实，且证据来源合法，内容真实有效，本院予以采信。一审法院对本案证据的认证意见正确，本院亦予以确认。

本院认为，专利复审委以在本专利申请日前公开发表的出版物作为对比文件，判断本专利与其是否构成相同和相近似，符合《专利法》的相关规定。且基于本专利和对比文件的所属领域、使用方法、使用场所及用途，以对比文件的参考图确定二者系相同种类产品，对二者进行比对，符合《审查指南》的相关规定。专利复审委采取整体观察、综合判断的审查方式，认为从窗帘整体视觉效果来看，窗帘表面凸起结构以及侧面变化对整体外观视觉效果影响不大，且人们关注的焦点在窗帘的正面，很少注意窗帘的侧面以及顶部，虽有些部位略有差异，但不会对窗帘整体视觉效果产生显著影响，作出本专利与证据6所示窗帘附图相近似的认定，是正确的。

综上，第9666号决定宣告本专利权无效，符合《专利法》第二十三条的规定。一审法院判决维持专利复审委所作第9666号决定，认定事实清楚，适用法律正确，审理程序合法，本院应予维持。上诉人张道永的上诉理由缺乏事实和法律依据，本院不予支持。依照《中华人民共和国行政诉讼法》第六十一条第（一）项的规定，判决如下：

驳回上诉。维持一审判决。

二审案件受理费人民币100元，由上诉人张道永负担（已交纳）。

本判决为终审判决。

审　判　长　朱世宽
审　判　员　王　燕
代理审判员　赵宇晖
二〇〇八年三月二十日
书　记　员　张　怡

包装袋（沸尔玛）

无效宣告请求审查决定（第9667号）

决 定 号	第9667号
决 定 日	2007年4月9日
发明创造名称	包装袋（沸尔玛）
外观设计分类号	09-05
无效宣告请求人	焉耆县伊德乳业有限公司
专 利 权 人	木莎·依马木
专 利 号	200530018696.2
申 请 日	2005年6月16日
授权公告日	2006年2月15日
合议组组长	李 隽
主 审 员	张 华
参 审 员	宋鸣镝
法 律 依 据	专利法第23条
决 定 要 点	

判断两个外观设计是否相同或相近似，应遵循整体观察、综合判断的审查基准。就包装袋而言，其主（后）视图是容易引起一般消费者关注的部分，在本专利和对比文件的主（后）视图的构图方式、图案形状和图案构成大体相似的情况下，构图方式上的细微的差异不会对包装袋的整体外观产生显著影响，因此，容易引起一般消费者的混淆，本专利和对比文件属于相近似的外观设计专利。

一、案由

本无效宣告请求涉及国家知识产权局于2006年2月15日授权公告的名称为"包装袋（沸尔玛）"、专利号为200530018696.2号的外观设计专利权（下称本专利），申请日为2005年6月16日，专利权人为木莎·依马木。

针对上述外观设计专利权，焉耆县伊德乳业有限公司（下称请求人）于2006年4月3日向专利复审委员会提出无效宣告请求，其理由是：本专利不符合专利法第23条的规定，请求宣告本专利权全部无效。并提交下述附件1~6作为证据：

附件1：CN200430077648.6中国外观设计专利文献网络打印复印件，公开日为2005年2月16日；

附件2：2004年9月4日新疆日报（维吾尔文）第5版复印件；

附件3：2004年9月4日新疆日报（维吾尔文）第5版的汉语翻译稿；

附件4：专利权人木莎·依马木所在（新疆）伊合拉斯（实业有限）公司的电视广告光盘；

附件5：附件4即光盘中有关伊合拉斯（沸尔玛）产品的解说词的汉语翻译稿；

附件6：对外销售的包装袋（沸尔玛）及伊合拉斯（沸尔玛）产品实物的7张照片；

具体无效理由是：（1）本专利与附件1所记载的外观设计专利相同或相近似；（2）附件2~6证明本专利产品自2004年9月在乌鲁木齐召开的乌洽会上开始上市销售；（3）附件2和3证明本专利于2004年9月在乌洽会上首次与消费者见面；（4）附件4和5证明本专利产品在申请日前在电视广告中公开；（5）附件6证明本专利所述产品在申请日前已经公开使用。

经形式审查合格，专利复审委员会于2006年4月4日受理了此无效宣告请求，并于同日向双方当事人发出了无效宣告请求受理通知书，同时将请求人提交的无效宣告请求书及其附件清单中所列附件副本转送给专利权人，并要求专利权人在收到前述转送文件后的一个月内对该无效宣告请求陈述意见。

专利复审委员会于2006年5月16日收到专利权人的意见陈述书，主要内容概括如下：（1）本专利与附件1相比，图案、色彩风格、设计风格和视觉效果均存在差异，因此，两者既不相同，也不近似；（2）附件2~5虽然提及伊合拉斯（沸尔玛）产品，但是都没有记载本专利的外观设计，该四份证据无法证明伊合拉斯（沸尔玛）产品当时的包装就是本专利所记载的外观设计；（3）附件6的真实性无法确定，照片上没有"生产日期为2005年4月25日"记载，更没有"销售日期"的记载。

专利复审委员会于2006年5月16日收到请求人提交的补充意见陈述以及补充证据，具体如下：

附件7：新疆维吾尔自治区巴音郭楞蒙古自治州公证处作出的（2006）巴州证字第1168号公证书原件；

附件8：附件7中公证书所涉及并经公证处封存的电视广告光盘一式二盘。

请求人认为附件7和8是对附件4和5的进一步佐证，上述附件8电视广告中称伊合拉斯（沸尔玛）在2003年乌洽会获得银奖，在2004年乌洽会获得金奖，足以证明上述包装袋（沸尔玛）已经在本专利申请日前公开。

专利复审委员会于2006年9月5日向双方当事人发出了无效宣告请求口头审理通知书，定于2006年10月9日进行口头审理，将请求人补充的附件7和8转送给专利权人，同时将专利权人的上述意见陈述转送给请求人。

口头审理如期举行，双方当事人的委托代理人均出席了口头审理，并对对方出庭人员的身份及资格无异议，同时，对合议组成员无回避请求。

在口头审理过程中，请求人当庭出示了附件2的原件以及附件6所示的实物，并请求证人出庭证明附件6的来源和真实性。

请求人当庭陈述认为：（1）本专利与附件1属于同一类别的产品外观设计，且两个产品的外形、图案三段式构成以及各段所占比例相似，足以构成混淆。（2）附件2和3证明了"伊合拉斯沸尔玛（奶皮粉）已经于2004年9月在乌洽会上与消费者见面"；附件4、5、7、8为专利权人木莎·依马木所在伊合拉斯公司在新疆电视台第二频道作的针对"伊合拉斯沸尔玛"产品的电视广告，所述广告全方位地展示了上述专利权人的外观设计专利产品并介绍了该产品获得2004年乌洽会金奖，该广告还展示了伊合拉斯公司负责人与外商洽谈的情况，该广告录像中六位洽谈者与附件2所登图片中的洽谈者一致，这进一步佐证了上述广告中的"伊合拉斯沸尔玛"产品在2004年乌洽会上公开上市；此外，上述广告中的"伊合拉斯沸尔玛"产品与附件6所示的伊合拉斯公司对外销售生产日期为2005年4月25日的"伊合拉斯（沸尔玛）"产品的包装袋相同，这也相互佐证了专利权人的外观设计专利包装袋产品随"伊合拉斯沸尔玛"产品在其外观设计专利申请日之前一起上市；综上，附件2~8形成证据链证明本外观设计专利随"伊合拉斯沸尔玛"产品在本专利申请日之前已经公开使用，因此，本专利不符合专利法第23条的规定。

请求人当庭要求证人出庭证明附件6所示产品的真实性，证人当庭指证该产品系其从专利权人处购得并进行销售的产品，同时当庭出示了记载有相关信息的送货单。

专利权人当庭陈述认为：（1）附件1所示外观设计专利与本专利相比，其图案、色彩风格，设计风格和视觉效果均不同，两者既不相同，也不近似；（2）附件2~5、7~8虽然提及"伊合拉斯沸尔玛"等产品，但都没记载本外观设计的图案内容，请求人所列举的这六份证据不能证明"伊合拉斯沸尔玛"等产品当时的包装图案与本外观设计的图案相同；（3）附件6的真实性无法确认，照片上没有生产日期为2005年4月25日记载，更没有销售日期的记载；（4）前述证人证言属于超期证据，其所出示的送货单等亦属于超期证据，在本案中不应当考虑，因此，对它们的真实性不予发表意见。

在上述程序基础上，合议组认为本案事实已经清楚，可以依法作出如下审查决定。

二、决定理由

1. 关于证据的认定

请求人提交的附件1为专利号为L200430077648.6的中国外观设计专利文献，公告日为2005年2月16日，即其公开发表日期在本专利申请日之前，附件1（下称对比文件）可以作为用来评价本专利是否符合专利法第23条规定的在先设计。

2. 关于本专利是否符合专利法第23条的规定

专利法第23条规定：授予专利权的外观设计，应当同申请日以前在国内外出版物上公开发表过或者国内公开使用过的外观设计不相同和不相近似，并不得与他人在先取得的合法权利相冲突。

本专利包装袋与对比文件包装袋属于相同类别的产品，故可以将两者进行相同或相近似性比较，将两者比较如下：

本专利包装袋主（后）视图由三段式构成，其中上段约占1/3，中段占1/2，下段约占1/6；主（后）视图上段主体由数条星状组成的斜线构成，上段图案下缘的两边为直线，下缘的中间为向下凸的弧线，直线与弧线自然过渡；主（后）视图中段图形主要由右下方杯状图案以及杯形图案上方的勺形图案构成，中段和下段的边界线为直线；主（后）视图下段图案主要由星状组成的斜线构成。本专利包装袋的左（右）视图也是三段式构成，其中上段约占1/3，中段约占1/2，下段约占1/6；其中左（右）视图上段主要由数条星状组成的斜线构成，上段与中段的边界线为直线；左（右）视图中段图形主要由长方形方框构成；此外，左视图方框偏下方有四个方形小图案，中段与下段的边界线为直线；左（右）视图下段图案主要由星状组成的斜线构成。

对比文件的主（后）视图也是三段式构成，其中上段约占1/3，中段约占1/2，下段约占1/6；主（后）视图上段主要由数条星状组成的斜线构成，上段偏上方有长方形民族雕饰条纹，上段图案的下缘的两边为直线，下缘的中间为下凸的半圆形曲线；主（后）视图中段图形主要由杯状图案以及位于其上方的勺形图案构成，杯形图案左侧存在一乳牛图案，中段和下段的边界线为直线；主（后）视图下段图案由长方形民族雕饰条纹构成。对比文件的左（右）视图也是三段式构成，其中上段约占1/3，中段约占1/2，下段约占1/6；主（后）视图上段由数条星状组成的斜线构成，上段与中段的边界线为直线；主（后）视图中段图形主要由长方形方框构成；中段与下段的边界线为直线；主（后）视图下段图案主要由长方形民族雕饰条纹构成。

通过本专利与对比文件的比较，合议组认为：就包装袋而言，一般消费者首先关注的是包装袋的主（后）视图，对比文件和本专利的主（后）视图图形构造大体相同，都分为三段，且三段的形状及各自所占比例基本相同；两者主（后）视图上段都由数条星状组成的斜线构成，上段的下缘两边皆为直线，下缘中段为下凸弧形曲线；主（后）视图中段右下方都由杯形图案和勺形图案构成。本专利左（右）视图与对比文件左（右）视图构图方式也基本相同，都分为三段式，且三段的形状及各自所占比例基本相同，左（右）视图上段都由数条星状组成的斜线构成，左（右）视图中段都由长方形方框构成。两者的差异主要在于：在对比文件主（后）视图中段左侧还存一乳牛图案，且对比文件主（后）视图以及左（右）视图的下段由长方形民族雕饰条纹而并非星状组成的斜线构成，但是，所存在的乳牛图案和民族雕饰条纹等差别仅属于局部的细微差异，不会对所述包装袋整体视觉效果产生显著影响。此外，尽管本专利主（后）视图和左（右）视图上有产品名称、产品说明、包装规格、价格等文字，但是前述文字仅仅为常规文字，其并未对图案本身起任何装饰作用，因此未对整体视觉效果产生显著影响；除了前述文字之外，本专利主（后）视图和左（右）视图上还包括有商标图案、"符合标准信用产品"等小图案，但是由于所述小图案仅仅位于包装袋的局部，其也不会对整体视觉效果产生显著影响。

综上，由于一般消费者经过对本专利与在先设计的整体观察可以看出，二者的差别对产品外观设计的整体视觉效果不具有显著的影响，因此，两者属于相近似的外观设计。

鉴于请求人提交的附件1（对比文件）与本专利属于相近似的外观设计，因此，合议组对请求人提交的其他证据不再予以评述。

三、决定

宣告200530018696.2号外观设计专利权无效。

当事人对本决定不服的，可以根据专利法第46条第2款的规定，自收到本决定之日起三个月内向北京市第一中级人民法院起诉，根据该款规定，一方当事人起诉后，另一方当事人应当作为第三人参加诉讼。

猪用复合预混料包装袋

无效宣告请求审查决定（第 9669 号）

决 定 号	第 9669 号
决 定 日	2007 年 4 月 12 日
发明创造名称	猪用复合预混料包装袋
外观设计分类号	09-05
无效宣告请求人	浙江东立实业有限公司
专 利 权 人	郑志浩
专 利 号	03348798.7
申 请 日	2003 年 5 月 31 日
授权公告日	2004 年 1 月 14 日
合议组组长	杨军艳
主 审 员	宋 瑞
参 审 员	刘 畅
法 律 依 据	专利法第 23 条
决 定 要 点	

对于外观设计相近似性判断而言，创作题材不是外观设计相近似判断考虑的因素，如果一项专利与所示对比文件的创作题材相同，但二者主体图案的表现形式不同，背景色彩设计也不同，那么，从一般消费者的角度来看，该专利与所示对比文件不会在视觉上造成混淆和误认，所以二者不相同也不相近似。

一、案由

本无效宣告请求涉及国家知识产权局于 2004 年 1 月 14 日授权公告的申请号为 03348798.7、名称为"猪用复合预混料包装袋"的外观设计专利权，其申请日为 2003 年 5 月 31 日，专利权人为郑志浩。

针对上述外观设计专利权（下称本专利），浙江东立实业有限公司（下称请求人）于 2005 年 11 月 19 日向专利复审委员会提出无效宣告请求，其具体理由为：本外观设计专利与其申请日之前已在国内公开出版物上公开的 CN01352564.6 号外观设计专利的产品类别相同，且经一般消费者对两者整体观察可以看出，两者的差别对于产品的整体视觉效果不具有显著的影响，本专利与在先设计相近似，本专利不符合专利法第 23 条的规定。请求人提交了如下附件作为证据：

附件 1：本专利授权公报的复印件；

附件2：专利号为01352564.6的外观设计专利授权公报的复印件，其授权公告日为2002年7月31日。

经形式审查合格，专利复审委员会受理了该无效宣告请求，于2006年3月22日向双方当事人发出无效宣告请求受理通知书，随同受理通知书，将无效宣告请求书及其附件的副本转送给专利权人，要求其在指定期限内陈述意见，期满未答复，不影响专利复审委员会审理。

专利权人在指定期限内未作答复。

专利复审委员会于2006年11月29日向双方当事人发出无效宣告请求审查通知书，告知请求人如果有进一步的意见陈述，应当在指定期限内提交，期满未答复，不影响专利复审委员会审理。

请求人逾期未答复。

合议组经审查，认为本案事实清楚，依法作出本审查决定。

二、决定的理由

1. 关于证据

请求人提交的附件2为外观设计专利授权公报的复印件，专利权人在指定期限内未对其真实性提出异议，经合议组审查，认为附件2可以作为本案的证据使用，其授权公告日在本专利申请日之前，因此附件2上记载的图片构成了本专利的在先设计。

2. 关于本专利是否符合专利法第23条的规定

专利法第23条规定：授予专利权的外观设计，应当同申请日以前在国内外出版物上公开发表过或者国内公开使用过的外观设计不相同和不相近似，并不得与他人在先取得的合法权利相冲突。

附件2与本专利外观设计均为包装袋，属同类产品的外观设计，故对二者进行如下相同或相近似性对比：

本专利请求保护一种包装袋（猪用复合预混料包装袋），同时请求保护色彩，只有主视图，后视图略去。主视图上包装袋形状为横宽竖窄的长方形。主视图的中下部为主体图案，图案中：左边是一只体形较大的卡通猪，卡通猪基本上正面站立，上穿红色有领上衣，下穿黄色吊带裤，吊带裤的两个吊带下方分别有一个蓝色圆形纽扣，两个纽扣之间有一个黄色小口袋，口袋与裤子同色，卡通猪两脚开立，右臂上扬作挥舞状，左手叉腰，在大卡通猪的右下部是三只形态与大卡通猪完全相同的小卡通猪，每只小卡通猪右手挥舞一个不同颜色的气球。主视图右上部有两排文字，上排为大字，下排为小字，左上角为企业标志和名称。主视图背景色为从上下向中间逐渐变浅的蓝色，中间颜色渐变成白色，没有背景图案（详见本决定附图"本专利"）。

附件2所示的外观设计专利公开了一种猪用复合预混料包装袋，包括一个主视图，后视图略去。主视图上包装袋形状为横宽竖窄的长方形。主视图的中下部为主体图案，图案中：左边是一只大卡通猪，卡通猪上穿红色有领上衣，下穿黄色吊带裤，吊带裤的两个吊带末端分别有一个黑色圆形纽扣，肚子中间位置有一个橙色大口袋，口袋与裤子不同色，大卡通猪身体基本呈侧向，右脚着地，左脚向前方抬起，右臂在前，左臂在后，作向纸面看齐齐步走的姿态；大卡通猪右下部是四只形态与大卡通猪完全相同的小卡通猪，第一只小卡通猪和最后一只小卡通猪的手里各执一条横幅两端的一根细杆，横幅上有等距分布的四个字；主视图右上部有两排文字，上排为大字，下排为小字，左上角为企业名称和标志，右上角有承保的保险公司标志，主视图背景色为浅蓝色，以中心位置为轴心由渐变白色形成螺旋线，背景上有"全国十大名牌之一"的字样，该字样重复排列，左低右高斜向分布构成背景图案（详见本决定附图"附件2"）。

将本专利与附件2比较，本专利主视图与附件2的主视图创作题材基本相同，但是，本专利主体图案为挥手的大卡通猪和三只挥舞气球的小卡通猪，附件2的主体图案是向纸面看齐齐步走姿态的大卡通猪和手持条幅细杆的四只小卡通猪；本专利主体图案上的卡通猪与附件 2 主体图案上的卡通猪相比，身体朝向不同，动作姿态不同，手中的道具不同，服装上纽扣和口袋的颜色也不同；本专利背景色为渐变的蓝色，中间颜色渐变成白色，没有背景图案，而附件 2 的背景色为均匀的浅蓝色，背景上有多组"全国十大名牌之一"的字样，并且有以中心位置为轴心由渐变白色形成的螺旋线。合议组认为：虽然本专利与附件 2 的创作题材相同，但创作题材不是外观设计相近似判断考虑的因素；由于二者的表现方式不尽相同，不仅作为主体图案的卡通猪的容貌和姿态不同，小卡通猪的个数不同，而且背景的设计也不相同，一般消费者不会将两者相混淆和误认，所以本专利和附件 2 不相同也不相近似。

三、决定

维持 03348798.7 号外观设计专利权有效。

当事人对本决定不服的，可以根据专利法第 46 条第 2 款的规定，自收到本决定之日起三个月内向北京市第一中级人民法院起诉。根据该款的规定，一方当事人起诉后，另一方当事人应当作为第三人参加诉讼。

CD 盒（FS1111 骰子 80 片）

无效宣告请求审查决定（第 9671 号）

决 定 号	第 9671 号
决 定 日	2007 年 4 月 16 日
发明创造名称	CD 盒（FS1111 骰子 80 片）
外观设计分类号	14-99
无效宣告请求人	郭于康
专 利 权 人	深圳市创意发文具有限公司
专 利 号	200530071171.5
申 请 日	2005 年 10 月 9 日
授 权 公 告 日	2006 年 7 月 26 日
合 议 组 组 长	王霞军
主 审 员	严若艳
参 审 员	徐清平
附 图	1 页

法 律 依 据 专利法第 23 条、第 9 条，专利法实施细则第 13 条第 1 款

决 定 要 点

本专利与对比文件 1、对比文件 2 的产品用途不相近，不属于相近类别的产品，不必进行外观设计的相近似判断，即可确定本专利与对比文件 1、对比文件 2 不相近似。

本专利与对比文件 3 的产品用途相近，属于相近类别的产品，可以进行外观设计的相近似性比较。二者外观设计题材相同，但对于以中国文化的内容作为设计素材的外观设计而言，其在整体形状上的差异对外观设计的视觉印象构成显著影响。本专利与对比文件 3 外观设计不相近似。

一、案由

本无效宣告请求涉及的是国家知识产权局于 2006 年 7 月 26 日授权公告的 200530071171.5 号外观设计专利，使用外观设计的产品名称是"CD 盒（FS1111 骰子 80 片）"，申请日是 2005 年 10 月 9 日，专利权人是深圳市创意发文具有限公司。

针对上述外观设计专利权（下称本专利），郭于康（下称请求人）于 2006 年 11 月 6 日向专利复审委员会提出无效宣告请求，其理由是本专利不符合专利法第 23 条的规定。请求人认为：本专利与在先公开的外观设计相同或极其近似，与请求人提供的 3 份对比文件单独相比，两者在整体和多处细节上均相同或相近似，两者虽存在局部细微的差异，但这种差异对产品的整体视觉效果不具有显著影

响。请求人提交了如下附件作为证据：

附件1：200430036407.7号外观设计专利公报复印件和国家知识产权局网站下载的打印件各1页；

附件2：200430022015.5号外观设计专利国家知识产权局网站下载的打印件1页；

附件3：200530054953.8号外观设计专利公报复印件和国家知识产权局网站下载的打印件各1页；

附件4：国家知识产权局网站下载的本专利图形打印件1页。

2006年11月13日，专利复审委员会收到请求人补充的证据。请求人提交了200430022015.5号外观设计专利的公报复印件，替换附件2（即附件2包括了公报复印件和国家知识产权局网站下载的图形，不再重新编号）。

专利复审委员会根据无效宣告请求审查程序的规定受理了该无效宣告请求，并于2006年11月13日将上述无效宣告请求书及其附件的副本和2006年11月13日收到的补充意见及其附件的副本转送给专利权人，要求其在指定期限内陈述意见。

专利权人于2006年12月28日提交了意见陈述书。专利权人认为：附件3的公开日晚于本专利的申请日，不适用专利法第23条；附件1、附件2、附件3所涉及产品的类别与本专利产品的类别不相同也不相近似，不具有可比性。专利权人请求口头审理。

专利复审委员会于2007年2月13日将上述专利权人提交的意见陈述书的副本转送请求人，同时向双方当事人发出口头审理通知书，定于2007年4月5日对本案进行口头审理。

2007年4月5日口头审理如期举行。请求人和专利权人委托代理人出庭，双方对对方的出庭人员资格均没有异议，对合议组成员没有回避请求。在口头审理中，请求人将针对附件3的无效宣告请求理由由"本专利不符合专利法第23条的规定"变更为"本专利不符合专利法第9条和专利法实施细则第13条第1款的规定"。合议组当庭告知专利权人上述变更符合审查指南的有关规定，专利权人表示庭后不再针对变更后的无效理由陈述意见。专利权人对请求人提交证据的真实性均没有异议。双方当事人各自坚持原有观点，并对附件1、附件2、附件3能否与本专利进行对比以及附件1、附件2、附件3的外观设计与本专利的外观设计是否相同相近似进行了辩论。

在当事人的意见陈述和口头审理的基础上，合议组经合议，认为本案事实清楚，依法作出本审查决定。

二、决定的理由

1. 法律依据

基于请求人提出无效宣告请求的理由以及口头审理中变更的无效宣告请求的理由，合议组依据专利法第23条、专利法第9条以及专利法实施细则第13条第1款的规定进行审理。

专利法第23条规定：授予专利权的外观设计，应当同申请日以前在国内外出版物上公开发表过或者国内公开使用过的外观设计不相同和不相近似，并不得与他人在先取得的合法权利相冲突。

专利法第9条规定：两个以上的申请人分别就同样的发明创造申请专利的，专利权授予最先申请的人。

专利法实施细则第13条第1款规定：同样的发明创造只能被授予一项专利。

2. 证据认定

请求人提交的附件1、附件2、附件3均为中国专利文献，经专利权人确认、合议组核实，上述证据的真实性可以确认。

附件1为200430036407.7号外观设计专利公报复印件，其公告日为2005年3月23日，早于本专利的申请日 2005 年 10 月 9 日，属于"申请日以前在国内外出版物上公开发表过"的外观设计，适用专利法第 23 条。

附件 2 为 200430022015.5 号外观设计专利公报复印件，其公告日为 2004 年 12 月 1 日，早于本专利的申请日 2005 年 10 月 9 日，属于"申请日以前在国内外出版物上公开发表过"的外观设计，适用专利法第 23 条。

附件 3 为 200530054953.8 号外观设计专利公报复印件，其申请日为 2005 年 3 月 28 日，授权公告日为 2005 年 10 月 19 日，专利权人是陈日铃，属于在本专利申请日以前申请、本专利申请日以后公开的他人的外观设计专利，适用专利法第 9 条和专利法实施细则第 13 条第 1 款。

3. 相同相近似对比

（1）附件 1 为 200430036407.7 号外观设计专利（下称对比文件 1），使用外观设计的产品名称是"触电玩具（骰子）"，分类号为 21-01，属于玩具类产品，其用途是供人玩。附件 2 为 200430022015.5 号外观设计专利（下称对比文件 2），使用外观设计的产品名称是"卷尺（骰子型）"，分类号是 10-04，属于测量仪器类产品，其用途是测量物品的长度。本专利使用外观设计的产品名称是"CD 盒（FS1111 骰子 80 片）"，分类号为 14-99，其用途是储存或容纳 CD 碟片。请求人认为对比文件 1 和对比文件 2 公开的产品与本专利的产品属于相近类别。合议组认为：根据审查指南的规定，"相近类别的产品是指用途相近的产品"，供人玩的玩具与用于容纳 CD 碟片的 CD 盒用途不相同也不相近，用于测量长度的卷尺与 CD 盒的用途不相同也不相近，对比文件 1 和对比文件 2 公开的产品与本专利的产品不属于相近类别的产品。对于产品类别不相同也不相近的外观设计，不再进行本专利与在先设计的比较和判断，即可认定本专利与在先设计不相近似。因此，本专利与对比文件 1、对比文件 2 均不相近似。

（2）附件 3 为 200530054953.8 号外观设计专利（下称对比文件 3），使用外观设计的产品名称是"储物盒（骰子）"，分类号是 07-07。合议组认为：尽管对比文件 3 与本专利的分类号不同，但其用途都是用于储存某种物品，区别仅在于本专利储存的物品是 CD 碟片而对比文件 3 储存的是未确定的物品，因此对比文件 3 与本专利属于相近类别的产品，可以进行外观设计相近似比较。

（3）对比文件 3 公开的是一种储物盒。从图片上观察，其产品的整体形状为正方体，在 12 条棱边处为小圆弧过渡，六个面上是圆圈图案，每个面上圆圈的数量、排列方式与骰子对应相同。从主视图上看，产品上部为盒盖，后部上方安装有供盒盖翻转的两个合页，合页略微凸出，顶面靠前的居中部位有一椭圆形的图案（详见对比文件 3 附图）。

本专利是一种 CD 盒的外观设计，其整体形状是由一球体被六个平面切割而成的近似正方体，每个面有明显的平面与球体相切而形成的圆平面的视觉印象，面与面的相交部位为球面。六个圆平面上有圆圈图案，每个面上圆圈的数量、排列方式与骰子对应相同。主视图中的圆平面与盒体为非一体结构，是可以按压打开的盒盖（详见本专利附图）。

比较本专利与对比文件 3，其相同点为：二者均以"骰子"为设计素材，将供人娱乐的骰子的形状和图案应用到日常生活用品的设计上。合议组认为：尽管本专利与对比文件 3 的设计均取材于"骰子"，但二者的整体视觉效果有较大差异。对比文件 3 的设计给人一种"方"的整体印象，每个面都是带小圆角的正方形；本专利的设计给人一种"圆"或"球"的整体印象，每个面都有一个明显的圆平面。骰子是在中国有悠久历史的娱乐工具，作为中国文化的一部分，其形状和图案为一般消费者所熟知，因此在考察二者的相近似性时，整体形状上的差异对外观设计的视觉印象更具有显著影响。二者盒盖打开方式的不同表现在产品外观上的差异也对二者的整体视觉印象有一定的影响。本专利与对比文件 3 的设计题材相同，但整体形状有较大差异，给人不相近似的视觉印象。本专利与对比文件

3不相近似。

综上所述，本专利与对比文件1、对比文件2、对比文件3均不相近似。

本专利与请求人提交的对比文件1、对比文件2不相近似，对比文件1、对比文件2不能证明本专利的授予不符合专利法第23条的规定。本专利与请求人提交的对比文件3不相近似，不属于"同样的发明创造"，对比文件3不能证明本专利的授予不符合专利法第9条及专利法实施细则第13条第1款的规定。

三、决定

维持200530071171.5号外观设计专利权有效。

当事人对本决定不服的，可以根据专利法第46条第2款的规定，自收到本决定之日起三个月内向北京市第一中级人民法院起诉。根据该款的规定，一方当事人起诉后，另一方当事人应当作为第三人参加诉讼。

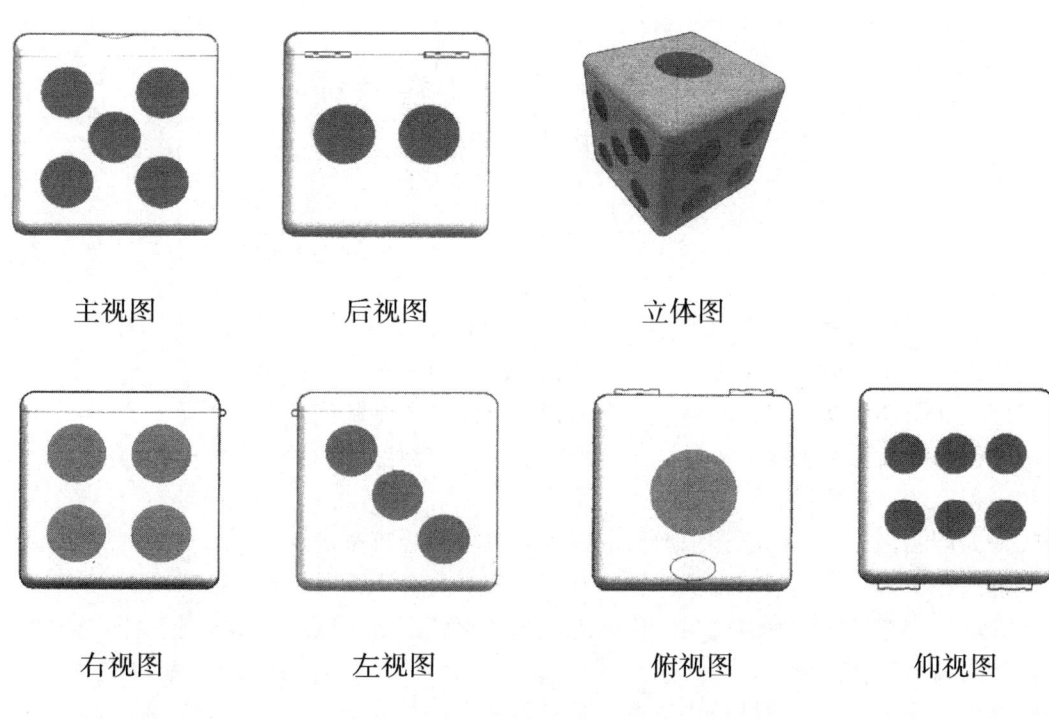

| 主视图 | 后视图 | 立体图 |

| 右视图 | 左视图 | 俯视图 | 仰视图 |

对比文件 3 附图

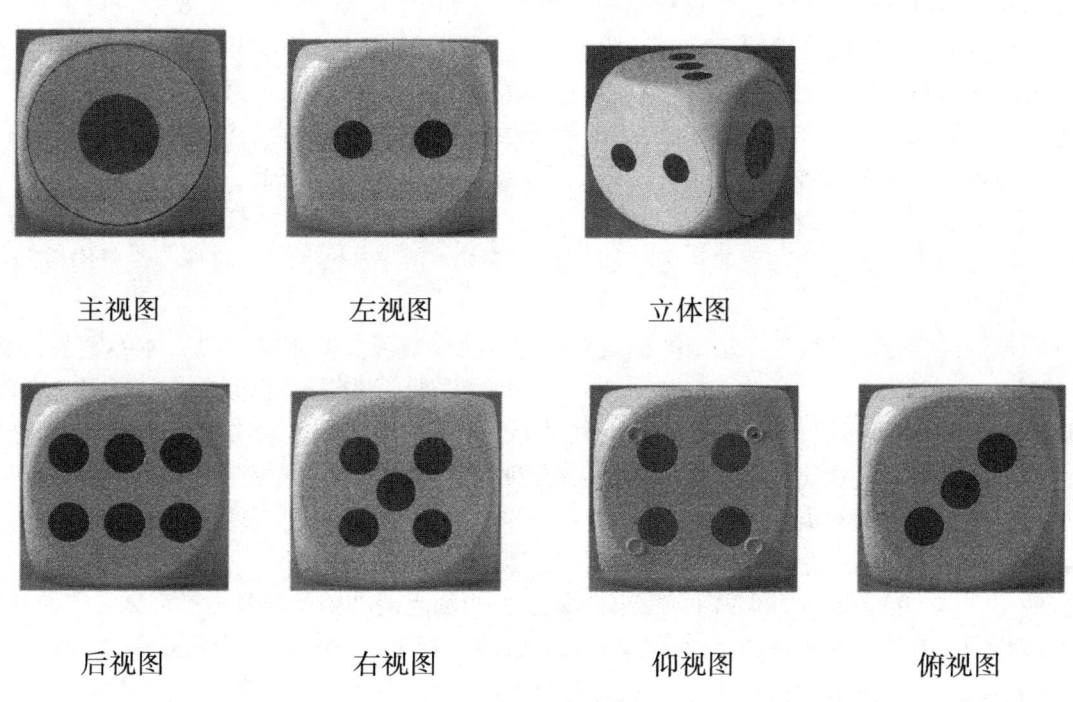

| 主视图 | 左视图 | 立体图 |

| 后视图 | 右视图 | 仰视图 | 俯视图 |

本专利附图

北京市第一中级人民法院
行政判决书

(2007) 一中行初字第951号

原告郭于康，男，1963年8月7日出生，汉族，个体工商户，住浙江省临海市永丰镇更楼村。

委托代理人张文忠，男，宁波市天晟知识产权代理有限公司专利代理人。

委托代理人汪灵燕，女，北京鼎盛知识产权代理有限公司专利代理人。

被告国家知识产权局专利复审委员会，住所地北京市海淀区北四环西路9号银谷大厦10~12层。

法定代表人廖涛，副主任。

委托代理人严若艳，女，国家知识产权局专利复审委员会审查员。

委托代理人齐宏涛，男，国家知识产权局专利复审委员会审查员。

第三人深圳市创意发文具有限公司，住所地广东省深圳市南山区南头城工业村十栋四楼。

法定代表人萧咏琪，董事长。

委托代理人刘向英，女，深圳市创意发文具有限公司法务助理。

委托代理人叶万东，男，深圳市创意发文具有限公司法务助理。

原告郭于康不服被告国家知识产权局专利复审委员会作出的第9671号无效宣告请求审查决定，向本院提起行政诉讼。本院受理后，依法组成合议庭，依照《中华人民共和国行政诉讼法》第二十七条的规定，通知与本案有利害关系的深圳市创意发文具有限公司为本案第三人参加诉讼，并于2007年9月12日公开开庭审理了本案。原告的委托代理人张文忠，被告的委托代理人严若艳、齐宏涛，第三人的委托代理人刘向英、叶万东到庭参加了诉讼。本案现已审理终结。

2007年4月16日，被告作出第9671号无效宣告请求审查决定（下称被诉决定），维持第三人所有的、申请号为200530071171.5、名称为"CD盒（FS1111骰子80片）"的外观设计专利权（下称本专利）有效。

为证明被诉决定合法，被告在法定举证期限内向本院提交了以下证据：（1）本专利公报复印件，证明本专利的保护范围；（2）200430036407.7号外观设计专利公报复印件（被诉决定附件1）；（3）200430002015.5号外观设计专利公报复印件（被诉决定附件2），（4）200530054953.8号外观设计专利公报复印件（被诉决定附件3），证据2~4证明对比文件的公开内容；（5）口头审理记录表复印件，证明本案口头审理的重要事项。

原告诉称：本专利是一个CD盒的外观设计，其整体形状是一个圆弧过渡的正方体，实际上就是一个近似的正方体；正方体的每个面上有圆圈图案，每个面上的圆圈的数量、排列方式与游戏中所用的骰子对应相同。对比文件3是一个储物盒（骰子）的外观设计，其整体形状是一个圆弧过渡的正方体，实际上就是一个近似的正方体；正方体的每个面上有圆圈图案，每个面上圆圈的数量、排列方式与游戏中所用的骰子对应相同。本专利和对比文件最主要的外观设计在于骰子的外观形状，近似的正方体每个面上有圆圈图案，每个面上圆圈的数量、排列方式与游戏中所用的骰子对应相同。显然两者最主要的外观设计部分是相同的。对于被告所描述的本专利细节部分局部的细微变化，第一，被告没有用外观设计的概念去作出判断，而是对产品的结构上主观的理解和想象作出的判断；由此得出的判定结论不准确；两者功能、内部结构、技术性能对整体视觉效果不具有显著的影响。两者产品的形状相似，一一对应相比主要图案相同。根据《审查指南》第四部分第五章第四节"使用时容易看到部位的设计变化相对于不容易看到或者看不到部位的设计变化，通常对整体视觉效果更具有显著的影响。产品的功能、内部结构、技术性能对整体视觉效果不具有显著的影响"。而被告用"二者打开方式的不同表现在外观上的差异"来判断也对整体视觉印象有一定的影响，显然带有明显的主观因素。第二，被告违背逻辑上的以偏概全，而不是通过直接的观察，综合判断而得出的结论，由于被告判断的概念出现了偏差，由此得出的判定结论不准确。根据《审查指南》第四部分第五章第四节"如果一般消费者会将被比设计与在先设计误认、混同，则二者的差别对于产品外观设计的整体视觉效果显然不具有显著的影响。在综合考虑各种因素的情况下，若区别点仅在于局部的细微变化，则其对整体视觉效果不足以产生显著影响。"被告所述的几处细节部分的局部的细微变化，显然不能影响主体。第三，被告没有实事求是地作出判断，事实上，作为以中国文化的内容作为设计题材的外观设计而言，传统的玩具的骰子都是用作娱乐掷点用具；骰子通常是单一的掷点用途，对比文件应用于储物，因此，对比文件具有划时代的创新设计，其设计理念是应该得到认可的；而本专利在外观设计的形状上，并没有创新性的设计，仅仅是模仿而已，这一点是显而易见的，是应该得到认同的。因此，本专利的六面视图与对比文件的整体造型和各部分形状所形成的整体外观效果比较结果不存在明显的外观差异；所存在的细微差异对产品的整体造型未造成较大影响，不足以使二者的整体外观效果形成明显差异，本专利视图中的外观设计都不是经过创造性的劳动设计的；根据整体观察和综合判断的原则，两者为相近似的外观设计；本专利不符合《中华人民共和国专利法》（以下简称《专利法》）第九条、《中华人民共和国专利法实施细则》（以下简称《专利法实施细则》）第十三条第一款的规定。被告在作出被诉决定时，所依据的主要证据不足，认定事实不准，适用法规不当，请求法院依法撤销被诉决定。

原告为支持其诉讼主张，在法定期限内向本院提交了下列证据：（1）被诉决定中的附件3；（2）本专利公告文本。

被告辩称，根据《专利法》第二十三条的规定，授予专利权的外观设计，应该是在先外观设计不相同和不相近似的外观设计。根据《专利法》第九条和《专利法实施细则》第十三条第一款的规定，同样的发明创造只能被授予一项专利，两个以上的申请人分别就同样的发明创造申请专利的，专利权授予最先申请人。被诉决定确认了原告各证据适用的法律条款，分析了本专利与原告提交的证据能否进行外观设计相同相近似对比。对于可以作为对比文件的在先设计，被告根据整体观察、综合判断的原则，以一般消费者作为判断主体，比较分析了本专利与在先设计在设计素材、产品的整体形状、图案方面的相同点和不同点，其相同点源于二者设计素材上的相同，但不能仅以二者均以中国传统的娱乐工具骰子为设计素材而认定二者外观设计相近似，本专利外观设计对骰子形状的变形与在先设计相比有较大差异，这种差异足以对外观设计整体视觉效果产生显著影响，因此得出二者不相近似的结论。被告在被诉决定中已经做了清楚阐述，坚持决定中的意见。因此，被诉决定认定事实清楚，适用法律正确，审理程序合法，原告在起诉状中所述事实和理由不能成立，请求法院依法驳回原告的诉讼请求，维持被诉决定。

第三人未向本院提交书面意见，其在诉讼中表示同意被告意见，请求法院维持被诉决定。在法定期限内，第三人亦未向本院提交证据。

经庭审质证，原告对被告证据无异议，但不认可被告主张的证明作用。第三人对被告证据无异议。被告、第三人认为原告提交的与被告证据1、4相同的证据不能支持原告的诉讼主张。

本院经审查认为，被告、原告证据与本案具有关联，且合法、真实，本院均予确认。

根据以上确认的有效证据及当事人无争议的陈述，本院认定事实如下：

2006年7月26日，国家知识产权局授权公告了本专利，其申请日是2005年10月9日。

针对本专利，原告于2006年11月6日向被告提出无效宣告请求，其理由是本专利不符合《专利法》第二十三条的规定，并提交了4份附件作为证据。

2006年11月13日，被告收到原告补充提交的200430022015.5号外观设计专利的公报复印件，替换附件2（即附件2包括了公报复印件和国家知识产权局网站下载的图形）。

经形式审查合格，被告受理了上述无效宣告请求，并于2006年11月13日将上述无效宣告请求书及其附件的副本和原告补充意见及其附件的副本转送给第三人，要求其在指定期限内陈述意见。同年12月28日第三人提交了意见陈述书。2007年2月13日被告将上述意见陈述书的副本转送原告，同时向双方当事人发出口头审理通知书。

2007年4月5日口头审理如期举行，双方当事人均出庭。在口头审理中，原告将针对附件3的无效宣告请求理由由"本专利不符合《专利法》第二十三条的规定"变更为"本专利不符合《专利法》第九条和《专利法实施细则》第十三条第一款的规定"。被告当庭告知第三人上述变更符合《审查指南》的有关规定，第三人表示庭后不再针对变更后的无效理由陈述意见。第三人对原告提交证据的真实性均没有异议。

被告经审查认为：

附件1、附件2、附件3均为中国专利文献，上述证据的真实性可以确认。附件1的公告日为2005年3月23日，附件2的公告日为2004年12月1日，均早于本专利的申请日2005年10月9日，属于"申请日以前在国内外出版物上公开发表过"的外观设计，均适用《专利法》第二十三条。附件3为200530054953.8号外观设计专利公报复印件，其申请日为2005年3月28日，授权公告日为2005年10月19日，专利权人是陈日铃，属于在本专利申请日以前申请、本专利申请日以后公开的他人的外观设计专利，适用《专利法》第九条和《专利法实施细则》第十三条第一款。

附件1外观设计的产品名称是"触电玩具（骰子）"，分类号为21-01，属于玩具类产品，其用途是供人玩。附件2外观设计的产品名称是"卷尺（骰子型）"，分类号是10-04，属于测量仪器类产品，其用途是测量物品的长度。本专利使用外观设计的产品名称是"CD盒（FS1111骰子80片）"，分类号为14-99，其用途是储存或容纳CD碟片。根据《审查指南》的规定，"相近类别的产品是指用途相近的产品"，供人玩的玩具与用于容纳CD碟片的CD盒用途不相同也不相近，用于测量长度的卷尺与CD盒的用途不相同也不相近，对附件1和附件2公开的产品与本专利的产品不属于相近类别的产品。对于产品类别不相同也不相近的外观设计，不再进行本专利与在先设计的比较和判断，即可认定本专利与在先设计不相近似。因此，本专利与对比文件1、对比文件2均不相近似。

附件3外观设计的产品名称是"储物盒（骰子）"，分类号是07-07。其与本专利的用途都是用于储存某种物品，区别仅在于本专利储存的物品是CD碟片而对比文件3储存的是未确定的物品，因此附件3与本专利属于相近类别的产品，可以进行外观设计相近似比较。

附件3公开的是一种储物盒。从图片上观察，其产品的整体形状为正方体，在12条棱边处为小圆弧过渡，六个面上是圆圈图案，每个面上圆圈的数量、排列方式与骰子对应相同。从主视图上看，产品上部为盒盖，后部上方安装有供盒盖翻转的两个合页，合页略微凸出，顶面靠前的居中部位有一椭圆形的图案（详见对比文件3附图）。

本专利是一种CD盒的外观设计，其整体形状是由一球体被六个平面切割而成的近似正方体，每个面有明显的平面与球体相切而形成的圆平面的视觉印象，面与面的相交部位为球面。六个圆平面上有圆圈图案，每个面上圆圈的数量、排列方式与骰子对应相同。主视图中的圆平面与盒体为非一体结构，是可以按压打开的盒盖（详见本专利附图）。

本专利与附件3相比，其相同点为：二者均以"骰子"为设计素材，将供人娱乐的骰子的形状和图案应用到日常生活用品的设计上。本专利与附件3的设计均取材于"骰子",但二者的整体视觉效果有较大差异。附件3的设计给人一种"方"的整体印象,每个面都是带小圆角的正方形;本专利的设计给人一种"圆"或"球"的整体印象,每个面都有一个明显的圆平面。骰子是在中国有悠久历史的娱乐工具,作为中国文化的一部分,其形状和图案为一般消费者所熟知,因此在考察二者的相近似性时,整体形状上的差异对外观设计的视觉印象更具有显著影响。二者盒盖打开方式的不同表现在产品外观上的差异也对二者的整体视觉印象有一定的影响。本专利与附件3的设计题材相同,但整体形状有较大差异,给人不相近似的视觉印象。本专利与附件3不相近似,附件3不能证明本专利的授予不符合《专利法》第九条及《专利法实施细则》第十三条第一款的规定。

综上,被告作出被诉决定,维持本专利有效。原告不服,诉至本院。

本案开庭审理中,原告明确表示对被告作出被诉决定的行政程序无争议,对被告关于附件1、2、3能够作为本专利对比文件的认定无争议。

本院认为,对于原告在本案庭审中对被诉决定明确表示无争议的内容,经审查,本院对其合法性予以确认。因此,本案争议焦点在于本专利产品与附件1、2产品是否属于相近类别的产品,本专利与附件3是否属于相近似的外观设计。

参照《审查指南》第四部分第五章第6.2.1节规定,相近类别的产品是指用途相近的产品。本案中,本专利用途是储存或容纳CD碟片。而附件1外观设计的产品名称是"触电玩具(骰子)",属于玩具类产品,其用途是供人玩;附件2外观设计的产品名称是"卷尺(骰子型)",属于测量仪器类产品,其用途是测量物品的长度,因此,三者的用途不相近,被告关于本专利产品与附加1、附件2产品均不属于相似外观产品的认定正确。原告认为三者相近似的理由缺乏事实和法律依据,本院不予支持。《专利法》第二十三条规定,授予专利权的外观设计,应当同申请日以前在国内外出版物上公开发表过或者国内公开使用过的外观设计不相同和不相近似,并不得与他人在先取得的合法权利相冲突。在附件1和附件2公开的产品与本专利的产品不属于相近类别产品的情况下,本专利与在先设计即不能进行比较和判断,故本专利与附件1、2均不相近似。

关于本专利与附件3的近似性问题,本院认为,外观设计相近似性的判断应就两者的图片或照片中反映出的形状进行比对。本专利与附件3产品的外观均为消费者熟知的"骰子",在消费者认同"骰子"的设计要素的基础上,产品整体外观的变化会给消费者的视觉效果带来影响。通过整体观察,本专利给消费者带来形状为"圆"或"球"的整体印象,且每个面都有一个明显的圆平面;附件3给消费者带来形状为"方"的整体印象,每个面都是带小圆角的正方形。另外,从附件3公开的后视图和俯视图中明显可以看出盒盖和盒身之间带有合页,而本专利没有上述特征。在此情况下,参照两者的打开状态参考图,可以得知两者在外观上还存在开合方式不同的区别。因此,对消费者而言,二者整体视觉效果有较大差异,不易引起消费者的混淆。原告关于本专利与附件3相近似的理由缺乏事实及法律依据。《专利法》第九条规定,两个以上的申请人分别就同样的发明创造申请专利的,专利权授予最先申请的人。《专利法实施细则》第十三条第一款规定,同样的发明创造只能被授予一项专利。由于本专利与附件3不相近似,故不能证明本专利不符合上述法律规定。被告的相关认定正确,本院应予支持。

综上,被诉决定认定事实清楚,适用法律正确,行政程序合法,本院应予维持。依照《中华人民共和国行政诉讼法》第五十四条第(一)项的规定,判决如下:

维持被告国家知识产权局专利复审委员会于二○○七年四月十六日作出的第9671号无效宣告请求审查决定。

案件受理费100元,由原告郭于康负担(已交纳)。

如不服本判决，可在判决书送达之日起15日内，向本院递交上诉状，并按对方当事人的人数提出副本，预交上诉受理费，上诉于北京市高级人民法院。上诉人在上诉期满后7日内未预交上诉费，又不提出缓交申请的，按自动撤回上诉处理。

审　判　长　梁　菲
代理审判员　何君慧
人民陪审员　孟玉珍
二〇〇七年十月十日
书　记　员　王　丽

北京市高级人民法院
行政判决书

（2008）高行终字第63号

上诉人（一审原告）郭于康，男，1963年8月7日出生，汉族，个体工商户，住浙江省临海市永丰镇更楼村。

委托代理人张文忠，男，宁波市天晟知识产权代理有限公司专利代理人。

被上诉人（一审被告）国家知识产权局专利复审委员会，住所地北京市海淀区北四环西路9号银谷大厦。

法定代表人廖涛，副主任。

委托代理人徐清平，女，国家知识产权局专利复审委员会审查员。

委托代理人齐宏涛，男，国家知识产权局专利复审委员会审查员。

被上诉人（一审第三人）深圳市创意发文具有限公司，住所地广东省深圳市南山区南头城工业村十栋四楼。

法定代表人萧咏琪，董事长。

委托代理人刘向英，女，深圳市创意发文具有限公司法务助理。

委托代理人孙强，男，深圳市创意发文具有限公司法务助理。

上诉人郭于康因专利无效宣告审查决定一案，不服北京市第一中级人民法院（2007）一中行初字第951号行政判决，向本院提起上诉。本院依法组成合议庭，审理了本案。本案现已审理终结。

2007年4月16日，专利复审委作出第9671号《无效宣告请求审查决定书》（以下简称第9671号决定）。认定深圳市创意发文具有限公司的第200530071171.5号外观设计专利权（以下简称本专利）有效。专利复审委认为无效请求人郭于康提交的对比文件，不能证明本专利的授予不符合《中华人民共和国专利法》（以下简称《专利法》）第九条和第二十三条的规定，以及《中华人民共和国专利法实施细则》（以下简称《专利法实施细则》）第十三条第一款的规定。郭于康遂诉至北京市第一中级人民法院。

北京市第一中级人民法院经审理认为，参照《审查指南》第四部分第五章第6.2.1节规定，相近类别的产品是指用途相近的产品。本专利用途是储存或容纳CD碟片，而附件1外观设计的产品名称是"触电玩具（骰子）"，属于玩具类产品，其用途是供人玩；附件2外观设计的产品名称是"卷尺（骰子型）"，属于测量仪器类产品，其用途是测量物品的长度，因此，三者的用途不相近，专利复审委关于本专利产品与附加1、附件2产品均不属于相近似外观产品的认定正确。在附件1和附件2公开的产品与本专利的产品不属于相近类别产品的情况下，本专利与在先设计即不能进行比较和判断，故本专利与附件1、2均不相近似。由于外观设计相近似性的判断应就两者的图片或照片中反映出的形状进行比对。本专利与附件3产品的外观均为消费者熟知的"骰子"，在消费者认同"骰子"的设计要素的基础上，产品整体外观的变化会给消费者的视觉效果带来影响。通过整体观察，本专利给消费者带来形状为"圆"或"球"的整体印象，且每个面都有一个明显的圆平面；附件3给消费者带来形状为"方"的整体印象，每个面都是带小圆角的正方形。另外，从附件3公开的后视图和俯视图中明显可以看出盒盖和盒身之间带有合页，而本专利没有上述特征。在此情况下，参照两者的打开状态参考图，可以得知两者在外观上还存在开合方式不同的区别。因此，对消费者而言，二者整体视觉效果有较大差异，不易引起消费者的混淆。郭于康关于本专利与附件3相近似的理由缺乏事实及法律依据。专利复审委的相关认定正确。第9671号决定认定事实清楚，适用法律正确，行政程序合法。依照《中华人民共和国行政诉讼法》第五十四条第（一）项的规定，判决维持专利复审委作出的第9671号决定。

郭于康不服一审判决，向本院提起上诉，主要理由是：本专利是一个CD盒的外观设计，对比文件是一个储物盒（骰子）的外观设计。二者仅有细节部分的区别，这种局部的细微变化，不能影响主体。专利复审委没有用外观设计的概念作出客观判断，而是对产品的结构上主观的理解和想象作出判断，没有通过直接的观察，综合判断得出结论。另外，对比文件的属于创新设计，而本专利仅仅是简单的模仿。因此，本专利的六面试图与对比文件的整体造型和各个部分形状所形成的这个难题外观效果是相近似的；所存在的细微差异对产品的整体造型不足以使二者的这个难题外观效果形成明显差异，二者应属于相近似的外观设计。一审法院认定事实不清，适用法律不当。请求二审法院判决撤销一审判决；撤销专利复审委所作第9671号决定；一、二审诉讼费用由被上诉人负担。

专利复审委答辩认为，分析本专利与对比文件在设计题材、产品的整体形状、图案方面的相同点和不同点，其相同点源于二者设计题材上的相同，但不能仅以二者均以中国传统的娱乐工具骰子为设计题材而认定二者外观设计相近似，本专利外观设计对骰子形状的变形与对比文件有较大差别，这种差别足以对外观设计整体视觉效果产生显著影响，因此得出二者不相同且不近似的结论，应当维持本专利有效。综上，第9671号决定认定事实清楚，适用法律准确，程序合法，一审判决维持该决定是正确的，请求二审法院依法判决维持一审判决。

被上诉人深圳市创意发文具有限公司，在一审中未向法院提交书面答辩意见。一审庭审时，其表示请求法院判决维持专利复审委所作第9671号决定。该公司未向二审法院提交书面意见。

经审理查明，国家知识产权局于2006年7月26日，授权公告使用外观设计的产品名称是"CD盒（FS1111骰子80片）"专利权，即本专利。其申请日是2005年10月9日，专利权人是深圳市创意发文具有限公司。

2006年11月6日，郭于康针对本专利，向专利复审委提出无效宣告请求，其理由是本专利不符合《专利法》第二十三条的规定，并提交了四份附件作为证据。

2007年4月5日，专利复审委举行口头审理。口头审理中，郭于康将针对附件3的无效宣告请求理由从"本专利不符合《专利法》第二十三条的规定"变更为"本专利不符合《专利法》第九条和《专利法实施细则》第十三条第一款的规定"。专利复审委确认变更符合《审查指南》的规定，深圳市创意发文具有限公司表示不再针对变更后的无效理由陈述意见。

专利复审委于2007年4月16日作出第9671号决定。宣告本专利有效。该决定认为：

附件1、附件2、附件3均为中国专利文献，证据的真实性可以确认。附件1的公告日为2005年

3月23日，附件2的公告日为2004年12月1日，均早于本专利的申请日2005年10月9日，属于"申请日以前在国内外出版物上公开发表过"的外观设计，均适用《专利法》第二十三条。附件3为200530054953.8号外观设计专利公报复印件，其申请日为2005年3月28日，授权公告日为2005年10月19日，专利权人是陈日铃，属于在本专利申请日以前申请、本专利申请日以后公开的他人的外观设计专利，适用《专利法》第九条和《专利法实施细则》第十三条第一款。

附件1外观设计的产品名称是"触电玩具（骰子）"，分类号为21-01，属于玩具类产品，其用途是供人玩。附件2外观设计的产品名称是"卷尺（骰子型）"，分类号是10-04，属于测量仪器类产品，其用途是测量物品的长度。本专利使用外观设计的产品名称是"CD盒（FS1111骰子80片）"，分类号为14-99，其用途是储存或容纳CD碟片。根据《审查指南》的规定，"相近类别的产品是指用途相近的产品"，供人玩的玩具与用于容纳CD碟片的CD盒用途不相同也不相近，用于测量长度的卷尺与CD盒的用途不相同也不相近，对附件1和附件2公开的产品与本专利的产品不属于相近类别的产品。对于产品类别不相同也不相近的外观设计，不再进行本专利与在先设计的比较和判断，即可认定本专利与在先设计不相近似。因此，本专利与对比文件1、对比文件2均不相近似。

附件3外观设计的产品名称是"储物盒（骰子）"，分类号是07-07。其与本专利的用途都是用于储存某种物品，区别仅在于本专利储存的物品是CD碟片而附件3储存的是未确定的物品，因此附件3与本专利属于相近类别的产品，可以进行外观设计相近似比较。从图片上观察附件3，其产品的整体形状为正方体，在12条棱边处为小圆弧过渡，六个面上是圆圈图案，每个面上圆圈的数量、排列方式与骰子对应相同。从主视图上看，产品上部为盒盖，后部上方安装有供盒盖翻转的两个合页，合页略微凸出，顶面靠前的居中部位有一椭圆形的图案。本专利其整体形状是由一球体被六个平面切割而成的近似正方体，每个面有明显的平面与球体相切而形成的圆平面的视觉印象，面与面的相交部位为球面。六个圆平面上有圆圈图案，每个面上圆圈的数量、排列方式与骰子对应相同。主视图中的圆平面与盒体为非一体结构，是可以按压打开的盒盖。本专利与附件3相比，其相同点为：二者均以"骰子"为设计素材，将供人娱乐的骰子的形状和图案应用到日常生活用品的设计上。本专利与附件3的设计均取材于"骰子"，但二者的整体视觉效果有较大差异。附件3的设计给人一种"方"的整体印象，每个面都是带小圆角的正方形；本专利的设计给人一种"圆"或"球"的整体印象，每个面都有一个明显的圆平面。骰子是在中国有悠久历史的娱乐工具，作为中国文化的一部分，其形状和图案为一般消费者所熟知，因此在考察二者的相近似性时，整体形状上的差异对外观设计的视觉印象更具有显著影响。二者盒盖打开方式的不同表现在产品外观上的差异也对二者的整体视觉印象有一定的影响。本专利与附件3的设计题材相同，但整体形状有较大差异，给人不相近似的视觉印象。本专利与附件3不相近似，附件3不能证明本专利的授予不符合《专利法》第九条及《专利法实施细则》第十三条第一款的规定。

专利复审委在一审中提交了以下证据：（1）本专利公报复印件；（2）200430036407.7号外观设计专利公报复印件（即附件1）；（3）20043002015.5号外观设计专利公报复印件（即附件2）；（4）200530054953.8号外观设计专利公报复印件（即附件3）；（5）口头审理记录表复印件。

上述证据材料一并随案移送本院。本院经审查认为，专利复审委提交的证据，能够证明本案相关事实，且证据来源合法，内容真实有效，本院予以采信。一审法院对本案证据的认证意见正确，本院亦予以确认。

本院认为，根据《专利法》第二十三条的规定，授予专利权的外观设计，应该是与在先外观设计不相同和不相近似的外观设计。根据《专利法》第九条和《专利法实施细则》第十三条第一款的规定，同样的发明创造只能被授予一项专利，两个以上的申请人分别就同样的发明创造申请专利的，专利权授予最先申请人。

本案争议焦点主要是：第一，本专利产品与附件1、2产品是否属于相近类别的产品。第二，本专利与附件3是否属于相近似的外观设计。

关于争议的第一个问题。根据《审查指南》的规定，"相近类别的产品是指用途相近的产品"，由于附件1外观设计的产品名称是"触电玩具（骰子）"，分类号为21-01，属于玩具类产品，其用途是供人玩。附件2外观设计的产品名称是"卷尺（骰子型）"，分类号是10-04，属于测量仪器类产品，其用途是测量物品的长度。本专利使用外观设计的产品名称是"CD盒（FS1111骰子80片）"，分类号为14-99，其用途是储存或容纳CD碟片。因此，供人玩的玩具与用于容纳CD碟片的CD盒用途不相同也不相近，用于测量长度的卷尺与CD盒的用途不相同也不相近。故附件1和附件2公开的产品与本专利的产品不属于相近类别的产品。专利复审委对于产品类别不相同也不相近的外观设计，不再进行比较和判断，即认定本专利与附件1、附件2均不相近似，是正确的。

关于争议的第二个问题。骰子作为一种大众娱乐工具，在中国文化中拥有着悠久的历史和传统，在公众中认知度较高。对于外观设计专利的相同的设计题材而言，其整体上能否带给消费者视觉差异和不同的视觉效果，是重要的判断标准。专利复审委认为附件3的设计给人一种"方"的整体印象，每个面都是带小圆角的正方形；本专利的设计给人一种"圆"或"球"的整体印象，每个面都有一个明显的圆平面，整体形状上的差异对外观设计的视觉印象更具显著影响，这一理由是成立的。因此，专利复审委认定附件3不能证明本专利的授予不符合《专利法》第九条及《专利法实施细则》第十三条第一款的规定是正确的。

综上，第9671号决定宣告本专利权有效，符合法律法规的规定。一审法院判决维持专利复审委所作第9671号决定，认定事实清楚，适用法律正确，审理程序合法，本院应予维持。上诉人郭于康的上诉理由缺乏事实和法律依据，本院不予支持。依照《中华人民共和国行政诉讼法》第六十一条第（一）项的规定，判决如下：

驳回上诉，维持一审判决。

二审案件受理费人民币100元，由上诉人郭于康负担（已交纳）。

本判决为终审判决。

审 判 长 朱世宽
审 判 员 王 燕
代理审判员 赵宇晖
二〇〇八年三月二十日
书 记 员 张 怡

… 256

手表（XJ-662）

无效宣告请求审查决定（第9674号）

决 定 号	第9674号
决 定 日	2007年4月17日
发明创造名称	手表（XJ-662）
外观设计分类号	10-02
无效宣告请求人	石狮市龙盛塑胶电子有限公司
专 利 权 人	李仁续
专 利 号	200530079962.2
申 请 日	2005年1月12日
授权公告日	2006年3月22日
合议组组长	张跃平
主 审 员	张雪飞
参 审 员	王霞军
附 图	2页
法 律 依 据	专利法第23条

决定要点

对于域外证据，若缺少必要的有效证据证明其真实性，专利权人又提出质疑，则其真实性不能被认定；

以产品宣传样本作为出版物公开的证据，在签订印制该样本的合同时该样本并不处于公众可以得知的状态，不能以此作为认定该出版物公开的时间；

在进行外观设计的相近似性判断时，若在视觉瞩目的部分存在明显差别，而请求人未能提出证据证明本专利的差别设计属于应弱化考虑的惯常设计等情形，则能够认定该差别对于整体外观设计构成显著的视觉影响。

一、案由

本无效宣告请求涉及的是2006年3月22日国家知识产权局授权公告的200530079962.2号外观设计专利，使用该外观设计的产品名称是"手表（XJ-662）"，申请日是2005年1月12日，专利权人是李仁续。

针对上述外观设计专利权（下称本专利），石狮市龙盛塑胶电子有限公司（下称请求人）于2006年8月30日向专利复审委员会提出无效宣告请求，其理由是本专利不符合专利法第23条的规定。请

求人认为在本专利申请日以前已有与其相近似的外观设计在出版物上公开发表过,并提交了如下证据附件:

附件1是公告日为1996年4月3日的94309156.X号外观设计专利的检索文本复印件1页,其公告号为CN 3042700,使用该外观设计的产品名称为"电子表";

附件2是《enterprise》1998年第3期的封面、第482页、第895页和封底复印件共4页;

附件3是《新电子》2001年10月的封面、第74页和封底复印件共3页;

附件4是请求人与石狮市源兴彩印有限公司签订的《合同》复印件、第0001201号《源兴彩印(商标)厂送货单》复印件和产品宣传样页的确认件复印件共4页。

请求人指明附件1所示电子表、附件2中T-99和UT6657型电子表、附件3中RD02D和RD657型电子表以及附件4样页所示电子表的外观设计均与本专利构成相近似。

专利复审委员会根据无效宣告请求审查程序的规定受理了该无效宣告请求,并于2006年8月31日将请求人的无效宣告请求文件转送专利权人。

专利权人于2006年10月1日提交了意见陈述书,认为请求人提交的附件1所示外观设计与本专利存在多处明显不同,一般消费者可轻易区别,二者不相同且不相近似;附件2和附件3均属于在香港形成的外文证据,请求人既未提供中文译文,也未提供相关的公证认证文件,不能证明其为本专利申请日以前的公开出版物;附件4所示合同和单据的复印件上均无可与本专利进行对比的图片,且样页的来源和印刷时间不明;因此本专利应予维持。专利权人随意见陈述书附带了请求人提交的附件1至附件4和本专利的检索文本复印件1页。

专利复审委员会于2007年1月15日将专利权人的意见陈述及附件转送请求人;同时向双方当事人发出口头审理通知书,定于2007年3月7日对本案进行口头审理。

口头审理如期举行,双方当事人均委托代理人出庭;双方均对对方出庭人员的身份无异议,对合议组成员无回避请求。在口头审理中,请求人坚持其原有观点,当庭提交了附件2、附件3和附件4的原件,并提交了用于完善附件2和附件3所示域外证据法定形式的公证认证类证据附件如下(编号续前):

附件5是中国委托公证人、香港律师汤达熙出具的"深办第49190号"公证文书,内含《证明书》1页和《enterprise》1998年第3期的封面及第162页复印件,证明内容为上述复印件与原本相符,原本经其查证属实;

附件6是中国委托公证人、香港律师汤达熙出具的"深办第50176号"公证文书,内含《证明书》1页、《新电子》2001年10月的封面、目录页及第74页复印件和《新电子》2004年8月的封面、目录页及部分内页复印件,证明内容为上述复印件与原本相符,文件内容由提供文件当事人负责;

附件7是中国委托公证人、香港律师汤达熙出具的"深办第50177号"公证文书,内含《证明书(公司注册资料证明)》1页和全球推广有限公司的《商业登记证》复印件、《公司注册证书》复印件及《周年申报表》复印件共12页,证明内容为证实全球推广有限公司的注册、登记信息,上述复印件与确认本相符,确认本经其查证属实。

合议组当庭将上述公证认证材料转送专利权人。

专利权人当庭核实了相关证据和公证认证材料的原件,认可附件1和附件2的真实性;但认为附件5所证明的《enterprise》1998年第3期的第162页与附件2不符,应属于不予考虑的新证据,且附件5未证明附件2所示刊物的刊号、出版时间和注册记录号等信息,请求人又未提交中文译文,无法得知其内是否含有保密条款,因此不能证明附件2所示刊物属于公开出版物,同时也不能确定其内所示产品的类别与本专利相同；附件3所示刊物无中文译文，无刊号和印刷时间，不属于公开出版物，且附件6并未公证附件3所示刊物的真实性，因此对真实性有异议，同时附件7仅证明存在某出版社，并未证明附件3所示刊物由该出版社发行；附件4的真实性不能认定，其中合同、送货单和样页之间均无关联性。

针对专利权人的质疑，请求人认为经过了公证认证，附件2和附件3所示刊物是真实的，其上标明了相关信息，应属于公开出版物，且其内所示的图片本身不需要翻译，附件7所公证的出版社信息与附件3所示刊物的出版社信息是相符的，附件4的证据之间是相互关联的。

在相近似性判断方面，请求人坚持其原有观点，专利权人认为请求人指定的图片中所示的外观设计均与本专利不相同且不相近似。

在上述审理的基础上，合议组经合议，认为本案事实清楚，依法作出本审查决定。

二、决定的理由

1. 法律依据

基于请求人提出的无效宣告请求的理由，合议组依据专利法第23条的规定对本案进行审理。

专利法第23条规定：授予专利权的外观设计，应当同申请日以前在国内外出版物上公开发表过或者国内公开使用过的外观设计不相同和不相近似，并不得与他人在先取得的合法权利相冲突。

2. 证据认定

请求人提交的附件1是公告日为1996年4月3日的94309156.X号外观设计专利的检索文本复印件，其公告号为CN 3042700，使用该外观设计的产品名称为"电子表"。专利权人认可其真实性。经合议组核实，该证据内容真实，确系在本专利申请日（2005年1月12日）以前授权公告的外观设计专利的公开文本，属于专利法第23条所规定的公开出版物，适用于本案。

请求人提交的附件2是《enterprise》1998年第3期的封面、第482页、第895页和封底复印件；并在口头审理中提交了附件2所示刊物的原件及其公证认证材料（即附件5：中国委托公证人、香港律师汤达熙出具的"深办第49190号"公证文书，内含《证明书》和《enterprise》1998年第3期的封面及第162页复印件，证明内容为上述复印件与原本相符，原本经其查证属实）。专利权人认可附件2的真实性。针对上述附件，合议组认为：附件5公证文书证明了《enterprise》1998年第3期原件的真实性，专利权人对其真实性也无异议，因此能够认定其真实性；对于该刊物封面上记载的年代、期号等信息请求人已在无效宣告请求书中译明，且在该刊物上记载了定价及多个厂家的产品介绍等内容，能够认定该刊物属于在本专利申请日（2005年1月12日）以前向公众公开的出版物；在请求人提交的证据已披露足够的公开信息的情况下，专利权人仅提出质疑，而未提交任何反证否定上述公开信息，因此合议组对该刊物的在先公开性予以认定。

请求人提交的附件3是《新电子》2001年10月的封面、第74页和封底复印件；并在口头审理中提交了附件3所示刊物的原件及其公证认证材料（即附件6：中国委托公证人、香港律师汤达熙出具的"深办第50176号"公证文书，内含《证明书》、《新电子》2001年10月的封面、目录页及第74页复印件和《新电子》2004年8月的封面、目录页及部分内页复印件，证明内容为上述复印件与原本相符，文件内容由提供文件当事人负责；以及附件7：中国委托公证人、香港律师汤达熙出具的"深办第50177号"公证文书，内含《证明书（公司注册资料证明）》和全球推广有限公司的《商业登记证》复印件、《公司注册证书》复印件及《周年申报表》复印件，证明内容为证实全球推广有限公司的注册、登记信息，上述复印件与确认本相符，确认本经其查证属实）。针对上述附件，合议组认为：虽然请求人提交了刊物原件，具有形式上的真实性，但由于该刊物属于域外证据，而请求人提交的附件6所示公证文书仅证明该刊物复印件与原本相符，并未对该刊物内容的真实性作出证明，因此在专利权人对其真实性提出质疑、请求人又未提交其他证据证明其内容真实性的情况下，合议组对该刊物内容的真实性不予认定；同时请求人提交的附件7仅是对于全球推广有限公司的企业信息资料所进行的公证，与附件3所示刊物本身的真实性无关，因此也不足为证。

请求人提交的附件4是请求人与石狮市源兴彩印有限公司签订的《合同》复印件、第0001201号《源兴彩印（商标）厂送货单》复印件和产品宣传样页的确认件复印件；并在口头审理中提交了相关原件。针对附件4，合议组认为：虽然单张产品宣传样页上显示的确认日期为2005年1月5日，合同的签订日期为2005年1月6日，但是合同的签订日期并不能证明其按合同要印制的出版物即已同时处于公开状态，同时合同中写明的《LSH广告图册》的交货期为2005年1月15日前，而注明品名为《LSH广告图册》的送货单的实际开具日期为2005年1月12日，因送货单不同于发票，其制作具有一定的随意性，且其开具日期与本专利申请日（2005年1月12日）为同一日，因此不能证明上述合同、送货单和样页所显示的完整《LSH广告图册》的印制完成日期确在本专利申请日以前，更不能证明公众可在本专利申请日以前通过获得该《LSH广告图册》而得知其内记载的相关产品的信息，因此请求人提交的附件4不足以证明相关产品的外观设计在本专利申请日以前公开的事实。

3. 相近似性判断

在请求人提交的附件1所示94309156.X号外观设计专利的文本中公开了一款手表表盘的外观设计（下称在先设计1）。从图片上观察，在先设计1整体为近似圆盘形；两侧轮廓沿圆周呈近似波浪形渐变，两侧波浪形的上部各有一个按键；表盘正面上部有多半圆形的框，内有矩形显示屏，下部按左右凸出两个弯条形按键；表盘背面以多个同心圆设计为主；其他另有细小结构设计（详见在先设计1附图）。

在请求人提交的附件2所示《enterprise》1998年第3期的第482页中公开了一款UT6657型手表的外观设计（下称在先设计2）。从图片上观察，在先设计2由表盘和表带两部分构成；表盘整体为近似圆盘形，两侧轮廓平滑，表盘正面上部有近似梯形的框，内有矩形显示屏，表盘正面下部按左右排列两个近似三角形按键，其中间按上下排列两个点状按键，表盘背面不可见；表带端部有凹槽设计，表带其他部分不可见；其他另有细小结构设计和文字设计（详见在先设计2附图）。

在请求人提交的附件2所示《enterprise》1998年第3期的第895页中公开了一款T99型手表的外观设计（下称在先设计3）。从图片上观察，在先设计3由表盘和表带两部分构成；表盘整体为近似圆盘形，两侧轮廓上下部对称凸起四个按键，表盘正面上部有近似弯月形的框，内有矩形显示屏，表盘背面不可见；表带端部有凹槽设计，表带其他部分不可见；其他另有细小结构设计和文字设计（详见在先设计3附图）。

本专利是手表的外观设计，由表盘和表带两部分构成；表盘整体为近似圆盘形，两侧轮廓中部有阶梯状设计，表盘正面上部有近似弯月形的框，内有矩形显示屏，表盘正面下部按近似脸状排列两个近似三角形按键、一个圆形按键和一个椭圆形按键，表盘背面以圆形设计为主，并有文字排列；表带上有扣头、扣眼、凹槽等设计；其他另有细小结构设计和文字设计（详见本专利附图）。

合议组认为：本专利和上述在先设计均为手表的外观设计，用途相同，均属于相同种类的产品，具有可比性。虽然专利权人认为在没有文字说明的情况下仅依据在先设计2和在先设计3的图片无法判断其是否属于手表的用途，但是合议组认为通过图片公开的内容已能够明确得出手表产品的信息，在专利权人未提出反证证明其确实属于手表形状的其他种类产品的情况下，合议组对其质疑不予支持。

将本专利与在先设计1相比较，其相同点为：二者的表盘形状均以圆盘形为基础，显示屏均为矩形。合议组认为：从整体视觉观察，虽然二者具有上述相同点，但是由于二者对于表盘基础形状的变化设计和表盘正面的框架形状设计以及按键设计明显不同，且本专利多了表带设计，上述视觉瞩目的不同点足以导致二者的整体外观设计产生显著的视觉差别，且请求人未能提交证据证明上述不同点属于应弱化考虑的惯常设计等情形，因此二者应属于不相同且不相近似的外观设计。

将本专利与在先设计2相比较，其相同点为：二者的表盘形状均以圆盘形为基础，显示屏均为矩形。合议组认为：从整体视觉观察，虽然二者具有上述相同点，但是由于二者表盘正面的框架形状设计和按键设计明显不同，足以导致二者的整体外观设计产生显著的视觉差别，且请求人未能提交证据证明上述不同点属于应弱化考虑的惯常设计等情形，因此二者应属于不相同且不相近似的外观设计。

将本专利与在先设计3相比较，其相同点为：二者的表盘形状均以圆盘形为基础，显示屏均为矩形。合议组认为：从整体视觉观察，虽然二者具有上述相同点，但是由于二者对于表盘基础形状的变化设计和表盘正面的按键设计明显不同，足以导致二者的整体外观设计产生显著的视觉差别，且请求人未能提交证据证明上述不同点属于应弱化考虑的惯常设计等情形，因此二者应属于不相同且不相近似的外观设计。

综上所述，请求人提交的证据均不足以支持其无效宣告请求的理由。

三、决定

维持200530079962.2号外观设计专利权有效。

当事人对本决定不服的，可以根据专利法第46条第2款的规定，自收到本决定之日起三个月内向北京市第一中级人民法院起诉。根据该款的规定，一方当事人起诉后，另一方当事人应当作为第三人参加诉讼。

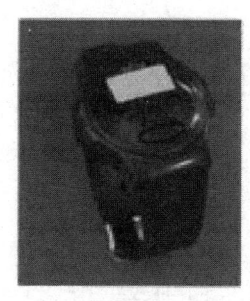 

使用状态参考图　　　　仰视图

右视图　　　　主视图　　　　左视图

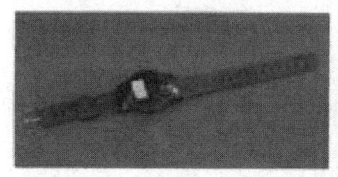  

主体图　　　　俯视图　　　　后视图

本专利

主视图

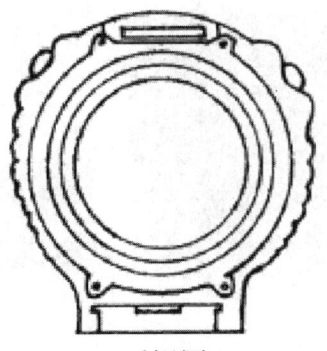
后视图

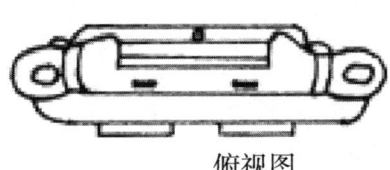
俯视图

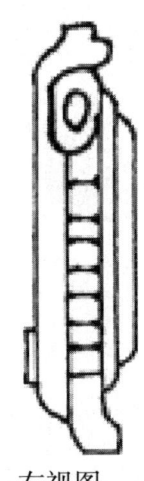
右视图

在先设计1

在先设计2

在先设计3

北京市第一中级人民法院
行政判决书

(2007) 一中行初字第 894 号

原告石狮市龙盛塑胶电子有限公司，住所地福建省石狮市灵秀镇钞坑村双龙新区华盛工业大厦。

委托代理人倪英富，福建中言律师事务所律师。

委托代理人杨光，北京市万腾律师事务所律师。

被告国家知识产权局专利复审委员会，住所地北京市海淀区北四环西路 9 号银谷大厦 10~12 层。

法定代表人廖涛，副主任。

委托代理人王霞军，女，国家知识产权局专利复审委员会审查员。

委托代理人高雪，女，国家知识产权局专利复审委员会审查员。

第三人李仁续，男，1957 年 5 月 25 日出生，汉族，石狮市信嘉电子有限公司董事长，住福建省石狮市新源中街 105 号。

委托代理人刘兰，女，1961 年 6 月 4 日出生，住福建省泉州市丰泽街兴业银行 22 楼 B 单元。

委托代理人赖开慧，男，1976 年 4 月 27 日出生，住福建省泉州市丰泽街兴业银行 22 楼 B 单元。

原告石狮市龙盛塑胶电子有限公司不服被告国家知识产权局专利复审委员会作出的第 9674 号无效宣告请求审查决定（以下简称无效决定），向本院提起行政诉讼。本院受理后依法组成合议庭，根据《中华人民共和国行政诉讼法》第二十七条、《中华人民共和国专利法》（以下简称《专利法》）第四十六条第二款的规定，通知李仁续作为第三人参加诉讼。本院于 2007 年 9 月 3 日公开开庭审理了本案，原告的委托代理人倪英富和杨光、被告的委托代理人王霞军和高雪、第三人的委托代理人刘兰到庭参加了诉讼。本案现已审理终结。被告针对原告提出的无效请求于 2007 年 4 月 17 日作出无效决定，其主要内容如下：本无效宣告请求案涉及名称为"手表（XJ-662）"第 200530079962.2 号外观设计专利（以下简称本专利），专利权人为第三人。针对本专利，原告于 2006 年 8 月 30 日向被告提出无效宣告请求及相关证据。被告经审查后认为：（1）关于法律依据被告依据《专利法》第二十三条的规定对本案进行审理。（2）关于证据认定原告提交的附件 1 第 94309156.X 号外观设计专利（以下简称在先设计 1），以及附件 2《enterprise》1998 年第 3 期的封面、第 482 页（以下简称在先设计 2）、第 895 页（以下简称在先设计 3）可以作为在先设计评价本专利。原告提交的附件 3 是《新电子》2001 年 10 月的封面、第 74 页和封底，原告没有提交充足证据证实其真实性；原告提交的附件 4 是原告与石狮市源兴彩印有限公司签订的《合同》复印件、第 0001201 号《源兴彩印（商标）厂送货单》复印件和产品宣传样页的确认件，附件 4 不足以证明相关产品的外观设计在本专利申请日以前公开的事实，因此附件 3、附件 4 不能作为在先设计评价本专利。（3）关于相近似性判断将本专利与在先设计 1、2、3 相比较，均属于不相同且不相近似的外观设计。（4）综上所述，原告提交的证据均不足以支持其无效宣告请求的理由。被告依据《专利法》第二十三条的规定，决定维持本专利有效。被告为证明无效决定的合法性，向本院提交了下列证据，用于证明本专利、对比文件以及被告审查的情况：（1）专利权无效宣告请求书及其附件清单；（2）口头审理记录；（3）本专利及附件 1、附件 2。原告诉称，将本专利与在先设计 1、2、3 相比较，虽然存在视觉差异，但均属于细微差别，本专利与在先设计 1、2、3 属于相近似的外观设计。原告请求法院判决撤销无效决定。原告向本院提交了下列证据，用于证明原告生产的产品与本专利相同：（1）（2006）厦思证经字第 438 号公证书；（2）工商登记信息表及广告图；（3）律师证明信。原告在本院庭审中确认其在无效程序中没有向被告提交过上述证据。被告辩称，无效决定认定的事实清楚、适用法律正确、程序合法，被告坚持无效决定的理由，请求法院判决维持无效决定。第三人请求法院判决维持无效决定。第三人未向本院提交证据。

经庭审质证，原告对于被告提交证据1、证据2没有异议，对于证据3的关联性、合法性、真实性没有异议，对其证明作用持有异议；第三人对于被告提交的证据，坚持以其无效程序中陈述过的意见。对于原告提交的证据，被告及第三人认为因原告在无效程序中没有提交，故与本案无关。本院根据最高人民法院《关于行政诉讼证据若干问题的规定》，对当事人提交的证据认证如下：被告提交证据符合关联性、合法性、真实性的要求，可以证明本案的相关事实，本院予以确认；原告提交的证据，因其在无效程序中没有向被告提交，故不能作为认定被诉具体行政行为是否合法的证据，本院不予以确认。

依据上述有效证据以及均无异议的当事人陈述，本院认定事实如下：

第三人于2005年1月12日向国家知识产权局申请名称是"手表（XJ-662）"的外观设计专利（即本专利），2006年3月22日授权公告，专利号为第200530079962.2号，专利权人是第三人。

针对本专利，原告于2006年8月30日向被告提出无效宣告请求，其理由是本专利不符合《专利法》第二十三条的规定。原告向被告提交了下列证据：

附件1：第94309156.X号外观设计专利的检索文本复印件1页，公告日为1996年4月3日，公告号为CN3042700，使用该外观设计的产品名称为"电子表"；

附件2：《enterprise》1998年第3期的封面、第482页、第895页和封底复印件共4页；

附件3：《新电子》2001年10月的封面、第74页和封底复印件共3页；

附件4：原告与石狮市源兴彩印有限公司签订的《合同》复印件、第0001201号《源兴彩印（商标）厂送货单》复印件和产品宣传样页的确认件复印件共4页。

被告经形式审查合格后受理了原告提出的无效请求，并成立合议组对本无效请求案进行审理。被告向原告和第三人送达了《无效宣告请求口头审理通知书》，并将《专利权无效宣告请求书》及其附件副本及第三人的意见陈述书分别转送给第三人和原告。

2007年3月7日进行了口头审理，原告和第三人均参加了口头审理。在口头审理过程中，原告提交了附件2、附件3、附件4的原件，并提交了用于完善附件2、附件3所示域外证据法定形式的公证认证类证据附件如下（编号续前）：

附件5是中国委托公证人、香港律师汤达熙出具的"深办第49190号"公证文书，内含《证明书》1页和《enterprise》1998年第3期的封面及第162页复印件，证明内容为上述复印件与原本相符，原本经其查证属实；

附件6是中国委托公证人、香港律师汤达熙出具的"深办第50176号"公证文书，内含《证明书》1页、《新电子》2001年10月的封面、目录页及第74页复印件和《新电子》2004年8月的封面、目录页及部分内容复印件，证明内容为上述复印件与原本相符，文件内容由提供文件当事人负责；

附件7是中国委托公证人、香港律师汤达熙出具的"深办第50177号"公证文书，内含《证明书（公司注册资料证明）》1页和全球推广有限公司的《商业登记证》复印件、《公司注册证书》复印件及《周年申报表》复印件共12页，证明内容为证实全球推广有限公司的注册、登记信息，上述复印件与确认本相符，确认本经其查证属实。

被告在口头审理时当庭将上述公证认证材料转送第三人。第三人认可附件1、附件2的真实性；

认为附件 5 所证明的《enterprise》1998 年第 3 期的第 162 页与附件 2 不符，应属于不予考虑的新证据，且附件 5 未证明附件 2 所示刊物的刊号、出版时间和注册记录号等信息，原告又未提交中文译文，无法得知其内容是否含有保密条款，因此不能证明附件 2 所示刊物属于公开出版物，同时也不能确定其内容所示产品的类别与本专利相同；附件 3 所示刊物无中文译文，无刊号和印刷时间，不属于公开出版物，且附件 6 并未公证附件 3 所示刊物的真实性，因此对真实性有异议，同时附件 7 仅证明存在某出版社，并未证明附件 3 所示刊物由该出版社发行；附件 4 的真实性不能认定，其中合同、送货单和样页之间均无关联性。在相近似性判断方面，原告坚持其原有相近似的观点，第三人认为原告指定的图片中所示的外观设计均与本专利不相同且不相近似。

被告经审查后作出无效决定，维持本专利有效。原告不服无效决定，向本院提起行政诉讼。另，原告在本院庭审中明确：对于无效决定案由部分载明的事实、审查程序以及理由部分关于法律依据和证据的认定没有异议。

本院认为：根据《专利法》第四十六条第一款的规定，被告具有受理无效请求和作出无效决定的法定职权。经各方当事人确认，本案的争议焦点是被告关于本专利与在先设计 1、2、3 属于不相近似的外观设计的认定是否正确。

本专利是手表的外观设计，由表盘和表带两部分构成；表盘整体为近似圆盘形，两侧轮廓中部有阶梯状设计，表盘正面上部有近似弯月形的框，内有矩形显示屏，表盘正面下部按近似脸状排列两个近似三角形按键、一个圆形按键和一个椭圆形按键，表盘背面以圆形设计为主，并有文字排列；表带上有扣头、扣眼、凹槽等设计；其他另有细小结构设计和文字设计（详见本专利附图）。

在先设计 1 公开了一款手表表盘的外观设计。从图片上观察，在先设计 1 整体为近似圆盘形；两侧轮廓沿圆周呈近似波浪形渐变，两侧波浪形的上部各有一个按键；表盘正面上部有多半圆形的框，内有矩形显示屏，下部按左右凸出两个弯条形按键；表盘背面以多个同心圆设计为主；其他另有细小结构设计（详见在先设计 1 附图）。

在先设计 2 公开了一款 UT6657 型手表的外观设计。从图片上观察，在先设计 2 由表盘和表带两部分构成；表盘整体为近似圆盘形，两侧轮廓平滑，表盘正面上部有近似梯形的框，内有矩形显示屏，表盘正面下部按左右排列两个近似三角形按键，其中间按上下排列两个点状按键，表盘背面不可见；表带端部有凹槽设计，表带其他部分不可见；其他另有细小结构设计和文字设计（详见在先设计 2 附图）。

在先设计 3 公开了一款 T99 型手表的外观设计。从图片上观察，在先设计 3 由表盘和表带两部分构成；表盘整体为近似圆盘形，两侧轮廓上下部对称凸起四个按键，表盘正面上部有近似弯月形的框，内有矩形显示屏，表盘背面不可见；表带端部有凹槽设计，表带其他部分不可见；其他另有细小结构设计和文字设计（详见在先设计 3 附图）。

本专利和上述在先设计均为手表的外观设计，用途相同，均属于相同种类的产品，具有可比性。

将本专利与在先设计 1 相比较，其相同点为：二者的表盘形状均以圆盘形为基础，显示屏均为矩形。从整体视觉观察，虽然二者具有上述相同点，但是由于二者对于表盘基础形状的变化设计和表盘正面的框架形状设计以及按键设计明显不同，且本专利多了表带设计，上述视觉瞩目的不同点足以导致二者的整体外观设计产生显著的视觉差别，因此二者属于不相同且不相近似的外观设计。

将本专利与在先设计 2 相比较，其相同点为：二者的表盘形状均以圆盘形为基础，显示屏均为矩形。从整体视觉观察，虽然二者具有上述相同点，但是由于二者表盘正面的框架形状设计和按键设计明显不同，足以导致二者的整体外观设计产生显著的视觉差别，因此二者属于不相同且不相近似的外观设计。

将本专利与在先设计 3 相比较，其相同点为：二者的表盘形状均以圆盘形为基础，显示屏均为矩形。从整体视觉观察，虽然二者具有上述相同点，但是由于二者对于表盘基础形状的变化设计和表盘正面的按键设计明显不同，足以导致二者的整体外观设计产生显著的视觉差别，因此二者属于不相同且不相近似的外观设计。

综上所述，被告作出的无效决定认定事实清楚，适用法律正确，程序合法。原告的诉讼请求缺乏事实和法律依据，本院不予支持。据此，本院依照《中华人民共和国行政诉讼法》第五十四条第（一）项的规定，判决如下：

维持被告国家知识产权局专利复审委员会于二〇〇七年四月十七日作出的第 9674 号无效宣告请求审查决定。

案件受理费 100 元，由原告石狮市龙盛塑胶电子有限公司负担（已交纳）。

如不服本判决，可在本判决书送达之日起 15 日内向本院递交上诉状，并按对方当事人人数提交副本，上诉于北京市高级人民法院。

审　判　长　齐　莹
代理审判员　乔　军
代理审判员　张靛卿
二〇〇七年九月二十七日
书　记　员　张　涵

自行车后拨链器

无效宣告请求审查决定（第9675号）

决 定 号	第9675号
决 定 日	2007年4月17日
发明创造名称	自行车后拨链器
外观设计分类号	12-11
无效宣告请求人	宁波市日骋工贸有限公司，宁波赛冠车业有限公司
专 利 权 人	株式会社岛野
专 利 号	02304117.X
申 请 日	2002年2月28日
授权公告日	2003年1月1日
合议组组长	张跃平
主 审 员	张雪飞
参 审 员	徐清平
法 律 依 据	专利法实施细则第13条第1款

决 定 要 点

两个请求人以相同专利权人的在先申请或同日申请、在后公告的外观设计专利作为支持专利法实施细则第13条第1款的无效请求理由的证据，由于专利权人自相应的申请日起主动放弃了证据所示的专利权，因此在无其他证据支持的情况下，两个请求人的无效请求理由不能成立。

一、案由

本无效宣告请求涉及的是国家知识产权局于2003年1月1日授权公告的02304117.X号外观设计专利，使用该外观设计的产品名称是"自行车后拨链器"，申请日是2002年2月28日，专利权人是株式会社岛野。

针对上述外观设计专利权（下称本专利），宁波市日骋工贸有限公司（下称第一请求人）于2006年9月7日向专利复审委员会提出无效宣告请求，其理由是本专利不符合专利法实施细则第13条第1款的规定。第一请求人认为本专利相对于一项在先申请和一项同日申请的外观设计专利均明显属于相同或者相近似的外观设计，本专利属于重复授权，应予宣告全部无效。同时，第一请求人提交了如下证据附件：

附件（一）1是公告日为2002年7月24日的01352252.3号外观设计专利的检索文本复印件1页，其申请日为2001年11月3日，公告号为CN 3247742，申请人为本案专利权人；

附件（一）2是公告日为2002年12月11日的02304118.8号外观设计专利的检索文本复印件1页，其申请日为2002年2月28日，公告号为CN 3267506，申请人为本案专利权人。

专利复审委员会根据无效宣告请求审查程序的规定受理了该无效宣告请求，并于2006年11月20日将第一请求人的无效宣告请求文件转送专利权人。

专利权人于2006年12月1日提交了意见陈述书，说明第一请求人提交的附件（一）1和附件（一）2所示外观设计专利已由专利权人自每项专利的申请日起放弃，因此该两项专利权视为自始不存在，本专利应予维持。同时，专利权人提交了两份国家知识产权局批准放弃专利权的《手续合格通知书》复印件作为证据。

专利复审委员会于2007年1月15日将专利权人的意见陈述及附件转送第一请求人，同时向双方当事人发出合议组成员告知通知书。

第一请求人逾期未作出答复，双方当事人在指定期限内均未对合议组成员提出回避请求。

针对本专利，宁波赛冠车业有限公司（下称第二请求人）也于2006年9月7日向专利复审委员会提出无效宣告请求，其理由是本专利不符合专利法实施细则第13条第1款的规定。第二请求人认为本专利相对于一项在先申请和一项同日申请的外观设计专利均明显属于相同或者相近似的外观设计，本专利属于重复授权，应予宣告全部无效。同时，第二请求人提交了如下证据附件：

附件（二）1同附件（一）1；

附件（二）2同附件（一）2。

专利复审委员会根据无效宣告请求审查程序的规定受理了该无效宣告请求，并于2006年11月20日将第二请求人的无效宣告请求文件转送专利权人。

专利权人于2006年12月1日提交了意见陈述书，说明第二请求人提交的附件（二）1和附件（二）2所示外观设计专利已由专利权人自每项专利的申请日起放弃，因此该两项专利权视为自始不存在，本专利应予维持。同时，专利权人提交了两份国家知识产权局批准放弃专利权的《手续合格通知书》复印件作为证据。

专利复审委员会于2007年1月15日将专利权人的意见陈述及附件转送第二请求人，同时向双方当事人发出合议组成员告知通知书。

第二请求人逾期未作出答复，双方当事人在指定期限内均未对合议组成员提出回避请求。

在针对上述两次无效宣告请求进行审理的基础上，合议组经合议，认为事实已清楚，依法作出本审查决定。

二、决定的理由

基于两个请求人提出的无效宣告请求的理由，合议组依据专利法实施细则第13条第1款的规定进行审理。

专利法实施细则第13条第1款规定：同样的发明创造只能被授予一项专利。

两个请求人提出的证据均为公告日为2002年7月24日的01352252.3号外观设计专利的检索文本复印件，其申请日为2001年11月3日，公告号为CN 3247742，申请人为本案专利权人；以及公告日为2002年12月11日的02304118.8号外观设计专利的检索文本复印件，其申请日为2002年2月28日，公告号为CN 3267506，申请人为本案专利权人。专利权人说明上述两项外观设计专利均自其申请日起放弃，对此两个请求人在指定期限内均未提出异议。

经合议组核实，针对01352252.3号外观设计专利，专利权人于2006年8月7日向国家知识产权局提交了自其申请日起放弃专利权的声明，国家知识产权局经审查准予放弃，并在第22卷第42号《外观设计专利公报》中予以公告；针对02304118.8号外观设计专利，专利权人于2006年10月11

日向国家知识产权局提交了自其申请日起放弃专利权的声明，国家知识产权局经审查准予放弃，并在第 22 卷第 51 号《外观设计专利公报》中予以公告。因此，两个请求人作为证据的两项外观设计专利权均已不存在，其提出的无效宣告请求的理由已无证据相支持，其无效宣告请求的理由不能成立。

三、决定

维持 02304117.X 号外观设计专利权有效。

当事人对本决定不服的，可以根据专利法第 46 条第 2 款的规定，自收到本决定之日起三个月内向北京市第一中级人民法院起诉。根据该款的规定，一方当事人起诉后，另一方当事人应当作为第三人参加诉讼。

香 条

无效宣告请求审查决定（第9685号）

决 定 号	第9685号
决 定 日	2007年3月19日
发明创造名称	香 条
外观设计分类号	99-00
无效宣告请求人	嘉兴良友进出口集团股份有限公司
专 利 权 人	季明华
专 利 号	200530113346.4
申 请 日	2005年7月19日
授权公告日	2006年5月31日
合议组组长	徐清平
主 审 员	钟 华
参 审 员	王霞军
法 律 依 据	专利法第23条、第46条，专利法实施细则第65条、第66条
决 定 要 点	

原件与复印件明显不符的书证不能作为认定案件事实的依据。

未办理公证认证手续的外文证据，也没有在举证期限内提交能证明该证据的真实性和合法性的其他证据，不能作为认定本案事实的依据。

一、案由

本无效宣告请求涉及国家知识产权局于2006年5月31日授权公告的名称为"香条"的200530113346.4号的外观设计专利（下称本专利），其申请日为2005年7月19日，专利权人为季明华。

针对本专利，嘉兴良友进出口集团股份有限公司（下称请求人）于2006年8月1日向专利复审委员会提出无效宣告请求，其理由是在本专利申请日前已经有相近似的外观设计在出版物上公开发表过，同时本专利与他人在先取得的合法权利相冲突，因此本专利不符合专利法第23条的规定。请求人同时提交如下证据：

证据1：《Raumpflege Preisliste》复印件10页；

证据2：保密协议复印件2页及图片复印件3页。

经形式审查合格，专利复审委员会依法受理了上述无效宣告请求，并于2006年9月8日将无效宣告请求书及相关文件的副本转给专利权人，要求其在指定的期限内答复。

2006年10月22日，专利权人向专利复审委员会提交了意见陈述书，认为：请求人提交的证据1属于外文资料，既没有合法的证据来源，也没有提交中文译文；证据2的合同中每页的骑缝章不能对应，真实性无法确认，且保密合同的内容不能认为已经公开；所有证据仅显示"香条"，与本专利"香片"不相同也不相近似。

专利复审委员会于2006年11月7日向双方当事人发出口头审理通知书，定于2006年12月20日举行口头审理，同时将专利权人的上述意见陈述书转送给请求人。

口头审理如期举行，双方当事人均有代理人参加本次口头审理。在口头审理中，请求人当庭提交了嘉兴市科学技术情报研究所出具的"说明"复印件（下称证据3），专利权人认为该证据的提交已经超出举证期限。请求人当庭提交了证据1和证据2的原件，专利权人对证据1和证据2的真实性均不予承认，认为证据2为伪造证据。在此基础上，双方当事人进行了充分的意见陈述和辩论。

2006年12月25日，请求人提交了意见陈述书和证据3的证据原件，认为外文资料的关键部分已经在无效请求书中体现，证据3已经证明证据1来源于嘉兴科技情报研究所，证据2保密协议的骑缝章是对齐的。

至此，合议组认为本案事实已经调查清楚，可以作出如下审查决定。

二、决定的理由

1. 法律依据

专利法第23条规定：授予专利权的外观设计，应当同申请日以前在国内外出版物上公开发表过或者国内公开使用过的外观设计不相同和不相近似，并不得与他人在先取得的合法权利相冲突。

专利法第46条规定：专利复审委员会对宣告专利权无效的请求应当及时审查和作出决定，并通知请求人和专利权人。宣告专利权无效的决定，由国务院专利行政部门登记和公告。

对专利复审委员会宣告专利权无效或者维持专利权的决定不服的，可以自收到通知之日起3个月内向人民法院起诉。人民法院应当通知无效宣告请求程序的对方当事人作为第三人参加诉讼。

专利法实施细则第65条第3款规定：以授予专利权的外观设计与他人在先取得的合法权利相冲突为理由请求宣告外观设计专利权无效，但是未提交生效的能够证明权利冲突的处理决定或者判决的，专利复审委员会不予受理。

专利法实施细则第66条规定：在专利复审委员会受理无效宣告请求后，请求人可以在提出无效宣告请求之日起1个月内增加理由或者补充证据。逾期增加理由或者补充证据的，专利复审委员会可以不予考虑。

2. 在本专利申请日前是否有与本专利相同或者相近似的外观设计公开发表过

证据3为嘉兴市科学技术情报研究所出具的"说明"，说明内容为"《Raumpflege Preisliste》（29, April 1996），VORWERK（福维克），为我所收藏刊物"。

合议组认为：本无效宣告请求提起日为2006年8月1日，请求人在口头审理日2006年12月20日提交了证据3的复印件，又于2006年12月25日提交了证据3的原件，上述证据的提交已经超出举证期限，因此合议组对证据3不予考虑。

证据1为《Raumpflege Preisliste》，请求人在口头审理中提交了原件，从原件的证据形式上看，该证据属于国外企业的外文产品说明书。审查指南第四部分第八章第2.2.2节规定："域外证据是指在中华人民共和国领域外形成的证据，该证据应当经所在国公证机关予以证明，并经中华人民共和国驻该国使领馆予以认证，或者履行中华人民共和国与该所在国订立的有关条约中规定的证明手续……但是在以下三种情况下，对上述两类证据，当事人可以在无效宣告程序中不办理相关的证明手续：

(1) 该证据是能够从除中国香港、澳门、台湾地区外的国内公开渠道获得的，如从专利局获得的国外专利文件，或者从公共图书馆获得的国外文献资料。(2) 有其他证据足以证明该证据真实性的。(3) 对方当事人认可该证据的真实性的"。请求人没有提交证据1的公证认证文件，也没有在举证期限内提交能证明该证据的真实性和合法性的其他证据，专利权人对证据1的真实性不予承认，因此证据1不能作为认定本案事实的依据。

证据2包括一份保密协议和3页外观设计图片，请求人在口头审理中提交了证据2的原件。专利权人认为证据2的骑缝章不对应，认为证据2为伪造证据。经合议组核实，证据2的保密协议复印件有2页，第2页上有"嘉兴良友进出口集团有限公司"和"嘉善良晨电器有限公司"的签章，没有骑缝章。证据2的外观设计图片复印件有3页，第3页上有"嘉兴良友进出口集团有限公司"和"嘉善良晨电器有限公司"的签章，3页图片均有骑缝章，图片复印件上第1页和第2页上的骑缝章无法对应。在口头审理中，请求人提交了证据2的原件，其中保密协议的原件与复印件相符，外观设计图片也为3页，但第1页与复印件完全不同。合议组认为：证据2的外观设计图片原件与复印件不符，复印件上的骑缝章无法对齐，因此其真实性不能确认，不能作为认定本案事实的依据。证据2中的保密协议不属于公开文件，且该保密协议也没有表明其所述产品的外观，因此附件2不能证明在本专利申请日前已经有相同或者相近似的外观设计公开发表过。

3. 关于本专利是否与他人在先取得的合法权利相冲突

请求人没有提交生效的能够证明权利冲突的处理决定或者判决，根据专利法实施细则第65条第3款的规定，合议组对请求人提出的该项无效宣告理由不予审理。

综上所述，请求人提交的所有证据均不能证明本专利不符合专利法第23条的规定，其无效宣告请求不成立。

三、决定

根据专利法第23条和专利法第46条第1款的规定，维持200530113346.4号外观设计专利权有效。

根据专利法第46条第2款的规定，当事人对本决定不服的，自收到本决定之日起三个月内向北京市第一中级人民法院起诉，根据该款规定，一方当事人起诉后，另一方当事人应当作为第三人参加诉讼。